BEIHEFTE ZUM ARCHIV FÜR KULTURGESCHICHTE

IN VERBINDUNG MIT
KARL ACHAM, GÜNTHER BINDING, WOLFGANG BRÜCKNER,
KURT DÜWELL, WOLFGANG HARMS, GUSTAV ADOLF LEHMANN

HERAUSGEGEBEN VON
EGON BOSHOF

HEFT 38

FESTTAG UND POLITIK

Studien zur Tagewahl
karolingischer Herrscher

von

MICHAEL SIERCK

1995

BÖHLAU VERLAG KÖLN WEIMAR WIEN

Die Deutsche Bibliothek – CIP-Einheitsaufnahme

[Archiv für Kulturgeschichte / Beihefte]
Beihefte zum Archiv für Kulturgeschichte. – Köln ; Weimar ;
Wien : Böhlau
Früher Schriftenreihe
Reihe Beihefte zu: Archiv für Kulturgeschichte
NE: HST
H. 38: Sierck, Michael: Festtag und
Politik. – 1995

Sierck, Michael:
Festtag und Politik : Studien zur Tagewahl
karolingischer Herrscher / von Michael
Sierck. – Köln ; Weimar ; Wien : Böhlau, 1995
(Archiv für Kulturgeschichte : Beihefte ; H. 38)
ISBN 3-412-10794-8

Copyright © 1995 by Böhlau Verlag GmbH & Cie, Köln
Alle Rechte vorbehalten
Gesamtherstellung: KM-Druck, Groß-Umstadt
Printed in Germany
ISBN 3-412-10794-8

VORWORT

Die Anfänge der vorliegenden Arbeit liegen mehr als ein Jahrzehnt zurück. Einer Anregung von Prof. Dr. A. Angenendt folgend behandelte die schriftliche Arbeit des Ersten Staatsexamens für das Lehramt das Thema „Die Karolingerkönige und der heilige Tag". Daß ich nach Abschluß des Zweiten Staatsexamens ein Stipendium der Graduiertenförderung des Landes Nordrhein-Westfalen erhielt, verdanke ich insbesondere den Bemühungen der Herren Professoren W. Geerlings und H.-W. Goetz; letzterer förderte die Arbeit in zuvorkommendster Weise. In allen diplomatischen und hilfswissenschaftlichen Fragen konnte ich mich an Professor W. Bergmann wenden. Freundlicherweise erklärte sich Frau Prof. H. Vollrath zur Übernahme des Zweitgutachtens bereit. Meine Eltern übernahmen die Kosten der Drucklegung.
Allen genannte Personen und Institutionen bin ich zu tiefem Dank verpflichtet.

Die Arbeit widme ich meiner Frau (ohne die die Arbeit wohl noch immer nicht fertiggestellt wäre) und meinem Sohn (ohne den die Arbeit vermutlich einige Jahre früher beendet worden wäre), von dem ich lernte, daß die Zeit der Arbeit nicht die wichtigste ist.

Wesseling, den 4. Juni 1995   Michael Sierck

INHALTSVERZEICHNIS

1. ZUR PROBLEMSTELLUNG 1

2. ZUM FORSCHUNGSSTAND 4

3. METHODISCHE VORBEMERKUNGEN 10
   3.1. Zur Angabe von Zeitdauern 10
   3.2. Zu Datierungsangaben in Geschichtswerken 11
   3.3. Die angewandten statistischen Methoden 16

4. POLITISCHE UND RELIGIÖSE MOTIVE FÜR DIE FEIER VON FESTEN BEI DEN KAROLINGERN 18
   4.1. Der politische Stellenwert von Festen 18
   4.2. Der Festverlauf 19
      4.2.1. Vorbereitungen und Vigilfeier 19
      4.2.2. Die Festtagsgestaltung 20
         4.2.2.1. Die Kleidung 20
         4.2.2.2. Der Gottesdienst 21
         4.2.2.3. Das Convivium 23
         4.2.2.4. Das Gelage 25
         4.2.2.5. Die Gaben 26
         4.2.2.6. Resümee 27
   4.3. Motive für die Ausgestaltung bestimmter Tage zu Festtagen 28
      4.3.1. Magische Raum-Zeit Vorstellungen 28
      4.3.2. Der Tag als Bedeutungsträger 33
   4.4. Zusammenfassung und Ausblick 37

5. HERRENGEDENKEN, HEILIGENFESTE UND BUßTAGE: BEACHTENSWERTE ZEITEN BEI DEN KAROLINGERN ... 40

   5.1. Die vorhandenen Festvorschriften ... 40
   5.2. Die Festkreise der in den Festvorschriften angeführten Heiligen ... 49
   5.3. Reichs- und Familienheilige ... 51
   5.4. Die Heiligen der Herrscherlaudes ... 52
   5.5. Indizien für die Verehrung weiterer Heiliger ... 56
   5.6. Zur Relevanz des Patronus-Titels ... 59
   5.7. Regelmäßige Fastentage ... 62
   5.8. Zusammenfassung ... 65
   5.9. Tabelle zu den Festtagen in Herrscher- und Bischofskapitularien ... 67

6. HERRSCHAFTSANTRITTE UND KRÖNUNGSVORGÄNGE ... 68

   6.1. Methodische Vorbemerkung ... 68
   6.2. Kaiserkrönungen ... 70
      Tabelle zu den Kaiserkrönungen ... 75
   6.3. Feierliche Antritte eigenständiger Königsherrschaft ... 76
      6.3.1. Merowingische Herrscher ... 76
      6.3.2. Sichere Herrschaftsantritte bei den Karolingern ... 77
      6.3.3. Vermutete Antritte unabhängiger Herrschaft ... 82
         6.3.3.1. Pippin der Jüngere ... 82
         6.3.3.2. Karl der Große als König der Langobarden ... 83
         6.3.3.3. Zu den Krönungstagen Karls des Kahlen ... 85
         6.3.3.4. Boso ... 93
         6.3.3.5. Herrschaftsantritte Karls des Dicken ... 93
         6.3.3.6. Ludwig das Kind ... 95
         6.3.3.7. Konrad I. ... 96
   6.4. Die Einsetzung von Unterkönigen ... 96
      6.4.1. Sicher datierbare Herrschaftsantritte ... 96
      6.4.2. Nicht sicher datierbare Herrschaftsantritte ... 98
   6.5. Reichsteilungen ... 104
      6.5.1. Sicher datierbare Reichsteilungen ... 104
      6.5.2. Ungesicherte Termine von Reichsteilungen ... 105

6.6. Befestigungskrönungen ... 105
   6.6.1. Pippin der Jüngere ... 105
   6.6.2. Ludwig der Fromme ... 111
   6.6.3. Karl der Kahle ... 112
   6.6.4. Ludwig der Stammler ... 112
6.7. Triumphale Einzüge ... 113
6.8. Auswertung ... 115
6.9. Tabellen zu den Herrschaftsantritten und Krönungsterminen ... 118

7. HULDIGUNGEN ... 121

7.1. Pippin der Jüngere ... 121
7.2. Karl der Große ... 122
7.3. Ludwig der Fromme ... 122
7.4. Lothar I. ... 122
7.5. Karl der Kahle ... 123
7.6. Ludwig der Deutsche ... 125
7.7. Karl III. ... 126
7.8. Arnulf ... 127
7.9. Zusammenfassung ... 127
7.10. Tabelle zu den Huldigungsterminen ... 128

8. HERRSCHERTREFFEN BEI DEN KAROLINGERN ... 129

8.1. Allgemeine Überlegungen ... 129
8.2. Dauer und Ablauf der Verhandlungen ... 131
   8.2.1. Die Dauer ... 131
   8.2.2. Der Ablauf ... 134
8.3. Die Herrschertreffen im einzelnen ... 136
   8.3.1. Salvatorfeste ... 136
   8.3.2. Heiligenfeste ... 137
      8.3.2.1. Johannes der Täufer ... 137
      8.3.2.2. Marienfeste ... 139
      8.3.2.3. Festtage von Reichsheiligen ... 140
      8.3.2.4. Petrus- und Apostelfeste ... 143
      8.3.2.5. Allerheiligen und Hubertustag ... 147
      8.3.2.6. Treffen in der Juni-Mitte ... 148

8.3.3. Sonntage im Kirchenjahr 152
    8.3.3.1. Sonntag Septuagesima 152
    8.3.3.2. Sonntag Quinquagesima.. 154
    8.3.3.3. Sonntag Jubilate.. 157
    8.3.3.4. Sonntag Vocem jocunditatis.. 157
8.4. Auswertung... 158
8.5. Tabelle der bearbeiteten Königstreffen 160

9. HOCHZEITEN 162

9.1. Sicher datierbare Hochzeiten... 162
9.2. Nicht exakt datierbare Hochzeiten... 169
9.3. Resümee 174
9.4. Tabellen zu den Hochzeitstagen 175

10. TAUFEN UND TAUFTERMINE 177

10.1. Die politische Dimension der Taufe.. 177
10.2. Die Tauftermine 179
10.3. Sichere Tauftermine 182
10.4. Wahrscheinliche Tauftermine 188
10.5. Mögliche Tauftermine 192
10.6. Auswertung.. 197

11. UNTERSUCHUNGEN ZUR BEACHTUNG HEILIGER ZEITEN IM KRIEG 200

11.1. Gewinnung himmlischer Schlachtenhilfe............................... 200
11.2. Fastenzeit und Krieg.. 204
    11.2.1. Fastenzeit und Märzfeld 206
    11.2.2. Krieg und Fastenzeit unter Ludwig dem Frommen 210
11.3. Zur Planbarkeit von Schlachttagen... 212
11.4. Krieg und Iudicium Dei 214
11.5. Die Tagewahl bei innerfränkischen Konflikten...................... 217
    11.5.1. Kampftermine der Merowingerzeit 217
    11.5.2. Festfeiern im Bruderkrieg (Juli bis Dezember 841) 219
    11.5.3. Familienzwist und Familienheilige 225
    11.5.4. Schlachten karolingischer Herrscher gegeneinander ... 226

11.6. Die Tagewahl bei sonstigen kriegerischen Ereignissen 233
 11.6.1. Herrenfeste 234
 11.6.2. Marienfeste 235
 11.6.3. Täuferfeste 239
 11.6.4. Feste von Reichsheiligen 242
 11.6.5. Apostelfeste 247
 11.6.6. Prophetenfeste 250
  11.6.6.1. Prophetenfeste in den Martyrologien 250
  11.6.6.2. Schlachten an Prophetenfesten 251
  11.6.6.3. Kriegsbeginn an Prophetenfesten 253
 11.6.7. Orts- und Regionalfeste 254
 11.6.8. Wichtige Sonntage des Kirchenjahres 256
 11.6.9. Profane Tage 256
11.7. Statistische Untersuchungen 257
 11.7.1. Die einzelnen Festkategorien 257
 11.7.2. Schlachten an heiligen Tagen und an „Schattentagen" 260
 11.7.3. Die Wochentagswahl 261
 11.7.4. Die Bedeutung des Mondstandes 262
 11.7.5. Auswertung 263
11.8. Tabellen zur karolingischen Kriegsführung 264
11.9. Zur Zeitgestaltung normannischer Überfälle 268
 11.9.1. Osterzeit 268
 11.9.2. Weihnachtszeit 268
 11.9.3. Ortsfeste 269
 11.9.4. Sonstige Feste und Auffälligkeiten 271
 11.9.5. Profane Termine 272
 11.7.6. Interpretation der normannischen Tagewahl 272

12. REICHSVERSAMMLUNGEN UND SYNODEN 276

12.1. Synoden und Reichsversammlungen bis 768 278
12.2. Marienfeste 282
 12.2.1. Mariä Reinigung 282
 12.2.2. Andere Marienfeste 286
12.3. Täuferfeste 287
12.4. Feste der Apostelfürsten 288
12.5. Weitere Apostelfeste 291

12.6. Feste von Reichsheiligen ... 292
12.6.1. Martin ... 292
12.6.2. Remigius ... 293
12.6.3. Weitere Reichsheilige ... 294
12.7. Orts- und Regionalfeste ... 295
12.8. Sonstige Heiligenfeste ... 296
12.9. Christusfeste ... 297
12.9.1. Weihnachten und Epiphanie ... 297
12.9.2. Die Osterzeit ... 297
12.9.3. Christi Himmelfahrt ... 299
12.9.4. Pfingsten ... 299
12.10. Wichtige Sonntage des Kirchenjahres ... 300
12.10.1. Sonntage vor der Fastenzeit ... 300
12.10.2. Sonntag Laetare ... 300
12.10.3. Sonntag Misericordia Domini ... 301
12.10.4. Sonntag Jubilate ... 302
12.10.5. Sonntag Cantate ... 302
12.10.6. Sonntag Exaudi ... 303
12.10.7. Zweiter Sonntag nach Pfingsten ... 304
12.11. Profane Gedenktage ... 306
12.12. Versammlungstermine unter König Konrad I. ... 308
12.13. Versammlungen ohne erkennbaren Festbezug ... 310
12.14. Nicht berücksichtigte Versammlungen ... 311
12.15. Resümee ... 312
12.16. Tabellen ... 313

13. STATISTISCHE AUSWERTUNG UND INTERPRETATION DER VERSAMMLUNGSTERMINE ... 319

14. UNTERSUCHUNGEN ZU DEN TODESTAGEN DER KAROLINGER ... 323
14.1. Psychologischer Ansatz ... 325
14.2. Todesfälle infolge von Attentaten? ... 327
14.2.1. Anschläge als Mittel der Politik ... 328
14.2.2. Fest und Mord in der Merowingerzeit ... 334
14.2.2.1. Säkulare Feste und Mordanschläge ... 335
14.2.2.2. Attentate und liturgische Feiern bzw. Kirchenfeste ... 336
14.2.2.3. Zur Bewertung politischer Morde im Frühmittelalter ... 338

14.2.3. Auswertung der Todesdaten der Karolinger 344
14.2.3.1. Termine von Attentaten in karolingischer Zeit 344
14.2.3.2. Methodische Überlegungen 345
14.2.3.3. Natürliche Todesursachen 347
14.2.3.4. Einzeluntersuchungen 351
14.2.3.4.1. Tage mit mehreren Todesfällen 351
14.2.3.4.2. Verdächtige Todesfälle 360
14.2.3.4.3. Auffällige Todestage 365
14.2.4. Auswertung 366
14.2.5. Tabelle zu den Todestagen im karolingischen Königshaus 367

14.3. Moissac: Necrolog oder Memorialbuch? 373
14.3.1. Problemstellung 373
14.3.2. Der „Weihnachtsüberschuß" 375
14.3.3. Heiligenpatronate und persönliches Gedächtnis 377
14.3.3.1. Die Äbte von Lézat 377
14.3.3.2. Adelsfamilien in der Nachbarschaft von Moissac 377
14.3.3.3. Gedenktage von Namenspatronen 379
14.3.4. „Fehlende" und zweifache Kommemorationen 380
14.3.5. Namensidentitäten an Festen fränkischer Reichsheiliger 381
14.3.6. Das Auftreten gleicher Namen am selben oder nächsten Tag ... 382
14.3.7. Namensidentitäten in bestimmten Zeitabständen 384
14.3.8. Namenskombinationen 389
14.3.9. Zusammenfassung 392

14.4. Resümee 395

15. ZUSAMMENFASSUNG UND AUSBLICK 396

16. EXKURSE 402

Exkurs 1: Zur Tagewahl beim Verfahren gegen Papst Leo III. 402

Exkurs 2: Himmelszeichen an Festtagen und ihre Bedeutung 403

Exkurs 3: Stichwort-Denken im Frühmittelalter 406

Exkurs 4: Parallelisierung von Gott und Herrscher 408

Exkurs 5: Zur Arnulfsverehrung bei den Karolingern 410

Exkurs 6: Der hl. Medardus als karolingischer „Königsmacher" 415

Exkurs 7: Zur Pankratius-Verehrung bei den Karolingern 417

Exkurs 8: Zur Verehrung von Tagesheiligen 418

Exkurs 9: Urkundenausstellungen zum 28. Juli 421

Exkurs 10: Zu den Sitzungstagen der Synode von Ponthion 876 424

Exkurs 11: Karolingische Ehepolitik und Papsttum 425
Exkurs 12: Zu den militärtechnischen Gründen für die Verlegung des
           Märzfeldes 426
Exkurs 13: Die Gedenken für Papst Leo III. am 13. April und 25. Mai 428
Exkurs 14: Zur Memorialtradition in Moissac 429
Exkurs 15: Moissac und der thüringisch-bairische Raum 431
Exkurs 16: Häufigkeitsverteilung in cluniacensischen Necrologien 436
Exkurs 17: Zu Karl dem Großen als Novus Constantinus 438
Exkurs 18: Festfeier und Sachsenpolitik bei Karl dem Großen 445

17. QUELLEN- UND LITERATURVERZEICHNIS 454

   17.1. Abkürzungen 454
   17.2. Benutzte Quellen und Quellenausgaben 458
   17.3. Literaturverzeichnis 467

1. ZUR PROBLEMSTELLUNG

Daß jede Zeit eine ihr je eigene Qualität hat, ist dem modernen Menschen zumeist nicht mehr einsichtig. Gefrierschrank und Importindustrie koppeln unsere Ernährungsgewohnheiten aus dem Rhythmus des Naturjahres ab und ermöglichen es uns, eine Frühlingssuppe im Herbst zu kochen und Weintrauben im Frühjahr zu verzehren. Dennoch scheint die Küche einer der letzten Horte zu sein, in dem um die Unterschiedlichkeit der Zeiten und ihrer Qualitäten gewußt wird. In diesem Bereich der modernen Lebenswelt orientiert man sich (mangels besserer Alternativen?) in vielem noch am althergebrachten christlichen Kalender. Insbesondere im Bereich des Backens wird säuberlich unterschieden zwischen Weihnachts- und Osterbäckerei, zu Neujahr gehören andere Speisen als zur voraufgehenden Silvesternacht. Die Sonntagstorten aus Sahne sind beileibe nicht so aufwendig wie die Hochzeitstorte, doch sind sie wesentlich üppiger als die der geringeren Festlichkeit wegen eher fettarmen und trockenen Mittwochskuchen oder das Gebäck, das unter der Sammelbezeichnung „Was-zum-5-Uhr-Tee-schmeckt" bekannt ist.[1] Qualitative Zeitunterschiede macht man auch noch im kirchlichen Bereich. Der Film "Banana-Airlines. Die verrückteste Lustlinie (!) der Welt" trug in der Beilage zum film-dienst einen Vermerk, demzufolge empfohlen wurde, diesen Streifen an stillen Feiertagen nicht anzusehen.[2] Sicher war der Film an anderen Tagen des Jahres moralisch gleichermaßen bedenklich, doch schien seine zweifelhafte Sittlichkeit offenbar geeignet, die Würde des Sonntags zu verletzen.
Der Sonntag hat nicht nur eine Würde, sondern auch eine Botschaft. Am fünften Sonntag der Fastenzeit wird in den katholischen Kirchen für das Hilfswerk "Misereor" gesammelt, das sich für mehr wirtschaftliche und soziale Gerechtigkeit in der Dritten Welt einsetzt. Damit entsprechen sich der Auftrag des katholischen Hilfswerkes und das althergebrachte Thema des Sammeltages, lautet doch der Introitus des Sonntags Judica "Schaffe mir Recht, o Gott". Den Gedenkinhalt dieses Sonntags gibt das Meßbuch wie folgt an: "Das Gesetz des Lebens ist dem Gesetz der Liebe verwandt: Geben und Empfangen bedingen sich; Schenken ist Beschenktwerden. Der Mensch gewinnt sein Leben in dem Maß, als er bereit ist, es für andere hinzugeben ...".[3]
Doch auch im Bereich der Politik können Tag und Tun miteinander korrespondieren. So wurde im Jahr 1989 Stroessner, der Diktator von Paraguay, am Tage des

---

[1] Backvergnügen wie noch nie, hg. von CHRISTIAN TEUBNER und ANNETTE WOLTER, München ⁹1982, 68-79, 96-106, 136f, 148-203 und 230-241.
[2] Beilage zum film-dienst, hg. vom Katholischen Institut für Medienforschung 34 (1982) Nr.14, S.6.
Bezüglich der Zitierweise sei angemerkt, daß Sigel für Seiten- (S.) oder Spaltenangaben (Sp.) nur zur Vermeidung von Unklarheiten beigegeben werden.
[3] Schott-Meßbuch für die Sonn- und Festtage des Lesejahres B. Originaltexte der authentischen Ausgabe des Meßbuchs und des Meßlektionars. Mit Einführungen herausgegeben von den Benediktinern der Erzabtei Beuron, Freiburg - Basel - Wien 1984, S.121.

Nationalheiligen San Blas gestürzt. Die denkbaren Gründe für das wenig zufällige Zusammentreffen können religiöser, propagandistischer oder taktischer Natur gewesen sein. Vielleicht wollten die Rebellen in dem katholischen Land die Hilfe des Heiligen gewinnen, vielleicht sollte die Tagewahl den Bürgern des Landes signalisieren, daß es sich um eine Revolte im Interesse des ganzen Landes handele, oder die allgemeine Arbeitsruhe sollte dem Gegner die Organisation von Gegenmaßnahmen erschweren.[4]

Daß die Feier von Festen durchaus politischen Intentionen unterliegen kann, zeigen nicht nur die Veranstaltungen an Jahrestagen, die etwa anläßlich der Beendigung des zweiten Weltkrieges stattfinden. Auch die Feier eines althergebrachten Neujahrsfestes kann in einer bestimmten Situation als Politikum gewertet werden. So riskierte in der Türkei Ärger mit der Polizei, wer das kurdische Neujahrsfest Newroz feierte. Dessen Beachtung wurde als Demonstration ethnischer und kultureller Identität der Kurden gewertet. Anläßlich des Newroz kam es immer wieder zu Rebellionen, bei denen zuletzt 1992 Hunderte von Kurden im Kugelhagel ums Leben kamen. In jüngster Zeit suchte die türkische Regierung das Newrozfest für ihre Zwecke zu instrumentalisieren und erklärte das kurdische Neujahrsfest zu einem „türkischen Neujahrsfest" als „gemeinsamen Festtag aller türkischsprechenden Völker". 1995 veranstaltete die türkische Regierung eine zentrale Newrozfeier unter Beteiligung von Staatschef Süleyman Demirel und Ministerpräsidentin Tansu Ciller als „Tag der nationalen Einheit, der Liebe und des Respekts". Am gleichen Tag startete die türkische Armee eine Großoffensive gegen die aufständischen Kurden der PKK. Die Bedeutung des Newrozfestes scheint sich zu wandeln: vom Ausdruck kurdischer Identität hin zum türkischen Hegemonieanspruch.[5]

Trotz des Dreikönigstreffens der FDP und der Aschermittwochsveranstaltungen der Parteien, bleibt die Verbindung von religiösem Gedenktag und politischem Geschehen in Deutschland eine Ausnahme. Nicht umsonst sind die genannten Kundgebungen auf Bayern beschränkt. Im allgemeinen unterliegt die Zeitplanung des modernen Menschen sachlich-pragmatischen Kriterien, weil uns die Zeit im allgemeinen nichts mehr "sagt". Gänzlich anders im Mittelalter: "The first thing that strikes us is that time has a 'meaning', a 'sense', these words being taken in their twin connotation of 'signification' and 'orientation'. Time signified something (significat). It has a meaning, it bore and transmitted to men God's message, a

---

[4] Zum Putsch von Freitag, dem 3. Februar 1989, schreibt FRIEDRICH KASSEBEER: "Mit der Ruhe des Nationalfeiertages zu Ehren des Schutzpatrons von Paraguay, San Blas, war es dahin. Das Volk war auf ein überlanges Wochenende einschließlich der Karnevalstage eingestellt. General Rodriguez hatte die Regimenter sozusagen im Schlaf erwischt" (Süddeutsche Zeitung vom 6.2.1989, S.3).

[5] Wenn es nach den Plänen von Kulturminister Timurcin Savas geht, soll der Newroz ab 1996 als gesetzlicher Feiertag in der Türkei und allen mittelasiatischen Turk-Republiken eingeführt werden (HÖHLER, GERT: Türken funktionieren Newroz um, in: Kölner Stadtanzeiger vom 21.3.1995).

lesson which came from beyond the time." "For the ancients, time was less a quantity than a quality of duration."[6]

Die Bedeutsamkeit einzelner Zeiten veranlaßte das Mittelalter zur Chronomantik: das Tun oder Lassen bestimmter Handlungen wurde davon abhängig gemacht, ob es zu einer bestimmten Zeit paßte. Hier setzt unsere Arbeit an, um zu untersuchen, ob Feste für die karolingische Politik eine Rolle spielten, welche Festtage das gegebenenfalls waren, und ob es Zusammenhänge zwischen dem Tage und dem getätigten Staatsakt gab.

---

[6] LECLERCQ, Experience and Interpretation of Time 15 und 18.

2. ZUM FORSCHUNGSSTAND

Die durch die Mentalitätsgeschichte veranlaßte Neubesinnung hinsichtlich der Inhalte von Geschichtswissenschaft hat den Blick auch auf die Zeit als einer historischen Kategorie gelenkt.[1] So erschienen in jüngster Zeit einige Arbeiten, die sich mit dem abendländischen Zeitbewußtsein auseinandersetzten.[2] Hinsichtlich der mittelalterlichen Erfahrung und Vorstellung von Zeit liegen neben den umfangreichen Darstellungen von LE GOFF[3] und GURJEWITSCH[4] auch einige kleinere Arbeiten vor.[5] Zur sozialen Bedeutung der Zeit wurde in jüngster Zeit von soziologischer Seite ein wichtiger Beitrag von NORBERT ELIAS geliefert,[6] der von mediävistischer Seite sofort aufgenommen wurde.[7]
In der vorliegenden Arbeit geht es nicht um allgemeine Erfahrungen von Zeit, sondern um die Festkultur, insbesondere um die Bedeutung bestimmter Tage und Kirchenfeste für die Politik.[8] Welchen Rang die Feste im mittelalterlichen Leben einnahmen, verdeutlichen einige, um die Jahrhundertwende durch den Greifs-

---

[1] SEIBT, FERDINAND: Die Zeit als Kategorie der Geschichte und als Kondition des historischen Sinns, in: Die Zeit (Schriften der Karl-Friedrich von Siemens-Stiftung 6) München-Wien 1983, 145-188.
ESCH, ARNOLD: Zeitalter und Menschenalter. Die Perspektiven historischer Periodisierung, in: HZ 239 (1984) 309-351.
[2] WENDORFF, RUDOLF: Zeit und Kultur. Geschichte des Zeitbewußtseins in Europa, Opladen ²1980; MACEY, S. L.: Clocks and the Cosmos. Time in Western Life und Thought, Hamdon 1980; BLUMENBERG, HANS: Lebenszeit und Weltzeit, Frankfurt 1986; DOHRN-VAN ROSSUM: Die Geschichte der Stunde. Uhren und moderne Zeitordnungen, München u.a. 1992.
[3] LE GOFF, JACQUES: Raum und Zeit im Mittelalter, in: DERS.: Kultur des Europäischen Mittelalters (= Knaurs Grosse Kulturgeschichte) München-Zürich 1970, 215-335.
[4] GURJEWITSCH, AARON J.: Das Weltbild des mittelalterlichen Menschen, München 1980, bes. die Kapitel "Die Raum-Zeit-Vorstellungen im Mittelalter" (28-42) und "Was ist die Zeit?" (98-187).
[5] NOBIS, HERIBERT M.: Zeitmaß und Kosmos im Mittelalter, in: Mensura. Mass, Zahl und Zahlensymbolik im Mittelalter, hg. von ALBERT ZIMMERMANN (= Miscellanea Medievalia 16) Berlin - New York 1983/1984, 261-274.
WATHEN, AMBROSE: Space and Time in the Rule of St Benedict, in: Cistercian Studies 17 (1982) 82-98.
LECLERCQ, JEAN: Zeiterfahrung und Zeitbegriff im Spätmittelalter, in: Antiqui et Moderni. Traditionsbewußtsein und Fortschrittsbewußtsein im späten Mittelalter, hg. von ALBERT ZIMMERMANN (= Miscellanea Medievalia 9) Berlin - New York 1974, 1-20.
LECLERCQ, JEAN: Experience and Interpretation of Time in the Early Middle Ages, in: Studies in Medieval Culture 5 (1975) 9-19.
[6] ELIAS, NORBERT: Über die Zeit. Arbeiten zur Wissenschaftssoziologie II, hg. von MICHAEL SCHRÖTER, Frankfurt a. M. 1984.
[7] GRIMM, HANS-ULRICH: "Zeit" als "Beziehungssymbol": Die soziale Genese des bürgerlichen Zeitbewußtseins im Mittelalter, in: GWU 37 (1986) 199-221.
[8] Den besten Überblick über die allgemeine Entwicklung des christlichen Festkalenders gibt noch immer KELLNER, HEINRICH: Heortologie oder die geschichtliche Entwicklung des Kirchenjahres und der Heiligenfeste von den ältesten Zeiten bis zur Gegenwart, Freiburg i. Br. ²1906 (³1911).

walder Professor ERNST BERNHEIM angeregte Dissertationen, die sich mit der Datierung in erzählenden Quellen befaßten, wobei zunächst die Frage nach der Tagesbezeichnung im Vordergrund des Interesses stand.[9] Den Arbeiten zufolge beschränkte sich die fortlaufende Monatsdatierung in den erzählenden Quellen auf das 8. Jahrhundert, in den folgenden Jahrhunderten drängte die Festtagsdatierung den römischen Kalender immer weiter zurück. Unterscheidungen sind allerdings hinsichtlich der Entstehungsorte, der Quellengattungen und der datierten Ereignisse zu machen. So wurden Todestage und Naturereignisse fast durchweg nach dem römischen Kalender datiert. Die Fragestellung des Forschungsprojekts BERNHEIMs gab wohl den Anstoß, auch Urkunden auf Festtagsdatierungen hin zu untersuchen. Hierbei wurde entsprechend der bei den literarischen Quellen angewandten Methode verfahren, indem zwischen Festtagsdatierungen und Datierungen nach römischem Kalender unterschieden wurde. SACHSEs Untersuchung zum "Aufkommen der Datierungen nach dem Festkalender in Urkunden der Reichskanzlei und der deutschen Erzbistümer" machte 1904 den Anfang. Hier wurden nach Festtagen datierte Urkunden aus der Zeit vom 8. bis zur Mitte des 13. Jahrhunderts zusammengestellt und kurz interpretiert. Zwar wurde SACHSEs Arbeit scharf kritisiert, doch hatte das Ergebnis Bestand, wonach Kaiserurkunden insbesondere dann ein Fest bezeichneten, wenn es sich um das des Schutzheiligen des Empfängers oder des Aufenthaltsortes handelte.[10] Die Untersuchungen SACHSEs regten nicht nur zu regionalen Studien an,[11] sondern veranlaßten auch

---

[9] MOLL, ERNST: Die Datierung in der Geschichtsschreibung des XII. Jahrhunderts, Diss., Berlin 1899, besprochen von JOHANN LECHNER, in: MIÖG 25 (1904) 350; HINRICHS, HEINRICH: Die Datierung in der Geschichtsschreibung des XI. Jahrhunderts, in: MIÖG-Erg.Bd 7 (1907) 613-740; besprochen von MICHAEL TANGL im Neuen Archiv 33 (1908) 600f; HILDEBRAND, PAUL: Die Datierung in der Geschichtsschreibung des X. Jahrhunderts, Greifswald 1908; EICHMANN, THEODOR: Die Datierung in der Geschichtsschreibung des deutschen Reiches während der ersten Hälfte des XIII. Jahrhunderts. 1200-1254, Greifswald 1908; MOLKENTELLER, PAUL: Die Datierung in der Geschichtsschreibung der Karolingerzeit, Greifswald 1916.
[10] SACHSE, FRANZ: Das Aufkommen der Datierungen nach dem Festkalender in Urkunden der Reichskanzlei und der deutschen Erzbistümer. Ein Beitrag zur Chronologie des Mittelalters, Erlangen 1904. Überhart erscheint die Kritik von AICHER, Neuere Forschungen 87: "Der einzige bisher gemachte Versuch, die Urkunde für eine rein chronologische Untersuchung zu verwerten, der von Franz Sachse, ist in seiner ganzen Anlage verfehlt. In der Verkennung der Bedeutung örtlicher und zeitlicher Grenzen beruht der Grundfehler der Arbeit ... Da Sachse weder die einschlägige Literatur kennt, noch auch mit den einfachsten Begriffen der Diplomatik und der Chronologie vertraut ist, konnte seine Abhandlung kein sicheres Ergebnis zeitigen. Es würde zu weit führen, auch nur seine schwersten Irrtümer zu widerlegen ... Mit Recht wird auf das Volk als den eigentlichen Urheber der Festdatierung hingewiesen, doch wird diese Behauptung nicht hinreichend belegt, da es Sachses Material nicht zuläßt. Die Ausführungen über die zeitliche Einbürgerung der Festdatierung in den einzelnen Diözesen halten einer Nachprüfung nicht stand, weil Sachse die nicht nach Festen datierten Urkunden achtlos beiseite ließ; hätte er sie auch nur gezählt, so würden sich seine Anschauungen geändert haben."
[11] ZILLIKEN, GEORG: Der Kölner Festkalender. Seine Entwicklung und seine Verwendung zu Urkundendatierungen. Ein Beitrag zur Heortologie und Chronologie des Mittelalters, in: Bonner Jahrbücher 119 (1910) 13-157; MIESGES, PETER: Der Trierer Festkalender. Seine

die wichtige Untersuchung von AICHER.[12] Er wertete den Freisinger Urkundenbestand nicht nur hinsichtlich der in den Datierungszeilen gemachten Angaben aus, sondern zog auch die Tagesbezeichnungen in den Urkundentexten heran. Neben den Freisinger Urkunden bearbeitete er auch noch germanische Rechtstexte sowie Urkunden, Erlässe und Briefe der Merowinger, der Karolinger sowie italienischer (9.-10. Jh.), deutscher (-1197) und französischer Herrscher (-1180). Für die bischöflichen Urkunden kam er zu dem Ergebnis, daß die weit überwiegende Tagesfixierung in der Datierungszeile mittels des römischen Kalenders geschah, während im Urkundentext die beiden Datierungsmethoden etwa gleich stark vertreten sind, wobei Zinstage fast durchweg nach dem Festkalender datiert wurden. Seine Schlußfolgerung war, daß "den Zinspflichtigen und mit ihnen dem ganzen Volk die Festdatierung geläufig ist ... Demnach ist anzunehmen, daß wenigstens in Freising die Festdatierung schon um die Wende vom 8. zum 9. Jahrhundert dem Volk geläufig war, daß das Volk im mündlichen Verkehr schon viel früher und allgemeiner nach Festen datierte, als die Datierung von urkundlichen und erzählenden Quellen, die von gebildeten Leuten ausgehen, durchscheinen läßt. Der Ursprung der Festdatierung ist also im Volk, nicht aber in der Bequemlichkeit oder Beschränktheit einzelner Urkundenschreiber und Annalisten, noch auch in der Überklugheit eines religiösen Eifers zu suchen."[13] Zum gleichen Ergebnis kam er bei der Analyse der anderen Quellen. Seit dem Ende des ersten Weltkriegs fand das Thema Fest und Festdatierung in diplomatischen Quellen keine Bearbeiter mehr. Zwar wird in neuester Zeit das Ergebnis AICHERs bezweifelt,[14] doch wird man festhalten dürfen, daß in karolingischer Zeit die christlichen Feste mehr als nur mnemotechnische Fixpunkte im Jahreslauf waren, an denen sich weiteste Kreise orientierten.[15]

Abgesehen von der Diskussion um die Festkrönungen der deutschen Könige aus den dreißiger Jahren,[16] die zu Beginn der sechziger Jahre von BRÜHL neu belebt

---

Entwicklung und seine Verwendung zu Urkundendatierungen. Ein Beitrag zur Heortologie und Chronologie des Mittelalters, Diss., Trier 1915.

[12] AICHER, HERMANN: Beiträge zur Geschichte der Tagesbezeichnung im Mittelalter (= Quellenstudien aus dem Historischen Seminar der Universität Innsbruck 4) Innsbruck 1912.

[13] Ebd. 30.

[14] FICHTENAU, Forschungen 334: "Aichers fleißige Studie hat sich leider ebenfalls auf ein unsicheres Terrain begeben mit dem Versuch, die Festtagsdatierungen aus einer vorchristlichgermanischen Wurzel abzuleiten. Sein Kapitel über die Freisinger Traditionen kommt zu dem Schluß, daß im späten 8. Jahrhundert und wohl schon viel früher die Festtagsdatierung 'dem Volk' - es handelt sich um lateinische Texte! - durchaus geläufig war. Sie gehe auf den Brauch der Germanen zurück, Feste zu feiern. Von diesen sind nur drei bekannt, aber man habe doch wohl auch Siegesfeiern usw. abgehalten."

[15] Bedenklich ist allerdings AICHERs Tendenz, "dem Volk" eine eigene Zeitrechnung zuzusprechen, die er von jener der antiken wie mittelalterlichen "Gebildeten" trennen möchte (77-84). Wie hätten die Ungebildeten einzelne Tage im Fluß der Zeit fixieren können, wenn nicht mit Hilfe jener Spezialisten, seien es nun antik-römische oder mittelalterlich-christliche.

[16] SCHRAMM, PERCY ERNST: Die Krönung bei den Westfranken und Angelsachsen, in: ZRG KA 23 (1934) 117-242; DERS.: Die Krönung in Deutschland bis zum Beginn des Salischen Hauses, in: ZRG KA 24 (1935) 184-332; DERS.: Geschichte des Englischen Königtums

wurde,[17] spielte das Thema "Königtum und Fest" sechs Jahrzehnte lang keine Rolle. Erst BENZ erfaßte in seiner Abhandlung über die Teilnahme der Ottonen an Kirchweihen die politische Dimension kirchlicher Festveranstaltungen.[18] Auf das Fest als Phänomen mittelalterlicher Politik machte aber erst die Studie von HANS MARTIN SCHALLER "Der heilige Tag als Termin mittelalterlicher Staatsakte" aufmerksam,[19] der sich auch die vorliegende Arbeit verdankt. SCHALLER stellte fest, daß von "denjenigen Staatsakten, deren Tagesdatum genau bekannt ist, ... mindestens 90 Prozent ... an heiligen Tagen stattgefunden haben."[20] Als Erklärung für das Verhalten der Herrscher rekurriert SCHALLER auf die magische Denkweise des Mittelalters: "Was am heiligen Tag geschieht, ist in besonderem Maße teilhaft des göttlichen Schutzes, des himmlischen Segens. Der Staatsakt, der am heiligen Tag stattfindet, wird dadurch selbst in eine sakrale Sphäre erhoben; indem er sich auf ein heiliges Geschehen der Vergangenheit bezieht, bekommt er einen tieferen Sinn für die Gegenwart und wird bedeutsam für die Zukunft. Aus dem Ablauf des Staatsaktes kann man die Zukunft voraussagen."[21] Doch scheint er auch die Tagewahl aus Gründen politischer Außenwirkung für möglich zu halten, wenn er sie als "Demonstration" versteht.[22] Die

---

im Lichte der Krönung, Weimar 1937; KLEWITZ, HANS WALTER: Die Festkrönungen der deutschen Könige, in: ZRG KA 28 (1939) 48-96.

[17] Das Thema stand sicher nicht im Zentrum des Forschungsinteresses, wie der zeitliche Abstand der Veröffentlichungen zeigt: BRÜHL, CARLRICHARD: Fränkischer Krönungsbrauch und das Problem der Festkrönungen, in: HZ 194 (1962) 265-326; JÄSCHKE, KURT-ULRICH: Frühmittelalterliche Festkrönungen? Überlegungen zu Terminologie und Methode, in: HZ 211 (1970) 556-588; BRÜHL, CARLRICHARD: Kronen- und Krönungsbrauch im frühen und hohen Mittelalter, in: HZ 234 (1982) 1-31.

[18] BENZ, KARL JOSEF: Untersuchungen zur politischen Bedeutung der Kirchweihe unter Teilnahme des Herrschers. Ein Beitrag zum Studium zwischen weltlicher Macht und kirchlicher Wirklichkeit unter Otto III. und Heinrich II., maschinenschr., Habil., Regensburg 1972/73; s.a. DERS.: Episcopi Conbenedicentes. Die gemeinsame Kirchweihe durch mehrere Bischöfe im hohen Mittelalter als Ausdruck der bischöflichen Kollegialität, in: Mysterium der Gnade. Festschrift für JOHANN AUER, hg. von HERIBERT ROSSMANN und JOSEF RATZINGER, Regensburg 1975, 312-319.

[19] DA 30 (1974) 1-24.

[20] Ebd. 4.

[21] Ebd. 23f. Im gleichen Sinne äußert er sich auch an anderer Stelle: "Da der mittelalterliche Mensch in vieler Beziehung 'magisch' dachte, glaubte er auch an die Möglichkeit, eine empfangene Weihe oder Würde bekräftigen oder verstärken zu können. Diesem Zweck dienten unter anderem die sogenannten Festkrönungen, für die man in der Regel die höchsten Feiertage ... benutzte" (ebd. 6). S.a. "Aus der Zahl der durch einen besonderen Termin zu heiligenden Staatsakte ..." (ebd. 11).

[22] Im Zusammenhang mit der Heiligenverehrung der deutschen Könige verweist SCHALLER auf die von Friedrich Barbarossa veranlaßte Heiligsprechung Karls des Großen am 29. Dezember 1165. "Neuerdings hat man - mit Recht - betont, daß dies der Tag des heiligen Königs David war. Ich glaube aber nicht, daß Barbarossa mit der Wahl des Tages nur an das Vorbild 'eines frommen und weisen Königs' des Alten Testamentes erinnern wollte. Ich sehe in diesem Termin vielmehr eine Demonstration: Karl der Große ebenso wie Friedrich I. Nachfolger, vielleicht sogar Nachkommen König Davids" (ebd. 20). Die von SCHALLER konstatierten politischen Dimensionen des Vorgangs werden noch deutlicher, wenn man den Termin des

wegweisende Arbeit HANS MARTIN SCHALLERs ist in der deutschsprachigen Forschung bislang ohne Nachfolge geblieben, aber immerhin erscheint die bewußte Wahl von Tagen für königliche Handlungen deutschen Historikern als beachtenswertes Phänomen.[23]

Herrschaftsantritts Friedrichs einbezieht. Die Frage, ob Friedrich I. sein Königtum am 28. oder 29. Januar 1152 begann, hatte übrigens den Anstoß zum Forschungsprojekt BERNHEIMs gegeben. Hinsichtlich der politischen Bedeutung ist es allerdings irrelevant, ob Friedrich I. sein Königsamt am Todestag Karls des Großen selbst (28.1.1152) oder am Sonntag nach dem Todesgedenken für den Karolingerkönig (29.1.1152) antrat. Wichtig war nur, daß der Staufer auf diese Weise an das karolingische Königtum anknüpfen konnte, dessen Reichskirchensystem er erneuern wollte. Daß Karl der Große nicht nur bei Hof als David bezeichnet wurde und er sich selbst diesen Namen beilegte (STEGER, David 127f), mag ein weiterer Grund für die Wahl des Davidtages 1165 gewesen sein.

[23] HERMANN TÜCHLE versteht die Tagewahl als einen Ausweis von Kirchentreue: "Die staufischen Kaiser und Könige entziehen sich persönlich nicht der Kirche. Friedrich I. geht täglich zur Messe, beichtet jedesmal, bevor er die Krone trägt, hält seine Hoftage an heiligen Tagen, den Festen des Kirchenjahres. Am Sonntag Laetare 1188 nimmt er das Kreuz, am Karfreitag 1195 sein Sohn Heinrich VI., der an Epiphanie 1169 zum deutschen König gekrönt worden war" (Die Kirche oder die Christenheit, in: Die Zeit der Staufer III, 165-175, 165).

Die politische Bedeutung der Feier von Festen wird in zwei Arbeiten zu Liudolfs 'Gelage' in Saalfeld zu Weihnachten 951 deutlich, wenn Zugangsweise und Interpretation auch unterschiedlich sind. Während ALTHOFF, Organisation, aus der Saalfelder Feier auf eine bestehende Schwurgemeinschaft zurückschließt, sieht WOLF, Gelage, in der Weihnachtsfeier "das Geltendmachen eines Herrschaftsanspruchs" (S.327).

Weil Repräsentation und Fest zusammengehören, ist es für die Pfalzenforschung wichtig, welche Feste an welchem Ort gefeiert wurden, da hiermit ein Instrument zur Abschätzung der Bedeutung einer Pfalz an die Hand gegeben wird. Die repräsentative Bedeutung von Ortswahl und Festfeier erarbeitet ZOTZ, Königspfalzen, anhand von Palmsonntags- und Osteraufenthalten der Ottonen.

Neben der Einbeziehung der Kirchenfeste in die politische Bedeutung von Diplomen ("Der 1. Juni fiel 833 auf das Pfingstfest, der 8. Juni auf den Trinitatis-Sonntag", S.182 zu BM² 922-923; "Am Tag nach Himmelfahrt, 15. Mai 834, nach den tironischen Noten mit besonderer Beteiligung des Kaisers: ipse d. imperator fieri iussit", S.193 zu BM² 927), sucht KRÜGER, Nachfolgeregelung, aus einem gegebenen Tagesdatum das zugehörige Jahr zu ermitteln. Das entscheidende Kriterium ist ihm dabei die Bezeichnung eines Festes durch das Tagesdatum: "Auf einen Sonntag (Jubilate) fiel der 26. April in den hier wichtigen Jahren nur 828 und 834" (ebd., S.182).

In seiner Arbeit zu den Sachsenkriegen Karls des Großen geht KAHL, Eskalation 63f, auf die Reichsversammlung von Quierzy ein, die zur Jahreswende 774/775 stattfand. Dabei bringt er den Entschluß, die Sachsen zur Bekehrung zu zwingen, mit der weihnachtlichen Festbotschaft "Gloria in altissimis Deo, et in terra pax hominibus bonae voluntatis" in Zusammenhang: "Die Versuchung ist groß, in dem, was eben damals als Zielalternative proklamiert wurde, eine interpretierende Konsequenz dieser himmlischen Botschaft zu sehen. Die Saxonum gens hatte sich für fränkische Auffassung als perfida ac foedifraga gezeigt. Hatte sie sich nicht eben damit außerhalb der homines bonae voluntatis gestellt? War es statthaft, ihr pax zu gewähren, bevor sie sich offensichtlich in diesen Kreis eingereiht hatte?"

Für ein zunehmendes Interesse am Thema spricht neben der Erscheinung zweier Sammelwerke zum Thema Fest (Stadt und Fest. Zu Geschichte und Gegenwart europäischer Festkultur. Festschrift der Phil. Fakultät I der Universität Zürich zum 2000 Jahr Jubiläum der Stadt Zürich, hg. von PAUL HUGGER, WALTER BURKERT und ERNST LICHTENHAHN, Unterägeri-

Wesentlich deutlicher wird die Verschränkung von Fest und Politik im Mittelalter in zwei französischen Monographien. So konnte LE ROY LADURIE zeigen, daß die einzelnen Masken, Aufzüge und Spiele der Karnevalsfeiern von 1579 und 1580 in Romans durchgängig politischen Hintersinn hatten und die wechselseitigen Provokationen den Karneval schlußendlich in den offenen Aufstand übergehen ließen,[24] während HEERS darlegte, daß bestimmte Kirchenfeste integraler Bestandteil der Auseinandersetzungen innerhalb des Klerus, zwischen sozialen Gruppen und politischen Institutionen waren.[25]

Ausgehend von SCHALLERs Feststellung, daß die weitaus überwiegende Mehrzahl von mittelalterlichen Staatsakten an Festtagen vorgenommen wurde, soll für die karolingische Zeit untersucht werden, wann welche politischen Handlungen bzw. Ereignisse stattfanden, wobei für die untersuchten Aspekte jeweils Vollständigkeit angestrebt wird.[26] Vor diesem Hintergrund soll dann die Frage nach der Bedeutung der Tagewahl - insbesondere in bezug auf ihre politischen Implikationen - gestellt werden.

Bei den untersuchten Aspekten handelt es sich um Herrschaftsantritte, Huldigungen, Königstreffen, Hochzeiten, Taufen, Kriegsereignisse und Reichsversammlungen. Wegen der äußerst ungewöhnlichen Verteilung von Todestagen bei den Karolingern sollen drei Modelle diskutiert werden, die eine Erklärung für diese Verteilung abgeben können. Für eine sinnvolle Durchführung dieser Untersuchungen ist es - nach methodischen Vorbemerkungen - notwendig, zunächst die Frage zu klären, welchen Stellenwert Feste für die Karolinger hatten und welche Feste und Zeiten den Karolingern im einzelnen von Bedeutung waren.

Stuttgart 1987 und Das Fest. Eine Kulturgeschichte von der Antike bis zur Gegenwart, hg. von UWE SCHULTZ, München 1988) die Themenwahl "Feste und Feiern im Mittelalter" des 3. Interdisziplinären Symposiums des Mediävistenverbandes in Paderborn vom 5.-9. März 1989. Die erweiterte Fassung des in Paderborn gehaltenen Vortrags von HANS-WERNER GOETZ zum Thema "Kirchenfest und weltliches Alltagsleben im frühen Mittelalter" findet sich in Mediävistik 2 (1989) 123-171. Eine Zusammenstellung der frühmittelalterlichen Festvorschriften bietet ALBRECHT GRAF VON FINCKENSTEIN, Fest- und Feiertage im Frankenreich der Karolinger, in: Beiträge zur Geschichte des Regnum Francorum (1990), 121-129.
Den "politischen Kalender" Böhmens in der Premyslidenzeit untersuchte jüngst JOSEF ZEMLICKA: "Policky kalendar" premyslovskych Cech, in: Cesky casopis historicky 89 (1991) 31-47.
[24] LE ROY LADURIE, EMMANUEL: Karneval in Romans. Von Lichtmeß bis Aschermittwoch, 1579-1580, Stuttgart 1982; Originaltitel: Le Carneval de Romans. De la Chandeleur au mercredi des Cendres, 1579-1580, Paris 1979.
[25] HEERS, JACQUES: Vom Mummenschanz zum Machttheater. Europäische Festkultur im Mittelalter, Frankfurt a. M. 1986; Originaltitel: Fêtes des fous et Carnavals, Paris 1983.
[26] Wenn im weiteren von Staatsakten die Rede ist, schließen wir uns der Definition von SCHALLER, Heiliger Tag 3, an, der darunter "politische, rechtliche und religiöse Handlungen, die in mittelalterlichen Gemeinwesen von Herrschern oder deren Beauftragten in mehr oder weniger feierlicher Form vorgenommen wurden", versteht.

3. METHODISCHE VORBEMERKUNGEN

3.1. ZUR ANGABE VON ZEITDAUERN

In den Standardwerken zur Karolingerzeit, etwa dem Regestenwerk von BÖHMER-MÜHLBACHER, wird gemeinhin bei der Angabe von Zeitdauern entsprechend dem modernen Usus der Ausgangstag nicht mitgerechnet. So wird etwa die Angabe der Reichsannalen, die Versammlung zur Untersuchung der Vorwürfe gegen den Papst habe König Karl sieben Tage nach seinem Einzug in St. Peter, der am 24. November 800 erfolgte, einberufen, auf den 1. Dezember berechnet.[27] Tatsächlich fand die moderne Tageszählung in karolingischer Zeit Verwendung.[28] Die generelle Unterstellung dieser Berechnungsweise ist jedoch ausgesprochen problematisch; einmal, weil die immer wieder auftauchenden Fristen von sieben und acht bzw. vierzehn und fünfzehn Tagen sicher gleichermaßen eine bzw. zwei Wochen meinen.[29] Zudem beachtete die liturgische Praxis der Kirche stets den dies a quo. In Lev 12,2-5 heißt es: "Wenn eine Frau niederkommt und einem Knaben das Leben schenkt, so bleibt sie sieben Tage unrein ... Am achten Tag muß seine Vorhaut beschnitten werden. Dann bleibe sie noch dreiunddreißig Tage über die Zeit ihrer Reinigung zu Hause. Sie darf nichts Heiliges berühren und nicht zum Heiligtum kommen bis die Tage ihrer Reinigung erfüllt sind". Diese Zeitangaben finden sich im christlichen Kirchenjahr wieder: 25. Dezember - Geburt Jesu, 1. Januar - Beschneidung Jesu, 2. Februar - Mariä Reinigung. Rechnet man nach, ergibt sich, daß die Ausgangstage jeweils mitgezählt werden müssen, um auf acht bzw. dreiunddreißig Tage zu kommen. Die Reinigung erfolgte nach heutiger Zeitrechnung neununddreißig Tage nach der Geburt, folgt man der kirchlichen, sind es dagegen vierzig Tage. Ebenso verhält es sich mit den Festen Christi Himmelfahrt und Pfingsten, die vierzig bzw. fünfzig Tage nach dem Osterfest gefeiert werden. Auch in diesen Fällen muß der Ausgangstag mitgerechnet werden.[30] Daß diese Berechnungsweise in weiten Kreisen bekannt war, erschließt sich nicht nur daraus, daß die Festbezeichnung "Pentecosten" gleichbedeutend mit

---

[27] "... ipse cum clero et episcopis ... in basilicam beati Petri apostoli ... introduxit. Facta sunt haec sub die VIII. Kal. Decembris. Post VII vero dies rex contione vocata ..." (Annales regni Francorum a.800, S.112); BM² 369e.

[28] Nicht einberechnet wurde der dies a quo bei der Angabe des 11. Dezembers, ausgehend vom Andreasfest am 30. November: "XI diebus post festivitatem s. Andreae peractis, id est III idus et idus decembris, XVIII. kalendas ianuarii" (MGH Capitularia 1, 245).
Ohne Einbeziehung des Ausgangstages wurde verfahren, wenn es galt, von einem fixen Termin an rückwärts zu rechnen: "XV. kal. jul., quod est septem dies ante missam s. Iohannis baptistae" (MGH Capitularia 1, 168). Dieselbe Berechnungsmethode liegt vermutlich auch der Angabe "XV. kal. ian., id est VI diebus ante nativitatem domini" zugrunde, die Ludwig der Fromme in einem Brief an Einhard verwendete (Einharti Epistoli Nr.20, hg. von KARL HAMPE, in: MGH Epistula 5, Berlin 1899, 105-145, 120). Der Termin wird den 18. Dezember bezeichnen, also einen Termin, der auf denselben Wochentag fiel wie das bezeichnete Fest.

[29] AICHER, Tagesbezeichnung 68.

[30] KELLNER, Heortologie 123-125, 132-134, 82-84, 84-88.

fünfzig ist, sondern auch aus der Tatsache, daß die liturgische Zeitordnung den Lebensrahmen bestimmte. Hinzu kommt, daß die christliche Zeitrechnung für den betont christlichen, karolingischen Hof nicht irrelevant geblieben sein kann.[31] Eine weitere Schwierigkeit sei angesprochen. Es erscheint bedenklich, die Angabe von Fristen ungeprüft zu übernehmen, wenn symbolträchtige Fristenangaben von dreißig oder vierzig Tagen gemacht werden. Hier können die ungefähre Dauer eines Monats bzw. eine Sechswochenfrist gemeint sein.[32] Eine Einbeziehung des dies a quo sollte bei der Datumsberechnung immer geprüft werden. Greifen wir unser vorgenanntes Beispiel auf, ergibt sich als Alternativdatum der 30. November als Beginn des Verfahrens gegen den Stellvertreter Petri, das Fest des Petrusbruders Andreas. Eine Tagewahl, die im Zusammenklang mit den anderen Terminen durchaus Hintersinn hat.[33]

3.2. Zu Datierungsangaben in Geschichtswerken

In der Handhabung der Datierung nach dem römischen Kalender herrschte im Frühmittelalter erhebliche Unsicherheit.[34] Entsprechende Probleme hatten natürlich auch die Autoren mittelalterlicher Historiographien und Annalenwerke. Sogar eine Geistesgröße wie Hinkmar von Reims blieb von irrtümlichen Datierungsangaben in seinem Annalenwerk nicht verschont.
Besonders deutlich zeigen sich Hinkmars Berechnungsprobleme bei der Datierung der Teilung des Mittelreichs 870 zwischen Karl dem Kahlen und Ludwig dem Deutschen. Die Teilung war nach seiner eigenen Aussage für die Augustkalenden

---

[31] Daß der dies a quo bei mittelalterlichen Fristenangaben einzurechnen ist, bemerkte schon KIEL, Zeitrechnung 1919. Nach MOLKENTELLER, Datierung 132, rechnete Einhard in seinen Miracula Marcellini et Petri den Ausgangstag mit. Dieselbe Berechnungsweise wandte auch Thegan an, dem zufolge König Bernhard von Italien "tertio die post amissionem luminum" verstarb (Thegan 23, S.596). Da sowohl der Todestag Bernhards (17. April 818) als auch der Tag seiner Blendung (15. April) bekannt sind, muß Thegan den dies a quo mitgerechnet haben.

[32] So bezeichnet Flodoard in seiner Reimser Kirchengeschichte den Abstand zwischen dem 1. Januar (Beschneidung des Herrn) und dem 2. Februar (Reinigung Mariens) als einen Abstand von 30 Tagen (AICHER, Zeitrechnung 68f). Karl der Kahle deutete die Gerichtsfrist von vierzig Tagen um in eine solche von sechs Wochen, indem er "post quadraginta dies" nicht als "genau nach vierzig Tagen", sondern als "kurz nach den vierzig Tagen" interpretierte (Kapitular Nr.273 c.33 [MGH Capitularia 2, 324f]).
Hinzu kommen natürlich noch offensichtliche Fehler in der Berechnung. Ein instruktives Beispiel bieten die Feiern der Hauptheiligen von Neuenheerse, Saturnina. Jahrhundertelang feierten die Nonnen den Todestag der Heiligen am 20. Mai sowie ein Fest am 17. Juni, das als "Tricesimus s. Saturninae" bezeichnet wurde (HEUTGER, Möllenbeck 59). Hierbei kann es sich nur um die Feier des dreißigsten Tages nach Todestag der Heiligen handeln, obwohl der dreißigste Tag nach dem 20. Mai auf den 18. bzw. 19. Juni fällt.

[33] Siehe dazu Exkurs 1.

[34] Dazu allgemein AICHER, Tagesbezeichnung 60-72.

(1.8.) angesetzt worden,[35] doch infolge eines Unfalls konnte König Ludwig den verabredeten Termin nicht einhalten. Von Aachen aus verhandelte er mittels Unterhändlern nochmals mit Karl. So wurde ein neuer Termin verabredet: "tandem 5. Kalendas Augusti ad locum colloquii convenerunt". Die Spannung zwischen dem angegebenen Termin, der vor dem geplanten 1. August liegt, und dem "endlich" wird dadurch aufzulösen zu sein, daß man die Kalenden als Lapsus für Iden nimmt. Zu dieser Erklärung MÜHLBACHERs paßt dann die Fortsetzung "et in crastina, 4. Idus eiusdem mensis, simul convenerunt".[36] Nach Hinkmar trafen sich die Könige also zweimal, nämlich am 9. und 10. August 870. Doch leider geben die sieben überlieferten Abschriften des Teilungsvertrages keinen der beiden vom Reimser Bischof bezeichneten Termine an, sondern setzen den Tag der Teilung auf den 8. August.[37] Da eher vorstellbar ist, daß Hinkmar sich zweimal in der Datierung irrte, als daß die verschiedenen Abschriften denselben Fehler machen, wird der 8. August als Teilungstermin anzunehmen sein,[38] zumal diese Tagewahl auch politische Aussagekraft hatte.

Ein zweiter Irrtum kann Hinkmar für 879 nachgewiesen werden. Der Erzbischof verwechselte das Datum "octavo Idus Februarii"[39] (6.2.), an dem sich die Könige Ludwig der Stammler und Ludwig der Jüngere treffen wollten, mit dem Fest Mariä Reinigung am 2. Februar: "et condixerunt placitum purificatione sanctae Mariae, ut simul iterum convenirent".[40] Der Datierungsfehler Hinkmars ist aus zwei Gründen erstaunlich. Einmal gibt der Reimser Bischof in seinem Annalenwerk den Vertragstext mit der korrekten Datierung wieder. Zum anderen hat bei der römischen Datierungsweise der 2. Februar einen Nonen-, der 6. des Monats dagegen einen Idenbezug. Offenbar entnahm der Bischof dem von ihm überlieferten Vertragstext, daß das Treffen im Februar erfolgen sollte, woraus er auf das Marienfest schloß, ohne zu realisieren, daß ein völlig anderer Termin vereinbart worden war. Demnach orientierte sich der Reimser Bischof am kirchlichen Fest-

---

[35] "... nuntiantes illi, ut ad Heristallium pergeret et frater suus Hludowicus ad Marsnam venturus foret, et in meditullio eorundumque locorum Kalendis Augusti colloquerentur" (Annales Bertiniani a.870, S.110). Angesichts der detaillierten Angaben ist wohl auszuschließen, daß Hinkmar beabsichtigte, eine Ziffernangabe vor der Kalendenangabe nachzutragen.

[36] Annales Bertiniani a.870, S.110 bzw. 113. Zum Hergang s. DÜMMLER, Ostfränkisches Reich II, 296f und BM² 1479h.

[37] Divisio regni Lotharii a.870 (MGH Capitularia 2, 193): "Anno incarnationis dominicae DCCCLXX, regni Karoli XXXIII, indictione III, VI. Idus Augusti inter gloriosos reges Karolum et Hludowicum fuit haec divisio regni facta in procaspide super fluvium Mosam".

[38] Bei der zweiten Datierung wird Hinkmars Fehler aus der Zweitägigkeit des Treffens hervorgehen. Das Wissen, daß sich die Könige an zwei Tagen hintereinander trafen, wird bei der "Rekonstruktion" des Datums für die Annalen leitend gewesen sein. Ausgehend vom ersten, falsch errechneten Datum wurde dann einfach ein Tag abgezogen. Die Verkehrung von den Iden des August zu den Kalenden des August wird man kaum einem frühen Kopistenfehler zurechnen können. Zu solchen Datierungsfehlern: BRESSLAU, Urkundenlehre II, 441-445.

[39] Annales Bertiniani a.878, S.146.

[40] Annales Bertiniani a.878, S.144.

kalender, während die Umrechnung eines Datums entsprechend dem römischen Kalender ihm erhebliche Mühe bereitete.

Eine dritte Datierung in den von Hinkmar geschriebenen Annalen kann die Datierungsproblematik beleuchten. Spätestens seit dem 14. Juni 877 tagte nach Ausweis der königlichen Kapitularien in Quierzy eine Reichsversammlung.[41] Dagegen bieten die Annalen von St. Bertin die Angabe: "placitum suum generale Kalendas Julii habuit".[42] Die Angabe in den Annales Bertiniani erklärt sich am leichtesten mit der Auslassung der entsprechenden Tageszahl. Da die Berechnung des korrekten Datums Probleme bereitete, sollte sie später nachgeholt werden, unterblieb dann aber.

Die Probleme bei der Berechnung von Tagesdaten verleitete dazu, lediglich ungefähre Angaben zu machen. Nicht von ungefähr nehmen im 8. bis 10. Jahrhundert die Angaben der Monatsmitte und - bei Gebrauch der römischen Datierung - der Kalenden eine überragende Stellung ein.[43] Während man in der Geschichtswissenschaft aus der Angabe einer Monatsmitte nicht auf den 15. des Monats schloß, wurden Kalendenangaben fast ausnahmslos so verstanden, als sei damit, entsprechend dem römischen Kalender, exakt der erste Tag des Monats bezeichnet worden. Diese Auffassung teilt der Verfasser nicht. Eine Reihe von Indizien spricht für die Annahme, daß Kalendenangaben lediglich vage den Zeitraum des Monatswechsels bezeichnen können. Auch hierzu seien einige Beispiele gegeben. Im Sommer 814 hielt Ludwig der Fromme seinen ersten bedeutenden Reichstag ab, auf der er seine beiden Söhne Pippin und Lothar als Unterkönige in Aquitanien bzw. Baiern einsetzte. MÜHLBACHER datiert die Versammlung auf den 1. August entsprechend der Angabe des Chronicon Laurissense breve: "Eo anno placitum suum cum Francis imperator Hludowihus habuit Kalendas Augusti mensis".[44] Damit verwarf er die Datierung von SIMSON: "Sonntag den 30. Juli wurde sodann zu Achen (!) der erste allgemeine Reichstag unter der neuen Regierung eröffnet", für die sich jener auf die exaktere Angabe in der Chronik von Moissac stützen konnte: "Et 3. Kalend. Augusti habuit consilium magnum in Aquis".[45] Will man nicht annchmen, die Chronik aus Moissac habe einen willkürlichen Termin gesetzt, bleiben nur zwei Erklärungsmöglichkeiten. Entweder fiel in der Lorscher Chronik die Ziffer "III" vor der Kalendenangabe aus, oder aber die Kalendenangabe bezeichnet in diesem Fall einen Zeitraum, nicht aber den

---

[41] DÜMMLER, Ostfränkisches Reich III, 43-45, MGH Capitularia 2, 355-363.
[42] Annales Bertiniani a.877, S.135.
[43] AICHER, Tagesbezeichnung 42-45.
[44] Chronicon Laurissense breve (Hs 1), S.38. Bei BM² 528a unter der alten Bezeichnung Annales Laurissense minores.
[45] SIMSON, Ludwig der Fromme I, 25f und ihm folgend LEVILLAIN, Actes de Pépin S. CXLVI; Chronicon Moissacense a.815, S.311. Die Nachricht von der Einsetzung Pippins und Lothars als "reges ... Pippinum et Clotarium, Pippinum super Aquitaniam et Wasconiam, Clotarium super Baioriam" zeigt, daß die Angabe trotz der Zuordnung zu 815 auf das Jahr 814 zu beziehen ist, was auch MÜHLBACHER zugesteht (BM² 528a).

Monatsersten. Für die zweite Interpretation spricht, daß sie mit der Beratungspraxis harmoniert, da Reichsversammlungen normalerweise mehrtägig waren. Den Zeitraum des Monatswechsels bezeichnete auch Regino von Prüm, als er in seiner Chronik zum Jahr 906 angab, Graf Adalbert sei auf einer Reichsversammlung in Tribur verurteilt worden, die "circa Iulio mense" stattgefunden habe.[46] Tatsächlich wird die Versammlung bereits am 29. Juni, dem Petrusfest, begonnen haben. Von diesem Tag existiert ein königliches Diplom, das auf Fürbitte der Bischöfe Adalbero von Augsburg und Hatto von Mainz sowie "ceterorumque fidelium nostrorum qui ibi affuere" in Tribur ausgestellt wurde. Wegen der Anwesenheit der Getreuen ist mit WEBER anzunehmen, daß das Privileg auf dem Reichstag ausgestellt wurde.[47]

Ebensowenig ist die Angabe der Annales Bertiniani zum Jahre 839 "indicto placito Kalend. Septembribus erga Cavallonem" auf den 1. September zu beziehen. Vielmehr meint der Autor damit einen Termin in der zeitlichen Nähe des Septemberbeginns. Dies geht aus den Annalen selbst hervor, denn als nochmals auf die Ankündigung der Reichsversammlung zurückgekommen wird, heißt es nur noch: "fideles circa Kalendas Septembris Cavallonem, ut condixerat, sibi obvios adesse praecepit."[48]

Erwähnt sei auch, daß die Annalen von St. Bertin das Treffen von Meersen 878 "Kalendis Novembris" stattfinden ließen, während die Annalen von St. Vaast und Fulda die Begegnung in den Oktober datieren.[49]

Es ist nicht einmal davon auszugehen, daß eine Kalendenangabe entsprechend dem römischen Kalender einen Termin vor dem Monatsersten meinen muß. Die Fuldaer Annalen berichten zum Jahr 874, König Ludwig sei "ca. kal. febr." in Frankfurt angekommen. Aus dem Itinerar geht jedoch hervor, daß der König keinesfalls vor dem 6. Februar die Stadt erreicht haben kann.[50]

Im Jahr 867 ordnete Karl der Kahle den Annalen von St. Bertin zufolge eine Synode an, die "in futuris Kalendis Februarii" stattfinden sollte.[51] In diesem Fall rechnet auch MÜHLBACHER damit, daß die Synode, auf der die Eheangelegenheit Lothars zur Beratung anstand, für das Marienfest (2.2.) geplant war.[52]

Die Beispiele zeigen, daß damit zu rechnen ist, daß nicht nur bei Kalendenangaben, die durch ein "circa" eingeschränkt werden, lediglich der Zeitraum des Monatswechsels, nicht aber exakt der erste Tag eines Monats, gemeint ist. Die Be-

---

[46] Regino, Chronicon a.906, S.152.
[47] DLK 46; WEBER, Reichsversammlungen 187f.
[48] Annales Bertiniani a.839, S.21 und 22; BM² 997c setzt den Termin auf den 1. September.
[49] Annales Bertiniani a.878, S.145; Annales Vedastini a.878, S.43; Annales Fuldenses a.878, S.92.
[50] Seit dem November 873 hielt sich der König in Regensburg auf, von wo er im Januar 874 Richtung Seligenstadt aufbrach, wo sich sein Sohn Karlmann gegen den Vater verschworen hatte (BM² 1498d-g). Am 2. Februar hatte der König erst Augsburg erreicht (DLD 151).
[51] Annales Bertiniani a.867, S.90.
[52] BM² 1466a: "Karl d. K. beruft .. bischöfe für den 2. febr. 868 nach Auxerre"; mit Verweis auf BM² 1317a, wo allerdings zu lesen ist: "Karl hatte noch 867 ... für den 1. febr. bischöfe zu einer synode nach Auxerre berufen".

liebtheit der Kalendendatierung erklärt AICHER aus "ihrer engen Verbindung mit dem Festkalender ... Eine Reihe von Festen fällt genau auf den Monatsersten und einen ihm unmittelbar voraufgehenden oder nachfolgenden Tag; andere fallen auf die Tage octavo kalendas, denen der Monatserste genau in einer Woche folgt."[53] Hier sei noch auf eine besondere Bezeichnung des Septemberbeginns aufmerksam gemacht. In karolingischer Zeit wurde zweimal der Septemberbeginn mit "Haupt/Kopf" kombiniert: "in capite mensis Septembris"[54] bzw. "in capite kalendarum Septembrium". Die zweite Datierung löste eine Diskussion darüber aus, ob das Kloster Lorsch am 1. September oder am 14. August 774 eingeweiht worden sei. Inzwischen steht fest, daß die Kirchweihe am 1. September vorgenommen wurde.[55] Soweit ich sehe, wird in karolingischer Zeit die Zeitangabe "am Kopf" nur in bezug auf den September angewandt. Für diesen Zeitpunkt ist sie aber gut erklärlich, da am 29. August ein "Kopf-Fest" gefeiert wurde: die Enthauptung des Täufers Johannes.[56] In diesem Fall wird also ein Festbezug einem Zeitraum den Namen gegeben haben.

Hierin findet sich eine Bestätigung für AICHERs Annahme, daß Feste das Zeitbewußtsein im Frühmittelalter prägten. Demgegenüber blieb zumindest in der Karolingerzeit auch Kirchenleuten die römische Datierungsform fremd, weshalb man sich häufig mit generellen Angaben begnügte. Für die weiteren Untersuchungen bringt dieser Befund eine erhebliche Belastung mit sich, da die in den Quellen vorgefundenen Angaben nicht ohne weiteres übernommen werden können, soweit sie "generellen" Charakter haben: eine Angabe wie "Kalendas Augusti", die die Kalenden ohne weiteren Zusatz benutzen, muß nicht notwendig den 1. August meinen, wiewohl auch das der Fall sein kann; ebensogut kann der Historiograph den Zeitraum des Monatswechsels bezeichnen wollen. Hier wird man von Fall zu Fall zu entscheiden haben.

---

[53] AICHER, Tagesbezeichnung 67, mit folgenden Belegen für Festtage zum Monatswechsel: "Circumcisio domini (1. Jan.), purificatio s. M. (2. Febr.), Vincula Petri (1. Aug.), Aegidii (1. Sept.), Remigii (1. Okt.), Omnium sanctorum (1. Nov.), Andreae (30. Nov.), Philippi et Jacobi, Walburgis (1. Mai)"; für den Monatsersten als Oktavtag: "Natalis domini (VIII. kal. ian.), conversio Pauli (VIII. k. febr.), cathedra Petri (VIII. k. mart.), Jacobi (VIII. kal. aug.), conceptionis s. Johannis bapt. (VIII. kal. oct.); in Salzburg auch Georgi (VIII. k. maji.) und Herbstruperti (VII. kal. oct.)."
[54] Annales Bertiniani a.871, S.117: "Sicque ab invicem in capite mensis Septembris separati".
[55] ABEL, Karl der Große 149f; BM² 167c; BÖHNE, Älteste Lorscher Kalendar 218; GROTEFEND, Zeitrechnung I, 20, mit Beispielen die Bezeichnung "caput calendarum" für andere Monate im Hochmittelalter bzw. für England.
[56] Hrabanus, Martyrologium 86.

3.3. Die angewandten statistischen Methoden

In der folgenden Arbeit wird bei der Auswertung von Ergebnissen zum Teil statistisch argumentiert, um zu erweisen, daß eine bestimmte Verteilung nicht durch Zufall zu erklären ist. Daher sollen an dieser Stelle einige Erläuterungen zu den angewandten Methoden gegeben werden.

Zweck einer statistischen Methode ist es, zu entscheiden, ob eine vorgefundene Verteilung auf Zufälligkeiten beruht. Wenn beispielsweise 12 von 45 Staatsakten auf einen Sonntag fallen, stellt sich die Frage, ob hier eine gezielte Wochentagswahl anzunehmen ist.[57] Um eine statistische Aussage zu machen, wird zunächst eine Nullhypothese aufgestellt. Die Nullhypothese besagt, daß keine bzw. rein zufällige Unterschiede in einer bestimmten Population bestehen. Wird diese Aussage widerlegt, muß die gegenteilige Aussage, die Forschungshypothese, als richtig angenommen werden. Die Forschungshypothese würde in unserem Beispiel besagen, daß hier keine gezielte Tagewahl vorliegt. Nullhypothesen werden also eigens zu dem Zweck aufgestellt, widerlegt zu werden.[58] Nun sind die Widerlegungen im allgemeinen keine absoluten, sondern sie haben lediglich eine gewisse Wahrscheinlichkeit für sich. Die Wahrscheinlichkeit, daß ein bestimmtes oder ein noch extremeres Ergebnis erzielt wird, wird als Signifikanzniveau bezeichnet. Dieses bewegt sich zwischen 0 und 1 bzw. 100% und 0%. Wenn ein Forscher eine Nullhypothese auf einem Signifikanzniveau von 0.05 zurückweist, bedeutet es, daß immer noch eine Wahrscheinlichkeit von 5% besteht, daß seine Forschungsthese falsch ist. Dies kann für einen anderen Wissenschaftler ein zu geringes Sicherheitsniveau sein, um eine Forschungshypothese zu akzeptieren, während ein Dritter dieselbe These bereits bei einem Signifikanzniveau von 0,2 bzw. einer Wahrscheinlichkeit von 80% akzeptieren würde. Allgemein gebräuchliche Werte für das Signifikanzniveau sind Werte von 0,05 und 0,01.[59]

Da die in dieser Arbeit zu untersuchenden Kategorien (z.B. Wochentage) zumeist nicht in eine Rangordnung zu bringen sind,[60] wird im allgemeinen auf Nominalniveau gearbeitet werden.[61] Die wichtigste hier angewandte Methode stellt der Chi-Quadrat-Test für eine, zwei oder mehrere Stichproben dar. Der Chi-Quadrat-Test überprüft, ob zwischen der erwarteten und der beobachteten Anzahl von Objekten einer Kategorie signifikante Unterschiede bestehen, indem getestet wird, wie groß die Summe der Unterschiede zwischen den beobachteten Werten und

---

[57] Gegeben sei folgende Verteilung von Staatsakten über die Woche: Sonntag 12, Montag 6, Dienstag 6, Mittwoch 3, Donnerstag 7, Freitag 6 und Samstag 5.
[58] SIEGEL, Methoden 7-9. MÜLLER, Kompendium 125-133.
[59] KENNEDY, Einladung 208-210; SIEGEL, Methoden 9f.
[60] Zensuren beispielsweise bilden eine solche Rangfolge. (1 ist besser als 2, 2 ist besser als 3, etc.). Noch aussagekräftiger als dieses Ordinalniveau sind Werte auf einer Intervallskala (wie z.B. auf einem Thermometer). In unserer Untersuchung kann eine Aussage wie "Der Montag ist 5 Punkte wichtiger als der Dienstag" (Intervallniveau) oder "Prophetenfeste sind wichtiger als Ortsfeste" (Ordinalniveau) bestenfalls am Ende der Untersuchung stehen.
[61] SIEGEL, Methoden 23-29.

dem/den erwarteten Durchschnittswert(en) ist. Der Wert in Abhängigkeit von der Anzahl der Kategorien (Freiheitsgrade) kann dann einem Signifikanzniveau zugeordnet werden.[62] Hinsichtlich des gewählten Beispiels heißt das, daß wir ein Signifikanzniveau von 0,05 zu wählen haben, um mit 95-prozentiger Sicherheit annehmen zu können, daß bei der Terminierung der 45 Staatsakte bewußt auf den Wochentag geachtet wurde. In diesem Fall ist die Nullhypothese zu akzeptieren.[63] Wesentlich stärker als der Chi-Quadrat-Test ist der Kolmogorov-Smirnov-Test, der allerdings mindestens ein Ordinalniveau verlangt. Der Test legt die kumulative Häufigkeitsverteilung fest, die unter der theoretischen Verteilung auftreten würde und vergleicht diese mit der beobachteten Häufigkeitsverteilung. Die Entscheidung, ob eine Normalverteilung vorliegt, wird anhand der größten beobachteten Abweichung (D) gefällt.[64]

Ist die Wahrscheinlichkeit des Eintretens eines Ereignisses sehr klein (z.B. die Wahl eines von 365 Tagen) und die Anzahl der Ausführungen groß (z.B. die Zahl der Schlachten), gibt die Poisson-Verteilung die Eintrittswahrscheinlichkeit und die daraus abgeleiteten Häufigkeiten an.[65]

---

[62] SIEGEL, 42-46, 101-108, 167-171; MÜLLER, Kompendium 153-158; KENNEDY, Einladung 215-217.
[63] Der zu erwartende Durchschnittswert pro Tag liegt bei 45/7 = 6,43. Daraus ergibt sich der Chi-Wert $(12 - 6,43)^2/6,43 + (6 - 6,43)^2/6,43 + (6 - 6,43)^2/6,43 + (3 - 6,43)^2/6,43 + (7 - 6,43)^2/6,43 + (6 - 6,43)^2/6,43 + (5 - 6,43)^2/6,43 = 4,83 + 0,03 + 0,03 + 1,83 + 0,05 + 0,03 + 0,32 = 7,12$. Bei 6 Freiheitsgraden liegt dieser Wert zwischen 0,5 und 0,3; die Verteilung ist also zu 50-70 Prozent als normal zu werten.
[64] SIEGEL, Methoden 46-50.
[65] SCHWARZ, Grundlagen 96-99; KREYSZIG, Statistische Methoden 115-119.

4. POLITISCHE UND RELIGIÖSE MOTIVE FÜR DIE FEIER VON FESTEN BEI DEN KAROLINGERN

Von den Arbeiten der französischen Forschung ausgehend, soll zunächst gefragt werden, welchen politischen Gewinn es den Karolingern brachte, Feste zu feiern, und wie sie dieses Ziel durch die Ausgestaltung der Feiern erreichen konnten. Im Anschluß daran ist die Frage zu diskutieren, ob es neben dem Hinweis auf die magischen Zeitvorstellungen des Mittelalters nicht noch andere Möglichkeiten gibt, die Ausgestaltung bestimmter Tage zu Festtagen zu erklären.

4.1. DER POLITISCHE STELLENWERT VON FESTEN

"Die Veranstaltung von Hoffesten war ein Mittel, den Adel des Landes fester an den Herrscher zu binden."[66] Die hohe politische Bedeutung der Festfeier wird verständlicher, wenn man sich bewußt macht, daß zum Fest die gemeinschaftskonstituierenden Elemente Convivium und Gaben ebenso gehörten wie die Möglichkeiten monarchischer Repräsentation. Zusätzlich konnte bei geziemender Feier noch die Hilfe himmlischer Mächte gewonnen werden. So verspricht Gregor von Tours seinen Lesern: "Wenn du sie", nämlich die beiden Martinsfeste am 4. Juli und 11. November, "getreulich feierst, wirst Du Dir den Schutz des heiligen Bischofs für das gegenwärtige Leben in dieser Welt wie auch für das zukünftige (himmlische) verdienen."[67] Wenn die Karolinger also ein Fest dieses oder eines anderen Heiligen feierten, konnten sie für ihre politischen Projekte weltliche Unterstützung durch ihre Festteilnehmer sowie himmlische Hilfe durch den Heiligen gleichermaßen erwarten und darüber hinaus auch noch etwas für ihr Seelenheil tun. Für die Erlangung weltlicher wie himmlischer Hilfe war es allerdings wichtig, die Feier in der richtigen Art und Weise zu begehen. Daher werfen wir zunächst einen Blick auf die Durchführung von Feiern an karolingischen Königshöfen.

---

[66] BUMKE, Höfische Kultur I, 284.
[67] Gregor von Tours, Historia II 14, S.64: "Sollempnitas enim ipsius basilicae [s. Martini] triplici virtute pollet: id est dedicatione templi, translatione corporis sancti [Martini] vel ordinatione eius episcopati. Hanc enim quarto Nonas Iulias observabis; depositionem vero eius tertio Idus Novembris esse cognoscas. Quod si fideliter celebraveris, et in praesenti saeculo et in futuro patrocinia beati antistis promereberis." Fälschlicherweise bezeichnet FINCKENSTEIN, Fest- und Feiertage 123, den „dies natalis S. Martini" am 11.11. als Tag der „Bischofsweihe", doch bezeichnet der dies natalis in diesem Fall den Tag der Geburt (für den Himmel).

4.2. DER FESTVERLAUF

4.2.1. Vorbereitungen und Vigilfeier

Religionsgeschichtlich gesehen beginnt das Fest nicht einfach mit dem Anbruch des Festtages, sondern mit den Vorbereitungen auf diesen Tag.[68] So ist es notwendig, alles Störende zu beseitigen. Die Reinigung umfaßt nicht nur die Umgebung des Festortes,[69] sondern auch die Festteilnehmer selbst. So hieß es von Kaiser Ludwig dem Frommen, er habe sich stets tags vor dem Sonntag gewaschen und nicht nur frische, sondern ungebrauchte Kleidung angelegt.[70] Entsprechend der negativen Einschätzung der Sexualität als "befleckend" war sexuelle Enthaltsamkeit am Tag vor dem Fest geboten,[71] drohte doch anderenfalls das strafende Eingreifen des Heiligen.[72] Karl der Große ordnete daher an, die Feste "casto corpore" zu begehen.[73]
Die Dauer der Vigilfeier war je nach Festtag und Ort der Feier sicher unterschiedlich. Folgen wir den Angaben Gregors von Tours für die Feiern des Martinsfestes

---

[68] REUTER, Zeit 44-50.

[69] LEEUW, Phänomenologie 386-393; KARLE, Kehren, Kericht 1211-1239, bes. 1218f und 1233. Für den Adventus Karls ließ ein Bischof angeblich Kirchen, Häuser, Höfe und Straße fegen und säubern (Notker, Gesta Karoli I 14, S.18: "non solum basilicas vel domos sed et curtes ipsasque plateas verri faciens et purgari".

[70] Notker, Gesta Karoli II 22, S.93. Die abgelegte Kleidung verschenkte Ludwig an Leute aus der Dienerschaft. Selbst wenn es sich hier um eine unhistorische Anekdote handeln sollte, ist es für das Festverständnis des St. Galler Mönchs bezeichnend, daß er den Kaiser so handeln ließ. Zu Notkers Erzählungen als "Spiegel zeitgenössischer, religiöser Vorstellungen" s. GOETZ, Notker 59-69.
Bischof Radulf von Bourges schreibt für die Kommunionempfänger das Waschen von Körper und Kleidung vor (Radulf von Bourges, Kapitular c.28, S.256). Um ein größtmögliches Maß an kultischer Reinheit zu erlangen, gab es spezielle Beschwörungen für die Seife (BARTSCH, Sachbeschwörungen 327). Zum religionswissenschaftlichen Hintergrund: "Zeiten der Reinigung ... dienen der Herstellung eines positiv dämonisierten Zustandes. Denn Menschen, denen Unreinheit anhaftete, waren von Festen und heiligen Handlungen ausgeschlossen. ... Durch die Reinigung soll das negativ Dämonische beseitigt werden" (REUTER, Zeit 53).

[71] Gleichbedeutend mit der sexuellen Abstinenz am Vorabend eines heiligen Tages sind wohl die bischöflichen Bestimmungen, am Tag vor dem Eucharistieempfang keinen Geschlechtsverkehr zu haben (Theodulf von Orléans, Kapitular I 44, S.140 mit weiteren Belegen), doch ist die Abstinenz nicht allein aus dem Eucharistieempfang herzuleiten. Wiewohl der regelmäßige, sonntägliche Empfang der Eucharistie eine sehr späte Erscheinung ist (BROMMER, Gesetzgebung 83-86), verbot schon das Konzil von Friaul 796/797 (c.13) den Geschlechtsverkehr an Samstagen (MGH Concilia 2.1, 194).

[72] Strafwunder für den Beischlaf vor heiligen Tagen sind nachweisbar für das Täuferfest (Miracula ecclesiae Namnetensis 4, S.147f), das Martinsfest (Gregor von Tours, Virtutibus sancti Martini episcopi II 24, S.167; II 26, S.168f) und Ostern (Notker, Gesta Karoli I 22, S.29-31; vgl. auch ebd. I 32, S.44f).

[73] Capitulare generale Karoli Magni a.813 c.7 (DA 43, 361-439, 416): "Ut diebus dominicis et sollempnitatibus seu festivitatibus sanctorum ad ecclesiam omnes christiani casto corpore et mundo corde cum cereis et oblationibus suis venire non neglegant et usque dum missa peragatur in ecclesia omnino permaneant."

in Tours, so ergibt sich folgendes Bild: die Vigilfeier begann gegen 20.30 Uhr. Es wurden 110 Psalmen gesungen. Die Matutin, in der weitere 12 Psalmen gebetet wurden, begann gegen 5 oder 6 Uhr morgens.[74] Ob am karolingischen Königshof ebenfalls ein derart umfangreiches Gebetspensum absolviert wurde und ob die Könige daran teilnahmen, muß offenbleiben. Immer wieder scheinen am Königshof Teilnehmer von Vigilfeiern der geistlichen Veranstaltung eine weltliche Feier angeschlossen zu haben, die sich bis zum Morgen hinzog.[75] Spätestens der Morgenandacht werden einige karolingische Herrscher beigewohnt haben. Weil Notker berichtet, daß Karl der Große im Nachtgewand an der Morgenandacht teilnahm, wird die Morgenandacht bestenfalls inoffiziellen Charakter gehabt haben. Sie entsprach wohl eher dem religiösen Bedürfnis einzelner Herrscher als einem Staatsakt.[76]

4.2.2. Die Festtagsgestaltung

4.2.2.1. Die Kleidung

Kleidung war Standeskleidung und so hob sich der Aufzug von König und Adel auch an gewöhnlichen Tagen deutlich von dem der weniger Mächtigen ab.[77] An Festtagen erlebte der Kleiderprunk eine nochmalige Steigerung. Vom König wurde eine seiner Stellung entsprechende Festkleidung erwartet.[78] Karl der Große trug dann golddurchwirkte Gewänder, edelsteinbesetzt waren Schuhe und Schwert, ebenso die goldene Krone.[79] Kaiser Ludwig der Fromme orientierte sich in der Wahl seiner Festtagsgewandung am oströmischen Kaisertum, wie seine Taufgeschenke an den Dänenkönig Harald zeigen: dieser erhielt einen gold-

---

[74] WEIDEMANN, Kulturgeschichte II, 227-231.
[75] Notker, Gesta Karoli I 5, S.7f; I 22, S.29f. Das Feiern statt des Kirchgangs in der Frühe tadelt Theodulf von Orléans (Kapitular I 45, S.141).
[76] Notker, Gesta Karoli I 5, S.8; II 31, S.42; II 34, S.46. Natürlich ist Notker ein unzuverlässiger Zeuge, wenn man seine Aussagen auf Karl den Großen bezieht. Doch sind seine Ausführungen schon deshalb von Wert, weil sich ihnen entnehmen läßt, wie man sich im 9. Jahrhundert einen vorbildlichen König vorstellte (GOETZ, Notker 21-23, 98-113).
[77] BUMKE, Höfische Kultur I, 172-175. Einhards Angabe, Karl der Große habe fränkische Kleidung getragen ("Vestitu patrio, id est Francico, utebatur."), darf nicht so verstanden werden, daß er normalerweise die Kleidung gewöhnlicher Leute trug. Dazu war diese zu kostbar: das Wams war mit Seide verbrämt, der Winterrock aus Fischotter- oder Zobelpelz, Schwertgriff und -gehenke aus Gold und Silber (Einhard, Vita Karoli 23, S.27f). Die folgende Betonung, daß Karl nur zweimal auf besonderen Wunsch des Papstes Tunika und Chlamys, also die Kleidung des byzantinischen Kaisers, angelegt habe, macht die Spitze seiner Beschreibung deutlich: Einhard wandte sich gegen Kaiser Ludwigs Orientierung am griechischen Kaisertum.
[78] Notker, Gesta Karoli II 8, S.59: "Als am Hauptfest der Unvergleichliche [Karl der Große] in unvergleichlicher Weise geschmückt war ..." Zur Bedeutung der Kleidung bei Notker s. GOETZ, Notker 108-110.
[79] BRÜHL, Kronen- und Krönungsbrauch 28-30.

purpurnen Chlamys, in den Edelsteine eingearbeitet waren. Der Kaiser selbst erschien an den höchsten Festtagen ausschließlich in goldglänzenden Kleidern.[80] Nach seiner Kaiserkrönung trat auch Karl der Kahle zu besonderen Anlässen in der griechischen Kaiserkleidung auf.[81] Gold, blaustichiges Rot, Weiß und Graublau waren die Farben, in denen Ludwig der Deutsche in das Kloster St. Gallen einzog.[82] In seiner Rechten hielt er ein Zepter.[83] Außerordentlich prunkvoll waren an den Festtagen auch die bunten Gewänder aus Seide oder orientalischen Stoffen, welche die Adligen trugen.[84]

4.2.2.2. Der Gottesdienst

Eine erste Möglichkeit der Selbstdarstellung bot sich dem Hofstaat beim Einzug in die Kirche. Von der Taufe des Dänenkönigs Harald ist uns ein solcher Introitus[85] überliefert: den Weg in das bereits mit Priestern und Sängern gefüllte Gotteshaus

---

[80] Thegan, Vita Hludowici 19, S.595: "Niemals glänzte er in goldener Kleidung, außer an den höchsten Festtagen, wie es seine Vorfahren zu tun pflegten. An diesen Tagen trug er außer Hemd und Hosen nichts als mit Gold gewirkte Kleider, goldene Tunika (aureo lembo), einen goldenen Gurt und ein goldglänzendes Schwert, goldglänzende Beinschienen und einen golddurchwirkten Chlamys, auf seinem Haupt eine goldene Krone tragend und einen goldenen Stab in der Hand haltend." Zur Bedeutung der Taufgeschenke an Harald: ANGENENDT, Kaiserherrschaft 216-218.

[81] Annales Bertiniani a.876, S.130f. Die offensichtliche Kritik der Annales Fuldenses am kaiserlichen Gebaren des Nachbarkönigs macht fraglich, ob Karl wirklich jeden Sonntag in der griechischen Gewandung erschien: "Wie berichtet wird, nahm König (!) Karl, als er aus Italien nach Gallien zurückgekehrt war, neue und ungewöhnliche Tracht an. Denn gekleidet mit einer Dalmatica, die bis zu den Knöcheln, und darüber einem Wehrgehänge, das bis zu den Füßen reichte, auch den Kopf in ein seidenes Tuch gehüllt, und darüber ein Diadem, pflegte er an Sonn- und Festtagen zur Kirche zu schreiten. Alles Herkommen der Könige der Franken verachtend, hielt er die griechische Pracht (gloria) für die beste ..." (Annales Fuldenses a.876, S.86).

[82] Die Schuhe waren mit Gold belegt, scharlachfarben die Schienbeinbinden und die Leinenhose, über einem glanzweißen Hemd mit Wehrgehänge und Schwert trug Ludwig einen chlamysartigen graublauen Überwurf. Da dazu noch ein Zepter kam, wird man nicht annehmen können, daß Notker mit seiner Angabe Recht hat, daß es sich um die alte kriegerische Rüstung der Franken handelte (Notker, Gesta Karoli I 34, S.46f).

[83] Der "Stecken von einem Apfelbaum mit gleichmäßigen Knoten, kräftig und schrecklich, mit einem Handgriff aus Gold und Silber und mit schönen, erhabenen Figuren" (Notker, Gesta Karoli I 34, S.47) erinnert stark an den "Stecken, der in einer Menschenfigur endete" (Annales Guelferbytani a.788, S.43), den Tassilo als Zeichen der Herrschaftsübergabe Karl dem Großen überreichte.

[84] Notker, Gesta Karoli II 17, S.86f. Zweifel sind angebracht, ob man Notkers Beschreibung der Festbekleidung der Höflinge als realistisch ansehen kann. So kann der Pfau für Eitelkeit und die Farbe Gelb für Neid stehen (SACHS/BADSTÜBNER/NEUMANN, Erklärendes Wörterbuch 282 und 131). Zum Kleiderprunk s.a. BUMKE, Höfische Kultur I, 178-203.

[85] Natürlich fand die Taufe an einem hohen Festtag statt, nämlich am Fest des Täufers Johannes (SIMSON, Ludwig der Fromme I, 258f). Die Korrelation von Taufe und Täuferfest war sicher gewollt.

bahnte ein Rutenträger durch die Menge der Schaulustigen. Den Zug eröffnete der jüngste Sohn des Kaisers, es folgte der Kaiser, eingerahmt von Erzkanzler und Erzkaplan; dann kam der Obertürwart mit einem Stab in der Hand und einer goldenen Krone auf dem Haupt. Ihm schlossen sich Lothar, sein ältester Sohn und Mitkaiser, und der Dänenkönig an. Die nachfolgende Kaiserin wurde vom Schwiegervater Lothars und dem Graf von Orléans begleitet. Beide Grafen trugen golddurchwirkte Gewänder und Kronen. Der Kaiserin folgte die Dänenkönigin und hinter ihr der Leiter der Palastschule mit seinen Schülern. Daran schloß sich das übrige Volk an.[86] Da die Kaiserfamilie nicht als geschlossener Block auftrat, sondern durch Mitglieder des Hofstaats und Mächtige des Reiches aufgelockert wurde, konnte die Gestaltung des Festzuges den Betrachtern ein nuanciertes Abbild der Gunstverteilung am Hofe vermitteln. Festzuhalten ist auch, daß nicht nur Mitglieder der Herrscherfamilie berechtigt waren, Kronen zu tragen, womit die außerordentliche Königsnähe der Kronenträger demonstriert werden konnte.[87] Während sich der Zug auf die Kirche zubewegte, wurden in der Kirche bereits geistliche Lieder gesungen.[88] Dabei handelt es sich allerdings nicht um die bekannten Königslaudes, die erst in der Messe erklangen, entweder vor der Lesung oder nach dem Gloria.[89] Den Hauptteil des Wortgottesdienstes konnte bei Heiligenfesten die Verlesung der Vita ausmachen.[90] Da auf einen Tag mehrere Heiligengedenken fallen konnten, ist es gut möglich, daß etwa neben der Martinsmesse noch die des heiligen Menne gefeiert wurde, wie ja überhaupt eine Vervielfachung der Messen in dieser Zeit zu registrieren ist.[91] Für die kaiserliche Selbstdarstellung ist es von Bedeutung, daß Ermoldus Nigellus bei seiner Beschreibung der Taufe Haralds weder auf den Ablauf noch den Inhalt der Meßfeier einging, wohl aber das Staunen hervorhob, das der Gottesdienst und die Kircheneinrichtung bei den Beteiligten hinterließ.[92]

---

[86] Ermoldus Nigellus, In honorem Hludowici IV 399-432, S.69f; SIMSON, Ludwig der Fromme I, 260f.
[87] So auch TELLENBACH, Herzogskronen 56-58. Zusammen mit den goldenen Kleidern, die die Grafen trugen, waren die Kronen durchaus geeignet, den Rangunterschied zum Kaiser zu minimieren.
[88] Beim Einzug Karls des Kahlen in die Synode von Ponthion erschallten die Antiphon "Exaudi nos Domine", das Gloria und das Kyrie Eleison (Annales Bertiniani a.876, S.128). Letzteres konnte auch mit der Anrufung von Heiligenreihen verbunden werden (KNOPP, Sanctorum nomina seriatim 187-195). Da die Rufe "Exaudi Deus" und "Exaudi Christe" das strukturierende Element der Laudes regiae bildeten (ebd. 217-222), war die Antiphon von Ponthion mit ihren deutlichen Anklängen an die Königslaudes offenbar bewußt gewählt.
[89] ELZE, Herrscherlaudes 203f. Dem entspricht die Erwähnung der Königslaudes durch Thegan bei der Begegnung von Papst und Kaiser in Reims (Thegan, Vita Hludowici 16, S.594).
[90] WEIDEMANN, Kulturgeschichte II, 187.
[91] DESHUSSES, Sacramentaire grégorien I, 285. Da einige Sakramentare mehrere Martinsmessen bieten, ist nicht ausgeschlossen, daß sie alle gefeiert wurden (ebd. 707). Dies muß aber nicht am Königshof oder in Anwesenheit des Herrschers geschehen sein. Zur Steigerung der Meßhäufigkeit s. HÄUSSLING, Mönchskonvent 226-288.
[92] Ermoldus Nigellus, In honorem Hludowici IV 437-444, S.70.

4.2.2.3. Das Convivium

Die Speisegemeinschaft war für die frühmittelalterliche Gesellschaft eine notwendige Voraussetzung für tragende personelle Bindungen.[93] Daher schloß sich dem spirituellen Convivium ein weltliches Festmahl an.[94] In der Merowingerzeit konnten Kirchen durchaus als Orte königlicher Festgelage fungieren.[95] Die Karolinger stellten sich aber solchem Gebrauch der Kirchen entgegen.[96] Der Festsaal selbst war stets geschmückt, etwa mit bunten Teppichen und Tüchern.[97] Bei der besagten Tauffeier wurden die Tische mit weißen Tüchern gedeckt, gegessen wurde von goldenem Tischgeschirr,[98] denn der "Reichtum der Tafel zeigte sich auch in den kostbaren Tafelgeschirren".[99] Wichtig war auch die Vorbereitung der Bewirtung, denn "der wohlorganisierte Ablauf der Festmähler erhöhte das Ansehen der Herrscher."[100]

Es war notwendig, die Speisen vor dem Verzehr zu segnen, um die möglicherweise auf ihnen sitzenden Dämonen zu vertreiben.[101] Wahrscheinlich wurde sogar jeder Gang einzeln gesegnet.[102] Gereicht wurden Herrenspeisen, also Fleisch, ins-

---

[93] HAUCK, Speisegemeinschaft 611-621. Umgekehrt konnte die Tischgemeinschaft auch ein Indiz für Kumpanei sein: "Die Mörder, die meinen Onkel getötet haben, hast du bei dir; und du ziehst sogar Priester an deinen Tisch, die an dem Verbrechen teilhatten" (Gregor von Tours, Historia V 36, S.242). Zu den Convivia als Merkmal adliger Lebensart s. IRSIGLER, Frühfränkischer Adel 248-250. Die Eignung von Mählern, Gelagen und Festen zur Bündnisstiftung erklärte ALTHOFF, Verwandte 204f, aus ihrem "Demonstrationspotential" und der "Emotionalisierung der Teilnehmer" (ebd. 208).

[94] Zur Messe als geistliches Festmahl: "Et, dum ad ecclesiam convenitur ... tantummodo deo vacandum est in celebratione, videlicet ... in dei laudibus cum amicis, proximis et peregrinis spiritualiter epulandum" (Theodulf von Orléans, Kapitular I 24, S.121f).

[95] Gregor von Tours, Historia VII 27, S.344; IX 20, S.441. Kirchen konnten wohl auch als Wohnung für den König dienen: ebd. X 19, S.433 und IX 27, S.446. Zu Festmahlen in Kirchen: ebd. II 23, S.68f; VII 29, S.348. Zu Kultmahlen in der Kirche: WEIDEMANN, Kulturgeschichte II, 223-225. Das Reliquiengrab unter dem Aachener Hauptaltar war so angelegt, daß es möglich war, den dort gelagerten Reliquien Weinspenden zukommen zu lassen (CHRIST, Pippinisches Reliquiengrab 87-96). Der wahrscheinlichste Anlaß für die Libationen sind Convivia in der Kirche, bei denen auch die Heiligen ihren Weinanteil erhielten. Auch im 9. Jahrhundert war die Sitte, Convivien in Kirchen zu feiern, ein Problem für Bischof Atto von Vercelli (Kapitular c.22, S.33).

[96] In karolingischer Zeit häufen sich die Bemühungen, die Gastmähler aus den Kirchenräumen zu vertreiben: Admonitio generalis a.789 c.71 (MGH Capitularia 1, 59); Capitulare ecclesiasticum Caroli Magni a.805-813, c.6 (DA 43, 361-439, 401f); Walafrid Strabo, De exordiis et incrementis cc. 12 und 20, S.486 und 493; s.a. Theodulf, Kapitular I 10, S.110, Capitula Vesulensia c.22, S.371f, Capitula Franciae occidentalis c.12, S.364f).

[97] Notker, Gesta Karoli I 18, S.23 über das königsgleiche Mahl eines Bischofs.

[98] Ermoldus Nigellus, In honorem Hludovici IV 460-466, S.71.

[99] BUMKE, Höfische Kultur I, 260.

[100] RICHÉ, Welt der Karolinger 115.

[101] RICHÉ, Welt der Karolinger 116; ANGENENDT, Kaiserherrschaft 49-57; BARTSCH, Sachbeschwörungen 315, 322f. Segnungen bei heidnischen Mählern: STRÖM, Germanische Religion 229.

[102] WEIDEMANN, Kulturgeschichte II, 371, für die merowingische Zeit.

besondere Wild und Geflügel, und erlesene Backwaren.[103] Neben der Qualität war die Quantität der Speisen wichtig.[104] Zu trinken gab es Wein. Oft war er gewürzt und wurde in Pokalen angeboten, die mit Kräutern und Blumen bekränzt waren.[105]
Die Sitzordnung war hierarchisch, so daß dem König ein besonderer Platz zukam, etwa auf dem Hochsitz; umgeben wurde er von seinen Getreuen.[106] Wie wichtig man die angemessene Sitzordnung nahm, geht aus dem Streit zwischen dem Kölner Erzbischof und dem Abt von Fulda hervor, die sich auf dem Hoffest König Friedrichs I. um einen Platz an der Seite des Herrschers stritten, was eine Spaltung der ganzen Festgesellschaft herbeizuführen drohte.[107]
Zur Unterhaltung wurden geistliche und weltliche Lieder vorgetragen.[108] Es gab aber auch Schauspieler, Spaßmacher, Flöten- und Zitherspieler, um die Gäste zu unterhalten und zum Lachen zu bringen.[109] Nicht zu den üblichen Festtagsvergnügungen zählte die sonst so beliebte Jagd;[110] vermutlich befürchtete man eine Verunreinigung des sakralen Zustandes infolge des Blutvergießens.

---

[103] BUMKE, Höfische Kultur I, 240; RICHÉ, Welt der Karolinger 115f. Ermoldus Nigellus, In honorem Hludowici IV 460-466, S.71; Notker, Gesta Karoli I 18, S.23f. Als Festschmaus tauchte Geflügel auf den Tafeln der Mönche nur an ausgesuchten Feiertagen auf, die in den königlichen Diplomen extra vermerkt wurden (DDK II 160, 247, 363).

[104] Vier Gänge gehörten bei Karl dem Großen zu den üblichen Mahlzeiten (Einhard, Vita Karoli 24, S.29). Notker, Gesta Karoli I 18, S.24: "Interea vero pistores, lanii, coci, fartores plenis ventibus omnimoda gulae irritamenta exquisitis artibus praeparabant."

[105] Notker, Gesta Karoli I 18, S.23f; BUMKE, Höfische Kultur I, 244f. In merowingischer Zeit wurde auch Bier bei Festveranstaltungen gereicht, wie auch sonst im Mittelalter "Bier" gleichbedeutend mit Fest (Kindelbier, Richtbier, Erntebier, Erbbier, Leichenbier etc.) war (WIEGELMANN, Bier 536f). Biergenuß sowie Segnung des Getränks am merowingischen Königshof gehen aus der Vita sancti Vedastis des Jonas von Bobbio hervor, der von einer Dämonenaustreibung aus dem Bierfaß für die heidnischen Festteilnehmer berichtet (c.7, S.410f). Auch sonst spielt das Bier bei Jonas eine große Rolle als Festgetränk (Vita Columbani I 27, S.102) wie als Erfrischung für die Mönche (ebd. I 16, S.82). Für die Bedeutung dieses Getränks spricht auch, daß Jonas dem heiligen Columban in Analogie zur wunderbaren Brotvermehrung Christi (Mt 14,13-21; Mt 15, 32-39; Mk 6,30-44; Mk 8,1-10; Lk 9,10-17; Joh 6,1-15) eine Biervermehrung zuschrieb (ebd. I 17, S.84).

[106] RICHÉ, Welt der Karolinger 116; Notker, Gesta Karoli I 18, S.23f; BUMKE, Höfische Kultur I, 248-254.

[107] MORAW, Hoffeste 74f. Zur Sitzordnung als sichtbare Rangordnung s. ALTHOFF, Huld 273f.

[108] RICHÉ, Welt der Karolinger 115f. Einhard, Vita Karoli 24, S.29; Notker, Gesta Karoli I 18, S.24; I 19, S.25.

[109] Thegan, Vita Hludowici 19, S.595.

[110] Bei der Taufe des Dänenkönigs ging es erst am nächsten Tag zur Jagd (SIMSON, Ludwig der Fromme I, 261). Zur Überraschung der Festteilnehmer soll Karl an einem Festtag zur Jagd eingeladen haben (Notker, Gesta Karoli II 17, S.86-88).

4.2.2.4. Das Gelage

Besondere Bedeutung kam dem Trinken zu, da es in heidnischer Zeit den Kontakt zum Numinosen ermöglichte.[111] Auch der sonst so strenggläubige Kaiser Ludwig der Fromme scheint dem Trinken eine besondere magische Kraft zugetraut zu haben. Als ihm ein Komet den vermeintlich bevorstehenden Tod verkündete, befahl er allen Palastbewohnern Wein zu trinken;[112] vermutlich auf sein Wohl. In christlich geprägten Lebensbereichen tradierte sich sogar ein rituelles Trinken. Der Aufforderung, auf die Minne eines Heiligen oder Christi zu trinken, konnte sich niemand entziehen. Auch die Entschuldigung, bereits zuviel getrunken zu haben, galt nicht.[113] Da das gemeinsame Trinken quasi automatisch Gruppenbindungen der Beteiligten hervorbrachte, suchten die Karolinger solchen Trinkzwängen vorzubeugen.[114]

Wie eng Festtag und Trinkgelage zusammengehörten, ergibt sich aus dem immer wieder behandelten Problem des Erbrechens der Eucharistie. Da im allgemeinen lediglich an drei Tagen im Jahr (Weihnachten, Ostern, Pfingsten) kommuniziert wurde, sollte man das Erbrechen derselben für ein marginales Problem halten.[115] Bedenkt man jedoch, daß Trinkgelage zum festen Bestandteil der Festgestaltung gehörten, war bei jeder Eucharistieausgabe mit Übelkeit infolge übermäßigen Trinkens zu rechnen.[116] Das Zechen konnte sich bis spät in die Nacht oder sogar

---

[111] STRÖM, Germanische Religion 220-241. Alkoholische Getränke haben bei vielen Naturvölkern "geradezu sakrale Bedeutung" (THIEL, Religionsethnologie 100).
[112] Astronomus, Vita Hludowici 58, S.643: "'... Quia ergo et me et omnes communiter hoc tangit ostentum ... nos illa [misericordia dei] inveniamur indigni.' Hic dictis, et ipse pauliper mero indulsit, et omnibus id facere iussit."
[113] BISCHOFF, Caritas-Lieder 56-77. Der Einschätzung, daß der Trinkzwang zu den "Auswüchsen des Minnetrinkens" zählte (64f), stehen die vielen Verbote dieser Sitte entgegen; siehe etwa Hinkmar von Reims, Kapitular I 14, S.776: "Nullus presbyter ... se inebriare praesumat nec precari in amore sanctorum vel ipsius animae bibere aut bibendum cogere ...". Eine exemplarische Untersuchung liegt von ANDREA BECKER vor: Impetrate felicia nobis dare conuiuia. Ein Caritas-Lied im Vat. Ottobon. lat. 313, in: FMSt 24 (1990) 168-177. S.a. ALTHOFF, Verwandte 208-210.
[114] "Ut nemini liceat alium cogere ad bibendum" Kapitular Nr.40, c.16 (MGH Capitularia 1, 116). "Ut nullus ex sacerdotum numero ebrietatis vicium nutriat nec alios cogat per suam iussionem inebriari" Kapitular Nr.36, c.14 (MGH Capitularia 1, 107; hier handelt es sich nach BÜHLER, Capitularia Relecta 337, um einen bischöflichen Erlaß). Zur Bindungsfähigkeit gemeinsamen Trinkens s. ECKSTEIN, Trinken 1150-1165, GRÖNBECH, Kultur II, 91-108, KAUFFMANN, Altdeutsche Genossenschaften 20-23, OEXLE, Gilden 205.
[115] BROMMER, Gesetzgebung 83-86, zur Häufigkeit des Kommunionempfangs. Zum Erbrechen der Eucharistie s. etwa die Bußbücher des Egbert c.11.7, den Beda-Egbert Scarapsus c.20 oder das Poenitentiale Ecclesiarum Germaniae c.86 (SCHMITZ, Bußbücher II, 670, 692 und 428). S.a. Walafrid Strabo, De exordiis et incrementis c.20, S.492f.
[116] Bezeichnenderweise behandelt Regino, De synodalibus causis, die Strafen für das Erbrechen der Eucharistie (I 151, S.88) nach denen für die betrunkenen Priester (I 135-150, S.83-87) und vor denen für Priester, die auf "epula" Gesänge vortragen (I, 152-154, S.88).

bis zum Morgengrauen hinziehen.[117] Wenn Einhard den geringen Alkoholkonsum Karls betont, so kann das am Charakter seiner Schrift liegen, ohne der Wirklichkeit unbedingt zu entsprechen.[118]

4.2.2.5. Die Gaben

Eine besondere Ehre war es, wenn der Hausherr einzelnen Gästen etwas von seinem Tisch zukommen ließ.[119] Aber das waren nicht die einzigen Gaben, die bei einem solchen Fest gewechselt wurden. Gegenseitige Geschenke waren ein bedeutsames Mittel der hohen Politik[120] und zur Bindung der Gefolgschaft an den Herrn unabdingbar. Sogar zur Aufrechterhaltung der Familienbande waren sie nötig, da sich in ihnen die Liebe der Familienmitglieder zueinander konkretisierte.[121]

Feierliche Schenkungen erfolgten im Rahmen des Conviviums.[122] Je nach Anlaß der Feier kamen aber auch andere Zeitpunkte für die Geschenkübergabe in Frage. Bei der Taufe Haralds wurden die Taufgeschenke sinnvollerweise unmittelbar nach der Taufe ausgehändigt,[123] bei der Kirchweihe von St. Castor in Koblenz

---

[117] Gregor von Tours, Historia V 20, S.228; VIII 14, S.380; X 14, S.500. Zu Trinkgelagen in merowingischer Zeit s. WEIDEMANN, Kulturgeschichte II, 372f: "Typisch für Gastmähler, die in Trinkgelage bis zur Trunkenheit aller ausarteten, war, daß eine mehr oder weniger große Gesellschaft, die sich zum Nachtmahl traf, solange weitertrank, bis alle betrunken umfielen und einschliefen ... Variationen dieses Ablaufs sind selten. Manchmal wurde vorher noch ein Bad genommen, manchmal setzte sich das Gelage bis in den Morgen fort."

[118] Einhard, Vita Karoli 24, S.29f: "In cibo et potu temperans, sed in potu temperantior, quippe qui ebrietatem in qualicumque homine, nedum in se ac suis, plurimum abhominabatur ... Vini et omnis potus etiam parcus in bibendo erat, ut super caenam raro plus quam ter biberet." Unklar ist, ob sich Einhards Angaben auf Festmähler oder normale Essen beziehen.

[119] RICHÉ, Welt der Karolinger 115; HAUCK, Rituelle Speisegemeinschaft 619.

[120] WIELERS, Beziehungsformen 72-80; HANNIG, Ars donandi 149-162. Nach Einhard beugte Karl der Große die Könige der Schotten durch Geschenke so unter seinen Willen, daß sie sich als seine Knechte bezeichneten (Einhard, Vita Karoli 16, S.19).

[121] Karl erwartete von seinem Sohn Ludwig freiwillig gemachte Schenkungen (Astromonus, Vita Hludowici 6, S.610). Vor der Abreise Ludwigs nach Aquitanien beehrte Karl seinen Sohn mit Geschenken und nach Umarmungen und Küssen "fingen sie an, aus Freude über ihre Liebe zu weinen" (Thegan, Vita Hludowici 6, S.592). Als Hulderweise hatten sich Geschenke - soweit sie nicht der demonstrativen Belohnung dienten - am Rang der Beschenkten zu orientieren (ALTHOFF, Huld 272f).

[122] "Nun wissen wir, daß convivium nicht nur ein Mahl zur Nahrungsaufnahme ... ist, sondern ... eine rechtserhebliche Qualität hat: es ist das feierliche (Herren- oder Königs-) Mahl, das dieser (Herr oder König) seiner Gefolgschaft gibt, wobei er sich selbst auf den Hochsitz in der Halle setzt und sich als Herr oder Gefolgsherr darstellt. Dabei verpflichtet er, wie wir wissen ..., sich die Gefolgschaft durch Geschenke" (WOLF, Liudolfs Gelage 325).

[123] ANGENENDT, Kaiserherrschaft 216f.

nach der Messe, also wohl im Rahmen des Festmahls oder beim anschließenden Gelage.[124]
Objekte des Schenkens waren Pferde,[125] kostbare Kleidung, Waffen und Schmuck[126]. Aber auch liturgische Gegenstände wie Kelche oder Sakramentare, Reliquien,[127] ja ganze Kirchen konnten als Geschenke dienen[128]. Da jede Gabe stets Vergeltung will, wurde eine entsprechende Gegengabe erwartet. Diese mußte aber nicht materiellen Charakter haben, sondern konnte etwa in treuem Dienst, einem Loblied[129] oder Gebeten[130] bestehen.

4.2.2.6. Resümee

Zusammenfassend ist festzuhalten, daß Festfeiern in zweierlei Hinsicht geeignet waren, eine politisch erwünschte Wirkung zu erzielen. Einmal konnte eine großartige Ausgestaltung der Feier das Ansehen des Herrschers erhöhen und zum zweiten konnten Trinkgelage und Geschenke dauerhafte personelle Bindungen herstellen oder festigen.[131]
Damit ist aber nicht die Frage beantwortet, was einen Tag dazu qualifizierte, ihn mit einem Fest auszuzeichnen. Mußte ein Tag gefeiert werden, weil er den Menschen aufgrund eines magischen Zeitverständnisses als unbezweifelbar heilig galt, oder eröffnete ein gewissermaßen abgestuftes System heiliger Zeiten mehr oder weniger begrenzte Wahlmöglichkeiten? Wenn kein Automatismus wirksam war, konnte die Entscheidung, ein bestimmtes Salvator- oder Heiligengedenken durch besonders viele Festelemente zu einer Feier auszugestalten, von nicht-religiösen

---

[124] Thegan, Vita Hludowici, Zusatz S.603. Thegan erwähnt die Geschenke des Papstes für Kaiser Ludwig den Frommen bei deren Begegnung in Reims 816 nach den Königslaudes. Die Übergabe erfolgte also wohl ebenfalls nach der Meßfeier (ebd. c.16-17, S.594).
[125] IRSIGLER, Frühfränkischer Adel 250f; diese waren auch auf 'zwischenstaatlicher' Ebene begehrte Geschenke (HANNIG, Ars donandi 155 und WIELERS, Beziehungsformen 78f). Alles, was in irgendeiner Form exklusiv war, konnte (wohl nicht nur) auf dieser Ebene als Geschenk dienen, seien es Elefanten, Orgeln, maurische Gefangene oder Reliquien (ebd. 75f).
[126] Notker, Gesta Karoli II 19 und II 21, S.91f. S.a. BUMKE, Höfische Kultur I, 314-317.
[127] Zum Tassilokelch BIERBRAUER, Liturgische Gerätschaften 331. Die Reliquienburse aus Enger, die Widukind gehört haben soll, stammt in der Tat aus der zweiten Hälfte des achten Jahrhunderts (ebd. 330). Die Patrozinien der Kirche von Enger, in der der Sachsenherzog wahrscheinlich beigesetzt wurde, waren mit Maria, Laurentius und Dionysius (HHStD 3², 205) allesamt bedeutende karolingische Reichsheilige. Die mit Reliquien gefüllte Burse kann ein Geschenk König Karls anläßlich der Taufe Widukinds gewesen sein. Zu Reliquien- und Bücherschenkungen s.a. BAUERREISS, Bücher- und Reliquienschenkung 151-163.
[128] Jeweils am Tag der Kirchweihe übereigneten Muniperht und Tarchant ihre Kirchen an Freising (BITTERAUF, Traditionen NNr.52 und 68).
[129] GURJEWITSCH, Weltbild 257f.
[130] Zum Gebet als Gegengabe s. ANGENENDT, Mensa Pippini Regis 52-68. Zur Gebetsbitte in karolingischen Urkunden s. EWIG, Gebetsdienst 45-86.
[131] ALTHOFF, Verwandte 204, bringt die Stichworte "Demonstrationspotential" und "Emotionalisierung" ins Spiel.

Motiven geleitet gewesen sein. Angesichts der politischen Implikationen von Feiern scheint dann sogar eine gezielte "Abstimmung" zwischen dem religiösen Festanlaß und einem politischen Vorhaben möglich.

4.3. Motive für die Ausgestaltung bestimmter Tage zu Festtagen

4.3.1. Magische Raum-Zeit Vorstellungen

SCHALLERs wesentliche Erklärung der Wahl heiliger Tage für politische Handlungen ist die im Mittelalter unzweifelhaft vorhandene magische Denkweise,[132] kennen doch auch wir noch das "Malheur", das uns, seiner Wortbedeutung nach, nicht aufgrund unserer eigenen Ungeschicklichkeit widerfährt, sondern wegen des negativen Einflusses der bösen Stunde.

Heiliger Raum und Heilige Zeit gehören zu den Grundkategorien einfacher Religionen. Der Religionsphänomenologe VAN DER LEEUW definiert den Heiligen Raum wie folgt: "Heiliger Raum ist ein Ort, der zur Stätte wird, indem sich an ihm

---

[132] Allein schon die religiöse Grundhaltung des mittelalterlichen Menschen brachte auch magische Denkweisen mit sich. Da Magie, wie auch Religion, es "mit Kräften und Mächten zu tun" haben, "die oft einer übermenschlichen Kategorie angehören können (aber nicht müssen, wie bei der Religion)", sind die Übergänge fließend. "Grundlegend für die Magie ist aber die der Religion entgegengesetzte Geisteshaltung: In der Religion weiß sich der Gläubige von der Macht unabhängig und unterwirft sich ihr, in der Magie sucht der magische Mensch die Macht für seine Ziele zu gebrauchen. Zu diesem Behufe hat er viele Praktiken ersonnen, die mit naturwissenschaftlicher Genauigkeit abrollen müssen, sollen sie Erfolg haben. Wurden aber die Riten nach Vorschrift zelebriert, muß sich auch der Erfolg einstellen. Der Religionsphilosoph Alois Dempf nannte die Magie einen 'Überwältigungsversuch des gewöhnlichen Naturlaufs, des eigenen Lebensgesetzes und der überweltlichen Mächte'" (THIEL, Religionsethnologie 25). Entsprechend wird in einer modernen religionswissenschaftlichen Enzyklopädie auf den Zweckcharakter der Magie abgehoben: "Magic in the view of many anthropologists and other scholars of small-scale societies -those in which effective political power is restricted to a village or a group of villages - is the manipulation of enigmatic forces for practical ends. Magical means are said to be extranatural or supernatural, and the objectives of magical intervention, natural. The magican prepares a variety of special objects or "bundles", "spells", "incantations" or "potions", which are thought to bring out in some mysterious way, real changes in a person, object or event" (HILL, Magic 89). Allerdings ist mit THIEL, Religionsethnologie 25, festzuhalten: "Die magische Geisteshaltung kann natürlich in jeder Religion auftauchen: Der Mensch ist dann versucht, auf das Absolute in der Weise Einfluß zu nehmen, daß es nicht anders kann als ihm zu helfen. Aber auch der magische Mensch kann sich von seiner Macht so abhängig wissen, daß er sich ihr unterordnet. Wer sogenannte 'Zauberer' oder 'Fetischpriester' näher kennenlernt, wird ihr Tun, und vor allem ihre Geisteshaltung, nicht mehr als Magie abtun können. Hier liegen echte religiöse Akte vor. Man muß deshalb annehmen, daß Magie und Religion zusammen auftreten; die Haltung des Menschen aber bestimmt, ob es sich um magische oder religiöse Akte handelt. Eine Priorität des einen oder anderen kann nicht ausgemacht werden."

die Wirkung der Macht wiederholt oder von Menschen wiederholt wird. Es ist die Stelle des Kults."[133] Diese Stätte ist nicht vergleichbar dem pro-fanen Raum, sie ist etwas Besonderes, Herausgehobenes. Deshalb nennen ihn die Griechen "temenos", "herausgeschnittenes Stück Land", für welches andere Gesetzlichkeiten gelten als für den übrigen Raum. "Ebensowenig wie der Raum ist aber auch die Zeit homogen": "Das Fest ist das tempus kat'exochén, die aus dem Ganzen der Dauer als besonders mächtig 'herausgenommene' Zeit."[134] Als "Träger numinoser Werte" ist die Zeit Vermittlerin "numinoser Potentialität", die zu bestimmten Zeiten in die normale Zeitdauer hereinbricht.[135] Die diesen Zeiten innewohnende göttliche Kraft hat die Macht, heilig zu machen. So konnte ein Knappe als heilig verehrt werden, weil er an einem Karfreitag verstarb.[136] Die Kenntnis jener numinosen Zeitphasen ergibt das "Relief des rechten Handelns".[137] Daher waren alle Kultursysteme bemüht, das Wissen um die unterschiedliche Mächtigkeit der Zeit zu systematisieren, um Gewißheit über die Glücks- und Unglückstage zu erlangen. Die institutionalisierte Form des religiösen Gedächtnisses der verschiedenen Mächtigkeit der Tage stellt der Kalender dar. Ihn aufzusetzen war in China die erste Pflicht des Kaisers, damit die Menschen im Einklang mit der Heiligkeit der Zeit leben konnten. Der Kalender erinnert ja an die Begehung der Zeit und fordert zur Wahrnehmung und Nutzung ihrer numinosen Kräfte auf.[138] Auch die Karolingerkönige sorgten sich um die rechte Beachtung der Zeiten und überließen dies nicht mehr allein den Bischöfen.[139] So wird man die Aufstellung der im ganzen Reich zu feiernden Feste als Minimalkalender verstehen können, der geeignet war, dem ganzen Reich eine einheitliche Zeitstruktur zu geben, in die das ganze Volk eingebunden war. Die Fixierung heiliger Zeiten scheint ein wesentliches Interesse des Frühmittelalters gewesen zu sein, denn in dieser Periode begnügte man sich nicht mit der Orientierung an den dem Kirchenjahr angepaßten Sakramentaren, wurden doch daneben noch eigens Kalender aufgestellt.[140] So befahl Karl der Große 781 die Anfertigung eines Kalenders für den eigenen Gebrauch.[141] Während den Laien die Orientierung an den in den Minimalkalendern fixierten Feste ausreichen konnte, waren an die Priester höhere Anforderungen zu stellen. Aus einem karolingerzeitlichen Kapitular kennen wir die Grundanforderungen, denen Priester genügen mußten. Dazu gehörte die Kenntnis des Apostolischen Symbolums, des Vaterunsers, des Umgangs mit Meß- und Bußbüchern sowie von

---

[133] VAN DER LEEUW, Phänomenologie 446.
[134] VAN DER LEEUW, Phänomenologie 445 und 439.
[135] REUTER, Zeit 8.
[136] GRAUS, Volk 97. Die besondere Nähe Gottes in heiligen Zeiten bildet wohl den Hintergrund für Tertullians Meinung, die Beachtung gewisser Stunden dürfte nicht ohne Einfluß auf die Wirksamkeit des Gebets sein (Tertullian, De oratione 25, S.33; REUTER, Zeit 62).
[137] REUTER, Zeit 37.
[138] REUTER, Zeit 13f.
[139] VAN REY, Lütticher Gaue 154.
[140] Eine unvollständige Zusammenstellung von frühmittelalterlichen Kalendern bei PIPER, Karls des Grossen Kalendarium 73-77.
[141] PIPER, Karls des Grossen Kalendarium 11-14.

Exorzismusformeln und des Kalenders. Erst an elfter Stelle folgt die Forderung "Euangelium intellegere, seu lectiones libri comitis". Geht man davon aus, daß die Reihenfolge, in der die Anforderungen genannt werden, eine Rangfolge darstellt, war das Verständnis des Evangeliums gegenüber der Kalenderkenntnis nachrangig.[142] Die Kalenderbeachtung war demnach heilsbedeutsamer als das Evangeliumsverständnis. Entsprechend ihrer Bedeutung gehörten Kalender zur Ausstattung von Kirchen.[143] Das Gedicht am Ende des Kalenders Karls des Großen kennzeichnet dessen Bedeutung: die goldenen Buchstaben offenbaren Himmelsglanz und Himmelsfreude, der Kalender selbst ist "eloquium dei", "praecepta dei" und "doctrina dei", deren Befolgung den Lohn ewigen Lebens sichert.[144] Hier begegnet uns also die gleiche Vorstellungswelt, die schon einige Jahrhunderte zuvor Gregor von Tours zu seinem Versprechen veranlaßt hatte, die Feier der Martinsfeste bringe Schutz für das irdische und gewinne das ewige Leben.[145]
Die karolingerzeitlichen Kapitulare lassen keinen Zweifel daran, daß von der Feier heiliger Tage nicht suspendiert werden konnte.[146] Da es galt, den "Tag zu ehren", gehörte ein Festmahl auch nach kirchlichen Vorstellungen zu den unabdingbaren Elementen der rechten Begehung des Feiertages.[147] Eine Vernachlässi-

---

[142] Das Kapitular Nr.117 (MGH Capitularia 1, 235) trägt die Überschrift "Haec sunt quae iussa sunt discere omnes ecclesiasticos". Es ist nur in zwei Freiburger Codices überliefert, von denen der ältere unter Bischof Hitto (811-836) zusammengestellt wurde. Vermutlich handelt es sich um ein bischöfliches, nicht königliches Kapitular (BÜHLER, Capitularia Relecta 379f und 337). Der Wert der Evangeliumskenntnis sinkt weiter, wenn "seu" nicht "und", sondern "oder" meint. Aber auch schon die Gleichsetzung läßt vermuten, daß es weniger auf das Verständnis des Evangeliums als auf den Besitz der Perikopenlisten. Zum Liber Comitis s. GAMBER, Codices liturgici 429-439.
[143] Ein "Computus" oder ein "Martyrologium" werden von den Priestern in einer Vielzahl von Bischofsanweisungen verlangt (BROMMER, Theodulf 47f mit einer Zusammenstellung).
[144] "Aurea ... grammata ... regna poli ... fulgida stelligeri promunt et gaudia caeli ... eloquium dei digno fulgore choruscans splendida perpetuae promittit praemia vitae. En praecepta dei decorata colore rosarum munera martyrum demonstrant ... Sic doctrina dei pretiosis scripta metallis lucida luciflui perducit ad atria regni" (PIPER, Karls des Grossen Kalendarium 36).
[145] Gregor von Tours, Historia II 14, S.64.
[146] Die Einleitungen zu den Festlisten bringen den verpflichtenden Charakter der Feier zu Ausdruck: "Festos dies in anno celebrare sancimus" beginnt c.36 der Mainzer Synode von 813 (MGH Concilia 2.1, S.269), deren Bestimmung vom Kapitular Nr. 154 a.826/827 c.3 (MGH Capitularia 1, 312) und dem Kapitular Radolf von Bourges c.27, S.254, wiederholt wurde. Andere Bischöfe formulierten ähnlich: "Si festivitates sanctorum ... quas colere debent" (Ghaerbald von Lüttich, Kapitular II 6, S.28); "Ferandi vero per anno isti sunt dies ..." (Haito von Basel, Kapitular I 8, S.212); "Festivitates vero istas per anni circulum debetis caelebrare ..." (Capitula Reginensia c.30, S.587).
Auch das merowingische Konzil von Orléans (a.511) setzte die Festpflicht voraus, wenn es bestimmte, kein "cives" dürfe Ostern, Weihnachten oder Pfingsten - außer im Falle der Krankheit - "in villa" feiern (MGH Concilia 1, S.8, c.25). 74 Jahre später forderte das Konzil zu Mâcon die Osterwoche "festissime" zu feiern (ebd. S.166, c.2; vgl. die Edikte der Könige Childebert I. und Gunthramn [MGH Capitularia 1, S.2f und S.11]).
[147] Daß nach den Vorstellungen der Zeit der Tag einen Anspruch auf ein Festmahl haben kann, geht aus der Vita Wilfrids von York (+ 710) hervor. Den Donnerstag als Todestag Wilfrids ehrte sein Nachfolger mit den Speisen des Sonntags: "omni ebdomada quintam feriam, in qua

gung dieses Feierelements war nicht statthaft. Deshalb wurde das Fasten an heiligen Tagen mit Buße belegt, und sogar den wegen Mordes zum Fasten verurteilten Büßern war es an Sonn- und Feiertagen gestattet, das Fasten zu unterbrechen.[148] Dementsprechend beginnt noch heute die österliche Quadragesima nicht vierzig Tage vor Ostern, sondern mit dem Aschermittwoch am 46. Tag vor dem Auferstehungsfest, da die Sonntage als Nicht-Fasten-Tage herausfallen.

Als Folgen der Nichtbeachtung der heiligen Zeit erwarteten die Menschen den "Zorn der Gottheit und die Abwendung" der Gottheit von dem Frevler, verbunden mit der Störung des Kontaktes mit dem göttlichen Machtpotential sowie Katastrophen, Tod und Verlust des Seelenheils.[149] Diese religionswissenschaftliche Feststellung findet ihr frühmittelalterliches Pendant in den Strafwundern für die Nichtbeachtung eines Heiligenfestes oder des Sonntags.[150] Mit der Sonntagsproblematik befaßten sich die karolingischen Könige immer wieder. Neben dem Verbot knechtlicher Arbeit befahlen sie den Besuch der Messe zur Heiligung des Herrentages sowie die Unterlassung von Geschlechtsverkehr, Tanz, Gerichtsverhandlungen und Geschäftsabschlüssen.[151] Der Grund solcher Maßnahmen ist das Bewahren-Wollen des herrschenden magischen Zustandes.[152] Insbesondere im unchristianisierten und politisch unsicheren Sachsen drang Karl der Große auf die Einhaltung der Fastenzeit und des Sonntags.[153] Dies legt den Gedanken nahe, daß man mit der Entheiligung der sakralen Zeit ein Nachlassen des göttlichen Machtstroms befürchtete, was im unchristianisierten Sachsen besonders gefährlich sein konnte. Jedenfalls ist diese Vorstellung dem Religionswissenschaftler nicht unbekannt.[154] Auch das Bemühen um die genaue Begrenzung der heiligen Zeit - ein religionsgeschichtlicher Topos - läßt sich bei Karl dem Großen finden: "Ut dies

---

obiit, quasi dominicam in epulis venerare ... constituit" (Stephanus, Vita Wilfridi c.64, S.260). Im Hintergrund steht vermutlich die Vorstellung, die menschliche Mahlzeit sei ein Opfer (REUTER, Zeit 53).

[148] Poenitentiale Cummeani c.12.7, ed. WASSERSCHLEBEN, Bussordnungen 488: "Si quis autem dominica die per negligentiam ieiunaverit, ebdomada tota debet abstinere, si secundo, XX dies peniteat, si postea, XL dies." Concilium Moguntinum a.852 c.3 (MGH Concilia 3, 248): "De homocidio. ... VII annorum penam subeat, hoc est: proximos dies XL peniteat in pane et aqua et leguminibus et oleribus, abstineat se ab uxore et ingressu ecclesie, deinde III annos abstineat se a carne, vino, medone et cervisa mellita, exceptis festis diebus et gravi infirmitate, reliquos autem quattuor III legitimis feriis in singulis ebdomadis et III quadragesimas in annis singulis a carne tantum abstineat". Dieselbe Regelung galt auch für die siebenjährige Bußzeit des Albgis, der die Frau des Patrichus entführt hatte (ebd. c.11, S.249).

[149] REUTER, Zeit 43f.

[150] RICHÉ, Welt 329; HAUBRICHS, Christentum der Bekehrungszeit. Motive, Themen, Praxis 329; KOTTJE, Altes Testament 44-57.

[151] So im 81. Kapitel der Admonitio generalis von 789 (MGH Capitularia 1, 61). Zur Sonntagsheiligung s. auch RICHÉ, Welt 280 und BROMMER, Theodulf 62-65.

[152] REUTER, Zeit 24.

[153] Kapitular Nr.26 c.4 und c.18 (MGH Capitularia 1, 68f).

[154] ELIADE, Heilige und Profane 47f, zum Machtstrom aus der Urzeit.

dominica a vespera usque ad vesperam servetur" schärfen viele Kapitularien ein.[155]

Die Sorge um den Schutz der Heiligkeit der Feste korrespondiert mit der Aufmerksamkeit, mit der man bei Hof Unglücke und Unheilverheißendes an Festtagen verzeichnete. Solche Vorkommnisse galten schon an profanen Tagen als unbedingt zu beachtende Zeichen, mit denen Gott dem Herrscher seinen Willen kundtat.[156] Von besonderem Zorn der himmlischen Gewalten mußten die Zeichen zeugen, wenn sie die Festtage in Unglückstage verwandelten. Der qualitative Unterschied zwischen "normalen" und durch die Zeit geheiligten Zeichen wird auch in der Historiographie faßbar. Im allgemeinen gilt die Feststellung, daß für Himmelszeichen, die sich an wichtigen Festtagen ereigneten, die Festtagsdatierung gewählt wurde, während sie an profanen Tagen nach dem römischen Kalender datiert wurden.[157]

Die zahlreichen Artikel im Handwörterbuch des deutschen Aberglaubens, die sich mit der Tagewählerei auseinandersetzen,[158] zeigen, daß die Mahnung des heiligen Pirmin, die Beachtung von Tagen sei Teufelswerk, unwirksam blieb.[159] Und nicht einmal die heidnische Sitte der Mondbeachtung wurde von allen Kirchenleuten abgelehnt.[160] Daß die numinose Qualität eines Tages nach Meinung der Zeit sogar in der Lage war, Wunder zu bewirken, zeigt eine Erzählung Gregors von Tours, der von der Entlarvung einer Kindesmörderin berichtet. Als diese zu Epiphanie kultische Waschungen im Jordan vornehmen wollte, wich das Wasser vor ihr zurück, was zur Aufdeckung des Mordes führte.[161]

---

[155] REUTER, Zeit 42. Etwa das 21. Kapitel der Frankfurter Synode von 794 (MGH Capitularia 1, 76) oder die diversen bischöflichen Bestimmungen (BROMMER, Theodulf 64).

[156] WERNER, Gott, Herrscher und Historiograph 15, 27-31.

[157] Siehe Exkurs 2.

[158] An und für sich gibt es für jede Handlung Zeitpunkte, die dieser Handlung förderlich oder hinderlich sind. Hier sei lediglich auf die Artikel BETH, Anfang, BOEHM, Reise, und JUNGBAUER, Tagewählerei, verwiesen.

[159] Pirmin, Scarapsus (Dicta Pirminii) 22, S.64: "... et Veneris aut alium diem in nuptiis observare, et, quo in via exeatur, attendire, omnia ista, quid est aliut, nisi cultura diabuli?"

[160] Eine im Südosten des westfränkische Reiches um 900 abgehaltene Synode befand, daß die Tagewählerei unerlaubt sei in bezug auf Hochzeiten und das "Beginnen" oder den Vollzug einer anderen Handlung. Zugestanden wurde aber die Beachtung des Mondstandes beim Aderlaß sowie dem Pflanzen und Fällen von Bäumen mit der Begründung, Pflanzensäfte und Luftbewegungen seien vom Mondstand abhängig: "Ut nullus christianorum observet diem vel lunam ad coniungendam sponsum vel sponsam vel aliter incipiendum vel aliquod opus faciendum, nisi lunam tantum et non diem in nucione sanguinis et succisione arborum vel plantacione et hoc propterea, quia humores et succus arborum vel etiam aeri motui luna concordant et natura eius secuntur" (HARTMANN, Unbekannte Kanones 44f). Wiewohl sich der Verfasser bei seiner Argumentation auf Werke Bedas stützen konnte, widersprach er den in Kirchenkreisen üblichen Ansichten (ebd. 34f). Doch mag es sein, daß der unbekannte Bischof nur eine flexiblere Methode als seine Amtskollegen anwandte, um einen weitverbreiteten Aberglauben zu kanalisieren und ihm mittels "Rationalisierung" den religiös-magischen Charakter zu nehmen.

[161] WEIDEMANN, Kulturgeschichte I, 292.

4.3.2. Der Tag als Bedeutungsträger

Dennoch sollte man es nicht bei diesen Überlegungen bewenden lassen, denn auch das magische Denken verknüpft Objekte nicht willkürlich miteinander. Dies soll am Beispiel der Verletzung der Sonntagsheiligung demonstriert werden. Daß magische Vorstellungen bei den Bemühungen um die Heiligung des Sonntags eine Rolle spielten, ist unbezweifelt.[162] Manifest wird das magische Denken in den Erzählungen über Strafwunder für Verstöße gegen die heilige Zeit. Gregor von Tours[163] und andere frühmittelalterliche Hagiographen kennen zahlreiche diesbezügliche Strafwunder.[164] Einen Vorfall berichtet er auch in seinem Geschichtswerk: "In der Stadt Limoges wurden viele, weil sie den Tag des Herrn entweiht und öffentliche Arbeiten verrichtet hatten, an demselben vom himmlischen Feuer verzehrt. Denn dieser Tag, der im Anbeginn zuerst das erschaffene Licht sah und vor allem Zeuge der Auferstehung des Herrn wurde, ist heilig. Deshalb muß er auch mit aller Gewissenhaftigkeit von den Christen beachtet werden, und es darf an ihm keine öffentliche Arbeit getan werden."[165] Auffällig ist Gregors Bestimmung des Herrentages als Tag der Lichterschaffung. Einmal reichte für das christliche Verständnis des ersten Wochentages der Hinweis auf die Auferstehung.[166] Wenn Gregor aber schon eine alttestamentliche Begründung für die Bedeutung des Tages dem Auferstehungsargument vorordnen wollte, wäre der Hinweis auf die Erschaffung von Himmel und Erde zu erwarten, weil die Licht-

---

[162] KOTTJE, Altes Testament 44-57; HAUBRICHS, Christentum in der Bekehrungszeit. Motive, Themen, Praxis 549f.

[163] Gregor von Tours, Virtutes Juliani 11, S.119; Ders., Vitae Patrum VII 5, VIII 11, XV, 3 (S.240, 251, 273), Ders., Gloria Martyrum 15, S.48, Ders., Gloria Confessorum 5, 80, 97 (S.301, 348f, 360f), Ders., Virtutes Martini II 13, 24, 46, 57; III 3, 7, 29, 31, 32, 45, 55, 56; IV 45 (S.163, 167, 175, 178; 183, 183f, 189, 190, 193, 195, 195f; 210f).

[164] Zwischen 350 und 750 wurden folgende Strafwunder aufgezeichnet: Eucherius von Lyon, Passio Acaunensium martyrum 17 (S.39); Vita Genovefae 27 und 55 (S.230f und 237); Venantius Fortunatus, Virtutes Hilarii IX 24-25 (S.20); Ders., Vita Germani 14, 16, 35, 50 und 58 (S.382f, 383, 394, 403, 404 und 407); Vita Maxentii (BHL 5804) 9 (AASS OSB 1, 1668, S.579) (mit zwei Strafwundern), Vita Maxentii (BHL 5805) 13, 14, 19 und 22 (AASS Juni 5, 1709, S.172, 172f, 173 und 173f); Magnobodus, Vita Maurilii 16 und 17, (AASS September 4, 1753, S.74); Vita Arnulfi 28 (S.444f), Vita Winebaudi 6 (AASS April 1, 1675, S.574), Vita Austregisili 13 (S.199f); Vita Audoini 9 (S.559); Vita Hugberti 4 (S.485).

[165] Gregor von Tours, Historia X 30, S.525: "Apud Lemovicinam vero urbem ob domini diei iniuriam, pro id quod in eo operam publicam exercerent, plerique igne celesti consumpti sunt. Sanctus enim est hic dies, qui in principio lucem conditam primus vidit ac dominicae resurrectionis testis factus emicuit, ideoque omni fide a christianis observari debet, ne fiat in eo omne opus publicum."

[166] Die Capitula Franciae occidentalis begründen die Sonntagsheiligung wie folgt (c.14, S.366f): "Necnon et illud ad memoriam redit, quod dominus in veteri lege sabbato abstinere ab omni opere precepit, in novo autem testamento diem dominicam magna veneratione haberi iussit, eo nam die Christus surrexit a mortuis, qui est dominus totius creaturae, et ab hoc dominica vocatur."

schöpfung im Genesisbericht nachrangig ist.[167] Daß der Tag in weiten Kreisen entsprechend der althergebrachten, aber heidnischen Sitte als "dies solis" und nicht in christlicher Weise als "dies dominicus" bezeichnet wurde, wird der Grund für Gregors Charakterisierung des Tages als Tag der Lichterschaffung sein. Auf diese Art war ihm eine Anknüpfung seiner "christlichen Pädagogik" an traditionelle Denkweisen möglich.

Sehen wir uns die von Gregor berichteten Wunder insgesamt an, ergibt sich folgende Strafverteilung[168]:

- 24 mal   "vertrocknen" die Hände der Arbeitenden (= Krampf?)
- 8 mal   vermag der Sünder das Werkzeug nicht mehr loszulassen (= Krampf?)
- 5 mal   besteht die Strafe in Erblindung
- 2 mal   werden die Hände von Feuer erfaßt
- einmal   verbrennt das Eigentum
- einmal   erfolgt eine Schwächung von Händen und Füßen
- einmal   wird das Gesicht auf den Rücken gedreht
- einmal   wird ein verkrüppeltes Kind geboren
- einmal   treten unspezifische Schmerzen auf
- einmal   werden Menschen vom Blitz erschlagen.

In der weitaus überwiegenden Anzahl der Fälle (64,4% evtl. 82,2%) haben die Strafen mit Hitze ("Vertrocknen"/Krampf), Feuer (Blitz, Verbrennen) und Licht (Sehen/Blendung) zu tun, alles also Wirkungen, die mit der Sonne in Verbindung

---

[167] "Im Anfang schuf Gott den Himmel und die Erde. Die Erde war wüst und leer. Finsternis lag über dem Abgrund, und der Geist Gottes schwebte über den Wassern. Da sprach Gott: 'Es werde Licht!' Und es ward Licht. Gott sah, daß das Licht gut war, und Gott schied zwischen dem Licht und der Finsternis. Gott nannte das Licht Tag und die Finsternis nannte er Nacht. Es ward Abend und es ward Morgen: erster Tag" (Gen 1,1-5). Welche(s) archetypische(n) Ereignis(se) zur Begründung der Heiligkeit des Sonntags angeführt wurden, unterlag der Vorliebe des jeweiligen Autors. Bei Pirmin spielt die Lichterschaffung eine sehr untergeordnete Rolle: "Die dominicum nolite contemnere, sed cum reverentia colite ... quia ipse dies dominicus primus creatus est, et in ipso tenebre remote sunt; et lux apparuit, et in eo formata sunt elimenta mundi, et creati sunt angeli. In eo die de terra Egipti velut ex tenibras peccatorum quasi per fontem baptismi per mare rubrum populus fuit liberatus. In eodem die caelesti cibo id est manna hominibus primo data est. De ipso mandavit Moises ad populum: 'Observabitis vobis diem primum et novissimum.' Et de ipso dicit propheta: 'Hec est dies, quam fecit dominus; exultemus et letemur in eo.' In ipso quoque a mortuis resurrexit Christus; in ipso de celis super apostolos sanctus discendit spiritus; qui ideo dominicus appellatur, ut in eo, a terrenis operibus vel a mundi inlecibris abstinentis, tantum divinis cultibus serviamus. Ideo rogamus vos dum tanta et talia sancta testimonia de ipso die proferuntur, ut ipsum diem, sicut decit Christianis, iuxta quod supra scriptum est, cum magna honore et diligentia in amore Christi pro retributione aeterna custodiantis" (Pirmin, Scarapsus (Dicta Pirminii) 23, S.68/70).

[168] Für die Überlassung der Belegstellen und die statistische Auswertung bin ich Frau Annette Rieks sehr zu Dank verpflichtet, die eine Dissertation zu den frühmittelalterlichen Strafwundern vorbereitet.

gebracht werden können, jenem Gestirn bzw. Gott, das bzw. der dem Tag den Namen gab. Die Vergehen gegen den "Sonn"tag und die erfolgten Strafen stehen also in einem inneren Zusammenhang, da die Strafe das Vergehen spiegelt. Die Aufdeckung der der Magie innewohnenden Logik wiederum ist für das Verständnis der Zeit äußerst aufschlußreich.[169]
Auch Gregors Erzählung von der Entlarvung der Kindesmörderin zu Epiphanie hat tiefere Sinnbezüge. Zum einem bieten drei Elemente der Erzählung Bezüge zur Taufe, die ja bekanntlich von Sünden rein wäscht. Dabei handelt es sich um die kultischen Waschungen, den Jordan als Fluß, in dem Christus getauft wurde, und Epiphanie als Tauftag des Erlösers. Wenn das Wasser sich weigerte, die Frau aufzunehmen, wurde dem Hörer zugleich klar, daß Gott ihr die Sünde nicht vergeben hatte. Zum anderen konnte der Festtag auch als Theophanie, als Tag der Offenbarung des Herrn, verstanden werden, und es ist für Gregor sicher kein Zufall, daß an diesem Tag auch die Schuld der Frau offenbar wurde. Die magischen Qualitäten des Tages sind unter diesem Gesichtspunkt recht spezifizische.[170]
Bei einem anderen Beispiel aus merowingischer Zeit beginnen die Grenzen zwischen magischem Denken und politischer Propaganda bereits zu verschwimmen. Um die Bischöfe für die geplante Adoption seines Neffen Childebert zu gewinnen, führte König Gunthramn als Ausweis göttlichen Willens an, daß in der Ostermesse während der Evangeliumsverlesung ein Bote an ihn herantrat und Diakon und Bote gleichzeitig die Worte sprachen "Ein Sohn ist Dir geboren", worauf das Volk antwortete "Ehre sei Gott dem Allmächtigen". Als weitere Zeichen der göttlichen Gunst führte der König an, das Kind sei am heiligen Pfingsttage getauft und am Tage der Geburt des Herrn zum König erhoben worden. "Deshalb wird er, wenn euer Gebet mit ihm ist, unter Gottes Beistand auch König werden."[171] Die Argumentation des Königs legt es nahe, magische Zeitvorstellungen am Königshof zu vermuten. Doch waren mindestens die beiden letzten Zeitpunkte frei wählbar, vermutlich sogar Standardtage für Taufen bzw. Königserhebungen.[172] Die Beto-

---

[169] Dabei ist es zweitrangig, ob Gregor selbst magisch dachte oder seine Erzählungen auf das magisch denkende Publikum abstimmte. Vermutlich wird die Zuschreibung umgekehrt erfolgt sein: weil ein Unglück als Strafe aufgefaßt wurde und man in der Strafe den Grund der Strafe zu suchen hatte, wurde aus "sonnenartigen" Strafen auf Vergehen gegen den Sonntag zurückgeschlossen. Zur spiegelnden Strafe: KLÖBER, Bilder 185; WEIDEMANN, Kulturgeschichte I, 323.

[170] Daß einer numinosen Macht besondere Wirksamkeit auf "ihrem" Spezialgebiet zugeschrieben wurde, ist eine Beobachtung, die für die römischen Gottheiten ebenso zu konstatieren ist, wie für die christlichen Heiligen. Für die christlichen Spezialpatronate sei der Einfachheit halber auf die umfangreichen Zusammenstellungen bei KERLER, Patronate, verwiesen. Zur römischen Religionsgeschichte s. Augustinus, Vom Gottesstaat IV 8, I S.178-180 und LATTE, Religionsgeschichte 146f, 192-194 und 331-337.

[171] Gregor von Tours, Historia VIII 4, S.373f.

[172] Das Königtum Childeberts II. begann zu Weihnachten 575 (SCHNEIDER, Königswahl 94-96). Als König Gunthramn seinen Neffen Chlothar II. aus der Taufe heben sollte, war dies zunächst für Weihnachten, dann für Ostern, endlich für das Geburtsfest des Christustäufers Johannes geplant (Gregor von Tours, Historia VIII 9, S.376). In den Ostertagen des Jahres 567 ließ König Chilperich I. seinen Sohn Theuderich taufen (ebd. VI 27, S.295).

nung der Heiligkeit der Tage kann somit ein Indiz für magische Zeitvorstellungen in weiten Bevölkerungskreisen sein, die der König für seine politischen Pläne nutzen wollte.[173]
Die These, am karolingischen Königshof hätten magische Zeitauffassungen geherrscht, kann auf folgende Begebenheit verweisen. Ludwig der Fromme empfing 831 seinen Sohn Pippin, der sich zur Weihnachtsfeier bei ihm eingefunden hatte, sehr ungnädig, da Pippin entgegen den kaiserlichen Befehlen an der Reichsversammlung zu Diedenhofen nicht teilgenommen hatte und damit der Verdacht der Rebellion begründet schien. Vermutlich setzte Ludwig seinen Sohn sogar in Haft. Schlimmeres befürchtend floh der Sohn nach einer Beratung mit seinen Getreuen kurz nach Weihnachten vor seinem Vater in sein aquitanisches Reich.[174] Die Annales Bertiniani geben den Zeitpunkt der Flucht mit einer Festtagsbezeichnung an: "in vigilia Innocentium prima noctis hora".[175] Die Nacht vor dem 28. Dezember, die Pippin zur Flucht wählte, entspricht in der christlichen Tradition der Nacht, in der Maria und Josef zur Flucht nach Ägypten aufbrachen (Mt 2,13-15). Daß die Nacht einer "heiligen Flucht" von Pippin zu seiner eigenen Flucht genutzt wurde, kann zwanglos mit magischen Zeitvorstellungen interpretiert werden. Dennoch wird man einer solch monokausalen Erklärung gegenüber skeptisch sein, da sich noch eine zweite Interpretation anbietet. Da die Annalen ausdrücklich nach dem Festtag datieren, liegt das Gewicht der Aussage auf dem Festtag. Die Evangeliumslesung des Festtages beinhaltet neben der Flucht nach Ägypten den Bericht über die Ermordung unschuldiger Kinder durch König Herodes, der so eine Gefährdung seiner Herrschaft abwehren wollte (Mt 2,16-18).[176] Dadurch, daß Pippins Fluchttag im Zusammenhang mit dem Tag der Unschuldigen Kinder stand, konnte er sich als unschuldiges Kind stilisieren, während sein Vater Ludwig zum kindermordenden König Herodes abgestempelt wurde. Es fällt schwer, zwischen beiden Interpretationen zu entscheiden, doch müssen sie sich nicht unbedingt gegenseitig ausschließen. Zu verwerfen ist jedenfalls die Annahme, die Flucht sei mangels besserer Gelegenheit zufällig an diesem Tag erfolgt. Kann die bedeutungstragende Komponente hier von politischer Bedeutung sein, trägt eine Tagewahl König Pippins von Italien eher einen spielerischen Charakter. Am Tag der Adnuntiatio Mariae ließ er dem Papst einen Brief überreichen, in dem er seine

---

[173] Daß der Bibeltext des Ostertages, der von einem Sohn statt von einem Neffen spricht, zwanglos auf die weltliche Begebenheit übertragen werden konnte, ist nicht sonderlich erstaunlich. Auch kann es sein, daß der König versehentlich eine falsche Bibelstelle angab, denn der zitierte Satz taucht im Evangelium nicht auf. Aber eine andere Jesaja-Stelle kommt in Betracht: "Denn ein Kind ist uns geboren, ein Sohn ist uns geschenkt; die Herrschaft ruht auf seinen Schultern" (Jes 9,5). Dennoch kann der Bericht des Königs so nicht stimmen, denn mindestens der Bote hätte von einem Neffen sprechen müssen, wenn nicht ein sorgfältig geplantes Arrangement vorlag, das auf Außenwirkung abzielen sollte.
[174] BM² 895a, 896b; SIMSON, Ludwig der Fromme II, 13f.
[175] Annales Bertiniani a.832, S.4.
[176] Am Tag der Unschuldigen Kinder wurde Mt 2,13-18 (KLAUSER, Capitulare Evangeliorum 173) oder Mt 2,13-23 (ebd. 13, 58, 102, 140, 173) verlesen.

Ankunft ankündigte.[177] Im Falle der Terminierung des Verfahrens um Papst Leo III. wird man hingegen politischen Gründen den Vorzug zu geben haben, da die Begegnung zwischen Karl dem Großen und dem angeklagten Papst am Clemenstag dessen Freispruch bereits signalisierte.[178]
Explizit berichtet der Astronomus in seiner Ludwigsvita vom Bemühen, einen Zusammenklang von politischer und liturgischer Bedeutungsebene herzustellen. Dies geschah am Sonntag Jubilate 834 bei der (Wieder-)Anerkennung des Kaisers: "Da der festlich frohe Tag selbst es begünstigte und der Meßgesang in der Kirche dazu aufforderte, wo es heißt: 'Freue dich, Jerusalem, und begehet alle den festlichen Tag, die ihr es liebt', erschien dort eine sehr große Menge seiner Getreuen Glück wünschend in der allgemeinen Festfreude."[179]

4.4. ZUSAMMENFASSUNG UND AUSBLICK

Die am Ende des letzten Kapitels aufgeworfene Frage, ob es lediglich einige hochheilige Tage gab, die aufgrund eines magischen Zeitverständnisses gefeiert werden mußten, oder ob es einen breiten Festkreis gab, aus dem gezielt solche Feste ausgewählt wurden, die unter politischem Aspekt "geeignet" erschienen, ist nicht eindeutig zu beantworten. Ein magisches Zeitverständnis kann die Wahl eines für bestimmte Handlungen oder Absichten "geeigneten" Tages ebensogut erklären wie ein symbolisches Zeitverständnis, weil dem Tag aufgrund eines bestimmten Gedenkens bzw. der Wiederkehr eines bestimmten Geschehens für dieses oder jenes Vorhaben prädestinierte. Deutlich wurde aber auch, daß die Bedeutungsträchtigkeit eines Tages politisch nutzbar gemacht werden konnte. Im nächsten Kapitel gilt es zunächst, die Frage zu klären, ob es lediglich einen kleinen Kreis hochheiliger Feste oder ob es eine breite Palette gleichrangiger Gedenken gab. Lediglich im zweiten Fall eröffneten sich dem Herrscher mehrere Terminoptionen für eine anstehende politische Handlung.

Im Verlauf der weiteren Untersuchung wird auch immer die Frage mitschwingen, ob es Beziehungen zwischen einem Staatsakt und dem Tage gibt, an dem dieser vorgenommen wurde. Dem Frühmittelalter wird man zumindest hinsichtlich heiliger Worte, also der Bibel oder Texten aus dem sakralen Raum, eine Art

---

[177] Genaugenommen handelt es sich um eine Verschiebung des für Mittfasten angekündigten Treffens. Da 808 dieser Sonntag auf den 26. März fiel und der Brief erst am Vortag überreicht wurde, wird man das Vorgehen Pippins nicht unbedingt als entgegenkommend bezeichnen können (BM² 513k). Zum 25. März als Adnuntiatio bzw. Conceptio Mariae s. MUNDING, Kalendarien II, 45.

[178] Siehe Exkurs 1.

[179] Astronomus, Vita Hludowici 52, S.638: "Quo consistenti, medio quadragesimae tempore arridente etiam laetitia ipsius diei, et officii exhortante cantilena ecclesiae ac dicente: 'Laetare Hierusalem, et diem festum agite omnes, qui diligitis eam'; maxima multitudo fidelium suorum ibidem occurrit, congratulans laeticiae communi."

Stichwortdenken zusprechen können. Das heißt, einem Text wurde ein Stichwort oder ein Gedanke entnommen und auf die eigene Situation übertragen, unabhängig von der eigentlichen Aussageabsicht des Textes. Diese Einstellung zu heiligen Worten zeigt sich im Umgang des Frühmittelalters mit der Bibel und liturgischen Gesängen.[180] Man wird also für die Interpretation einer Tagewahl neben dem allgemeinen Gedenkinhalt des Tages die Schriftlesung und die liturgischen Gesänge mitheranziehen dürfen.

Die Verschmelzung himmlischer und weltlicher Bezugsebenen wurde am Königshof sicher noch dadurch erleichtert, daß Gott und Herrscher bzw. Hof- und Himmelsstaat auf weite Strecken parallelisiert wurden. So wie Gott königliche Züge zugesprochen wurden, so wurden auf der anderen Seite die Königs- bzw. Kaiserherrschaft theologisch legitimiert, was eine Repräsentation dieser Herrschaft mit liturgischen Mitteln und in liturgischen Bereichen mit sich brachte. Die enge Verwobenheit von Göttlichem und Königlichem drückt sich etwa in der Floskel Karls des Großen "dei verbum et nostrum" aus.[181] Es wird also - entsprechend der Mehrdimensionalität mittelalterlichen Denkens - legitim sein, Texte, die sich auf Gott bzw. Christus beziehen, daraufhin zu befragen, ob sie nicht auch Sinn machen, wenn man sie auf den Herrscher überträgt.

In der Argumentation werden merowinger- wie karolingerzeitliche Begebenheiten herangezogen, weil ein strukturell gleichartiges Zeitverständnis vorausgesetzt wird. Hingegen wird man nicht annehmen dürfen, daß es keinerlei Wandlungen bezüglich der "Nutzung" heiliger Zeiten gab. Ein solcher Wechsel wird hinsichtlich der Tagewahl des Adventus deutlich: während die Karolinger ausgesprochen häufig am Vigiltag einen Introitus vornahmen,[182] bevorzugten die Merowinger

---

[180] Siehe Exkurs 3.
[181] Capitulare generale Karoli Magni a.813 c.18 (DA 43, S.416): "Volumus etiam atque precipimus dei verbo et nostro, ut omnis homo nobiles et ignobiles ... pleniter suam habet iusticiam." Die Herausgeber kommentieren dazu: "Diese Formulierung ... ist für Karl den Großen nicht uncharakteristisch. Auch sonst versteht er sein Wollen und Handeln oft als Ausdruck von Gottes Willen ... Ihre reziproke Entsprechung hat das Bewußtsein von der Übereinstimmung von 'Gottes Geboten und unserer Anordnung' darin, daß die Bibel ihrerseits gerade unter Karl dem Großen als Rechtsquelle gedient hat" (MORDEK/SCHMITZ, Neue Kapitularien 375). Zur Gleichsetzung vom Willen Gottes und Karls s.a. die Formulierung "qui ... dei precepta et decretum nostrum contempserunt." (ebd. c.40, S.423). Auch Ghaerbald von Lüttich erhielt sein Bischofsamt "durch den allmächtigen Gott und unsere Anordnung" (Kapitular Nr.124 [MGH Capitularia 1, 245]). Lediglich eine Nuancierung des Gedankens ist in der Formulierung des Astronomus zu erblicken, "nach Karls oder besser Gottes Willen" sollte Ludwig nicht Mönch werden, sondern vielen das Heil bringen: "Sed huius voti ne compos fieret, obicem se praebuit refragatio patris, vel potius divinae nutus voluntatis, quae tantae pietatis virum noluit sub suae cura solius salutis delitescere, sed potius per eum et sub eo multorum salutem adolescere" (Astronomus, Vita Hludowici 19, S.616).
Zur Parallelisierung von Gottes- und Königsherrschaft s. Exkurs 4.
[182] Dies gilt für Christus- wie Heiligenfeste: Am Karsamstag 774 zog Karl der Große in Rom ein (BM[2] 160c); am Tag vor Weihnachten 832 Ludwig der Fromme in Le Mans (BM[2] 910b); am Tag vor Pfingsten 872 kam Kaiser Ludwig II. in Rom an (BM[2] 1253c). Karl der Kahle besuchte Attigny am Tag vor dem Sonntag Jubilate 841 (GILLMOR, Warfare 24), während er

offenbar die Festtage selbst. Über die Ursachen des Verhaltenswechsels können nur Vermutungen angestellt werden.[183] In Betracht kommen die Aufwertung des Vigiltages oder die Auffassung, es handle sich bei dem Adventus um Arbeit, die am Festtag zu vermeiden sei.[184]

---

jeweils am Tag vor dem Palmsonntag 868 und 872 in St. Denis eintraf (Annales Bertiniani a.868 und 872, S.91 und 119). Derselbe betrat Bourges am 12. Januar 841, dem Tag vor der Epiphanieoktav bzw. dem Hilariusfest, Reims am 28. August 841, einen Tag vor dem Fest der Enthauptung des Täufers (GILLMOR, Warfare 15 und 48), und Metz am 30. September 842, dem Vigiltag zum Remigiusfest (BM² 1093b). Prinz Pippin von Aquitanien traf am Tag vor Purificatio Mariae 826 in Aachen ein (BM² 824a). Einen Tag vor dem Andreasfest veranstalteten Lothar I. (833 in Aachen; BM² 926e) und Ludwig der Deutsche (in Frankfurt 838; BM² 984a,c) einen Adventus. Letzterer kam in Frankfurt am Tag vor dem Fest der Reinigung Mariens 871 (BM² 1484c) und am Vigiltag des Apostel Thomas 874 in Mainz an (BM² 1504k). Am Tag vor dem Andreasfest 799 kehrte Papst Leo nach Rom zurück, wo er an der Milvischen Brücke empfangen wurde, der Einzug selbst wurde allerdings am Andreasfest vorgenommen (ABEL/SIMSON, Karl der Große 205).
[183] Am Martinsfest im Juli zog König Gunthramn in Orléans ein (Gregor von Tours, Historia VIII 3, S.370f), während der königliche Gesandte Ansowald zum Martinsfest im November die Stadt des heiligen Bischofs aufsuchte (ebd. V 47, S.257). An Ostertagen zogen Chilperich I. in Paris (ebd. VI 27, S.295) und sein Sohn Merowech in Tours ein (ebd. V 2, S.195). Auch ein Gesandter für Chilperich besuchte am Auferstehungsfest die Martinsstadt (ebd. VI 40, S.310), während der Chilperich-Gesandte Roccolen die Stadt am Epiphaniefest aufsuchte (ebd. V 4, S.199f). Bischof Palladius von Saintes kehrte "secundum consuetudinem" am Fest der Einsetzung des Herrenmahls in seine Stadt zurück, nachdem er die Fastenzeit auf einer Insel zugebracht hatte (ebd. VIII 43, S.409f).
[184] Weitere Gründe sind vorstellbar, etwa die Weiterführung einer (mutmaßlichen) Praxis, die aus der Hausmeierzeit übernommen wurde. Allerdings ist nicht bekannt, daß sich die Merowingerkönige den Festtag als Adventustag reserviert hätten, während ihren Untergebenen eine solche Ehrung lediglich an einem Vigiltag zuteil werden durfte. Dagegen spricht schon das Verhalten von Roccolen und Ansowald.

5. HERRENGEDENKEN, HEILIGENFESTE UND BUßTAGE: BEACHTENSWERTE ZEITEN BEI DEN KAROLINGERN[1]

Nachdem festgestellt worden ist, daß die Beachtung heiliger Zeiten dem Frühmittelalter wichtig war, gilt es nun, diejenigen Tage herauszuarbeiten, die im karolingischen Königshof als Festtage angesehen wurden. Ein Blick in die zeitgenössischen Martyrologien hilft hier nur bedingt weiter, da hier nahezu jedem Tag ein Heiligengedenken zugeordnet ist, sodaß eine Unterscheidung von heiligen und profanen Tagen nicht mehr möglich ist. Welche dieser Heiligen aber den Karolingern wichtig waren, soll anhand der Festvorschriften, der in den Königslaudes angerufenen Heiligen und anderer Quellen erarbeitet werden.

5.1. DIE VORHANDENEN FESTVORSCHRIFTEN

Da in der Einleitung bereits auf den religionsgeschichtlichen Hintergrund von Festvorschriften und Kalendaren eingegangen worden ist, können wir uns direkt den karolingerzeitlichen Vorschriften zuwenden. Sie wurden von Herrschern, Synoden oder einzelnen Bischöfen aufgestellt. Zeitlich erstrecken sich die herangezogenen Auflistungen vom Ende des achten bis zum Beginn des zehnten Jahrhunderts. Im allgemeinen folgten die Festlisten der Reihenfolge des Jahres, wobei der Jahresbeginn zwischen Weihnachten und Ostern schwankte. Meist wurden die fixen Festtage ohne Angabe des Tagesdatums aufgeführt (bei den von Ostern abhängigen Feiern war die Angabe eines Tagesdatums natürlich nicht möglich), doch kann man anhand der Festfolge die gemeinten Feste meist ohne Schwierigkeit erkennen. Neben den Christus- und Heiligenfesten wird in einigen Erlassen auch auf die Litanias maior bzw. Litanias minor eingegangen. Auf diese und die Quatembertage kommen wir später nochmals zurück.
Die Beteiligung Karls des Großen an der Erarbeitung oder Ausgabe von Festlisten ist nicht geklärt. Man wird von seiner Seite aber zumindest ein gewisses Interesse an Festtagsaufstellungen voraussetzen können, da durch sie indirekt auch Fastentage betroffen waren, an deren Einhaltung dem Herrscher sehr gelegen war.[2] Die karolingische Zeit weist hinsichtlich der Feststruktur einen grund-

---

[1] Unter die Christus- oder Herrenfeste wird hier und im folgenden auch das Pfingstfest gezählt, wiewohl es dies im strengen Sinn nicht ist, da es kein Christusereignis memoriert, sondern die Ausgießung des Heiligen Geistes. Da mit der Geistsendung jedoch der Auftrag der Christus-Verkündigung einhergeht und bereits in früher Zeit die Gestaltung des Festes große Ähnlichkeit mit der der Auferstehung, dem wichtigsten Christusfest, hatte (KELLNER, Heortologie 87), scheint mir die Subsummierung unter die Herrenfeste erlaubt, zumal es sich um eines der wenigen Hauptfeste der Christenheit handelt.
[2] Reichsweite Fastentage wurden von königlicher Seite mindestens zweimal angeordnet. Die Ansetzung von Fastentagen durch den Herrscher scheint sogar eine durchaus übliche Praxis gewesen zu sein (POKORNY, Unbekannter Synodalordo 383). In der bairischen Synode von

sätzlichen Unterschied zur merowingischen auf: die Feste der merowingischen Zeit waren regional strukturiert,[3] mit den Erlassen der karolingischen Bischöfe wurde dagegen eine recht einheitliche Festtagsstruktur durchgesetzt. Hinter dieser großräumigen Politik wird man das leitende Interesse der karolingischen Herrscher annehmen müssen.

Die erste wichtige Zusammenstellung von Festen in karolingischer Zeit begegnet uns nicht im gesicherten Herrschaftsgebiet des Frankenkönigs, sondern im neugewonnenen Baiern; allerdings in negativer Form, als "Nichtfastentage". Diese Form der Festtagsverzeichnung entspricht der Bedeutung der Fastentage als Buß- und Bettage, die die Gunst Gottes für Kirche und Königshaus gewinnen sollten. Dieses Ziel war in einem nicht so fest mit dem Königshaus verbundenen Gebiet sicher wichtiger als in Neustrien oder Austrasien. In den von Anfang an als Einheit aufgefaßten Synoden von Reisbach, Freising und Salzburg[4] werden als Festtage erwähnt: Weihnachten, Oktav zu Epiphanie, Ostern und Pfingsten. Dazu kommen die Festtage Mariens, des Täufers Johannes (14.6.), der zwölf Apostel, des Erzengels Michael (29.9.) und des heiligen Martin von Tours (11.11.) und auf lokaler Basis die Festtage der einzelnen Pfarreien.[5] In diesem Fall war nicht

---

799 wurden jeder Mittwoch und Freitag zu Fastentagen erklärt. Ausnahmen sollten nur für bestimmte Feste und in bestimmten Festperioden gelten. Solche Festperioden waren die Zeit von Weihnachten bis zum Oktav zu Epiphanie und die fünfzig Tage von Ostern bis Pfingsten (MGH Capitularia 1, 227). Die zuletzt genannte Festperiode strich Bischof Arn von Salzburg in seinem Synodalstatut von 811, da er "reperta auctoritate" zu der Ansicht gelangt sei, auch diese Tage sollten in die Fastenregelung einbezogen werden. Hier wird man durchaus eine Intervention des Herrschers vermuten dürfen, zumal Karl der Große diesem Statut zufolge einen allgemeinen wöchentlichen Fastentag angeordnet haben soll (POKORNY, Unbekannter Synodalordo 383-387). Zum Folgenden s.a. FINCKENSTEIN, Fest- und Feiertage.
[3] Die regionale Struktur der Festfeiern ist in zweierlei Hinsicht zu verstehen. Einmal gab es neben den am Ort oder in der Region bekannten Heiligenfesten nur drei allgemein gefeierte Festtage: Weihnachten, Ostern und Pfingsten, wobei die Tagesdaten der letzteren beiden Christusfeste aufgrund unterschiedlicher Berechnungsmethoden von Diözese zu Diözese differieren konnten. Die regional-diözesane Struktur zeigt sich auch bei dem Ort der Feier, denn die Christusfeste waren am Bischofssitz zu feiern (Concilium Arvernense a.535, c.15 [MGH Concilia 1, 69]; VAN REY, Lütticher Gaue 154). Das Edikt Childeberts I. nennt explizit sogar nur zwei Christusfeste, Ostern und Weihnachten (MGH Capitularia 1, 3). Bezeichnenderweise wollte König Gunthram die Sonntagsheiligung auch bezogen wissen auf "quibuscunque reliquis solemnitatibus, quando ex more ad veneranda templorum oracula universae plebis coniunctio devotionis congregatur studio" (MGH Capitularia 1, 11). Wenn die regionale Struktur der Feiern betont wird, soll damit nicht bestritten werden, daß es daneben Heilige gab, die überregional verehrt wurden, weil sie als Schutzheilige für eine bestimmte soziale Schicht galten, etwa Crispinus und Crispinianus als Kriegsheilige. Es sei auch zugestanden, daß es Heilige gab, die weder regional noch schichten- oder aufgabenspezifisch gebunden waren, der Unterschied zur Karolingerzeit besteht aber darin, daß die Feste der Heiligen nicht von jedermann gefeiert werden mußten.
[4] So POKORNY, Unbekannter Synodalordo 385f.
[5] "Item placuit sancto concilio, quarta et sexta feria a carne et vino cuncto clero abstinendum, et ad nonam letaniam faciendam cum missarum sollemniis pro incolumnitate et prosperitate vel firmitate totius sanctae Dei eclesiae (!) vel pro aeterna salute christiani populi et animarum

in erster Linie eine Wiedergabe der zeitlichen Abfolge intendiert, vielmehr spielten hierarchische Aspekte bei der Erstellung der Liste eine Rolle, weshalb die gemeinten Festtage nicht eindeutig zu eruieren sind.[6] Die hierarchische Anordnung findet sich nur noch einmal, beim Capitulare monasticum der Kaiser Ludwig und Lothar. Erschwerend kommt hinzu, daß lediglich Festperioden genannt werden, so daß die Feste der Beschneidung (1.1.), der Erscheinung (6.1.) und der Himmelfahrt des Herrn nicht hervortreten, obwohl sie sicher als zu feiernde Feste galten.[7] Zu ergänzen ist die Liste der in Baiern gefeierten Feste auch um die in einem anderen Kapitel mit Tagesangabe aufgeführten Marienfeste Purificatio (2.2.), Conceptio (25.3.), Assumptio (15.8.) und Nativitas (8.9.)[8] sowie das Allerheiligenfest (1.11.), das auf der Synode von Reisbach 798 angeordnet wurde.[9] Als Erzbischof Arn von Salzburg einige Jahre später, vielleicht für die Regensburger Bischofsversammlung von 806, einen Vortrag vorbereitete, erweiterte bzw. präzisierte er die Heiligenliste um drei Märtyrer, nämlich die neutestamentlichen Heiligen Stephanus (26.12.) und die Unschuldigen Kinder (28.12.) sowie den Diakon Laurentius (10.8.).[10]

---

suarum vita perpetua vel pro vita et salute et stabilitate imperii domni regis vel filiorum eius, exceptis tamen diebus a nativitate Domini usque in octovas epyphaniae, et a pascha usque ad sanctam pentecosten, et praecipuis festivitatibus id est sanctae Mariae, sancti Iohannis baptistae, duodecim apostolorum, sancti archangeli Michahelis et sancti Martini, vel veneranda festivitate illius parrochie ..." (Kapitular Nr. 112 c.5 [MGH Capitularia 1, 227]).

[6] An der Spitze stehen die Herrenfeste bzw. die durch sie gekennzeichneten Festperioden, denen die Himmelskönigin folgt. Da die angeführten Heiligen als Stellvertreter für Heiligengruppen verstanden werden können, ist trotz der Anführung der zwölf Apostel vielleicht doch nur an die Feier der Apostelfürsten Petrus und Paulus gedacht, die als Stellvertreter der Apostel fungieren. Auf das Problem der Stellvertretung bei Kirchenpatrozinien geht BANDMANN, Altaranordnung 391-397, ein. Man vergleiche seine Rangfolge mit der in der Synode wiedergegebenen: "Nach und nach fügen sich ... die Heiligen der Bibel - Maria, Johannes der Täufer, die Apostel und die Engel - die römischen Märtyrer, die Bekenner ... zu einem großen Chore" (ebd. 393).

[7] Schon das Concilium Autissiodorense a.573-603 bestimmte, daß zu Epiphanie den Gläubigen der Beginn der Fastenzeit mitzuteilen sei (c.2, MGH Concilia 1, S.179).

[8] "Ut missa sanctae Dei genetricis Mariae quater in anno sollemniter celebretur, id est purificatio IIII. non. Febr., et conceptio quod est VIII. Kalendarum Aprilium, et assumptio quod est XVIIII. Kal. Septemb., et nativitas quod est VI. Id. Septemb." (Kapitular Nr. 112 c.41 [MGH Capitularia 1, 230]). Das Fest Conceptio Mariae ist im Frühmittelalter gleichbedeutend mit dem Fest Annuntiatio Mariae und meint die Empfängnis des Gottessohnes neun Monate vor der Geburt Christi. Erst später meinte man mit Conceptio Mariae die Empfängnis Mariens im Leibe ihrer Mutter Anna am 8. Dezember, neun Monate vor dem Fest der Geburt Mariens (KELLNER, Heortologie 175-177, 181-199).

[9] HARTMANN, Neue Texte 377; MGH Concilia 2.1, 197.

[10] "Ista autem ieiunia onmis clericus semper feria IIII et et feria VI ... nisi sit praecipua aliqua sanctorum festivitas, id est missa sanctae Mariae, sancti Michaelis, sancti Iohannis baptistae, XII apostolorum, sancti Laurentii, sancti Martini et natalis Domini, sancti Stephani, innocentum, octaba domini, epiphania domini et festivitas illius sancti, qui in parochia in corpore requiescit, aut annualis aut dedicatio eclesiae (!)" (POKORNY, Unbekannter Synodalsermo 392f). Die Abfolge der Heiligen stimmt nicht mit der von 800 überein. Gemeinsam hat sie mit der Vorgängerliste, daß auch sie sich nicht am Jahreskreis orientiert, da

Die nächste Festliste, die vor die Reformsynoden von 813 zu datieren ist, stammt vom Bischof Haito aus Basel. Im Gegensatz zu den bairischen Festzusammenstellungen ordnet der alemannische Bischof die Feste nach dem Jahreskreis, beginnend mit Weihnachten. An Heiligenfesten fügt er das Gedenken für den Evangelisten Johannes (27.12.) hinzu, während er von den Marienfesten nur die Reinigung und die Himmelfahrt kennt und das Laurentiusfest nicht erwähnt. Zwar wird die Feier aller Apostelfeste angeordnet, doch werden diese im Zusammenhang mit dem Fest der Apostelfürsten Petrus und Paulus (29.6.) erwähnt, sodaß hier doch nur an einen Festtag zu denken ist, der stellvertretend für alle Apostel gefeiert wurde. Hinsichtlich der Salvatorfeste fällt das Fehlen einer Oktav für das Epiphaniefest auf, während für Ostern und Pfingsten auch der Vigiltag, für Ostern gar alle Tage der folgenden Woche als Feiertage zu gelten haben. Mitaufgeführt werden auch noch die drei vor Christi Himmelfahrt abzuhaltenden Rogationstage.[11]

Als Bischofskapitular kann auch das als Kapitular Karls des Großen Nr.81 veröffentlichte Dokument gelten.[12] Die Heiligenfeste entsprechen im wesentlichen

---

der Erzengel Michael (29.9.) vor dem Täufer Johannes (24.6.) auftritt. Die Reihenfolge ergibt jedoch eine sinnvolle hierarchische Ordnung, wenn man bedenkt, daß die beiden führenden Heiligen, Maria und Michael, die Patrone der Pfalz bzw. des Bischofssitzes von Salzburg waren (STREICH, Burg 70f).

Bezüglich der Weihnachtszeit ist das Fehlen des Evangelisten Johannes auffällig, während die Feiern von Stephanus und der Unschuldigen Kinder vielleicht schon in der 800 angegebenen Weihnachtszeit enthalten sein können. Merkwürdigerweise figurieren Weihnachten, die Weihnachtsoktav und das Epiphaniefest als Heiligenfeste. Wenn aber trotz der angegebenen Beschränkung auf die Heiligen alle Feste gemeint sein sollten, fehlen die variablen Christusfeste Ostern, Himmelfahrt und Pfingsten, die allerdings auch nicht auf einen Mittwoch oder Freitag fallen konnten. Sollten mit "sanctorum festivitas" also lediglich fixe Feste gemeint sein?

[11] Haito von Basel, Kapitular (a.806-813) cc.7-8, S.211f: "Septimo, ut sciant tempora legitima ad baptizandum in anno, id est sabbato sancto paschae, ut illa triduana mersio in baptismate imitetur triduanam mortem domini clarificata resurrectione. Et idcirco usque ad octavum diem ipsa regeneratione sacra ab omni populo christiano celebrabitur. Aliud vero tempus baptismatis sabbato sancto pentecosten celebrandum est ...

Octavo ... Feriandi vero per annum isti sunt dies, ut supra orsi sumus: Natalis domini, sancti Stephani, sancti Iohannis evangelistae, innocentum, octobas domini, theophania, purificatio sanctae Mariae, sanctum pascha sicut in superiore capitulo comprehensum est, rogationes tribus diebus, ascensio domini, sabbatum sanctum pentecosten, sancti Iohannis baptistae, duodecim apostolorum, maxime tamen sanctorum Petri et Pauli, qui Europam sua praedicatione illuminaverunt, assumptio sanctae Mariae, dedicatio basilicae sancti archangeli Michaelis, dedicatio cuiusque oratorii seu cuiuslibet sancti, in cuius honore eadem ecclesia fundata est, quod vicinis tantum circum commorantibus indicendum est, non generaliter omnibus. Indictum vero ieiunium, quando a palatio vel a domo fuerit denuntiatum, ab omnibus generaliter observetur. Reliquae vero festivitates per annum, sicut sancti Remidii, sancti Mauritii, sancti Martini non sunt cogendae ad feriandum nec tamen prohibendum, si plebes hoc caste et zelo dei cupiunt exercere."

Genaugenommen wird für Pfingsten nur der Pfingstsamstag genannt, aber vermutlich lag die Betonung auf dem Samstag, weil dessen Feier nicht selbstverständlich war.

[12] FINSTERWALDER, Untersuchungen 425; BROMMER, Theodulf 34; BÜHLER, Capitularia Relecta 337.

denen Haitos, doch wird die Zahl der Apostelfeste genauer festgelegt: nur das der beiden Apostelfürsten und des Petrusbruders Andreas (30.11.) sind zu feiern, bezüglich des Festes der Himmelfahrt Mariens ist sich der Autor aber nicht sicher und behält sich eine weitere Regelung vor. Unter die Christusfeste zählt auch der Oktavtag zum Erscheinungsfest, zur Osterfeier zählt auch noch die nächste Woche, während die Samstage vor Ostern und Pfingsten nicht gefeiert werden müssen.[13]

Den größten Einfluß auf die Ordnung des Festjahres wird man dem Konzil von Mainz aus dem Jahre 813 zusprechen können.[14] Abt Ansegis von St. Wandrille nahm die Mainzer Festliste in seine Kapitulariensammlung auf.[15] Das Mainzer Konzil oder die Ansegis-Sammlung bildete die Vorlage für die Festzusammenstellungen einer Synode des Bischofs Halitgar von Cambrai[16] und des Bischofs Radulf von Bourges.[17] Sie ist außerdem identisch mit der im Kapitular Nr.154

---

[13] Kapitular Nr.81 (a.810-813) c.19 (MGH Capitularia 1, 179): "Hae sunt festivitates in anno quae per omnia venerari debent: natalis Domini, sancti Stephani, sancti Iohannis evangelistae, innocentum, octobas Domini, epiphania, octobas epiphaniae, purificatio Mariae, pascha dies octo, letania maior, ascensa Domini, pentecosten, sancti Iohannis baptistae, sancti Petri et Pauli, sancti Martini, sancti Andreae. De adsumptione sanctae Mariae interrogandum reliquimus."

[14] Concilium Moguntinense (a.813) c.36 (MGH Concilia 2.1, 269f): "De festivitatibus anni. XXXVI. Festos dies in anno celebrare sancimus, hoc est diem dominicum Paschae cum omni honore et sobrietate venerari, simili modo totam ebdomadam illam observare decrevimus, diem ascensionis Domini pleniter celebrare, in Pentecosten similiter ut in Pascha, in natali apostolorum Petri et Pauli diem unum, nativitatem sancti Iohannis Baptistae, adsumptionem sanctae Mariae, dedicationem sancti Michahelis, natalem sancti Remigii, sancti Martini, sancti Andree, in natali Domini dies quattour, octovas Domini, Epiphaniam Domini, purificationem sanctae Mariae et illas festivitates martyrum vel confessorum observare decrevimus, quorum in unaquaque parrochia sancta corpora requiescunt, similiter etiam dedicationem templi."

[15] Ansegis, Capitularium collectio II 33 (MGH Capitularia 1, 422): "De festivitatibus anni. Festos dies in anno celebrare sanximus, hoc est diem dominicum paschae cum omni honore et sobrietate venerari, simili modo totam ebdomadam illam observare decrevimus, diem ascensionis Domini pleniter celebrare; in pentecosten similiter ut in pascha; in natalem apostolorum Petri et Pauli diem unum; nativitatem sancti Iohannis baptistae, adsumptionem sanctae Mariae, dedicationem sancti Michaelis, natalem sancti Remigii, sancti Martini, sancti Andree; in natale Domini dies quattuor, octobas Domini, epiphaniam Domini, purificationem sanctae Mariae. Et illas festivitates martyrum vel confessorum observare decrevimus, quorum in unaquaque parrochia sancta corpora requiescunt."

[16] Halitgar von Cambrai, Erste Synode (a.829-831) c.14 (DA 35 [1979] 385): "De festivitatibus anni. XXXVI. Festos dies in anno celebrare sancimus, hoc est diem dominicum Paschae cum omni honore et sobrietate venerari, simili modo tota ebdomada illa observare decrevimus, diem ascensionis Domini pleniter celebrare, in Pentecosten similiter ut in Pascha, in natale apostolorum Petri et Pauli diem unum, nativitatem Sancti Iohannis Baptistae, adsumptionem sanctae Mariae, dedicationem sancti Michahelis, natale sancti Remigii, sancti Martini, sancti Andree, in natali Domini dies quattuor, octovas Domini, Epiphania Domini, purificationem sanctae Mariae et illas festivitates sanctorum martyrum vel confessorum observare decrevimus, quorum in unaquaque parrochia sancta corpora requiescunt, similiter etiam dedicationes templi."

[17] Siehe unten S.48f.

wiedergegebenen Jahresordnung.[18] Diese Festordnungen setzen den Jahresbeginn zum Osterfest, das sich wie das Pfingstfest über eine Woche erstrecken soll. Die nach den beweglichen Christusfeiern angesetzten Heiligenfeste entsprechen mit einer Ausnahme dem Jahreskreis.[19] Die Unklarheit, ob Petrus und Paulus an zwei eigenen (29.-30.6.) oder einem gemeinsamen Tag (29.6.) zu feiern sind, wurde zugunsten der zweiten Lösung entschieden. Hinsichtlich der Apostelfeste trat noch das Andreasfest hinzu. Während der Märtyrer Laurentius nicht in das Festverzeichnis aufgenommen wurde, kam diese Ehre dem Bekenner Remigius (1.10.) zu. Die Weihnachtsfeiertage erstreckten sich hier über vier Tage. Eine Feier des Oktavtages zu Epiphanie wurde nicht angeordnet.

Die von Ludwig dem Frommen und Lothar I. ins Capitulare monasticum vom 10. Juli 817 aufgenommene Festliste unterscheidet sich in der Anlage wesentlich von der Mainzer Festordnung.[20] Zunächst werden die Herrenfeste angeführt, denen die Heiligenfeste nachgeordnet sind. Die Liste orientiert sich in etwa am Jahreslauf, beginnend mit den "Weihnachtsheiligen". Die Stellung der Apostel nach den Unschuldigen Kindern (28.12.) und den Marienfesten (2.2. und 15.8.) und vor dem Johannesfest (24.6.) läßt die Annahme zu, daß der Aufhänger für die Anordnung der Feier der (aller?) Apostelfeste nicht das Petrusfest am 29. Juni, sondern das der Besteigung des Bischofsstuhls zu Antiochien am 22. Februar war.[21] Auffällig ist das Fehlen des Festes des Reimser Bischofs Remigius; merkwürdig auch, daß nach Ende des Jahreskreises (mit dem Martins-

---

[18] Kapitular Nr.154, c.3 (MGH Capitularia 1, 312): "Capitula concilii Mogontiae habiti ... 3. XXXVI. De festivitatibus. Festos dies in anno celebrare sancimus: hoc est diem dominicum Paschae cum omni honore et sobrietate venerari, simili modo totam ebdomadam illam observare decrevimus; diem ascensionis Domini pleniter celebrare; in Pentecosten similiter ut in pascha; in natale apostolorum Petri et Pauli diem unum; nativitatem sancti Iohannis baptistae, adsumptionem sanctae Mariae, dedicationem sancti Michaelis, natalem sancti Remigii, sancti Martini, sancti Andreae; in natale Domini dies quatuor (!); octavas Domini; epiphaniam Domini; purificationem sanctae Mariae. Et illas festivitates martyrum vel confessorum observare decrevimus, quorum in unaquaque parrochia sancta corpora requiescunt." Die Zusammenstellung aus diversen Synodenbeschlüssen weist BÜHLER, Capitularia Relecta 488, ohne Begründung dem Jahr 813 zu, während sie in der Monumenta-Edition den Jahren 826-827 zugeordnet wird. Sie wird vereinzelt als königliches Kapitular angesehen (BROMMER, Theodulf 32-36, BUCHNER, Rechtsquellen 77-81), andererseits nehmen sie GANSHOF, Kapitularien 170, und BÜHLER, Capitularia Relecta 497, in ihren Zusammenstellungen königlicher Kapitularien nicht auf.
[19] Das Fest der Apostel Petrus und Paulus (29.6.) ist vor dem des Täufers (24.6.) genannt.
[20] Kapitular Nr. 170 c.46 (MGH Capitularia 1, 346f): "Ut in precipuis sollempnitatibus, id est in natale et in octavis Domini, in epiphania, in pascha quoque et ascensione Domini, et in pentecosten et in sanctorum festivitatibus, id est sancti Stephani et in beati Iohannis euangelistae et in natale infantium, in purificatione et assumptione sanctae Mariae, similiter et in beatorum apostolorum festis et in sancti Iohannis baptistae nativitate, in sancti quoque Laurentii atque Martini et in sancti Benedicti, seu in natalitiis cuiuslibet sancti cuius honor in qualicumque parrochia specialiter celebratur, plenarium officium agatur et bis reficiatur."
[21] Zu den Feiern des Amtsantritts Petri in Antiochien und Rom s. KELLNER, Heortologie 226-231.

fest) das Benediktfest (21.3.) angehängt ist.[22] Dies geschah sicher in Hinblick auf den Empfängerkreis, da Ludwigs Klosterpolitik darauf abzielte, das monastische Leben einheitlich nach der Benediktregel auszurichten. Mit dieser Intention korrespondiert auch der Entstehungstag des Kapitulars: beim 10. Juli handelt es sich um den Vigiltag der Überführung des Abtes von Montecassino ins Frankenreich.[23]

Im Laufe des 9. Jahrhunderts wurde durch Bischöfe eine ganze Reihe von Festlisten verkündet, so von Halitgar von Cambrai und einem seiner diözesanen Amtsbrüder. Während Halitgar neben der Mainzer Liste das Allerheiligenfest gefeiert wissen wollte,[24] legte sein Amtsvorgänger oder -nachfolger darauf keinen besonderen Wert.[25] Auch Radulf von Bourges nutzte die Mainzer Liste als Grundstock, fügte aber noch die Todestage seiner heiligen Amtsvorgänger hinzu.[26] Um orts- bzw. bistumsübliche Gedenken erweiterte auch Walter von

---

[22] Da die Illatio-Feier vom 4. Dezember von MUNDING, Kalendarien II, 78, auf das Jahr 883 zurückgeführt wird, fällt das Benediktfest entweder aus der Ordnung des Jahreskreises, was dessen Bedeutung unterstreichen kann, oder aber die Erhebung der Reliquien von 883 orientierte sich an einem vorgegebenen Benediktgedenken, das bereits 817 bekannt war. So datiert HILPISCH die Illatio-Feier ins 8. Jahrhundert (HILPISCH, Benedikt v. Nursia 182). Der Kalender Karls des Großen kennt lediglich das Fest am 21. März, nicht aber die Illatio oder das Translationsgedenken vom 11. Juli (PIPER, Karls des Grossen Kalendarium 22, 26, 31). Die Bedeutung der Illatio-Feier wird daher dem weitaus älteren Todesgedenken des hl. Benedikt am 21. März nachstehen und nicht gemeint sein. Somit ist die Schlußstellung Benedikts als Ehrenstellung zu verstehen.

[23] MUNDING, Kalendarien II, 78. Die Tagewahl ist tiefsinnig: es entsprechen sich das Gedenken der Einführung des Leibes des hl. Mannes ins Frankenreich, die reichsweite Einführung des Festes und die Einführung der Regel bei den Franken. Sogar die Wahl der Vigil ist sinnvoller als die des Festes, stehen die Kaiser doch erst am "Vorabend" des Triumphs der Benediktregel, der mit dem Kapitular nur anfanghaft gegeben ist, dessen Durchbruch aber noch aussteht. Hinsichtlich des Tagesdatums verdient auch Beachtung, daß Ludwigs Großvater sein Kapitular zur Kirchenreform am Tage des Translationsgedenken von 755 verkündet hatte (MGH Capitularia 1, 32-3).

[24] Halitgar von Cambrai, Vierte Synode c.2 (DA 35 [1979] 389): "Ut unusquisque sacerdos missam omnium sanctorum cum omiliis suis habeat eamque cum ieiunio in vigilia honorifice celebrare, satagat, et in ipsa die feriare omnibus in sua parrochia denuntiet." Siehe dazu die auch Ausführungen des Herausgebers HARTMANN, Neue Texte 377.

[25] Nach Bestimmungen zur Sonntagsheiligkeit folgt in den Capitula Cameracensia: "Similiter et diebus festis, id est pascha, quod est resurrectio dominica, usque medium pasche ab opere abstineant. Post hos dies hi sunt, quos feriatos habere christianis oportet: III dies ante ascensionem domini et diem ascensionis domini et missam sancti Iohannis et missam sancti Petri, adsumptionem sancte Mariae, missam sancti Andreae et post natalem domini, sancti Stephani et sancti Iohannis evangelistae et octovas domini et ephyphaniam ac octovas eius et purificationem sancte Mariae" (c.3, ZKG 91 [1980] 234f). Das Fehlen von Pfingsten dürfte eher auf einem Versehen beruhen als das des Gedenkens für die Unschuldigen Kinder.

[26] Radulf von Bourges, Kapitular (a.853-866) c.26, S.254f: "De diebus festis anni. Festos dies in anno celebrare sanximus, hoc est diem dominicum pasche cum omni honore et sobrietate venerari, simili modo totam ebdomadam illam observare decrevimus, diem ascensionis domini pleniter, celebrare in pentecosten similiter ut in pascha, nativitatem sancti Iohannis baptistae, Petri et Pauli diem unum, sancti Laurentii, assumptionem sanctae Mariae, dedicationem sancti

Orléans seine Vorlage. So erklären sich etwa die beiden Kreuzfeste am Schluß der Festliste aus der Dedikation der Bischofskirche St. Croix,[27] während bei Herard von Tours bestenfalls das Martinsfest als ortsgebunden eingestuft werden könnte.[28] Feiertagslisten erließen auch Bischöfe von Reims[29] und Rouen.[30] Keinem Bischofssitz können die Kapitulare aus St. Vesoul[31] und Ottobeuren[32] zugerechnet werden.

Michaelis, natalem sancti Martini, sancti Andreae et omnium apostolorum, in natale domini dies quattuor, octobas domini, epiphania domini, purificationem sanctae Mariae, natelem sancti Ursini, sancti Austregisili, sancti Sulpicii. Et illas festivitates sanctorum observare decrevimus, quorum in unaquaque parrochia sancta corpora requiescunt vel reliquiae venerantur. His praedictis diebus ab operibus quiescendum esse diximus. Ceteras festivitates sanctorum apostolorum, martyrum, confessorum atque virginum congruo honore celebrandas esse censemus". BROMMERs Angabe, bei den Festen handele es sich um die "Geburtstage seiner Amtsvorgänger Ursin, Austregisil und Sulpicius" (BROMMER, Bemerkungen 212) ist richtig, doch wäre der klärende Zusatz, daß es sich um die Geburtstage im Himmel handelt, nicht überflüssig (JOUNEL, Heiligenverehrung 304).

[27] Walter von Orléans, Kapitular (a.869-870) c.17, S.191f: "Ut celebres sanctorum festivitates sollempni cultu observent et observandas suis plebibus antea cognitent, hoc est natale domini, beati Stephani, sancti Iohannis evangeliste, innocentum, octobas domini, epiphania, nativitatem sancte Marie, purificationem sancte Marie, assumptionem sancte Marie, sabbato sancto, paschae dies VIII, letania maiore, ascensio domini, pentecosten, sancti Iohannis babtiste, sancti Petri, sancti Pauli, sancti Martini, sancti Andree, nostrorum praeterea patrum, quorum piis apud dominum patrociniis vicinis iuvamur: beati Evurtii de transitu, beati Aniani de transitu, beati Benedicti, beati Maximini, beati Lifardi similiter de transitu, de inventione salutifere crucis, de exaltatione crucis eiusdemque vivifice crucis."

[28] Herard von Tours, Kapitular c.61 (PL 121, 768 C): "De festivitatibus anni quae feriari debeant, id est Natali Domini, sancti Stephani, sancti Joannis, et Innocentium, octavas Domini, Epiphania, et Purificatione sanctae Mariae, et Assumptione, et Ascensione, Domini, et Pentecoste, Missa sancti Joannis Baptistae, apostolorum Petri et Pauli, sancti Michaelis, atque omnium Sancctorum (!), sancti Martini, sancti Andreae, et eorum quorum corpora ac debitae venerationes in locis singulis peraguntur". Das der Himmelfahrt Christi vorangestellte "et" läßt einen Ausfall des Christusfestes Ostern vermuten, das sicher gefeiert wurde.

[29] Pseudo-Sonnatius von Reims c.20 (PL 135, 408 A): "Festa absque omni opere forensi excolenda, et cum debita veneratione celebranda haec sunt: Nativitas Domini, Circumcisio, Epiphania, Annuntiatio B. Mariae, Resurrectione Domini cum die sequenti, Ascensio Domini, dies Pentecostes, Nativitas beati Joannis Baptistae, apostolorum Petri et Pauli, Assumptio beatae Mariae, ejusdem Nativitas, Andreae apostoli, et dies omnes Dominicales".

[30] Capitula Rotomagensia c.3 (AASS 18, 432f): "De Festivitatibus Sanctorum celebrandis, id est beati Petri et caeterorum Apostolorum, nec non et S. Mariae, et S. Joannis, et S. Laurentii, et caeterorum, quae a presbyteris nunciantur; ut quicumque in hoc saeculo Deo vult placere, non neglegat."

[31] Capitula Vesulensia c.17, hg. von DE CLERCQ, Législation I, 370: "Has siquidem praecipuas festivitates adnuntient presbyteri: de diebus dominicis sabbatizare, et natale Domini viii kalendas ianuarias [25.12.] dies iii, circumcisione Domini kalendis ianuariis [1.1.] dies i, in Epiphania viii idus ianuarias [6.1.] dies i, in purificatione sanctae Mariae iiii nonas februarias [2.2.] dies i, in Pascha Domini usque in octobas Pasce dies vii, in ascensione Domini dies i, in nativitate sancti Iohannis Baptistae viii kalendas iulias [24.6.] dies i, in passione sanctorum apostolorum Petri et Pauli iii kalendas iulias [29.6.] dies i, in adsumptione sanctae Mariae xviii

Die Kalender geben - von einigen regionalen Besonderheiten abgesehen - ein erstaunlich einheitliches Bild, sodaß davon auszugehen ist, daß folgende Feiern zum Grundbestand des karolingischen Festkalenders gehörten: die Christusfeste Weihnachten mit seiner Oktav (25.12., 1.1.), Epiphanie (6.1.), die Osterwoche sowie Pfingsten. Bei den Mariengedenken ist mit dem Reinigungsfest (2.2.) und der Himmelfahrt (15.8.) sicher zu rechnen, vermutlich spielten auch die Feste der Empfängnis (25.3.) und der Geburt (8.9.) eine Rolle. Zum Festkanon gehörten sicher auch die Gedenken für den Protomärtyrer Stephanus (26.12.), den Evangelisten Johannes (27.12.), die Unschuldigen Kinder (28.12.), den Täufer Johannes (24.6.), die Apostelfürsten Petrus und Paulus (29.6.), den Märtyrerdiakon Laurentius (10.8.), den Erzengel Michael (29.9.), die fränkischen Bischöfe Remigius (1.10.) und Martin (11.11.) sowie den Apostel Andreas (30.11.). Bereits am Hof Karls des Großen dürfte das Allerheiligenfest am 1. November gefeiert worden sein, da die Bestimmung des Bischofs Arn von Salzburg auf eine Anregung seines Lehrers Alkuin zurückgeht, welcher das Fest aus seiner englischen Heimat

---

kalendas septembres [15.8.] dies i, in transitu sancti Martini iii idus novembres [11.11.] dies i, in passione sancti Andreae apostoli ii kalendas decembres [30.11.] dies i."
Auffälligerweise fehlt das Pfingstfest, doch wird man nur ein Versehen annehmen können, da die Vigilien von Ostern und Pfingsten als einzig mögliche Taufiermine angegeben werden (ebd. c.10, S. 369), und weil nach Pfingsten wie vor Ostern und vor Weihnachten eine 40tägige Fastenzeit angesetzt wird (ebd. c.15, S.370). Vielleicht erschien auch nur eine Angabe zur Dauer der Pfingstfeier unnötig, weil in der Pfingstwoche die zuvor erwähnten Quatembertage abgehalten wurden. Neben den Quatembertagen (ebd. c.14-15, S.369f) sollte auch am Freitag und Samstag gefastet werden: "omnes sexte feriae propter passionem Domini ieiunantur, sed et sabbati dies a plerisque propter quod in eo iacuit in sepulchro ieiunii consecratus habetur." (ebd. c.15, S.370).

[32] Capitula Ottoboniana c.30 (NA 27 [1902] S.587): "Festivitates vero istas per anni circulum debetis caelebrare: dies dominicus a vespera usque ad vesperam religiosissime caelebretur; natale Domini usque in mediam ebdomadam et octobas natalis Domini et Epiphania, IIII non. Febr. purificationem sanctae Mariae; vigilia Paschae; Pascha Domini usque in mediam ebdomadam et octobas ipsius Paschae; tres rogationum; ascensionem Domini; vigilia Pentecostes; Pentecostem usque in mediam ebdomadam; VIII. Kal. Iul. festivitatem sancti Iohannis baptistae; III. Kal. Iul. festivitate apostolorum Petri et Pauli; XVIII. Kal. Sepbr. assumptionem sanctae Mariae; III. Kal. Octbr. festivitate sancti Michaelis archangeli; Kal. Octbr. festivitate sanctorum Germani et Remigii; Kal. Novb. festivitate omnium sanctorum; III. Id. Novbr. festivitate sancti Martini; pridie Kal. Decb. festivitate sancti Andreae apostoli et in unaquaque parrochia festivitate illius sancti, qui ibidem requiescit, ab omnibus caelebretur. Amen."
BROMMER, Bemerkungen 212, faßt eine Zuordnung zu einer westfränkischen Bischofsstadt "z.B. Amiens" aufgrund der Nennung der Heiligen Germanus und Remigius zum 1. Oktober ins Auge. In dem Erlaß sind die Herrenfeste Weihnachten, Ostern und Pfingsten von den übrigen Festen abgehoben. Bei ihnen entfällt die Angabe des Tages, sie werden mit Oktav und einer Feier "usque mediam ebdomadam" gefeiert, das Osterfest wird zusätzlich noch mit einer Vigil ausgezeichnet. Das Entfallen der Datumsangabe ist für die beweglichen Feste Ostern und Pfingsten sinnvoll, nicht jedoch beim fixen Weihnachtsfest. Da dieses auf verschiedene Wochentage fallen kann, ist eine Feier bis zur Wochenmitte nicht möglich; gemeint sind hier sicher die drei Heiligenfeste Stephanus, Johannes und Unschuldige Kinder. Zweck der Angabe ist es, eine weitestgehende Parallelisierung der drei christlichen Hauptfeste zu erreichen.

mitgebracht haben wird, wo es sich bereits im Kalender von York findet.[33] Alkuins Einfluß in liturgischen Fragen aber ist für Karl den Großen außerordentlich hoch anzusetzen.

5.2. DIE FESTKREISE DER IN DEN FESTVORSCHRIFTEN ANGEFÜHRTEN HEILIGEN

Bezüglich der behandelten Heiligenfeste ist anzumerken, daß einer Reihe von Heiligen an mehreren Tagen gedacht werden konnte, wie wir es bereits bei den Marienfesten gesehen haben. Sobald eine Verehrung eines Heiligen vorliegt, wird damit zu rechnen sein, daß man sich nicht darauf beschränkte, sein Hauptfest zu feiern. Hinsichtlich des Martinsfestes ist auch mit einem Martinsgedenken an dessen Bischofsweihe- und Translationstag am 4. Juli zu rechnen, obwohl die Annahme, es sei nur das Fest im November gefeiert worden, sich aus dem Fehlen des Julifestes und der Einordnung des Martinsfestes zwischen Remigius- und Andreasfest zu ergeben scheint. Nun gibt das Capitulare de villis den Termin, zu dem die Pferde zum Königshof geliefert werden sollten, an als "missa sancti Martini hiemale".[34] Die jahreszeitliche Bestimmung wäre überflüssig, wenn allein das Fest im November gefeiert worden wäre. Die Spannung zwischen den beiden Befunden läßt sich so auflösen, daß es sich bei den Festtagslisten um Minimalkalender für die Tage handelte, die von allen Reichsbewohnern zu beachten waren, während sich der Königshof einem weitaus größeren Festkreis verpflichtet fühlte.

Damit ergibt sich eine erhebliche Erweiterung des Festkreises am Königshof. Folgen wir dem mit Weihnachten anhebenden kirchlichen Festkreis, so ergeben sich folgende neue Feste: für Stephanus nicht nur der 26. Dezember, sondern auch der Tag der Auffindung seiner Reliquien am 3. August [415].[35] Der Abt Benedikt wurde nicht nur an seinem Todestag (21.3.), sondern auch an Translationstagen kommemoriert (11.7., 4.12.).[36] Ein neues Fest brachte die Parallelisierung von Johannes- und Christusfesten mit sich, die auf die Verehrung des Täufers als Vorläufer Christi zurückzuführen ist. Jeweils um ein halbes Jahr ver-

---

[33] FRANK, Allerheiligenfest 348. In einer Reihe von Kalendaren war dieses Fest bereits vor dem 9. Jahrhundert zum 1. November verzeichnet (MUNDING, Kalendarien II, 19, 128). Allerdings fehlt das Fest noch im Kalender Karls des Großen, der zwischen Oktober 781 und April 783 angelegt wurde (PIPER, Karls des Grossen Kalendarium 14 und 30).
Im entsprechenden Artikel des Lexikons des Mittelalters wird der Eindruck erweckt, das Allerheiligenfest sei erst seit den dreißiger Jahren des 9. Jahrhunderts gefeiert worden, und zwar im Frankenreich als "Denkmal einer Aussöhnung zw. Ludwig d. Frommen und seinen Söhnen" (SCHNITZLER, Allerheiligen 428).
[34] Kapitular Nr.32 c.15 (MGH Capitularia 1, 84).
[35] MUNDING, Kalendarien II, 85.
[36] HILPISCH, Benedikt v. Nursia 182.

schoben, sozusagen auf der jeweils gegenüberliegenden Seite des Festkreises, wurden bei beiden Geburt (25.12.; 24.6.)[37] und Empfängnis (25.3.; 24.9.) gefeiert. Hinzu treten das Todesgedenken für den Täufer am 29. August, die Erhebung seiner Kopfreliquie am 24. Februar (452) und der Tauftag Christi (6.1.).[38] Dem Heidenmissionar Paulus kann neben dem gemeinsamen Fest mit Petrus am 29. Juni ein eigenes Gedenken am 30. Juni und die Feier seine Bekehrung am 25. Januar zugeordnet werden. Des Apostelfürsten Petrus wurde gleich an drei weiteren Tagen gedacht: seines Amtsantritts zu Rom (18.1.) und zu Antiochien (22.2.), aber auch der Kettenfeier (1.8.).[39] Dem Reimser Bischof Remigius ist neben seinem allgemein begangenen Gedenken am 1. Oktober zumindest sein Todestag am 13. Januar zur Seite zu stellen.[40]

---

[37] Die Parallelisierung der Tagesdaten kommt noch besser in der römischen Datierung zum Ausdruck, da es sich jeweils um den achten Tag vor dem Beginn des nächsten Monats handelt. Betrachtet man das Jahr als Kreis, liegt es dem Weihnachtsfest genau gegenüber (KRETSCHMAR, Theologie des Heiligen 99f). Beide Feste feiern statt eines Todestages einen Geburtstag, und beide liegen in der Nähe von Sonnenwenden. Das Geburtsfest des Täufers wurde dementsprechend als eine Art "Sommer-Weihnachten" betrachtet, während der Todestag des hl. Johannes im mittelalterlichen Irland viel Ähnlichkeit mit dem Karfreitag hatte (WIMMER, Lexikon 448, MICHL u.a., Johannes der Täufer 1086).
Das Fest der Geburt Johannes des Täufers (24.6.) ist in alle Martyrologien, Kalendare und Sakramentare des hier untersuchten Zeitraums aufgenommen worden. Das Ansehen des Täufers im Mittelalter gründet sich vor allem auf die Jesus-Worte über ihn: "Unter den vom Weibe Geborenen ist kein Größerer aufgestanden als Johannes der Täufer" (Mt 11,11). Er galt als der letzte der Propheten ("Denn alle Propheten und das Gesetz bis zu Johannes hin haben geweissagt ..." (Mt 11,13)).
Der Volksglaube hat den Tag mit einer ganzen Reihe von Eigenschaften bedacht, die alle positive Auswirkungen haben und z.T. mittels Fruchtbarkeitszauber gesteigert werden sollen (SARTORI, Johannes der Täufer 708-724). Der Glaube an die Weissagekraft der Johannisnacht stützt sich möglicherweise auf die o.g. Bibelstelle (SARTORI, Johannes der Täufer 709, führt das auf den Wendepunkt im Jahr zurück).
[38] Das Fest der Conceptio des Täufers galt Beda als Jahresanfang (MICHL u.a., Johannes der Täufer 1086; KELLNER, Heortologie 166-169).
[39] KELLNER, Heortologie 226-231, 216f, DÜRIG, Apostelfeste 742f.
Das Fest der Stuhlsetzung in Antiochien wird in allen Kalendaren des 9. Jahrhunderts aus St. Gallen verzeichnet, die Feier war demnach also allgemein verbreitet. Ein Martyrolog, das etwa 800, vielleicht in Auxerre, entstand, ordnet dem Fest sogar eine Vigil zu (MUNDING, Kalendarien I, 5f; II, 7).
Das Kettenfest gehört zu den ältesten Apostelfesten überhaupt, fand aber im fränkischen Raum erst im 8. Jahrhundert Verbreitung. Seit der Zeit Karl Martells waren die Karolinger im Besitz von Kettenreliquien (DÜRIG, Apostelfeste 742f; KELLNER, Heortologie 216f, NOBEL, Königtum I, 128). Im Aberglauben gilt das Fest allerdings eher als Unglückstag (SARTORI: Petri Kettenfeier 1530f).
[40] Weitere Gedenktage sind seine Depositio am 15. Januar, der 30. Dezember, und in Reims noch der 29. März (BROUETTE, Remigius v. Reims 1226; HAUBRICHS, Kultur 147). Allerdings kennen auch die westfränkischen Martyrologien Ados (S.17) und Usuards (S.159) nur den 13. Januar als zweites Remigiusgedenken.

5.3. REICHS- UND FAMILIENHEILIGE

Mustert man die Festtagslisten durch, fällt auf, daß eine ganze Reihe von Heiligen fehlt, deren Verehrung bei Hofe unbestreitbar ist: etwa die Bischöfe Dionysius von Paris (9.10.)[41] und Medardus von Soissons (8.6.)[42] oder die karolingischen Familienheiligen Gertrud von Nivelles (17.3.)[43] und Arnulf von Metz (18.7., 16.8.).[44] Zu den Familienheiligen darf vermutlich auch der hl. Hubertus (3.11.) gerechnet werden.[45]

---

[41] Weitere Festtage sind möglich. Eine nicht näher einzuordnende Translation fand vor der Mitte des neunten Jahrhunderts an einem 22. April statt (SEMMLER, Saint-Denis 77). Eine Kirchweihe wurde am 24. Februar 775 vorgenommen (ebd. 75), und der 28. Juli wurde im Kloster spätestens seit der Altarweihe durch Papst Stephanus 754 begangen (Wandalbert, Martyrologium S.590).
[42] Zur Bedeutung des Heiligen und seines Klosters s. KRÜGER, Königsgrabkirche 125-133, sowie den Exkurs 6.
[43] NOBEL, Königtum 62f. Neben der Rettung vor Mäuseplagen war der Schutz von Reisenden die besondere Aufgabe der Heiligen. Ihre Schutzmächtigkeit für Reisende wurde bereits in ihrer Vita betont. Wegen des Erwachens des Frühlings und des Wiederbeginns der bäuerlichen Arbeit galt ihr Tag als günstig für einen Neubeginn (WREDE, Gertrud 701-704). Die Gertrudenminne, die gern vor Reisen getrunken wurde, ist bereits im Ruotlieb erwähnt (MACKENSEN, Gertrudenminne, in: HdtA 3, 1930, 708-712).
[44] Zur Arnulfsverehrung s. Exkurs 5. In Metz wurde des hl. Bischofs Arnulf noch am 16. und 18. August gedacht (LIPPHARDT, Tonar 101). Doch hatte wohl nur das Gedenken vom 16.8. größere Bedeutung (MUNDING, Kalendarien II, 92).
[45] WERNER, Lütticher Raum 277-280, bezweifelt die Verwandtschaft Huberts mit den Karolingern, da für die Zuweisung zur Familie der Plektrud lediglich die Namensgleichheit, die Zugehörigkeit zur gleichen sozialen Schicht und die guten Beziehungen zu den Karolingern ins Feld geführt werden können. Hinzugefügt werden kann allerdings auch, daß Huberts wie Plektruds Familien Machtpositionen im selben Raum aufgebaut hatten (ebd. 280). Für eine Verwandtschaft mit den Karolingern könnte sprechen, daß mit der Translation des hl. Hu(g)bertus nach Andagium 825 die strikte Translationsabstinenz unter Ludwig dem Frommen mit dessen Einverständnis durchbrochen wurde (NOBEL, Königtum 187f). Zur Aufgabe seiner Verweigerung von Translationen konnte Ludwig sicher am ehesten durch die Überführung eines Familienheiligen bewegt werden.
Unabhängig von der Verwandtschaftsfrage wird man von einer Verehrung des Heiligen durch die Karolinger spätestens seit 743 ausgehen können, als der Hausmeier Karlmann an der Elevatio des hl. Bischofs am 3.11.743 teilnahm (ebd. 63f). Gedenktage für den Bischof von Tongern-Maastricht sind sein Todestag am 30. Mai (727), seine Elevatio von 743 und die Translation nach Andagium (St. Hubert) am 30.9.825 (LAMPEN, Hubert(us) 503). MUNDING, Kalendarien II, 130, setzt die Translation von 825 fälschlich zum 31. Mai, doch wird sich das Translationsgedenken vom 31. Mai auf die Translation eines anderen Jahres beziehen.

5.4. DIE HEILIGEN DER HERRSCHERLAUDES

Die Liste der mit erheblicher Sicherheit verehrten Heiligen läßt sich noch wesentlich erweitern, wenn man die Heiligen hinzunimmt, die in den Königslaudes als Schutzheilige der Königsfamilie und des Heeres angerufen wurden. Natürlich decken sie sich mit den Heiligen, die in den Festtagslisten auftreten,[46] doch gibt es noch einen erheblichen "Überschuß". Hierzu zählen die seit merowingischer Zeit bekannten Kriegsheiligen Mauritius (22.9.)[47], Hilarius (13.1.)[48] sowie Crispinus und Crispinianus (25.10.)[49]. Im Vergleich zu deren häufiger Erwähnung stehen bekannte merowingerzeitliche Heilige wie Medardus (8.6)[50], Germanus[51], Vedastus (6.2., 1.10.)[52], Amandus (6.2. und 26.10.)[53] und Eligius

---

[46] OPFERMANN, Herrscherakklamationen 101-118.
[47] Als Schutzheiliger Pippins von Italien (OPFERMANN, Herrscherakklamationen 101) und des Heeres (ebd. 102, 107, 109, 111, 113). Reiche Belege für die Verehrung des afrikanischen Soldaten bietet ZUFFEREY, Mauritiuskult 23-42.
[48] OPFERMANN, Herrscherakklamationen 102, 107, 109, 113.
[49] Reliquien der beiden müssen zum ursprünglichen Bestand des karolingischen Königschatzes gehört haben, da sie nicht nur in Reliquienverzeichnissen von Aachen, Centula, Corvey und Osnabrück auftauchen (Angilbert, Libellus 176; SCHIEFFERS, Karls des Großen Reliquienschatz 8, 28, 82), sondern sich schon in den frühesten uns bekannten Laudes Karls des Großen finden. In den Lobgesängen seines Enkels Karl werden sie dem König als Schutzheilige zugeordnet (OPFERMANN, Herrscherakklamationen 103, 107, 109).
[50] OPFERMANN, Herrscherakklamationen 104, 109. Vereinzelt wird Medardus als Resultat einer Verwechselung mit dem Märtyrer Minervus von Autun ein zweites Gedenken am 22. August zugestanden (MUNDING, Kalendarien II, 93).
[51] OPFERMANN, Herrscherakklamationen 109. Unklar ist, ob der Bischof von Paris oder der von Auxerre gemeint ist. Der Bischof von Paris verstarb am 28. Mai 576, eine (von vielen) Translation(en) fand in Anwesenheit Pippins am 25. Juli 756 statt (RODEWYK, Germanus 756f). Der Bischof von Auxerre wurde am 31. Juli und am 1. Oktober gefeiert (KÖTTING, Germanus 755f; MUNDING, Kalendarien II, 114). Der Zusammenstellung der Laudesheiligen nach war der Bischof von Auxerre gemeint (siehe dazu die nächste Anmerkung). Bereits Pippin der Jüngere war im Besitz von Pontifikalhandschuhen des hl. Germanus. Nach SCHIFFERS, Reliquienschatz 27, handelt es sich dabei allerdings um die des Bischofs von Paris. Doch auch der Namensvetter aus Auxerre wird den Karolingern nicht gleichgültig gewesen sein, nahmen sie doch bei Besuchen von Auxerre "gewöhnlich" Wohnung im Germanuskloster (GAUERT, Itinerar 312).
[52] Der Bischof von Arras ist lediglich in westfränkischen Laudes aus dem Pontifikat Nikolaus I. (858-867) belegt (OPFERMANN, Herrscherakklamationen 109). Da sich in diesen Laudes auch der einzige Nachweis des Bischofs Germanus findet, kann der gemeinsame Translationstag am 1. Oktober den Anstoß zur Nennung der Heiligen gewesen sein, zumal die Laudes auch den ebenfalls am 1. Oktober überführten Bischof Remigius kennen. Nicht spezifische Verehrung, sondern das den Heiligen gemeinsame Bischofsamt und der gemeinsame Translationstag hätten dann die Aufnahme der Bischofstrias bewirkt. Zu den Festtagen der Heiligen: MUNDING, Kalendarien II, 34, 114f.
[53] In der Mitte des 9. Jahrhunderts wird der Heilige einmal in St. Galler Laudes angerufen, ein weiteres Mal in westfränkischen Akklamationen (OPFERMANN, Herrscherakklamationen 106 und 109, MUNDING, Kalendarien II, 34); dabei dürfte es sich um den in St. Amand verehrten Apostel der Belgier handeln, der an einem 6. Februar zwischen 679 und 684 starb.

(1.12.) deutlich zurück.[54] Erstaunlich häufig ist die Anrufung des heiligen Gereon (10.10.) und des Papstes Silvester (31.12.). Die Verehrung erklärt sich für den Kölner Heiligen vermutlich aus seinem Ansehen als Streitgenosse des hl. Mauritius in der thebäischen Legion. Dafür spricht auch, daß er in vier der fünf Nennungen gemeinsam mit dem Thebäer angerufen wird.[55] Geradezu eine Sammlung von Heiligen, die mit dem Kult des Afrikaners zusammenhängen, kann man bei Ludwig dem Deutschen feststellen.[56] Dessen Mauritiuskult steht sicher im Zusammenhang mit dem bei seiner Hauptpfalz Regensburg gelegenen Kloster des hl. Emmeram, dessen Todestag mit dem des hl. Mauritius zusammenfällt.[57] Die Aufnahme des Papstes Silvester in die Laudes resultiert sicher aus der Bedeutung des Papstes für das Constitutum Constantini, das den Karolingern als

---

Ebenso wie der Bischof von Maastricht wurden am 26. Oktober die gleichnamigen Bischöfe von Worms und Straßburg geehrt (BARTH, Amandus).

[54] OPFERMANN, Herrscherakklamationen 104 ("Elagius"). Reliquien des Heiligen befinden sich in der Pfarrkirche St. André zu Chelles (WIMMER, Lexikon 240f). Zur Eligiusverehrung und zur Bedeutung des Nonnenklosters Chelles: KRÜGER, Königsgrabkirchen 208-211, 238-246.

[55] Am deutlichsten ist die Verbindung bei westfränkischen Laudes aus der Mitte des 9. Jahrhunderts: Mauritius-Gereon (OPFERMANN, Herrscherakklamationen 109). Ein festes Schema gibt die Heiligenfolge Mauritius-Dionysius-Crispinus ab: Mauritius-Dionysius-Crispinus-Crispinianus-Gereon (ebd. 102f), Mauritius-Dionysius-Albanus-Crispinus-Crispinianus-Gereon (ebd. 107), Mauritius-Dionysius-Gereon (ebd. 113). Als persönlicher Schutzheiliger Ludwigs des Deutschen erscheint Gereon in einer gesonderten Bitte für Ludwig in St. Galler Laudes (ebd. 108). Die Elevatio des Offiziers wurde am 27. Oktober gefeiert (TORSY, Gereon 718).

[56] In Kölner Laudes aus dem Beginn des 9. Jahrhunderts wird ein "Theodor" als Schutzheiliger des Heeres (OPFERMANN, Herrscherakklamationen 114), ein "Theodolus" in Herrscherakklamationen aus St. Gallen, die Mitte des 9. Jahrhunderts entstanden, als Schutzpatron König Ludwigs des Deutschen angerufen (OPFERMANN, Herrscherakklamationen 106). Vermutlich handelt es sich um ein und denselben Heiligen, nämlich Bischof Theodor von Octodurus (16.8. und 4.9.), dem Patron des Wallis, auch Theodolus oder Theodulus genannt. Der in Sitten beigesetzte Heilige soll die Reliquien des hl. Mauritius und seiner Gefährten in Agaune niedergelegt haben. Der Bischof Theodor erhielt im 8.-9. Jahrhundert eine Krypta mit Arkosolgrab, die ein stark besuchter Wallfahrtsort wurde (DUBOIS, Theodor 28f; KRÜGER, Königsgrabkirchen 56f).
Zur Gesellschaft des hl. Mauritius wurden auch die Geschwister Felix und Regula gezählt, denen das Kloster Zürich geweiht war, das Ludwig der Deutsche 853 gegründet hatte (BONER, Felix u. Regula 72). Zum Pfalzkomplex in Zürich s. ERDMANN, Bodenseegebiet 144-163.
Wenn es sich bei Theodor und Theodul um zwei verschiedene Heilige handeln sollte, kommen am ehesten der griechische Offizier und Megalo-Märtyrer Theodor (9.11.) und Theodul, der Märtyrergefährte des hl. Alexander (3.5.) in Betracht (WIMMER, Lexikon 780 und 784). Für letzteren sprechen zwei Gründe: er wurde häufiger mit Theodor verwechselt (MUNDING, Kalendarien II, 56), und Alexanderreliquien gelangten Mitte des 9. Jahrhunderts nach Wildeshausen, allerdings soll es sich dabei um den gleichnamigen Felicitassohn (10.7.) gehandelt haben (HONSELMANN, Reliquientranslationen 177f).

[57] WIMMER, Lexikon 247f.

Grundlage aller Beziehungen zwischen Herrscher und Papst galt.[58] Weiterhin treten mehrmals auf: Pancratius (12.5.),[59] Nazarius (12.6.)[60] und Ambrosius (4.4. und 7.12.).[61] Von den nur zweimal nachgewiesenen Heiligen ist bemerkenswert, daß der kaiserliche Offizier Sebastian (20.1.) in Corveyer Akklamationen vom Ende des 9. Jahrhunderts noch vor dem hl. Martin als Schutzpatron des Heeres angerufen wurde.[62] Sicher keine durchgängige Verehrung wird man den jeweils nur einmal angerufenen Heiligen zusprechen können. Gerade bei den Heiligen, die selten auftreten, zeigt sich, daß auch andere Motive als die Verehrung für diesen speziellen Heiligen seine Aufnahme in die Akklamationen bewirken können, etwa politische Ambitionen oder der Ausweis von Rechtgläubigkeit.[63]

---

[58] OPFERMANN, Herrscherakklamationen 102, 106, 109, 112; WIMMER, Lexikon 748f. Zu Karl als neuem Konstantin s. Exkurs 17.

[59] OPFERMANN, Herrscherakklamationen 102, 106, 112. Zur Verehrung des Heiligen s. Exkurs 7.

[60] OPFERMANN, Herrscherakklamationen 102 und 106. Nazarius und Celsus wurden in Mailand am Tag ihrer Auffindung durch den hl. Ambrosius, dem 28. Juli, gefeiert, der 12. Juni resultiert aus der Translation des hl. Nazarius nach Lorsch. Die beiden Heiligen wurden des öfteren als vornehme Krieger dargestellt (BAUR, Nazarius und Celsus 853).

[61] OPFERMANN, Herrscherakklamationen 105 und 111. Beim bekannteren Termin, dem 7. Dezember, handelt es sich um den Tag der Bischofsweihe des Bekenners, während im April sein Todestag begangen wurde (HUHN, Ambrosius 427). Daß der Bischof von Mailand in den Laudes aus Chieti als Patron der Königskinder fungiert, erstaunt weniger als sein Patronat für das Heer aus den Corveyer Laudes von 887-890. Da als nächster der Kirchenvater Hieronymus angerufen wird und Ambrosius seit dem 8. Jahrhundert ebenfalls als Kirchenvater galt (WIMMER, Lexikon 488f), dürften die Kirchenväter als Ausweis der Rechtgläubigkeit, nicht aufgrund einer besonderen Verehrung, in die Laudes aufgenommen worden sein.

[62] OPFERMANN, Herrscherakklamationen 111 und 105. Da der Heilige aus Mailand stammen soll und die älteren Laudes aus Chieti stammen, kann die Verehrung zunächst durchaus lokalen Charakter gehabt haben, bevor Reliquien des Heiligen 826 nach St. Médard bei Soissons gelangten (AMORE, Sebastian 557f).

[63] Bei Albanus wird es sich um den Mainzer Märtyrer handeln (21.6.) (OPFERMANN, Herrscherakklamationen 107; WIMMER, Lexikon 119).
Bei dem in den italienischen Laudes angerufenen Justinus wird es sich um einen fränkischen Bischof handeln, da er zusammen mit anderen fränkischen Bischöfen als Schutzpatron Kaiser Ludwigs II. auftritt: Eligius - Justinus - Medardus - Remigius (OPFERMANN, Herrscherakklamationen 104). Damit kommt nur der Bischof Just(in)us von Lyon (4.8. und 2.9.) in Betracht (MUNDING, Kalendarien II, 85f und 101). Die fränkische Orientierung der Herrscherakklamationen von 865/866 kann sich aus dem Bündnis des Kaisers mit seinem Bruder Lothar II. erklären, gegen den sich Karl der Kahle und Ludwig der Deutsche verbündet hatten (BM² 1229c, 1231a).
Clemens (23.11.) fungiert in westfränkischen Akklamationen (858-867) als Königspatron (OPFERMANN, Herrscherakklamationen 109), vielleicht wegen des glücklichen Ausgangs einer Schlacht Karls des Kahlen gegen die Bretonen im Jahr 845.
Die Nennung des Kirchenvaters Hieronymus (30.9.) (OPFERMANN, Herrscherakklamationen 111) steht sicher im Zusammenhang mit der Anrufung des Kirchenvaters Ambrosius in denselben Laudes (WIMMER, Lexikon 488f).
Auf Theodor (OPFERMANN, Herrscherakklamationen 114) und Theodul (OPFERMANN, Herrscherakklamationen 106) wurde im Zusammenhang mit der Mauritius-Verehrung Ludwigs des Deutschen eingegangen.

Aber auch Heilige, die durch Namensgleichheit (Germanus; Amandus), gemeinsamen Gedenktag (Vedastus/Amandus; Emmeram/Mauritius) oder anderes mit einem kultisch verehrten Heiligen in Verbindung stehen, konnten in die Herrscherlaudes aufgenommen werden.
Von den weiblichen Heiligen, die als Schutzheilige der Herrscherinnen und der Prinzessinnen auftreten,[64] werden viermal genannt: die Sizilianerin Anastasia (25.12.),[65] Columba von Sens (31.12.)[66] sowie Felicitas und Perpetua (7.3.);[67] dreimal treten Agnes (21.1. und 28.1.),[68] Caecilia (22.11.),[69] Lucia (13.12.)[70] und Genofeva von Paris (3.1.)[71] auf; während die sizilianische Märtyrerin Agatha (5.2.)[72] und die vermeintliche Petrustochter Petronilla (31.5.)[73] nur zweimal zu finden sind. Nur in Metzer Laudes vom Ende des 9. Jahrhunderts wurde die hl. Eulalia (12.2.) angerufen.[74] Für die Regel, daß allein weibliche Schutzheilige für die Damen des karolingischen Hauses zuständig sind, gibt es nur Ausnahmen für die Kaiserinnen Judith und Ermengard, und zwar jeweils in Akklamationen aus Verona.[75]
Einen dreimal wiederkehrenden einheitlichen Block bilden Anastasia - Genofeva - Columba, bei einem vierten Auftreten entfällt Genofeva; weiterhin sind Agnes und Caecilia stets aneinander gekoppelt. Innerhalb beider Blöcke bleibt auch die Reihenfolge der Anrufung erhalten. Offenbar wurde hier recht schematisch verfahren, was aber nicht notwendig gegen eine Verehrung der Heiligen sprechen muß.

---

[64] Wenn in den Laudes für die Königskinder den männlichen Heiligen weibliche nachgeordnet sind, werden letztere für die Prinzessinnen zuständig gewesen sein (OPFERMANN, Herrscherakklamationen 102f und 106f).

[65] OPFERMANN, Herrscherakklamationen 102, 107, 109 und 112; WIMMER, Lexikon 131. Da ihr Fest auf Weihnachten fällt, ist ein Nachweis ihrer Verehrung anhand der Überprüfung von Tagesdaten nicht möglich.

[66] OPFERMANN, Herrscherakklamationen 102, 107, 109, 112; WIMMER, Lexikon 198.

[67] OPFERMANN, Herrscherakklamationen 104, 106, 109, 112 [ohne Felicitas]). Daneben wurde sicher noch eine zweite hl. Felicitas, die Mutter der sieben Märtyrer, verehrt (10.7. und 23.11.), deren Gebeine König Karlmann in Altötting niederlegte (NOBEL, Königtum 222; WIMMER, Lexikon 275).

[68] OPFERMANN, Herrscherakklamationen 105, 106, 112.

[69] OPFERMANN, Herrscherakklamationen 105, 106, 112.

[70] OPFERMANN, Herrscherakklamationen 105 ("Lucas"), 106, 109.

[71] OPFERMANN, Herrscherakklamationen 102, 107 und 112.

[72] OPFERMANN, Herrscherakklamationen 104 und 112, KÖTTING, Agatha 183f.

[73] OPFERMANN, Herrscherakklamationen 106 und 112. Zu der durch die Karolinger veranlaßten Translation der Heiligen in die Peterskirche von Rom s. ANGENENDT, Mensa Pippini regis 54f.

[74] OPFERMANN, Herrscherakklamationen 112. Man unterschied seit dem 7. Jahrhundert zwei spanische Märtyrerinnen dieses Namens, Eulalia von Merida und Eulalia von Barcelona, die beide am 12. Februar verehrt wurden. Die Heilige aus Merida wurde zusätzlich noch an ihrem Todestag, dem 10. Dezember, verehrt (VINCKE, Eulalia 1179).

[75] Judith und Ermengard treten jeweils als Paar auf, einmal wird ihnen der hl. Paulus zugewiesen, ein andermal Martin und Benedikt (OPFERMANN, Herrscherakklamationen 115).

5.5. INDIZIEN FÜR DIE VEREHRUNG WEITERER HEILIGER

Für die Heiligenverehrung bei den Karolingern kann noch der Kalender Karls des Großen herangezogen werden, doch wird die Aussagekraft des Kalenders hinsichtlich der Heiligenverehrung des Königs kaum mehr als Hinweischarakter haben. Die Festliste kennt nämlich weder das Arnulffest noch das Gedenken für Gertrud von Nivelles, zwei Heilige, die als Familienangehörige schon früh bei den Karolingern verehrt wurden.[76]
Ein weiteres Indiz für die Verehrung durch die Karolinger kann der Besitz von Reliquien des betreffenden Heiligen sein. Hier kommen neben den Aachener Reliquienverzeichnissen, der Zusammenstellung des Abtes Angilbert von Centula, der Schenkung Kaiser Lothars I. an Prüm und den Reliquien aus Einhards Gründung Seligenstadt ein hoher Zeugniswert zu, da davon ausgegangen werden kann, daß zumindest ein Großteil der Reliquien aus dem karolingischen Königsschatz stammt.[77] Neben Herren- und Marienreliquien gibt es solche von Aposteln, Märtyrern, Bekennern und Jungfrauen. Für die Frage, welche Apostelfeste neben denen der beiden Apostelfürsten und des Petrusbruders Andreas gefeiert wurden,[78] wird man dem Aachener Reliquienverzeichnis nach ausgehen können von "Jacobi, fratris domni", also wohl Jacobus Alpheus (1.5., 22.6.), Simon und Judas (28.10.), Barnabas (11.6.), "Mathei apostoli et evangeliste" und die Evangelisten Marcus (25.4.) und Johannes (27.12.).[79] Unklar bleibt, ob zwischen dem

---

[76] PIPER, Karls des Grossen Kalendarium 22, 26, 27; NOBEL, Königtum 56-64 und 67-70; zu Arnulf s.a. Exkurs 5.

[77] Zum ganzen NOBEL, Königtum 136-153; Sie kennt allerdings die Seligenstädter Reliquien nicht, s. dazu VOLK, Graböffnungen. Möglicherweise wird ein Teil der Reliquien aus den Nonnenklöstern Liesborn und Borghorst gleichfalls aus dem karolingischen Reliquienschatz stammen (BÖRSTING, Nikolauskult 167f)

[78] Centula besaß Reliquien "de cruce sancti Andreae" (Angilbert, Libellus 176). Die Feier des Petrusbruders wird spätestens im Laufe des 9. Jahrhunderts in die Herrschaftspraxis Eingang gefunden zu haben. Möglicherweise wurde es in Aachen 829 durch Ludwig den Frommen hoffähig gemacht, denn für dieses Jahr ist erstmals eine Andreasfeier des Kaisers belegt (Annales regni Francorum a.829, S.178). Seitdem scheint die Feier des Andreasfestes einen hohen Prestigewert gehabt zu haben. Am Vorabend des Festes 833 zieht Lothar mit seinem gefangengenommenen Vater in Aachen ein (BM² 926e) und 839 besetzte Ludwig der Deutsche - seinem Vater zuvorkommend - die Stadt Frankfurt am 29. November, um dort das Fest zu feiern (BM² 984a).

[79] SCHIFFERS, Reliquienschatz 82.
Als einziger verzeichnet der Abt von Centula auch Philippus-Reliquien. Daß diese nach denen des Jakobus genannt werden, wird mit dem gemeinsamen Fest der Apostel Philippus und Jacobus Alphei am 1. Mai zusammenhängen (Angilbert, Libellus 176).
Reliquien des Herrenbruders Jakobus befanden sich im Besitz der Karolinger. Jakobusreliquien schenkte Karl der Große an Abt Manesse von Flavigny und Angilbert von Centula, Kaiser Lothar I. an Prüm, Karl der Kahle an St. Denis (SCHIFFERS, Karls des Großen Reliquienschatz 28, 46, 14, 31). Möglicherweise hatte Karl der Große die Jakobusreliquien in Spanien erhalten (ebd. 50), wo diese für die Unabhängigkeit des asturischen Königreichs und des Erzbistums von Toledo vom Frankenreich von höchster Wichtigkeit waren (ENGELS, Anfänge des spanischen Jakobusgrabes 161-168). Hrabanus Maurus verzeichnet für den

Evangelisten Matthäus (21.9.) und dem Apostel Matthias (24.2.) unterschieden wurde; immerhin verzeichnet Angilbert beide Heilige.[80] Darüber hinaus besaß der Schwiegersohn Karls des Großen noch Reliquien der Apostel Thomas (21.12., 3.7.), Bartholomäus (24.8.) und Philippus (1.5.).[81] Unter den Märtyrern nahmen wohl die Diakone Stephanus (26.12., 3.8.) und Laurentius (10.8.) die vornehmste Stelle ein. Dem Erzmärtyrer Stephanus war das karolingische Haus spätestens seit Pippin dem Jüngeren verbunden, war dieser doch im Besitz von blutgetränkten Stofftüchern des Patrons der Metzer Bischofskirche.[82] Weitere Stoffreliquien der Bischöfe Martialis von Limoges (30.6.) und Germanus von Paris (28.5., 25.7.) gehörten zu Pippins Schatz.[83] Die Verbindung der frühen Karolinger zu dessen Kultstätte wird recht eng gewesen sein, gleicht doch die Aachener Reliquienzusammenstellung hinsichtlich der Märtyrer wie ein Griff in die Reliquiensammlung des Pariser Germanusklosters,

---

Alpheussohn Jakobus gleich vier Feste: den 22. Juni, den 25. März als Passionstag, den 1. Mai als Feier in Jerusalem und den 27. Dezember als Ordinationstag (Hrabanus, Martyrologium 133). Florus erwähnt den Herrenbruder im Zusammenhang mit den Aposteln Simon und Judas Thaddäus am 28. Oktober, da Thaddäus auch als Judas Jacobi bekannt war (Florus, Martyrologium 196). Möglicherweise stehen diese beiden Apostel, deren Heiltümer in die Säulen neben dem Aachener Karlsthron eingelassen waren (SCHIFFERS, Reliquienschatz 36), im Zentrum der karolingischen Apostelverehrung. Die Simon-Verehrung erstreckte sich nämlich auch auf den Namensvetter des Apostels, den Propheten Simeon, dessen Reliquien die Karolinger gleichfalls besaßen (NOBEL, Königtum 142). Der Judas-Thaddaei/Jacobi-Kult kann über Jacobus Alphei zu Philippus (Angilbert, Libellus 176), der zusammen mit Jacobus am 1. Mai gefeiert wurde, und "Mathei" geführt haben, da der Evangelist Matthäus lange identifiziert wurde mit dem Zöllner Levi, dem Sohn eines Alphaios (BLINZLER, Alphaios 366; SCHMID/SCHAUERTE, Matthäus 172). Die Karolinger werden demnach in Jacobus Alphei und dem Evangelisten Brüder gesehen haben.
Gleichfalls als Brüder werden im Frühmittelalter der Zebedäussohn Jakobus, der einen Bruder namens Johannes hatte, und der Evangelist Johannes betrachtet worden sein. Des Jacobus maior gedachte Hrabanus am 25. Juli (Martyrologium S.279). Ein Zusatz zu Hrabans Gedenkbuch vermerkt noch eine Translation zum 30. Dezember (ebd. S.133). Die Jakobuspassion am 25. März wurde nicht nur dem Herren-, sondern auch dem Johannesbruder zugerechnet (MUNDING, Kalendarien II, 45). Zur Jakobusverehrung s.a. WIMMER, Lexikon 407-409.
[80] Angilbert, Libellus 176.
[81] Angilbert, Libellus 176. Auf Philippus wurde bereits in der vorherigen Anmerkung eingegangen. Bartholomäus-Reliquien besaßen auch Einhard (VOLK, Gräböffnungen 41) und Liudger (BÖRSTING, Nikolauskult 167), Thomas-Reliquien schenkte Kaiser Lothar an Prüm (DLo I 122). Zu den Aposteln zählte Angilbert auch den Paulus-Schüler Timotheus.
[82] Die Laurentiusverehrung scheint sich in Bayern bis in die Antike zurückverfolgen zu lassen (DIEPOLDER, Laurentiusverehrung). Bei den Karolingern wurde der heilige Diakon in fast allen Königslaudes angerufen (OPFERMANN, Herrscherakklamationen 102f, 104f, 106f, 108f und 112f), und es ist daher nicht verwunderlich, daß sie auch seine Reliquien besaßen (SCHIFFERS, Reliquienschatz 82).
Zur Stephanus-Verehrung: NOBEL, Königtum 146f. Mit SCHIFFERS, Reliquienschatz 36, wird man eine Steigerung der Stephanus-Verehrung seit der Salbung Pippins zu erwägen haben, trug der salbende Papst doch gleichfalls den Namen Stephanus.
[83] NOBEL, Königtum 137f.

das ursprünglich dem hl. Vinzenz gewidmet war. Vielleicht erhielt der neue König Reliquien aus St. Germain anläßlich seiner Teilnahme an der Translation des Heiligen am 25. Juli 756, doch dürfte die Verbindung in merowingische Zeit zurückreichen. In dem dem hl. Kreuz geweihten Hauptaltar von St. Germain-des-Prés befanden sich Reliquien des hl. Kreuzes, des spanischen Märtyrers Vincentius (22.1.) und solche des hl. Stephanus, im Altar des Westarms Überreste des kappadozischen Märtyrers und Offiziers Georg (23.4.); schließlich auch der vier Mailänder Gervasius und Protasius (19.6.) sowie Nazarius und Celsus (28.7.). Der Altar im Südarm war Julianus von Brioude (28.8.) geweiht, jener im Nordarm barg Heiltümer von Ferreolus und Ferrutio aus Besançon (5.9., 16.6.); die beiden Oratorien der Kirche waren Petrus und Symphorianus von Autun (22.8.) gewidmet.[84] Die meisten Reliquien der Pariser Germanuskirche finden sich im Aachener Schatzverzeichnis an führender Stelle, die dort nicht aufgeführten bei Angilbert.[85] Die größte Bedeutung unter diesen Heiligen wird bei den Karolingern die Verehrung des spanischen Diakons Vincentius gehabt haben, dem das Kloster ursprünglich geweiht war.[86]

---

[84] KRÜGER, Königsgrabkirchen 117-121; OELSNER, König Pippin 233-236; Zu den Heiligen s. BÖHNE, Ferreolus 90; KÖTTING, Julianus 1196f; DERS., Georg, 690-692; DERS., Gervasius und Protasius 765; GORDINI, Symphorianus 1219; BAUR, Nazarius und Celsus 853f.

[85] In Aachen lautet die Reihenfolge: Stephanus, Laurentius, Vincentius, Mauritius, Dionysius, Georgius, Gervasius et Protasius, Remedius, Julianus, Dionysius, Anastasius, Pantaleon, Nicetius, Desiderius, Sulpitius, Audemundus, Columbarius, Apollinaris, Vitalis, Ferrutius, Cyprianus, Cassius, Leminii, Concordii, Saturninus, Crispinus, Eleutherius, Vedastus, Leopardus, Sabinus, Leodegarius, Bonifatius, Albinus, Pontianus, Maxentius (SCHIFFERS, Reliquienschatz 82).

Ganz anders als die Aachener Aufstellung sieht die mit Pankratius anhebende Märtyrerliste des Abtes von Centula aus, der Heiltümer von Stephanus, Laurentius, Apollinaris und Symphorianus vorgeordnet sind. An zehnter Stelle in Angilberts Aufstellung befinden sich die Werdener Schutzheiligen Cosmas und Damian (27.9.), deren Reliquien uns auch in der Lotharschen Schenkung an Prüm begegnen (DLo I 122). Erst danach zeigt die Liste Ähnlichkeit mit den Aachener Verzeichnissen: "Anastasii, Georgii, Alexandrii, Cassiani, Magni, Vitalis, Nazarii, Naboris, Celsus, Gervasii, Protasii, Innocentis, Laurentii, Tiburtii, Valeriani ... Mauritii ... Sebastiani, Dionisii, Rustici, Eleutherii, Cornelii, Leodegarii ... Crispini, Crispiniani" (Angilbert, Libellus 176).

Der bei Angilbert an dritter Stelle genannte Sisimnius wird identisch sein mit Sisinnius, dessen Reliquien Prüm geschenkt bekam. Während HAUBRICHS, Kultur 179, in ihm einen Märtyrergenossen des hl. Saturninus von Rom (29.9.) sieht, wird die Namensfolge "Vigilii, Sisimnii, Martyrii" an die Mitarbeiter des Bischofs Vigilius von Trient, Sisinnius, Martyrius und Alexander (29.5.) denken lassen (WIMMER, Lexikon 755f).

[86] Die Zusammenstellung Stephanus-Laurentius-Vincentius erklärt sich einmal aus dem gemeinsamen Diakonamt der drei Märtyrer. Wie Stephanus als erster Märtyrer der Christenheit war, handelt es sich bei Vincentius um den ersten Märtyrer Spaniens. Gemeinsam mit Laurentius hat der Spanier die Art des Martyriums: beide wurden auf dem Rost gebraten. Die engen Beziehungen der drei Diakone macht verständlich, warum Vinzenz das Stephanuspatronat der Bischofskirche von Chalon ablösen konnte und der Abt Domnolus der Pariser Laurentiusbasilika als Bischof von Le Mans dort eine Vinzenzbasilika errichtete. Der Mönch Ado aus St. Germain betont in seinem Kalendar, daß bereits die Kirchenväter Augustinus und

Bei den Bekennern rangieren in den Aachener Zusammenstellungen die Päpste Silvester und Gregor der Große (12.3.) vor Martin von Tours und Lazarus.[87] Die heiligen Jungfrauen führt Maria Magdalena an, ihr folgen Agatha, Caecilia, Eufemia, Perpetua und andere.[88]

5.6. ZUR RELEVANZ DES PATRONUS-TITELS

Wenden wir uns einer neuen Gruppe von Heiligen zu, zeigt sich wie schon bei den Laudesheiligen, daß nicht mit einer durchgängig religiös begründeten Heiligenverehrung zu rechnen ist. Sicher wird man denjenigen Heiligen, denen die Karolinger den Patronus-noster-Titel in ihren Diplomen zuerkannten, zunächst einmal eine hohe, religiös begründete Bedeutung für das Königshaus zusprechen. Zwar ist es möglich, daß die Titel aus merowingischen Vorurkunden übernommen wurden, eine gedankenlose Adaption ist aber auszuschließen.[89] Pippin der Jüngere vergab den Patronus-Titel lediglich an die Bischöfe Dionysius von Paris und Hilarius von Poitiers, sein Bruder Karlmann allein an den ersteren.

Prudentius zum Lobe des heiligen Vincentius schrieben (Ado, Martyrologium 166). Schon der bedeutungstragende Name des Spaniers qualifizierte ihn zum Kriegspatron und seine Tunica galt geradezu als Gegenstück der Cappa sancti Martini (WIMMER, Lexikon 833f, EWIG, Kathedralpatrozinien 48-50).
Die hervorragende Bedeutung des Vincentius-Kults zeigt sich in der Verehrung für den hl. Anastasius, dem Schutzheiligen der italienischen Pfalz Olona. Dieser wurde am selben Tag gefeiert und seine Reliquien zusammen mit denen des Märtyrers von Saragossa von Papst Honorius I. (625-638) in der Kirche Aquae Salviae niedergelegt (WIMMER, Lexikon 131). Die Anastasius-Verehrung wird also erst durch die Vincentius-Verehrung ausgelöst worden sein. Ein vergleichbarer Vorgang findet sich für Nazarius und Pantaleon, die beide am 28. Juli verehrt werden.
[87] Silvester, Gregorius, Martinus, Lazarus, Marcellus, Donatus, Leo papa, Salvius, Hermogenes, Amandus, Isaak, Romulus, Aloy, Borodes, Mannus abba, Germanus (SCHIFFERS, Reliquienschatz 182). Eine wesentlich mehr fränkisch ausgerichtete Heiligenzusammenstellung bietet Angilbert: Hilarius, Martinus, Germanus, Lupus, Audoenus, Eligius, Amandus, Aventinus, Sulpitius, Remigius, Maurilio, Albinus, Servatius, Hieronymus, Equitius, Ephräm, Gregorius, Augustinus, Silvester, Leo, Felix, Isidor, Donatus, Benedictus, Columbanus, Antonius, Isaak, Vincentius, Paulinus, Fortunatus, Simplicianus, Gualaricus, Vedastus (Angilbert, Libellus 176).
[88] Maria Magdalena, Agatha, Caecilia, Eufemia, Perpetua, Aldegundis, Tecla, Theodosia, Petronilla, Susanna, Corona, Balbina, Felicitas, Secunda (SCHIFFERS, Reliquienschatz 82f). Deutlicher erinnert die Zusammenstellung von Angilbert an den Chor der in den Laudes angerufenen Jungfrauen: Felicitas, Agatha, Perpetua, Eugenia, Tecla, Caecilia, Petronilla, Eufemia, Fausta, Eufrasia, Aldegundis, Columba, Felicula, Scholastica (Angilbert, Libellus 176).
[89] Da die ostfränkischen Kanzleien den Patronus-Titel nicht vergaben, wird man nicht davon ausgehen können, daß die Zusammenstellung der Karolingerpatrone anhand der Königsurkunden vollständig ist. Zum folgenden s. NOBEL, Königtum 19-23.

Die breiteste Streuung findet sich bei Karl dem Großen, der den Titel den Bischöfen Martin von Tours, Medardus von Soissons, Maximinus von Trier (29.5., 29.3.),[90] Albinus von Angers (1.3.)[91] und dem Erzmärtyrer Stephanus zubilligte. Ludwig der Fromme und sein Sohn Karl sprachen Martin von Tours, Dionysius von Paris und Remigius von Reims als Schutzheilige an, Kaiser Lothar I. lediglich Dionysius. Pippin I. von Aquitanien beschränkte sich auf die aquitanischen Heiligen Martin von Tours und Hilarius von Poitiers. Bei diesem Herrscher wird sichtbar, daß politisches und religiöses Interesse durchaus harmonierten, da beide Heilige ihre Kultorte in Pippins Herrschaftsgebiet hatten. Ebenso ist es bei dem bekannten, engen Zusammenschluß von karolingischem Königtum und Episkopat sicher kein Zufall, daß - bis auf Stephanus - alle Patrone fränkische Bischöfe waren. Die Auswahl der Patrone wurde also durch ein politisches Konzept geleitet.

Daß die Heiligenverehrung keineswegs apolitisch war, läßt sich auch für den ersten Karolingerkönig zeigen. Der hl. Hilarius von Poitiers wurde bei Pippin dem Jüngeren in dessen einziger Königsurkunde aus Poitiers als Patron bezeichnet. Diese wurde ausgestellt, als Pippin - nach der sicher geglaubten Eroberung Aquitaniens - sich auf den Tod erkrankt aus Aquitanien zurückziehen mußte. Der Ehrentitel für den Bischof von Poitiers muß aus der Situation heraus verstanden werden: entweder religiös, als Bitte an den aquitanischen Heiligen, ihm Hilfe zu leisten, oder politisch, als Versuch, die Sympathie der Großen des Landes durch die Verehrung ihres Landesheiligen zu gewinnen.[92] Daß es Pippin um die Sicherung Aquitaniens mittels Verehrung aquitanischer Heiliger ging, zeigt sich auch in seinem anschließenden Besuch von Tours, dem anderen bedeutenden aquitanischen Heiligtum.[93]

Ebenso wird der Patronus-Titel Karls des Großen für den Erzmärtyrer Stephanus einen politischen Hintergrund haben. Zwei Wochen vor der Urkundenausstellung war beschlossen worden, die Bekehrung der Sachsen durch Krieg zu erzwingen. Schon die zeitliche Koinzidenz von Heidenkrieg und Märtyrergedenken läßt aufmerken, da der Gedanke, daß der Tod im Kampf gegen Heiden das ewige Leben sichere, im 8. Jahrhundert keineswegs neu war. Er mußte umso näher liegen, als es in diesem Fall nicht nur um einen gewöhnlichen Krieg ging, sondern um einen Krieg, dessen Ziel religiöser Natur war, nämlich die Missionierung der Sachsen. Die zu erwartenden fränkischen Verluste konnten von den christlichen Franken als Martyrium verstanden werden, wenn der Schlachtentod als religiös begrün-

---

[90] GROTEFEND, Zeitrechnung II.2, 141.
[91] Das Albinus-Kloster besuchte Ludwig der Fromme vor seinem Feldzug gegen die Bretagne 818, und Karl der Kahle nahm 873 an einer Translation des Heiligen teil (NOBEL, Königtum 22, 213f), möglicherweise bezieht sich die Translationsfeier vom 30. Juni (GROTEFEND, Zeitrechnung II.2, 58) auf das Jahr 873.
[92] NOBEL, Königtum 22, entscheidet sich für die zweite Alternative.
[93] BM² 106a. Sicher handelt es sich hier um ein Reichsheiligtum, doch war der Besuch eines anderen, gleichrangigen Kultortes wie Soissons oder Reims ebenfalls möglich, wenn der Besuch allein der Wiedererlangung der Gesundheit gedient hätte.

dete Selbsthingabe in der Nachfolge des hl. Stephanus propagiert wurde. Für die Einbindung des Kultes des ersten Märtyrers der Christenheit in den Heidenkrieg spricht weiterhin, daß in der Urkunde Kriegsprobleme angeschnitten wurden. Daß Karl dem Diakon und Erzmärtyrer Stephanus den Patronus-Titel am Festtag des Diakons und Erzmärtyrer Spaniens, des Kriegsheiligen Vinzenz von Saragossa, verlieh, spricht nicht allein für eine gezielte Tagewahl, sondern auch für eine sehr bewußte Auswahl des zu ehrenden Patrons. Doch wurde nicht nur das Metzer Stephanuskloster mit der Besitzbestätigung ausgestattet, König Karl feierte in diesem Jahr auch noch das Stephanusfest am 3. August - unmittelbar vor dem Einmarsch nach Sachsen.[94] Wenn Papst Leo III. bei seinem Besuch Karl 799 ins sächsische Paderborn Reliquien des Erzmärtyrers mitbrachte,[95] wird man darin eine Antwort auf die von Karl seit 775 in politischer Absicht zur Schau gestellten Verehrung für den Erzmärtyrer erblicken müssen.

Ein anderes Motiv, den Patronus-Titel zu vergeben, wird im Falle des hl. Maximin von Trier sichtbar. Ein Patronat für die Kirche von Trier wird dem Heiligen nur in jenem Diplom Karls des Großen zugestanden, das Maximin auch als "peculiaris patronus noster" bezeichnet. Nun fiel im Jahr der Ausstellung dieser Urkunde das Osterfest (31.3.772) auf den Tag eines Translationsgedenkens des Heiligen. Die Urkunde, in der Karl den hl. Maximin als Patron ansprach, wurde zwei Tage nach dem Oster- bzw. Maximinusfest ausgestellt. Offensichtlich gab das Zusammentreffen von Oster- und Heiligenfest Anlaß zur Vergabe des Ehrentitels. Da der Ausstellungsort Diedenhofen nur rund 60 km von Trier entfernt war, wird man sogar eine kombiniertes Oster- und Maximinusfeier in der Bischofsstadt des Heiligen vermuten dürfen. Die durch die Zufälligkeiten des Kirchenjahres ausgelöste und damit unbestreitbar religiös begründete Vergabe des Patronus-Titels an den Trierer Bischof hinderte den König allerdings nicht daran, sein politisches Interesse gegenüber dem Trierer Erzbischof durchzusetzen. Mittels des fraglichen Diploms gelang dem König die Zerschlagung des Trierer "Bischofsstaates".[96]

---

[94] DK 91 vom 22.2.775. Auf eine Stephanusfeier am 3. August deutet DK 103, das vom 3.8.775 datiert. Zum Martyrium des Kriegers s. McCORMICK, Eternal Victory 251f, und neuerdings FLORI, Mort et martyre des guerriers; s.a. Exkurs 18.

[95] NOBEL, Heiligenverehrung I, 146f. Zur Stephansburse der Karolinger: SCHIFFERS, Reliquienschatz 36.

[96] DK 66 vom 31.3.772 mit dem Kommentar des Herausgebers: "Ganz ungewöhnlich ist die Bezeichnung der Kirche von Trier als 'ecclesia s. Petri et Maximini', während sie sonst in den Karolinger Diplomen (!) nur 'ecclesia s. Petri' heisst; da aber in der ganzen Urkunde nichts verunechtet ist, wird die Bezeichnung nach dem h. Maximin ... nicht als Interpolation zu beanstanden sein."
Der Bischofsstaat fand sein Ende mit der 772-775 erfolgten Einrichtung eines vom Bischof unabhängigen Grafenamtes. Das Immunitätsdiplom bezeichnet vermutlich den Zeitpunkt der Errichtung eines vom König abhängigen Grafenamtes, da es zwar die Bischofsrechte bestätigte, die Grafenrechte aber wohl ausgliederte (KAISER, Immunitätsprivilegien 19-22). Wenn man will, kann man die Verleihung des Patronus-Titels also auch als Trostpflaster verstehen. Das muß nicht heißen, daß der hl. Maximin den Karolingern völlig gleichgültig

5.7. REGELMÄßIGE FASTENTAGE

Wiewohl vereinzelt mit Litanien- bzw. Rogationstagen Fastentage in die Festtagslisten aufgenommen wurden, ohne als solche kenntlich gemacht worden zu sein, wird man streng zwischen Fest- und Fastentagen unterscheiden müssen. Während es sich bei den Fastentagen um Bußtage handelt, die der Besinnung und Reinigung dienten,[97] sind die Feste durch die Festfreude gekennzeichnet, die sich in Arbeitsruhe, Gesang und Musik, Mahl und Weingenuß, Tanz, Rede, Aufführungen und Dankopfer und -gebete ausdrückt.[98] Gemeinsam haben Buß- und Festtage lediglich den Charakter als "besondere" Tage, die beachtet werden müssen. Tatsächlich werden die genannten Fastentage, aber auch der Karfreitag oder die Quatembertage, in den Kapitularien und Synodenbeschlüssen zumeist in gesonderten Kapiteln behandelt.

Die wichtigste Fastenzeit im Kirchenjahr war das vorösterliche Fasten, das seit dem vierten Jahrhundert auf vierzig Tage ausgeweitet wurde. Im Westen begann die Fastenzeit am Montag nach dem sechsten Sonntag vor Ostern. Da die Sonntage als Fastentage ausfielen, wurden im siebten Jahrhundert den 36 Fastentagen vier weitere vorgeschaltet, für die sich die Bezeichnung "caput ieiunii" bzw. "caput quadragesimae" durchsetzte.[99] ARBESMANN rechnet damit, daß die Fastenzeit im Westen seit dem dritten Jahrhundert mit dem Karsamstag endete.[100] Allerdings ist es auch möglich, daß die Fastenzeit, die mit dem Sonntag Invocavit begann, bereits am Donnerstag der Karwoche endete. Seit dem vierten oder fünften Jahrhundert war es nämlich üblich, die Büßer zu Beginn der Fastenzeit zur Buße zuzulassen und sie am Donnerstag der Karwoche wieder in die Gemeinschaft der Kirche aufzunehmen, sodaß sie die drei heiligen Tage (Triduum sacrum) mitfeiern konnten.[101] Diese Zählung der vierzig Bußtage, welche die Sonntage berücksichtigt, wiewohl an ihnen nicht gefastet wurde, war auch im karolingischen Frankenreich bekannt, da sie bei dem Liturgiker Amalar von Metz begegnet.[102] Wenn die Bischöfe Theodulf von Orléans, Hildegar von

---

gewesen wäre. Immerhin stand er wegen seiner Wundermacht bei den frühen Karolingern in hohem Ansehen (NOBEL, Königtum 22f). "Wohl immer" nahmen die Karolinger bei Besuchen von Orléans in St. Mesmin-des-Mici ihre Wohnung (GAUERT, Itinerar 313; vgl. auch BRÜHL, Palatium 50-52). Bei dem hl. Abt Maximinus handelt es sich allerdings lediglich um einen Namensvetter des Trierer Bischofs. Hier kann der Fall ähnlich wie bei den beiden heiligen Bischöfen namens Germanus liegen (siehe oben Anm.51).

[97] ARBESMANN, Fasten 450f, 485-492; DERS., Fasttage 517f.
[98] KLAUSER, Fest 748f.
[99] ARBESMANN, Fasttage 513-516.
[100] ARBESMANN, Fasttage 513f.
[101] CHAVASSE, Osterkreis 245.
[102] Amalar, Liber officialis I 4.4 (II, S.45): "Iste quadragesima numerus qui inchoatur a sequenti dominica post quinquagesimam, finitur quinta feria ante pascha Domini, quae vocatur caena Domini."
Amalars Einfluß bei Hof dürfte erheblich gewesen sein. Schließlich ging er unter Karl dem Großen und Ludwig dem Frommen als Gesandter nach Konstantinopel (HANSSENS, Amalar

Meaux, Radulf von Bourges und Ruotger von Trier den Kommunionempfang für den Gründonnerstag und den Karsamstag, zum Teil auch für den Karfreitag, vorschreiben, so scheint auch für sie die Fastenzeit mit dem Donnerstag der Karwoche zu enden.[103] Der Kommunionempfang am Gründonnerstag korrespondiert mit dem Festcharakter des Tages.[104] Zudem enthalten einige Diplome Karls des Kahlen Vorschriften für den Gründonnerstag, die es unmöglich machen, hier an einen strengen Fastentag zu glauben.[105] Ähnliches wird vom Karfreitag, der in England noch heute "Good Friday" heißt, und dem Vortag des Osterfestes zu halten sein.[106]

Seit dem 5. Jahrhundert wurden in Gallien sogenannte Rogationstage an den drei Tagen vor dem Himmelfahrtsfest Christi begangen. Die hierbei veranstalteten Bittprozessionen (litaniae) machten auch die Bezeichnung "litanias minores" gebräuchlich. Die als "litania maior" bezeichnete Bittprozession am 25. April ist dagegen römischen Ursprungs.[107] Die Bittprozessionen fanden mit Sicherheit auch an den karolingischen Königshöfen gebührende Beachtung.[108]

I, 65 und I, 73) und Rom (ebd. 68), zweimal leitete er Erzbistümer (ebd. 63f. und 75), war Mitglied der Hofkapelle (ebd. 68-71) und reformierte den fränkischen Meßgesang (ebd. 74f).

[103] Theodulf von Orléans, Kapitular I 41, S.138: "Singulis diebus dominicis in quadragesima praeter hos, qui excommunicati sunt, sacramenta corporis et sanguinis Christi sumenda sunt. Et in cena domini, vigilia paschae et in resurrectionis domini penitus ab omnibus communicandum est."
Hildegar von Meaux, Kapitular I 41, S.195 (wörtliche Übernahme von Theodulf).
Radulf von Bourges, Kapitular c.29, S.257: "Ab omnibus ergo fidelibus singulis dominicis in quadragesima praeter hos, qui pro crimine mortali excommunicati sunt, sacramenta corporis et sanguinis Christi sumenda sunt. Et in cena domini et parasceve et vigilia paschae et in die resurrectionis domini penitus communicandum est."
Ruotger von Trier, Kapitular c.25, S.69: "Ab omnibus etiam fidelibus communicandum est mediante quadragesima, cena domini, parasceve et vigilia pasche praeter eos, qui penitentiam agunt vel mortali peccato detineantur."

[104] Der Gründonnerstag hieß im Mittelalter Cena Domini und erinnerte an die Einsetzung des Abendmahles; zudem wurde an diesem Tag die Weihe der Öle vorgenommen (JUNGMANN, Karwoche 6f). Wegen der Einsetzung bzw. Herstellung dieser heilbringenden Gegenstände und der Abhaltung von Liebesmahlen und Armenspeisungen hatte das Fest im Gegensatz zur Moderne einen durchaus fröhlichen Charakter (SCHREIBER, Karwoche 8f; DERS., Wochentage 156-161).

[105] Karl der Kahle erließ für einzelne Klöster Speisevorschriften für Festtage. Dabei wurde auch auf den Gründonnerstag (Cena Domini) eingegangen: für St. Denis: DKII 135 (I, 359); für St. Quentin: DKII 251 (II, 75); für Châlons: DKII 277 (II, 121); für St. Germain: DKII 363 (II, 310).

[106] In St. Germain sollten Gastmähler an diesem Tag genau wie zu Ostern oder an den für das Kloster wichtigen Heiligenfesten abgehalten werden: DKII 363 (II, 310); zum Karsamstag: SCHREIBER, Wochentage 212f; SARTORI, Karsamstag 1011-1014.

[107] ARBESMANN, Fasttage 521-523; KLAUSER, Fest 761f. Leider wird in der Frage über Ursprünge und Tagesgestaltung der Litanias maior nicht auf das Problem der Konkurrenz mit dem Gedenken für den Evangelisten Markus eingegangen, das am selben Tag begangen wurde.

[108] Bekannt ist die Begehung der Litanias minores durch Ludwig den Frommen 840 (BM² 1003g). "Tempore vero letaniarum", also wohl regelmäßig, soll Ludwig der Deutsche dem

63

Eine wichtige Rolle spielten auch die Quatembertage, da es sich bei den Samstagen der Quatemberwoche um gebräuchliche Termine für die Priesterweihe handelte.[109] Grundlage der Quatembertage war die lokale römische Gewohnheit, den Beginn der vier Jahreszeiten durch Fasten und Gottesdienst zu begehen. Diese vier Zeiten, "Quattuor tempora", waren durch Fasten am Mittwoch und Freitag und eine Vigil am Samstag gekennzeichnet. Leider bleibt undeutlich, an welchen Tagen des Jahres sie gefeiert wurden. Die den karolingischen Bestimmungen zu entnehmenden Angaben sind recht undeutlich. Nach zwei fränkischen Quellen sollen sie in der ersten Märzwoche, der zweiten Juniwoche, der dritten Septemberwoche und der vierten Dezemberwoche gefeiert werden.[110] Relative Klarheit herrscht noch bei der September- und der Dezemberquatember, obwohl nicht ganz sicher ist, ob mit vollen Wochen gerechnet werden muß.[111] Denkbar ist nämlich auch, daß die Fastentage mit dem dritten bzw. vierten Dienstag des Monats begannen.[112] Hinsichtlich der beiden anderen Fastenwochen ist zwischen römischem und fränkischem Usus zu unterscheiden. In der fränkischen Liturgie beging man die Fastentage in der ersten März- bzw. zweiten Juniwoche, in der römischen nach dem Sonntag Quadragesima bzw. in der Pfingstwoche, also unabhängig vom Monat.[113] Da die fränkische Märzquatember im 11. Jahrhundert sogar in Rom gebräuchlich war, wird die fränkische Berechnungsweise im Fran-

---

Kreuz barfuß von der Pfalz bis zur Pfarrkirche bzw. dem Emmeramkloster gefolgt sein (Notker, Gesta Karoli II 11, S.68f).

[109] KLEINHEYER, Priesterweihe 35-38.

[110] Die Capitula Vesulensia geben nur an "hoc est mense martio, iunio, septembrio et decembrio" (c.14, LE CLERCQ, Legalisation I, 369). Am deutlichsten ist noch das Mainzer Konzil von 813 mit der Angabe "... in primo mense in ebdomada prima, in iunio in ebdomada secunda, in septembrio in ebdomada tertia, in decembrio in ebdomada quarta ..." (c.34, MGH Concilia 2.1, 269). Diese Bestimmung übernahm allein Radulf von Bourges (Kapitular c.30, S.257). Ohne jegliche zeitliche Angaben: Ghaerbald und Waltcaud von Lüttich (Kapitular II 7 bzw. Kapitular 17, S.28 bzw. S.49), Atto von Vercelli, Kapitular c.87 (PL 134, 45), Herard von Tours, Kapitular c.10 (PL 121, 765), Capitula Cameracensia c.4 (ZKG 91 [1980] 235), Capitula Ottoboniana c.12 (NA 27 [1902] 583), Admonitio synodalis c.62 (Medieval Studies 26 [1964] 58).

[111] So FISCHER, Quatember 929. Für die Handhabung der Berechnung am karolingischen Königshof wird man die Einordnung der Quatembertage in den Sakramentarien des gregorianischen Typs heranziehen dürfen. Hier ist das Dezemberfasten nach dem Lucienfest am 13. Dezember und dem 3. Adventssonntag angesetzt (LIETZMANN, Urexemplar 104f). Da der früheste Quatembertermin bei Zugrundelegung der Adventsrechnung auf den 14. Dezember fällt, wurde offensichtlich diese Berechnungsform verwendet. Da die Septemberquatember nach dem 16. September eingetragen wurde (ebd. 92-95), rechnete man offenbar mit vollständigen Wochen, da bei diesem Berechnungsmodus der Quatembermittwoch frühestens auf den 18. September fällt, während die dritte Septembermittwoche schon am 15. September auftreten kann.

[112] GROTEFEND, Zeitrechnung I, 160, rechnet nach einer Konzilsbestimmung von 1028 nur mit dem Mittwoch als Quatembertag und läßt die Quatember mit dem dritten Mittwoch im September bzw. vierten im Dezember beginnen (ebd. S.(47)).

[113] FISCHER, Quatember 929; DESHUSSES, Sacramentaire grégorien I, 230-232, 137-141.

kenreich weit verbreitet gewesen sein.[114] Welche Regelung allerdings am Königshof galt, der im allgemeinen die römische Liturgie bevorzugte, muß offen bleiben, da sich sogar führende Geistliche am Hof Ludwigs des Frommen über die richtige Ansetzung der Märzquatember uneinig waren.[115] Unterschiedlich setzten zumindest die westfränkischen Bischöfe die Pfingst- bzw. Juniquatember an, wenn wir die Datierungen ihrer Capitula richtig interpretieren.[116] Die genannten Unsicherheiten in der Datierung der Quatemberfasten lassen es geraten erscheinen, von einer Einbeziehung der Quatembertage in die Arbeit abzusehen.

5.8. ZUSAMMENFASSUNG

Angesichts der langen Liste von Heiligen, die mit einiger Sicherheit bei den Karolingern in Ansehen standen, können unmöglich alle Heiligen in jedem Jahr an jedem ihrer Festtage mit gleicher Intensität gefeiert worden sein. Daneben ist natürlich in Rechnung zu stellen, daß es einen Grundkanon von Festen gab, die einigermaßen regelmäßig gefeiert wurden. Hier ist zunächst an jene Heiligen zu denken, deren Feste von allen Reichsbewohnern gefeiert werden mußten, also

---

[114] KLEINHEYER, Priesterweihe 46.
[115] Über die Frage stritten sich 825 der für die Gesangsreform zuständige Amalar von Metz und Abt Petrus von Nonantola. Dabei vertrat Amalar die Meinung, die fränkische Fastenpraxis entspreche der römischen: "Socii nostri, Petrus abba et sui monachi, dissentiebant a meis in ordinatione primi mensis. Dicebant se velle habere duodecim lectiones, secundum romanum usum, semper in prima septimana quadragesimae, in quocumque mense sive tempore mensis evenerit. Ego non habebam quid dicerem, nisi quod scriptum tenebam in nostris libris: 'primi mensis prima sabbati'. Cogitabam et me tenere romanum usum, quia scripta quae legi in Frantia, de eodem loco cogitavi advolasse. Etiam hinc angebar amplius, quoniam audivi hic, in isto palatio, proferre tempore domni Karoli, quod consuetudo romanae ecclesiae licentiam nobis daret in mensibus declaratis quattuor temporum, per unamquamque sabbati, duodecim lectiones et consecrationes caelebrare." (Epistula Amalherii abbatis ad Hilduinum abbatem c.7, hg. von HANSSENS, Amalari I, 342). Zum Ganzen s. KLEINHEYER, Priesterweihe 44.
[116] Hinweise auf die Frage, welche Berechnungsweise angewendet wurde, können vermutlich den Datierungen einiger bischöflicher Kapitularien entnommen werden. Daß an den Samstagen der Quatemberwochen Priesterweihen vorgenommen wurden, ist altbekannt (KLEINHEYER, Priesterweihe 35-47 zu Weiheterminen). In einigen Fällen können Bischöfe anstehende Priesterweihen zum Anlaß genommen haben, die Weihekandidaten an ihre Pflichten zu gemahnen. Herard von Tours verlas sein Kapitular am 15.6.858 (PL 121, 763). Dabei handelt es sich um den Mittwoch der zweiten vollständigen Juniwoche, also der fränkischen Quatemberwoche. Vom Montag der entsprechenden Woche datiert wahrscheinlich das dritte Kapitular Hinkmars von Reims, das am 10. Juni seines zwölften Bischofsjahres vorgetragen wurde (PL 125, 793), also dem 10.6.866 (VIELHABER, Hinkmar von Reims 373f). Das Kapitular Walters von Orléans datiert vom 25. Mai seines zweiten Bischofsjahres, also aus den Jahren 869 oder 870 (MGH Capitula Episcoporum 1, 185). Der 25. Mai 870 war der Mittwoch der Pfingstwoche, entsprach also der römischen Pfingstquatember. Zum Fasten von Weihekandidat und Weihespender vor Ordinationen s. ARBESMANN, Fasten 481.

Maria, die Apostelfürsten und der Petrusbruder Andreas, Johannes der Täufer, Laurentius und Martin, vielleicht auch Remigius, Michael sowie das Allerheiligenfest. Ob die "Weihnachtsheiligen" im Rahmen der mehrtägigen Salvatorfestlichkeiten einen eigenständigen Charakter gewinnen konnten, muß offenbleiben. Zum engeren Kreis der bei Hof beachteten Heiligen sind sicher auch die karolingischen Familienheiligen Gertrud von Nivelles und Arnulf von Metz zu zählen. Auch auf einige der althergebrachten Reichsheiligen wie Hilarius, Medardus, Dionysius, Mauritius, Germanus, Vedastus, Amandus sowie das Heiligenpaar Crispin und Crispinian werden bei Bedarf herangezogen worden sein. Doch ist die Palette der möglichen Heiligenfeste damit wohl noch nicht erschöpft, wie der Patronatstitel für den Trierer Heiligen Maximin zeigt. An diesem Beispiel wurde auch deutlich, daß die religiösen Anlässe für die Feier von Heiligenfesten mit handfesten politischen Motiven einhergehen konnten. Demnach gab es für die Karolinger innerhalb einer sehr breiten Palette von Heiligenfesten eine ganze Reihe von Möglichkeiten, einzelne Feste des Kirchenjahres oder von Heiligen auszuwählen und besonders auszugestalten. Die Frage ist, aufgrund welcher Kriterien eine Festtagswahl getroffen wurde. Die Untersuchung der Patronus-Titel legt die Annahme nahe, daß neben religiösen auch politische Motive bei der Wahl von Festfeiern eine nicht unbedeutende Rolle spielten. Die politische Bedeutung einzelner Feste muß sich nicht allein auf die selten gefeierten Feste beziehen, da, wie gezeigt, die Stephanus-Verehrung von 775 sehr wohl aus aktuellen, politischen Motiven erklärlich wird, wiewohl das Stephanus-Gedenken am 26. Dezember sicher mit einiger Regelmäßigkeit begangen wurde.

Im weiteren Verlauf ist also nicht nur die Frage von Interesse, ob Staatsakte an Festen getätigt wurden, sondern auch, um welche Feste es sich handelt und ob es Zusammenhänge zwischen dem politischen Vorhaben und dem gewählten Termin gibt.

5.9. Tabelle zu den Festtagen in Herrscher- und Bischofskapitularien

	Salzburg 811	Basel 806-813	Cap.Ep. 810-813	Mainz 813	LdF 817	Reims ?	Cambrai 829-831	Cambrai ?	Rouen ?	Tours 856-871	Orléans 870	Ottobeuren 9.-10. Jh.	St. Vesoul ?
Christi Geburt	x	x	x	x	x	x	x	x		x	x	x	x
Stephanus	x	x	x	x	x	x		x		x	x	x	
Johannes ev.		x	x	x	x			x		x	x	x	
Innocentes		x	x	x	x					x	x		
Weihnachtsoktav	x	x	x	x	x	x		x		x	x	x	x
Epiphanie	x	x	x	x	x	x		x		x	x	x	
Epiphanieoktav			x					x					
Maria Reinigung	x	x	x	x	x			x		x	x	x	
Ostern		Woche	Woche	Woche	x	2 Tage	x	x		(x)	Woche	4 Tage	Woche
Christi Himmelf.		x	x	x	x	x	x	x	x	x	x	x	x
Johannes bapt.	x	x	x	x	x	x	x	x	x	x	x	x	x
Petrus und Paulus	12 Ap.	12 Ap.	x	x	12 Ap.?	x	x	x	+Ap.	x	2 Tage?	x	x
Laurentius	x				x				x				
Mariä Himmelf.	x	x	offen	x	x	x		x	x	x	x	x	x
Michael	x	x		x	x					x		x	
Remigius		freiw.		x									
Martin	x	freiw.	x	x	x	x	x			x		+Germanus	
Andreas			x	x						x	x	x	x
Reliquienheiliger	x	Patron	x	x	Ortshl.					x		x	x
Kirchweihe	x	x	x	x						x		x	
Weitere Feste	Maria: 25.3. + 8.9.; Annualis	Mauritius (freiw.)	Benedikt (21.3.)							Allerheiligen (1.11.)	Ostersamstag; Evurtius (7.9.) Anianus (17.11.) Benedikt (21.3.) Maximinus (15.12.) Lifardus (3.6.) Kreuzfeste (3.5. und 14.9.)	Ostervigil Osteroktav Allerheiligen (1.11.)	

6. HERRSCHAFTSANTRITTE UND KRÖNUNGSVORGÄNGE

An den Anfang seien die okzidentalischen Kaiserkrönungen gestellt, deren Datierung fast durchweg als sicher gelten kann. Hinsichtlich der Herrschaftsantritte wird unterschieden zwischen solchen Vorgängen, die eine eigene, unabhängige Herrschaftsform konstituierten, und solchen, die in Abhängigkeit vom königlichen Vater erfolgten. Daneben ist noch auf Reichsteilungen einzugehen, die eine unabhängige Herrschaft in Aussicht stellten, die jedoch erst nach dem Tod des Vaters angetreten werden konnte. Weil mit allen genannten Staatsakten Krönungs- bzw. Salbungsvorgänge verbunden waren, erscheint es sinnvoll, an dieser Stelle auch auf die sogenannten Fest- und Befestigungskrönungen einzugehen, denen Triumphzüge an die Seite gestellt werden.

6.1. METHODISCHE VORBEMERKUNG

Für die zeitliche Fixierung von Herrschaftsantritten wird im folgenden immer wieder auf die "Epoche" bzw. den "Epochentag" zurückgegriffen. Diese(r) bezeichnet den Zeitraum bzw. den Tag, an dem das Herrschaftsjahr des Königs in den Urkunden aufgezählt wurde. Dieses Kriterium kann allerdings nur Hinweischarakter auf einen Zeitraum haben, in den der Krönungstag fallen wird, da die Kanzleien die Herrschaftsjahre nicht genau an den jeweiligen Jahrestagen erhöhten. Hierfür seien zwei Beispiele gegeben: die Zählung der Herrschaftsjahre bei König Arnulf und der Epochentag der italienischen Herrschaft Karls des Großen. Karl der Große hatte im Jahr 774 gegen Anfang Juni die langobardische Königswürde übernommen. Die Erhöhung der italienischen Königsjahre Karls des Großen von eins auf zwei erfolgte im nächsten Jahr zwischen dem 29. Mai und dem 26. Juni. Ausgerechnet in dem für unsere Frage wichtigen Diplom vom 9. Juni 775 fehlen Karls italienische Herrschaftsjahre.[1] Ein Jahr später ist die Zählung am 9. Juni bereits auf drei erhöht,[2] in DK 117 vom 8. Juni 777 fehlt leider wieder das italienische Jahr, das 781 weder am 8. noch am 11. Juni umgesetzt wurde.[3] Im nächsten Jahr erfolgte die Aufzählung erst einen vollen Monat später, nämlich nach dem 4. und vor dem 25. Juli.[4] Da das Präzept vom 4. Juli aber nur abschriftlich bekannt ist, kann es immerhin sein, daß ein mittelalterlicher Abschreiber VIIII zu VIII verlesen hat. Andererseits gibt auch DK 178 am 20. Juli 794 noch das 20. statt des 21. Herrschaftsjahres an. In DK 161 vom 11. Juni 788 fehlt dann wieder das italienische Jahr, das 790 am 9. Juni und im

---

[1] DDK 99-101.
[2] DK 111.
[3] DDK 133-134.
[4] DDK 142-143.

Jahr 799 am 13. Juni bereits umgesetzt war.[5] Im Jahre 800 wurde das italienische Jahr bereits am 2. Juni auf XXVII aufgezählt.[6] Dieses Diplom liegt nur in Abschriften vor. Die beiden ältesten scheinen mit der Identifizierung der Jahreszahl Schwierigkeiten gehabt zu haben, da im Chartular des 16. Jahrhunderts die Angabe XXIIII zu XXVII verbessert wurde und eine Abschrift des 17. Jahrhunderts die Zahl XXVII am Rand vermerkte. Gegenüber dieser Umsetzung im frühen Juni war 803 die Jahreszahl am 13. Juni und 811 am 14. Juni noch nicht erhöht worden.[7] Offensichtlich nahm man es, vor allem in den letzten Jahren Karls, mit den italienischen Herrschaftsjahren nicht mehr so genau, denn im Jahre 808 springt die Zahl von XXXIIII am 26. Mai auf XXXVIII am 17. Juli (statt XXXV).[8] Da es sich bei der Besitzbestätigung vom 17. Juli mit der völlig falschen Zählung der Herrschaftsjahre um ein Original handelt, kann hier kein Überlieferungsfehler vorliegen. Lassen wir die sicher falschen Juli-Daten außer Betracht, können wir festhalten, daß das italienische Herrschaftsjahr nach dem 29. Mai und meist vor dem 9. Juni erhöht wurde. Ob man die einmal belegte Umsetzung 2. Juni so wichtig nehmen soll, wie SICKEL meint,[9] erscheint durchaus fraglich, da andere Diplome, wiewohl sie in der ehemaligen Langobardenresidenz Pavia ausgefertigt wurden, auch am 8. und 11. Juni noch nicht erhöht worden waren.[10]

Hundert Jahre später sah es in der karolingischen Kanzleipraxis nicht viel anders aus. So ist sichergestellt, daß Arnulf seine Herrschaft spätestens am 27. November 887, wahrscheinlich aber bereits am 18. November antrat.[11] Nun finden sich 889 vier Diplome vom 21. November, bei denen in allen Fällen das Königsjahr noch als das zweite angegeben wird. Eine Erhöhung hatte also bis dahin nicht stattgefunden, erst am 27. des Monats wurde das dritte Herrschaftsjahr gezählt, am vierten und achten Dezember dagegen wieder das zweite.[12] Noch nicht erhöht waren die Herrschaftsjahre Arnulfs 892 am 7. Dezember[13], 895 am 1. Dezember[14], 896 am 20. November[15] und 898 gar am 13. Dezember[16]. In allen Fällen handelt es sich um die letzten Urkunden des laufenden Jahres, was die Annahme nahelegt, die Aufzählung der Herrschaftsjahre sei erst mit dem Jahreswechsel bzw. der Anniversarfeier des herrschaftskonstituierenden Aktes vorge-

---

[5] DDK 165 und 190.
[6] DK 192.
[7] DDK 199 und 211.
[8] DDK 207-208.
[9] SICKEL, Lehre 249-253.
[10] DDK 133-134.
[11] DArn 1 vom 27. November 887. Dieses Datum bezeichnet das definitive Ende der Herrschaft Karls III. (BUND, Thronsturz 481). HLAWITSCHKA, Lotharingien 43, datiert die Verlassung Karls auf den 18. November, KELLER, Sturz 474, um den 17. November.
[12] DDArn 66-72.
[13] DArn 106, aufgezählt am 6.1.893 (DArn 110).
[14] DArn 139, erhöht am 27.2.896 (DArn 140).
[15] DArn 148. Die nächste Urkunde stammt vom 28.1.897 (DArn 149).
[16] DArn 170, dagegen waren die Regierungsjahre am 5.2.899 erhöht (DArn 172).

nommen worden, der zu Weihnachten 887 erfolgte.[17] Die Verwirrung im Jahre 889 zeigt, daß man es mit der Aufzählung der Herrschaftsjahre zu einem fixen Termin nicht allzu genau nahm, und das Verfahren in den nächsten Jahren legt die Annahme nahe, daß am Ende des neunten Jahrhunderts nicht die faktische Machtübernahme, sondern ein konstitutiver Akt der Herrschaftseinsetzung, wie er zu Weihnachten 887 erfolgte, als Fixpunkt des Herrschaftsbeginns angesehen wurde. Zusammenfassend ist festzuhalten, daß die Erschließung eines Herrschaftsantritts aus den Epochenumsetzungen in den Königsurkunden mit erheblichen Unsicherheiten belastet ist. Dennoch wird man auf dieses Hilfsmittel nicht verzichten können, wenn andere Anhaltspunkte für eine Datierung des Herrschaftsantritts fehlen.Die schwankende Kanzleipraxis erlaubt sicher keine exakte Datierung eines Herrschaftsantritts. Immerhin kann - bei Ausscheidung grober Verstöße - "cum grano salis" ein mehrtägiger Zeitraum fixiert werden, der für die Thronbesteigung in Frage kommt.

6.2. KAISERKRÖNUNGEN

Die erste Kaiserkrönung des Westens fand zu Weihnachten, dem Tag der Geburt des wahren Königs, im Jahre 800 durch Papst Leo III. in Rom statt.[18]
Bezüglich der Krönung Ludwigs des Frommen zum Mitkaiser muß zwischen einem politischen und einem liturgischen Rechtsakt unterschieden werden. Der erste war die Zustimmung der Reichsversammlung, der zweite fand am nächsten Sonntag, nämlich dem 11. September 813, statt und erfolgte nach byzantinischem Vorbild.[19] Dies ist der erste Sonntag nach dem Fest der Geburt Mariens. Auch die Ortswahl hat Bezug zur Gottesmutter, da der liturgische Teil in der Marienkirche zu Aachen vorgenommen wurde. Die Annahme liegt nahe, daß die Reichsversammlung mit dem Marienfest begann. Zugleich stellt sich die Frage, ob aus dem dreitägigen Abstand zwischen den beiden Handlungen auf eine längere Verhandlungsdauer und damit auf einen erheblichen Widerstand des Adels gegen die geplante Verfassungsänderung geschlossen werden darf. Wir werden auf dieses Problem zurückzukommen haben.

---

[17] "... es wurde also zu neujahr mit dem inkarnationsjahr und dann auch der ind. umgesetzt" folgert MÜHLBACHER aus dem Befund (BM² 1766). Auch KEHR, Urkunden Arnolfs S. XXVIII, hält den 1. Januar für einen möglichen Epochentag, obwohl DArn 42 vom 26.12.888 bereits umgesetzt ist. Zudem sollte nicht vergessen werden, daß im Frühmittelalter der Jahreswechsel eher zu Weihnachten als zu Neujahr gefeiert wurde.
KELLER, Sturz 477f, denkt für Weihnachten 887 an eine Krönung, man sollte jedoch auch eine Salbung in Erwägung ziehen.
[18] EICHMANN, Kaiserkrönung I, 23-33.
[19] WENDLING, Erhebung Ludwigs 205, 228-234; EICHMANN, Kaiserkrönung I, 34-39.

Im Gegensatz zu 813 wurde Ludwig bei seiner zweiten Kaiserkrönung im Jahre 816 in Reims auch gesalbt.[20] Obwohl Papst Stephan V. etwa zur Zeit des Remigiusfestes (1.10.) 816 in Reims eintraf, im Remigiuskloster empfangen wurde und dort seinen Aufenthalt nahm, geschah dies nicht am Remigiustag, sondern erst am nächsten Sonntag in der der Gottesmutter Maria geweihten Bischofskirche.[21] Orts- und Zeitwahl überraschen, da sich eine Konzentration auf den heiligen Remigius angeboten hätte. Gerade dieser Bischof hatte doch mit der Taufe König Chlodwigs, des Namensvetters Ludwigs des Frommen, die Christianisierung der Franken eingeleitet und war einer der bedeutendsten Patrone im Frankenreich.[22] Zweimal fanden Kaiserkrönungen Ludwigs des Frommen an einem Sonntag nach einem bedeutsamen Heiligenfest statt. Diese Beobachtung kann uns helfen, die Krönung seines Sohnes Lothar zum Mitkaiser im Sommer 817 zu datieren. Diese wurde wohl im Anschluß an eine Reichsversammlung, auf der den Söhnen Ludwigs Reichsteile zur Herrschaft zugewiesen wurden, vorgenommen. Da die Quellen als Zeitangaben die Monate Juni und Juli angeben, ordnet MÜHLBACHER die Reichsteilung dem Julibeginn zu, will aber den Reichstag noch im Juni beginnen lassen.[23] Tatsächlich fällt in diese Zeit das Fest der Apostel Petrus und Paulus (29.6.). Setzen wir voraus, daß Ludwig die Krönung wie in den Jahren 813 und 816 arrangierte, kommt als Krönungstag nur der Sonntag nach dem Apostelfest in Betracht, das ist im Jahr 817 der 5. Juli. Diese Annahmen harmonieren bestens mit den überlieferten Zeitangaben in den Quellen. Wie sein Vater erfuhr auch Lothar I. eine zweite Kaiserkrönung nebst Salbung durch einen römischen Bischof. Diese nahm Papst Paschal zu Ostern 823 in der Peterskirche zu Rom vor.[24] In Rom wurde auch Lothars Sohn Ludwig II. gekrönt und gesalbt, als ihn Papst Leo IV. vermutlich zu Ostern 850 zum Mitkaiser erhob.[25]

---

[20] EICHMANN, Kaiserkrönungen I, 40-47.
[21] SIMSON, Ludwig der Fromme I, 67-74, BRÜHL, Fränkischer Krönungsbrauch 282-284 und 322, BM² 633a. STOCLET, Dies Unctionis 545, favorisiert statt des ersten den dritten Oktobersonntag (19.10.), da Ludwig im Laufe seiner Regierung dreimal am 19. Oktober urkundete, nämlich 819, 831 und 837.
[22] Zum Remigius-Kloster und seinem Patron s. KRÜGER, Königsgrabkirchen 74-84.
[23] BM² 648a; SIMSON, Ludwig der Fromme I, 81, nimmt den Juli an. Da ein Kapitular vom 10. Juli 817 existiert, wird damit sicher der spätestmögliche Zeitpunkt markiert (MGH Capitularia 1, 343-349). S.a. EICHMANN, Kaiserkrönung 38f.
[24] Während die Salbung vor der Confessio St. Petri erfolgte, wurde die Krönung am Hauptaltar durchgeführt (EICHMANN, Kaiserkrönung I, 47f; BRÜHL, Fränkischer Krönungsbrauch 282-284, BM² 770a).
[25] Die Datierung wird erschlossen aus der Umsetzung der Kaiserjahre in den Urkunden Ludwigs II. und den italienischen Privaturkunden. Trotz einiger Vorstöße, auch in den Kaiserurkunden, ergibt sich der Zeitraum vom 5.-14. April, weshalb BÖHMER-MÜHLBACHER sich auf keinen Termin festlegen wollte (BM² 1179a). Inzwischen ist der Ostertag am 6. April allgemein als Krönungstag anerkannt (BRÜHL, Fränkischer Krönungsbrauch 280 und 323; EICHMANN, Kaiserkrönungen I, schreibt S.49: "Am Ostertag 850 ist Ludwig von Leo IV gesalbt und gekrönt worden" und verweist auf das "Chronicon Salernitanum c.34 MGSS III 519". Gemeint ist sicher das Kapitel 103 der Chronik auf S.519, das allerdings keinen Tag angibt: "et a papa qui tunc in tempore aderat oleo unctionis est unctus, corona suo prorsus

Wie sein Namensvetter wurde auch Karl der Kahle 875 zu Weihnachten gesalbt, gekrönt und zum Kaiser ausgerufen.[26] Nachdem - bis auf die Zeit Ludwigs des Frommen - nur an den höchsten Festen der Christenheit Kaiserkrönungen vorgenommen worden waren, werden seit dem Ende des 9. Jahrhunderts auch "einfache" Sonntage für die Erhebung der Kaiser herangezogen, so bei Karl III., Arnulf, Wido[27] und bei der Mitkaiserschaft seines Sohn Lambert[28]. Erklärlich ist die erste Abweichung von christlichen Hochfesten für die Kaiserkrönung unter Karl dem Dicken. Vermutlich war die Handlung für das Weihnachtsfest 880 geplant,[29] doch konnte die ursprüngliche Planung aus unbekannten Gründen nicht eingehalten werden. Karl war bereits zu Epiphanie 880 durch den Papst gesalbt worden war, allerdings "nur" zum Herrscher über Italien.[30] Rechtlich mag es Unterschiede zwischen päpstlicher Königs- und Kaisersalbung gegeben haben. Doch wird die Tatsache, daß Karl durch den Papst und nicht durch irgendeinen italienischen Bischof gesalbt wurde, den Herrscher in die kaiserliche Sphäre gehoben haben. Die Wahl eines normalen Sonntags für die Kaiserkrönung konnte unter diesen Voraussetzungen als verzeihlich erscheinen, der Vorgang selbst geradezu als "Befestigungskrönung", da Karl III. ja "eigentlich" bereits zum Kaiser gesalbt worden war.[31] Zu diesen Überlegungen

---

capite septus, et ab omnibus imperator augustus est nimirum vocatus." Wesentlich zurückhaltender formuliert EICHMANN einige Seiten weiter "im April 850 (wohl einem Sonntag)" (ebd. I, 103).

[26] EICHMANN, Kaiserkrönung I, 51-55; DÜMMLER, Ostfränkisches Reich II, 397f.

[27] Am Sonntag Invocavit (21.2.) 891, wie aus Urkunden vom Krönungstag hervorgeht (DÜMMLER, Ostfränkisches Reich III, 368f; EICHMANN, Kaiserkrönung I, 59).

[28] Wahrscheinlich zur Osteroktav (30.4.) 892. Die Datierung kann sich auf die erste gemeinsame Kaiserurkunde Widos und Lamberts vom 1. Mai 892 und einen langobardischen Königskatalog stützen (MGH Scriptores rerum Langobardicarum et Italicarum saec. VI-IX, Hannover 1878, 503 s. dazu HARTMANN, Italien III.2, 113 und 136; DÜMMLER, Ostfränkisches Reich III, 372; EICHMANN, Kaiserkrönung I, 59f).

[29] Die Annales Bertiniani geben jedenfalls das Weihnachtsfest als Krönungstag an (a. 880, S.151). Lehnt man diese Erklärung ab, ist die Angabe nur so erklärlich, daß für Hinkmar von Reims oder seinen Gewährsmann ein anderer Termin gar nicht vorstellbar war (vgl. MEYER-GEBEL, Arbeitsweise 79f). So oder so kommt man zu dem Ergebnis, daß bis dato ein gegenüber Weihnachten zweitrangiges Kirchenfest für eine Kaiserkrönung unvorstellbar war.

[30] SCHLESINGER, Karlingische Königswahlen 235.

[31] Der Tag der Krönung Karls III. ist nicht ganz sicher, da er aus dem Epochenwechsel in Karls Kaiserjahren erschlossen werden muß: In den Jahren 882 (DDKIII 47-53), 884 (D.94) und 885 (D.112) war die Jahreszahl bereits am 13.-15. Februar erhöht, 883 (DD.70-71) erfolgte die Umstellung allerdings erst zwischen dem 25. und 26. Februar. Die früheste Umsetzung erfolgte 887, nämlich bereits am 10. Februar (D.157). Unter Verwerfung dieses Belegs wird im allgemeinen Sonntag, der 12. Februar, für den Krönungstag gehalten. Da auch ein späterer Beleg für den 7. Februar existiert (BM² 1609a), kann erwogen werden, ob denn nicht der erste Sonntag nach dem Marienfest gewählt wurde. Andererseits sprechen die zahlreichen Urkundenausstellungen vom 13.-15. Februar - insbesondere im Jahr 882 - für ein Jahrgedächtnis, das auf die Kaiserkrönung zu beziehen ist. Sicher ist dieser Schluß allerdings nicht, da Karl bereits 880 am 12. Februar dem Nonnenkloster St. Cristina d'Olona (D.20) Besitz bestätigte und am 10. Februar 878 (D.7) seiner Gemahlin Richarda das Kloster Säckingen schenkte. Damit

paßt, daß Karl nicht den Tag der Kaiserkrönung vom Februar 881, sondern den Salbungstag zu Epiphanie 880 als erinnerungswürdig betrachtete und verschiedentlich zu feiern aufgab. Durchaus Sinn macht die Tagewahl für die Kaiserkrönung Arnulfs, da er, wie sein Vorgänger Wido, am Sonntag Invocavit gekrönt wurde, der im Jahr 896 noch auf das Fest der Stuhlfeier Petri fiel.[32] Dieses Fest gedachte bekanntlich dem Beginn der Bischofsherrschaft des Apostels Petrus. Da die Feierlichkeiten vor dessen Confessio stattfanden, ist ein Bezug zwischen Ort und Zeit gegeben, zugleich wird mit der Tagewahl der Wille zur Nachfolge Widos unterstrichen. Zusammenfassend kann gesagt werden, daß die Kaiserkrönungen - abgesehen von den Fällen, in denen Ludwig der Fromme direkt an ihnen beteiligt war - bis 875 an den höchsten Feiertagen des Kirchenjahres stattfanden.[33] Zu Weihnachten wurden Karl der Große und - sicher in bewußter Anlehnung - dessen gleichnamiger westfränkischer Nachfolger gekrönt. Das Osterfest nutzten Lothar I. und sein Sohn Ludwig II. Ludwig der Fromme bevorzugte für diese Feierlichkeiten dagegen Sonntage, die auf wichtige Heiligenfeste (Maria, Remigius, Petrus) folgten. Gegen Ende des 9. Jahrhunderts findet sich neben der Wahl der Osteroktav zweimal die Wahl des Sonntags Invocavit und einmal sogar ein einfacher Sonntag, der sich aber aus den Besonderheiten der Verhältnisse erklärt.
Auffällig bleibt dagegen die zweimalige Wahl des ersten Sonntags der Fastenzeit für Kaiserkrönungen. Für die Wahl dieses Sonntags dürfte dessen Introitus-Gesang ausschlaggebend gewesen sein, da dieser recht gut auf den neuen Kaiser bezogen werden konnte. Dann mußte der Gekrönte als unter dem Schutz Gottes stehend erscheinen, dem Gott Ehre und ein langes Leben zuteil werden lassen wolle. In dem aus Psalm 90,15-16 entnommenen Eingangsgesang heißt es: "Er

---

könnten die Februarfeiern seit 882 durchaus eine Tradition haben, die vor der Kaiserkrönung ansetzt. Da DD. 7 und 20 sich auf Richarda beziehen und Richarda 881 in die Kaiserkrönung einbezogen wurde, ist es möglich, daß das Eulalia-Fest am 12. Februar (Ado, Martyrologium 84) bereits vor Karls Kaiserkrönung zum Festkanon an seinem Hof gehörte. Dann kann das Eulalia-Fest, als es 882 auf einen Sonntag fiel, die Krönung des Kaiserpaares auf sich gezogen haben. Der Akzent des Festes wäre dann von Krönung Karls verschoben auf eine Krönung Richardas.
[32] Die Umsetzung der Kaiserjahre erfolgte in Arnulfs Diplomen zwischen dem 9. und 23. Februar. Allgemein wird der 22. Februar 896 als Krönungstag angenommen (DÜMMLER, Ostfränkisches Reich III, 417-421; EICHMANN, Kaiserkrönung I, 60; BRÜHL, Fränkischer Krönungsbrauch 326). BÖHMER-MÜHLBACHER lehnt diese Datierung ab: "Die krönung erfolgte zweifelsohne schon am tag nach der einnahme der stadt; damit wird auch die annahme, sie habe am 22.febr. also sonntag stattgefunden, hinfällig, es müsste denn zufällig die einnahme am samstag erfolgt sein." Daß die Krönung unmittelbar nach der Eroberung Roms erfolgt sein muß, erscheint angesichts des mittelalterlichen Bestrebens, so geartete Feierlichkeiten auf repräsentative Feste zu legen, durchaus fraglich.
[33] Zu dieser Tendenz paßt auch, daß fast ausschließlich Sonntage für Kaiserkrönungen herangezogen wurden. Die Konzentrierung auf die Herrentage wurde noch dadurch gesteigert, daß in den Jahren 875 und 880 auch das Weihnachtsfest auf diesen Wochentag fiel. Daneben ist natürlich auch zu beachten, daß die Forschung bei der Suche nach möglichen Krönungstagen ihr Augenmerk vornehmlich auf die Sonntage richtete.

ruft mich an und ich erhöre ihn, in allen Nöten bin ich ihm nahe, ich befreie ihn und bring ihn zu Ehren. Ich verleihe ihm die Fülle der Tage und lasse ihn schauen mein Heil."[34] Die Zusage des göttlichen Schutzes wird durch die Lesung (2 Kor 6,1-10) unterstützt, dessen zweiter Teil geradezu als Versprechen einer gerechten, an christlichen Normen orientierten Herrschaft verstanden werden kann: "(1) Brüder! Wir ermahnen euch, daß ihr nicht vergeblich die Gnade Gottes empfanget. (2) Denn Er spricht: 'Zur Gnadenzeit erhör ich dich, am Tage des Heiles helf ich dir.' Seht, jetzt ist die Zeit der Gnade, jetzt ist der Tag des Heils. (3) Niemand geben wir irgendwie Anstoß, damit nicht unser Amt in Verruf komme. (4) Wir erweisen uns vielmehr an allen Stücken als Diener Gottes in großer Geduld, in Trübsal, in Nöten, in Ängsten; (5) bei Mißhandlungen, in Gefängnissen, in Aufruhr, in Mühen, in Nachtwachen, in Fasten; (6) durch Keuschheit, durch Weisheit, durch Langmut, durch Freundlichkeit, im Heiligen Geist, durch ungeheuchelte Liebe, (7) durch das Wort der Wahrheit, durch Gottes Kraft; durch die Waffen der Gerechtigkeit zur Rechten und zur Linken: (8) bei Ehre und Schmach, bei übler Nachrede und bei Lob; für Betrüger gehalten und doch wahrhaftig; (9) unbekannt, und doch wohlbekannt; als Sterbende und doch lebend; gezüchtigt, und doch nicht getötet; (10) betrübt und doch immer freudig; arm, und doch viele bereichernd; ohne Besitz, und doch alles besitzend."[35]

---

[34] "Invocavit me, et ego exaudiam eum: eripiam eum, et glorificabo eum longitudine dierum adimplebo eum. Qui habitat [in adiutorio Altissimi, in protectione Dei caeli commemorabitur]" (HESBERT, Antiphonale missarum sextuplex 52f; zur Praxis des Introitus-Gesangs s. JUNGMANN, Missarum sollemnia I, 414-421, und BECKMANN, Proprium missae 59-65). Amalar, Liber officialis I 4.1 (II, S.44) geht nur kurz auf die Antiphon ein: "In quadragesima aliqua pars pugnae peracta est. Dicit nobis quem in quinquagesima protectorem invocavimus: 'Invocavit me ...'".

[35] Eine feste Leseordnung war noch nicht ganz ausgebildet, doch wurden aus dem zweiten Korintherbrief zumeist 6,2-10 gelesen, vereinzelt auch nur Vers 6,1 oder Vers 6,2, doch gab es auch lange Fassungen, so 6,2-15 oder 6,1-7,1 (SALMON, Lectionnaire CVIII-CIX).

Tabelle zu den Kaiserkrönungen

Herrscher	J	M	T	WT	Bezug[36]	Fest	Kat[37]	Dat[38]
Karl I.	800	Dez	25	Fr		Christi Geburt	Sa	si
Ludwig I.	813	Sep	11	So	nach	Maria	Ma	si
Ludwig I.	816	Okt	5	So	nach	Remigius	RH	wa
Lothar I.	817	Jul	5	So	nach	Petrus	Pe	mö
Lothar I.	823	Apr	5	So		Ostern	Sa	si
Ludwig II.	850	Apr	6	So		Ostern	Sa	wa
Karl II.	875	Dez	25	So		Christi Geburt	Sa	si
Karl III.	880	Dez	25	So		Christi Geburt	Sa	Plan?
Karl III.	881	Feb	12	So		Eulalia	Hl	wa
Wido	891	Feb	21	So		Sonntag Invocavit	KJ	si
Lambert	892	Apr	30	So	Oktav	Ostern	Sa	wa
Arnulf	896	Feb	22	So		Petri Stuhlfeier Sonntag Invocavit	Pe KJ	wa

---

[36] Die Spalte gibt den Bezug des Tagesdatums zu einem Festtag an: Oktav/Okt = Oktavtag; Tn = Tag/e nach; Tv = Tag/e vor; nach = Sonntag nach.
[37] Erläuterung zur Spalte Festkategorie:
Sa = Salvatorfest; Ma = Marienfest; Jo = Johannesfest; RH = Fest eines Reichsheiligen (einschließlich des Allerheiligenfestes); Pe = Petrus-, Andreas- oder Petronilla-Fest; Ap = Apostelfest; Hl = Fest eines weniger bedeutenden Heiligen; KJ = wichtiger Tag des Kirchenjahres; OF = Ort- oder Regionalfest; RF = Rechtsfrist; JT = Jahrestag; Pr = Prophetenfest; pf = profaner Tag.
[38] Die Datierung des Staatsaktes ist:
si = sicher; wa = wahrscheinlich; mö = möglich; Plan = geplanter Termin; Plan? = vermutlich geplanter Termin; Ende? = die Datierung gibt vermutlich das Ende einer Versammlung an.

6.3. FEIERLICHE ANTRITTE EIGENSTÄNDIGER KÖNIGSHERRSCHAFT

6.3.1. Merowingische Herrscher

Von den Merowingerkönigen sind nur wenige Daten von Herrschaftsantritten bekannt. König Gunthram zählte es zu den glücksverheißenden Vorzeichen, daß sein Neffe Childebert II. seine Herrschaft zu Weihnachten (a.575) antrat.[39] Da auch Gregor von Tours diesen Termin als Beginn seiner Regierung angibt, wird man ihn als gesicherten Regierungsbeginn ansehen dürfen.[40] Um so erstaunlicher ist es, daß er faktisch bereits am 8. Dezember 575 regierte. Demnach wird man zwischen der faktischen Machtübernahme und einem feierlichen Akt, wie etwa einer Schildsetzung, der die Herrschaft offiziell begründete, unterscheiden müssen.[41] Die Wahl des Festtages läßt vermuten, daß auch bei den Merowingern liturgische Elemente eine wichtige Rolle für die rechtliche Relevanz des Herrschaftsantritts spielten.[42]

In der Merowingerzeit gab es noch einen Herrschaftsantritt, der in unmittelbarer Nähe des Weihnachtsfestes lag: Chlothar I. wurde durch den Tod Childeberts am 23. Dezember 558 Alleinherrscher. Vielleicht fand ein herrschaftskonstituierender Akt zu Weihnachten statt. Nur vermutet werden kann, daß die Schildsetzung Gundoalds am Martinsfest (11.11.) durchgeführt wurde, da diese im Oktober/November 584 in einem Ort mit Martinskirche erfolgte.[43] Die beiden anderen Tagesdatierungen von Herrschaftsantritten bei den Merowingern sind aus dem Todestag des jeweiligen Vorgängers abgeleitet und geben damit lediglich den faktischen Herrschaftsbeginn an.[44] Den letzten Merowinger setzten die karolingischen Hausmeier Pippin und Karlmann auf dem Märzfeld 743 ein.[45]

---

[39] Gregor von Tours, Historia VIII 4, S.373.
[40] Gregor von Tours, Historia V 1, S.194.
[41] SCHNEIDER, Königswahl 94-96.
[42] Allgemein zum Thema s. BECKER, Liturgie und Recht 203f; s.a. BERBIG, Rechtliche Relevanz. Zwar ist nicht nachweisbar, daß Theuderich II. sich 712 an einem heiligen Tag huldigen ließ, wohl aber, daß es an einem heiligen Ort geschah: in der St. Gereon-Kirche zu Köln (KRÜGER, Königsgrabkirchen 88f).
[43] EWIG, Imperium 40, für Oktober, WEIDEMANN, Kulturgeschichte I, 12, für Dezember. Sichergestellt ist aber lediglich, daß die Schildsetzung vor der Niederbrennung der Martinskirche von Brives-la-Gaillarde stattfand, die im Dezember erfolgte. Gregor von Tours, Historia VII 10, S.332, versucht den Glanz der Schildsetzung Gundoalds dadurch in Mißkredit zu bringen, daß er den heiligen Martin von Brives zu einem Schüler des "richtigen" Martin von Tours macht. Für die Bedeutung des Martinsheiligtums spricht, daß die Kirche von Brives mit Säulen aus verschiedenen Marmorarten bestückt war.
[44] Die Datierung des vermeintlichen Regierungsantritts von König Dagobert II. am Fest der Reinigung Mariens (2.2.) 656 resultiert aus dem Tode Sigiberts III. am 1. Februar (MATZ, Regententabellen 47, vgl. aber ECKHARDT, Merovingica 152-183) und der König Chlodwigs II. am Sebastiansfest (20.1.) aus dem Ableben Dagoberts I. am 19. Januar (MATZ, Regententabellen 47f).
[45] Der Epochentag in Weißenburger Urkunden liegt zwischen dem 15. Februar und dem 3. März, was auf das Märzfeld deutet (HAHN, Jahrbücher 741-752, 40 und 164f, BM² 45a).

6.3.2. Sichere Herrschaftsantritte bei den Karolingern

Nach dem Tode ihres Vaters Pippin erfolgte am Fest des heiligen Dionysius 768, das in diesem Jahr auf einen Sonntag fiel, die Salbung der Prinzen Karlmann und Karl zu Königen. Die Handlung wurde am selben Tag, aber an verschiedenen Orten vorgenommen: während Karlmann wie sein Vater in Soissons erhoben wurde, ließ sich Karl in Noyon zum König salben.[46] Man wird vermuten dürfen, daß Karlmann wie sein Vater im Medardus-Kloster zum König eingesetzt wurde.[47] Da es sich bei Medardus um den Bischof von Noyon handelt, erklärt sich die Ortswahl von Noyon für die Salbung Karls aus der karolingischen Medardusverehrung. Dieser hl. Bischof kann geradezu als "Königsmacher" unter den Reichsheiligen angesprochen werden.[48]
Wiewohl der Herrschaftsanspruch Ludwigs des Frommen sich auf seine kurz vor dem Tode seines Vaters erworbene Mitkaiserschaft stützen konnte, gab es bei Hof ganz erhebliche Widerstände gegen seine Übernahme des väterlichen Thrones.[49] Am dreißigsten Tag nach dem Tod seines Vaters zog der neue Herrscher in der väterlichen Residenz ein,[50] wo er "zum zweiten Mal als Kaiser verkündet wurde".[51] Unter Einrechnung des dies a quo ergibt sich der 26. Februar als Krö-

---

[46] BM² 115d. Allgemein abgelehnt wird die Angabe des Fredegar-Fortsetzers, die Thronsetzung und Weihe Karls und Karlmanns habe am Sonntag, dem 18. September, stattgefunden (c.137, S.193; ABEL, Karl der Große 23f; BM² 115d).
[47] KRÜGER, Königsgrabkirchen 133; s.a. GAUERT, Itinerar 313.
[48] Siehe dazu den Exkurs 6.
Die Parallelen bezüglich Zeit und Ort der Thronerhebung der beiden Brüder belegen, daß peinlich genau auf Gleichwertigkeit der Feierlichkeiten anläßlich des gemeinsamen Herrschaftsbeginns geachtet wurde. Das krampfhafte Bemühen um Parität zwischen den beiden Brüdern in zeremoniellen Fragen läßt erahnen, wie gespannt die Beziehung der beiden jungen Könige bereits am Beginn ihrer Herrschaft war. Neuerdings will WOLF, Thronfolgerecht, den Grund des Zerwürfnisses im Anspruch Karlmanns erkannt haben, als Porphyrogennetos die Alleinherrschaft auszuüben.
[49] Zum Ganzen: SIMSON, Ludwig der Fromme I, 11-22.
[50] Annales regni Francorum a.814, S.140: "Tricesimo, postquam id acciderat, die Aquasgrani venit ...". Den dreißigsten Tag betont auch die Ludwigsvita des Astronomus, bezieht ihn jedoch fälschlich auf den Aufbruch aus Aquitanien (c.21, S.618): "et die tricesimo postquam ab Aquitania promovit, palatio Aquisgrani pedem feliciter intulit." Während SIMSON, Ludwig der Fromme I, 15, die Ankunft in Aachen durch Einrechnung des die a quo für den 26. Februar annimmt, berechnet sie MÜHLBACHER auf den 27. Februar (BM² 519i).
[51] Astronomus, Vita Hludowici c.22, S.618: "Venit ergo imperator Aquis palatium, et a propinquis atque multis Francorum milibus cum multo est favore receptus, imperator secundo declaratus." Neuerdings will DEPREUX, Wann begann ..., den Herrschaftsbeginn Ludwigs auf das Fest Mariä Reinigung 814 legen. Abweichend von der traditionellen Interpretation, die den Epochenwechsel in den Urkunden Ludwigs mit dem Todestag seines Vaters in Zusammenhang bringt (28./29.1.), meint er den Epochenwechsel zwischen dem 1.-3.2. einordnen zu können. Dementsprechend weist er der Reichsversammlung von Doué vom 2. Februar herrschaftskonstituierende Bedeutung zu. Allerdings bleibt es sehr fraglich, ob Ludwig gewillt war, einer aquitanischen Reichsversammlung, die Kompetenz zuzubilligen, über seine

nungstag, der in diesem Jahr auf den Sonntag Quinquagesima fiel. Doch werden hier nicht liturgische, sondern rechtliche Momente den Ausschlag für die Tagewahl gegeben haben. Innerhalb der ersten dreißig Tage nach dem Tod des Erblassers hatte der Erbe nämlich noch keine volle Verfügungsgewalt über den Nachlaß.[52] Um seinen Gegnern keine Handhabe gegen seine Herrschaftsübernahme zu liefern, wird Ludwig einen rechtlich "sauberen" Weg zur Erlangung der Krone gewählt haben.

Ludwigs Wiedereinsetzung als Frankenherrscher erfolgte unter Zeitdruck. Unmittelbar nach seiner Befreiung aus der Gefangenschaft wurde die Krönung in Szene gesetzt. Zwar wurde noch der nächste Sonntag (Reminiscere) abgewartet, doch spielte dessen Liturgie für die Tagewahl keine Rolle.[53] Um dieses Manko auszugleichen, erfolgte eine entsprechende Feier zwei Wochen später an einem "passenden" Tag: "medio quadragesimae tempore arridente etiam laetitiae ipsius diei, et officii exhortante cantilena ecclesiae ac dicente: 'Laetare Hierusalem, et diem festum agite omnes, qui diligitis eam' maxima multitudo fidelium suorum ibidem occurrit congratulans laeticiae communi."[54]

Am 6. Januar 880 wurde Karl III. von Papst Johannes VIII. zum Herrscher von Italien gesalbt.

Im Herbst des Jahres 885 schenkte Kaiser Karl III. dem Kloster Fulda Besitz in Bechstedt zur Feier des Epiphaniefestes als Jahrestag seiner Weihe.[55] Das Epiphaniefest bezeichnet auch eine Urkunde des Bischofs Chadolt von Novara, einem Bruder des Kanzlers Salomon von Konstanz, als den "dies consecrationis" Karls III. Während der Weihetag damit sichergestellt ist, gibt es Unklarheit über

---

Kaiserherrschaft zu befinden, die er seit seiner Kaiserkrönung vom September 813 beanspruchen konnte.

[52] OGRIS, Dreißigster 785-787. Auf die rechtliche Bedeutung der 30-Tage-Frist wies schon SIMSON, Ludwig der Fromme I, 15, hin.

[53] Astronomus, Vita Hludowici 51, S.638: "sed dominica, quae in crastinum advenit, in ecclesia sancti Dionysii episcopali ministerio voluit reconciliari." Als "Wiedereinsetzung" sprechen MÜHLBACHER (BM² 926p) und BRÜHL, Fränkischer Krönungsbrauch 278, den Vorgang an. Letzterer will in ihm jedoch nur eine "erste" Befestigungskrönung sehen, doch spricht meiner Ansicht nach die 835 erfolgte Feier des Jahrtages dieser Krönung (ebd. 279 und 323; DERS., Kronen- und Krönungsbrauch 17) für einen echten Neubeginn, wie der Kaiser sich in seinen Diplomen ja auch einen neuen Titel zulegte, der die Wiedererlangung des Kaisertums betonte: "divina repropitiante clementia imperator augustus" statt "divina ordinante providentia imperator augustus" (SICKEL, Urkundenlehre 279 und 284).

[54] Astronomus, Vita Hludowici 52, S.638.

[55] "... per singulos annos in annuali nostrae consecrationis die, hoc est epiphania domini, et postea in annuali nostri transitus die memoriale nostrum sacris orationibus recitetur ac fratres in eodem monasterio commanentes eadem die inde reficiatur" (DKIII 132 vom 23.9.885 aus Frankfurt). Bereits D.129 für Langres, ausgestellt am 28.8.885 in Lorsch, befahl die Feier des "dies consecrationis", ohne allerdings den Gedenktag näher zu bezeichnen. Dort wußte man auch 886 noch nicht, wann der Tag zu feiern sei: die Empfängerausfertigung D.147 vom 29.10.886 aus Paris hat eine Lücke für das Datum des zu feiernden Tages. Aber auch D.153 vom 15.1.887 aus Schlettstadt ließ die Kanoniker von Langres über den Tag der Feier im Unklaren.

das Jahr, auf das die Salbung zu beziehen ist. Es stehen zwei Jahre zur Diskussion, nämlich 877 und 880. Im ersten Fall handelte es sich dann um den Regierungsantritt in Alemannien, im zweiten um den Beginn seiner italienischen Herrschaft. "Nur auf die weihe zum könig Italiens lässt sich auch die verfügung Karls ... beziehen", erklärte schon 1908 MÜHLBACHER.[56] Für diesen Bezug sprechen die Reichsversammlung zum Jahresbeginn in Ravenna und die im Anschluß an diese ausgestellten Diplome vom 8. und 11. Januar, die eine groß angelegte Feier des Epiphaniefestes (6.1.) erschließen lassen.[57] Da bei dieser Weihe neben dem Gesandten König Ludwigs vermutlich auch der Papst anwesend war[58], kann eine Salbung durch die Hand des römischen Bischofs die Königsweihe in die Nähe der Erhebung zum Kaiser gerückt haben, was sicher eine Aufwertung der Salbung mit sich brachte.[59] KEHR meinte dagegen, die Weihe auf das Jahr 877 beziehen zu sollen, da es "alemannische Zeugnisse" seien, die uns Epiphanie als Weihetag nennen. Deshalb sei die "Salbung des jungen Karl zum König im alemannischen Teilreich vom 6. Januar 877 gemeint".[60] Die Hinweise auf alemannische Elemente erscheinen allerdings nicht hinreichend[61] und für den Bischof von Novara, der sein

---

[56] BM² 1591a. Chadolt als Bruder Kanzler Salomons: KEHR, Urkunden Karls III. (II, S.XL). Daß die Aufträge der Jahrfeier erst 885 einsetzen, erklärt sich aus der Übernahme der westfränkischen Herrschaft im Jahr Mai 885, wo seit der Zeit Karls II. Gedenktage der Herrscherfamilien von Mönchskongregationen und Kanonikern gefeiert wurden. Die Übernahme der westfränkischen Herrschaft kann, da sie etwa im Mai 885 erfolgte, und die D.142 vor dem 6.1.886 ausgestellt wurde, natürlich nicht gemeint sein.

[57] DDKIII 15-16 für die Bischöfe von Parma und Reggio vom 8. Januar 880 sowie der Vertrag mit Venedig vom 11. Januar 880 (D.17). Vom 8.1.880 datieren auch die Falsa D.175-176 für die Kirchen von Parma und Zena. Vom Tag der Ausstellung, der Empfängergruppe und den politischen Umständen her, erscheint eine Urkundenausstellung Karls auch für Parma durchaus plausibel, denn Karl stützte seine Herrschaft wesentlich auf die Bischöfe (DÜMMLER, Ostfränkisches Reich 106-111), womit natürlich nicht ausgeschlossen ist, daß diese im Laufe der Zeit "überarbeitet" wurden. Auf Anniversarfeiern der Salbung können vielleicht auch die Diplome D.30 (vom 4.1.881 aus Ravenna für die Kirche von Chur) D.66 (vom 9.1.993 aus Colmar für die Kirche von Würzburg), D.111 (vom 11.1.885 aus Murgula für die Kirche von Asti) und DD.134-135 vom (vom 7. bzw.10.1.886 aus Regensburg für die Kirche von Passau) schließen lassen.

[58] WEBER, Reichsversammlungen 158f.

[59] Eine Salbung durch die Hand des Papstes nehmen auch SCHLESINGER, Karlingische Königswahlen 235, und SCHIEFFER, Samtherrschaft 619, an. Beachtenswert ist, daß bereits vor der Salbung Karls Herrschaft in Italien anerkannt worden war, denn das Testament des Erzbischofs Ansbert von Mailand datiert bereits am Martinstag 877 nach dessen Herrschaft (BM² 1588d).

[60] KEHR, Urkunden Karls III., II, S. XL.

[61] Bei den alemannischen Elementen beruft sich KEHR auf die Rekognition des Bischofs Salomon von Konstanz in DKIII 132 und die Stiftung durch Bischof Chadolt von Novara, zwei Alemannen. Es mag hingehen, daß KEHR hier zwei unterschiedliche Personengruppen zusammenwirkt. Streng methodisch sollte der Rekognoszent Salomon mit dem Notar bzw. Schreiber der Privaturkunde Chadolts (doch wohl ein Italiener) oder die beiden Aussteller einander zugeordnet werden, also Karl III. und der Bischof von Novara, je nachdem, bei wem man die Kompetenz für die Urkundenabfassung sieht. Wichtiger scheint zu sein, daß die soziale Struktur des Königshofes nicht berücksichtigt wird. Diese war unter Karl nun einmal von Alemannen geprägt, auch noch nach der Ausweitung seiner Herrschaft. Auch ist nicht

Machtgebiet in Italien hatte, wird man ein Denken in italienischen Kategorien annehmen können, was für eine Bezugnahme der Salbung auf Italien und nicht auf Alemannien spricht. Gegen die These einer feierlichen Herrschaftsübernahme Karls in Alemanien ist sicher nichts einzuwenden,[62] aber warum sollte sie erst vier Monate nach dem Tode Ludwigs des Deutschen erfolgt sein? Passable Termine standen vorher genügend zur Verfügung.[63] Es sind aber weder für diese noch für den 6. Januar 877 Krönungen oder Salbungen überliefert. Einen so späten Termin wie Epiphanie 877 für einen Herrschaft konstituierenden Akt anzunehmen, bedarf eines Quellenbeleges oder einer guten Begründung. Da weder das eine noch das andere vorliegt, muß der "dies consecrationis" auf das Jahr 880 bezogen werden.

Auf der Reichsversammlung zu Weihnachten 887 erfolgte die feierliche Einsetzung Arnulfs von Kärnten zum ostfränkischen König.

Zu der von Kaiser Karl III. anläßlich des Martinsfestes nach Tribur einberufenen Reichsversammlung von 887 scheinen nur seine alemannischen Getreuen gekommen zu sein, während die übrigen Großen seines Reiches sich in Frankfurt versammelten. Um Hilfe gegen Arnulf zu erhalten, begab sich Karl nach Frankfurt, wo er am 17. November nachweisbar ist. Doch sein Vorhaben schlug fehl. Am 18. November 887 scheint Karl III. von den Großen verlassen worden zu sein.[64] Doch nicht zu diesem Termin, sondern zu Weihnachten wurden in der Kanzlei Arnulfs die Herrschaftsjahre umgesetzt.[65] Nun hielt Arnulf zu Weihnachten 887 in Regensburg eine "Ausnahmeversammlung", eine "Reichsversammlung im Wortsinn", ab: "die Großen aus allen Teilen des Reiches hatten sich am Königshof eingefunden, um ihrem König nochmals zu huldigen".[66] KELLER ist zuzustimmen, wenn er aus der Kanzleipraxis folgert, daß hier und nicht im November der für die Herrschaftslegitimation Arnulfs konstitutive Akt erfolgte.[67] Wenn somit eine Huldigung zwar faktische Machtverschiebungen bewirken konnte, aber keine hinreichende Legitimation für ein neues Königtum abgab, wird man für das Weihnachtsfest eine liturgische Weihehandlung anzunehmen haben.

"Missa sancti Andreae" händigte Richildis, die Witwe Karls des Kahlen, ihrem Stiefsohn Ludwig das Testament seines Vaters und eine Reihe von Insignien aus. Ob man auf das Andreasfest auch den Herrschaftsantritt datieren kann, bleibt

---

einzusehen, warum auf dem internationalen Parkett bewanderte Männer wie Salomon und Chadolt ausschließlich in kleinräumigen, alemannischen Dimensionen denken sollten.
[62] BRÜHL, Fränkischer Krönungsbrauch 298f, läßt offen, ob die Salbung auf 877 oder 880 zu beziehen ist, "doch sollte die Möglichkeit einer Krönung Karls III. auf deutschem Boden vor 880 nicht außer acht gelassen werden."
[63] Etwa das Fest Nativitas Mariae (8.9.) oder Mauritius am 22. September, die ebenso wie das Michaelsfest vom 29. September, im Jahr 876 auf Sonntage fielen.
[64] So BUNDs, Thronsturz 478-489 und HLAWITSCHKA, Lotharingien 40-45.
[65] Darauf wurde bereits in den methodischen Vorbemerkungen eingegangen.
[66] WEBER, Reichsversammlungen 170.
[67] KELLER, Sturz 478f mit der Annahme einer Krönung.

jedoch fraglich. Vermutlich war die Krönung aber für diesen Tag geplant, da auch die Verhandlungen über das Gelöbnis, das Ludwig den Bischöfen gab, an diesem Tage abgeschlossen wurden.[68] Doch erst nach weiteren Verhandlungen über die von den Adligen beanspruchten Lehen konnte sich Ludwig der Stammler 877 in Compiègne salben und krönen lassen. Dazu bemühte Ludwig ein Marienfest, das bis dahin für Staatsakte dieser Art noch nicht benutzt worden war, nämlich das Fest der Empfängnis Mariens im Schoße ihrer Mutter Anna (8.12.), das damals vor allem in Süditalien gefeiert wurde.[69] Ort der Weihehandlung wird die von seinem Vater Karl dem Kahlen nach dem Aachener Vorbild errichtete Marienkirche gewesen sein. Damit waren Ort und Zeit der Unbefleckten geweiht und bezeugten so die Marienfrömmigkeit des neuen Herrschers.

Am Sonntag, dem 28.1.893, wurde Karl der Einfältige in der Reimser Kathedrale zum König gesalbt. Zwar bezeichnet Karl den Tag als den der hl. Agnes,[70] aber es war sicher kein Zufall, daß Karl seine Herrschaft am Gedenktag seines Namensvetters und Vorfahren, Karls des Großen, begann.[71] Der Bruch mit dem traditionellen Festkalender wurde nicht überall bemerkt. In dem flandrischen Kloster St. Vaast jedenfalls legte man die Krönung auf den einzigen hohen Festtag des fraglichen Zeitraums: auf das Fest der Reinigung Mariens am 2. Februar.[72]

Nicht recht in das bisher erarbeitete Bild passen die Krönungstermine König Odos. So fand die Erstkrönung Odos in der Woche nach dem ersten Fastensonntag am 29. Februar 888, dem Oktavtag der Stuhlfeier Petri, in Compiègne statt.[73]

---

[68] Annales Bertiniani a.877, S.137 und 139.
[69] Möglicherweise handelte es sich bei der Festwahl um eine Verlegenheitslösung, denn Ludwig der Stammler hatte erhebliche Probleme, seinen Anspruch auf das Königreich seines Vaters gegen seine Stiefmutter und deren Adelspartei durchzusetzen. Nach einer Reihe von Verhandlungen händigte ihm die Kaiserin Richildis dann doch die Reichsinsignien und eine Einsetzungsurkunde seines Vaters aus. Dies geschah am Fest des Petrusbruders Andreas (Annales Bertiniani a.877, S.137-140). Usuardus, Martyrologium 355, verzeichnete das Marienfest noch nicht. Zur Festentwicklung: WIMMER, Lexikon 81.
[70] DÜMMLER, Ostfränkisches Reich III, 383; ECKEL, Charles le Simple 12. Da die hl. Agnes noch am 21. Januar gefeiert wurde, bezeichnete Karl seinen Krönungstag auch als Oktavtag des Agnesfestes (ebd. 12; PIPER, Karls des Grossen Kalendarium 20).
[71] So auch SCHNEIDMÜLLER, Karl (III.) der Einfältige 970. Entsprechend wird man es als besondere Ehrenbezeugung für den ostfränkischen König Karl III. aufzufassen haben, wenn Papst Johannes VIII. den Kaiser bat, das für das Fest der Reinigung Mariens (2.2.) 882 vorgesehene Treffen um vier Tage vorzuziehen (BM² 1627b). Somit sollte die Begegnung am Tag nach dem Gedenken für Karls Namensvetter und Vorbild erfolgen.
[72] Annales Vedastini a.893, S.73: "Franci qui in Francia remanserant, ut inimicitias et odium, quod habebant contra Odonem regem, panderent, Remis adunati consilium inierunt adversus eum ut die purificationis sanctae Mariae in eodem iterum convenierunt loco et quod invicem firmaverant manifestis indiciis demonstrarent. Mittunt itaque et Karolum regis Hludowici filium, adhuc puerulum, ad dictum placitum venire facerunt et die supra dicto Remis adunati eum in paterno solio benedictum in regem collocant, omnesque coniurant adversus Odonem regem."
[73] DÜMMLER, Ostfränkisches Reich III, 316f; BRÜHL, Fränkischer Krönungsbrauch 281f, 325; HLAWITSCHKA, Lotharingien 70-76. Es handelt sich dabei um den Donnerstag nach dem Sonntag Invocavit. Da in die Woche nach Invocavit nach der römischen Liturgie die

Ebensowenig glanzvoll war die Tagewahl seiner zweiten Krönung, die sein Rivale Bischof Fulco von Reims am 13. November 888 vornahm.[74] Wenn die Annalen von St. Vaast berichten, daß die Krönung am Fest des heiligen Brictius vorgenommen wurde,[75] kann dies nicht darüber hinwegtäuschen, daß es sich um das Fest des "falschen" Bischofs von Tours handelt. Offenbar hatten die Verhandlungen mit seinem Gegenspieler Odo genötigt, das weitaus bedeutendere Martinsfest (11.11.) verstreichen zu lassen.

6.3.3. Vermutete Antritte unabhängiger Herrschaft

6.3.3.1. Pippin der Jüngere

Die erste Königserhebung eines Karolingers erfolgte mit Pippin dem Jüngeren 751, der den letzten Merowingerkönig Childebert III. absetzen und im Kloster St. Médard bei Soissons scheren ließ.[76] Wichtige Hilfestellung bei der Legitimierung des neuen Königtums leistete ihm dabei Papst Zacharias,[77] dessen Stellvertreter im Frankenreich, Erzbischof Bonifatius, Pippin nach alttestamentlichem Vorbild zum König salbte.[78] Die Einsetzung des neuen Königs erfolgte in Soissons, vermutlich in St. Médard.[79] Zeitlich läßt sich die Königserhebung Pippins

---

Quatembertage fielen, wird hier die fränkische Berechnung des Quatemberfastens anzunehmen sein, die Quatember also in die erste Märzwoche zu datieren sein.

[74] SCHRAMM, Westfranken 155f, BRÜHL, Fränkischer Krönungsbrauch 281f, 325.

[75] Annales Vedastini a.888, S.67.

[76] Zur Verwahrung wurde Childebert ins Kloster Sithiu gebracht, während sein Sohn nach St. Wandrille kam (BUND, Thronsturz 380f; LASKE, Mönchung 90; KRÜGER, Sithiu 71-80).

[77] AFFELDT, Königserhebung 121-187, bes. 170, scheint das päpstliche Engagement zu unterschätzen, wenn er davon ausgeht, daß "am päpstlichen Hof die Anfrage Pippins und die Antwort des Zacharias als eine Art Routineangelegenheit betrachtet wurden". Bei aller politischen Unruhe im Frühmittelalter war die Ausschaltung eines ganzen Herrschergeschlechts doch durchaus nicht alltäglich.

[78] JARNUT, Pippin 47-54; zur Stellung des Bonifatius: JÄSCHKE, Bonifatius 27. Daß Bonifatius 754 bei der Friesenmission starb, die zu den Hauptanliegen der Karolinger gehörte (ANGENENDT, Willibrord), spricht dafür, daß er bis zuletzt ein gutes Verhältnis zu Pippin hatte. Nur die vermeintliche politische Abdrängung läßt ANGENENDT, Rex 107, annehmen, daß der "Mann der geistlichen Königssalbung" nicht an der Zeremonie teilnahm. Gerade das von ANGENENDT, Kaiserherrschaft 126-139, entdeckte Streben, einen wahrhaft heiligen Mann für Salbungsakte zu gewinnen, läßt vermuten, daß versucht wurde, den Reformer Bonifatius für die Königssalbung zu gewinnen. Zum alttestamentlichen Vorbild der Königssalbung: HASELBACH, Aufstieg 113f.

[79] Siehe Exkurs 6.

auf den 3.-19. November eingrenzen.[80] Damit wird der Martinstag am 11. November als Termin recht wahrscheinlich.[81]

6.3.3.2. Karl der Große als König der Langobarden

Im Juni 774 nahm Karl der Große die Stadt Pavia ein, setzte König Desiderius ab und machte sich zum König der Langobarden. Die genaue zeitliche Abfolge des Vorgangs der zu Beginn des Juni erfolgte, ist unbekannt. Da Karl in den nächsten Jahren regelmäßig zum 8./9. Juni Urkunden ausstellen ließ, deutet dies auf eine Jahrfeier seines italienischen Herrschaftsantritts hin. Die Langobardenherrschaft Karls kann somit am Medardusfest, das am 8. Juni gefeiert wurde, begonnen haben.

Zwei italienische Chroniken geben einen Dienstag im Juni als Wochentag der Eroberung Pavias an,[82] was frühestens den 7. Juni meinen kann, andererseits bezeichnete sich Karl bereits am 5. Juni 774 als "rex Francorum et Langobardorum".[83] Die Erhöhung der Herrschaftsjahre in den Diplomen Karls ist nicht einheitlich, scheint sich aber auf den 29. Mai bis 9. Juni einschränken zu lassen. Die italienischen Privaturkunden setzen die Herrschaftsjahre Karls mit einer einzigen Ausnahme im Juni um; festmachen läßt sich aber auch, daß die Jahreszahl am 9. Juni bereits erhöht war.[84] Nach dem Chronicon Laurissense breve sollen die Langobarden mit ihrem König Desiderius ins fränkische Lager gekommen sein, wo sie sich freiwillig ergaben. Am nächsten Tag soll Karl dann seinen feierlichen Einzug in die Stadt gehalten haben.[85] Von daher wird man zwischen der faktischen

---

[80] SICKEL, Lehre 243f. BM² 64a gibt allgemeiner die "erste hälfte des novembers" an. Für die Urkundendatierung in St. Gallen s. BORGOLTE, Chronologische Studien 146-155.
[81] Zu erwägen sind vielleicht noch der Festtag des hl. Hugbertus am 3. November, an dessen Translation Pippins Bruder Karlmann am 3.11.743 teilgenommen hatte (DM? 46), und der 8. November, an dem der Heiligen mit dem Ehrentitel Quattuor Coronati gedacht wurde (MUNDING, Kalendarien II, 132), das Thema "Krönung" also zum liturgischen Tagesgedenken gehörte. Allerdings fällt unter der erwogenen Termine auf einen Sonntag, weshalb das Fest des bedeutendsten der drei Heiligengedenken die größte Wahrscheinlichkeit für sich hat.
[82] Chronica sancti Benedicti Casinensis, S.487: "Desiderius regn. ann. 18, mens. 2, dieb. 10. Capta est Pavia civitatis mense Junio die Martis. In isto complentur reges 20." Chronicon Salernitanum c.34, S.488: "Ipse iam dictus [Karolus], ut nuper diximus, dum ab eo eiusque exercitus mensis unius dies Martis capta est Pavia."
[83] DK 80 mit der Angabe "actum Papiam civitatem". Aus der Ortsangabe geht nicht hervor, ob Karl sich noch vor oder bereits in der Stadt befand. Die Verwendung des Akkusativs ist zwar auffällig, aber nicht recht zu deuten. Alle anderen Diplome aus Pavia verwenden den Ablativ für die Ortsangabe, gleich, ob sich Karl vor (DK 79) oder in der Stadt befand (DK 79 vom 19.2.774: "actum Papia civitate publice"; DK 81 vom 16.7.774: "actum Papia civitate"; DK 134 vom 8.6.781: "actum Papia civitate").
[84] BM² 163b.
[85] Chronicon Laurissense breve, S.31: "Revertente Karolo rege a Roma Longobardi obsidione pertaesi, civitate cum Desiderio rege egrediuntur ad regem. Rex vero alia die cum hymnis et

Machtübernahme, eventuell in Form der Auslieferung des Desiderius, dem Einzug in Pavia und einer feierlichen Einsetzung des neuen Königs unterscheiden müssen. Da Karl auch bei der Übernahme des Reichsteils seines Bruders gesalbt wurde,[86] wird für 774 neben der Huldigung langobardischer Adliger[87] eine Salbung oder ein vergleichbarer liturgischer Akt angenommen werden müssen. Dies ist umso eher zu vermuten, als im Gegensatz zu 771 der alte König ja noch lebte und es darüber hinaus nicht um einen einfachen Wechsel im Königtum, sondern um die Ablösung eines ganzen Königsgeschlechts ging; eine politische Maßnahme also, die einer liturgischen Legitimation unbedingt bedurfte. Wenn die relative Reihenfolge in dem Chronicon Laurissense breve in etwa stimmt, kann man folgende Datierung versuchen: Am Sonntag, dem Bonifatiusfest (5.6.), stand der Sieg Karls fest - vielleicht wurden Übergabeangebote gemacht oder König Desiderius ausgeliefert - und Karl urkundete als "faktischer" König der Langobarden für das Kloster Bobbio. Am Dienstag erfolgte die "Eroberung" Pavias in Form eines feierlichen Einzugs, und am Medardustag (8.6.) die Einsetzung Karls als neuer König. Wenn der Medardustag als der Tag der "eigentlichen" Herrschaftsübernahme angenommen wird, kann dies ein anderes Phänomen erklären. Seit 775 scheint Karl das Medardusfest in besonderer Weise zu feiern, da mit diesem Jahr eine Reihe von Diplomausfertigungen einsetzt, die auf das Fest des Heiligen zu beziehen sind.[88] Akzeptiert man diese Abfolge der Ereignisse, muß die Herrschaft des Desiderius faktisch am 5. Juni geendet haben. Damit korrespondiert die Angabe, König Desiderius habe 18 Jahre, zwei Monate und zehn Tage regiert. Bei Einrechnung des dies a quo erhalten wir den Sonntags Judica am 27. März 757 als Regierungsantritt des Desiderius.[89] Der Grund für die Tagewahl des Herrschaftsbeginns des Langobardenkönigs wird, neben den Gebeten des Sonntags Judica um Beistand gegen die Feinde, auch der Charakter des 27. März gewesen sein, der im Mittelalter als Tag der Auferstehung Christi galt.[90]

---

laudibus ingrediens thesauros regum ibidem repertos dedit exercitui suo et cunctum Italiae regnum adeptus regreditur in Franciam ...".

[86] In Corbeny nach dem 5. Dezember und vor Weihnachten 771, das er in Attigny feierte (BM² 142a; BRÜHL, Fränkischer Krönungsbrauch 313f).

[87] ABEL, Karl der Große 147.

[88] DK 100 vom 9.6.775 für das Kloster Honau, das dem Schutzengel der Langobarden, dem Erzengel Michael, geweiht war; DK 111 vom 9.6.776 für das italienische Kloster Farfa; DK 117 vom 8.6.777 für Utrecht und DDK. 133-134 vom 8. bzw. 11.6.781 für Reggio bzw. Sesto, DK 165 vom 9.6.790 für Prüm.

[89] Die 18 Jahre als Regierungszeit sind falsch, da sichergestellt ist, daß Desiderius erst 757 die Herrschaft antrat (BM² 83a; BM² 163b). Die Jahresangabe ist allerdings stimmig, wenn der Chronist mit Ostern als Jahresanfang rechnete.

[90] MUNDING, Kalendarien II, 46. Am Sonntag Judica wird beim Introitus Ps 42,1-2 ("Schaff Recht mir Gott, und führe meine Sache gegen ein unheiliges Volk; von frevelhaften, falschen Menschen rette mich ...") gesungen. Die Bitte um Gottes Beistand gegen irdische Feinde greifen das Graduale (Ps 142,9-10), der Tractus (Ps 128,1-4) und die Postcommunio wieder auf.

6.3.3.3. Zu den Krönungstagen Karls des Kahlen

Seit mehr als achtzig Jahren wird aufgrund der Forschungen LEVILLAINs davon ausgegangen, daß Karl der Kahle vor seiner Metzer Salbung von 869 zum König des Mittelreiches nur einmal gesalbt wurde und zwar am 6. Juni 848 in der Kreuzkirche von Orléans.[91] Während der Ort der Weihe aus der Anklageschrift gegen den Erzbischof Wenilo von Sens hervorgeht, kennen wir das Jahr der Weihe aus den Annalen von St. Bertin.[92] Der Krönungstag ist jedoch unsicher, da keine der genannten Quellen ihn überliefert. Die folgenden Ausführungen sollen zwei Salbungen Karls wahrscheinlich machen, die auf den 6. Juni 846 und den 27. Mai 848 datiert werden.

Ausgangspunkt der Überlegungen ist die Beobachtung, daß der 6. Juni 848 ein völlig normaler Mittwoch war, der auch mit keinem halbwegs bedeutenden Heiligen in Verbindung zu bringen ist.[93] Einerseits fällt dieser Tag aus dem bisher eruierten Krönungsusus heraus, andererseits bezeichnete Karl II. außer dem 6. Juni noch andere Tage als Salbungstage. Der/die Krönungstag(e) ist/sind allein einigen Diplomen König Karls zu entnehmen, in denen der Herrscher den Empfängern der Urkunden befahl, seine(n) Salbungstag(e) zu feiern. Hiernach haben wir neben dem 6. Juni auch mit dem 27. Mai als Salbungstag zu rechnen. Daneben wird noch der 8. Juli erwähnt.

Als ersten beauftragte Karl 854 den Bischof von Mâcon, Braiding, den Jahrestag seiner Königsweihe am 6. Juni zu feiern: "et in die inunctionis nostre per misericordiam Dei in regem que est VIII idus junii ... superius dicte sancte matris ecclesie fratribus refectionis prandia pro tempore et rerum possibilitate parare non negliant"[94]. Dem Bischof von Tours aber trug Karl 862 die Feier für den 27. Mai auf: "et VI kal. juniarum, id est tempore ac die quo, Domino annuente, in regni

---

[91] LEVILLAIN, Sacre 31-38; LOT/HALPHEN, Règne 193; BRÜHL, Krönungsbrauch 323.
[92] Zum Kriegszug s. GILLMOR, Warfare 102f. Die Anklage gegen Wenilo lautete (Libellus proclamationis c.3 [MGH Concilia 3, 465]): "Sed et post hec electione sua aliorumque episcoporum ac ceterorum fidelium regni nostri voluntate, consensu et acclamatione cum aliis archiepiscopis et episcopis Wenilo in diocesi sua apud Aurelianis civitatem in basilica sanctae crucis me secundum traditionem ecclesiasticam regem consecravit et in regni regimine chrismate sacro perunxit et diademate atque regi sceptro in regni solio sublimavit." Die Annales Bertiniani a.848, S.36: "Aquitani, desidia inertiaque Pippini coacti, Karolum petunt, atque in urbe Aurealianorum omnes pene nobiliores cum episcopis et abbatibus in regem eligunt, sacroque crismate delibutum et benedictione episcopali sollemniter consecrant." S.a. LOT/HALPHEN, Règne 192-196; DÜMMLER, Ostfränkisches Reich I, 337f.
[93] Usuardus, Martyrologium 242, verzeichnet einen hl. Diakon Philippus in Caesaria, 20 Märtyrer in Tharsus, in Rom den hl. Artemius mit Frau und Tochter und im Schweizer Nyon die Heiligen Amantus und Alexander. Ado, Martyrologium 186, kennt die beiden letzten nicht, wohl aber einen Bischof Asclepias in Antiochien.
[94] DK II 162 (I, S.429). Das Original ist verlorengegangen, wir besitzen lediglich zwei Abschriften des 17. bzw. 18. Jahrhunderts, die die Urkunde aus dem verlorenen Livre enchaîne aus dem 16. Jahrhundert wiedergeben (ebd. 428).

fastigio consecrati et ordinati sumus".⁹⁵ Die Mönche von St. Denis sollten Karls Krönungstag am 8. Juli feiern: "et octavo idus julii, quando Sanctus sanctorum ungi in regem sua dignatione disposuit".⁹⁶ Damit der Verwirrung nicht genug, sollte dasselbe Kloster einem anderen Diplom zufolge, das am selben Tag wie das vorgenannte ausgestellt wurde, den Krönungstag am 6. Juni mit einer Refectio ehren: "et octavo idus junias, quando Sanctus sanctorum nos ungi in regem sua dignatione disposuit". Da dieses Diplom im Original vorliegt und der betreffende Abschnitt ansonsten mit den Bestimmungen des ersten Diploms identisch ist, wird man sicher davon ausgehen können, daß die beiden Urkunden für St. Denis den 6. Juni bezeichnen wollen.⁹⁷

Der 6. Juni wird in der Tat ein Krönungstag gewesen sein, während sich die Angabe des 8. Juli aus einer Verschreibung erklären läßt. Was aber ist mit dem 27. Mai? Eine Verschreibung von "VIII idus junii" zu "VIII idus iulii" ist leicht möglich, aber eine solche von "VIII idus" zu "VI kal." dürfte ausgesprochen selten vorkommen.⁹⁸ Wenn LEVILLAIN einen so schweren Irrtum annimmt, setzt er voraus, daß nur eine Königssalbung an Karl vorgenommen wurde. Zu dieser Auffassung kommt LEVILLAIN, weil er die Salbung von 848 auf eine Übernahme der Herrschaft im gesamten westfränkischen Reich bezieht und nicht allein auf das Partikularreich Aquitanien. Eine Annahme, die heute nicht mehr geteilt wird.

LEVILLAINs Hauptbegründung ist die, daß die Salbungsstadt Orléans in der Francia liegt und nicht in Aquitanien selbst.⁹⁹ Doch ist auch eine andere Erklärung möglich. Die Stadt liegt an der Grenze von Aquitanien und die Zeremonie fand noch vor der Eroberung Aquitaniens statt. Die Salbung besiegelte also nicht einen faktischen Zustand, sondern hatte programmatischen Charakter; deshalb fand sie in der Francia und nicht in Aquitanien selbst statt. Auch die Annahme einer einmaligen Salbung läßt sich bezweifeln, da wir gesehen haben, daß sich andere Karolinger durchaus keine Beschränkung hinsichtlich der Anzahl ihrer Salbungen auferlegten. Sogar Karl selbst ließ sich nicht nur in Orléans salben, sondern auch in Metz 869 und in Rom 875. Wenn es aber wirklich nur eine Königssalbung Karls gab, die

---

⁹⁵ DK II 239 (II, S.40). Mindestens zwei der neun wichtigeren Abschriften gehen auf das Original zurück (ebd. 33).
⁹⁶ DK II 246 (II, S.55). Das Diplom ist in einem Chartular des 13. Jahrhunderts überliefert (ebd. 54).
⁹⁷ DKII 247 (II, S.64 bzw. 59). Wenn der Schreiber des D.246 den betreffenden Abschnitt aus dem D.247 übernahm, erklärt dies nicht nur den Flüchtigkeitsfehler in der Datierung, sondern aus das in D.246 ausgefallene "nos".
⁹⁸ Es begegnet zuweilen der Denkfehler, die Kalenden dem laufenden statt dem nächsten Monat zuzuordnen, aber in unserem Fall müßten erstens die Iden mit den Kalenden und zweitens "VIII" mit "VI" verwechselt worden sein. Beides kann schon mal vorkommen, aber beide Irrtümer in einem Datum anzunehmen, ist gewagt (BRESSLAU, Handbuch II, 441-444). Gegen die Annahme eines Kopistenfehlers (LEVILLAIN, Sacre 37f) spricht auch die Angabe von BALUZE, er habe für seine Abschrift das (inzwischen verlorene) Original eingesehen, das eine Dorsualnotiz des 13. Jahrhunderts getragen habe (DKII 239 [II, S.33]). Diese Aussage wird vom Herausgeber der Diplome Karls des Kahlen aus "certains indices" bezweifelt.
⁹⁹ LEVILLAIN, Sacre 40.

die Rechtmäßigkeit des westfränkischen Königtums Karls ausmachte, wäre es dann für Karl nicht sinnvoller gewesen, sie in der schwierigen Bürgerkriegsphase von 840-843 vorzunehmen? Alle diese Überlegungen führen zu der Annahme, daß wir es 848 mit einer Salbung zu tun haben, die Karl gegenüber den Ansprüchen Pippins II. als rechtmäßigen König von Aquitanien ausweisen sollte.[100]

Wir gehen davon aus, daß es mindestens zwei verschiedene Königssalbungen Karls gab, eine an einem 6. Juni, eine weitere am 27. Mai. Daß die Salbung vom 6. Juni schlecht zum Jahr 848 paßt, haben wir schon festgestellt. Der 27. Mai fällt im Jahr 848 dagegen auf den zweiten Sonntag nach Pfingsten, einen Tag, der des öfteren für Staatsakte verwandt wurde. Der Mai-Termin kommt für die auf Karls aquitanische Herrschaftsansprüche bezogene Weihe eher in Frage als der 6. Juni. Dazu paßt, daß der Mai-Termin in einer Königsurkunde für Tours angegeben wird, dessen hl. Martin als Schutzpatron Aquitaniens galt.[101] Auch in die politische Landschaft des Ausstellungsjahres 862 fügt es sich nahtlos ein, daß Karl dem an der Grenze zu Aquitanien gelegenen Reichskloster des heiligen Martin die Anniversarfeier seiner Königsweihe aufgab. Daß im Staatsakt vom 27. Mai 848 Karl erstmals von einem beträchtlichen Teil der aquitanischen Aristokratie als

---

[100] BRÜHL, Palatium 44 und SCHRAMM, König von Frankreich I, 16-21, II, 13-15, lehnen gleichfalls einen gesamtfränkischen Bezug der Krönung ab und nehmen eine Krönung Karls zum König von Aquitanien an.
Denkbar ist der Einwand, es könne sich bei der Salbung von 848 nicht um ein Partikularkönigtum gehandelt haben, da König Karl sich gegenüber Wenilo auf diese Weihe beruft. Erzbischof Wenilo von Sens hatte beim Einfall Ludwigs des Deutschen 858 dessen Partei ergriffen und ihm Rat und Beistand geleistet (DÜMMLER, Ostfränkisches Reich I, 433f). Betrachten wir die Argumentationsstruktur Karls gegenüber Wenilo, wird klar, daß dieser Einwand nicht stichhaltig ist. Karl führt aus:
1. Nach der Reichsteilung von 838 ließ Karl seinen Hofkaplan Wenilo, der ihm den Gefolgschaftseid geleistet hatte, zum Erzbischof des Bistums Sens, das zu Karls Reichsteil gehörte, ordinieren; 2. Später gestanden die Brüder ihm, Karl, und seinen Getreuen durch wechselseitige Eide, die von den ersten eines jeden Reiches aufgestellt worden waren, seinen Reichsteil zu. Wie auch andere Bischöfe schwor Wenilo mit eigener Hand Karl und seinen Brüdern, daß Frieden und gegenseitige Hilfe zwischen Karl und seinem Bruder Ludwig herrschen sollte. Wenilo bekräftigte dies mit einem Eid; 3. Wenilo beteiligte sich aktiv an der Königssalbung Karls in Orléans; 4. Wenilo unterschrieb in Bayel ein Hilfeversprechen gegen "seditiones in regno per homines inreverentes"; 5. Wenilo ging ohne Erlaubnis Karls zum "colloquium" Ludwigs des Deutschen (Libellus proclamationis c.1-5 [MGH Concilia 3, 464-466]).
Karl führte in seiner Anklageschrift durchaus nicht alle Staatsakte an, die die Rechtmäßigkeit seines Königtums belegen, sondern nur diejenigen Akte, aus denen eine persönliche Treuepflicht Wenilos unzweideutig hervorging. Andere Staatsakte spielen in der Argumentation Karls bestenfalls eine Nebenrolle. Es ist also sehr wohl denkbar, daß es weitere Königssalbungen gab, an denen Wenilo nur nicht beteiligt war. Da aus solchen Handlungen keine Treuepflicht Wenilos gegenüber Karl resultierte, war es im Sinne der Anklage sinnlos, sie aufzuführen.
[101] In den Königslaudes des 8. Jahrhunderts aus Soissons wird für "Pipino rege Longobardorum" Mauritius, dessen Kloster an der italienischen Grenze lag, angerufen und für "Chlodovio rege Aequitaniorum" Martin, dessen Kloster an der aquitanischen Grenze lag (OPFERMANN, Herrscherakklamationen 101).

König von Aquitanien anerkannt worden war, wurde 862 nämlich staatsrechtlich von erheblicher Bedeutung, da sich im Frühjahr 862 Karls gleichnamiger Sohn, König von Aquitanien und zugleich Abt von St. Martin zu Tours, gegen den Willen seines Vater verheiratet hatte und den Versuch unternahm, eine unabhängige Herrschaft aufzubauen. Dafür hatte ihm sein Vater die Martinsabtei entzogen.[102] Mit dem Auftrag, seinen Krönungstag zu feiern, dokumentierte Karl der Kahle seinen Anspruch auf Herrschaft und Gehorsam in Tours und in ganz Aquitanien.[103]

Die Königssalbung vom 6. Juni wird hier in das Jahr 846 datiert, wiewohl uns die historiographischen Quellen für dieses Jahr keine Salbung Karls überliefern. Grund der Salbung kann der Versuch Karls gewesen sein, die Bretagne in seinen Herrschaftsbereich einzugliedern. Daß Karl dieser Versuch mißlang, mag den westfränkischen Hofschreiber dazu veranlaßt haben, den ganzen Vorgang zu verschweigen.

Da es sich bei dem Junitag nicht um ein Heiligenfest handelt, kann sich die Eignung des Tages für eine Salbung allein aus einer Feier des Kirchenjahres ableiten. Da Ostern und Christi Himmelfahrt ausscheiden, bleiben als wichtige Feste in dieser Zeit eigentlich nur Pfingsten oder einer der nächsten Sonntage übrig. Der erste Beleg für die Jahrfeier einer Königssalbung für den 6. Juni stammt aus dem Mai 853. Die Handlung muß also zwischen 841 und 852 erfolgt sein, wahrscheinlich noch vor der Weihe zum König von Aquitanien 848. Gehen wir die Jahre im einzelnen durch, fallen die Jahre 841 und 846 ins Auge, in denen der 6. Juni auf den Montag nach Pfingsten bzw. das Fest selbst fiel.[104] Das Jahr 841 kann ausscheiden, da wir über die Vorgänge von 841 gut unterrichtet sind und kein Grund zu sehen ist, warum Karls Chronist Nithard eine Krönung hätte verschweigen sollen.[105] Bekanntlich findet sich zum Jahr 846 keine Überlieferung einer Salbung Karls. Hierfür bieten sich zwei Gründe an. Einer könnte in dem damaligen Interessenkonflikt von König und Episkopat gefunden werden, der andere im militärischen Mißerfolg Karls, der auf die Weihe folgte.

1) Die Annales Bertiniani berichten lediglich von einer gegen die Sitte nach Epernay einberufenen Reichsversammlung, auf der die Ermahnungen der Bischöfe mit Geringschätzigkeit behandelt wurden.[106] Die Verärgerung des

---

[102] Annales Bertiniani a.862, S.58f; DÜMMLER, Ostfränkisches Reich II, 38-42.
[103] Als Beleg für einen Zusammenhang von aquitanischer Herrschaft, Martinskloster und der Weihe vom 27. Mai kann auch auf DK II 131 vom 27. Mai 850 aus Verberie für das zu St. Martin gehörige Kloster Cormery hingewiesen werden.
[104] 841: Montag nach Pfingsten, 842 und 853: Dienstag nach dem 2. Sonntag nach Pfingsten, 843: Mittwoch vor Pfingsten, 844: Freitag nach Pfingsten, 845: Samstag der dritten Woche nach Pfingsten, 846: Pfingsten, 847 und 852: Montag nach Pfingstoktav, 848: Mittwoch der vierten Woche nach Pfingsten, 850: Freitag der zweiten Woche nach Pfingsten, 851: Samstag der dritten Woche nach Pfingsten.
[105] DÜMMLER, Ostfränkisches Reich I, 149-152, BM^2 1083f-1084d, LOT/HALPHEN, Règne 26-28. Aus demselben Grund wird auch keine Salbung vor dem Jahr 840 erwogen. Immerhin sei erwähnt, daß 835 das Pfingstfest auf den 6. Juni fiel.
[106] Annales Bertiniani a.846, S.33f: "Karolus apud Sancti Remigii Sparnacum nomine contra morem conventum populi sui generalem mense Iunio habuit; in quo episcoporum regni sui

Chronisten, des Bischofs Prudentius von Troyes, ist verständlich, denn die auf den Synoden von Meaux und Paris erarbeiteten Reformvorschläge wurden fast sämtlich abgelehnt, ja einige Bischöfe wurden von der Reichsversammlung sogar ausgeschlossen. "C'était pour les evêques une véritable défaite."[107] Die gespannte Lage zwischen König Karl und dem Episkopat kann das Verschweigen einer feierlichen Handlung durch den bischöflichen Verfasser der Annalen erklären.[108]
Der innenpolitische Effekt einer solchen Zeremonie in der politischen Situation von 846 ist klar: so wie Karl aus seiner Salbung 848 durch Wenilo eine Treuepflicht des salbenden Bischofs ableitete, konnte Karl auch 846 die Beteiligten in der zu erwartenden Auseinandersetzung mit dem Episkopat verpflichten, seine Partei zu ergreifen, zumindest aber nicht die Fronten zu wechseln. Wenden wir uns, wie für die Salbung von 848, dem Personenkreis zu, dem die Feier des Salbungstages aufgetragen wurde, kann diese Interpretation eine Bestätigung in der Person des Bischofs von Mâcon finden. Vorausgesetzt, aus der Auflage, die Kanoniker des Bistums Mâcon sollten den Jahrestag der Königssalbung Karls am 6. Juni feiern, kann auf die Teilnahme des Bischofs Braiding an einer Salbung Karls zurückgeschlossen werden, muß - entsprechend der Salbungsbeziehung zwischen Wenilo und Karl - aus einer solchen Salbung eine besondere Treueverpflichtung von Bischof Braiding gegenüber Karl erwachsen sein; und eine möglichst feste Königsbindung muß in den Augen Karls für den Bischof der Diözese von Mâcon unbedingt nötig gewesen sein. Denn seit 843 gehörte das Bistum zwar zum Reich Karls, der Metropolitansitz aber war Lyon, das zum Lotharreich gehörte.[109] Das Bistum Mâcon war damit über das Erzbistum Lyon dem ständigen Einfluß des Kaiserreichs ausgesetzt. Als Karl 854 die Kirche durch die Auflage, seinen Herrschaftstag zu feiern, nachdrücklich daran erinnerte, wer ihr Herr sei, wird der Druck von seiten des Mittelreiches größer als gewöhnlich gewesen sein, und er stieg im nächsten Jahr noch weiter. Im Januar 855 traten in Valence 14 Bischöfe der Kirchenprovinzen Lyon, Vienne und Arles auf Einladung Lothars I. zusammen. Noch im selben Jahr fand eine zweite Synode der Kir-

---

pernecessaria admonitio de causis ecclesiasticis ita floccipensa est, ut vix umquam reverentia pontificalis, christianorum dumtaxat temporibus, sic posthabita legatur."
Das Neue an der Reichsversammlung dürfte nicht die Zeit, sondern der Ort, an dem sie stattfand, gewesen sein, ein Ort, der angeblich zum Bischofsgut von Reims gehörte. Da es bei den hier behandelten Reformvorschlägen im wesentlichen um die Rückerstattung von entfremdetem Kirchengut ging, ist die Wahl eines Ortes sicher schon Programm, denn Reichsversammlungen berief der König auf Königsgut ein, er wird also ebenfalls Anspruch auf den Ort erhoben haben. Und wie er sich zu den Forderungen der Bischöfe stellte, machte bereits die Wahl des Tagungsortes deutlich genug.
[107] LOT/HALPHEN, Règne 165; s.a. DÜMMLER, Ostfränkisches Reich I, 291-295; MGH Concilia 3, 61-63.
[108] Da auch Wenilo von Sens führend an der Ausarbeitung der Reformvorschläge beteiligt war, kann die Veranschlagung des Jahres 846 für eine zweite Salbung auch erklären, warum diese Krönung gegenüber Wenilo nicht ins Feld geführt wurde: Wenilo hat an der Handlung aller Wahrscheinlichkeit nach gar nicht teilgenommen, ob aus Protest oder weil er von der Reichsversammlung ausgeschlossen wurde, ist hier zweitrangig.
[109] DÜMMLER, Ostfränkisches Reich I, 210.

chenprovinzen Lyon und Vienne statt, die die Artikel von Valence im wesentlichen wiederholte. Das entscheidend Neue war der Tagungsort: Mâcon. Zwar tagte die Synode nicht im Stadtgebiet selbst, wohl aber im Laurentius-Kloster auf der anderen Seite der Sâone. Nominell fand die Tagung also im Mittelreich statt, die Avancen an den Bischof von Mâcon aber sind überdeutlich. Bischof Braiding scheint standhaft geblieben zu sein, denn seine Unterschrift findet sich in den Synodalakten nicht.[110]

2) Zu klären ist noch die Frage, auf welches Teilreich sich die Salbung Karls bezog. Karl zog von Epernay zum Krieg gegen die Bretagne, wo einige Adlige vom bretonischen Herrscher Nominoe abgefallen waren und König Karl zur Übernahme der Herrschaft eingeladen hatten. Trotz der spärlichen Nachrichten hat die Situation von 846 also gewisse Ähnlichkeiten mit der von 848. Die Annahme einer Salbung setzt allerdings voraus, daß König Karl der Bretagne einen Aquitanien vergleichbaren Status eines Unterkönigtums zubilligte. Dies scheint der Fall gewesen zu sein,[111] so daß mit einer Salbung Karls zum Bretonenkönig zu rechnen ist. Der völlige Mißerfolg des 846 gegen die Bretagne gestarteten Unternehmens kann das Verschweigen der Salbung von 846 mindestens ebensogut erklären wie das gespannte Verhältnis zwischen Teilen des Episkopats und König Karl.[112]

Weitaus weniger Probleme macht die Datierung der Metzer Salbung von 869. Mit dem Tode Lothars II. am 8. August 869 war das Mittelreich verwaist. Karl der Kahle nutzte seine Chance und marschierte auf Einladung einiger weltlicher und geistlicher Würdenträger im Mittelreich ein. Folgen wir dem Bericht Hinkmars, betrat er, nachdem ihm in Verdun bereits die Bischöfe Hatto von Verdun und Bischof Arnald von Toul gehuldigt hatten, am Montag, dem 5. September, die Stadt Metz. Hier kommendierten sich ihm vor der Zeremonie vom 9. September Bischof Franco und eine Reihe Adliger. Ein liturgischer Akt erfolgte aber erst ein

---

[110] MGH Concilia 3, 347-365, 373-378.

[111] Annales Bertiniani a.846, S.69; GILLMOR, Warfare 98, 324. Wiewohl die fränkischen Quellen dem ehemaligen Königsboten Ludwigs des Frommen keinen Königstitel zugestehen, ist ein Königtum Nominoes anzunehmen, da sich seine Vorgänger Morman und Wihomar wie auch seine Nachfolger Erispoe und Salomon den Königstitel zulegten (BYRNE, Keltische Völker 487-490). Eine Ranggleichheit zwischen dem bretonischen Herrscher Nominoe und dem westfränkischen König Karl drückt sich im "princeps" Titel Nominoes aus, der eigentlich für die Karolinger reserviert war (BRUNNER, Fürstentitel 267). Zudem usurpierte Nominoe den Princeps-Titel das Bildnisrecht und gestaltet seinen Adventus im Kloster Redon königsgleich (GARMS-CORNIDES, Langobardische Fürstentitel 360f). Ebenso wird man für Nominoe eine Königssalbung annehmen dürfen (Chronicon Namnetense c.11, S.31-39), die LEVILLAIN, Sacre 43, in das Jahr 848 datiert. Da Karl selbst Nominoes Sohn Erispoe noch im Todesjahr Nominoes als König investierte, kann er keine grundsätzlichen Bedenken gegen ein bretonisches Königtum gehabt haben (Annales Bertiniani a.851, S.38 und 41). Im Gegenteil wird man es als Zugeständnis einer Vollherrschaft betrachten müssen, wenn Prinz Ludwig, der Sohn König Karls, mit dem Einverständnis seines Vaters die Herrschaft über Neustrien aus der Hand von König Erispoe erhielt (BRUNNER, Fürstentitel 267).

[112] GILLMOR, Warfare 100f.

paar Tage später, nämlich am Freitag, dem 9. September.[113] Zweierlei ist auffallend: erstens macht Hinkmar keine Angaben darüber, was in der Zwischenzeit geschah und zweitens fällt der Tag der Krönung aus dem Rahmen. Erwarten würden wir die Krönung am Fest der Geburt Mariens und nicht am Tag danach. Zwar kann man auch dem 9. September das Metzer Lokalfest des heiligen Gorgonius zuordnen, aber dann wäre auch zu erwarten, daß die Krönung in dessen Kloster Gorze und nicht in der Bischofskirche vorgenommen wurde. Da der hl. Gorgonius nicht zu den Reichsheiligen aufstieg, ist sein Fest sicher weit unter dem Rang des Marienfestes zu veranschlagen. Daher sollte erwogen werden, ob sich Hinkmar nicht einfach um einen Tag vertan hat, zumal er auch sonst nicht völlig exakt berichtet.[114] Gegen diese Vermutung spricht allerdings eine andere Beobachtung. Für den Marientag als lediglich angepeilten Krönungstag läßt sich nämlich die Rede Hinkmars anläßlich der Krönung ins Feld führen. Diese wird wegen ihres durchkomponierten Beziehungsreichtums als "Meisterwerk" gepriesen.[115] So greift Hinkmar etwa das Patrozinium der Metzer Bischofskirche auf, um eine Verbindung zur Krönung herzustellen: Stephanus erinnere an 'gekrönt'.[116] In seiner Argumentation, die u.a. dazu diente, eine Verbindung zwischen Reims und Metz herzustellen, um so die von Hinkmar als Reimser Bischof in Metz, das nicht zu den Suffraganbistümern von Reims zählte, vorgenommene Krönung zu legitimieren, erwähnt er auch, daß Ludwig der Fromme in Reims am Altar der Gottesmutter Maria geweiht wurde: "Der fromme Kaiser Ludwig wurde von dem römischen Papst Stephanus vor dem Altar der heiligen Gottesmutter und ewigen Jungfrau Maria in Reims gekrönt".[117] In Hinkmars geistvoller Komposition, in der sogar der Name des Papstes noch dazu dient, eine Verbindung zwischen Reims und dem Geschehen in der Metzer Stephanus-Kirche herzustellen, ist die Erwähnung des Reimser Marienaltars für eine Verbindung zwischen früheren und

---

[113] Annales Bertiniani a.869, S.101: "Veniens ergo usque Viridunum, plurimos de eodem regno, sed et Hattonem ipsius civitatis episcopum et Arnulfum Tullensis urbis episcopum, sibi se commendantes suscepit. Indeque Mettis Nonas Septembris veniens, Adventium ipsius civitatis praesulem et Franco Tungrensem episcopum cum multis aliis in sua commendacione suscepit. Sicque 5.Idus ipsius mensis ab episcopis qui adfuerunt, cohibentibus omnibus, in basilica beati Stephani haec sequuntur denuntiata et gesta fuere hoc modo: ...".
[114] Annales Bertiniani a.869, S.105: "Et post haec [Akklamation der Adligen] ab episcopis cum benedictione sacerdotali est idem rex coronatus. Indeque Florikingas veniens, quae ordinanda sibi visa sunt ordinavit". Die Angabe, Karl habe sich von Metz nach Flörchingen bei Thionville begeben, ist nicht völlig exakt, da Karl zunächst in feierlicher Prozession von der Bischofskirche nach St. Arnulf gezogen sein muß, wo er seine erste Schenkung als Nachfolger Lothars ausstellte (DKII 329 vom 9.9.869 zu St. Arnulf). Das mag nur eine kleine Unexaktheit sein, doch finden sich fehlerhafte Datierungen bei Hinkmar des öfteren (s. Einleitung).
[115] SCHLESINGER, Erhebung Karls des Kahlen 312f. Eine Analyse bei STAUBACH, Herrscherbild 268-270.
[116] Annales Bertiniani a.869, S.105: "et in hac domo ante hoc altare protomartyris Stephani, cuius nomen interpretatum resonat 'coronatus' ...".
[117] Annales Bertiniani a.869, S.104f: "Quia sanctae memoriae pater suus Hludowicus Pius imperator augustus ... et a Stephano papa Romano ante sanctae Dei genetricis et semper virginis Mariae altare Remi in imperatorem est coronatus ...".

aktuellen Ereignissen seltsam funktionslos, womit die schmückenden Ehrentitel Mariens kontrastieren. Da Hinkmar seine Rede anhand eines Konzepts hielt,[118] ist es gut denkbar, daß Hinkmar in seinem ursprünglichen Entwurf einen Konnex herstellen konnte: damals Marienaltar - heute Marienfest. Durch eine unvorhergesehene Verzögerung kann er gezwungen gewesen sein, die Verknüpfung aufzulösen.

Insgesamt macht der Krönungstag eher den Eindruck eines Ausweichtermins, der gewählt wurde, weil nicht alle anstehenden Probleme rechtzeitig ausgeräumt werden konnten. Probleme gab es sicher für die beteiligten lothringischen Bischöfe, da mit nur vier von neun Bischöfen und Erzbischöfen lediglich eine Minderheit des Episkopats sich an die Seite des westfränkischen Königs stellte.[119] So ist die Argumentation Hinkmars, daß Karl von den anwesenden Bischöfen geweiht worden sei, auffällig, da sie nichtssagend ist. Schließlich konnten Bischöfe, die nicht anwesend waren, auch nicht weihen. Vermutlich wollte Hinkmar sich mit dieser Argumentationsfigur gegen den Vorwurf wehren, daß die Krönung ungültig sei, da nicht alle Bischöfe des Mittelreiches Karl weihten. Auch bei Teilen des Adels gab es Widerstände, weshalb sich Karl genötigt sah, weitere Termine für Kommendationen zu verkünden.[120] Daß diejenigen Adligen, die gekommen waren, gewisse Garantien von Karl verlangten, läßt seine Rede an sie vermuten.[121] Es ist also gut möglich, daß die Verhandlung der anstehenden Probleme den vorgesehenen Zeitrahmen sprengte.

Unabhängig davon, ob der 8. oder der 9. September 869 der Krönungstag Karls war, ist es wichtig festzuhalten, daß der König etwas mehr als dreißig Tage zwischen dem Tode Lothars und seinem Herrschaftsantritt verstreichen ließ. Die Frist erklärt sich nicht damit, daß nach dem Eintreffen der Nachricht vom Tode Lothars noch eine Reihe von Vorbereitungen zum Einmarsch ins Mittelreich getroffen werden mußten, denn einen Einfall ins Reich seines abwesenden Neffen hatte Karl unabhängig von dessen Tod geplant.[122] Der Grund für die Einhaltung einer 30-Tage-Frist ist wie im Falle Ludwigs des Frommen in der rechtlichen Bedeutung dieser Frist zu suchen. An einem rechtlich einwandfreien Vorgehen, das ihn als pietätvollen Erben und nicht als Usurpator auswies, mußte Karl gelegen sein, da er seine "durch eine planmäßige Propaganda der moralischen Überlegenheit auf-

---

[118] SCHLESINGER, Erhebung Karls des Kahlen 312.
[119] SCHLESINGER, Erhebung Karls des Kahlen 300f.
[120] Annales Bertiniani a.869, S.107: "et ipse Aquis palatium ... festinare acceleravit, quatenus ibi residuos illius partis homines qui Hlotharii fuerant, sicut ei mandaverant, in sua dicione susciperet, denuntians, se abinde palatium quod Gundulfi-villa dicitur missa sancti Martini venturum, ut de Provincia et de superioribus partibus Burgundiae ad se venturos suscipiat. Veniens autem Aquis, nullum optinuit quem ante non habuit, et inde, ut denuntiaverat, ad Gundulfi-villam pervenit."
SCHLESINGER, Erhebung Karls des Kahlen 301f, nimmt an, daß Karl auch in Gondreville keinen neuen Zulauf bekam. Erst im Elsaß sollen sich zwei weitere Adlige zu Karl bekannt haben.
[121] Annales Bertiniani a.869, S.103.
[122] SCHLESINGER, Erhebung Karls des Kahlen 299; STAUBACH, Herrscherbild 250.

gebaute 'Kandidatur' für die Herrschaftsübernahme im Mittelreich gegen die juristisch-legitimistischen Ansprüche zweier Mitbewerber durchzusetzen" hatte.[123]

6.3.3.4. Boso

Die Weihe Bosos erfolgte einige Zeit nach seiner Wahl auf der Synode von Montaille Ende Oktober 879 in Lyon durch Erzbischof Aurelian.[124] Da der burgundische Krönungsordo nur Sonntage als Krönungstage zuläßt, kann Boso eigentlich nur am Fest der Reichsheiligen Crispinus und Crispinianus (25.10.) gesalbt worden sein.[125]

6.3.3.5. Herrschaftsantritte Karls des Dicken

Aus zwei Diplomen aus dem Jahre 879 geht hervor, daß das alemannische Regierungsjahr Karls III. zwischen dem 15. und 23. November erhöht, womit ein Krönungstermin zwischen dem 15. und 22. November 876 in Frage kommt.[126] Damit entspricht dieser Zeitraum ziemlich genau dem Königstreffen im Ries 876, bei dem die drei Söhne Ludwigs des Deutschen eine Reichsteilung vornehmen.[127] In der Königsurkunde vom 23. November wird zudem noch die Zählung der italienischen Jahre in die Datierungszeile aufgenommen, die das voraufgegangene Diplom vom 15. November 879 noch nicht kannte. Demnach können 876 (für Alemannien) und 879 (für Italien) Krönungsfeierlichkeiten jeweils zwischen dem 15. und 22. November stattgefunden haben. Bereits MÜHLBACHER war in seiner Studie zu den Urkunden Karls des Dicken zu dem Ergebnis gekommen, daß sich die Epochentage für das alemannische und italienische Königtum Karls

---

[123] STAUBACH, Herrscherbild 251. Mit den beiden Konkurrenten sind Kaiser Ludwig II., der Bruder des Verstorbenen, und Ludwig der Deutsche, der Senior des Karolingerhauses, gemeint. Nicht vergessen werden sollte allerdings, daß auch Lothars illegitimer Sohn Hugo Ansprüche gestellt haben wird.
Die Absicht, sich als Erben darzustellen, wird auch bei der Teilung des Lothar-Reiches zwischen Ludwig und Karl die Regie geführt haben, erfolgte die Teilung doch zur Wiederkehr des Todestages Lothars II.
[124] BRÜHL, Fränkischer Krönungsbrauch 301f. Die Synode von Montaille endete am 15. Oktober 879. Angesichts der problematischen Aufgabenstellung der Synode - immerhin sollte erstmals ein Nichtkarolinger gewählt werden -, ist zu überlegen, ob nicht mit mehrtägigen Verhandlungen gerechnet werden muß; dann kann das Konzil zum Dionysiusfest (9.10.) zusammengetreten sein. Zur Synode: BOEHM, Königserhebungen 341-353.
[125] BOEHM, Königserhebungen 353-361, nennt den 18. und 25. Oktober, den 1. und 8. November als mögliche Weihetage (ebd. 357). Die beiden Heiligen tauchen in den Königslaudes immer wieder auf (OPFERMANN, Herrscherakklamationen 102f, 106f, 109f).
[126] DD.12-13.
[127] Die Versammlung fand im November, aber nach dem Martinsfest (11.11.) statt; s. BM² 1520a; 1548 (a).

deckten.[128] Denkbar ist allerdings auch, daß anläßlich der Einführung des italienischen Herrschaftsjahres einfachheitshalber das alemannische Königsjahr gleich mit aufgezählt wurde. Bezeichnenderweise mißtraute auch KEHR der Regelmäßigkeit der Kanzleiarbeit, weshalb er "zöger(t)e", eine Novemberepoche für Karls alemannische Herrschaft anzunehmen, zumal Karls Brüder Karlmann und Ludwig ihre Regierung vom Todestag ihres Vaters im August 876 an berechneten.[129] Hingegen akzeptierte auch KEHR einen Herrschaftsbeginn Karls in Italien zwischen dem 15. und 22. November (879).[130] In den Jahren 876 und 879 fällt der Sonntag auf den 18. bzw. den 15. November, der jeweils als erster Sonntag nach dem Martinsfest verstanden werden kann. In die Zeitspanne fällt aber auch das Festgedenken für Otmar, den hl. Abt von St. Gallen, am 16. November, für das sich gewichtige Gründe anführen lassen.

Die bereits mehrfach angesprochene Schenkung vom 23. November erfolgte "ad servitium beatissimi confessoris Christi Otmari". Die Adresse verdient nicht nur Aufmerksamkeit, weil der Ausstellungstag als Oktavgedenken für den Empfänger interpretiert werden kann.[131] Mindestens ebenso bedeutsam ist die Tatsache, daß der König mit seiner Empfängerbezeichnung einen Patrozinienwechsel vornahm, galt ihm das Kloster doch früher wie später stets als das des hl. Gallus.[132] Eine Ausnahme ist hier jedoch zu konstatieren. Als der Kaiser dasselbe Kloster 883 in Pavia bedachte, erinnerte er sich wieder des hl. Otmars als Patron von St. Gallen.[133] Es korrelieren also Italienaufenthalt und Otmarpatrozinium, was durch die Annahme erklärlich wird, Karl habe in Otmar einen Garanten seiner Italienherrschaft erblickt. Das Italienpatronat Otmars ist am leichtesten durch einen Herrschaftsantritt Karls am Otmarsfest zu erklären. Nicht bekannt ist, auf welchen Akt sich die italienische Novemberepoche Karls gründet, denkbar sind die Abtretung von Herrschaftsrechten seitens Karlmanns oder Huldigungen durch italienische Potentaten.[134] Eine Weihehandlung fand jedenfalls erst zu Epiphanie 877 statt.

---

[128] "Der [italienische] Epochentag deckt sich mit jenem des Regierungsantrittes in Alemannien; er fällt nach dem 15. November ... und vor den, möglicherweise auf den 23. November, an dem sie zuerst genannt werden" (MÜHLBACHER, ENGELBERT: Die Urkunden Karls III., in: Sitzungsberichte der Wiener Akademie der Wissenschaften, phil.-hist. Kl. 92 [1878], Wien 1879, 331-503, bes. 371-377, Zitat S.374).
[129] KEHR, Urkunden Karls III., Band 2, S.XXXIX.
[130] KEHR, Urkunden Karls III., Band 2, S.XXXIX-XL.
[131] DKIII 13; MUNDING, Kalendarien II, 134 und 136 ("octava Otmari" am 23. November).
[132] DKIII 5 vom 18.8.877, DKIII 11 vom 17.7.878; DDKIII 67-68 vom 13/14.2.883 aus Mindersdorf, DKIII 98 vom 15.4.884/885 aus Bodman, DKIII 136 vom 9.6.886 aus Sasbach und DKIII 159 vom 30.5.887 aus Kirchen.
[133] DKIII 91 vom 5.10.883 aus Pavia: "monasterium sancti Galli atque Otmari".
[134] KEHR, Urkunden Karls III., Band 2, S.XXXIX-XL.

Andere Datierungen in den Diplomen Karls III. ergeben, daß er seine Herrschaft über das Westreich zwischen dem 15. Januar und 20. Mai 885 antrat.[135] Da Karl sich Mitte April noch in Italien aufhielt,[136] verengt sich der Zeitraum für den Herrschaftsantritt Karls beträchtlich. Die ersten Diplome für westfränkische Empfänger wurden am Himmelfahrtsfest 885 in Granges ausgestellt.[137] Ich möchte vermuten, daß damit gleichzeitig der gesuchte Termin gegeben ist, zumal Karl das Himmelfahrtsfest des öfteren für Staatsakte nutzte. Da in den Diplomen vom 20. Mai zwei Bischöfe als Fürbitter auftreten, ist zu erwägen, ob nicht eine bischöfliche Salbung die Grundlage für den Herrschaftsanspruch Karls über das Westreich abgab.[138]

6.3.3.6. Ludwig das Kind

Die Erhebung Ludwigs des Kindes zum König erfolgte dem Epochenwechsel in seinen Urkunden zufolge zwischen dem 28. Januar und dem 5. Februar 900 auf dem Reichstag zu Forchheim. Aller Wahrscheinlichkeit nach wurde er am 4. Februar gekrönt.[139] Wir werden also annehmen müssen, daß die Versammlung zum Fest Mariä Reinigung (2.2.) zusammentrat und die Krönung nach Abschluß der Beratungen erfolgte.[140]

---

[135] BM² 1696a. Damit scheidet ein Erbanspruch als Grundlage seiner Herrschaft über das westfränkische Reich aus, da Karl seine Regierungsjahre sonst nach dem Tode König Karlmanns (12.12.884) hätte zählen müssen. Auch die Huldigung der westfränkischen Großen war nicht die Legitimationsgrundlage seiner Herrschaft, da diese erst im Juni erfolgte.

[136] DKIII 115 vom 16.4.885 aus Pavia.

[137] DDKIII 116-118 vom 20. Mai 885 aus "Granias villa", das nicht so recht zu identifizieren ist; stark in Betracht kommen Granges-du-Vol bei Langres und Granges-de-la-Vallée im Department Côte-d'Or, vielleicht noch Granges-sur-Aube bei Epernay.

[138] Fürbitter waren die Bischöfe Anscherius (von Paris?) für den Getreuen Dodo (DKIII 116) und Geilo von Langres für St. Bénigne und St. Etienne in Dijon (DDKIII 117-118). Die Vermutung einer Salbung erhält weitere Nahrung durch die Beobachtung, daß in einer Reihe von Urkunden zugunsten des Bistums Langres die Feier eines "dies consecrationis" aufgegeben wurde (DDKIII 129, 147, 153). Dabei wurde mindestens einmal der Versuch gemacht, den Tag näher zu bestimmen, was aber nicht gelang (Lücke nach "quod est" im Original DKIII 147). Das spricht für einen Termin, dessen Bestimmung schwierig war. Damit scheidet die Salbung vom Epiphaniefest 880 eigentlich aus. Die nachträgliche Berechnung, auf welchen Tag im Jahre 885 das bewegliche Himmelfahrtsfest fiel, dürfte da wesentlich mehr Probleme bereitet haben. Wenn 885 tatsächlich eine Salbung vorgenommen wurde, dann kann der Ausstellungsort für DDKIII 116-118 nur Granges-du-Vol bei Langres sein, da für eine Salbung am ehesten die Bischofskirche von Langres geeignet war.

[139] BM² 1983d, DÜMMLER, Ostfränkisches Reich III, 495f, BRÜHL, Fränkischer Krönungsbrauch 296, 326, BEUMANN, Kaisergedanke 142f.

[140] Die Erhebung Ludwigs nach dem hohen Kirchenfest scheint die im umstrittenen Hatto-Brief erwähnten Beratungen über Alternativen zum siebenjährigen Arnulfsohn zu bestätigen. Die Thronfolge wäre damit durchaus nicht "ohne Schwierigkeiten" (WEBER, Reichsversammlungen 183) erfolgt. Für eine Rehabilitierung der vermeintlichen Fälschung setzt sich BEUMANN, Kaisergedanke, ein.

6.3.3.7. Konrad I.

Von der Praxis, die Königsherrschaft an einem Festtage beginnen zu lassen, kann auch der Ostfranke Konrad abgewichen sein. Sein erstes Diplom stammt vom 10. November 911 und liegt somit einen Tag vor dem zu erwartenden Martinsfest. Damit ist sichergestellt, daß Konrad seine Herrschaft faktisch vor dem 11. November innehatte. Dies muß nicht für die von Widukind erwähnte Salbung zutreffen,[141] die ja durchaus am Martinstag erfolgt sein kann, zumal unter seiner Regierung Synodentermine so gewählt wurden, daß ein hoher Festtag am Ende der Sitzungsperiode stand.[142]

6.4. DIE EINSETZUNG VON UNTERKÖNIGEN

6.4.1. Sicher datierbare Herrschaftsantritte

Zu Ostern 781 wurden von Papst Hadrian I. Karlmann-Pippin und Ludwig zu Königen von Italien bzw. Aquitanien gesalbt[143] und zu Weihnachten 800 Karls gleichnamiger Sohn von Papst Leo III.[144]
Den Notae Sangallensis zufolge nahm Karl der Große die Reichsteilung von 806, die auf dem Reichstag in Diedenhofen beschlossen wurde, am 6. Februar 806 vor.[145] Am 6. Februar wurde der Heiligen Amandus und Vedastus gedacht.[146] Da

---

[141] BM² 2070e. Die Epoche liegt nach dem 6. November. Da außer DKoI 1 vom 10.11.911 keine Urkunden Konrads zwischen dem 10.11. und dem 31.12. vorliegen, ist eine sichere Entscheidung natürlich nicht möglich. SCHLESINGER, Anfänge 334, verweist neben der "inneren Wahrscheinlichkeit" zur Annahme zweier Akte, eines weltlichen und eines geistlichen, eine Notiz Hermanns von Reichenau ins Feld ("rex electus et unctus"). Zur Alternative Konrad/Arnulf s. WOLF, Gegenkönigtum 383-385.
[142] Immerhin macht SCHALLER, Heiliger Tag 6, auf zwei Krönungen aufmerksam, die an "gewöhnlichen" Wochentagen stattfanden, weshalb er ihre Überprüfung empfiehlt. Heinrich VI. wurde am 27. Januar 1186 zum König von Italien und Rudolf I. am 24. Oktober 1273 gekrönt. Wie bei Konrad I. handelt es sich um Vigiltage: um die Vigil zum Gedenken für Karl den Großen und zum Fest der Reichsheiligen Crispin und Crispinian. Aus karolingischer Zeit sei auf die Festkrönung Ludwigs des Stammlers hingewiesen, die an einem Vigiltag zu einem Marienfest, das auf einen Montag fiel, von Papst Johannes VIII. vorgenommen wurde. Auch der 10. November 911 kann als Kombination von Vigil- und Sonntag aufgefaßt werden. Ob in karolingischer Zeit die Konstellation 'Sonntag plus Vigiltag' eine besonderes Ansehen genoß, ist nicht bekannt.
[143] BM² 235b.
[144] BRÜHL, Kronen- und Krönungsbrauch 28, und DERS., Fränkischer Krönungsbrauch 307-313.
[145] "Anno DCCCVI ab incarnatione Domini indictione XIIII. anno XXXVIII regnante Karolo imperatore VII. Idus Febr. die Veneris divisum est regnum illius inter filiis suis, quantum unusquis post illum habet" (MGH Scriptores 1, S.70). Zur Angabe der Annales Iuvanenses maiores, die Reichsteilung hätte am 12.2.806 stattgefunden, siehe Exkurs 2.

es sich bei der Angabe aber wohl um den Tag der Beschlußfassung bzw. der schriftlichen Abfassung des Beschlusses handelt, wird der Reichstag am Reinigungsfest Mariens begonnen haben.[147] Dennoch kann der Beschluß mit Bedacht auf jenen Tag gelegt worden sein, der an drei Heilige namens Amandus erinnerte. Wie ihre Namen die drei Heiligen als Liebende auswies, sollten die drei Brüder einander in Liebe verbunden sein.[148]
Im Sommer 814 hielt Ludwig der Fromme seinen ersten bedeutenden Reichstag ab. Hier huldigte ihm Bernhard von Italien. Zweien seiner Söhne wies der Kaiser Herrschaftsgebiete zu: "et constituit duos filios suos reges Pippinum et Clotarium"; Lothar erhielt Baiern, Pippin Aquitanien. Bezüglich des Zeitpunktes wird der generellen Angabe "Kalendas Augusti" der kleinen Lorscher Chronik die exakte Datierung "3. Kalend. Augusti" der Chronik von Moissac vorzuziehen sein. Sie kommt mit der Vorliebe Ludwigs überein, wichtige Staatsakte auf Sonntage zu legen, da der 30. Juli 814 auf einen Sonntag fiel.[149] Die Tagewahl scheint auf den ersten Blick merkwürdig. Ein hohes Fest, auf das dieser achte Sonntag nach Pfingsten Bezug nehmen könnte, ist nicht in Sicht. Eventuell kommt das Fest des Apostels Jakobus vom 25. Juli in Frage, auf den sich der Sonntag beziehen könnte. Plausibler erscheint eine andere Erklärung. Der 30. Juli ist der Festtag der beiden Heiligen Abdon und Sennen. Diese Heiligen standen früh in hohem Ansehen und sind auch in vielen Kalendaren der Karolingerzeit verzeichnet. Gerade um diese Zeit müssen die beiden beträchtlich an Bedeutung gewonnen haben, denn Papst Hadrian I. (772-795) ließ ihre Grabkirche wiederaufbauen und im Jahr 826 übertrug Papst Gregor IV. ihre Gebeine in die römische St. Markus-Kirche. Auch im Frankenreich verbreitete sich ihr Kult während der Herrschaft Ludwigs des Frommen. Drei Indizien sprechen für eine bewußte Wahl des Heiligenfestes durch Ludwig. Erstens wer die beiden Heiligen gekannt haben, weil ihre Reliquien in der Pyrenäenabtei Arles-sur-Tech liegen und sie die Patrone der Diözese Perpignan sind. Folglich decken sich das Verehrungsgebiet der Heiligen und das aquitanische Herrschaftsgebiet Ludwigs des Frommen. Zweitens zeigt eine römische Darstellung aus dem 6./7. Jahrhundert die Krönung der beiden Heiligen durch Christus. Eine Krönung von zwei Personen wird der Kaiser am Festtag der beiden Heiligen 814 gleichfalls vorgenommen haben, als er zweien seiner

---

[146] BARTH, Amandus; LAMPEN, Amandus 416f; GORDINI, Vedastus 649.

[147] Das Kalendar Karls des Großen verzeichnet für den Februarbeginn zum 2. Februar die Reinigung Mariens, zum 5. Februar die heilige Agatha, keinen Heiligen dagegen zum 6. Februar (PIPER, Karls des Grossen Kalendarium 21). Da das Reinigungsfest Mariens zu den Festen des Jahres gehörte, die allgemein gefeiert werden sollten (MGH Capitularia 1, 179 und 230), wird diesem Fest der Vorzug zu geben sein.

[148] Kapitular Nr.45 (MGH Capitularia 1, 127): "... pacem et caritatem cum fratre custodire." Daneben wird auch die Dreiteilung betont (CLASSEN, Thronfolge 122). Zur Caritas-Terminologie bei den Karolingern s. SCHNEIDER, Brüdergemeine. Der Liebes-Gedanken auch mag zur Verabredung eines Königstreffens auf den Amandustag 879 angeregt haben (Annales Bertiniani a.878, S.146).

[149] Chronicon Moissacense a.815, S.311. Auf die Tagesdatierung (30.7. versus 1.8.) wurde bereits eingegangen (S.16f).

drei Söhne Herrschaftsgebiete gab. Drittens handelt es sich nach der Legende bei den beiden Märtyrern um persische "subreguli", ihr Status entsprach also genau dem Status der beiden neuen Unterkönige Lothar und Pippin, die in der Chronik von Moissac als "reges" angesprochen wurden.[150] Für die Tagewahl spielten in diesem Fall "funktionelle" Kriterien die dominierende Rolle. Gleichzeitig geht aus der Tagewahl hervor, daß weder der Empfang einer griechischen Gesandtschaft noch die Huldigung Bernhards noch der Vertrag mit Herzog Grimoald von Benevent im Mittelpunkt des Tages und des politischen Interesses standen, sondern die Herrschaftszuweisung für die Söhne des Kaisers.

Ludwig II. wurde am 2. Sonntag nach Pfingsten 844 durch den Papst Sergius II. zum König der Langobarden gekrönt. Da Ludwig genau eine Woche zuvor der Zutritt zur Petruskirche vom Papst überraschend verwehrt worden war, ist anzunehmen, daß das Medardusfest (8.6.) der angestrebte Krönungstag war. Nach Ausräumung der Schwierigkeiten wurde die Handlung dann an dessen Oktavtag (15.6.) vorgenommen.[151]

6.4.2. Nicht sicher datierbare Herrschaftsantritte

Karl, der Sohn Karls des Großen, hatte gegen Ende 789 oder zu Anfang 790 von seinem Vater das Dukat Maine erhalten und dort seine Herrschaft angetreten. Da die Verleihung in unmittelbarer Nähe des Jahreswechsels stattfand, ist als Termin das Weihnachtsfest von 789 zu erwägen.[152]

Von der Sendung Ludwigs des Deutschen nach Baiern im Sommer 817 muß wohl dessen tatsächlicher Regierungsantritt unterschieden werden, da die bairischen Urkunden erst im Mai/Juni 826 seinen Herrschaftsantritt registrieren. Der Tag des Regierungsantritts ist nicht bekannt, scheint sich aber erschließen zu lassen. Ludwigs Diplome, die zwischen 826 und 830 ausgestellt wurden, zeigen, daß er die Herrschaftsjahre zwischen dem 27. März und dem 27. Mai erhöhte.[153] Da die Urkunden des Freisinger Bistumsarchivs zwischen dem 25. Mai und dem 8. Juni die Herrschaftsjahre Ludwigs wechselten,[154] läßt sich der Herrschaftsbeginn auf den Zeitraum 25.-27. Mai 826 einschränken. Vermutlich trat Ludwig seine Herr-

---

[150] Die Angaben wurden von BÖHNE, Abdon und Sennen 12, übernommen (m.W. hatte Gregor IV. das römische Bischofsamt erst seit 827 inne). Eine Übersicht über Liturgiebücher der Zeit, die das Fest verzeichnen, bei MUNDING, Kalendarien II, 83. Als Unterkönige bezeichnet die beiden Heiligen bereits Bedas Martyrolog (S. 138). Reliquien der heiligen Könige sind seit 819 in Fulda und 838 in dessen Nebenkloster Holzkirchen nachweisbar. Eine Translation erfolgte 828 nach St.Médard in Soissons, von wo möglicherweise Heiltümer nach Prüm gelangten, wo ihr Kult seit 848 bekannt war (HAUBRICHS, Kultur 158).
[151] BM² 1115a; BM² 1177d. Das Vitusfest (15.6.) wird also keine Rolle gespielt haben.
[152] ABEL/SIMSON, Karl der Große 6f, für Ende 789, BM² 303c zum Jahresanfang 790; Karl der Große hielt sich zu Weihnachten 789 in Worms auf.
[153] BM² 1338d; DLD7 vom 27. März 832 gibt das sechste Herrschaftsjahr an, DD.10-11 vom 17. März 833 bzw. 27. Mai 833 nennen das siebte bzw. achte Jahr.
[154] BM² 799b.

schaft am 27. Mai an, der im Martyrolog des Ostfranken Hraban dem Gedenken des hl. Germanus von Paris gewidmet und 826 zugleich der Oktavtag zum Pfingstfest war.[155] Nach dem Sturz seines Vaters 833 erweiterte Ludwig der Deutsche sein Herrschaftsgebiet erheblich über Baiern hinaus und urkundete seitdem als König der Ostfranken. Im allgemeinen wird davon ausgegangen, daß die Umsetzung der Epoche zusammen mit der Indiktion am 24. September erfolgte.[156] Damit wäre für den 24. September 833 mit einem Staatsakt Ludwigs anläßlich seiner Herrschaftsübernahme zu rechnen. Das wäre das Fest der Geburt Johannes des Täufers, das 833 auf einen Mittwoch fiel. Der Wochentag erweckt einige Vorbehalte gegen die Annahme einer konstitutiven Krönungshandlung. Tatsächlich scheint sich auch die Epochenumsetzung nicht auf ein bestimmtes Tagesdatum festlegen zu lassen.[157]

---

[155] Hrabanus, Martyrologium 50.

[156] BORGOLTE, Chronologische Studien 178, und BÖHMER-MÜHLBACHER (BM² 1352a) folgen SICKEL, THEODOR: Beiträge zur Diplomatik. I: Die Urkunden Ludwigs des Deutschen bis zum Jahre 859, in: Sitzungsberichte der Wiener Akademie der Wissenschaften 36 (1861) 329-402, 353 und 368. KEHR, Diplome Ludwigs des Deutschen 16, gibt vorsichtiger lediglich den September als Epoche an (so auch in KEHR, Urkunden Ludwigs des Deutschen, S.XIX).

[157] Gehen wir die Angaben der Regierungsjahre Ludwigs des Deutschen im einzelnen durch, zeigt sich eine Reihe von Ungereimtheiten in der Zählweise seiner Kanzlei. Zugrunde gelegt sei die überkommene These, daß die Herrschaftsjahre am 24. September zusammen mit der Indiktion umgesetzt wurden. Bekanntlich gab es im Jahr lediglich drei mögliche Termine, an denen die Indiktion umgesetzt wurde: am 1. und 24. September sowie am Jahresanfang (25. Dezember bzw. 1. Januar) (GROTEFEND, Zeitrechnung I, 92-95). Der o.g. These entsprechen zwei Diplome: D.17 vom 30. September 835 mit dem Regierungsjahr 3 und der Indiktion 14. Letztere ist zwar falsch, da aber noch am 30. Mai 835 (D.16) das Regierungsjahr auf 2 und die Indiktion 13 - statt richtig 11 - gezählt wurde, kann dies als Indiz für eine Umsetzung beider Daten vor dem 30. September gelten. D.25 vom 23. September 837 bietet die gleichen Ziffern wie D.24 vom 8. April 837, also wurden bis zum 23. September weder Regierungsjahr noch Indiktion umgesetzt. Mit der genannten These läßt sich zur Not noch D.30 vom 18.8.841 vereinbaren, das wie DD.26-29 vom Dezember 840 das Herrschaftsjahr 7 (statt 8) zählt, wenn man annimmt, daß seit 840 die Umsetzung einfach vergessen wurde. Demgegenüber scheint aber die Indiktion 840 richtig auf 4 erhöht worden zu sein. Indiktion und Herrschaftsjahr scheinen also durchaus nicht so eng miteinander verbunden gewesen zu sein, wie die These voraussetzt. Im Jahr 844 wurde das Regierungsjahr offenbar zwischen dem 28. Juli und dem 15. September erhöht. Auch im nächsten Jahr wurde das Herrschaftsjahr vor dem 24. September erhöht, da die Kanzlei Ludwigs bereits am 3. September 845 dessen 13. Herrschaftsjahr zählte; die Indiktion wurde dagegen noch nicht aufgezählt. Noch mehr Schwierigkeiten bereitet das am 4. September in Frankfurt ausgestellte D.50, das das 14. Königsjahr (846/847) und die achte Indiktion (844/845) angibt; BM² 1386 (1346) (= DLD 50) ordnet die Immunitätsverleihung für Säben dem Jahr 845 zu, was in Spannung zu D.45 steht, das am 3. September 845 in Regensburg ausgestellt wurde. KEHR orientiert sich ausschließlich am Itinerar und setzt das Diplom zu keinem der mit der Datierung vereinbaren Jahre, sondern zu 848. Da wir über das Itinerar Ludwigs für die Jahre 846/847 sehr wenig wissen, ist eine Zuordnung des Diploms auch für diese Jahre erwägenswert, was bedeuten kann, daß vielleicht auch 846 das Herrschaftsjahr vor dem 24. September umgesetzt wurde. Rund zehn

99

Auf der Wormser Reichsversammlung vom August 829 verlieh Kaiser Ludwig seinem sechsjährigen Sohn Karl die Herrschaft über Alemannien und Elsaß, also Herrschaftsgebiete aus dem Teilreich seines Paten Lothar, der zusammen mit seinem Bruder Ludwig an der Rechtshandlung teilnahm.[158] Auf der Reichsversammlung waren wohl auch der Abt Gauzbert von St. Gallen und sein gleichnamiger Neffe zugegen, deren Kloster der Thurgauer Altirih am 18. August 829 im Palast zu Worms beschenkte. Neben Ort und Zeit der Ausstellung spricht auch die Zählung der Kaiserjahre Lothars I. für eine Teilnahme aller drei Personen an der Reichsversammlung.[159] Da anzunehmen ist, daß die Privaturkunde nach Abschluß der Reichsversammlung aufgesetzt wurde, wird wahrscheinlich, daß die Einsetzungszeremonie am Fest Mariä Himmelfahrt, am Sonntag, dem 15. August 829, erfolgte.[160]

Neun Jahre später kam Kaiser Ludwig "ad placitum suum generale, sicut condixerat, mediante augusto" in Quierzy an. Auf jener Reichsversammlung verlieh er seinem Sohn Karl anläßlich der Schwertleite das Herzogtum Maine.[161] Mit dem angegebenen Datum ist sicher das Fest Mariä Himmelfahrt (15.8.) gemeint. Hierbei wird es sich nur um den geplanten Termin handeln, da die Reichsversammlung tatsächlich erst im September stattfand. Ludwigs Sohn Pippin, der über Aquita-

---

Jahre später erfolgt die Erhöhung des Herrschaftsjahres - bei Beibehaltung der Indiktionsziffer - zwischen dem 18. und 26. August 857 (DD.86-87). Zwei Jahre später wurden die Königsjahre und die Indiktion zwischen dem 22. Mai und dem 24. September erhöht (DD.97-98). Nach den Unregelmäßigkeiten in den voraufgegangenen zwanzig Jahren fällt es schwer, hierin einen Beleg für die Umsetzung am 24. September zu sehen, da auch 859 die Erhöhung der Königsjahre bereits im Sommer erfolgt sein kann, wie dies 862 geschah: D.108 zufolge wurden die Herrschaftsjahre schon vor dem 1. August 862 aufgezählt. Diese Erhöhung der Jahreszahl vor/im August läßt sich dann auch in den nächsten Jahren verfolgen (D.113 vom 20.8.864, D.121 vom 6.8.866 und D.124 vom 17.8.867). 870 springt die Zählung zwischen dem 12. April und dem 25. September gar um 3 Jahre zurück (von 37 auf 34 [statt 36]) und seit dem 26.2.875 stagniert die Zählung beim 38. (statt 41./42.) Königsjahr Ludwigs. Zusammenfassend wird man sagen können, daß die Umsetzung der Herrschaftsjahre Ludwigs derart unregelmäßig erfolgte, daß man daraus kein Tagesdatum für einen Herrschaftsantritt im ostfränkischen Reich im Jahre 833 ableiten kann. Möglicherweise haben wir es auch mit mehreren Umsetzungsterminen zu tun, die in der Kanzlei nebeneinander in Gebrauch waren. Für alemannische Privaturkunden konnte BORGOLTE nachweisen, daß sogar ein und derselbe Schreiber verschiedene Epochen nebeneinander benutzte (BORGOLTE, Chronologische Studien 178-190).
[158] BM² 868a; SIMSON, Ludwig der Fromme I, 325-329. Nicht ganz klar ist, ob Karl als Dux oder König über die genannten Gebiete herrschte. Mit BORGOLTE, Chronologische Studien 178f, halte ich letzteres für wahrscheinlicher. In diesem Fall ist mit einer Krönung Karls zu rechnen.
[159] BORGOLTE, Chronologische Studien 176f.
[160] Allerdings urkundet der Kaiser am 6. September für das alemannische Kloster Reichenau (BM² 869 [840]). Entweder reservierte der Kaiser sich das Urkundungsrecht oder aber die Herrschaftsübergabe erfolgte erst später. Hier käme angesicht der Urkundungen vom 7. und 11. September (BM² 870-871 [841-842]) das Fest der Geburt Mariens oder der Sonntag danach (12.9.829) in Anlehnung an Ludwigs Kaiserkrönung von 813 in Betracht.
[161] Annales Bertiniani a.838, S.16. Zu den Krönungshandlungen s. BRÜHL, Fränkischer Krönungsbrauch 301, 323.

nien herrschte und seine Zustimmung zu dieser Herrschaftsübertragung geben mußte, befand sich vom 23. August bis zum 3. September erst auf der Anreise nach Quierzy. Pippin kam das Ja-Wort wohl nicht ganz freiwillig über die Lippen, da Ludwig vor der Krönung Karls "leicht eine andere Empörung unterdrückte".[162] In Pippins Widerstreben ist der Grund der Verzögerung zu suchen. Vermutlich fand die Krönung aber doch noch an einem Marienfest statt, nämlich zu Mariä Geburt (8.9.), das 838 auf einen Sonntag fiel.[163]
Mitte Oktober 855 ließ König Karl seinen gleichnamigen Sohn in Limoges zum König von Aquitanien weihen.[164] Zwar ist der genaue Tag der Salbung nicht bekannt, doch dürfte er mit dem Kirchweihfest der Salvatorbasilika in Limoges zusammenfallen.[165]
Die Anerkennung Odos als König durch Arnulf und Zwentibolds Krönung zum König von Lothringen fanden 895 in Worms statt. Die Wiederbelebung des längst untergegangenen Lothar-Reiches stieß auf erheblichen Widerstand des lothringischen Adels und war im Vorjahr noch glatt abgelehnt worden.[166] Zeitlich gesehen muß der Staatsakt um den 25. Mai stattgefunden haben, an dem Arnulf in Worms urkundete.[167] Den 25. Mai selbst, den Sonntag "Vocem jocunditatis", hält BRÜHL für den Krönungstag.[168] Ich möchte hier die gleiche zeitliche Struktur wie bei der Adoption Ludwigs durch Karl III. 887 vermuten, also diesen Sonntag

---

[162] Nithard, Historia I 6, S.9f; Zum Itinerar Pippins: DDPvAI 32-34. Daß es sich hier um den An- und nicht den Rückmarsch handelt, geht aus Nithard hervor, demzufolge sich Ludwig erst Mitte September nach Quierzy begab. Die kaiserlichen Diplome belegen, daß sich Ludwig spätestens Anfang September in Quierzy aufhielt. Der Irrtum Nithards ist dadurch zu erklären, daß er die Ankunft Ludwigs (Mitte August) und Krönung im September zu "Mitte September" zusammenwarf.

[163] Am Tag vor dem Marienfest kam Ludwig dem Bischof von Le Mans sehr entgegen: zu seinen Gunsten wurden gleich drei Diplome ausgestellt (BM² 980-982 [949-951]), mit diesen Beurkundungen für den Herrschaftsbereich Karls konnte der Kaiser nicht nur seinem Sohn die Gunst eines hochwichtigen Mannes gewinnen, sondern auch seinem Anspruch auf Oberherrschaft Ausdruck geben. Ende August hatte der Kaiser bereits den Bretonenhäuptling Nominoe für sich gewinnen können (BM² 979 [948]).

[164] DÜMMLER, Ostfränkisches Reich I, 387f, BRÜHL, Fränkischer Krönungsbrauch 323.

[165] Im Oktober 832 nahmen Ludwig der Fromme und seine Söhne Pippin von Aquitanien (!) und Ludwig von Baiern an der Weihe der Kirche teil (BM² 908 [879]). Diese muß zwischen dem 4. Oktober (BM² 907 [878]) und dem 9. November 832 (BM² 909 [880]) erfolgt sein. Da 832 und 855 jeweils die gleiche Wochentagsabfolge haben, kommt insbesondere Sonntag, der 13. Oktober für beide Akte in Frage. Diesen Tag favorisiert auch BRÜHL, Fränkischer Krönungsbrauch 323 ("855 Oktober (13?)"), leider ohne jede Begründung. Sein Verweis auf DÜMMLER, Ostfränkisches Reich I, 387f, hilft nicht weiter, da dieser keine Tagesangabe bietet. Nach AUZIAS, Aquitaine 281, wurde die Krönung "à la mi-octobre, sans doute un des dimaches 13 ou 20" vorgenommen. Zu Limoges im Itinerar der fränkischen Könige s. BRÜHL, Civitas 178f, 182.

[166] HLAWITSCHKA, Lotharingien 122-132. BRÜHL, Fränkischer Krönungsbrauch 296-298.

[167] DArn 133. Am 14. Mai war Arnulf noch in Tribur (D.132). MÜHLBACHER ordnet die Reichsversammlung zwischen den beiden Terminen an (BM² 1908a).

[168] BRÜHL, Fränkischer Krönungsbrauch 326; leider ohne nähere Begründung (s.a. ebd. 296-298).

als Ankunftstag Odos und das Himmelfahrtsfest als Krönungstag Zwentibolds annehmen. MÖBIUS hat die große Bedeutung des Kirchenbaus für die Erfahrung der gesellschaftlichen Struktur von oben und unten aufgezeigt. Die Meßfeier, zu der sich die Menschen an hohen Festtagen versammelten, führte ihnen die gesellschaftliche Struktur im wahrsten Sinne des Wortes "vor Augen".[169] Die liturgische Feier konnte aber wohl auch die Veränderung gesellschaftlicher Positionen vor Augen führen. In die Aufwärtsbewegung Christi zu Himmelfahrt konnte sich der Aufstieg Zwentibolds vom Königssohn zum König einfügen. Der an diesem Tag mögliche Mitvollzug der himmlischen Bewegung spricht meiner Ansicht nach dafür, dieses Ereignis auf den 29. Mai zu datieren.

Bei den beiden folgenden Staatsakten handelt es sich nicht um Einsetzungen in Unterkönigtümer, sondern um Adoptionen. Dennoch seien sie hier abgehandelt, da sich auch diese Handlungen auf Königssöhne beziehen, denen in dieser Form von Staatsakten Anrechte auf selbständige Herrschaft zugesprochen wurden.

Ein Treffen Karls III. mit den westfränkischen Königen Ludwig und Karlmann in Gondreville 880 datieren die Annalen von St. Bertin auf die Mitte des Juni.[170] Es ist nun zu bedenken, daß das Johannesfest ein besonders geeigneter Termin für einen feierlichen Staatsakt gewesen wäre und zwar aus zwei Gründen: einmal wurde ein Bündnis gegen die gemeinsamen Feinde, nämlich König Boso und Hugo, den Sohn Lothars II., geschlossen. Auf den kriegerischen Charakter des Täufers ist bereits von SCHALLER hingewiesen worden.[171] Zum zweiten bestand auf westfränkischer Seite der Wunsch, Karl III. möge einen der beiden Könige adoptieren. Wurde Karl III. hier ein neuer Sohn geschenkt, paßt dies gut zum Gedenken der Geburt eines Heiligen. Doch sind die Adoptionsbezüge des Festes noch nicht ausgeschöpft. Mit dem Täufer-Gedenken ist nämlich auch die Taufe Jesu, die Anerkennung der (Gottes-)Sohnschaft Jesu, unauflöslich verbunden: "Dieser ist mein geliebter Sohn, an dem ich mein Wohlgefallen habe" (Mk 3,17b). Noch deutlicher erinnert eine alte Lesung des Lukasberichts an eine Adoption: "Mein Sohn bist du, heute habe ich dich gezeugt" (Lk 3,22).[172] Es ist somit gut möglich, daß das Täuferfest als Adoptionstermin vorgesehen war.

---

[169] MÖBIUS, Buticum in Centula 16-20.
[170] Annales Bertiniani a.880, S.151; s.a. BM² 1603b.
[171] SCHALLER, Heiliger Tag 15.
[172] BLINZLER, JOSEF: Taufe Christi, in: LThK 9, 1964, 1323-1325, 1324. Selbst wenn es sich bei der Lukasversion nur um eine sekundäre Ergänzung des Psalmenverses 2,7 handelt, besagt dies nichts über die Kenntnis dieser Stelle im Frühmittelalter, das diese Fassung nicht nur in altlateinischen Textzeugen, sondern auch bei einem der Kirchenväter Justin, Clemens bzw. Origines gefunden haben kann (PEISKER, CARL HEINZ: Züricher Evangelien-Synopse, Wuppertal ¹⁷1978, 17; NESTLE, EBERHARD, NESTLE, ERWIN und ALAND, KURT: Novum Testamentum. Graece et Latine, Stuttgart ²²1963, 149). Aus den Kirchenvätern konnten sie auch die Taufszene entnehmen, wie sie das apokryphe Ebionäerevangelium schildert: "... Und eine Stimme geschah vom Himmel, die sprach: 'Du bist mein geliebter Sohn; an dir habe ich Wohlgefallen.' Und wiederum: 'Heute habe ich dich gezeugt'" (HENNECKE, Apokryphen 27).

Die Lösung des Nachfolgeproblems wollte Kaiser Karl III. im Jahr 887 durch die Adoption Ludwigs, Sohn des verstorbenen Königs Boso und Enkel Kaiser Ludwigs II., lösen. Damit wollte er gleichzeitig die Thronfolge durch seinen Neffen Arnulf, den späteren Kaiser, verhindern. Dazu reiste er dem kleinen Ludwig und seiner Mutter Irmingard nach Kirchen entgegen. Hier fand "Mitte bis Ende Mai" die Huldigung Ludwigs und die Adoption desselben durch den Kaiser statt.[173] Die untere Zeitgrenze dürfte der 30. Mai sein, an dem der Kaiser in Kirchen für das Kloster St. Gallen urkundete.[174] In unmittelbarer Nähe dieses Termins findet sich das Fest der Himmelfahrt Christi (25. Mai). Ein solcher Termin bot sich für den Staatsakt sicherlich an, da eine Art Gleichklang des irdischen Geschehens mit dem himmlischem erreicht werden konnte: im Himmel nimmt der König der Könige seinen Sohn bei sich auf, und auf Erden nimmt der Kaiser den kleinen Ludwig an Sohnes statt an.[175] Die Ascensio Ludowici auf das Fest Ascensio Domini zu datieren, heißt aber auch, daß die erste Begegnung schon früher stattgefunden haben muß. Hier kann der voraufgehende Sonntag in Frage kommen, dessen Gottesdienst mit den zum Ereignis passenden Worten "Vocem jocunditatis annuntiante" begann.[176] Die Spanne von drei Tagen zwischen den beiden Festakten kann für Verhandlungen genützt worden sein. Diese werden für die Abklärung des Vorgehens Karls III. gegen Arnulf, der damit praktisch enterbt wurde, notwendig gewesen sein wie auch zur Klärung des Verhältnisses zwischen dem Kaiser und seinem neuen Sohn. Tatsächlich hat ja die seltsame Kombination von Huldigung und Adoption starken Kompromißcharakter.

Beim Geburtsfest des Täufers wird allerdings eine andere Bibelstelle (Lk 1, 57-68) in der Messe gelesen (KLAUSER, Capitulare Evangeliorum 178). Bei einer entsprechenden Zeremonie hätte man sicher die Taufstelle "einbauen" können. Eine Adoption scheint tatsächlich stattgefunden zu haben, wenn auch HLAWITSCHKA, Lotharingien 221-236, sie schon für den Oktober 879 ansetzen möchte.
Im August/September 878 adoptierte der Papst Johannes den Grafen Boso (DÜMMLER, Ostfränkisches Reich III, 89f). Auch hier wäre ein Täuferfest (29.8.) ein passender Termin.
[173] HLAWITSCHKA, Lotharingien 31-37.
[174] DKIII 159; so ordnet auch MÜHLBACHER die Adoption ein (BM² 1749a).
[175] "Wie im Himmel, also auch auf Erden" heißt es im wichtigsten Gebet der Christenheit. Daß (nicht nur) der mittelalterliche Mensch eine Übereinstimmung des Mikrokosmos mit dem Makrokosmos zu erreichen versuchte, ist allgemein bekannt (GURJEWITSCH, Weltbild 43-98).
[176] Beispielsweise greift Hrabanus, Homiliae 219, das Thema der Lesung des Sonntags (Jak 1, 22-27), die Sorge um die Witwen und Waisen, auf. Auch das Stichwort der Epistel "Gott und Vater" wird von Hraban vertieft (PL 110, 219f).

6.5. REICHSTEILUNGEN

6.5.1. Sicher datierbare Reichsteilungen

Am 30. Mai 839 zog Ludwig der Fromme in Worms ein. Dieser Termin war von ihm angesetzt worden, um die Huldigung einiger Großer entgegenzunehmen und sich mit seinem Sohn Lothar auszusöhnen.[177] Vermutlich am nächsten Tag, der der Petrustochter Petronilla geweiht war, fand die Versöhnung statt. Die Terminierung ist deshalb interessant, weil es sich beim 30. Mai um den Freitag nach Pfingsten handelt. Das Treffen liegt so nah am Pfingstfest, daß anzunehmen ist, daß sich Vater und Sohn ohne Schwierigkeiten auch am Pfingstfest hätten begegnen können. Warum der Patronillatag den Vorzug vor dem Pfingstfest erhielt, kann nicht eindeutig geklärt werden. Möglicherweise gab die apostolische Vater-Kind-Beziehung Petrus-Petronilla den Hintergrund für die Wahl des Tages zur Aussöhnung zwischen Ludwig und seinem Sohn Lothar ab. Könnte man davon ausgehen, daß der Kaiser die Quatembertage in der Woche nach Pfingsten feierte, gibt es eine weitere Erklärung. In diesem Fall warf sich Lothar an einem Bußtag "humillime" seinem Vater zu Füßen, um Vergebung und Gnade zu erbitten.[178] Da der Termin durch den Kaiser angesetzt worden war, kann er keinesfalls auf die Zufälligkeiten des Itinerars oder aktuelle politische Problemlagen zurückgeführt werden. Am Tag ihrer Begegnung wurden keine Verhandlungen geführt, sondern nur die wiedergewonnene Familieneintracht bei einem Festmahl gefeiert. Die Verhandlungen über die Reichsteilung werden mit der Pfingstoktav begonnen haben.[179]

Wiederholt nahm Ludwig der Deutsche Reichsteilungen vor. Eine 870 erfolgte Modifikation der Teilung von 865 rief den Unwillen der dadurch benachteiligten Prinzen Ludwig und Karl hervor, der zu einer erneuten Teilungsregelung

---

[177] Annales Bertiniani a.839, S.20: "imperator urbem Vangionum iuxta condictum tertio Kalendas Iunii pervenit. Ubi susceptis quibusdam quos ad hoc specialiter properare iusserat fidelibus, Hlotharium, filium suum, ab Italia venientem paterno suscipere affectu minime renuit".

[178] Nithard, Historia I 7, S.11. Zum Schwanken der Sommerquatember s. CHAVASSE, Quatembertage 278. Da die Lesungen der Sommerquatember die Erstlingsgaben der Ernte zum Inhalt haben (ebd. 281), darf vielleicht auch an Abgabe von Jahresgeschenken für den Kaiser gedacht werden.

[179] Die Reichsteilung kann noch am selben Tag zu ihrem Ende gekommen sein. Die symbolische Bedeutung der Dreizahl - insbesondere im Rechtsbereich - macht es fraglich, ob Lothar wirklich drei Tage lang mit den Seinen über das Teilungsverfahren beriet, um die Entscheidung dann an den Kaiser zurückzugeben (Nithard, Historia I 7, S.11f). Nithard wird damit eher die Verbindlichkeit der Reichsteilung zum Ausdruck bringen wollen (STAMMLER/ERLER, Drei 783f). Auf die Dauer der Verhandlungen wird man daraus jedenfalls nicht ohne weiteres schließen dürfen. Andererseits wird allen Beteiligten an unanfechtbaren Entscheidungen gelegen gewesen sein, weshalb ein dreitägiges Beisammensein von Vater und Sohn durchaus möglich ist; bei Einbeziehung des Petronillentages ergäbe sich der 2. Juni als Abschluß- und Entscheidungstag. Ein bedeutender Tag, wenn es sich bei dem 2. Juni um den Geburtstag Ludwigs des Frommen handelt (s. Exkurs 8).

"mediante quadragesima" 872 führte.[180] Mit der Zeitangabe dürfte Mittfasten, also der Sonntag Laetare am 9. März, gemeint sein, der seit alters eine Sonderstellung in der Fastenzeit hatte.[181]

6.5.2. Ungesicherte Termine von Reichsteilungen

Nach seiner Erkrankung 768 besuchte Pippin die Klöster wichtiger Reichsheiliger, wie Hilarius und Martin, und begab sich schließlich mit seiner Gemahlin und den Söhnen Karl und Karlmann zum Kloster des heiligen Dionysius, wo er um den 23. September in Absprache mit den Großen des Reiches die Herrschaft zwischen seinen Söhnen aufteilte.[182] Hier dürfte das Fest des Reichsheiligen Mauritius am 22. September für die Teilung gewählt worden sein.

"Post festivitatem paschalem" fand 865 ein Hoftag in Frankfurt statt, auf dem König Ludwig der Deutsche vorbehaltlich seiner Oberhoheit die Teilung des Reichs unter seine Söhne vornahm.[183] WEBER datiert den Hoftag auf das Osterfest selbst, doch wird man eher an die Osterwoche oder den ersten Sonntag nach Ostern zu denken haben, wozu paßt, daß am Mittwoch nach Ostern eine Schenkungsurkunde für das Reichskloster Lorsch ausgestellt wurde.[184]

6.6. BEFESTIGUNGSKRÖNUNGEN

6.6.1. Pippin der Jüngere

Am 28. Juli 754 wurde König Pippin im Kloster St. Denis ein zweites Mal gesalbt. Mit der Salbung ging eine Krönung einher.[185] 754 war der Konsekrator nicht mehr, wie drei Jahre zuvor, der Stellvertreter des Papstes, sondern der Papst selbst. Die Papstsalbung wird gelegentlich als die eigentliche Grundlegung der karolingischen Herrschaft gewertet.[186] Dies war es nach des Verfassers Meinung nicht und wurde auch von den Karolingern nicht so gesehen.

---

[180] Annales Fuldenses a.872, S.75. BM² 1490c; WEBER, Reichsversammlungen 143f, 145f.
[181] Schon das Concilium Autissiodorense a.573-603 bestimmte, daß an diesem Sonntag ("media quadragesima") die Priester persönlich das Tauföl beim Bischof abzuholen hatten (c.6, MGH Concilia 1, S.180). Den Eucharistieempfang, der im allgemeinen auf Ostern, Pfingsten und Weihnachten beschränkt war, schrieb Bischof Ruotger von Trier auch für Mittfasten ("mediante quadragesima") vor (Kapitular c.25, S.69).
[182] BM² 106c.
[183] Ado, Chronicon, Continuatio prima, pars altera (MGH Scriptores 2, 325); BM² 1459a.
[184] WEBER, Reichsversammlungen 137; DLD 117 vom 25.4.865.
[185] BRÜHL, Kronen- und Krönungsbrauch 22-26.
[186] STOCLET, Dies Unctionis 545. ANGENENDT, Geistliches Bündnis 44, meint, "daß die Salbung Pippins und insbesondere seiner Söhne die eben erst begründete Herrscherstellung der

Methodisch ist zu unterscheiden zwischen der Bedeutung der Handlung zum Zeitpunkt der Salbung und der Nachwirkung der Salbung. Wenden wir uns zunächst dem Jahr 754 selbst zu. Es ist gut möglich, daß Papst Stephan II. (III.) eine erneute Salbung des Frankenkönigs zunächst gar nicht beabsichtigt hatte. Er weilte nämlich seit dem Jahresanfang 754 im Frankenreich und hätte die Salbung viel früher und an weitaus bedeutenderen Tagen vornehmen können, etwa zu Epiphanie (6.1.), als er mit dem König zusammentraf, zu Ostern (14.4.), Christi Himmelfahrt (23.5.) oder Pfingsten (2.6.). Angesichts der "verpaßten" Termine macht die zweite Salbung den Eindruck einer "Nachbesserung". Tatsächlich bestand für den Papst, wenn Bonifatius als sein Stellvertreter den Frankenkönig gesalbt hatte,[187] kaum ein Anlaß, die Salbung ein weiteres Mal vorzunehmen, wollte er seinen Stellvertreter im Frankenreich nicht düpieren. Daß Pippin erst nach der Ermordung des Bonifatius († 5.6.754) gesalbt wurde, spielt in der Diskussion des merowingischen Königssturzes bislang keine Rolle. Doch sollte dieses Moment nicht unbeachtet bleiben.[188] Der Wunsch einer "Befestigung" der Handlung von 751 wird auf frän-

---

karolingischen Familie sanktioniert habe, und gewiß eindrücklicher als das 751 eingeholte päpstliche Responsum." BRÜHL, Fränkischer Krönungsbrauch 305f, spricht von einer "Befestigungssalbung".

[187] Seit 726 handelte Bonifatius "illis in regionibus vice nostra ex apostolica auctoritate" (Bonifatius, Epistulae 26, S.47); s.a. JÄSCHKE, Bonifatius 27).

[188] Das Martyrium des Bonifatius wird heute nicht mehr durchgängig auf seine Missionstätigkeit zurückgeführt, obwohl sein Tod doch in die Nähe eines bedeutenden Tauftermins fällt. Nach Willibald war der Todestag sogar der angekündigte Tauftag selbst (Willibald, Vita Bonifatii c.8, S.49). Entsprechend der römischen Tradition, der sich der Angelsachse verpflichtet fühlte, kommt nur die Pfingstvigil in Betracht. Der 5. Juni, der als Todestag des Bonifatius gilt, war 754 der Mittwoch nach Pfingsten. Als Beweggrund für Willibalds Angabe, Bonifatius sei an einem Tauftag getötet worden, kann der Wunsch angenommen werden, das Martyrium des Missionars durch die "Verlegung" der Bluttaufe auf einen Tauftermin in besonderem Maß gottgewollt und heiligmachend darzustellen.

Wenn aber schon angenommen wird, daß Bonifatius nicht aus religiösen Motiven umgebracht wurde, erscheint es plausibler, die Gründe dafür in der gesamtpolitischen Lage zu suchen, als in der Beutegier eines friesischen Haufens (JARNUT, Pippin 54). Erstens war die Ermordung des päpstlichen Legaten, während der Papst beim König zu Gast war, eine politische Herausforderung an den Frankenkönig und eine militärische Reaktion abzusehen. Zweitens stand Bonifatius offenbar unter dem Schutz des Königs, denn er hatte eine Reihe von Bewaffneten dabei (Willibald, Vita Bonifatii c.8, S.49). Drittens konnte innerhalb von drei Tagen ein "gewaltiges Heer" der Franken aufgeboten werden (ebd. S.51f), was dafür spricht, daß eine Aktion gegen Bonifatius nicht ausgeschlossen wurde. Die friesischen Unabhängigkeitsbestrebungen werden noch lange nach der Eroberung Frieslands durch Karl Martell virulent gewesen sein. So gibt ANGENENDT zu bedenken, ob die Vakanz des Utrechter Bischofssitzes nach dem Tode Willibrords († 739) nicht deshalb eintrat, weil Karl Martell bereits die Existenz einer Diözese zu "separatistisch" schien. Erst unter Karlmann wurde der Stuhl besetzt (ANGENENDT, Kaiserherrschaft 201). Erst nach Pippins Königssalbung von 751 scheint Friesland organisatorisch ins fränkische Reich inkorporiert worden zu sein. 752-753 erhob des Kölner Bischof Ansprüche auf Utrecht, 753 erhielt Bonifatius von Pippin für Utrecht das Zehntrecht und die Immunität verbrieft und wurde als "Urbis Traiectensis episcopus" bezeichnet (DDK 4-5; LÖWE, Pirmin 207f). Daß bei den Sachsen die Eintreibung des Zehnts den erbitterten Widerstand gegen die Missionierungsabsichten des fränkischen Königs hervorrief ist bekannt

kischer Seite aufgekommen sein. Nach der Verlassung Pippins auf dem Märzfeld 754, der Formierung einer innerfränkischen Opposition, der Einladung an Karlmann als königlichem Gegenkandidaten und angesichts der Ermordung des ersten Konsekrators des Königs muß die Königspartei um eine Prestigeaufbesserung Pippins bemüht gewesen sein.[189] Für die Franken mag es dabei qualitative Unterschiede zwischen der ersten und der zweiten Salbung gegeben haben,[190] aber

---

(SCHNEIDER, Sendungsbewußtsein 243 und 247). Auch daß Bonifatius noch 754 friesische Heiden taufen konnte, spricht für eine Ablehnung des Christentums fränkischer Prägung (zu den politischen Implikationen der Friesenmission s. ANGENENDT, Kaiserherrschaft 196-202). Auch der Befehl Pippins, den Märtyrer in Utrecht zu belassen (ebd. 52, NOBEL, Königtum 179), spricht für ein reges Interesse des Königs, daß "sein Mann" in der Hauptstadt der Friesen präsent war. Die Schilderung der Räubereien der Totschläger sprechen keinesfalls gegen eine politische Intention der Tat, gehörte es doch zum Stilmittel politischer Propaganda, eine bewaffnete Opposition als "Räuber" zu diffamieren (FICHTENAU, Lebensordnungen 559f).
[189] Zu Karlmann als Gegenkandidat: BUND, Thronsturz 384-386.
Auch ENGELS, Päpstlich-fränkisches Bündnis 29-33, geht davon aus, daß "die Salbung Pippins und seiner Söhne ... in Wirklichkeit ein zusätzliches Element war, das während der Vorbereitungen des Papstbesuchs noch nicht vorauszusehen war" (S.33). Die Ursache der Salbung sieht ENGELS in den Aktivitäten Karlmanns, der seine alte Gefolgschaft gegen die Bündnispolitik Pippins mobilisiert und zugleich seine Söhne als Thronfolger ins Spiel gebracht habe.
[190] Ob der Stellvertreter des heiligen Petrus oder der Stellvertreter des Stellvertreters des Apostels salbt, kann als wesentlich empfunden worden sein. Hier ist auch an das Bedürfnis zu erinnern, liturgische Handlungen von einem heiligen Mann vornehmen zu lassen (ANGENENDT, Kaiserherrschaft 126-139). Tatsächlich kann es sein, daß in St. Gallen der 28. Juli 754 zeitweise zur Datierung der Herrschaftsjahre Pippins benutzt wurde (BORGOLTE, Chronologische Studien 148-151). Am Königshof wird ein Nebengedanke der Salbungsfeierlichkeiten gewesen sein, daß damit die Thronfolge der Söhne Pippins sichergestellt werden konnte für den Fall, daß der König im Krieg gegen die Langobarden fiel. Wenn man die Angaben der Clausula de unctione Pippini wirklich ernstnehmen kann, verbot Papst Stephan den Franken ja auch, einen anderen zum König zu wählen als einen Nachkommen Pippins, was sich dann nicht allein gegen ein anderes Geschlecht, sondern auch gegen den Bruder des Königs, Karlmann, oder dessen Sohn Drogo, richtete (BUND, Thronsturz 385; BECHER, Drogo; ENGELS, Päpstlich-fränkisches Bündnis 32f).
Zur Clausula: Gegen die von BUCHNER, Clausula, aufgestellte Fälschungsthese betonte AFFELDT, Königserhebung Pippins 103-109, "es wäre ... vermutlich falsch, die Angaben der Clausula Wort für Wort für bare Münze zu nehmen, der Grundbestand der Nachrichten verdient jedoch bis zum Beweis des Gegenteils Vertrauen" (S.109), da er deren Verfasser in der Umgebung Fuldrads von St. Denis vermutet (S.138). Als Argument für eine Spätdatierung verwies BUCHNER, Erwiderung 702, auf den Titel des "archicapellanus" für Fuldrad. In der Frühzeit der karolingischen Herrschaft wird mit der Bezeichnung des obersten Kaplans der Königskapelle noch experimentiert ("qui et sanctam capellam palacii nostri gubernare videtur", "custus capellanus", "primicerius sanctae capellae"). "Archicapellanus" nennt sich erstmals Abt Hilduins von St. Denis im Jahre 825 (FLECKENSTEIN, Hofkapelle I, 46-52). Dieser Gräzist und Befürworter einer Alliance mit Byzanz führte auch den Titel des "archinotarius" im Westen ein (OHNSORGE, Kaiserbündnis 118). STOCLET, Clausula, verwirft zwar die Fälschungsthese BUCHNERs, macht aber auch wahrscheinlich, daß die Endgestalt - nach mehreren Zwischenetappen - erst im frühen 10. Jahrhundert erreicht wurde (bes. S.25, 34 und 41). Zur Clausula s.a. HASELBACH, Aufstieg 193-200.

auch die Reichsannalen sprechen dem Vorgang lediglich bestätigenden Charakter zu.[191]

Auch die Tagewahl spricht deutlich dafür, daß die Salbung aus den Anforderungen der konkreten Situation heraus resultierte. Sehen wir uns das Kalendar Karls des Großen oder das Gregorianum an, müssen wir feststellen, daß sie zum 28. Juli keinen Heiligen verzeichnen.[192] Dennoch war es kein einfacher Sonntag: es war das Fest des Papstes und angeblichen Märtyrers Victor (+198).[193] Die Wahl eines Papstgedenkens unterstrich die Rombindung des neuen Frankenkönigs mit aller nur wünschenswerten Deutlichkeit. Aber nicht nur die päpstliche Seite findet sich in diesem Termin wieder. Die Weihe fand ja unmittelbar vor dem Langobardenfeldzug der Franken statt. Die Wahl des Festes eines Heiligen mit einem sprechenden Namen kam dem Denken der Franken sicher entgegen. Die Königssalbung am Tage des päpstlichen "Siegers" war im Hinblick auf den bevorstehenden Feldzug gegen die Langobarden eine Tagewahl, die den Charakter eines Omens hatte.[194] Wenn die Tagewahl den augenblicklichen Erfordernissen so genau entsprach, dann muß gefragt werden, ob es in den Augen der Zeitgenossen wirklich mehr sein sollte als eine Art Kampfweihe oder -befestigung für diesen Sommer.

Obwohl wir wenig Informationen über die Verehrung des zweiten Tagesheiligen im Frankenreich haben, sollte ein Einfluß des hl. Pantaleon bei der Tagewahl nicht ausgeschlossen werden. In Byzanz galt Pantaleon als Megalomartyr und wurde dort hoch verehrt. Reliquien von ihm waren im Besitz der Karolinger. Auch wenn nicht feststellbar ist, wann diese Reliquien ins Frankenreich gelangten, sollte erwogen werden, ob es nicht Zusammenhänge zwischen der byzantinischen Gesandtschaft, die den Papst 754 begleitete, der Verleihung des Patricius-Titels an Pippin 754 sowie den Reliquien und der Feier des byzantinischen Heiligen gibt; immerhin fand die Zeremonie ja auch in einem "griechischen" Kloster

---

[191] Annales regni Francorum a.754, S.12: "Supradictus apostolicus Stephanus confirmavit Pippinum unctione sancta in regem et cum eo inunxit duos filios eius, domnum Carolum et Carolmannum, in regibus."

[192] DESHUSSES, Sacramentaire grégorien I, 250f, 649f, 540f, 699; PIPER, Karls des Grossen Kalendarium 26.

[193] SCHWAIGER, Victor I. 768f. Victor wurde als einziger Papst dieses Namens im Missale Romanum und Breviarium Romanum verzeichnet (KÖTTING, Victor, hll. Märtyrer 771). Weitere Heilige dieses Tages: Nazarius sowie Pantaleon. Nazarius wird man ausschließen können, da er sicher erst durch die Überführung Bischofs Chrodegang von Metz nach Lorsch im Frankenreich bekannt und auch dort nur am 12. Juni gefeiert wurde (EIZENHÖFER, Lorscher Sakramentar 143f; zu ihm s. Exkurs 8). Auf den heiligen Pantaleon wird im folgenden noch eingegangen werden.

[194] Im Frankenreich wurde auf die Bedeutung des Namens hoher Wert gelegt. So berichtet Gregor von Tours über die Namensgebung Chlotars II., daß König Gunthram seinem Neffen den Namen Chlotar gab, "damit er wahr mache, was der Name besagt" (Historia X 28, S.522). In der gleichen Denktradition befindet sich Hinkmar von Reims, wenn er den Namen des Erzmärtyrers Stephanus als "an gekrönt anklingend" bei der Krönung Karls des Kahlen deutet (Annales Bertiniani a.869, S.105).

statt.[195] Ein Grund für die Verehrung des heiligen Arztes Pantaleon im Jahr 754 könnte in der schweren Erkrankung und der wundersamen Genesung des Papstes zu finden sein.[196] Der 28. Juli hatte noch einen dritten Aspekt, da an diesem Tag der Papst in dem auch Petrus geweihten Dionysiuskloster den Hauptaltar den Aposteln Petrus und Paulus dedizierte.[197] Das Datum der Kirchweihe wiederum kann sich an eine alte

---

[195] OSWALD, Pantaleon 24f; SCHIFFERS, Karls des Großen Reliquienschatz 82; zum Patricius-Titel s. HASELBACH, Aufstieg 124-127, DEÉR, Patriziat 432-438, vgl. aber CLASSEN, Karl der Große 21f und ENGELS, Päpstlich-fränkisches Bündnis. Für einen fränkisch-byzantinischen Konnex sprechen folgende Beobachtungen: Der Ort der Handlung war dem heiligen Dionysius geweiht. Dieser wurde seit der zweiten Hälfte des 8. Jahrhunderts mit dem griechischen Dionysius Aeropagita identifiziert (MEINHARDT, Dionysius 1078). Damit mußte St. Denis in den Augen der Zeitgenossen als "byzantinisches" Kloster erscheinen, jedenfalls als ein Kloster, das einen byzantinischen Heiligen beherbergte und das damit für einen byzantinischen Staatsakt wie die Patriziatsverleihung ausgesprochen gut geeignet war.
Daß der Pariser Bischof Dionysius schon 754 mit dem griechischen Heiligen Dionysius Areopagita identifiziert wurde, legt die Nachricht des Abtes Hilduin von St. Denis nahe, Papst Stephan habe aus St. Denis Dionysius-Reliquien nach Rom mitgenommen und diese in Rom von Griechen, also wohl auch nach griechischem Ritus, verehren lassen: "Isdem namque sanctus pontifex reliquias sanctissimi Dyonisii Romam detulit et memoriam in honore ipsius aedificare in proprio suo coepit, quod frater eius Paulus, illo morte praevento, quoniam ipsi in pontificatu successerat, nobiliter consummavit et ... veluti a fratre et praedecessore suo iussus fuerat, famulatores Domini n a t i o n e G r e c o s inibi constituit et idem monasterium Ad sanctos martyres in S c o l a G r e c o r u m appellari fecit, ad honorem et memoriam preciosissimi Dyonisii sociorumque eius" (MGH Scriptores 15.1, S.3). Falls diese Nachricht des 9. Jahrhunderts richtig ist, ergibt sich ein zweiter Hinweis auf ein Zusammenspiel fränkischer, italienischer und byzantinischer Elemente im Jahr 754. Diese Nachricht von einer griechischen Liturgieenklave in Rom, dessen Liturgie im 8. Jahrhundert das Frankenreich eroberte, ist an sich schon erstaunlich genug, aber daß diese durch die Päpste selbst eingerichtet wurde, ist nur durch außergewöhnliche Umstände zu erklären. S.a. LEVISON, Hilduin 525-529, der das Dionysius-Patronat der auch St. Stephanus und St. Silvester geweihten Kirche mit der Verehrung für den Papst Dionysius erklärt. Doch bleibt bei ihm die Frage nach dem griechischen Ritus ungeklärt.
[196] Man rechnete bereits mit dem Ableben des in St. Denis darniederliegenden Papstes. Einer Erzählung aus St. Denis zufolge sah der Papst im Traum wie die Apostel Petrus und Paulus sowie der heilige Dionysius seine Genesung verabredeten (OELSNER, König Pippin 153f; WATTENBACH-LEVISON, Geschichtsquellen 163). Daß das Kloster die Heilung gern dem eigenen Heiligen zuschrieb, ist verständlich. Daß tatsächlich ein Wunder als Ursache der Heilung angenommen wurde, ist nicht auszuschließen.
[197] Hilduin, Ex Hilduini abbatis libro (MGH Scriptores 15.1, S.2f); s.a. STOCLET, Dies Unctionis 544 und KRÜGER, Königsgrabkirchen 183. St. Denis erhielt bei der Altarweihe mit den Schlüssel-Reliquien des hl. Petrus dasjenige Heiltum, mit dem das Tor zum Himmel geöffnet werden konnte. Die Schenkung korrespondiert also hervorragend mit dem Brief des Papstes von 753, in dem den Gegnern des Langobardenkrieges die Verwehrung des Himmeleintritts angedroht wurde (Codex Carolinus Nr.5, S.488): "quatenus, vobis concurrentibus nostra deprecatio fuerit impleta, ipso principe apostolorum cuius causa est largiente, cuncta deleantur peccata et, ut habeat potestatem a Deo concessam sicut claviger regni caelorum, vobis aperiat ianuam et ad vitam introducat aeternam. Sed adtendite, filii, et ad participandum hoc, quod optavimus, studiosus elaborate, scientes, quod, si quis declinaverit in aliam partem, ab aeternae beatitudinis hereditate erit alienus."

109

Tradition angelehnt haben. Weil nämlich bereits die Merowinger Ende Juli Privilegien an St. Denis ausgaben, liegt die Annahme nahe, daß die Diplomausstellungen aus Anlaß eines Ortsfestes vorgenommen wurden, vielleicht dem Jahrestag einer Kirchweihe.[198]
Fassen wir zusammen: die innenpolitische Situation, die durch das Auftreten Karlmanns und die Ermordung des Bonifatius, des Konsekrators Pippins, gekennzeichnet war, zwang die Königspartei zu einer Aufwertung des königlichen Ansehens. Als Krönungstag diente vermutlich ein althergebrachtes Gedenkfest der Abtei St. Denis, an dem die Weiheakte von Petrus-Altar und König vorgenommen wurden. Von Bedeutung war bei der Tagewahl offenbar auch, daß dieser Tag zugleich an den Papst Victor I. und den byzantinischen Großmärtyrer Pantaleon erinnerte. Zusammen mit der erneuten Königssalbung ergab sich ein "liturgisches Gesamtkunstwerk" mit einer Palette feierlicher Gedenkmomente und Handlungen.
Hinsichtlich der Nachwirkung der Salbung von 754 hat STOCLET nun die These aufgestellt, daß die Salbung von Karl dem Großen als Beginn seiner Herrschaft aufgefaßt worden sei und Karl unter dem Einfluß Fuldrads von St. Denis diesen Jahrestag seit 775 immer wieder gefeiert habe.[199] Unter Ludwig dem Frommen habe der 28. Juli dann nicht mehr als Tag der Salbung Karls des Großen, sondern als Tag der Begründung der karolingischen Königsherrschaft gegolten.[200] Unserer Meinung nach kann der Salbungstag allein für die Salbungsempfänger von Bedeutung gewesen sein. Den Jahrestag der Salbung wird Pippin 755 gefeiert haben, ob aber auch Karl der Große den 28. Juli feierte, ist ungewiß.

Um die Festfeier nachzuweisen, benutzt STOCLET diejenigen Diplome, die vom Jahrestag der Salbung datieren. Der Weg ist sicher richtig, nur sollten meiner Ansicht nach auch diejenigen Diplome herangezogen werden, die kurz vor oder nach dem 28. Juli ausgestellt wurden, da der Tag der königlichen Handlung (Schenkung, Bestätigung, Gerichtsspruch) nicht mit dem der schriftlichen Abfassung zusammenfallen muß.[201] Dann ergibt sich folgendes Bild: Nicht Karl, sondern sein Vater feierte den Jahrestag als erster. Gleich vom Jahr nach der Salbung datiert nämlich die Schenkung des wegen Hochverrats eingezogenen Klosters St. Mihiel an St. Denis.[202] Für Pippin ist dies der erste und letzte Beleg einer

---

[198] Siehe Exkurs 9.
[199] "I am inclined to attribute to Fuldrad a major rule in the establishment, at the Frankish court of the anointing anniversaries, if only because of his position in the royal entourage ... But why have waited until 775? Because in the previous year, Charlemagne had finally entered the alliance concluded twenty years earlier between Pippin and the successor of saint Peter ... (STOCLET, Dies Unctionis 544). "Having thus established that the Carolingian history of the dies unctionis starts with Charlemagne ..." (ebd. 545).
[200] STOCLET, Dies Unctionis 545: "The feast has endured, while its meaning has changed. The foundation of the dynasty, not Charlemagne's anointing, is the focus of the celebration."
[201] "For, as often the case, some time might have elapsed between the fact, the actio, here the divine sentence confirmed by the royal verdict, and its writing down, its conscriptio" (STOCLET, Dies Unctionis 544).
[202] DK 8 vom 29.7.755. Man beachte, wie genau diese Schenkung zur Situation von 754 korrespondiert: das Michaelis-Kloster war wegen Hochverrats eingezogen worden. Da das Kloster

diesbezüglichen Jahrfeier, womit nicht bestritten werden soll, daß die Salbung durch den Papst Pippin zu einer Unterstützung der Reform in Kirche und Politik angetrieben haben mag.
Auch die Feier des 28. Juli durch Karl den Großen hat einiges für sich, doch ist es sehr fraglich, ob die Söhne und Enkel Karls des Großen, die am Salbungsakt von 754 im Gegensatz zu ihren Vorfahren Pippin und Karl nicht teilnahmen, den 28. Juli feierten. Da einige der vom 28./29. Juli datierenden Diplome für St. Denis ausgestellt wurden, ist zu vermuten, daß der Tag vor allem bei der Kongregation von St. Denis und nicht so sehr bei den karolingischen Königen als wichtig angesehen wurde, wie ja auch STOCLET Abt Fuldrad bezüglich der Anniversarfeier eine führende Rolle zubilligt.[203] Hinzu kommt, daß die meisten der von STOCLET angeführten Diplome, die eine Feier der Salbung am 28. Juli belegen sollen, auf andere Feierlichkeiten zurückgeführt werden können. Man wird wohl nicht generell davon ausgehen können, daß die Karolinger den 28. Juli als den Tag ansahen, mit dem die Herrschaft ihrer Familie begann.[204]

6.6.2. Ludwig der Fromme

Daß der unter Zeitdruck stehenden Wiedereinsetzung Ludwigs des Frommen 834 zu Mittfasten eine zweite Feier folgte, bei der der Kaiser die Gratulation seiner Getreuen entgegennahm, wurde bereits erwähnt. Zwar berichten die Quellen von keiner Krönungshandlung, doch wird sich Ludwig in vollem kaiserlichen Schmuck gezeigt haben, zu dem sicher auch eine Krone gehörte. Ob der Vorgang als

---

dem Schutzengel der Langobarden geweiht war, ist mit Sicherheit anzunehmen, daß sein Besitzer zu den Gegnern des Langobardenkrieges gehört hatte. Am Jahrestag wurde also zugleich der Sieg über die innenpolitischen Gegner gefeiert. Mißtrauen gegen die These, daß diese Salbung Karls Königtum begründete, erweckt schon die Tatsache, daß die Herrschaftsjahre Karls und Karlmanns ab 768, nicht aber ab 754, gezählt wurden; die Salbung war für die königlichen Brüder offenbar kein herrschaftskonstituierender Rechtsakt.
[203] Wie bereits DK 8 hat auch DK 102 einen Bezug zu St. Denis. Am Freitag, dem 28. Juli 775, erstritt Abt Fuldrad das Kloster Plaisir gegen den Bischof Herchenrad von Paris. Da der Streit mittels Kreuzprobe ausgetragen wurde (DK 102), war der Freitag für diese Art des Gottesurteils sicher hervorragend geeignet, da der Freitag nach Alkuin der Kreuzverehrung gewidmet war (SCHREIBER, Wochentage 31). Doch wird man angesichts der Tatsache, daß der Gerichtstag in St. Denis ein Feiertag war, die Fairness des Verfahrens bezweifeln dürfen. Auch Ludwig der Deutsche urkundete am 28.7.866 in Regensburg für St. Denis (DLD 119). Es ist auffällig, daß der 28. Juli auch für das Kloster Weißenburg von einiger Bedeutung gewesen sein kann. An diesem Tag wurden 731 (Samstag), 757 (Donnerstag) und 782 (Sonntag) Privaturkunden für das Kloster ausgestellt. Vom 29. Juli datieren Diplome von 783 (Dienstag) und 792 (Sonntag). Nicht einbeziehen können wird man eine Fälschung Grandiers für Straßburg, die angeblich am 29.7.840 erstellt wurde, da sie sich an den Königsurkunden Lothars I. vom 24. und 25. Juli 840 aus Straßburg orientierte (BRUCKNER, Regesta Elsatiae Nr. 120, 178, 297, 303, 352 und 517). Auffälligerweise war Fuldrad von St. Denis (749-784), in dessen Abtszeit drei der fünf Diplome fallen, auch im Elsaß begütert. Ob es sich um mehr als einen Zufall handelt, muß offen bleiben.
[204] STOCLET, Dies Unctionis 543-545; s. dazu Exkurs 9.

Befestigungs-, Festkrönung oder einem Unter-der-Krone-Gehen einzuordnen ist, ist angesichts der hohen politischen Bedeutung eine untergeordnete Frage.[205] Eine Befestigungskrönung erfolgte ein Jahr nach der Wiedereinsetzung des Kaisers am 28. Februar 835. Schon die Tagewahl zeigt, daß damit auf den Akt des Vorjahres (1.3.834) Bezug genommen wurde.[206] Nicht übersehen werden sollte jedoch, daß es sich dabei um jenen Sonntag Quinquagesima handelte, an dem Ludwig 814 seine Herrschaft in Aachen angetreten hatte. Offenbar rekurrierte die Tagewahl auch auf die ursprüngliche Legitimation seiner Herrschaft und nicht nur auf die 834 erfolgte Bereinigung seiner Absetzung von 833.

6.6.3. Karl der Kahle

Eine Festkrönung Karls des Kahlen erfolgte während des Bruderkrieges zu Ostern 841, die sicher nicht nur für den Gekrönten ein sicheres Zeichen war, daß Gott den jungen König nicht vergessen hatte.[207]

6.6.4. Ludwig der Stammler

Hinkmar berichtet, Ludwig der Stammler sei von Papst Johannes VIII. am 7. September in Ferrières gekrönt worden, Ludwigs nachträgliche Bitte, auch seine Frau zur Königin zu krönen, sei aber abgelehnt worden.[208] Der 7. September fiel 878 zwar auf einen Sonntag, aber es erscheint ungewöhnlich, daß nicht das Marienfest vom nächsten Tag, sondern dessen Vigil zur Krönung herangezogen wurde.[209] Dennoch erscheint es am sinnvollsten, das überlieferte Datum zu akzeptieren, zumal sich bei der Wahl des Ostfranken Konrad gleichfalls eine Verbindung von Vigil- und Herrentag findet.[210]

---

[205] Zum Vorgang: SIMSON, Ludwig der Fromme II, 92f. Zu den verschiedenen Kronen-bzw. Krönungskategorien s. BRÜHL, Krönungsbrauch, der unseren Vorgang aber nicht behandelt.
[206] BRÜHL, Kronen- und Krönungsbrauch 16f.
[207] BRÜHL, Krönungsbrauch 275f; WERNER, Gott, Herrscher und Historiograph 20.
[208] Annales Bertiniani a.878, S. 143: "Et coronatus Hlodowicus a papa Iohanne 7.Idus Septembris, invitavit eundem papam ad domum suam, et opipare pascens, honoravit eum multis donis ipse et uxor sua, et remisit eum ad Trecas civitatem; postea vero per missos suos petiit eundem papam, ut uxorem illius in reginam coronaret; sed obtinere non potuit."
[209] Auch BRÜHL, Fränkischer Krönungsbrauch 281, wundert sich über den "einfachen" Sonntag.
[210] Politisch wichtiger als die Krönung König Ludwigs dürfte die kanonische Legitimierung seiner Verbindung mit Adelheid gewesen sein (HLAWITSCHKA, Lotharingien 224-233), die mit einer Krönung der Königin als gegeben betrachtet werden konnte. Daher ist es verlockend, die Krönung der Königin mit dem "Frauenfest" der Himmelskönigin in Zusammenhang zu bringen. Entsprechende Lösungsversuche scheitern jedoch. Die Hypothese, Hinkmar sei auch an dieser Stelle mit der römischen Zeitrechnung nicht zurechtgekommen (siehe oben Kapitel 3.2.) und die Krönung doch am Marienfest erfolgt, besagt zugleich, daß der Papst König Ludwig während der Messe mit der Weigerung, die Königin zu krönen, düpiert hätte. Nicht überzeu-

6.7. TRIUMPHALE EINZÜGE

Faktisch begann die Herrschaft Ludwigs des Frommen nicht unmittelbar mit dem Tod seines Vaters, sondern erst mit dem Einzug in Aachen, der am Sonntag vor Aschermittwoch, dem 26. Februar 814, erfolgte, zugleich dem dreißigsten Tag nach dem Tode seines Vaters. Wie bei der Übernahme des Mittelreiches durch Karl den Kahlen 869 wird das Verstreichenlassen einer 30-Tage-Frist rechtliche wie politische Gründe haben.[211]
Nach dem Teilungsvertrag von Meersen 870 konnte Karl der Kahle seine Herrschaft nicht sogleich in allen Landesteilen antreten. Insbesondere Graf Gerard von Vienne weigerte sich, ihm die Stadt zu übergeben. Nach erfolgreicher Belagerung konnte Karl am 23. Dezember in die Stadt Einzug halten, um hier das Weihnachtsfest zu feiern.[212]
Einer der größten militärischen Erfolge in den aquitanischen Jahren Ludwigs des Frommen war die Einnahme von Barcelona, in das er im Herbst des Jahres 801 im Triumph einzog. Vermutlich erfolgte der Introitus des Teilkönigs am 10. Oktober, dem Sonntag nach dem Dionysiusfest. Durch die Wahl des Sonntags wollte Ludwig wohl dem Gedanken Ausdruck verleihen, daß nicht ein Heiliger, sondern Gott der wahre Siegverleiher sei.

Angesichts des bevorstehenden Falls der Stadt faßten die Befehlshaber des Königs den Entschluß, "den König herbeizurufen, daß die Stadt mit einem solchen Ruf den Namen des Königs berühmt mache (propagaret), wenn es geschehe, daß sie in seiner Gegenwart eingenommen werde."[213] Die Einnahme der Stadt wird im Herbst, vermutlich nach dem 9. Oktober und vor der Novembermitte, erfolgt sein.[214]

---

gender ist die Alternative, das Datum zu akzeptieren und die Königskrönung nur als "Vorläufer" für die wichtigere Krönung der Königin zu betrachten, da eine solche Aufsplitterung von Krönungen mehr als unwahrscheinlich ist.
[211] Ludwig konnte eines ungehinderten Einzuges in Aachen keineswegs sicher sein. Da der Tote bis zum dreißigsten Tag nach seinem Ableben noch gewisse Rechte hatte, wird man auch im Einzug nach Abklingen irgendwie gearteter Rechtsansprüche des verstorbenen Herrschers eine Vorsichtsmaßnahme gegen etwaige Anfechtungen seiner Herrschaftsansprüche sehen können. SIMSON errechnet den 26.2., MÜHLBACHER den 27.2. (SIMSON, Ludwig der Fromme I, 12-15, BM^2 519i), da der Ausgangstag wohl mitzuzählen ist, folgen wir SIMSONs Annahme.
[212] DÜMMLER, Ostfränkisches Reich III, 310f.
[213] Astronomus, Vita Hludovici c.13, S.613.
[214] Ein Codex des Escorial setzt die Eroberung der Stadt ins 34. Regierungsjahr Karls des Großen, das am 9. Oktober 801 begann (ABEL/SIMSON, Karl der Große 266). Ein Hinweis für die zeitliche Einordnung der Eroberung vor dem November ergibt sich auch aus der folgenden Überlegung. Karl der Große verurteilte Zeid, den gefangenen Beherrscher von Barcelona, am selben Tag wie Roselmus, den Präfekt von Chieti, zum Exil (ABEL/SIMSON, Karl der Große 268). Es dürfte sich bei diesem politischen Gerichtstag, vergleichbar der Verurteilung des Tassilo, also um einen Akt gehandelt haben, der in einem größeren, repräsentativen Rahmen stattfand. Tatsächlich hielt Karl im November eine Synode ab (BM^2 376a). Damit war im November ein entsprechender Kreis von Großen gegeben, vor denen die Verurteilung statt-

Ermoldus Nigellus zufolge wurde die Stadt an einem "heiligen Samstag" übergeben. Da ABEL/SIMSON mit dem "heiligen Samstag" nur den Karsamstag verbinden, der im Herbst natürlich nicht in Frage kommen kann, verzichten sie auf eine nähere Datierung.[215] Als heiliger Samstag konnte sicher auch ein Tag angesprochen werden, an dem ein wichtiges Heiligenfest auf einen Samstag fiel, da dieses Fest dann den Samstag heiligen konnte.[216] Im Herbst 801 fiel nur ein wichtiges Heiligenfest auf einen Samstag, nämlich das des heiligen Dionysius am 9. Oktober. Man wird davon ausgehen können, daß dieser Tag als Übergabetermin ausgehandelt worden war,[217] und die fränkischen Unterhändler haben sicher auch mit einer offiziellen Besitzergreifung der Stadt am Dionysiustag gerechnet. Aber Ludwig der Fromme zog erst am nächsten Tag, dem Sonntag, in die Stadt ein. Die Änderung dieses Zeitplans dürfte die fränkischen Unterhändler verärgert haben, denn Ludwigs Biograph meint, das königliche Verhalten damit entschuldigen zu müssen, daß der König noch habe überlegen müssen, wie er "den ihm von Gott geschenkten Sieg dessen Namen weihen könne". Erst am nächsten Tag zog er dann hinter der Geistlichkeit unter Lobgesängen in die Stadt zur Heilig-Kreuz-Kirche, um Gott für den Sieg zu danken.[218] Da Ludwig sechs Wochen vor der Stadt ausgeharrt hatte,

---

finden konnte. Der Synodentermin kann damit als Indiz für eine Eroberung Barcelonas im Oktober gelten.

[215] Ermoldus Nigellus, In honorem Hludowici I 529ff, S.21: "Sabbatum erat sacrum, cum res est ista peracta quando prius Francis urbs patefacta fuit. Namque sequente die festo consedit in urbem Rex Hludowicus ovans solvere vota deo. Mundavitque locos, ubi daemonis alma colebant, et Christo grates reddidit ipse pias." ABEL-SIMSON, Karl der Große 266: "an den Charsamstag kann dabei nicht gedacht werden."

[216] Sonderstellungen eines Wochentages ergaben sich im Mittelalter im allgemeinen aus ihrer Stellung im Kirchenjahr: der "Hohe Donnerstag" etwa bezeichnet den Donnerstag vor Ostern, der "Hohe Mittwoch" den Mittwoch nach Pfingsten (GROTEFEND, Zeitrechnung I, 86f). Diese Praxis erklärt sich hinreichend daraus, daß das Kirchenjahr den Wochentagen eine jährliche Wiederkehr gewährleistete, während die Verbindung eines Heiligenfest mit einem bestimmten Wochentag im allgemeinen mehrere Jahre auf sich warten ließ. Anders sieht es bei den Wochentagen aus, die auf ein Heiligenfest folgen, so bei den drei "Goldenen Samstagen" nach Michaeli, die auch als "Heilige Samstage" bekannt waren (SCHREIBER, Wochentage 217f). Daneben konnte jedem Wochentag ein Heiliger zugeordnet werden (SCHREIBER, Wochentage 221-231). In unserem Fall wird es sich jedoch nicht um eine regelmäßige, feste Verbindung von Wochentag und Heiligenfest handeln. Daß jede Heiligenverehrung den Festtag des Heiligen zu einem "dies sanctus" macht, ist bekannt (GROTEFEND, Zeitrechnung I, 83). Die Heiligkeit des Festtages des hl. Dionysius wurde von Ermoldus als eine solche des Wochentages ausgegeben, weil es dem Dichter bei seiner Gegenüberstellung von Samstag und Sonntag lediglich darauf ankam, die "größere" Heiligkeit bzw. Wirkmächtigkeit Gottes herauszustellen, ohne den Tagesheiligen, dem sich vermutlich viele Adlige verbunden fühlten, durch Benennung seines Festes herabsetzen zu müssen.

[217] Einem Teil der Besatzung war freier Abzug zugesagt worden (ABEL/SIMSON, Karl der Große 265f). Das Fest des karolingischen Reichsheiligen als Übergabetag markierte außerdem sehr deutlich, wer die neuen Herren in der Stadt waren.

[218] Astronomus, Vita Hludowici 13, S.613: "Tradita et patefacta civitate, primo quidem die custodes ibidem rex destinavit, ipse autem ab eis ingressu abstinuit, donec ordinaret, qualiter cum digna Deo gratiarum actione cupitam atque susceptam victoriam eius nomini consecraret. Antecentibus ergo eum in crastinum et exercitum eius sacerdotibus et clero, cum sollempni apparatu et laudibus hymnidicis portam civitatis ingressus, et ad ecclesiam sanctae et victoris-

war das sicher Zeit genug, sich über die Art eines Einzuges Gedanken zu machen. Hierin kann also nicht der Grund der Verzögerung seines Triumphzuges zu suchen sein. Das Verhalten Ludwigs ist erklärlich. Der Sonntag ist der Tag des Herrn. Der Zeit- entspricht die Ortswahl. Der Einzug Ludwigs endete nicht zufällig in der Kreuzkirche, also einer Kirche, die einen deutlichen Bezug zum Salvator hat.[219] Auch in der Begründung Ludwigs und dem Adressat seines Gebetes ist der Gottesbezug des Prinzen überdeutlich. Die Verlegung der Feier drängte also wohl bewußt den Reichsheiligen aus dem Zentrum der Festfeier und verdeutlichte, daß nicht dem heiligen Dionysius, sondern in erster Linie Gott der Sieg zu verdanken sei. Da bei den im Frankenreich vorgenommenen Kaiserkrönungen Ludwigs ebenfalls jeweils ein Sonntag nach einem wichtigen Heiligen als Festtag gewählt wurde, wird Ludwig sich bewußt von einer Heiligenverehrung abgewendet zu haben, die die Heiligen vor Gott ins Zentrum der Verehrung rückte.

6.8. AUSWERTUNG

Inwieweit in merowingischer Zeit Herrschaftsantritte gezielt an Festtagen vorgenommen wurden, läßt sich nicht sicher feststellen, doch gibt es Hinweise auf eine solche Praxis.

Zu Beginn der Karolingerherrschaft scheint man Wert darauf gelegt zu haben, die Herrschaft an den Festen wichtiger Reichsheiliger (Martin 751, Mauritius und Dionysius 768, Medardus 774) zu beginnen, während die Festbegegnung mit Päpsten zweimal dazu diente, Söhnen Teilherrschaften zuzuweisen (Ostern 768, Weihnachten 800).

Betrachten wir die wichtigsten Staatsakte Ludwigs des Frommen, so stellen wir fest, daß diese unter seiner Regierung sehr häufig von einem Heiligenfest abgekoppelt und erst am nächsten Sonntag vollzogen wurden. Dahinter steht, wie die Vorgänge von Barcelona zeigen, ein planmäßiges Vorgehen: nicht einem Heiligen, auch nicht einem Reichsheiligen, soll gehuldigt werden, sondern die Ehre Gottes soll betont werden, weil nur ihm ein politischer Erfolg zu verdanken ist. Damit erhebt sich die Religiosität Ludwigs deutlich von der seiner Mitmenschen ab, die im wesentlichen auf die Heiligen als Mittler vertrauen. Ludwigs Theologie macht damit einen wesentlich "moderneren", christozentrischen Eindruck als die seiner königlichen Vor- und Nachfahren.[220] Für die Kaiserkrönung von 813 ergibt

---

simae Crucis, pro victoria sibi divinitus conlata gratiarum actiones Deo acturus, est progressus."
Zum Triumphzug s. McCORMIC, Eternal Victory 355, 374f.

[219] Ein ähnlicher Vorgang läßt sich im achten Jahrhundert für die Truppen des Exarchen von Ravenna nachweisen. Auch sie zogen zu einer Kirche, die den Siegbringern Johannes und Paulus geweiht war, an deren Fest die Truppen den Sieg errungen hatten (McCORMICK, Victory 257).

[220] Einen "geisteswissenschaftlich gesehen fortschrittlichen Entwicklungsstand" wies auch Ludwigs abstrakte, apersönliche Staatsvorstellung auf (STAUBACH, Herrscherbild 33).

sich somit, daß die Verlegung auf einen Sonntag nicht mit Widerständen von seiten des Adels zu erklären ist. Das heißt aber auch, daß eine erhebliche Mitwirkung Ludwigs bei der Konzeption des Handlungsablaufes anzunehmen ist. Die hier vorgefundene Verbindung von Marienfest und Sonntag nutzte er allein für die Ausstattung seines Sohnes Karl. Eine Beobachtung, die sich gut mit der "Vorzugsstellung" seines Benjamin vereinbaren läßt.[221] Hinsichtlich seiner anderen Söhne suchte dieser Kaiser 814 eine sinnvolle Beziehung zwischen Staatsakt und Festgedenken zu knüpfen, indem er zwei seiner Söhne an einem Gedenktag für zwei heilige "subreguli" mit Unterkönigtümern ausstattete. Diese interpretierende Funktion von Festen für Staatsakte finden sich früher (Victoriustag 754, Amandusfest 806) wie später, etwa wenn der Aufstieg zum Regenten am Fest der Ascensio Domini (885, 887, 895) oder Adoptionen am Täuferfest (880) vorgenommen wurden.

Während im Ostreich bis zum Ende des neunten Jahrhunderts Herrschaftsantritte gewöhnlich auf Christusfeste gelegt wurden (Osterwoche 865, Epiphanie 880, Weihnachten 887), war die Praxis unter dem westfränkischen König Karl dem Kahlen eher uneinheitlich (Pfingsten 846, 2. Sonntag nach Pfingsten 848, Kirchweihtag 855). Mit der Krönung in Metz 869 begann im Westreich eine Reihe von Herrschaftsantritten, die nicht am Festtag selbst, sondern erst ein oder zwei Tage später stattfanden. Eine Tendenz, die sich bei der Wahl Ludwigs des Kindes auch im Ostreich durchsetzte. Wenn die "verpaßten" Feste ein Indiz für ein immer stärker zur Geltung kommendes Mitspracherecht des Adels sind, verdient es Aufmerksamkeit, daß das Königtum im Westreich Versuche unternahm, die Termine von Herrschaftsantritten auf sonntägliche Heiligenfeste zu legen, um Herrschaftsantritte an prestigelosen, profanen Tagen zu vermeiden (Mariä Empfängnis 877, Crispin und Crispinian 879).

In den Bereich der "Auflösungserscheinungen" können auch die Herrschaftsantritte gezählt werden, die an regional bedeutsamen Festen (Kirchweihe 855, Gorgonius 869) statt an wichtigen Festen des Kirchenjahres oder den Gedenktagen von Reichsheiligen begannen. Die fortschreitende Regionalisierung findet ihren Niederschlag auch im Aufstieg "einfacher" Heiliger zu Königspatronen (Otmar 877 (?) und 879).

Eine Besonderheit stellt auch die Verbindung von Vigiltag und Sonntag dar, die seit dem späten neunten Jahrhundert für Krönungsakte zu beobachten ist (Marienfest 879, Martin 911, evtl. Otmarsfest 879). Ob die Begründung dieser Verbindung auf theologischem oder politischem Gebiet zu suchen ist, bleibt ungeklärt, doch sei eine Spekulation erlaubt. Wenn der Montag als "normaler" Wochentag das Fest des Reichsheiligen gewissermaßen profanierte, kann dies den weltlichen Feierlichkeiten einen größeren Freiraum beschert haben. Die Betonung der weltlichen Feier an (relativ) profanen (Wochen-)Tagen gegenüber geistlichen Weihe-

---

[221] STAUBACH, Herrscherbild 55; zu Karl als Benjamin: ebd. 60-71.

akten an heiligen (Sonn-)Tagen mag mit dem bekannten Phänomen zusammenhängen, daß der Adel einen immer stärkeren Einfluß auf die Politik gewann.[222] Bemerkenswert ist gegenüber den üblichen, sakralen Terminen die Wahl eines rein profanen Gedächtnisses. Wenn Karl der Einfältige am Todestag Karls des Großen seine Regierung begann (28.1.893), demonstrierte er damit deutlich seinen Willen, seinem königlichen Namensvetter nachzueifern. Das Revolutionäre seiner Tagewahl verbarg er aber unter dem Mantel des Herkommens, wenn er den 28. Januar als Tag eines Heiligengedächtnisses (Agnes) bezeichnete.[223] Zwar war die Feier von Jahrestagen schon älter, doch bezogen sich diese stets auf Vorgänge der eigenen Herrschaftszeit und wurden zumeist zur Überwindung von Krisen genutzt, nicht aber an den Anfang der Herrschaft gestellt.

In den Bereich des profanen Rechtslebens wird die Einhaltung einer Frist von dreißig Tagen nach dem Hinscheiden eines Herrschers gehören. Diese Frist ließen Ludwig der Fromme und Karl der Kahle verstreichen, bevor sie ihre Vorgänger in deren "Hauptstadt" beerbten.

---

[222] SCHIEFFER, Ostfränkisches Reich 634-640; WERNER, Westfranken-Frankreich 735-744; HLAWITSCHKA, Formierung 37-47.
[223] Eine Heiligenverehrung für Karl den Großen kann vor dem Hochmittelalter nicht angenommen werden s. FOLZ, ROBERT: Aspects du culte liturgique de saint Charlemagne en France, in: Karl der Große IV, 77-99, und ZENDER, MATTHIAS: Die Verehrung des hl. Karl im Gebiet des mittelalterlichen Reiches, in: ebd. IV, 100-112.

6.9. TABELLEN ZU DEN HERRSCHAFTSANTRITTEN UND KRÖNUNGSTERMINEN

1. Herrschaftsantritte merowingischer Könige

Herrscher	J	M	T	WT	Bezug	Fest	Kat	Dat
Childebert II.	575	Dez	25	Mi		Christi Geburt	Sa	si
Chlotar I.	558	Dez	25	Mi		Christi Geburt	Sa	wa
Gundoald	584	Nov	11	Sa		Martin	RH	mö
Childerich III.	743	Mär	1	Fr		Märzfeld	pr	si
Desiderius (Langobardenkönig)	757	Mär	27	So		Ostern (fix) So Judica	Sa	wa

2. Herrschaftsantritte bei den Karolingern (751-911)

Herrscher	J	M	T	WT	Bezug	Fest	Kat	Dat
Pippin d.J.	751	Nov	11	Do		Martin	RH	wa
Karlmann	768	Okt	9	So		Dionysius	RH	si
Karl I.	768	Okt	9	So		Dionysius	RH	si
Karl I.	774	Jun	8	Mi		Médard	RH	wa
Ludwig I.	814	Feb	2	Do		Mariä Reinigung	Ma	mö
Ludwig I.	814	Feb	26	So		30.Tag n. Tod KdG So Quinquagesima	RF KJ	si
Ludwig I.	834	Mär	1	So		So Reminiscere	KJ	si
Karl II.	846	Jun	6	So		Pfingsten	Sa	mö
Karl II.	848	Mai	27	So		2. So n. Pfingsten	KJ	mö
Karl II.	869	Sep	9	Mo	Tn	Gorgonius Mariä Geburt 33.Tag n.Tod Lo II.	OF Ma RF	si
Ludwig d.St.	877	Nov	30	Sa		Andreas ap.	Pe	Plan?
Ludwig d.St.	877	Dez	8	So		Mariä Empfängnis 2. Advent	Ma KJ	si
Karl III.	876	Nov	17	So	nach nach	Otmar Martin	OF RH	mö
Boso	879	Okt	25	So		Crispin + Crispinian	RH	si
Karl III.	880	Jan	6	Mi		Epiphanie	Sa	si
Karl III.	879	Nov	16	Mo		Otmar	OF	wa
Karl III.	885	Mai	20	Do		Christi Himmelfahrt	Sa	wa
Arnulf	887	Dez	25	Mo		Christi Geburt	Sa	si

2. Herrschaftsantritte bei den Karolingern (751-911) (Fortsetzung)

Herrscher	J	M	T	WT	Bezug	Fest	Kat	Dat
Odo	888	Feb	29	Do	Oktav	Petri Stuhlfeier	Pe	si
					4 Tn	So Invocavit	KJ	
Karl d.Einf.	893	Jan	28	So		Agnes	Hl	si
						Todestag KdG	JT	
Ludwig IV.	900	Feb	4	Mo			pf	si
					2 Tn	Mariä Reinigung	Ma	
Konrad I.	911	Nov	10	So	Tv	Martin	RH	si

3. Herrschaftsantritte von Unterkönigen

Herrscher	J	M	T	WT	Bezug	Fest	Kat	Dat
Karl der Große								
Pippin (Ital.)	781	Apr	15	So		Ostern	Sa	si
Ludwig (Aquit.)	781	Apr	15	So		Ostern	Sa	si
Karl (Maine)	789	Dez	25	Fr		Christi Geburt	Sa	mö
Karl (Francia)	800	Dez	25	Fr		Christi Geburt	Sa	si
Ludwig I.								
Lothar (Baiern)	814	Jul	30	So		Abdon + Sennen	Hl	si
Pippin (Aquit.)	814	Jul	30	So		Abdon + Sennen	Hl	si
Ludwig (Baiern)	826	Mai	27	So	Oktav	Pfingsten	Sa	wa
						Germanus (Hraban)	RH	
Karl (Aleman.)	829	Aug	15	So		Mariä Himmelfahrt	Ma	wa
Karl (Maine)	838	Aug	15	Do		Mariä Himmelfahrt	Ma	Plan?
Karl (Maine)	838	Sep	8	So		Mariä Geburt	Ma	wa
Lothar I.								
Ludwig (Ital.)	844	Jun	8	So		Médard	RH	Plan?
					Oktav	Pfingsten	Sa	
Ludwig (Ital.)	844	Jun	15	So	Oktav	Médard	RH	si
						2. So n. Pfingsten	KJ	

3. Herrschaftsantritte von Unterkönigen (Fortsetzung)

Herrscher	J	M	T	WT	Bezug	Fest	Kat	Dat
Karl der Kahle								
Karl (Aquit.)	855	Okt	13	So		Kirchweihe	OF	wa
Karl III.								
Karlmann (?)	880	Jun	24	Fr		Johannes d.T., Geb.	Jo	mö
Ludwig der Blinde	887	Mai	25	Do		Christi Himmelfahrt	Sa	wa
Arnulf								
Zwentibold	895	Mai	29	Do		Christi Himmelfahrt	Sa	wa

4. Reichsteilungen

Herrscher	J	M	T	WT	Bezug	Fest	Kat	Dat
Pippin	768	Sep	22	Do		Mauritius	RH	wa
Karl der Große	806	Feb	6	Do		Amandus	Hl	si
Ludwig I.	839	Mai - Jun	31 2			Petronilla/Pfingst- quatember	Pe KJ	wa
Ludwig d.Dt.	865	Apr	22 - 29			Osterwoche	Sa	si
Ludwig d.Dt.	872	Mär	9	So		Sonntag Laetare	KJ	si

5. Befestigungskrönungen

Herrscher	J	M	T	WT	Bezug	Fest	Kat	Dat
Pippin	754	Jul	28	So		Victorius pp.	Hl	si
						Pantaleon	Hl	
						Altar-/Kirchweihtag	OF	
Ludwig I.	834	Mär	15	So		So Laetare	KJ	si
Ludwig I.	835	Feb	28	So		JT Krönung 834	JT	si
						So Quinquagesima	KJ	
Karl II.	841	Apr	14	So		Ostern	Sa	si
Ludwig d.St.	878	Sep	7	So	Tv	Mariä Geb.	Ma	si
Odo	888	Nov	13	Mi	2 Tn	Brictius Martin	Hl	si

7. HULDIGUNGEN

Zur Sicherung bzw. Ausweitung von Herrschaft war die (Rück-)Gewinnung von mächtigen Männern konstitutiv. Der politische Wechsel eines Adligen von einem Herrscher zum anderen erhielt seinen Ausdruck in der Huldigung des neuen Herrschaftsprätendenten. Die öffentliche Huldigung ganzer Gruppen von Adligen einer bestimmten Region an einem einzigen Tag förderte das Ansehen und Gewicht des neuen Herrschers beträchtlich und konnte das politische Gesicht einer Region entscheidend verändern.[1] Mitbehandelt werden an dieser Stelle auch jene Huldigungen, bei denen es sich faktisch um Unterwerfungen autonomer Herrscher handelt, die aber in Form von Huldigungen erfolgten. Der Zeitpunkt, zu dem die Adligen zur Huldigung eingeladen wurden, wurde vom Herrscher bestimmt und war zudem längerfristig planbar. Hier bot sich dem Einladenden sicher eine bessere Möglichkeit, einen "passenden" Termin zu wählen als beim Herrschaftsantritt selbst, der vom Tode des Vorgängers abhing. Andererseits stellt sich die Frage, ob die Mitsprache der Adligen nicht dazu führte, daß die Huldigungen erst im Anschluß an Verhandlungen, also an profanen Tagen, stattfanden.

7.1. PIPPIN DER JÜNGERE

Der Baiernherzog Tassilo mußte sich 757 auf dem Maifeld in Compiègne dem Frankenkönig Pippin kommendieren. Damit herrscht aber noch keine Klarheit über den Tag der Eidesleistung. Wenn das Maifeld wie das vormalige Märzfeld am ersten Tag des Monats abgehalten wurde, fand der Staatsakt am Sonntag Jubilate statt. Doch lassen sich bessere Gründe für eine Reichsversammlung am ersten Sonntag nach dem Fest Christi Himmelfahrt finden. Am Montag, dem 23. Mai, verlieh nämlich Bischof Chrodegang von Metz in Compiègne mit dem Einverständnis des Königs ein Privileg an das Kloster Gorze. Da dieses "in synodo congregata" ausgestellt wurde und Synoden und Reichsversammlungen in karolingischer Zeit weder sprachlich noch zeitlich klar voneinander abgegrenzt wurden, möchte ich annehmen, daß Synode, Reichstag und Huldigung Tassilos zusammenfielen. Die Versammlung begann vermutlich am Sonntag, dem 22. Mai 757.[2]

---

[1] S. dazu SCHLESINGER, Karlingische Königswahl.
[2] BM² 84a - 85a; REINDEL, Bayern 221f. HARTMANN, Probleme; DERS., Laien. Zum Klosterprivileg: EWIG, Beobachtungen 68f.

7.2. KARL DER GROßE

Als die Truppen Tassilos auf dem Lechfeld 787 zu König Karl überliefen, sah sich Tassilo gezwungen, dem Frankenherrscher erneut den Treueid zu leisten, das Herzogsamt aus seiner Hand zu empfangen und dem Frankenkönig seinen Sohn Theodo mit zwölf anderen als Geiseln zu stellen. Dies geschah am Mittwoch, dem 3. Oktober. Dieses Datum, dem kein Fest zugeordnet werden kann, ist sicher situationsgebunden. Da Karl noch auf Verstärkung wartete, wird sich Tassilo zu einem Zeitpunkt zur Unterwerfung entschlossen haben, an dem er noch gewisse Verhandlungschancen besaß; wohl nicht zu Unrecht, da er sich sein Herzogsamt ja noch erhalten konnte.[3]

Die Huldigung des rebellischen Arichis von Benevent erfolgte in Capua, vermutlich zwischen dem 22. und 26. März 787.[4] Da Karl am 22. und 24. März in Capua urkundete, darunter auch für die der Gottesmutter geweihten Bischofskirche von Benevent, erscheint das Fest der Empfängnis Mariens am 25. März, das in diesem Jahr auf einen Sonntag fiel, als ausgesprochen geeigneter Huldigungstermin.[5]

7.3. LUDWIG DER FROMME

Die auf der Reichsversammlung vom Sommer 814 entgegengenommene Huldigung Bernhards von Italien erfolgte möglicherweise am selben Tag (30.7.) wie die Amtseinsetzung der Unterkönige Lothar und Pippin.[6]

7.4. LOTHAR I.

Beim Aufstand der Söhne Ludwigs des Frommen gegen ihren Vater kam dem Reichstag vom Herbst 833 große Bedeutung zu, da hier eine Vorentscheidung fiel, ob ihr Vorgehen Bestand hatte. Tatsächlich konnte Kaiser Lothar I. hier den Treueid entgegennehmen. In der gespannten Lage von 833 ist es kein Zufall, daß

---

[3] Nach BM² 290g-h wartete Karl noch auf das Eintreffen des Nordheeres. Damit ist es möglich, daß er die Schlacht um das Dionysiusfest (9.10.) plante. Keine Heiligen zum 3. Oktober verzeichnet der Kalender Karls des Großen (PIPER, Karls des Großen Kalendarium 29).

[4] Zum Vorgang im März 787 in Capua: BM² 282a-c. Ein Aufenthalt Karls in Capua ist zwischen dem 22. und 27. März belegbar (DDK 156-158). Da Karl bereits am 28. März wieder im mehr als 200 km entfernten Rom nachweisbar ist (DK 158), schränkt sich der Aufenthalt auf den 22.-26. März ein.

[5] BM² 282a-c; DDK 156-157. Es fällt auf, daß DK 156 die Jungfräulichkeit der Kirchenpatronin von Benevent in auffälliger Weise betont: "ecclesie sancte dei genetricis semperque virginis Marie", was angesichts des nahenden Festes der Empfängnis ja durchaus verständlich ist.

[6] Zur Reichsversammlung: BM² 528a. Denkbar ist jedoch auch eine Termin wie die Kettenfeier Petri am 1. August.

Lothar für die Einberufung der Versammlung das Fest eines Reichsheiligen wählte, nämlich das des Bischofs Remigius (1.10.).[7] Die "Besetzung" dieses Festes durch Lothar konnte zeigen, daß er es war, der von nun ab zusammen mit dem Heiligen die Verantwortung für die Reichspolitik übernommen hatte. Mit der Wahl eines Bischofsfestes kam aber sicher auch Lothars Verbundenheit mit dem Episkopat zum Ausdruck, der seinen Umsturz legitimierte.

7.5. KARL DER KAHLE

Für den Vigiltag des Sonntags Jubilate 853 hatte der westfränkische König Karl eine Synode nach St. Médard bei Soissons anberaumt, auf der zwei Priester dieses Klosters aus ihrem Stande verstoßen wurden, weil sie den König Pippin von Aquitanien befreit hatten. Vor dieser Versammlung leistete Pippin von Aquitanien Karl den Treueid und legte das Habit an.[8] Der Synodenbeginn an einem Vigiltag erklärt sich möglicherweise daraus, daß es zunächst galt, mit der Bestrafung der beiden Mönche ein kirchenrechtliches Problem zu lösen. Nach diesem "Vorspiel" konnte dann am Sonntag der politisch bedeutsame Huldigungsakt erfolgen. In den nächsten Tagen wird sich die Synode dann den übrigen Problemen zugewandt haben.[9]

Für den Sonntag nach dem Fest des heiligen Arnulf 856 bestellte Karl der Kahle aufständische Adlige nach Verberie. Hier sollten Stellvertreter des Königs mit ihnen die Bedingungen für ihre Wiederaufnahme aushandeln, damit diese eine Woche später, am 26. Juli 856, einem Sonntag, einem Tag nach dem Fest des

---

[7] BM² 926a.
[8] Annales Bertiniani a.853, S.42f: "Karolus mense Aprili synodum episcoporum iuxta urbem Suessionum in monasterio Sancti Medardi adgregans, duos presbiteros, monachos eiusdem monasterii, ipse synodo praesidens, episcopis iudicantibus, degradari fecit, eo quod Pippinum furari et cum eo in Aquitaniam fugere disposuissent. Ingmarus Remorum episcopus omnes ecclesiae suae presbiteros, diaconos et subdiaconos, quoscumque Ebo post depositionem suam ordinaverat, sinodo iudicante deposuit. Pippinus Karolo regi sacramentum fidelitatis iurat et insuper habitum monachi suscipit regulaeque observationem more monachis solito promittit." Wenn der Bericht die chronologische Abfolge der Beschlüsse wiedergibt, erfolgten die Absetzungen vor Pippins Treueidleistung. Ob die mit der Mönchung normalerweise einhergehende Tonsur mit der Anlegung des Habits und der Treueidleistung einherging, ist unsicher. Dafür spricht, daß das Abschneiden und die Übergabe von Haaren ein Zeichen für die Unterwerfung unter die Gewalt eines anderen war (SCHMIDT-WIEGAND, Haarscheren 1885); dagegen, daß die Haarschur am Sonntag normalerweise als schwerer Frevel galt (JUNGBAUER, Sonntagsheiligung 106f).
Das genaue Datum bieten die Konzilsakten: "... annuit idem rex Karolus eosque apud urbem Suessionum in monasterio Sancti Medardi et Sebastiani, X Kalendas Maias convenire praecepit" (MGH Concilia 3, 253-293, 279).
[9] HARTMANN, Synoden im Karolingerreich 245-249, geht leider nicht auf die Huldigung Pippins ein. Vielleicht erklärt sich die Wahl eines Vigiltages auch aus der "Bescheidenheit", die Karl auf der Synode als neue Herrschertugend demonstrierte (ebd. 248).

Apostels Jakobus des Älteren, auf einer allgemeinen Reichsversammlung besiegelt werden sollten.[10] Da die aufsässigen Aquitaner Karls Einladung nicht Folge leisteten, lud er sie ein zweites Mal ein: zum 1. September 858 nach Neaufle.[11] Da für dieses Treffen sicher der gleiche Verhandlungsmodus geplant war, wird Karl eine Huldigung zum 8. September erwartet haben. Wieder erschienen die Rebellen nicht, und Karl gab ihnen einen dritten Termin für eine Versammlung in Chartres am 11. Oktober 856.[12] Setzen wir auch hier wieder das für Verberie vorgesehene Verfahren voraus, war eine Huldigung für Sonntag, den 18. Oktober, zu erwarten. Dabei handelt es sich um das Gedenken für den Evangelisten Lukas; wichtiger ist vielleicht noch, daß Florus zu diesem Tag eine Translation des Apostels Andreas in Konstantinopel notiert.[13]

Aber auch nachdem die Aquitaner im Herbst 856 Karls gleichnamigen Sohn erneut als ihren König anerkannt hatten, war die Lage noch keineswegs stabil, da sich bereits 857 wieder Teile der Aquitaner dem aus der Klosterhaft entflohenen Pippin zugewandt hatten. Deshalb ließ Karl sich am Festtag des heiligen Benedikt 858 einen Treueid leisten.[14] Das Fest des Klostergründers und Mönchs zählt nicht zu den bei Karl üblicherweise genutzten Festtagen, erklärt sich aber vermutlich daraus, daß damit eine Anspielung auf die 853 erfolgte Mönchung des aquitanischen Königs Pippin möglich war, womit zugleich seine Herrschaftsunfähigkeit postuliert werden konnte.[15]

Nach dem Tode Lothars II. marschierte Karl der Kahle im ehemaligen Mittelreich ein. Bereits einige Tage vor seiner Krönung huldigten ihm in Metz die Bischöfe Adventius und Franco sowie eine Anzahl Adliger: "Indeque Mettis Nonas Septembris veniens, Adventium ipsium civitatis praesulem et Franco Tungrensem episcopum cum multis aliis in sua commemoratione sucepit."[16] Undeutlich bleibt, ob mit der Datierung lediglich der Einzug in die Stadt oder Einzug und Huldigung bezeichnet sind. Denkbar wäre eine Trennung von Einzug und Huldigung schon deshalb, weil am nächsten Tag in Metz das Fest des Metzer Bischofs Gundulf ge-

---

[10] Kapitular Nr.262 c.11 (MGH Capitularia 2, 281); DÜMMLER, Ostfränkisches Reich I, 414f, gibt fälschlich den 28. statt den 26. Juli als Reichstagstermin an. Für die Wahl des Jakobusfestes kann es von Bedeutung gewesen sein, daß zu Aquitanien auch das Gebiet jenseits der Pyrenäen gehörte. Jakobus galt als Bekehrer Spaniens. Der hispanische Einfluß könnte sich dann in einer aquitanischen Jakobus-Verehrung niedergeschlagen haben (WIMMER, Lexikon 407f). In diesem Fall kann die Festwahl als ein weiteres Entgegenkommen Karls gegenüber den Aufständischen gewertet werden, dessen Einladung bereits in der "entgegenkommendsten, ja demütigsten Weise" abgefaßt war (ebd. I, 414).
[11] Kapitular Nr.263 c.3 (MGH Capitularia 2, 283); DÜMMLER, Ostfränkisches Reich I, 415f.
[12] Kapitular Nr.265 (MGH Capitularia 2, 285); DÜMMLER, Ostfränkisches Reich I, 416f.
[13] DUBOIS, Edition pratique 189.
[14] Kapitular Nr.269 (MGH Capitularia 2, 296); DÜMMLER, Ostfränkisches Reich I, 420, 422f.
[15] Noch 864, dem letzten Jahr, in dem wir etwas über den aquitanischen König erfahren, rief Hinkmar Pippins (erzwungenes) Mönchsgelübde in Erinnerung: "Pippinus, Pippini filius, ex monacho laicus et apostata" (Annales Bertiniani a.864, S.67).
[16] Annales Bertiniani a.869, S.101.

feiert wurde,[17] womit zusammenhängen kann, daß Karl einen zweiten Huldigungstermin für das Martinsfest nach "palatium quod Gundulphi villa dicitur" (Gondreville) anberaumte.[18] In dieser Einladung verbindet sich in Ort und Zeit das lothringische Element, die Wahl der Königspfalz Gondreville mit dem westfränkischen Element, der Feier des heiligen Martin von Tours, in augenfälliger Weise. Dieselbe Pfalz war der Schauplatz eines Treueschwures, den die lothringischen Großen Karl ein Jahr später leisteten. Nicht nur der Ort, auch der Tag des Schwures erinnerte die Lothringer an ihre Verpflichtungen aus dem Jahre 869, da sie Karl den Eid am 9. September, also am Jahrestag der Weihe Karls zum König von Lothringen, schworen.[19]

Im letzten Fall ist weder das Datum noch die Huldigung selbst sicher, beide lassen sich aber vermuten. Auf seinem Weg zur Belagerung von Toulouse im Sommer 849 hielt sich Karl vom 21.-25. Juni in Auzainville auf, überquerte die Loire bei Tours und folgte der römischen Straße nach Limoges, wo ihn einige aquitanische Große erwarteten.[20] Von einer förmlichen Huldigung ist zwar nicht die Rede, doch ist sie wahrscheinlich. Da am 30. Juni in Limoges der Ortsheilige Martialis gefeiert wurde,[21] nahm Karl mit Sicherheit an dem Fest teil, und auch die mutmaßliche Huldigung wird an diesem Tag stattgefunden haben.

7.6. LUDWIG DER DEUTSCHE

Beim gemeinsamen Vormarsch der Brüder Ludwig und Karl gegen ihren kaiserlichen Bruder Lothar im Frühjahr 842 nahm Ludwig bei der Osterfeier in Köln die Huldigung von Getreuen des Kaisers entgegen.[22]

Bei seinem Einmarsch ins Westreich 858 konnte König Ludwig in Ponthion, wo er "Kalendas Septembris" eintraf,[23] eine Reihe von lokalen Größen für sich gewinnen.[24] Der Huldigungstermin ist mit der Datierung in den Annalen von St. Bertin nicht gegeben.[25] Es kommen vornehmlich zwei Termine in Betracht,

---

[17] GROTEFEND, Zeitrechnung II.1, 128. Gleichzeitig handelt es sich beim 6.9. um den 30. Tag nach dem Hinscheiden Lothars II.
[18] Annales Bertiniani a.869, S.107.
[19] DÜMMLER, Ostfränkisches Reich II, 342f.
[20] Chronicon Fontanellense a.849, S.302: "Inde, disposito itinere, Ligere alveo transmisso, ad Lemouicam urbem accedit, occurentibus sibi obviam principus Aquitanorum et cum summo favore suscipientibus." S.a. GILLMOR, Warfare 104; LOT/HALPHEN, Règne 205.
[21] BRÜHL, Civitas 179, 181.
[22] BM² 1371a.
[23] Annales Bertiniani a.858, S.50.
[24] DÜMMLER, Ostfränkisches Reich I, 430f. In Orléans leisten Adlige aus Aquitanien, der Bretagne und Neustrien Ludwig zwischen Mitte September und Anfang November den Gefolgschaftseid (GILLMOR, Warfare 140; BRÜHL, Palatium 44). Da 858 das Dionysiusfest mit einem Sonntag zusammentraf, fiel die Wahl für die Huldigung vielleicht auf diesen Termin.
[25] So BM² 1435d.

wobei entscheidend ist, wie man die Kalenden-Angabe des Prudentius auffaßt. Meint der Autor mit den Kalenden des Septembers lediglich einen Zeitraum zwischen Ende August und Anfang September, so kommt vorzüglich das Johannesfest am 29. August in Betracht; faßt man die Angabe dagegen als exakte Bezeichnung für den 1. September auf, fand die Huldigung frühestens am 2. September, vermutlich aber erst zu Mariä Geburt (8.9.), statt. Für eine Huldigung am Fest der Gottesmutter kann daneben sprechen, daß Ludwig zu seinem Kriegszug Mitte August aufbrach, also wohl zu Mariä Himmelfahrt.

Der Termin, an dem auf diesem Feldzug möglicherweise sogar eine Salbung vorgenommen werden sollte, war der 25. November 858.[26] Da an diesem Tag keine besonderen Heiligen verehrt wurden, kann der Termin nur als zweiter Oktavtag zum Martinsfest verstanden werden.[27]

Nach der Besetzung Lothringens durch Karl den Kahlen 869 konnte auch sein Gegenspieler Ludwig eine Reihe lothringischer Adliger gewinnen, die ihm am Fest der Reinigung Mariens 870 in Frankfurt huldigten.[28]

7.7. KARL III.

Nach dem Tode Ludwigs des Jüngeren Ende Januar 882 stand die Herrschaft über Ostfranken, Baiern und den von König Ludwig erworbenen Teilen des Mittelreiches zur Disposition. Karl III. konnte auf einer Reichsversammlung im Mai 882 bei Worms "primoribus ex regno fratris sui" empfangen.[29] Am 17. und 22. Mai 882 stellte Karl in Worms Diplome für die lothringischen Klöster Gorze und Prüm aus, die zum Reich seines Bruders gehört hatten. Damit dürfte auch der Zeitraum der Reichsversammlung umrissen sein. Da es sich bei dem 17. Mai um das Fest Christi Himmelfahrt handelt, kommen der Sonntag Vocem jocunditatis, das Himmelfahrtsfest und der Sonntag Exaudi in Frage. Denkbar ist, daß die Reichsversammlung am Sonntag vor dem Christusfest begann und die förmliche Huldigung am Fest selbst stattfand.[30]

---

[26] BM² 1435n; DÜMMLER, Ostfränkisches Reich I, 434f; ANTON, Konzept 120.

[27] Ado, Martyrologium 394-396, kennt nur Petrus, Bischof von Alexandrien, Usuardus, Martyrologium 348f, bietet außerdem Erasmus, einen Märtyrer in Alexandrien, und Hrabanus, Martyrologium 121, noch Marculus, einen Märtyrer in Nicomedien.
Stellt man diesem Befund die für das Martinsfest 869 anberaumte Huldigung der Lothringer für den westfränkischen König zur Seite, so entsteht der Eindruck, daß Martin von Tours als "patronus specialis" der Westfranken verstanden wurde.

[28] BM² 1473h; WEBER, Reichsversammlungen 141.

[29] Annales Fuldenses a.882, S.107. Das soll wohl heißen, daß es Karl nicht gelungen war, seinem Neffen Arnulf Anhänger abspenstig zu machen, obwohl der König über Baiern aus Italien zurückgekehrt war.

[30] DDKIII 57-58 vom 17. und 22. Mai 882. Für eine Huldigung zu Christi Himmelfahrt (17.5.) spricht auch, daß sich Karl, als der 17. Mai im Jahr 884 auf einen Sonntag fiel, wieder nach Worms begab, wo er Mitte Mai einen Reichstag abhielt. Wie 882 urkundete Karl III. auch 884

Zwischen dem 13. und 19. Juni 885 huldigten die westfränkischen Großen Karl III. in Ponthion als neuem König.[31] Da der zweite Sonntag nach Pfingsten des öfteren für Staatsakte gewählt wurde, kann die Huldigung am 13. Juni erfolgt sein.

7.8. ARNULF

Der Sturz Karls III. durch seinen Neffen Arnulf scheint sich auf den 18. November datieren zu lassen, an dem der Kaiser von seinen Getreuen verlassen wurde, die Arnulf vielleicht noch am selben Tag huldigten.[32]

7.9. ZUSAMMENFASSUNG

Im Gegensatz zu den oben behandelten Herrschaftsantritten fanden Huldigungen an jedem Tag der Woche statt. Zieht man lediglich die sicheren Termine heran, kann nicht einmal von einer Dominanz des Sonntags ausgegangen werden, die so charakteristisch für die Wahl der Krönungstage ist. Das bedeutet jedoch nicht, daß die Huldigungen an bedeutungslosen Tagen, etwa im unmittelbaren Anschluß an Beratungen, erfolgten. Wie bei den Wochentagen zeigt sich auch hinsichtlich der verschiedenen Festkategorien eine große "Bandbreite" der genutzten Termine. Zwar wurden auch hier einige Male Herren- und Reichsheiligenfeste oder deren Oktavtage gewählt, doch fällt auf, daß immerhin fünf der 21 Termine als Orts- oder Regionalfeste interpretiert werden können.[33] Spricht soviel Entgegenkommen eher für eine schwache Position des Herrschers, kann die Beachtung von Rechtsfristen, die Betonung der eigenen Dignität (870 Jahrestag der Salbung von 869) oder der Herrschaftsunfähigkeit des Konkurrenten (Benediktstag 858) in der gleichen Richtung interpretiert werden.

---

an einem 22. Mai (DKIII 100). Auch die Empfänger stammen mit Prüm und Honau aus dem ehemaligen Mittelreich (DKIII 100-101).
[31] BM² 1702a. Die Zeitspanne ergibt sich aus DDKIII 119-121 vom 12.6.885 aus Gondreville bzw. Toul, D.122 vom 16.6. aus Ponthion und DD.123-126 vom 20.-22.6. aus Etrepy.
[32] Eine Reihe von Untersuchungen beschäftigen sich mit dem Sturz Karls III. Ich folge hier der Interpretation BUNDs, Thronsturz 478-489, der die von HLAWITSCHKAs, Lotharingien 40-45, erarbeitete Ereignisabfolge übernimmt. Vgl. aber KELLER, Sturz, und KEHR, Letzte Tage.
[33] Für Verberie 856 ist allerdings präziser von einem Fest zu sprechen, dem sich die huldigenden Adligen aus Aquitanien verpflichtet fühlten. Daß das Jakobsfest am Ort der Huldigung (Verberie) üblich war, soll damit nicht gesagt sein.

7.10. Tabelle zu den Huldigungsterminen

Herrscher/Ort	J	M	T	WT	Bezug	Fest	Kat	Dat
Pippin								
Compiègne	757	Mai	22	So		So Exaudi	KJ	mö
Karl der Große								
Lechfeld	787	Okt	3	Mi			pf	si
Benevent	787	März	25	So		Mariä Empfängnis zugl.	Ma OF	wa
Ludwig I.								
Aachen	814	Jul	30	So		Abdon + Sennen	Hl	mö
Lothar I.								
Compiègne	833	Okt	1	Mo		Remigius ep.	RH	si
Karl II.								
Limoges	849	Jun	30	So		Martialis ep.	OF	wa
Soissons	853	Apr	22	So		So Jubilate	KJ	wa
Verberie	856	Jul	26	So	nach	Jakobus der Ältere zugl.	Ap OF	si
Neafle	856	Sep	8	Di		Mariä Geburt	Ma	wa
Chartres	856	Okt	18	So		Andreas ap., Trsl. Lukas ev.	Pe Ap	wa
Quierzy	858	März	21	Mo		Benedikt	Hl	si
Metz	869	Sep	6	Mo		Gundulphus ep. 30. Tag n. Tod Lo II.	OF	Plan?
Gondreville	869	Nov	11	Fr		Martin	RH	Plan
Gondreville	872	Sep	9	Di		JT Kö-weihe (869) Gorgonius m.	JT OF	si
Ludwig d.Dt.								
Köln	842	Apr	2	So		Ostern	Sa	si
Ponthion	858	Sep	8	Do		Mariä Geburt	Ma	mö
Reims	858	Nov	25	Fr	2.Okt.	Martin	RH	si
Frankfurt	870	Feb	2	Do		Mariä Reinigung	Ma	si
Karl III.								
Worms	882	Mai	17	Do		Christi Himmelfahrt	Sa	wa
Ponthion	885	Jun	13	So		2. So n. Pfingsten	KJ	mö
Arnulf								
Frankfurt	887	Nov	18	Sa	Oktav	Martin	RH	wa

8. HERRSCHERTREFFEN BEI DEN KAROLINGERN

8.1. ALLGEMEINE ÜBERLEGUNGEN

Den wesentlichen Integrationsfaktor der karolingischen Teilreiche bildeten seit dem Tode Ludwigs des Frommen die Begegnungen der karolingischen Könige. Diese hochwichtigen politischen Staatsakte fanden augenscheinlich nur ausnahmsweise an wichtigen Festtagen statt. Die These Schallers scheint für diesen Bereich der politischen Terminplanung keine Geltung zu haben; hierzu die entsprechenden Belege bezüglich der datierbaren Treffen anhand der Zusammenstellung in der Arbeit von VOSS[1]:

Ort	Datum	WT	Festbezug	Teilnehmer
Straßburg	842 Feb 14	Di	nach So Quinquagesima	KdK, LdD
Ansille	842 Jun 15	Do	Vitus	KdK, LdD, Lo I.
Worms	842 Okt 19?	Do	Januarius	KdK, LdD
Chazé	843 Okt 14	So	Kalixtus pp.	KdK, LdD
Köln	850 Jul 1	Di	Processus + Mart.	LdD, Lo I.
Quierzy	853 Jan 6	Do	Epiphanie	KdK, Lo I.
St. Quentin	857 Mär 1	Mo	nach Qinquagesima	KdK, Lo II.
Warcq	859 Feb 12	So	nach Aschermittwoch	KdK, Lo II.
Savonnières	859 Jun 14	Mi	Ferreolus	KdK, Lo II., KvP
Koblenz	860 Jun 1-7	Sa Fr	vor Pfingsten bis nach Pfingsten	KdK, LdD, Lo II.

---

[1] VOSS, Herrschertreffen 207-213; die Heiligenfeste nach MUNDING, Kalendarien II, 5-21. Nicht in die Liste aufgenommen wurden die im Taufkapitel behandelte Patenschaft Lothars I. für eine Tochter Karls des Kahlen sowie die beiden rein taktischen Maßnahmen von 842, also die Vereinigungen der Heere Karls und Ludwigs auf dem Marsch gegen Kaiser Lothar. Die erste wird von VOSS nach dem Ausstellungsdatum von DKII 9 auf den 24.2.842 datiert, die zweite fand am 18. März statt (ebd. 207f).
Das Tagesdatum für die Begegnung von Karl und Ludwig 842 in Worms nach BM[2] 1372e, der in die Zeit der Verhandlungen von Diedenhofen datiert.
Für das Königstreffen von Frankfurt 867 bietet SCHNEIDER, Brüdergemeine 183, "Mitte Juli".
Die Datierung des Treffens von Modern 878 erfolgt nach SCHNEIDER, Brüdergemeine 183, da es in der Auflistung bei VOSS, Herrschertreffen 212, nicht berücksichtigt wurde.
Für die Benutzung der Arbeit von VOSS sei noch der Hinweis erlaubt, daß in der Liste auch das Treffen im Ries 876 fehlt (vgl. ebd. 181). Leider geht die Arbeit nicht auf das 1960 von KARL SCHMID erschlossene Königstreffen von Ludwig dem Deutschen und Lothar II. in Remiremont ein (siehe dazu auch STAUBACH, Herrscherbild 178-180). Nicht diskutiert wird bei VOSS die mögliche Begegnung von Karl dem Kahlen und Ludwig dem Deutschen (und Lothar I.?) im Oktober 843 in Chazé, auf die noch einzugehen sein wird.

Ort	Datum	WT	Festbezug	Teilnehmer
Savonnières	862 Nov 3	Di	Amandus, Hubertus	KdK, LdD, Lo II.
Tusey	865 Feb 19	Mo	nach So Septuagesima	KdK, LdD
Frankfurt	867 Jul 8	Di	Kilian	KdK, LdD
Meersen	870 Aug 8	Di	Cyriacus	KdK, LdD
Lüttich	874 Dez 1	Mo	Eligius von Noyon	KdK, LdD
Modern	878 Sep 13	Sa	Oktav zu Magnus	Karl III., LdJ
Fouron	878 Nov 1	So	Allerheiligen	LdJ, LdSt
Forchheim	889 Jun 12?	Do	Nazarius	Arnulf, Irmgard
Gondreville	896? Jul 25	So	Jakob der Ältere	Zwentibold, KdE

Ein Zusammenfallen von Fest und Staatsakt scheint nur für 842 (Vitus), 853 (Epiphanie), 860 (Pfingsten), Savonnières 862 (Hubertus), 878 (Allerheiligen), 889 (Nazarius) und 896 (Jakobus) gegeben. Diese schmale Liste kontrastiert augenfällig mit einer Zusammenstellung derjenigen Treffen, die zwar vereinbart, aber nicht realisiert wurden.[2]

Ort	Datum	WT	Festbezug	Teilnehmer
Kostheim	840 Nov 11	Do	Martin	LdD, Lo I.
Attigny	841 Mai 8	So	Sonntag Jubilate	KdK, Lo I.
Metz/Worms	842 Okt 1	So	Remigius ep.	KdK, LdD
Paris	847 Jun 24	Fr	Johannes d.T., Geburt	KdK, LdD, Lo I.
Basel	859 Okt 25	Di	Crispin + Crispian	KdK, LdD, Lo I.
Metz	866 Nov 3	So	Hubertus	KdK, LdD, Lo I.
Meersen	870 Aug 1	Di	Petri Ketten	KdK, LdD, Lo I.
Gondreville	879 Feb 2	Di	Mariä Reinigung	Karl III., KmBay,
Gondreville	879 Feb 6	Fr	Vedastus, Amandus	LdJ, LdSt

Hier finden wir alle prominenten karolingischen Heiligen versammelt: Martin, Petrus, Maria, Johannes den Täufer, Remigius, Hubertus sowie das Heiligenpaar Crispin und Crispinian. Die Diskrepanz zwischen den beiden Termingruppen wird erklärlich, wenn man bedenkt, welchen Zeitpunkt im Verhandlungsablauf sie jeweils angeben. Während die geplanten Tagungstermine einheitlich den

---

[2] Die Belege werden im weiteren Verlauf der Abhandlung geliefert.
Zu Kostheim 841: s. BM$_2$ 1070d und CRAM, Iudicium Belli 21f, 24f.
Zu Gondreville 879: VOSS, Herrschertreffen 106, datiert zum 6. Februar 879 nach dem Kapitular Nr.246 c.5 (MGH Capitularia 2, 170). Festgeschrieben wurde dort der 6. Februar, dennoch rechnet - wie bereits erwähnt - Erzbischof Hinkmar von Reims, der uns den Wortlaut der Abmachung in seinem Annalenwerk überliefert, mit dem Fest Reinigung Mariä als Termin des nächsten Königstreffens. Daher werden hier beide Termine übernommen.

Beginn von Verhandlungen bezeichnen, muß dies bei den in der ersten Übersicht aufgeführten Terminen durchaus nicht der Fall sein. Daher ist es für unsere Arbeit von Bedeutung, welchen Zeitpunkt die jeweiligen Quellen angeben, wie lange diese Konferenzen dauerten und wie sich der Ablauf der Herrscherzusammenkünfte gestaltete. Streng von den königlichen Begegnungen sind die Verhandlungen zwischen ihren Stellvertretern zu unterscheiden. Dies gilt sowohl hinsichtlich der Länge der Beratungen wie auch der Termine für den Beginn solcher Konferenzen.[3]

8.2. DAUER UND ABLAUF DER VERHANDLUNGEN

8.2.1. Die Dauer

Die Verhandlungen der drei Söhne Ludwigs des Frommen auf der Saone-Insel Ansille 862 dauerte nach Angaben von Nithard zwei Tage,[4] während die Annales Fuldenses und die Annales Bertiniani keine Angaben über die Dauer der Verhandlungen machen.[5] Letztere berichten zum nicht genauer zu datierenden

---

[3] Am 19. Oktober 842 trafen sich die Verhandlungsdelegationen der drei Könige in Koblenz und verhandelten in der St. Castor-Kirche, um sich nach mehrtägigen Beratungen auf den 5. November zu vertagen (Nithard, Historia IV 5, S.47).
Am Montag nach dem Sonntag Laetare (6.3.870) leisteten je zwei Vertreter Karls des Kahlen und Ludwigs des Deutschen Eide zur beabsichtigten Teilung des Mittelreiches (BM[2] 1476b).
Zu Vertreter-Verhandlungen s.a. ALTHOFF, Colloquium 160-164.
[4] Nithard, Historia IV 4, S.44f: "Igitur mediante Iunio, feria videlicet quinta, propter civitatem Madasconis in insula quae Ansilla dicitur cum aequo numero primorum Lodharius, Lodhuvicus et Karolus conveniunt et hoc sacramentum mutuo sibi iuraverunt, videlicet ut ab ea die et deinceps invicem sibi pacem conservare deberent, et ad placitum, quod fideles illorum inibi statuissent, regnum omne absque Langobardia, Baioaria et Aquitania cum sacramento, prout aequis possent, in tribus partibus sui dividerent electioque partium eiusdem regni esset Lodharii ... Quo expleto adhibitisque verbis pacificis pacifice discedunt, ad castra redeunt, in crastinum de ceteris deliberaturi. Quanquam et id aegre vix, tamen effectum est, et usque ad conventum, quod in Kal. Octobris condixerant, pacifice quisque in sua portione, qua vellet, esset."
[5] Annales Fuldenses a.842, S.33: "Hlutharius ... apud Madasconam Galliae urbem consedit; quem consecuti fratres sui, cum iam vidissent proniorem ad faciendam cum eis pacem, foedus inire maluerunt, quam contentionibus diutus desevire; ea tamen conditione, ut e partibus singulorum XL ex primoribus electi in unum convenientes regnum aequaliter describerent, quo facilius postmodum inter eos pari sorte divideretur." Annales Bertiniani a.842, S.28: "Electo ad hoc negotium Matasconis urbis vicinio, illuc utrimque coitur, et utrisque partis castra Arare fluvio dirimente, in quandam insulam eiusdem fluminis ad commune conloquium aspectumque coeunt. Ubi venia de praeteritis perperam gestis vicissim postulata atque accepta, sacramentum quoque alter alteri verae pacis fraternitatisque iuraverunt et de regni totius aequis portionibus diligentius faciendis Kalendis Octobribus in urbe Mediomatricorum Mettis vocabulo decreverunt."

Königstreffen von 851 in Meersen, die Könige hätten sich dort "paucis diebus" aufgehalten. Ob Aufenthalts- und Verhandlungsdauer zusammenfallen, wird leider nicht deutlich. Die Xantener Annalen gehen auf den Vorgang ohne weitere Ausführungen als "conventus regum nostrorum" ein.[6] Die Verhandlungen von Lüttich zu Beginn des Jahres 854 zwischen Kaiser Lothar I. und König Karl dauerten "lange".[7] Wahrscheinlich zog sich die Konferenz rund eine Woche hin, denn die siebentägigen Verhandlungen von Koblenz 860 wurden von Erzbischof Hinkmar gleichfalls als "lang" empfunden.[8] Die ostfränkischen Jahrbücher aus Fulda enthalten dagegen keinen Hinweis auf die ungewöhnlich lange Verhandlungsphase.[9] Mindestens ebenso lange werden die letztendlich erfolglosen Unterhandlungen zwischen Karl dem Kahlen und Ludwig dem Frommen, die unter Vermittlung Lothars II. 859 auf einer Rheininsel bei Andernach stattfanden, gedauert haben.[10] Auch die zähen Bemühungen um einen Ausgleich zwischen diesen beiden Streithähnen 871 in Maastricht scheiterten nach längeren Verhandlungen.[11] Die Aufteilung des Mittelreiches zwischen König Karl und König Ludwig 870 bei Meersen wird nach Vorverhandlungen über Gesandte gut vorbereitet gewesen sein. Die beiden Herrscher sahen sich nur zweimal, wobei der

---

[6] Annales Bertiniani a.851, S.38: "Hlotharius, Hludowicus et Karolus apud Marsnam palatium conveniunt. Ubi etiam fraterne paucis diebus morati, haec communi procerum suorum consilio atque consensu decernunt propriorumque nominum monogrammatibus confirmant." Annales Xantenses a.851, S.18: "Conventus namque regum nostrorum tunc erat apud Mosam fluvium."
[7] Annales Bertiniani a.854, S.44: "Karolus super fratris Ludoici fide suspectus, ad Lotharium in vico Leutico venit. Ubi diu de communi amicitia atque indissolubili tractantes, tandem coram omnibus qui aderant identidem super sancta iurando vicissim firmaverunt, commendatis alternatim filiis, proceribus et regnis."
[8] Annales Bertiniani a.860, S.54: "Ludoicus, Karlus et Lotharius reges Kalendas Iunias apud castrum quod Confluentes vocatur conveniunt, ibique de pace inter se diu tractantes, tandem concordiam atque amicitiam ipsi per se iuramento firmant."
Die Könige beschworen am 7. Juni die Abmachungen (Kapitular Nr.242 [MGH Capitularia 2, 154]). "Haec sunt nomina episcoporum, qui anno incarnationis dominicae DCCCLX Nonis Iuniis in secretario basilicae sancti Castoris consideraverunt cum nobilibus ac fidelibus laicis firmitatem, quam gloriosi reges nostri Hludowicus et Karolus atque Hlotharius inter se fecerunt VII. Idus Iunias in eodem monasterio...".
[9] Annales Fuldenses a.860, S.54: "Hludowicus rex et Karlus frater eius neposque Hlutharius cum primatibus suis in Confluente castello convenientes pacem inter se et fidelitatem mutuam singuli iuramento firmaverunt, cuius sacramenti series huius modi fuit ..."
[10] Annales Fuldenses a.859, S.53: "... tandem condicto tempore singuli cum aequo numero principum suorum ex adversa parte nominatim expressorum, iuxta Anternacum castellum in quadam insula Rheni fluminis navigio vecti convenerunt, reliquo singulorum comitatu super litus ex utraque parte fluminis consistente. Ubi cum diu varia et anceps actarum simul et agendarum rerum agitata esset disputatio, condicto placito autumni tempore iuxta Basalam communiter habendo singuli cum suis ad propria reversi sunt."
[11] Annales Bertiniani a.871, S.117: "In aliquandiu colloquio Hludowicus et Karolus immorantes, aut parum aut nihil profecerunt. Sicque ab invicem in capite Septembris separati, quisque ad sua repedare curavit..."

zweite Termin wohl gar nicht mehr zu Verhandlungen benutzt wurde.[12] Wenigstens zwei Tage nahmen die Verhandlungen zu Fouron 878 zwischen dem ostfränkischen Herrscher Ludwig dem Jüngeren und dem westfränkischen König Ludwig dem Stammler in Anspruch.[13] Keinen Aufschluß über die Dauer von Verhandlungen bieten die Jagdpartie von König Ludwig dem Deutschen und Kaiser Lothar bei Lorsch 850[14] und der Aufenthalt desselben Kaisers am Hof Karls des Kahlen 853.[15] Das Zusammensein sollte in diesen Fällen lediglich den Familiensinn festigen, Verhandlungen wurden zu diesem Zeitpunkt nicht mehr geführt.

Zusammenfassend wird man festhalten können, daß im allgemeinen mit einer Verhandlungsdauer von ein bis drei Tagen bei den Königstreffen zu rechnen ist; bei besonders schwierigen Verhandlungsgegenständen kann auch mal mit einer etwa einwöchigen Konferenzdauer gerechnet werden. Damit entspricht die Verhandlungsdauer bei Königstreffen der damals üblichen Länge von Reichsversammlungen, Synoden und internen Beratungen. Während Hinkmar für Hoftage mit "ein, zwei oder mehr" Tagen zu rechnen scheint,[16] sind für Synoden norma-

---

[12] Annales Bertiniani a.870, S.110: "Et discurrentibus inter utrosque fratres et reges missis, tandem 5. Kalendas Augusti ad locum colloquii convenerunt et hoc modo regnum Hlotharii inter se diviserunt ... " "Et in crastina, scilicet 4. Idus eiusdem mensis, simul convenerunt, et valefacientes se mutuo, ab invicem discesserunt ..." (ebd. 113). Zu der unmöglichen Datierung s. die einleitenden methodischen Bemerkungen.

[13] Annales Bertiniani a.878, S.144f.: "et Kalendis Novembris simul convenientes apud Marsnam, utrimque pax firmata est inter eos, et condixerunt placitum purificatione sanctae Mariae, ut simul iterum convenirent, Hludowicus, Karoli filius, ad Gundulfi-villam et Hludowicus, Hludowici filius, circa eundem locum in commoditate sua. In ipso quidem placito haec quae sequuntur inter eos consensu fidelium illorum servanda convenerunt: Conventio quae inter gloriosos reges Hludowicum ... itemque Hludowicum ... in loco qui vocatur Furonis, Kalendis Novembris ... facta est, anno incarnatione dominicae 878, indictione 11. Dicente rege Hludowico, filio Karoli '...' ista sequenti die statuta sunt ...". Obwohl durchaus nicht klar ist, an welchem Tag die "conventio" bzw. "statuta" festgelegt wurden, wird man mindestens von einem zweitägigen Königstreffen auszugehen haben. Nimmt man die Angaben weniger gut informierter Quellen ernst, muß man sogar mit einer noch längeren Dauer rechnen. Annales Vedastini a.878, S.43: "... mutuo se salutaverunt pacemque firmissimam inter se fecerunt. Actum est hoc mense Octobrio ..." Annales Fuldenses a.878, S.92: "Rex Hludowicus ad Aquas in mense Octobre perrexit et cum aequivoco suo, Karoli regis filio, haud procul inde colloquium habuit."

[14] Annales Xantenses a.850, S.17: "Eodem anno inter duos fratres, Lotharium imperatorem et Ludhowicum regem, tanta pax erat, ut in Hosninge simul plurimos dies cum paucis venationi operam dederunt, ita ut multi hoc facto mirarentur, et in pace discesserunt a se." Verhandlungen waren vor der Jagd in Köln geführt worden (BM² 1142b).

[15] Annales Bertiniani a.853, S.42: "Lothariusque filiam Karoli a sacro fonte suscepit et paucos dies ad sua maerae contendit."

[16] Auf interne Beratungen am Königshof geht Hinkmar von Reims, De ordine palatii c.6 (c.31), S.86/88, ein: "Electi autem consiliarii una cum rege hoc inter se principaliter constitutum habebant, ut, quicquid ab eis familariter locuti fuissent tam de statu regni quamque et de speciali cuiuslibet persona, nullus sine consensu ipsorum cuilibet domestico suo vel cuicumque alteri prodere debuisset secundum hoc, quod res eadem sive die sive duobus sive amplius seu annum vel etiam in perpetuum celari vel sub silentio manere necesse fuisset."

lerweise drei oder mehr Tage anzusetzen.[17] Gleichzeitig ist zu konstatieren, daß aus Quellenangaben, die keine Angaben zur Dauer eines Treffens machen, nicht geschlossen werden darf, daß diese Treffen kurz oder gar eintägig waren.

8.2.2. Der Ablauf

In seiner Untersuchung zu den Treffen der karolingischen Brüdergemeinschaft kristallisierte SCHNEIDER folgendes Ablaufschema heraus:[18]

1. Gegenseitige Versöhnung der Könige
2. Eid auf dieser Grundlage
3. Aufsetzung der "capitula" durch die "fideles" der Könige
4. Vorlesung derselben vor den Königen
5. Versprechen der Einhaltung der "capitula" durch die Könige und Unterzeichnung
6. Öffentliche Bekanntgabe der "capitula" vor einem größeren Kreis von Getreuen.

Soweit die Verhandlungen komplexe Sachverhalte zum Gegenstand hatten, wird man davon ausgehen können, daß diese Prozedur nicht an einem Tage durchzuführen war, zumal, wenn noch mehrere Abschriften der "capitula" benötigt wurden, wie ja auch schon DÜMMLER mit Mehrtägigkeit der Königstreffen rechnete, wenn er bemerkte, daß die Verhandlungen von 842 nach zwei Tagen "schon" beendet waren.[19] Damit finden die oben angestellten Untersuchungen eine weitere Bestätigung. Bei einer mehrtägigen Dauer von Königstreffen stellt sich die Frage, auf welchen Tag eine überlieferte Datierung denn nun zu beziehen ist. Daß alle Quellen gleichermaßen denselben Zeitpunkt fixierten, ist nicht zu

---

Wenn dem Ratgeber des Königs über einen Beratungsgegenstand ein Schweigen von "ein, zwei oder mehr Tagen oder einem Jahr oder für immer" anempfohlen wird, dürften sich die ersten drei Zeitangaben auf die Dauer der Beratung beziehen. Auch Beratungen ohne unmittelbare Beteiligung des Königs dauerten "interdum die uno, interdum biduo, interdum etiam triduo vel amplius, prout rerum pondus expetebat" (ebd. c.7 [c.34], S.92).

[17] BARION, Synodalrecht 72-74, folgert aus den für die ersten drei Tage einer Synode vorgeschriebenen Litaneien, daß die Synoden eben die Dauer von drei Tagen hatten (so auch SCHRÖDER, Westfränkische Synoden 41). Aus einer von KLÖCKENER, Ordnung, herausgegebenen liturgischen Ordnung für Provinzialkonzilien geht ebenfalls die Dreitägigkeit der Beratungen hervor, wobei diese im wesentlichen theologischen Fragestellungen galten, denen sich Beratungen über andere Problemkreise an weiteren Tagen anschließen konnten. Die Zeitdauer von drei Tagen wird man auch als ungefähres Richtmaß für die "capitula"-Beratungen auf den Königstreffen veranschlagen können.

[18] SCHNEIDER, Brüdergemeine 32. VOSS, Herrschertreffen 176-198, schließt sich seinem Ergebnis an und glaubt, dieses Ablaufschema auch auf spätere Königstreffen anwenden zu können.

[19] DÜMMLER, Ostfränkisches Reich I, 183: "Schon am 16. Juni wurden auf einer zweiten Zusammenkunft der Herrscher die Verhandlungen geschlossen."

erwarten, da es nach den Forschungen von SCHNEIDER mindestens drei rechtlich relevante Akte und damit - neben der Fixierung des Verhandlungsbeginns - auch drei unterschiedliche Datierungsmöglichkeiten gab: nach dem Eid, nach der Unterzeichnung der "capitula" oder nach deren Verkündung vor den Getreuen.[20] Die Eide dienten der gegenseitige Sicherheit für die Zeit der Zusammenkunft; zugleich bildeten sie Verhandlungsgrundlage. Die Sicherheitschwüre standen daher zeitlich am Anfang der Treffen, was jedoch nicht heißt, daß nicht um die Formulierung der Schwüre gerungen wurde, da es auf deren exakten Wortlaut ankam.[21] In den meisten Fällen wird man aber davon ausgehen können, daß die Schwurformeln in den Vorverhandlungen abgeklärt, und die Eide am ersten Tag des Treffens geleistet wurden.[22] Auf Grundlage dieser Schwüre wurden dann die "capitula" ausgehandelt, die man geradezu als Ausführungsbestimmungen verstehen kann.[23] Die Umsetzung der in den Schwüren festgelegten Verhandlungsgrundlage auf das jeweils aktuelle Problem dürfte den größten Zeitanteil der Herrschertreffen in Anspruch genommen haben. Allein die Teilnehmerzahlen solcher Beratungen dürften erhebliche technische Probleme bezüglich der Tagesordnung und der Regelung der Rednerfolge gestellt haben.[24] Im allgemeinen dürfte man sich - vielleicht sogar im liturgischen Rahmen - an das Ablaufschema von Synoden gehalten haben.[25] Geht man davon aus, daß die Konferenzen früh-

---

[20] SCHNEIDER, Brüdergemeine 31-48.
[21] Auf die immer länger werdenden Formulierungen der Eide macht SCHNEIDER, Brüdergemeine 28f, aufmerksam; offenbar ging es darum, immer mehr Ausflüchte zu verbauen. Schöne Belege für die Reduzierung der Bedeutung des Eides auf den Wortlaut liefern die Verteidigungen König Karls von 876 (Regino, Chronicon a.876, S.111f) und Ludwigs des Jüngeren 879 (Annales Fuldenses a.879, S.93). Insbesondere die Unkenntnis einer bestimmten Sachlage barg die Gefahr eines Meineids, wie die Diskussion um die Aufteilung der Regna von 842 zeigt (Nithard, Historia IV 5, S.46f). S.a. SCHMIDT-WIEGAND, Eid und Gelöbnis 55-90.
[22] SCHNEIDER, Brüdergemeine 31 und 48, belegt, daß die Eide von Getreuen in Stellvertretung des Königs vor den Verhandlungen geleistet werden konnten. Lediglich ausgearbeitet wurden von den Beratern dagegen die Eide von 860 (ebd. 29).
[23] SCHNEIDER, Brüdergemeine 47: "gewissermaßen der Ausfluß eines durch sacramenta begründeten oder bekräftigten Vertrages."
[24] 862 zu Savonnières waren 200 Berater tätig, 842 in Konstanz waren 120 und in Meersen (870) waren es immerhin noch 30 Ministeriale und Vasallen (SCHNEIDER, Brüdergemeine 41-43). "Wenigstens 79 weltliche Vertreter des bayrischen Adels ... vermutlich aber noch mehr" nahmen an der Reichsversammlung von Verdun 843 nach eine Berechnung von STÖRMER, Früher Adel I, 275, teil.
[25] Man wird annehmen können, daß die Beratungen sich an den, den Zeitgenossen bekannten Mustern orientierten. Solche Muster konnten eigentlich nur die "Beratungsinstitutionen" Reichstag und Synode liefern. So nimmt auch ALTHOFF, Colloquium 146, "strukturelle Analogien" zwischen Synoden und anderen Beratungsformen an. Reichstage fanden im Gegensatz zu den kleineren Hoftagen selten statt und fielen dann auch noch oft genug mit Synoden zusammen (WEBER, Reichsversammlungen 193-200). Allein die Provinzialsynoden konnten als Orientierung dienen, nicht aber die Diözesansynoden, da es sich bei ihnen nicht um eine Beratung unter Gleichen, sondern um die Entgegennahme von Bischofsanweisungen handelt (HARTMANN, Probleme 10). Die mangelhafte Unterscheidung von Synode und

morgens begannen[26] und die Eidschwüre in den Grundzügen bereits ausgehandelt waren, können die Verhandlungen über die "capitula" noch vor dem Mittag eingesetzt haben.
Den Abschluß der Verhandlungen bildeten die "adnutiationes" an das Gefolge. Dieser zeitlich sicherlich nicht aufwendige Rechtsakt wird dann am Abend des zweiten oder dritten Verhandlungstages erfolgt sein.[27]

8.3. DIE HERRSCHERTREFFEN IM EINZELNEN

Im folgenden wird davon ausgegangen, daß die überlieferten Datierungen sich auf einen der bei den Königstreffen getätigten Rechtsakte bzw. auf den Beginn der Verhandlungen beziehen. Wenn diese These richtig ist, muß sich, will man die These SCHALLERs aufrechterhalten, in unmittelbarer Umgebung des gegebenen Termins ein heiliger Tag finden. Bei der Zugrundelegung einer rund drei Tage dauernden Konferenz müßte innerhalb dieser drei Tage ein entsprechender Tag zu finden sein.
Neben den bereits in den Tabellen angeführten Königstreffen werden in der Arbeit auch solche berücksichtigt, deren Datierung einigermaßen sicher vorgenommen werden kann.

8.3.1. Salvatorfeste[28]

Zu den schwierigsten Verhandlungen bei Königstreffen dürften diejenigen von Koblenz 860 zählen. Hier ging es um die Aussöhnung zwischen Karl dem Kahlen und Ludwig dem Deutschen nach dessen Einfall in das westfränkische Reich 858. Die Vermittlerrolle übernahm ihr Neffe Lothar II. Vorherige Verhandlungen über Unterhändler hat es entweder nicht gegeben oder aber sie scheiterten; jeden-

---

Reichstag in den Quellen deutet darauf hin, daß nicht nur die Teilnehmer, sondern auch der strukturelle Ablauf in etwa gleich war(en) (HARTMANN, Probleme 13-15; DERS., Laien). Für die Abhaltung von Synoden gab es in karolingischer Zeit feste Vorschriften in Form von "Ordines qualiter synodus habendus sit" (BARION, Synodalrecht 58; KLÖCKENER, Liturgische Ordnung). Die Annahme, daß man sich bei den "capitula"-Beratungen an der Synodenstruktur orientierte, korrespondiert mit der bedeutenden Rolle, die die Bischöfe auf diesen Treffen spielten (SCHNEIDER, Brüdergemeine 31f). Dies kann nicht allein ein Ausfluß ihres irdischen Machtpotentials, sondern auch ihres - liturgisch bedingten - Herrschaftswissens sein.
[26] Für Synoden setzen die Ordines den Beginn mit dem Sonnenaufgang an (BARION, Synodalrecht 63).
[27] Für 862 ist eine Adnuntiatio für den Abend belegt (MGH Capitularia 2, 165).
[28] Die Taufe der Tochter Karls des Kahlen zu Epiphanie 853, bei der Kaiser Lothar die Patenschaft übernahm, wird im Taufkapitel behandelt, sodaß an dieser Stelle nicht nochmals auf dieses Königstreffen einzugehen ist.

falls legte Lothar im Laufe des Treffens verschiedene Kompromißvorschläge vor.[29] Über den Beginn der Begegnung berichtet Prudentius: "Ludoicus, Karlus, Lotharius reges Kalendas Iunias apud castrum quod Confluentes vocatur conveniunt, ibique de pace inter se diu tractantes, tandem concordiam atque amicitiam ipsi per se iuramento firmant."[30] Die "Kalendas Iunias" bezeichnen zwar genaugenommen den 1. Juni, da aber am nächsten Tag das Pfingstfest gefeiert wurde, spricht viel dafür, daß die Junikalenden lediglich im Sinn von "Anfang Juni" zu verstehen sind. Ein derart schwieriges Verhandlungsproblem zu Pfingsten, sozusagen in der Anwesenheit des Heiligen Geistes, in Angriff zu nehmen, entspricht auch dem Denken der Zeit.[31] Die Angabe des 1. Juni als Tagungsbeginn hat insofern ihre Berechtigung, als es wahrscheinlich der Tag war, an dem die Könige in Koblenz ankamen, da es wohl zum Usus karolingischer Könige gehörte, am Tag vor einem Fest einzutreffen.

8.3.2. Heiligenfeste

8.3.2.1. Johannes der Täufer

Auf der Zusammenkunft von Meersen im Februar 847 beschlossen die drei Brüder ein Königstreffen "missam sancti Iohanni", also für den 24. Juni, bei Paris.[32] Daß die Zeitwahl für die Beratungen Ludwigs des Deutschen und Karls des Kahlen im Februar 865 im Rahmen der politischen Propaganda zu sehen ist, wird an gegebener Stelle noch gezeigt werden. Dieselbe Absicht war auch bei der dort gemachten Ansage eines erneuten Beratungstermins der beiden Herrscher zum selben Gegenstand leitend. Auf dieser Konferenz setzten sich die beiden Könige mit den Bemühungen ihres Neffen Lothar auseinander, seine Ehe mit Theutberga für ungültig erklären zu lassen. Deren Unfruchtbarkeit gefährdete die Sicherung der Dynastie Lothars,[33] war aber nach kirchlichem Recht kein Grund für eine Ungültigkeitserklärung.[34] Seine Oheime traten auf diesem Treffen für die kirchliche Eheauffassung ein, wobei ihnen diese Haltung zugleich politischen Vorteil versprach. Tatsächlich empfand Lothar die Beschlüsse von Tusey als akute Bedrohung seiner Herrschaft.[35] Auf ihrem Treffen schrieben die Könige Ludwig

---

[29] DÜMMLER, Ostfränkisches Reich I, 457; BM² 1443b.
[30] Annales Bertiniani a.860, S.54.
[31] Mit den Worten "Deus qui hodierna die corda fidelium sancti spiritus inlustratione docuisti, da nobis in eodem spiritu recta sapere, et se eius consolatione gaudere" (DESHUSSES, Sacramentaire grégorien I, 227) eröffnete die Pfingstmesse; eine bessere Eröffnung für die anstehenden Verhandlungen ist kaum denkbar.
[32] Kapitular Nr.204 (MGH Capitularia 2, 71).
[33] SCHIEFFER, Urkunden Lothars II. 371.
[34] Die Differenzen zwischen germanischer und kirchlicher Auffassung der Gültigkeit einer Ehe findet sich im Scarapsus des Pirmin (c.16, S.48-52); zum Ehestreit: KONECNY, Frauen 103-117.
[35] BOSHOF, Lotharingien 134-136; STAUBACH, Herrscherbild 199-202.

und Karl an Papst Nikolaus I., sie wollten König Lothar "circum missam S. Iohannis" von neuem mahnen.[36] Eine zweite Begegnung zwischen dem ost- und westfränkischen Herrscher fand im Sommer allerdings nicht mehr statt. Auch die Beschlüsse von Tusey enthalten keinerlei Hinweise auf einen geplanten Beratungstermin im Sommer. Offenbar gab es doch keine feste Abmachung über das weitere Vorgehen. Dementsprechend konnte es auch keine festen Termine für das Vorantreiben ihrer Pläne geben. Vielmehr sollte die Angabe dem Papst zeigen, daß die beiden Könige ihre Pflichten als "reges christiani" wahrnahmen. Wenn es schon keinen festen Zeitpunkt gab für eine erneute Verhandlung des Problems, wie ja auch aus dem "circa" der Zeitangabe deutlich hervorgeht, drängt sich die Frage auf, warum sie den Zeitpunkt für eine erneute Beschäftigung mit dem Eheproblem Lothars II. nicht einfach mit "im Juni" oder "im Sommer" angaben; doch wohl, weil es ihnen möglich schien, mittels des Stichwortes "Johannes der Täufer" ihr Ansehen beim Papst aufzuwerten oder ihren Plänen sonstwie zu nützen. Tatsächlich läßt sich ein Zusammenhang zwischen dem Täufer und sexuellem Fehlverhalten herstellen. Die Evangelisten Markus (6,17-29) und Lukas (3,19-20) berichten nämlich, Johannes der Täufer habe das ehebrecherische Verhalten des Königs Herodes öffentlich angeklagt und sei deshalb vom König verhaftet und später hingerichtet worden. In der Situation von 865 mußte sich bei dem Stichwort "Johannes der Täufer" die Assoziation Ehebruch einstellen. Zugleich wurde der König des Mittelreiches in die Position des Herodes gerückt, der als neutestamentlicher Prototyp des bösen Königs galt.[37] Bei der Angabe des Tagestermins stand demzufolge die politische Propaganda im Vordergrund der Überlegungen.

Die Maastrichter Konferenz der Könige Karl und Ludwig von 871 fand statt, nachdem die mit ihrem Vater verfeindeten Söhne des ostfränkischen Königs, Ludwig und Karl, den westfränkischen Gegenspieler ihres Vaters, König Karl, im August in Verdun gebeten hatten, sie mit ihrem Vater auszusöhnen. Sie begleiteten ihn zur Synode von Douzy, auf der sie ihre Bitte wiederholten. Hier trafen Gesandte König Ludwigs ein, die den westfränkischen Herrscher zu einer Zusammenkunft nach Maastricht einluden, die noch im August stattfand und nach einiger Zeit erfolglos abgebrochen wurde. Dies war kein Wunder, denn nicht nur der Westfranke hatte Gesandte seiner Neffen mitgebracht, sondern auch der Ostfranke Gesandte des mit seinem Vater Karl verfeindeten westfränkischen Prinzen

---

[36] JAFFE Nr.2788: "Eorum concilium Lotharii 'circum missam S. Iohannis' (d. 24. m. Junii) iterum commonendi probat". S.a. BM² 1304e.

[37] Daß das Stichwort "Herodes" in Tusey tatsächlich fiel, legt eine Ludwig dem Deutschen gewidmete Schrift Hinkmars von Reims nahe. Bezugnehmend auf ein Gespräch in Tusey legt der Reimser Bischof dem ostfränkischen König den Psalmenvers "Herodii domus dux est eorum" (Ps 104,18) aus (Hinkmar von Reims, De verbis psalmi, in: PL 125, 957-962; DÜMMLER, Ostfränkisches Reich I, 113). Zu dem Gespräch mag die Ähnlichkeit von Herodes/Herodius angeregt haben.

Karlmann.[38] Zu Beginn des Septembers wurden die Verhandlungen abgebrochen.[39] Für die Verhandlungen wird man etwa fünf bis sechs Tage ansetzen und das Ende am 2.-3. September vermuten können. Damit wäre der Verhandlungsbeginn mit einiger Wahrscheinlichkeit auf den 29. August, dem Gedenktag der Enthauptung des Vorläufers Jesu, zu datieren.
Ein Treffen Karls III. mit den westfränkischen Königen Ludwig und Karlmann in Gondreville 880 wird man mit dem Johannesfest im Juni in Verbindung bringen können, zumal eine Adoption geplant war und der biblische Bericht zur Taufe Jesu durch Johannes eine Adoptionsformel bietet.[40]

8.3.2.2. Marienfeste

Für den Februar 879 planten die Könige Ludwig der Stammler und Ludwig der Jüngere ein Königstreffen, zu dem auch König Karl III. und König Karlmann von Baiern eingeladen werden sollten. Auf die Hinkmar von Reims unterlaufene Verwechselung von Marien- und Amandusfest ist bereits eingegangen worden. Der Lapsus Hinkmars zeigt, daß der bedeutende Staatsmann bei einem Februartermin für einen Staatsakt automatisch an das Marienfest dachte. Daraus muß man folgern, daß die Konotation von 'Staatsakt im Februar' und 'Mariä Reinigung' durchaus gängig war. Das Versehen Hinkmars zeigt außerdem, daß das Marienfest ein für Königstreffen geeigneter Termin war.[41]
Lediglich aus einer Urkunde vom 13. September 878 für das Kloster Murbach ist uns eine Begegnung zwischen Ludwig und Karl, zwei Söhnen Ludwigs des Deut-

---

[38] Annales Fuldenses a.871, S.74; Annales Bertiniani a.871, S.116f; Zum Ganzen DÜMMLER, Ostfränkisches Reich II, 329-332. Wenn VOSS, Herrschertreffen 15f, meint, daß eine Einladung Karls ins Ostreich statt an die Grenze nähergelegen hätte, scheint sie die politische Lage in ihrem krisenhaften Charakter nicht erkannt zu haben.
[39] Annales Bertiniani a.871, S.117: "Sicque ab invicem in capite mensis Septembris separati".
[40] Siehe S.105f. Da die Adoption Karls III. in Gegensatz zu seinem Bruder Ludwig bringen mußte, der bereits zweimal gegen die beiden westfränkischen Könige zu Felde gezogen war, ist zu erwägen, ob man sich nicht kurz vor dem 24. Juni zu Verhandlungen getroffen hat, um mit der in Gondreville gleichfalls anwesenden Gesandtschaft Ludwigs einen Interessenausgleich herbeizuführen (BM² 1567a). Die Zeit bis zum Täuferfest hätte Karl III. dann genügend Spielraum für Verhandlungen und - bei negativem Ausgang - die Möglichkeit geboten, die Adoption zu verweigern. Da der Sonntag vor dem 24. Juni 880 auf das Fest der mailändischen Heiligen Gervasius und Protasius (19.6.) fiel und Karl gerade aus Oberitalien zurückgekehrt war, wo er für den mailändischen Bischofsstuhl geurkundet hatte (DDKIII 21 und 23), ist zu vermuten, daß sich die Könige an diesem Sonntag, auf den die Bezeichnung "Mitte Juni" durchaus paßt, trafen. Für die Zeitplanung kann in diesem Fall nicht der Verhandlungsbeginn, sondern das Verhandlungsende von besonderem Interesse gewesen sein.
[41] Annales Bertiniani a.878, S.144 [Einleitung]: "et condixerunt placitum purificatione sanctae Mariae, ut simul iterum convenirent ..." und S.146 [Beschlußprotokoll]: "Ut communiter ... missos nostros ad Karlomannum et Karolum, gloriosos reges, qui eos ad placitum octavo Idus Februarii statutum habeamus invitent".

schen, in Modern im Elsaß bekannt.[42] Höchstwahrscheinlich teilten sich Ludwig und Karl hier den elsässischen Besitz ihres todkranken Bruders.[43] Da der Tod Karlmanns abzusehen war, wird es zugleich um die Nachfolge in dessen Königtum gegangen sein. Hier handelte es sich wohl vor allem darum, wie man sich gegenüber den Herrschaftsansprüchen von Karlmanns Sohn, Arnulf von Kärnten, verhalten wollte. Tatsächlich erreicht Ludwig noch in diesem Winter die Zusicherung der Nachfolge in Baiern durch seinen Bruder.[44] Karl und Ludwig werden in Modern folglich eine Absteckung der jeweiligen Interessensgebiete vorgenommen haben. Die komplexen Problemfelder werden eine längere Verhandlungsphase als üblich mit sich gebracht haben. Daher kann das Fest Mariä Geburt am 8. September als Tagungsbeginn angenommen werden.

8.3.2.3. Festtage von Reichsheiligen

Zu einem Königstreffen verabredeten sich die Kaiser Lothar I. und Ludwig der Deutsche zum Martinsfest 840, um zu einem friedlichen Interessenausgleich zu kommen.[45]

Nach dem 5. November 842, etwa in der Mitte des Monats, scheint es zu einer kurzen und unbedeutenden Begegnung der drei brüderlichen Herrscher in Thionville gekommen zu sein, die sich nur indirekt aus den Quellen erschließen läßt.[46] Auch in diesem Fall kann das Martinsfest am 11. November als plausibler Termin gelten, zumal vom nächsten Tag ein in Thionville ausgestelltes Diplom Kaiser Lothars existiert.[47]

Für den 25. Oktober 859, dem Gedenken für die Reichsheiligen Crispin und Crispinian, war eine Zusammenkunft der drei karolingischen Könige Ludwigs des Deutschen, Karls des Kahlen und Lothars II. in Basel geplant, die jedoch nicht zustande kam.[48]

Mit der Feier dieses Festes mag es zusammenhängen, daß die Koblenzer Verhandlungen zwischen den Vertretern Kaisers Lothar I. und seiner beiden Brüder, die am 19. Oktober 842 begannen, am 24. Oktober endeten. Ludwig und Karl "scheinen während dieser zeit (!) in Worms gewesen zu sein".[49] Der zunächst ins

---

[42] DLJ 10: "actum Matra in colloquio duorum fratrum".
[43] BM² 1558a; SCHNEIDER, Brüdergemeine 14; BOSHOF, Lotharingien 139.
[44] BM² 1538a. Insbesondere die Inpflichtnahme von baierischen Adligen deutet darauf hin, daß der "Besuch" seines kranken Bruders militärischen Charakter hatte. Allein die im Reich Ludwigs geschriebenen Annales Fuldenses a.879, S.92, berichten von dem Krankenbesuch.
[45] CRAM, Iudicium Belli 21-24.
[46] BM² 1093d; VOSS, Herrschertreffen 208.
[47] DLoI 68.
[48] Annales Bertiniani a.859, S.52: "Cuius colloquii effectus differtur usque ad 8. Kalendas Novembris apud Basiliam civitatem." VOSS, Herrschertreffen 40, und DÜMMLER, Ostfränkisches Reich I, 454.
[49] BM² 1372e; BM² 1093c.

Auge gefaßte Beginn dieser Beratungen war das Remigiusfest am 1. Oktober.[50] Dieser Tag wird als Konferenztermin der Könige Karl und Ludwig zu betrachten sein. Wann sich die beiden Herrscher begrüßten, ist nicht sicher auszumachen. Am Vortag zum Remigiusfest war Karl auf der Reise zu seinem Bruder in Metz eingetroffen und hatte von hieraus Verhandlungen mit seinem Bruder Lothar über eine Verlegung des Konferenzortes geführt.[51] Setzt man für diese Verhandlungen, bei denen Prestigegründe sicher eine wichtige Rolle spielten, rund eine Woche an, können Karl und Ludwig das Dionysiusfest miteinander gefeiert haben.[52]

Ein abschriftlich überliefertes Diplom Karls des Kahlen vom 14. Oktober 843, ausgestellt in Chazé-sur-Argoe für das Kloster St. Lomer, gibt nicht nur die Zeichen Karls des Kahlen wieder, sondern trägt nach der Rekognition und vor der Datierungszeile noch den Eintrag: "Hoc praeceptum (Monogramma) fratris mei Karoli ego Hludowicus rex ... subscripsi." Die schlechte Überlieferungslage macht es problematisch, hierin einen unzweifelhaften Beleg für ein sonst nicht überliefertes Königstreffen zu erblicken. Immerhin tritt der Herausgeber für die Echtheit der Urkunde ein. Denkbar ist der Einwand, die Gegenzeichnung sei erst bei der Invasion Ludwigs 858/859 nachgetragen worden. Allerdings liegen für ein solches Verfahren Ludwigs keine weiteren Belege vor. Gegen einen späteren Nachtrag der Unterschrift König Ludwigs sprechen zudem zwei Überlegungen. Einmal hätte ein solches Verfahren in der Situation von 858/859 die Legitimation des ostfränkischen Königs unnötig erschwert, da die Gegenzeichnung einer Urkunde Karls implizit dessen Herrschaftsberechtigung anerkannt hätte. Politisch eindeutiger wäre die Anfertigung einer eigenen Urkunde gewesen, wie es Ludwig bereits einmal praktiziert hatte.[53] Zudem ist das Diplom die Bestätigung eines Beschlusses der Synode von Germigny, die parallel zur Reichsversammlung tagte. Da der Synodenbeschluß auch die Unterschrift des Bischofs Baturich von Regensburg trägt, spricht einiges für eine Anwesenheit König Ludwigs im Westreich. Reichsversammlung und Synode fanden zwischen dem 24. September und

---

[50] Nithard, Historia IV 4, S.45: "... et usque ad conventum, quod in Kal. Octobris condixerant, pacifice quisque in sua portione, qua vellet, esset." Annales Bertiniani a.842, S.28: "... et de regni totius aequis portionibus diligentius faciendis Kalendis Octobribus in urbe Mediomatricorum Mettis vocabulo decreverunt."

[51] Nithard, Historia IV 4, S.46. Warum Karl und Ludwig ihre Residenz in Worms und nicht in der Nähe des verabredeten Tagungsortes Metz aufschlugen, das in anderen Jahren ein höchst attraktiver Konferenzort war (VOSS, Herrschertreffen 12f und 93-95), ist eine Frage, die in der Literatur völlig übergangen wird.

[52] Die Annales Bertiniani a.842, S.29 bieten nur eine grobe Zeitangabe: "Karolus mense Octobri ab urbe Mediomatricorum Vangium profectus, Hludowico fratri coniungitur." Doch rechnet auch DÜMMLER, Ostfränkisches Reich I, 186, daß König Ludwig sich "in den ersten Tagen des Oktober nach Worms zu der mit Karl verabredete Zusammenkunft" begab.

[53] Das Immunitätsdiplom DLD 15 vom 5.2.834 folgte wörtlich der seines Vaters von 816. Als Kaiser Lothar I. 841 die Herrschaft über Ostfranken beanspruchte, stellte auch er eine neues, gleichlautendes Diplom aus (HUSSONG, Fulda I, 119).

dem 14. Oktober 843 statt.[54] Geht man davon aus, daß die Urkunde im Anschluß an die Synode ausgestellt wurde, bietet sich als Termin für Synode, Reichsversammlung und Königstreffen das Dionysiusfest am 9. Oktober an. Zu dem erweiterten Kreis der Reichsheiligen kann der hl. Vedastus gehört haben, für dessen Festtag (6.2.) im Jahr 879 ein Vier-Königstreffen in Gondreville geplant war. Da Karl der Große eine Reichsteilung unter seinen Söhne an einem 6. Februar vorgenommen hatte, kann mittels der Tagewahl eine Anknüpfung an diesen Vorgang beabsichtigt gewesen sein. Durch die Tagewahl konnte dann die Idee vermittelt werden, daß zwar jeder Karolinger seinen eigenständigen Herrschaftsbereich habe, alle aber untereinander wie Brüder verbunden seien. Da am 6. Februar auch drei Heilige mit dem Namen Amandus gefeiert wurden, bietet sich noch eine weitergehende Interpretation der Tagewahl an. Die Beziehung der karolingischen Teilkönige untereinander wurden als "Liebe" verstanden, die im allgemeinen mit den Termini "caritas" und "dilectio" bezeichnet wurde. Zu der von SCHNEIDER erarbeiteten Caritas-Terminologie paßt die Tagewahl von Heiligen, deren Namen ("Amandus") an die zwischen Verwandten bestehende Liebesverpflichtung erinnern. Der mit "Amandus" verbundene Begriff "Amor" erscheint mit einer Ausnahme in keinem der geschlossenen Verträge. Diese Ausnahme aber steht bezeichnenderweise im Zusammenhang mit jener Konferenz, die für den Amandustag geplant war. Im Anschluß an die Begegnung von 879, auf der das Treffen vom Amandustag 879 verabredet worden war, schrieb der ostfränkische König Ludwig an seinen westfränkischen Vetter, er beschwöre ihn zu dem Bemühen, einander in "cognato amore" zu lieben.[55]

---

[54] DKII 27; MGH Concilia 3, 1-7; Kritisch: BM² 1372k.
Ob Ludwig im Westreich seit dem Teilungsvertrag im August weilte oder ob er zwischendurch in seinen Reichsteil zurückkehrte, muß natürlich offenbleiben. Möglicherweise war sogar Kaiser Lothar auf der Reichsversammlung in Germigny anwesend, da die Einleitung des Synodenprotokolls auf alle drei Herrscher eingeht und Chazé, der Ausstellungsort von DKII 27, zum Besitz von Prüm, also einem Kloster Kaiser Lothars, gehörte. Zumindest war eine kaiserliche Gesandtschaft anwesend, da mit dem "vocatus episcopus" Agilmar von Vienne, dem Erzbischof Nothos von Arles und einem Bischof von Ostia auch Bischöfe des Mittelreiches an der Synode teilnahmen.
[55] "obsecro ... ut .. cognato amore nos invicem diligere ... curemus" (MGH Formulae 412). SCHNEIDER, Brüdergemeine 115-122, bes. 121: "Zwischen Verwandten besteht eine Liebesverpflichtung". In jüngster Zeit machte NOLTE, Motiv des Freundes 126, darauf aufmerksam, daß "Freund" "eigentlich 'der Liebende', 'der in Liebe Verbundene'" bedeutete, wobei die Blutsverwandtschaft wie die emotionale Bindung das tragende Element der Beziehung sein konnte. Vor diesem Hintergrund kann "Amandus" als "Freund" die politische Lage treffend kennzeichnen, hielt doch dieser ambivalente Begriff die Entscheidung offen, ob die Verbindung auf Verwandtschaft oder Freundschaft basierte. Dann liegt in der Wortwahl Ludwigs des Jüngeren ("cognato amore") der Versuch vor, dem Motiv der Verwandtschaft Vorrang einzuräumen.
Zum Wandel der Fraternitas zur Amicitia zwischen 855 und 885 s. SCHNEIDER, Brüdergemeine 171f; zum Vertrag von Fouron und dem Schreiben Ludwigs des Jüngeren s. DÜMMLER, Ostfränkisches Reich III, 94f; zur Amandus-Verehrung s. BARTH, Amandus.

8.3.2.4. Petrus- und Apostelfeste

Ein Diplom Lothars I., ausgestellt in Köln am 1. Juli 850 für das im Herrschaftsbereich Ludwigs des Deutschen gelegene Kloster Fulda, erwähnt eine Zusammenkunft mit dem ostfränkischen König. Höchstwahrscheinlich waren die Verhandlungen zum Zeitpunkt der Ausstellung bereits abgeschlossen.[56] Die Beziehungen zwischen den beiden Herrschern waren ausgesprochen positiv, so daß man für die sicher unproblematischen Besprechungen nicht mehr als zwei Tage anzusetzen braucht.[57] Der Beginn der Konferenz ist somit auf das Petrusfest, das 850 auf einen Sonntag fiel, zu datieren.

Ein weiteres Petrusfest scheint 854 für eine Zusammenkunft gewählt worden zu sein. Als Reaktion auf die Umtriebe Ludwigs des Deutschen in Aquitanien verbündeten sich Kaiser Lothar I. und König Karl im Februar 854 in Lüttich. Die Ansprachen an die Getreuen und die Schwüre der Könige sind zwar undatiert, aber es existiert ein kaiserliches Diplom, das am 25. Februar in Lüttich für seine spätere Grablege Prüm ausgestellt wurde.[58] Auch diese Urkunde wird erst nach der Zusammenkunft der Könige erstellt worden sein.[59] Legt man eine dreitägige Verhandlungsdauer zugrunde, begannen die Verhandlungen am 22. Februar, dem Fest Petri Stuhlfeier, das an den Antritt des Petrus als Bischof in Antiochien erinnert.[60] Die Tagewahl korrespondiert deutlich mit dem Anlaß der Zusammenkunft: hier Gefährdung der Herrschaft, dort Feier der Begründung der Herrschaft des Schutzheiligen.

Für "Kalendas Augusti", also wohl für das Fest Petri Kettenfeier, war im Jahr 870 die Aufteilung des Mittelreiches zwischen Ludwig dem Deutschen und Karl dem Kahlen ursprünglich geplant gewesen.[61] Zu diesem Fest dürften die Karolinger schon deswegen eine besondere Beziehung gehabt haben, weil sie seit den Tagen Karl Martells im Besitz von Kettenpartikeln des Apostels Petrus waren,[62] andererseits handelt es sich um einen Dienstag, weshalb zu überlegen wäre, ob

---

[56] DLoI 111, S.260: "quia Hatto venerabilis abba monasterii beati martyris Bonefacii, quod Fulda nuncupatur, dum nos et dilectissimus germanus noster Hludouuicus pariter Coloniae essemus et de rebus necessariis tractaremus, directis fratribus suis optutionibus nostris representari fecit auctoritatem domni genitoris nostri Hludouuici pissimi augusti ...". Auch MÜHLBACHER geht davon aus, daß die Konferenz vor der Urkundenausstellung "in den letzten tagen des juni statt<fand>" (BM² 1142b).
[57] Im Vorjahr hatten sich alle drei Brüder ausgesöhnt (DÜMMLER, Ostfränkisches Reich I, 346f). Auch das anschließende gemeinsame Jagdvergnügen in Eisling läßt auf sehr gute Beziehungen schließen (VOSS, Königstreffen 107).
[58] Kapitular Nr.207 (MGH Capitularia 2, 76-78); DLoI 130. Zum Einmarsch ostfränkischer Truppen unter der Führung von Prinz Ludwig zur Unterstützung des aquitanischen Aufstandes s. DÜMMLER, Ostfränkisches Reich I, 380-384 und AUZIAS, Aquitaine 272-281.
[59] Auch MÜHLBACHER ordnet in dieser Weise: BM² 1163/1164 (1129/1130).
[60] Hrabanus, Martyrologium 24; Florus, Martyrologium 38.
[61] Annales Bertiniani a.870, S.110: "... in meditullio eorum locorum Kalendas Augusti colloquerentur".
[62] NOBEL, Königtum I, 128.

mit den Augustkalenden nicht auch Sonntag, der 30. Juli, gemeint sein kann. Immerhin hatte ihr Vater eine Reichsteilung an einem Sonntag, dem 30. Juli (814), vorgenommen. Der Termin zum Monatswechsel wurde dann allerdings nicht eingehalten, da Ludwig der Deutsche durch den Einsturz eines Söllers ernsthaft verletzt wurde. Die Teilung fand dann den Abschriften des Teilungsvertrages zufolge am 8. August statt.[63] Dies war zugleich der erste und wichtigste Tag des Treffens, da die Begegnung vom nächsten Tag lediglich privaten Charakter hatte. Somit fand die Teilung am Oktavtag zu Petri Kettenfeier statt. Da die Oktav eines Festes dessen Nachfeier ist,[64] kann die Tagewahl mit der Kettensymbolik zusammenhängen und den Gedanken künftigen Zusammenhalts zum Ausdruck bringen,[65] was zum politischen Konzept der Brüdergemeine paßt.[66] Doch bietet sich eine wesentlich "politischere" Interpretation der Tagewahl an. Bei dem 8. August handelt es sich nämlich um den Todestag Lothars II. Mit der Vornahme der Teilung an diesem Tag begingen die Brüder gewissermaßen das Gedenken des Herrschaftsantritts, der häufig bei Beginn des ersten Herrschaftsjahres gefeiert wurde. Die politische Absicht liegt auf der Hand: durch die Begehung des Jahrestages des Todes Lothars II. wiesen sich Karl und Ludwig zugleich als Erben ihres Neffen aus, was ihrem Vorgehen eine rechtliche Absicherung gab. Selbige war ein Gebot der Stunde, denn "wieder einmal wurde, wie so oft in der Geschichte der fränkischen Teilungen, das Eintrittsrecht des nächstberechtigten Erben, Ludwigs II., für den sich auch Papst Hadrian II. eingesetzt hatte, mißachtet."[67]

Für die Datierung der Reichsteilung bei Verdun im Sommer 843 bieten sich zwei Ansatzpunkte: zum einen der Ablauf des Waffenstillstandsabkommens zwischen den drei Söhnen Ludwigs des Frommen Mitte Juli, zum anderen eine Privaturkunde, die im Lager Ludwigs des Deutschen am 10. August ausgestellt wurde. So oder so ist mit einer kurzen Verhandlungsdauer zu rechnen, da die Teilungsmodalitäten bereits ausgehandelt worden waren.[68] Wenden wir uns zunächst der zweiten Datierung zu. Es gibt im Freisinger Urkundenbestand einen am 10. August 843 ausgestellten Kaufvertrag zwischen Bischof Erchanbert von Freising und einem gewissen Palderich. In der Urkunde heißt es: "convenerunt in loco

---

[63] Kapitular Nr.251 (MGH Capitularia 2, 193): "Anno incarnationis dominicae DCCCLXX, regni Karoli XXXIII, indictione III, VI. Idus Augusti inter gloriosos reges Karolum et Hludowicum fuit haec divisio regni facta in procaspide super fluvium Mosam". Auf die verworrenen Datierungsangaben bei Hinkmar wurde bereits bei den methodischen Vorbemerkungen eingegangen.
[64] LÖWENBERGER, Oktav 1127.
[65] Das Zusammenhalten ist der Hauptgedanke im Aberglauben um die Kette: wenn man etwa an Petri Kettenfeier das Hühnerfutter an die Kette legt, dann verlaufen sich die Hühner nicht (WEISER-AALL, Kette 1281), ansonsten gilt der Tag aber eher als Unglückstag (SARTORI, Petri Kettenfeier 1530f).
[66] SCHNEIDER, Brüdergemeine.
[67] BOSHOF, Lotharingien 138.
[68] Jeweils ohne Zeitangabe: Annales Fuldenses a.843, S.34, und Annales Bertiniani a.843, S.29f.

Dungeih, quod est iuxta civitate Uiriduna, ubi trium fratrum Hludharii, Hlodouuicii et Karoli facta est concordia et divisio regni ipsorum."[69] Die Wahl des Perfekts zeigt, daß Friedensvertrag und Reichsteilung zum Zeitpunkt der Vertragsaufsetzung bereits abgeschlossen waren. Es stellt sich das Problem, ob man aus der Tatsache, daß sich das Gefolge Ludwigs des Deutschen noch am Verhandlungsort aufhielt, auf einen sehr kurzen Abstand zum Reichsteilungstermin schließen darf. Ist dies der Fall, werden nicht mehr als ein oder zwei Tage zwischen Teilungsvertrag und Urkundenausstellung zu veranschlagen sein. Unter diesen Bedingungen erscheint der 8. August, der Oktavtag zur Kettenfeier Petri, als ein plausibler Termin für das Herrschertreffen. Allerdings ist König Ludwig der Deutsche erst Ende Oktober in seinem Herrschaftsgebiet nachzuweisen,[70] weshalb ein mehrwöchiger Aufenthalt des Ostfranken im Reich seines Bruders durchaus im Bereich des Möglichen liegt, zumal eine westfränkische Königsurkunde vom 14. Oktober 843 seine Unterschrift trägt.[71]
Auch die Terminalternative hat ihre Schwierigkeiten. Die Stellvertreter der drei Brüder Lothar, Ludwig und Karl hatten sich bei den Verhandlungen im November 842 darauf geeinigt, bis zum 20. Tag nach dem Johannesfest Frieden zu halten, um "in eodem conventu" das Reich möglichst gerecht aufzuteilen.[72] Es war demnach für Mitte Juli ein neues Königstreffen geplant. Auffällig ist dabei der Datierungsmodus, einen recht großen Zeitraum in Abhängigkeit von einem christlichen Fest anzugeben. Es bieten sich drei Interpretationsmöglichkeiten. Entweder versteht man unter den zwanzig Tagen den Zeitraum von drei Wochen, womit die dritte Oktav des Johannesfestes (15.7.) als Tagungsbeginn gemeint wäre, oder man nimmt die Zeitangabe wörtlich und erhält bei Einrechnung des Ausgangstages Freitag, den 13., oder ohne Beachtung des dies a quo, Samstag, den 14. Juli 843 als Endpunkt der Waffenruhe. Damit sprechen zwei von drei Auffassungen der Datierung dafür, daß die neue Ära am Sonntag, dem 15. Juli, beginnen sollte.[73] Dieser Tag gedachte eines damals neuen Apostelfestes, der

---

[69] BITTERAUF, Traditionen Nr.661; BM² 1103a. Die Annahme von STÖRMER, Früher Adel I, 274, das Rechtsgeschäft zwischen Paldrich und dem Freisinger Bischof datiere vom "gleichen Tag, an dem die drei königlichen Brüder in Verdun den berühmten Teilungsvertrag abschlossen (10. August 843)", übersieht, daß eine Datierung des Teilungsvertrages auf den 10. August sich allein auf eben jene Privaturkunde stützen kann. Interessant ist seine Identifizierung von Palderich mit dem Markgraf Balderich von Friaul (ebd. I, 275).
[70] BM² 1372i-l.
[71] Siehe oben S.144f.
[72] Nithard, Historia IV 6, S.48.
[73] Die erweiterte Fassung des Florus-Martyrologiums, die nach 837 entstand, bietet zwar ein Heiligenfest - es erinnert an Eugenius, Bischof von Karthago (S.126) -, dieser Heilige war aber so unbekannt, daß er von Hrabanus Maurus nicht in sein Martyrolog aufgenommen wurde. Dieser bietet statt dessen die heilige Margareta von Antiochien, die er allerdings ausführlich vorstellen muß (S.67f). Das Gregorianische Sakramentar kennt für diesen Tag kein Heiligenfest (DESHUSSES, Sacramentaire grégorien I, 250f). Daß das Johannesfest (24.6.) zum Ausgangspunkt der Berechnung gemacht wurde, kann darauf hindeuten, daß es in der Mitte des 9. Jahrhunderts das Petrusfest (29.6.) an Bedeutung übertraf. BM² 1093d bietet, da

"Divisio Apostolorum". Eine solche Zeitplanung war geeignet, einen deutlichen Bezug zwischen liturgischem Gedenken und politischem Tun herzustellen: Der "Divisio Apostolorum" der urchristlichen Zeit stand die "Divisio Regnorum" der karolingischen Herrscher gegenüber. Eine Schwäche der hier vorgetragenen Überlegungen darf allerdings nicht verschwiegen werden: es ist nicht sicher, ob das Fest, das im Laufe des neunten Jahrhunderts im Frankenreich Verbreitung fand, zum Zeitpunkt der Vereinbarung im Frankenreich bereits gefeiert wurde. Die weite Verbreitung des Festes im neunten Jahrhundert spricht aber für ein Bekanntwerden des Festes bereits in der ersten Hälfte des Jahrhunderts.[74] Ob der geplante Termin wirklich eingehalten wurde, ist unbekannt, doch spricht einiges dafür, daß Karl der Kahle den 15. Juli als Termin der Anerkennung seiner Herrschaft feierte.[75] Deshalb und wegen der Unsicherheiten bezüglich des Augusttermins halten wir das Apostelfest im Juli für den wahrscheinlicheren Termin der Reichsteilung.

Nimmt man mit VOSS das Diplom König Ludwigs des Deutschen vom 8. Juli 867 für das Stift St. Cyriak bei Worms als Anhaltspunkt für die Terminierung des Treffens zwischen Ludwig und seinem Neffen Lothar II. in Frankfurt,[76] ist zu erwägen, ob nicht der vorhergehende Sonntag, zugleich der Oktavtag des Petrusfestes, den Beginn des Königstreffens markiert. Denkbar ist jedoch auch, daß die Urkunde vor dem Königstreffen ausgestellt wurde. Dann ist die Begegnung der beiden Herrscher mit SCHNEIDER in die Mitte des Juli zu datieren.[77] Damit wäre abermals ein Zusammenhang mit dem Fest der "Divisio apostolorum" und vermutlich auch mit der Teilung von 843 gegeben; und um eine Reichsteilung wird es auch im Juli 867 gegangen sein. Hier kommendierte sich dem ostfränkischen König Hugo, der uneheliche Sohn Lothars II., dem dafür das elsässische Herrschaftsgebiet zugesprochen wurde, während Ludwig der Deutsche die Anwartschaft auf den Rest des Mittelreichs erhielt.[78]

MÜHLBACHER den Ausgangstag nicht mitzählt, den 14.7.843 als Termin des Ablaufs des Waffenstillstands.

[74] Nach der Aufstellung von MUNDING, Kalendarien II, 79, findet sich das Fest in einem Sakramentar aus Amiens (DESHUSSES, Sacramentaire grégorien I, 46f: um 870-880 abgeschrieben mit vielen Elementen des Gelasianums des 8. Jhs.), in einem aus Reichenau (nach 866) und in einem St. Gallen für Mainz geschriebenen Sakramentar des 9. Jahrhunderts (GAMBER, Sakramentartypen 142). Auch der 841 geborenen Heric von Auxerre nahm es in seinen Kalender auf (GAIFFIER, Calendrier 416). HUG, Divisio apostolorum 56f, führt für das 9. Jahrhundert noch Kalendarien aus St. Amand, Köln, Mainz (St. Alban, nach 836), Petershausen-Solothurn, Reichenau und Trier (St. Maximin, 9./10. Jh.) an. Der älteste Nachweis des Festes stammt aus einem irischen Kalender, das um 800 geschrieben wurde.

[75] Siehe Exkurs 10.

[76] DLD 123 aus Frankfurt. VOSS, Herrschertreffen 211, auf S.20 allerdings für "Mitte Juli".

[77] SCHNEIDER, Brüdergemeine 183.

[78] Annales Bertiniani a.867, S.87: "Hlotharius suspectum habens Karolum ad Hludowicum revertentem, a Mettis civitate versus Franconofurth pergit, et cum eo pridem sibi satis adverso se pacificat, filioque suo de Waltrada Hugoni ducatum Elisatium donat eumque Hludowico commendat ac ceterum regnum suum, quasi Romam perrecturus et Waltradam praemissurus, committit." DÜMMLER, Ostfränkisches Reich II, 162f, versteht dies so, daß Hugo unter

Wenden wir uns den übrigen Apostelfesten zu, lassen sich bestenfalls zwei Königstreffen mit ihnen in Verbindung bringen. In den ersten Tagen des Advents 874 fand zu Herstal eine Begegnung von Karl dem Kahlen und Ludwig dem Deutschen statt. Ein Beginn der mehrtägigen Konferenz am Fest des Apostels Andreas am 30. November wird den Datierungen in den Annales Bertiniani ("circa Kalendas Decembris") wie in den Fuldaer Jahrbüchern ("mense Decembre") gerecht.[79]
Auf der Flucht vor König Odo urkundete König Karl der Einfältige am 25. Juli 896 in Gondreville, im Reich Zwentibolds. Möglicherweise fand hier auch eine Begegnung mit König Zwentibold statt. Während MÜHLBACHER die Begegnung vor der Urkundenausstellung ansetzt, gibt VOSS den Beurkundungstermin als Tag des Treffens an.[80] Für letztere Annahme mag sprechen, daß der 25. Juli dem Apostel Jakobus dem Älteren geweiht war,[81] alternative Termine könnten die Kettenfeier Petri (1.8.) oder das Fest der Aposteltrennung (15.7.) abgeben. Auf Grund der Umstände ist die Annahme eines formgerechten Königstreffens allerdings nicht zwingend, weshalb sich die Könige auch an einem profanen Tag begegnet sein können.

8.3.2.5. Allerheiligen und Hubertustag

Am 1. November 878 kamen in Fouron Ludwig der Jüngere, der Sohn Ludwigs des Deutschen, und sein gleichnamiger Cousin aus dem Westreich zusammen und schlossen einen Friedensvertrag.[82]
Mit den "adnuntiationes" vom 3. November 862 in Savonnières[83] ging das Königstreffen zwischen den Königen Ludwig, Karl und Lothar zu Ende. Man wird Sonntag, den 1. November, als Tagungsbeginn annehmen dürfen.
Für den Sonntag nach Allerheiligen 866, den 3. November, also dem Jahrestag der Adnuntiationes von Savonnières, scheint bei Metz eine Begegnung derselben

---

Ludwigs "Oberhoheit" gestellt wurde, "dessen Schutz er auch sein übriges Reich anbefahl", während SCHNEIDER, Brüdergemeine 164, von einer "Kommendation von Reich und Sohn" spricht. Nur wenige Monate zuvor waren Karl der Kahle und Ludwig der Deutsche zur Idee der Samtherrschaft entsprechend den Teilungen von 806 und 831 zurückgekehrt und hatten für den Fall des Ablebens Lothars II. beschlossen, das Mittelreich unter sich allein aufzuteilen (ebd. 163f). Da kaum anzunehmen ist, daß Ludwig sich in Frankfurt bereit fand, sich mit weniger zufriedenzugeben, wenn ihm mit dem Schutz Hugos neue Leistungen abverlangt wurden, möchte ich die Abmachung so verstehen, daß Ludwig eine Teilung des Mittelreiches mit Karl gegen eine Teilung mit Hugo eintauschte; sicher zu seinem Vorteil, da Hugo ein weitaus schwächerer Partner war als Karl der Kahle.

[79] Annales Bertiniani a.874, S.125, Annales Fuldenses a.874, S.83.
[80] BM[2] 1965b; VOSS, Herrschertreffen 213.
[81] Usuardus, Martyrologium 272.
[82] Annales Bertiniani a.876, S.144: "et Kalendis Novembris simul convenientes apud Marsnam, utrimque pax firmata est inter eos".
[83] Kapitular Nr.243 (MGH Capitularia 2, 165); STAUBACH, Herrscherbild 140-145.

Herrscher geplant.[84] Da am 3. November des hl. Hubertus gedacht wurde, ist zu berücksichtigen, daß auch dieser Tag einen guten Beratungstermin abgeben konnte, wenn es sich bei diesem Heiligen, wie verschiedentlich angenommen wird, um ein Mitglied der Karolingerfamilie handelt.[85] Das Treffen am Gedenktag eines Familienheiligen konnte das Bewußtsein demonstrieren, derselben Familie anzugehören, und damit konnte es versöhnlichen Charakter haben. Tatsächlich waren den Treffen von 862, 866 und 878 erhebliche Spannungen zwischen den Gesprächspartnern vorangegangen. Auch die Beschwörung einer gemeinsamen Familientradition durch die Wahl eines Gedenktages eines Familienheiligen erscheint nicht sinnlos, da die Verwandtschaft schon entfernter war; statt der bisherigen Brüderschaft tritt das Onkel-Neffe-Verhältnis zweimal und einmal sogar das Vettern-Verhältnis auf. Vielleicht war es die Plazierung zwischen zwei günstigen Terminen, Allerheiligen und St. Hubertus, die die Wahl von Novemberterminen begünstigte.

8.3.2.6. Treffen in der Juni-Mitte

Dreimal lassen sich Königstreffen karolingischer Herrscher in die Mitte des Juni datieren. Erstens 842 auf der Saône-Insel Ansille, zweitens 859 bei Savonnières und drittens der Empfang Ludwigs des Blinden durch Arnulf 889.
Zunächst zum Treffen von 842. Im Anschluß an ein Friedensangebot Lothars, dem konkrete Teilungsvorschläge folgten, kam es bereits vor der gemeinsamen Beratung zu Vorverhandlungen. Auf einem mit dem Adel abgehaltenen "perplacitum" gaben die Könige Karl und Ludwig zunächst ihrer Freude über das Friedensangebot Ausdruck, dann wurde eine Synode abgehalten, die ihre Zustimmung zu Friedensverhandlungen gab. In weiteren mehr als viertägigen Verhandlungen wurde ein Teilungsvorschlag erarbeitet, der Lothar überbracht wurde. Der Kaiser konnte den Verhandlungsführern seiner Brüder allerdings weitere Zugeständnisse abringen. Bereits in diesen Verhandlungen konnte Einigkeit darüber erzielt werden, welche Reichsgebiete zur Disposition standen und daß die Teilung bis zum Lebensende Kaiser Lothars Bestand haben solle. Dieses Ergebnis wurde eidlich abgesichert.[86] Der Schwur der Könige auf der Saône-

---

[84] Annales Bertiniani a.866, S.84: "... reversurus [Hludwicus] octavo die ante missam sancti Martini obviam fratri suo Karolo et nepoti suo Hlothario secus civitatem Mettesium." Hier wird der Ausgangstag nicht mitgezählt worden sein (DÜMMLER, Ostfränkisches Reich II, 154; BM² 1313c). Auch bei der Datierungsart selbst liegt ein Sonderfall vor, da hier vom Bezugstag aus rückwärts, statt in die Zukunft hinein, gerechnet wurde. Vielleicht darf man aus dieser Datierung schließen, daß nicht nur der Tagungsbeginn, sondern auch dessen Endpunkt (Martinsfest) den Brüdern wichtig war.
[85] NOBEL, Königtum I, 175-177. Da am gleichen Tag zugleich mindestens eines Heiligen namens Amandus gedacht wurde (MUNDING, Kalendarien II, 130), kann auch diese Heiligenverehrung (wie 806 und 878) als Folie des politischen Programms gedient haben.
[86] Nithard, Historia IV 3, S.43f. DÜMMLER, Ostfränkisches Reich I, 176, datiert die Verhandlungen in den Mai.

Insel entsprach in allen Teilen der zuvor erzielten Einigung.[87] Da offensichtlich auch deren Formulierung in den Vorverhandlungen abgeklärt worden war, wird das Datum der Schwüre, die "Mitte Juni, an einem Donnerstag" geleistet wurden, gleichbedeutend sein mit dem ersten Tag der Begegnung. Mit seiner Datierung kann Nithard nur Donnerstag, den 15. Juni 842, meinen.[88] Dies war im 9. Jahrhundert der Mittsommertag und zugleich der Festtag des heiligen Vitus. Die Translation des Heiligen aus St. Denis nach Sachsen 836 und die Erstellung eines Translationsberichts deuten auf eine wachsende Bedeutung dieses Heiligen in dieser Zeit hin.[89] Auch Hrabanus Maurus geht in seinem Martyrologium ausführlich auf diesen Heiligen ein.[90] Zwei Jahre später wurde Ludwig II. an diesem Tag zum König der Langobarden gekrönt.[91] Wahrscheinlich spielte es in beiden Fällen ein Rolle, daß der 15. Juni zugleich der Oktavtag zum Fest des heiligen Medardus war, der in besonderer Beziehung zum Königtum stand.[92]

Eine weitere Begegnung von Königen in der Junimitte fand 859 in Savonières bei Toul statt. Karl der Kahle traf sich mit seinen beiden Neffen Lothar II. und Karl von der Provence im Zusammenhang mit einer Synode. Eine Tagesdatierung des Treffens ist nicht überliefert, allerdings gibt es einige Anhaltspunkte, die einen Tagungszeitraum erschließen lassen. Karl der Kahle ließ in Tusey zwei Diplome ausfertigen: am 14. Juni für den Bischof Jonas von Autun und am 17. Juni für den Erzbischof Radulf von Bourges. Am 20. und 30. des Monats urkundete Karl dann schon in Attigny. Auch Lothar II. ließ am 17. Juni in Gondreville ein Diplom ausstellen. Aufgrund der Bitten von König Karl und den Synodenteilnehmern restituierte er dem Bischof Isaak von Langres die Villa Ambilly.[93] Die drei Könige saßen der Synode vor. Behandelt wurden Streitfragen zur Prädestinationslehre, über die aber keine Einigkeit erzielt werden konnte. Das theologische Thema wurde auf "ruhigere Zeiten" vertagt.[94] Politisch stand die Aufarbeitung des Überfalls Ludwigs des Deutschen auf das Westreich an. Inhaltlich ging es vor allem um die Abrechnung mit Wenilo, dem Erzbischof von Sens, der beim Einfall Ludwigs des Deutschen ins westfränkische Reich zum ostfränkischen König übergelaufen war. Damals war auch versucht worden, die Bischofssitze

---

[87] Nithard, Historia IV 4, S.44f.
[88] Nithard, Historia IV 4, S.44f: "Igitur mediante Iunio, feria videlicet quinta ... Lodharius, Lodhuvicus et Karolus conveniunt et hoc sacramentum mutuo sibi iuraverunt". Fast die gleiche Wendung gebrauchte Nithard für den Schwur von Straßburg, wo aber der Tag der ersten Begegnung und der Tag des Eidesleistung auseinanderfallen. Auch SCHNEIDER, Brüdergemeine 179, und VOSS, Herrschertreffen 208, halten den Donnerstag in der Junimitte für den 15. des Monats.
[89] WIMMER, Lexikon 836-838.
[90] Hrabanus Maurus, Martyrologium 57.
[91] BM² 1177d. Nicht überbewerten sollte man das Auftreten dieses Heiligen in den Königslaudes aus Corvey (OPFERMANN, Herrscherakklamationen 110f), da er am Entstehungsort neben Stephanus der wichtigste Reliquienheilige war.
[92] s. Exkurs 6.
[93] DDKII 206-209, DLoII 12.
[94] HARTMANN, Synoden der Karolingerzeit 259, s.a. ebd. 261-273.

von Bayeux und Langres zu okkupieren. Das Bistum Bayeux hatte der Diakon Tortold, ein Verwandter des Wenilo, und das Bistum Langres ein Subdiakon namens Anschar usurpiert.[95] König Karl reichte der Synode am 14. Juni eine Anklageschrift gegen den Erzbischof Wenilo ein,[96] scheint aber mit seinem Anliegen, die durch die Invasion Ludwigs des Deutschen entstandene Situation zu bereinigen, völlig gescheitert zu sein. Gegen den Diakon Tortold wurde nicht vorgegangen, sondern die Bestrafung seinem Metropoliten überlassen, nämlich Wenilo. Ein milder Beschluß erging auch gegen Anchar, der "offenbar mächtige Fürsprecher auf der Synode" hatte.[97] Er mußte lediglich versprechen, keinen ähnlichen Versuch mehr zu unternehmen. Auch über Wenilo wurde mit dem Argument, daß dieser auf der Synode nicht anwesend sei, kein Urteil gefällt.[98] Immerhin wurden vier Richter gewählt, vor denen sich der "frater carissime" Wenilo innerhalb von dreißig Tagen nach Erhalt des Synodalbriefes verantworten sollte.[99] Wann ist nun der Synodenbeginn zeitlich anzusetzen, und wie ist der Zusammenhang von Königstreffen, Synode und den Diplomausgaben? Nach HARTMANN begann die Synode mit der Einreichung der königlichen Anklageschrift gegen Wenilo am 14. Juni 859. Dafür spricht, daß es sich um den Tag nach dem Geburtstag Karls des Kahlen handelt, an dem er 877 eine Reichsversammlung eröffnet haben wird. Allerdings stellt sich die Frage, warum sich der König von vornherein als Bittsteller vor die Bischöfe stellen sollte, wenn der König doch die Hoheit über die Reichskirche ausübte.[100] Ohne weiteres auf sein Weisungsrecht gegenüber den Bischöfen zu verzichten, stand sicher nicht in der Absicht des Königs.[101] Die Annahme hat viel für sich, daß König Karl zunächst versuchte, auf anderem Weg eine Verurteilung gegen Erzbischof Wenilo zu erreichen. Erst als er damit nicht durchkam, wird der schriftliche Weg eingeschlagen worden sein. Die Kanones von Savonnières stellen "ein in Kapitel gegliedertes Ergebnisprotokoll der Sitzungen" dar. Hier wird erst im siebten Kapitel nach der Behandlung der Okkupationen der Bischofsstühle von Bayeux

---

[95] Savonnières 859, Canones c.3, Liber proclamationis c.13 (MGH Concilia 3, 459 und 467).
[96] Savonnières 859, Libellus proclamationis (MGH Concilia 3, 464): "Libellus proclamationis domni Karoli regis adversus Wenilonem electis iudicibus Remigio Lugdunensium, Eirardo Turonorum, Weniloni Rothomagensium et Rodulfo Biturigum archiepiscopis in sancta synodo ... propria ipsius manu porrectus anno incarnationis dominicae DCCCLVIIII, indictione VII, XVIII. Kal. Iul."
[97] HARTMANN, Synoden der Karolingerzeit 258.
[98] Savonnières 859, Canones cc. 4, 5 und 7 (MGH Concilia 3, 459f); HARTMANN, Synoden der Karolingerzeit 257-259.
[99] Epistola synodalis (MGH Concilia 3, 470). Bezeichnenderweise wurden weder Ort noch Zeit einer Verhandlung vor einem Konzil vorgegeben.
[100] KAUFMANN, König 1021. Zum königlichen Herrschaftsanspruch über die Kirche s. ANGENENDT, Princeps imperii. Zum Gegenentwurf Hinkmars, der auf größere Eigenständigkeit insbesondere der Synoden abhob: ebd. 35f.
[101] Sofort nach Erhalt des Kaisertitels versucht Karl mit Hilfe päpstlicher Legaten, seinen Willen der fränkischen Bischofssynode aufzuzwingen, ohne damit Erfolg zu haben (Annales Bertiniani a.876, S.128-131). Man wird dies als Versuch auffassen dürfen, die verlorene Kirchenherrschaft wiederzugewinnen.

und Langres die Einreichung der königlichen Klageschrift gegen Wenilo behandelt.[102] Der Einreichungstermin am 14. Juni bezeichnet also vermutlich nicht den Anfang, sondern eher das Ende der Synode. Damit stünde das Alltagsgeschäft der Beurkundung dann auch am Ende der Synode, wäre also zu einem Zeitpunkt in Angriff genommen worden, an dem die Kanzlei wieder Luft hatte.[103] Ob der Synode ein eigenes Königstreffen voranging, muß fraglich bleiben. Eher ist anzunehmen, daß der Synode etwa die Funktion zukam, die den "capitula"-Beratungen der Getreuen entsprach. Damit fielen Königstreffen und Synodenbeginn zusammen. Setzt man wegen der sicherlich längerwierigen Auseinandersetzungen zwischen König Karl und den Bischöfen die Synode auf vier statt auf drei Tage an, können Synodenbeginn und Königstreffen auf Sonntag, den 11. Juni, datiert werden. Dem entspricht die Vorschrift in liturgischen Synodalordnungen, politische Gegenstände erst am vierten Sitzungstag zu behandeln.[104] Dies wäre der erste Sonntag nach Medardus und zugleich der Gedenktag für den Apostel Barnabas.[105] Damit wäre sogar in der Tageswahl den gesellschaftlichen Größen Königtum (Medardus als Königsheiliger) und Bischofsamt (Apostel) Rechnung getragen worden. Die Tagewahl entspricht dann dem Anliegen König Karls, sich als "rex christianus" darzustellen, welcher den durch die Zwietracht der Könige in Verfall geratenen "ordo ecclesiasticus" wiederaufrichtet.[106] Von westfränkisch-lothringischer Seite wurde der Überfall Ludwigs von 858/859 nämlich als sündiges "schisma" verrufen, für das Ludwig Buße und Umkehr zu leisten habe, weshalb der ostfränkische König zur "correctio" aufgefordert wurde.[107] Zu dieser Thematik paßt die Wahl des Barnabastages auch deshalb, weil im Barnabasbrief die zwei Lebenswege des Menschen in paränetischer Absicht behandelt werden: der Weg des Lichtes und der Weg der Finsternis.[108] Eine politische Deutung des Bildes konnte auf die Rollenverteilung zwischen dem guten König Karl und dem bösen König Ludwig abheben, doch war das Bild auch geeignet, im Prädestinationsstreit die Bedeutung des freien Willens zu unterstreichen. Daher erstaunt es auch nicht, wenn das Licht-Finsternis-Schema in den Vorbereitungen Hinkmars auf die Synode eine Rolle spielte.[109]

---

[102] HARTMANN, Synoden der Karolingerzeit 257; MGH Concilia 3, S.460.
[103] Zum Anfall von schriftlichen Aufzeichnungen bei Königstreffen: SCHNEIDER, Brüdergemeine 35-39.
[104] KLÖCKENER, Ordnung 154f.
[105] Die Barnabas-Verehrung kam im Westfrankenreich im Laufe des 9. Jahrhunderts auf. Insbesondere in westfränkischen Exorzismusformeln gegen Besessene findet sich die Anrufung des Heiligen (WREDE, Barnabas 927f). Barnabas-Reliquien zählten zu den wenigen Apostelreliquien im karolingischen Schatz zu Aachen (SCHIFFERS, Karls des Großen Reliquienschatz 82).
[106] STAUBACH, Herrscherbild 116f.
[107] STAUBACH, Herrscherbild 169-171.
[108] KRAFT, Barnabasbrief 1256.
[109] "Quo utique auxilio et misericordia dei non aufertur liberum arbitrium, sed liberatur, ut de tenebroso lucidum, de pravo rectum, de languido sanum, de imprudente sit providum" (MGH Concilia 3, 486).

Vom 12. Juni 889 datiert eine Urkunde König Arnulfs aus Forchheim für die Kaiserwitwe Angilberga, welche durch ihre Tochter Irmingard erbeten wurde. Bei Irmingard handelt es sich um die Witwe des Königs Boso und die Mutter des späteren Königs Ludwig des Blinden, dem Adoptivsohn Kaiser Karls III. Sie war die faktische Herrscherin über die Provence. Ihr Versuch, Arnulf zu bewegen, ihrem Sohn Ludwig die Nachfolge im Regnum Provinciae zu sichern, scheint jedoch gescheitert zu sein, da Arnulf erst im nächsten Jahr bereit war, die Königserhebung Ludwigs zu unterstützen.[110] Weil am Ausstellungsort bereits Ende Mai ein Hoftag abgehalten wurde,[111] auf dem das Anliegen Irmingards offenbar nicht behandelt worden war, wird man im Juni keinen großen Staatsakt vermuten dürfen. Als mögliche Termine für die Begegnung bieten sich der voraufgehende Sonntag, zugleich der Festtag des heiligen Medardus, und der 12. Juni selbst als Gedenktag des heiligen Nazarius an, in dessen Kloster Arnulfs Großvater Ludwig der Deutsche und sein Onkel Ludwig der Jüngere bestattet waren. Nazarius wurde schon seit dem Ende des achten Jahrhunderts in den Königslaudes als Schutzpatron der Königskinder angerufen.[112] Vielleicht besteht hier ein Zusammenhang mit der Bitte um Protektion für den neunjährigen Ludwig.

8.3.3. Sonntage im Kirchenjahr

8.3.3.1. Sonntag Septuagesima

Die "adnuntiationes" von Tusey gaben die Könige Karl und Ludwig am 19. Februar 865 ab. Die bereits angesprochenen Beratungen im Februar 865 hatten den seit Jahren andauernden Versuch ihres Neffen Lothar II. zum Inhalt, seine Ehe mit Theutberga aufzulösen und die Friedelehe mit Waldrada zu legitimieren. Ziel der beiden Herrscher war nicht allein die Torpedierung dieses Vorhabens, sondern letztendlich der Sturz Lothars. Ihr in Tusey vorgebrachter Vorschlag, Lothar möge doch nach Rom gehen, wurde von diesem nicht als wohlgemeinter Rat aufgefaßt, sondern als Versuch, ihm sein Regnum zu entreißen.[113] Dieser 19. Februar war der Montag nach Septuagesima, einem der wichtigsten Sonntage im Kirchenjahr, den König Karl 870 für seine Hochzeit mit Richildis wählte. Da auch diesmal das Thema Ehe anstand, ist ein Zufall nicht glaubhaft. Die Tagung wird also am Sonntag eröffnet worden sein. Der Liturgiker Amalar von Metz

---

[110] DArn 49, HLAWITSCHKA, Lotharingien 84-88.
[111] WEBER, Reichsversammlungen 172f.
[112] BM² 1519b; OPFERMANN, Herrscherakklamationen 102f, 106f. Hierin scheint ein erster Hinweis auf das Spezialpatronat des Heiligen zu liegen (KERLER, Patronate 193; WIMMER, Lexikon 601), vielleicht weil Nazarius gemeinsam mit dem Knaben Celsus hingerichtet und am selben Tag gefeiert wurde.
[113] Annales Bertiniani a.865, S.74f; BOSHOF, Lotharingien 134-136; STAUBACH, Herrscherbild 199-202.

erklärt in seiner Erläuterung zu diesem Sonntag, der die Sündighaftigkeit des Menschen thematisiert, die Sexualität als tiefsten Grund für die Sündigkeit des Menschen.[114] Das liturgische Thema kam den politischen Absichten der beiden königlichen Brüder unzweifelhaft entgegen, denn bereits 860/61 hatte Hinkmar von Reims den König des Mittelreiches als Sünder bezeichnet, und Karl der Kahle hatte spätestens seit dem Treffen von Savonnières 862 Lothar II. als unbußfertigen Sünder denunziert.[115] Entsprechend wurde in Tusey das Verhalten Lothars als Sünde aus jugendlichem Leichtsinn charakterisiert, womit nur die Unbeherrschtheit seiner Sexualität gemeint sein kann. Daneben wird noch betont, daß das Gesetz, das Gott den ersten Menschen im Paradies gab, gehalten werden müsse. Hier handelt es sich um eine überdeutliche Anspielung auf die Einsetzung der Ehe im Paradies.[116] Eine weitere Beobachtung sei hier angesprochen. Zum 18. Februar findet sich in mehreren Kalendaren des zehnten Jahrhunderts die Anmerkung "Hic Adam peccavit"[117]. Sollte die Auffassung, der 18. Februar sei der Tag des Sündenfalls, bereits im 9. Jahrhundert aufgekommen sein, wäre dies ein hinreichender Grund gewesen, diesen Tag zum Tribunal gegen Lothar zu benutzen. Deutlicher konnte die Aussageabsicht "Lothar ist ein Sünder" nicht gemacht werden.[118] Und wenn Lothar ein zweiter Adam war und Adam aus dem

---

[114] Zu Amalars Septuagesima-Interpretation s. S.217f.
[115] STAUBACH, Herrscherbild 131, 140-142. Zum Umschwenken Ludwigs des Deutschen auf den Kurs Karls des Kahlen im Vorfeld von Tusey s. ebd. 147f.
[116] Kapitular Nr.244 c.6 (MGH Capitularia 2, 167): "Vos scitis, qualiter nepos noster Hlotharius per suam iuventutem et per levium hominum consensum ... fecit et facit contra illam legem, quam Deus primo in paradiso primis hominibus dedit ... quae ad omnes homines pertinet, qui secundum Deum legitimo utuntur coniugio." Die Auswirkungen der Sünde aber gefährden das Reich: "Unde et unversalis ecclesia Dei pulsatur, et sacerdotes sunt dehonorati, et populus christianus sicut de mali morbi contagio est maculatus ... et ei tale consilium mandemus, qualiter et ipse coram Deo salvus ... et ecclesia et regnum ... solidum esse possit et populus Dei salvus sit et legem ac iustitiam et pacem ac tranquillitatem habeat." Zur Paradiesehe und der Geschlechtslust als poena peccati bzw. peccatum s. ZIEGLER, JOSEF GEORG: Paradiesehe, in: LThK 8, 1963, 73f.
[117] MUNDING, Kalendarien II, 38.
[118] Ein Beleg aus dem 9. Jahrhundert kann nicht beigebracht werden. Das mag zum Teil am Charakter der Notiz liegen, da Adam nicht direkt zu den Heiligen zählte und für den Sündenfall kein eigenes liturgisches Gedenken vorgesehen war. Andererseits finden sich andere "Weltschöpfungsdaten" durchaus in frühen Kalendaren, so wird der Engelsturz schon im Kalender Willibrords (WILSON, Calendar 4) verzeichnet. Der Kalender des um die Wende zum 9. Jahrhundert geschriebenen Rheinauer Sakramentars (ed. HÄNGGI/SCHÖNHERR) veranschaulicht die damit verbundene Verkehrung der Weltordnung mit einer Verkehrung des Datums ("KL XV. MAR." statt "XV KL. MAR.", S.296). Ein Bedürfnis, die Ereignisse der Schöpfungsgeschichte im Jahreskreislauf zu fixieren, wird man also schon für das 8. und 9. Jahrhundert ansetzen müssen. Dafür spricht auch ein Reliquienverzeichnis aus dem 2. Viertel des neunten Jahrhunderts, das u.a. "de ligno paradisi" verzeichnet (BISCHOFF, Anecdota 91). Der 18. Februar ist insofern auch leicht als Tag des Sündenfalls zu erschließen, als es der 57. Tag seit Weihnachten, also des Jahresbeginns, ist. Die 57 ist eine Zusammensetzung der 7 Tage der Schöpfung und der 50 als Zeichen für die Zeit der Ruhe und des Friedens (MEYER, Zahlenallegorie 164) bzw. die Zusammensetzung aus 46, die Zahlenbedeutung der

Paradies vertrieben wurde, war es dann nicht auch Christenpflicht, Lothar aus seinem Reich zu vertreiben? Diese Überlegung kann eine schlüssige Erklärung für die Befürchtung Lothars sein, die sonst überzogen wirken muß. Unabhängig davon, ob der 18. Februar bereit im 9. Jahrhundert als Tag des Sündenfalls galt, wird man die Wahl dieses Konferenztermins als von politischen Intentionen veranlaßt sehen müssen, die darauf abzielten, Lothar als einen Adam vergleichbaren Sünder hinzustellen. Tatsächlich schrieben Karl und Ludwig in einem an Lothar adressierten Mahnschreiben, er habe gegen die göttlichen und menschlichen Gesetze gesündigt.[119]

8.3.3.2. Sonntag Quinquagesima

Am Dienstag, dem 14. Februar 842,[120] "kamen Ludwig und Karl zusammen und schworen" sich vor ihren Heeren gegenseitige Hilfeleistung. Den königlichen Schwüren schlossen sich Eide der beiden Kriegsvölker an, die besagten, daß diese ihren jeweiligen König nicht von diesem Bündnis abzubringen suchten. Die "fraternitas" der beiden Herrscher gegen ihren eigenen Bruder wenden zu wollen, scheint dem Denken der Zeit so fremd gewesen zu sein, daß sich die beiden jüngeren Brüder genötigt sahen, in so dramatischer Weise die Ernsthaftigkeit ihres Entschlusses den Gefolgsleuten darzutun.[121] Daß einem so umwälzenden Schritt Verhandlungen vorausgingen, scheint selbstverständlich.[122] Da der entschei-

---

(griechischen) Buchstabenfolge Adam, und der Zahl 11, die für Sünde steht, da sie über die 10 Gebote hinausgeht (HELLGARDT, Zahlenkomposition 67-69, GROSSMANN, Zahlensymbolik 46f). Dazu ist der Weltenfall folgerichtig am vierten Tag nach dem Engelsturz angesetzt worden, denn die Vier steht bei Augustin wie bei Hinkmar von Reims für die Welt mit ihren vier Weltteilen (ebd. 31f). Sicherlich waren auch Theologen des 9. Jahrhunderts in der Lage, solche Überlegungen anzustellen, ob sie sie aber tatsächlich angestellt haben, muß offenbleiben, zumal auch andere theologische Zeitkonzepte denkbar waren. So stellt Ado von Vienne in seinem Chronicon (PL 123, 23f) folgen Kalender auf: 4. Schöpfungstag: Tagundnachtgleiche am 21. März, 6. Schöpfungstag: Erschaffung Adams und Evas, Einsetzung der Ehe und Kreuzigung Christi am 23. März.

[119] Annales Bertiniani a.865, S.142: "mandantes, ut ... prius ... emendaret quod contra leges divinas et humanas commiserat in aecclesia, quam sua temeritate scandalizaverat"; BM² 1304e.

[120] Die Angabe 11. Februar in der Monumenta-Ausgabe (Capitularia 2, 171) ist fehlerhaft. Hier wird lediglich Nithard, Historia III 5, S.35, wiedergegeben: "Ergo XVI. Kal. Marcii Lodhuvicus et Karolus in civitate quae olim Argentaria vocabatur, nunc autem Strazburg vulgo dicitur, convenerunt et sacramenta ... iuraverunt", ohne eine weitere Begründung für die Datierung auf den 11. Februar zu geben. Da "XVI. Kal. Marcii" eindeutig den 14. Februar bezeichnet (GROTEFEND, Zeitrechnung I, (148)), muß eine fehlerhafte Auflösung der Datierung vorliegen.

[121] Nithard, Historia III 5, S.35: "quoniam vos de nostra stabili fide ac firma fraternitate dubitare credimus, hoc sacramentum inter nos in conspectu vestro iurare decrevimus". Zum Ganzen ANTON, Konzept 100-118.

[122] Dies ist um so eher anzunehmen, als die Anhängerschaften mittels Eid ebenfalls auf die neue Konzeption verpflichtet werden mußten. Gerade deren Einbindung dürfte ernsthafte

dende Rechtsakt die öffentliche Eidesleistung war, wird sich die Datierung Nithards auf diesen Akt beziehen.[123] Damit gibt der 14. Februar das Ende des Treffens an. Als Beginn der Konferenz kann der vorangehende Sonntag Quinquagesima betrachtet werden, der letzte Sonntag vor Beginn der Fastenzeit. Mit der Tagewahl unterstrichen die beiden Brüder offenbar ihren Anspruch auf eigenständige Herrschaft gegenüber den Primatforderungen ihres kaiserlichen Bruders. Diesen Sonntag wählte nämlich bereits ihr Vater zweimal, um seine Herrschaft anerkennen zu lassen, nämlich 814 und 833. Wie bereits neun Jahre vorher richtet sich auch 842 der Herrschaftsanspruch gegen Lothar. Dem Anliegen der beiden Brüder kommt die Liturgie des Tages sehr entgegen, denn die Meßliturgie wird eröffnet mit den Worten "Esto mihi in Deum protectorem et in locum refugii". Damit erscheint Gott als ihr Verbündeter im Bruderstreit. Wenn Gott als Beschützer betrachtet wurde, ist dies keineswegs ein Ausdruck weltentrückter Frömmelei. In Amalar von Metz' Liturgieinterpretation für diesen Tag herrschen militärische Ausdrücke vor. Gott wird bei Amalar problemlos als "dux militiae nostrae" angesprochen.[124] Der militärische Charakter des Tages findet damit auch in der Liturgie seine Entsprechung, ja es scheint sogar gewisse Bezüge zwischen der Sonntagsliturgie und der Rede Ludwigs zu geben. In der Liturgie wird Gott als Beschützer angerufen, und Ludwig erklärte vor dem Kriegsvolk, die königlichen Brüder hätten ihre Sache Gott übergeben, der ihnen den Sieg gab, und äußerte die Hoffnung, daß Gott ihnen Ruhe, also die Durchsetzung ihrer Ansprüche, geben werde.[125] Der Erfolg des gemeinsamen Kriegszuges wird seinen Teil zur Wertschätzung des Tages beigetragen haben. Karl der Kahle jedenfalls nutzte diesen Tag insbesondere für Verhandlungen über zweiseitige Verträge. Die "adnuntiationes" der ersten Begegnung der Könige Karl und Lothar II. sind auf den 1. März 857 datiert.[126] Dies ist der Montag nach dem Sonntag Quinquagesima. Da es sich bei diesem Bündnis lediglich um die Fortschreibung des

---

Formulierungsprobleme gestellt haben. Sie erfolgt dann ja auch recht defensiv, insofern, als die Eide keine Frontstellung gegen Lothar enthielten (Nithard, Historia III 5, S.36f).
[123] Daher vermutete BÖHMER (BM¹ 1931d): "das datum XVI kal. marc. bezieht sich wol (!) nur auf die eide, die vereinigung ist kaum erst an diesem tag erfolgt". Leider entfällt dieser Hinweis in der 2. Auflage (BM² 1370d).
[124] Amalar, Liber officialis I 3.1 (II, S.40). Das Stichwort "dux" konnte Amalar der Antiphon entnehmen ("propter nomen tuum dux mihi eris"; HESBERT, Antiphonale missarum sextuplex 46f).
[125] Nithard, Historia III 5, S.35: "... tandem coacti rem ad iuditium omnipotentis Dei detulimus ... In quo nos, sicut nostis, per misericordiam Dei victores extitimus ... ut certius, si Deus nobis vestro adiutorio quietem dederit, de commune profectu simus." Das Treffen zu Straßburg dauerte insgesamt drei Tage; das Stichwort drei Tage liefert auch die Amalarsche Liturgieauslegung zu diesem Tag, was aber lediglich Zufall sein wird: "Sic enim est scriptum est: Miserat autem rex militum et equites, et audierunt Sanaballath Oronites et Tobias servus Amanites, et contristi sunt afflictione magna, quod venisset homo qui quaereret prosperitatem filiorum Israhel. Et veni Hierusalem, et eram ibi diebus tribus." Amalar, Liber officialis I 3.10 (II, S.43). Das Bibelzitat bezieht sich auf Nehemia 2,9b-11.
[126] Kapitular Nr.268 (MGH Capitularia 2, 293): "Kalendis Martiis, anno DCCCLVII. incarnationis dominicae."

bereits zwischen dem Vater Lothars II. und Karl dem Kahlen bestehenden Bündnisses handelte, wird die kurze Verhandlungsdauer nicht überraschen.[127] Zwei Jahre später erneuerten die beiden Herrscher nach der glücklichen Vertreibung Ludwigs des Deutschen aus dem westfränkischen Reich ihren Schulterschluß "die dominico initii quadragesimae".[128] Die Deutung dieser Tagesangabe ist nicht ganz klar. Während GROTEFEND darin den Sonntag nach Fastenbeginn erblickt, hält ihn RAU für den Sonntag vor der Fastenzeit. Beide leider ohne nähere Begründung.[129] Die hier aufgezeigte Traditionslinie spricht für RAUs Interpretation.

HLAWITSCHKA konnte ein Treffen der Gegenspieler Arnulfs im Kloster Remiremont im Winter 895/896 nachweisen. Dieses Treffen der "kleinen" Könige stellte eine Reaktion auf Arnulfs Italienfeldzug dar, der ihm die Kaiserkrone einbrachte. Eine Eintragung im Gedenkbuch des Klosters zum Monat Februar belegt, daß sich hier König Karl der Einfältige, Kaiser Lambert von Italien und König Rudolf von Hochburgund trafen. Die Eintragung zum Februar erklärt sich dadurch, daß gerade diese Seite des Gedenkbuches beim Besuch aufgeschlagen war.[130] Meiner Ansicht nach ist es nicht gleichgültig, welchem Tag die Herrscher zugeordnet wurden: Karl dem 12. Februar, Lambert dem 17., Rudolf dem 19. und der Block von Getreuen wurde zwischen den 20. und 23. Februar gesetzt. Zwar war der für weitere Eintragungen verbliebene Raum recht klein geworden, aber dies kann keine Erklärung für diese Form der Eintragung bieten. Warum sollte "Lambtus iperat" zwischen die Einträge beim 17. Februar gequetscht worden sein, wenn zum 12. noch viel Platz frei war? Zwei Erklärungen bieten sich an: entweder wurden hier die Ankunftsdaten festgehalten, oder die Herrscher wurden den Tagen zugeordnet, an denen sie (wohl unmittelbar nach ihrer Ankunft) das Kloster mittels Geschenken zum liturgischen Gedenken verpflichteten, was auch den Eintrag in das für das Meßgedenken unabdingbare Totenbuch erklärt.[131] Wir gehen daher davon aus, daß Karl bereits am 12. Februar, Lambert dagegen erst am 17. in Remiremont anwesend war. Auch die "Verspätung" Lamberts wird einsichtig, wenn man in Betracht zieht, daß die politischen wie witterungsbedingten Umstände die Anreise aus Italien nach Lamberts eigener Aussage zu einer schwierigen "expeditio" werden ließ.[132] Betrachten wir nun das

---

[127] Für freundschaftliche Beziehungen wie für Kontinuität spricht auch die Ortswahl, das Kloster St. Quentin in Westreich (VOSS, Königstreffen 16-18, 107f). Die Kontinuität betonen die Herrscher sicher nicht nur aus rhetorischen Gründen (MGH Capitularia 2, 294.4ff, 295.5ff).

[128] Annales Bertiniani a.859, S.51.

[129] GROTEFEND, Zeitrechnung I, 42; Annales Bertiniani a.859 in der Freiherr-von-Stein-Ausgabe, S.99 Anm.

[130] HLAWITSCHKA, Lotharingien 142-157.

[131] WOLLASCH, Könige als Brüder.

[132] HLAWITSCHKA, Lotharingien 149. Daß die Gefolgschaft erst hinter den Herrschern auftaucht, obwohl sie doch sicherlich gleichzeitig mit einem König ankam, ist dadurch zu erklären, daß sie diesen den ihnen gebührenden Vortritt ließen. Die Eintragung von König

Datum im Jahreskontext, ergibt sich, daß König Karl am Freitag vor Quinquagesima im Kloster ankam, Lambert dagegen erst zu Aschermittwoch. Als angestrebte Tagungstermine kommen damit der Sonntag Quinquagesima oder der Sonntag Invocavit, der Sonntag nach Aschermittwoch, in Frage. Da auch andere Königstreffen am Sonntag vor der Fastenzeit begannen, erscheint mir dieser Sonntag als der wahrscheinlichere Termin.

8.3.3.3. Sonntag Jubilate

Für den Sonntag Jubilate 841 zu Attigny verabredeten sich König Karl II. und Kaiser Lothar, als sie im Herbst 840 zu keinem Interessenausgleich gelangen konnten.[133]
Zu Frankfurt am 18. Mai 854 wurde durch die Kanzlei Ludwigs des Deutschen für die Kirche von Utrecht, die zum Mittelreich gehörte, ein Diplom ausgestellt. Tatsächlich ist eine Begegnung zwischen König Ludwig und dem Kaiser Lothar nach Ostern (22.4.) belegt, auf der Lothar Ludwig mit seinem Bruder Karl aussöhnen wollte. Der ostfränkische König Ludwig hatte im Frühjahr ein Heer zur Unterstützung des Aufstandes gegen den westfränkischen König Karl nach Aquitanien entsandt. Nach einem anfänglichen, heftigen Streit kam man sich am Ende soweit entgegen, daß sogar ein Friedensbund geschlossen wurde. Dieser wiederum beunruhigte den westfränkischen Herrscher so sehr, daß er die militärischen Operationen in Aquitanien abbrach, um sich im Juni in Attigny mit dem Kaiser zu treffen.[134] Angesichts des Verhandlungsablaufs wird es gerechtfertigt sein, längere Verhandlungen anzusetzen. Diese können schon am Sonntag Jubilate, also am 13. Mai, begonnen haben.[135]

8.3.3.4. Sonntag Vocem jocunditatis

Im voraufgegangenen Kapitel wurden die Adoption Ludwigs von der Provence durch Kaiser Karl III. in Kirchen 887 und die Krönung Zwentibolds 895 in Worms auf das Himmelfahrtsfest datiert. Dort wurde auch begründet, warum der Beginn der Herrschertreffen zwischen Karl und Ludwig 887 bzw. Arnulf und Odo 895 schon für den Sonntag vor dem Himmelfahrtsfest anzusetzen sind.

Rudolf I. von Hochburgund bleibt hier außer acht, da es sich um eine nachträgliche Eintragung handelt.
[133] Nithard, Historia II 4, S.18: "donec VIII. Id. Maias conveniant"; BM² 1075c, 1083f.
[134] Annales Bertiniani a.854, S.44; BM² 1164a, 1407c.
[135] Gegen den Termin spricht allerdings, daß es sich dabei um den Tag handelt, an dem Ludwig der Deutsche 841 über die Truppen seines kaiserlichen Bruders siegte. Ob Ludwigs Stellung so stark war, daß er Lothar den Tag seiner Demütigung als Verhandlungstag aufdrängen konnte, steht dahin. Für seine Stärke kann der Verhandlungsort Frankfurt sprechen (s.a. VOSS, Herrschertreffen 19f).

8.4. AUSWERTUNG

Zunächst einmal ist festzuhalten, daß nicht erst die Ottonen, sondern bereits die Karolinger bestrebt waren,[136] die Königstreffen in Verbindung mit hohen Kirchenfesten abzuhalten. Nicht allein die geplanten Königstreffen zeigen, daß es schon in karolingischer Zeit das Bestreben gab, diese Konferenzen mit einem Festtag anheben zu lassen. Eine detaillierte Untersuchung der überlieferten Tagesdaten bzw. Zeiträume zeigt zudem, daß außer Christusfesten auch Heiligengedenken und wichtige Sonntage des Kirchenjahres in der Terminplanung berücksichtigt wurden. Daher wird das Ergebnis von VOSS, "die deutsch-französischen Treffen [erfolgten] n i e an einem hohen Feiertag, ja dies wurde geradezu bewußt vermieden, offenbar um protokollarische Probleme der Repräsentation zu umgehen", nur durch eine unzulässige Verengung des Festtagsbegriffs auf Salvatorfeste erklärlich.[137]

Daß die Wahl des Ortes "wichtiger" war als die des Zeitpunktes, ist keinesfalls gesagt,[138] offenbart doch eine Analyse der Zeitstruktur, daß ungemein viele Termine politischen Hintersinn hatten, gleichgültig, ob es sich um Heiligenfeste handelt, die zum "Festtagskanon" der Karolinger gehörten (Johannes 865 und 880), die Feier eines Familienheiligen (Hubertus 866) oder die Wahl "sprechender" Heiligenfeste wie Amandus (879), Petri Kettenfeier (843?, 870), Divisio Apostolorum (843 und 867) oder das Barnabasfest (859). Seltener wurden profane Gedenktage (870: Todestag Lothars II.; 854: Siegtag Ludwigs des Deutschen) gewählt, doch war ihr politischer Aussagewert um so eindringlicher. Diplomatisch moderater war da schon die beliebte Praxis, solche Sonntage des Kirchenjahres heranzuziehen, deren Meßtexte der freudigen Stimmung des Tages Ausdruck gaben (Sonntag Jubilate 841 und 854; Sonntag Vocem jocunditatis 887

---

[136] So VOSS, Herrschertreffen 111.

[137] VOSS, Herrschertreffen 203, macht diese Aussage in Hinblick auf die Zeit nach dem 10. Jahrhundert. Doch auch für diese Zeit ist ihr Ergebnis zu bezweifeln. Schon ein flüchtiger Blick auf die von ihr bereitgestellten neun Tagesdatierungen deutsch-französischer Treffen zeigt, daß zwei Herrschertreffen auf das Geburtsfest des Täufers fallen (1148, 1237), ein weiteres auf den Tag danach (1193) und ein viertes an seinem Todestag in St. Jean (!) de Losne stattfand. Das Fest des hochbedeutsamen Reichsheiligen Laurentius (WEINRICH, Laurentius-Verehrung 45-66) diente für das Treffen 1023. Drei weitere Herrscherbegegnungen fanden an Sonntagen statt: 1171 am Sonntag Quadragesima (das in karolingischer Zeit vielleicht 859 und 896 in Frage kommt), der Oktavtag zu Martin 1212 und der Sonntag nach St. Andreas, zugleich dem Nikolaustag, im Jahr 1299, also zur Zeit der Hochblüte seines Kults (DÖRRER, ANTON: Nikolaus, in: LThK 7, 1962, 994f, WREDE, Nikolaus, in: HdtA 6, 1935, 1086-1107). Bezüglich der Bedeutung des Sonntags Quadragesima und des Martinsfestes im 12./13. Jahrhundert sind freilich genauere Untersuchungen nötig, bevor man zu abschließenden Ergebnissen kommt. Grundsätzlich scheint mir aber die Einschätzung von VOSS nicht aufrechtzuerhalten zu sein, zumal auch nicht einzusehen ist, warum bei Königstreffen an "normalen" Tagen Protokollfragen keine Rolle gespielt haben sollen.

[138] VOSS, Herrschertreffen 112.

und 895) oder aber politischen Gehalt gewinnen konnten (Sonntag Septuagesima 865; Sonntag Quinquagesima 842).
Ein Blick auf die Wochentagsverteilung zeigt, daß die Mehrzahl der erschlossenen Termine auf den Sonntag fällt, was dafür spricht, daß die angewandte Methode grundsätzlich anwendbar ist. Das heißt natürlich nicht, daß jeder der gefundenen Termine richtig ist, aber für einen Großteil werden wir es annehmen dürfen.[139]
Abschließend sei eine Beobachtung angesprochen, für die keine endgültige Deutung geliefert werden kann. Erstaunlicherweise war die Zeitplanung im allgemeinen so ausgerichtet, daß der Beginn eines Königstreffens auf einen heiligen Tag fiel, nicht aber jener Akt, der für die konkrete Ausgestaltung der künftigen Beziehungen von konstitutiver Bedeutung war (Ausnahmen: Epiphanie 853 und Johannesfest 880). Spricht der Befund für eine religiöse Gedankenwelt, die von der "Magie des Anfangs" beherrscht wurde,[140] oder war das Vertrauen in die eigene rechtsetzende Kraft so groß, daß man meinte, auf die Einbindung des Rechtsaktes in eine numinose Sphäre verzichten zu können?[141] Möglicherweise ist es aber auch abwegig, eine Erklärung auf geistesgeschichtlicher Ebene zu suchen, solange die wirtschaftlichen Belastungen eines Frankentages mit mehreren hundert Teilnehmern ungeklärt sind. War womöglich der wirtschaftliche Druck derartig groß, daß er ein möglichst baldiges Ende der Begegnungen erzwang,[142] so daß es aus diesem Grund gar nicht mehr möglich war, noch ein paar Tage auf den nächsten heiligen Tag zu warten, um an einem Festtag den rechtsetzenden Staatsakt vorzunehmen?

---

[139] Die Verteilung über die Woche für die geplanten Herrschertreffen: Sonntag: 4 evtl. 5, Dienstag: 3, Donnerstag: 1, Freitag: 2; für die erarbeiteten Anfangstermine der Begegnungen: Sonntag: 16, Montag: 2, Dienstag: 3, Mittwoch: 1, Donnerstag: 3, Samstag: 1; Gesamtzahl dieser beiden Gruppen: 36, davon fallen 20 auf den Sonntag. Wenn wir nur die sicheren und wahrscheinlichen Termine betrachten, ergibt sich diese Verteilung: Sonntag: 16, Montag: 1, Dienstag: 5, Mittwoch: 1, Donnerstag: 2, Freitag: 2; Gesamtzahl: 27.
[140] Siehe dazu: BETH, K.: Anfang, anfangen, in: HdtA 1, 1927, 406-409. Auf der anderen Seite ist aber zu beobachten, daß Handlungen (wie die Anerkennung des Königtums Odos durch Arnulf u.a.) durchaus auf hohe Kirchenfeste gelegt wurden, ohne daß dabei der Beginn des Treffens eine besondere Rolle gespielt hat.
[141] Dagegen sprechen allerdings die Beobachtungen von BECKER, Liturgie und Recht, und BERBIG, Relevanz.
[142] Zur Teilnehmerzahl und den wirtschaftlichen Belastungen für die Teilnehmer: STÖRMER, Früher Adel II, 274-276.

8.5. TABELLE DER BEARBEITETEN KÖNIGSTREFFEN

Ort	J	M	T	WT	Bezug	Fest	Dat	Zeitpunkt
Kostheim	840	Nov	11	Do		Martin	si	Plan
Attigny	841	Mai	8	So		So Jubilate	si	Plan
Straßburg	842	Feb	12	So		So Quinquagesima	wa	Beginn
Ansille	842	Jun	15	Do	Oktav	Médard	wa	Beginn
						Vitus		
Metz	842	Okt	1	So		Remigius	si	Plan
Worms	842	Okt	9	Mo		Dionysius	mö	Beginn
Thionville	842	Nov	11	Sa		Martin	mö	Beginn
Verdun	843	Jul	15	So		Divisio apostolorum	wa	Plan?
Germigny	843	Okt	9	Di		Dionysius	mö	Beginn
Paris	847	Jun	24	Fr		Johannes d.T., Geb.	si	Plan
Köln	850	Jun	29	So		Petrus ap.	wa	Beginn
Quierzy	853	Jan	6	Do		Epiphanie	si	Akt
Lüttich	854	Feb	22	Do		Petri Stuhlfeier	mö	Beginn
Frankfurt	854	Mai	13	So		So Jubilate	wa	Beginn
						JT Fontenoy 841		
St. Quentin	857	Feb	28	So		So Quinquagesima	wa	Beginn
Warcq	859	Feb	5	So		So Quinquagesima	wa	Beginn
Savonnières	859	Jun	11	So		Barnabas ap.	wa	Beginn
					nach	Médard		
Basel	859	Okt	25	Di		Crispin + Crispinian	si	Plan
Koblenz	860	Jun	2	So		Pfingsten	wa	Beginn
Savonnières	862	Nov	1	So		Allerheiligen	wa	Beginn
Tusey	865	Feb	18	So		So Septuagesima	wa	Beginn
?	865	Jun	24	So		Johannes d.T., Geb.	si	Plan
Metz	866	Nov	3	So		Hubertus	si	Plan
					nach	Allerheiligen		
						JT Savonnières 862		
Frankfurt	867	Jul	15	So		Divisio apostolorum	mö	Beginn
bei Meersen	870	Aug	1	Di		Petri Kettenfeier	si	Plan
bei Meersen	870	Aug	8	Di		JT Tod Lothars II.	si	Beginn
					Oktav	Petri Kettenfeier		
Maastricht	871	Aug	29	Mi		Johannes d.T., Enth.	wa	Beginn
Lüttich	874	Nov	30	Di		Andreas ap.	wa	Beginn
Modern	878	Sep	8	Mo		Mariä Geburt	wa	Beginn
Fouron	878	Nov	1	So		Allerheiligen	wa	Beginn
Gondreville	879	Feb	2	Di		Mariä Reinigung	si	Plan
Gondreville	879	Feb	6	Fr		Amandus/Vedastus	si	Plan
						JT Reichsteilung 806		
Gondreville	880	Jun	24	Fr		Johannes d.T., Geb.	mö	Akt

Ort	J	M	T	WT	Bezug Fest	Dat	Zeit-punkt
Bearbeitete Königstreffen (Fortsetzung)							
Forchheim	889	Jun	12	Do	Nazarius	mö	Beginn
Kirchen	887	Mai	21	So	So Vocem jocund.	mö	Beginn
Worms	895	Mai	25	So	So Vocem jocund.	mö	Beginn
Remiremont	896	Feb	14	So	So Quinquagesima	wa	Beginn
Gondreville	896	Jul	25	So	Jakobus der Ältere	mö	Beginn

9. HOCHZEITEN

Entsprechend den Ergebnissen von KONECNY waren im karolingischen Königshaus zwei unterschiedliche Arten von zwischengeschlechtlichen Verbindungen als Ehen anerkannt. Neben der Vollehe galt auch das Eingehen eines Konkubinats als durchaus angemessene Form der Beziehung. Die Wahl einer Eheform war im wesentlichen von politischen Faktoren abhängig. Daher werden beide Formen an dieser Stelle gleichermaßen berücksichtigt. Da das Konkubinat durch Dotation oder Krönung in eine Vollehe übergehen konnte, kam es vor, daß ein Herrscher dieselbe Frau zweimal "heiratete".[1] Daß mittels der Krönung das Konkubinat in eine Vollehe umgewandelt werden konnte, wird auf den byzantinischen Brauch der Hochzeitskrönung zurückgehen.[2]

9.1. SICHER DATIERBARE HOCHZEITEN

Die Liste der sicher datierbaren Hochzeitstermine ist nicht lang und stammt fast durchweg aus dem westfränkischen Gebiet. Die Umwandlung des Konkubinats Ludwigs des Frommen mit Irmingard ist auf die Krönung der beiden in der Kathedrale von Reims am Sonntag nach dem Remigiusfest anzusetzen.[3] Am 13. Dezember 842 zu Quierzy nahm König Karl der Kahle Ermentrud zu sich, zunächst wohl nur als Konkubine.[4] Dabei handelt es sich um das Fest der heiligen Lucia.[5] Salbung und Erstkrönung fanden aber wohl erst am 25. August 866

---

[1] KONECNY, Frauen 157-163. Da die Krönungen in einem eigenen Kapitel behandelt werden, wird hier nur auf Krönungen von Herrschergemahlinnen eingegangen werden, wenn einigermaßen sichergestellt ist, daß es sich um deren erste Krönung handelt.

[2] Zur Krönung der Brautleute im griechischen Ritus s. RITZER, Eheschliessung 101-121; bei den byzantinischen Kaisern wurde zwischen der Krönung mit der Hochzeitskrone (stephanoma) und mit dem kaiserlichen Diadem (stepsis) unterschieden (ebd. 79). Nach WOLF, Königinnen-Krönungen, hatten die Krönungen affirmativen Charakter. Ihr Zweck war die Sicherung des Fortbestands der Dynastie durch eine kirchliche Approbation (ebd. 82). Für die Königin schuf eine feierliche Krönung durch kirchliche Vertreter den Rechtssicherheit gegen willkürliche Verstoßung (ebd. 69 [Anm.49a]). In der Tat muß es dem Frühmittelalter folgerichtig erschienen sein, die Fruchtbarkeit der Königin durch liturgische Maßnahmen zu erhöhen, da allein die männliche Nachkommenschaft den Fortbestand der Dynastie garantierte (SCHIEFFER, Väter und Söhne).

[3] KONECNY, Frauen 89; BRÜHL, Fränkischer Krönungsbrauch 276f.

[4] Ebd. 135f; DÜMMLER, Ostfränkisches Reich I, 187f. Die Datierung nach den Urkunden DKII 246 und 247: "in idibus decembris, quando Deus me dilectam conjugem Yrmintrudem uxoreo vinculo copulavit" (II, S.55 bzw. 64). Nithard gibt allerdings den 14. Dezember an: "Nuptiis quidem XVIII. Kal. Ianuarii expletis ..." (Historia IV 6, S.49).

[5] Florus, Martyrologium 223. Diese Heilige gehörte als Kanonheilige zu den bekanntesten Heiligen im Mittelalter überhaupt; da ihr Festtag zu Mittwinter gefeiert wurde, war er ein Tag der "Wende" mit entsprechender abergläubischer Bedeutung (WIMMER, Lexikon 523f). In

in St. Médard bei Soissons nach einer Synode unter päpstlicher Teilnahme statt.[6] Das muß dann zugleich der Übergang zur Vollehe gewesen sein.[7] Bei diesem Fest handelt es sich um den ersten Sonntag nach dem Gedenken für den Apostel Bartholomäus, zugleich um den ersten Sonntag nach dem Translationsfest der Heiligen Tiburtius, Gilardus und anderer Heiliger in St. Médard. Die Translation wurde nach 860, wohl 861 unter Abt Karlmann, dem Sohn König Karls, vorgenommen.[8] Da der erste Sonntag nach dem Apostelfest bereits 853 in Verberie als Synodentag fungierte, wird auch 866 der Sonntag in Abhängigkeit vom Apostelfest gesehen worden sein.

Den 12. Oktober (869) bezeichnete Karl der Kahle als den Tag der Aufnahme des Konkubinats mit Richildis.[9] Für diesen Mittwoch kann kein mit dem Ereignis korrelierendes Heiligenfest gefunden werden.[10] In bemerkenswert kurzer Zeit nach dem Ableben seiner Gattin Ermentrud am 6. Oktober in St. Denis entschloß sich König Karl, eine neue Verbindung einzugehen. Der König beauftragte Boso, ihm seine Tante Richildis zuzuführen. Boso reiste von Douzy zu seiner Mutter, von dort zu seiner Tante Theutberga und brachte Richildis dann zum König, der sie als Konkubine aufnahm.[11] Bosos Verwandtschaft muß sich in unmittelbarer Nähe der Königsfamilie aufgehalten haben, obwohl das Machtgebiet der

---

den Laudes von Orléans wurde Lucia der Königin Ermentrud als Schutzheilige zugeordnet (OPFERMANN, Herrscherakklamationen 108f). Ob der Lucientag zum Hochzeitstag wurde, weil Ermentrud die Tagesheilige als Schutzpatronin betrachtete, oder ob Lucia zur Schutzpatronin wurde, weil die Königin an ihrem Festtag heiratete, kann nicht geklärt werden. Eine am Lucientag ausgestellte Schenkung an Kloster Lorsch aus der Mitgift einer Ehefrau (CL 348) läßt vermuten, daß dieser Tag öfter für Hochzeiten gewählt wurde. In diesen Zusammenhang kann wohl auch die Seelenstiftung einer Christina für sich und ihren Ehemann Baldolf vom 13.12.780 eingeordnet werden (CL 501). Weitere Schenkungen von Eheleuten an das Nazarius-Kloster datieren vom 12. und 15. Dezember (CL 1338; 942, 3153).

[6] Daß eine Krönung schon für einen früheren Zeitpunkt anzunehmen ist, meint KONECNY, Frauen 135f. Eine Erstkrönung mit Salbung macht aber BRÜHL, Fränkischer Festkrönungsbrauch 286, wahrscheinlich.

[7] Annales Bertiniani a.866, S.83: "Karolus eos [episcopos] petit, ut uxorem suam Hyrmintrudem in reginam sacrarent; quod et ipso adtestante in basilica sancti Medardi fecerunt et una cum eo illi coronam imposuerunt."

[8] GAIFFIER, Calendrier 403-406, 420.

[9] DKII 355 (II, S.290): "... saltem etiam et in conjunctionis nostrae, IV idus octobris"; KONECNY, Frauen 136-138.

[10] Usuardus, Martyrologium 320, verzeichnet den heiligen Hedestus, 4976 Märtyrer in Afrika und den heiligen Eustachius.

[11] Annales Bertiniani a.869, S.107; DÜMMLER, Ostfränkisches Reich II, 285f. Die Formulierung Hinkmars, Karl habe am 9. Oktober "certo nuntio" vom Tod Ermentruds erfahren, zeigt, daß der König bereits vorher vom Ableben seiner Gemahlin erfahren hatte. Da es sich bei dem von Hinkmar ins Spiel gebrachten 9. Oktober um den Festtag des hl. Dionysius handelt und Hinkmar im gleichen Zusammenhang berichtet, die Königin sei im Pariser Dionysiuskloster verstorben, war der Reimser Bischof offenbar bestrebt, Ort und Zeit des Hinscheidens der Herrscherin mit dem hl. Dionysius in Zusammenhang zu bringen. So mußte Dionysius als Patron erscheinen, der die Verstorbene mit dem Tod begleitet habe und somit als Garant ihres Seelenheils erscheinen konnte.

Bosoniden in Hochburgund und Oberitalien lag.[12] Wahrscheinlich erklärt sich die schnelle Aufnahme einer neuen Beziehung mit der im August erfolgten Annexion des Lotharreiches. Die Probleme Karls, eine Anerkennung bei dem Adel des Mittelreichs zu erreichen, hoffte Karl durch die Heirat einer Nichte Theutbergas, der Witwe Lothars II., zu beheben. Dies ist sicher auch der Grund für die Krönung Richildis in Aachen, der prestigeträchtigsten Pfalz des Mittelreichs.[13] Da Ermentrud am 6. Oktober starb, wurde das Konkubinat am siebten Tag nach dem Tode der Königin aufgenommen. Da der siebte Tag in der Totenmemoria eine gewichtige Rolle spielt,[14] erklärt sich die Tagewahl hinsichtlich der Aufnahme des Konkubinats aus dem Abstand zum Todestag der Verstorbenen. So bestimmen die Canones Theodori aus der ersten Hälfte des achten Jahrhunderts, daß für einen guten Laien die Messe erst am dritten oder siebten Tag gefeiert werden soll, für einen Sünder frühestens am siebten Tag, denn die Anverwandten hätten zuvor ein siebentägiges Fasten abzuleisten.[15] Die Fastenpraxis schloß die sexuelle Enthaltsamkeit natürlich ein. Die Sieben hat noch einen Nebensinn, da sie wegen der sieben Wochentage die Vergänglichkeit des Irdischen und das Irdische überhaupt vertritt.[16] Hier berührt sich die Symbolik der Zahl mit der Einschätzung der Zweitehe, die in der Kirche nicht geschätzt wurde. Wie Christus nur die eine Braut Kirche hat, sollte der Mensch nur einmal heiraten, da die zweite Ehe kein vollkommenes Abbild Christi mit der Kirche sein konnte. Während die erste Ehe als von Gott selbst im Himmel eingesegnet galt, erschien die Wiederverheiratung nur "der Unenthaltsamkeit wegen" erlaubt. Dementsprechend galt in der römischen Kirche während des ersten Jahrtausends ein Einsegnungsverbot solcher Ehen.[17]
Im nächsten Frühjahr wurde Karls Konkubinat mit Richildis am Sonntag Septuagesima in eine Vollehe umgewandelt.[18] Die Liturgie dieses Sonntags bot Anknüpfungspunkte für das Thema Sexualität; allerdings scheint die negative

---

[12] Schon der Stammvater Boso (DÜMMLER, Ostfränkisches Reich II, 6) scheint sein Machtgebiet dorthin verlegt zu haben (BM² 831 [805]; MGH Capitularia 1, 314; ebd. 2, 67).
[13] BOSHOF, Lotharingien 137. KONECNY, Frauen 136f, glaubt, die Verbindung richte sich gegen das Kaiserreich. Beide Auffassungen lassen sich vereinbaren, da Lothars Bruder Ludwig gleichfalls Anspruch auf das Mittelreich erhob.
Die zeitlichen Merkwürdigkeiten lassen sich nicht durch die Annahme lösen, bei dem Hochzeitstag habe man sich um einen Monat verschrieben. Es ist nämlich sichergestellt, daß Karl Richildis bereits auf seinem Weg nach Aachen mit sich führte, um am 11. November in Gondreville eine Reichsversammlung abzuhalten (Annales Bertiniani a.869, S.107).
[14] Am dritten, siebten und dreißigsten Tag nach dem Ableben sollten Messen gefeiert werden (DESHUSSES, Sacramentaire Grégorien 574).
[15] ANGENENDT, Toten-Memoria 171-173, 142f.
[16] MEYER, Zahlenallegorese 137.
[17] RITZER, Eheschliessung 158, 164, 166f.
[18] Annales Bertiniani a.870, S.108: "Et in die festivitatis septuagesimae predictam concubinam Richildem desponsatam atque dotatam in coniugem sumpsit." Übrigens spricht die hier angeführte Dotation und die Nichterwähnung einer Krönung gegen eine allzu strenge Unterscheidung der Eheschließungsformen zwischen Ost- und Westreich. Vgl. KONECNY, Frauen 158.

Bewertung der Zweitehe bei der Tagewahl eine Rolle zu spielen. Der Eingangsgesang des Tages lautete: "Todesstöhnen hielt mich umfangen, die Qualen der Unterwelt umschlossen mich." Das Todesstöhnen deutet der karolingische Liturgiker Amalar von Metz im Anschluß an die Kirchenväter auf den Willen des Menschen zur Sünde. Die Schlechtigkeit des Menschen erkennt er in der Entflammbarkeit der Wollust und dem Kitzel des Fleisches.[19] Doch ist dies nicht der einzige Anklang, den die Liturgie des Tages zum Hochzeitsthema bot.[20] Nach den Vorschriften des Pseudo-Theodor sollten die Brautleute 30 Tage lang keine Kirche besuchen, dann 40 Tage büßen, um erst dann die hl. Kommunion zu empfangen.[21] Das sind zusammen 70 Tage, sodaß bei einer Hochzeit auf Septuagesima die jungen Eheleute zu Ostern kommunizieren konnten und so zum höchsten Kirchenfest wieder Vollmitglieder der Kirche waren.[22] Im Jahr 870 war dieser Sonntag zugleich der Tag nach St. Agnes.[23]
Mit Aethelwulf, dem König von Ostanglien, verheiratete König Karl seine Tochter Judith am 1. Oktober 856 in Verberie in feierlicher Form.[24] Dies ist der Gedenktag der Reichsheiligen Remigius und Germanus.[25]
Eine zweite Hochzeit seiner Tochter Judith hatte Karl wohl für den 25. Oktober 863 geplant. Auf der Synode zu Verberie sollte sie mit Graf Balduin von Flandern verheiratet werden, zumindest fanden darüber Verhandlungen statt.[26] Dieser Montag gedachte der beiden Heiligen Crispin und Crispinian, die in den Königs-

---

[19] Amalar, Liber officialis II 1.19-21 (II, S.34f).
[20] Amalar, Liber Antiphonarii 30 (III, S.65-67) bietet die Stichworte "krönen" ("O quam pulchra est casta generatio cum claritate. Immortalis est enim memoria illius, quoniam et apud Deum nota est et apud homines. Cum praesens est, imitantur illam; et desiderant illam, cum se subduxerit, et in perpetuum coronata triumphat." [III, S.65.46-50]), "Mutter" und "Kinder" ("Dicitur rebus in eo responsorio a matre, quae hic relicta est in saeculo ad perficiendum corpus Christi: Mihi congruit ut declinem ad eam prolem nostram, quae in angustiis posita est, et celebrem pro ea laudem latine, compatiendo eius tribulationi" [III, S.66.37-40]) sowie "Hochzeit" ("Fuit quidam vir levitus, habens in latere montis Effraim, qui accepit uxorem de Bethlehem Iuda" [III, S.66.46-48]). Das Evangelium des Sonntags spricht dann die Herrschaft des Hausherrn an (Mt 20,1-16 nach KLAUSER, Capitulare Evangeliorum 175).
[21] c.2.9 (WASSERSCHLEBEN, Bussordnungen 577).
[22] Das stimmt lediglich dem Namen des Sonntags nach, denn numerisch sind es nur 64 Tage bis Ostern. Dennoch halte ich es für wahrscheinlich, daß die angeführte Überlegung mit zur Wahl dieses Sonntags als Hochzeitstermin beigetragen hat.
[23] Usuardus, Martyrologium 165, 167; Agnes wird auch in den Königslaudes angerufen (OPFERMANN, Herrscherakklamationen 104f, 106f, 112f).
[24] Annales Bertiniani a.856, S.47: "Edilvulf rex occidentalium Anglorum Roma rediens, Iudith, filiam Karli regis, mense Iulio desponsatam, Kalendas Octobribus in Vermeria palatio in matrimoniam accipit, et eam, Ingmaro Durocortori Remorum episcopo benedicente, imposito capiti eius diademate, reginae nomine insignit, quod sibi suaeque genti eatenus fuerat insuetum; patratoque regiis apparatibus utrimque atque muneribus matrimonio, cum ea Brittaniam, regni sui ditionem, navigio repetit." Coronatio Iudithae Karoli II. filiae (MGH Capitularia 2, 425-427).
[25] Florus, Martyrologium 180.
[26] DÜMMLER, Ostfränkisches Reich II, 92f.

laudes als Schutzheilige Karls angerufen wurden.[27] Die versammelten Kirchenfürsten verlangten von dem Paar die Ableistung einer Kirchenstrafe, die Balduin und Judith mit Hinweis auf ein päpstliches Schreiben verweigerten, das sie Hinkmar von Reims am 28. Oktober übergaben. Nach weiteren Beratungen wurde die Forderung dann fallengelassen. Die offizielle Hochzeit (bzw. die Bestätigung der bereits 862 am Hofe Lothars II. vollzogenen Heirat)[28] fand dann in Auxerre statt. Da der Königshof dort erst gegen Ende November eingetroffen sein wird, vermutet SPROEMBERG den 13. Dezember, den Hochzeitstag Karls des Kahlen, als Tag der Trauung Judiths.[29]

Die früheste sichere Datierung einer feierlichen liturgischen Handlung an einer Gattin eines Karolingers ist die Weihe Bertradas durch Papst Stephan II. am 28. Juli 754.[30] Allerdings ist fraglich, ob die Weihe als Hochzeitsakt oder als Aufwertung ihres Rechtsstatus zu werten ist. Möglich ist dies, da Pippin scheinbar vor jener Weihe geneigt war, Bertrada zu verstoßen, dies aber aufgrund der Intervention eben dieses Papstes unterließ.[31]

Bei der nächsten Hochzeit wurde zwar kein Mitglied der Herrscherfamilie verheiratet, doch fand sie in der Aachener Pfalz, allerdings in Abwesenheit Ludwigs des Frommen, statt. Die hochadligen Familien des Bernhard von Septimanien und der Dhuoda wählten für die Hochzeit ihrer Kinder das Fest eines hochberühmten Heiligen. Die Hochzeitsfeier fand nämlich am 24. Juni 824 statt, also dem Geburtsfest des Täufers Johannes.[32] Die Wahl eines Täuferfestes stand in sinnreichem Bezug zum Festanlaß, da der hl. Johannes das Martyrium erlitt, weil er König Herodes des Ehebruchs anklagte.[33] Der neutestamentliche Heilige kann somit als Schutzheiliger der Ehe aufgefaßt worden sein.[34]

---

[27] OPFERMANN, Herrscherakklamationen 108f, in weiteren Laudes: ebd. 102f, 106f. Ein zweites Heiligenpaar ehrte diesen Tag, Chrysanthus und Daria (GROTEFEND, Zeitrechnung II.2, 83).
[28] SPROEMBERG, Judith 924-926.
[29] SPROEMBERG, Judith 941-944.
[30] BRÜHL, Kronen- und Krönungsbrauch 25f.
[31] Codex Carolinus Nr.45, S.561f: "Mementote hoc, praecellentissimi filii: quod sanctae recordationis praedecessor noster, domnus Stephanus papa, excellentissimae memoriae genitorem vestrum obtestavit, ut nequaquam praesumpsisset dimittere dominam et genetricem vestram; et ipse, sicut re vera christianissimus rex, eius salutifferis obtemperavit monitis." HAHN, Fränkisches Reich 6; vgl. aber OELSNER, König Pippin 495f der auf Codex Carolinus Nr.8, S.496, verweist: "nec a tuo nos separes auxilio; sic non sis alienus a regno Dei et vi seperatus a tua dulcissima coniuge excellentissima regina, spirituali nostra commatre."
[32] SIMSON, Ludwig der Fromme I, 332.
[33] Mt 14,3-12; Mk 6,17-29; Lk 3,19f.
[34] Vielleicht ist es nicht ohne Bedeutung, daß es sich um das Geburtsfest handelt, da die Geburt von Nachkommen zu den ersten Ehezielen gehörte, doch sollten sich dann weitere Hochzeitstermine finden lassen, die an Geburts- und Empfängnisfesten stattfanden (Mariä Empfängnis/Geburt: 8.12./8.9.; Johannes: 24.9./24.6.; Christus: 25.3./25.12.). Dies ist bei dem hier untersuchten Kulturkreis nicht der Fall.

Da Verlobungen rechtserheblichen Charakter in Hinblick auf die Ehe hatten, sei hier auch die Verlobung Rotruds, Tochter Karls des Großen, mit dem griechischen Kaiser Konstantin zu Ostern 781 erwähnt[35].
In die Nähe einer Hochzeit möchte ich die Wiederaufnahme der verstoßenen Königin Theutberga durch Lothar II. rücken. Wenn es sich auch nicht um eine Heirat im kanonisch-kirchlichen Sinn handeln kann, da sie schon miteinander verheiratet waren, ist die Wiederaufnahme der Ehe mit Theutberga praktisch einer erneuten Eheschließung gleichzusetzen, zumal Lothar zwischenzeitlich seine Konkubine Waldrada hatte krönen lassen. Die Wiederaufnahme Theutbergas fand nicht zuletzt auf Drängen des Papstes in einer erneuten Krönung und der gemeinsamen Meßfeier am 15. August 865 ihren Ausdruck.[36] Symbolträchtig nahm König Lothar am Fest der Aufnahme der Himmelskönigin Theutberga als Königin wieder zu sich. Mit der symbolisch-allegorischen Bedeutung von Tagen war bereits bei der Rückführung der Königin gearbeitet worden, als die lothringischen Großen am 3. August die Aufnahme der Königin beschworen. Dabei handelte es sich um den Tag der Auffindung des hl. Stephanus, "dessen Namen übersetzt an gekrönt anklingt".[37]
Eine Aufnahme ehelicher Beziehungen Lothars II. mit Waldrada fällt wohl in den August 862[38] und löste heftige Proteste bei Lothars Gegenspielern aus. Die "benedictio" Waldradas zu Weihnachten 862 durch den Bischof Hagano von Bergamo kann, da sie unter Einbezug kirchlicher Riten stattfand, und weil ihre Bedeutung über die einer bloßen Festkrönung hinausgegangen sein wird, als förmliche Heirat verstanden werden.[39] Da Weihnachten die Geburt des neuen Königs feierte und Waldrada Lothar II. - im Gegensatz zur verstoßenen Theutberga - bereits einen Sohn geboren hatte,[40] war die Tagewahl sicher ein zusätzlicher Affront gegen Theutberga.
Damit sind die sicher datierbaren Heiraten dargetan. Insgesamt ergibt sich kein einheitliches Bild. Die Aufnahme von Konkubinaten wurde nicht unbedingt an unwichtigen Tagen vorgenommen, wie die Verbindung Karls und Ermentruds zeigt. Dafür spricht auch, daß die Tage der Aufnahme der Beziehungen als so wichtige persönliche Festtage galten, daß sie im westfränkischen Raum vermerkt wurden und darüber hinaus auch einzelnen Klöstern oder Domkapiteln zur Feier aufgegeben wurden. Allerdings scheinen "Vollehen" bzw. Akte, die mit Krönun-

---

[35] Zur Verbindlichkeit: MIKAT, Ehe 811-813. Zu Ostern 781: BM² 235b.
[36] BRÜHL, Fränkischer Kronenbrauch 288f; KONECNY, Frauen 109f. Zur früheren päpstlichen Einflußnahme auf karolingische Eheprobleme s. Exkurs 11.
[37] "... protomartyris Stephani, cuius nomen interpretatum resonat 'coronatus'" trug Hinkmar von Reims anläßlich der Krönung Karls des Kahlen in der Metzer Stephanus-Kirche 869 vor (Annales Bertiniani a.869, S.105). Daß mit der Parallele gekrönte Königin/gekrönter Heiliger nicht nur gespielt wurde, zeigte sich, als Theutberga der Messe am Marientag tatsächlich im Kronenschmuck beiwohnte.
[38] STAUBACH, Herrscherbild 447f. Möglicherweise handelt es sich hier um den gleichen Tag, an dem Lothar 865 die ungeliebte Theutberga wiederaufnahm.
[39] STAUBACH, Herrscherbild 448-450; DERS., Sedulius 592.
[40] WERNER, Nachkommen (Tafel) setzt die Geburt Hugos für 855-860 an.

gen bzw. Weihen bereits bestehende Beziehungen aufwerteten, eher auf Sonntage zu fallen. Einzige Ausnahmen bildeten wohl die Heirat der Judith mit König Aethelbert sowie die Eheschließung von Bernhard von Septimanien mit Dhouda, welche aber aus dem Kreis der königlichen Hochzeiten herausfällt. Möglicherweise liegt das daran, daß in diesen Fällen die liturgische Handlung gegenüber der sexuellen dominierte, die vielleicht sogar ganz entfallen konnte, weil ehelicher Verkehr an Sonntagen ja bekanntlich verboten war. Demgegenüber wird bei der Aufnahme von Konkubinaten, wie schon der Name sagt, die körperliche Vereinigung unabdingbar gewesen sein.[41] Bei der Aufnahme von Konkubinaten wiederum scheint man - soweit der äußerst schmale Befund überhaupt einen Schluß zuläßt - darauf geachtet zu haben, den Sonntag zu vermeiden. Hochzeiten fanden demgegenüber durchaus an Sonntagen statt, doch achtete man hierbei vermutlich auf die Wahrung der Sonntagsheiligkeit, die ja der Aufnahme von sexuellen Beziehungen an Sonntagen im Wege stand.[42]

Bei der Verlobung Rotruds und der ersten Verheiratung der Judith handelt es sich um Ausnahmeerscheinungen. Einmal fallen beide Vorgänge aus dem konstatierten Tagewahl-Schema heraus. Die Verlobung der Rotrud fand an einem Sonntag statt, war aber keine Hochzeit; Judith wurde zwar mit einer Krone geschmückt, doch fand die Hochzeit an einem Wochentag statt. Während wir im Fall der Verlobung der Tochter Karls des Großen sicher nicht mit sexuellen Handlungen zu rechnen haben, sind diese bei dem Eintritt der Prinzessin Judith ins Eheleben sicher nicht auszuschließen. Zudem handelt es sich jeweils um Verbindungen, die mit ausländischen Ehepartnern geschlossen wurden. Diese stellen einen Sonderfall der Eheschließungen im Königshaus dar, weil sie einen außerordentlich hohen Prestigewert hatten, aber wohl nur geringen unmittelbaren Machtzuwachs brachten.[43] Wahrscheinlich war es der mit den Verbindungen einhergehende Gewinn an Ansehen, der reichspolitisch wichtige Gedenktage als Feste wählen ließ. Hier konnte dem Adel ein schönes Schauspiel gegeben werden, das die Bedeutung des eigenen Königtums unterstrich.

In drei anderen Fällen handelt es sich um die Verheiratung von Königstöchtern, was Einfluß auf die Auswahl der Hochzeitstage gehabt haben mag, da in keinem der Fälle am Hochzeitstag einer Heiligen gedacht wurde, wie es bei der Heirat Karls des Kahlen mit Ermentrud geschehen war, obwohl zu vermuten ist, daß Frauen an Festen von weiblichen Heiligen am Hof eine besondere Ehrenstellung einnehmen konnten.[44] Daß für Hochzeiten von Töchtern nur für das Reich

---

[41] GIESEN, D.: Konkubinat, in: HRG 2, 1978, 1075f.
[42] KOTTJE, Altes Testament 72, 78f, 81 und 112.
[43] KONECNY, Frauen 154-156.
[44] Daß die Königinnen eine besondere Affinität zu weiblichen Heiligen hatten, ergibt sich schon allein daraus, daß in den Laudes für die Königinnen fast nur weibliche Schutzheilige angerufen wurden (OPFERMANN, Herrscherakklamationen 104f, 106f, 109, 112). Wenn Königin Fastrada das Fest Mariä Himmelfahrt 798 im Nonnenkloster Nivelles, dem Kloster der hl. Gertrud, feiern wollte (NOBEL, Königtum I, 62), zeigt sich hier geradezu eine Konzentration auf eine "Frauenwelt": der Festtag ist der einer Frau, der Festort einer Dame des Karo-

bedeutsame Feste ins Auge gefaßt wurden, kann damit erklärt werden, daß nicht die heiratende Tochter, sondern der die Hochzeit ausrichtende königliche Vater im Mittelpunkt des Festes stand, so daß die Feier an für den Herrscher wichtigen Festtagen stattfand.

9.2. Nicht exakt datierbare Hochzeiten

Im weiteren beschäftigen wir uns mit Hochzeiten, für deren zeitliche Fixierung lediglich Anhaltspunkte vorliegen. Dabei wenden wir uns zunächst denjenigen Ereignissen zu, deren Datierung einigermaßen sicher vorgenommen werden kann. Am 31. Tag nach dem Tode seiner Gemahlin Irmgard ließ Kaiser Lothar I. seine Sklavin Doda frei. Doda erlangte als Konkubine eine bedeutende Stellung am Kaiserhof.[45] Die Aufnahme des Konkubinats wird man auf den Tag der Freilassung der Doda zu datieren haben. Die Freilassung war bei den Langobarden die Voraussetzung für die Heirat einer Hörigen.[46] Die Lombardei gehörte bekanntlich zum Reichsgebiet des Kaisers, Lothar wird der Rechtssatz also bekannt gewesen sein. Für unsere Annahme spricht auch die Frist von 30 Tagen zwischen dem Tod der Kaiserin und der Freilassung der Doda. Die Zahl 30 spielt in der Totenliturgie eine so bedeutende Rolle, daß man sie geradezu als "Normzahl des Totengedächtnisses" bezeichnet hat.[47] Diese Bedeutung der Dreißig galt auch hinsichtlich der Wiederverheiratung eines Hinterbliebenen. Die Verehelichung einer Witwe durfte nicht vor dem 30. Tag nach dem Tod des Ehemannes erfolgen.[48] Dahinter stand die Vorstellung, daß der Verstorbene in den ersten 30

---

lingerhauses geweiht und zugleich besteht die Festgemeinschaft mit Königin und Nonnen allein aus Frauen. Weil die Himmelskönigin als Patronin der weltlichen Herrscherinnen betrachtet wurde, bediente sich ihres Fest nicht nur Königin Theutberga zu Demonstrationszwecken. Dieselbe Absicht leitete sicher auch die byzantinische Kaiserin Irene, als sie am Fest der Himmelfahrt Mariens 797 die Herrschaft an sich riß (MATZ, Regententabellen 40). Daß wichtigen Persönlichkeiten am karolingischen Hof am Festtag ihres Schutzheiligen eine Sonderstellung eingeräumt wurde, zeigt sich bei dem Abt Fuldrad von St. Denis, der am Dionysiustag (in fremder Angelegenheit!) als Fürbitter vor den König trat (DK 150 vom 9.10.783 für Arezzo).

[45] DLoI 113 vom 19. April 851. Todestag der Irmgard ist der 20. März (BM^2 1143c). In DLoI 138 tritt die "dilectissima ac familiarissima femina nostra Doda" als Fürbitterin auf.

[46] KONECNY, Frauen 16. Der Scarapsus Cummeani III 32 (SCHMITZ, Bussbücher II, 617) sieht die Freilassung der Magd vor, wenn sie vom Hausherrn ein Kind bekommt. Bereits 853 gebar Doda dem Kaiser einen Sohn namens Karlmann (Annales Bertiniani a.853, S.43). Die Verbindung wurde also spätestens 852 eingegangen.

[47] ANGENENDT, Toten-Memoria 173, 185-187.

[48] Kapitular Nr.139 c.4 (MGH Capitularia 1, 281): "Qui viduam intra primos triginta dies viduitatis suae vel invitam vel volentem sibi copulaverit, bannum nostrum id est sexaginta solidos in triplo conponat." Der gleiche Gedanke liegt der Bestimmung zugrunde, ein Klostereintritt sei frühestens am 30. Tag nach dem Ableben des Ehemannes erlaubt (Kapitular Nr.138 c.21 (MGH Capitularia 1, 278).

Tagen nach seinem Ableben noch zur Gemeinschaft der Lebenden gehöre und seine alten Rechte behielte, weshalb auch die Ehe nicht vorher ende.[49] Die Aufnahme des Konkubinats Kaiser Ludwigs II. mit Angilberga ist wohl zum Zeitpunkt der Schenkung für seine Braut erfolgt. Das entsprechende Diplom datiert vom 5. Oktober 851.[50] Dieser Tag bietet allerdings keine für eine Hochzeit bedeutenden Heiligen.[51] Als Fest der heiligen Pelagia, das in Italien am 5. Oktober gefeiert wurde, macht die Tagewahl immerhin einen gewissen Sinn.[52] Beim 5. Oktober 851 handelt es sich zwar um einen einfachen Montag, allerdings ist daran zu erinnern, daß König Karl der Kahle das Konkubinat mit Richildis gleichfalls an einem profanen Tag aufnahm. Möglicherweise wurde die Tagewahl durch das Verhalten von Ludwigs gleichnamigen Großvater beeinflußt, der an einem 5. Oktober seine Gemahlin durch Papst Stephan V. krönen ließ. Für die Aufnahme des Konkubinats am Ausstellungstag des Diploms spricht auch, daß der Kaiser im nächsten Jahr gleichfalls am 5. Oktober urkundete. In dem Diplom von 852 bestätigte Ludwig II. dem Bischof Seufrid die Schenkung einer Hörigen namens Giseberga. Diese war die Ehefrau des Hörigen Isembald, den der Kaiser dem Bischof bereits früher geschenkt hatte. Somit ist auch mit der Schenkung vom 5. Oktober 852, welche die Führung eines Ehelebens ermöglichte, das Thema Heirat angesprochen.[53] Aller Wahrscheinlichkeit nach feierte der Kaiser die Wiederkehr seines Hochzeitstages also mit einem beziehungsreichen Gnadenerweis.

Kaiser Lothar I. gab seine Tochter Helletrud im August 841 zur Gewinnung von Bundesgenossen gegen Karl den Kahlen einem fränkischen Adligen zur Frau.[54] Die Heirat erfolgte in Worms nach einem Angriff auf Ludwig den Deutschen und vor dem Reichstag zu Diedenhofen am 1. September.[55] Die Hochzeit muß nach dem anhand von Urkundenausstellungen erschließbaren Itinerar zwischen dem

---

[49] DRESCHER, Dreißigster 174. Das Bußbuch des Pseudo-Theodor c.30.2 verweist auf Aaron und Mose, um die 30 Tage lang getrauert wurde (WASSERSCHLEBEN, Bussordnungen 613).
Auch eine andere Deutung der Freilassung ist möglich. So kannte Bonifatius die Freilassung als Leistung für das Seelenheil eines Verstorbenen. Auch der St. Galler Urkundenbestand kennt Freilassungen 'pro remedio animae' (NEISKE, Vision 151).
[50] KONECNY, Frauen 119f. Die Beurteilung des Diploms BM² 1183 (1148) ist recht schwierig, da es vermutlich erst lange nach der Hochzeit auf Veranlassung der Kaiserin ausgestellt wurde. Dabei kann das Diplom auf den Hochzeitstag datiert worden sein. Unbekannt ist, ob es eine Vorlage aus dem Jahr 851 gab.
[51] Usuardus, Martyrologium 315; Hrabanus, Martyrologium 101. Der heilige Apollinaris, Bischof von Valence, scheint noch der bekannteste von ihnen zu sein. Apollinaris-Reliquien befanden sich auch im Aachener Kaiserschatz (SCHIFFERS, Reliquienschatz 82). Wahrscheinlich handelt es sich aber bei den Aachener Heiltümern um die Reliquien des Apollinaris von Ravenna, am 23. Juli gefeiert wird (WIMMER, Lexikon 143).
[52] Nach dem Kalender von Neapel (LECLERCQ, Calendrier 1591f).
[53] BM² 1188 [1153] vom 5.10.852. BM² 1217 (1183) vom 7.10.860 kann auf eine weitere Feier des Jahrgedächtnisses der Hochzeit hindeuten.
[54] KONECNY, Frauen 152f.
[55] Annales Fuldenses a.841, S.32; BM 1087b.

21. und 31. August stattgefunden haben.[56] Rechnet man für den Kriegszug gegen Ludwig mit einer einwöchigen Dauer, schrumpft der fragliche Zeitraum auf den 27.-31. August. Das einzig bedeutende Festtag dieses Zeitraums gedenkt der Enthauptung des Täufers Johannes und der heiligen Sabina (29.8.).[57]
Lothar, der älteste Sohn Kaiser Ludwigs, heiratete im Zusammenhang mit einer Reichsversammlung, die Mitte Oktober 821 in Thionville stattfand, Irmgard, eine Tochter des Grafen Hugo von Tours.[58] Da auf diesem Reichstag das Reichsteilungsgesetz beschworen wurde, müssen Reliquien zur Hand gewesen sein.[59] Dabei dürfen Reliquien des Reichsheiligen Dionysius nicht gefehlt haben, auf die bereits Pippin schwören ließ.[60] Die Reliquienanwesenheit wird die Bedeutung des Dionysiusfestes am 9. Oktober noch gesteigert haben; mit dem Fest ist wohl auch der Beginn des Reichstages gegeben. Setzt man die Reichsversammlung auf den ersten Sonntag nach dem Dionysiusfest (13.10.), kommt man tatsächlich etwa in die Mitte des Oktobers. Dies dürfte zugleich der wahrscheinlichste Termin für die "solemni more" begangene Hochzeit sein.

Vor Mitte September 822 verheiratete Ludwig der Fromme seinen Sohn Pippin, der seit 814 in Aquitanien herrschte, mit Ingeltrud, der Tochter des Grafen Theutbert von Madrie. Ende August oder Anfang September begann in Attigny eine allgemeine Reichsversammlung.[61] Diese war der geeignete Rahmen für eine solche Feier. Die relative Chronologie der Quellen zeigt, daß die Hochzeit erst am Ende des Reichstag stattfand. Wenn Pippins Heirat mit einer Erweiterung seiner Machtbefugnisse für sein aquitanisches Unterkönigtum einherging, wie der

---

[56] DLoI 61 vom 20. August noch in Mainz vor dem Angriff auf Ludwig; DLoI 62 vom 1. September in Diedenhofen.

[57] Florus, Martyrologium 160. Sabina ist im ostfränkischen Bereich bereits im Würzburger Lektionar des 8.Jahrhunderts verzeichnet (MUNDING, Kalendarien II, 97). Das Täuferfest liefert Stichworte zum Hochzeitsfest, obwohl der Sinn des Festes geradezu gegenläufigen Charakter hat, da es den Tod des Täufers kommemoriert, dessen Kopf im Rahmen einer großen Feier als Festpreis verschenkt wurde. Neben dem Stichwort Fest ist mit Johannes auch das Thema Ehe angesprochen, auch hier eher im karikierenden Sinn: Johannes war ein großer Kritiker der Ehepraxis des Königs Herodes (Mt 14,5-11, Mk 6,17-28, Lk 3,19-21); s.a. die Homilie des Hrabanus Maurus zum 29. August: PL 110, 444-446.

[58] BM² 740d; KONECNY, Frauen 95; SIMSON, Ludwig der Fromme I, 166-168.

[59] ERLER/KORNBLUM, Eid 863.

[60] Annales regni Francorum a.757, S.14.

[61] Annales regni Francorum a.822, S.158: "Domnus imperator ... fratribus suis ... reconsiliatus est et ... publicam confessionem fecit et paenitentiam egit. Quod tamen in eo conventu, quem eodem anno mense Augusto Attiniaci habuit, in praesentia totius populi sui peregit." Da sich Ludwig der Fromme am 14. August noch nachweislich in Corbeny aufhielt (BM² 758 [733]) - wo er auch das Marienfest vom 15. August gefeiert haben dürfte -, setzte bereits SIMSON, Ludwig der Fromme I, 178, die Reichsversammlung in die "zweite Hälfte des August". Die August-Angabe der Reichsannalen steht zudem in Spannung zu dem am 11. September in Attigny ausgestellten Diplom für das Kloster Bañolas. Der hierin erwähnte Fürbitter, Graf Rampo, wird sich aus Anlaß der Reichsversammlung am Königshof aufgehalten haben (BM² 759 [734]). Entsprechend setzt MÜHLBACHER die Sendung Lothars nach Italien, die Heirat Pippins und dessen Entlassung nach dem 11. September an (BM² 762a).

Astronomus andeutet, wird dieser Vorgang von der Reichsversammlung behandelt und mitgetragen worden sein.[62] Kaiser Ludwig urkundete am 11. September, dem Jahrestag seiner Kaiserkrönung von 813, für ein Kloster im Herrschaftsbereich Pippins. Hiermit demonstrierte er seine weiterhin bestehende Oberherrschaft über Aquitanien. Der Vorgang steht also in engstem Zusammenhang mit der Heirat und Selbständigkeit des Prinzen. Deshalb wird die Hochzeit für das Marienfest am 8. September oder eher noch für den nächsten Sonntag anzusetzen sein. Dieser fiel 822 auf den 14. September, der der Kreuzerhebung gedachte. Für den Datierungsansatz sprechen zwei weitere, leider undatierte, kaiserliche Diplome, die im Rahmen der Reichsversammlung ausgestellt wurden. Bei den bedachten Instituten handelt es sich um die Marienkirche von Rouen und das aquitanische Heilig-Kreuz-Kloster von Poitiers. Beide Patrozinien passen zum 14. September 822 als Kreuz- und abgeleitetes Marienfest. Mit dem aquitanischen Kloster St. Croix ist nicht allein der Herrschaftsbereich Pippins berührt, vielmehr wird Pippin sogar zum Schutzherrn der Nonnen ernannt.[63]
Vor der Fastenzeit fand die Hochzeit Ludwigs des Frommen mit Judith im Jahr 819 statt.[64] Wenn der Beschluß zur Heirat auf einem Reichstag gefaßt wurde,[65] wird dieser mit dem Fest der Reinigung Mariens (2.2.) begonnen haben. Da das Thema der Beratung bekannt gewesen sein dürfte, werden auch die Heiratskandidatinnen bereits in Aachen anwesend gewesen sein. Da die Brautschau analog dem Verfahren am byzantinischen Kaiserhof abgelaufen sein dürfte, wird bereits lange vorher eine Vorauswahl, eventuell sogar anhand von Idealportraits, getroffen worden sein.[66] Damit wird die Hochzeit in unmittelbarer zeitlicher

---

[62] Annales regni Francorum a.822, S.159: "Peracto conventu ... domnus Imperator venandi gratia Arduennam petiit; Hlotharium vero filium suum in Italiam misit ... Pippinum autem in Aquitaniam ire praecepit, quem tamen prius filiam Theotberti ... in coniugium fecit accipere et post nuptias celebratas ad occiduas partes profisci." Astronomus, Vita Hludowici c.35, S.626 :"Finito hoc placito, Hlotharium filium suum domnus imperator in Italiam misit ... Pippinum autem filium cum in Aquitaniam mittere statuisset, prius illi coniugem filiam Theotberti comitis iunxit, et sic demum ad memoratas partes direxit regendas." Offenbar begann für den Astronomus die Herrschaft Pippins über Aquitanien mit dieser Hochzeit. S.a. SIMSON, Ludwig der Fromme I, 186f.
[63] BM² 762 (737) für St. Croix zu Poitiers; BM² 761 (736) für St. Maria in Rouen. Gleichfalls in aquitanischen Bezug wird man das Diplom BM² 760 (735) für das Kloster Meung-sur-Loire stellen können.
Im selben Monat wurde Lothar I. nach Italien gesandt. Auch hier scheint der Kaiser seine Oberherrschaft mittels Urkundung für einen italienischen Empfänger unterstrichen zu haben: BM² 763 (738) für das Kloster für St. Cristina d'Olona datiert vom 28.9.822. Ähnlich wie der 14. September 822 als Kreuzfest wegen des Klosters St. Croix in Poitiers als 'aquitanisches' Fest verstanden werden kann, kann das Diplom für St. Cristina anläßlich eines 'italienischen' Festtages erstellt worden sein, da am 29. September des Erzengels Michael gedacht wurde, dessen Hauptheiligtum auf dem Monte Gargano in Italien lag (WIMMER, Lexikon 587).
[64] BM² 683a.
[65] HELLMANN, Heirat 348. Politische Motive der Brautwahl nimmt auch KONECNY, Frauen 86 an; dies setzt implizit vorangegangene Beratungen voraus.
[66] HUNGER, Brautschau.

Nähe des Marienfestes gefeiert worden sein, vielleicht am nächsten Sonntag, dem Fest des hl. Amandus (6.2.), dessen Name als Anspielung auf die Liebe zwischen den Eheleuten aufgefaßt werden konnte.
Die Friedensverhandlungen Karls des Kahlen mit dem Bretonen Erispoe zu Vieux-Maison im Februar 856 endeten mit der Verlobung einer Tochter des Bretonenführers mit Ludwig dem Stammler, Sohn Karls des Kahlen und neuer Graf von Maine[67]. In zwei Diplomen Karls, ausgestellt am 10. Februar 856, tritt Erispoe als Fürbitter und "Compater" Karls auf.[68] Die Diplome dürften in unmittelbarem zeitlichen Zusammenhang mit der Verlobung stehen. Die Verlobung stand als Kompromißlösung sicher am Ende der Verhandlungen, die am üblichen Winterberatungstermin, nämlich Purificatio Mariae, begonnen haben werden. Setzt man eine Verhandlungsdauer von mindestens drei Tagen an, schränkt sich der Zeitraum einer Verlobung auf den 6.-10. Februar ein. Ein späterer Termin ist sehr unwahrscheinlich, da am 11. Februar die Fastenzeit begann. Als mögliche Termine kommen dann der 6. Februar als Festtag von Amandus und Vedastus, der 8. Februar als Sonntag Quinquagesima und der 9. Februar als Oktav zum Marienfest wie als Gedenktag der hl. Apollonia in Frage. Am Austellungstag selbst wurde der hl. Scholastica, der Schwester des Abtes Benedikt von Nursia, gedacht. Reliquien von ihr befanden sich in Le Mans und wurden später von der Königin Richildis, der Gattin Karls des Kahlen, ins Kloster Juvigny übertragen.[69] Da Ludwig von seinem Schwiegervater zugleich die Herrschaft über Maine erhielt und den Titel eines Königs von Neustrien tragen durfte, kommt dem Sonntag Esto mihi die größte Wahrscheinlichkeit zu.
Die Söhne des westfränkischen Königs Karl rebellierten Anfang 862 gegen ihren Vater und gingen in diesem Zusammenhang Konkubinate mit Töchtern ihrer Verbündeten ein. Zunächst tat dies Karl von Westfranzien, dann sein Bruder Ludwig "unmittelbar vor Beginn der Fastenzeit"[70]. Damit scheint sich Ludwig am Modell von 856 orientiert zu haben, als er ebenfalls unmittelbar vor der Fastenzeit eine Verlobung einging. In beiden Fällen dürfte es sich dann um den Sonntag Quinquagesima gehandelt haben. Das ist insofern interessant, als mit beiden Akten eine politische Autonomie verbunden war. 856 erhielt Ludwig die Herrschaft über das Herzogtum Maine sowie den Königstitel und 862 erhob er den Anspruch auf die Königsherrschaft, als er sich mit den Aufständischen gegen seinen Vater stellte.
Die Datierung der Heirat seines Bruders Karl, die dieser kurz vor Prinz Ludwig einging, kann nur mutmaßlich erfolgen. Hier bietet sich, wie die Heirat seines Vaters zeigt, der Sonntag Septuagesima als möglicher Hochzeitstermin an. Wie dieser ging auch Prinz Ludwig offenbar eine Vollehe ein;[71] eine Eheform, die

---

[67] DÜMMLER, Ostfränkisches Reich I, 412; GILLMOR, Warfare 130.
[68] DDKII 180-181.
[69] Usuardus, Martyrologium 175-178. DAVRIL, Conclusion 426f.
[70] Annales Bertiniani a.862, S.58: "Sed et sepefatus Hludowicus, frater ipsius Karoli, e vestigo in ipso quadragesimae sanctae initio filiam Harduini ... sibi coniugem copulat."
[71] HLAWITSCHKA, Lotharingien 221-240.

einem Königssohn nicht vor der Übernahme der vollen Herrschaftsgewalt zukam.[72] Damit korrespondieren Fest und Anspruch des Sohnes, der mit der Eheform auch seinen Herrschaftsanspruch dokumentierte.

Karl, Sohn Ludwigs des Deutschen, heiratete im Sommer 862 Richardis, eine Tochter des elsässischen Grafen Erchanger. Zur Ausstattung seiner Braut oder zur beliebigen Verwendung schenkte ihm sein Vater Besitzungen im Breisgau. Das entsprechende Diplom datiert vom 1. August 862.[73] Da im Diplom auch die Möglichkeit einer anderen Verwendung der Schenkung freigestellt wird, muß das Diplom vor der Hochzeit ausgestellt worden sein.

Da es sich um eine Vollehe handelte, wird ein hoher Festtag gewählt worden sein. Karl kann Richildis dann am 3. August, wodurch mit dem Stephanus-Gedenken wieder an die Krönungszeremonie erinnert werden konnte, oder am 15. August, dem Fest der Aufnahme der Himmelskönigin Maria, als Königin in seinen Haushalt aufgenommen haben; vom zeitlichen Rahmen wie dem Festcharakter her denkbare und zudem beziehungsreiche Termine, wie die Wiederaufnahme der Theutberga 865 zeigt.

9.3. RESÜMEE

Werfen wir einen abschließenden Blick auf die gefundenen Hochzeitstermine, ergibt sich folgendes Bild: Während Konkubinate eher an normalen Wochentagen eingegangen wurden (Karl der Kahle 842 und 869, Ludwig II. 851), schloß man königliche Vollehen fast ohne Ausnahme (Karl III. 862) an Sonntagen. Eine Höherwertigkeit der Erst- gegenüber der Zweitehe ergibt sich aus der Tagewahl nicht. Zwar wurden für letztere auch normale Wochentage genutzt, doch handelt es sich bei Weihnachten und Mariä Himmelfahrt um so bedeutende Feste, daß man nicht ernsthaft von einer Geringerwertigkeit dieser Tage ausgehen kann. Vereinzelt suchte man die Heirat auf Tage zu legen, deren Gedenken sich mit der Hochzeit verbinden ließ, etwa die Aufnahme der Himmelskönigin 865 (und 862?), das Geburtsfest Christi 862, das Geburts- (824) und Passionsfest des Täufers 841, der Amandustag 819, der Sonntag Septuagesima 870 (und 862?) und vielleicht auch das Stephanusfest von 862.

Bei der Verlobung und der Heirat Ludwigs des Stammlers wurde die Beobachtung gemacht, daß Autonomiebestreben und die Feier des Sonntags Quinquagesima zusammenfallen. Zur Proklamierung bzw. Absicherung eigenständiger Herrschaft wurde der Sonntag Esto mihi auch sonst genutzt: Bei seinem Einzug in

---

[72] KONECNY, Frauen 158.
[73] DLD 108; KONECNY, Frauen 141f, möchte zwischen der Heirat einer Tochter Erchangers 862 und der mit Richardis 873 unterscheiden. Fraglich bleibt aber, wie dann Richardis ihrer Stiftung Andlau die Schenkung von 862 als "dos nostra" übertragen konnte (DLD 108; BM[2] 1450 [1408]).

Aachen 814 sah sich Ludwig der Fromme einer starken Opposition gegenüber und 835 gedachte er seiner Wiedereinsetzung als Herrscher; 842 beschworen Karl der Kahle und Ludwig der Deutsche ihren Pakt, der sich gegen die Suprematsansprüche Kaiser Lothars I. richtete; 857 verband sich derselbe König Karl mit seinem Neffen Lothar II., um sich gegen den drohenden Einfall seines Bruders Ludwig zu wehren, und zwei Jahre später bekräftigten die Verbündeten nach der Abwehr des Überfalls von 858 ihren Pakt; auch das Königstreffen der "kleinen" Herrscher 896 in Remiremont diente der "Bestandssicherung" gegen die Pläne des ostfränkischen Herrschers Arnulf. Da sich die Feiernden fast durchweg in der Defensive befanden, korrespondiert damit sowohl der Introitus des Sonntags ("Sei Du mein Schützergott, mein Zufluchtsort, errette mich!") wie das Evangelium, in dessen Zentrum die Leidensankündigung steht.[74]

9.4. TABELLEN ZU DEN HOCHZEITSTAGEN

A. Sichere und wahrscheinliche Datierungen
A.1. Vollehe

Ort	Datum	WT	Bezug	Fest	Handlung
Paris, St. Denis	754 Jul 28	So		Victorius pp.	Weihe
Soissons, St. Médard	866 Aug 25	So	nach	Bartholomäus ap.	Krönung
Verberie	856 Okt 1	Do		Remigius ep.	Krönung/Weihe
Reims, St. Maria	816 Okt 5	So	nach	Remigius ep.	Krönung
Aachen	824 Jun 24	Fr		Johannes d.T., Geb.	Adlige Heirat

A.2. Zweitehe/Wiederaufnahme

Ort	Datum	WT	Bezug	Fest	Handlung
?	862 Dez 25	Fr		Weihnachten	Weihe
Gondreville	865 Aug 15	Mi		Mariä Himmelfahrt	Krönung
Aachen	870 Jan 22	So	nach	So Septuagesima Agnes Vincentius m.	Krönung

A.3. Verlobung

Ort	Datum	WT	Bezug	Fest	Handlung
Rom	781 Apr 15	So		Ostern	

---

[74] CHAVASSE, Osterkreis 245.

A.4. Aufnahme von Konkubinaten

Ort	Datum	WT	Bezug	Fest	Handlung
Aachen	851 Apr 19	So		So Cantate 31. Tag nach Tod der Kaiserin	Freilassung
Maringo	851 Okt 5	Mo		Pelagia m. JT der Heirat LdF	Schenkung?
Douzy	869 Okt 12	Mi		7. Tag nach Tod der Königin	Kopulation
Quierzy	842 Dez 13	Mi		Lucia m.	Kopulation

B. Erschlossene Hochzeitstermine

Ort	Datum	WT	Bezug	Fest	Handlung
Aachen	819 Feb 6	So	nach	Mariä Reinigung Vedastus Amandus	
Vieux-Maison	856 Feb 10	So		So Quinquagesima Scholastica	
?	862 Feb 15	So		So Septuagesima	
?	862 Mär 1	So		So Quinquagesima	
Frankfurt	862 Aug 3 oder	Mo		Stephanus, Inv.	Schenkung
Frankfurt bei Worms (Maraue?)	862 Aug 15 841 Aug 29	Sa Mo		Mariä Himmelf. Johannes d.T., Passion Sabina m.	Schenkung
Attigny	822 Sep 14	So	nach	Mariä Geburt Kreuzerhöhung	
Thionville	821 Okt 13	So	nach	Dionysius ep.	
Verberie	863 Okt 25 oder	Mo		Crispin und Crispinian	
Auxerre	863 Dez 13	Mo		JT der Hochzeit KdK Lucia m.	

10. TAUFEN UND TAUFTERMINE

10.1. DIE POLITISCHE DIMENSION DER TAUFE

Seit den Arbeiten von ANGENENDT ist die Bedeutung der Patenschaft für die frühmittelalterlichen Herrscher hinreichend deutlich geworden.[1] Demnach wurde das Taufinstitut als gemeinschaftskonstituierendes Element in der Politik zunächst in Byzanz fruchtbar gemacht.[2] Da die Patenschaft Täufling wie Paten Rechte und Pflichten auferlegte, war sie ein ideales Mittel zur Herstellung politischer Bindungen mit heidnischen Fürsten. Die Taufe nämlich knüpft ein geistliches Band zwischen dem Getauften und seinem Paten, der zum geistlichen Vater des neuen Christen wird. Er wird damit zum "compater", also dem Mitvater der leiblichen Eltern. Diese durch den heiligen Geist vermittelte Verwandtschaft, die Kompaternität, galt als absolut gleichbedeutend mit der leiblichen, was konsequenterweise Ehehindernisse zwischen den geistlichen und leiblichen Verwandten zur Folge hatte.[3]
Eine solche Verbindung konnte dem Paten und seinem "filius spiritualis" Vorteile bieten. Der Kaiser konnte zunächst einmal die Taufe innenpolitisch ausnützen. Der Triumphzug durch die ausgeschmückten Straßen zur hergerichteten Kirche wird seinen Eindruck auf die schaulustige Bevölkerung nicht verfehlt und das Ansehen des Kaisers beträchtlich erhöht haben.[4] Daneben konnte er sich als "ersten und vornehmsten Missionar des Christentums" darstellen[5] und damit den Anspruch, ein christliches Reich zu lenken, nachdrücklich unterstreichen.[6] Darüber hinaus konnte der Kaiser seinen Anspruch auf Oberherrschaft zur Genüge Geltung verschaffen, da er ja die Vaterschaft übernahm, dem Sohn also eindeutig übergeordnet war.[7]
Außenpolitisch konnte die mit dem Patenamt verbundene Fürsorgepflicht wirksam werden, die sich nicht nur auf das geistliche Heil des Täuflings bezog, sondern auch auf sein weltliches Wohl. Dies bedeutete mindestens Friedenspflicht zwischen den beiden Parteien, konnte aber gegebenenfalls auch politische Unterstützung bis hin zur Waffenhilfe einschließen.[8] Da es zu den Pflichten des

---

[1] Hier sei vor allem auf seine Arbeiten "Das geistliche Bündnis der Päpste mit den Karolingern" sowie die Monographie "Kaiserherrschaft und Königstaufe" hingewiesen.
[2] DÖLGER, Familie der Könige, wies als erster auf dieses Mittel zur Herstellung künstlicher Verwandtschaft im politischen Raum hin; s.a. ANGENENDT, Geistliches Bündnis 1-9.
[3] Ebd. 14-18.
[4] McCORMICK, Victory 206.
[5] BECK, Christliche Mission 654.
[6] McCORMICK, Victory 100-111.
[7] DÖLGER, Familie der Könige 68.
[8] ENGELHARDT, Mission 80-87. Daß nicht nur der Kaiser für seinen Patensohn eintrat, sondern umgekehrt ihn auch für sich kämpfen ließ, geht aus dem Krimkrieg des Hunnenkönigs Grod hervor, den er für seinen Paten Justinian führte. Hierzu und zu weiteren militärischen Diensten der Patensöhne s. MORAVCSIK, Byzantinische Mission 19-27.

neuen Christen gehörte, die Heiden vor der ewigen Verdammnis zu retten, bedeutete die Taufe eines heidnischen Herrschers gleichzeitig, daß er sein Reich der christlichen Mission zu öffnen hatte. Damit war der Einfluß der byzantinischen Kirche und damit des Kaiserreichs auf lange Sicht gewährleistet.[9] Den Täufling konnte die geistliche Verwandtschaft mit dem Kaiser politisch durchaus aufwerten, da ein Teil des kaiserlichen Ansehens und Glanzes auf ihn abstrahlte. Fast immer war die Taufe mit der Verleihung hoher Ämter am kaiserlichen Hof verbunden.[10] Den kaiserlichen Glanz faßte Arichis von Benevent nicht nur symbolisch auf. Der Kaiser schickte ihm also Goldgewänder, Kämme und Scheren, damit Arichis auch äußerlich den kaiserlichen Glanz um sich verbreiten konnte.[11] Seiner Umgebung mußte und wollte er als zweiter, kleiner Kaiser gelten.[12] Ein weiteres wesentliches Element der Taufe war die Verleihung von Taufgeschenken durch den Paten,[13] die von erheblichem materiellen Wert sein konnten, vielleicht sogar ausschlaggebend für die Taufe waren; zudem mochte es Fälle geben, in denen der Kaiser Tributleistungen ohne Prestigeverlust als reiche Taufgeschenke deklarieren konnte. Zusammenfassend wird man festhalten können, daß die Patenschaft ein Instrument war, das über die religiösen Inhalte hinaus, aufgrund seiner bündnisstiftenden Kraft, erhebliche politische Bedeutung hatte.

Nachweislich nutzten die fränkischen Könige das Pateninstitut seit dem 6. Jahrhundert zur Knüpfung von politisch bedeutsamen Beziehungen.[14] Für die Karolinger waren die Tauf- und Firmpatenschaften das konstitutive Bindemittel ihrer Beziehungen zu den Päpsten.[15] Daneben bot dieses Institut eine ganze Reihe von symbolträchtigen Akten, die dem germanischen Rechtsdenken durchaus verwandt waren,[16] sich damit als Institut für eine Verbindung mit germanischen Stammesfürsten anbot. Die Taufen stellen somit einen entscheidenden Teil karolingischer Herrschaftspraxis dar. Auf eine Untersuchung der zeitlichen Struktur dieser Staatsakte darf folglich nicht verzichtet werden.

---

[9] Zur Missionskonkurrenz zwischen karolingischem und byzantinischem Reich um die Mährer und Bulgaren, die nicht nur auf die kirchenpolitische Abhängigkeit der beiden Völker zielte, s. ANGENENDT, Kaiserherrschaft 238-259.
[10] MORAVCSIK, Byzantinische Mission 27. Auch diese Tradition scheinen die Franken übernommen zu haben, schenkt Ludwig der Fromme dem Dänen Harald doch eine Grafschaft, macht ihn also zum fränkischen Grafen; s. dazu ANGENENDT, Kaiserherrschaft 215-222.
[11] Ebd. 8f.
[12] Grundsätzlich konnten sogar alle Würdenträger als Miniaturkaiser gelten, was sie veranlaßte, kaiserliches Zeremoniell nachzuahmen (McCORMICK, Victory 252-259).
[13] ANGENENDT, Das geistliche Bündnis 16.
[14] DERS., Kaiserherrschaft 107-116.
[15] ANGENENDT, Geistliches Bündnis 40-92; zu weiteren liturgischen Beziehungen zwischen den Päpsten und den Karolingern s. DERS., Mensa Pippini Regis.
[16] ANGENENDT, Kaiserherrschaft 109-115, 120f.

10.2. DIE TAUFTERMINE

Neben Ostern kannte die alte Kirche Weihnachten, Epiphanie, Pfingsten, das Fest des Täufers Johannes und die Apostelfeste als Tauftermine.[17] Die stadtrömische Liturgie ließ seit dem vierten Jahrhundert neben der Oster- nur noch die Pfingstnacht als Tauftag gelten, da die Apostel an diesem Tag die Taufe durch den Heiligen Geist empfingen.[18] Der griechische Osten legte sich keine solchen Beschränkungen bezüglich der Tauftage auf, sondern hielt an der frühchristlichen Praxis fest. Hier waren die altchristlichen Tauftermine Weihnachten, Epiphanie, das Fest des Täufers Jesu und die Apostelfeste weiterhin in Geltung.[19] Wiewohl es in der fränkischen Kirche des sechsten Jahrhunderts Versuche gab, das Osterfest als einzigen Tauftermin durchzusetzen,[20] scheint man sich bei den Merowingern erhebliche Freiheiten bezüglich des Tauftages bewahrt zu haben. König Chlodwig etwa wurde am Weihnachtsfest 498 getauft,[21] und rund hundert Jahre später erschienen den Merowingern die Feste Pfingsten,[22] Ostern, der Geburtstag des Christustäufers und Weihnachten[23] als günstige Tauftermine für das Königshaus. Daneben kann es in merowingischer Zeit den Versuch gegeben haben, auch den Gründonnerstag als Tauftag durchzusetzen.[24] Erst mit Boni-

---

[17] HEISER, Consulta 127f.
[18] Papst Siricus (384-399) gebot, daß die Taufen, die bisher "an Weihnachten, Epiphanie, an den Apostel- und Märtyrerfesten" vollzogen worden waren, künftig nur noch zu Ostern und Pfingsten gespendet werden dürften (PL 67, 232f; HEISER, Consulta 127). Diese beiden Termine werden im weiteren als kanonische Termine bezeichnet.
[19] HEISER, Taufe 208f.
[20] Concilium Matisconense a.585 c.3 (MGH Concilia 1, S.166): "Relatione quorumdam fratrum nostrorum comperimus Christianos non observantes legitimum diem baptismi paene per singulos dies ac natalis martirum filios suos baptizare, ita ut vix duo vel tres reppereantur in sanctum pascha, qui per aquam et Spiritum sanctum regenerentur. Idcirco censemus, ut ex hoc tempore nullus eorum permittatur talia perpetrare, praeter illos, quos infirmitas nimia aut dies extremus compellit filios suos baptismum percipere."
Concilium Autissiodorense a.573-603 c.18 (MGH Concilia 1, S.181): "Non licet absque paschae sollemnitatem ullo tempore baptizare, nisi illos, quibus mors vicina est, quos grauattarios dicunt."
Während das Konzil von Mâcon von den Bischöfen aus Burgund und Neustrien besucht wurde und somit als Reichskonzil gelten kann (EWIG, Merowinger 103f), zeigt die Teilnehmerliste der Synode von Auxerre, daß ihre Bestimmungen lediglich für das Bistum Geltung beanspruchen konnten.
[21] EWIG, EUGEN: Chlodwig I., in: LThK 2, 1958, 1073.
[22] Gregor von Tours, Historia VIII 4, S.373.
[23] Gregor von Tours, Historia VIII 9, S.376.
[24] Gregor von Tours, Liber in Gloria Confessorum 68, S.338, berichtet, daß der heilige Bischof Marcellinus von Embrun einen wundersamen Taufbrunnen errichtete, der sich zu Weihnachten und Gründonnerstag mit Wasser füllte. Auch für die richtige Methode zur Berechnung des Osterfestes führt Gregor Wasserwunder an (Gregor von Tours, Historia V 17, S.215 und X 23, S.514f). Da Wasser das wesentliche Element der Taufe ist und zu Ostern getauft wurde, darf vermutet werden, daß mit dem Wunderwasser getauft wurde. Dann aber müssen diese Wunderberichte, deren Beweiskraft im Zusammenhang mit dem Oster-

fatius scheint bei den Franken eine Änderung der Verhältnisse eingetreten zu sein. Ihn verpflichtete der Papst auf die römische Form der Taufspendung, die der Missionsbischof auch im Frankenreich durchsetzte.[25] Die römische Taufform wird sich auch auf die Zeit der Taufspendung bezogen haben, denn es liegt ein Schreiben von Papst Gregor II. (715-731) an Bonifatius vor, in dem auf die Einhaltung der beiden römischen Tauftermine gedrungen wird.[26] Offenbar war Bonifatius auch in diesem Punkt recht erfolgreich, denn in karolingischer Zeit erlangten die römischen Tauftermine kanonische Geltung, wie eine lange Reihe von bischöflichen Beschlüssen belegt. Unterschiedlich sind sie nur hinsichtlich der Genauigkeit der Zeitangaben. Da die Vigil am Abend vor dem Fest beginnt und in das Fest hineingefeiert wird, variieren die Angaben zu den Taufterminen zwischen dem Samstag und dem Sonntag als Tauftag,[27] meinen damit aber jeweils die Vigilfeier. Von diesen Terminen durfte nur im Fall der Lebensgefahr für den Täufling abgewichen werden. Hierin stimmen Synodenbeschlüsse[28], Kapitularien der Bischöfe[29] und Bußbücher[30] überein. Die Vielzahl der bischöflichen Verordnungen zu diesem Thema läßt den Verdacht aufkommen, daß die Einschränkung der Taufzeit auf die kanonischen Termine nur sehr schwer durchgesetzt werden konnte. Die Einheitlichkeit in den genannten Dokumenten beruht wohl wesentlich darauf, daß sie von der romfreundlichen Bischofspartei

---

feststreit ohne den österlichen Tauftermin unklar bliebe, auf die Leser großen Eindruck gemacht haben. Zu Wundern als Beweismittel in Streitfragen s. GURJEWITSCH, Volkskultur 87-90.

[25] ANGENENDT, Bonifatius, zur Einführung der zweiten Taufsalbung (Firmung) und dem daraus resultierenden Amt des Weihbischofs.

[26] Brief Nr. 18 vom 1. Dez. 722, S.31: "Sacrosancti autem baptismi sacramentum non nisi in paschali festivitate et pentecosten noverit esse praebendum, exceptis his, qui mortis urgente periculo, ne in aeternum pereant, talibus oportet remediis subvenire."

[27] Die Differenzen in den Angaben können auch mit unterschiedlichen Auffassungen von der Dauer des Sonntags zusammenhängen. Wer den Sonntagsbeginn am Samstagnachmittag ansetzte (siehe S.31f), konnte Ostern als Tauftermin angeben, ohne sachlich falsch zu liegen.

[28] So etwa die Mainzer Konzilien von 813 c.4 (MGH Concilia 2.1, S.261) und 847 c.3 (MGH Concilia 3, 164).

[29] Allein die Capitula Rotomagensia c.17 (MANSI 18A, 434) und die Admonitio synodalis c.59 (Medieval Studies 26 [1964] 57) geben liturgisch korrekt die Vigil der Feste an. Sachlich richtig geben die Samstage vor dem Oster- bzw. Pfingstfest an: Haito von Basel c.7, S.211, die Capitula Frisingensia c.26 (NA 29 [1904] 292) und die Capitula Vesulensia c.10 (DE CLERQ, Legislation I, 369). Allgemein die Hochfeste geben an: Halitgar von Cambrai, Kapitular I 7 und II 10 und 15 (DA 35 [1979] 383, 386f), die Capitula in dioecesana quadam synodo tractata c.10 (MGH Capitularia 1, 237), Radulf von Bourges, Kapitular c.20, S.249, und Ruotger von Trier, Kapitular c.21, S.68, Theodulf von Orléans, Kapitular II 1,3 (S.149); Herard von Tours, Kapitular c.31 (PL 121, 766) befiehlt, daß zwischen den Festen gewechselt wird. Ohne Nennung der kanonischen Taufzeiten: Ghaerbald von Lüttich, Kapitular I 10, S.19, sowie die (noch nicht edierten) Capitula Parisiensia c.7 (nach MGH Capitularia Episcoporum 19.34; allerdings wird auf S.211.43 angegeben, daß dort Ostern und Pfingsten genannt seien).

[30] Ostern und Pfingsten als Tauftage geben an das Poenitentiale Parisiense, Anhang (SCHMITZ, Bussbücher I, 696f) und Regino, De synodibus causis I, c.267, S.126.

stammen, denn auch der Epiphanietag wurde von Teilen der fränkischen Kirche als geeigneter Tauftag gehandelt.[31] Dabei wird die althergebrachte Praxis, die keine solche Beschränkung kannte, eine Rolle gespielt haben. Ob nur die genannten merowingischen Tauftermine wahrgenommen wurden, geht aus den bischöflichen Kapitularien nicht hervor. Einen Hinweis darauf, welche Feste vornehmlich gewählt wurden, läßt das Verbot eines bischöflichen Kapitulars erkennen, das Heiligenfeste als Tauftermine untersagt[32]. Es waren also vermutlich die Feste der jeweiligen Schutzheiligen, an denen die Taufe vollzogen wurde. Daß die Heiligen den Gläubigen wesentlich näherstanden als der christliche Himmelskönig, ist altbekannt[33]. Die freundschaftlichen Beziehungen zu den Heiligen[34] führten augenscheinlich auch bei Taufen zu einer Bevorzugung ihrer Feste vor den gebotenen kirchlichen Hochfesten.

In dieser schwierigen pastoralen Situation wäre eine Unterstützung des bischöflichen Anliegens seitens des Königs sicher hilfreich gewesen. Diese scheint aber nicht stattgefunden zu haben. Angesichts des intensiven Interesses der Karolinger an der Regelung des liturgischen und religiösen Lebens und insbesondere der Taufe[35] ist ihre Zurückhaltung auf diesem Gebiet erstaunlich, findet sich doch in den königlichen Kapitularien kein Beleg für die Terminierung der Taufe[36], obwohl kein Zweifel bestehen kann, daß ihnen die kanonische Regelung bekannt war. Hier erhebt sich der Verdacht, daß die karolingischen Könige, die die Einführung der römische Liturgie im Frankenreich betrieben, in diesem Punkt der römischen Praxis nicht folgten[37]. Diese Vermutung soll im folgenden anhand der karolingischen Taufpraxis überprüft werden.

---

[31] Walafrid Strabo, De exordiis 17, S.510.
[32] Capitula Rotomagensia c.17 (MANSI 18A, 434). Ein willkommener Vorwand, um die Taufe am gewünschten Heiligenfest zu feiern, mag das Argument gewesen sein, der Säugling sei schwach und man befürchte seinen Tod. Für diesen Fall schrieben die Canones dem Priester die Taufspendung vor.
[33] JUNGMANN, Frömmigkeit, sieht die Ursache in dem Verlust der Mittlerstellung Christi als Folge der Auseinandersetzungen der katholischen Kirche mit dem Arianismus.
[34] GURJEWITSCH, Volkskultur 68-124.
[35] Bezüglich der Taufe sei auf die sogenannte Taufumfrage Karls des Großen von 811/812 verwiesen. Hier können alle Stufen der Bearbeitung vom kaiserlichen Rundschreiben bis zur Umsetzung auf Diözesanebene nachgewiesen werden (POKORNY, Taufumfrage).
[36] Bei Kapitular Nr.36 (MGH Capitularia 1, 106f) handelt es sich um ein Kapitular des Bischofs Ghaerbald von Lüttich (BROMMER, Bemerkungen 213f). Auf einen Brief Karls des Großen an Bischof Ghaerbald (MGH Capitularia 1, 241) wird in diesem Kapitel noch eingegangen.
[37] Ausgerechnet bei Ludwig dem Frommen mahnen die Bischöfe die Beachtung der "von den heiligen Vätern festgesetzten Zeiten" an: Episcoporum ad Hludowicum imperatorem relatio a.820 c.2 (MGH Capitularia 1, 367). Eine Episcoporum ad Hludowicum imperatorem relatio a.829 cc.36 und 40 (MGH Capitularia 2, 40) wiederholt die Forderungen von 820. Auch siebzig Jahre später waren diese Termine durchaus nicht selbstverständlich: Concilium Triburiense a.895 c.12 (MGH Capitularia 2, 219f).

10.3. SICHERE TAUFTERMINE

In karolingischer Zeit scheint es seit den ersten Kontakten der Franken mit den Normannen das Bestreben der Karolinger gewesen zu sein, die Normannen zu bekehren, möglicherweise, um sie zu befrieden. Unter Karl dem Großen scheinen Massentaufen von Normannen am Karsamstag zum festen Bestandteil des Hofzeremoniells gehört zu haben. Notker erzählt nämlich, daß ein Normanne sich bei seiner Taufe am kaiserlichen Hof darüber beschwerte, die Taufkleider bei den letzten zwanzig Bädern seien viel besser gewesen. Der Normanne hatte mit seiner Beschwerde durchaus recht, die guten Kleider waren wegen des Andrangs ausgegangen.[38] Notker setzt ganz selbstverständlich eine langjährige Praxis der Normannentaufe am Hof voraus. Da es sich bei den Normannen um "devotissimi vasalli" handelte, war für die Taufzeremonie die Selbstdarstellung des karolingischen Königshauses, nicht die Vereinnahmung normannischer Adliger, ausschlaggebend. Notkers Anekdote (mit politischem Hintersinn) setzt voraus, daß die Taufpraxis am Königshof es den Täuflingen erlaubte, sich über Jahre hinweg immer von neuem taufen zu lassen, ohne aufzufallen: die Neophyten waren von so geringer Wichtigkeit, daß sich ihrer später keiner mehr erinnerte. Für den minderen Status der Täuflinge sprechen auch die vorgesehenen Geschenke, einfache Leinenkleider, die dann peinlicherweise auch noch ausgingen. Nach Notkers Meinung war die Angelegenheit für die Normannen wohl eher eine billige Möglichkeit, zu neuer Kleidung zu kommen.[39] Aus Notkers Anekdote zu schließen, beschränkte sich die Missionierung auf den konstitutiven Akt der Taufe. Vorherige Belehrungen über den christlichen Glauben wurden den Täuflingen offensichtlich nicht gegeben, sonst wäre die Anzahl der Täuflinge bei Hof sicher abschätzbar gewesen. Daß sie mit der Taufe - zumindest von der Idee her - ihrem alten Glauben und all ihren Göttern abschworen und nur noch einem Gott dienen sollten, war ihnen wohl gar nicht bewußt. Selbst wenn sie wußten, daß sie einen neuen Gott anbeten sollten, so war es nach ihrem Verständnis nur ein neuer Gott neben vielen anderen[40], der eine reelle Chance hatte, sich zum Hauptgott zu

---

[38] Notker, Vita Karoli Magni II 19, S.90.
[39] Notker, Vita Karoli Magni II 19, S.89: "... quanti fidem habeant et baptismum, in temporibus avi vestri paucis gestis evolvam" und "non propter Christum sed propter commoda terrena ab anno in annum multo plures ...in sabbato sancto paschae festinarent occurrere" (ebd. S.90).
[40] Zur Glaubensmischung in Skandinavien: SCHOTTMANN, Altnordische Literatur 564-570; zu den einzelnen Aufgaben der verschiedenen nordischen Götter: STRÖM, Germanische Religion 113-162. Daß auch den Missionaren die strukturellen Unterschiede zwischen einer polytheistischen Gentilreligion und dem Christentum nicht klar waren, kann mit KAHL, Sachsen 86-90 angenommen werden. Natürlich soll damit nicht gesagt werden, daß es keine wirklichen Bekehrungen gab. Daß insbesondere die christliche Lehre vom Leben nach dem Tod ein für die Germanen drängendes Problem löste, zeigt ALGERMISSEN, Germanentum 232-235; s.a. NITSCHKE, Tiere der Sonne 36f, und HASENFRATZ, Seelenvorstellungen 19-31.

entwickeln, wenn er nur mächtig genug war.[41] Auch unter der Voraussetzung, daß die hier herangezogene Anekdote Notkers nicht auf ein historisches Ereignis Bezug nehmen sollte, ist es für die Einschätzung dieser Normannentaufen von Bedeutung, daß Tauffeierlichkeiten zum Osterfest für eine Reihe von Jahren zum Usus karolingischer Herrscherrepräsentation gehört haben müssen und damit vor allem auf ihre innenpolitische Wirkung berechnet waren.[42]
Aber nicht nur zur Taufe von Normannen war der Ostertag am Königshof beliebt. Zum Osterfest 778 wollte Karl der Große in Rom erscheinen, um seinen 777 geborenen Sohn Karlmann, seinen Erstgeborenen, von Papst Hadrian I. aus der Taufe heben zu lassen. Dieser Plan wurde durch den notwendig gewordenen Kriegszug gegen die Sachsen vereitelt.[43] König Karl ließ Karlmann konsequenterweise drei Jahre lang ungetauft, um ihn in der Osternacht 781 zum filius spiritualis des Papstes werden zu lassen[44].
Mehr als 100 Jahre später übernahm König Karl der Einfältige im uns unbekannten Kloster Duninium zu Ostern 897 die Taufpatenschaft für den undeutenden Normannenführer Huncdeus.[45] Diese Patenschaft scheint ein verzweifelter Versuch gewesen zu sein, sich aus der völligen politischen Isolation zu befreien[46].
Doch neben den Tauftagen der römischen Kirche erachteten die Karolinger auch andere Tauftermine als legitim. Einige Jahre nach seiner Kaiserkrönung beschwerte sich Karl der Große bei Bischof Ghaerbald von Lüttich, daß er, Karl, am Tag der Erscheinung des Herrn, habe erleben müssen, daß angehende Paten das "Vater unser" und das Glaubensbekenntnis nicht kannten.[47] Der vom König

---

[41] ALGERMISSEN, Germanentum 228-232. Nicht umsonst betonten die christlichen Missionare die Überlegenheit ihres Gottes. Diese suchten sie auch durch entsprechende Tatmission zu beweisen; etwa im Aufzeigen der Ohnmacht der heidnischen Götter, die die Zerstörung ihrer heiligen Stätten hinnehmen mußten (SCHÄFERDIEK, Kirchliche Voraussetzungen 505-510; KUHN, Fortleben 746-752).
[42] Notkers Anekdote verfolgt das offensichtliche Ziel, die Taufbereitschaft von Normannen als von materiellen Interessen geleitet, darzustellen. Notker, der sein Werk König Karl dem Dicken widmete, wollte mit seinem Opus Einfluß auf die Regierungspraxis seines Herrschers nehmen (GOETZ, Notker 6f), wie ja überhaupt jede "Geschichtsschreibung im Sinne ihrer eigenen Zeit eminent politisch" war (WERNER, Gott, Herrscher und Historiograph 15). Daher wird die Anekdote ein Reflex einer bestehenden Herrschaftspraxis sein (GOETZ, Notker 53f). Zum Aussagewert von Notkers Erzählungen für die politischen und gesellschaftlichen Verhältnisse seiner Zeit s. GOETZ, Notker 21-59.
[43] ANGENENDT, Geistliches Bündnis 70f. Obwohl der Taufakt selbst nicht stattfand, wird dieses Vorhaben als vollwertiger Taufnachweis angesehen, da die Planung der Taufe für diesen Tag einen Einblick in die als möglich angesehenen Tauftermine erlaubt.
[44] Ebd. 71-74.
[45] ANGENENDT, Kaiserherrschaft 263f.
[46] HLAWITSCHKA, Lotharingien 161-163.
[47] "Et sicut in proximo comperimus, in die apparitionis Domini multi fuerunt apud nos inventi qui volebant suscipere infantes de sacro fonte baptismis; quod iussimus singulariter et diligenter examinare et requirere, si orationem dominicam et simbolum ut supra diximus scirent aut memoriter tenerent; et plures fuerunt qui nulla exinde in memoriam habebant" (MGH Capitularia 1, 241).

beschriebene Vorfall wird sich 804 in Nimwegen ereignet haben.[48] Für unsere Fragestellung ist entscheidend, daß Karl nichts gegen den Zeitpunkt der Taufe einzuwenden hatte. Daß die Taufen in seinem Beisein vollzogen werden sollten, kann sogar als Billigung des Tauftermins aufgefaßt werden. Dementsprechend drang Ghaerbald in seinem durch das Schreiben Karls veranlaßten Kapitular zwar auf die Erlernung des Herrengebets und des Glaubensbekenntnisses, gab aber keine Taufzeiten vor.[49]

Während Karl der Große zu Epiphanie 804 keine liturgischen Pflichten übernahm, waren seine Nachkommen an Taufen zu Epiphanie aktiv beteiligt. Der militärische Beistand Kaiser Lothars für seinen Patensohn Karl im Winter 852/853 gegen die Normannen fand seine religiös-politische Abrundung in der Übernahme der Taufpatenschaft für eine Tochter Karls. Der Festakt fand in der Pfalz Quierzy am Erscheinungsfest des Jahres 853 statt.[50]

Fast ein Vierteljahrhundert später, ebenfalls im Januar, wurde ein Sohn desselben Königs in der Pfalz Compiègne aus der Taufe gehoben. Pate stand diesmal Graf Boso, einer der mächtigsten Männer im westfränkischen Reich.[51] Mit an Sicherheit grenzender Wahrscheinlichkeit handelt es sich bei dem Tauftag auch hier um das Epiphaniefest, denn genau vom 6. Januar 877 datiert eine Schenkung König Karls an das Kloster St. Bénigne in Dijon. Als Fürbitter tritt derselbe Boso "carissimus noster dux et missus Italiae sacrique palatii nostri archiminister" auf.[52] Allein diese ehrende Erwähnung im Zusammenhang mit dem Ausstellungsdatum wäre schon Grund genug, den 6. Januar als Tauftermin anzusehen.

---

[48] Da Karl seine Erfahrung "in proximo" machte, kann davon ausgegangen werden, daß die Taufen in seinem Beisein stattfinden sollten, BÖHMER-MÜHLBACHER vermuten, daß sie in Aachen (BM^2 423 [415]), also in der Pfalzkapelle, stattfinden sollten. Diese Annahme ist zu bezweifeln, weil sich Karl an einen Bischof wandte, die Pfalzkapelle aber nicht der bischöflichen Gewalt zugeordnet war (FLECKENSTEIN, Hofkapelle I, 36f; HAUCK, Taufpfalzen 3f). Hätte sich der Vorgang hier abgespielt, wäre der Leiter der Hofkapelle der gegebene Ansprechpartner gewesen. Zum Jurisdiktionsbereich des Bischofs von Lüttich gehörte dagegen Karls neue Pfalz Nimwegen, die erst in nachkarolingischer Zeit eine eigene Kapelle erhielt (STREICH, Burg und Kirche I, 41, 175, 306). Der Gottesdienst wurde somit in der Pfarrkirche abgehalten. Der Brief an Ghaerbald ist nach dem Jahre 802 (MGH, Capitularia 1, 241) und vor dem Tode Ghaerbalds am 18.10.809 (MGH Capitularia Episcoporum, 3) anzusetzen. Da sich das Schreiben an den Bischof von Lüttich wendet, muß der Vorfall in seinem Bistum stattgefunden haben. Damit fällt das Jahr 806 aus, da Karl den Winter 805/806 in Diedenhofen verbrachte. Epiphanie 805 feierte Karl in Aachen, und sein Aufenthalt in Nimwegen im Jahre 808 ist erst in den Februar zu datieren (BM^2 431b). Damit bleiben nur noch die Jahre 803, 804, 807 und 809. Tatsächlich ist ein Aufenthalt des Königs in Nimwegen nach dem Weihnachtsfest 804 belegt (BM^2 406b). Damit dürfte auch ein Zeitansatz für die von BROMMER (Capitularia Episcoporum, 22) offengelassene Datierung des Kapitulars Ghaerbalds, das aus der Mahnung Karls resultierte, gefunden sein.

[49] Ghaerbald von Lüttich, Zweites Kapitular cc.1 und 3, S.26.

[50] Annales Bertiniani a.853, S.42.

[51] DÜMMLER, Ostfränkisches Reich III, 38f.

[52] DKII 419 (II, S.433-435, 434.14f). Zur Ehrenstellung des Ambasciator s.a. DK 150, das am Dionysiusfest 783 ausgestellt und vom Abt des Pariser Dionysiusklosters erbeten wurde. Zum Titel s. BRUNNER, Fränkische Fürstentitel, 250f.

Nun liegt Dijon aber am Rande Burgunds, welches das zentrale Machtgebiet Bosos darstellte.[53] Boso suchte also seinen Einflußbereich nach Norden hin auszudehnen. Die Bitte Bosos läuft damit auf einen Ausbau seiner eigenen Machtstellung hinaus.[54] Die Gewährung seiner Bitte stellte ein nicht unbedeutendes Zugeständnis des Königs dar. Damit ist Boso von Vienne sowohl stilistisch wie faktisch die zentrale Figur des Diploms. Solch große Huld des Königs für einen Mann ist nicht alltäglich und läßt auf einen besonderen Anlaß schließen: die Übernahme der Taufpatenschaft durch Boso.

Zusammenfassend wird man festhalten können, daß den Karolingern neben den gängigen Taufterminen Ostern und Pfingsten auch das Epiphaniefest als vollwertiger Tauftag galt. Damit folgten sie den Bischöfen, die sich den päpstlichen Vorgaben gemäß bemühten, nur die kanonischen Termine Ostern und Pfingsten für Taufhandlungen zu reservieren, nicht. Die Weigerung, die entsprechenden Reformen im eigenen Haus umzusetzen, dauerte mindestens bis ins letzte Viertel des 9. Jahrhunderts. Damit stellt sich die Frage, ob bei den Karolingern noch andere unkanonische Tauftermine in Brauch waren.

Seine expansive Ostpolitik trieb Ludwig der Deutsche nicht nur mit militärischen Mitteln voran, sondern auch mit Hilfe der Missionierung der Nachbarvölker, nicht ohne damit in Konflikt mit byzantinischen Interessen zu geraten.[55] In diesen Auseinandersetzungen benutzte auch Ludwig der Deutsche die Taufe zur Herstellung politisch bedeutsamer Verbindungen.[56] Mindestens ein Teilerfolg glückte ihm zu Beginn des Jahres 845, als auf seinen Befehl 14 böhmische "duces" getauft wurden, die sich zu diesem Zweck bei ihm eingefunden hatten. Da diese Taufen ohne große Bedeutung für die Missionierung blieben, ist vermutet worden, daß diese duces keine bedeutenden politischen Persönlichkeiten waren. Während der Ort der Taufe nicht überliefert ist - die Forschung geht von Regensburg aus -, ist uns glücklicherweise das Datum bekannt.[57] Hierbei handelt es sich um den Oktavtag zu Epiphanie, der als Nachfeier der Epiphanie auch

---

[53] So läßt sich Boso 879 zum König von Burgund ausrufen (DÜMMLER, Ostfränkisches Reich III, 123-129).
[54] Boso stieß dabei auf starken Widerstand, denn er schaffte es nicht, das Bistum Langres in sein Herrschaftsgebiet einzugliedern (KAISER, Boso 477f).
[55] ANGENENDT, Kaiserherrschaft 234-259.
[56] So wurde etwa der von Mojmir (+846) vertriebene Mährerfürst Pribina gg. 833 auf Befehl Ludwigs des Deutschen getauft (ANGENENDT, Kaiserherrschaft 239). Die Kirche von Pribinas neuem Herrschaftssitz Moosburg bei Zavalar wurde sogar vom Erzbischof Liutpram von Salzburg selbst geweiht (ebd. 240). Dies beleuchtet ausreichend die Bedeutung, die einem Bündnis mit diesem Mann beigemessen wurde; zur Bedeutung Pribinas s.a. BOWLUS, Carolingian Ostmark 16f). Einen Hariold, der vor dem Dänenkönig Horich geflohen war, hob Ludwig selbst aus der Taufe (Annales Fuldenses a.852, S.41f).
[57] Zur Einschätzung des ganzen Vorgangs: ANGENENDT, Kaiserherrschaft 237f. ANGENENDTs Vorbehalte gegen den Taufort Regensburg vermag ich nicht zu teilen. Da sich Ludwig am 28. Oktober 844 und am 31. März 845 (DDLD 39 und 40) in Regensburg nachweisen läßt, ist es durchaus unproblematisch, Regensburg als Winterresidenz und Taufort anzunehmen (so auch DÜMMLER, Ostfränkisches Reich I, 285).

wieder das Taufgeschehen zum Thema hat.[58] Auch wenn das Taufthema Gegenstand des Festes ist, will die Oktav immer nur an das eigentliche Fest, hier Epiphanie, erinnern.[59] Beide Festtage liegen so eng zusammen, daß nicht angenommen werden kann, daß in der Zwischenzeit sich bedeutende politische Änderungen ergeben hätten. Damit stellt sich die Frage, warum der König vom karolingischen Usus abweicht und ein Fest geringerer Bedeutung wählt. Eine Erklärung kann die Korrelation der minderen politischen Bedeutung der Getauften mit dem minderen Festcharakter des Tauftages im lateinischen Liturgiebereich sein. Diese Interpretation setzt aber eine bewußte Desavouierung von Gefolgschaftsherren, auf die das Reich dringend angewiesen war, voraus. In die richtige Richtung scheint aber eine andere Beobachtung zu weisen. KOHLSCHEIN macht auf zwölf Antiphonen mit Taufthematik zur Epiphanieoktav aufmerksam, die sich in den Breviertraditionen einer Reihe deutscher Bistümer finden.[60] Die Litaneien entstammen nun ausgerechnet der byzantinischen Tauftheologie und wurden in der orthodoxen Kirche eben zur Oktav des Erscheinungsfestes gesungen.[61] Nach dem Zeugnis Notkers waren diese Antiphonen, die Karl durch byzantinische Gesandte bekannt geworden waren, in seiner Hofkapelle in lateinischer Übersetzung in Gebrauch.[62] Am Tauftag 845 dürften damit die byzantinischen Litaneien gesungen worden sein. Damit trat Ludwig auch auf liturgischem Gebiet in Konkurrenz zu Byzanz. Der Wahl dieses Tages, an dem genuin byzantinische Litanien gesungen wurden, um Fürsten zu taufen, an deren politischer Vereinnahmung auch Byzanz reges Interesse haben mußte, kann nur die propagandistische Absicht unterstellt werden, einen Paritätsanspruch gegenüber der oströmischen Missionspolitik anzumelden. Das allerdings scheint ein hinreichender Grund, vom gängigen Tauftag Epiphanie abzuweichen. Daß weitere Belege für Taufen am Oktavtag von Epiphanie fehlen, verwundert nicht, da die Tageswahl offensichtlich das Produkt einer bestimmten politischen Konstellation war.

König Harald von Dänemark, der sich bereits 814 Kaiser Ludwig kommendiert hatte, wandte sich nach seiner Vertreibung 826 zwecks Unterstützung wieder an Ludwig den Frommen. Der Kaiser machte die Hilfeleistungen seinerseits von der Verehrung desselben Gottes abhängig. In einem großartigen Staatsakt, der Elemente einer Herrschaftsinvestitur enthielt, wurde Harald mitsamt seiner Familie und seiner Anhängerschaft in St. Alban zu Mainz oder der Pfalz Ingelheim getauft. Die Kaiserfamilie selbst übernahm die Patenschaft der dänischen Königs-

---

[58] Amalar, Liber officialis IV 34.2 und 8-9 (II, S.514-516).
[59] KELLNER, Heortologie 10f.
[60] KOHLSCHEIN, Tauftheologie 118.
[61] KOHLSCHEIN, Tauftheologie 118-121.
[62] Notker, Vita Karoli Magni II 7, S.58. Selbst, wenn die Zuschreibung Notkers nicht stimmen sollte, wird man davon ausgehen können, daß die Gesänge am Ende des 9. Jahrhunderts bereits lange in Gebrauch waren. Die Diözesen, die diese Breviertradition bieten, sind Mainz, Hildesheim, Würzburg, Köln, Münster, Minden und Paderborn (KOHLSCHEIN, Tauftheologie 118f). Alle diese Bistümer befanden sich im politischen Wirkungskreis des ostfränkischen Reiches.

familie.[63] Daß die Taufe am Fest des Täufers Johannes, einem Sonntag, vorgenommen wurde, kann als gesichert gelten.[64] Mit dieser Taufe erhoffte man sich in Mainz wohl, die Christianisierung Dänemarks voranzutreiben.[65] Damit kann auch das Johannesfest zu den bei den Karolingern für imposante Tauffeierlichkeiten akzeptablen Terminen gezählt werden.

Der Kagan der Awaren, das Oberhaupt des Volkes, wurde im Herbst des Jahres 805 in Anwesenheit König Karls, Sohn Karls des Großen, in der Fischa auf den Namen Abraham getauft. Dieser Karl befand sich mit drei Heeren auf einem Kriegszug gegen die Böhmen.[66] Wahrscheinlich übernahm Prinz Karl selbst die Patenschaft. Der Tauftermin war der 21. September,[67] der 15. Sonntag nach Ostern, zugleich das Fest des Apostels Matthäus.[68] Die Beteiligung des Bistums Salzburg mag Einfluß auf die Wahl des Tauftages gehabt haben,[69] wird dort doch der Matthiastag besonders geehrt.[70] Das eigentliche Vorbild für die Wahl eines Apostelfestes für eine Tauffhandlung aber war mit einiger Sicherheit die orthodoxe Praxis,[71] die auch bei der Wahl des Epiphaniefestes Pate gestanden haben mag.

---

[63] ANGENENDT, Kaiserherrschaft 215-223. Daß in der Bischofskirche zu Mainz getauft wurde, ist den Reichsannalen zu entnehmen (a.826, S.169f). Nach der Darstellung des Ermoldus Nigellus muß man dagegen die Taufe in Ingelheim vermuten. Obwohl HAUCK Ingelheim zur Taufpfalz erklärt (HAUCK, Taufpfalzen 44f), vermutet auch er die Taufhandlung in Mainz (ebd. 45). Aber gerade durch die Taufe in seiner Eigenkirche konnte der König die bischöfliche Jurisdiktion umgehen. HAUCK macht auch auf die daraus resultierenden Spannungen zwischen Bischöfen und Herrschern aufmerksam (ebd. 3f). Wir müssen also bezüglich der Ortsangabe mit einer interessegeleiteten Geschichtsschreibung rechnen. Wenn die Reichsannalen von einem Mitglied der kirchlichen Reformbewegung geschrieben wurden, wie deren Abbruch im Jahr 829 nahelegt, dann muß man damit rechnen, daß der Autor die Taufe an den kanonisch richtigen Ort "verlegte".
[64] SIMSON, Ludwig der Fromme I, 259; BM² 830b.
[65] Bezeichnenderweise wurden vier Tage vor diesem Staatsakt die wirtschaftlichen Grundlagen des Klosters Corvey durch eine kaiserliche Schenkung erheblich verbessert, damit es den Aufgaben der Nordmission gewachsen war (WOLLASCH, Mönchtum in Westfalen 19). In der entsprechenden Urkunde findet Corveys Mutterkloster Corbie besondere Erwähnung (BM² 830 (804) vom 20. Juni 826, ausgestellt in Ingelheim); dessen Abt Wala stellte auch seinen Mönch Ansgar dem König Harald als geistlichen Begleiter zur Verfügung (ANGENENDT, Kaiserherrschaft 222-226). Damit kann festgehalten werden, daß das Diplom für Corvey in Hinblick auf die vier Tage später erfolgende Tauffeier Haralds ausgestellt wurde.
[66] ANGENENDT, Kaiserherrschaft 232; hier wird die Patenschaft auf Karl den Großen bezogen, was nicht richtig sein dürfte, da er sich das ganze Jahr über in der Rheingegend aufhielt. Dagegen führte sein gleichnamiger Sohn einen Krieg gegen die Böhmen (ABEL/-SIMSON, Karl der Große 322-328).
[67] Annales Iuvavenses maiores a.805 (MGH Scriptores 30.2, 738): "Hoc anno baptizatus est caganus vocatus Abraham XI. Kal. Octobr."
[68] PIPER, Karls des Grossen Kalendarium 28.
[69] ANGENENDT, Kaiserherrschaft 233f. Die besonderen Beziehungen Salzburgs zu dieser Taufe gehen schon daraus hervor, daß allein die Salzburger Annalen den Tauftag angeben.
[70] GROTEFEND, Zeitrechnung II.1, 165.
[71] HEISER, Taufe 208f.

Wahrscheinlich war Papst Stephan II. seit seinem Besuch im Frankenreich 754 durch das geistliche Band der Firmpatenschaft mit der Familie Pippins verbunden.[72] Ob die Firmung tatsächlich zusammen mit der Krönung am 28. Juli 754 erfolgte, bleibt ungeklärt.[73] Papst Paul I. übernahm am Sonntag, dem 9. Oktober 757, also dem Festtag des Karolingerpatrons Dionysius, die Patenschaft für die Pippintochter Gisla, indem er deren Tauftuch entgegennahm.[74] Daß der Papst selbst sich dabei eines unkanonischen Termins bediente, kann zwar dadurch erklärt werden, daß die eigentliche Taufhandlung ohne ihn stattfand, ist aber dennoch bemerkenswert. Zugleich wird mit der Wahl des Festes eines Schutzheiligen unsere obige Vermutung bestätigt, daß auch diese bei den Franken für Taufhandlungen benutzt wurden.

10.4. WAHRSCHEINLICHE TAUFTERMINE

Geht man davon aus, daß mit Epiphanie, Ostern, Pfingsten und dem Johannesfest ein Kanon von Festen, an denen Taufen stattfanden, gefunden ist, kann man versuchen, weitere, bislang undatierte Taufen zu terminieren. Dies soll im folgenden geschehen.
Die Taufe des Sachsenführers Widukind war nicht die erste Taufe im Sachsenkrieg,[75] sicher aber die wichtigste. Die Bedeutung dieses Vorgangs wird an zwei Indizien deutlich. Zum einen handelt es sich mit Attigny bei dem Taufort um eine der bedeutendsten Pfalzen Karls,[76] zum andern hob Karl selbst Widukind aus der

---

[72] ANGENENDT, Geistliches Bündnis 40-57. Möglicherweise kann der Tag der Begegnung zwischen Pippin und Papst Stephan II., Epiphanie 754, als Hinweis auf ein Patenschaftsbündnis aufgefaßt werden. Eine andere Interpretation erscheint besser fundiert. Epiphanie galt ja auch als Tag der Ankunft der Weisen, die dem neuen König huldigen wollten (Mt 2,1-12). Die kirchlichen Festgesänge des Tages konnte das Publikum recht gut auf die handelnden Personen beziehen, wenn es etwa hieß "Venite, exultemus Domine", "Hodie si vocem eius audieritis, nolite obdurare corda vestra", "Psallite Deo nostro, psallite; psallite regi nostro, psallite sapienter" u.a. (Amalar, Liber de ordine antiphonarii 21 [III, S.57ff]). Daß die Vorstellung der Weisen als Königsmacher eine Rolle bei der Tageswahl gespielt haben mag, legt der Reisebericht des Liber Pontificalis nahe. Wie einst die Weisen, die ein Stern zum neuen, wahren König führte, hatte angeblich auch Papst Stephan eine Himmelserscheinung (Liber Pontificalis I, 334). Eine solche wird auch zu Epiphanie besungen "Magi viderunt stella" (Amalar, Liber de ordine antiphonarii 23.3 [III, S.60]).
[73] Diese Deutung bei ANGENENDT, Geistliches Bündnis 54f. Sie wird aber in DERS., Kaiserherrschaft 155f, nicht wiederaufgenommen.
[74] ANGENENDT, Geistliches Bündnis 57-63.
[75] BM² 211a.
[76] ZOTZ, Königspfalz, zum Bezug zwischen der Bedeutung eines Ortes und des dort stattfindenden Ereignisses. Zur Bedeutung von Attigny: WERNER, Attigny.

Taufe. Der Zeitpunkt der Taufe ist ungeklärt.[77] Der Ablauf der Ereignisse läßt sich wie folgt rekonstruieren. Den Winter des Vorjahres verbrachte Karl mit seiner Familie auf der Eresburg, wo er auch das Osterfest feierte, und bis zum Juni blieb. Nach dem Reichstag in Paderborn durchzog Karl ganz Sachsen, um Widerstandsnester niederzukämpfen. Vom Bardengau aus nahm er mit Widukind Kontakt auf, traf sich mit ihm, überredete ihn und Abbio, ins Frankenreich zu kommen, kehrte nach Franzien zurück und überstellte ihnen Geiseln. Abbio, Widukind und ihre Genossen erschienen in Attigny und wurden dort getauft.[78] Die Annales Mosellani erwähnen noch die Übernahme der Patenschaft durch Karl und die Überreichung großartiger Geschenke an Widukind.[79] Wahrscheinlich befanden sich darunter auch Reliquien, möglicherweise erhielt Widukind sogar ein politisches Amt.[80] Angesichts solcher Ehrungen wird es Widukind nicht schwer gefallen sein, sich taufen zu lassen, hatte die Taufe doch mittels der Geschenke den Geruch der Niederlage durchaus verloren.[81] Setzt man die Reichsversammlung in den Frühsommer,[82] dürften die großräumigen Operationen Karls in Sachsen nicht vor dem Spätherbst beendet gewesen sein.[83] Rechnet man hinzu, daß außerdem noch Geiseln überstellt werden mußten, kann mit einer Taufe nicht vor dem Winter 785/786 gerechnet werden. Da mit dem Abt Andreas, wahrscheinlich der Abt von Luxeuil, ein an der Taufe Widukinds Beteiligter nach Rom geschickt wurde[84], kann er erst nach der Taufe abgereist sein. Wohl auf dessen Mitteilung ordnete der Papst Dankesfeiern für den 23., 26. und 28. Juni durch die ganze Christenheit an.[85] Da Ostern 786 auf einen sehr späten Termin, den 23. April, fiel, kann nicht davon ausgegangen werden, daß die Taufe erst am Karsamstag vorgenommen wurde. Eine Datierung der Taufe

---

[77] KAHL, Sachsen 52, gibt ohne nähere Begründung Weihnachten 785 an; ANGENENDT, Kaiserherrschaft 207, vermutet Weihnachten 785 oder Ostern 786 als Tauftermine, da sich Karl zu diesen Terminen in Attigny aufhielt.
[78] Annales regni Francorum a.785, S.70; Annales Mosellani a.785 (MGH Scriptores 16, 497). Zum Jahresablauf s. ABEL, Karl der Große 400-411.
[79] Annales Mosellani a.785 (MGH Scriptores 16, 497).
[80] ANGENENDT, Kaiserherrschaft 208f. Es existiert noch eine Reliquienburse, die Widukind gehört haben soll und in der Tat aus karolingischer Zeit stammt. Außerdem sei auf die Patrozinien von Enger, das wahrscheinlich die Grabstätte des Sachsenherzogs beherbergt, aufmerksam gemacht: Maria, Laurentius und Dionysius (HHStD 3², 205) waren allesamt bedeutende karolingische Reichsheilige.
[81] Die sächsische Vita Liutbirgae virginis 1, S.10, aus dem 9. Jahrhundert betont die Geschenke Karls des Großen an die Sachsen als Mittel der Eroberung Sachsens, um Graf Hessi nicht als Verlierer im Krieg gegen die Franken erscheinen zu lassen.
[82] Für Mitte Juni sprechen zwei Urkunden vom 19. Juni, die in Paderborn für das Kloster Fulda ausgestellt wurden (DRONKE, Codex Nr.82-83, S.50); s.a. BM² 268b.
[83] ABEL, Karl der Große 409.
[84] ANGENENDT, Kaiserherrschaft 207.
[85] Codex Carolinus Nr.76, S.608. Wie der Papst eigens angibt, handelt es sich bei dem 23. Juni um die Vigil zu Johannes dem Täufer, beim 26. Juni um das Fest der heiligen Johannes und Paulus und beim 28. Juni um die Vigil zu St. Petrus (s.a. DESHUSSES, Sacramentaire grégorien I, 238 und 243f).

auf das Osterfest ließe für die genannten Vorgänge lediglich eine Frist von zwei Monaten. Dieser zeitliche Rahmen ist zu klein, um die Reise des Abtes Andreas nach Rom, seine Konferenz mit dem Papst, die Ausstellung und Übermittlung der päpstlichen Schreiben an alle westlichen Bischöfe und die Vorbereitungen der Litanien durch die Bischöfe zuzulassen. Insbesondere die Benachrichtung der kirchlichen Oberhäupter durch den Papst und die Organisation der Feiern vor Ort müssen einige Zeit in Anspruch genommen haben. Somit bleibt nur ein Termin im Winter 785/786. Bei einem solch bedeutsamen Akt wird man sicherlich einen hohen Feiertag gewählt haben. Weihnachten ist auszuschließen, da die am Königshof genutzte römische Festliturgie kaum thematische Anlässe für eine Tauffeier bot.[86] Anders dagegen beim Fest Epiphanie, das den Karolingern wegen seiner Erinnerung an die Taufe Jesu als legitimer Tauftag galt.[87] Dies scheint mir von der Bedeutung des Festes wie der Einreihung in den Ablauf der Ereignisse der einzig mögliche Termin, zumal das Epiphaniefest, nicht aber Weihnachten, unter den Karolingern als Tauftermin akzeptiert war.[88] Mit der Wahl des Epiphaniefestes konnte Karl zugleich ein politisches Signal setzen. Da der Beschluß, die Sachsen zu christianisieren, zu Epiphanie 775 gefaßt wurde,[89] kündete die Wahl dieses Festtages für die Taufe des Sachsenherzogs vom erfolgreichen Abschluß des königlichen Taufprogramms.

Auch bei einem Awarentudun namens Zotan übernahm König Karl die Taufpatenschaft. Im Herbst des Jahres 795 hatte jener sein Interesse an der Taufe bekundet und erhielt sie noch im selben Winter zu Aachen unter ehrenvollsten Umständen.[90] Auch wenn nähere Angaben fehlen, möchte man aufgrund der Jahreszeit ebenfalls das Epiphaniefest als Tauftermin vermuten.

Auf dem Rückweg von Rom 781 schloß Karl einen zweiten Kompaternitätsbund, diesmal mit dem Erzbischof Thomas von Mailand, der Karls Tochter Gisla aus der Taufe hob.[91] Vom Itinerar her ist gesichert, daß die Taufe nach dem 8. Juni erfolgte,[92] die Pfingstvigil (2.6.) kommt als Tauftermin daher nicht in Betracht.

---

[86] Amalar, Liber officialis IV 31 (II, S.504f); DESHUSSES, Sacramentaire grégorien I, 98-106. In den nichtrömischen Liturgiekreisen gewann das Weihnachtsfest keinen eigenständigen Charakter, sondern orientierte sich am Epiphaniefest, das als Tauftag Christi genügend Anküpfungspunkte zur Taufspendung bot (FRANK, Weihnachten 986; JOUNEL, Weihnachtszeit 265-273).

[87] Amalar, Liber officialis IV 33.4 (II, S.510); zur Liturgie DESHUSSES, Sacramentaire grégorien I, 113-116. Im übrigen konnte am Tauftag Widukinds der alljährliche Epiphanie-Lobgesang "Omnis terris adoret te" angesichts des gebrochenen heidnischen Widerstands und der (vermuteten) Eingliederung Sachsens ins christliche Frankenreich überraschende Aktualität gewinnen.

[88] Es sei noch darauf hingewiesen, daß der Epiphanietag in Enger, dem Heimatort des Sachsenherzogs, im Zusammenhang mit Widukind gefeiert wird, allerdings als sein Todestag (als Heide?) (HHStD 3^2, 205).

[89] Siehe dazu das Kapitel Reichsversammlungen (12.9.1.).

[90] ANGENENDT, Kaiserherrschaft 232f.

[91] Annales regni Francorum a.781, S.56.

[92] BM^2 241a.

Etwa im August hielt Karl bereits eine große Reichsversammlung in Worms ab.[93] Ernsthaft zu erwägen ist der 24. Juni, der Geburtstag Johannes des Täufers. Dieser Tag ist ein vom Itinerar her möglicher und vom Taufthema her geeigneter Termin. Der Tag fiel auf einen Sonntag. Dieser Wochentag erinnert an das Osterfest,[94] also den wichtigsten Tauftermin des Jahreskreises.
Kaiser Ludwig wurde am 13. Juni 823 ein Sohn geboren, der in der Taufe den Namen Karl empfing.[95] Dessen Bruder Lothar übernahm die Patenstelle[96]. Da Ostern (5. April) und Pfingsten (24. Mai) bereits vorüber waren, kann Karl in diesem Jahr an keinem der kanonischen Termine getauft worden sein. Vermutlich kam Lothar eigens zu diesem Zweck aus Italien, wo er sich im Vorjahr aufgehalten hatte. Nach seiner Krönung zu Ostern in Rom reiste er über Pavia[97] und Como Richtung Norden und ist am 4. Juni in Rankweil in Vorarlberg nachweisbar.[98] Von hier bis Frankfurt konnte fast durchgängig der Rhein als bequemer und schneller Reiseweg benutzt werden. Reisetechnisch gesehen kann Lothar schon lange vor dem 24. Juni in Frankfurt angelangt sein. Vom Tagesthema her bietet sich das Täuferfest vom 24. Juni als Tauftermin geradezu an und wurde von Kaiser Ludwig ja 826 auch wahrgenommen.[99]

---

[93] ABEL, Karl der Große I, 327.
[94] Etwa Haito von Basel, Kapitular c.8, S.212. Nach Alcuin, De divinis officiis liber 27 (PL 101, 1226f) erinnert der Sonntag auch an das Pfingstfest, also den zweiten kanonischen Tauftermin. S.a. JUNGMANN, Wochenzyklus 49f, und JUNGBAUER, Sonntagsheiligung. Nach JUNGBAUER, Sonntag 95, war Sonntag der gewöhnliche Tauftag.
[95] BM² 773a.
[96] SIMSON, Ludwig der Fromme I, 200.
[97] BM² 1018b.
[98] DLoI 2.
[99] Damit setzt man die Taufe allerdings unmittelbar nach der Geburt an. Dem scheint die Formulierung bei Nithard entgegenzustehen, der zufolge sich Ludwig erst nach der Geburt seines jüngsten Sohnes Gedanken machte, wer die Patenstelle übernehmen könne und sich dann erst nach einigem Zögern zur Übernahme der Patenschaft entschloß ("Karolo quidem nato, quoniam omne imperium inter reliquos filios pater diviserat, quid huic faceret, ignorabat. Cumque anxius pater pro filio filios rogaret, t a n d e m Lodharius consensit ac sacramento testatus est, ut portionem regni quam vellet eidem pater daret, tutoremque ac defensorem illius se fore contra omnes inimicos eius in futuro iurando firmavit." [Nithard, Historia I 3, S.3]). Allerdings ist schwer vorstellbar, daß sich der Kaiser vor der Geburt keine Gedanken gemacht haben soll, welche Handlungsmöglichkeiten ihm offenstünden, wenn er einen Sohn bekäme. Daß Ludwig der Fromme wußte, daß die Machtbasen seiner anderen beiden Söhne zu schmal waren, um einen nachgeborenen Sohn ernsthaft zu unterstützen, kann man annehmen. Der von Ludwig beschrittene Weg lag also auf der Hand. Darauf wies schon DÜMMLER, Ostfränkisches Reich I, 43, hin. Folgerichtig legt er auf Nithards Formulierung "kein großes Gewicht". Bedenken scheinen Lothar erst zu einem späteren Zeitpunkt gekommen zu sein, nachdem es ihm von dritter Seite nahegebracht worden waren (Nithard I 3, S.3). SIMSON, Ludwig der Fromme I, 201, meint sogar, daß die Patenschaft Lothar durchaus Vorteile bieten konnte. Es bestand für Lothar somit kein Grund zu zögern, zumal er bei Bedenken seinerseits auch in Italien hätte bleiben können. Da der mögliche Geburtszeitraum berechenbar war, läßt die Anwesenheit Lothars am Königshof ausgerechnet zur Zeit der Geburt Karls eher auf ein vorbeugendes Krisenmanagement denn auf puren Zufall schließen.

10.5. MÖGLICHE TAUFTERMINE

Die bisher untersuchten Taufen konnten mit einiger Sicherheit datiert werden, da die Zeiträume, in denen die Taufe stattfinden konnte, recht klein waren (Taufe der Gisla 781) oder andere, von Karolingern benutzte Tauftermine im gegebenen Zeitraum nicht vorhanden waren. Diese Kriterien fehlen für die folgenden Untersuchungen.

Zu Anfang des Jahres 862 gelang es Karl, einen Normannentrupp bei Meaux zur Stellung von Geiseln zu zwingen. Diese Gruppe stand unter der Führung von Welands Sohn. NEIFEIND vermutet, daß Karl diesen als Geisel nahm und Weland so zwang, sich ihm zu kommendieren. Nicht mehr erklärbar ist ihm allerdings die Rückkehr Welands mit seiner ganzen Familie, um sich taufen zu lassen. NEIFEIND schließt auf eine Sinnesänderung, da Weland sich ja auch "gleich nach seinem Treueid taufen lassen konnte".[100] Vielleicht konnte die Taufe an Weland aber gerade nicht zu diesem Zeitpunkt vorgenommen werden, da auf einen geeigneten Tauftermin gewartet werden sollte. Diese Überlegung findet ihren Rückhalt in der zeitlichen Einordnung der Kommendation. Diese erfolgte noch einige Zeit vor dem 26. März, da Weland nach seinem Treueid nach Jumièges absegelte, um hier die Frühjahrstagundnachtgleiche abzuwarten.[101] Die zeitlich nächsten uns bekannten Tauftermine aus karolingischer Zeit sind in diesem Jahr der 18. April (Karsamstag) und der 6. Juni (Pfingstvigil). Jeder der beiden Termine hat einiges für sich. Zu Anfang Juni befahl König Karl allen Großen, für den Bau von Befestigungsarbeiten zum Schutz vor Normannenüberfällen nach Pîtres zu kommen.[102] Eine Normannentaufe zu Pfingsten hätte Karl für einen so prestigeträchtigen Staatsakt den geeigneten gesellschaftlichen Rahmen geboten, da sich ein Großteil des fränkischen Adels um ihn versammelt hatte. Dazu hätte sich Karl mittels der Taufe eines bedeutenden Normannenführers als ein König darstellen können, der auch gegen die Normannen zu Erfolgen kommt; angesichts der in Pîtres in Angriff genommenen Abwehrmaßnahmen gegen die Normannen ein sicher willkommener Gewinn an Ansehen. Andererseits ist zu bedenken, ob nicht erst die Taufe Welands ein so groß angelegtes Verteidigungswerk ermöglichte. Innenpolitisch gesehen mußte vielleicht erst die mit der Bekehrung Welands verbundene Aufwertung Karls erfolgen, ehe sich eine Mehrzahl von Adligen in die Verteidigungsanstrengungen hineinziehen ließ. Militärisch gesehen bildete ein ausreichender Schutz die Voraussetzung für die Schanzarbeiten. Bei Pîtres münden die Andelle und die Eure in die Seine. Die fränkischen Streitkräfte hätten die Handwerker vor normannischen Angriffen, die auf jedem der drei Flüsse hätten vorgetragen werden können, schützen müssen.

---

[100] NEIFEIND, Verträge 79.
[101] Annales Bertiniani a.862, S.57; das Kalendar Karls des Großen setzt die Tagundnachtgleiche auf den 26. März (PIPER, Karls der Grossen Kalendarium 22).
[102] Annales Bertiniani a.862, S.58.

Es ist nicht vorstellbar, daß sie dieser Aufgabe gewachsen waren.[103] Weland mit seiner Flotte konnte dies sicher sehr viel effektiver.[104] Auch so gesehen bildete seine Taufe die Voraussetzung für das Projekt von Pîtres. Damit wäre Ostern als Tauftag gegenüber der Pfingstvigil vorzuziehen, zumal sich in der karolingischen Herrschaftspraxis keine Taufen zu Pfingsten nachweisen lassen, wohl aber für Ostern. Tatsächlich existiert vom Ostermontag ein Diplom Karls für das Kloster St. Denis.[105] Geht man davon aus, daß im Rahmen von Festakten Schenkungen gemacht wurden, für die am Tag selbst oder in den folgenden Tagen von der Kanzlei Diplome ausgestellt wurden, kann man aus diesem Diplom auf eine Festveranstaltung am Vortag schließen.[106] Die Schenkung kann natürlich auch im Rahmen des üblichen Osterfestes erfolgt sein. Die Welandtaufe kann als Schenkungsanlaß nur angenommen werden, wenn sich eine Verbindung Welands zu St. Denis oder zum Ambasciator Geilo, einem Missus und Mitglied der Hofkapelle,[107] nachweisen ließe. Dies ist aber nicht der Fall. Immerhin handelt es sich hier um eine der eher spärlichen Schenkungen Karls, was ein Hinweis auf eine Besonderheit beim Osterfest des Jahres 862 sein kann.
Keine der hier vorgestellten Überlegungen kann für sich allein eine Taufe zu Ostern wahrscheinlich machen. Alle Indizien zusammen ergeben jedoch ein recht geschlossenes Bild. Wie schon unter Ludwig dem Frommen scheint auch hier aus der Taufe am Ostertag ein Waffenbündnis resultiert zu haben.
Ende März/Anfang April 858 begab sich der Normannenführer Björn Eisenseite zu König Karl dem Kahlen,[108] um ihm den Treueid zu leisten.[109] GILLMOR interpretiert die Kommendation als eine Kriegslist Björns. Sie verweist auf den kurze Zeit später erfolgten Überfall auf die Klöster St. Denis und St. Germain durch die Normannen und die Belagerung der Normannen bei Jeufosse durch Karl im Juli. Björns Absicht sei es nun gewesen, Karl auf dem Weg zur Belagerung aufzuhalten.[110] Diese Argumentation scheint nicht haltbar zu sein. Daraus,

---

[103] Zur normannischen Flußtaktik ZETTEL, Normannen 250-262, s.a. ebd. 139-152 und allgemein GILLMOR, War on the rivers. Bezeichnenderweise konnte drei Jahre später ein normannischer Flottenverband von nur 50 Schiffen das schon stark befestigte Pîtres ohne Schwierigkeiten besetzen (GILLMOR, Warfare 158). Daß die Eroberung zu einem Zeitpunkt glückte, als Weland bereits tot war (Annales Bertiniani a.863, S.66), ist ein weiteres Indiz für unsere These, daß Weland sich am Schutz der Insel beteiligte.
[104] Der Bericht in den Annales Bertiniani a.863, S.66, setzt voraus, daß nicht allein Weland und seine Familie sich bekehrten, sondern auch seine Gefolgsleute.
[105] DKII 238 (II, S.29-31).
[106] Der Verfasser beabsichtigt, in absehbarer Zeit eine Arbeit zum Zusammenhang von Fest und Urkundenausstellung vorzulegen.
[107] DKII 224 (II, S.564). Offenbar hatte der Ambasciator einen besonderen Bezug zum Festakt: am 9.10. 783, also dem Festtag des hl. Dionysius, tritt Abt Fuldrad von St. Denis in Worms als Ambasciator auf.
[108] HARTHAUSEN, Normanneneinfälle 57-59, identifiziert Björn als Sohn des Ragnar Lodbrok; Björns Brüder Siegfrid und Halfdan konnten sich einige Jahre als Könige in Dänemark halten (ebd. 59-61).
[109] NEIFEIND, Verträge 72, 125 und 164; GILLMOR, Warfare 135.
[110] Ebd. 135.

daß Karl im Juli Jeufosse belagerte, kann nicht geschlossen werden, daß er dies schon im März vorhatte. Die Argumentation setzt zudem voraus, daß die Normannen erstens von einem solchen Plan wußten, zweitens, daß sie ihn für bedrohlich hielten und drittens, daß sie die Überfälle auf die Klöster und die Kommendation Björns für eine geeignete Abwehrmaßnahme hielten. Dagegen sei auf die völlige Inaktivität Karls im Vorjahr als Indiz für Karls militärische Schwäche hingewiesen. Auch wenn er auf der Versammlung von Quierzy im März einige Mächtige auf seine Seite ziehen konnte, war der König mit Sicherheit nicht in der Lage, großartige militärische Aktionen zu planen. Immerhin stand ein Großteil der Adligen zusammen mit den Bretonen in Opposition zu ihm.[111] Daß die Klöster von Björns Leuten überfallen wurden, ist eine Annahme, die GILLMOR nicht durch Quellenangaben stützt. Die Annales Bertiniani berichten sogar ausdrücklich, daß "ein anderer Teil dieser Seeräuber" Abt Ludwig von St. Denis mit seinem Bruder Gauzlin gefangennahm.[112] Vermutlich gab es unter den Normannen - wie schon im Jahre 853 - Parteibildungen[113], die Björn dazu veranlaßten, in Karl einen Bundesgenossen zu suchen. Als Indiz für Streitereien unter den Normannen kann die Abreise des Sydroc gelten,[114] der zumindest fünf Jahre früher ein Verbündeter der Bretonen war. Im Herbst 857, also unmittelbar vor der Kommendation Björns, zerbrach mit dem Tode Erispoes das Bündnis Karls mit den Bretonen, die sich auf die Seite der aufständischen Großen gegen Karl stellten. War Sydroc zu diesem Zeitpunkt noch mit den Bretonen verbündet, mußte für seinen Gegenspieler Björn Karl der Kahle der gegebene Verbündete sein.[115] Angesichts der militärischen Schwäche des Königs im Frühjahr und seines Großprojektes im Sommer wird man davon ausgehen können, daß erst die Verbindung mit Björn Karl in Stand gesetzt hat, die Belagerung der Normannen bei Jeufosse in Angriff zu nehmen. Karls Machtzuwachs im Laufe des Jahres muß enorm gewesen sein, da er es nicht für nötig hielt, die Belagerung der Normannen abzubrechen, um der Invasion Ludwigs des Deut-

---

[111] Ebd. 134f.
[112] Annales Bertiniani a.858, S.49: "Pars altera eorundem pyratorum ... capiunt."
[113] Die Annales Bertiniani bezeichnen Björn als "Anführer eines Teils der Seinepiraten" ("Berno dux partis pyratarum Sequanae", (a.858, S.49). Zur Organisation der normannischen Heere s. ZETTEL, Normannen 69-90, 222-250. Die säuberliche Trennung zwischen den Normannenfraktionen durch den Annalisten Prudentius von Troyes ist auffällig. Vermutlich wollte er damit Vorwürfen gegen König Karl und/oder Björn begegnen, die nach dem Überfall auf die Klöster aufgekommen sein werden.
[114] So auch GILLMOR, Warfare 136.
[115] Daß Normannen sich im Streit untereinander auch der Hilfe durch einheimische Machthaber versicherten, geht aus den Vorgängen um Nantes im Jahre 853 ebenfalls hervor (GILLMOR, Warfare 121f). Auch in den Jahren 861 und 862 ließen sich die Normannen in Auseinandersetzungen zwischen fränkischen Großen hineinziehen und bekriegten dabei auch andere Normannenverbände (NEIFEIND, Verträge 164-166). Es wäre also falsch, von der Vorstellung auszugehen, die Normannen seien eine gentil oder politisch einheitliche Gruppierung mit Friedenspflicht zwischen allen Untergruppen gewesen.

schen entgegenzutreten.[116] Für die Richtigkeit dieser These spricht auch das weitere Schicksal Björns. Nach dem Abbruch der Belagerung scheint auch er seine Machtposition an der Seine nicht mehr lange behauptet zu haben, denn in den folgenden Jahren findet man ihn im Mittelmeergebiet.[117] Daß Karl sich auch in anderen Fällen nicht zu schade war, eine Verbindung mit Normannen einzugehen, um mit deren Hilfe andere Normannenverbände zu bekämpfen, geht aus seinen Verträgen mit Weland 860[118] und den Verhandlungen mit einer Normannenschar 862[119] hervor.

Eine weitere Überlegung sei angestellt: eine Verbindung des Königs mit den heidnischen Normannen war dem Selbstverständnis Karls als christlichem König sicher nicht angenehm. Andererseits konnte ihm eine Teilung der Normannen nur nützlich sein und war politisch durchaus sinnvoll. Bereits sein Vater hatte mit dem Dänenkönig Harald ein Militärbündnis abgeschlossen, dessen einzige Vorbedingung die Taufe Haralds war.[120] Für Karl selbst kann eine solche politischreligiöse Verbindung im Jahre 862 nachgewiesen werden.[121] Es ist also durchaus denkbar, daß Karl bereits früher dieses Mittel zur Herstellung von Vasallität benutzte. Diese Überlegungen werden durch den Zeitpunkt des Zusammentreffens gestützt. GILLMOR datiert die Leistung des Treueides auf Ende März/Anfang April 858. In diesem Jahr fällt Ostern auf den 3. April.[122] Damit kommendierte sich Björn zu einem Zeitpunkt, der in unmittelbarer Nähe zu einem prädestinierten Tauftermin liegt. Es ist also zu vermuten, daß auch er sich taufen ließ.[123] Gegen diese Überlegungen spricht das Fehlen einer diesbezüglichen Nachricht in den Annales Bertiniani. Daraus wird man jedoch nicht schließen dürfen, daß die Taufe nicht stattfand. So erfahren wir aus den Annalen eher zufällig anläßlich des Zweikampfs Welands, daß es noch zwei weitere getaufte Normannen am Hofe Karls gab.[124] Daß die Annalen nicht eher von ihnen Notiz nehmen, kann nicht an ihrer Bedeutungslosigkeit liegen. Wenn sie in der Lage waren, Weland zum Gottesgericht zu zwingen, müssen sie eine recht bedeutende Stellung innegehabt

---

[116] Ludwig brach Mitte August in Worms auf und besetzte am 1. September Ponthion, während Karl seine Belagerung bis zum 23. September fortsetzte (GILLMOR, Warfare 140).
[117] HARTHAUSEN, Normanneneinfälle 59 datiert Björns Abzug in das Jahr 859.
[118] NEIFEIND, Verträge 32.
[119] NEIFEIND, Verträge 72f.
[120] ANGENENDT, Kaiserherrschaft 215-222.
[121] Annales Bertiniani a.865, S.66f; zu dieser und weiteren Normannentaufen durch karolingische Könige: ANGENENDT, Kaiserherrschaft 260-265; NEIFEIND, Verträge 76-83.
[122] GILLMOR, Warfare 137.
[123] Drei Kommendationen von Normannen unter Karl dem Kahlen sind nachweisbar. Neben der vorliegenden noch die Welands, der sich auch taufen ließ, und die von Normannen, welche Karl 873 in Angers belagerte. Auch sie stellten die Taufe in Aussicht (NEIFEIND, Verträge 73, 168). So kann angenommen werden, daß Karl auch in diesem Fall auf eine Koppelung von Kommendation und Taufe drang. Björns Bruder war Gottfrid (HARTHAUSEN, Normanneneinfälle 59f), der unter Karl III. getauft wurde. Man kann also wohl nicht davon ausgehen, daß es in der Sippe des Ragdan Lodbrok eine grundsätzliche Ablehnung des Christentums gab.
[124] Annales Bertiniani a.863, S.66.

haben. Desgleichen wird in den Annales Fuldenses von der Patenschaft Ludwigs des Deutschen für den Dänenfürst Heriold erst anläßlich dessen Ermordung Notiz genommen.[125] Überhaupt müssen wir mit einer ganzen Reihe von christianisierten Wikingern rechnen, ohne daß die Quellen sie erwähnen.[126] Angesichts des überraschenden Machtzuwachses Karls muß davon ausgegangen werden, daß ihm Björn bei der Belagerung der Normannen Waffenhilfe leistete, wie sie auch für den bekehrten Weland vermutet werden darf. Die Waffenbrüderschaft scheint ebenso wie bei Ludwig dem Frommen in geistlicher Verwandtschaft begründet zu sein. Björn wäre dann zu Ostern 858 getauft worden.

Keinem der traditionellen Tauftermine läßt sich die Taufe des Normannen Gottfried in Elsloo zuordnen. Diese muß nach Auskunft der Quellen nach dem Unwetter am 21. Juli 882 und vor dem Abzug des fränkischen Heeres erfolgt sein.[127] Der Abzug wird spätestens Mitte August stattgefunden haben, wahrscheinlich wesentlich früher. MÜHLBACHER datiert ihn noch in den Juli.[128] Der Tag, dem man nach dem 24. Juni einen thematischen Bezug zur Taufe unterstellen kann, ist der 29. August, an dem der Enthauptung des Täufers gedacht wird. Dieser Termin kommt aber aus den o.g. Gründen nicht in Frage. Man kann zwar annehmen, daß es - wie bei der Taufe des Awarenkagans, die ja auch auf einem Kriegszug stattfand - ein Sonntag war, doch findet sich auch dann kein Termin, der von ausreichender geistlicher Qualität wäre wie etwa das Fest eines Königspatrons oder eines Diözesanheiligen.[129] Anders sieht es aus, wenn man das zweite Zeitelement der Taufe des Kagan Abraham heranzieht. Wenn auch in diesem Fall an einem Apostelfest getauft wurde, bietet sich der Gedenktag des Apostels Jakobus am 25. Juli,[130] ein Mittwoch, an. Zeitlich entspricht er den Anforderungen der Situation sehr gut, und das Manko des Wochentages ist mit der Zwangslage der Franken sicher ausreichend erklärt, zumal sich innerhalb der nächsten sechs Wochen kein Termin finden läßt, der wesentlich höhere litur-

---

[125] Annales Fuldenses a.852, S.41f.
[126] GOETZ, Landnahmepolitik 11f.
[127] Annales Fuldenses (B) a.882, S.107f; Annales Fuldenses (A) a.882, S.97f; Annales Bertiniani a.882, S.153f. Zum Vorgang vergleiche auch ANGENENDT, Kaiserherrschaft 260-262 und NEIFEIND, Verträge 28, 80, 89f, 117, 120, 124f, 127f, 129, 137 und 170.
[128] BM² 1639b. Die Belagerung hatte bereits vor dem Unwetter vom 21. Juli begonnen und dauerte 12 Tage. Da das Feldlager der Franken von dem Unwetter noch schwerer betroffen gewesen sein wird als das befestigte Winterlager der Normannen - Regino führt nicht ohne Hintersinn "indignatione caelesti" als Grund des Mißerfolges an (Regino, Chronica a.882, S.119) -, und angesichts der grassierenden Krankheiten im fränkischen Heer, werden die Verhandlungen mit Gottfried vorangetrieben worden sein. Die Verhandlungsdauer ist möglicherweise schon in den 12 Belagerungstagen enthalten. Neben der ungewissen, aber wohl kurzen Verhandlungsdauer sind noch die beiden Tage, an denen die Taufe gefeiert wurde, zu beachten. Möglicherweise wurden auch sie vom Annalisten hinzugezählt, um den Eindruck einer ernsthaften Belagerung beim Leser entstehen zu lassen.
[129] Elsloo liegt in der Diözese Lüttich. Zum Bistumskalender s. GROTEFEND, Zeitrechnung 2.1, S. 107.
[130] Hrabanus, Martyrologium 73.

gische Qualität hatte. Da Karl III. in den nächsten Jahren um den 25. Juli herum Diplome ausgab,[131] scheint der Jakobustag seit der Taufe Gottfrieds für Karl III. von besonderer Bedeutung gewesen zu sein. Es liegt nahe, hier an eine Anniversarfeier der Gottfried-Taufe zu denken. Politisch bedeutet dies, daß der Kaiser die Taufe des Normannen als Erfolg verstand, während viele Zeitgenossen,[132] aber auch moderne Historiker, sein Vorgehen als politische Niederlage bewertet haben.[133]

10.6. AUSWERTUNG

Alle neun sicher nachweisbaren Taufen fanden an Festtagen statt. Mit zwei Ausnahmen haben alle karolingischen Tauftage einen festen Bezug zum Taufthema. Diese beiden Ausnahmen sind erklärlich, da die eine auf einem Kriegszug stattfand und es sich im anderen Fall nicht um einen Taufakt, sondern um die symbolische Übernahme der Patenschaft handelte. Auch in diesen Fällen war die Tagewahl nicht willkürlich. Bei der Taufe des Abraham wurde mit einem Apostelfest ein Tag gewählt, der im byzantinischen Liturgiebereich als vollwertiger Tauftermin galt. Kein Bezug zum Taufakt, wohl aber zum Personenkreis, mit dem die Patenschaft geschlossen wurde, liegt im zweiten Fall vor. Das Ausweichen von Epiphanie auf die Oktav des Festes durch Ludwig den Deutschen erklärt sich aus seinem spezifischen Anliegen, einen Paritätsanspruch gegenüber

---

[131] Gleich im nächsten Jahr gruppieren sich insgesamt vier Diplome um das Jakobusfest am 25. Juli: DKIII 86 vom 23.7.883 sowie die drei Urkunden DD. 87-89 vom 30. Juli 883 aus Murgula.
Auch die Schenkung an seinen Getreuen Jakob (!) vom 30.7.886 (DKIII 137), die in Metz vorgenommen wurde, wo der Karolingerahn Arnulf in einer dem Apostel Jakobus geweihten Kirche ruhte, ist sicherlich auf das Jakobusfest vom 25. Juli zu beziehen. Und auch für das nächste Jahr läßt sich eine Jakobusfeier konstatieren (DKIII 164 vom 24.7.887 aus Lustenau). Vermutlich profitierte auch ein zweiter Apostel mit dem Namen Jakobus von der Taufe Gottfrieds 882. Im darauffolgenden Jahr feierte Karl wohl auch das Fest des Alpheussohnes am 21. Juni (DDKIII 81-82 vom 20.6.883).
[132] Annales Fuldenses (A) a.882, S.99: "Sed imperator tantam contumeliam exercitui suo illatam floccipendens praedictum Gotafridum de fonte baptismatis levavit." Annales Bertiniani a.882, S.153: "Karolus autem nomine imperator contra Nortmannos venit cum multo exercitu usque ad illorum firmitatem. Quo veniens, concidit cor eius ..." Regino, Chronica a.882, S.119: "sed conatus eius parum effectum obtinuit, quamquam, ut diximus, ex diversis regnis et gentibus inestimabilis multitudo in unum confluisset ..."
[133] DÜMMLER, Ostfränkisches Reich III, 202: "Trotz dieser unerhörten Schmach, die dem fränkischen Heere zugefügt war, schloß der Kaiser, als ob nichts vorgefallen sei, seinen Vertrag mit den Räubern ab." FLECKENSTEIN, Grundlagen 128: "Sein Kaisertum scheiterte im Angesicht der Normannengefahr an seiner eigenen Unfähigkeit." SCHIEFFER, Samtherrschaft 621: "Der Kaiser rückte im Oktober 886 mit einem Ersatzheer heran, wiederholte jedoch nur den Handel von Asselt: er kaufte Paris frei, aber Burgund und die Loireländer blieben ... den Normannen preisgegeben. Karl III. hatte wieder versagt."

Byzanz anzumelden. Dieser Vorgang zeigt zugleich, daß die Auswahl von Festtagen für bestimmte Staatsakte in propagandistischer Absicht erfolgen kann. Schließt man diese drei Taufen wegen ihrer Besonderheiten aus, so ergibt sich, daß Ostern (3 Taufen), Epiphanie (2 bzw. 3 Taufen) und wohl auch das Täuferfest (1 Taufe) zum festen Kanon von "tauffähigen" Tagen gehörten. Nimmt man noch die weniger sicheren Tauftermine hinzu, ergibt sich folgende Verteilung: auf Ostern und Epiphanie entfallen jeweils fünf, auf das Johannesfest drei, auf Apostelfeste zwei Taufen. Für Reichsheiligenfeste ist nur eine (stellvertretende) Patenschaft nachzuweisen. Damit schält sich ein enger Kern von Festen (Epiphanie, Ostern, Johannes bapt.) heraus, die für Taufen bevorzugt wurden. Für zwei dieser Feste (Epiphanie und Ostern) lassen sich Massentaufen im Beisein des Königs nachweisen. Für Taufen wurde auf die Apostelfeste wohl nur in Notfällen zurückgegriffen. Bezüglich der Wochentage dominiert eindeutig der Sonntag. Von den neun sicheren Tauftermnen entfallen sieben auf den Sonntag, jeweils einer auf Dienstag und Freitag. Das liegt natürlich auch daran, daß Ostern immer auf einen Sonntag fällt, aber selbst wenn man die Ostertage nicht berücksichtigt, entfallen immer noch vier der verbleibenden sechs Taufakte auf den Sonntag. Ein gleichartiges Ergebnis liefert die Wochentagsanalyse, wenn die erschlossenen Taufen mitberücksichtigt werden[134]. Man kann also davon ausgehen, daß die Karolinger zugleich bemüht waren, Taufhandlungen an Sonntagen vorzunehmen, weil dieser als Wiederkehr von Ostern, dem wichtigsten Tauftermin des Jahres, galt.

Es kann eine Übereinstimmung festgestellt werden zwischen der karolingischen Gesetzgebung und der Herrschaftspraxis. Der Verzicht auf eine allgemein verbindliche Regelung des Tauftermins von Seiten der Herrscher korrespondiert mit ihrer eigenen Nichtbeachtung der kanonischen Vorschriften. Dennoch kann man nicht behaupten, daß die Wahl von Tauftagen willkürlich gewesen sei.

Alle Taufen, die in Pfalzen an oder mit bedeutenden politischen Gegenspielern bzw. Verbündeten vollzogen wurden, fanden an hohen Kirchenfesten statt. Offensichtlich besteht eine feste Verbindung zwischen bedeutender Residenz, hohem Fest und der Gewinnung einer hochrangigen Persönlichkeit. Ein wesentlicher Nebeneffekt eines so repräsentativen Staatsakts wie der Taufe wird der Gewinn von Ansehen gewesen sein, der den Ruhm des Königs vermehrte und über den Prestigegewinn mittelbar die Zahl der Parteigänger erhöhte. Auch die österlichen Normannentaufen, die für eine Reihe von Jahren am Hof Karls des Großen üblich waren, lassen sich aus dem Anliegen der Herrscherrepräsentation erklären. Ebensowenig widerspricht unserer These die Wahl eines wohl wenig repräsentativen Ortes für die Taufe des Normannen Huncdeus, da die Ortswahl aus der desolaten Situation Karls des Einfältigen resultierte.

---

[134] Mo: 0, Di: 1, Mi: 3, Do: 0, Fr: 2, Sa: 2, So: 10. Schließen wir auch hier die Staatsakte, die auf Ostern fallen, aus, ergibt sich folgende Verteilung: Mo: 0, Di: 1, Mi: 3, Do: 0, Fr: 2, Sa: 2, So: 5. Also auch hier ein spürbares Übergewicht des Sonntags.

Die anderen beiden Tauftage sind wie folgt zu erklären: die Festlegung von Taufterminen kann nur in einer großteils christianisierten Gegend sinnvoll sein; da eine allgemeine Missionierung wenig Aussicht auf Erfolg hat, will man die Taufe Bekehrungswilliger nicht auch noch um ein Jahr aufschieben. Dies gilt um so mehr für die Taufen von Abraham und Gottfried, die auf Kriegszügen vorgenommen wurden. Hier spielte der Zeitfaktor eine noch bedeutendere Rolle. Diese sind zugleich die einzig nachweisbaren Tauftermine in der Herrschaftspraxis der Karolinger, die keinerlei liturgischen Bezug zum Taufthema aufweisen. Dennoch scheint man sich bemüht zu haben, wenigstens an einem Termin zu taufen, der entsprechend der oströmischen Praxis an einen Apostel erinnerte. Die "Minderwertigkeit" des Apostelfestes suchte man bei der Taufe an der Fischa dadurch auszugleichen, daß die Taufe auf einen Sonntag gelegt wurde.

11. DIE BEACHTUNG HEILIGER ZEITEN IM KRIEG

11.1. DIE GEWINNUNG HIMMLISCHER SCHLACHTENHILFE

Kriegzüge boten die Möglichkeit, innerhalb kurzer Zeit einen bedeutenden Zuwachs an Macht zu erzielen, der dem Sieger zugleich als Legitimation seiner Herrschaft dienen konnte.[1] Allerdings waren die Gefahren für die Existenz eines Reiches bei einer Niederlage gewaltig. Es nimmt also nicht Wunder, wenn man sich bei einem solchen Unternehmen nicht allein auf die menschlichen Fähigkeiten verlassen wollte. Bereits vor einem Kriegszug wurde versucht, die himmlischen Mächte für den eigenen militärischen Erfolg einzuspannen. In karolingischer Zeit war der Besuch von Klöstern in Zeiten der Not, etwa bei Krankheiten, oder vor wichtigen Entscheidungen gängige Praxis.[2] Auch vor oder bei Kriegszügen waren längere Klosteraufenthalte keine Seltenheit.[3]

Zur Sicherstellung des Schlachtsieges griffen seit der Spätantike auch die Christen immer wieder auf Zauberei zurück, um den Sieg zu erzwingen,[4] obwohl es seit alttestamentlichen Zeiten die Überzeugung gab, daß es allein Gott sei, der

---

[1] McCORMICK, Victory 388-396.
[2] NOBEL, Königtum 166-169.
[3] Karl der Große besuchte 787 vor seinem Feldzug gegen Benevent Monte Cassino, das berühmteste italienische Kloster (BM² 282b-c). Auf seiner Heerfahrt gegen die Bretagne besuchte Ludwig der Fromme 818 bei Paris die Klöster St. Denis, St. Germain, St. Geneviève sowie die Bischofskirche, bei Orléans die Klöster St. Aignan und Fleury, anschließend St. Martin in Tours und endlich in Angers St. Aubin und St. Mammes (BM² 665a-667b). Den Feldzug gegen denselben Gegner brach er 830 nach dem Besuch der Klöster Sithiu und St. Riquier ab (BM² 872g - 874). Nachdem er 833 von einem weiteren Aufstand gegen sich erfahren hatte (BM² 919a), scheint Ludwig zunächst das Nonnenkloster Chelles aufgesucht zu haben, wo er seiner Schwiegermutter Hegelwich befahl, die Reliquien der Königin Balthilde zu erheben (KRÜGER, Königsgrabkirchen 234). Sein gleichnamiger Sohn hielt sich während des Kriegszuges gegen seinen Vater 832 länger in Lorsch auf (BM² 899a-c). Vor schweren Konflikten mit seinem Vater 837 finden wir Kaiser Lothar I. ausgerechnet an einem Marienfest (2.2.) im Marienkloster Nonantola (BM² 1056a; DLoI 32 vom 3.2.837). Karl der Kahle besuchte vor seinem Zug gegen den Grafen von Paris 841 das Kloster St. Wandrille (GILLMOR, Warfare 20-22). Vor seinem Kriegszug gegen Aquitanien hielt sich Karl am 23.1.843 im Vedastuskloster zu Arras auf (GILLMOR, Warfare 73). Möglicherweise hat er hier auch noch das Vedastusfest am 6.2. (Usuardus, Martyrologium 175) gefeiert. Vom Kloster St. Denis aus suchte er im Frühjahr 845 eine Verteidigung gegen die Normannen aufzubauen (GILLMOR, Warfare 95-97). Wohl erst nach seinem Besuch im Kloster Fleury begann der westfränkische König 846 seine Fahrt zur Bretagne (ebd. 100). Gegen Aquitanien brach er von St. Martin in Tours aus auf. Auch der kriegsmächtige, ostfränkische König Arnulf bemühte sich um himmlische Hilfe für seine Kriege. So suchte er vor seinem Abodritenzug 889 das Kloster Corvey auf (BM² 1825a-1827a). Wegen des Aufstandes Bernhards, eines Sohnes Karls des Dicken, scheint er im Jahr 890 in Alemannien ein Kloster besucht zu haben (St. Gallen oder Reichenau?) (BM² 1847a; 1849a), und auf seinem Zug nach Rom erbat er sich im Kloster St. Sixtus zu Piacenza himmlische Hilfe (BM² 1913a-i).
[4] GRAUS, Volk 456. Zu abergläubischen Waffensegen s. FRANZ, Benediktionen II, 270, 299-302.

den Sieg verleihe.[5] Um in der rechten Weise den Sieg von Gott zu erflehen, war der liturgische Rahmen der Schlacht von besonderer Wichtigkeit. Dementsprechend lag hier eines der wichtigsten Einsatzfelder der karolingischen Hofgeistlichkeit.[6] Aber wie schon die Vielzahl der Messen für die Zeiten des Krieges zeigt,[7] war man sich keineswegs sicher, wie die überirdische Hilfe am effektivsten erlangt werden könne. Vor dem Zug gegen die heidnischen Awaren übernahm das fränkische Heer dann die byzantinische Form der Kriegsvorbereitung zur Reinigung des Heeres von Sündenschuld.[8] Es wurden dreitägige Litaneien und Fasten angeordnet, die zum Teil im ganzen Reich zu befolgen waren.[9] Uns erscheint es heute auf Grund der damit verbundenen körperlichen Schwächung wenig sinnvoll, eine Armee vor der Schlacht fasten zu lassen. Aber das Mittelalter dachte weniger rational, ihm war der Erwerb himmlischer Gunst wichtiger als solch weltimmanente Überlegungen. Neben dem Gewinn überirdischer Machtfülle mag der komplementäre Gedanke ins Spiel gekommen sein, dem Gegner auf diese Weise zu schaden, etwa in dem Versuch, ihn mittels Fasten zu töten.[10]

Die liturgischen Übungen beschränkten sich nicht nur auf die Zeit der Kriegs- bzw. Schlachtvorbereitung. So besuchten die Heerführer auch noch unmittelbar vor der Schlacht die Messe.[11] Für Messen am Tag der Schlacht hatten die

---

[5] GRAUS, Volk 455-458.
[6] FLECKENSTEIN, Hofkapelle I, 17f. Da die Messen, die anläßlich einer Schlacht stattfanden, auf offenem Feld abgehalten wurden, verstießen sie gegen das Gebot, Messen nur in Kirchen zu feiern (Concilium Parisiense a.829 c.73 [MGH Concilia 2.2, S.672]). Diese Ausnahme diente offensichtlich einer Reihe von Weltpriestern als Vorwand, Gottesdienste ebenfalls im Freien abzuhalten. Die bischöflichen Verbote (Ghaerbald, Kapitular I 9, S.58, mit weiteren Belegen), lassen zugleich erkennen, daß eine Vielzahl von Großen sich jeweils ihre "Kapelle" gehalten haben. So ordnete Theodulf von Orléans an (Kapitular I 11, S.110f): "Missarum sollemnia nequaquam alibi nisi in ecclesia celebranda sunt ... excepta ratione eorum, qui in exercitu pergentes ad hoc opus habent tentoria et altaria dedicata, in quibus missarum sollemnia expleant."
[7] Das Gregorianum kannte ursprünglich nur eine Messe für Kriegszeiten (DESHUSSES, Sacramentaire grégorien I, 324). Vermutlich infolge von Niederlagen war es zu Zweifeln an der Wirksamkeit dieser Messe gekommen. Bereits der Anhang Benedikts von Aniane kannte fünf weitere Messen (ebd. I, 441-444). In der Folgezeit erhöhte sich die Zahl der diesbezüglichen Messen noch beträchtlich (ebd. I, 571; II, 161-166).
[8] McCORMICK, Victory 248-251, 352-354.
[9] Weitere Belege für diese Art der karolingischen liturgischen Kriegsvorbereitung bietet DERS., Liturgy of War 8-15; ein Meßformular für dreitägige Litaneien in einzelnen Anhängen des Gregorianums verzeichnet DESHUSSES, Sacramentaire grégorien II, 152.
[10] DÖMÖTÖR, T.: Das Fasten als magische Handlungsweise im ungarischen Volksglauben, in: Acta antiqua Academiae Scientiarum Hungaricae 26 (1978) 137-143, 137-140, zeigt, daß die Vernichtung des Gegners mittels Fasten nicht nur in Ungarn, sondern auch in Irland bekannt war. Möglicherweise kamen Vorstellungen dieser Art von Irland aus ins Karolingerreich.
[11] König Arnulf hörte vor der Erstürmung Bergamos die Messe (BM^2 1892f) und besucht vor dem Sturm auf Rom die Pankratius-Kirche (BM^2 1913e).

karolingischen Liturgiker spezielle Meßformulare erarbeitet.[12] Wenn das alttestamentliche Vorbild genau befolgt wurde, wird auch während der Schlacht selbst gebetet worden sein. Das Buch Exodus schreibt den Sieg über die Amalekiter ausschließlich dem Gebet Mose zu: "Mose aber stieg mit Aaron und Hur auf den Gipfel des Hügels. Solange Mose die Arme erhob, behielten die Israeliten die Oberhand; wenn er die Arme sinken ließ, gewannen die Amalekiter die Oberhand. Schließlich wurden aber die Arme des Mose zu schwer ... Aaron und Hur stützten seine Arme ... So blieben seine Arme erhoben bis zum Sonnenuntergang. Und Josua besiegte die Amalekiter und ihr Kriegsvolk mit der Schärfe des Schwertes".[13] Nach der Schlacht gegen die Normannen schenkte König Arnulf dem "Orator" Eginolf zwei Mansen aus Königsgut, sicherlich als Dank für die siegbringende Gebetshilfe.[14] Aber die Vorstellung der abstrakt-theoretischen göttlichen Hilfe wurde durch die konkret-praktisch erfahrene Schlachtenhilfe von bekannten Heiligen dominiert.[15] Wichtigste Kampfgenossen der Karolinger waren die Heiligen Martin von Tours, Dionysius von Paris und der Apostelfürst Petrus.[16] Bei den Ostfranken stand der heilige Emmeram den ostfränkischen Königen Karlmann und Arnulf bei. Nach Meinung des letzteren verdankte er dem hl. Pankratius die Eroberung Roms.[17] Um die Anwesenheit der

---

[12] McCORMICK, Witness.

[13] Ex 17, 10-13. Die biblische Erzählung war für mittelalterliche Staatsvorstellungen prägend. Auf diese Bibelstelle spielt der Brief des Papstes Zacharias an Pippin III. an (Codex Carolinus Nr.3 [MGH Epistolae 3, 479]). Auf dieses biblische Beispiel bezog sich auch Karl der Große, als er Papst Leo III. schrieb, die Aufgabe des Papstes sei es, wie Mose zu beten, der König aber habe die Kirche gegen die Angriffe der Heiden zu verteidigen und nach innen durch die Kenntnis des Evangeliums zu festigen (Briefsammlung des Alkuin Nr.92 (MGH Epistolae 4, 137f; s.a. ANGENENDT, Princeps imperii 33f). Im ottonischen Liuthar-Evangeliar findet sich eine neue Interpretation des biblischen Topos: nicht mehr der Papst, sondern der Herrscher hat hier die Rolle des betenden Mose übernommen. Gestützt wird er von den heiligen Bischöfen Emmeram und Ulrich (KELLER, Herrscherbild 306f).

[14] DArn 95.

[15] Zur Kontinuität dieser Vorstellung von Schlachtenhelfern seit vorantiker Zeit s. SPEYER, Hilfe und Epiphanie 58-77.

[16] NOBEL, Königtum 118f, 247. GRAUS, Volk 461, nennt als weitere aktive Schlachtenheilige Savinus (nach Paulus Diaconus für die Langobarden) und Benedikt von Nursia. Zu Petrus: SCHÜTZEICHEL, Macht der Heiligen, und GRAUS, Schlachtenhelfer 335f und 339; Karl der Kahle war im Besitz des Schwertes des Himmelspförtners (Annales Bertiniani a.877, S.138). Die Annahme von GRAUS, Schlachtenhelfer 336, der Erzengel Michael sei bei den Karolingern nicht von Petrus verdrängt worden, erscheint fraglich. Als Schutzheiliger der Baiern und Langobarden (FICHTENAU, Urkundenwesen 16) kann seine Verehrung mindestens bis zur Mitte des achten Jahrhunderts antikarolingische Züge gehabt haben. Bezeichnenderweise enteignete Pippin einem Hochverräter ein dem Erzengel Michael geweihtes Kloster (DK 8).

[17] NOBEL, Königtum 248f. Natürlich war es unter anderem die Aufgabe jedes Heiligen, seine Stadt oder sein Kloster zu verteidigen. Damit sind sie aber noch keine Schlachtenheiligen (GRAUS, Volk 459f). Im antiken Griechenland waren Heroen zunächst fast immer örtlich gebunden; ein einmal als hilfreich erkannter Heroe konnte dann aber immer wieder herbeigerufen werden (SPEYER, Hilfe und Epiphanie 61-69).

Heiligen bei der Schlacht sicherzustellen, wurden deren Reliquien mitgeführt.[18] Aber auch nach dem Ende der Schlacht war es wichtig, den Kontakt mit den himmlischen Mächten nochmals aufzunehmen, um am Ende einer siegreichen Schlacht Gott zu danken.[19] Am Ende eines Feldzuges standen oftmals Klosterbesuche karolingischer Herrscher.[20]

Von Bedeutung scheint auch der Tag gewesen zu sein, an dem die Schlacht geschlagen wurde. Jedenfalls kann für die nachkarolingische Zeit vereinzelt eine Beziehung zwischen Schlachten und Tagesheiligen nachgewiesen werden.[21] Tatsächlich scheint der Tag der Schlacht als für den Schlachtausgang nicht unwichtig angesehen worden zu sein, wie eine entsprechende Anfrage der Bulgaren beim Papst erkennen läßt. Hier wird allerdings ein negativer Zusammenhang von heiliger Zeit und Kriegsbeginn bzw. Schlacht vorausgesetzt: die Bulgaren fragen nämlich, ob bestimmte Tage zu vermeiden seien.[22] Dies wird mit Reinheitsvorstellungen zusammenhängen: Blut verunreinigt und gefährdet den Kontakt mit dem Heiligen.[23]

---

[18] Zur Erzwingung der Anwesenheit durch Mitnahme von Unterpfändern: SPEYER, Hilfe und Epiphanie 58; GRAUS, Schlachtenhelfer 337f, und NOBEL, Königtum 118f. Daneben scheinen das Kreuz bzw. Kreuzreliquien von einiger Bedeutung für die Kriegszüge gewesen zu sein: HEISER, Responsa 432 (c.33) und 260f; SCHRAMM/MÜTHERICH, Denkmale 26.

[19] Im Anschluß an den Sieg über die Normannen 891 hielt das fränkische Heer Dankprozessionen ab (DÜMMLER, Ostfränkisches Reich III, 351). Nach der vermeintlichen Befriedung der Sachsen 785 befahl der Papst dreitägige Dankfeiern für die ganze Christenheit (ABEL, Karl der Große 411). Eine Ausnahme machte das siegreiche Heer nach der Schlacht von Fontenoy: es büßte drei Tage lang (Nithard, Historia II 1, S.29).

[20] Karl der Große empfing seinen aus dem Böhmenfeldzug zurückkehrenden gleichnamigen Sohn bei Remiremont, wo sie dann länger blieben (BM² 411e-f). Da der Feldzug mit der Taufe des Kagan der Awaren am 21. September beendet gewesen sein dürfte, kann angenommen werden, daß Vater und Sohn in Remiremont noch das Fest des Klostergründers am 8. Dezember (WIMMER, Lexikon 718) begingen. Nach dem Friedensschluß von 843 begab sich Kaiser Lothar I. in eben dieses Kloster (BM² 1103a; DLoI 78).

[21] GRAUS, Schlachtenhelfer 337, nennt lediglich zwei Belege für die nachträgliche Zuschreibung eines Sieges an den Tagesheiligen, um kurz darauf (S. 347) festzustellen: "Am häufigsten wurde ein Sieg mit dem Heiligen verbunden, an dessen Tag/Fest die Schlacht geschlagen wurde." Sehr viel mehr Material aus vornehmlich nachkarolingischer Zeit bietet SCHALLER, Heiliger Tag 15-18.

[22] HEISER, Responsa 433-435 (cc.34-36). DERS., ebd. 256f, erklärt die Beachtung bzw. Vermeidung heiliger Zeiten mit den heidnischen Sitten der Bulgaren. Dies kann so nicht stimmen. Natürlich ist die Unterteilung der Zeit in günstige und ungünstige Tage archaisch, aber die Belege von SCHALLER, Heiliger Tag 15-18, zeigen deutlich genug, daß das Christentum davon nicht unberührt blieb. Dazu kommt, daß es sich bei den Anfragen zum großen Teil um Streitfragen zwischen fränkischen und byzantinischen Missionaren handelt (HEISER, Responsa 35-49, 383-399). Ebenso wie die anderen Anfragen bezüglich der Tagesheiligung wird auch dieses Problem dem Streit zwischen Franken und Griechen entstammen (cc.11 und 12). Tatsächlich antwortete der Papst ja auch, daß man an den hohen Kirchenfesten nur im Notfall einen Kriegszug beginnen oder kämpfen sollte.

[23] So erklärt SCHALLER, Heiliger Tag 10, das Verbot von Gerichtsverhandlungen an heiligen Tagen. "Der Tod und alles, was mit dem Toten zusammenhängt ... verunreinigt" (PFISTER, Rein 636). Diese Vorstellungen finden sich schon in karolingischer Zeit, wie die

11.2. FASTENZEIT UND KRIEG

So steht der Krieg in einer starken Spannung mit dem Heiligen: einerseits ist dessen Hilfe unabdingbar, andererseits kann das bei der Schlacht vergossene Blut den Kontakt zum Numinosen gefährden. Die Ambivalenz von Heiligkeit und Krieg führt zu der Frage, wie die Karolinger das Problem lösten. Wenn das Vergießen von Blut die Gunst der himmlischen Mächte in Frage stellte, wird sich das Problem mit besonderer Dringlichkeit hinsichtlich der vorösterlichen Fastenzeit gestellt haben, da das Frühjahr die Aufnahme kriegerischer Handlungen ermöglichte, die Fastenzeit zugleich aber in der kirchlichen und weltlichen Gesetzgebung der Karolingerzeit mit einer Reihe von Tabuvorschriften versehen war.[24] Damit fügt sie sich in den religionsgeschichtlich bekannten Typus der Vorbereitungszeit, in der durch Abstinenz und Fasten eine Heiligung von Mensch und Zeit erreicht wird. In dieser Zeit darf nichts geschehen, was die Einheit mit dem Göttlichen stören kann, wie Geschlechtsverkehr, Haarschur, Waschen und der gleichen mehr.[25] Aus diesem Grund wurden von den Karolingern bestimmte Handlungen in der Fastenzeit mit der Todesstrafe geahndet, insbesondere, wenn ein Kriegszug beabsichtigt wurde.[26] Die Frage liegt also nahe, ob die karolingischen Herrscher die Fastenzeit nicht nur als Zeit

---

Bestimmungen zum Schutz heiliger Orte und Zeiten zeigen: Kapitular Nr.83 c.8: "Ut nullus in atrium ecclesiae secularia iudicia facere praesumat, quia solent ibi omines ad mortem iudicare. Statutum est enim, si quis reus in atrium ecclesie confugerit, non sit opus ecclesiam ingredi sed ante ianuam pacem habeat" (MGH Capitularia 1, 182); Kapitular Nr.78 c.15: "Ne in dominicis diebus mercatum fiat neque placitum, et ut his diebus nemo ad poenam vel ad mortem iudicetur, et de operis cavendis ammoneatur" (MGH Capitularia 1, 174). Aus der Idee der Verunreinigung durch Blutvergießen resultieren auch die Bestrebungen, die Priesterschaft vom Blutvergießen bei Krieg und Jagd fernzuhalten. So konnte Bonifatius die Absetzung des Bischofs Giwilip von Mainz erreichen, der am Mörder seines Vaters Blutrache genommen hatte (PRINZ, Fortissimus abba 86f; zum Jagdverbot für Kleriker: ebd. 64-67, 90-93). Die Vorstellung, daß Blut eine verunreinigende Wirkung haben könne, wurde aller Wahrscheinlichkeit dem Alten Testament entnommen, dessen Einfluß auf das Frühmittelalter KOTTJE, Altes Testament, überzeugend nachgewiesen hat.
[24] Siehe etwa die Bischofskapitularien Theodulfs von Orléans (BROMMER, Theodulf von Orléans 103-106).
[25] REUTER, Zeit 47-50.
[26] Zu den Kriegsvorbereitungen Ludwigs II. für den Zug gegen Benevent von 866 gehörte die Verhängung der Todesstrafe wegen der bevorstehenden Fastenzeit für die Vergehen Blutrache, Kirchenraub, Ehebruch und Brandlegung (Kapitular Nr.218 cc.7-8 [MGH Capitularia 2, 96]). Wegen Unzucht mit einer Stute in der Fastenzeit wurde unter Karl dem Kahlen ein Mann auf dem Scheiterhaufen verbrannt. Im Anschluß an die Reichsversammlung, auf der die Hinrichtung vorgenommen wurde, zog Karl gegen die Bretonen (Annales Bertiniani a.846, S.33f). Ein Konnex zwischen gebührender Beachtung der Fastenzeit und anschließender Kriegsführung findet sich schon früher. Die Reichsannalen berichten im Jahr 806 von einer "Feier" der Fastenzeit durch Karl den Großen, dem sich die Schilderung des Slawenkrieges anschließt (Annales regni Francorum a.806, S.121).

der persönlichen Vorbereitung auf das Osterfest,[27] sondern auch als grundsätzliche Friedenszeit betrachteten.
Betrachten wir zunächst die datierbaren Schlachten. Vier der insgesamt 58 datierbaren Schlachten fanden zwischen Aschermittwoch und Ostern statt.[28] Eine kurze Überschlagsrechnung zeigt, daß hier statistisch gesehen keine besondere Zurückhaltung wahrgenommen werden kann, liegt doch der Anteil der Schlachten (4:58) und der des fraglichen Zeitraums (46:365) jeweils bei rund zehn Prozent. Dennoch sind bei einer solchen Argumentation Vorbehalte zu machen. Die Sonntage werden in den Speisegeboten für die Fastenzeit ausdrücklich ausgenommen. Demnach wird man den Palmsonntag 717 nicht zur Fastenzeit im eigentlichen Sinne zählen dürfen. Zwei andere Schlachten können den letzten Tagen der Karwoche zugeordnet werden. Die für den Gründonnerstag 841 geplante Schlacht Karls des Kahlen fiel auf einen Tag mit außerordentlichem Festcharakter.[29] Die Verkürzung der Fastenzeit scheint eine allgemeine Tendenz gewesen zu sein, denn auch für den bedeutendsten karolingischen Liturgiker, Amalar von Metz, endet die Fastenzeit mit dem Gründonnerstag. Da Amalar die Sonntage bei der Vierzig-Zahl mitzählt, begann für ihn die Fastenzeit nicht am Aschermittwoch, sondern erst mit dem sechsten Sonntag vor Ostern.[30] Unter Einbeziehung dieser Gesichtspunkte läßt sich die erste datierbare Schlacht in der eigentlichen Fastenzeit erst für das zehnte Jahrhundert nachweisen. Und auch hier sind Vorbehalte zu machen. Die Schlacht zwischen den Babenbergern und Konradinern fand am Tag nach dem Aschermittwoch 906 statt. Selbst vorausgesetzt, der Aschermittwoch - und nicht erst der Sonntag Invocavit - galt dem Angreifer als Beginn der Fastenzeit, ist nicht auszuschließen, daß auch diese Schlacht für die Zeit vor der Quadragesima geplant war, da Adalbert vor der Schlacht ein raumgreifendes Täuschungsmanöver ausführte,[31] wodurch es zu Verzögerungen gekommen sein kann. Jedenfalls war zu Anfang desselben Jahres im Rahmen der Babenberger Fehde zwischen den Grafen Gebhard und Matfrid ein Waffenstillstand "usque in octavis paschae", also wohl einschließlich der

---

[27] In der Quadragesima scheint Kaiser Lothar I. regelmäßig liturgisch-theologische Schriften gehört zu haben (BM² 1176 [1142]). Zur Vorbereitung König Ludwigs des Deutschen auf das Osterfest s. KOTTJE, Ludwig der Deutsche und die Fastenzeit.
[28] Es handelt sich um die Schlacht vom Palmsonntag 717, um den geplanten Überfall auf Gerard von Paris 841, um die möglicherweise am Karsamstag 901 stattgefundene Schlacht zwischen Böhmen und Ungarn sowie um den Kampf zwischen Adalbert und Konrad am 27.2.906.
[29] JUNGMANN, Karwoche 6f; SCHREIBER, Karwoche 8f; DERS., Wochentage 156-161.
[30] Amalar, Liber officialis I 4.4 (II, S.45). Zum Festcharakter des Karfreitags und Karsamstags siehe auch das Kapitel zu den Fest- und Fastentagen bei den Karolingern (Kapitel 5.7).
[31] DÜMMLER, Ostfränkisches Reich III, 540f.
Zu bedenken ist auch, daß die Donnerstage der Quadragesima teilweise nicht als Fastentage angesehen wurden: "Andererseits trat mancherorts an den Donnerstagen der Quadragesima eine Milderung ein. An diesem Tage war ein Bad erlaubt und man durfte das Fasten unterbrechen; denn fasten und baden galt als unvereinbar" (ARBESMANN, Fasttage 517f).

Fastenzeit, abgeschlossen worden.[32] Allein schon diese Vereinbarung spricht dafür, daß es zu Beginn des 10. Jahrhunderts den Beteiligten wichtig schien, die Fastenzeit von Schlachten frei zu halten.[33] Damit ist nicht gesagt, daß die Fastenzeit als grundsätzliche Friedenszeit galt, setzen doch die Schlachten in der Karwoche Kriegsvorbereitungen in Form von Aufmärschen in der Fastenzeit voraus. Das Modell, Kriegsvorbereitungen in die Quadragesima zu verlegen, ohne es vor Ablauf der Fastenzeit zu blutigen Auseinandersetzungen kommen zu lassen, scheint im 9. Jahrhundert Konjunktur gehabt zu haben.[34] Immerhin konnte es zwei Interessen miteinander verbinden: das militärische, den Frühjahr für den Krieg zu nutzen, und das religiöse, die Fastenzeit zu schonen.

11.2.1. Fastenzeit und Märzfeld

Zu Beginn des 8. Jahrhunderts ist von diesem Modell noch nichts zu erkennen. Eine der datierbaren Schlachten Karl Martells bedingte eine Kriegsführung in der vorösterlichen Bußzeit. Auch seine Söhne Pippin und Karlmann führten in der Fastenzeit Krieg,[35] wie ja ein Märzfeld mit anschließendem Kriegszug eine Verletzung der Fastenzeit notwendig bedingte.[36] Hier dominierte der militärisch-praktische Gedanke. Erst Pippins Verlegung des Märzfeldes auf den 1. Mai schloß eine Kriegsführung in der Fastenzeit aus, da der letzte mögliche Ostertermin der 25. April ist. Die These, daß der Terminänderung der Frühjahrs-versammlung durch Pippin militärisch-praktische Gründe zugrunde liegen, hat an

---

[32] Regino, Chronicon a.906, S.151.
[33] Einen Waffenstillstand vom Spätherbst 893 bis zum Osterfest des Jahres 894 schlossen die westfränkischen Könige Karl III. und Odo (Annales Vedastini a.893, S.74).
[34] Außer den genannten Beispielen seien angeführt: 848 begann Karl der Kahle in dieser Zeit einen Krieg gegen die Aquitaner (24.2.); 842 eröffneten die beiden Könige Ludwig und Karl den Kampf gegen ihren Bruder Lothar in der Fastenzeit (17.3.); Kaiser Ludwig II. begann in vorösterlicher Zeit einen Krieg gegen die Sarazenen (25.3.866) und Ludwig der Deutsche zu Mittfasten 872 einen gegen die Böhmen.
[35] Der Zug gegen die Baiern von 743 wurde wohl direkt im Anschluß an das Märzfeld begonnen (BM² 45b); BACHRACH, Marchfield 182, will den Kriegsbeginn noch in den Winter datieren.
[36] Auch der letzte mögliche Ostertermin bedingt ein Ende des Krieges am 10. März, wenn die Fastenzeit von kriegerischen Aktionen freigehalten werden sollte; eine illusorische Vorstellung. Die Zweifel am Bestehen eines Märzfeldes durch BACHRACH, Marchfield, erscheinen artifiziell. Die Voraussetzung eines Jahrhunderte langen einheitlichen lateinischen Sprachgebrauches für diese Institution zwischen Pettau (Jugoslawien) und Reims ist schwerlich haltbar (so auch GILLMOR, Warfare 221-225). Religionsgeschichtlich erscheint der Zusammenhang von religiöser Festfeier einer Gottheit mit einem spezifischen Wirkungsfeld und die Inangriffnahme von Tätigkeiten, die Unterstützung von dieser Gottheit erwarten können, absolut folgerichtig und ist als Erklärung für die Abhaltung des Märzfeldes völlig ausreichend (HÖFLER, Mars Thingsus 344-348; neuere Literatur zum Mars Thingsus findet sich bei SIMEK, RUDOLF: Lexikon der germanischen Mythologie, Stuttgart 1984, 251f).

Überzeugungskraft sehr verloren.[37] Angesichts der Bedeutung kultischer Fragen für die Karolinger muß erwogen werden, ob denn nicht auch hier eine religiöse Überlegung im Hintergrund steht. Zunächst sei darauf hingewiesen, daß die Änderung gleich im ersten Jahr nach seiner Salbung durch Papst Stephan II. erfolgte, die möglicherweise mit einem neuen Königsbewußtsein Pippins einherging. Den Anspruch, eine "christliche Politik" zu betreiben, konnte dieser Schritt unterstützen, insbesondere, wenn mit dem Märztermin heidnisch religiöse Motive verknüpft waren.[38] Im selben Jahr besetzt Pippin diesen Tag, der in heidnisch-kriegerischem Sinn gebraucht worden war, nun mit einer neuen kirchlich-friedlichen Funktion. Der 1. März sollte nach seinem Willen von nun an der Termin regelmäßiger Synoden unter seinem Vorsitz sein.[39] Der sich in dieser auf der Synode von Ver beschlossenen Maßnahme ausdrückende Reformwille ist überdeutlich.[40] In den nächsten zwölf Jahren scheint Pippin keinen seiner zahlreichen Kriege vor dem Ostertermin begonnen zu haben.[41]

Ein weiteres Argument für diese Interpretation bietet die karolingische Annalistik. In den Reichsannalen wird zum Teil das Weihnachtsfest, zum Teil das Osterfest als Jahresbeginn gewählt. In Arbeiten zur Datierung in der Geschichtsschreibung der Karolingerzeit gilt der unterschiedliche Datierungsstil in den Reichsannalen als Indiz für einen Verfasser- bzw. Vorlagenwechsel.[42] Die in den Reichsannalen seit 759 am Jahresende auftretende Formel "[rex] celebravit natalem Domini in ... et pascha in ... Et mutavit se numerus annorum in ..." läßt sich aber auch anders deuten. Bereits FICHTENAU fiel auf, daß es "für fast vierzig Jahre ... nur sechs Ausnahmen [gibt]; zumeist handelt es sich um die Erzählung von Kriegszügen, die vor Ostern begannen und nachher fortgeführt wurden, so daß ein Abbrechen mit dem Osterdatum den Fluß der Erzählung gehemmt hätte."[43] Aber vermutlich waren nicht stilistische, sondern politisch-propagandistische Gründe für das Vorgehen des Annalisten ausschlaggebend. Durch die gemeinsame Nennung von Weihnachts- und Osterfest erscheint die Zeit zwischen den Festen als Zeit völliger politisch-militärischer Untätigkeit am Ende des Jahres. Erst mit dem neuen Jahr, das zu Ostern begann, setzte die Kriegszeit ein. Damit wird die Fastenzeit als Friedenszeit proklamiert.

---

[37] Zu den militärtechnischen Gründen für die Verlegung des Märzfeldes s. den Exkurs 12.
[38] HÖFLER, Mars Thingsus 344-348.
[39] Concilium Vernense a.755 c.4: "Ut bis in anno sinodus fiat. Prima sinodus mense Martias Kalendas, ubi domnus rex iusserit, eius praesentia" (MGH Capitularia 1, 34). Das Vorgehen erinnert stark an die Empfehlung von Papst Gregor I., heidnische Festzeiten mit kirchlichen Feiern zu besetzen (s. dazu: SCHÄFERDIEK, Christentum 504).
[40] Die Beschlüsse von Ver stellen "eine geradezu grundgesetzliche Regelung der kirchlichen Verhältnisse dar" (HARTMANN, Synoden der Karolingerzeit 69).
[41] Der Kriegszug von 756 gegen die Langobarden wurde "wahrscheinlich vom Maifeld aus angetreten" (BM^2 81a); zu 758: BM^2 86b-c; zu 761: BM^2 92h-k; zu 762: BM^2 93a-b; zu 763: BM^2 96b-d; zu 766: BM^2 101b - 104a.
[42] ACHT, WILHELM: Die Entstehung des Jahresanfanges mit Ostern. Eine historisch-chronologische Untersuchung und seine Verbreitung vor dem 13. Jahrhundert, Diss., Berlin 1908, 88-91. MOLKENTELLER, Datierung 3-5.
[43] FICHTENAU, Politische Datierungen 515.

Die schweren Kriege gegen Herzog Waifar von Aquitanien scheinen Pippin dann aber doch überzeugt zu haben, daß die kriegsfreie Fastenzeit eine Niederringung des aquitanischen Gegners nicht erlaubten. Militärisch gesehen konnten die Frühjahrspausen dem Gegner nur nutzen. Erstmals nach seiner Salbung scheint Pippin im Jahr 767 wieder in der Fastenzeit Krieg geführt zu haben. Daß dies nicht aus eigenem Willen, sondern aus dringender Notwendigkeit geschah, zeigt die zweifache Nennung des Osterfestes des Jahres 767 in den Reichsannalen. Jedem der beiden Osterfeste ist ein anderer Aufenthaltsort des Königs zugeordnet. Dies kann so erklärt werden, daß es sich bei dem erstgenannten Ort um den ursprünglich ins Auge gefaßten Aufenthaltsort für die Osterfeier handelt. Die politische Lage Pippins erzwang dann aber nach der Verzeichnung des "Jahresabschlusses" durch den/die Annalisten noch in vorösterlicher Zeit einen Kriegszug.[44]

In der Fastenzeit des Jahres 768 unternahm Pippin wieder einen Feldzug gegen Herzog Waifar. Genau in diesem Jahr gehen die Reichsannalen von Ostern als Jahresbeginn ab. Den Jahreswechsel 767/768 legen die Reichsannalen jetzt auf Weihnachten und erhalten so die Fiktion aufrecht, daß der Krieg "wie üblich" erst im neuen Jahr begann. Ziel der Änderung des Datierungsstils kann die Kaschierung der Verletzung der Fastenzeit gewesen sein. Hier zeigt sich mit aller Deutlichkeit, daß Zeit-und Datierungsfragen wesentlich von politischen Faktoren bestimmt werden.[45]

Nachdem unter König Karl in den nächsten Jahren die Verletzung der Fastenzeit durch Kriegszüge nicht mehr gegeben war, kehrte(n) der/die Annalist(en) der Reichsannalen zum Osterstil zurück,[46] um bei Verletzung der vorösterlichen Friedenszeit wieder den Nativitätsstil zu benutzen. Dieser wurde auch gebraucht, wenn sich der Frankenherrscher im Winter in Italien aufhielt. Dies mag dadurch erklärt werden, daß in der päpstlichen Kanzlei der Weihnachtsstil üblich war. Der/die Annalist(en) hat/haben also vermutlich ebenfalls an den Italienzügen teil-

---

[44] BM² 104e-k. Annales regni Francorum a.766, S.24: "Et celebravit natalem Domini in Salmontiagum villam et pascha in Gentiliaco. Et inmutavit se numerus annorum in DCCLXVII. Tunc habuit domnus Pippinus rex in supradicta villa synodum magnum inter Romanos et Grecos de sancta Trinitate vel de sanctorum imaginibus. Et postea perrexit iter peragens partibus Aquitaniae per Narbonam, Tolosam coepit ... et celebravit pascha in Vienna civitate." S. dazu MOLKENTELLER, Datierung 3f.

[45] Daß chronologische Fragen bei Urkundendatierungen hochpolitische Hintergründe haben können, zeigt FICHTENAU, Datierung.

[46] Die Fortsetzung der Belagerung von Pavia durch das Heer Karls auch in der vorösterlichen Zeit wird ignoriert, und kriegerische Aktivitäten werden erst nach Ostern wieder erwähnt: "Et Papiam civitatem usque pervenit et Desiderio incluso ipsam civitatem obsedit. Ibique domnus Carolus in sua castra natalem Domini celebravit et pascha in Roma ... Et mutavit se numerus annorum in DCCLXXIIII. Et revertente domno Carolo rege a Roma, et iterum ad Papiam pervenit, ipsam civitatem coepit" (a.773, S. 35 und 38). Die Verwendung des Nativitätsstils mag auch dadurch erklärt werden, daß Karl sich im Winter in Italien aufhielt, wo in der päpstlichen Kanzlei der Weihnachtsbeginn Usus war (s.a. die "italienischen" Winter 786/787 und 800/801 [GROTEFEND, Zeitrechnung I, 205]).

genommen.[47] Eine Ausnahme von diesen beiden Regeln bildet allein der Jahreswechsel 793/794.[48] Den endgültigen Bruch mit der Tradition des Jahreswechsels zu Ostern markiert die Kaiserkrönung Karls. Seit dieser Zeit wurde das Jahr zu Weihnachten gewechselt. Auch hier werden politische Motive eine Rolle spielen, fiel das Weihnachtsfest doch nunmehr mit dem Jahresgedenken des Antritts der Kaiserherrschaft zusammen.[49]
Ein strikt durchgehaltenes Schema wird somit zumindest bis zum Jahreswechsel 793/794 deutlich. Diese Beobachtung korrespondiert aufs beste mit der Annahme einer einheitlichen Konzeption, die zwischen den Jahren 787-793 umgesetzt worden ist. Auch wenn von da ab bis 808 mehrere Hände an den Annalen gearbeitet haben sollten, wird man zumindest in bezug auf den Jahreswechsel ein recht einheitliches Schema konstatieren können.

Für die Zeit vor 814 ist festzuhalten, daß es zwar vereinzelte Kriegszüge zur Zeit der Osterfasten gab, diese aber Ausnahmen blieben. Der Versuch der Hofannalistik, vom Bruch der Fastenzeit abzulenken, spricht dafür, daß die Fastenzeit in der Vorstellung der Hofgesellschaft grundsätzlich Friedenszeit sein sollte.[50]

---

[47] Italienfeldzug von 776: a.775, S.43, BM² 200b-e; für den Winterkrieg von 785: a.784, S.68, BM² 267f; zum abgebrochenen Krieg gegen Benevent 787: a.786, S.72, BM² 282a-286a; zu den Maßnahmen gegen die Dänen: a.799, S.109; BM² 351b-352a. Ein Kriegszug seiner Söhne in Benevent während der Fastenzeit 793 bewirkt keine Änderung des Jahresanfangs. Dieser Zug kann aber nicht als Gegenbeispiel dienen, da die Reichsannalen diesen gar nicht erwähnen (a.792/793, S.93; BM² 320d).
Die Winteraufenthalte in Italien: 780/781: a.780, S.55; 786/787: a.786, S.72, und 800/801: a.800, S.113. Zum Weihnachtsstil: GROTEFEND, Zeitrechnung I, 205.
[48] Allerdings fällt in den Herbst oder Winter 793/794 ein erneuter Aufstand der Sachsen. Militärische Gegenmaßnahmen wurden vermutlich schon vor der Reichsversammlung zu Ostern 794 getroffen, wie aus der Reise Karls des Großen nach Salz hervorgeht (BM² 320f, k). Eine zweite Fassung der Reichsannalen suchte Weihnachts- und Osterfeier zu verknüpfen: "Quibus rebus commotus in Francia reversus est et celebravitque natalem Domini apud sancti Kilianum iuxta Moenum fluvium, pascha vero super eundum fluvium in villa Franconovurd, in qua et hiemaverat" (a.793, S.95).
[49] Mit dem Wechsel des Jahresbeginns geht die immer seltenere Erwähnung der Feier des Osterfestes einher. Gleich nach der Kaiserkrönung wird nur noch der Aufbruch nach Ostern, nicht mehr die Feier selbst erwähnt (ebd. a.801, S.114), keine Osterfeier wird zu den Jahren 803-805 genannt. Nach einem Rückgriff auf die alte Pippinsche Formel (Feier des Weihnachts- und Osterfestes, Wechsel der Jahreszahl) 807 und 808 erfolgt der Jahreswechsel ohne irgendeine Einleitung.
Auch FICHTENAU, Politische Datierung 516, hält den Übergang zum Weihnachtsstil für ein Politikum: "drängt sich der Schluß auf, daß diese Umstellung ihre Ursache in einer Entscheidung des Herrschers hatte. Fraglich bleibt, ob das Datum der Kaisererhebung den Anlaß zu dem neuen Stil bildete oder ob jenes Datum im Sinne dieses Stils festgesetzt wurde." Eine Stilumstellung vor der Kaiserkrönung ist denkbar, weil der Frankenkönig im März 798 Alkuin ein Gutachten über den rechten Zeitpunkt des Jahresanfangs erbeten hatte (ebd. 513f).
[50] Die Fastenzeit 806 wurde nach den Reichsannalen von Karl sogar "gefeiert" ("ibique sanctum quadragesimale ieiunium ... celebravit" ebd. a.806, S.121).

11.2.2. Krieg und Fastenzeit unter Ludwig dem Frommen

Zu der Beobachtung, daß bis zur Herrschaft Ludwigs des Frommen die Fastenzeit als Friedenszeit galt, paßt der Kaiser Ludwig 833 gemachte Vorwurf, er habe 830 "contra christianam religionem et contra votum suum sine utilitate publica aut certa necessitate ... in diebus quadragesimae" einen Kriegszug gegen die Bretonen befohlen und einen Heerestag an der Reichsgrenze "in coena Domini, quando paschalia sacramenta ab omnibus christianis rite sunt celebranda" angesetzt.[51] Da den Kriegsteilnehmern eine Feier der "paschalia sacramenta" keinesfalls verboten worden sein kann, zielt der Vorwurf lediglich auf die Verletzung der Fastenzeit. Angesichts der bekannten Religiosität gerade dieses Kaisers ist das ein Vorwurf, der aufmerken läßt. Vermutlich wollte Ludwig der Fromme mit seiner Tagewahl genau das Gegenteil erreichen, nämlich eine weitestgehende Schonung der Fastenzeit. Wie sein Liturgiker Amalar wird Kaiser Ludwig den Gründonnerstag als Teil der Oster- und nicht der Fastenzeit angesehen haben. Das dem Kaiser vorgeworfene Vorgehen entspricht dann dem hier erstmals greifbaren Prinzip, die Fastenzeit zur Kriegsvorbereitung zu nutzen, ohne vor den Ostertagen offensiv zu werden, um so ein Blutvergießen in der Fastenzeit zu verhindern. Wenig verständlich ist die Anklage aber auch aus einem anderen Grund. Es gab in der Zeit Ludwigs des Frommen nämlich noch zwei andere Kriegszüge in der Quadragesima, die nicht in die Anklage aufgenommen wurden. Bei dem einen handelt es sich um den Feldzug gegen die Sorben, der im März 816 begann und von einem Heer aus Sachsen und Ostfranken durchgeführt wurde,[52] beim anderen um den mit drei Heeren aus Sachsen, Ostfranken, Alemannien, Baiern und Italien gegen Liudwit geführten Zug des Jahres 820.[53] Auf Vergeßlichkeit kann das Fehlen dieser Kriege nicht zurückgeführt werden, da es damals für politisch bedingte Anklagen ein langes Gedächtnis gab.[54] Als mögliche Erklärungen für das Fehlen dieser Feldzüge bleiben: 1. die Anklage nennt nur ein Vergehen in Stellvertretung für die anderen; 2. an diesen beiden Zügen nahm der Kaiser nicht teil und ist damit persönlich unschuldig; 3. die Ankläger brachten für diese Kriegszüge kein Interesse auf, weil sie von der Verletzung der Fastenzeit in diesen Fällen nicht betroffen waren. Wie aus den Vorwürfen zum Meineid ersichtlich, war die Anklage bemüht, jede Kleinigkeit aufzuzählen.[55] Es ist also nicht anzunehmen, daß weitere mögliche

---

[51] Episcoporum de poenitentia, quam Hludowicus imperator professus est, relatio compendiensis a.833 c.3 (MGH Capitularia 2, 54).
[52] SIMSON, Ludwig der Fromme I, 64f; BM² 615a.
[53] SIMSON, Ludwig der Fromme I, 158f; BM² 709a.
[54] Tassilos Umkehr im gemeinsamen Feldzug mit Pippin gegen die Aquitaner 763 (BM² 96d) war 25 Jahre später Hauptgrund für seine Verurteilung zum Tode - durch den Sohn Pippins (BM² 292a), obwohl Karl und Tassilo zwischenzeitlich gegen König Karlmann verbündet waren (BM² 139a).
[55] Episcoporum de poenitentia, quam Hludowicus imperator professus est, relatio compendiensis a.833, c.2 "... pactum, quod ... fuerat inter filios suos factum et per sacramentum

Anklagepunkte unbeachtet blieben. Der zweiten Deutung steht der Wortlaut der Klage entgegen, der nur auf den Befehl zum Feldzug, nicht auf die Teilnahme des Kaisers, abhebt.[56] Damit bleibt allein die dritte Deutung übrig. Für sie spricht, daß im Mittelalter die Klage auch im nichtmateriellen Bereich (z.B. bei Frevel) vom Betroffenen angestrengt werden mußte[57] und daß die Zusammensetzung des Heeres 830 eine andere war als in den ersten beiden Fällen. Erstmals unter Ludwig dem Frommen nahmen auch Westfranken und Aquitaner an einem Krieg in der Fastenzeit teil.[58] Dazu paßt, daß die Westfranken im Aufstand gegen den Kaiser stark engagiert waren, sollte doch die Reichsversammlung, auf der der Kaiser abgesetzt werden sollte, "irgendwo in Franzien" stattfinden.[59]

---

confirmatum, nuper illicita potestate corruperit; et in eo, quod fideles suos in contrarietatem eiusdem primi pacti et iuramenti aliud sacramentum iurare compulerit, in periurii reatum praestatorum violatione sacramentorum inciderit" (MGH Capitularia 2, 54). Die Argumentation ist nicht stichhaltig, weil Ludwig selbst gar keinen Meineid geschworen haben kann, da er nur andere schwören ließ. Die Klage kann also lediglich darauf zielen, daß die Adligen, die schworen, auf kaiserlichen Zwang hin meineidig wurden. Wie leicht ein solcher Meineid wog, geht aus den Verhandlungen um die Reichsteilung von 842 hervor. Zugunsten einer schnellen, vorläufigen Regelung schlugen die Anhänger Lothars vor, ruhig vereinzelte Meineide in Kauf zu nehmen, da man sie ja abbüßen könne (Nithard, Historia IV 5, S.46f). Zwar schrieben einige Bußbücher mehrjährige Bußzeiten vor (SCHMITZ, Bussbücher I, 375, 597, 728; II, 180, 234f etc.), diese wurden aber erheblich gemindert, wenn die Eide erzwungen waren (ebd. I, 375; II, 180, 235 etc.). Einige gekaufte Messen konnten diese Strafen völlig ersetzen. Der Kostenaufwand für eine dreijährige Bußzeit wegen erzwungenen Meineides dürfte bei höchstens 45 Solidi gelegen haben (ANGENENDT, Missa specialis 167-175). Das Bedasche Poenitential sieht dagegen nur 120 Tage Fasten für erzwungene Meineide vor (SCHMITZ, Bussbücher I, 560). Die Verleitung zum Meineid selbst belegt das Poenitentiale Arundel mit nur einigen Tagen Strafe (ebd. I, 447), andere Bußbücher mit sieben Jahren (ebd. I, 628, 686). Die mit den falschen Eiden verbundenen Kosten waren also alles in allem gering, und die gleich an zweiter Stelle genannte Anklage wirkt unter diesem Aspekt eher lächerlich. Das Thema Meineide wurde dann nochmals im Anklagepunkt 5 behandelt (MGH Capitularia 2, 54f). Die hier angeführte Anklage der Zulassung von falschen Eiden ist an den Haaren herbeigezogen, denn dieses "Vergehen" taucht m.W. nicht einmal in den Bußbüchern auf.

[56] Episcoporum de poenitentia, quam Hludowicus imperator professus est, relatio compendiensis a.833 c.3 (MGH Capitularia 2, 54): "Quia contra christianum religionem et votum suum sine ulla utilitate publica et certa necessitate pravorum consilio delusus in diebus quadragesimae expeditionem generalem fieri iussit et ... in coena Domini ... placitum generale se habiturum constituit."

[57] BUCHDA, Anklage 175: "Aber auch um Wergeld und Buße müssen sich Sippe und Verletzter selbst bemühen ... Die Klage um Ungericht oder Frevel steht neben den Klagen um Eigen und Erbe".

[58] Auch an der Heerfahrt gegen die Bretonen vom Herbst 824 waren Westfranken, Aquitaner und Basken beteiligt (SIMSON, Ludwig der Fromme I, 217). Mindestens die Beteiligung von Westfranken und Aquitaner wird man auch für die Fahrt 830, zu der der gesamte fränkische Heerbann aufgeboten worden war (BM² 872g), annehmen können. Daß nur kaisertreue Adlige (Ostfranken und Sachsen? [Astronomus, Vita Hludowici 45, S.633]) an dem Beschluß zum Bretonenkrieg von 830 mitgewirkt hatten, wird die Empörung der von der Entscheidung ausgeschlossenen, aber die Folgen tragenden Adelsfraktionen gesteigert haben.

[59] Astronomus, Vita Hludowici 45, S.633.

Die Nichtteilnahme an den Kriegszügen in der Fastenzeit und die Aufnahme der Fastenzeitverletzung in den Anklagekatalog von 833 machen wahrscheinlich, daß die westfränkischen Adelskreise eine wesentlich strengere Auffassung hinsichtlich der Fastenzeit hatten als ihre ostfränkischen Nachbarn. Zusammenfassend kann festgehalten werden, daß seit der Königssalbung Pippins das Bemühen der karolingischen Herrscher deutlich wird, die Fastenzeit kriegs- oder wenigstens schlachtenfrei zu halten. Dieses Bestreben ist bis in die Gestaltung der Reichsannalen hinein zu verfolgen und entspringt offensichtlich der Sorge um den rechten Glauben bzw. Glaubensvollzug, der eine wesentliche Legitimationsgrundlage der Karolinger bildete. Die Legitimität der Kaiserherr- schaft Ludwigs in Zweifel zu ziehen, ist die Absicht der Anklage, er habe die Fastenzeit verletzt. Träger dieser Beschuldigung waren allein die an diesem Kriegszug teilnehmenden Westfranken. Der kulturelle Hintergrund für diese An- klage kann eine unterschiedliche Einstellung zur Fastenzeit bei west-und ostfränkischen Adelskreisen sein.

11.3. Zur Planbarkeit von Schlachttagen

Das Sakramentar von Angoulême enthält neben einer Reihe von Gebeten "ad missas in tempore belli" eine Messe "pro rege in die belli contra paganos".[60] Es wird also zwischen einem größeren Zeitraum und einem bestimmten Zeitpunkt unterschieden.[61] Dieser Eindruck verstärkt sich noch, wenn man sieht, daß die zeitgenössischen Liturgiebücher ebenfalls die Unterscheidung zwischen Zeit- räumen und Zeitpunkten kennen.[62] Die Bezeichnung "die belli" kann nur den Schlachttag selbst meinen, da ein Krieg gar nicht an einem einzigen Tag durchgeführt werden kann, wohl aber eine Schlacht.[63] Messen für Schlachttage

---

[60] Liber Sacramentorum Engolismensis 362-366 bzw. 358.
[61] Daß es sich hier nicht um eine Überinterpretation handelt, wird daran deutlich, daß die Wortwahl "in tempore" noch einmal zur Bezeichnung eines nicht näher spezifizierten Zeitraums benutzt wird: "Quod absit tempore mortalitatis" (ebd. 353).
[62] Die gelasianischen Meßformulare bieten: "Pro tempore belli" (Liber Sacramentorum Augustodunensis 218); "Missa tempore belli" (Liber Sacramentorum Gellonensis 430). Das Sakramentar aus Gellone bietet für kriegerische Zeiten noch die Messen "Missa in profectione hostium euntibus in prohelium", "Missa ubi gens contra gentem consurgunt" und "Missa pro pace" (ebd. 430-435). Auch die römisch beeinflußten gregorianischen Meßformulare kennen als allgemeine Zeitangabe nicht die Formulierung "in die", wohl aber "in tempore": "in tempore belli" (DESHUSSES, Sacramentaire grégorien I, 441; II, 161-164), "tempore tribulationis" (ebd. II, 157). Diese Messen und Gebete, die sich unspezifisch auf Zeiträume beziehen, stehen Messen gegenüber, die an bestimmten Tagen abzuhalten sind: "Missa episcopi die ordinationis suae", "Missa in natalicio episcopi...", "Item missa in natale consecrationis presbyteri" etc. (Liber Sacramentorum Engolismensis 325-328).
[63] McCORMICK, Witness 76, übersetzt folgerichtig auch "Mass for the King on the Day of Battle Against the Pagans".

sind aber nur sinnvoll, wenn man sie am Tage der Schlacht auch tatsächlich liest. Die einfachste Erklärung für das Formular einer Messe am Schlachttag ist die Annahme, daß das Sakramentar am Königshof, also in der Hofkapelle, in Gebrauch war. Es wäre dann auf dem Kriegszug mitgeführt worden, um die Messe am Schlachttag oder während der Schlacht selbst zu lesen. Allerdings ist sichergestellt, daß das Sakramentar von Angoulême für die Bedürfnisse vor Ort konzipiert worden ist.[64] Demnach muß dort der Tag einer Schlacht im voraus bekannt gewesen sein, da die Messe sonst nicht am Schlachttag selbst hätte gelesen werden können.[65] Es muß also auch im Frühmittelalter möglich gewesen sein, Schlachttermine im voraus zu planen bzw. mit dem Gegner abzusprechen.[66] Zeugnisse für die Vereinbarung von Kampfplätzen und damit implizit auch von Schlacht und Schlachttermin finden sich für die Merowingerzeit bei Gregor von Tours.[67]

Im folgenden wird zu untersuchen sein, ob bestimmte Tage des Kirchenjahres oder Heiligenfeste für Schlachten benutzt wurden. Abgeklärt werden soll dabei auch die Frage, ob die heiligen Tage selbst oder eher "Schattentage" für Schlachten dienten. Unter Schattentagen werden Tage verstanden, für die die Vermutung besteht, daß die Heiligkeit eines Tages auf sie "abgefärbt" hat, also Oktavtage oder Tage vor oder nach einem Festtag. Diese Tage könnten deshalb bevorzugt worden sein, weil im mittelalterlichen Denken Blut eine Gefährdung der Heiligkeit darstellte. Eine Schlacht an einem Tag, der im "liturgischen Schatten" eines Festes gestanden hätte, böte zwei Vorteile: Die Verbindung zum heiligen Tag wäre gewahrt, eine Verminderung der Heiligkeit des Festtages durch Blutvergießen aber abgewendet.[68] Ein hochmittelalterliches Beispiel für

---

[64] Dafür spricht vor allem die Aufnahme des Ortsheiligen St. Cybard in den Meßkanon des wohl zwischen 768 und 781 entstandenen Liturgiebuches (ebd. VIII-XIV).
[65] Weitere Indizien, die einen Bezug zur Schlacht und damit zum Schlachttag herstellen, sind die in der Meßliturgie auftauchenden Stichworte "victoria" ("da victoriam servo tuo regi illi" [ebd. 358]) und "triumphantes de victoria" ("mitte angelum tuum sanctum protectorem, ut triumphantes de victoria, mereantur cum fidelitate remeare ad propria" [ebd. 359]). Die Bitte um Sieg ist am sinnvollsten auf einen siegreichen Schlachtausgang zu beziehen. Grundsätzlich können die Gebete natürlich auch als Bitten um einen erfolgreichen Ausgang eines Feldzuges, der auch ohne eigentliche Schlacht erreicht werden kann, verstanden werden. Doch dann dürfte die Bedrängnis kaum so groß werden, daß es Engel als Beschützer bedurfte, noch könnte auf einen Triumph Bezug genommen werden.
[66] Für das 11.-15. Jahrhundert gibt es für ein Einvernehmen über Zeit und Ort des Kampfes "reichlich" Belege (ERBEN, Kriegsgeschichte 92).
[67] Zur Formel "campum pugnae praeparare" bei Gregor s. CRAM, Iudicium Belli 197-199, zur Zweikampf-Schlacht: ebd. 48-59.
[68] Siehe SCHALLER, Heiliger Tag 10, zu Gerichtsverhandlungen. Diese Vorstellungen finden sich schon in karolingischer Zeit, wie die Bestimmungen zum Schutz heiliger Räume erkennen lassen:
1. Geographische Räume: Capitula missorum a.813 ?, c.8: "Ut nullus in atrium ecclesiae secularia iudicia facere praesumat, quia solent ibi omines ad mortem iudicare. Statutum est enim, si quis reus in atrium ecclesie confugerit, non sit opus ecclesiam ingredi sed ante ianuam pacem habeat" (MGH Capitularia 1, 182). Der Nachsatz spricht deutlich für ein Abfärben der

die Verbindung von Vigiltag und Schlacht liegt in einem Spurium Lothars I. vor. Hierin wird die Schenkung der Insel Rügen an das Kloster des hl. Vitus ausdrücklich mit der Schlachtenhilfe des Heiligen am Vigiltag vor dem Vitus-Fest begründet.[69]

11.4. KRIEG UND IUDICIUM DEI

Das Gottesurteil gründet sich im Mittelalter auf die Vorstellung, daß Gott als der gerechte Richter nicht zulassen kann, daß ein Unschuldiger im irdischen Rechtsstreit unterliegt.[70] ERBEN stellte vor fast 60 Jahren die These auf, daß seit germanischer Zeit auch Schlachten nach bestimmten Regeln ausgetragen wurden, um zur Findung des Rechts beizutragen. Tatsächlich konnte CRAM zeigen, daß eine Schlacht seit fränkischer Zeit "als Zweikampf, nicht nur als Gottesurteil [gelten soll], sie soll geradezu als Kampfbeweis gelten, schon ganz im Sinne des gerichtlichen Zweikampfes".[71] Diese Aussage will er nur für den Bereich der Annalistik gelten lassen; im politischen Alltag aber habe Herausforderung und Zweikampfgedanke "keine militärische Bedeutung und keine rechtliche Funktion, sie dienen der Erhebung des Selbstgefühls und der Kriegspropaganda, erst die Überlieferung bildet daraus immer wieder ... formgerechte Zweikampfschlachten, wie sie der jeweiligen idealen Vorstellung entsprechen."[72] Seine Erkenntnis stützt er auf eine Untersuchung zu den innerfränkischen

---

Heiligkeit der Kirche auf das sie umgebende Gelände. S. auch Capitulatio de partibus Saxoniae a.785 cc.2 und 3 (MGH Capitularia 1, 68), Ansegis, Capitularium Collectio IV 13 (MGH Capitularia 1, 437) und Capitulare pro lege habendum Wormatiense a.829 c.1 (MGH Capitularia 2, 18).
2. Zeitliche Räume: Capitulatio de partibus Saxoniae a.785 c.18 (MGH Capitularia 1, 68), Capitula e canonibus excerpta a.813 c.15 "Ne in dominicis diebus mercatum fiat neque placitum, et ut his diebus nemo ad poenam vel ad mortem iudicetur, et de operis cavendis ammoneatur" (MGH Capitularia 1, 174).
Bereits im Judentum war der Gedanke bekannt: "Das Heilige ist ansteckend ... wie (aber in höherem Maße) das Unreine" (VAN IMSCHOOT, P.: Rein, in: Bibel-Lexikon, 1457-1470, 1467; mit Verweis auf Ex 29,37 und 30,29; Ez 44,19; Agg 2,12f; Lev 15,4-12 und 15,20-28 sowie 11,31-40).
[69] Der Überlieferung einer angeblichen Schlacht von Kaiser Lothar I. im Slawenland am 14.6.844 liegt offensichtlich eine Verwechslung zugrunde. Zum Jahr 844 bieten die Fuldaer Annalen einen Slawenzug König Ludwigs des Deutschen, der hier wohl mit seinem Bruder verwechselt wurde. Die Ansprüche Corveys auf Rügen stammen aber erst aus dem Slawenzug des Jahres 1114 durch Herzog Lothar von Sachsen, dem späteren Kaiser (DLoI 143, S.320f; BM² 1099).
[70] ERLER, Gottesurteil 1769.
[71] CRAM, Iudicium Belli 58, s.a. 13-16, 48-64.
[72] Ebd. 180.

Kämpfen (Fontenoy 841, Tertry 687, Vincy 717).[73] CRAMs Interpretation macht mehrere Voraussetzungen: erstens eine Kluft zwischen den idealen Handlungsmaximen und dem tatsächlichen Handeln, für das diese Ideale bedeutungslos waren. Zweitens wird unterstellt, daß die Anhängerschaften jeweils fest zu ihrem Heerführer hielten, gleichgültig, ob diese im Recht oder Unrecht waren.[74] Drittens wird ohne weiteres vorausgesetzt, daß eine Schlacht eine militärisch sinnvolle Handlung war. Im allgemeinen scheint sie das aber gar nicht gewesen zu sein, da die Kriegsstrategie des Frühmittelalters auf Plündern und Niederbrennen abzielte.[75] Insgesamt hat es den Anschein, als betrachte CRAM den mittelalterlichen Krieg als reinen Machtkampf und unterstellt den Beteiligten dieselbe Sichtweise. Gleichzeitig stellt er aber auch fest, daß die "erhöhende stolze Geste" der Herausforderung nur bei innerfränkischen Streitigkeiten vorkommt, was er auf "eine gewisse Familiarität unter den Gegnern" zurückführt.[76] Eine neue Untersuchung zum gerichtlichen Zweikampf versteht diesen als "Abrüstungsphänomen" der Fehde, der seinen Platz bei intersegmentären Streitigkeiten segmentärer Gesellschaften hat, insbesondere, "um ein Nonliquet zu lösen, das in einem anderen Beweisverfahren entstanden ist, so, wenn Zeugen oder Zeugengruppen einander widersprechen".[77] Erst der Zweikampf kann den Umstehenden zeigen, welche der beiden Parteien recht hat. Die Annahme ist also nicht von der Hand zu weisen, daß die aufklärende Funktion über das, was Recht ist, auch den innerfränkischen Schlachten zukam.[78] Wenn das so ist, muß man annehmen, daß sich viele Adlige, die nicht zur engeren Hausmacht eines Fraktionsführers gehörten, erst für die Unterstützung einer Partei entschieden, nachdem die Frage über Recht und Unrecht entschieden war. Ein solches Verhalten zwang die streitenden Parteien zu einer förmlichen Klärung der Rechtssituation in Form eines Gottesurteils. Eine derartige Abklärung der Frage von Recht und Unrecht wird bei heidnischen oder außenpolitischen Gegnern in den seltensten Fällen notwendig gewesen sein. Demnach werden nur Schlachten mit innenpolitischem Charakter als Gottesurteile im rechtlichen Sinne aufzufassen sein.[79]

---

[73] Ebd. 61f; die Untersuchungen 20-47, 59-61.
[74] Zur Bedeutung der politischen Propaganda zur Gewinnung von Anhängern s. STAUBACH, Herrscherbild 31ff; zur Fluktuation von Adligen zwischen den Bürgerkriegsparteien s. BRUNNER, Oppositionelle Gruppen 194. Die Einsetzung eines neuen Merowingerkönigs nach 15 Jahren Thronvakanz durch Karlmann und Pippin vor ihrem Baiernfeldzug 743 (BM[2] 45a) spricht dafür, daß die Frage nach dem rechtmäßigen Herrscher eine bedeutende Rolle bei der Entscheidung adliger Fraktionen spielte, welcher der beiden streitenden Parteien man sich anschloß. Zum merowingischen Legitimismus als Rechtsgrund der antikarolingischen Opposition s. HASELBACH, Karlinger 76f.
[75] PIETZKER, Krieg 171.
[76] CRAM, Iudicium Belli 61 und 62.
[77] HOLZHAUER, Zweikampf 272-278; Zitate 275, 277 und 278.
[78] So auch CONTAMINE, Guerre 420f.
[79] Natürlich kann jedes irdische Ereignis als Gottesurteil im weiteren, theologischen Sinne verstanden werden, wenn es als eine Reaktion Gottes auf die Sündigkeit des Menschen

Ein weiteres Indiz für die Sonderstellung der innerfränkischen Kämpfe, insbesondere der Auseinandersetzungen innerhalb der Karolingerfamilie, ist die Wahl der Kleidung.

Für den oben erwähnten Zweikampf mit Landerich wählte der Hausmeier Bertoald rote Kleidung. Es scheinen also Überkleider für den Waffenrock bekannt gewesen zu sein. Auch wenn hier die Kleidung funktionale Bedeutung hat, ist es fraglich, ob man sie darauf reduzieren darf. Die Farbe Rot ist nämlich die Farbe des Gerichts Christi, das durch das Rote Meer präfiguriert wird. Es ist zugleich die Farbe der treuen Engel beim Kampf mit Luzifer;[80] deshalb kann man sagen, daß "im Mittelalter Rot in besonders enger Beziehung zu Recht und Gericht" steht.[81]

In zwei Fällen ist in karolingischer Zeit spezielle Kleidung nachzuweisen, beide Male im Zusammenhang mit Kämpfen von Karolingern untereinander. Bei Fontenoy und Andernach trug jeweils eine der beiden Parteien weiße Kleidung.[82] Bei Ordalien wurden vereinzelt geistliche Gewänder[83] oder auch bestimmte Kleidung vorgeschrieben.[84] Weiß als Kleidungsfarbe ist allerdings nicht nachweisbar. Weiß ist die Farbe des Lichts und der Lichtgottheiten, in der Bibel der Engel, bedeutet also Gottesnähe; wohl deshalb galten weiße Gewänder als guter Schutz gegen Zauber. Im christlichen Kultus ist es die liturgische Gewänderfarbe an allen Herrenfesten und die Farbe der Unschuld.[85] Die Beziehung zum Gerichtsgedanken wird noch deutlicher, wenn man bedenkt, daß Christus beim seinem Prozeß im Hause des Königs Herodes weiße Kleidung getragen haben soll.[86]

---

interpretiert wird (CRAM, Iudicium Belli 5-7). Hier kommt es aber auf den Zusammenhang von Schlacht und Recht an (zu den überschneidenden Bedeutungsebenen des Begriffs "iudicium Dei" und "pugna" als gerichtlichem Zweikampf s. HÜPPER-DRÖGE, DAGMAR: Der gerichtliche Zweikampf im Spiegel der Bezeichnungen für 'Kampf', 'Kämpfer', 'Waffen', in: FMSt 18 (1984) 607-661, 622-652). Der Schlachtbeschreibung in der Annalistik kam demnach mehr als Selbstbestätigung zu, da sie die Aufgabe hatte, Anhänger zu werben.

[80] MEIER/SUNTRUP, Rot 435-437.
[81] ERLER, Farbe 1078.
[82] Angilbert, Versus de bella quae fuit acta Fontaneto c.10, in: MGH Poeta latini medii aevi 2: Poetae latini aevi Carolini, hg. von ERNST DÜMMLER, Berlin 1884, 137-140, 139: "Karoli de parte vero, Hludovici pariter albent campi vestimentis mortuorum lineis, velut solent in autumno albescere avibus" und "Qui [Hludowicus] statimlorica indutus ... iussitque omnes ex sua parte candidis uti vestibus pro signo cognoscendae societatis" (Annales Fuldenses a.876, S.88).
[83] NOTTARP, Gottesurteilsstudien 235. Der Gebrauch von Tierhäuten scheint dagegen ein heidnisches Relikt zu sein (ebd. 214f).
[84] Ebd. 287.
[85] MENGIS, Weiß 338, 342f, 355.
[86] MEIER/SUNTRUP, Rot 468. Wichtig war für das Mittelalter auch der Vers des Hohen Liedes: "Dilectus meus candidus et rubicundus" (Cant 5,10) (ebd. 420, 422, 425, 433, 436f, 441, 444, 448, 451-453, 459-463, 466-468), weshalb die Farben Rot und Weiß immer wieder aufeinander bezogen wurden. Weiß ist zugleich eine Herrenfarbe: auf weißen Pferden reitet der Papst, der Herr oder sein Bote, der Kaiser zur Krönung, der Kläger zum Gericht (ERLER, ADALBERT: Farbe, in: HRG 1, 1971, 1077-1079, 1078).

Aus dem Gerichtscharakter der innerfränkischen Auseinandersetzungen folgt auch, daß sie einer gesonderten Betrachtung unterzogen werden müssen, da nicht auszuschließen ist, daß für diese Art von Kämpfen eine andere Zeitstruktur gewählt wurde.

11.5. DIE TAGEWAHL BEI INNERFRÄNKISCHEN KONFLIKTEN

11.5.1. Kampftermine der Merowingerzeit

Fredegar bietet zwei Kampftermine in merowingischer Zeit. Beide gehören in die Zeit der Auseinandersetzungen der Childebertsöhne Theuderich II. und Theudebert II. gegen ihren Verwandten Chlothar II. Im Herbst 603/604 war es dem Merowech, dem Sohn Chlothars, und Landerich, dem Hausmeier Chlothars, gelungen, den Hausmeier Theuderichs, Bertoald, in Orléans einzuschließen. Am Martinstag forderte Landerich den Bertoald zu einer offenen Feldschlacht auf. Wegen zu geringer Truppenstärke mochte Bertoald darauf nicht eingehen, forderte aber im Gegenzug Landerich zu einem Zweikampf auf. Auf die Ablehnung Landerichs schlug Bertoald vor, den Zweikampf bei der nächsten Schlacht auszutragen, zu der dann beide Hausmeier rote Gewänder tragen sollten. An der nächsten Schlacht beteiligte sich König Theuderich, der sein Heer zusammen mit seinem Hausmeier Bertoald nach Étampes führte. Hier kam es am Weihnachtsfest desselben Jahres zur Schlacht mit Landerich und dem Königssohn Merowech.[87] Die Verwandtschaft von Zweikampf und Schlacht wird hier überdeutlich. Zu der durch Gregor von Tours bekannten förmlichen Verabredung zur Schlacht paßt die Datierung auf heilige Tage in hervorragender Weise. Ganz offensichtlich liegt hier eine gezielte Tagewahl vor.

Auch die zweite datierbare Schlacht, an der sich ein regierender Merowingerkönig beteiligte, fand an einem Christusfest statt. Am Palmsonntag, dem Tag des Einzugs Jesu als neuer König in Jerusalem[88], im Jahre 717 schlug sich bei Vincy das Heer des neuen Königs Chilperich II. (716-721) mit dem Karl Martells.[89]

---

[87] Fredegar, Chronicon IV 25-26, S.130f. Zur Datierung s. EWIG, Teilungen 691.
[88] KELLNER, Heortologie 46-51.
[89] LEVISON, Calendrier de S. Willibrord 344f. Die für die Schlacht gebrauchte Formel "bellum inierunt" (Fredegar, Continuationes 10, S.174) wird auch für die Auseinandersetzungen im Wald von Cuise bei Compiègne ("inierunt certamen", ebd. c.8, S.173) und bei Köln ("certamen invicem inierunt", c.9, S.173) verwandt, nicht aber für den Überfall bei Amblève (c.9, S.174). Möglicherweise steht die Formulierung für zuvor vereinbarte Kämpfe. Auffälligerweise verzeichnet nämlich der Kalender Willibrords von den innerfränkischen Gefechten Karls nur die in Cuise und bei Vincy, nicht aber den Überfall von Amblève, obwohl er für die Durchsetzung Karls wichtiger war als die Schlacht bei Compiègne.

Die Schlacht bei Cocia zwischen den Gefolgsleuten der Karolingerin Plektrud und den Neustriern fand wahrscheinlich am 26. September 715 statt.[90] Bei dem Tag handelt es sich um das Festgedenken der Märtyrer Cyprian und Justina.[91] Reliquien eines hl. Cyprianus befinden sich zwar im Aachener Reliquienschatz Karls des Großen.[92] Es muß jedoch zweifelhaft bleiben, ob diese Heiligen im Frankenreich so bekannt waren, daß man eine Feier dieses Tages vermuten darf.[93]

---

[90] LEVISON, Calendrier de S. Willibrord 344.
[91] Beda, Martyrologium 177.
[92] SCHIFFERS, Reliquienschatz 82. Fast alle gallikanischen Meßordines kennen zwar Messen für den Märtyrer Cyprian, meinen jedoch den Bischof von Karthago, der zusammen mit dem Papst Cornelius am 14. September gefeiert wurde (z.B. Missale Gothicum 59, S.99; Sacramentarium Gellonense 238-239, S. 190f). Wohl wurden die beiden Namensvettern immer wieder verwechselt (WIMMER, Lexikon 202f), doch zeigen die Patrozinien und Reliquiensammlungen des Frühmittelalters, daß der Bischof von Karthago gemeint war (Verehrung von Cyprianus und Cornelius in Buchau [PRINZ, Märtyrerreliquien 15], St. Severin zu Köln [ebd. 9], Compiègne [STREICH, Burg und Kirche I, 48] und Kornelimünster [WIMMER, Lexikon 203]). Daß dieser Bischof der bekanntere Heilige war, liegt sicher daran, daß er zu den Kanonheiligen zählte, also in jeder Messe genannt wurde. Wenn EWIG, Kathedralpatrozinien 53, mit seiner Datierung (801-814) einer Cyprianustranslation in die Bischofskirche nach Valence recht hat, kann die Vermutung von SCHIFFERS, Reliquienschatz 10, daß der spätmittelalterlichen Tradition, Karls Cyprianreliquien stammten von Harun al Raschid (786-809), zu glauben sei, als bedenkenswert gelten. Möglicherweise liegt der Überlieferung eine unbedeutende Verwechslung zugrunde, da 801 mit dem Gesandten von Harun al Raschid auch ein Bote des afrikanischen Statthalters Ibrahim Ibn Alaghlab bei Karl dem Großen eintraf (ABEL/SIMSON, Karl der Große 254f). Wohl durch diesen nordafrikanischen Muslim und nicht den bekannteren Sultan Harun al Raschid werden die Reliquien des afrikanischen Bischofs Cyprian an den karolingischen Hof gelangt sein.
[93] Immerhin ist zu erwägen, ob nicht die heilige Justina in der politischen Situation des Jahres 715 die wichtigere Tagesheilige war. In dieser Zeit wurde die karolingische Opposition nämlich von einer Frau, der Witwe Pippins, Plektrud, geführt. Diese residierte anscheinend in Köln (BM² 30 p, q, t). In Kölner Litaneien aus dem Anfang des 9. Jahrhunderts wird eine Märtyrerin Justina angerufen, ebenso in St. Amand und Utrecht (COENS, Anciennes Litanies I, 13, II, 51 und 67). Seit dem 10. Jahrhundert war die Justinafeier in Köln heimisch (ZILLIKEN, Kölner Festkalender 100). Bereits im Jahre 846 vergabte Kaiser Lothar I. die Kapelle der hl. Justina in Güsten bei Jülich (DLoI 96, vgl. DLD 141) an einen Getreuen. Die Kapelle wird also in karolingischem Familienbesitz gewesen sein. Dann aber dürfte auch die Patrozinienvergabe auf Mitglieder der Karolingerfamilie zurückzuführen sein. Zu Güsten und der hl. Justina s.a. HAUBRICHS, Kultur der Abtei Prüm 44, 103, 110, 153 und 170. Neben diesen Kultorten im austrasischen Raum wurde die Heilige in Baiern, nämlich in Tegernsee und in Freising, angerufen (COENS, Anciennes Litanies I, 27 und 35). Zu Justina als Schutzheilige von Piacenca s. KRÜGER, Königsgrabkirchen 411.

11.5.2. Festfeiern im Bruderkrieg (Juli bis Dezember 841)

Der besondere Charakter innerfränkischer Auseinandersetzungen manifestiert sich u.a. darin, daß hier die Feiern von säkularen wie liturgischen Gedenktagen einen integralen Bestandteil der Kriegsführung bildeten, wie ein Blick auf die Itinerare Lothars I. und Karls des Kahlen zeigt.
Zur Funktion der Feier von Festen auf Kriegszügen sei von der für Kaiser Lothar kritischen Situation vom Ende Juni 841 ausgegangen, nachdem er die Schlacht gegen seine beiden Brüder verloren hatte. Neben der Minderung seiner militärischen Schlagkraft sah sich Lothar mit einem zweiten Problem konfrontiert. Durch die Niederlage drohte ihm ein gravierender Verlust an Ansehen und damit an Anhängern. Denn seine Gegner propagierten die Schlacht als Gottesurteil, weshalb nach Lothars Niederlage auch dessen eigenen Männern an der Gerechtigkeit der kaiserlichen Sache Zweifel kommen mußten, zumal sogar die Heiligtümer der kaiserlichen Kapelle in die Hände seiner Feinde gefallen waren.[94] Lothar hatte also Maßnahmen zu ergreifen, um sein Ansehen entscheidend aufzubessern. Dies gelang ihm offensichtlich, denn im nächsten Jahr mußten seine beiden Brüder ihre Koalition erneuern, um gemeinsam gegen ihn vorzugehen.[95] Der zu erwartende allgemeine Abfall von Getreuen hatte also nicht stattgefunden. Wie gelang es nun Lothar, seinen Machtverfall aufzuhalten? Zur Beantwortung der Frage stellen wir die Itinerare Lothars und seines Gegenspielers Karl in der Zeit von der Schlacht bei Fontenoy bis zum Jahresende einander gegenüber.[96]
Zunächst besetzte Lothar die prestigeträchtige Kaiserpfalz Aachen.[97] Hier wird er sich auch wieder mit Reliquien ausgestattet haben.[98] Um sich militärisch zu

---

[94] Karl schenkte im Juli 841 Meßgewänder aus der Kapelle Lothars an die Abtei Fleury (LOT/HALPHEN, Règne 39). Daß die Proklamation der Schlacht als Gottesurteil den Anhängern Lothars erhebliche Probleme bereitete, zeigt das Bußbuch des Hrabanus Maurus, das Bischof Otgar von Mainz, schenkte. Beide waren Anhänger Lothars, doch sah sich Hraban genötigt, auf die Schlacht von Fontenoy und die Gottesgerichtsproblematik einzugehen. Trotz seiner Vorbehalte gegen das Gottesgericht - zwar ist Gottes Urteil immer gerecht, doch kann niemand alle Urteile Gottes verstehen - wird die Sicht der Gegner Lothars nicht direkt zurückgewiesen (Hrabanus, Poenitentale ad Otgarium 15, Sp.1411-1413; vgl. auch Ders., Poenitentiale ad Heribaldum 4, Sp.471-473). Doch das mag damit zusammenhängen, daß alle bekannten Abschriften aus einer Zeit stammen, als Hraban sich mit Ludwig dem Deutschen ausgesöhnt hatte und von diesem zum Erzbischof von Mainz ernannt worden war (KOTTJE, Bußbücher Halitgars 167-170, 241-244).
[95] BM² 1091a.
[96] Das Itinerar König Ludwigs des Deutschen ist für eine detaillierte Untersuchung zu kurz und ungenau (BM² 1369i-1370b).
[97] BM² 1091a. Aachen galt als "sedes prima Franciae" (FLECKENSTEIN, Hofkapelle I, 119, 152).
[98] Zur Bedeutung des Aachener Reliquienschatzes und die Entnahme von Heiltümern s. SCHIFFERS, Karls des Großen Reliquienschatz 20-31.

entlasten, suchte er Verbündete bei den Sachsen und Normannen.[99] Sodann ließ er das Gerücht verbreiten, Karl sei in der Schlacht gefallen und Ludwig verwundet worden. Dieses Gerücht verschaffte Lothar immerhin einen Zeitgewinn, da sich die westfränkischen Adligen weigerten, den Gesandtschaften Karls den Huldigungseid zu leisten. Allein Karls Gegenwart konnte sie von der Unrichtigkeit des Gerüchtes überzeugen.[100] Für Lothar kam es in dieser Situation darauf an, die gewonnene Zeit richtig zu nutzen.

Daher überrascht es, daß er zunächst Zeit verlor, indem er mehrere Wochen in Aachen scheinbar tatenlos zubrachte. Noch am 31. Juli befand er sich in Aachen, wo er dem Kloster Fulda den bisherigen Rechtsstatus bestätigte.[101] In der Urkundung für Fulda dürfen wir einen gegen König Ludwig gerichteten Akt sehen, da die Reichsabtei in den von Ludwig beanspruchten Herrschaftsbereich fiel. Lothar ersetzte damit eine entsprechende Immunitätsurkunde Ludwigs des Deutschen von 834.[102] Zudem fällt auf, daß das Diplom vom Tag nach dem Fest der beiden heiligen Unterkönige Abdon und Sennen datiert. An deren Festtag war Lothar im Jahre 814 in Aachen zum Teilkönig von Baiern gekrönt worden.[103] Ludwig wurde bekanntlich erst drei Jahre später zum König von Baiern bestellt.[104] Demnach wird man annehmen können, daß Kaiser Lothar am 30.7.841 den Jahrestag seines Herrschaftsantritts als König von Baiern feierte und dabei dem ostfränkischen Kloster Fulda seinen Rechtsstatus bestätigte. Kaiser Lothar bestritt dem Baiernkönig Ludwig somit nicht nur den Anspruch auf Fulda, sondern sogar auf seine Herrschaft über sein Kernland. Tatsächlich wandte er sich zunächst gegen den ostfränkischen Herrscher. Da der Kaiser erst am 20. August in Mainz nachweisbar ist, hat er vermutlich in Aachen als dem bedeutendsten Marienheiligtum des Frankenreichs auch noch das Fest Mariä Himmelfahrt (15.8.) gefeiert, bevor er militärisch gegen seinen Bruder vor-

---

[99] Die Angabe Nithards, daß die Verbindungen Lothars auf die Ausrottung des Christentums zielten (Nithard, Historia IV 2, S.41f), ist reine Propaganda. Bezüglich der Normannen wandte sich Lothar an den Christen Harald Klak, dessen Sohn Lothar 826 aus der Taufe gehoben hatte (NEIFEIND, Verträge 84f, 160-162).

[100] Nithard, Historia III 2, S.30.

[101] DLoI 60 vom 31.7.841 aus Aachen zugunsten von Fulda.

[102] Ludwig hatte bereits im Vorjahr eine Reichsversammlung in Paderborn abgehalten und sich im selben Jahr von Ostfranken, Alemannen, Sachsen und Thüringern als König anerkennen lassen (BM² 1365i-k). Um König Ludwig nicht huldigen zu müssen, hatte sich Abt Hraban an den Hof des Kaisers begeben (HUSSONG, Reichsabtei Fulda II, 186). Bereits 834 hatte die Urkundung für Fulda programmatische Bedeutung für die Herrschaftsansprüche Ludwigs des Deutschen. Denn wiewohl Fulda bereits 816 eine Immunitätsurkunde von Kaiser Ludwig erhalten hatte (ebd. I, 115-119), ließ sein Sohn Ludwig dem Kloster eine inhaltlich gleichwertige Urkunde ausstellen (BM² 613 [593] und DLD 15). Der sich darin ausdrückende Herrschaftsanspruch des Baiernkönigs über die ostfränkischen Gebiete, findet ihre Bekräftigung in der Datierung. Erstmals zu Lebzeiten seines Vaters werden hier nur die eigenen Herrschaftsjahre gezählt (HUSSONG, Reichsabtei Fulda I, 109f und II, 182f).

[103] BM² 528a. Die Datierung nach der Chronik von Moissac (fälschlich zum Jahr 815, S.311).

[104] BM² 648b.

ging.[105] Ebenso hatte Lothar bereits 837 gehandelt, als er in Erwartung einer Invasion seines Vaters das Marienfest am 2. Februar im Marienkloster Nonantola feierte.[106] Im weiteren Verlauf des Feldzuges von 841 gegen Ludwig überschritt der Kaiser den Grenzfluß Rhein und feierte die Hochzeit seiner Tochter bei Worms, das von seinem Bruder beansprucht wurde.[107] Danach wandte sich Lothar gegen Karl. Am 1. September befand sich der Kaiser in der Pfalz Thionville, wo er vielleicht noch das Fest Mariä Geburt beging,[108] und brach von hier aus gegen Karl auf, woraufhin sich Karl auf Paris zurückzog. Auch Lothar drang ins Pariser Becken vor und besetzte gegen Ende des Monats die Abtei St. Denis.[109] Hier muß er auch den Gedenktag des Reichsheiligen Dionysius (9.10.) gefeiert haben, während Karl noch am 18. Oktober auf der anderen Seineseite in dem im Vergleich zu St. Denis unbedeutenden Kloster St. Cloud festsaß und sich von Lothar das Angebot machen lassen mußte, das gesamte Gebiet zwischen Maas und Seine, Septimanien sowie die Provence an Lothar abzutreten und das Bündnis mit Ludwig aufzukündigen, um Frieden zu haben.[110] Um den 20. Oktober verließ Lothar das Reichskloster und zog über Fossés und Bonneuil nach Sens, wo er sich mit Pippin von Aquitanien traf.[111] Von hier rückte er nach Le Mans vor, um einen Truppenteil Karls, der sich in La Perche aufhielt, anzugreifen, doch dieser setzte sich von ihm ab.[112] Von dort besuchte Lothar das rund 120 km südlich gelegene Tours, um dann wieder in Richtung Paris vorzurücken. Der Weg Lothars macht militärisch gesehen keinen rechten Sinn und der Historiograph seines Gegenspielers kommentiert wenig wohlwollend: "er trat, nachdem er in unnützer Weise einen großen Umweg gemacht hatte, von Tours aus den Rückzug an und kam mit ermattetem Heer endlich erschöpft in Francien an."[113] Zwar ist

---

[105] DLoI 61 vom 20.8.841 aus Mainz.
[106] DLoI 32 vom 3.2.837 aus Nonantola; BM² 1056a.
[107] BM² 1087b. Bezüglich des Ortes der Hochzeitsfeier wird man weniger an die Bischofsstadt selbst, denn an die rechtsrheinische, westlich vom Königshof Burstadt gelegene Maraue denken müssen. Diese zum Königshof Worms gehörende Rheinwiese wurde im ganzen Mittelalter als Versammlungsplatz für große Heere, aber auch für Festfeiern genutzt (GOCKEL, Königshöfe 130f, 134-138, 140f, 146-154).
[108] Die Diedenhofener Pfalzkapelle orientierte sich architektonisch so eng an der Aachener Pfalzkapelle, daß sogar deren Dimensionen übernommen wurden (PARISSE, Diedenhofen 998). Die Nachahmung wird das Patronat einbezogen haben: wie die Aachener wird auch die Diedenhofener Pfalzkapelle der Gottesmutter geweiht gewesen sein.
[109] Karl der Kahle zog von Corbeny (1.9.) über St. Quentin Richtung Maastricht nach Visé (ca. 300 km) und wieder zurück nach Paris (GILLMOR, Warfare 50, LOT/HALPHEN, Règne 42-43). Der September dürfte also bereits ziemlich fortgeschritten gewesen sein, als Lothar in St. Denis ankam.
[110] GILLMOR, Warfare 51f, LOT-HALPHEN, Règne 43-44.
[111] DLoI 64 vom 21. Oktober aus Bonneuil für das Kloster Fossés, GILLMOR, Warfare 53, LOT-HALPHEN, Règne 45.
[112] GILLMOR, Warfare 53, LOT/HALPHEN, Règne 45.
[113] Nithard, Historia III 4, S.34f: "... maximo ambitu inaniter expleto a Turones redire coepit et fatigato exercitu tandem fessus Franciam pervenit."

die zeitliche Einordnung des Besuches von Tours nicht eindeutig, doch ist anzunehmen, daß sie etwa Mitte November stattfand, und damit wird wahrscheinlich, daß es für Lothar durchaus sinnvoll sein konnte, Tours zu besuchen, nämlich anläßlich des Martinsfestes am 11. November. Zu Weihnachten scheint Lothar dann wieder in der Gegend von Paris gewesen zu sein, was eine Weihnachtsfeier in St. Denis oder noch eher in St. Germain-des-Prés möglich erscheinen läßt. Für eine Feier in St. Germain spricht, daß Lothar dort am 23. Dezember gleich noch die Kirchweihe und das Fest des königlichen Klostergründers, des Merowingers Dagobert, mitfeiern konnte.[114] Damit konnte er auch in diesem Punkt König Karl übertrumpfen, der zwar das Kloster des heiligen Merowingers Chlodoald besetzt gehalten hatte, dort aber nicht dessen Festtag (7.9.) begehen konnte.[115] Das Dagobertfest dürfte insbesondere dann von politischem Interesse gewesen sein, wenn der westfränkische König Karl schon damals ein besonderer Verehrer heiliger Merowingerkönige war, insbesondere des hl. Dagobert.[116]
Legen wir neben das Itinerar Lothars dasjenige Karls des Kahlen.
Nach dem Petrusfest (29.6.) verließen die Könige Karl und Ludwig am 30. Juni das Schlachtfeld von Fontenoy, verabredeten sich aber zuvor für Anfang September in Langres.[117] Karl reiste mit seiner Mutter über St. Benoit-sur-Loire Richtung Aquitanien.[118] In dem berühmten Benediktskloster feierten sie sicherlich das Fest des heiligen Benedikt, dessen Ordensregel für alle Klöster des Frankenreiches gelten sollte.[119] Da Karl in Aquitanien nicht viel erreichen konnte,

---

[114] Die Annales Bertiniani a.841, S.26) berichten nur von den Plünderungen Lothars in Le Mans, einem längeren Aufenthalt Karls in Paris und dessen Weihnachtsfeier in Châlons. Das nächste Jahr beginnen die Annalen mit der Zusammenkunft Karls und Ludwigs in Straßburg (2/842) und kommen dann mit Rückblick auf Lothars Verwüstungen in den "inferiores Galliae partes" auf seinen Marsch auf Paris zu sprechen. Damit wird folgende Zeitreihe möglich: ca. 25.10. mit Pippin in Sens, ca. 1.11. in Le Mans, ca. 5.11. in La Perche, ca. 11.11. in Tours, ca. 15.11.-15.12. Plünderungen im "tieferen" Gallien, Vormarsch gegen Karl, der gezwungen wird, Weihnachten in Châlons statt in einem Pariser Reichskloster zu verbringen. Zum 23.12.: Usuardus, Martyrologium 364.
[115] Usuardus, Martyrologium 298f.
[116] Karl der Kahle veranlaßte zum 10.9.872 die Elevation und Translation eines heiligen Merowingerkönigs namens Dagobert in Stenay (NOBEL, Königtum I, 212f), und im Oktober 841 hielt er sich, wie oben erwähnt, im Kloster des hl. Merowingers Chlodoald (St. Cloud) auf.
[117] Nithard, Historia III 2, S.30: "cum fratre in Lingonicam urbem Kal. Sept. condixerat".
[118] LOT/HALPHEN, Règne 39, GILLMOR, Warfare 46.
[119] Das Kloster beherbergte als kostbarsten Schatz die Reliquien des heiligen Benedikt von Montecassino. (HILPISCH, Fleury 167). Diese waren im 7. Jahrhundert aus Montecassino überführt worden. Das diesbezügliche Translationsfest am 11. Juli verbreitete sich dann im ganzen Abendland (MUNDING, Kalendarien II, 78). Bei einer Entfernung von nicht einmal 100 km Luftlinie zwischen Fleury und Fontenoy kann mit Sicherheit angenommen werden, daß Karl rechtzeitig zur Feier im Kloster eintraf. Vermutlich war diese Feier sogar der entscheidende Anlaß zum Besuch des Klosters.

verließ er das Land vor dem 1. August[120] und begab sich über Le Mans nach Paris, in dessen Marienkathedrale er das Fest Mariä Himmelfahrt (15.8.) gefeiert haben kann.[121] Er beschloß dann, mit einer kleinen, schnellen Truppe über Beauvais, Compiègne, Soissons, Reims und Châlon nach Langres zu marschieren, um auf diesem Wege möglichst viele Anhänger "einzusammeln".[122] Tatsächlich scheint er am 27. August in St. Médard bei Soissons an der Translation von Médard und Sebastian teilgenommen zu haben.[123] In Reims, wo er etwa am 28./29. August angekommen sein muß, erfuhr Karl, daß König Ludwig wegen des Angriffs Kaiser Lothars die Verabredung nicht einhalten könnte.[124] In Reims wird er auch das Fest der Enthauptung des Täufers (29.8.) gefeiert haben. Am 1. September befand er sich schon wieder in Corbeny, obwohl er an diesem Tag in Reims noch das Fest des Reimser Mitpatrons Sixtus (1.9.) hätte feiern können;[125] er scheint also in Eile gewesen zu sein. Sein Weg führte ihn weiter nach Laon und St. Quentin[126], von da in Richtung Maastricht bis Visé, wo er erfuhr, daß der Kaiser den Angriff auf Ludwig den Deutschen abgebrochen hatte, weshalb sich König Karl nach Paris hinter die Seine zurückzog.[127] Hier sperrte Karl von St. Cloud aus seinem Widersacher den Seineübergang. In St. Cloud hielt sich Karl noch am 18. Oktober auf, konnte dann aber am 6. November in St. Denis urkunden.[128] Hier wird er dann auch das Martinsfest gefeiert haben, da er sich einige Zeit in Paris aufhielt. Wohl wegen des "Rückzugs" Lothars auf Paris, setzte sich Karl ostwärts ab und verbrachte das Weihnachtsfest in Châlons-sur-Marne. Da im nahegelegenen Kloster St. Memmie dessen Patron Memmius

---

[120] GILLMOR, Warfare 47, belegt, daß sich Karl am 1.8. 40 km nördlich von Tours in Fines a.d. Loir (an der römischen Straße von Tours nach Le Mans und mit einem Abzweig nach Paris) aufhielt.
[121] Nach LOT/HALPHEN, Règne 40, berührte Karl Paris. Nithard, Historia III 2, S.30, läßt offen, ob Karl sich von Espone-sur-Maudre wie geplant nach Paris begab.
[122] LOT-HALPHEN, Règne 41, GILLMOR, Warfare 48.
[123] DE GAIFFIER, Calendrier 400-403.
[124] GILLMOR, Warfare 48.
[125] Usuardus, Martyrologium 295; DKII 4. Sixtus als Mitpatron der Reimser Kathedrale: EWIG, Descriptio Franciae 164.
[126] Hier traf er sich mit seinen Onkel Hugo, dem Abt von St. Quentin, St. Omer und Lobbes (LOT/HALPHEN, Règne 41f). In St. Quentin nahm Karl nicht an einem Klosterfest teil. Da das Quintinusfest erst am 31. Oktober gefeiert wurde, kann Karl hier nicht im Rahmen eines Klosterfestes Station gemacht haben (BM² 982e). Vermutlich kam die Begegnung in den ersten Septembertagen zustande, da es Hugo zum Audomarusfest am 9. September ins rund 200 km entfernte Kloster St. Omer gezogen haben wird (EWIG, EUGEN: Audomar, in: LThK 1, 1957, 1026). Damit wird Karl das Fest Mariä Geburt nicht hier (8.9.) oder aber ohne seinen Verwandten gefeiert haben. Auch das auf seinem weiteren Weg liegende Kloster Lobbes feierte seinen Gründer Landelinus (22.11.) sicher nicht in Gegenwart des Königs (HONSELMANN, Reliquientranslationen 180-183).
[127] LOT/HALPHEN, Règne 42f; GILLMOR, Warfare 49-51. Auf dem ganzen Weg konnten keine Ortsfeste namhaft gemacht werden, an denen Karl hätte teilnehmen können.
[128] DKII 5; LOT/HALPHEN, Règne 45f.

am 21. Dezember[129] gefeiert wurde, ist zu vermuten, daß Karl dessen Fest mitgefeiert hat.
Sehen wir uns an, welche "Festpolitik" Lothar betrieb, stellen wir fest, daß er zunächst durch die Feier des Jahrestages seines Herrschaftsantrittes als König der Baiern am Ort seiner Ernennung, dem Baiernkönig Ludwig den Fehdehandschuh hinwirft. Die Dokumentation seines Anspruches auf Baiern, von der weder vorher oder nachher die Rede ist, war völlig überzogen, dokumentierte aber den Zeitgenossen, daß er trotz der Niederlage besten Mutes sei und eher noch größere Pläne als zuvor habe. Und die Vorstellung, wie wohl Ludwig darauf reagiert habe, als er erfuhr, daß Lothar seine Einsetzung als Baiernkönig gefeiert habe, wird alle Kaiserlichen zum Lachen gereizt haben. Sogleich wendete sich Lothar diesem Bruder zu und konnte seine Überlegenheit beweisen, indem er auf Ludwigs Hoheitsgebiet seine eigene Familienfeier abhielt. Im gesamten Feldzug konnte Lothar zeigen, daß er noch immer in der Lage war, die Feste der Reichsheiligen in deren Klöstern zu feiern. Es scheint, als wäre der ganze Feldzug nur unternommen worden, um zur rechten Zeit am rechten Platz zu sein: zu Mariä Himmelfahrt in Aachen, zu Dionysius in St. Denis und zu Martin in Tours, zum Dagobertfest in dessen Pariser Kloster. Seine Feiern zeigten jedermann, daß er und seine Sache noch immer unter dem Schutz der Heiligen standen.
Weniger glanzvoll war dagegen das Festitinerar von König Karl. Lediglich in der ersten Phase nach der Schlacht konnte er an großen Festen teilnehmen, wie in Fleury und in St. Médard. Zwar konnte er das Martinsfest in St. Denis feiern, aber das war sicher kein Ausgleich für die Peinlichkeit, daß Lothar das Fest des heiligen Dionysius in dessen Abtei feiern konnte, während der westfränkische König am falschen Seineufer stand und zusehen mußte, wie sein Gegner am Fest des - neben Martin - wichtigsten westfränkischen Reichsheiligen diesem die Ehre eines Besuches erwies. Auch konnte Karl nicht verhindern, daß der Kaiser den zweiten großen Reichsheiligen zu dessen Fest besuchte. Noch tiefer dürfte das Ansehen Karls gesunken sein, wenn unsere Annahme stimmt, Lothar habe das Weihnachtsfest in Paris oder einem der dortigen großen Reichsklöster gefeiert, Karl sich aber in das wenig bedeutende Châlons zurückziehen müssen. Taktisch mochten die Maßnahmen Karls, die zu erläutern Nithard nicht müde wird, gerechtfertigt sein, ruhmvoll waren sie keinesfalls. Hier wird ein außerordentlich wichtiges Element frühmittelalterlicher Kriegsführung deutlich. Nicht die militärische Vernichtung des Gegners, sondern Hebung oder zumindest Wahrung des eigenen Ansehens waren wichtig. Auf diese Art und Weise konnten dem Gegner seine Getreuen auf unblutige Weise abspenstig gemacht werden.[130] Die gesamte

---

[129] Ado, Martyrologium 421. Das Interesse Karls an diesem Heiligen drückt sich auch in seinem späteren Translationsbefehl aus (NOBEL, Königtum I, 211).
[130] GILLMOR, Warfare 206f, zeigt die Bedeutung des Imponiergehabes im Vorfeld einer Schlacht, das auf die Gewinnung von Überläufern abzielte. Die Vielzahl von schauspielerischen Elementen in der mittelalterlichen Kriegsführung belegen CRAMs Untersuchungen.

Kriegsführung Kaiser Lothars erinnert sehr wenig an die moderne Kriegsstrategie; eher schon an die Kampfesweise einiger Indianerstämme, bei der es unwichtig war, wieviele Gegner man tötete, wichtiger war der Erwerb von Ruhm und Ehre.[131]

11.5.3. Familienzwist und Familienheilige

Einen rein karolingischen Festtag wählten Karl der Kahle und Ludwig der Deutsche im März 842, um den Kriegszug gegen ihren Bruder Lothar zu beginnen, als sie am 17. März, dem Gedenktag der heiligen Gertrud von Nivelles, von Mainz aufbrachen.[132] Die Besinnung auf eine heilige Ahnin in einer Zeit, in der Familienmitglieder sich bekriegten, ist sicher kein Zufall, denn König Karl hatte kurz zuvor der Grablege des heiligen Stammvaters der Karolinger, St. Arnulf bei Metz, eine Villa geschenkt.[133] In der kriegerischen Situation von 842 ist die Hinwendung zu den heiligen Ahnen weniger eine Beschwörung der Gemeinsamkeiten der drei verfeindeten Brüder denn der Versuch, die Familienheiligen, deren Kultstätten im Teilreich ihres Kriegsgegners lagen, zu vereinnahmen. Die heilige Gertrud wurde bereits früh als Schutzheilige der Reisenden, insbesondere der Schiffer, verehrt[134]. Der Aufbruch fand also bewußt an diesem Tag statt, war doch zu vermuten, daß gerade die Überfahrt den schwierigsten Teil der Operation darstellen würde und die Hilfe aller Familienmitglieder in diesem Kampf nötig schien. In bezug auf Kriegsereignisse findet sich die Festwahl eines karolingischen Familienheiligen kein zweites Mal. Die am nächsten Tag stattfindende Moselüberquerung bei St. Castor in der Nähe von Koblenz[135] fiel auf keinen relevanten liturgischen Gedenktag.[136] Die

---

Dazu gehört die "ritterlich stolze Geste" der Herausforderung am Fluß, die Hohnreden oder die Kriterien der Siegfindung (DERS., Iudicium Belli 82-86, 114-122, 152-182).

[131] Ruhm erwarb man sich durch das "Punkte machen", in dem man den Gegner im Nahkampf mit bloßer Hand berührte (LINDIG, WOLFGANG und MÜNZEL, MARK: Die Indianer. I: Nordamerika. Von der Beringstraße bis zum Isthmus von Tehuantepec, München 1976, 162f). Zu spielerischen Elementen von Kampf und Krieg: HUIZINGA, Homo ludens 51f, 101-118.

[132] BM^2 1370h; Florus, Martyrologium 50. Bei der Datierung von GILLMOR, Warfare 63, "(March 7)", muß es sich um ein Versehen handeln, da auch sie sich auf Nithard stützt. Der vorausgehende Tag erinnerte an den heiligen Cyriacus (Florus, Martyrologium 50); ein Heiliger dieses Namens taucht in der Mitte des 9. Jahrhunderts in den karolingischen Königslaudes auf (OPFERMANN, Herrscherakklamationen 106f).

[133] DKII 9 vom 24.2.842.

[134] WREDE, Gertrud 701f.

[135] GILLMOR, Warfare 63f.

[136] Florus, Martyrologium 51, gibt den heiligen Alexander, Bischof von Jerusalem, an; auch das Martyrolog des Hraban (S.30) gibt mit Colesticus, Aprilis et Servolus, Quintinus et Ingenui et Rogata sowie einem Timotheus keine bei den Karolingern verehrten Heiligen an. Vielleicht sollte dieser Mangel an "Heiligkeit" durch die Meßfeier, die die Könige in der St. Castor-Kirche vor der Überfahrt abhielten (BM^2 1370k), gewissermaßen ausgeglichen werden.

Tagewahl für die Übersetzung erklärt sich aber auch zur Genüge aus den militärischen Gegebenheiten, für die das Überraschungsmoment von Wichtigkeit war. Möglicherweise ist das Gertrudenfest der Termin eines weiteren Kriegsbeginns zwischen karolingischen Familienmitgliedern. Zum Jahre 832 berichten die Annales Bertiniani von einer Einberufung der Heeresversammlung nach Mainz "quarto decimo Kalendas Mai".[137] Mit dieser Maßnahme hoffte Kaiser Ludwig der Fromme eine Erhebung seines gleichnamigen Sohnes verhindern zu können. Der damit bezeichnete 18. April war dem hinsichtlich seiner kultischen Verehrung eher unbedeutenden Bischof und Märtyrer Eleutherius gewidmet. Einen gewissen Sinn macht die Tagewahl nur, wenn man ihn als Namensvetter des Dionysius-Gefährten betrachtet. Aber auch das muß hypothetisch bleiben.[138] Nimmt man eine Monatsverwechselung an, berief der Kaiser die Versammlung auf das Gertrudenfest (14. Kalenden des April), das in diesem Jahr auf den Palmsonntag fiel. Immerhin muß beachtet werden, daß auch gegen diese Interpretation gewichtige Gründe sprechen. So berichten die Annalen von St. Bertin im weiteren von einer Mondfinsternis, die "um diese Zeit, am 19. April nach Sonnenuntergang" stattfand.[139] Da Ludwig im unmittelbaren Anschluß an das Heer die Flüsse Rhein und Main überquerte, war der Heerestag vielleicht aus strategischen oder anderen Gründen kurz vor den Tag der Mondfinsternis gelegt worden.[140]

11.5.4. Schlachten karolingischer Herrscher gegeneinander

Die Konfrontation zwischen Ludwig dem Frommen und seinen Söhnen im Jahr 833 sollte auf dem elsässischen Rothfeld ihre militärische Entscheidung finden. Über den Ablauf der Ereignisse liegen zwei recht ausführliche Berichte vor. Nach der Schilderung des Astronomus traf "festivitate sancti praecursoris Christi

---

[137] Annales Bertiniani a.832, S.4. Zum weiteren s. auch BM² 899b; SIMSON, Ludwig der Fromme II, 17f.

[138] Eleutherius zuerst bei Florus, Martyrologium 65. Reliquien eines Eleutherius befanden sich in der karolingischen Reliquiensammlung zu Aachen (SCHIFFERS, Reliquienschatz 82).

[139] Annales Bertiniani a.832, S.4: "Quo etiam tempore eclipsis lunae tertio decimo Kalendas Mai post solis occasum". Allerdings ereignete sich die Mondfinsternis vom 18. auf den 19. April, nicht in der Nacht vom 19. auf den 20. April (OPPOLZER, Canon der Finsternisse 356). Möglicherweise wurde die Zeit nach der Vesper bereits zum nächsten Tag gerechnet.
Bei einer Monatsverwechslung kommt es häufiger vor, daß der Kalendenmonat für den laufenden Monat gehalten wird. Im vorliegenden Fall wäre eine Verwechslung des 18. April mit dem 17. Mai näherliegender. Genau dieser Irrtum unterlief dem Autor der Fuldaer Annalen bezüglich der Mondfinsternis vom Tage: "Sol defecit II. Non. Mai. et luna XIII Kal. Iunii" (S.26). Gegen die gemachte Annahme spricht auch, daß Thegan zufolge die Versammlung nach Ostern stattfand (Thegan, Vita Hludowici 39, S.598).

[140] Zu möglichen staatssymbolischen Deutungen der Sonnenfinsternis s. Exkurs 2.

Iohannis" Kaiser Ludwig mit seinem Heer ein.[141] Als sich die Heere in Schlachtordnung aufstellten, wurde Ludwig dem Frommen die Ankunft des Papstes gemeldet, welchen er an der Spitze seines Heeres empfing.[142] Dieser blieb dann einige Tage bei ihm. Ob der Abfall der Getreuen Ludwigs erst nach der Rückkehr des Papstes in das Lager der Söhne einsetzte, wird im Bericht des Astronomus nicht deutlich.[143] Am Tag des heiligen Paulus ergibt sich dann der Kaiser angesichts eines Aufmarsches des gegnerischen Heeres.[144] Fixpunkte des Berichtes sind das Fest des Täufers Johannes, der 24. Juni,[145] und das Fest des Apostels Paulus. Der heilige Paulus wurde zwar bereits unter Karl dem Großen gemeinsam mit Petrus am 29. Juni gefeiert;[146] der Apostel Paulus hatte aber in den gregorianischen Sakramentarien ein eigenes Gedenken am Tag nach dem Petrusfest.[147] Es wäre sonderbar, wenn das den Karolingern besonders wichtige Petrusfest als Paulusfest ausgegeben worden wäre. Auffällig bleibt aber die unmittelbare Nähe des Angriffs zum Petrusfest, denn der Papst als Stellvertreter des Himmelspförtners weilte beim Heer der verbündeten Söhne des Kaisers.

Thegans Bericht läßt der Ankunft des Papstes im kaiserlichen Lager einige Tage der Verhandlungen vorausgehen und erklärt die Unterredung zwischen Papst und Kaiser für kurz. Nach der Rückkehr des Papstes soll innerhalb einer Nacht der größte Teil der Getreuen den Kaiser verlassen haben. Nach seiner Darstellung wurde der Kaiser bald darauf gefangengenommen.[148]

---

[141] Astronomus, Vita Hludowici 48, S.635: "Tandem ergo ventum est festivitate sancti praecursoris Christi Iohannis in locum ... vocetur Campus-mentitus."

[142] Der Astronomus scheint die Aufstellung zur Schlacht am Ankunftstag anzudeuten, da er dem Bericht der Ankunft sogleich die Aufstellung zur Schlacht und die Ankunft des Papstes folgen läßt: "Cum autem haud procul inde atiebus ordinatis considerent, iam iamque ruendum in arma putaretur, nuntiatum est imperatori advenire papam Romanum" (Astronomus, Vita Hludowici 48, S.636).

[143] Astronomus, Vita Hludowici 48, S.636: "Audita [papa] vero parte imperatoris, mansit cum eo aliquot diebus. Remissus autem ab imperatore ad filios, ut pacem mutuam necteret, cum pene omnis populus partim donis abstractus, partim promissis inlectus, partim minis territus, ad eos populumque cum eis consistentem more torrentis deflueret, nequaquam, ut fuerat iussus, est redire permissus."

[144] Astronomus, Vita Hludowici 48, S.636: "...ut festivitate sancti Pauli plebei contra imperatorem, adulando filiis eius, inruptionem facere minarentur. Quibus imperator viribus obniti non valens, filiis mandavit, ne se populari exponerent direptioni. Cui remandant, ut castris relictis ad se veniat: se autem maturrime obviam sibi processuros."

[145] PIPER, Karls des Großen Kalendarium 25.

[146] PIPER, Karls des Großen Kalendarium 25.

[147] DESHUSSES, Sacramentaire grégorien I, 247f und 648.

[148] Thegan, Vita Hludowici 42, S.598f: "... [imperator] congregavit exercitum, perrexit obviam eis ... Filii autem eius perrexerunt obviam ei cum Gregorio pappa Romano; et quicquid postulabant, nihil eis pater consentiens. Non post multos dies venerunt ad colloquium imperator et supradictus pontifex; qui non diu loquentes, honoravit eum pontifex inprimis magnis et innumeris donis. Postquam uterque rediit ad tabernaculum, misit imperator dona regalia per Adalungum venerabilem abbatem atque presbyterum supradicto pontifici. Tunc consiliati sunt nonnulli, ut imperatorem relinquerent, et ad filios eius pervenirent ... caeterisque sequentibus, quadam nocte pars maxima dimisit eum ... In crastinum aliqui qui remanserant,

Der genaue Hergang ist nicht leicht zu rekonstruieren. Geht man davon aus, daß das zweite Kampfangebot und die Gefangennahme Ludwigs tatsächlich am Tag nach dem Petrusfest erfolgten, stimmen beide Quellen darin überein, daß zwischen der Begegnung von Papst und Kaiser einige Tage vergingen. Die Behauptung, daß der Papst mehrere Tage beim Kaiser verbrachte, kann als Versuch des Astronomus gewertet werden, das gespannte Verhältnis zum römischen Bischof, dem Legitimationsspender des karolingischen Königtums, zu kaschieren und so das Ansehen des Kaisers zu wahren. Die Frage des Verhältnisses zwischen Kaiser und Papst muß brisant gewesen sein, da sich aus dem Bericht Thegans schließen läßt, daß die Rückkehr des Papstes zu den Söhnen das ausschlaggebende Moment für die Überläufer darstellte.[149] Da sich der Papst für eine friedliche Lösung einsetzen wollte,[150] muß bei seinem Besuch zugleich ein befristeter Waffenstillstand abgeschlossen worden sein. Weil die nächste militärische Aktion erst am 30. Juni stattfand, wird der Waffenstillstand bis zum Petrusfest gedauert haben. Nach Thegan hatte es bereits vor dem ersten Aufmarsch der Heere Verhandlungen von einigen Tagen gegeben. Demnach muß der zeitliche Abstand zwischen der Ankunft des Kaisers auf dem Rothfeld und dem ersten Schlachtangebot größer gewesen sein als der Bericht des Astronomus vermuten läßt. Auch für diese Verhandlungsphase muß es ein Stillhalteabkommen gegeben haben. Möglicherweise bezeichnet der beim Astronomus angegebene Täufertag das Ende dieses Abkommens. Wenn der Frieden nach diesem Tag endete und Ludwig der Fromme am Tag vor dem Täuferfest ankam,[151] findet Thegans Formulierung "non post multos dies venerunt ad colloquium imperator et supradictus pontifex"[152] durchaus ihre Berechtigung. Der Ablauf wäre demnach wie folgt zu rekonstruieren: am 23.6. Ankunft des

---

venerunt ad imperatorem, quibus praecepit dicens: Ite, ait, ad filios meos ... Non multo tempore postea susceperunt patrem, et duxerunt eum cum illis."
[149] Thegan, Vita Hludowici 42, S.598: "Postquam uterque rediit ad tabernaculum .. misit imperator dona regalia ... supradicto pontifici. Tunc consulati sunt nonnulli, ut imperatorem derelinquerent." Befremdlich erscheint am Papstbesuch, daß der Kaiser die päpstlichen Geschenke nicht sofort erwiderte, sondern sie ihm erst nach dessen Rückkehr ins Lager der Söhne nachschickte. Ich sehe nur zwei Erklärungsmöglichkeiten: Entweder wollte Ludwig den Papst bewußt düpieren, wofür das spannungsgeladene Verhältnis zwischen dem Kaiser mit seinen Bischöfen und dem Papst vor dem Treffen auf dem Rothfeld angeführt werden kann (Astronomus, Vita Hludowici 48, S.635); der entscheidende Einwand gegen diese Erklärung ist, daß es offenbar zu einer Einigung auf Verhandlungen kam (ebd. S.636), das Verhältnis zwischen Papst und Kaiser also nicht völlig zerrüttet gewesen sein kann. Mehr Überzeugungskraft hat die Annahme, daß der Kaiser gar keine Gegengaben greifbar hatte, und er seine Getreuen im nachhinein um Geschenke für den Papst angehen mußte. Solche Bitten mußten mit Notwendigkeit zu schwersten Prestigeverlusten führen, die den Abfall der kaiserlichen Gefolgschaft in den nächsten Tagen erklären helfen.
[150] So auch BM² 925c. Astronomus, Vita Hludowici 48, S.636: "Remissus autem ab imperatore ad filios, ut [papa] pacem mutuam necteret ...".
[151] Astronomus, Vita Hludowici c.48, S.635: "ventum est festivitate ... Iohannis" wäre dann zu übersetzen mit "Er kam zum Fest ... des Johannes an".
[152] Thegan, Vita Hludowici 42, S.598.

kaiserlichen Heeres, Waffenstillstand und Verhandlungen bis zum 24.6., am 25.6. Aufmarsch der Heere, Intervention des Papstes, Waffenstillstand bis zum 29.6., am 30.6. erneutes Schlachtangebot und Gefangennahme Kaiser Ludwigs. Daß am Tag nach dem Johannesfest oder noch davor der allgemeine Stimmungsumschwung im Lager des Kaisers einsetzte, meint auch SCHIEFFER, da in den Urkunden Lothars die Datierung der Herrschaftsjahre am 25. Juni 834 umgesetzt wurde.[153]

Nach dem Tod Ludwigs des Frommen führte der Vormachtsanspruch Kaiser Lothars 841 nach diversen taktischen Manövern[154] zur Schlacht der verfeindeten Brüder bei Fontenoy. Am 23. Juni rückten die Heere der verbündeten Brüder Ludwig und Karl "ein wenig" aus den Lagern, um so Verhandlungen zu erzwingen.[155] Diese endeten in einem dreitägigen Waffenstillstand. Ein wichtiger Gesichtspunkt für die Dauer des Friedens scheint dabei die Ermöglichung der Feier des Täuferfestes gewesen zu sein.[156] Wieder sollte die Schlacht am Tag nach dem Fest eines Reichsheiligen stattfinden. Unklar ist, ob dabei beide Seiten vor der Schlacht davon ausgingen, daß der Kampf als Gottesurteil zu gelten habe.[157]

---

[153] SCHIEFFER, Urkunden Lothars I., S.46; DDLoI 21-22.

[154] Siehe dazu: CRAM, Iudicium Belli 21-31; PIETZCKER, Fontenoy 322-328; GILLMOR, Warfare 25-28.

[155] Vor der Vereinigung der Heere Karls und Ludwigs hatte der von Lothar verfolgte Karl mittels Vorrücken aus dem Lager Verhandlungen erzwungen und sich während eines zweitägigen Waffenstillstands abgesetzt (PIETZCKER, Fontenoy 325f); auch Lothar ließ bei Auxerre sein Heer aus dem Lager rücken, was zu Verhandlungen und Waffenstillstand führte (ebd. 327). Zum 23. Juni schreibt Nithard: "Crastina die exercitus praeparati ad proelium castra aliquantulum excesserunt."(Nithard, Historia II 10, S.25). CRAM, Iudicium Belli 31, geht davon aus, daß nur die Heere Karls und Ludwigs ausrückten. Für diese Interpretation sprechen auch militärische Gründe (PIETZCKER, Fontenoy 329-331).

[156] Nithard, Historia II 10, S.26: "... ea die et in crastinum, insuper etiam usque in horam secundam diei tercii, quod evenit VII. Kal. Iulii, pace utrorumque ex parte iureiurando firmata ad castra redeunt, missam vero sancti Iohannis in crastinum celebraturi."

[157] Daß der Ausgang dieser Schlacht von seiten der Sieger als Gottesurteil ausgegeben werden konnte, zeigt, daß Schlachten nach mittelalterlicher Auffassung grundsätzlich als Gottesurteile gelten konnten. Fraglich ist vor allem, ob nicht bestimmte Formen eingehalten werden mußten, um eine Schlacht als Gottesurteil zu werten (CRAM, Iudicium Belli 39-42, 44-47). Diese Vermutung legt das Schlachtangebot der Könige Karl und Ludwig an Kaiser Lothar bei Auxerre nahe: "... mandant sibi valde displicere, quod illis pacem absque proelio denegaverat; quod etiam, quoniam vellet, et absque qualibet fraude, si fieri deberet, esset. Et primum quidem ieiuniis ac votis Deum invocent, deinde ... absque qualibet occulta deceptione congredi possent" (Nithard, Historia II 10, S.25). Demnach galten Fasten und Beten als Vorbereitungen sowie ein fairer Kampf, also eine offene Feldschlacht, als notwendige Vorbedingungen für die Geltung eines Kampfes als Gottesurteil. Zumindest das Fasten kann der Schlacht bei Fontenoy nicht vorausgegangen sein, da sich Festfeier und Fasten gegenseitig ausschlossen. Aber auch im Bereich der Fairness sind Abstriche zu machen: der überraschende Überfall Pippins von 687 schmälerte die Geltung als Gottesurteil keineswegs (CRAM, Iudicium Belli 60); s.a. die Überfallthese von PIETZCKER, Fontenoy 333-339. Die seltsamen Bußübungen im Anschluß an die gewonnene und als Gottesurteil proklamierte Schlacht, deren Sieg ja eigentlich die

229

Der Einfall Ludwigs des Deutschen in das Westreich stieß zunächst auf keinen ernsthaften Widerstand. Obwohl König Ludwig der Deutsche Mitte August 858 aufbrach, sah sich Karl der Kahle erst Ende September veranlaßt, die Belagerung der Normannen bei Jeufosse abzubrechen und sich Ludwig bei Brienne zum Kampf zu stellen. Wieder kam es nicht sofort zum Kampf, wieder wurde eine dreitägige Waffenruhe vereinbart. Abermals lief am Tag nach dem Fest eines Reichsheiligen, nämlich des heiligen Martin, der Waffenstillstand aus, und die Heere rückten in Schlachtordnung vor die Lager. Allein diesmal waren inzwischen von Karl so viele Getreue abgefallen, daß er die Schlacht nicht mehr annahm und floh.[158] Wieder erklärte der Sieger die Schlacht zum Gottesgericht.[159]

Im Rahmen der Bruderkriege nach dem Tode Kaiser Ludwigs des Frommen besiegte König Ludwig der Deutsche am 13. Mai 841, dem Tag nach dem Fest des heiligen Pankratius, auf dem Ries Adalbert, Bischof von Metz und Anhänger Kaiser Lothars I., womit er sich den Weg nach Westen öffnete[160]. Möglicherweise kann man aus der Tatsache, daß die Schlacht nach dem Fest eines Heiligen stattfand, auf den gleichen Ablauf wie bei den direkten Konfrontationen der Könige schließen.[161] Pankratius war der Patron der Eideshelfer und der Ritter.[162] Angesichts dieser beiden Patronate erscheint die zu vermutende Festfeier vor der Schlacht als eine Art Beschwörung zur Hilfe im Gottesgericht.

Zum Martinsfest 840 wollten sich Kaiser Lothar I. und König Ludwig der Deutsche erneut in Kostheim treffen, um beim Scheitern von Verhandlungen "die

---

völlige Richtigkeit der Ansprüche Ludwigs und Karls bewies, sind somit widersinnig und erwecken tiefes Mißtrauen an der Fairness des Kampfes. Interessanterweise findet der Parteigänger Lothars, der Hrabanus Maurus in seinem Otgar von Mainz, einem anderen Anhänger Lothars, gewidmeten Bußbuch, kein schlagendes Argument gegen die These vom Gottesurteil durch die Schlacht, sondern verweist lediglich auf die Undurchschaubarkeit der Urteile Gottes und der bestreitet, daß der unschuldig sei, der aus Habsucht töte (Hrabanus, Poenitentiale ad Otgarium 15, Sp.1411-1413; KOTTJE, Bußbücher Halitgars 241-244).
[158] DÜMMLER, Ostfränkisches Reich 431-433; GILLMOR, Warfare 140f.
[159] CRAM, Iudicium Belli 41f.
[160] DÜMMLER, Ostfränkisches Reich I, 150f.
[161] Das bedingt allerdings, daß der heilige Pankratius bereits zu dieser Zeit als Schutzpatron der Karolinger galt. In der Literatur wird der Beginn der Pankratiusverehrung erst in das Jahr 896 datiert. Der Anlaß der Verehrung sei die Annahme König Arnulfs gewesen, daß ihm die Fürsprache des heiligen Pankratius half, Rom zu erobern (NOBEL, Königtum I, 51 und 248). Es läßt sich jedoch zeigen, daß Pankratius schon ein ganzes Jahrhundert vorher bei den Karolingern als Schutzheiliger verehrt wurde (s. Exkurs 5 zur Pankratius-Verehrung). Allerdings muß der 13. Mai nicht als Nachtag des 12. Monatstages aufgefaßt werden. Zumindest bis in die Mitte der dreißiger Jahre des 9. Jahrhunderts galt der Tag als Fest aller Märtyrer, denen die römische Kirche Maria ad martyres an einem 13. Mai geweiht worden war (KELLNER, Heortologie 240-242; FRANK, Allerheiligenfest 348).
[162] ZIMMERMANN, Patrozinienwahl II, 51f. Wahrscheinlich spielte auch hier die Mordwaffe, das Schwert, die entscheidende Rolle für sein Ritterpatronat (WIMMER, Handbuch 633).

Waffen entscheiden zu lassen"[163]. Als anvisierter Schlachttag kann das Datum nach CRAM jedoch nicht gelten, da es sich hierbei lediglich um eine rhetorische Floskel und nicht eine Verabredung zur Schlacht handelt. Seiner Meinung nach ging es hier lediglich darum, einen Termin für Verhandlungen ins Auge zu fassen, doch machte keine der beiden Parteien einen Versuch, die Verabredung zu realisieren.[164] Selbst wenn man seiner Meinung nicht folgt, muß das Martinsfest nicht als der eigentliche Schlachttag verstanden werden. Ebensogut kann es sich hier um ein Kürzel für die 858 bei Brienne realisierte Vorgehensweise handeln. Offensichtlich folgen zumindest die ersten drei Ereignisse einem festen Schema: Eintreffen am Tag vor dem Fest eines Reichsheiligen - Waffenstillstand bis nach dem Fest - Schlachtangebot.[165] Die Zeit des Waffenstillstands selbst wird benutzt, um im gegnerischen Lager Abwerbungen vorzunehmen, bot sich doch hier die einmalige Möglichkeit, direkt auf die Anhängerschaft des Gegners einzuwirken. Hinter diesem Vorgehen steht der Versuch, eigenes militärisches Potential soweit wie möglich zu schonen und durch Einsatz diplomatischer Mittel zu unblutigen Erfolgen zu gelangen.[166] Von daher wird man den Versuch, die hohen Heiligenfeste von Kämpfen freizuhalten, nicht allein auf religiöse Gründe zurückführen können, da diese kampffreie Zeit zur Agitation genutzt werden konnte.[167] Die Grundlage dieses rational-politischen Verhaltens wird jedoch religiöser Art gewesen sein. Die Entscheidung, der Schlacht das Fest eines Reichsheiligen voraufgehen zu lassen, ist nicht auf taktisches Denken reduzierbar. Hier wird der Gedanke eine Rolle gespielt haben, daß die Unterstützung des betreffenden Heiligen gewonnen werden sollte. Das Argument, daß ja der heilige Martin, Johannes oder Petrus selbst sich für die Unterstützung der eigenen Partei entschieden habe, konnte dann wiederum politisch nutzbar gemacht werden. Entsprach doch das Argument, dieser oder jener Heilige habe die eigene Partei unterstützt und zum Siege geführt, dem Denkschema des Gottesurteils.

---

[163] Nithard, Historia II 1, S.14: "III Idus Novembris eodem loco rursum conveniant et, ni concordia statutis interveniat, quid cuique debeat, armis decernant."
[164] CRAM, Iudicium Belli 21f, 24f.
[165] Einem ganz ähnlichen Schema scheint auch das nicht genau zu datierende Schlachtangebot König Karls an seinen kaiserlichen Bruder Lothar im November 840 bei Orléans zu folgen (GILLMOR, Warfare 17).
[166] GILLMOR, Warfare 205f.
Man braucht nicht anzunehmen, daß die Geselligkeit, die die Feier heiliger Tage mit sich brachte, vor den Parteien Halt machte, zumal die Adelsfamilien in vielen Fällen Verwandte im gegnerischen Lager gehabt haben dürften. Kontaktaufnahmen zwischen Kriegsgegner belegt der Handel, den Normannen und Franken während eines Waffenstillstands in Elsloo 882 miteinander trieben (Annales Fuldenses a.882 (Wiener Handschrift), S.98). Auch der zum Fest gehörige Austausch von Geschenken konnte sicher zum Zweck der Abwerbung genutzt werden.
[167] Daß der Versuch, Überläufer zu gewinnen, bei der Zeitplanung eine bedeutende Rolle spielte, geht auch daraus hervor, daß alle drei Konfrontationen sich zu einer Zeit ausgesprochen dunkler Nächte abspielten, die potentiellen Überläufern die Absetzung sehr erleichterten (Neumond am 21.6.833; 22.6.841; 9.11.858).

Auch der Ereignisablauf, der zur Schlacht bei Andernach zwischen Karl dem Kahlen und Ludwig dem Jüngeren führte, scheint zumindest in der Anfangsphase diesem Schema zu folgen. Im Oktober 876 versuchte Karl der Kahle König Ludwig den Jüngeren mittels eines Nachtmarsches zu überraschen, scheiterte jedoch, da dieser vorgewarnt worden war. Die Schlacht fand am Montag, dem 8. Oktober 876, statt.[168] Am 9. Oktober wurde des Reichsheiligen Dionysius gedacht.[169] Da auch hier Verhandlungen vorausgingen, wird man mit DÜMMLER ein Waffenstillstandsabkommen annehmen dürfen.[170] Demnach hätten wir auch hier eine ähnliche Zeitkomposition wie bei den oben behandelten Vorgängen von 833, 841 und 858. Kurz vor dem Fest eines Reichsheiligen schließen die Gegner einen Waffenstillstand und knüpfen Verhandlungen an. Die Darstellung der Quellen, daß Karl der Kahle einen Überraschungsangriff gegen seinen Neffen unternahm, findet ihre Bestätigung in der Beobachtung, daß Karl vom gewohnten Schema abweichend die Auseinandersetzung vor dem Fest des heiligen Dionysius anstrebte. Einer Überraschung konnte er sicher sein, da König Ludwig der Jüngere mit einer militärischen Auseinandersetzung nicht vor dem Tag nach dem Dionysiusfest gerechnet haben wird. Zum Schlachttag selbst verzeichnete bereits das Martyrolog des Florus den byzantinischen Schlachtenheiligen Demetrius.[171] Zu diesem Heiligen scheint Karl eine besondere Beziehung gehabt zu haben, da ihm der römische Bibliothekar Anastasius eine lateinische Übersetzung von dessen griechischer Vita angefertigt hatte.[172] Auffälligerweise blühte die Demetriusverehrung genau in dieser Zeit in Byzanz erneut auf. So baute der oströmische Kaiser Basileus I. (867-886) die Kirche dieses Heiligen in seiner Hauptstadt wieder auf. Dessen Nachfolger weihte dem Heiligen sogar eine Kirche innerhalb des Kaiserpalastes.[173] Der neue Kaiser Karl orientierte sich offensichtlich in seiner Heiligenverehrung an seinem kaiserlichen Konkurrenten. Die Schlacht von Andernach ist demnach doppelgesichtig. Einerseits suchte Kaiser Karl seinem Neffen Ludwig vorzuspiegeln, daß die Auseinandersetzung nach dem traditionellen Schema ablaufen solle, andererseits probierte er bei der ersten sich bietenden Gelegenheit seines neu erworbenen Kaisertums aus, ob ein kaiserlich-byzantinischer Schutzheiliger auch ihm als weströmischem Kaiser beistand.

---

[168] GILLMOR, Warfare 188-192; DÜMMLER, Ostfränkisches Reich 35-38. Der Nachtmarsch wurde wohl erst durch die Helligkeit des Mondlichts ermöglicht, da es sich um die erste Nacht nach Vollmond handelte.
[169] Usuardus, Martyrologium 317f; am 9. Oktober wurde auch des Patriarchen Abraham gedacht.
[170] DÜMMLER, Ostfränkisches Reich 35. Hierfür spricht auch das Fouragieren der Reiter Ludwigs.
[171] Florus, Martyrologium 183; Ado, Martyrologium 350; Usuardus, Martyrologium 316.
[172] WATTENBACH - LEVISON, Geschichtsquellen 465f.
[173] JANIN, Églises byzantines II, 131-133. Allgemein zur oströmischen Demetriusverehrung: McCORMICK, Victory 233, 242 und 244.

Allein eine direkte Konfrontation von Karolingern untereinander folgte diesem zeitlichen Schema nicht. Ausnahmweise handelte es sich hier wohl auch nicht um das Anbieten einer offenen Feldschlacht, sondern um einen mit geringen Kräften vorgetragenen Überrumpelungsversuch. Ob es 859 bei Karls überraschendem Vorgehen gegen den von Streitkräften entblößten Ludwig den Deutschen überhaupt zu einer Schlacht oder einem Schlachtangebot kam, ist offen, jedenfalls floh Ludwig am 15. Januar vor seinem Bruder.[174] Hierbei handelt es sich um einen Sonntag. Zugleich wurde der Propheten Michaeas und Abacuc gedacht.[175] Diese Tagewahl erklärt sich aus einer erst im 9. Jahrhundert aufkommenden westfränkischen Tradition, Schlachten an Prophetenfesten zu schlagen.

11.6. DIE TAGEWAHL BEI SONSTIGEN KRIEGERISCHEN EREIGNISSEN

Es konnte festgestellt werden, daß bei der Kriegsführung innerhalb der Karolingerfamilie die Feier von Festen eine bedeutende Rolle spielte. So gehörte die Feier von Gedenktagen zum Repertoire monarchischer Propaganda, wenn diese in Verbindung mit den eigenen Ansprüchen gebracht oder militärische Überlegenheit demonstriert werden konnten. Den Schlachten selbst ging im allgemeinen ein Waffenstillstand anläßlich der Feier bekannter Reichsheiliger voraus; vermutlich, weil diese als eine Art Schiedsrichter im Familienstreit angesehen wurden. Da nicht anzunehmen ist, daß in anderen Fällen zwischen den Gegnern ein gleiches Maß an "Courtoisie" herrschte, stellt sich die Frage, an welchen Tagen gegen andere Gegner vorgegangen wurde.

Im folgenden sollen die Datierungen der Schlachten und des Beginns von Kriegsunternehmungen untersucht werden. Die letzteren werden deshalb miteinbezogen, weil die Vermutung besteht, daß auch in karolingischer Zeit der Beginn von Feldzügen einer Tagewahl unterworfen war.[176] Da bei den Kämpfen innerhalb der Königsfamilie u.a. die Feier von Familienheiligen eine Rolle spielte, wird nicht streng chronologisch vorgegangen. Da es möglicherweise auch in

---

[174] Karl kam von Auxerre, wo er am 6. Januar an der Reliquientranslation des heiligen Germanus teilgenommen hatte (NOBEL, Heiligenverehrung I, 206-208); hier verweilte er bis zum 9.1. und zog dann über Reims nach Laon. In Laon stellte ihm der dortige Bischof Hinkmar Truppen zur Verfügung. In Reims wird am 13. Januar das Remigiusfest gefeiert (Usuardus, Martyrologium 159f); der Ablauf der Ereignisse läßt eine Teilnahme Karls am Fest als durchaus möglich erscheinen. Dann wäre Karl vom üblichen Schlachtschema zwischen karolingischen Herrschern endgültig abgewichen, da er sich sonst bereits am 13. Januar Ludwig gegenüber hätte lagern müssen. Aber vielleicht kaschierte dieser wallfahrtsähnliche Anmarsch seine wahren Absichten. Zum 15. Januar: DÜMMLER, Ostfränkisches Reich I, 444f und GILLMOR, Warfare 141.
[175] Florus, Martyrologium 13. Auf den Prophetentag als Kampftag im westfränkischen Reich wird im weiteren noch eingegangen.
[176] SCHALLER, Heiliger Tag 16.

anderen Fällen einen inneren Zusammenhang von Fest und Kriegsgegner bzw. Kriegsgrund gab, werden die Ereignisse im Zusammenhang behandelt, die einer gemeinsamen Kategorie von heiligen Tagen angehören.
Als Kriegsbeginn werden drei militärische Maßnahmen betrachtet. Das ist zum ersten das Überschreiten eines Grenzflusses in kriegerischer Absicht,[177] zum zweiten die Abhaltung eines Reichstages, der in unmittelbarem Zusammenhang mit einem aktiven Vorgehen gegen den Gegner zusammenhängt[178] und zum dritten der Beginn einer Belagerung. Bezüglich des Beginns von Feldzügen wird auch auf die bisher nicht erwähnten Ereignisse eingegangen, die aus den Zwistigkeiten im Herrscherhaus hervorgingen.

11.6.1. Herrenfeste

GILLMOR zufolge soll Karl der Kahle am Osterfest des Jahres 848 an der Dordogne neun Normannenschiffe erobert haben, doch leider ist diese Datierung nicht sicher.[179] Unzweifelhaft ist dagegen, daß Karl am Gründonnerstag des Jahres 841 einen Überraschungsangriff auf die Truppen des Grafen Gerard von Paris im Othe-Wald bei Troyes versuchte. Die Männer Gerards konnten sich jedoch rechtzeitig absetzen.[180] Auf den Gründonnerstag des Jahres 830 hatte sein Vater eine Heeresversammlung nach Rennes zum Kriegszug gegen die Bretonen befohlen.[181] Nicht sicher zu datieren ist die Schlacht der Mähren gegen die Ungarn von 901, die "an einem Sonnabend, vielleicht am Charsamstag", stattgefunden haben soll;[182] doch selbst, wenn die historische Begebenheit nicht am Tag vor Ostern stattfand, ist es interessant genug zu sehen, daß dieser Tag als Kriegstag mittelalterlichen Chronisten vorstellbar war.[183]

---

[177] Zur Bedeutung von Grenzgewässern s. SCHNEIDER, REINHARD: Mittelalterliche Verträge auf Brücken und Flüssen (und zur Problematik von Grenzgewässern), in: AfD 23 (1977) 1-24.
[178] Zum Zusammenhang von Krieg und Reichsversammlungen siehe für den ostfränkischen Bereich WEBER, Reichsversammlungen 207.
[179] GILLMOR, Warfare 102: "From Poitiers, the king continued his expedition up to the Dordogne, where on March 25, he seized nine Norse ships ..." Als Beleg wird das Chronicon Fontanellense a.848 angeführt (GILLMOR, Warfare 326). Dort finde ich aber nur "in diebus Quadragesimae" (S.302).
[180] GILLMOR, Warfare 21f. Dieser 14. April war zugleich der Gedenktag für den heiligen Tiburtius, der zu Beginn des 9. Jahrhunderts eine gewisse Verehrung erfuhr, wie aus einer Reliquienübertragung von Papst Paschalis I. (817-824) in die Cäcilienkirche zu Travestere hervorgeht (WIMMER, Lexikon 801; Florus, Martyrologium 61; DESHUSSES, Sacramentaire grégorien I, 209f).
[181] BM² 872g.
[182] DÜMMLER, Ostfränkisches Reich III, 517.
[183] REINDEL, Luitpoldinger 34-36, bietet eine Liste der Quellen zur Schlacht. Die Datierung auf den Karsamstag erfolgt in recht späten Quellen.

Am Weihnachtstag des Jahres 880 schlugen die Franken ein sarazenisches Heer, das die von Kaiser Ludwig II. belagerte Stadt Bari entsetzen wollte.[184] In die vier heiligen Tage der Weihnachtszeit fallen auch die folgenden beiden Vorgänge. Am Tag der Unschuldigen Kinder 857 brach König Lothar II. zum Kriegszug gegen den Grafen Hukbert auf,[185] und Graf Richard von Autun besiegte 892 an diesem Tag die Normannen.[186] Hintersinn hat die Tagewahl im ersten Fall. Hier wird man Gründe der politischen Propaganda für die Wahl des Kriegsbeginns annehmen müssen. Lothars Kriegszug gegen Graf Hukbert war die Verstoßung der Königin Theutberga, einer Schwester des Grafen Hukbert, vorangegangen. Als Grund für die Trennung von der Königin gab Lothar an, diese habe mit ihrem Bruder Hukbert Unzucht getrieben und durch einen Trank eine Fehlgeburt herbeigeführt. Mit Lothars Wahl des Festes der Unschuldigen Kinder als Tag des Kriegsbeginns gegen seinen Schwager stellte er sich als Rächer für das durch die Königin unschuldig getötete Kind hin und propagierte auf diese Weise zugleich die Berechtigung der Verstoßung der Königin.[187]

Am Tag nach dem Fest der Erscheinung des Herrn (6.1.) setzte Kaiser Ludwig der Fromme 839 über den Rhein, um gegen seinen aufständischen Sohn Ludwig vorzugehen.[188]

Am Tage, als der Engel Maria die Ankunft des Heilands verkündete (25.3.), wollte Kaiser Ludwig II. zu einem Feldzug gegen die Sarazenen aufbrechen.[189] Ob hier mehr der christologische oder der marianische Aspekt des Festes den Ausschlag für die Tagewahl gab, ist nicht zu entscheiden, doch passen das Gedenken für den anfanghaften Beginn der Herrschaft Christi und die beabsichtigte Durchsetzung der Kaiserherrschaft gut zusammen.

11.6.2. Marienfeste

Das erste nachweisbare Gefecht von Karolingern an einem Marienfeiertag ging für die Franken unglücklich aus. Nach der fehlgeschlagenen Expedition Karls des Großen gegen die Mauren suchte Karl wenigstens im christlichen Nordspanien einen Erfolg zu verbuchen. Die wichtigste Maßnahme scheint dabei die Niederlegung der Befestigung von Pamplona gewesen zu sein.[190] In den Pyrenäen entwickelte sich im August 778 ein Gefecht zwischen Teilen des Heeres Karls des Großen und den Waskonen. Dabei handelt es sich nach Auskunft der karolin-

---

[184] BM² 1246d. König Theuderich II. hatte am Weihnachtsfest 604 Merowech, den Sohn König Chlothars II., besiegt (Fredegar, Chronicon IV 26, S.131).
[185] BM² 1282b.
[186] HLAWITSCHKA, Lotharingien 247.
[187] BM 1282a.
[188] Annales Fuldenses a.839, S.29. Allerdings ist ein Abschreibefehler (VII id. statt III id.) möglich (BM² 984e).
[189] Kapitular Nr.218 c.12 (MGH Capitularia 2, 96); Florus, Martyrologium 54.
[190] ABEL, Karl der Große 243f.

gischen Quellen um einen Überfall durch die Waskonen.[191] Die Auseinandersetzung fand am Samstag, dem 15. August, also dem Fest Mariä Himmelfahrt, statt.[192] Der Bezug zur Gottesmutter wurde noch dadurch verstärkt, daß der Samstag nach Meinung des im Frühmittelalter hochgeschätzten Papstes Gregor des Großen wie auch von Karls Hoftheologen Alkuin der Jungfrau Maria geweiht war.[193] Wenn es sich tatsächlich um einen Überfall handelte, dann unterlag die Wahl des Kampftages nicht der Entscheidung der Franken. Allerdings ist es auch denkbar, daß der Ausgang des Unternehmens dazu veranlaßte, den unglücklichen Verlauf der Heimtücke des Gegners anzulasten. Die Jungfrau Maria ist die Schutzheilige der durch die Franken zerstörten Stadt Pamplona.[194] Es ist also denkbar, daß die Waskonen das Marienfest zum Schlachtentag wählten, um sich für die Zerstörung der Stadt zu rächen. Beide Interpretationen haben einiges für sich. Gleichgültig, welcher man den Vorzug geben will, schließen beide Erklärungsmodelle aus, daß der Schlachttag auf purem Zufall beruhte.

Das Vorgehen Karls gegen die Awaren scheint sorgfältig vorbereitet worden zu sein. Am Ufer der Enns flehte das karolingische Heer durch dreitägige Litaneien vom 5. bis 7. September 791 und mittels Fasten, Almosengeben, Messen und Psalmengesang um einen Sieg über die Awaren.[195] Diese Form liturgischer Vorbereitung auf den Kriegszug scheint 791 zum ersten Mal praktiziert worden zu sein. Als Vorbild fungierten die in Byzanz praktizierten liturgischen Kriegsvorbereitungen.[196] Aber nicht nur die Formen der liturgischen Kriegsführung scheinen aus Byzanz zu stammen, sondern auch die durch die Wahl des Festtages angesprochene Schutzheilige des fränkischen Feldzuges. Die liturgischen Kriegsvorbereitungen Karls des Großen endeten am Mittwoch, dem 7. September. Der Grenzfluß Enns wird also wohl am nächsten Tag überschritten worden sein. Damit hätte Karl den Awarenfeldzug am Fest Nativitas Mariae begonnen.[197] Genau sie war es, die in Byzanz als Schutzpatronin gegen die Awaren galt.[198] Aus Byzanz erhielt Karl der Große eine kriegerische Darstellung Mariens.[199] An der Maria geweihten byzantinischen Hagia Sophia orientierte

---

[191] BM² 214i. So auch stellvertretend für die heutige Forschung BJÖRKMAN, Islam 675.
[192] PIPER, Karls des Grossen Kalendarium 27.
[193] SCHREIBER, Wochentage 30-33.
[194] ENGELS, ODILO: Pamplona, in: LThK 8, 1963, 17f.
[195] MGH Epistulae 4: Karolini aevi 2, hg. von ERNST DÜMMLER, Berlin 1895, S.528.
[196] McCORMICK, Victory 352-354.
[197] PIPER, Karls des Grossen Kalendarium 28. Einen gewissen kriegerischen Charakter scheint das Fest noch recht lange behalten zu haben. So fochten z.B. in Tirol die Knabenschaften an diesem Tag Kämpfe aus (WREDE, Mariä Geburt 1673).
[198] LEWIS, Virgo militans 82f.
[199] Ebd. 71-81. Sie will die Übersendung allerdings auf Grund der damals guten fränkisch-byzantinischen Beziehungen erst in die Zeit der Kaiserin Irene (797-802) datieren (ebd. 81-93). Zwar sieht auch sie einen Zusammenhang zwischen den Awarensiegen Karls und der Mariendarstellung, ihrer Meinung nach aber soll die Marienfigur nur an die Siege erinnern (ebd. 80f).

sich die Marienkapelle Karls in Aachen;[200] aus Blachernae, dem oströmischen Marienheiligtum, stammte die Kleiderreliquie in Aachen.[201] Auch ist bekannt, daß der sogenannte Talisman Karls des Großen ein Haar Mariens enthielt.[202] Am fränkischen Königshof war auch der byzantinische Akathistos-Hymnus bekannt, der Maria als "unbesiegbaren General" anspricht und am Fest Mariä Verkündigung (25. März) vorgetragen wurde.[203] Bei seinem Awarenfeldzug 791 vertraute Karl nicht nur auf die byzantinische Kriegsliturgie, sondern auch auf die byzantinische Schutzheilige gegen die Awaren. Sein Sohn Pippin hatte den Awaren nach seiner Grenzüberschreitung bereits am 23. August eine Niederlage beigebracht. Auch hier kann ein Bezug zur Marienverehrung aufgezeigt werden. Am 15. August feierten die Karolinger das Fest Mariä Himmelfahrt.[204] Die Oktavfeier fiel damit auf den 22. August,[205] einen Tag vor der Grenzüberschreitung Pippins. Der Königssohn wird also zunächst die Oktav gefeiert und erst in der Gewißheit des Schutzes der himmlischen Jungfrau die Grenze überschritten haben.[206] Die Übernahme der Verehrung Mariens als Kriegspatronin aus Byzanz kann angesichts dieser Vielzahl an Belegen als sicher gelten. Offen bleibt dagegen, wann diese Verehrung einsetzte. Sichergestellt ist, daß 791 beim Krieg gegen die Awaren byzantinische Liturgieformen Verwendung fanden und die Kriegsereignisse 791 im Zusammenhang mit den Festen der in Byzanz als Schutzheilige gegen die Awaren verehrten Maria standen. Spätestens nach dem erfolgreichen Abschluß der Operationen gegen die Awaren wird man im karolingischen Königshaus Maria als siegbringende Schutzpatronin anerkannt haben.

Für Mitte August 834, also wohl für das Fest der Himmelfahrt Mariens (15.8.), berief Kaiser Ludwig I. das Heer nach Langres, um Kriegssteuern zu erheben und gegen seinen Sohn Lothar vorzugehen.[207]

Karl der Kahle scheint auch in bezug auf die Wahl der Kriegstage seinem Großvater Karl nachgeeifert zu haben.[208] Der Kriegszug gegen die Bretonen, der

---

[200] STREICH, Burg und Kirche I, 14-19.
[201] LEWIS, Virgo militans 88. Zur Bedeutung des Heiligtums als Ziel von Triumphzügen nach militärischen Erfolgen s. McCORMICK, Victory 76, 142f, 208 und 249.
[202] SCHRAMM-MÜTHERICH, Denkmale Nr.17, S.120.
[203] LEWIS, Virgo militans 83-85.
[204] PIPER, Karls des Grossen Kalendarium 27.
[205] Obwohl das Oktavfest offiziell erst 847 von Papst Leo IV. (847-855) eingeführt wurde (KELLNER, Heortologie 179), verzeichnete bereits das um 800 entstandene Martyrologium im St. Gallener Codex 914 (MUNDING, Kalendarien I, 18f), das aus der Gegend um Auxerre stammt (ebd. I, 5f), das Oktavfest (ebd. I, 69); weitere Erwähnungen: ebd. II, 93.
[206] Ebenfalls an einem 23. August fand die Schlacht von Northallerton (1138) statt (DELBRÜCK, Kriegskunst III, 418).
[207] Annales Bertiniani a.834, S.9: "convocavit exercitum Lingonis medio mense Augusto".
[208] Das Falsum DKII 487 (II, 616-619) läßt Karl den Kahlen "in festivitate Beate Marie in mense februario" (2.2.) der Kirche von Connac a.d. Tarn in Aquitanien, die er im August 864 aus Spanien zurückkehrend auf dem Schlachtfeld gegen die Heiden gegründet habe, eine Schenkung machen. Auch wenn die Fälschung ein reines Phantasieprodukt ohne historischen

in der zweiten Augusthälfte des Jahres 850 stattfand, startete König Karl von Chambellay aus. In diesem Ort stellte er am 15. August 850 eine Schenkung für St. Maur-sur-Loire aus. Ein Zusammenhang von Kriegsbeginn und Marienfest ist also zu vermuten.[209] Genau ein Jahr später befand sich Karl wieder auf einem Feldzug gegen die Bretonen. Bei einem Halt in Juvardeil stellte er abermals ein Diplom aus, dieses Mal am Tag nach Mariä Himmelfahrt.[210] Am Oktavtag des Festes lieferte er den Bretonen bei Jengland eine Schlacht.[211] Seine Niederlage hielt ihn nicht davon ab, weiterhin in Maria seine Schlachtenhelferin zu erblicken, denn drei Jahre später, wieder am Oktavtag des Festes Mariä Himmelfahrt, scheint er seinen Feldzug gegen die Aquitaner begonnen zu haben. Zumindest datiert aus Tours ein Diplom Karls vom 22. August 854,[212] dem Oktavtag zum Himmelfahrtsfest Mariens. Und in Tours sammelte er wahrscheinlich seine Streitkräfte, um hier die Grenze nach Aquitanien zu überschreiten. In diesen drei Fällen liegt nicht nur ein Zusammenhang von Urkundenausstellung und Kriegsbeginn vor, wie bereits GILLMOR feststellte; denn den diplomatischen und kriegerischen Aktivitäten ist jeweils auch noch die Feier eines Mariengedenkens beizustellen.[213]

Der Feldzug Ludwigs des Deutschen gegen seinen westfränkischen Bruder Karl begann "mediante autem mense Augusto" 858 von Worms aus.[214] Trotz der nicht ganz exakten Datierung wird man auch das Marienfest am 15. August als Kriegsbeginn annehmen dürfen.

Das Fest Mariä Himmelfahrt im Jahre 871 war für Kaiser Ludwig II. kein Glückstag. Bei einer allgemeinen Volkserhebung wurde er gefangengenommen.[215]

Hintergrund sein sollte, ist die Verbindung von Marienfest als Schenkungstag und Schlacht interessant genug.
[209] GILLMOR, Warfare 106; DKII 134 (I, 354-356).
[210] DKII 140 (I, 368-370).
[211] GILLMOR, Warfare 109.
[212] DKII 167 (I, 438-442).
[213] GILLMOR, Warfare 128f, zum Aufbruch von Tours aus: "diplomas can indicate the point of departure as well as the itinerary and the chronology of a campaign ...". Auch sonst datiert GILLMOR den Zeitpunkt des Aufbruch anhand von Diplomen (ebd. S.102 und S.325). Möglicherweise war auch 868 ein Kriegsbeginn zum Marienfest geplant, als König Karl "medio mense Augusto" in Pîtres Jahresgeschenke empfing, Bauabschnitte für die Befestigung der Burg verteilte, den Bretonen Salomon als König anerkannte und ihm zur Bekämpfung der Normannen eine Heeresabteilung unter Führung seines Sohnes Karl schickte (Annales Bertiniani a.868, S.96f).
[214] Annales Fuldenses a.858, S.50; BM^2 1435b.
[215] BM^2 1251a. Allein nach den Annales Bertiniani a.871, S.118, fallen Erhebung und Gefangennahme des Kaisers nicht zusammen. Sie lassen sich den Kaiser drei Tage lang auf einem hohen Turm verteidigen und dann frei abziehen. Nach dieser Darstellung fand der Überfall nachts statt, nach Regino nachmittags (Regino, Chronicon S.103f). Auch die vereinzelt überlieferte Nachricht, daß der Kaiser 40 Tage lang in Gefangenschaft war, ist nicht glaubhaft. Bei diesen Angaben ist der symbolische Wert der heiligen biblischen Zahl 40 in Rechnung zu stellen. So dauert die Fastenzeit 40 Tage, Moses und Jesus waren 40 Tage in der

Am Reinigungsfest Mariens (2.2.) fanden in der zweiten Hälfte des 9. Jahrhunderts zwei kriegerische Auseinandersetzungen statt. 871 stürmte Kaiser Ludwig II. an diesem Tag das von den Sarazenen besetzte Bari.[216] Bei Hamburg versuchten die Sachsen unter Führung Bruns am 2. Februar 880 vergeblich, einen normannischen Einfall abzuwehren.[217]

11.6.3. Täuferfeste

Schon im sechsten Jahrhundert hatte Johannes der Täufer den Ruf, ein guter Beschützer im Kriege zu sein.[218] Vor allem in Byzanz wurde er als Kriegspatron geschätzt.[219] Das Patronat für Kriegsdinge verblieb ihm auch in der Karolingerzeit. Den ersten Beleg für einen Zusammenhang von Täuferfest und Krieg in karolingischer Zeit finden wir im Jahre 793. Liturgische Leistungen zur Unterstützung des intendierten Awarenkrieges sollten bis zu diesem Tag erbracht worden sein. In Byzanz war Johannes schon seit weit mehr als hundert Jahren als Beschützer gegen die Awaren bekannt.[220]
Mit dem Fest begann demnach der Kriegszug gegen die Awaren. Über das Schlachtangebot am 24. Juni 833 auf dem Rothfeld und die am Tag nach dem Geburtsfest des Täufers[221] stattgefundene Schlacht ist bereits an anderer Stelle gesprochen worden. Bereits 824 hatte Ludwig der Fromme auf diesen Termin eine Reichsversammlung berufen, um eine Fahrt gegen die Bretonen vorzube-

---

Wüste, und die Israeliten zogen 40 Jahre durch die Wüste. So ist die Zahl 40 "vor allem Zeichen des irdischen Lebens, der Bedrängnis und der Entsagung" (MEYER/SUNTRUP, Lexikon der mittelalterlichen Zahlenbedeutungen 710; s.a. MEYER, Zahlenallegorie 160f). Zum engen Zusammenhang von Rebellion und Fest (Rebellion als Fest wie auch Fest als Rebellionsbeginn) s. SCHRÖDER, HANS-CHRISTOPH: Der Pope's Day in Boston und die Verfassungsfeier in Philadelphia, in: Das Fest 244-257, 245.
[216] BM² 1246e.
[217] HARTHAUSEN, Normanneneinfalle 42-54. 1141 fand an diesem Tag die Schlacht bei Lincoln statt (DELBRÜCK, Kriegskunst III, 420).
[218] McCORMICK, Victory 343.
[219] Bereits Kaiser Theodosius hatte in der Johannes-Kirche des Hebdomon-Palastes um den Sieg gebetet. In Byzanz wurde das Fest im 6. Jahrhundert regelmäßig gefeiert. Am 24. Juni 793 veranstaltete Konstantin VI. einen Triumphzug, General Nicephorus zeigte auf einem Triumphzug Täuferreliquien und die byzantinischen Schilde zierten Darstellungen des Heiligen (McCORMICK, Victory 107, 205, 142, 168, 248; s.a. ebd. 155, 213 und 289).
[220] MGH Concilia 2.1, S.109: "Haec omnia, si Deo placuerit, pro domno rege et pro exercitu Francorum et praesente tribulatione missa sancti Iohannis sit completum." McCORMICK, Liturgy of War 10, bezieht das Kapitular auf den Awarenkrieg und datiert es ins Jahr 793, der Herausgeber WERMINGHOFF ordnet die Beschlüsse des "Concilium in Francia habitum" den Jahren "779? 780?" zu.
Johannes als Beschützer gegen die Awaren: McCORMICK, Victory 75.
[221] Spezifisch militärische Merkmale in der Verehrung sind aber kaum zu erkennen. Vielleicht bot das Schwert, durch das er umkam, Anlaß, ihn als Schutzpatron im Krieg zu verehren. In Brixen wurde ihm schon in agilolfingischer Zeit auf dem dortigen Schlachtfeld eine Kirche geweiht (MORSAK, Bayerische Pfalzkapellen 91).

reiten.[222] Im weiteren Verlauf des 9. Jahrhunderts blieb der Zusammenhang zwischen Krieg und dem Geburtsfest des Täufers erhalten. Unmittelbar nach der Feier des Festes brach Karl der Kahle (25.6.849) von Auzainville aus zum Feldzug nach Aquitanien auf.[223] An der Aisne besiegte König Odo 888 am besagten Festtag eine kleine Normannengruppe.[224] Ein weiteres kriegerisches Ereignis fand am Johannesfest statt: am 24. Juni 843 überfiel eine Gruppe von Normannen die Stadt Nantes und machte reiche Beute. Auf den ersten Blick scheint dieser Überfall nicht hierher zu gehören, da es sich ja um Normannen und nicht um Franken handelte, die den Überfall ausführten. Die Normannenschar stand nun aber in Verbindung mit dem Grafen Lambert von Nantes, der ihnen Diener mitgegeben haben soll, um sie zu führen.[225] Es kann also gut sein, daß auch die Zeitplanung auf Vorgaben Lamberts beruhte.

Auch im ostfränkischen Reich blieb das Täuferfest im Sommer für die Terminierung von Kriegszügen bestimmend. Karl der Dicke bestellte 882 für einen großangelegten Feldzug gegen die Normannen das Heeresaufgebot für das Johannesfest im Sommer.[226] Am gleichen Tag 891 versammelten sich die verschiedenen Teile der Streitkräfte des ostfränkischen Heeres am Geulenbach, und die Führer hielten Kriegsrat, wie weiterhin gegen die Normannen vorzugehen sei. Am nächsten Tag zogen die Ostfranken dann kampfbereit und mit fliegenden Fahnen in die Schlacht.[227] Im Jahre 900 wurde Bischof Liutward von Vercelli, einst einer der führenden Männer am Hofe Karls III., von den Ungarn erschlagen. Nach Regino begegnete er ihnen unversehens auf der Flucht, als er seine Reichtümer vor ihnen retten wollte.[228] Tatsächlich läßt der Bericht Reginos über den Tod Liutwards starke Antipathien Reginos gegen den Bischof von Vercelli

---

[222] BM² 785c; s.a. WEBER, Reichsversammlungen 69.
[223] GILLMOR, Warfare 104, 264. Karl marschierte über Tours nach Limoges, wo er Halt machte. Von hier aus sandte er Truppenteile nach Toulouse voraus. Es darf vermutet werden, daß der westfränkische König in Limoges noch das Fest des aquitanischen Heiligen Martialis am 30. Juni feierte (ALLEMANG, GEORG: Martialis, in: LThK 7, 1962, 112).
[224] Annales Vedastini a.888, S.65, bezeichnen ausdrücklich den Festcharakter des Tages ("die nativitatis sancti iohannis baptistae"). Dieser Sieg erhöhte Odos Ansehen beträchtlich und steht in unmittelbarem Zusammenhang mit seiner Anerkennung durch Arnulf (HLAWITSCHKA, Lotharingien 74f). Ungerechtfertigt ist sicher HLAWITSCHKAs Bezeichnung des Kampfes als "unerwartet", da sie sich weder durch die Quellen decken läßt noch durch die Terminierung wahrscheinlich ist.
[225] DÜMMLER, Ostfränkisches Reich I, 198f. Dabei handelte es sich nicht um den einzigen Überfall von Normannen an christlichen Feiertagen.
[226] WEBER, Reichsversammlungen 161.
[227] Regino, Chronicon a.891, S.136f.
[228] Regino, Chronicon a.900, S.150: "Liudwardus episcopus Vercellensis ecclesiae, Caroli quondam imperatoris familiarissimus et conciliarius a secreto, assumptis secum opibus atque incomparabilis thesauris, quibus ultra, quam estimari potest, habundabat, cum effugere eorum cruentam ferocitatem omnibus votis elaboraret, super eos inscius ac mox interficitur; opes, quae secum ferebantur, diripiuntur."

erkennen.[229] Es darf also vermutet werden, daß die bei Regino erwähnte Flucht Liutwards ein Stilmittel ist, um das Ansehen des Bischofs herabzusetzen. Demgegenüber kann der Todestag Liutwards (24.6.900)[230] als Hinweis darauf aufgefaßt werden, daß Liutward von Vercelli in einer bewußt angestrebten militärischen Auseinandersetzung gegen die Ungarn gefallen ist.[231] Am gleichen Tag des Jahres 906 kämpften wohl auch die Sachsen gegen die Ungarn.[232]
Eine weitere Schlacht gegen die Ungarn fand an einem Festtag des Täufers statt. Dabei handelt es sich um ein anderes Johannesfest, das der Empfängnis am 24. September.[233] Im Jahr 899 wurde König Berengar an diesem Tag von den Ungarn an der Brenta besiegt, nachdem er ihre Bitte um freien Abzug ausgeschlagen hatte.[234]
Wohl am Fest der Auffindung der Kopfreliquie des Täufers am 24. Februar, zugleich das Fest des Apostels Matthäus, begann Karl der Kahle 848 seinen Feldzug gegen die aufständischen Aquitaner.[235]
Möglicherweise sollte am Tag der Enthauptung des Täufers (29.8.) eine weitere kriegerische Aktion stattfinden. Zum Entsatz von Paris war König Karl III. im Jahr 886 mit einem starken Heer auf die Stadt vorgerückt. Den Grafen Heinrich schickte er mit einem Truppenteil voraus. Als der Graf einen Erkundungsritt unternahm, um zu erkennen, wo ein Angriff auf das normannische Lager am aussichtsreichsten sei und wo das eigene Lager aufgeschlagen werden könne, geriet er in einen Hinterhalt und wurde getötet. Sein Todestag ist der 28. August.[236] Der Erkundungsritt läßt vermuten, daß ein Angriff oder das Eintreffen des

---

[229] Bei der Darstellung der ungeheuren irdischen Reichtümer des Bischofs, ihres Verlustes und des Todes von Liutward scheint Regino die Jesusworte über die wahren Reichtümer vor Augen gehabt zu haben: "Sammelt eure Schätze nicht auf Erden, wo Motte und Wurm sie zerstören und wo Diebe einbrechen und stehlen. Sammelt euch vielmehr Schätze im Himmel, wo weder Motte noch Wurm zerstören und wo Diebe nicht einbrechen und stehlen. Denn wo dein Schatz ist, da wird auch dein Herz sein." (Mt 6,19-21). Im Gegensatz dazu trachtete Liutward "von ganzem Herzen danach ... seine unvergleichlichen Schätze ... mit sich zu nehmen." Damit mußte der Bischof dem Leser als Verächter des Gebotes Christi erscheinen. Als literarisches Vorbild für das angeblich unvorhergesehene Zusammentreffen mit den Ungarn kann das Gleichnis vom unerwarteten Tod des reichen Mannes gelten, der seine Reichtümer nutzlos angesammelt hat (Lk 12,16-21).

[230] DÜMMLER, Ostfränkisches Reich III, 508f.

[231] Kaiser Karl III., dessen Ratgeber Liutward war, kannte jedenfalls den Geburtstag des Täufers als Termin für militärische Angelegenheiten.

[232] DÜMMLER, Ostfränkisches Reich III, 546. Die Tagesangabe beim Annalista Saxo a.906, S.591: "Eodem anno Ungari fines Saxonie 8. Kal. Julii depopulati sunt, multos interfecerunt ...". Die Fixierung der Entvölkerung Sachsens auf einen Tag ist auffällig, da Verwüstung und Entvölkerung eigentlich einen größeren Zeitraum in Anspruch nehmen. Es ist also anzunehmen, daß die Verwüstung nach einer von den Sachsen verlorenen Schlacht am 24. Juni einsetzte. Im 14. Jahrhundert fanden an diesem Tag die Schlachten von Bannockburn und Sluis statt (ERBEN, Kriegsgeschichte 88).

[233] Usuardus, Martyrologium 308.

[234] DÜMMLER, Ostfränkisches Reich III, 507.

[235] GILLMOR, Warfare 102; Florus, Martyrologium 38.

[236] DÜMMLER, Ostfränkisches Reich III, 269.

Haupttheeres unmittelbar bevorstanden. Eine dieser Aktionen könnte dann für den nächsten Tag geplant gewesen sein.
Auch der Sonntag nach dem 29. August wurde für kriegerische Aktionen genutzt. An diesem Sonntag im Jahre 799, dem 1. September, fiel der kommandierende Heerführer, Graf Gerold, gleich zu Beginn einer Schlacht gegen die Awaren.[237] Ludwig der Fromme sah sich 839 genötigt, militärische Maßnahmen gegen seinen gleichnamigen Sohn zu treffen, weshalb er einen Heerestag ansagte: "circa Kalendas Septembris Cavallonem, ut condixerat, sibi obvios adesse praecepit."[238] Da Kaiser Ludwig in Châlon-sur-Saône bereits am 1. September urkundete, werden die Beratungen zu diesem Zeitpunkt schon beendet gewesen sein. Der wahrscheinlichste Termin für den Beginn des Heerestages ist somit der 29. August.[239]

11.6.4. Feste von Reichsheiligen

Der wichtigste Reichsheilige der Karolinger war der heilige Martin. Um seine Mantelreliquie, die "cappa", "richtig" aufzubewahren, wurde eine eigene Klerikergemeinschaft gegründet, aus der die später so bedeutende Hofkapelle hervorging.[240] Der Beweggrund für diese Aufmerksamkeit auf die Reliquie war der Wunsch nach Kampfeshilfe durch den heiligen Bischof von Tours.[241] Daß sich für seinen Festtag (11.11.) in karolingischer Zeit dennoch keine Schlachten nachweisen lassen, liegt sicher daran, daß das Fest sehr spät im Jahr gefeiert wird und die Feldzüge im allgemeinen um diese Zeit bereits beendet waren. Dennoch

---

[237] ABEL, Karl der Große 189-194. Die Zuweisung zu einem Festtag ist nicht ganz unproblematisch. Das Prophetenfest Jesu Nave kommt nicht in Frage, da Florus sein Martyrolog erst in den dreißiger Jahren des 9. Jahrhunderts schrieb. Das gilt auch für den Soldaten Longinus, der zum 1.9. zuerst im Martyrolog des Ado von Vienne (+ 875) auftaucht (MUNDING, Kalendarien II, 99). Bekannt war allerdings das Fest des Märtyrers Priscus (ebd. II, 99). Ein hohes Ansehen dürfte aber auch er erst durch die Meinung Ados, daß jener ein Jünger Jesu war, erlangt haben (FASOLA, UMBERTO M.: Priscus, in: LThK 8, 1963, 771). Zudem scheinen die Karolinger keine Reliquien von ihm besessen zu haben (SCHIFFERS, Reliquienschatz 81-83). Auch die Beziehungen Gerolds zur Reichenau lassen kein Nahverhältnis zu einem anderen Heiligen erkennen (BEYERLE, Kultur I, 342-429).
[238] Annales Bertiniani a.839, S.22. Daß die voraufgegangene Angabe, der Heerestag sei "Kalend. Septembribus" angesetzt worden (ebd. S.21), nicht wörtlich zu nehmen ist, wurde bereits in den methodischen Vorbemerkungen ausgeführt.
[239] BM^2 997c-d, 998 (967); SIMSON, Ludwig der Fromme II, 217-219. Nicht genau eingeordnet werden kann eine Heeresversammlung, die Kaiser Lothar im September 841 in Thionville abhielt. Das Passionsfest des Täufers selbst wird der Kaiser wohl für die Hochzeit seiner Tochter Helletrud, die im Reich Ludwigs des Deutschen stattfand, genutzt haben. Denkbare Versammlungstermine sind der Sonntag nach dem Johannesfest (4.9.) und das Fest der Geburt Mariens (8.9.), da Lothar I. seit dem 1. September in Thionville nachweisbar ist (DLoI 62 vom 1.9.841 aus Thionville).
[240] FLECKENSTEIN, Hofkapelle I, 11-43.
[241] NOBEL, Heiligenverehrung 23-29.

wird man nicht sagen können, daß das Martinsfest keinerlei Zusammenhang mit kriegerischen Ereignissen hat. Auf das Schlachtangebot vom 12.11.858 Ludwigs des Deutschen an Karl den Kahlen ist bereits eingegangen worden. Auf den Martinstag 832 berief Ludwig der Fromme eine Heeresversammlung nach Tours, um von hier aus gegen seinen Sohn Pippin vorzugehen.[242] Den gleichen Tag wählte Karl der Kahle für den Reichstag von 845 in Le Mans, in dessen Anschluß er gegen die Bretonen zu Felde zog.[243] Am Tag vor dem Martinsfest wurde ein Heer Kaiser Lothars I. bei Gaeta von den Sarazenen geschlagen. Da die zeitgenössischen Quellen die Niederlage auf einen Überfall durch die Sarazenen zurückführen,[244] ging die Initiative für diesen Kampf wohl von ihrer Seite aus; der Überfall setzt jedoch auch voraus, daß sich das fränkische Heer in unmittelbarer Nähe der Sarazenen befand, also selbst eine Schlacht anstrebte. Als Termin hätte sich ihnen dann der Martinstag angeboten.

Die am 4. Juli 907, dem Tag der Translation des heiligen Martin, erlittene Niederlage der bairischen Truppen in Pannonien bei Pressburg durch die Ungarn beruhte angeblich darauf, daß diese nachts heimlich die Donau überschreiten und die Baiern überraschen konnten. Angesichts des Schlachttermins erscheint diese Darstellung fraglich.[245]

Unbestritten ist die hohe Bedeutung des hl. Dionysius für die Karolinger. Kaiser Lothar I. drang etwa am 10. Oktober 840 mit der Überquerung der Seine in das Hoheitsgebiet seines Bruders Karl ein.[246] Damit wählte er für die Eröffnung des Krieges gegen seinen Bruder Karl den Festtag des Propheten Lot. Dieser Tag war zugleich der erste Tag nach dem Festgedenken für den Propheten Abraham und für den fränkischen Reichsheiligen Dionysius[247]. Die Zeitwahl wird man so verstehen dürfen, daß Lothar, der die letzten Jahre in Italien verbracht hatte und die Prophetenfeste wohl nicht als Feiertage kannte, am Tag nach der Feier des Reichsheiligen Dionysius zur Eroberung des Westreiches aufbrach. Eine besondere Feier des Dionysiusfestes (9.10.) ist auch deshalb anzunehmen, weil die Urkunden Lothars von diesem Tage an eine neue Datierungsformel bieten.[248]

---

[242] BM² 908a.
[243] GILLMOR, Warfare 98.
[244] BM² 1126a.
[245] DÜMMLER, Ostfränkisches Reich III, 548; zum Datum REINDEL, Liutpoldinger 62-70. Eine weitere Schlacht gegen die Ungarn fand am 5. Juli 1044 statt (ERBEN, Kriegsgeschichte 88). Für eine bewußte Tagewahl durch die Franken - und gegen einen ungarischen Überfall - spricht ein Zeugnis ganz anderer Art, das rund einhundert Jahre zuvor ausgestellt wurde. Vom 4.7.819 datiert eine Schenkung für das Bistum Freising. Diese wurde in Pannonien beim Kriegszug gegen den Slawenfürsten Liudewit ausgestellt (BITTERAUF, Traditionen Nr.419; zum Aufstand Liudewits: SIMSON, Ludwig der Fromme I, 149ff). Billigt man die Annahme, die Schenkung auf dem Kriegszug sei bewußt an einem Festtag des Kriegspatrons Martin ausgestellt wurde, liegt der Schluß nahe, daß Martin auch späterhin von den Baiern als Kriegspatron gegen pannonische Völkerschaften aufgefaßt wurde.
[246] GILLMOR, Warfare 15.
[247] Florus, Martyrologium 184.
[248] BM² 1073 (1039) vom 10.10.840 aus Ver.

Nach GILLMOR wählte König Karl der Kahle den 10. Oktober 856, an dem er in Chartres seine Getreuen um sich versammelt sehen wollte, um Maßnahmen gegen die Normannen zu treffen. Aller Wahrscheinlichkeit nach handelt es sich aber um den 11. Oktober, den ersten Sonntag nach dem Dionysiusfest.[249]
Die berühmteste Schlacht der Karolinger überhaupt dürfte der Sieg Karl Martells über die Sarazenen darstellen. Lange Zeit waren Ort und Tag der Schlacht vom Oktober 732 unbekannt. Erst der Hinweis BISCHOFFs auf Bleistifteinritzungen im Kalender des Bischofs Willibrord, der in engen Beziehungen zum Hausmeier stand,[250] brachte Licht in die Angelegenheit. Zu den 2. Iden des Oktober ist dort "pugna in nirac" eingetragen.[251] Inzwischen steht fest, daß sich diese Eintragung auf die Maurenschlacht bezieht.[252] Als Ort der Auseinandersetzung kann Nérac sur la Baisse gelten. Die Schlacht fand dort am 14. Oktober statt. Sieben Tage warteten die Sarazenen, ehe sie die rein defensiv eingestellten Franken angriffen. Fränkischerseits wird man nicht mit einem so zögerlichen Verhalten der Gegner gerechnet haben. Da die Nacht den Kampf beendete, begann sie wohl erst am Mittag oder Nachmittag. Der Kampftag selbst wird also bei den sieben Tagen mitgezählt worden sein. Dann wäre der 8. Oktober der Tag gewesen, an dem die beiden Heere sich begegneten. Das muß zugleich der Anmarschtag gewesen sein. Geht man davon aus, daß mit der Schlacht erst am Tag nach dem Anmarsch gerechnet wurde, erhält man den 9. Oktober als von den Franken ins Auge gefaßten Kampftag. Dies ist der Festtag des heiligen Dionysius, in dessen Kloster sich Karl Martell beerdigen ließ.[253]
Die Bedeutung des hl. Dionysius von Paris kann dazu geführt haben, daß auch seinen Namensvettern ein gewisses Maß an Verehrung entgegen gebracht wurde. Immerhin sind zwei Schlachten an Festtagen heiliger Dionysii geschlagen worden; beide übrigens im Ostreich, das nicht im Besitz des eigentlichen Dionysiusheiligtums war.[254] Am 27. Februar 906 fiel Graf Konrad in der

---

[249] GILLMOR, Warfare 133. Sie belegt ihre Datierung mit dem Verweis auf das Kapitular "Tercium Missaticum ad Aquitanos et Francos directum" (MGH Capitularia 2, 284f). Dort wird aber der "V. Idus Octob." (S.285.5f) als Termin angegeben, also der 11. Oktober.
[250] ANGENENDT, Willibrord 63-113.
[251] BISCHOFF, Einritzungen 92.
[252] So schon 1938 LEVISON, Calendrier de S. Willibrord 345f. Dagegen wandten sich LEVILLAIN/SAMARAN, Bataille de Poitiers 243-267. Der Auffassung von LEVISON zu ihrem Recht verhalf LOT, Bataille de Poitiers 51-59; s.a. NONN, Schlacht bei Poitiers 44, der mit den frühkarolingischen Annalen einen Samstag im Oktober als Kampftag annimmt. Auf einen Samstag fielen 732 der 11. (V Id. Oct. statt II Id. Oct.) und der 25. Oktober, der Festtag der Reichsheiligen Crispin und Crispinian.
[253] BM² 43a.
[254] Immerhin behauptete man in St. Emmeram zu Regensburg, dort und nicht in Paris ruhe der Leib des Heiligen. Diesen Anspruch sollten ein Translationsbericht und eine gefälschte Papsturkunde untermauern. Dem Translationsbericht zufolge erwarb König Arnulf die Dionysiusreliquien bei einem Kriegszug, der ihn bis vor die Tore von Paris führte. Die Angaben des Translationsberichts werden als unhistorisch bewertet (KRAUS, ANDREAS: Die Translatio s. Dionysii Aeropagitae von St. Emmeram in Regensburg (= SB der Bayr. Akad. der Wiss., Phil.-Hist. Kl., Jg. 1972, Heft 4, München 1972). Interessanterweise war es

Schlacht gegen den Babenberger Adalbert.[255] Wiewohl Graf Konrad Regino von Prüm zufolge vom Vorgehen des Babenbergers überrascht wurde, kann der Schlachttag auch als Tag des hl. Georg, eines Schutzheiligen der Konradiner, verstanden werden.[256] Am 20. November 900 errang ein bairisches Heer einen Sieg gegen die Ungarn.[257] Eindeutig ist der Bezug zur Dionysius-Verehrung jedoch auch in diesem Fall nicht, da in Baiern am 20. November auch das Fest des Freisinger Heiligen Korbinian gefeiert wurde.[258] Der bairische Bischof dürfte den Baiern wichtiger gewesen sein als der Namensvetter der Pariser Bischofs.
Am 26. Oktober 879 rückte Karl III. in Italien ein, um die Herrschaftsnachfolge seines Bruders Karlmann anzutreten. Dabei handelt es sich um den Tag nach dem Fest der Reichsheiligen Crispinus und Crispinianus. Die Tagewahl ist bemerkenswert, da das Zentrum ihrer Verehrung bei Soissons im Westfrankenreich zu suchen ist. Möglicherweise hängt die Tagewahl mit der voraufgegangenen Konferenz Karls III. mit den westfränkischen Königen Ludwig und Karlmann in Orbe zusammen.[259]
Am 23. September 858 brach Karl der Kahle die Belagerung der Normannen auf der Seineinsel Jeufosse ab, nicht ohne zuvor noch einen direkten Erobe-

---

aber gerade Arnulf, der auf seinem Zug gegen das in Belgien gelegene Winterlager der Normannen bei Löwen das Dionysiusfest feierte (DArn 93). In der Regensburger Pfalz befand sich hinter Arnulfs Thron ein Wandrelief mit der Darstellung des Heiligen; ihm gegenüber, aber auf der minderwertigen, linken Seite war ein Bild des hl. Emmeram zu sehen (GAMBER, Ecclesia Reginensis 167-169). Daß ein anderer Heiliger, noch dazu in Regensburg, dem heiligen Emmeram vorgezogen wurde, ist schon erstaunlich genug. Daß es ausgerechnet der traditionell (neben Martin) wichtigste westfränkische Reichsheilige war, muß doch nachdenklich stimmen. Zumindest das Bestreben, Dionysiusreliquien zu erwerben, wird man Arnulf unterstellen können.
[255] Regino, Chronicon a.906, S.151; BM² 2030b. Die bei Hrabanus, Martyrologium 25, aufgeführten Heiligen "In Thesalonica natale sanctorum Alexandri, Antrogoni, Habudantii. In Affrica Dionisii et aliorum xxiiii" sind eigentlich ohne Bedeutung.
[256] Im 8. Jahrhundert setzte sich in Rom am Donnerstag nach dem Sonntag Quinquagesima eine Feier in der Stationskirche St. Georg durch. Das Gedächtnis des legendarischen Offiziers Kaiser Diokletians erklärt die Wahl des Evangeliums (Heilung des Knechts des römischen Hauptmanns) (CHAVASSE, Osterkreis 241). Da auch die fränkischen Sakramentare die römischen Stationskirchen verzeichneten, wird das Georg-Gedächtnis dieses Tages auch im Frankenreich bekannt gewesen sein. Dem hl. Georg war die 910 gegründete konradinische Stiftung Limburg geweiht (EBERT, FERDINAND: Limburg, in: LThK 6, 1961, 1055f; GOETZ, Dux und Ducatus 316). Im Spätmittelalter besaß auch die Grablege Konrads, das Stift Weilburg, eine Arm-Reliquie des hl. Georg (STRUCK, Stiftsgründungen 41). Vermutlich verehrten die Konradiner den hl. Georg bereits vor der Schlacht von 906. Dafür spricht, daß Konrad die Schlacht trotz des Überraschungsmomentes offenbar bewußt anstrebte (Regino, Chronicon a.906, S.151: "Quod cum Cuonradus sero cognovisset, divisis sociis in tribus turmis ei incunctanter occurrit"). Ungewöhnlich wäre es jedenfalls, wenn der Tod Konrads die Verehrung eines Heiligen ausgelöst hätte, den der Gefallenen ganz offensichtlich nicht beschützt hatte.
[257] REINDEL, Luitpoldinger 25-32.
[258] LECHNER, Kirchenfeste 85; Hrabanus, Martyrologium 117.
[259] BM² 1588b, d.

rungsversuch unternommen zu haben, an dem sich auch der König in eigener Person beteiligte. Infolge eines Komplotts wurden die Sicherungsleinen des königlichen Schiffes gekappt, und der Angriff scheiterte.[260] Da das mißlungene Eroberungsmanöver und die Aufhebung der Belagerung in engstem Zusammenhang stehen, wird man den Angriff auf den 22. September datieren können. Dies ist der Festtag des Reichsheiligen Mauritius.[261]
Im Jahr 910 griffen die Magyaren das Heer König Ludwigs des Kindes "unverhofft" auf dem Lechfeld am Tag des hl. Nazarius von Lorsch an. Spätestens seit der Niederlegung von Ludwigs königlichen Vorgängern und Namensvettern in Lorsch wird man den Klosterheiligen zu den Reichsheiligen zählen dürfen.[262] Die bekannte Lechfeld-Schlacht von 955 war nicht die erste Auseinandersetzung mit den Ungarn[263], die in Zusammenhang mit dem Laurentiusfest stand. Schon 46 Jahre früher besiegte an der Rott ein bairisches Heer die Ungarn am Tag nach dem Laurentiusfest.[264] Der Sieg scheint die Alemannen ermutigt zu haben, im nächsten Jahr gleichfalls am Laurentiustag gegen die Ungarn anzutreten.[265] Eine kriegerische Dimension wird die Laurentius-Verehrung sogar noch eher gehabt haben, da der Heilige schon früh in den Herrscherlaudes als Schutzpatron der Königskinder und des Heeres angerufen wurde.[266]
Zeitlich nicht sicher festzulegen ist das Gefecht König Arnulfs gegen die Normannen im Herbst 891, eine Verbindung zum Emmeramfest am 22. September darf aber vermutet werden.[267]

---

[260] GILLMOR, Warfare 138f, 349f.
[261] Florus, Martyrologium 175.
[262] DÜMMLER, Ostfränkisches Reich III, 557f; Hrabanus, Martyrologium 56. In zwei karolingischen Laudes wurde der hl. Nazarius angerufen (OPFERMANN, Herrscherakklamationen 102f [ca. 800], 106f [ca. 860, St. Gallen]). Es ist zugleich der Tag nach dem Fest des Apostels Barnabas (Hrabanus, Martyrologium 56), von dem sich Heiltümer im karolingischen Reliquienschatz zu Aachen befinden (SCHIFFERS, Reliquienschatz 82).
[263] Zur Schlacht von 955: WEINRICH, Laurentius-Verehrung 45-66, und BEUMANN, Laurentius 238-275.
[264] DÜMMLER, Ostfränkisches Reich III, 555; REINDEL, Luitpoldinger 93f. Übrigens steht das exakte Datum der Schlacht von 955 durchaus nicht fest; der Kampf kann unmittelbar vor, am Tag oder am Tag nach dem Fest stattgefunden haben (WEINRICH, Lechfeldschlacht 296). Weitere Schlachten am 11. August schlug Heinrich IV. 1081 und 1086 (ERBEN, Kriegsgeschichte 88f).
[265] BM^2 2064a; DÜMMLER, Ostfränkisches Reich III, 557. Die Nachricht des Reichenauer Necrologs für den 12. Juni und den 10. August lauten gleichermaßen "Alamanni ab Ungaris occisi sunt" (MGH Necrologia Germaniae 1, hg. von FRANZ LUDWIG BAUMANN, Berlin 1888, S.276 und 278). Der 12. Juni ist zweifelsohne auf das Jahr 910 zu beziehen. DÜMMLER will die Nachricht vom 10. August nun aber auf das Jahr 955 beziehen, obwohl 955 die Ungarn besiegt wurden.
[266] Als Patron der Königskinder: 795-800, 858-867 (Ostreich) und 858-867 (Westreich); als Heerespatron: 865-866 (Italien) (OPFERMANN, Herrscherakklamationen 102, 106 und 109 bzw. 105. In Bayern scheint die Verehrung des Heiligen sogar bis in die Antike zurückzureichen (DIEPOLDER, Laurentiusverehrung).
[267] DÜMMLER, Ostfränkisches Reich III, 348-351, läßt Arnulf mit seinem Heer am 1. Oktober in Maastricht ankommen, wo er bis zum Ende des Monats auf die Normannen wartet.

11.6.5. Apostelfeste

Bei den Apostelfesten wird man zwischen den Festen der Apostelfürsten Petrus und Paulus und denen der übrigen Apostel unterscheiden können. Gerade um den Apostelfürsten Petrus und seine Familie hatten sich die Karolinger in besonderer Weise bemüht, wie aus der "Familienzusammenführung" vom Dionysiustag des Jahres 757 hervorgeht.[268] Daher wird man zu den Petrusfesten auch das Fest

---

Danach erst bauen die Normannen ihr Winterlager an der Dyle, wo dann "plötzlich" das deutsche Heer erscheint. Anhaltspunkte für den zeitlichen Ablauf bieten die Diplome DD.Arn 92-95. Danach ergibt sich folgendes Itinerar: 1.10.: in Maastricht (D.92), 9.10.: "iuxta Mosam fluvium" (D.93), 1.11.: in "Nouiomaco" (D.95). Die Schenkung von D.95 für "oratori nostri Eginolf" soll ebenfalls am 9. Oktober erfolgt sein (KEHR, S.139), während die Urkunde erst drei Wochen später ausgestellt wurde. Am 9. Oktober wurde das Fest des Reichsheiligen Dionysius gefeiert. Die Schenkungen an seinem Festtag lassen auf eine besonders großartige Feier im Feldlager (?) ("iuxta Mosam fluvium") schließen. Ein Zusammenhang der Feier des Reichsheiligen mit dem Vorgehen gegen die Normannen ist anzunehmen, aber ob die Feier vor oder nach der Schlacht stattfand, ist nicht ohne weiteres zu erkennen. Ein von DÜMMLER abweichendes Itinerar bietet VANDER LINDEN, Normands á Louvain 71-81. Er deutet "Nouiomaco" nicht als Nimwegen, sondern als Neumagen (S.78f; die Edition von KEHR geht auf diese Interpretation leider nicht ein) und kommt zu folgendem Königsweg: 21. Juli in Mattighofen, im August an der Maas, Ende August bzw. 2. Septemberhälfte Schlacht bei Löwen, dann Rückmarsch über Maastricht (1.10.), "an der Maas" (9.10.) und Neumagen (1.11.) (80f). Seinem Itinerarvorschlag folgen GANSHOF, FRANCOIS LOUIS: La Belgique carolingienne (Collection Notre Passé) Brüssel 1958, 44, und D'HAENENS, Invasions 57-59, die den 31. August als Schlachttag annehmen. Zwar wird am 1. September in Löwen seit langer Zeit ein "Omgang" gefeiert, dessen Anfänge aber wohl nicht mit den Litaneien Arnulfs nach der Schlacht zusammenfallen (VANDER LINDEN, Normands á Louvain 76-78), die ja in der zweiten Hälfte eines Monats, aber vor einem Monatsbeginn stattgefunden haben müssen (Annales Fuldenses a.891, S.121: "Eodem in loco die ... Kal. ... letanias rex celebrare praecipit"). Es ist außerdem zu bezweifeln, daß Arnulf sofort gegen die Normannen vorging, da er so lange in seinem Feldlager wartete, daß sie bereits wieder ihre Beutezüge aufnahmen (BM[2] 1865a). Damit käme die zweite Septemberhälfte oder der Oktoberbeginn in Frage. Für eine Datierung in die zweite Septemberhälfte spricht, daß sich Arnulf mit dem Bischof von Toul aussöhnte und der "orator" Eginolf am 9. Oktober eine königliche Schenkung erhielt. Letzteres kann als Dank für besonders intensive Kampfeshilfe mittels Gebet (vgl. Ex 17,8-16) verstanden werden (zur liturgischen Kampfeshilfe: McCORMICK, Liturgy of War und DERS., Witness). Die Schlacht wäre dann zwischen dem 15. und 31. September geschlagen worden. In die zweite Septemberhälfte fällt das Fest von Arnulfs Schutzpatron Emmeram. Emmeram und Dionysius, dessen Fest auf dem Normannenzug durch D.93 sicher belegt ist, betrachtete Arnulf als persönliche Schutzpatrone, deren Bildnisse er in seiner Regensburger Pfalz hinter seinem Thron anbringen ließ (GAMBER, Ecclesia Reginiensis 167-181). Eine Beziehung zwischen Dionysius, dem Emmeramfest (22.9.) und der Normannenschlacht darf also angenommen werden. Wenn DÜMMLER recht hat, daß die eroberten Fahnen nach Regensburg geschickt wurden, dann sicher nicht, um es als Hauptstadt anzuerkennen (DÜMMLER, Ostfränkisches Reich III, 351), sondern um dem dort residierenden heiligen Emmeram zu danken.

[268] An diesem Sonntag wurden die Gebeine der Petrus-Tochter Petronilla in die ihrem Vater geweihte Kirche übertragen. Diese Translation war 754 zwischen dem Frankenkönig Pippin und Papst Stephan vereinbart worden (ANGENENDT, Mensa Pippini Regis 54).

seiner Tochter Petronilla (31.5.) und seines Bruders Andreas (30.11.) zählen dürfen. Auf den Zusammenhang des Petrusfestes mit der Auseinandersetzung auf dem Rothfeld bei Colmar ist bereits eingegangen worden. Im Jahre 900 fand am Festtag des Apostelfürsten eine Schlacht zwischen dem Heer von Venetien und den Ungarn statt.[269] Kurioserweise wählte der Heerführer der Venezianer, der Doge Petrus, damit den Festtag seines eigenen Namenspatrons zum Schlachttag. Der persönliche Bezug zum himmlischen Pförtner wird hier gegenüber der politische Dimension der Petrusverehrung dominieren.

Am Vigiltag zum Petrusfest 896 hatte der westfränkische Graf Heribert II. von Vermandois den Grafen Rudolf von Flandern, einen Enkel Karls des Kahlen, in einer Schlacht getötet.[270]

Die Vernichtung einer fränkischen Heeresabteilung am 6. Juli 792 erscheint in fränkischen Quellen als Folge eines sächsischen Überfalls.[271] Bei dem Kampftag handelt es sich um den Oktavtag der Feier des Apostelfürsten. Es erscheint reichlich unwahrscheinlich, daß von den Sachsen die Initiative zu einem Kampf an einem Tag ausging, der in Beziehung zu dem Apostel stand, welcher seit langem als Beschützer und Kampfgenosse des fränkischen Heeres bekannt war.[272] Um sich die Gunst des Himmelspförtners zu bewahren, hatten die Franken sogar mit den Langobarden, ihren langjährigen Verbündeten, gebrochen.[273] Unvermutet konnte der Kampf den Franken ohnehin nicht kommen, da die Kriegstaktik der Sachsen in erster Linie darauf ausgerichtet war, den Franken zunächst den Zugang zu ihrem göttlichen Machtpotential abzuschneiden. Die Zerstörung der Kirchen und die Vertreibung ihrer Priester kann den Franken nicht entgangen sein,[274] zumal die Schlacht erst sechs Wochen nach dem Kriegsaus-

---

[269] DÜMMLER, Ostfränkisches Reich III, 509.

[270] Annales Vedastini a.896, S.78; Annales Blandinienses a.896, S.15. GRIERSON, Evrard de Frioul 252-255.

[271] "Überfallen" wurden die Franken auch nach Meinung von ABEL/SIMSON, Karl der Große 37; s.a. die Darstellung von BM² 317b. Den Tag der Niederlage bieten die Annales sancti Amandi a.792, S.14: "Saxones interfecerunt Francos super fluvio Alpia prope mare, pridie Non. Iul. feria 6." Auf das gleiche Ereignis bezieht sich die Nachricht der Annales Moselliani a.791, S.498: "Ibique [Reganesburg] eodem exercitus Francorum tempore aestivo more solito convenit, excepto, quod quaedam pars exercitus eius, quae per Frisones et Saxones navigio venire debuit ab eisdem decepta est gentibus et magna ex parte peremptа, quique etiam caede peracta rursum pagani effecti sunt."

[272] SCHÜTZEICHEL, Macht 312-314. So erhielt bereits im frühen 8. Jahrhundert das strategisch wichtige Kloster Novalese das Petruspatrozinium (BRUNNER, Heres michi es tu 439).

[273] HALLER, Papsttum I, 423f; zur Petrusverehrung der Franken: ebd. I 406-411 und 416-420.

[274] Die Annales Laureshamenses a.792, S.35, berichten: "Sed et missos suos ad Avaros transmittentes conati sunt inprimis rebellare contra deum, deinde contra regem et christianos". Daß es sich hier nicht um eine Floskel handelt, belegt die Fortsetzung: "omnes ecclesias, quae in finibus eorum erant, cum destructione et incendio vastabant, reiicientes episcopos et presbyteros, qui super eos erant, et aliquos comprehenderunt necnon et alios occiderunt et

bruch stattfand.[275] Wenn die Franken aber einen unvermeidbaren Kampf auf sich zukommen sahen, der dann am Oktavtag ihres mächtigen Helfers Petrus stattfand, kann angenommen werden, daß der Kampftag von den Franken bestimmt wurde. Der Bericht von einem Überfall kann dann nur die Funktion haben, die Niederlage zu beschönigen.

Am Fest des Apostels Andreas (30.11.) 879 traten die westfränkischen Könige Ludwig und Karl gemeinsam gegen die Loirenormannen an.[276]

Am 1. Juni 864, einen Tag nach dem Gedächtnis der Petrustochter Petronilla, hielt Karl der Kahle eine Heeresversammlung in Chartres ab, um Verteidigungsmaßnahmen gegen die Normannen zu ergreifen.[277]

Als Tag der Ankunft des Heeres in Pavia bestimmte Kaiser Lothar I. den Tag der Bekehrung des Apostels Paulus 847, um von dort aus zu einem Kriegszug gegen die Sarazenen in Benevent aufzubrechen.[278] Den Krieg gegen Ungläubige am Tage einer Bekehrung zu beginnen, beschwört geradezu die Hilfe Gottes, um dem Zeitenlauf eine Wende zu geben.[279]

Daß die Feier des Erzmärtyrers Stephanus von Karl dem Großen zur Propaganda seines Sachsenkrieges eingesetzt wurde, ist bereits angeschnitten worden. Schlachten an diesem Fest wagte man aber erst gegen Ende des Jahrhunderts. Eine Parallele zur Zeit Karls des Großen findet sich aber doch, handelte es sich seinerzeit bei den Sachsen um Heiden, so handelt es sich bei den Gegnern in den anderen Fällen gleichfalls um Ungläubige. König Ludwig der Stammler stritt an diesem Tag des Jahres 881 bei Saucourt gegen die Normannen,[280] und die Sachsen wurden 908 am Tag der Auffindung der Stephanusreliquien von den Ungarn besiegt.[281]

Zum 16. Februar sind im Möllenbecker Totenbuch eine Reihe von Kriegern eingetragen, die "im ersten Krieg, den König Ludwig führte, als er zu regieren

---

plenissime se ad culturam idolorum converterunt." Der Ausschaltung der christlichen numinosen Macht entspricht also auch der Versuch, die Machtfülle der eigenen Götter durch besonders intensive Verehrung zu gewinnen. Die Vernichtung gegnerischer Heilszentren war bereits zu Beginn des Sachsenkrieges das primäre Kriegsziel der Gegner (KAHL, Eskalation 55-60, 62f) Dabei wird es sich nicht um eine Sondererscheinung gehandelt haben, da schon die Operationen der Sarazenen auf die Zerstörung der fränkischen Heilszentren in Poitiers (St. Hilarius) und Tours (St. Martin) abzielten (Fredegar, Continuationes 13, S.175).

[275] Die Sachsen begannen den Aufstand "propinquante aestivo tempore" (Annales Laureshamenses a.792, S.35). Karls Kalendar datiert den Sommeranfang auf den 24. Mai (PIPER, Karls des Grossen Kalendarium 24).

[276] Die Annales Bertiniani a.879, S.150, geben das Datum ausdrücklich als Heiligenfest und nicht in der üblichen römischen Datierung an: "in die missae sancti Andreae eos intervenientes".

[277] Annales Bertiniani a.864, S.72; GILLMOR, Warfare 157.

[278] Kapitular Nr.203 c.9 (MGH Capitularia 2, 67).

[279] Es sollte außerdem noch ein dreitägiges Fasten für einen glücklichen Ausgang des Krieges abgehalten werden (ebd. c.13, S.67).

[280] DÜMMLER, Ostfränkisches Reich III, 153-156.

[281] DÜMMLER, Ostfränkisches Reich III, 551f.

begann", getötet wurden. Dieser Kampf ist auf das Jahr 901 zu beziehen.²⁸² Für diesen Tag verzeichnet das Martyrolog des Hrabanus Maurus den Apostel Onesimus²⁸³.
Am Tag des Apostels Jakobus Alpheus 910 verlor der Konradiner Gebhard sein Leben bei dem Versuch, die Ungarn bei Loiching aufzuhalten.²⁸⁴
Auf den Tag nach dem Bartholomäusfest berief Karl der Kahle eine Heeresversammlung nach Chartres ein, um von dort aus gegen den Bretonenhäuptling Salomon vorzugehen.²⁸⁵

11.6.6. Prophetenfeste

11.6.6.1. Prophetenfeste in den Martyrologien

Die Prophetenfeste sind kein ursprünglicher Bestandteil der Martyrologien. So kennen weder der Kalender des Willibrord²⁸⁶ noch der Karls des Großen²⁸⁷ Gedenktage der Propheten. Ebensowenig sieht das Gregorianische Sakramentar Meßfeiern für alttestamentliche Gestalten vor.²⁸⁸ Im ostfränkischen Bereich verzeichnet erst das zwischen 843 und 854 geschriebene Martyrolog des Hrabanus Maurus eine Reihe von alttestamentlichen Gestalten.²⁸⁹ In der westfränk-

---

²⁸² HEUTGER, NIKOLAUS C.: Das Stift Möllenbeck an der Weser. Kanonissenstift. Windesheimer Kongregation. Evangelisches Stift, Hildesheim ²1987, 11.
²⁸³ Hrabanus, Martyrologium 22.107. Es handelt sich dabei zugleich um den Festtag der hl. Juliana und den Freitag nach Aschermittwoch.
²⁸⁴ DÜMMLER, Ostfränkisches Reich III, 558; Hrabanus, Martyrologium 60. Zehn Tage zuvor hatte König Ludwig eine Schlacht auf dem Lechfeld verloren. Möglicherweise spielte auch bei dessen Tagewahl ein Apostelfest eine Rolle: am Tag vor der Schlacht wurde des Apostels Barnabas gedacht, von dem die Karolinger gleichfalls Reliquien besaßen (DÜMMLER, Ostfränkisches Reich III, 557f; Hrabanus, Martyrologium 56, SCHIFFERS, Reliquienschatz 82).
²⁸⁵ GILLMOR, Warfare 177; am 25. selbst wird des hl. Genesius gedacht (Florus, Martyrologium 155-157). Reliquien des Bartholomäus müssen im Besitz der Karolinger gewesen sein (SCHIFFERS, Reliquienschatz 35f).
²⁸⁶ WILSON, Calendar 3-14.
²⁸⁷ PIPER, Karls des Grossen Kalendarium 20-31.
²⁸⁸ DESHUSSES, Sacramentaire grégorien 85-301, 609-671; bezeichnenderweise kennt das römische Sakramentar für sie kein allgemeines Meßformular wie für andere Heiligengruppen (ebd. 671-676); dies gilt auch für die Zufügungen durch Benedikt von Aniane (ebd. 412-416).
²⁸⁹ Aaron sacerdos (1.7.), Abacuc propheta (15.1.), Annanias, Azarias et Misael (24.4.), Daniel propheta (21.7.), David rex (29.12.), Eliseus propheta (14.6.), Esaias propheta (6.7.), Ezechiel propheta (10.4.), Ieremias propheta (1.5.), Machabei (1.8.), Michaeas propheta (15.1.), Samuel propheta (20.8.), Zacharias propheta (6.9.). Als Propheten betrachtet Hraban auch den im Neuen Testament vorkommenden Simeon: Simeon propheta (5.1.; 2.2.). Da er diesen nicht aus westfränkischen Vorlagen kennen konnte, wird die Aufnahme dieses Heiligen vielleicht auf seine Verehrung in Prüm zurückzuführen sein, das seit 852 einen Fuß von ihm besaß (HAUBRICHS, Prüm 125 und 179). Allerdings fällt auf, daß des Simeon in Prüm an keinem der bei Hrabanus vermerkten Termine gedacht wurde (ebd. 128, 146f).

ischen Liturgie fanden Personen des Alten Testaments wesentlich eher Aufmerksamkeit. Florus von Lyon (+860) erweiterte im Anschluß an das Martyrolog Bedas (+725)[290] die Liste Mitte der dreißiger Jahre des 9. Jahrhunderts um etliche alttestamentliche Gestalten.[291] Auf diesem Martyrologium aufbauend fand Bischof Ado von Vienne (+ 875) weitere alttestamentliche Heilige, die er in sein Werk aufnahm.[292] Zwischen 865 und 870 erhöhte Usuard die Zahl der alttestamentlichen Heiligen in seinem Martyrolog noch einmal.[293] Der dauernde Ausbau der Martyrologien auf diesem Gebiet belegt ein gesteigertes Interesse an den Festen der Propheten im westfränkischen Raum seit den dreißiger Jahren des 9. Jahrhunderts.

11.6.6.2. Schlachten an Prophetenfesten

Am 14. Juni, dem Tag des Propheten Eliseus,[294] fanden zwei Schlachten statt. 844 besiegten bei Angoulême König Pippin von Aquitanien und William von Septimanien ein Heer Karls das Kahlen, das diesen bei der Belagerung von Toulouse unterstützen sollte.[295] Zweiundzwanzig Jahre später bekämpften sich an diesem Tag die Grafen Emeno von Angoulême und Graf Landrich von Saintoge.[296]

Zur Datierung s. die Einleitung der Herausgebers S.XXXVII-XXXIX.
[290] Er vermerkte die Gedenktage der Propheten Daniel (21.7.), Isaias (6.7.), Hiezechiel (10.4.) und Hieremias (1.5.). Eine Überarbeitung fügte die Makkabäer (1.8.), Samuel (20.8.) und Sacharja (6.9.) hinzu (nach DUBOIS/RENAUD, Edition pratique).
[291] Florus von Lyon verfaßte kurz vor 837 sein Martyrolog (Florus, Martyrologium VI). Zum selben Datum wie Hrabanus Maurus gedachte Florus: Aaron sacerdos (1.7.), Abacuc propheta (15.1.), David rex (29.12.), Micheas propheta (15.1.), Samuel propheta (20.8.). Darüber hinaus trug Florus in sein Gedenkbuch ein: Abraham patriarcha (9.10.), Ihesus Nave propheta (1.9.), Iob propheta (10.5.), Loth propheta (10.10.), Moyses propheta (4.9.). Ob ihm Zacharias pater Johannis Baptistae (5.11.) als Prophet galt, muß offen bleiben. Der Jüngling im Feuerofen wollte er dagegen erst am 16. Dezember gedacht wissen. Dem Propheten Daniel gestand er zwei Feiertage zu (21.7., 11.12.), den Simeon aus dem Neuen Testament, den Hraban als Propheten verehrte, verzeichnet Florus nicht.
[292] Er fügte folgende Propheten hinzu: Agabus (13.2.), Manahen (24.5.), Aggeus und Hosea (4.7.), Joel (6.7.), Esra und Joel (13.7.), Gideon (1.9.). Simeon, der Jesus im Tempel begegnet, betitelt er lediglich als Symeon senex und gedenkt seiner - anders als Hraban - am 8. Oktober (QUENTIN, Martyrologes 483-485).
[293] Usuard schenkte sein Martyrolog Karl dem Kahlen zwischen 865 und 870 (Usuardus, Martyrologium 134-137). Er verlängert die Liste der zu gedenkenden Propheten um drei weitere Namen: Abdias propheta (14.6.), Amos propheta (31.3.), Anna prophetissa (1.9.).
[294] Florus, Martyrologium 107.
[295] GILLMOR, Warfare 90-92. Die Fuldaer Annalen datieren die Schlacht allerdings auf den 7. Juni (Annales Fuldenses a.844, S.34). Für den 14. Monatstag plädierte bereits DÜMMLER, Ostfränkisches Reich I, 247.
[296] GILLMOR, Warfare 173 und 374.

Am 1. Mai 852, dem Gedenktag des Propheten Jeremias, einem Sonntag, tötete Graf Gauzbert von Maine den Grafen Lambert von Nantes in der Schlacht.[297] Die drei neustrischen Grafen Gauzfried, Rorich und Heriveus lieferten am Davidstag, nämlich dem 29. Dezember des Jahres 865, einer Gruppe von Normannen ein Treffen.[298] Am 10. April 882 stellte sich das gemeinsame Heer der Bischöfe von Metz und Trier den von Trier abrückenden Normannen bei Remich entgegen. Bei dem 10. April handelt es sich um den Tag des Propheten Ezechiel.[299] Zwei weitere Schlachten fanden an den Gedenktagen von Propheten statt. Dennoch ist nicht ganz sicher, daß der Bezug zu den Prophetenfesten den Ausschlag für die Tageswahl gab, da an diesen Tagen zugleich Ortspatrone gefeiert wurden. Vielleicht war es gerade die Kombination beider Feste, die diese Tage als für Schlachten besonders geeignet erscheinen ließ. An beiden Schlachten war Graf Rainald von Herbauge beteiligt. Am 20. August 835, dem Tag des Propheten Samuel,[300] wagte Graf Rainald von Herbauge auf der Insel Noirmoutier den Kampf gegen einen Normannentrupp und fügte ihm schwere Verluste zu.[301] Das dortige Kloster war vom hl. Philibert gegründet worden, hier ruhten bis 836 seine Gebeine. Auch sein Festtag wird am 20. August gefeiert.[302] Die Schlacht am 24. Mai 843 bei Messac nahe Nantes gegen die Bretonen ging für Graf Rainald weniger günstig aus. Als er die Bretonen unter Nominoe fast niedergekämpft hatte, griff ihn der mit den Bretonen verbündete Lambert, Graf von Nantes, überraschend von hinten an[303]. Am Schlachttag wurde des neutestamentlichen Propheten Manahen gedacht,[304] in Nantes zugleich aber auch der Märtyrer Donatianus und Rogatianus.[305]

---

[297] GILLMOR, Warfare 112; Florus, Martyrologium 77. An diesem Tag wird zugleich der Apostel Philippus und Jacobus gedacht (ebd. 77).
[298] GILLMOR, Warfare 172; Florus, Martyrologium 4.
[299] DÜMMLER, Ostfränkisches Reich III, 162. Der Prophet Ezechiel ist bereits in Bedas Martyrolog vermerkt (Beda, Martyrologium 59). Andere Heilige kommen nicht in Frage, da die Kalender beider Bistümer für diesen Tag kein Diözesanfest bieten (GROTEFEND, Zeitrechnung II.1, 126 und 188). Auch die Tatsache, daß es sich um den Dienstag nach Ostern handelt, scheint keine ausreichende Erklärung für die Tageswahl darzustellen. Dagegen ist das Ezechielfest in einem Kalendar der Trierer Abtei St. Maximin, welches aus dem 10. Jahrhundert stammt, vermerkt (MIESGES, Trierer Festkalender 42).
[300] Florus, Martyrologium 153.
[301] DÜMMLER, Ostfränkisches Reich I, 196.
[302] BÖHNE, Philibert 446f. Der Sieg muß nicht von Dauer gewesen sein, da die Translation von 836 der militärischen Aufgabe der Insel gleichkam. Die Mönche hatten sich bereits 834 nach Déas zurückgezogen. Daß die Translation von 836 und die militärische Aufgabe des Stützpunktes zusammenfielen, zeigt zugleich, daß die Anwesenheit des Heiligen im Frühmittelalter Voraussetzung des Kampfes war (NOBEL, Königtum I, 197f).
[303] GILLMOR, Warfare 75-78, widerlegt die Darstellung von DÜMMLER, Ostfränkisches Reich I, 198.
[304] So zuerst im Martyrolog des Ado von Vienne (QUENTIN, Martyrologes 484).
[305] TURCK, ULRICH: Donatian, in: LThK 3, 1959, 504.

Auf den Überfall Karls des Kahlen auf seinen Bruder Ludwig den Deutschen am Tag der Propheten Abacuc et Micheas 859 ist bereits oben eingegangen worden. Einen weiteren Karolinger überfiel Karl an einem Tag, den er eventuell als Prophetentag ansah. Dabei handelt es sich um den Kampf mit König Ludwig dem Jüngeren, der am 8. Oktober 876 ausgetragen wurde. Für diesen Tag verzeichnet das für Karl angelegte Martyrolog des Usuard den heiligen Simeon, der Jesus im Tempel aufnahm (Lk 2,22-35), jedoch ohne ihn als Propheten zu bezeichnen, wie es Hrabanus Maurus in seinem Martyrolog tat.[306] Mehr Gewicht wird aber wohl auf die Feier des hl. Demetrius am selben Tag zu legen sein.

11.6.6.3. Kriegsbeginn an Prophetenfesten

Eine Reihe von Prophetenfesten steht am Beginn kriegerischer Auseinandersetzungen der Karolingerzeit. Der erste kriegerische Akt, der auf einen Prophetentag fällt, ist die Einberufung einer Heeresversammlung auf den 1. September 832, einen Sonntag, nach Orléans durch Kaiser Ludwig, um seinen Sohn Pippin von Aquitanien zum Gehorsam zu zwingen.[307] Auf diesen Tag, dem des Propheten Jesus Nave,[308] berief 856 König Karl der Kahle eine weitere Reichsversammlung, um gegen die Normannen vorzugehen.[309] Für einen Kriegszug gegen die Bretonen sagte derselbe König eine Heeresversammlung für den 1. August 866 an. Dieser Tag gedachte der Makkabäer, jüdischen Brüdern und Widerstandskämpfern, die seinerzeit den Kampf gegen das Seleukidenreich geführt hatten.[310] Am 31.3.841 überquerte Karl der Kahle die Seine beim Kloster St. Wandrille und eröffnete damit den Kampf gegen Graf Gerard von Paris, den Verbündeten Kaiser Lothars. Die Übersetzung gestaltete sich schwierig, da die Wachen Gerards alle Schiffe und Brücken zerstört hatten; erst oberhalb von Rouen fand Karl einige Kaufschiffe, mit deren Hilfe er übersetzen konnte.[311] Trotz solch widriger Umstände kann die Zeitplanung nicht allein von militärischen Gesichtspunkten diktiert worden sein, da Karl noch Zeit genug für einen fünftägigen Aufenthalt im Kloster St. Wandrille fand.[312] Der Tag der

---

[306] Usuardus, Martyrologium 316: "Natalis beatissimi senis Symeonis, qui in evangelio legitur Dominum suscepisse in ulnis." (zum 8.10.); Hrabanus, Martyrologium 7: "Hierosolima depositio Simeonis prophetae, qui Dominum Iesum infantem suis ulnis portavit et benedixit." (zum 5.1.)
[307] BM² 906a; SIMSON, Ludwig der Fromme II, 23-26. Es ist zugleich der 1. Sonntag nach dem Fest der Enthauptung des Täufers. Zu erwägen ist auch, ob die Kalendenangabe nicht lediglich den Zeitraum des Monatswechsels meint, dann kommt der Passionstag des Täufers in Betracht.
[308] Florus, Martyrologium 162.
[309] DÜMMLER, Ostfränkisches Reich I, 415f.
[310] DÜMMLER, Ostfränkisches Reich II, 166; Florus, Martyrologium 140.
[311] GILLMOR, Warfare 20f, 286 mit der Angabe 1. April. Die Datierung nach DÜMMLER, Ostfränkisches Reich I, 149.
[312] GILLMOR, Warfare 21.

Übersetzung war dem Gedächtnis des Propheten Amos geweiht.[313] Am 1. Juli, dem Festtag des Propheten Aaron,[314] scheint König Karl 858 die Belagerung der Normannen auf der Insel Jeufosse begonnen zu haben.[315] Zusammenfassend wird man festhalten müssen, daß das liturgische Interesse an den Prophetengestalten kein rein abstrakt theologisches war, da eine ganze Reihe von Schlachten an Festtagen dieser Heiligen stattfand, die militärische Planung sich also am Heiligenkalender und den diesbezüglichen Neuerungen orientierte. Möglicherweise war der Zusammenhang ein wechselseitiger und die Suche der Liturgiker nach neuen Prophetenfesten ein Reflex auf die Notwendigkeit, militärisch erfolgversprechende Tage zu finden.

11.6.7. Orts- und Regionalfeste

Neben den beiden schon erwähnten Kämpfen des Grafen Rainald von Herbauge ist eine Schlacht bei Brissarthe zu nennen. Hier verlegte Graf Robert der Starke am 15. September 866 einem von der Plünderung Le Mans zurückkehrenden Trupp aus Bretonen und Normannen den Rückweg zu den Schiffen.[316] An diesem Tag wird in Maine das Fest des Märtyrers Valerianus begangen.[317]
Eine weitere Schlacht scheint für den Tag eines Ortspatrons geplant gewesen zu sein. Im Herbst/Winter 845 suchte Karl der Kahle, die Bretagne seiner Herrschaft zu unterwerfen. Auf seinem Feldzug wurde er Ende November bei Vannes in sumpfiges Gebiet abgedrängt und von den Bretonen eingeschlossen. Karl versuchte am 22. November einen Ausbruch, bei dem er persönlich zwar entkam, sein gesamtes Heer aber aufgerieben wurde. Am nächsten Tag wurde das Fest des Papstes Clemens gefeiert.[318] Dieser Heilige wird seit alters im westlichen Frankreich hoch verehrt.[319] Es ist also durchaus denkbar, daß die Bretonen die

---

[313] Usuardus, Martyrologium 204.
[314] Florus, Martyrologium 118.
[315] GILLMOR, Warfare 137 und 349, scheint sich bei der Datierung auf die Abschätzung der Reisezeit und der Angabe "mense Iulio adgreditur" in den Annales Bertiniani a.858, S.50, zu stützen.
[316] GILLMOR, Warfare 173f.
[317] Florus, Martyrologium 170. Es ist denkbar, daß es bei der Tageswahl eine Rolle spielte, daß sowohl Donatianus und Rogatianus als auch Valerianus Märtyrer waren, die durch Waffen zu Tode kamen (Usuardus, Martyrologium 234 bzw. 303). Die Wahl von Berufspatronen orientierte sich im Mittelalter bekanntlich u.a. an der Art ihrer Marter- bzw. Berufswerkzeuge; s. etwa die Patrone von Barbieren, Kupferschmieden und Schuhmachern bei KERLER, Patronate 23, 223f und 320f.
[318] GILLMOR, Warfare 96f; Florus, Martyrologium 211.
[319] FOURNÉE, Normandie 106-125. Auch Florus nahm diesen Märtyrerpapst im Anschluß an Beda in sein Martyrolog auf (S.211). Der 22. November war der heiligen Caecilie geweiht. Daß Karl ihres Gedächtnisses wegen die Schlacht wagte, ist nicht anzunehmen. Sie wird zwar in Königslaudes aus der Mitte des 9. Jahrhunderts als Schutzpatronin von Königinnen angerufen, sie fehlt jedoch in der Reihe der Patroninnen Irmingards, der Frau Karls des Kahlen (OPFERMANN, Herrscherakklamationen 104-109).

Schlacht eigentlich erst an diesem Tag schlagen wollten, ihnen aber Karl mit seinem Ausbruchsversuch zuvor kam. Vielleicht meinte aber auch König Karl, sein Kriegsglück dem Heiligen zu verdanken, jedenfalls erscheint Clemens in westfränkischen Laudes aus Orléans, die zwischen 858 und 867 entstanden, als Schutzheiliger des Königs unter den eindeutigen Kriegsheiligen und rangiert noch vor so kriegsmächtigen Patronen wie Crispinus, Crispinianus und Dionysius.[320] Dem Fest des im Elsaß verehrten Märtyrers und Soldaten Hippolyt kann die Schlacht zugeordnet werden, in der Zwentibold, der König von Lothringen, am 13. August 900 an der Maas fiel.[321] Die Gebeine des Kerkerwächters des heiligen Laurentius ruhten seit der Translation durch Abt Fuldrad von St. Denis im elsässischen St. Hippolyte (Audaldovillare), das zum Herrschaftsgebiet Zwentibolds zählte.[322]

Am 20. November des Jahres 900 gelang es einem bairischen Heer unter Markgraf Luitpold und Bischof Richar von Passau, plündernde Ungarn zu besiegen.[323] Da es sich beim 20. November um den Gedenktag der Translation des hl. Korbinian von Freising handelt,[324] ist eine bewußte Tagewahl durch die bairischen Heerführer anzunehmen. Vier Jahre zuvor war Luitpold am Korbinianstag bei König Arnulf als Fürbitter aufgetreten.[325] Man wird daher sogar eine besonders vertraute Beziehung des Markgrafen zu dem bairischen Heiligen vermuten dürfen.

Am 13. Juli 892 wurde angeblich Bischof Arno von Würzburg auf dem Rückweg von einem Zug gegen die Böhmen von diesen überfallen und erschlagen. Zweifel

---

[320] OPFERMANN, Herrscherakklamationen 108f. Vor Clemens werden noch "Johannes" und "Stephanus" angerufen. Zumindest Johannes der Täufer wurde um diese Zeit als Kriegsheiliger angesehen. Schlachten an Stephanusfesten sind zwar erst später nachweisbar, doch sei hier auf den Zusammenhang von Stephanusverehrung und Sachsenkrieg bei Karl dem Großen verwiesen.

[321] BM² 1983c; HLAWITSCHKA, Lotharingien 179f. Das Elsaß kennt für diesen Tag nur dieses Fest (BARTH, Litaneien des Elsaß 370, 375, 385, 396, 406, 415, 423). Hippolyt taucht auch in einer elsässischen Heiligenlitanei des 13. Jahrhunderts auf (ebd. 442).

[322] Usuardus, Martyrologium 283; WIMMER, Lexikon 375f; HOTZELT, Westliches Frankenreich 15-20. Während Hippolyt selbst von Pferden zu Tode geschleift wurde, mußten sich seine Hausgenossen köpfen lassen. Der Märtyrer wurde auch im bairischen St. Pölten verehrt. HOTZELT gibt an, daß Karl der Kahle 862 die Reliquien nach St. Denis zurückbrachte. Aber man wird annehmen können, daß wenigstens ein kleiner Teil der Reliquien im Elsaß verblieb. Vermutlich förderte Zwentibold die Verehrung jener Heiligen in besonderem Maße, deren Kultstätten in seinem Reich lagen. So besuchte er die Grabstätte des ansonsten lediglich lokal verehrten Goar mindestens zweimal. Unmittelbar nach dem Antritt seiner Herrschaft feierte er dort wohl das Pfingstfest am 8. Juni 895 (DZw 2 vom 5.6.895 aus St. Goar), und 899 empfing er hier Gesandte seines Vaters Arnulf und des westfränkischen Königs Karl (BM² 1982a).

[323] REINDEL, Luitpoldinger 25-32.

[324] LECHNER, Kirchenfeste 85. Hrabanus, Martyrologium 117, nennt nur unbedeutende Heilige, allerdings ist auch hier, wie beim 27. Februar (906), ein Dionysius - nicht der Pariser Bischof - zu feiern.

[325] DArn 148 vom 20.11.896.

erregt an dieser Darstellung, daß das Margaretenfest am 13. Juli in Würzburg einen besonderen Rang einnahm.[326]
Bei allen Schlachten, die mit Lokalfesten in Verbindung gebracht werden können, ist damit zu rechnen, daß die Einheimischen den Festtag ihres Lokalheiligen bewußt als Kampftermin anstrebten. Schon GURJEWITSCH stellte fest, daß der Regionalismus der mittelalterlichen Welt Fremde von der Verehrung eines Lokalheiligen ausschloß.[327] Karl der Kahle scheint sogar einer Schlacht am Fest eines Lokalpatrons bewußt aus dem Wege gegangen zu sein, wohl in der Meinung, daß dieser Heilige seinen Schutzbefohlenen beistehen würde, nicht aber dem ortsfremden König.

11.6.8. Wichtige Sonntage des Kirchenjahres

Auf Mittfasten, also den Sonntag Laetare, des Jahres 872 berief Ludwig der Deutsche einen Reichstag mit Heeresversammlung nach Forchheim, um von hier aus gegen die Slawen vorzugehen. Auf dem Reichstag selbst mußten ihm seine Söhne Ludwig und Karl vor dem versammelten Heer Treueide leisten.[328]

11.6.9. Profane Tage

Abt Nithard von Centula, der berühmte Berater Karls des Kahlen, fiel in einer Auseinandersetzung mit den Normannen am 15. Mai 845.[329] Einer der Tagesheiligen ist der heilige Soldat Isidor von Chios, den bereits Gregor von Tours kannte.[330] Nun belegt die Aufzeichnung von Abt Angilbert über die Reliquien des Klosters, daß dort Reliquien eines Heiligen namens Isidor vorhanden waren, doch geht aus dem Zusammenhang hervor, daß es sich hierbei wohl um die des Kirchenvaters Isidor von Sevilla handelt.[331]
Zwei weitere Schlachten gegen Normannen können keinem Fest zugeordnet werden. Am Freitag, dem 4.11.852, besiegte Graf Ramnulf von Poitou Nor-

---

[326] BM² 1875a; Diözesankalender von Würzburg bei GROTEFEND, Zeitrechnung II.1, 210. Das Fest der Margareta, die enthauptet wurde, kannte schon Hrabanus, Martyrologium 67.120ff. Nach BAUS, KARL: Margareta, in: LThK 7, 1962, 19, verbreitete sich ihr Fest im Westen schon im 7. Jahrhundert. Daß die Heilige in der ostfränkischen Heidenmission eine Rolle spielte, geht aus dem Margaretenpatronat hervor, dem der Mährerfürst Kozel seinem Besitz in Spizzum unterstellte (SCHMID, Slawenmission 196).
[327] GURJEWITSCH, Volkskultur 70-78, 125-128.
[328] WEBER, Reichsversammlungen 69 und 145f.
[329] WATTENBACH/LEVISON, Geschichtsquellen 355f.
[330] Florus, Martyrologium 88; QUENTIN, Martyrologes 317; WIMMER, Lexikon 403.
[331] Der Nennung Isidors gehen in der Reihe der Bekenner voraus: Gregor (der Große), Augustinus, Silvester (I.), Leo (der Große) und Felix (II.). Isidor folgen die Regelgeber Donatus, Benedikt und Columban (Angilbert, Libellus S.176).

mannen bei Briliacum und am Montag, dem 4.10.863, fiel Graf Turpio von Anguomois gegen die Normannen.[332]
Kurz vor dem Allerheiligenfest 890 ging König Odo bei Nyon gegen die Normannen vor, ohne daß der Ausgang der erhoffte war. Eine nähere Eingrenzung des Kampftages ist aber nicht möglich.[333]

11.7. STATISTISCHE UNTERSUCHUNGEN

11.7.1. Die einzelnen Festkategorien

Die meisten Schlachten wurden an Festen von Reichsheiligen geschlagen, wobei sich diese dann allerdings auf verschiedene Reichsheilige verteilen.[334] In spätkarolingischer Zeit scheinen diesen aber in den Ortsheiligen ernsthafte Konkurrenten erwachsen zu sein. Dies erklärt sich vermutlich auch dadurch, daß die Grafen zunehmend einzelne, regional begrenzte, militärische Operationen durchführten. Als wichtigste Einzelheilige können Johannes der Täufer und die Himmelskönigin Maria betrachtet werden. Sehr hoch ist auch die Zahl der Militäraktionen, die an Herrenfesten durchgeführt wurden. Sieht man von den Festen des Apostelfürsten Petrus ab, werden Apostelfeste im Laufe des neunten Jahrhunderts, entscheidend erst nach dem letzten Viertel des Jahrhunderts, für kriegerische Zwecke genutzt.

Mindestens sieben von 58 Schlachten können mit Festtagen des Täufers Johannes in Verbindung gebracht werden: allein auf seinen wichtigsten Festtag, den 24. Juni, fallen drei Schlachten und zwei weitere auf den folgenden Tag; die beiden anderen wurden am Sonntag nach dem Enthauptungsfest und am Tag seiner Empfängnis geschlagen. Damit fanden an 4 von 365 (1,1%) Tagen 12,1% der Schlachten statt. Selbst wenn man jedem dieser Festtage noch einen Nachtag, einen Oktavtag und einen Sonntag nach dem Fest zugesellt, die als weitere mögliche Schlachttage in Betracht kommen können, ist eine solche Verteilung ausgesprochen unwahrscheinlich.[335] Man kann also mit Sicherheit davon

---

[332] Beide Daten bei DÜMMLER, Ostfränkisches Reich II, 105.
[333] So die Annales Vedastini a.890, S.68. An bedeutenden Festen bietet Usuards Martyrolog für das Oktobrende Crispinus et Crispinianus (25.10., S.328) und die Apostel Simon und Thaddeus (28.10., S.330).
[334] In 10 von 58 Fällen (17,2%). Hier und im folgenden werden jene Stichproben nicht berücksichtigt, deren Charakter hypothetisch geblieben ist. Es sind dies die bei den Schlachten die Termine 9.10.739, 25.6.833, 11.11.846, 29.8.886, 22.9.891 und 23.11.845.
[335] Für die hier vorgenommenen Wahrscheinlichkeitsberechnungen wird die Poisson-Verteilung zugrunde gelegt. Die Wahrscheinlichkeit, daß drei (oder mehr) von 58 Schlachten am gleichen Tag (24.6.) gefochten wurden, liegt bei 0,0006 (0,06%). Noch extremer wird das Ergebnis, nimmt man die Kriegsanfänge hinzu: die Wahrscheinlichkeit, daß fünf von 88 Ereignissen auf den gleichen Tag fallen, liegt bei 0. Beziehen wir alle Täuferfeste (einschließ-

ausgehen, daß hier eine gezielte Tageswahl vorliegt. Man mag versucht sein, die Beliebtheit dieses Termins mit der germanischen Sonnenwendfeier an diesem Tag in Zusammenhang zu bringen.[336] Die Behauptung einer solchen Kontinuität erscheint für die den Schlachttermin bestimmenden Personengruppen - neben den Königen ist an die Heerführer, also den Hochadel, zu denken - problematisch. Dieser sich christlich verstehende Personenkreis wird den Tag eher aufgrund seines christlichen Festtagscharakters gewählt haben.

Die statistisch unwahrscheinlich häufige Wahl von Prophetenfesten kennzeichnet einen "liturgische Sonderweg" des Westreiches,[337] der dort unter der Herrschaft Karls des Kahlen einsetzt. Das Nachdenken darüber, wie die Kriegsführung durch Einbeziehung heiliger Zeiten in die strategische Planung "modernisiert" werden könne, scheint im westlichen Frankenreich schon früher eingesetzt zu haben, zeigte sich hier doch schon in der Zeit Ludwigs des Frommen eine striktere Beachtung der österlichen Fastenzeit als bei den Ostfranken.

Daß ein Prophetenfest auch im Ostreich einmal als Schlachttag Verwendung fand, erklärt sich gut aus der Nähe der beteiligten Bistümer Trier und Metz zum Westreich. Die Wahl dieser Heiligengruppe kann nicht allein mit dem Hinweis auf die Bedeutung des Alten Testaments in karolingischer Zeit erklärt werden. Die Propheten waren sicher eine wichtige alttestamentliche Personengruppe, aber nicht die einzige, die sich zur Verehrung anbot. Eine attraktive Gruppe hätten beispielsweise die jüdischen Könige abgeben können.[338] Damit wird die Frage aufgeworfen, auf was sich die Beliebtheit der Prophetentage gründet. Hier kann die gleichfalls beobachtete Vorliebe für die Täufertage weiterhelfen. Denn nach einem Jesus-Wort handelt es sich bei Johannes dem Täufer um den wichtigsten aller Propheten. Aus der "Kriegstüchtigkeit" des Propheten Johannes, den Soldaten um Rat gefragt hatten (Lk 3,14), dürfte dann auf die "Kriegstauglichkeit" der Feste der anderen Propheten geschlossen worden sein.[339]

---

lich der oben genannten Schattentage) in unsere Berechnungen ein, entfallen sieben Schlachten auf 12 von 365 Tagen. Die Wahrscheinlichkeit, daß sieben oder mehr Ereignisse auf diese zwölf Tage fallen, liegt bei 0,0034. Kumulieren wir die Schlachten mit den Kriegsanfängen, fallen in diese zwölf Tage 13 von 88 Ereignissen. Wie extrem eine derartige Verteilung ist, wird deutlich, wenn man bedenkt, daß nicht einmal zu erwarten ist, daß acht der 88 Ereignisse auf diese zwölf Tage fallen, geschweige denn dreizehn.

[336] STRÖM, Germanische Religion 235; SARTORI, Johannes der Täufer 707-709.

[337] Mindestens fünf (der Simeontag von 876 und die Prophetentage, die mit der Feier von Ortspatronen zusammenfallen, wurden hier nicht als Prophetenfeste gewertet) von 23 nachweisbaren Schlachtterminen des Westreichs fallen auf Prophetenfeste. Selbst wenn alle erst bei Usuard verzeichneten 26 Feste alttestamentlicher Heiliger herangezogen werden, erreicht - bei Zugrundelegung der Poisson-Verteilung - die Wahrscheinlichkeit nicht einmal 2%. Ziehen wir die drei "sicheren" Prophetenfeste der Kriegsanfänge mit hinzu, so sinkt die Wahrscheinlichkeit für eine solche Verteilung noch weiter auf 0.31% ab.

[338] Ansätze dazu gab es etwa bei Karl dem Großen, der sich in der Admonitio generalis (MGH Capitularia 1, 54) auf den jüdischen Reformkönig Josia ("sanctus Iosias") berief.

[339] "Oder wozu seid ihr hinausgegangen [zu Johannes]. Einen Propheten zu sehen? Ja, ich sage euch: Viel mehr noch als ein Prophet. Dieser ist es, von dem geschrieben steht: 'Siehe ich

Da wir mit großer Sicherheit davon ausgehen können, daß im Westreich Schlachten bewußt auf Prophetenfeste gelegt wurden, sollen unter dieser Perspektive die annalistischen Angaben zu zwei Schlachten überprüft werden. Da im Reiche Karls des Kahlen Prophetenfeste als günstige Schlachttage angesehen wurden, erstaunt es, daß das Heer Karls an einem solchen Tag überfallen worden sein soll. Tatsächlich ist bei genauem Hinsehen die Formulierung der Annales Bertiniani zum Zusammentreffen vom Jahr 844 keineswegs eindeutig.[340] Es darf angenommen werden, daß auch von seiten der Truppen Karls die Schlacht bewußt angestrebt wurde. Geht man von einer gewissen Interessengebundenheit des Annalisten aus, kann die Andeutung eines Überfalls als wahrheitswidrige Entschuldigung des militärischen Versagens des Königs bzw. seiner Befehlshaber vermutet werden.

Das Vorgehen des westfränkischen Königs Karl gegen seinen ostfränkischen Bruder Ludwig an einem Prophetentag erfolgte nach den Fuldaer Annalen für diesen überraschend.[341] Auch hier kann die Nachricht von einem Überfall lediglich entschuldigenden Charakter haben. Die Untersuchung der Tagewahl für Kampftage kann in diesem Fall jedoch die Quellenaussage bestätigen, da die Prophetentage im Westreich als günstige Schlachttermine gegolten haben, im Ostreich dagegen keinmal als solche begegnen und diesem Befund zufolge dort in

---

sende meinen Boten vor dir her, daß er den Weg vor dir bereite.' Wahrlich ich sage euch: Unter den vom Weibe Geborenen ist kein Größerer aufgestanden als Johannes der Täufer" (Mt 11,9-11a). Siehe auch die Weissagung des Zacharias über Johannes: Lk 1,68-79.
Um 865/866 verlieh Papst Nikolaus I. dem Erzbischof von Sens das Pallium. In einem Begleitschreiben äußerte er sich beiläufig über den Täufer: "... cum milites, quid facturi essent, Iohannes baptistam interrogarent ... Iohanne plus quam propheta iubetur ..." (Brief Nr.124, S.645). Hier wird Johannes als Ratgeber für Soldaten vorgestellt, aber auch mit den Propheten in Verbindung gebracht.
[340] DÜMMLER, Ostfränkisches Reich I, 247; GILLMOR, Warfare 90-92. Daß es sich um einen Überfall handelte, wird in den Annales Bertiniani nicht ausdrücklich behauptet, allerdings nahe gelegt: "Pippinus ... exercitui ex Francia ... in pago Ecolesimo occurrens, ita brevi et absque suorum casu eum profligavit, ut, primoribus interfectis, ceteros fugam ante congressum etiam ineuntes vix paucis evadentibus, aut caperet aut spoliatos sacramentoque adstrictos ad propria redire permitteret. Qua inopinata congressione Hugo ... necnon Ricpoto ... interfecti sunt" (Annales Bertiniani a.844, S.31). Aus keinem der beiden Verben "occurrere" und "profligare" ist ein überfallartiges Vorgehen Pippins abzuleiten. Lediglich der Ausdruck "qua inopinata congressione" stützt diese Interpretation. Was an dem Zusammentreffen unvermutet war, wird jedoch nicht ausdrücklich gesagt. Es bietet sich eine Reihe von Deutungen an: der Entschluß Pippins, gegen das Entlastungsheer Karls vorzugehen, der Ort und Zeitpunkt der Begegnung, die Kampfhandlungen selbst oder auch deren Ausgang. Nur wenn die Kampfhandlungen selbst gemeint sind, kann davon ausgegangen werden, daß es sich um einen regelrechten Überfall handelte; denn auch, wenn Pippins Heer das Entlastungsheer Karls an einem unerwarteten Ort stellte, kann dennoch eine förmliche Schlacht abgemacht worden sein. Daß man sich auch auf Seiten Karls vor dem Kampf in Schlachtordnung aufstellte, lassen die Formulierungen "primoribus interfectis" und "ceteros fugam ante congressum etiam ineuntes" (ebd. 31) vermuten.
[341] "illi [filii Cuonrati comitis] vero ... quomodo Hludowicus ex improviso ... tota intentione moliebantur" (Annales Fuldenses a.858, S.51).

jener Funktion unbekannt waren. Setzt man voraus, daß die Karolinger bestimmte Vorstellungen von geeigneten Schlachttagen hatten, konnte der ostfränkische König zu diesem Zeitpunkt gar nicht mit einem kriegerischen Vorgehen gegen sich rechnen, da in seiner Sicht vor dem Februarbeginn (2.2.) kein geeigneter Termin für eine solche Auseinandersetzung vorhanden gewesen sein kann. Wie später gegen den gleichnamigen Sohn Ludwigs visierte Karl auch 859 einen von ihm als günstig eingeschätzten Termin für ein überfallartiges Vorgehen gegen seinen Gegner an, der aus dessen "Zeitkonzeption" herausfiel.

11.7.2. Schlachten an heiligen Tagen und an "Schattentagen"

Das Ablaufschema der innerfränkischen Schlachten ist ein anderes als das anderer Kämpfe. Mit Ausnahme des Vorgehens Karls des Kahlen seit 859 erfolgten die Schlachten nach einem Waffenstillstand, in dessen Mittelpunkt das Fest eines besonders verehrten Heiligen der Herrscherfamilie stand. Die Friedenszeit nutzten die Gegner zu Abwerbungen im anderen Lager. Die andersartige Struktur von Schlachttermin und Kleidung spricht dafür, daß diese Schlachten von den übrigen unterschieden und als Gottesurteile im eigentlichen Sinne betrachtet wurden.
Sieht man von den Kämpfen der Karolinger untereinander ab, fanden fast alle Schlachten des 9. Jahrhunderts an den heiligen Tagen selbst statt. Das oben angeführte Beispiel aus dem Hochmittelalter für die Schlacht am Vigiltag des Vitusfestes scheint für die Karolingerzeit keine Bedeutung zu haben. In karolingischer Zeit galt der Tag vor einem Heiligenfest nach diesem Befund also nicht als günstiger Schlachttermin. Drei der vier Fälle, in denen eine Schlacht am Tag vor einem Fest geschlagen wurde, haben Sondercharakter: 846 wurden die Franken von den Sarazenen überfallen, die Initiative zur Schlacht ging also nicht von ersteren aus. Im November 845 suchte sich Karl der Kahle durch einen überraschenden Ausbruch einer drohenden Niederlage zu entziehen. Für die Vermutung, daß seine Gegner die Schlacht für den nächsten Tag planten, spricht, daß am nächsten Tag ein in der Bretagne besonders verehrter Heiliger gefeiert wurde. Bei dem Überfall Karls des Kahlen auf seinen Neffen Ludwig 876 handelte es sich in den Augen Karls wohl nicht um eine Schlacht an einem Tag vor einem Heiligenfest (Dionysius), sondern an einem Fest selbst (Demetrius). Ohne Erklärung bleibt das Scharmützel zwischen Graf Heribert von Vermandois und dem flandrischen Grafen Rudolf, dessen Umstände wir nicht kennen.
An Tagen nach Festen wurden im 9. Jahrhundert nur drei Schlachten geschlagen (ausgenommen die Bruderkämpfe), eine weitere am Oktavtag zu Mariä Himmelfahrt. Dies läßt das Bemühen erkennen, kriegerische Auseinandersetzungen an den Festen selbst zu entscheiden.
Bei der kleinen Zahl der datierbaren Schlachten im 8. Jahrhundert ist der Versuch, Schlachten auf die heiligen Tage selbst zu legen, nicht nachweisbar. Dies kann natürlich an der Quellenlage liegen. Trotzdem bleibt es auffällig, daß

eine Schlacht in keinerlei Verbindung mit einem Fest zu bringen ist, drei andere nur mittelbar.

11.7.3. Die Wochentagswahl

Die Bevorzugung einzelner Wochentage zu kriegerischen Zwecken ist mehrfach überliefert, so der Samstag für den Angelsachsen Harald und der Freitag für den Habsburger Rudolf. Trotz einer im ganzen gleichmäßigen Verteilung der Wochentage war ERBEN zufolge der Samstag als Marientag der beliebteste Schlachttag des Mittelalters.[342] Für den von uns bearbeiteten Zeitraum ergibt die Verteilung aller eruierten Schlachten auf die einzelnen Wochentage folgendes Bild: Montag 9, Dienstag 7, Mittwoch 4, Donnerstag und Freitag jeweils 10, Samstag 8 und Sonntag 10. Auf den ersten Blick wird deutlich, daß keiner der Wochentage bevorzugt wurde.[343] Für den Beginn von Kriegen sieht die Verteilung über die Wochentage ähnlich aus: Freitag 7, Dienstag 6, Sonntag und Donnerstag jeweils 5, Montag 4, Mittwoch 2 und Samstag 1. Auch diese Verteilung fällt nicht aus dem Rahmen.[344] Dieses Ergebnis spricht dafür, daß es den Karolingern eher auf die Beachtung anderer zeitlicher Merkmale als der Wochentage ankam.[345]

---

[342] ERBEN, Kriegsgeschichte 89.

[343] Von der erwarteten Häufigkeit bei Nullhypothese (8,29) weichen die einzelnen Werte nur unwesentlich ab. Der Chi-Wert beträgt 3,54 bei 6 Freiheitsgraden, was die Nullhypothese ("Es besteht kein Unterschied in der Wahl der Wochentage") zu 70-80% wahrscheinlich macht. Doch kann die hier gewählte kumulative Betrachtungsweise mögliche Unterschiede in der Tagewahl zwischen den einzelnen Teilreichen überdecken. Hier sei darauf hingewiesen, daß rund ein Drittel (7 von 23) aller Schlachten im Westreich an einem Sonntag geschlagen wurden, während im Ostreich keine der 17 Schlachten auf einen Sonntag fiel. Wegen der geringen Zahlenwerte ist die Anwendung des Chi-Quadrat-Tests hier allerdings nicht möglich, und der Kolmogorov-Smirnov-Test kann die Vermutung einer gezielten Tagewahl nicht mit der genügenden Sicherheit bestätigen.

[344] Die erwartete Häufigkeit bei Nullhypothese liegt bei 4,29, sodaß sich der Chi-Wert 6,4 ergibt, was bei 6 Freiheitsgraden ein Signifikanzniveau von 0,3 bis 0,5 ergibt, ein Wert, der unserem Anspruchsniveau nicht genügt. Dazu kommt, daß ein Wert kleiner als 1 ist, was die Aussagekraft dieser Berechnung erheblich einschränkt. Die Addition der Schlachten und Kriegsanfänge ergibt folge Werte: Freitag 17, Sonntag und Donnerstag jeweils 15, Montag und Dienstag jeweils 13, Samstag 9 und Mittwoch 6. Die Verteilung dieser 88 Ereignisse über die Woche wird man mit einer Sicherheit von 30-50% einer zufälligen Streuung zuschreiben können (erwartete Häufigkeit bei Nullhypothese: 12,6; 6 Freiheitsgrade; Chi-Wert: 6,96).

[345] Die Beachtung der Wochentage im Zusammenhang mit kriegerischen Ereignissen scheint tatsächlich erst im 10. Jahrhundert üblich geworden zu sein. Zum Sieg der Baiern über die Ungarn 901 "in sabbato" (Chronicon Suevicum universale a.901 [MGH Scriptores 13, 66], Hermann von Reichenau, Chronicon a.901, S.111 und Chronicon Wirziburgense a.902 [MGH Scriptores 6, 28] sowie Ekkehard, Chronicon universale a.902 [MGH Scriptores 6, 174] "in sabbato paschae".
Zu den Vorgängen von 909 verzeichnet das Necrolog von Freising dreimal den Wochentag: "III Kal. Aug. Ungarii Frisingam hora III invaserunt die solis cunctis his locis manentibus

11.7.4. Die Bedeutung des Mondstandes

Nach antiken Quellen sollen die Germanen Schlachten nur bei zunehmendem oder vollem Mond abgehalten haben.[346] Tatsächlich scheint sich der von der Kirche immer wieder bekämpfte Mondaberglaube mindestens bis zum Ende des 9. Jahrhunderts gehalten zu haben. Das in dieser Zeit auf einer westfränkischen Synode gemachte Zugeständnis, der Mondstand dürfe für einen Aderlaß, das Pflanzen und Fällen von Bäumen beachtet werden, spricht für eine lebendige Tradition der Mondbeachtung.[347] Hinsichtlich des Krieges meinte ERBEN aber auch kriegstechnische Motive veranschlagen zu können, daß helle Mondnächte taktische Vorteile boten. Seiner Meinung nach war die Zeit um den Vollmond und die Woche danach mit Schlachttagen weit stärker besetzt als die anderen Teile des Mondmonats.[348] Daher gilt es zu untersuchen, ob dieses Verhaltensmuster auch in frühmittelalterlicher Zeit wirksam war.[349]

Die Verteilung der datierbaren Schlachten über die einzelnen Mondviertel sieht wie folgt aus: Neumond 14, 2. Viertel 13, Vollmond 19 und 4. Viertel 12. Das läßt eine gewisse Bevorzugung der Vollmondphase zwar möglich erscheinen, ist aber statistisch keineswegs signifikant.[350] Setzt man den zunehmenden Mond mit dem Mondalter von 0-15 und den abnehmenden mit 16-29.5 Tagen an, ergibt sich eine völlig ausgeglichene Verteilung von 30:28. In die ausgesprochene Vollmond- (13.-15. Tag des Mondumlaufs) und Neumondzeit (28.-1. Tag) fallen jeweils sechs Schlachten. Das sind zwei Schlachten pro Vollmond- bzw. Neumondtag. Die Abweichungen vom Durchschnitt (1,9) sind völlig unerheblich. Eine Kontinuität mit den germanischen Vorstellungen der Zeitwahl für Schlachten ist demnach nicht nachweisbar.

Für die Frage der taktischen Nutzung der Mondhelligkeit ist von Bedeutung, daß zwei Nachtmärsche König Karls II. datierbar sind. Beide fallen in die Zeit kurz

---

incognitum"; "II Non. [Aug.] Ungarii aecclesiam sancti Stephani atque sancti Viti hora VI igni dederunt in die Veneris", "III Id. [Aug.] Bellum Baioriarum cum Ungariis ad Rotam ... in die Veneris" (Notae Necrologiae Ecclesiae Maioris Frisingensis [MGH Necrologiae 3, 82]). Auch für Kämpfe der frühen Karolinger sind Wochentage überliefert (717 und 732 [BM² 30r, 39a]), in den Annalen aus der Zeit der karolingischen Königsherrschaft sind Wochentagsangaben sehr selten und fehlen für Schlachtdatierungen fast gänzlich (MOLKENTELLER, Datierungen 1-62).

[346] WOLF, Mond 26f.
[347] HARTMANN, Unbekannte Kanones 34f, 44f.
[348] ERBEN, Kriegsgeschichte 89f. Leider bietet er für diese Behauptung kein Zahlenmaterial.
[349] Vgl. dazu die Tabellen. Das Mondalter ist berechnet für 19.00 Uhr MEZ, da um diese Uhrzeit der Mond im allgemeinen sichtbar ist. Grundlage der Berechnung sind die Syzygientafel von THEODOR VON OPPOLZER mit den Verbesserungen von C. SCHOCH nach AHNERT, PAUL: Astronomisch-chronologische Tafeln für Sonne, Mond und Planeten, Leipzig ⁵1971, 36-47.
[350] Der Chi-Quadrat-Test ergibt einen Chi-Wert von 2,0 bei 3 Freiheitsgraden, was eine gleichmäßige Verteilung zu über 50% wahrscheinlich macht.

nach Vollmond.[351] Diese Beobachtung legt die Arbeitshypothese nahe, daß taktische Überlegungen bei der Wahl eines günstigen Schlachttermins eine Rolle spielten. Demnach wäre zu vermuten, daß die Zeit relativer Mondhelligkeit vorgezogen wurde, da dann ein möglicher Überraschungsangriff durch den Gegner besser ausgekundschaftet werden konnte, andererseits das Mondlicht die eigene Mobilität erhöhte. Stellt man die Schlachten der hellen Mondviertel (2. Viertel und Vollmond) den anderen beiden gegenüber, so ergibt sich ein Verhältnis von 32:26. Das Übergewicht der hellen Mondzeit ist also minimal, weshalb die Arbeitshypothese zu verwerfen ist.

Untersuchen wir abschließend noch, unter welchem Mond die Kriegszüge begannen. Die Aufbrüche zu den Kämpfen verteilen sich zwischen heller und dunkler Hälfte des Mondmonats mit 14:16, im Gegensatz zu den Schlachten überwiegt hier leicht der dunkle Teil des Mondmonats. Für weitergehende Überlegungen ist das Ergebnis aber zu ausgeglichen.[352] Daß keine magischen Mondvorstellungen bei der Zeitwahl zugrunde lagen, zeigt die Verteilung zwischen zunehmendem und abnehmendem Mond (17:13), die völlig im Rahmen bleibt. Ein Vermeidungsverhalten bezüglich der zweiten Mondhälfte darf also ausgeschlossen werden.

11.7.5. Auswertung

Eine Kontinuität zwischen heidnisch-germanischer und frühmittelalterlich-christlicher Zeit in der Beurteilung der für Schlachten günstigen Tage konnte nicht festgestellt werden. Dennoch ist deutlich, daß das althergebrachte Denken nicht aufgegeben wurde. Die Grundstruktur des Verhaltens, nämlich die Suche nach Zeiten, die aufgrund ihrer numinosen Qualität günstig waren, blieb erhalten. Was sich änderte, waren die als relevant angesehenen Kriterien für die Beurteilung positiver Numinosität. Die Orientierung erfolgte nun nicht mehr am Mondstand, sondern am christlichen Kalender. Diese Feststellung kann sich natürlich nur auf die Könige und Heerführer beziehen. Andere Schichten werden allein wegen der Kompliziertheit des christlichen Kalenders an sinnlich wahrnehmbaren Merkmalen der Zeitmessung festgehalten haben.

Eine kulturelle Trennung von Ost- und Westreich scheint sich in der ausschließlich im Westreich aufkommenden Mode ausmachen zu lassen, Schlachten an Prophetenfesten zu schlagen. Hier liegt in gewissem Sinne eine "Weiterentwicklung" der überkommenen Verfahrensschemata in Kriegszeiten vor.

---

[351] 841 beim versuchten Überraschungsangriff auf Gerard von Paris (GILLMOR, Warfare 21f) und 876 gegen Ludwig den Jüngeren (ebd. 187-191).

[352] Ein einheitliches Vorgehen bei Flußüberquerungen konnte nicht ausgemacht werden. Sie wurden - sicher in Abhängigkeit von der jeweiligen militärischen Lage - bei hellstem (Ludwig der Fromme am 19.4.842) wie bei dunkelstem Mondlicht (Ludwig der Deutsche und Karl der Kahle am 18.3.842) vorgenommen.

Gegenüber äußeren Feinden scheint man vor allem auf die Wirksamkeit der "heiligen Zeit" abgehoben zu haben. Hier war man bereit, aus byzantinischen "Erfahrungen" mit Kriegsheiligen zu lernen. Aus dem Osten dürfte nicht nur Karls Demetrius-Experiment inspiriert sein, sondern auch die Tagewahl von Johannes- und Marienfesten.
Fragen wir nach dem Zusammenhang von Propaganda und Festfeier in Kriegszeiten, ist vor allem auf die innerfränkischen Kämpfe hinzuweisen. Die untersuchten Kriegsitinerare aus dem Bruderkrieg erwecken den Eindruck, es sei vor allem darum gegangen, die richtige Feier am richtigen Ort begehen zu können. Dem Familienstreit entspricht es, wenn Karl der Kahle das Kriegsjahr 842 mit der Feier der Familienheiligen Gertrud begann, und auch König Lothar II. propagierte mit dem Kriegsbeginn gegen seinen Schwager die Berechtigung der Trennung von seiner Gemahlin.
Der deutliche Unterschied der Behandlung innerfränkischer und äußerer Bedrohungen spiegelt sich zunächst in unterschiedlichen Zeitstrukturen bei der bewaffneten Auseinandersetzung. Ausschließlich Schlachten von Karolingern untereinander haben den Charakter von Gottesgerichten mit einem eigenen Zeitschema, in dessen Mittelpunkt das Fest eines Reichsheiligen stand. Als weiteres unterscheidendes Element zu anderen Schlachten kann eine besondere Gewandung angeführt werden, wie die weiße Kleidung einer der Parteien bei Fontenoy und Andernach belegt.

11.8. TABELLEN ZUR KAROLINGISCHEN KRIEGSFÜHRUNG

Nr	Art	J	T	M	WT	Bezug	Fest	Festart	Mondalter	Mondphase
A. SCHLACHTEN										
A.1. Merowingerzeit und frühe Karolinger (600-751)										
1	Plan	603	11	11	Mo		Martin	RH	3.0	Neu
2		603	12	25	Mi		Christi Geburt	Sa	29.0	4.V.
3		715	9	26	Do		Cyprian + Justina?	pf	24.0	4.V.
4		717	3	28	So		Palmsonntag	Sa	11.0	2.V.
5a		732	10	14	Di			pf	20.8	Voll
5b	Plan?	732	10	9	Do		Dionysius	RH	15.8	Voll
A.2. Karl der Große (768-814)										
1		778	8	15	Sa		Mariä Himmelfahrt	Ma	18.4	Voll
2		791	8	23	Di	Tn Oktav	Mariä Himmelfahrt	Ma	1.1	Voll
3		792	7	6	Do	Oktav	Petrus ap.	Pe	1.5	2.V.
4		799	9	1	So	nach	Johannes d.T., Pas.	Jo	2.6	4.V.

Nr	Art	J	T	M	WT	Bezug	Fest	Fest-art	Mond-alter	Mond-phase

A.3. Ludwig der Fromme (814-840)

Nr	Art	J	T	M	WT	Bezug	Fest	Fest-art	Mond-alter	Mond-phase
1	Plan?	833	6	25	Mi	Tn	Johannes d.T., Geb.	Jo	4.2	Neu
2	Plan	833	6	30	Mo	Tn	Petrus ap.	Pe	9.2	2.V.
3		835	8	20	Fr		Philibert	OH	22.4	4.V.
							Samuel	Pr		

A.4. Mittelreich/Italien

Nr	Art	J	T	M	WT	Bezug	Fest	Fest-art	Mond-alter	Mond-phase
1		841	6	25	Sa	Tn	Johannes d.T., Geb.	Jo	3.0	Neu
2a		846	11	10	Mi	Tv	Martin	RH	17.7	Voll
2b	Plan?	846	11	11	Do		Martin	RH	18.7	Voll
3		870	12	25	Mo		Weihnachten	Sa	29.3	4.V.
4		871	2	2	Fr		Mariä Reinigung	Ma	9.2	2.V.
5		899	9	24	Mo		Johannes d.T., Empfängnis	Jo	15.9	Voll
6		900	6	24	Di		Johannes d.T., Geb.	Jo	24.5	4.V.
7		900	6	29	So		Petrus ap.	Pe	0.0	Neu

A.5. Ostfränkisches Reich

Nr	Art	J	T	M	WT	Bezug	Fest	Fest-art	Mond-alter	Mond-phase
1		841	5	13	Fr	Tn	Pancratius	RH	18.6	Voll
2		880	2	2	Di		Mariä Reinigung	Ma	18.3	Voll
3		882	4	10	Di		Ezechiel	Pr	18.8	Voll
4	Plan?	886	8	29	Mo		Johannes d.T., Pas.	Jo	26.1	4.V.
5		891	6	25	Fr	Tn	Johannes d.T., Geb.	Jo	15.4	2.V.
6	Plan?	891	9	22	Mi		Emmeram	RH	15.6	Voll
7		892	7	13	Do		Margareta	OH	15.6	Voll
8		900	8	13	Mi		Hippolyt	OH	15.5	Voll
9		900	11	20	Do		Korbinian	OH	25.5	4.V.
10		901	2	16	Mo		Onesimus	Ap	24.6	4.V.
11		901	4	11	Sa	Tv	Ostern	Sa	19.7	Voll
12		906	2	27	Do		Dionysius? Georg?	pf	0.7	Neu
13		906	6	24	Di		Johannes d.T., Geb.	Jo	0.0	Neu
14		907	7	4	Sa		Martin, Weihe	RH	21.0	Voll
15		908	8	3	Mi		Stephanus, Inv.	Ap	3.7	Neu
16		909	8	11	Fr	Tn	Laurentius	RH	22.6	4.V.
17		910	6	12	Di		Nazarius	RH	2.6	Neu
						Tn	Barnabas ap.	Ap		
18		910	6	22	Fr		Jakobus der Jüngere	Ap	12.6	2.V.
19		910	8	10	Fr		Laurentius	RH	2.8	Neu

Nr	Art	J	T	MWT	Bezug	Fest	Fest-art	Mond-alter	Mond-phase
A.6. Westfränkisches Reich									
1	Plan	841	4	14 Do		Cena Domini	Sa	19.0	Voll
2		843	5	24 Do		Donatian	OH	21.3	Voll
						Manahen	Pr		
3		844	6	14 Sa		Eliseus	Pr	24.6	4.V.
4		845	5	15 Fr			pf	5.5	Neu
5a		845	11	22 So	Tv	Clemens pp.	OH	19.3	Voll
5b	Plan?	845	11	23 Mo		Clemens pp.	OH	20.3	Voll
6		851	8	22 Sa	Oktav	Mariä Himmelfahrt	Ma	21.6	Voll
7		852	5	1 So		Jeremias	Pr		
						Jakobus der Ältere	Ap		
8		852	11	4 Fr			pf	19.0	Voll
9		858	9	22 Do		Mauritius	RH	11.6	2.V.
10	Plan	858	11	12 Sa	Tn	Martin	RH	3.3	Neu
11	Plan	859	1	15 So		Abacuc/Micha	Pr	7.8	Neu
12		863	10	4 Mo			pf	17.9	Voll
13		865	12	29 Sa		König David	Pr	7.9	2.V.
14		866	6	14 Fr		Eliseus	Pr	27.6	4.V.
15		866	9	15 So		Valerianus	OH	3.0	Neu
16		876	10	8 So		Demetrius	By	17.3	Voll
					Tv	Dionysius	RH		
						Simeon	Pr		
17		879	11	30 Mo		Andreas ap.	Pe	13.3	2.V.
18		881	8	3 Do		Stephanus	Ap	4.8	Neu
19		888	6	24 Mo		Johannes d.T., Geb.	Jo	11.4	2.V.
20		892	12	28 Do		Innocentes	NT	5.8	Neu
21		895	6	8 So		Pfingsten	Sa	12.0	2.V.
						Médard	RH		
22		896	6	28 Mo	Tv	Petrus ap.	Pe	13.7	2.V.
23		923	6	15 So	Oktav	Médard	RH	28.1	4.V.

B. BEGINN VON KRIEGSZÜGEN
B.1. Karolingisches Reich bis 840

1		791	8	23 Di	Tn Oktav	Mariä Himmelfahrt	Ma	19.1	Voll
2		791	9	8 Do		Mariä Geburt	Ma	5.6	Neu
3		824	6	24 Fr		Johannes d.T., Geb.	Jo	23.5	4.V.
4		830	4	14 Do		Cena Domini	Sa	17.6	Voll
5	Plan	832	4	18 Do		Eleutherius?	pf	14.0	2.V.
6		832	9	1 So	nach	Johannes d.T., Pas.	Jo	3.3	Neu

Nr	Art	J	T	M	WT	Bezug	Fest	Festart	Mondalter	Mondphase

B.1. Karolingisches Reich bis 840 (Fortsetzung)

Nr	Art	J	T	M	WT	Bezug	Fest	Festart	Mondalter	Mondphase
7		832	11	11	Mo		Martin	RH	15.3	2.V.
8		834	8	15	Sa		Mariä Himmelfahrt	Ma	6.9	2.V.
9		839	1	7	Di	Tn	Epiphanie	Sa	18.1	Voll
10		839	8	29	Fr		Johannes d.T., Pas.	Jo	16.7	Voll

B.2. Mittelreich/Italien

Nr	Art	J	T	M	WT	Bezug	Fest	Festart	Mondalter	Mondphase
1		840	10	10	So	Tn	Dionysius	RH	11.3	2.V.
							Lot	Pr		
2		847	1	25	Di		Pauli Bekehrung	Pe	5.2	Neu
3		857	12	28	Di		Innocentes	NT	8.6	2.V.
4		866	3	25	Mo		Verkündg. d. Herrn	Sa	5.4	Neu

B.3. Ostfränkisches Reich

Nr	Art	J	T	M	WT	Bezug	Fest	Festart	Mondalter	Mondphase
1		842	3	17	Fr		Gertrud v. Nivelles	FH	1.8	Neu
2		858	8	15	Mo		Mariä Himmelfahrt	Ma	3.0	Neu
3		872	3	9	So		So Laetare	KJ	26.2	4.V
4		882	6	24	So		Johannes d.T., Geb.	Jo	5.3	Neu

B.4. Westfränkisches Reich

Nr	Art	J	T	M	WT	Bezug	Fest	Festart	Mondalter	Mondphase
1		841	3	31	Do		Amos	Pr	5.0	Neu
2		845	11	11	Mi		Martin	RH	8.3	2.V.
3		848	2	24	Fr		Johannes d.T., Inv.	Jo	16.1	Voll
4		849	6	25	Di	Tn	Johannes d.T., Geb.	Jo	1.6	Neu
5		850	8	15	Fr		Mariä Himmelfahrt	Ma	4.4	Neu
6		854	8	22	Mi	Oktav	Mariä Geburt	Ma	24.9	4.V.
7	Plan	856	9	1	Di		Jesu Nave	Pr	28.1	4.V.
8		856	10	11	So	Tn nach	Lot	Pr	8.8	2.V.
							Dionysius	RH		
9		858	7	1	Fr		Aaron	Pr	16.6	Voll
10		864	6	1	Do	Tn	Petronilla Nicomedis	Hl	23.1	4.V.
11	Plan	867	8	1	Fr		Makkabäer	AT	27.3	4.V.
12	Plan	867	8	25	Mo	Tn	Bartholomäus ap.	Ap	22.1	Voll

11.9. ZUR ZEITGESTALTUNG NORMANNISCHER ÜBERFÄLLE

Trotz einer Reihe neuerer Untersuchungen zu den Normannen und ihrer Kampftaktik wurde die zeitliche Dimension ihrer Vorgehensweise bislang nicht untersucht. Zwar wurde wahrgenommen, daß einzelne Überfälle an christlichen Feiertagen stattfanden, doch wurde diese Beobachtung als ein eher kurioser Zug der Normannenplage hingenommen.[1] Im folgenden soll daher überprüft werden, ob Normannenüberfälle gezielt an christlichen Feiertagen stattfanden.

11.9.1. Osterzeit

Zu Ostern 858 überfielen die Seinenormannen in einer konzertierten Aktion zwei der bedeutendsten Klöster des Frankenreiches. Während es ihnen gelang, den Abt von St. Denis gefangenzunehmen, konnten die Mönche von St. Germain-des-Prés rechtzeitig gewarnt werden.[2] Dabei handelte es sich nicht um den ersten Überfall durch Normannen an einem Osterfest. In die Stadt Paris drangen die Normannen am Auferstehungsfest 845 ein, nachdem sie am Vortag vor der Stadt an Land gegangen waren. Einige Zeit zuvor hatten sie bereits die Klöster St. Genofeva und St. Germain-des-Prés überfallen.[3] Diese Aktionen sind nicht genau zu datieren, doch wurde im Germanuskloster am 10. März, also 19 Tage vor dem Osterfest, des ersten Klosterabtes gedacht.[4] Damit liegen auch hier (Kloster-)Fest und Überfall zeitlich eng beisammen. In der Osterzeit 882, am Gründonnerstag, wurde Trier von Normannen eingenommen.[5]

11.9.2. Weihnachtszeit

Zu Weihnachten 881 wurde Tongern von den Normannen überfallen.[6]
Am Tag nach Weihnachten, dem Fest des Protomärtyrers Stephanus, kamen sie im Jahr 880 vor das Kloster St. Vaast bei Arras, das sie zwei Tage später abbrannten,[7] um noch am selben Tag Cambrai zu überfallen, dessen Schutzpatron der heilige Stephanus war.[8] Zehn Jahre und einen Tag später, zum Johannesfest, erschienen die Normannen wieder vor St. Vaast. Die Vorgänge vom Winter 890 sind undurchsichtig, lassen aber auf ein kriegerisches Vorgehen sei-

---

[1] Etwa: DÜMMLER, Ostfränkisches Reich I, 198.
[2] GILLMOR, Warfare 136; DIES., War on the rivers 104-107.
[3] GILLMOR, Warfare 96f. Auch die heidnischen Hunnen sollen am Vorabend zum Osterfest vor Metz erschienen sein (Gregor von Tours, Historia II 6, S.47).
[4] Usuardus, Martyrologium 192.
[5] DÜMMLER, Ostfränkisches Reich III, 161.
[6] DÜMMLER, Ostfränkisches Reich III, 157.
[7] Annales Vedastini a.881, S.49.
[8] GRUNDHÖFER, Cambrai, LThK 4, 1960, 533; Annales Vedastini a.881, S.49.

tens der Normannen schließen.⁹ Auch die Stadt Paris wurde in den Weihnachtstagen von den Normannen heimgesucht, nämlich am 28. Dezember 856, dem Fest der Unschuldigen Kinder.¹⁰

11.9.3. Ortsfeste

Das Kloster Prüm, das dem Salvator dediziert war, überfielen die Normannen am Tag der Erscheinung des Herrn im Jahre 882.¹¹ Am 9. Juni 879 wurde das bei Thérouanne liegende Kloster St. Bertin heimgesucht.¹² Das ist der Gedenktag des heiligen Audomar, des ersten Bischofs des Bistums Thérouanne. Um den 2. Februar 881, dem Fest Purificatio Mariae, wurde die Stadt nochmals überfallen. Das dortige Domkapitel ist der Gottesmutter geweiht.¹³ Fünf Jahre später, ebenfalls am Tag der Reinigung Mariens, trugen die Normannen nach zweitägigen Vorbereitungen ihren Hauptangriff gegen Paris, dessen Kathedrale der Gottesmutter geweiht ist, vor.¹⁴ Im Rahmen dieser Belagerung griffen die Normannen vier Tage später, am Festtag der Heiligen Amandus und Vedastus, die seit den Tagen der Merowinger zu den Schutzheiligen der Könige gehörten, einen Außenposten der Stadt Paris an. Abt Ebolus von Saint-Germain suchte diese Gelegenheit auszunutzen und das Lager der Normannen zu erobern, was ihm aber nicht gelang. Obwohl die Franken hier ein bedeutendes Kriegsziel verfolgten, haben sie offenbar nur auf eine günstige Situation reagiert, während die Initiative von den Normannen ausging.¹⁵ Auch der Überfall auf das Kloster St. Denis am 20.10.865 scheint mit einem Ortsfest im Zusammenhang zu stehen. An diesem Oktobertag wurde nämlich des heiligen Georg von Cordoba gedacht. Dieses Fest muß in Paris und Umgebung gerade in dieser Zeit hochaktuell

---

[9] "Alstingus vero per dolum pacem fecit cum Hrodulfo abbate, ut libere posset ire quo vellet. Praedictus vero Alstingus die sollempnitatis sancti Iohannis evangelistae venit adversus castrum sive monasterium sancti Vedasti. Hrodultus vero abbas timens, ne multitudo qui Noviomum erat cum eis adveniret, et insidias timens - quod etiam Alstingus mandaverat - populum retinuit, sed cognita veritate post post eorum discessum multum doluit. Frequentibus vero incursionibus exterruit eos, nec ausi sunt postea ita adversus praedictum venire castrum" (Annales Vedastini a.890, S.69). Zum Vorgang s.a. D'HAENSSENS, Invasions 54f.

[10] DÜMMLER, Ostfränkisches Reich I, 423f.
[11] DÜMMLER, Ostfränkisches Reich III, 160.
[12] D'HAENSSENS, Invasions 45.
[13] D'HAENSSENS, Invasions 48; BROUETTE, ÉMILE: Thérouanne, in: LThK 10, 1965, 104.
[14] DÜMMLER, Ostfränkisches Reich III, 264; EWIG, Kathedralpatrozinien 10, 41.
[15] Usuardus, Martyrologium 175. Abt Gauzlin von St. Germain-des-Prés, der 871 auch Abt von St. Amand geworden war, hatte die Reliquien des heiligen Amandus in sein Kloster bei Paris geflüchtet. 885 fanden sie dann in Paris selbst Aufnahme (WATTENBACH-LEVISON, Geschichtsquellen 580). Daß der heilige Vedastus auch in der Mitte des 9. Jahrhunderts noch hochgeschätzt wurde, belegt seine Anrufung in den Königslaudes aus Orléans (858-867) als Schutzheiliger des Heeres (OPFERMANN, Herrscherakklamationen 108f). Zum Hergang: DÜMMLER, Ostfränkisches Reich III, 265.

gewesen sein, hatte doch Usuard, Mönch des dortigen Germanusklosters, die Reliquien dieses Heiligen erst sieben Jahre zuvor in Spanien in Empfang genommen.[16] Am Fest des Täufers Johannes 843 überfielen die Normannen Nantes. Bei dieser Operation erhielten sie nachweislich Unterstützung durch einen ortsansässigen Grafen. Das Fest trägt auch hier Lokalcharakter, da an diesem Tag die dortige Johanneskirche das Ziel zahlreicher Pilger war, der Täufer und sein Fest in Nantes besonders verehrt wurden.[17] Fünf Tage später brannte dieselbe Normannengruppe das Kloster Aindre am Fest des heiligen Petrus ab. Es kann nicht sein, daß die Normannen nur zufällig im Zug einer Flußauffahrt das Kloster sozusagen "en passant" an diesem Festtag eroberten, denn sie hatten das flußabwärts gelegene Kloster bereits auf dem Wege nach Nantes passiert. Gezielt wirkt die Aktion, wenn man bedenkt, daß das Kloster dem Apostelfürsten dediziert war.[18] Gemeinsam mit Bretonen machten Normannen 866 einen Überfall auf die Stadt Le Mans am Festtag des dort besonders gefeierten Märtyrers Valerianus.[19] Die Zerstörung von Meaux durch Normannen 888 datieren die Annalen von Nevers "sub die 18. Kal. Julii et festivitate sancti Aniani". Bei dem heiligen Anianus handelt es sich um den Bischof von Orléans, der die Stadt 451 vor den Hunnen gerettet haben soll.[20] Die Datierung läßt eine Verehrung dieses Heiligen auch in Meaux vermuten, obwohl es natürlich sein kann, daß hier nach einem in Nevers gefeierten Fest datiert wurde.

Normannische Überfälle fanden aber nicht nur am Festtag selbst, sondern auch unmittelbar vor und kurz nach Ortsfesten statt. Drei Tage vor dem Fest des heiligen Martin wurde im Jahre 853 seine Stadt Tours von den nordischen Räubern heimgesucht und abgebrannt. Da mit dem Angriff gerechnet worden war, konnten die Reliquien und der Kirchenschatz gerettet werden.[21] Sieben Tage vor dem Fest des heiligen Bischofs Audoin, dem ein Kloster in Rouen geweiht war, überfielen die Normannen im Jahre 841 die Stadt.[22]

Dieselbe Stadt wurde vierundvierzig Jahre später am Sonntag nach dem Fest des heiligen Wandregiselius, Gründer des nahen Klosters Fontenelle, abermals von den Normannen heimgesucht.[23] Gegen das Kloster Fontenelle selbst gingen die

---

[16] Usuardus, Martyrologium 325, 128-134.
[17] Chronicon Namnetense 6, S.15f; Miracula ecclesiae Namnetensis 4, S.147f; DÜMMLER, Ostfränkisches Reich I, 198f.
[18] Chronicon Namnetense 6, S.16f; GILLMOR, Warfare 78; EWIG, Apostelpatrozinien 223.
[19] GILLMOR, Warfare 173; Florus, Martyrologium 170.
[20] Annales Nivernenses a.888, S.89; DÜMMLER, Ostfränkisches Reich III, 345; EWIG, EUGEN: Anianus, in: LThK 1, 1957, 561f.
[21] Annales Bertiniani a.853, S.43.
[22] DÜMMLER, Ostfränkisches Reich I, 197; GILLMOR, War on the rivers 97ff; GROTEFEND, Zeitrechnung II.2, 67.
[23] Usuardus, Martyrologium 271: "In monasterio Fontinella. In pago Rotomagensi, depositio sancti Wandregisili, confessoris." Es handelt sich sicher nicht um ein reines Klosterfest, denn "In pago ... " setzt neu an und ist auf Rasur geschrieben. Demnach ist auszuschließen, daß es sich bei dem Neuansatz um einen Flüchtigkeitsfehler handelt. Usuard kann also nur zum

Normannen am Freitag, dem 2.1.851, vor.[24] Das war der Oktavtag des Erzmärtyrers Stephanus, dem bereits sehr früh ein Oratorium des Klosters dediziert worden war.[25] Das Kloster Jumièges überfielen die Normannen am 24. Mai 841. Ein Translationsfest des Gründers des Klosters, des heiligen Philibert, wurde am Vortag gefeiert.[26]

Etwa in der Zeit des Petrusfestes (22.2.) töteten die Normannen 881 viele Menschen bei der Stadt Arras. Da sich in Arras ein Petruskloster nachweisen läßt, ist auch hier das Petrusfest als Ortsfest zu werten.[27]

Im Gau von Beauvais wurde der heilige Justus (18.10.) besonders verehrt. 851 lief fünf Tage vor seinem Fest ein Flottenverband aus der Loiregegend unter dem Kommando von Hoser in die Seine ein. Von Rouen aus marschierten zwei Gruppen gegen Beauvais. Der Überfall auf die Stadt dürfte damit ziemlich genau mit dem Heiligenfest zusammenfallen.[28]

11.9.4. Sonstige Feste und Auffälligkeiten

Am Fest des Petrusbruders Andreas 887 begannen die Normannen die Belagerung von Sens.[29]

Einer bemerkenswerten Zeitstruktur folgten die Normannen beim Vorgehen von 891 gegen das befestigte Kloster St. Vaast. Am zweiten Sonntag nach Ostern

---

Ausdruck bringen wollen, daß es hier um ein allgemein in der Gegend um Rouen gefeiertes Fest geht. Zum Überfall vom 25. Juli 885: DÜMMLER, Ostfränkisches Reich III, 260.

[24] DÜMMLER, Ostfränkisches Reich I, 354.

[25] Es wurde vom Bischof Wulfram von Sens (683-704), der hier als Mönch eintrat, gestiftet (EWIG, Kathedralpatrozinien 44; s.a. DERS., Apostelkult 223).

[26] BÖHNE, Philibert 446f. Leider war nicht herauszufinden, auf welche Translation die Feier Bezug nimmt. Es kann also durchaus sein, daß der hier behandelte Überfall der Anlaß für die Translation war. Dann hätten die Mönche angesichts des drohenden Überfalls ihre Reliquien am 23. Mai 841 erhoben, um sie vor den Normannen zu retten. Andererseits bleibt die Frage, ob die Translation auf dieses Kloster bezogen werden darf, denn es besaß wohl keine so bedeutenden Reliquien des Gründers, daß deren Erhebung Anlaß für eine allgemein verbreitete Feier hätte sein können. Daß das Kloster nur unbedeutende Reliquien besessen haben kann, geht aus der Tatsache hervor, daß der heilige Philibert in seiner zweiten Gründung, dem Kloster Noirmoutier, starb (ebd. 446).

[27] "Iterum circa sollempnitatem sancti Petri Atrebatis venerunt omnesque quos ibi reppere interfecere ..." (Annales Vedastini a.881, S.50). Da kurz zuvor das Reinigungsfest Mariens (2.2.) erwähnt wird, handelt es sich wohl um das Fest Petri Stuhlfeier im Februar (D'HAENSSENS, Invasions 49). Daß das Petrusfest im Februar tatsächlich gefeiert wurde, geht aus der Bezeichnung "sollempnitas sancti Petri" eindeutig hervor. In der Tat ist ein Petruskloster bei Arras im Mittelalter nachweisbar (FOSSIER, R.: Arras, in: LexMA 1, 1980, 1026-1028, 1028).

[28] GILLMOR, Warfare 117, Usuardus, Martyrologium 88.

[29] DÜMMLER, Ostfränkisches Reich III, 272. Eine besondere Verehrung dieses Heiligen in Sens konnte nicht festgestellt werden. Als Schlachttag der Franken können die Normannen den Tag dennoch gekannt haben, da die westfränkischen Könige Karl und Ludwig 879 die Normannen an diesem Tag besiegten.

(18.4.891) wiesen die Streitkräfte des Klosters einen Angriff bei Widehem ab. Am nächsten Sonntag (25.4.891) zogen die Normannen vor das Kloster selbst und belagerten es. Am darauffolgenden Sonntag (2.5.891) unternahmen sie einen Sturmversuch, bei dem sie bis in die Kirche vordrangen.[30] Irgendwelche Beziehungen der Überfälle zu Klosterfesten konnten aber nicht nachgewiesen werden.

11.9.5. Profane Termine

In weiteren sechs Fällen konnte ebenfalls kein Zusammenhang eines datierbaren Überfalls durch Normannen mit einem Festtag festgestellt werden:

1. Die normannischen Überfälle auf
- das Kloster Dieu in Herbauges am 29.3.847 (Sonntag Judica),[31]
- die Stadt Orléans am Samstag, dem 18.4.856,[32]
- das Kloster Sithiu am Dienstag, dem 28.7.879,[33]
- das Kloster Flavigny am Dienstag, dem 11.1.886.[34]

2. Der Sturm auf das Nordtor der Stadt Paris am Freitag, dem 6.11.885.[35]
Nicht beachtet wurde die offensichtlich falsche Tagesangabe, die Normannen hätten Walcheren am 17. Juni 837 überfallen.[36]

11.9.6. Interpretation der normannischen Tagewahl

Die weit überwiegende Zahl der hier aufgeführten Überfälle der Normannen auf Städte und Klöster kann in die unmittelbare zeitliche Nähe von Festen datiert werden. Dies bedarf einer Erklärung. Ein militärisches Vorgehen von Christen an christlichen Festtagen ist leicht erklärlich. Da sich in allen hier untersuchten Fällen die christlichen Bewohner in einer Defensivposition befanden, kann man

---

[30] D'HAENSSENS, Invasions 70f; DÜMMLER, Ostfränkisches Reich III, 347; Folcuin, Gesta abbatum sancti Bertini 96, S.623 mit Verweis auf die Miracula sancti Bertini II 14-15, III 20 und III 27-28 (AASS Sept 2, 586ff). Der Libellus miraculorum sancti Bertini 7, S.512f, geht nur auf den Kampf am 18.4.891 ein.
[31] DÜMMLER, Ostfränkisches Reich I, 302.
[32] Annales Bertiniani a.856, S.46.
[33] D'HAENSSENS, Invasions 46.
[34] Ebd. 272. Die Normannen sollen bis zum 25. Januar im Kloster gehaust haben. Die Nennung des Termins ist auffällig, weil es sich beim 25.1. um den Festtag des Klosterpatrons Praeiectus handelt (HERRMANN, HANS-WALTER: Flavigny, in: LThK 4, 1960, 165; GROTEFEND, Zeitrechnung II.2, 155).
[35] DÜMMLER, Ostfränkisches Reich III, 262.
[36] BM² 965b-c.

nicht davon ausgehen, daß die Wahl des Angriffs- oder Überfalltages in ihrem Ermessen gelegen hätte. Wenn es aber die Normannen waren, die an Festtagen die militärische Initiative ergriffen, wird man fragen müssen, woher sie ihre Kenntnis des christlichen Festkalenders bezogen. Die fixe Weihnachtszeit stellt hier weniger ein Problem dar als die schwierig zu berechnende Osterzeit; endgültig auf fränkische Hilfe angewiesen waren sie bei der Eruierung von Lokalfesten. Damit stellt sich die Frage, ob die Normannen wirklich so isoliert außerhalb der christlichen-fränkischen Gesellschaft standen, wie allgemein angenommen wird.[37] Tatsächlich lassen sich Beziehungen zwischen ortskundigen Einheimischen und Normannen nachweisen, so für die Überfälle auf Nantes 843 und Le Mans 866. Darüber hinaus wurden einzelne Normannengruppen des öfteren als Verbündete in innerfränkischen Auseinandersetzungen gewonnen.[38] Dennoch erstaunt es, daß die Ortskenntnis der Normannen so gut war, daß sie auch die Patrozinienfeiern so unbedeutender Klöster wie Aindre kannten. Die Informanten der Normannen werden bei den Franken zu suchen sein. Ob die Informationen ortsansässigen Bauern abgepreßt wurden oder von seiten gut informierter fränkischer Verbündeter stammten, ist nicht sicher zu entscheiden. Der erste Fall impliziert eine Ad-hoc-Strategie, für die vielleicht auf das Vorgehen gegen Aindre 843 verwiesen werden kann, der zweite rechnet mit großräumigen Bewegungen, wie sie das Vorgehen gegen Le Mans 866 voraussetzt. Entscheidet man sich für diese Antwort, wird man aufgrund des Detailwissens der Normannen auch davon ausgehen müssen, daß sie ein in den innerfränkischen Auseinandersetzungen voll akzeptierter Vertragspartner waren. Aber daneben gibt es eine weitere ungeklärte Frage: Warum griffen die Normannen an Festtagen von Schutzheiligen ihrer Gegner an? Dieses Vorgehen erscheint auf den ersten Blick völlig unsinnig. Mir scheinen sich zwei Antworten anzubieten, die sich nicht gegenseitig ausschließen, da die eine auf kriegstaktischer, die andere auf religionsgeschichtlicher Ebene liegt.

Auch wenn man davon ausgeht, daß die Normannen im allgemeinen Heiden waren, wird man nicht annehmen dürfen, daß sie dem christlichen Kultus gleichgültig gegenüberstanden. Dafür waren die Affinitäten zwischen der ihnen vertrauten Verehrung von Göttern und der der christlichen Heiligen viel zu groß.[39]

---

[37] ZETTEL, Normannen 14-24. In jünster Zeit plädiert NIELS LUND für eine neue Sicht der Normannen, die er als "participants of European history rather than ... an alien element" betrachtet, da lediglich ihr Erfolg und ihr Heidentum sie von übrigen frühmittelalterlichen Europa unterscheide (Zitat S.45).
[38] Anläßlich der Belagerung von Paris 886 klagte Fulko von Reims über schlechte Christen, die mit den Heiden gemeinsame Sache machten. Es ist schwer vorstellbar, daß er dabei an mittellose Bauern dachte, die den Normannen wenig Hilfe bringen konnten (DÜMMLER, Ostfränkisches Reich III, 263). Bereits 858 hatten die Aquitaner die Normannen als potentielle Verbündete gegen Karl den Kahlen ins Auge gefaßt (DÜMMLER, Ostfränkisches Reich I, 381).
[39] HAUBRICHS, Christentum der Bekehrungszeit 541-543, STRÖM, Germanische Religion 198-202, SCHMIDT, Germanischer Glaube 26f, BOEHMER, Germanisches Christentum 227-229; DE BOOR, Religiosität 43, vergleicht den Heiligenkult mit dem Kult um germani-

Sie werden also die Heiligen als Machtträger akzeptiert haben, nur werden sie versucht haben, ihrerseits deren Gunst zu gewinnen, so wie man auch andere übermenschliche Machtträger gewinnen konnte.[40] Und in der Tat scheinen die Normannen schon früh den christlichen Kult als wirkmächtig anerkannt zu haben.[41] Nach der allgemein verbreiteten Vorstellung eines "Gesetzes des Ausgleichs" mußte der numinose Machtträger auf Gunsterweise seinerseits mit Huld gegenüber dem Adoranten reagieren.[42] Das heißt, daß der Schutzheilige einer Stadt zumindest zur Neutralität im Kampf um die Stadt verpflichtet wurde.[43] Tatsächlich läßt sich eine solche Heiligenverehrung seitens der Normannen 886 vor Paris belegen.[44] Ein Angriff am Tage eines Schutzheiligen kann dann als "Verehrung" dieses Heiligen seitens der Normannen verstanden werden.

---

sche Könige: "so war der Heilige ebenfalls eine Speicherstelle glückhafter Segenskräfte, und sein Kult eine Form, um sie nutzbar zu machen."

[40] SCHMIDT, Germanischer Glaube 26: "Auch die Götter stehen in enger Beziehung zum Lebenskampf des Menschen. Als Freunde oder Feinde, je nachdem... Dieser kann sie aber auch im besonderen Sinn als Helfer gewinnen..."

[41] Im Jahre 854, also etwa zu der Zeit, als die Normannen bei den Aufständischen als potentielle Partner ins Gespräch kamen, übergaben Normannen der Abtei St. Salvator bei Redon Votivgaben zur Gewinnung himmlischer Gunst (Abbo, Bella Parisiacae Urbis, hg. von WARQUET, S.74 Anm.). Zum Jahre 869 berichten die Annales Bertiniani (S.107): "Hugo abba et Gauzfridus ... confligentes cum Nortmannis in Ligeri residentibus, 60 circiter inde interfecerunt; et capientes quendam apostatam monachum, qui relicta christianitate se Nortmannis contulerat et nimis christianis infestissimus erat, decollari fecerunt." An diesem Bericht erstaunt, daß ein christlicher Mönch eine Kampftruppe der Normannen begleitete ebenso wie die Härte der Strafe und die Richterschaft, denn eigentlich hätte der Mönch der Gerichtsbarkeit seines Abtes oder des Bischofs unterstanden. Verständlich wird das Vorgehen der Heerführer, wenn man annimmt, daß der Mönch die gleiche Funktion wahrnahm wie seine Mitbrüder auf der anderen Seite: für den Sieg zu beten.

[42] Zum Gesetz des Ausgleichs: GURJEWITSCH, Weltbild 250-274; aus diesem Denken heraus sind auch die Heiligenbestrafungen als Reaktionen auf einen Rechtsbruch seitens des Heiligen, der nimmt, aber nicht vergilt, zu verstehen (FICHTENAU, Reliquienwesen 117f; BEISSEL, Verehrung der Heiligen II, 10-14).

[43] Im Frühmittelalter stellte sich immer wieder das Problem, wie der Verbündete X eines potentiellen Gegners Y zu neutralisieren sei. Ein Mittel, dieses Ziel zu erreichen, war die Herstellung von Bindungen zu X, die eine gleichwertige Intensität hatten wie die Bindung von X an Y. Als Theuderich I. das Thüringerreich unter Hermenefred erobern wollte, mußte er mit dem Eingreifen des Langobardenkönigs Wacho rechnen, der eine Schwester Hermenefreds geheiratet hatte. Zur Neutralisierung dieser Bündnisverpflichtung verlobte Theuderich seinen Sohn Theudebert mit Wachos Tochter Wisigard. Erst danach eröffneten die Franken den Krieg gegen die isolierten Thüringer (EWIG, Merowinger 34).
Scheinbar war es sogar möglich, mehr als nur Neutralität zu erreichen, denn es sind Fälle bekannt, in denen Hilfe durch Schutzpatrone der Gegner geleistet wurde. So halfen etwa in den Kämpfen zwischen Arianern und Katholiken die katholischen Heiligen Savinus und Orientius den Gegnern der Katholiken (GRAUS, Volk 461).

[44] DÜMMLER, Ostfränkisches Reich III, 267f; Abbo, Bella Parisiacae Urbis II 98-107; S.72f. Daß sich der Vorgang auf das Germanuskloster vor der Stadt beziehen muß, geht aus der Formulierung "Templa subintroiit sancti [Germani], tenuit quoque bustum" (Z.99) hervor, da es kein Germanusgrab in Paris gab (BRÜHL, Palatium I, 6-33) und das nördlich der Stadt gelegene Kloster des heiligen Germanus von Auxerre ebenfalls in der Hand der Normannen

Daneben lassen sich zwei Gründe finden, die die Wahl eines Festes als Angriffstag erklärlich machen. Da ist einmal der Aspekt der Beute, die an bedeutenden Festtagen sicher größer war als an anderen Tagen, etwa weil ein Markt-oder Zinstag war bzw. sehr große Mengen an Lebensmitteln im Ort zur gebührenden Feier herangeschafft worden waren.[45] Für den zweiten Aspekt ist das Augenmerk auf ein anderes Moment der Feiern zu richten: der Alkoholkonsum bei den Feiern dürfte die Konzentrationsfähigkeit der Überfallenen erheblich eingeschränkt haben, denn auch in Kriegszeiten scheint die Teilnahme der Verteidiger an den Feierlichkeiten normal gewesen zu sein.[46]

---

war (DÜMMLER, Ostfränkisches Reich III, 263). Da der Flüchtling als "socio" (Z.102) bezeichnet wird, muß es sich um einen Normannen (oder einen mit den Normannen verbündeten Franken) handeln. Seine Flucht zum Grab des Heiligen zeigt, daß der diese heilige Stätte auch bei den Normannen als Asylort anerkannt war. Wenn die Normannen im Anschluß an die Verletzung des Asyls eine fortdauernde Reihe von Messen einrichteten ("Missas cursusque sacros illic celebrassent" [Z.106]), wird man einen Bezug ihrerseits zum christlichen Kultus feststellen müssen. Auch der Vorwurf durch die Belagerten, die Belagerer feierten den Festtag des heiligen Germanus nicht, ist nur verständlich, wenn Heiligenverehrung bei den Normannen grundsätzlich vorausgesetzt werden konnte. Zum Germanusfest bei der Belagerung von Paris heißt es bei Abbo nämlich: "Instabant eius [Germani] feste sollemnia lucis./Obiurgantur et hi castellanis, quia sacra/non celebrant" (Bella Parisiacae urbis II, 84-86, S.72).
Weitere Belege für die Verehrung des Schutzheiligen der Belagerten durch die Belagerer sind mir nicht bekannt. Die Spärlichkeit solcher Nachrichten sollte nicht überraschen, da man sich bei einem gelungenen Überfall durch die Heiden den Vorwurf gefallen lassen mußte, den eigenen Schutzheiligen weniger Ehre gezollt zu haben als die Heiden; sicherlich ein gewichtiger Vorwurf gegen das eigene Selbstverständnis, den man nicht gerne tradierte.
[45] Man sehe etwa die Mengen, die für Mönche bereitgestellt werden mußten, um ein Fest würdig zu feiern (DDKII 247, 338 und 363). Sicher handelt es sich bei den Mönchskonventen um privilegierte Gruppen von Spitzenverbrauchern, aber man wird davon ausgehen können, daß auch andere Bevölkerungsgruppen an Festtagen einen wesentlich erhöhten Nahrungsmittelverbrauch hatten.
[46] "Instanbant eius [sancti Germani] feste sollemnia lucis. Obiurgantur et hi [Nortmani] castellanis, quia sacra non celebrant" (Abbo, Bella Parisiacae Urbis II 84-85, S.72). Unter den "castellani" wird man nicht die gesamte Einwohnerschaft von Paris verstehen dürfen, sondern die Wache des "castri", da die Cité-Insel von Paris lediglich als Fluchtburg für die Stadtbewohner gedacht war (BRÜHL, Palatium 14). Der Vorwurf der "castellani", also der Burgwache, gegen die Normannen, das Germanusfest nicht zu feiern, setzt voraus, daß die Burgbesatzung selbst die Feier auch in Kriegszeiten für unabdingbar hielt und wohl auch feierte - und dies sogar von ihren heidnischen (?) Gegnern erwartete.

12. REICHSVERSAMMLUNGEN UND SYNODEN

Nachdem schon auf die sogenannten "Frankentage", also gesamtfränkische Reichsversammlungen im Rahmen von Königstreffen sowie Heerestage eingegangen worden ist, wollen wir nun untersuchen, wann Reichstage und Synoden stattfanden. Nicht behandelt werden Versammlungen, auf denen politische Akte erfolgten, die gesondert behandelt werden, wie z.B. Königstreffen, Heiraten oder Krönungen. Es geht hier also im wesentlichen um das politische und kirchenpolitische Alltagsgeschäft. Daß Synoden und Reichstage gemeinsam behandelt werden, ergibt sich aus der bestenfalls graduellen Unterschiedlichkeit der beiden Versammlungstypen hinsichtlich der personellen Zusammensetzung und der behandelten Themen. So setzte sich der Teilnehmerkreis von Synoden wie Reichstagen gleichermaßen aus Laien und Geistlichen zusammen, und von beiden Beratungsinstitutionen wurden kirchliche wie weltliche Probleme behandelt.[1]

Es werden nur die Versammlungen berücksichtigt, für die sichere Handhaben zur Tagesdatierung gegeben sind. Bereits WEBER beobachtete in seiner Arbeit, daß ein Viertel der von ihm bearbeiteten Reichstage mit Festtagen zusammenfiel. Diese Beobachtung gab ihm Anlaß zu der Vermutung, die in den Quellen auftretende Formulierung "placitum/conventum celebrare" wurzele in der "Gewohnheit, ... Reichsversammlungen in Verbindung mit einem höheren kirchlichen Herren- oder Heiligenfest abzuhalten."[2] Hier wird der Versuch unternommen, den Reichstagen, die bereits WEBER mit Festtagen in Verbindung brachte, weitere hinzuzufügen. Dabei werden die Versammlungen im allgemeinen nach den ihnen zugeordneten Festen abgehandelt. Da angesichts des profanen Märzfeld-Termins nicht ohne weiteres vorauszusetzen ist, daß sich die Gewohnheit, Versammlungstermine auf Festtage zu legen, schon in der Hausmeier- und frühen Königszeit der Karolinger durchgesetzt hatte, werden die Versammlungstermine vor dem Herrschaftsantritt Karls des Großen in einem eigenen Kapitel abgehandelt. Gesondert werden auch die Versammlungstermine unter König Konrad I. behandelt, da diese von der üblichen Zeitstruktur abzuweichen scheinen.

Hinsichtlich der Datierungsangaben in den Quellen ist auch hier zwischen dem anberaumten Termin und dem Tag der Beschlußfassung zu unterscheiden. Dies

---

[1] HARTMANN, Laien; DERS., Zu einigen Problemen. Zum Ablauf von Reichsversammlungen s. ALTHOFF, Colloquium 147-154.

[2] WEBER, Reichsversammlungen 71. Doch wird der Ausdruck eher auf den liturgischen Rahmen einer Reichsversammlung zurückzuführen sein. So wurden auch Synoden "zelebriert": "primitus cum laetaniis triduanum caelebravimus ieiunium" (MGH Concilia 2.1, 259) und "ibique pariter adunati post triduanum ieiunium, quod cum laetaniis celebravimus" (MGH Capitularia 2, 173) ist in den Konzilsakten der Mainzer Synoden von 813 und 847 zu lesen. Entsprechende Vorschriften für die liturgischen Übungen während eines Konzils trugen daher Titel wie "De modo celebrandi Concilium" oder "Ordo de celebrando concilio" (KLÖCKENER, Ordnung 110 und 113).

wird am Beispiel der Synode von 853 in St. Médard deutlich. Nach der Aufzählung aller Teilnehmer gibt das Protokoll den Tag des Treffens an: "... VI Kalendas Maias".[3] Tatsächlich war die Kirchenversammlung aber nicht für den 26. April, sondern für den 22. April 853 einberufen worden, wie aus dem Kapitular des Königs hervorgeht.[4] Der Vigiltag zum Sonntag Jubilate wird also den Beginn, der folgende Mittwoch den Zeitpunkt der Beschlußfassung der Synode bezeichnen.[5] Im selben Jahr billigte die Synode von Verberie die in

---

[3] "Residentibus in synodo venerabilibus episcopis ... Residentibus etiam presbyteris et abbatibus ... Residente etiam in medio coetu episcoporum glorioso rege Karolo, qui eidem sacre synodo suam est dignatus exhibere praesentiam, apud Suessionis civitatem, in monasterio sancti Medardi confessoris Christi, quod situm est in suburbio ipsius civitatis, in ecclesia, quae est in honore sanctae trinitatis sacrata, anno incarnationis domini nostri Iesu Christi DCCCLIII, anno etiam regni iam dicti pii principis Karoli XIII, indictione prima, VI Kalendas Maias" (MGH Concilia 3, 253-293, 265).

[4] "annuit idem rex Karolus eosque apud urbem Suessionum in monasterio Sancti Medardi et Sebastiani, X Kalendas Maias convenire praecepit" (MGH Concilia 3, 253-293, 279).

[5] Der Herausgeber HARTMANN geht allerdings davon aus, daß am 26. April die Sitzungsperiode eröffnet wurde. Er nimmt an, daß an den drei vorausgegangenen Tagen "die vorgeschriebenen liturgischen Handlungen vollzogen worden [sind]. Der Beginn der Synode wäre dann auf den 23. April zu legen; dieser Tag war ein Sonntag." Hier wird mit BARION, Synodalrecht 72-74, angenommen, daß die dreitägigen Litaneien während der Sitzungsdauer abgehalten, nicht aber vorgeschaltet wurden. Für unsere Auffassung spricht auch die von KLÖCKENER vorgelegte Kölner Ordnung für Provinzialkonzilien aus dem ersten Viertel des neunten Jahrhunderts, da "litanias" zu den Eröffnungsfeierlichkeiten der ersten drei Beratungstage gehörten. Ob die "litanias" nun Prozessionen bezeichnen oder, wie KLÖCKENER meint, lediglich eine in der Kirche gesungene Allerheiligenlitanei meint (KLÖCKENER, Ordnung 130-132, 145, 151), ist für unsere Fragestellung unerheblich. Mißverständlich ist allerdings KLÖCKENERs Formulierung, daß verschiedene Konzilsakten "ein den eigentlichen Beratungen vorausgehendes Triduum mit Gebeten und Fasten" kannten (ebd. 154). Daß neben den an den ersten drei Beratungstagen gesungenen Litaneien noch dreitägige Bußfeiern mit Litaneien und Fasten vorgeschaltet wurden, geht aus dem Ordo keinesfalls hervor, vielmehr beginnt der erste Sitzungstag mit einem Dankgebet, daß man sich unversehrt versammelt habe. Bezugsgegenstand des Gebetes ist also die "nicht immer ungefährliche und beschwerliche" Anreise der Synodenteilnehmer (ebd. 128); ein deplaziertes Gebet, wenn die Synodalen bereits seit drei Tagen zusammen gebetet und gefastet hätten. Auch die Belegstellen widersprechen einer Gleichzeitigkeit von Litaneienfeier nebst Fasten und Beratungen an den ersten drei Sitzungstagen nicht, da die Konzilsbeschlüsse ja erst nach dreitägigen Beratungen gefaßt wurden: "statutum est secundum consuetudinem ieiunium triduum" (MGH Concilia 2.1, 254), "primitus cum laetaniis triduanum caelebravimus ieiunium" (MGH Concilia 2.1, 259), "ibique pariter adunati post triduanum ieiunium, quod cum laetaniis celebravimus" (MGH Capitularia 2, 173), "ut peracto triduano ieiunio, laetaniis et orationibus super se de coelis promissum invitarent adiutorium" (MGH Capitularia 2, 211), "transacto igitur triduano ieiunio et sacris laetaniis more debito celebratis" (MGH Constitutiones 1, 620).

Im allgemeinen werden sich aus den unterschiedlichen Berechnungsmethoden keine gravierenden Differenzen hinsichtlich des ersten Zusammentretens des Synodalen ergeben: gleichgültig, ob etwa ein Mittwoch als Verhandlungseröffnung aufgefaßt wird, dem drei verhandlungsfreie Fastentage vorzuordnen sind, oder ob der Mittwoch als Tagungsende betrachtet wird, dem drei Beratungstage mit Fastenübungen voraufgingen, ergibt sich jeweils der Sonntag als Synodenbeginn.

Soissons gefaßten Beschlüsse. In deren Beschlußprotokoll wird die voraufgegangene Tagung auf den 22. April datiert.[6] Nach diesem Befund wird man nicht davon ausgehen können, daß die Datierungen in den Synodenbeschlüssen immer den Zeitpunkt der Beschlußfassung, nicht aber den Tagungsbeginn festhielten. Doch wird man nicht sagen können, daß in kirchlichen Kreisen grundsätzlich nach dem Ende von Tagungen datiert wurde. Damit ist die Frage nach der Dauer von Beratungsversammlungen angeschnitten. Wie bei der Behandlung der Frankentage wird im allgemeinen mit einer Länge von rund drei Tagen gerechnet.

12.1. SYNODEN UND REICHSVERSAMMLUNGEN BIS 768

Aus der Herrschaftszeit des Hausmeiers Karlmann sind die Tagestermine von drei Reichsversammlung bzw. Synoden bekannt. Durch ein Kapitular Karlmanns läßt sich die Reichsversammlung nebst Synode vom 1. März 743/744 aus Les Estinnes bestimmen.[7] Ein mit einer Synode kombinierter Hoftag nimmt HEIDRICH für das Fest Mariä Himmelfahrt an. Hier scheint Karlmann seine Abdankung als Hausmeier verkündet zu haben.[8]
Ob jene Synode, deren Kapitular vom 21. April datiert, dem Jahr 742 oder 743 zuzuordnen ist, ist umstritten, doch sprechen die besseren Gründe für das Jahr 743.[9] Da der 21. April 743 den Oktavtag zu Ostern, nach der Ostertabelle des

---

[6] "Notum fraternitati vestre fieri volumus, quia nuper instanti anno per praesentem primam indictionem apud urbem Suessonum X Kal. Mai. ad synodum convenientes ..." (MGH Concilia 3, 304).

[7] Kapitular Nr.11 (MGH Capitularia 1, 26-28); BM² 45; SCHÜSSLER, Reichsteilung 92f.

[8] HEIDRICH, Synode und Hoftag 415-434. Auf diesem Hoftag soll Karlmann seinen Sohn Drogo der Fürsorge seines Bruders Pippin anvertraut haben, was eine Verkündigung seiner Abdankung voraussetzt. Ausschlaggebend für die Datierung ist eine Gerichtsurkunde Karlmanns vom 15. August 747 für das Kloster Stavelot-Malmedy (BM² 51).

[9] Kapitular Nr.10 (MGH Capitularia 1) 24-26. Für 742: GANSHOF, Kapitulare 167; SCHÜSSLER, Reichsteilung 89-91; für 743: FICHTENAU, Politische Datierungen 481f. Die ausführlichste Behandlung der Frage bei MICHELS, Gründungsjahr, der die Datierung auf 742 überzeugend zurückweist. Unzureichend ist die Berufung von STAAB, Gründung, auf die Argumentation von JÄSCHKE, Gründungszeit, die MICHELS bereits behandelt hat. Ergänzend zu MICHELS seien noch weitere Argumente für die Spätdatierung beigebracht. JÄSCHKE setzt für seine Datierung bei der Angabe der Wynnebald-Vita an, in der es heißt, dieser sei 60 Jahre alt geworden. Hinsichtlich der Bewertung der Altersangabe ist aber zu bedenken, daß die Zahl auch als Bedeutungsträger eingesetzt worden sein kann, also nichts über Wynnebalds wirkliches Alter aussagen muß. Die Sechzig steht für die Vollkommenheit der guten Werke, die mit dem ewigen Leben belohnt werden (MEYER/SUNTRUP, Lexikon 750, 752f). Man vergleiche dazu den Prolog zur Wynnebald-Vita: "... et tunc ille strenuus, spretis atque dispectis pueritialis incentivorum lasciviis inlecebrosisque vitiorum petulantiis ... ad celsioris vitae aeternae meritorum perfectionibus inhiando properabat, et sic usque ad maturam sexaginta annorum calculo almis atque industris bonis vitae moribus pollendo,

Victorius, die in Gallien noch im 8. Jahrhundert weit verbreitet war, sogar das Osterfest selbst bezeichnet, der 21. April 742 dagegen auf den Samstag vor dem Sonntag Jubilate fiel, paßt die Tagewahl besser zum Jahr 743.[10] Der revolutionäre Charakter des Konzils, an dem offenbar nur die kleine Gruppe der Reformer um Bonifatius teilnahm,[11] korrespondierte die Liturgie der Osterwoche. War schon die Liturgie der Osterwoche allgemein dem Taufgedächtnis gewidmet, so war die Reform nach dem Vorbild der römischen Taufliturgie ein wesentliches Anliegen der Synode.[12] Auch der Introitus des Beschlußtages drückt das Streben nach Einsicht aus, das die Zeit nur als Erkenntnis des "allein wahren Ritus" verstehen konnte. Die Lesung des weißen Sonntags aber kam dem Bewußtsein, einem kleinen Kreis der Auserwählten anzugehören, mehr als entgegen. Das Evangelium berichtet nämlich von den Jüngern, die sich am Abend des ersten Wochentages - im mittelalterlichen Verständnis also am Sonntag - aus Furcht vor den Juden hinter verschlossenen Türen versammelten, in deren Mitte Christus trat, und zu ihnen sprach: "'Friede sei mit Euch! Wie mich der Vater gesandt hat, so sende ich Euch!' und nach diesen Worten hauchte Er sie an und

---

proficiendo ad felicem vitae proventus est exitu" (Hugeburc, Vita Wynnebaldi 1, S.107). Als Hugeburc Wynnebalds Verschmähen "der verführerischen Lust des Lasters" ansprach, konkretisierte sie hiermit offenbar nur einen Traktat Bedas: "etiam ita interpretari, quod hi qui omnes sui corporis sensus, visum videlicet, auditum, gustum, tactum, olfactum, ad regulam apostolicae doctrinae temperant, recte sexagenario numero designentur. Et hoc [sexaginta] reginarum, quia qui nunc praecepta apostolorum, quorum est numerus duodenarius, per omnia membrorum suorum officia sequuntur, tunc cum eisdem apostolis gaudio regi sociantur perennis" (Beda, In Cantica Canticorum V 24 [PL 91, 1181 BC]).
Da Papst Zacharias die Anfrage des Bonifatius, ob er an einer von Karlmann geplanten Synode teilnehmen solle, erst am 1. April 743 beantwortete, ist nicht anzunehmen, daß Bonifatius vor diesem Zeitpunkt an einer Synode Karlmanns teilnahm (Nrr. 50-51, S.80-92), zumal er bei seiner Weihe versprochen hatte, keine Gemeinschaft mit unwürdigen Bischöfen zu haben, eine solche aber bei der Reichssynode zu erwarten war (SCHIEFFER, Winfried-Bonifatius 144f).
Vielleicht läßt die Tagewahl sogar einen Schluß auf den unbekannten Tagungsort zu. Die Reichsversammlung Karlmanns vom 1. März 743/744 fand in Les Estinnes statt, nahe dem Kloster Lobbes. Derselbe Tagungsort kann auch für die Synode in Frage kommen, denn in Lobbes wurde am 18./19. April das Fest des hl. Ursmar in Lobbes gefeiert (MISONNE, Ursmar). Die Tagung könnte also mit dem Fest eines Klosterheiligen eröffnet worden sein, dem sich Karlmann verbunden fühlte, wie seine Schenkung an das Kloster Lobbes zeigt (BM² 49 vom Amandus- und Vedastustag 745). Denkbar ist dann auch, daß die Datierungen das Ende der Versammlungen bezeichnen, nicht deren Beginn.
[10] Zu den Victorius-Tafeln: STUIBER, Victorius von Aquitanien 776f.
[11] "Die Publizierung des wohl 743 abgehaltenen Concilium Germanicum stellt dabei in mehrfacher Hinsicht ein Erstlingsstück dar. Es ist 'das erste fränkische Kapitular von Gewicht seit dem Edictum Chlotharii II. des Jahres 614 und ... das erste karolingische Kapitular überhaupt' [JÄSCHKE, Gründungszeit 103]; der juristischen Form nach ist es die erste (staats-)gesetzliche Fassung von mittelalterlichen Konzilsbeschlüssen und außerdem noch das erste Dokument der kontinentalen Geschichte, das eine Datierung nach Inkarnationsjahren trägt. Doch bilden diese mehr äußeren und juristischen Merkmale nur die Ummantelung eines noch weit geschichtsträchtigeren Inhaltes: Das Kapitular von 743 bildet den offiziellen Anfang der liturgischen Romanisierung des Abendlandes" (ANGENENDT, Bonifatius 177).
[12] ANGENENDT, Bonifatius 150-158, 177f.

sprach zu ihnen: 'Empfangt den Heiligen Geist. Welchen ihr die Sünden nachlaßt, denen sind sie nachgelassen; und welchen ihr sie behalten werdet, denen sind sie behalten' ..." (Jo 20, 19-31).[13] Für die Regierungszeit Pippins des Jüngeren lassen sich zwei Reichsversammlungen relativ sicher auf den 1. März datieren. Die Versammlung von Berny 754 wurde zu den Kalenden des März einberufen.[14] Eine weltliche Versammlung kann auch den Hintergrund für den Gerichtsentscheid Pippins vom 1. März 752 aus Verberie abgeben.[15] Das Kapitular des Hausmeiers, das die Beschlüsse der Synode von Soissons enthält, datiert vom 2./3. März 744. Hier wird man den 1. März als Tagungsbeginn vermuten dürfen, der in diesem Jahr auf den Sonntag Reminiscere fiel.[16] Auf dem Märzfeld von 755 wurde beschlossen, den Versammlungstermin künftig in den Mai zu verschieben. Eine exakte Datierung des letzten Märzfeldes ist nicht möglich, doch ist anzunehmen, daß die Versammlung auch in diesem Jahr am 1. März begann.[17] Noch im selben Jahr fand in Ver eine Kirchenversammlung statt. Auf dieser Reformsynode machte Pippin den ehemals militärischen Termin des 1. März zum kirchlichen Synodentermin. Zudem sollte alljährlich am 1. Oktober, dem Remigiusfest, nach seinem Willen eine weitere Synode abgehalten werden.[18] Damit wich der neue König von jenen beiden Synodenterminen ab, die einst die Synode von Auxerre für Mitte Mai und den 1. November beschlossen hatte. Wenn Pippin dieser Tagungstermin bekannt war, kehrte er sich bewußt vom Althergebrachten ab.[19] Die Hinwendung zur kirchlichen Reform dokumentierte nicht nur die

---

[13] Der Introitus lautet: "Quasi modo geniti infantes alleluja: rationabiles sine dolo lac concupiscente, alleluja, alleluja, alleluja. Exsultate Deo, adjutorio nostro, jubilate Deo Jacob." Zu den Meßtexten der Woche: CHAVASSE, Osterkreis 252-255; zu dem selbstwirkenden Ritus und der Liturgie des heiligen Petrus s. ANGENENDT, Bonifatius 169-176; Zitat: S.170.
[14] Fredegar, Continuationes 120, S.183; BM² 73g.
[15] DK 1.
[16] "sub die VI Nonas Martii et luna XIIII in anno secundo Childerici regis" Kapitular Nr.12 (MGH Capitularia 1, 28-30, 29); BM² 55 (57).
[17] BM² 76i.
[18] Kapitular Nr.14 c.4 (MGH Capitularia 1, 34). Um den Beschluß quantitativ faßbar zu machen, wird er hier als Ansage für Synoden am 1. Oktober 755 und 1. März 756 interpretiert.
[19] Concilium Autissiodorense a.573-603 c.7 (MGH Concilia 1, S.180): "Ut medio Madio omnes presbyteri ad synodo in civitatem veniant et kalendis Novembris omnes abbates ad concilium conveniant."
Sicherlich hatte diese Synode nur lokale Bedeutung, doch kann der Beschluß durchaus übliche Synodentermine bezeichnen. Zumindest der Novembertermin scheint mehrfach gewählt worden zu sein:
vom 1. November datieren zwei Synoden (Concilium Matisconense a.583 [ebd. 155-161] und Concilium incerti loci a.589 [ebd. 174f]), vom 5. November das Concilium Vasense a.529 (ebd. 55-58), vom 6. November das Concilium Carpentoratense a.527 (ebd. 40-43) und vom 8. November das Concilium Arvernense a.535 (ebd. 65-71).
Im Mai tagte das Concilium Aurelianense a.639-41 (ebd. 207f). Weitere Maitermine bieten zwei Synoden aus Orléans vom 7. Mai 538 (ebd. 72-86) und vom 14. Mai 541 (ebd. 86-99) sowie das Concilium Massiliense vom 26. Mai 533 (ebd. 60f).

Umwandlung des Märzfeldes. Auch mit der Wahl des Gedenktages des hl. Remigius, der den ersten Merowingerkönig taufte, proklamierte das neue fränkische Königtum den Herrschaftswechsel als christlichen Neuanfang.[20] Die Synodenbeschlüsse von Ver, von denen sich eine ganze Reihe mit der Klosterreform beschäftigt, datieren vom 11. Juli.[21] Auch hier wird man eine bewußte Tagewahl anzunehmen haben, da es sich um einen Gedenktag für den hl. Benedikt handelt. Die Reform der Klöster nach der Regel des Abtes von Montecassino hatte bereits Pippins Bruder Karlmann auf der Reichsversammlung von 743/744 proklamiert.[22]

Ebenso wie sein Bruder kann auch Pippin das Fest der Himmelfahrt Mariens für mit Synoden kombinierte Reichsversammlungen genutzt haben. So erwähnt eine Gerichtsurkunde vom 17. August 750 aus Attigny weltliche Große und Bischöfe als Gerichtsbeisitzer. Empfänger der Urkunde war Fuldrad, der gerade von einer Romreise zurückgekehrt war. Aufgrund seiner Nachrichten wurde auf dieser Versammlung die Königserhebung Pippins vorbereitet. Ein anderes für Fuldrad erfreuliches Ergebnis seiner Reise war seine Ernennung zum Abt von St. Denis.[23] Die von König Pippin mit seiner Gattin Bertrada vorgenommene Schenkung für das Familienkloster Prüm vom 13. August 762 unterfertigten neun Bischöfe sowie zwölf Grafen, woraus HEIDRICH vermutlich zurecht auf einen Versammlung weltlicher und geistlicher Großen schließt, die sich „um" das Marienfest zusammenfand.[24] Dem Marienfest hat zwei Aspekte, die für die Terminwahl der Versammlungen eine Rolle Ausschlag gebend gewesen sein können. Zum einen ist es ein Fest der Himmelskönigin, zum zweiten spielt der Aspekt des Aufstiegs eine Rolle. „Die Familienstiftung brachte Bertrada, die Frau Pippins d.J., in die Schutzhoheit der Karolinger ein." Die Schenkung an Prüm vom 13.8.762 bestand zu einem Gutteil aus dem Erbgut der Königin, die zudem in der Königsurkunde ausdrücklich als Mitschenkerin erwähnt wird.

---

[20] Die Beschlüsse von Ver stellen "eine geradezu grundgesetzliche Regelung der kirchlichen Verhältnisse dar" (HARTMANN, Synoden der Karolingerzeit 69). Den Erneuerungswillen betont auch die Einleitung des königlichen Kapitulars. Die Realisierung der Kirchenreform scheint tatsächlich in Angriff genommen worden zu sein. Jeweils zum Ende der Jahre 755 und 756 ergingen nämlich Kapitularien, was für die Wahrnehmung des Oktobertermins spricht (BM² 79 und 83; vgl. aber den weit größeren Zeitrahmen nach GANSHOF, Kapitularien 163). Angesichts der Absetzung von den kirchlichen Versäumnissen "in diebus praeteritorum principum" im karolingischen Reformkapitular von 743 (MGH Capitularia 1, 25) will die Tagewahl kaum eine Anknüpfung an merowingische Traditionen leisten.
[21] Mit den Klosterangelegenheiten beschäftigen sich cc.5-6, cc.10-11, cc.18-20 (MGH Capitularia 1, 34-36).
[22] Kapitular Nr. 11 c.1 (MGH Capitularia 1, 27f). Allerdings fehlt in Pippins Kapitular ein Hinweis auf die Benediktregel als Klosternorm.
Der Beginn ist nicht sicher auszumachen; OELSNER, König Pippin 220, hält eine lange Tagungsdauer für wahrscheinlich und möchte sie am Monatsanfang oder noch früher zusammentreten lassen. Wenn mit dieser Annahme recht hat, böte sich das Petrusfest, das 755 auf einen Sonntag fiel, als möglicher Synodenbeginn an.
[23] HEIDRICH, Synode und Hoftag 439f mit Bezug auf BM² 58 (56).
[24] DK 16; HEIDRICH, Synode und Hoftag 440.

Wenn das Fest, wie HEIDRICH annimmt, bei der Urkundenausstellung eine Rolle spielte und die Königin bei der Schenkung eine führende Rolle spielte, dann korrespondierten 762 irdische und himmlische Königin.[25] Der Aspekt des Wechsels vom Irdischen zum Himmlischen paßt gut zum Entschluß Karlmanns von 747, sein weltliches Leben zugunsten des geistlichen aufzugeben. Der dem Fest innewohnende Aufstiegsgedanke war 747 wie 750 in sozialer Hinsicht auf Pippin anwendbar, der zum Herrscher im Reichsteil Karlmanns aufstieg bzw. nach der Königswürde griff.

12.2. MARIENFESTE

12.2.1. Mariä Reinigung

Das ursprüngliche Herrenfest der Darstellung Jesu im Tempel und der Prophetie des Simeon wandelte sich seit dem siebten Jahrhundert im westlich-römischen Liturgiekreis zu einem Marienfest, das an die Reinigung Mariens 40 Tage nach der Geburt Jesu erinnerte (Lk 2, 22-38, Lev 12, 2-6).[26] In Rom wurden an diesem Tage Prozessionen veranstaltet, die den Bußcharakter des Tages ebenso unterstrichen, wie die Bitte um die Sündenreinigung im Meßgebet zeigt: "ita nos facias purificatis tibi mentibus praesentari".[27] Da aufgrund der engen Koppelung von Gott und König in der politischen Theologie des Frühmittelalters auch Fehlverhalten gegen den Herrscher als Sünde qualifiziert werden konnte, war der Tag für die Behandlung politischer Vergehen durchaus geeignet. So restituierten Karl der Große und Arnulf von Kärnten Besitz, der wegen Rebellion eingezogen worden war.[28] Die Einflechtung des Bußcharakters des Festes in die Tagespolitik wird auch an einem anderen Vorgang deutlich, wiewohl es hier der König ist, der als Büßer auftritt. Da der Papst von Lothar II. verlangt hatte, bis zur Vigil des Marienfestes 863 seine Konkubine Waldrada zu entlassen, riet Bischof Adventius von Metz seinem König, die prekäre Lage zu verbessern, indem er zwei Tage zuvor vor seinen Bischöfen um Verzeihung für seine Sünde bitte, um nach empfangener Absolution zu versprechen, die Ehefrage noch einmal mit seinen Getreuen zu behandeln; dann könne er ohne Gefahr für seine Seele oder Minderung seines Reiches das Fest Mariä Reinigung feiern. Hier entsprachen sich also Reinigung Mariens und "gereinigter König".[29]

---

[25] Zitat bei HEIDRICH, Stiftungen 139; zur Urkunde s. WISPLINGHOFF, Gründungsgeschichte 1-27.
[26] KELLNER, Heortologie 132-134.
[27] STAUBACH, Herrscherbild 492.
[28] DArn 112 vom 2.2.893; zu DK 187 vom 2.2.799 für den Langobarden Aio auf Fürbitte des Prinzen Pippin s. Exkurs 2.
[29] STAUBACH, Herrscherbild 188f; zum Festcharakter s. ebd. 492-494.

Dieses Marienfest kann für das 9. Jahrhundert als traditioneller Beratungstermin zum Jahresbeginn gelten. Die erste Nennung des Festes ist mit den Namen Karls und seines Sohnes Ludwig verbunden, da der Kaiser seinen Sohn zum Reinigungsfest Mariens 809 "ad suum colloquium" bestellte. Hier wird über die Fortführung des Krieges gegen die Mauren beraten worden sein.[30] Aller Wahrscheinlichkeit nach begann schon vor diesem Jahr ein Reichstag an diesem Marienfest, da die Reichsteilung von 806 zu Beginn des Februars stattfand.[31] Als sicherer Reichstagstermin läßt sich das Fest auch 814 nachweisen, als Ludwig in Doué eine Beratung mit den Getreuen seines Teilreichs abhielt. Möglicherweise erblickte der Kaiser in diesem Ereignis seinen Herrschaftsbeginn. Diese Annahme von DEPREUX kann die häufige Heranziehung des Festes für Reichsversammlungen in Krisenzeiten erklären.[32] Die nächste nachweisbare Februarberatung fand 821 statt, ohne daß wir das genaue Datum des Kriegsrates kennen.[33] "Circa Kal. Febr." 826 kam Prinz Pippin nach Aachen, um mit seinem Vater über Maßnahmen bezüglich der Sarazenengefahr zu beratschlagen.[34] Am Marienfest 831 fand das Strafgericht über die Rebellen gegen den Kaiser auf einer allgemeinen Reichsversammlung zu Aachen und die Entlastung der Kaiserin Judith von den ihr zur Last gelegten Verbrechen statt. "Zumindest für die Reichsversammlung in Aachen 831 darf man wohl eine spezifische und bewußt intendierte Beziehung zwischen Namen und Charakter des Purificatio-Festes und dem an diesem Tag vollzogenen politischen Akt, der 'Reinigung' der Kaiserin von den gegen sie erhobenen Anschuldigungen unterstellen."[35] Vier Jahre später hielt der Kaiser eine weitere allgemeine Reichsversammlung am gleichen Tag in Thionville ab, auf der die Absetzung des Kaisers für nichtig erklärt wurde,[36] um im Jahr darauf an diesem Termin eine Synode tagen zu lassen. In diesem wie vielleicht auch in anderen Jahren fand die Beratung nicht nur an einem Marientag statt, sondern auch noch in der Marienkirche zu Aachen,[37] und höchstwahrscheinlich hielt es der Kaiser im folgenden Jahr genauso.[38]

---

[30] Astronomus, Vita Hludowici 14, S.613: "Rege porro Hludowico in Aquitania hibernum exigente tempus, pater rex eum mandat venire ad suum conloquium Aquisgrani in purificatione sanctae Mariae genetricis Dei." Zur Einordnung s. BM² 439c und 441a.
[31] Die Bestimmungen über eine Reichsteilung datieren vom 6. Februar 806, die Versammlung kann also gut am 2. Februar begonnen haben. Zum "allgemeinen Optimatentag" s. SEYFARTH, Reichsversammlungen 33f.
[32] BM² 519c-e; Astronomus, Vita Hludowici c.20, S.618: "in purificatione sanctae Dei genetricis Mariae". Der Festbezeichnung zufolge wurde das Fest bei Hof nicht als Herren-, sondern als Marienfest verstanden. Zum Herrschaftsbeginn Ludwigs siehe unten S. 79f.
[33] BM² 733a.
[34] BM² 824a; Annales regni Francorum a.826, S.169.
[35] STAUBACH, Herrscherbild 493f; BM² 881a.
[36] BM² 938a.
[37] BM² 954a.
[38] Annales Bertiniani a.837, S.13: "Imperator autem post natalitiae celebritatis sollempnia circa purificationem beatae semper virginis Mariae episcoporum conventum in Aquis habuit."

Eine Übernahme der Tradition seines Vaters durch Kaiser Lothar ist nicht nachweisbar. Ein einziges Kapitular, das aber noch zu Lebzeiten seines Vaters entstand, erließ er im Februar 832, doch ist das Tagesdatum nicht bekannt.[39] Für dessen Söhne ist die Überlieferungslage wesentlich besser. Am Reinigungsfest 865 wird eine Synode Kaiser Ludwigs II. begonnen haben.[40] Auch wenn sonst keine Beratungen an diesem Tag für Ludwig II. nachweisbar sind, kann das Fest für ihn nicht ohne Bedeutung gewesen sein, da er an diesem Tag Bari eroberte. Sein Bruder Lothar II. hielt im Februar 860 eine Synode und Reichsversammlung wegen seiner Eheangelegenheiten ab. Eine nähere Datierung ist zwar nicht möglich,[41] aber hier sei auf den Termin für eine Metzer Synode von 863 zum selben Thema verwiesen, die ebenfalls am besagten Fest beginnen sollte.[42] Auslösender Faktor für die Metzer Synode wird die Forderung des Papstes gewesen sein, Lothar II. solle seine Konkubine Waldrada bis zum Vigiltag des Reinigungsfestes Mariens 863 entlassen.[43] Die Eheangelegenheit König Lothars und dieses Marienfest scheinen eine feste Verbindung eingegangen zu sein, denn eine weitere Kirchenversammlung zu diesem Thema läßt sich dem Reinigungsfest zuordnen. 868 sollte an diesem Tag eine von Karl dem Kahlen und Ludwig dem Deutschen einberufene Synode tagen, vermutlich weil Papst Nikolaus I. Lothars Konkubine Waldrada 866 zu Mariä Reinigung exkommuniziert hatte.[44] Die Erinnerung an diesen Vorgang mittels der Wahl des Synodentermins mag den beiden Königen deshalb nötig erschienen sein, weil dem im Dezember 867 verstorbenen Papst Nikolaus I. inzwischen Hadrian II. gefolgt war, der die Könige Karl und Ludwig verdächtigte, Lothar seines Reiches zu berauben. Entsprechend hob er die Exkommunikation Waldradas zu Beginn des Februars 868 auf, möglicherweise am 2. Februar.[45]

Fast scheint es, als habe Kaiser Ludwigs gleichnamiger Sohn diesen Februartermin für Beratungsangelegenheiten in eigener Sache zunächst geradezu gemieden.[46] Ein Ereignis scheint dann aber eine Wende in seine Zeitplanung gebracht zu haben. Seitdem ihm die lothringischen Großen am Reinigungsfest 870 in Frankfurt huldigten, fand dieses Fest regelmäßig für Frankfurter Hoftage

---

[39] Kapitular Nr.201 (MGH Capitularia 2, 59-63); BM² 1031c.
[40] BM² 1228a, 1229. Das Kapitular vom 4.2.865 resultiert aus den Beratungen, die am 2. Februar begonnen haben werden.
[41] BM² 1290a.
[42] DÜMMLER, Ostfränkisches Reich II, 64; STAUBACH, Herrscherbild 188f.
[43] STAUBACH, Herrscherbild 188f.
[44] Der Synodentermin "circa Kalendis Februarii" nach den Annalen aus St. Bertin (a.867, S.90). Auch MÜHLBACHER rechnet mit dem Marienfest (BM² 1466a). Zur Exkommunikation Waldradas 866: BM² 1309a.
[45] STAUBACH, Herrscherbild 212. Die Absolution Waldradas teilte der Papst den ostfränkischen Bischöfen in seinem Schreiben vom 12. Februar 868 mit (BM² 1317a).
[46] Das Marienfest selbst wird der König aber zumindest von Zeit zu Zeit gefeiert haben, wie aus seinen Urkundenausgaben zu Beginn des Februars zu erschließen ist. Die Februarberatungen von 856 müssen nach dem Marienfest stattgefunden haben, da sie in Forchheim bzw. Ulm stattfanden, Ludwig am Marienfest aber in Regensburg urkundete (BM² 1430a-b).

Gebrauch. In der Ort- und Zeitwahl drückt sich eine Gebundenheit des Festes an den lothringischen Politikbereich aus. Ob diese Bindung aus einer Vorliebe der lothringischen Großen für dieses Fest, etwa infolge einer allgemeinen regionalen Wertschätzung, oder ob sie aus einer vermeintlichen "Eignung" des Festes für lothringische Fragen resultiert, muß offen bleiben. Außer religionsgeographischen und magischen Beweggründen können aber auch noch politische Überlegungen für Ludwigs Tagewahl eine Rolle spielen, etwa die, daß den lothringischen Großen durch die regelmäßigen Hoftage am Tag ihrer Kommendation ihre Zugehörigkeit zum Ostreich ständig vor Augen geführt werden sollte. Wenn solche Gründe der Zeitplanung Ludwigs zugrundeliegen sollten, spräche dies für eine labile Herrschaft Ludwigs über seine Neuerwerbungen.[47]

Ludwigs Nachfolger scheinen dieses Marienfest als Tagungstermin übernommen zu haben. So hielt Ludwigs gleichnamiger Sohn im Februar 878 ebenfalls zu Frankfurt einen Hoftag, der sich mit der Teilung des Lotharreichs beschäftigte, für den das Marienfest als Termin vermutet werden darf.[48] Ebenfalls mit Blick auf das ehemalige Mittelreich hielt Karl III. am Reinigungsfest 884 einen Hoftag im elsässischen Kolmar,[49] nachdem er bereits 882 für diesen Tag eine Reichsversammlung in Ravenna geplant hatte.[50]

Wie im Ostreich scheint das Marienfest im Reich Karls des Kahlen als Reichstagstermin vor dem Untergang des Mittelreiches keine eigenständige Bedeutung gehabt zu haben. Erst 874 hielt Karl der Kahle im Kloster St. Quentin "purifi-

---

[47] Unproblematisch sind die Versammlungen von 870, 871 und 876 auf das Marienfest zu beziehen (WEBER, Reichsversammlungen 141, 144, 152/155); aus den Jahren 872 und 875 sind für den Februar weder Beratungen noch Königsaufenthalte in Frankfurt bekannt. Für 873 berief Ludwig "circa Kalendas Februarii" (Annales Bertiniani a.873, S.122) einen ostfränkischen Hoftag nach Frankfurt, der aber wohl auf den 25. Januar vorgezogen wurde. Doch zeigt ein Privileg für St. Gallen vom 1.2.873 (DLD 144), daß auch in diesem Jahr das Marienfest in Frankfurt gefeiert wurde.
Möglicherweise ist das Marienfest 874 wieder für eine Reichsversammlung benutzt worden, da Ludwig "circa Kalendas Februar." nach Frankfurt kam (Annales Fuldenses a.874, S.82). Dann muß man allerdings für DLD 151 uneinheitliche Datierung annehmen, da das Datum auf den 2. Februar und das Actum auf Augsburg weist (s.a. WEBER, Reichsversammlungen 155). Immerhin "könnte [die Tagesdatierung im Eschatokoll] nachgetragen sein" (so der Herausgeber KEHR zu DLD 151).
[48] WEBER, Reichsversammlungen 155. Im Winter 877/878 hatten sich die Brüder Karlmann, Ludwig und Karl das Mittelreich geteilt, das Weihnachtsfest feierte Ludwig in der bedeutendsten Pfalz des Landes, Aachen, und hier erreichte ihn auch die Mitteilung, daß sein Bruder Karlmann seinen Anteil am Mittelreich zur Disposition stelle (DÜMMLER, Ostfränkisches Reich III, 69).
[49] WEBER, Reichsversammlungen 163f, der die Annahme eines Heertages entschieden ablehnt.
[50] BM² 1627b.

catione sanctae Mariae" eine Beratung im kleinen Kreis ab,[51] und sein Sohn Ludwig scheint für diesen Tag 879 eine Reichsversammlung geplant zu haben.[52]

12.2.2. Andere Marienfeste

Die für Mitte August 834, also wohl für das Fest der Himmelfahrt Mariens (15.8.), geplante Heeresversammlung Ludwigs des Frommen wurde bereits erwähnt.[53] Das Himmelfahrtsfest der Gottesmutter mag er schon 816 gewählt haben, doch sind die Belege unsicher. Im August fand eine Reichsversammlung nebst Synode in Aachen statt. Für den 15. August als Eröffnungstag spricht, daß die kaiserliche Kanzlei sich ab dem 19. des Monats wieder dem Urkundungsgeschäft widmen konnte.[54] Da Ludwigs Sohn Karl Mitte August 868 in Pîtres die jährlichen Abgaben erhielt und Befestigungsaufgaben verteilte, wird man daraus auf eine allgemeine Reichsversammlung am Marienfest schließen können.[55] "Mediante mense augusto" 880 fand zu Worms ein Hoftag Ludwigs des Jüngeren statt, dessen Beginn man mit WEBER auf das Himmelfahrtsfest Mariens setzen kann.[56]

Kaiser Karl III. wird 885 am Geburtsfest Mariens (8.9.) einen Hoftag in Frankfurt abgehalten haben.[57]

---

[51] Annales Bertiniani a.874, S.125.
[52] Annales Bertiniani a.878, S.145 und a.879, S.147. Jeweils mit ausdrücklicher Bezeichnung des Kirchenfestes.
[53] Annales Bertiniani a.834, S.9: "convocavit exercitum Lingonis medio mense Augusto". Siehe dazu Kapitel 11.6.2.
[54] BM² 622a, 623 (603). Für ein Marienfest spricht auch, daß die Aachener Pfalzkapelle der Gottesmutter geweiht war. Sicher nicht am Marienfest fand die Reichsversammlung vom August 822 statt, da sich Ludwig am 14. August noch in Corbeny aufhielt, die Reichsversammlung aber in Attigny tagte (BM² 758 [733]).
[55] Annales Bertiniani a.868, S.96.
[56] WEBER, Reichsversammlungen 157.
[57] WEBER, Reichsversammlungen 136. Damit wären die Diplome DDKIII 130-131 vom 6. und 8. September vor bzw. auf dem Reichstag ausgestellt worden. MÜHLBACHER setzt die Versammlung vor dem 6. September an (BM² 1712a). Folgt man dieser Einordnung, bietet sich der Oktavtag des Passionstages des Täufers an, der auf Sonntag, den 5. September, fiel.

12.3. TÄUFERFESTE[58]

Karl der Große berief auf das Geburtsfest des Täufers 803 eine Reichsversammlung nach Mainz oder Châlons-sur-Marne ein.[59] Die Bestellung Abt Fuldrads von St. Quentin zum Reichstag nach Stassfurt für den 17. Juni 806 durch denselben Herrscher steht ebenfalls mit dem Johannesfest im Zusammenhang. Der Wortlaut des königlichen Befehls lautet: "Notum sit tibi, quia placitum nostrum generale anno presenti condictum habemus infra Saxoniam in orientale parte, super fluvium Bota in loco que dicitur Starasfurt. Quapropter precipimus tibi, ut pleniter cum hominibus tuis bene armatis et preparatis ad predictum locum venire debeas XV. Kal. Iul. quod est septem diebus ante missam sancti Iohannis baptiste." Da das Täuferfest als Bezugstermin genannt wird, vom Abt ausdrücklich eine gute Ausrüstung verlangt, das Johannesfest in dieser Zeit nochmals in einem Kapitular als Stichtag erwähnt wird[60] und das gleiche Fest auch drei Jahre vorher für einen Reichstag gewählt wurde, möchten wir annehmen, daß der Abt von St. Quentin ein Vorauskommando führen sollte, das die Zeltstadt für den Reichstag am 24. Juni vorbereiten sollte. Auf Wunsch Karls des Kahlen sollte eine päpstliche Synode an diesem Fest 877 in Ravenna tagen.[61] Dem gleichen Fest ist sicher dessen Reichsversammlung von Pîtres zuzuordnen, dessen Kapitular vom 25. Juni 864 datiert.[62] Ein Reichshoftag Ludwigs des Kindes fand 903 wahrscheinlich zum gleichen Termin in Forchheim statt.[63]

---

[58] Auf die zahlreichen Heeresversammlungen zum 24. Juni wird im Zusammenhang mit den Kriegsereignissen eingegangen.
[59] BM² 398a; Kapitular Nr.40 c.29 (MGH Capitularia 1, 116). Wiewohl im Kapitular von einem "generale placitum" die Rede ist, möchte SEYFARTH, Reichsversammlungen 32f, hierin lediglich eine Versammlung von Optimaten ohne Anwesenheit des Heeres erblicken.
[60] Kapitular Nr.67 c.2 (MGH Capitularia 1, 155-157, 156): "De latronibus. Quicumque post missam sancti Iohannis baptiste latroni mansionem dedit ...". BM² 421 weist den Erlaß dem Jahr 806 zu, BÜHLER, Capitularia relecta 486, den Jahren 805-813. Der Brief an Fuldrad: MGH Capitularia 1, 168; die Zuordnung zu 806 nach GANSHOF, Kapitularien 167.
[61] DÜMMLER, Ostfränkisches Reich III, 49.
[62] "Notum esse volumus ... capitula nunc in isto placito nostro anno ab incarnatione domini nostri Iesu Christi DCCCLXIV, anno videlicet regni nostri ipso propitio XXV, indictione XII, VII. Kalend. Iulias in hoc loco, qui dicitur Pistis ..." Kapitular Nr.273 (MGH Capitularia 2, 310-328, 312).
Den Annalen von St. Bertin zufolge begann die Reichsversammlung Karls des Kahlen allerdings bereits am 1. Juni: "Karolus Kalendas Iunii in loco Pistis dicitur generale placitum habet ... Capitula etiam ad triginta et septem consilio fidelium suorum ... constituit" (Annales Bertiniani a.864, S.72). Da eine Tagungsdauer von über drei Wochen unter normalen Umständen nicht erklärlich ist, kann mit einem Datierungsirrtum Hinkmars vorliegen. Vielleicht ist der überlange Versammlungszeitraum aber auch durch Schanzarbeiten in Pîtres zustande, wiewohl die Befestigungsarbeiten seit 862 im Gange waren (DÜMMLER, Ostfränkisches Reich II, 106; zu Pîtres s. GILLMOR, Warfare 154-157). Der eigentliche Hoftag wird jedenfalls in die Zeit des Täuferfestes fallen.
[63] WEBER, Reichsversammlungen 184, erschließt den Termin aus einem Diplom (mit langer Fürbitterreihe) vom Tage.

Die Nachricht der Annales Bertiniani zum Jahre 872, Karl der Kahle sei "Kalendis Septembris" nach Gondreville zurückgekehrt, um einen Reichstag abzuhalten, wird man, wie den für "Kalend. Septembribus" bzw. "circa Kalendas Septembris" 839 angesetzten Heerestag Ludwigs des Frommen,[64] auf das Täuferfest im Herbst beziehen können.[65]

12.4. FESTE DER APOSTELFÜRSTEN

Die Gerichtsverhandlung gegen die aufständischen Babenberger fand in deren Abwesenheit auf dem Hoftag am Petrustag 906 zu Tribur statt.[66] Die Wahl eines bedeutenden Festes, das zudem auf einen Sonntag fiel, erstaunt, weil die kirchlichen und weltlichen Vorschriften Gerichtsverhandlungen an Sonntagen verbieten. Andererseits hat schon SCHALLER festgestellt, daß auch die Verhandlungen Friedrich Barbarossas gegen seinen politischen Gegner Heinrich den Löwen an hohen Festtagen stattfanden und erklärt dies mit der hohen politischen Bedeutung solcher Gerichtsverhandlungen.[67]

Am 1. Juli 815, dem Sonntag nach dem Petrusfest, hielt Ludwig der Fromme seine erste Reichsversammlung in Sachsen ab.[68] Für "Kal. Iulii" 840 war Nithard zufolge von Kaiser Ludwig eine Reichsversammlung anberaumt, zu der auch Prinz Lothar geladen worden war, um über das weitere Vorgehen gegen Ludwig den Deutschen abzustimmen.[69] Hier wird man im Kalendentermin eine Floskel für den Petrustag am 29. Juni vermuten dürfen.

---

[64] Annales Bertiniani a.839, S.21 und S.22.
[65] Annales Bertiniani a.872, S.121.
[66] WEBER, Reichsversammlungen 187f, erschließt den Termin aus einem Diplom vom Tage (DLK 46). Er stützt sich dabei auf die Angabe Reginos "eodem anno circa Iulio mense Ludowicus rex conventum generalem celebravit apud Triburias villa regia" (a.906, S.152).
[67] SCHALLER, Heiliger Tag 10f.
[68] SIMSON, Ludwig der Fromme I, 53f; BM² 587b. Die Tagesangabe nach dem Chronicon Laurissense breves (NA 36, S.38): "... et erat illud placitum Kal. Iulii mensis." Man wird auch erwägen müssen, ob die Kalenden-Angabe nicht synonym für "gegen Ende Juni/Anfang Juli" gebraucht wird, zumal sich der Reichstag über einige Tage hingezogen haben wird. Dann kann der Reichstag auch am Heiligenfest selbst stattgefunden haben. Andererseits scheint Ludwig der Fromme Sonntage für Staatsakte bevorzugt zu haben.
Die Anwesenheit des Heeres kann der Versammlung durchaus den Charakter eines Heertages gegeben haben. Doch muß der Krieg nicht das Hauptanliegen des Reichstages gewesen sein. Die hier Adalhard dem Jüngeren gegebene Erlaubnis der Gründung Corveys zu Missionszwecken, die Verhandlung mit dänischer Delegation und die Entsendung des Heeres gegen die Dänen können mit einer beabsichtigten Dänenmission zusammenhängen, die der Corveyer Ansgar und der Sachse Ebo (von Reims) später weiterführten. Letzterer hatte den Predigtauftrag am Petrusgrab in Rom erhalten (HILPISCH, Ansgar 597f; ANGENENDT, Kaiserherrschaft 215-224). Petrusverehrung und Missionsabsicht können auch schon 815 zusammengehört haben.
[69] Nithard, Historia I 8, S.12.

Am 1. Juli 874 erließ Karl der Kahle in der Königspfalz Attigny die Beschlüsse einer Synode westfränkischer Bischöfe als Kapitular. Den Beginn des Konzils wird man also früher ansetzen müssen. Bei der üblichen Dreitägigkeit der Synodendauer wird man zweifellos das Petrusfest als Eröffnungstag betrachten können.[70]
Da die Petrusverehrung auch die des Petrusbruders Andreas (30.11.) und der Petrustochter Petronilla (31.5.) umfaßt haben wird, werden deren Gedenktage an dieser Stelle gleichfalls behandelt. Auf den Gedenktag des Apostels Andreas scheinen zwei Hoftage zu fallen: der Hoftag Ludwigs des Kindes in Regensburg von 903[71] und ein Reichstag mit Synode des westfränkischen Königs Karl vom Jahr 868.[72]
Die Eröffnung der Frankfurter Synode am 1. Juni 794, dem dritten Sonntag nach Pfingsten, erklärt sich vielleicht gleichfalls aus der Petrusverehrung, da am Vortag der Petrustochter Petronilla gedacht wurde, die auf Betreiben der Karolinger in St. Peter beigesetzt worden war.[73]
Am 26. Januar 873 gestand nach einem dramatischen Vorspiel Prinz Karl, der Sohn Ludwigs des Deutschen, zusammen mit seinem Bruder Ludwig auf einer Reichsversammlung in Frankfurt, eine Verschwörung gegen seinen Vater geplant zu haben. Dieser Vorgang ist entsprechend den Quellendarstellungen bislang als überraschende Selbstbeschuldigung aufgefaßt worden.[74] Bei dem 26. Januar handelt es sich um einen Montag. Wenn die Reichsversammlung am Vortag begann, war sie zum Gedenken der "Conversio Pauli" einberufen worden.[75] Bei dem Apostel Paulus kann es sich um einen Schutzheiligen des ostfränkischen Königs handeln.[76] Es ist also nicht ganz auszuschließen, daß die Versammlung

---

[70] Kapitular Nr.303 (MGH Capitularia 2, 458-460).
[71] WEBER, Reichsversammlungen 185f, erschloß den Hoftag aus DLK 28 vom 30.11.903. Wie für die Urkunde vom Täuferfest im Sommer ist anzunehmen, daß der Beginn des Hoftages und die Urkundenausstellung zusammenfallen.
[72] Annales Bertiniani a.868, S.97: "Karolus rex Kalendis Decembris Carisiacum veniens, quosdam primores, tam ex episcopis quam ex aliis regni sui, obviam sibi accersivit". Die Kalendenangabe ist sicher nicht wörtlich auf den 1. Dezember zu beziehen, sondern auf die Zeit Ende November/Anfang Dezember.
[73] ANGENENDT, Mensa Pippini regis 54f; Annales Mosellani a.793, S.498: "Ibi Kalendis Iunii synodum congregavit ...". Nach Einschätzung von SEYFARTH, Reichsversammlungen 28-30, handelte es sich hier um einem "allgemeinen Optimatentag", also eine Versammlung mit relativ kleinem Teilnehmerkreis, der aber alle Reichsteile repräsentierte.
Reizvoll ist natürlich auch der Gedanken, unter den Junikalenden eine ungefähre Angabe zu verstehen, dann böte sich der nächste Sonntag an, da er auf das Medardus-Fest am 8. Juni fiel, zugleich dem Jahrestag von Karls Langobardenherrschaft.
[74] Annales Fuldenses a.873, S.77f, Annales Xantenses a.873, S.31f, Annales Bertiniani a.873, S.122f. BM² 1490k; DÜMMLER, Ostfränkisches Reich I, 353f, WEBER, Reichsversammlungen 146f.
[75] Hrabanus, Martyrologium 17.
[76] Bereits 853 bezeichnete Audrad Modicus den Heidenmissionar Paulus als den Schutzheiligen des ostfränkischen Herrschers (NOBEL, Königtum 52f). Andere Hinweise auf eine Paulusverehrung Ludwigs des Deutschen fehlen allerdings, daher muß es offen bleiben, ob die

aus diesem Grunde an einem Paulusfest abgehalten wurde. Das Paulusfest ist für das Mittelalter aber auch als Termin mit Gerichtsfunktion bekannt, man denke nur an den Canossa-Gang Heinrichs IV.[77] Auch karolingerzeitliche Päpste und Könige nutzten den 25. Januar in dieser Funktion,[78] so auch ein Königsbote Ludwigs des Deutschen.[79] Mit der Wahl dieses Festes wird zugleich das Thema der Reichsversammlung vorgegeben worden sein: Gericht und Umkehr. Dem Eröffnungstag zufolge zielte die Versammlung darauf ab, eine Umkehr zu erreichen, die dann ja auch tatsächlich erfolgte. Das legt den Schluß nahe, daß die Aufstandsbestrebungen der beiden Prinzen bereits bei der Ansetzung des Tagungstermins bekannt und wohl auch Gegenstand des ersten Beratungstages waren. Vielleicht waren am Vortag Zeugen aufgetreten, die ein Geständnis Karls unumgänglich machten.[80] Das als Krankheitssymptom bewertete sonderbare Verhalten Karls[81] erfolgte am zweiten Tag und hat erstaunliche Parallelen zur

---

Zuschreibung richtig oder etwa aus den Bemühungen Ludwigs um die Slawenmission abgeleitet ist.

[77] SCHALLER, Heiliger Tag 19. Dessen Interpretation, der König habe durch die Tagewahl eine innere Wandlung kundtun wollen, ist sicher richtig, wobei unklar bleibt, ob der Adressat dieser Botschaft der Papst oder der deutsche Adel sein sollte; da der Termin sicher abgesprochen war, eher letzterer. Aber auch der Papst konnte mit der Tagewahl ein Signal geben, da der Gerichtscharakter des Tages den Papst als Oberherrn und Richter kennzeichnete.

[78] Der Papstbrief vom 25. Januar 867 machte den Bischöfen Lothars II. schwere Vorhaltungen, erinnerte sie an die angedrohten Strafen und verkündete erneut die Exkommunikation Waldradas (STAUBACH, Herrscherbild 210, 514f). In seinem Schreiben vom 25. Januar 881 warnte Papst Johannes VIII. König Karl den Kahlen vor einer Überschreitung der Grenzen Roms (DÜMMLER, Ostfränkisches Reich III, 179f).
Auch Karl der Große wird den 25. Januar in dieser Funktion genutzt haben. Eine Gerichtsurkunde vom 8. März 812 hält fest, daß ein gewisser Tingulf wegen Fristversäumnis sachfällig geworden sei. Die Dauer der Frist betrug 42 Nächte (DK 216), damit ergibt sich als Gerichtstag der 25. Januar, vorausgesetzt, das Diplom wurde noch am Tage der zweiten Gerichtssitzung ausgefertigt.
Ein Beispiel aus der frühen Neuzeit: am 25. Januar 1773 wurde ein Viehdieb hingerichtet (DÜLMEN, Theater des Schreckens 168).

[79] "Convenerunt multi nobiles viri in locum quae dicitur Ainhofa Erchanbertus episcopus, Liutpald comes, Ratolt comes, Engilhart comes, Riho comes et missus domni regis nomine Antemaro i u s t a i u d i c i a d e c e r n e n d a et alii quam plurimi diversas causas dirimandas et finiendas" (BITTERAUF, Traditionen Nr.626a vom 25.1.837). Da es sich um einen königlichen und nicht um einen kaiserlichen missus handelt, kann er nur im Auftrag des bairischen Teilherrschers Ludwig gehandelt haben. Bei einer Reihe von Formulierungen in der Urkunde scheint übrigens die herkömmliche königliche Gerichtsurkunde Pate gestanden zu haben.

[80] Auch wenn es sich bei dem 26. Januar um den Eröffnungstermin der Reichsversammlung handeln sollte, kann ein Bezug zum Vortag vorliegen, wie die Tagungspraxis Karls III. beweist, der Versammlungen mit einiger Regelmäßigkeit einen Tag nach einem Kirchenfest eröffnete. So oder so ist der heilige Tag der Bezugspunkt des Versammlungstermins.

[81] "Karl III., bei dem schon seit den frühen 70er Jahren kurzzeitige Bewußtseinstrübungen bzw. Anfälle geistiger Umnachtung aufgetreten waren ..." (HLAWITSCHKA, Formierung 88); "seine 873 zum ersten Mal offenbar gewordene und seither öfter aufgetretene epileptische

Bekehrung des Christenverfolgers Saulus zum Paulus. Wie dieser durch die Gotteserscheinung von der Verfolgung der Christenheit abließ, so wollte Karl, nachdem er von der teuflischen Besessenheit befreit war, seinen Vater nicht mehr verfolgen, sein ganzes Leben ändern und Mönch werden. Mit dem Klostereintritt bot er freiwillig das an, was als Maßnahme gegen gefährlich gewordene Familienmitglieder üblich war.[82] Für die Beteiligten scheint weniger das Geständnis als die Form, in der es abgelegt wurde, erstaunlich gewesen zu sein. Entsprechend hohen Wert legen die Quellen auf die Beschreibung der einzelnen Handlungen Karls. Jedenfalls war das Mittel geeignet, die Absicht des Königssohnes zu erreichen: König Ludwig verzieh seinem Sohn sofort.

12.5. WEITERE APOSTELFESTE

Einen entscheidenden Anteil an der Bekehrung des Sachsenlandes sollte nach dem Willen Karls des Großen dem Kloster Hersfeld zukommen. Davon geben seine Schenkungen im sächsischen Raum, die das Kloster in die Neuordnung der Frontlinie einbezog, ein deutliches Zeugnis.[83] Die Schutzheiligen des Klosters waren die beiden Apostel Simon und Judas Taddeus.[84] Auf einer Reichsversammlung wurde am 28. Oktober 797 durch einmütigen Beschluß von Bischöfen, Äbten, Grafen und Sachsen beschlossen, die Bestimmungen des Kapitulars von 785 über die Strafen für Sachsen zu entschärfen.[85] Dies ist nun genau der Festtag der Schutzpatrone des Hersfelder Klosters. Wir werden von einer bewußten Zeitwahl ausgehen können, ruhten deren Reliquien doch in den beiden Säulen neben seinem Thron in der Aachener Pfalzkapelle. Will man im Bilde bleiben, kann man sagen, daß sie Stützen seiner Herrschaft waren.[86] Die Wahl dieses Festes für einen Hoftag, der auf eine Befriedung Sachsens zielte, läßt darauf schließen, daß die beiden Apostel in den Augen Karls Garanten der fränkischen Herrschaft in Sachsen waren. Vielleicht kann man sogar sagen, daß er ihr Fest

---

Erkrankung ... Karls Erkrankung im Jahr 873, die man zunächst als Teufelsbesessenheit deutete" (DERS., Lothringien 27). "Ein Tobsuchtsanfall des mitverschworenen dicken Karl ..." (FRIED, Ludwig der Jüngere 8).
[82] Annales Bertiniani a.873, S.122; LASKE, Mönchung 112ff.
[83] HÖRLE, Breviarum Sancti Lulli 26-41.
[84] Z.B. DK 103 aus dem Jahre 775.
[85] Kapitular Nr.27 (MGH Capitularia 1, 71f). Die Datierung der Capitulatio de partibus Saxoniae (ebd. 68-70) nach GANSHOF, Kapitularien 164.
Wenn die Versammlung, die SEYFARTH, Reichsversammlungen 82 und 88, als "kleinen Optimatentag" ansieht und an deren Ende das Kapitular stand, mehr als eintägig war, kommt vor allem das Fest der Reichsheiligen Crispin und Crispinian (25.10.) als Tagungsbeginn in Betracht.
[86] SCHIFFERS, Karls des Großen Reliquienschatz 36 und 82; s.a. ihr Fest in Karls Kalendarium (PIPER, Karls des Grossen Kalendarium 29).

wählte, weil seiner Meinung nach sächsische Angelegenheiten in die Zuständigkeit der Apostel Simon und Judas fielen.
Im Jahre 853 wurden die Beschlüsse der Synode von Soissons aus dem April des Jahres auf einer weiteren königlichen Synode zu Verberie am Sonntag nach dem Bartholomäustag, am 27. August, wiederholt.[87]
Auf die Synode von Savonnières, die wahrscheinlich am 11. Juni 859, dem Fest des Apostels Barnabas, zusammentrat, wurde im Zusammenhang mit den Herrschertreffen eingegangen.

12.6. FESTE VON REICHSHEILIGEN

12.6.1. Martin

Auf die Heeresversammlungen Ludwigs des Frommen am Martinstag 832 in Tours wie den Huldigungstermin Karls des Kahlen 869 in Gondreville ist bereits eingegangen worden. "Circa missam sancti Martini" hielt Ludwig der Fromme 834 die erste Reichsversammlung nach der Unterwerfung Lothars ab, was wohl auf am Martinsfest beginnende mehrtägige Verhandlungen deutet.[88]
Nach dem Martinsfest 887 sollte eine "placitum" Karls III. stattfinden. Dazu kam es jedoch nicht mehr, weil ihm Arnulf alle Anhänger abwerben und den Kaiser absetzen konnte. Da Martin auf einen Samstag fällt, bietet sich der Sonntag als der von Karl ins Auge gefaßte Termin an.[89]
Martin war den Westfranken anscheinend ein so wichtiger Heiliger, daß man ihm offenbar nicht nur ein, sondern sogar zwei Oktavfeste zugestand. So berief Karl der Kahle 876 auf den 15. Tag nach Martini eine Reichsversammlung nach Samoussy. Bei der Feier einer zweiten Martinsoktav handelt es sich offenbar nicht um einen Einzelfall, denn bereits 858 hatte der ins Westreich eingefallene

---

[87] MGH Concilia 3, 302-307, 304. Da der Synodenbeschluß lediglich drei Kapitel umfaßt, wird die Synode nicht länger als einen Tag gedauert haben. Beginn und Schlußtag fallen damit zusammen.
[88] Astronomus, Vita Hludowici c.53, S.639, die Freiherr-von-Stein-Ausgabe schlägt die Übersetzung "zum Fest des heiligen Martin" vor (S. 355); SIMSON, Ludwig der Fromme II, 120, gibt den Zeitpunkt der Beratung als "um Martini" an. Außer dem Martinsfest selbst kommt noch ein Verhandlungsbeginn unmittelbar nach dem Fest in Betracht, nämlich der nächste Sonntag am 15. des Monats, da Ludwig der Fromme des öfteren Sonntage nach einem Fest für Staatsakte wählte.
[89] Annales Hildesheimenses a.887, S.19; Regino, Chronicon a.887, S.127 bietet "Mense itaque Novembrio circa transitum sancti Martini Triburias venit ibique conventum generalem convocat". WEBER, Reichsversammlungen 169, will den Reichstag am Martinstag selbst beginnen lassen.

ostfränkische Herrscher Ludwig die westfränkischen Bischöfe für den 25. November nach Reims eingeladen.[90]

12.6.2. Remigius

König Pippin hatte dem Reformklerus für den 1. Oktober jährliche Synoden versprochen, doch für seinen Sohn Karl spielte dieses Fest offenbar keine Rolle mehr.[91] Der erste Reichstag unter Kaiser Ludwig I., der auf das Remigiusfest datiert werden kann, ist die Versammlung vom Herbst 830 in Nimwegen, auf der der Kaiser mit Hilfe der ostfränkischen Getreuen die Rebellion der sogenannten Reichseinheitspartei abbiegen konnte.[92] Drei Jahre später hatte sich das Blatt gewendet, und Lothar I. nahm nach der Entmachtung seines kaiserlichen Vaters den Großen den Treueid am Festtag desselben Reichsheiligen ab.[93] Die Implikationen für die Wahl des Tages sind jeweils deutlich: Daß 830 das Fest eines Bischofs gewählt wurde, läßt erkennen, daß es vor allem auf die Gewinnung des Episkopats ankam. Zugleich konnte mit der Tagewahl auf die päpstliche Salbung von 817 rekurriert werden, die am Sonntag nach dem Remigiusfest in der Bischofsstadt dieses Heiligen vorgenommen wurde. Die Betonung der Kaiserwürde und dem daraus erwachsenen Herrschaftsrecht des Angegriffenen bildet also den zweiten Aspekt der Terminwahl. Die Wahl des gleichen Tages im Jahr 833 durch Lothar I. hat dagegen Revanche-Charakter.
Auf Befehl König Ludwigs hielt der Mainzer Erzbischof Hrabanus Maurus dreimal Provinzialsynoden ab. Dazu wählte er 847, 848 und 852 nicht nur den selben Ort, sondern aller Wahrscheinlichkeit nach auch den gleichen Synodenbeginn, das Remigiusfest. In den Jahren 848 und 852 wurden parallel zu den kirchlichen Versammlungen auch weltliche abgehalten.[94]

---

[90] Annales Bertiniani a.876, S.134: "placitum suum in Salmonciaco 15. die post missam sancti Martini condixit." Das Tagesdatum von 858 ergibt sich aus dem Antwortschreiben der westfränkischen Bischöfe an König Ludwig: "Litteras dominationis vestrae quique nostrum habuimus, quibus iussistis, ut vobis VII. Kal. Decembris Remis occureremus ..." (MGH Capitularia 2, 428); s.a. BM² 1435n.
[91] Reichsversammlungen im Oktober unter Karl dem Großen: 802 (BM² 390a) und vielleicht 811 (BM² 464/465a). Hier ist aber eher an das Dionysiusfest, den Krönungstag Karls, zu denken.
[92] Annales Bertiniani a.830, S.1: "Circa Kalendris Octobris ..." Auch hier ist der nächste Sonntag am 2. Oktober eine ernsthafte Alternative.
[93] BM² 1036f.
[94] BM² 1388c; (für 847 S.583, für 848 S.584). Für 852 heißt es im Vorwort des Synodenbeschlusses "mense Octobre, die tertio, ex voluntate atque praecepto eiusdem serenissimi principis sancta synodus habita est in civitate Magontia ..." (MGH Concilia 3, 240). Gegen WEBER, Reichsversammlungen 74 und 124f, der meint, daß es sich 852 um einen eintägigen Hoftag mit Reichssynode gehandelt habe, halte ich eine dreitägige Dauer für wahrscheinlich.

12.6.3. Weitere Reichsheilige

Zu den Lieblingsheiligen Karls des Kahlen werden Crispin und Crispinian gehört haben. An ihrem Festtag 863 hielt er eine Synode in Verberie ab und 867 fand am gleichen Tag eine Synode von sechs Kirchenprovinzen in Troyes statt.[95] Zweimal berief Ludwig der Fromme eine Reichsversammlung für Mitte Oktober ein: 821 und 826. Beide Male kann es sich um den Sonntag nach dem Dionysiusfest handeln.[96] Zum Jahresbeginn 843 ernannte Karl der Kahle einige seiner Getreuen zu Befehlshabern. Dies scheint am Hilariustag geschehen zu sein.[97] Mitte Juni 904 scheint unter Ludwig dem Kind ein Hoftag in Ingelheim stattgefunden zu haben, wie sich aus Urkunden vom 14. und 15. Juni ergibt. Mit dem Vertrag vom 14. Juni tauschte ein gewisser Rutpertus in Ingelheim "coram Ludouuico rege, et populi frequentia, testibusque probatis" Besitz mit dem Reichsregenten Erzbischof Hatto von Mainz, der jenem Rudpert dafür Besitz des Klosters Lorsch gab, dem der Erzbischof als Abt vorstand.[98] Bedenkt man, daß zwei Tage zuvor im nahen Lorsch das Fest des besagten Reichsheiligen gefeiert worden war, wird es wahrscheinlich, daß Hatto die Reichsversammlung am Festtag "seines" Klosterheiligen beginnen ließ, womit das Nazariusfest schon fast wieder den Charakter eines Orts- oder Regionalfestes annimmt.

---

[95] Annales Bertiniani a.863, S.66; a.867, S.88.
In den Laudes Karls des Kahlen werden sie dem König als Schutzheilige zugeordnet (OPFERMANN, Herrscherakklamationen 107 und 109).
[96] Annales regni Francorum a.821, S.156: "Medio mense Octobrio conventus generalis apud Theodonis villam magna populi Francorum frequentia celebratur", ebd. a.826, S.170: "Condictu et pronuntiato ad medium Octobrium generali conventu". 821 fiel der erste Sonntag nach dem Dionysiusfest auf den 13., 826 auf den 14. Oktober. Während des Reichstages von 821 verheiratete der Kaiser seinen Sohn Lothar mit der Tochter des Grafen von Tours und gewährte den Anhängern Bernhards von Italien Amnestie (SIMSON, Ludwig der Fromme I, 167-169).
Da Ludwig in beiden Jahren seit dem 27. Oktober (BM² 745 [720], 833 [807]) wieder urkundet, kommt vielleicht noch das Fest Crispinus und Crispinianus (25.10.) in Betracht.
[97] GILLMOR, Warfare 73. Sicher ist allerdings nur, daß Karl an diesem Tag in Valenciennes war (DKII 16) und daß dort die Befehlshaber ernannt wurden. Beim 13. Januar ist auch zu bedenken, daß der Tag als Epiphanieoktav und damit als Herrenfest verstanden werden konnte.
[98] WEBER, Reichsversammlungen 186; die Tauschurkunde Hattos von Mainz mit einer imponierenden Zeugenliste datiert vom 14. Juni (CL 59), zwei Königsdiplome vom 15. Juni (DDLK 33-34). Zur Verdrängung des Lorscher Abtes Liuthar durch Hatto s. WEHLT, Reichsabtei 35-39; zu Hatto als Reichsregent s. BEUMANN, Kaisergedanke 143.

12.7. ORTS- UND REGIONALFESTE

Das Protokoll der Mainzer Provinzialsynode, die 813 auf Befehl Karls des Großen einberufen worden war, nennt den 9. Juni als Synodentag, vermutlich als Tag der Beschlußfassung.[99] Am voraufgegangenen Sonntag wurde des ersten Erzbischofs von Mainz, des heiligen Bonifatius, gedacht. Obwohl wir dann mit fünf Tagen eine relativ lange Sitzungsdauer annehmen müssen, wird die Synode an diesem Tag begonnen haben.[100]
Aus einer am 8. Juni 908 in Forchheim ausgestellten Königsurkunde wird man auf einen Hoftag Ludwigs IV. zurückschließen dürfen. Mit dem Aktenstück wurde dem Mainzer Erzbischof Hatto bestätigt, daß ihm der König von den Babenbergern eingezogene Güter geschenkt habe. Der Empfänger wird in der Schenkung als geistlicher Vater gefeiert, auf dessen Rat und Unterstützung der König nicht verzichten könne.[101] Solchen Ehrbezeichnungen mag der König eine weitere hinzugefügt haben, indem er die Beratung am Festtag des Mainzer Märtyrers Bonifatius eröffnete, dessen Gedenktag in jenem Jahr auf einen Sonntag fiel.
Eine Kölner Synode, auf königlichen Befehl einberufen, tagte am 26. September 870. Die Zeitwahl erklärt sich am besten aus der am nächsten Tag erfolgten Weihe des Domes am Tag der in Sachsen verehrten heiligen Ärzte Kosmas und Damian.[102]

---

[99] "Facta est autem haec synodus in civitate Mogontia, in claustro basilicae sancti Albani martyris, anno Domini DCCCXIII. et imperii domni Karoli imperatoris anno XIII., indictione V., V. idus Iunii, ubi sederunt episcopi XXX, abbates vero XXV" (MGH Concilia 2.1, 273).
[100] Zur Verehrung des hl. Bonifatius in Mainz: GROTEFEND, Zeitrechnung II.1, 115, und SCHREIBER, Bonifatius 593f. Möglicherweise wurden die drei abgehaltenen Fastentage dem Konzil vorgeschaltet (HARTMANN, Synoden im Karolingerreich 131). Da das Bonifatiusfest als Fastentag ausscheidet, ist auch folgende Zeitfolge denkbar: am Sonntag Bonifatiusfest (und Zusammenkunft der Synodalen?), Montag bis Mittwoch fasten die Synodenteilnehmer, Synodenbeginn am Donnerstag, dem 9. Juni. Die Synode wäre dann nach dem Sitzungsbeginn datiert worden.
[101] DKoI 60; WEBER, Reichsversammlungen 188; BM² 2051 und 2051a.
[102] Annales Fuldenses a.870, S.72; UNTERMANN, Zur Kölner Domweihe 335-337, 340-342; WITTMANN, Kosmas und Damian 63-72.

12.8. SONSTIGE HEILIGENFESTE

Das Allerheiligenfest wurde mehrmals für Reichsversammlungen gewählt: 823 und 882, aber wohl auch 816 und 870.[103] Eine Synode zur Behandlung der Eheaffäre Lothars II. berief Papst Nikolaus I. 864 "circa Kalendas Novembris" nach Rom,[104] während eine Versammlung der fränkischen Bischöfe zum 1. November 825 von den Kaisern Ludwig und Lothar nach Paris bestellt wurde, um über die Bilderverehrung zu verhandeln. Da es sich bei den strittigen Bildern um Darstellungen von Heiligen handelte, wurde sinnigerweise über einen Aspekt der Heiligenverehrung am Festtage aller Heiligen verhandelt.[105]
Für den 15. März 863 wurde Erzbischof Hinkmar von Reims zu einer Metzer Synode eingeladen, die wegen des Lotharschen Ehestreits verhandeln sollte und auf Anweisung von Papst Nikolaus I. angesetzt worden war. An diesem Tag wurde des Papstes Zacharias gedacht, der dem ersten Karolinger den Weg zum Königtum geebnet hatte.[106] Die Tagewahl konnte dem am Hofe Lothars verfochtenen Konzept entgegenkommen, die Herrschaftsberechtigung des Königs auf Gottesgnadentum und Erbrecht zurückzuführen anstatt auf den von Hinkmar verfochtenen Idoneitätsgedanken.[107] Den "Hofabsolutisten" Lothars mußte dies als ein idealer Tagungsbeginn erscheinen, war doch die Abstammung Lothars von König Pippin unbestritten und konnte so dem mit Exkommunikation drohenden Papst durch die Tagewahl vor Augen geführt werden, daß es einer seiner Vorgänger war, dem Lothar - über das Erbrecht vermittelt - sein Königtum verdankte.

---

[103] Für 823: BM² 783a. Für 870 und 882: WEBER, Reichsversammlungen 143 und 162. Zu 816: Da Kaiser Ludwig dem Astronomus zufolge zwanzig oder mehr Tage in Compiègne verweilte und am 17.11. noch anwesend war, wird der Reichstag in den ersten Novembertagen begonnen haben (BM² 634a).
[104] Annales Bertiniani a.864, S.73f.
[105] SIMSON, Ludwig der Fromme I, 248-250. Da die Tagewahl sicher bedeutungstragend war, dürfte auch sichergestellt sein, daß das Allerheiligenfest bereits vor der angeblichen Verlegung des Festes von 835 (vom 13. Mai auf den 1. November) am Hofe Ludwigs im November gefeiert wurde (FRANK, Allerheiligenfest 348).
[106] BM² 1302a; STAUBACH; Herrscherbild 484; Ado, Martyrologium 106.
[107] Dazu STAUBACH, Herrscherbild 132 und 199.

12.9. CHRISTUSFESTE

12.9.1. Weihnachten und Epiphanie

Für die Weihnachtszeit ist lediglich die Huldigungsversammlung Arnulfs von 887 bekannt, die an anderer Stelle bereits behandelt wurde.[108]
Eine Aachener Synode befürwortete am 9. Januar 860 im Rahmen des Ehestreits Lothars II. den Eintritt der Königin in ein Kloster. Als Beginn der Synode wird man Epiphanie annehmen können.[109]
Auf das Fest der Taufe Christi ist wohl auch die Reichsversammlung Karls des Großen von 775 zu datieren.[110]
Am Tag nach dem Epiphaniefest 885 hielt Karl III. zu Pavia einen Hoftag. Mit der Terminwahl wollte er vermutlich angesichts seiner brüchig gewordenen italienischen Herrschaft an seine Weihe zum König von Italien zu Epiphanie 880 erinnern.[111]

12.9.2. Die Osterzeit

Auf den Gründonnerstag 830 berief Ludwig der Fromme die bereits behandelte Heeresversammlung nach Rennes.[112]
Unter Kaiser Karl III. tagte - wie zu Epiphanie 885 - am Tag nach einem Herrenfest, nämlich am Ostermontag 887, eine Versammlung des Kaisers mit seinen Großen.[113]
"Octavarum sanctae paschae ebdomada" des Jahres 838 fand sich Ludwig der Deutsche auf kaiserlichen Befehl bei seinem Vater in Aachen ein. Hier hatte er Rechenschaft über ein geheimes Treffen mit Lothar I. abzulegen, das bei Hof erhebliche Unruhe verursacht hatte. Nach Aachen hatte Kaiser Ludwig auch seine Getreuen berufen, und so wird das Verhör des Prinzen vor dem versammelten Hoftag erfolgt sein.[114] Die Anberaumung des Hoftages auf die Osterwoche hat ihren Vorläufer in dem Hoftag von 834, als der Kaiser und sein Sohn Ludwig nach den festlichen Ostertagen gemeinsam berieten, wie gegen Lothar

---

[108] WEBER, Reichsversammlungen 170.
[109] BM² 1289e.
[110] Siehe Exkurs 18. SEYFARTH, Reichsversammlungen 82 und 88, bezeichnet die Versammlung als "kleinen Optimatentag".
[111] WEBER, Reichsversammlungen 165; zu 880: BM² 1591a.
[112] BM² 926b.
[113] WEBER, Reichsversammlungen 167f, vgl. auch den Hoftag von 886 zu Pavia, der "nach Ostern" abgehalten wurde (ebd. 167).
[114] Annales Bertiniani a.838, S.15; SIMSON, Ludwig der Fromme II, 174-176. Für diese Annahme spricht auch, daß aus der Osterwoche ein Diplom für das Bistum Le Mans datiert (BM² 973 [942] vom 17.4.838).

vorzugehen sei.[115] Die Ansetzung einer Beratungsversammlung, zu der auch Prinz Ludwig zu erscheinen hatte, auf die Osterwoche, knüpfte sicher bewußt an das Jahr 834 an. Angesichts des drohenden Frontwechsels des Prinzen zu Lothar beschwor die Tagewahl die gemeinsam gegen Lothar errungenen Erfolge und machte dem Prinzen Ludwig gleichzeitig die Risiken seiner neuen Politik deutlich. Auf der Reichsversammlung im Juni 835 war der nächste Reichstag "post pascham" des folgenden Jahres angesagt worden.[116]
In der Osterwoche 910, möglicherweise Ostern beginnend, hielt Ludwig das Kind einen Hoftag unter Beteiligung von weltlichen und kirchlichen Großen in Tribur ab.[117]
Zur Osteroktav (26.4.) wird die Aachener Synode von 862, die Lothar II. eine neue Ehe gewährte, begonnen haben.[118]

---

[115] Annales Bertiniani a.834, S.8: "Hludowicum autem secum ad aquis venire fecit, ibique pariter paschae sollempnia celebraverunt. Et peractis festis diebus, convocat suos consiliarios atque optimates qui in circuitu erant et cum eis tractare studuit, qualiter filium suum Hlotharium ad se vocare potuisset." Natürlich wird auch Prinz Ludwig an den Beratungen teilgenommen haben (BM² 1355a). Mit den Festtagen wird die Zeit von Gründonnerstag bis Ostern gemeint sein.
[116] Astronomus, Vita Hludowici 54, S.640: "Cumque ab hoc placito populum dimitteret, et sequens in Theodonis villam post pascham constituisset ..." Der Termin wurde aber wohl nicht wahrgenommen (BM² 941a und 962a).
[117] "Vielleicht kann man die Anwesenheit mehrerer Bischöfe und Grafen anfangs April 910 in Tribur, wo auch der König weilte, als eine Reichsversammlung ansehen. Ludwig bekräftigte dort durch seine Unterschrift eine testamentarische Verfügung seines 'Mitvaters' Hatto von Mainz. Mit ihm haben die Bischöfe Dietloh von Worms, Einhart von Speyer und die Grafen Werinher, Liudfrid, Gordank und Hartmann unterzeichnet. Da in diesem Jahr das Osterfest auf den 1. April fiel, und diese Privaturkunde Hattos am 7. April, also am Ostersamstag, ausgestellt ist, kann man mit gutem Grund vermuten, daß diese Großen um den König in Tribur auch das Osterfest gemeinsam gefeiert haben" (WEBER, Reichsversammlungen 190).
[118] BM² 1296a. Die Datierung der Synode auf den 29. April wird das Ende der Tagung bezeichnen: "Anno DCCLXII, indictione X, die III Kalendarum Majarum, ex vocatione Hlotharii gloriosissimi regis, archiepiscopi eorumque coepiscopi Aquis convenerunt ..." (MANSI 15, 611-617, 611).
Ob man die Farbe des "Weißen Sonntags" (Dominica in albis) und/oder die Eingangsworte "Quasimodo geniti" im Hinblick auf Unschuld - und hier insbesondere die Unschuld des Königs an der Trennung von Theutberga - interpretieren konnte, muß offen bleiben.

12.9.3. Christi Himmelfahrt

"Kalendis Maii" hielt Kaiser Ludwig 821 in Nimwegen eine Reichsversammlung ab, auf der die Anwesenden die Reichsteilung von 817 bestätigten.[119] Da Himmelfahrt auf den 2. Mai fällt, wird man in der Datierung des Astronomus eine Floskel für "Ende April/Anfang Mai" zu sehen haben.
Gleich im ersten Jahr seines Kaisertums folgt Karl der Kahle seinem gleichnamigen Großvater und baute sein eigenes Aachen mit Hofkapelle in Compiègne. Die Weihe des neuen liturgischen Zentrums seiner Kaiserherrschaft erfolgte am 5. Mai 877. Dies ist der Sonntag Cantate, aber zugleich auch der (fixe) Termin der Himmelfahrt Christi. In diesem festlichen Rahmen wird die Reichsversammlung begonnen haben.[120]

12.9.4. Pfingsten

Die Zeugenliste einer Privaturkunde des Mainzer Erzbischofs vom Pfingstmontag 890 zeigt, daß an diesem Tag Arnulfs "colloquium cum suis" noch nicht oder gerade erst beendet war. Für letzteres spricht, daß sich auch die Kanzlei König Arnulfs wieder dem Urkundengeschäft widmete.[121]
Einen geheimen Hoftag hielt Ludwig der Deutsche in der Pfingstwoche 873 in Aachen ab, auf dem er auch den Normannen Rorik als Gefolgsmann aufnahm. Wenn Roriks Bemühen tatsächlich dahin ging, eine feste Einbindung in den fränkischen Staatsverband zu erreichen, dann wird man mit BOSHOF grundsätzlich eine Taufe Roriks annehmen müssen. War Rorik 873 noch nicht getauft, erfolgten Taufe und Kommendation mit Sicherheit zeitgleich, weshalb der Beginn des Reichstag dann mit dem Tauftermin Pfingsten anzusetzen ist.[122]

---

[119] Astronomus, Vita Hludowici 34, S.625; BM² 735a. SIMSON, Ludwig der Fromme I, 165f, glaubt, daß Ludwig aus besonderem Vertrauen zu den Ostfranken und Sachsen, die diese Versammlung besuchten, dieselben als erste auf die Thronfolgeordnung verpflichtete. Daß vor allem Grafen aus Sachsen, also Verwandte seiner zweiten Frau bzw. Leute, die deren Familie verpflichtet waren, an dem Tag teilnahmen, wird man mit SIMSON annehmen können. Aber gerade dieser Personenkreis mußte ein besonderes Interesse daran haben, einem Sohn ihrer Verwandten Judith zu einem angemessenen Erbe zu verhelfen. Widerstand gegen die Reichsteilung von 817 war am ehesten von ihrer Seite zu erwarten. Daß sie zwei Jahre nach der zweiten Heirat Ludwigs nochmals auf die alte Reichsteilung eingeschworen wurden, kann aus aktuellem Anlaß, etwa einer Schwangerschaft Judiths, geschehen sein.
[120] DÜMMLER, Ostfränkisches Reich III, 42f.
[121] DArn 78; WEBER, Reichsversammlungen 174.
[122] BOSHOF, Niederrhein 12; s.a. ZETTEL, Bild der Normannen 165f, und ANGENENDT, Kaiserherrschaft 261. Unabhängig von der Tauffrage um Rorik plädierte schon WEBER, Reichsversammlungen 148, für das Pfingstfest als Tagungsbeginn.

12.10. WICHTIGE SONNTAGE DES KIRCHENJAHRES

12.10.1. Sonntage vor der Fastenzeit

Eine Reichsversammlung und Synode in Anwesenheit König Karls des Kahlen fand am 14. Februar 857, dem Sonntag Septuagesima, in Quierzy statt.[123] Die Versammlung tagte ungefähr zu der Zeit, als sich die Könige des Mittel- und Ostreiches trafen. Die westfränkische Versammlung diente sicher auch der Vorbereitung der ersten Begegnung der Könige Karl II. und Lothar II., die vierzehn Tage später stattfand und den König des ostfränkischen Teilreichs beunruhigte. Um dessen Sorgen entgegenzuwirken, betonte Karl auf dem Treffen mit Lothar II. seine gute Freundschaft mit Ludwig dem Deutschen.[124] Dieselbe Absicht kann auch der Tagewahl für die Versammlung von Quierzy zugrundegelegen haben, auf der das Treffen vorbereitet wurde, da es sich bei dem 14. Februar um jenen Tag handelt, an dem Karl II. und Ludwig der Deutsche 842 öffentlich eine Schwurfreundschaft geschlossen hatten.

Vom 14. Februar 905, dem Tag nach Aschermittwoch, datiert ein Diplom König Ludwigs des Kindes aus Regensburg. Da hierin sehr viele der Mächtigen seines Reiches als Fürbitter auftreten, ist der Schluß auf einen Hoftag sicher zulässig. Ob dieser am Sonntag Quinquagesima, Aschermittwoch oder erst am Tag danach stattfand, ist nicht endgültig zu klären. Da aber schon am 6. Februar, also acht Tage vor der Diplomausfertigung, mindestens drei Bischöfe und ein Markgraf beim König in Regensburg waren, spricht einiges für den Sonntag Quinquagesima als Beratungsbeginn.[125]

12.10.2. Sonntag Laetare

"Mediante quadragesima" hielt Ludwig der Deutsche 872 in Forchheim einen Reichstag mit Heeresversammlung ab, auf dem eine Reichsteilung vorgenommen wurde; "mediante quadragesima" 876, als der Sonntag auf das Fest der Verkündigung Mariens traf, einen Hoftag in Frankfurt. Arnulf führte diese Tradition weiter, indem er sich "mediante vero quadragesima" 890 im Rahmen

---

[123] Die Datierung nach dem Kapitular Karls des Kahlen, das die Beschlüsse der Versammlung festhält: "In nomine sancte et individue trinitatis. Karolus gratia rex illi episcopo et dilectis ac fidelis missis illis comitibusque nostris salutem. Notum sit fidelitate vestre, quia XVI Kalendas Martii secundum auctoritatem sinodum venerabilium episcoporum ac conventum fidelium nostrorum apud Carisiacum fecimus convenire" (MGH Concilia 3, 383-398, 389). Entweder datiert das Kapitular nach dem Tag der Einberufung und Eröffnung oder die Versammlung war nur eintägig, was angesichts der behandelten Probleme kaum anzunehmen ist.
[124] DÜMMLER, Ostfränkisches Reich I, 417f.
[125] WEBER, Reichsversammlungen 186f; DDLK 38-39.

eines Hoftages mit Swatopluk traf. In allen Fällen wird man darunter Mittfasten, also den Sonntag Laetare, zu verstehen haben.[126]
"Tempore quadragesima" 857 hielt Ludwig der Deutsche in Worms einen Hoftag ab. Am 24. und 27. März urkundete er dort für Fulda und Würzburg. WEBER schließt daraus auf einen Tagungsbeginn zwischen den beiden Terminen zu Mariä Verkündigung (25.3.). Die Nähe zum Sonntag Laetare (28.3.) und die Einschränkungen, die an normalen Wochentagen in der Fastenzeit einem festlichen Rahmen entgegenstanden, lassen eher an den Sonntag Laetare als Eröffnungstag denken.[127]
Die Bedeutung des Sonntags Laetare geht auch aus der Formulierung der Fuldaer Annalen hervor, die Prinzen Ludwig und Lothar hätten sich 838 "ante mediam quadragesimam" zu Beratungszwecken getroffen.[128] Da das Fest der hl. Karolingerin Gertrud von Nivelles in diesem Jahr auf den Sonntag vor Mittfasten fiel, kann dies der fragliche Zeitpunkt des konspirativen Treffens gewesen sein.

12.10.3. Sonntag Misericordia Domini

847 war auf den 15. Tag nach Ostern eine Synode in die westfränkische Königspfalz Attigny einberufen worden. Wiewohl uns keine Unterlagen über die Sitzungen vorliegen, darf angesichts der Gefährdungen des Karlsreiches durch König Pippin, die Bretonen und die Normannen vermutet werden, daß kirchlich-liturgische Maßnahmen getroffen werden sollten, um die Gunst Gottes wiederzugewinnen.[129] Liturgisches Sonntagsthema und Anliegen der Synoden werden sich also entsprochen haben.
Am gleichen Sonntag des Jahres 861 wird ein Hoftag Ludwigs des Deutschen begonnen haben, der "tercia septimana post sanctum pascha" in Regensburg stattfand. Auf der Versammlung, die Gerichtscharakter hatte, entzog der König "Ernestum summatem inter omnes optimates suos" und anderen wegen Untreue ihre Lehen.[130] Der Gegensatz von Barmherzigkeit als dem liturgischen Thema und der an diesem Tag ausgesprochenen Verurteilung ist nur ein scheinbarer, da

---

[126] Annales Fuldenses a.872, S.75; a.876, S.85; a.890, S.118; WEBER, Reichsversammlungen 152, 69 und 145f, 173f. Für 876 hebt WEBER das Fest Mariä Verkündigung, die Annales Fuldenses Mittfasten hervor; da unter demselben König bereits 872 (WEBER, Reichsversammlungen 69 und 145f) eine Heeresversammlung auf dem Sonntag Laetare stattfand, scheint der Marienbezug zweitrangig.
[127] Annales Fuldenses a.857, S.47; WEBER, Reichsversammlungen 129; DDLD 78-79. BM² 1420a, setzt den Reichstag vor die Urkundenausstellungen. Ein Zusammenhang zwischen DLD 79 vom 27.3.857 und dem Marienfest kann allerdings bestehen, da der König mit dem Diplom seiner Tochter Bertha das Nonnenkloster Schwarzach sicherte.
[128] a.838, S.28.
[129] BM² 1130b. Zu den Bedrohungen des Reiches in diesem Jahr s. DÜMMLER, Ostfränkisches Reich I, 301f.
[130] Annales Fuldenses a.861, S.55; WEBER, Reichsversammlungen 133f.

das Mittelalter Gottes Barmherzigkeit gerade in seiner Gerechtigkeit erblicken konnte.[131]

12.10.4. Sonntag Jubilate

Eine Synode aller Bischöfe des Westreiches, zu der Bischof Hinkmar von Laon vorgeladen worden war, um sich vor König Karl zu rechtfertigen, sollte in Verberie, am 24. April 869, dem Sonntag Jubilate, stattfinden.[132] Auf die für die Vigil des Sonntags von 853 einberufene Synode, auf der Pippin II. von Aquitanien König Karl zu huldigen hatte, um anschließend ins Kloster gesperrt zu werden, wurde bereits eingegangen.
Wenn der Sonntag zu Gerichtsverhandlungen genutzt wurde, erklärt sich das aus dem Gedanken der Correctio, der den Sonntag beherrscht. So heißt es im Eröffnungsgebet: "Gott, Du läßt den Irrenden das Licht deiner Wahrheit leuchten, damit sie auf den Weg der Gerechtigkeit zurückkehren können; gib, daß alle, die dem christlichen Bekenntnis angehören, das verabscheuen, was diesem Namen widerstreitet, und das erstreben, was ihm entspricht."[133] Auch das Opfergebet bittet um die Zähmung der irdischen Begierden zugunsten der himmlischen.[134] Eine Bitte, die insbesondere dem abgesetzten und in den Mönchsstand gezwungenen, aquitanischen König Pippin ans Herz gelegt worden sein wird.

12.10.5. Sonntag Cantate

Für den Sonntag Cantate 859, dem vierten Sonntag nach Ostern, hatte Bischof Adventius von Metz eine Synode westfränkischer und lothringischer Bischöfe in Troyes geplant, die sich mit dem mißglückten Überfall Ludwigs des Deutschen auf das Westreich beschäftigen sollte.[135]

---

[131] DARLAPP, ADOLF: Barmherzigkeit Gottes, in: LThK 1, 1957, 1251-1253, 1252f.
Zudem ist nicht ausgeschlossen, daß die relativ milde Strafe das Ergebnis eines königlichen Gnadenaktes im Anschluß an eine von der Reichsversammlung beschlossene härtere Strafe war. Zu "misericordia" als Begnadigung s. KRAUSE, H.: Gnade, in: HRG 1, 1971, 1174-1719, 1175.
[132] Annales Bertiniani a.869, S.98: "... synodum omnium episcoporum regni sui 8. Kalendas Mai secundae indictionis apud Vermeriam condixit." HARTMANN, Synoden im Karolingerreich 323f, datiert die Synode auf den 25. April 869.
[133] DESHUSSES, Sacramentaire grégorien I, 387: "Deus qui errantibus ut in viam possint redire iustitiae veritatis tuae lumen ostendis, da cunctis qui christiana professione censentur, et illa respuere quae huic inimica sunt nomini, et ea quae sunt apta sectari."
[134] Ebd. 387: "His nobis domine mysteriis conferatur, quae terrena desideria mitigantes, dicamus amare caelestia."
[135] STAUBACH, Herrscherbild 168-172.

Am gleichen Sonntag scheint im Beisein König Ludwigs des Deutschen die Synode von Worms 868 eröffnet worden zu sein.[136]
"Circa Kalendas Mai ad Ingulehem veniens" nahm Kaiser Ludwig der Fromme 831 seinen Sohn Lothar wieder in Gnaden auf. Die entsprechende Reichsversammlung setzt MÜHLBACHER auf den 1. Mai.[137] Die Formulierung der Annalen von St. Bertin läßt es aber zu, die Eröffnung des Reichstages für den 30. April anzunehmen. Der Kaiser wird sich also mit seinen Sohn dann am Sonntag Cantate ausgesöhnt haben.
Mitte Mai 884 hielt Kaiser Karl III. in Worms einen Hoftag ab.[138] Dieser kann gut am 17. Mai, dem bewußten Sonntag, begonnen haben, zumal ihm die lothringischen Großen 882 am selben Ort und vermutlich am gleichen Tag (17.5) gehuldigt hatten.[139]
Die Tagewahl kann die geplante westfränkische Synode, die Wiederaufnahme Lothars und die Huldigung von 884 durch das Eröffnungsgebet erklären, das um Eintracht der Gläubigen (fideles) und um die freudige Einstimmung in den Willen des Herrn bittet.[140] Das waren Wünsche, die sicher auch Ludwig I. mit seiner Begnadigung und Karl III. bei der Huldigung hegten.

12.10.6. Sonntag Exaudi

Die Provinzialsynode von Arles, die 813 auf kaiserlichen Befehl einberufen worden war, tagte am 10. und 11. Mai, doch begann die Synode vermutlich bereits am 8. Mai, dem ersten Sonntag nach Christi Himmelfahrt.[141] Dieser

---

[136] BM² 1468a. Zum Konzil selbst s. HARTMANN, WILFRIED: Das Konzil von Worms 868. Überlieferung und Bedeutung (= Abhandlungen der Akademie der Wissenschaften in Göttingen, Phil.-Hist. Klasse 105) Göttingen 1977.
[137] Annales Bertiniani a.831, S.3; BM² 888a.
[138] BM² 1682a; WEBER, Reichsversammlungen 164.
[139] Siehe Kapitel 7.7.
[140] "Deus qui fidelium mentes unius efficis voluntates, da populis tuis id amare quod praecipis, id desiderare quod promittis, ut inter mundanas varietates ibi nostra fixa sint corda, ubi vera sunt gaudia" (DESHUSSES, Sacramentaire grégorien I, 387).
[141] MGH Concilia 2.1, 248f; BM² 476b.
Die Einleitung der Beschlußfassung stützt sich sehr stark auf die Konzile von Toledo. Das Glaubensbekenntnis im ersten Kapitel wurde aus dem 4. Konzil von Toledo übernommen, die Vorrede rezipiert im wesentlichen die Praefatio der 16. Synode von Toledo. Auch die Ansprache der Erzbischöfe Johannes von Arles und Nebridius von Narbonne ist "nicht authentisch", sondern übernimmt "wesentliche Teile des c.8 von Toledo XVI". Nicht besser steht es um den Bericht über das Geschehen, das "sequenti die" stattgefunden haben soll. Die Quelle ist in diesem Fall das Vorwort der 11. Synode von Toledo (HARTMANN, Synoden der Karolingerzeit 131). Auch das Tagesdatum der Sitzung wurde vom Vorwort der 16. Synode von Toledo übernommen: "Dum anno XL sexto incliti et orthodoxi domni et principis nostri Karoli imperatoris, sub die sexto Idus Maias, era DCCCLI, unaminitatis nostrae conventus in Arelatensium urbe in basilica sancti Stephani martyris primi adgregatus consisteret, atque unusquisque nostrorum ex more secundum ordinationis suae tempus in locis

Sonntag bot den Synodalen, die sich in der Stephanus-Kathedrale versammelt hatten, zudem die Möglichkeit, das Konzil mit einem Stephanus-Gedenken zu eröffnen.[142]
Der Sonntag eignete sich zur Abhaltung einer Reformsynode ausgesprochen gut,[143] da die Betenden versichern, Gott zu suchen und seinem Willen ergeben zu sein.[144]

12.10.7. Zweiter Sonntag nach Pfingsten

Als der zweite Sonntag nach Pfingsten 874 auf den Geburtstag Karls des Kahlen fiel, ließ er sich auf einer allgemeinen Reichsversammlung Geburtstagsgeschenke in Form von "annua dona" machen.[145]
"In Kalendis" des Juni 859 tagte, einem Brief Hinkmars von Reims zufolge, eine Gesamtsynode des Reichs Karls von der Provence, dem Sohn Kaiser Lothars I. Diese fand in Langres, also dem Reich seines Oheims Karl, statt.[146] Offenbar sollte Einigkeit zwischen den beiden Herrschern gegen den ostfränkischen König Ludwig demonstriert werden, dessen Verurteilung auf der Synode in Savonnières in Langres vorbereitet wurde. Höchstwahrscheinlich begann die Synode zeitgleich mit der zu Metz, wo Bischöfe aus dem Reich König Lothars II., dem Bruder Karls von der Provence, und dem Reich König Karls des Kahlen seit dem

---

debitis resideret..." (MGH Concilia 2.1, 248); "Dum anno sexto incliti et orthodoxi domini et principis nostri Egicanis sub die VI Idus Maias, aera DCCXXXI, unaminitatis nostrae conventus in praetoriense basilica, sanctorum videlicet Petri et Pauli aggregatus consisteret atque unusquisque nostrorum ex more secundum ordinationis suae tempus in locis debitis resideret ..." [Textgleichheit über weitere 11 bzw. 20 Druckzeilen] (PL 84, 527 AB). Wie für die Sitzordnung wird man für die Datierung anzunehmen haben, daß die Angabe an sich richtig ist, daß also am 10. Mai eine Sitzung stattfand; doch wird man nicht annehmen dürfen, das übernommene Tagesdatum bezeichne unbedingt den Synodenbeginn.
[142] Hierbei handelt es sich allerdings nicht um den Protomärtyrer, dem die Kirche geweiht war, sondern um einen afrikanischen Märtyrer, der bereits im sogenannten Martyrologium Hieronymianum verzeichnet war (Usuardus, Martyrologium 226). Ob das Gedenken des Afrikaners in Arles zum Anlaß genommen wurde, ein Ortsfest zum Gedenken des Protomärtyrers einzurichten (Kirchweihe, Translation), konnte nicht herausgefunden werden. Anderswo war dies der Fall. In Metz, Passau, Trient und Rom wurde am Vigiltag des Afrikaners eine Translation seines Namensvetters vorgenommen, in Halberstadt wurde am Tag nach dem Fest die Ankunft von Stephanusreliquien gefeiert (GROTEFEND, Zeitrechnung II.2, 172).
[143] Zu den Reformsynoden von 813: HARTMANN, Synoden der Karolingerzeit 128-140.
[144] Die Antiphon des Sonntags lautete: "Exaudi, Domine, vocem meam, qua clamavi ad te, alleluja: tibi dixit cor meum, quaesivi vultum tuum, vultum tuum, Domine, requiram: ne avertas faciem tuam a me, alleluja, alleluja." s. HESBERT, Antiphonale Missarum sextuplex 122f, und LIPPHARDT, Tonar 108. Die Oratio lautet (DESHUSSES, Sacramentaire grégorien I, 389): "Omnipotens sempiternae deus fac nos tibi semper et devotam gerere voluntatem, et maiestati tuae sincero corde servire."
[145] Auf private Genktage wird weiter unten eingegangen.
[146] MGH Concilia 3, 445; HARTMANN, Synoden im Karolingerreich 264f.

28. Mai, dem 2. Sonntag nach Pfingsten, mit demselben Ziel tagten.[147] Die Annahme läßt sich noch erhärten. Die Synode von Savonnières, auf der auch die Herrscher der drei Reiche auftraten, begann - wie dargelegt wurde - am 11. Juni 859, dem Fest des Apostels Barnabas. In Savonnières wurden die Beschlüsse von Langres verlesen, wobei angegeben wird, daß die Synode von Langres 15 Tage zuvor getagt habe. Zurückgerechnet ergibt das den 28. Mai 859.[148]
Der zweite Sonntag nach Pfingsten wird im Reich Lothars II. ein weiteres Mal als Synodentermin gedient haben. Eine Synode in Metz, die durch päpstliche Legaten für "circa medium mensem Iunium" des Jahres 863 angesetzt worden war, begann sicherlich an dem besagtem Sonntag, der in diesem Jahr auf den 13. Juni fiel.[149]
Auch im ostfränkischen Reich war die zweite Oktav zum Pfingstfest ein Versammlungstermin. So hielt an diesem Sonntag Ludwig der Jüngere 878 zu Frankfurt einen großen Reichstag ab.[150]
Ende Mai/Anfang Juni 826 kam Kaiser Ludwig nach Ingelheim, um hier eine Reichsversammlung abzuhalten, die sich fast über den ganzen Monat Juni hinzog. Auf dieser Versammlung wurde dem Bretonenfürsten Nominoe die Herrschaft über die Bretagne zugestanden. Wiewohl die Quellenangaben nicht deutlich sind, kann der Beginn am 2. Sonntag nach Pfingsten (3.6.) vermutet werden.[151]
Zumindest für die Synoden von Metz und Langres, die nach dem glücklich überstandenen Einfall Ludwigs des Deutschen abgehalten wurden, kann eine bewußte Tagewahl vorliegen. Jedenfalls passen der Introitus und das Eingangsgebet sehr gut zur Situation Karls des Kahlen. Am deutlichsten ist der Eingangsgesang: "Der Herr ward mein Beschützer. Er führte mich hinaus ins Weite. Weil Er mich liebte, hat er mich errettet. Dich, liebe ich, Herr, o meine Stärke.

---

[147] BM² 1288b; HARTMANN, Synoden im Karolingerreich 255f.

[148] "Haec decreta sinodica obtulerunt eidem conventui et regibus adsidentibus Remigius, Agilmarus, Ebo et ceteri episcopi eorum, qui ante XV dies in Andemantunno Lingonum cum rege suo Karolo congregati confirmaverunt" (MGH Concilia 3, 473). Rechnet man den Ausgangstag ein, ergibt sich der 28. Mai. Möglich ist allerdings auch die Annahme, der Ausgangstag sei nicht einzurechnen. Doch auch dann ergibt sich der 28. Mai, wenn man annimmt, die Beschlüsse von Langres seien erst am zweiten von mindestens vier Sitzungstagen in Savonnières verlesen worden. Eine weitere Interpretationsmöglichkeit für die angegebenen 15 Tage ist die Vermutung, hier handele es sich um eine schematische Angabe für zwei Wochen, wobei sich dann der zweite und vierte Sonntag nach Pfingsten entsprechen.

[149] Annales Bertiniani a.863, S.62.

[150] Vom Montag datiert DLJ 9, aus der WEBER, Reichsversammlungen 155, sicher zurecht auf einen Reichstag schließt. Auf diesem Reichstag erfolgte wohl das Angebot der Teilung Lothringens an Karl III. (BM² 1557a).

[151] Ludwig verließ Aachen etwa Mitte Mai, also vermutlich nach Pfingsten (20.5.), Ende Mai scheint er in Ingelheim angekommen zu sein (Annales regni Francorum a. 826, S.169: "Imperator vero medio mense Madio Aquis egressus circa Kal. Iun. ad Ingilenheim venit"). Dieser Termin kann auch als Sonntag nach dem Petronillenfest interpretiert werden. Zu Nominoe: SIMSON, Ludwig der Fromme I, 255f.

Der Herr ist ja mein Fels, mein Hort und mein Befreier."[152] Aber auch das erste Gebet der Messe spricht Gott als Beschützer an.[153] Wenn - wie oben vorgetragen - Karl der Kahle an einem zweiten Sonntag nach Pfingsten gesalbt wurde, verstärkt dies die Vermutung, daß zumindest 859 die Synodentermine als Antwort auf den Einfall Ludwigs ins Westreich zu werten sind, konnte doch Karl auf diese Weise die Unantastbarkeit seiner Königsherrschaft unterstreichen.[154] Daß Karl 874 an diesem Sonntag Jahrgeschenke entgegennahm, mag in der persönlichen Komponente liegen, doch konnte auch Karl III. an diesem Sonntag 885 die Huldigung westfränkischer Adliger entgegennehmen. Vielleicht liegt hier eine spezifisch westfränkische Tradition der Nutzung dieses Sonntags vor. Allerdings spricht die 844 erfolgte Krönung Ludwigs II. zum Langobardenkönig ebenso dagegen wie die 826 Nominoe zugestandene Autonomie.

12.11. PROFANE GEDENKTAGE

Am 14. Juni 838 wurde auf dem Hoftag zu Nimwegen ein Streit zwischen Abt Hraban von Fulda und einem Gozbald vor dem Kaiser und seinen beiden Söhnen Ludwig und Karl entschieden. Am Vortag war mit dem fünfzehnten Geburtstag Karls dessen Volljährigkeit zu feiern. Ludwig der Fromme hatte den Gerichtstermin also so gewählt, daß sein jüngster Sohn unmittelbar mit dem Eintritt seiner Volljährigkeit zu Gericht sitzen konnte. Vornehmlicher Zweck der Tagung war die Sicherung der Küste vor den Normannen. Da im Spätherbst des Vorjahres der Prinz Karl u.a. mit Friesland ausgestattet worden war, waren die normannischen Überfälle ein Problem, das in erster Linie ihn anging.[155] Es ist somit sehr gut

---

[152] "Factus est Dominus protector meus et eduxit me in latitudinem salvum me fecit, quoniam voluit me. Diligam te, Domine, [virtus mea: Dominus firmamentum meum et refugium meum et liberator meus]" HESBERT, Antiphonale missarum sextuplex 174f. Auf die Eröffnung mit den Versen 19-20 des 17.Psalms folgte die Rezitation desselben beginnend mit Vers 2b. Zum frühmittelalterlichen Introitus-Gesang s. JUNGMANN, Missarum sollemnia I, 414-429, und BECKMANN, Proprium Missae 61-67.

[153] "Sancti nominis tui, Domine, timorem pariter et amorem fac nos habere perpetuum: quia numquam tua gubernatione destituis, quos in soliditate tuae dilectionis instituis" (DESHUSSES, Sacramentaire grégorien I, 390).

[154] Möglicherweise erklärt die Wahl eines "zweiten Oktavtages" (nach Pfingsten 848) zur Krönung zum "Aquitanerkönig", das Bestreben Ludwigs des Deutschen gleichfalls an einem "zweiten Oktavtag" (nach Martini 858) als westfränkischer König akklamieren zu lassen. Zur Bedeutung der Salbung in der Propaganda von 858/859 s. STAUBACH, Herrscherbild 112: "Das Faktum der Salbung Karls ist - so macht Hinkmar am alttestamentlichen Beispiel von Saul und David deutlich - das gewichtigste Hindernis vor der von Ludwig eigenmächtig angestrebten Herrschaft im Westreich."

[155] SIMSON, Ludwig der Fromme II, 172f, 176-180. Zu den Einfällen in Friesland s. etwa die Annales Bertiniani a.837, S.13: "Ea tempestate Nordmanni inruptione solita Frisiam inruentes ...".

möglich, daß nicht nur Gerichtstermin und Verhandlungsgegenstand, sondern auch der Versammlungsbeginn so gewählt worden waren, daß der junge Prinz im Mittelpunkt stand. In diesem Fall sollte der Geburtstag Karls den Tagungstermin abgegeben haben.
Spätestens seit dem 14. Juni 877 tagte in Quierzy eine Reichsversammlung, auf der König Karl in Hinblick auf seine bevorstehende Italienreise Vorsorge für den Fall seines Todes traf. Der Reichstag begann an einem völlig profanen Freitag, und auch das königliche Martyrolog verzeichnet keine Heiligen, die einen Bezug zur Reichsversammlung zu haben scheinen.[156] Dafür handelt es sich aber um den Tag nach dem Geburtstag des Herrschers. Zu seinem Geburtstag oder am nächsten Tag eröffnete der Kaiser die Reichsversammlung. Daß sein Geburtstag tatsächlich der Anlaß für eine Reichsversammlung war, dazu noch zu einem so unerquicklichen Thema wie dem eigenen Tod, läßt unsere These vom Zusammenhang mit der Geburtstagsfeier des Herrschers als suspekt erscheinen. In der Tat ist es aber gerade die Verbindung von Geburtstag und Tod, die im Denken von Karl eine dominierende Rolle spielte. In sieben Diplomen befahl er geistlichen Kommunitäten, seinen Geburtstag zu feiern; jedesmal fügte er hinzu, daß diese Feier nach seinem Ableben auf seinen Todestag verlegt werden solle.[157] Der zugrundeliegende Gedanke scheint dabei zu sein, daß die Feier zum Wohl für das Leben gereicht: zunächst trägt sie zum Gelingen des irdischen Lebens bei, danach zu dem des jenseitigen Lebens. Leben und Tod sind im Denken Karls offenbar nur durch eine schmale Wand getrennt, die im Tod durchschritten wird und zu einer anderen Form von Leben führt. Damit bejahte Karl eine lange Denktradition, die die Todestage der Heiligen als deren Geburts-

---

[156] Von der Versammlung existieren zwei Kapitulare, die vom 14. und 16. Juni 877 datieren: "Haec capitula constituta sunt a domno Karolo glorioso imperatore cum consensu fidelium suorum apud Carisiacum anno incarnationis dominicae DCCCLXXVII, regni vero ipsius XXXVII, imperii autem II, XVIII. Kalendas Iulias, indictione X; de quibus autem ipse definivit, et de quibusdam a suis fidelibus responderi iussit." (Kapitular Nr.281 [MGH Capitularia 2, 355-361, 355]). Zwei Tage später wurde dem anwesenden "populus" eine Kurzfassung verlesen: "XVI. Kalendas praedicti mensis, postquam domnus imperator Karolus adnuntiavit generaliter in populum de suo itinere Romam et quia ordinatum habebat, qualiter filius suus in regno isto consistat ... dixit, quia de ipsis capitulis quaedam capitula excerpta habebat, quae in illorum omnium notitiam recitari volebat. Et tunc iussit Gauzlenum cancellarium, ut haec sequentia capitula in populum recitaret" (Kapitular Nr.282 [MGH Capitularia 2, 361-363, 361f]). Zu Ablauf und Beschluß s. DÜMMLER, Ostfränkisches Reich III, 43-47. Die Angabe "placitum suum generale Kalendas Julii habuit" in den Annales Bertiniani beruht offensichtlich auf einer Auslassung der entsprechenden Tageszahl (S.135). Zum 14. Juni verzeichnet Usuardus, Martyrologium 246, Elias, Basileus (Bischof von Kappadozien), für Soissons die Märtyrer Rufinus und Valerius, daneben noch Quintianus.
[157] DKII 147 (I, S.389): "refectiones duae omnibus annis ... preparentur, hoc est ... altera idus junii, qua constat nos in hoc mundo natum fuisse, quae dies nostrae nativitatis post obitum nostrum in die depositionis nostrae celebratur eodem cultu recolenda ...". Die anderen Diplome: Nr. 162 (I, S.429); Nr. 236 (II, S.23); Nr. 247 (II, S.64); Nr. 355 (II, S.290f); Nr. 363 (II, S.311); Nr. 364 (II, S.315).

tage zum wahren Leben feierte.[158] Die enge gedankliche Verbindung von Geburts- und Todestag war dann auch für den König der Anlaß, an seinem Geburtstag für den eigenen Tod vorzusorgen. Obwohl es keinen Quellenbeleg für den Beginn der Ratsversammlung am Geburtstag 877 des Herrschers gibt, ist dieser Tagungsbeginn wahrscheinlich, da bereits 874 in Douzy ein Reichstag zum 13. Juni eröffnet wurde, zu dem die Teilnehmer die "annua dona", wenn man so will, die Geburtstagsgeschenke, mitzubringen hatten.[159]

Die Synode von Ponthion, die am 21. Juni 875 begann und von König Karl dem Kahlen im Auftrag des Papstes einberufen worden war, ist keinem Kirchenfest zuzuordnen, doch handelt es sich um den Tag nach dem Herrschaftsantritt Karls, da sein Vater am 20. Juni 840 starb.[160]

12.12. VERSAMMLUNGSTERMINE UNTER KÖNIG KONRAD I.

Aus dem üblichen Zeitschema fällt nicht nur der Krönungstermin Konrads I., sondern auch die Ansetzung einiger seiner Versammlungen. Recht sicher kann aus der Zeugenliste einer Forchheimer Königsurkunde vom 9. September 918 auf einen Hoftag König Konrads I. im Zusammenhang mit dem Fest der Geburt Mariens zurückgeschlossen werden.[161] Ob dieser Tag den Beginn oder das Ende der Tagung bezeichnet, kann nicht ohne weiteres entschieden werden.

Das Protokoll der königlichen Synode von Hohenaltheim datiert vom 20. September 916: "XII Kalendas Octobris ... congregata est sancta generalis synodus apud Altheim ... Transacto igitur triduano et sacris letaniis more debito celebratis convenimus ... et mesti consedimus".[162] Stellt man das voraufgegangene dreitägige Fasten in Rechnung, ergibt sich der 18. September als Tag des Synodenbeginns. Bei diesem Mittwoch handelt es sich allerdings nicht um ein wichtiges Heiligenfest.[163] Eventuell erklärt sich die Tagewahl aus der Septem-

---

[158] KELLNER, Heortologie 162.
[159] Annales Bertiniani a.874, S.124.
[160] Annales Bertiniani a.876, S.128. Die Synode begann am Donnerstag der dritten Woche nach Pfingsten; für diesen Tag sind keine bedeutenden Heiligenfeste festzustellen (Usuardus, Martyrologium 251). Zu den weiteren Sitzungsterminen der Synode s. Exkurs 10.
[161] WEBER, Reichsversammlungen 192.
[162] MGH Concilia 6, 19. Zur Anwesenheit Konrads s. FUHRMANN, Hohenaltheim 455f.
Eine zentrale Rolle spielte auf der Synode die Epistel des Papstes Johannes X. und dessen Gesandter, der "kraft apostolischer Autorität" handelte (FUHRMANN, Hohenaltheim 442-444 und 453f). Die dominierende Rolle des Papstes führte vielleicht dazu, die Synode in einer Johannes-Kirche abzuhalten: "convenimus in ecclesia sancti Iohannis Baptistae et mesti consedimus. Tum denum praefatus sancti Petri et domini Iohannes papae missus proferens cartam apostolicis litteris inscriptam ..." (MGH Concilia 6, S.19).
[163] Hrabanus, Martyrologium 95, verzeichnet die Heiligen Eustorgius, Trophimus und Iocianus.

berquatember, die am 18. September begann.[164] Eine solche Tagewahl korrespondiert mit der ausgesprochen gedrückten Stimmung der Versammlung.[165] Immerhin ist auch denkbar, daß die Versammlung im Hinblick auf das Ende der Tagung angesetzt wurde, da der nächste Sonntag auf den 22. September, das Fest des Regensburger Heiligen Emmeram, fiel. Mit einer solchen Terminierung konnte die Synode den Herrschaftsanspruch Konrads I. gegenüber dem in Regensburg residierenden Herzog Arnulf von Baiern unterstreichen, der dem König die Herrschaft streitig machte. Die Überlegung bietet sich deshalb an, weil die in Hohenaltheim für Freitag, den 7. Oktober, angesetzte Regensburger Synode, auf der sich Herzog Arnulf einfinden sollte,[166] gleichfalls mit Blick auf das Tagungsende anberaumt worden sein kann. Der nächste Sonntag fällt nämlich auf das Dionysiusfest, mit dessen Feier spätestens seit den Zeiten Kaiser Arnulfs in Regensburg zu rechnen ist.[167]
Auch die in Hohenaltheim beschlossene Mainzer Synode wurde wohl wegen des Abschlußtages am 15. Mai 917 begonnen. Damit sollte die Mainzer Synode, auf der sich Bischof Richwin von Straßburg vor einem Metropoliten einzufinden hatte, am Donnerstag vor dem Sonntag Vocem jocunditatis eröffnet werden. Dieser Sonntag war zugleich einem Papstgedenken gewidmet, was mit der Bischof Richwin zu seiner Rehabilitierung auferlegten Romfahrt zusammenpaßt.[168] Offenbar haben wir für die Herrschaft des ersten Nichtkarolingers im Ostreich also mit einer anderen Zeitstruktur für Tagungen zu rechnen.[169]
Jener Bischof Richwin war 913 nach der Vertreibung und Tötung des Bischofs Otbert und ohne die Zustimmung des Mainzer Metropoliten zum Bischof gewählt worden. Dabei handelte es sich aber wohl weniger um ein kanonisches, als um ein politisches Problem, da die Wahl Richwins unter westfränkischem Einfluß erfolgte.[170] Die von der Synode gegen Richwin angewandte Festpolitik, mittels der Wahl eines Papstfestes die päpstliche Autorität zur Stützung der königlichen Macht ins Feld zu führen, scheint König Konrad schon 912 und 913 in elsässischen Belangen angewandt zu haben. So kann ein Straßburger Hoftag

---

[164] Ob die Quatember in der dritten vollen Woche oder am dritten Mittwoch des Septembers berechnet wurde, spielt in diesem Jahr keine Rolle, da der 1. September 916 auf einen Sonntag fiel.
[165] FUHRMANN, Hohenaltheim 442-444.
[166] c.35 (MGH Concilia 3, 37); REINDEL, Regnum Bavariae 257-260.
[167] GAMBER, Ecclesia Reginensis 167-181.
[168] c.28 (MGH Concilia 6, 34); zu Richwin: FUHRMANN, Hohenaltheim 454f; DÜMMLER, Ostfränkisches Reich III, 608. Die Romfahrt war allerdings nur notwendig, wenn sich Richwin nicht zur Mainzer Synode einfand.
Das Martyrolog Hrabans verzeichnet zum 18. Mai den Papst Marcus (S. 48), während der 15. Mai unbedeutenden Heiligen geweiht war (S.47), immerhin kann der 15. Mai als fixer Pfingsttermin aufgefaßt werden (MUNDING, Kalendarien II, 60).
[169] Ob der Forchheimer Hoftag vom September 918 am Fest der Geburt Mariens begann oder mit ihm endete, wofür nach diesem Befund einiges spricht, ist anhand der Quellenlage nicht zu beurteilen (WEBER, Reichsversammlungen 192).
[170] DÜMMLER, Ostfränkisches Reich III, 592-594.

Konrads I. aus einer am 12. März 913 ausgestellten Königsurkunde erschlossen werden.[171] Bei dem 12. März 913 handelt es sich um den Freitag nach dem Sonntag Laetare und zugleich um den Gedenktag für den Papst Gregor. Da der König bereits im Vorjahr am 14. März in Straßburg urkundete, feierte König Konrad I. wohl schon 912 das Papstfest in Straßburg.[172] Wenn die vorgetragene Interpretation der Tagewahl richtig ist, ist für König Konrad bereits am Beginn seiner Herrschaftszeit eine enge Papstbindung zu beobachten. Interessanterweise scheint diese insbesondere gegenüber dem lotharingischen Adel betont worden zu sein, der aus geblütsrechtlichen Gründen heraus eher dem letzten, westfränkischen Karolingerkönig als dem Nichtkarolinger Konrad zuneigte.[173] FUHRMANN hat vorgebracht, für die deutsche Kirche des beginnenden 10. Jahrhunderts sei "der 'ferne Papst' eine ordnende Größe" gewesen, dem bei Königssalbungen "so etwas wie ein 'Approbationsrecht' eingeräumt" wurde, weil "die Salbung ... bedeuten [könnte], daß zuvor eine römische Zustimmung einzuholen wäre".[174] Konsequenterweise muß Konrad dann die päpstliche Unterstützung nicht erst 916 in Hohenaltheim, sondern bereits sehr viel früher, nämlich bei seiner Wahl 911, erfahren haben. Unter diesen Umständen wird Konrads Feier von Papstfesten in Lothringen als Propagandaversuch zu werten sein, sein Königtum zu legitimieren, und zwar mittels des Verweises auf dessen päpstliche Billigung.

12.13. VERSAMMLUNGEN OHNE ERKENNBAREN FESTBEZUG

Schwierigkeiten bereitet die zeitliche Ansetzung der Reichsversammlung zu Quierzy, deren Beschlüsse am ersten Sonntag des Jahres 873, dem 4. Januar, durch Karl den Kahlen in einem Kapitular zusammengefaßt wurden.[175] Es ist nicht anzunehmen, daß die zahlreichen Einzelbestimmungen an einem Tag gefaßt wurden. Die Zuordnung der Beschlüsse zum Jahr 873 in den Annales Bertiniani läßt lediglich den Schluß zu, daß die Versammlung nach Weihnachten 872 eröffnet worden sein muß.

---

[171] WEBER, Reichsversammlungen 192.
[172] GROTEFEND, Zeitrechnung II.1, 177; DDKo I 5 und 17.
[173] MOHR, Imperium Lothariensium 6f und 37; vgl. SCHNEIDMÜLLER, Regnum 104f.
[174] FUHRMANN, Hohenaltheim 465.
[175] Eine inzwischen verlorene Handschrift gibt das Tagesdatum an: "Anno incarnationis dominicae DCCCLXXIII, indictione VI, pridie Nonas Ianuarii haec, quae sequuntur, capitula domnus rex Karolus in Carisiaco palatio cum fidelium suorum consilio decrevit et per suum regnum denuntiari et observari mandavit" (Kapitular Nr.278 [MGH Capitularia 2, 342-347, 342]); s.a. Annales Bertiniani a.873, S.121.

12.14. NICHT BERÜCKSICHTIGTE VERSAMMLUNGEN

Nach Meinung von WEBER soll zwischen dem 13. und 15. Juni 871 ein Hoftag in Tribur abgehalten worden sein, den er aus Diplomausfertigungen an diesen Tagen erschließt. Auf dem Hoftag wollte sich König Ludwig mit seinen aufständischen Söhnen Ludwig und Karl aussöhnen. Die Begegnung kam jedoch wegen einer vom König angeordneten Blendung eines sächsischen Vasallen des Grafen Heimrich nicht zustande. Daher ist es fraglich, ob der Hoftag überhaupt stattfand.[176]

Gleich nach dem Heimgang seines Vaters suchte sich Ludwig der Deutsche Sachsen zu sichern, wozu er über seine Frau verwandtschaftliche Beziehungen hatte. Wohl im Dezember hielt er eine Reichsversammlung in Paderborn ab, wo er am 10. Dezember 840 urkundete. Daraus schließt WEBER, daß an diesem Freitag der Hoftag stattfand. Da im allgemeinen nicht während einer Tagung geurkundet wurde, ist WEBERs Datierung der Reichsversammlung zweifelhaft. Als idealer Termin böte sich das Fest Mariä Empfängnis an, das am 8. Dezember begangen wird. Dieses Fest hatte im spätmittelalterlichen Paderborn tatsächlich einen besonderen Rang. Zweifelhaft ist jedoch, ob dieses Fest im Ostreich schon damals bekannt war. Der Fuldaer Abt Hraban nahm es jedenfalls nicht in sein Martyrolog auf.[177] Erwogen werden kann noch, ob der König nicht an einem Adventssonntag (28.11., 5.12) seinen Adventus in seinem neuen Reichsteil hielt, aber diese Überlegung wird nicht durch Quellenangaben gestützt.

Die Synode von Meaux-Paris 845/846, die am 17. Juni 845 begann und am Sonntag Septuagesima 846 fortgeführt wurde, wird nicht berücksichtigt, da sie zwar mit Konsens, aber wohl ohne ausdrücklichen Befehl des Königs zustande kam. Dementsprechend wurde die Synode in den Annalen von St. Bertin völlig übergangen.[178]

---

[176] Allerdings dürfte der Hoftag etwa für diese Zeit anberaumt worden sein. An Terminen kommen vornehmlich die Translatio s. Nazarii des in der Nähe gelegenen Lorsch (12.6.) und das Fest des Corveyer Heiligen Vitus (15.6.) in Betracht. Für den Vitustag spricht, daß sich die Auseinandersetzungen zwischen König Ludwig und seinen Söhnen wohl um Sachsen drehten. Der König konnte mit Vitus einen sächsischen Heiligen ehren und so zugleich seine sächsischen Ansprüche demonstrieren. Für das Nazariusfest spricht, daß Ludwig öfter um den 12. Juni urkundete, wenn er sich im Rhein-Main-Gebiet aufhielt: DD. 56-67 vom 12./14.6.849 aus Tribur, D. 93 vom 13.6.858 aus Frankfurt, D. 122 vom 14.6.867 aus Frankfurt, D. 162 vom 14.6.875 aus Frankfurt.
[177] GROTEFEND, Zeitrechnung II.2, 147; Hrabanus, Martyrologium 127, verzeichnet nur den hl. Zeno von Verona und den heiligen Eucharius.
[178] MGH Concilia 3, 61-132, bes. 83f. und Annales Bertiniani a.845, S.32f. Daß die Versammlung nicht auf Befehl des Königs zusammentrat, kann auch die Formulierung "divino nutu conventum est XV Kalendas Iulii" erklären. Ob die Zeitangabe den Beginn oder das Ende der ersten Sitzungsperiode bezeichnet, bleibt unklar. Im zweiten Fall - aber auch bei Vorschaltung von drei verhandlungsfreien Fastentagen - kann die Synode am Geburtstag Karls des Kahlen begonnen haben.

12.15. RESÜMEE

Hinsichtlich der "normalen" Beratungstermine läßt sich feststellen, daß am Beginn und am Ende der karolingischen Ära zumeist profane Tage für die Ansetzung von Beratungsterminen gewählt wurden, wenn auch aus verschiedenen Gründen.[179] Während unter König Konrad versucht wurde, den Tag der Beschlußfassung auf einen bedeutungstragenden Tag zu legen, war die Hausmeier- und frühe Königszeit von der fränkischen Tradition des Märzfeldes beherrscht, wiewohl auch in dieser Zeit das Tagungsende bei der Terminwahl eine Rolle gespielte. Schon in der Frühzeit der Karolingerherrschaft zeigt sich die Propagandafunktion der Terminwahl. Und zwar nicht nur, wenn kirchliche Termine zur Dokumentation der kirchlichen Reformbestrebungen (Osteroktav 743; Benediktfest 755; Remigiusfest als Synodentermin) oder politischer Absichten (Mariä Himmelfahrt 747 und 750) gewählt wurden, sondern auch in der Zuweisung einer neuen, kirchlichen Funktion für das althergebrachte, profane Märzfeld.

Schon in der Mitte des achten Jahrhunderts hielten die Karolinger Reichsversammlungen und Synoden an Marienfesten ab. Diese entwickelten sich in der Folgezeit zu den am häufigsten gewählten Beratungsterminen.[180] Einen Aufschwung erfuhr infolge des Lotharschen Ehestreits insbesondere das Reinigungsfest, dessen Gerichtsfunktion bereits Ludwig der Fromme politisch zur Rehabilitation seiner Gemahlin wie zur Aburteilung seiner Gegner (831 und 835) genutzt hatte.

Einen ähnlich hohen Anteil wie die Marienfeste haben die Gedenken für Reichheilige,[181] während die Salvatorfeste[182] zugunsten der wichtigen Sonntage des Kirchenjahres zurücktreten.[183] Hierbei ist allerdings die mehrmalige Wahl des zweiten Sonntags nach Pfingsten zu beachten, für den eine Zuordnung zu den

---

[179] Von den sicher datierbaren bzw. geplanten Terminen (im weiteren als "sichere Termine" bezeichnet) fallen drei von fünf (frühe Karolinger) bzw. zwei von drei (Konrad I.) auf profane Tage. Nehmen wir die erschlossenen Termine hinzu, ergeben sich 50% (6 von 12) bzw. 40% (2 von 5).

[180] Neun der 45 (20,0%) sicheren Beratungstermine stehen im Zusammenhang mit Marienfesten. Auch bei Berücksichtigung der erschlossenen Termine machen die Marienfeste mit 23,3% (27 von 116) den Löwenanteil aus.

[181] Acht der 45 sicheren Eröffnungstage (17,8%) erklären sich aus der Bedeutung der Reichsheiligen. Bei den wahrscheinlichen Terminen sind es 8 von 50 (16,0%) und bei den möglichen 4 von 21 (19,0%), sodaß sich insgesamt ein Anteil von 17,2% ergibt.

[182] Zu den Salvatorgedenken werden auch die nicht auf den Tag genau festzulegenden Sitzungen in der Osterwoche gezählt. Bei den sicheren Terminen machen die Salvatorgedenken einen Anteil von 11,1% (5 von 45) aus, bei den erschlossenen liegt er mit 11,3% (8 von 71) in der gleichen Größenordnung.

[183] Hinsichtlich der sicheren (7 von 45), wahrscheinlichen (9 von 50) und möglichen Eröffnungstage (4 von 21) variiert der Anteil mit einer Breite von zwei Prozentpunkten um 17,5%.

Salvatorfesten möglich wird, wenn er als zweiter Oktavtag zum Pfingstgedenken verstanden wird.
Feste von lokaler bzw. regionaler Bedeutung lassen sich nur selten belegen, scheinen jedoch mit Krisensituationen zu korrelieren. So resultiert die Wahl des Festtages der Patrone von Hersfeld für die Ausgabe des Capitulare Saxonicum 797 nicht nur aus der "Zuständigkeit" der Apostel Simon und Judas für Sachsen, sondern auch aus der Kriegssituation, startete Karl doch unmittelbar nach dem Apostelgedenken erstmals einen Feldzug zu Beginn des Winters.[184] Neben zwei Synodenterminen (Mainz 813 und Köln 870) spielten Regionalfeste erst in der Spätzeit der Karolinger wieder eine Rolle. So sind die Reichstagstermine am Nazarius- und Bonifatiusfest unter Ludwig dem Kind aus der übermächtigen Stellung seines Taufpaten Hatto zu erklären, der als Mainzer Erzbischof und Lorscher Abt den beiden Heiligen auf engste verbunden war.
Bedeutungstragende Termine waren auch bei den hier behandelten Versammlungen keine Seltenheit wie die Wahl von Jahrestagen (Geburtstag Karls des Kahlen 838, 874 und 877; Huldigung Ludwigs des Deutschen von 870: 871, 873, 874 und 876; Huldigung Karls III. 882: 884; Todestag des Vorgängers: 870), von "sprechenden" Sonntagen des Kirchenjahres, von traditionellen Gerichtsterminen (Bekehrung Pauli, Reinigung Mariens) oder von Papst- und Petrusfesten, die die eigene Herrschaft durch den Hinweis auf die Billigung der eigenen Machtstellung durch den Stellvertreter Petri absichern sollten (Petrusfest 906; Gedenken für die Päpste Zacharias [863], Gregor den Großen [912] und Marcus [917]).

12.16. TABELLEN[185]

Ort	J	M	T	WT	Bezug	Fest	Festart	Dat	Typ
Karlmann									
?	743	Apr	21	So	Oktav	Ostern	Sa	wa Ende?	Sy
Les Estinnes	744	Mär	1	So		Märzfeld So Reminscere	pf KJ	si	RV
Düren	747	Aug	15	Di		Mariä Himmelfahrt	Ma	wa	HofT/Sy

---

[184] BM² 339a.
[185] Versammlungstypen: aRV = allgemeine Reichsversammlung; RV = Reichstag; HofT = Hoftag; Sy = Synode; HeerT = Tagung mit Beteiligung des Heeres.

Ort	J	M	T	WT	Bezug	Fest	Fest-art	Dat	Typ
Pippin									
Soissons	744	Mär	1	So		Märzfeld	pf	wa	Sy/RV
						So Reminiscere	KJ		
Attigny	750	Aug	15	Sa		Mariä Himmelfahrt	Ma	wa	RV/Sy
Verberie	752	Mär	1	Mi		Märzfeld	pf	mö	RV?
Berny	754	Mär	1	Fr		Märzfeld	pf	si	RV
?	755	Mär	1	So		Märzfeld	pf	mö	RV
						So Reminiscere	KJ		
Ver	755	Jul	11	Fr		Benedikt, Trsl.	Hl	si Ende	Sy
?	755	Okt	1	Mi		Remigius	RH	Plan	Sy
?	756	Mär	1	Mo		Märzfeld	pf	Plan	Sy
Trisgodros	762	Aug	15	So		Mariä Himmelfahrt	Ma	mö Ende?	RV/Sy
Karl der Große									
Quierzy	775	Jan	6	Fr		Epiphanie	Sa	wa	HofT
Frankfurt	794	Jun	1	So	nach	Petronilla	Pe	si	HofT/Sy
Aachen	797	Okt	28	Sa		Simon + Judas	Ap	si Ende?	HofT
Mainz	803	Jun	24	Sa		Joh. d.T., Geburt	Jo	Plan	aRV
Thionville	806	Feb	2	Mo		Mariä Reinigung	Ma	wa	HofT
Stassfurt	806	Jun	24	Mi		Joh. d.T., Geburt	Jo	Plan?	RV
Aachen	809	Feb	2	Fr		Mariä Reinigung	Ma	si	HofT
Arles	813	Mai	8	So		So Exaudi	KJ	wa	Sy
Mainz	813	Jun	5	So		Bonifatius ep.	OF	wa	Sy
Ludwig I.(der Fromme)									
Doué	814	Feb	2	Do		Mariä Reinigung	Ma	Plan	HofT
Paderborn	815	Jul	1	So	nach	Petrus ap.	Pe	si	RV
Aachen	816	Aug	15	Fr		Mariä Himmelfahrt	Ma	mö	RV/Sy
Compiègne	816	Nov	1	Sa		Allerheiligen	RH	mö	RV
Nimwegen	821	Mai	2	Do		Christi Himmelf.	Sa	wa	RV
Thionville	821	Okt	13	So	nach	Dionysius	RH	mö	aRV + Heirat + Amnestie
Compiègne	823	Nov	1	So		Allerheiligen	RH	si	RV
Paris	825	Nov	1	Mi		Allerheiligen	RH	Plan	Sy
Aachen	826	Feb	2	Fr		Mariä Reinigung	Ma	wa	RV
Frankfurt	826	Jun	3	So		2. So n. Pfingsten	KJ	mö	RV
					nach	Petronilla	Pe		

Ort	J	M	T	WT	Bezug	Fest	Fest-art	Dat	Typ

Ludwig I. (Fortsetzung)

Ort	J	M	T	WT	Bezug	Fest	Fest-art	Dat	Typ
Ingelheim	826	Okt	14	So	nach	Dionysius	RH	mö	aRV
Nimwegen	830	Okt	1	Sa		Remigius	RH	wa	RV
Aachen	831	Feb	2	Do		Mariä Reinigung	Ma	si	aRV + Gericht
Ingelheim	831	Apr	30	So		So Cantate	KJ	wa	RV + Amnestie
Soissons	833	Okt	1	Mi		Remigius	RH	Plan	aRV + Treueid
Aachen	834	Apr	6	- 13		Osterwoche	Sa	si	HofT
Attigny	834	Nov	11	Mi		Martin	RH	wa	aRV
Thionville	835	Feb	2	Di		Mariä Reinigung	Ma	si	aRV + Gericht
Aachen, St.Maria	836	Feb	2	Mi		Mariä Reinigung	Ma	si	Sy
Thionville	836	Apr	10	- 16		Osterwoche	Sa	si	Sy
Aachen	837	Feb	2	Fr		Mariä Reinigung	Ma	wa	Sy
Aachen	838	Apr	15	- 21		Osterwoche	Sa	si	HofT
Nimwegen	838	Jun	13	Do		Geburtstag KdK	JT	mö	RV
Worms	840	Jun	29	Di		Petrus ap.	Pe	wa	RV

Mittelreich

Ort	J	M	T	WT	Bezug	Fest	Fest-art	Dat	Typ
Trient	838	Mär	17	So		Gertrudis	FH	mö	HofT
						So Oculi	KJ		
Troyes	859	Apr	23	So		So Cantate	KJ	Plan	Sy
Metz	859	Mai	28	So		2. So n. Pfingsten	KJ	si	Sy
Langres	859	Mai	28	So		2. So n. Pfingsten	KJ	wa	Sy
Aachen	860	Jan	6	So		Epiphanie	Sa	wa	Sy
Aachen	862	Apr	26	So	Oktav	Ostern	Sa	wa	Sy
Metz	863	Feb	2	Di		Mariä Reinigung	Ma	Plan	Sy
Metz	863	Mär	15	Mo		Zacharias pp.	Hl	Plan	Sy
Metz	863	Jun	13	So		2. So n. Pfingsten	KJ	wa	Sy
Pavia	865	Feb	2	Fr		Mariä Reinigung	Ma	wa	Sy

Ludwig II. (der Deutsche)

Ort	J	M	T	WT	Bezug	Fest	Fest-art	Dat	Typ
Mainz	847	Okt	1	Sa		Remigius ep.	RH	wa	Sy
Mainz	848	Okt	1	Mo		Remigius ep.	RH	wa	Sy/HofT
Mainz	852	Okt	1	Sa		Remigius ep.	RH	wa	Sy/HofT
Worms	857	Mär	28	So		So Laetare	KJ	mö	HofT
Regensburg	861	Apr	20	So		So Misericordia D.	KJ	wa	HofT + Gericht

Ort	J	M	T	WT	Bezug	Fest	Fest-art	Dat	Typ
Ludwig der Deutsche (Fortsetzung)									
Worms	868	Mai	16	So		So Cantate	KJ	wa	Sy
Köln	870	Sep	26	Di	Tv	Kirchweihe	OF	si	Sy
					Tv	Cosmas + Damian	Hl		
Regensburg	870	Nov	1	Mi		Allerheiligen	RH	wa	RV
Frankfurt	871	Feb	2	Fr		Mariä Reinigung	Ma	wa	HofT
						JT Huldigung 870	JT		
Frankfurt	873	Jan	25	So		Bekehrung Pauli	Pe	wa	HofT + Gericht
Frankfurt	873	Feb	2	Mo		Mariä Reinigung	Ma	Plan?	HofT
						JT Huldigung 870	JT		
Aachen	873	Jun	7	So		Pfingsten	Sa	wa	HofT + Taufe
Frankfurt	874	Feb	2	Di		Mariä Reinigung	Ma	mö	HofT
						JT Huldigung 870	JT		
Frankfurt	876	Feb	2	Fr		Mariä Reinigung	Ma	mö	HofT
						JT Huldigung 870	JT		
Frankfurt	876	Mär	25	So		So Laetare	KJ	si	HofT
						Mariä Verkündigg	Ma		
Ludwig III. (der Jüngere)									
Frankfurt	878	Feb	2	So		Mariä Reinigung	Ma	mö	HofT
Frankfurt	878	Mai	25	So		2. So n. Pfingsten	KJ	wa	RV
Worms	880	Aug	15	Mo		Mariä Himmelfahrt	Ma	wa	HofT
Karl III. (der Dicke)									
Ravenna	882	Feb	2	Fr		Mariä Reinigung	Ma	Plan	RV
Worms	882	Nov	1	Do		Allerheiligen	RH	si	HofT
Kolmar	884	Feb	2	So		Mariä Reinigung	Ma	si	HofT
Worms	884	Mai	17	So		So Cantate	KJ	mö	HofT
						JT Huldigung 882	JT		
Frankfurt	885	Sep	8	Mi		Mariä Geburt	Ma	wa	HofT
Pavia	885	Jan	7	Do	Tn	Epiphanie	Sa	si	HofT
Waiblingen	887	Apr	17	Mo	Tn	Ostern	Sa	si	HofT
Tribur	887	Nov	12	So	Tn	Martin	RH	wa	RV
Arnulf									
Omuntesberg	890	Mär	22	So		So Laetare	KJ	wa	RV
Forchheim	890	Mai	31	So		Pfingsten	Sa	wa	HofT

Ort	J	M	T	WT	Bezug	Fest	Fest-art	Dat	Typ

Ludwig IV. (das Kind)

Ort	J	M	T	WT	Bezug	Fest	Fest-art	Dat	Typ
Forchheim	903	Jun	24	Fr		Joh. d.T., Geburt	Jo	wa	RV
Regensburg	903	Nov	30	Mi		Andreas ap.	Pe	wa	HofT
Ingelheim	904	Jun	12	Di		Nazarius	RH	wa	HofT
Regensburg	905	Feb	10	So		So Quinquagesima	KJ	mö	HofT
Tribur	906	Jun	29	So		Petrus ap.	Pe	wa	HofT + Gericht
Forchheim	908	Jun	5	So		Bonifatius	OF	mö	HofT
Tribur	910	Apr	2 - 8			Osterwoche	Sa	mö	HofT

Konrad I.

Ort	J	M	T	WT	Bezug	Fest	Fest-art	Dat	Typ
Straßburg	912	Mär	12	Fr		Gregorius pp.	Hl	wa Ende?	HofT
Hohenalt-heim	916	Sep	18	Mi	4 Tv	Quatember Emmeram (So)	KJ RH	si Ende?	Sy
Regensburg	916	Okt	7	Fr	2 Tv	Dionysius (So)	pf RH	Plan Ende?	Sy
Mainz	917	Mai	15	Do	3 Tv	Marcus pp. (So)	pf Hl	Plan Ende?	Sy
Forchheim	918	Sep	8	Di		Mariä Geburt	Ma	wa Ende?	HofT

Karl II. (der Kahle)

Ort	J	M	T	WT	Bezug	Fest	Fest-art	Dat	Typ
Valenciennes	843	Jan	13	Sa		Hilarius ep.	RH	mö	RV
Attigny	847	Apr	24	So		So Misericordia D.	KJ	Plan	Sy
Verberie	853	Aug	27	So	nach	Bartholomäus ap.	Ap	si	Sy
Quierzy	857	Feb	14	So		So Septuagesima JT Schwur 842	KJ JT	si	RV/Sy
Verberie	863	Okt	25	Mo		Crispin + Crispian	RH	si	Sy
Pîtres	864	Jun	24	Sa		Joh. d.T., Geburt	Jo	wa	RV
Troyes	867	Okt	25	Sa		Crispin + Crispian	RH	si	Sy
Auxerre	868	Feb	2	Di		Mariä Reinigung	Ma	wa	Sy
Pîtres	868	Aug	15	So		Mariä Himmelfahrt	Ma	wa	RV
Quierzy	868	Nov	30	Di		Andreas ap.	Pe	wa	RV/Sy
Verberie	869	Apr	24	So		So Jubilate	KJ	Plan	Sy
Gondreville	872	Aug	29	Fr		Joh. d.T., Geburt	Jo	wa	RV
Quierzy	873	Jan	4	So			pf	si Ende	HofT
St. Quentin	874	Feb	2	Di		Mariä Reinigung	Ma	si	HofT

Ort	J	M	T	WT	Bezug	Fest	Fest-art	Dat	Typ

Karl der Kahle (Fortsetzung)

Ort	J	M	T	WT	Bezug	Fest	Fest-art	Dat	Typ
Douzy	874	Jun	13	So		Geburtstag KdK 2.So n. Pfingsten	JT KJ	wa	aRV
Attigny	874	Jun	29	Di		Petrus ap.	Pe	wa	Sy
Ponthion	876	Jun	21	Do	Tn	JT Tod LdF 840	JT	si	Sy
Samoussy	876	Nov	25	So	2.Okt	Martin	RH	Plan	RV
Compiègne	877	Mai	5	So		So Cantate Christi Himmelf.	KJ	wa	RV
Quierzy	877	Jun	13	Do		Geburtstag KdK	JT	wa	RV + Testament

Ludwig II. (der Stammler)

Ort	J	M	T	WT	Bezug	Fest	Fest-art	Dat	Typ
Ponthion	879	Feb	2	Mo		Mariä Reinigung	Ma	Plan	RV

Weitere im Text erwähnte Versammlungstermine und Staatsakte

Ort	J	M	T	WT	Bezug	Fest	Fest-art	Dat	Typ
Aachen	821	Feb	(2)	Sa		Mariä Reinigung	Ma	mö	HofT
Pavia	832	Feb	(2)	Fr		Mariä Reinigung	Ma	mö	HofT
Aachen	860	Feb	(2)	Fr		Mariä Reinigung?	Ma	mö	RV/Sy
Rom	866	Feb	2	Sa		Mariä Reinigung	Ma	si	Exkommunikation
Rom	868	Feb	2	Di		Mariä Reinigung	Ma	mö	Absolutio
Frankfurt	870	Feb	2	Do		Mariä Reinigung	Ma	si	Treueid
Langres	834	Aug	15	Sa		Mariä Himmelfahrt	Ma	wa	HeerT
Châlons	824	Jun	24	Fr		Joh.d.T., Geburt	Jo	si	HeerT
Ravenna	877	Jun	24	Mo		Joh.d.T., Geburt	Jo	Plan	päpstl. Sy
Châlon	839	Aug	29	Fr		Joh. d.T., Passion	Jo	wa	HeerT
Tours	832	Nov	11	Mo		Martin	RH	Plan	HeerT
Gondreville	869	Nov	11	Fr		Martin	RH	Plan	Treueid
Rennes	830	Apr	14	Do		Cena Domini	Sa	si	HeerT
Regensburg	887	Dez	25	Mo		Weihnachten	Sa	si	Krönung
Soissons	853	Apr	22	Sa	Tv	So Jubilate	KJ	Plan	Sy + Huldigung
Forchheim	872	Mär	9	So		So Laetare	KJ	si	aRV + HeerT + Teilung

13. STATISTISCHE AUSWERTUNG UND INTERPRETATION DER VERSAMMLUNGSTERMINE

Die im vorigen Kapitel behandelten "normalen" Beratungstermine stellen nur einen kleinen Teil jener Termine dar, an denen der Herrscher einen größeren Kreis von Adligen um sich scharte. Auch bei Krönungen und Königstreffen war eine Vielzahl von Adligen anwesend. Vergleichen wir die Häufigkeit, mit der bestimmte Festkategorien für die verschiedenen Versammlungstypen herangezogen wurden, sind bedeutsame Differenzen auszumachen.
Vergleicht man die gesicherten Tagesdaten der Reichsversammlungen mit denen der Krönungsakte,[1] so fällt eine Reihe von Unterschieden auf. Während 19 von 27 (70,4%) Krönungen an Sonntagen vorgenommen wurden, liegt die Sonntagsquote bei den normalen Beratungsterminen deutlich niedriger (14 von 42 [33,3%]).[2] Das Abrücken vom wöchentlichen Herrentag findet seine Entsprechung in der Vernachlässigung der Salvatorfeste: auch dieser Festtypus wurde für Krönungen (7 von 27 [34,1%]) rund dreimal so oft gewählt wie für normale Beratungen (5 von 45 [11,1%]).[3] Während der Anteil der Reichsheiligen sich in etwa entspricht (5 von 27 [18,5%] versus 8 von 45 [17,8%]),[4] waren die Marienfeste für die Beratungen (9 von 45 [20%]) wesentlich wichtiger als für die

---

[1] Unter gesicherten Terminen werden diejenigen Termine verstanden, die den Quellen zweifelsfrei zu entnehmen sind. Unberücksichtigt bleibt, ob angekündigte Staatsakte auch vorgenommen wurden. Die Bezeichnung "normale Versammlungen" bzw. "Reichsversammlungen" umfaßt alle Versammlungen minderer Bedeutung und schließt Synoden ein. Hinsichtlich dieser Versammlungen wird allein der Zeitpunkt des Tagungsbeginns berücksichtigt. Die Kategorie "Krönungsakt" erfaßt den Herrschaftsbeginn, Reichsteilung, Befestigungskrönung und die Einsetzung eines Unterkönigs. Nicht berücksichtigt wurden die Kaiserkrönungen, da diese zumeist unter Beteiligung des Papstes in Italien stattfanden, was ihren Aussagewert für die fränkischen Verhältnisse stark mindert.
In den Fällen, in denen mehrere Zuordnungen zu Festen möglich waren, wurde lediglich die in den Tabellen zuerst angeführte Interpretation berücksichtigt. Die Zuordnung zu einem Festtypus wird auch vorgenommen, wenn ein Staatsakt nicht auf den Festtag selbst fällt, sondern auf ein abgeleitetes Fest wie den Sonntag nach einem Heiligenfest oder den Vigiltag zu einem Fest.
[2] Auch diese Quote ist noch überdurchschnittlich hoch, da für den Sonntag nur sechs Reichsversammlungen zu erwarten sind. Der Chi-Quadrat-Test ermittelt eine Wahrscheinlichkeit von 5% für eine Normalverteilung. Man wird demnach auch bei den Reichsversammlungen von einer gezielten Bevorzugung des Sonntags sprechen können.
[3] Die für die Osterwoche geplanten Versammlungen werden den Herrenfesten zugeordnet. Da sie keinem Wochentag zugeordnet werden können, ergibt sich eine Differenz bei Festkategorien (45 bzw. 116) und Wochentagen (42 bzw. 112).
Auch bei Mitberücksichtigung der erschlossenen Termine ergeben sich keine wesentlichen Verschiebungen. Beträgt der Anteil der Salvatorfeste bei den Krönungen in diesem Fall 27,1% (13 von 48), liegt er bei den Beratungsterminen bei 11,2% (13 von 116).
[4] Auch die erschlossenen Termine fügen sich ins Bild. Bei den Krönungen waren es 19,1% (9 von 47), bei den Beratungen 17,2% (20 von 116) Terminen.

Krönungen (2 von 27 [7,4%]).[5] Bei den Beratungsterminen wurden die Salvatorfeste jedoch nicht allein durch die Marienfeste ersetzt. Auch die wichtigen Sonntage im Kirchenjahr gewannen hier an Bedeutung.[6] Jeweils weniger als fünf Prozent konnten in beiden Arten von Staatsakten die Johannes-, Apostel- und Ortsfeste verbuchen.[7] Unterschiedlich hoch ist in den beiden Versammlungstypen der jeweilige Anteil der Festtage für weniger bedeutende Heilige. Überraschenderweise ist ihr Anteil bei Krönungsfeierlichkeiten (22,5%) weitaus größer als an einfachen Beratungen (4,4%),[8] bei denen die Wahrung von Rechtsfristen bzw. die Feier säkularer Jahresgedenken keine größere Rolle spielte (2,2%) - im Gegensatz zu den Krönungsakten (7,4%).[9]

Die Interpretation der Differenzen in der Tagewahl setzt bei den Salvatorfesten an. Deren hohe Bedeutung für Krönungsakte wird aus der Repräsentationsfunktion der Krönung zu erklären sein. Zunächst einmal stellte die Krönung den Herrscher in den Mittelpunkt des Geschehens. In dem liturgischen Geschehen verschmolzen irdische und himmlische Wirklichkeit. Die Wahl eines Christusfestes konnte nicht nur diesen Prozeß, sondern auch den Anspruch des Herrschers unterstützen, Christus zu verkörpern, denn der Kaiser erschien "nicht einfach als vicarius Christi und menschliches Gegenstück des Weltherrschers in der Höhe ..., sondern fast wie der Himmelskönig selbst - wahrhaft der 'christomimetes', der 'impersonator' und Darsteller Christi. Es ist, als hätte der Gottmensch seinen himmlischen Thron dem irdischen Kaiser abgetreten, damit der unsichtbare Christus im Himmel sich in dem 'christus' auf Erden offenbare."[10]

Das betonte Herausstreichen der Christusgleichheit des Herrschers dürfte im

---

[5] Die Größenordnungen bleiben gleich, wenn alle gefundenen Termine berücksichtigt werden. Dann machen die Marienfeste bei den Beratungen 23,3% (27 von 116), bei den Krönungen hingegen 12,5% (6 von 48) aus.

[6] Die Anteile differieren bei den sicheren Terminen um gut vier (Krönungen: 3 von 27 [11,1%]; Versammlungen: 7 von 45 [15,5%]), bei Zugrundelegung aller behandelten Staatsakte um elf Prozentpunkte (Krönungen: 3 von 48 [6,25%], Beratungen: 20 von 116 [17,2%]).

[7] Von allen Krönungen konnte nur eine mit einem Johannesfest in Verbindung gebracht werden (0 von 27 bzw. 1 von 48), während immerhin fünf Beratungstermine an einem Täuferfest begannen (5 von 116 [4,3%] bzw. 1 von 45 [2,2%]). Keine Krönung fand an einem Apostelfest statt, doch waren zwei der 45 gesicherten Beratungstage Aposteln geweiht (4,4%). Etwas mehr als zwei Prozent der Beratungstermine fanden an Ortsfesten statt (1 von 45 bzw. 3 von 116). Von den sicheren Krönungstagen fiel einer auf ein Ortsfest (3,7%), doch steigt der Anteil lokaler Feiern bei Beachtung aller Termine auf immerhin 8,3% (4 von 48).

[8] Bei Berücksichtigung aller untersuchten Akte schwindet der Anteil dieser Heiligengruppe auf 3,4% (4 von 116) bzw. 12,5% (6 von 48).

[9] Etwa gleich groß werden die Anteile allerdings, wenn die erschlossenen Termine mitberücksichtigt werden (3,4% [4 von 116] versus 4,2% [2 von 48]). Allerdings ist dabei zu bedenken, daß die herrschaftslegitimierenden Fristen bzw. Gedenken sich bei den Herrschaftsantritten verdoppeln, wenn die Krönung Karls des Einfältigen entgegen dem Quellenbefund als Jahresgedenken für Karl den Großen und die lothringische Krönung Karls des Kahlen in Metz 869 aus der Wahrung der 30-Tage-Frist verstanden wird.

[10] KANTOROWICZ, Zwei Körper 85; s.a. ebd. 81-105.

normalen Beratungsgeschäft überflüssig gewesen sein, bei dem es der Herrscher im allgemeinen auch nicht nötig gehabt haben wird, mittels der Feier von Jahrestagen und der Wahrung von Rechtsfristen auf die Legitimität seiner Herrschaft zu insistieren. Der hohe Anteil der Marienfeste für Beratungstermine resultiert unter anderem aus der häufigen Wahl des Reinigungsfestes der Himmelskönigin während des Lotharschen Ehestreits. Hintergrund für diese Tagewahl war die Funktion Mariens als Patronin der Königin[11] sowie der Gerichtscharakter des Reinigungsfestes. Doch mag es auch eine Rolle gespielt haben, daß Maria im Neuen Testament als Beraterin Jesu auftritt (Jo 2,3). In ihrer "fürbittenden Allwirksamkeit" bei Gott[12] mögen frühmittelalterliche Adlige ein Attribut gesehen haben, das ihrem Selbstbild hinsichtlich ihres politischen Einflusses entgegenkam. Doch können die Pflichten des Adels, dem König Rat und Hilfe zu geben, noch auf andere Weise mit Maria verbunden worden sein.[13]

Bei den Königstreffen handelt es sich nach der Meinung einiger Forscher um "Gesamtfrankentage".[14] Ist diese Vorstellung richtig, sollte die Terminstruktur der Königstreffen eher der der Beratungsversammlungen entsprechen als der der Krönungen. Während bei den Beratungen Marien- (20%), Reichsheiligen- (20%) und Kirchenfeste (15,6%) dominieren, entfallen bei den Konferenzen der Könige 3 der 12 gesicherten Datierungen auf Feste von Reichsheiligen (25%). Werden auch die wahrscheinlichen Termine von Königstreffen berücksichtigt, treten neben die Reichsheiligen (6 von 28 [21,4%]) auch die wichtigen Feste des Kirchenjahres (25% [7 von 28]), hingegen sind die Marienfeste wie die Salvator-

---

[11] Als Königin wurde Maria bereits in der Spätantike bezeichnet (DELIUS, Marienverehrung 113), und der Kirchenvater Ambrosius von Mailand sprach von ihr als "Königin im vergoldeten Kleid" (ebd. 133). Bei den Franken feierte schon Venantius Fortunatus die Himmelskönigin, deren Erhebung er in Analogie zur fränkischen Königswahl beschrieb (ebd. 146f). Nicht zufällig ließ Notker die Königin bei Maria schwören (Gesta Karoli II 6, S.54).
[12] KÖSTER, Marienverehrung 78.
[13] Weise zu sein, gehört zu den Eigenschaften eines guten Ratgebers und als Typus der Weisheit galt Maria. Seit der Spätantike wurde Maria mit der "Weisheit Gottes" in Zusammenhang gebracht und wohl aus diesem Grunde erwartete der Heerführer Narses eine Offenbarung Mariens für den richtigen Zeitpunkt zum Angriff (DELIUS, Marienverehrung 113 und 115f). Entsprechend der Weisheitstheologie trug die byzantinische Marienkirche den Namen Hagia Sophia.
Maria kann als "Helferin" aufgefaßt worden sein, weil sie als Zweite Eva galt (ebd. 113 und 136), die bekanntlich als "Hilfe" für den Mann erschaffen wurde (Gen 2,20-25). Als Neue Eva kann die Funktion Evas auf Maria übertragen worden sein.
[14] So etwa DÜMMLER, Ostfränkisches Reich I, 241 und 299; SCHIEFFER, Samtherrschaft 602f; HLAWITSCHKA, Formierung 78. VOSS, Herrschertreffen 11, spricht zurückhaltend von "sogenannten 'Frankentagen'", ohne ihre Vorbehalte näher zu erläutern. Während MÜHLBACHER und MITTEIS in den Frankentagen eine Klammer der Reichseinheit erblickten (SCHNEIDER, Brüdergemeine 7), lehnt LINTZEL die Vorstellung einer allen Reichsteilen gemeinsamen Rechtsinstitution ab: "Gemeinsame Reichstage, gemeinsame Reichssynoden hat es nicht mehr gegeben" (LINTZEL, MARTIN: Die Anfänge des Deutschen Reichs. Über den Vertrag von Verdun und die Erhebung Arnulfs von Kärnten, München - Berlin 1942, 64).

feste ohne Bedeutung (jeweils 7,1% [2 von 28]). Trotz des Ausfalls der Marienfeste lassen sich die Bedeutungen der beiden anderen Festkategorien durchaus mit denen der Beratungsversammlungen vergleichen, doch waren die für die Königstreffen charakteristischen Reichsheiligenfeste auch für die Krönungen durchaus nicht unwichtig (18,5% [5 von 27]). Aber auch hinsichtlich der Sonntagsquote ähneln die Herrscherbegegnungen (33,3% [4 von 12]) eher den Beratungen (34,1%) denn den Krönungen (70,4%).[15] Von ihrer zeitlichen Struktur her sind die "Gesamtfrankentage" den Beratungsversammlungen durchaus vergleichbar. Größer als bei Krönungen und Beratungsversammlungen ist bei den Konferenzen der Herrscher die Bedeutung der Johannesfeste (4 von 38 [10,5%]), die einen ähnlich hohen Stellenwert sonst nur bei Kriegszügen (Schlachten: 12%; Heeresversammlungen: 20%) hatten.[16]

---

[15] Werden alle behandelten Termine berücksichtigt, nehmen die Herrschertreffen eine Mittelstellung ein. Zwanzig der 38 datierbaren Begegnungen begannen an einem Sonntag (52,6%).
[16] Möglicherweise spielten die Johannesfeste auch als Hochzeitstermine eine wichtige Rolle, doch erlaubt das vorliegende Zahlenmaterial keine allzu weit gehenden Schlüsse.

14. UNTERSUCHUNGEN ZU DEN TODESTAGEN DER KAROLINGER

In den bisherigen Kapiteln sind Staatsakte untersucht worden, deren Inszenierung den einzelnen Herrschern überlassen blieb. Da der Mensch auf den Tag seines Todes - sieht man von Verabredungen zu Duellen oder duellähnlichen Kampfhandlungen ab - keinen Einfluß hat, liegt eine Analyse von Todestagen nicht auf der Hand. Doch zeigt eine einfache Zusammenstellung der datierbaren Todestage von Mitgliedern der Karolingerfamilie ein so außergewöhnliches Bild, daß eine eingehendere Untersuchung der Todestage von Interesse ist.[1]
Insgesamt liegen uns 84 Todestage von Karolingern vor, die sich auf die 365 Tage des Jahres verteilen. Dabei fällt auf, daß eine Reihe von Tagen doppelt belegt ist, nämlich mindestens dreizehn Monatstage.[2] Hinzukommt neben der Dreifachbelegung des 17. August, daß es sich in zwei Fällen um den gleichen Tag im Kirchenjahr handelt.
Natürlich ist auch bei einer Normalverteilung aufgrund der Streuung mit einzelnen Doppelungen zu rechnen. In unserem Fall liegen die Doppelbelegungen aber außergewöhnlich hoch. Bei einer Normalverteilung wären lediglich acht statt 13-15 Doppelbelegungen zu erwarten.[3] Der statistische Befund besagt somit, daß die vorliegende Verteilung nicht mit der Annahme zu erklären ist, die Verteilung der Todestage beruhe lediglich auf Zufälligkeiten. Zur "Schieflage" in der Verteilung tritt ein weiteres Moment. In einer Reihe von Fällen ist zu beobachten, daß die Todestage zugleich Festtage von Heiligen waren, deren Verehrung durch den Verstorbenen angenommen werden kann. So starben Karolinger an den Festtagen der Reichsheiligen Remigius, Medardus, Laurentius, Emmeram/Mauritius, Michael, Martin und Andreas.[4] Eine persönliche Beziehung zum Heiligen seines Todestages kann auch bei König Ludwig dem Kind bestanden haben.[5]

---

[1] Siehe die Tabelle am Ende des Kapitels mit den Erläuterungen. Der Kreis der Familie ist recht groß gezogen, damit die Zahl der datierbaren Todestage groß genug wird, um eine sinnvolle statistische Untersuchung zu gewährleisten.
[2] Die Zahl würde sich noch erhöhen, wenn man für Arnulf von Kärnten, wie in den Regesta Imperii, den 8. Dezember (899), für Bischof Alberich von Utrecht den gleichfalls möglichen 14. November (TORSY, Alberich von Utrecht 277) oder für Herzog Tassilo von Baiern mit FREISE, Grundformen 455, den 5. Januar (nach 794) als Todestage annähme.
[3] Bei geringer Erwartungswahrscheinlichkeit (hier $p = 1/365$) und hoher Anzahl der Ausführungen (hier $n = 82$) arbeitet man am besten mit der Poisson-Verteilung (KREYSZIG, Statistische Methoden 115, SCHWARZE, Grundlagen 96f). Für den Parameter $\mu = p * n$ ergibt sich der Wert $1/365 * 84 = 0,23$. Damit ist folgende Verteilung zu erwarten:
Tage ohne Todesfälle: $365 * 0,7945 = 289,9 \to 290$
Tage mit 1 Todesfall: $365 * 0,1827 = 66,7 \to 67$
Tage mit 2 Todesfällen: $365 * 0,0210 = 7,6 \to 8$
Tage mit 3 Todesfällen: $365 * 0,0016 = 0,6 \to 1$
(SCHWARZE, Grundlagen 96-99, 286).
[4] Siehe dazu die Tabelle.
[5] König Ludwig IV. soll am 24. September (911) gestorben sein (BM[2] 2070b). Dabei handelt es sich um das Gedenken für die Empfängnis des Täufers Johannes, zugleich um die Erhebung

Diese Annahme gilt aber beispielsweise auch für den Grafen Leuthard von Paris,[6] der wie sein Vater Bego, ein Schwiegersohn Ludwigs des Frommen und Graf von Paris und Toulouse, an einem Fest der hl. Genofeva von Paris verstarb.[7] Dabei handelt es sich nicht um den einzigen Fall, in dem Familienzugehörigkeit und Todestag einander zugeordnet sind. Königin Liutgard und ihr Bruder Otto starben jeweils an einem 30. November, dem Fest des Apostels Andreas; Karl der Kahle und sein Frau Ermentrud starben in verschiedenen Jahren an einem 6. Oktober;[8] Prinz Karl, der Sohn Karls des Großen, starb wie sein Onkel Karlmann an einem 4. Dezember;[9] und Kaiser Lothar I. verschied wie sein Neffe Karl von Aquitanien am Fest des Seelenführers Michael;[10] für Irmina von Oeren und ihre Tochter Adela wird jeweils der 24. Dezember als Todestag angenommen, für Caecilia und Benedicta, die Töchter des Königs Zwentibold, der 17. August.[11]

So geartete Beobachtungen verlangen nach Erklärungen. Die naheliegendste besteht darin, auf die Schlachten zu verweisen, die, wie bereits gezeigt worden ist, gezielt auf bestimmte Termine gelegt wurden. Die damit einhergehenden Todesfälle könnten den Zusammenhang von Fest- und Todestag erklären, wenn die Zahl

---

(a.777) des Eichstätter Abtes Wynnebald und die Konsekration seiner Heidenheimer Klosterkirche (a.778) (BAUCH, Biographien 130). Die Biographien der beiden Eichstätter Heiligen sind aufs engste mit der Täuferverehrung verbunden (bis zum Johannesfest blieben sie in Zypern, am Vigiltag des Geburtsfestes [23.6.778] diktierte Bischof Willibald seine Memoiren im Kloster Heidenheim [ebd. 94, 88]; zudem pilgerten sie zu zahlreichen Stätten des Täuferkults [Emesa, Caesarea, Sebaste (Hugeburc, Vita Willibaldi 4, S.94, 96, 100)]). Vermutlich machte König Ludwig IV. im Jahr 903 anläßlich dieses Festes eine Schenkung an den Mährerfürsten Zwentibold, dessen gleichnamiger Vater Pate von Ludwigs Bruder Zwentibold war. Die Feier eines Täuferfestes und eine Taufbeziehung können sich hier gegenseitig erklären (DLK 27 vom 26.9.903 aus "Alpare"; HLAWITSCHKA, Zwentibold 278-284).

[6] Nach dem Tode seines Vaters Bego, Graf von Paris und Toulouse, hatte Ludwig der Fromme ihm das Grafenamt verliehen (SIMSON, Ludwig des Fromme I, 64f). Daß der Graf die Patronin der Stadt kannte und ihr Fest beging, wird man nicht zu bezweifeln brauchen (KLAUSER, Genofeva 679). Sein Todestag nach WERNER, Nachkommen 430 und Tafel.

[7] Auf Bego wird im weiteren noch näher eingegangen.

[8] DÜMMLER, Ostfränkisches Reich II, 285f und III, 53f; WERNER, Nachkommen 447 und Tafel.

[9] BM² 130a und 467a. Zu Karl s.a. WERNER, Nachkommen 442f und Tafel.

[10] HLAWITSCHKA, Nachkommen 446, 453 und Tafel; MICHL, Michael 394.

[11] DÜMMLER, Ostfränkisches Reich III, 503. Auch WERNER, Nachkommen 467f, fand das Zusammentreffen derartig merkwürdig, daß er sogar an der Existenz der beiden Äbtissinnen zweifelte. Er macht darauf aufmerksam, daß Zwentibold nach Trierer und Echternacher Quellen am 18. August gestorben bzw. beigesetzt worden sei. "Die Differenz von einem Tage besagt nichts - ganz offenkundig handelt es sich in Süsteren um eine späte Tradition, die den Todestag ... Zwentibolds zum Anlaß nimmt, seinen Kult und den seiner Töchter zu begehen." Wenn WERNER die Überlieferung der Grablege Zwentibolds in Süsteren zugunsten von Echternach verwirft und er nicht einmal die Existenz der beiden Zwentiboldtöchter für sicher hält, stellt sich allerdings die Frage, wieso es überhaupt eine "Familienfeier" Zwentibolds in Süsteren gab. HLAWITSCHKA, Zwentibold 267-274, hält nicht nur die Existenz der Zwentiboldtöchter für ausgemacht, sondern zeigt auch eine Tradition des Namens Zwentibold in Flandern und Sachsen auf.

der gefallenen Krieger hoch genug wäre. Doch fielen nur sieben Karolinger im Kampf, von denen wiederum nur zwei in derselben Schlacht starben. Damit müssen andere Erklärungen für das vorgefundene Phänomen gesucht werden.
Im weiteren sollen drei Interpretationsansätze für den Zusammenhang von Fest und Tod erprobt werden:

Der Befund erklärt sich

- aus dem Bestreben, an einem bestimmten Tag sterben zu wollen;
- aus der Tatsache, daß es sich nicht allein um natürliche Todesfälle handelt, sondern auch um geplante Attentate, wie sie in merowingischer und karolingischer Zeit häufiger vorkamen;
- daraus, daß es sich bei einer Reihe von Fällen nicht um Todestage, sondern um Gedenktage handelt, die der Verstorbene zu Lebzeiten veranlaßte oder die zu einem späteren Zeitpunkt für ihn eingerichtet wurden.

14.1. PSYCHOLOGISCHER ANSATZ

Es ist ein insbesondere unter Seelsorgern bekanntes Phänomen, daß alte Leute erklären, sie wollten an einem bestimmten Tag sterben bzw. bis zu einem bestimmten Tag leben, um dann tatsächlich an diesem Tag zu sterben. Der Wunsch ist oft familiär ("Ich möchte die Hochzeit meines Enkel noch mitfeiern"), oft auch religiös begründet ("Der heilige Joseph soll mich abholen"). Daß eine derartige "Vertrautheit" mit dem Tod für das Mittelalter vorausgesetzt werden kann, zeigen die Untersuchungen von ARIES, die überzeugend darlegen, daß Menschen "wußten", wann sie starben.[12] Die Sehnsucht, an einem heiligen Tag zu sterben, tritt uns besonders in den Heiligenviten entgegen.
Rimbert berichtete von den letzten Tagen des hl. Anskar: "Nach dreimonatigem Krankenlager und nach [dem Fest] der Erscheinung des Herrn begann er [Anskar] zu wünschen, es möge ihm vergönnt sein, an [dem Tag] der Reinigung Mariens in die Gnade des Herrn einzugehen. Als das Fest nahte, befahl er, für den Klerus und die Armen ein Convivium zu bereiten, damit an diesem allerheiligsten Tag festlich gespeist werde. Er befahl außerdem, aus seinem besten Wachs drei große Kerzen zu gießen. Nachdem diese fertiggestellt waren, ließ er sie an der Vigil des besagten Festes zu sich bringen. Dann befahl er, eine am Altare der hl. Maria zu entzünden, die zweite am Altare des hl. Petrus und die dritte am Altare des hl. Täufers Johannes, weil er wünschte, daß ihn [die] nach Verlassen des Leibes empfingen, die in der oben genannten Vision Führer gewesen waren."[13] Ebenso wie der

---
[12] ARIES, Tod 13-34.
[13] Rimbert, Vita Anskarii 41, S.75f: "Porro cum iam per tres continuos menses praedicta laboraret infirmitate, et epiphania Domini transisset, optare coepit, quatinus in purificatione

Bremer Bischof wünschte Bischof Ulrich von Augsburg an einem heiligen Tage, dem Fest Petri und Pauli, zu sterben. Seine Enttäuschung war groß, als er am Ende des Tages immer noch lebte. Sein Priester Gerhard konnte ihn nur damit trösten, daß es anderen Bischöfen ähnlich ergangen sei, obwohl ihnen der Tod für ein Petrusfest geweissagt worden war. Sie seien dann aber am Oktavtag oder in einem anderen Jahr am versprochenen Tag verstorben.[14]
Wenn auch kein Zweifel daran sein kann, daß es im Mittelalter den Wunsch gab, an einem hochheiligen Tag zu sterben, fällt es doch schwer, in der psychologi-

---

sanctae Mariae sibi ad Domini gratiam transire liceret. Qua videlicet festivitate appropinquante praecepit et clero et pauperibus convivium praeparari, ut in ipso sanctissimo die epularentur. Iussit etiam, ut tres fierent cerei magni ex sua speciali cera, quam optimam tunc habuit. Quibus factis, in ipsa vigilia praedictae festivitatis fecit eos ante se ferri. Quibus allatis unum ante altare sanctae Mariae accendere praecepit, alterum vero ante altare sancti Petri, tertium autem ante altare sancti Iohannis baptistae; optans, ut ipsi eum de corpore susciperent egredientem, qui in supra dicta visione olim eius fuerant ductores." Anskar hatte keine Vision, in der er Maria, Petrus und Johannes zugleich begegnete, wohl aber einen Traum, in dem ihm Maria erschien (ebd. c.2, S.20f) und eine Vision, in der ihn Petrus und Johannes durch Fegefeuer und Himmel führten (ebd. c.3, S.21-24).
[14] In der Nacht zum Johannesfest (23./24.6.) waren dem Bischof im Traum zwei Männer erschienen, die ihm befahlen, die Festmessen zu singen, die er dann auch in der Johanneskirche feierte. Vermutlich erblickte Bischof Ulrich in ihnen die Apostelfürsten. Dies dürfte den Wunsch ausgelöst haben, an ihrem Festtag zu sterben.
Gerhard, Vita Odalrici 27, S. 413: "Die itaque sancto nativitatis sancti Iohannis baptistae ... et ad aecclesiam sancti Iohannis baptistae, quam ipse ante aedificaverat et in honore eius consecraverat, pervenit ... dicebat: 'Haec ministeria ... ex possibilitate corporis mei non assumpsi, sed ex praecepto; hodie enim cum in lecto quasi sopitus somno iacerem, steterunt coram lectulo meo duo viri iuvenes ..., e quibus mihi unus dicebat: 'Quare non surgis? ...'. His vero dictis, ad cubiculum regressus est. Cumque diem obitus sui devota mente et laeto animo et secundum verba psalmigrafi David dicentis: 'Quemadmodum desiderat cervus ad fontes aquarum, ita desiderat anima mea ad te Deus', quamvis verbis non dixisset, factis tamen manifestavit, quod de hoc saeculo se migraturum esse in vigilia apostolorum Petri et Pauli putavit. Eadem die antequam vespertinalis laus inciperet, et cum a custodibus omnes simul campanae ad sonandum moverentur, balneatus et paratura, quam ad obitum suum conservatam habuit, indutus, se quasi defuncturum deposuit. Finita autem vespertinale laude, aliis iuvantibus se, a terra levavit, et quasi secreto dixit: 'O sancte Petre, nunc non fecisti sicut ego aestimavi.' Et quasi animo aliquantum de hac re mente consternatus manebat. Praefatus autem presbyter Gerhardus dixit ad eum: 'Domine, noli contristari, sed recordare, quia aliis sanctis episcopis similiter contigit. Uni enim dictum est: 'Circa natale apostolorum de hoc seculo ad requiem es perducturus.' Is cum speraret, se in natalem apostolorum obisse, induciae ei prolongabantur usque in octavum diem, et tunc defunctus est. Cassio Narniensi episcopo per quendam presbiterum ab angelo flagellatum dictum est: 'Non cesset manus tua, non cesset pes tuus, age quod agis, operare quod operaris, natali apostolorum venies ad me.' Episcopus autem aestimans, in solemnitate apostolorum, quae tunc proxima erat, sibi obitum suum imminere, in quibuscumque potuit ad depositionem corporis sui praeparare se studuit. Solemnitate itaque adveniente, sanus permanebat et incolomis, et sic mansit, donec curricula septem annorum praeterirent; tunc in eodem die, sicut ei dictum est, multis bonis praemissis, et sacro ministerio expleto, feliciter migravit a seculo.' His auditis, sanctus episcopus vera esse recordatus est, et respondit ei dicens: 'Bene dixisti, frater.' Et relevatus mente, bono animo manebat ...".

schen Deutung eine generelle Erklärung für die Doppelbelegungen von Todestagen zu erblicken. Einmal setzte diese Form des Wissens die Todesnähe und das Streben nach dem Tode voraus; so waren die beiden vorerwähnten heiligen Bischöfe zum Zeitpunkt ihres Todeswunsches bereits auf den Tod erkrankt. Zum anderen zeigen beide Beispiele, daß der Wunsch, an einem bestimmten Tag zu sterben, sich auch bei tief religiösen Menschen nicht zwangsläufig erfüllte: Ulrich starb weder am Petrusfest (29.6.) noch zu dessen Oktav (6.7.) oder an einem späteren Petrusfest, sondern am 4. Juli,[15] und Anskar verschied erst am Morgen nach dem Marienfest.[16]

14.2. TODESFÄLLE INFOLGE VON ATTENTATEN?

Wenn pure Zufälligkeiten die Verteilung der Todestage nicht erklären und der psychologische Ansatz einer "selbstgelenkten" Wahl des Todestages keine zureichende Erklärung bietet, kommt die alternative Annahme ins Spiel, daß die Wahl des Todestages von dritter Seite vorgenommen wurde. Der Kampf um Macht und Einfluß wurde im Frühmittelalter selbstverständlich unter Einsatz von Gewalt geführt. Dies geschah nicht nur im Rahmen von Kriegen, auch Attentate und Anschläge waren ein Mittel, sich seines Gegners zu entledigen, wie die Geschichte des Merowingerreiches häufig genug zeigt. Zur Praxis der Herrscherabsetzung in merowingischer Zeit stellt BUND zusammenfassend fest: "Das formloseste und zugleich sicherste Mittel zur Ausschaltung merowingischer Herr-

---

[15] Gerhard, Vita Oudalrici 27, S.413: "Eo anno solemnitas apostolorum Petri et Pauli dominica die eveniebat, de qua optimis moribus, sicut praedixi, expectabat, donec dies quintae feriae pertranssisset. In illa nocte, anteaquam aurora sextae feriae bene cognosci potuisset, asperso cinere in modum crucis, et aqua benedicta aspersa, se deponi fecit, et sic iacebat, usque dum aurora cunctam latitudinem orbis inluminaret. Tunc Riwinus de palatio rediens intravit ... Riwino autem exeunte, statim eadem hora, clericis letaniam devote canentibus, animam Deo commendans anno incarnationis domini nostri Iesu Christi 973. aetatis suae 83. ordinationis autem 50. quarto die Iulii, 4. Non. eiusdem mensis, die Veneris, felici obitu, quasi suavi somno soporatus, ergastulo corporis exemptus migravit ad requiem."
[16] Rimbert, Vita Anskarii 41, S.76: "... per omnem pene diem studiosius commonere suos ... studuit ... Noctem quoque sequentem in talibus admonationibus pene duxit continuam ... Mane vero facto, omnibus fere qui aderant sacerdotibus sacra missarum sollemnia pro eo celebrantibus ... elevata manu precabatur ... Deinde versiculos istos coepit frequentius repetere ... Cumque haec ipse saepius repeteret et frequenti anhelitu iam ea frequentare non valeret, cuidam fratri praecepit, ut haec eadem vice illius frequentando caneret. Sicque, oculis in caelum intentis, Domini gratiae commendatum spiritum exhalavit vitae."
Möglicherweise hoffte Anskar bereits einmal vergebens auf seinen Tod (ebd. S.75) Die Erwähnung des Epiphaniefestes durch Rimbert kann auch so gedeutet werden, daß Anskar vor diesem Fest gehofft hatte, am 6. Januar zu sterben, danach aber den Tod zum Marienfest erwartete. Immerhin hatte Anskar in einer Vision Johannes den Täufer als Seelenführer gesehen (Rimbert, Vita Anskarii 3, S.21-24) und das Epiphaniefest konnte Anskar als Johannesfest auffassen, da es an die Taufe Jesu erinnerte.

scher, der politische Mord, ist zugleich das in dieser Epoche am häufigsten angewendete in Androhung, Versuch und Vollendung ... es tötete der Sohn den Vater, der Bruder den Bruder, der Onkel den Neffen, die Schwägerin den Schwager, der Verwandte den Verwandten."[17]
Angesichts dieses Befundes ist zu überlegen, ob es sich bei einer Reihe von karolingischen Todesfällen nicht um erfolgreiche Attentate handelte. Leider gibt es keine Arbeiten zur Bedeutung des Attentats als Mittel frühmittelalterlicher Politik. Daher sei hier kurz darauf eingegangen. Es soll erstens gezeigt werden, daß der politisch bedingte Mord auch bei den Karolingern nicht unbekannt war, zweitens, daß Anschläge häufig an Festtagen bzw. im Rahmen von Festveranstaltungen gemacht wurden, drittens soll kurz die Bewertung politischer Gewalttaten durch die Zeitgenossen gestreift und zuletzt auf einige karolingische Todesfälle an auffälligen Todestagen exemplarisch eingegangen werden.

14.2.1. Anschläge als Mittel der Politik

Auch in dieser Hinsicht waren die Karolinger Kinder ihrer Zeit. Ebensowenig wie die Merowinger konnten sie sich den gesellschaftlichen Denk- und Machtstrukturen, die diese Art des Machtkampfes bedingten, entziehen. Auch bei ihnen war der Mord ein Instrument im Kampf um Erlangung bzw. Verteidigung der Königskrone.
Daß zur Kunst des Regierens der gezielte Einsatz von Meuchelmördern gehörte, wurde auch von der Lex Baiuvariorum anerkannt.[18]
Die Ermordung König Dagoberts II., der nach dem Scheitern des Staatsstreichs des austrasischen Hausmeiers Grimoald aus dem englischen Exil zurückgekehrt war, kam den Pippiniden zugute.[19]
Nach der späten Vita des heiligen Königs war Dagoberts Patensohn sein Mörder. Das Chartular von Gorze kennt den Namen des Patensohns und Mörders: "a Gri-

---

[17] BUND, Thronsturz 339f.
[18] "Si quis hominem per iussionem regis vel duci suo qui illam provinciam in potestatem habet, occiderit, non requiratur ei nec feidosus sit, quia iussio de domino suo fuit et non potuit contradicere iussionem; sed dux defendat eum et filios eius pro eo; et si dux ille mortuus fuerit, alius dux qui in loco eius accedit, defendat eum" (Lex Baiuvariorum c.2.8, S.94/96); zur Rechtslage bei Attentaten gegen den Herzog vgl. c.2.1-2, S.90. Während BREYSIG, Karl Martell 56-59, und KRUSCH eine Überarbeitung bzw. die Entstehung der Lex in Zusammenhang mit der Intervention Karl Martells von 728 bringen, datieren BEYERLE und ECKHARDT das Gesetz in die Jahre 741-743 (SIEMS, Lex Baiuvariorum 1887-1895). So oder so kam der Passus eher den karolingischen Hausmeiern als den merowingischen Königen zugute: "Die Lex stammt in der überlieferten Form nicht von einer bayrischen Instanz, sondern von einem außerhalb stehenden, offenbar fränkischen Gesetzgeber. Nicht der Herzog, sondern der König ist die maßgebende Stelle" (BUCHNER, Rechtsquellen 29).
[19] Zur Regierungszeit Dagoberts II.: ECKHARDT, Merovingica 152-158. BUND, Thronsturz 317f, sieht im neustrischen Hausmeier Ebroin den Anstifter und in den austrasischen Arnulfingern die Nutznießer des Königsmordes.

moaldo filiolo suo suam vitam finivit".[20] Der Name des Mörders legt die Annahme nahe, daß es sich bei ihm um einen Nachkommen des aufständischen Hausmeiers Grimoald handelt.[21] "Entschlossen" betrieb Ansfled die Ermordung ihres Schwiegersohnes Berchar, um ihre Tochter Adaltrud dann dem Pippiniden Drogo zuzuführen.[22] Der bairische Herzog Grimoald fiel einem "Meuchelmord" zum Opfer. Dieser geschah vielleicht im Zusammenhang mit Karl Martells zweitem Zug gegen Baiern im Jahre 728.[23] Auch der Merowingersproß Theodoald wurde umgebracht. Als Auftraggeber des Mordes an Theodoald, der unmittelbar nach dem Ableben Karl Martells umgebracht wurde, vermutet ECKHARDT die Hausmeier Karlmann und Pippin, da Theodoald ihr Neffe und somit Machtkonkurrent gewesen sei.[24] Gewaltsam wurde auch der aquitanische Gegenspieler Pippins, Herzog Waifar, ausgeschaltet. Der Herzog von Aquitanien wurde wohl nicht nur nach Meinung von Zeitgenossen auf Veranlassung König Pippins getötet.[25] Eine andere Nachricht, die ein Mitglied des karolingischen Königshauses

---

[20] Zitat nach KRÜGER, Königsgrabkirchen 192; man beachte die wertneutrale Beschreibung des Sachverhaltes. Zur Heiligenvita Dagoberts: GRAUS, Volk 402-406.
[21] Hier liegt wohl eine Art "Kreuzpatenschaft" vor. Damit wird in den Taufbeziehungen ein Stück innenpolitischer Bündnissicherung und Machtakkumulation greifbar. Der Hausmeier Grimoald hob einen Sohn des Königs aus der Taufe und der König einen Sohn Grimoalds. Grimoalds Sohn Childebert wurde vom Merowingerkönig Sigibert III. aus der Taufe gehoben, dessen Sohn Dagobert wiederum von Grimoald dem Älteren. Jedenfalls läßt die Formulierung "Sigibertus rex Austrasiorum moritur, Dagoberto filio suo admodum parvulo fidei Grimoaldi commendato, ut in regnum eius auxilio promoveatur" eine Patenschaft Grimoalds vermuten (Sigebert, Chronica a.656, S.325; BUND, Thronsturz 298). Daß dieser Grimoald mit den Pippiniden verwandt war, wird man zweifellos annehmen können. Die Patenschaftsbeziehung wurde möglicherweise "weitervererbt", wenn es sich bei dem "Grimoaldo filiolo" des Königs Dagobert, dem Patenkind des Hausmeiers Grimoald, um einen Enkel dieses Hausmeiers handelt.
[22] BREYSIG, Karl Martell 3f.
[23] REINDEL, Zeitalter der Agilolfinger 123, mit Verweis auf Arbeo, Vita Corbiniani c.31, S.223.
[24] ECKHARDT, Merovingica 130.
[25] Fredegar, Continuationes 52, S.192: "Dum hec ageretur, - ut adserunt, cosilia (!) regis factum fuisset, - Waiofarius princeps Aquitanie a suis interfectus est." Die Beschuldigung ist um so schwerwiegender, als der Verfasser Nibelung selbst zum karolingischen Königshaus gehörte und das Geschichtswerk zur Glorifizierung der Karolinger geschrieben wurde (WATTENBACH/LEVISON, Geschichtsquellen 161f); der Vorbehalt "ut adserunt" wiegt daher nicht sehr schwer. Die nicht recht überzeugenden Entschuldigungen bei OELSNER, König Pippin 412f, lassen darauf schließen, daß auch OELSNER von einem Mordauftrag Pippins ausging: "Ob Pippin neben den offenen Angriffen auch einen Mordanschlag auf Waifar begünstigt oder gar veranlaßt hat, muß dahingestellt bleiben ... So hatte das unruhige Leben des letzten Fürsten von Aquitanien ein Ziel gefunden. Er hatte der großen Entwickelung (!) des fränkischen Staates sich entgegenzustellen gewagt und für die wohl kampfeswürdige Unabhängigkeit seines Fürstenthums mit Kraft und Ausdauer gestritten. Ihn traf der Todesstreich jedoch nicht, als er noch inmitten der Kämpfe vielleicht den Sieg seiner Sache hoffen durfte; der Zweck seines Lebens war, als er starb, bereits verloren. Wenn es wahr sein sollte, daß Pippin ihm das Ende des Viriathus bereitet hat, so ist er dadurch vielleicht vor dem schweren Schicksal eines Vercingetorix bewahrt geblieben."

mit einem Mord in Verbindung bringt, bezieht sich auf die Königin Fastrada, die Frau Karls des Großen. In ihrer Gegenwart und wohl auf ihre Veranlassung wurde ein gewisser Hortlaik ermordet.[26] Kurz zuvor war der Plan des ältesten Sohnes Karls gescheitert, seinen Vater und seine Brüder zu ermorden und die Herrschaft an sich zu reißen.[27] Pippin II. von Aquitanien schickte Mörder gegen den Grafen Egfrid von Toulouse aus.[28] Kaiser Karl III. wurde insbesondere gegen die Normannen zu wenig Durchsetzungsvermögen vorgeworfen. In einem Fall scheint er sich jedoch entschlossen zu haben, das normannische Problem radikal zu lösen. Im Jahre 885 wurde der Normanne Gottfried, den der Kaiser aus der Taufe gehoben hatte, bei Verhandlungen mit einer kaiserlichen Gesandtschaft ermordet.[29] Der Führer der kaiserlichen Delegation hatte heimlich seine Leute an den Verhandlungsort, der im Einflußbereich Gottfrieds lag, gesandt. Am zweiten Verhandlungstag wurden Gottfried und seine Männer von allen anwesenden Mitgliedern der kaiserlichen Gesandtschaft niedergemacht.[30] Daß der Patensohn des Kaisers ohne dessen Wissen und

---

[26] BM² 327a. Vielleicht handelt es sich bei dem 793 ermordeten Hort/laik um einen Verwandten des Hart/rad. Dessen Aufstand von 785 wird ausdrücklich mit der Grausamkeit der Königin Fastrada in Zusammenhang gebracht. Zum Grafen Hartrad s. FRIESE, Herrschaftsgeschichte 55-57.

[27] Annales Lauresshamenses a.791, S.35: "Et in ipso anno inventum est consilium pessimum, quod Pippinus filius regis, ex concubina Himildrude nomine genitus, contra regis vitam seu filiorum eius qui ex legitima matrona geniti sunt ..., quia voluerunt regem et ipsos occidere, et ipse pro eo quasi Abimelech in diebus iudicum Israel regnare, qui occidit fratres suos septuaginta viros supra petram unam, et regnavit pro Gedeone patre suo, cum malitia tamen et non diu." Vgl. ABEL/SIMSON, Karl der Große 39-47.

[28] Nithard, Historia IV 4, S.45: "Insuper Egfridus comes Tolosae e Pippini sociis, qui ad se perpendum missi fuerant, quosdam in insidiis cepit, quosdam stravit." Zum Vorgang s. GILLMOR, Warfare 73: "Although his [Egfrid] appointment at either time does not rest on conclusive evidence, his recognition of the king certainly was realized by September of 842 when he ambushed some followers of Pepin who had been sent to murder him."

[29] Nach einer zwölftägigen Belagerung der Normannen bei Elsloo im Sommer 882 hatte sich deren Anführer Gottfried taufen lassen. Für sein Versprechen, Raubzüge im Reich Karls zu unterlassen, erhielt er im Gegenzug Teile Frieslands, was ihn zum Herrn über das Rheindelta-Gebiet machte (ANGENENDT, Kaiserherrschaft 260f). Mit diesem mächtigen Mann verband sich Hugo, der Sohn König Lothars II. und der Waldrada, den die Aufteilung des Lothareiches zwischen Karl dem Kahlen und Ludwig dem Deutschen um sein Erbe gebracht hatte. Deutlichster Ausdruck des Bündnisses war Gottfrieds Heirat mit Gisela, der Schwester des Hugo, im Jahr 883 (DÜMMLER, Ostfränkisches Reich III, 205f). Nachdem der Kaiser die Frau Gottfrieds, die im Mai 884 in diplomatischer Mission zu ihm gekommen war, längere Zeit als Geisel bei sich behalten hatte, scheinen sich die Beziehungen im folgenden Jahr noch weiter verschlechtert zu haben. Im nächsten Jahr erhob Gottfried beim Kaiser Forderungen auf Koblenz, Andernach und Sinzig und schickte nach Dänemark um Hilfstruppen. Auf den Rat Heinrichs sollte mit List gegen den kaiserlichen Patensohn vorgegangen werden. Dazu wurden Gottfried Verhandlungen über seine Forderungen in Aussicht gestellt (ebd. III, 237f).

[30] Interessanterweise nahm der Erzbischof Willibert von Köln an diesem Tag nicht an den Verhandlungen teil (DÜMMLER, Ostfränkisches Reich III, 237-239).

Willen ermordet worden wäre, ist schwer vorstellbar.[31] Etwas glimpflicher kam Gottfrieds Verbündeter Hugo, ein Sohn König Lothars II., davon: er wurde nach Gondreville gelockt, dort gefangengesetzt, des Hochverrats angeklagt, geblendet und ins Kloster gesteckt.[32] Aber auch das Opfer Hugo hat offenbar nicht vor Morden zurückgeschreckt.[33]

Kaiser Karl III. wurde durch seinen Neffen Arnulf im Herbst/Winter 887 entmachtet. Zu Anfang des nächsten Jahres verstarb er. Die Annalen von St. Vaast formulieren vorsichtig: "Karolus vero post amissum imperium fertur a suis strangulatus; tamen in brevi finivit vitam praesentem, possessurus caelestem, ut credimus."[34] Diese Meldung wird im allgemeinen nicht allzu ernst genommen, da es sich angeblich um ein "in keiner weise beglaubigte(s) gerücht" handle, das von Hermann von Reichenau (1013-1054) "wiederholt" worden sei.[35] Daß mit den flandrischen Annalen nur ein zeitgenössisches Geschichtswerk von einem Mord spricht, spricht nicht notwendig gegen die Glaubwürdigkeit der Nachricht. Ebensowenig muß es etwas bedeuten, wenn der Autor weit ab vom Geschehen schreibt, da es einem Autor außerhalb des Machtbereichs Arnulfs möglicherweise leichter fiel, einen Mordverdacht zu äußern, der mit einiger Sicherheit auf Arnulf fallen mußte.[36] Auch sollte die Überlieferung Hermanns von Reichenau nicht als

---

[31] Zum Schwinden des Taufschutzes am Ende des 9. Jahrhunderts: ANGENENDT, Kaiserherrschaft 266. Vielleicht gibt diese Episode einen Anhaltspunkt für die politischen Ambitionen der Gesta Karoli Notkers. Notker unterstellt den Normannen, daß sie sich nicht aus Überzeugung taufen ließen und daß sie auch nach der Taufe noch Feinde Christi seien. Zugleich fordert er den Kaiser auf, schärfer gegen die Normannen vorzugehen (II 19, S.89f). Er legt dem Kaiser also nahe, die aus der Patenschaft erwachsenen Schutzpflichten hintanzustellen. In der konkreten historischen Situation kann das nur auf die Beziehung Karl/Gottfried gemünzt sein. Die Gesta Karoli wurden nach Karls Besuch des Gallus-Klosters, also nach dem Dezember 883, abgefaßt. Wenn unsere Überlegungen stimmen, müssen sie vor der Ermordung Gottfrieds, also vor Juni 885, fertiggestellt worden sein. Zur Abfassungszeit s.a. GOETZ, Notker 7, der für eine Spätdatierung plädiert.
[32] DÜMMLER, Ostfränkisches Reich II, 240f.
[33] Ihm wurden zwei Morde zur Last gelegt (DÜMMLER, Ostfränkisches Reich II, 205f). Reginos Erzählung vom Mord an Bernar hat allerdings stark propagandistische Züge. Den Getreuen Bernar ließ Hugo angeblich ermorden, um dessen schöne Frau Friderada zu heiraten (Regino, Chronicon a.883, S.121). Das erinnert stark an die biblische Erzählung von König David, der Urija töten ließ, um dessen schöne Frau zu heiraten (2 Sam 11, 1-25). Zur Tendenz der Regino-Erzählung paßt der anschließende Bericht, daß Friderada hernach den Grafen Richwin heiratete, der sie wegen Unzucht enthaupten ließ. Die Strafe für Davids Sünde lautete nämlich (2 Sam 12,11): "So spricht Jahwe: Siehe, ich werde über dich Unglück aus deinem eigenen Hause kommen lassen. Ich werde deine Frauen vor deinen Augen wegnehmen und sie einem anderen geben, daß er angesichts dieser Sonne mit deinen Frauen verkehre."
[34] Annales Vedastini a.887, S.64.
[35] BM² 1725c. DÜMMLER, Ostfränkisches Reich III, 289, geht auf das Gerücht der Ermordung lediglich in einer Anmerkung ein und kommentiert dazu vorsichtig: "Es scheint mir unerlaubt, daraufhin Arnolf eines Mordes an seinem Vorgänger zu bezichtigen."
[36] Es sei aber auch erwähnt, daß Karl auch nach seiner Entmachtung durch Arnulf seine Herrschaftsansprüche nur gegenüber den ostfränkischen Stämmen verloren hatte, während die Westfranken und Langobarden noch immer von dem unfähigen Kaiser regiert wurden. Mög-

Marginalie gewertet werden: immerhin ist Kaiser Karl in diesem Kloster beigesetzt worden. Hermann ist es schließlich, der als einziger den Todesort angibt. Dies spricht für eine eigenständige Tradition in Reichenau, aus der Hermann der Lahme schöpfte, der Reichenauer "wiederholte" also nicht nur.[37] Eine dritte Quelle kann die Annahme eines gewaltsamen Todes des Kaisers stützen. Das Totenbuch des Regensburger Frauenklosters Obermünster, das Hemma, die Mutter Kaiser Karls III., geleitet hatte, bezeichnet den Kaiser ausdrücklich als Märtyrer. Es verzeichnet zum 13. Januar: "Karolus imperator et martyr Hemmae reginae filius."[38] Als Blutzeuge konnte Karl der Dicke aber nur angesehen werden, wenn er gewaltsam zu Tode kam.

Mit dem Tode Kaiser Karls war das alemannische Problem für Arnulf noch nicht gelöst. Bernhard, der Sohn einer Konkubine Karls III., hatte die Machtstellung seines Vaters in Alemannien übernommen. Er initiierte 890 einen Aufstand gegen König Arnulf, der Bernhards Vater entmachtet hatte. Der Aufstand scheiterte, doch Bernhard konnte entkommen. Sein Einfluß in Alemannien scheint durch die Niederlage nicht wesentlich gelitten zu haben, da das alemannische Heereskontingent beim Heerzug Arnulfs gegen die Normannen 891 meuterte und König Arnulf unter dem Vorwand von Erkrankungen verließ. Arnulfs Reaktion folgte postwendend. "In dem nämlichen Winter 891 zu 892 wurde Bernhard von dem Grafen Rudolf von Rätien aus dem Wege geräumt, ohne Zweifel auf Befehl Arnulfs: wahrscheinlich hatte er einen neuen Versuch machen wollen, die Fahne des Aufruhrs aufzupflanzen."[39]

---

licherweise lag hier noch mehr Veranlassung für eine gewaltsame Beseitigung des Herrschers als bei Arnulf, der sein Ziel bereits erreicht hatte.

[37] Hermann von Reichenau, Chronicon a.888, S.109: "Karolus imperio iam privatus, Deo devote serviens, in villa Alamanniae Nidinga infirmatus, et ut quidam perhibent, a suis strangulatus, Idus Ianuarii vita mortali decessit, et quibusdam videntibus caelo aperto et lumine super eum apparente, Augiam delatus, iuxta altare sanctae Mariae sepultus est."

[38] Zitiert nach DÜMMLER, Ostfränkisches Reich III, 290. Zur Leitung des Klosters Obermünster durch Königin Hemma s. das Spurium DLD 174, nach BM² 1349 (1310) ein Ersatz für eine verlorene Urkunde. Auffälligerweise nahmen viele Zeitgenossen an, der Kaiser habe trotz seiner Unfähigkeit die himmlische Seligkeit erlangt (eine Zusammenstellung bei DÜMMLER, Ostfränkisches Reich III, 290), obwohl Unfähigkeit/Machtverlust im allgemeinen als Gottesstrafe gewertet wurde. So endete nach Hinkmar Ludwig der Jüngere sein Leben ohne Nutzen für sich selbst, für die Kirche und das Reich (Annales Bertiniani a.882, S.152). Die Annahme, Karl sei trotz seiner Unfähigkeit selig geworden, kann ein weiterer Hinweis auf einen gewaltsamen Tod sein. Ein solcher Tod konnte den Kaiser in die Nähe eines Märtyrers rücken. Erstaunen erregen muß auch, daß sich in Neudingen, wo Karl starb, bis in die heutige Zeit hinein Sagen um den Tod des Kaisers erhalten haben (MAURER, HELMUT: Sagen um Karl III., in: Institutionen, Kultur und Gesellschaft im Mittelalter 93-100); ein ungewöhlicher Vorgang beim Tod des Kaisers kann eine Erklärung für eine so stabile mündliche Tradition darstellen.

[39] DÜMMLER, Ostfränkisches Reich II, 341-444, 343.

Von Arnulfs Sohn Zwentibold hieß es, er habe die Ermordung seines Verbündeten, des westfränkischen Königs Karl III., geplant.[40]

Aber die Karolinger waren nicht nur Veranlasser, sondern auch Opfer von Mordanschlägen. Ansegisel, Vater Pippins des Mittleren, wurde von einem gewissen Gunduin ermordet.[41] Den Hausmeier Grimoald den Jüngeren, der eine Tochter des Friesenherzogs Ratbod geheiratet hatte, erschlug der Friese Rantgar im April 714 beim Gebet in der Lütticher St. Lambert-Kirche.[42] Wido, ein Onkel des Hausmeiers Karlmann, wurde von einem Angehörigen der Würzburger Herzogsfamilie - möglicherweise im Auftrag Karlmanns - erschlagen.[43] Auf die Ermordung Karls des Großen zielten die Erhebungen des alemannischen Grafen Hartrad und die des Karlssohns Pippin des Buckligen ab.[44] Der Tod Karls des Kahlen wurde von den Zeitgenossen auf eine Vergiftung durch dessen Leibarzt zurückgeführt,[45] ebenso der seines Sohnes Ludwig.[46] Wegen eines Giftanschlages auf König Arnulf während der Reichsversammlung im Sommer 899 wurden ein Mann und eine Frau hingerichtet.[47]
Bei der Morgenandacht fiel Kaiser Berengar, ein Enkel Ludwigs des Frommen, der seine Gattin Bertilla (+913-915) vergiftet hatte, einem "persönliche(n) Racheakt" durch seinen Compater Flambert zum Opfer.[48]

---

[40] Annales Vedastini a.895, S.76: "Hi vero qui cum Karolo erant videntes se inminui et, ut ferunt, quia Zuendebolchus cum suis Karolum privari vitam cogitabant ...".
[41] BM² 2h.
[42] BM² 30k.
[43] FRIESE, Herrschaftsgeschichte 43-47.
[44] ABEL, Karl der Große 429-432, ABEL/SIMSON, Karl der Große 44f.
[45] Annales Bertiniani a.877, S.136f: "Karolus vero febre correptus, pulverem bibit, quem sibi nimium dilectus ac credulus medicus suus Iudaeus nomine Sedechias transmisit, ut ea potione a febre liberaretur; insanabili veneo hausto ... Et 11 die post venenum haustum in vilissimo tugurio mortuus est 2. Nonas Octobris." Annales Vedastini a.877, S.42: "Ipse [Karolus] vero per Alpes Provintiae in Franciam repedare voluit, sed, ut dicitur, a quondam Sedechia Iudaco potionatus in loco qui dicitur Nantua intra Alpes posito II. Non. Octobr. ... vitam finivit praesentem." Durchfall geben die ostfränkischen Fuldaer Annalen a.877, S.90, als Todesursache an: "et in eodem itinere dissinteriae morbo correptus cum magna periit tristitia", während Regino, Chronicon a.877, S.113, den Mordverdacht wiedergibt: "Est autem fama, quod a quondam Iudeo, qui vocabatur Sedechias, poculum mortis ei propinatum sit, qui ei familiarius adherebat, eo quod in medendis corporum passionibus singularem experientiam habere diceretur; porro hic sicophanta erat et magicis prestigiis incantionibusque mentes hominum deludebat."
[46] DÜMMLER, Ostfränkisches Reich III, 113f.
[47] Annales Fuldenses a.899, S.132f: "Ipso quoque tempore eiusdem magni et communis civitate Regia placiti rex paralisy solutus infirmatus est; secundum autem ut regi nocuum quoddam a viris ac feminis daretur, ut inde paraliticus efficeretur. Quorum unus vocabatur Graman, qui reus maiestatis convictus et ideo Otinga decollatus est, alter vero fuga lapsus in Italia latuit; et alia quoque femina nomine Ruodpurc, quae eiusdem sceleris auctrix deprehensa certa examinatione inveniebatur, Eiplinga in patibulo suspensa interiit."
[48] SCHIEFFER, Nord- und Mittelitalien 658; Liudprand von Cremona, Antapodosis II 69-72, S.68f. Berengar I. starb 924 und zwar am 7. April, wie sich aus dem Necrolog von Monza

Am Donnerstag der Karwoche 817 brach unter Ludwig dem Frommen und seinem zwanzigköpfigen Gefolge der hölzerne Gang zwischen Kirche und Palast zusammen. Es gab eine Reihe von Schwerverletzten, der Kaiser aber kam glimpflich davon. Neuerdings hat nun McKEON wahrscheinlich gemacht, daß es sich bei dem Unfall um einen Mordanschlag handelte, der als Reaktion auf Ludwigs Italienpolitik aufzufassen sei.[49] Aber dies ist nicht der einzige Fall, bei dem ein Attentat von den Geschichtsquellen nicht dokumentiert wird. Sogar die sonst sehr gesprächigen Annalen von St. Bertin verschweigen ein mißglücktes Attentat auf König Karl den Kahlen, dem dieser fast zum Opfer gefallen wäre.[50]

14.2.2. Fest und Mord in der Merowingerzeit

Betrachten wir, bei welchen Gelegenheiten die uns bekannten Attentate in merowingischer Zeit verübt wurden, so stellen wir fest, daß diese zwar auch bei nächtlichen Überfällen,[51] bei der Jagd[52] und der Übergabe von Festungen[53] geschahen.

---

ergibt (HARTMANN, Geschichte Italiens III.2, 192f und 206). Seine Eltern, die Ludwigstochter Gisela und Eberhard von Friaul, heirateten 836/837. Für Berengar, der als viertes von neun Kindern geboren wurde, setzt HIRSCH, Berengar 89, die Geburt für 850, WERNER, Nachkommen Tafel, für 840/845 an. Zur Berechnung des Durchschnittsalters setzen wir die Geburt auf 845. Zu Berengar s.a. HLAWITSCHKA, Italien 105, 162f, 169-172, 288f).

[49] McKEON, 817, 8-12. Die von den Reichsannalen und dem Astronomus angegebene Ursache des Zusammenbruchs - morsches Holz - ist mit Sicherheit falsch, da die Pfalzanlage in dieser Form erst 790/794 entstand und der Gang bereits am Himmelfahrtsfest 813 zusammengebrochen und anschließend völlig neu aufgebaut worden war (Annales regni Francorum a.817, S.146, Astronomus, Vita Hludowici 28, S.622f). Literatur zur Entstehungszeit der Karlspfalz bei STREICH, Burg I, 28. Nach Einhard, Vita Karoli 32, S.36, war der Gang 813 "usque ad fundamenta" zusammengebrochen. Ein so vollständiger Zusammenbruch wird kaum auf eine natürliche Ursache zurückzuführen sein. Ein dritter Unfall dieser Art ereignete sich 870 auf der Reise Ludwigs des Deutschen nach Meersen, wo Karl der Kahle das Mittelreich mit dem ostfränkischen König teilen mußte. Als sich Ludwig im Königsgut Flamersheim auf einem Söller befand, brach das ganze Gebäude zusammen und Ludwig verletzte sich erheblich (Annales Fuldenses a.870, S.71, Annales Bertiniani a.870, S.110). Für fast alle Bauten der Aachener Kaiserpfalz, bis hin zum Tierpark, gibt es funktionelle Erklärungen. Ausgerechnet für den hölzernen Gang zwischen Kirche und Palast scheint das aber nicht zu gelten, auch liegen für diesen keine baulichen Vorbilder vor (KAEMMERER, Aachener Pfalz 330, STREICH, Burg I, 14-31). Der Repräsentation des Kaisers war der Gang eher hinderlich, da er einen eindrucksvollen Introitus erschwerte, weil er den Kaiser ja verdeckte. Möglicherweise war das ja auch genau seine Funktion, nämlich den Kaiser auf dem über 100 Meter langen Weg zwischen Pfalz und Kapelle nicht nur vor den Blicken anderer zu schützen.

[50] Annales Bertiniani a.858, S.50, berichten nur vom Abbruch der Belagerung der Normannen auf Jeufosse am 23. September, nicht aber vom vorausgegangenen Angriff, bei dem Karls eigene Männer die Leinen seines Bootes kappten. "Charles's troops no doubt hoped he would fall in the hands of the Northmen. He survived, to their disapointment, but the details of his escape are unkown" (GILLMOR, Warfare 139).

[51] Etwa auf Bischof Lambert (+705/706) (SCHEIBELREITER, Bischof 264-266) oder einen gewissen Sirivuld (Gregor von Tours, Historia III 35, S.130f).

Es fällt aber auf, daß Attentate und Überfälle ausgesprochen häufig an Festtagen stattfanden.

14.2.2.1. Säkulare Feste und Mordanschläge

Zunächst werden diejenigen Morde betrachtet, bei denen ein kirchlicher Bezug nicht eindeutig vorhanden ist. Die Anschläge fanden im Rahmen von weltlichen Feierlichkeiten statt, was nicht heißen muß, daß die Vorgänge nicht an kirchlichen Festtagen stattfanden. Denn auch bei Kirchenfesten stellten die weltlichen Vergnügungen einen integralen Teil der Feier von Festtagen dar.[54] In diesen Fällen liegen nur keine Hinweise auf liturgische Feierlichkeiten vor. Sichergestellt ist dagegen, daß es sich um vorsätzlich geplante Morde handelte bzw. die Anschläge politische Hintergründe hatten und nicht aus einem Wutanfall heraus geschahen. Tatsächlich scheint im Frühmittelalter der Alkoholgenuß die "Unfallträchtigkeit" von Festen erheblich gesteigert zu haben.[55]
So wurde der westgotische König Theudegisel bei einem Festmahl mit Freunden erschlagen.[56] Der Adelige Magnowald wurde von König Childebert zu einem Fest in den Palast zu Metz eingeladen. Als er einer Tierjagd zusah, wurde er getötet.[57] Ähnlich erging es drei miteinander verfeindeten Männern aus Tournai, die die Königin Fredegunde zu einem Festmahl lud und beim anschließenden Gelage allesamt umbringen ließ, um endlich Ruhe in der Stadt zu bekommen.[58] Sicher belegt ist auch die Ermordung des Königs Sigibert I. († 575) an einem Festtag. Diesen ließ die Königin Fredegunde am Tag seiner Erhebung zum Alleinherrscher mit vergifteten Dolchen töten.[59] Nicht bekannt ist, ob dieses säkulare Fest mit einem Kirchenfest zusammenfiel, was aber anzunehmen ist.[60] Übrigens wurde auch in Byzanz ein Attentat am Tage eines Herrschaftsantritts geplant. Bei seinem Auftritt im Circus sollte Kaiser Tiberios 587 sterben.[61]

---

[52] König Chilperich I. wurde nach einem Jagdausflug umgebracht (Gregor von Tours, Historia VI 46, S.319f), König Dagobert II. während der Jagd (BUND, Thronsturz 317f).
[53] In diesen Fällen wurde der den Belagerten gegebene Schwur auf freien Abzug gebrochen. Opfer dieses Vorgehens wurden der Thronanwärter Munderich (Gregor, Historia III 14, S.110-112), der Gegenkönig Gundoald (ebd. VII 38, S.360f) und der Hausmeier Martin (Fredegar, Continuationes c.3, S.170).
[54] So fanden zu Weihnachten gleich Gelage statt (Gregor von Tours, Historia VII 47, S.366). In diesem Fall wurde gleich der eine Einladung überbringende Knecht erschlagen.
[55] Gregor von Tours, Historia IX 19, S.432f; die Lex Salica kennt Bestimmungen eigens für die Tötung bei Gelagen (c.45, S.68); s.a. WEIDEMANN, Kulturgeschichte II, 372f.
[56] Gregor von Tours, Historia III 30, S.126.
[57] Gregor von Tours, Historia VIII 36, S.404.
[58] Gregor von Tours, Historia X 27, S.519f.
[59] Gregor von Tours, Historia IV 51, S.187f.
[60] Zu merowingischen Herrschaftsantritten s. S.101f.
[61] Gregor von Tours, Historia V 30, S.235f.

Im Rahmen der Bestattung des Bischofs Prätextatus von Rouen machte einer der Großen Königin Fredegunde für den Tod des Bischofs verantwortlich. Ihre Einladung zu einem Convivium schlug er ab, nahm aber einen Becher Wein an, der vergiftet war.[62]

14.2.2.2. Attentate und liturgische Feiern bzw. Kirchenfeste

Bei liturgischen Feierlichkeiten waren die Bischöfe den Anschlägen ihrer Gegner scheinbar in besonderem Maße ausgesetzt. Bei der Prozession zu Mittfasten nach Brioude erwartete Bischof Cautinus von Clermont ein Attentat durch Leute von König Chram. Er ließ vorsichtshalber ein Pferd mitführen, um bei der Ansicht von Berittenen zur Kirche des heiligen Julian in Brioude zu fliehen.[63] Beim Kirchweihfest einer Kirche, die vor den Toren von Marseille lag, wurde Bischof Dynamius von Marseille durch einen Reitertrupp König Gunthrams gefangengenommen.[64] Ähnlich erging es Bischof Palladius von Saintes, der beim Einzug in die Stadt am Gründonnerstag verhaftet wurde.[65] In all diesen Fällen zwangen liturgische Vorgänge die Bischöfe zum Verlassen ihrer schutzbietenden Stadt.

Aber nicht nur außerhalb ihrer Stadt waren die Kirchenleute gefährdet. So wurde etwa Francilios, Bischof von Tours, unmittelbar vor der Feier der Weihnachtsvigil durch einen Diener vergiftet.[66] Glimpflicher als er kam der Archidiakon Vigilius von Marseille davon. Er wurde während der Weihnachtsmesse durch den Statthalter Albinus lediglich verhaftet.[67]

Als Bischof Prätextatus von Rouen sich den Zorn der Königin Fredegunde zuzog, ließ diese ihn bei der Meßfeier "am Tage der Auferstehung des Herrn" erstechen. Dies muß nicht das Osterfest selbst sein, da es sich um eine hochgestochene Bezeichnung für den Sonntag handeln kann. Vielleicht wählte Gregor diese Formulierung, um den Frevel der Königin nachdrücklich herauszustellen.[68] Während

---

[62] Gregor von Tours, Historia VIII 31, S.398f. Zum Zeitpunkt der Anklage: "Ad quem sepeliendum Romacharius Constantiae urbis episcopus advenit. Magnus t u n c ... seniores loci illius Francos meror obsedit. Ex quibus unus senior ad Fredegundem veniens ait ...".

[63] Gregor von Tours, Historia IV 13, S.144f; zur Zeitbestimmung der Prozession: ebd. IV 5, S.138.

[64] Gregor von Tours, Historia VI 11, S.281f.

[65] Nach Gregor von Tours, Historia VIII 43, S.409f, kehrte der Bischof "secundum consuetudinem" am Gründonnerstag vom Gebet in die Stadt zurück.

[66] Gregor von Tours, Historia III 17, S.117.
Auch in Byzanz blieb das Weihnachtsfest nicht von Anschlägen verschont. Im Gottesdienst der Weihnachtsvigil von 820 wurde Kaiser Leon V. ermordet (DÖLGER, FRANZ: Leon V., in: LThK 6, 1961, 962).

[67] Gregor von Tours, Historia IV 43, S.177f.

[68] Gregor von Tours, Historia VIII 31, S.397. Gregor bezeichnet den Sonntag ausdrücklich als Tag der Auferstehung (ebd. I 23, S.18). Da die Verehrung des Bischofs erst im 16. Jahrhundert einsetzte, kann über seinen Todestag nichts Sicheres gesagt werden (BÖHNE, WINFRIED: Prätextatus, in: LThK 8, 1963, 700f).

einer Feier aus Anlaß des Jahresgedenkens seiner Ordination wurde der Bischof Victor von St. Paul-Trois-Châteaux von Nachbarbischöfen überfallen und ausgeraubt, seine Diener erschlagen.[69]
Daß Kleriker bei der Liturgiefeier besonders gefährdet waren, ist einsichtig, denn der Liturgievollzug stellte einen wesentlichen Teil ihrer Lebenspraxis dar. Aber man wird nicht sagen können, daß diese Gefährdung nur ihre Berufsgruppe traf. Auch die Könige waren während der Meßfeier Attentätern in besonderem Maße ausgesetzt. Nicht zufällig engagierte Fredegunde zweimal Kleriker für Mordanschläge. So wurde die langobardische Königswitwe Autofleda durch ihre Tochter, die ihr Gift in den Meßkelch gegeben hatte, während der Messe umgebracht.[70]
Nachdem König Gunthram bekannt geworden war, daß ihm beim Morgengebet in der Kirche ein Mordanschlag durch einen gewissen Fardulf drohte, ging er nicht mehr ohne Begleitschutz in die Kirche.[71] Die Maßnahme erwies sich als ausgesprochen nützlich, da auch Königin Fredegunde versuchte, ihn bei einer Frühmesse ermorden zu lassen.[72] Einem zweiten Anschlag entging König Gunthram in seiner neuen Residenzstadt Chalon-sur-Saône, wo er sich St. Marcel als Grabkirche hatte ausbauen lassen. Als er am Fest des hl. Marcellus in dieser Kirche das Abendmahl empfangen wollte, suchte ihn jemand im Auftrag der Fredegunde zu erdolchen.[73] Ein Anschlag nach gleichem Muster plante Fredegunde auch gegen König Childebert II. Dieser sollte im Oratorium der Pfalz Marlenheim ausgeführt werden, konnte aber gerade noch rechtzeitig aufgedeckt werden.[74]
Herzog Rauching und seine Verbündeten aus dem Reich Chlothars II. versuchten, Childebert II. zu ermorden. Da der Anschlag verraten worden war, kam er dabei selbst zu Tode.[75] Dies geschah 587, am Fest der hochverehrten Märtyrer Crispin

---

[69] Gregor von Tours, Historia V 20, S.227.
[70] Gregor von Tours, Historia III 31, S.126f.
[71] Gregor von Tours, Historia VII 18, S.338f.
[72] Gregor von Tours, Historia VIII 44, S.410f. Nachdem er eine Gesandtschaft der Königin abgefertigt hatte, erwartete ihn am nächsten Morgen der Attentäter in der Kirche. Daß der Mann sich trunken stellte, spricht dafür, daß an diesem Tag bis in die Nacht auch in den Kirchen gezecht wurde. Zusammen mit dem Gesandtenempfang spricht dies für ein kirchliches Fest am Vortag, das groß gefeiert wurde. Was an dieser Nacht schrecklich war ("sub hoc horrore noctis tali"), ist nicht klar. Es kann sein, daß mit dieser Nacht abergläubische Befürchtungen zusammenhingen (etwa Gründonnerstag, Karsamstag oder die Weihnachtsvigil), es mag sich aber auch nur um eine besonders kalte Nacht gehandelt haben.
[73] Gregor von Tours, Historia IX 3, S.415f. Zu St. Marcel: KRÜGER, Königsgrabkirchen 138-141.
[74] Gregor von Tours, Historia X 18, S.509.
[75] Gregor von Tours, Historia IX 9, S.421-423. Daß auch der Mordanschlag für diesen Tag geplant war, ergibt sich aus der Mitteilung, daß am Todestag Rauchings viele Leute aus Tours und Poitiers ("multi Thoronorum et Pectavorum") beim König waren, denen der Königsmord zur Last gelegt werden sollte. Weil diese als Sündenböcke in Betracht kamen, spricht das für gespannte Beziehungen nach Tours bzw. Poitiers, damit aber auch für die Bedeutung der Gäste.

und Crispinian,[76] an dem der König einen Empfang für eine Reihe von Persönlichkeiten aus Tours und Poitiers geben wollte.[77] Hier fallen also Kirchenfest, Gesandtenempfang und Mordanschlag zusammen.

14.2.2.3. Zur Bewertung politischer Morde im Frühmittelalter

Man wird festhalten können, daß an wichtigen Kirchenfesten Anschläge verübt wurden. Es drängt sich damit eine Reihe von Fragen auf. Der Grund für die Wahl dieser Tage ist auf den ersten Blick nicht auszumachen. Mußte nicht sogar der Attentäter damit rechnen, daß die himmlischen Mächte sein Tun verhinderten? Oder galt Mord etwa nicht notwendig als Verstoß gegen die göttliche Heilsordnung? Und wie stand es mit den kirchlichen Bemühungen um die Verchristlichung des Königtums? An dieser Stelle können nicht alle Fragen vollständig behandelt werden, aber es soll wenigstens versucht werden, erste Antworten zu geben.

Attentate erscheinen uns heute als ein ungeeignetes Mittel der politischen Auseinandersetzung. In einer Zeit, in der blutige Fehden zum Alltag gehörten und das Leben der Führungsschicht auf Krieg und Töten ausgerichtet war, hatte der politische Mord einen völlig anderen Stellenwert und er wurde entsprechend anders beurteilt. Zunächst einmal gilt es festzuhalten, daß das Töten im Krieg auch von kirchlicher Seite schon früh gebilligt wurde.[78] Oft genug wird es allein eine Frage der Quantität gewesen sein, ob ein Mächtiger durch Anschlag beseitigt wurde oder viele in einer Schlacht gegen ihn und seine Anhängerschaft ihr Leben lassen mußten. "Es sei besser, daß ein Mensch sterbe, als daß ein ganzes Heer gefährdet

---

[76] Die Nachricht vom Tode ihres Mannes erreichte seine Frau am Fest der beiden Heiligen beim Festzug zum Kloster St. Crépin:
"Quo interfectu, protinus unus puerorum eius cursu veloci evolans, nuntiavit coniuge eius quae acta erant. Haec vero per plateam Sessionicae civitatis, compta grandibus ornamentis ac gemmarum praetiositatibus vel auri fulgore obtecta, ascensu aequo, praecidentibus pueris aliisque sequentibus, ferebatur atque ad basilicam sancti Crispini Crispinianique properabat, quasi expectatura missas. Erat enim eo die passio marthyrum beatorum" (Gregor von Tours, Historia IX 9, S.423). Da der Anschlag in Soissons stattfand (BRÜHL, Palatium 35), muß die Frau Rauchings noch am selben Tag benachrichtigt worden sein. Dazu kommt noch, daß sich der Diener Rauchings, der ihr die Nachricht vom Tod ihres Mannes brachte, außerordentlich beeilte. Saint-Crépin-le-Grand in Soissons gehörte im letzten Drittel des 6. Jahrhunderts zu den bedeutendsten Basiliken der Merowinger. Hier ließ Chilperich I. im Jahre 580 den Thronerben Chlodobert bestatten (KRÜGER, Königsgrabkirchen 134-137).
[77] Gregor von Tours, Historia IX 9, S.423. Politische Beratungen wurden gerne auf Kirchenfeste gelegt. So tagte König Gunthramn zum Martinsfest im Sommer (4.7.) 585 im Rahmen von allerlei Festveranstaltungen mit Bischöfen, um sie um Unterstützung für seinen Adoptivsohn Childebert zu bitten (ebd. VIII 1-7, S.370-376). Aber auch andere politisch bedeutsame Aktivitäten scheinen an Kirchenfesten vorgenommen worden zu sein. So wurde die Wiedereinsetzung der langobardischen Königin Gundeberga mit einem Umzug in königlicher Pracht von Kirche zu Kirche gefeiert (Fredegar IV 71, S.156). Der Kirchgang weist deutlich auf einen kirchlichen Festtag hin.
[78] PRINZ, Fortissimus abba 62-95, zur Stellung der frühmittelalterlichen Kirche zum Krieg.

werde", war die Begründung für den Mord an dem zur Schlacht ratenden Protadius.[79] Aus dieser Perspektive mußte das Attentat als das kleinere von zwei Übeln erscheinen. In mancher Hinsicht kann es sogar als integrierter Bestandteil des mittelalterlichen Fehdewesens verstanden werden. Zwar gab es eine Vielzahl von Bestrebungen, das Königtum zu verchristlichen. Über die politische Wirklichkeit ist damit noch wenig gesagt.[80] Eine gewisse Humanisierung der königlichen Gewaltanwendung ist allein darin zu erkennen, daß die Könige im Laufe der Zeit davon Abstand nahmen, ihre Gegner höchstpersönlich umzubringen. Ursprünglich legten die Könige noch selbst bei der Ermordung Hand an: Chlodwig I. tötete vor dem versammelten Märzfeld einen unbekannten Adligen,[81] er brachte König Ragnachar und seinen Bruder um.[82] Die beiden Königsbrüder Childebert und Chlotachar erstachen 531 ihre Neffen noch selbst.[83] Nach der Mitte des 6. Jahrhunderts finden sich für direkte königliche Mordbeteiligungen keine Belege mehr.[84] Auf eine Mittelstellung zwischen altem und neuem Königsbild deutet die indirekte Mordbeteiligung des Burgunderkönigs Sigismund hin. Er legte 522 seinem Sohn den Strick zwar eigenhändig um den Hals, ließ dann aber von den Dienern daran ziehen.[85]

Gegen eine allzu hohe Einschätzung der Einwirkungsmöglichkeiten der fränkischen Kirche in dieser Hinsicht spricht, daß die Kirchenmänner sich bezüglich der gewaltsamen Beseitigung eines Konkurrenten oft genug nicht wesentlich von den weltlichen Fürsten unterschieden. Der Bischof Gregor von Tours kann von einem Mord König Chlodwigs I. berichten und den Herrscher im unmittelbaren Anschluß daran als "Gott wohlgefällig" bezeichnen.[86] Daß ein gewisser Parthenius seine Frau und deren Geliebten umbrachte, scheint weder seine bischöflichen Begleiter noch den Bischof von Tours als Tradenten der Nachricht sonderlich gestört zu haben.[87] In Angoulême gelang es Frotonius, dem Mörder des Bischofs

---

[79] Fredegar, Chronicon IV 27, S.131: "Tunc omnes exercitus Teuderici, inventa occasione, supra Protagio inruunt, dicentes, melius esse uno hominum moriturum, quam totam exercitum in periculum missum." Vielleicht spielt Fredegar damit auf Jo 11,50 an, in dem mit einer vergleichbaren Argumentationsfigur der Tod Jesu beschlossen wird. Wahrscheinlich will Fredegar die Mörder als unchristlich erscheinen lassen. Andererseits ist das Argument mit seiner quantitativen Logik bestechend genug, um (nicht nur) im Frühmittelalter einen Mord moralisch gerechtfertigt erscheinen zu lassen.
[80] Auch die Mahnungen des Pariser Bischofs Germanus konnten den König Sigibert nicht davon abhalten, seinen eigenen Bruder zu töten (Gregor von Tours, Historia IV 51, S.187f).
[81] Gregor von Tours, Historia II 27, S.72f.
[82] Gregor von Tours, Historia II 42, S.92.
[83] Gregor von Tours, Historia III 18, S.117-119.
[84] WEIDEMANN, Kulturgeschichte I, 294.
[85] Gregor von Tours, Historia III 5, S.101.
[86] Gregor von Tours, Historia II 40, S.89-91. Gregor greift dabei sogar auf alttestamentliche Beschreibungen des gerechten Königs zurück (1 Kg 3,6; 1 Kg 15,9-14; 2 Chr 20,32). Der Beurteilung Chlodwigs scheint eine Umkehrung des Tun-Ergehen-Gesetzes zugrunde zu liegen: Weil der König erfolgreich war, muß er gottgefällig gewesen sein; sonst sind seine Erfolge nicht erklärbar.
[87] Gregor von Tours, Historia III 36, S.131f.

Marachar, dessen Amt zu übernehmen.[88] Daß der Bischofsmörder dessen Nachfolger werden konnte, läßt erkennen, daß die Anforderungen, die an einen Bischof gestellt wurden, sich deutlich von den modernen unterschieden. Die moralischen Standards waren in Angoulême sicher nicht niedriger als in anderen Städten des Frankenreichs, denn daß ein Totschläger durchaus damit rechnen konnte, Bischof zu werden, zeigt ein anderer Fall. Der Diakon Petrus von Langres, ein Bruder des Bischofs Gregor von Tours, wurde dringend verdächtigt, seinen Bischof umgebracht zu haben, um dessen Amt zu erlangen.[89] Daß es sich hier nicht um Einzelfälle handelt, sondern um eine Erscheinung, die zumindest Teile des Episkopats betraf, zeigt die Zustimmung der Bischöfe zum Mord an König Dagobert II. im Jahre 679.[90] Mithin erstaunt es nicht, daß sich auch die niederen kirchlichen Ränge für Mordtaten gewinnen ließen. Zweimal konnte Fredegunde Kleriker für die Durchführung von Attentaten gewinnen.[91]

In karolingischer Zeit sehen wir, wie von kirchlicher Seite versucht wird, christliche Normen in der Politik durchzusetzen.[92] Andererseits waren die gesellschaftlichen Einflüsse stark genug, die Tötung eines Menschen nicht als ein unverzeihliches Vergehen zu bewerten. Den Wechsel in der Einschätzung des Mordes erkennen wir an den Heiligenlegenden. In den antiken Märtyrerromanen war auch der Henkersknecht bei der Hinrichtung eines Heiligen vor eine sittliche Entscheidung gestellt, die ihn zu Befehlverweigerung und Martyrium aufforderte. In der Karolingerzeit wurde es der Hagiographie durchaus möglich, die Mörder des heiligen Emmeram dadurch zu entschuldigen, daß sie auf Befehl handelten. Wichtig ist nur, daß sie es nicht gern tun.[93] Einen Mord für ungerechtfertigt zu halten, war demnach kein Grund, ihn nicht auszuführen. Der Wert Gehorsam rangierte also vor dem der Verweigerung einer Tötung. Die Exkulpierung des Totschlägers tritt nicht nur in den Viten in Erscheinung. Auch in den kirchlichen Bußbüchern spiegelt sich die Durchsetzung des Gehorsamsprinzips wider. Ein Mord im Auftrag des Herrn wurde dem Töten im Krieg gleichgesetzt und war mit einer geringen Bußleistung zu erledigen.[94] Wenn das Strafmaß in den Bußbüchern ein Indikator

---

[88] SCHEIBELREITER, Bischof 255f.
[89] Gregor von Tours, Historia V 5-6, S.200-203.
[90] GRAUS, Volk 402-406.
[91] Gregor von Tours, Historia VII 20, S.339 und VIII 29, S.291-393.
[92] Siehe etwa EWIG, Christlicher Königsgedanke, MATHE, Herrscherethik, ULLMANN, Idea of Kingship, ANTON, Fürstenspiegel.
[93] GRAUS, Volk 102, 354f. Bei Arbeo, Vita Haimrammi 17, S.50, bitten zwei der fünf Henkersknechte Emmeram vor seiner Verstümmelung um Verzeihung, da sie "non nostra sponte, sed imperio coacti nos hoc agere", und der Heilige bittet für sie "Domine, retribue illis secundum cor illorum". Arbeo (+782/783) löst damit den Zusammenhang von Glauben und Werken auf und ordnet die christlichen Moralforderungen dem Gehorsamsprinzip unter.
[94] Poenitentiale Valicellanum II 13 (SCHMITZ, Bußbücher I, 356): "Si quis cum rege in prolio hominem occiderit, XL dies peniteat in pane et aqua; qui jussu Domini sui occiderit hominem, similiter XL dies peniteat." Man vergleiche dazu im selben Bußbuch c.10, S.354, in dem für einen geplanten und ausgeführten Mord ein fünfjähriges und für einen geplanten, aber nicht ausgeführten Mord ein dreijähriges Bußfasten verordnet wird. Vgl. die Bußbücher des Theodor

für die Durchsetzbarkeit christlicher Verhaltensvorstellungen ist, dann wird man davon ausgehen können, daß sich das Gehorsamsprinzip auch in bezug auf Tötungsdelikte problemlos durchsetzen ließ, sah doch nicht einmal der bischöfliche Autor einer Heiligenvita im Töten des Heiligen ein unverzeihliches Verbrechen. Mit irgendwelchen moralischen Hemmungen bei befohlenem Totschlag wird man also in karolingischer Zeit nicht zu rechnen haben.

Wenn der Totschläger keine Skrupel zu haben brauchte, wie stand es dann um den Auftraggeber? Die Häufigkeit, mit der Adlige ermordet wurden, läßt bereits die Vermutung zu, daß auch hier nicht immer mit schlechtem Gewissen gehandelt wurde. Nähern wir uns der Antwort mit einer Beobachtung. In mindestens zwei Fällen wurden von der Hofgeschichtsschreibung gescheiterte Attentate nicht erwähnt. Die Annalisten werden dafür sicher gute Gründe gehabt haben. Die Beeinträchtigung des Ansehens des Herrschers und die Manifestation einer erheblichen politischen Opposition können solche Gründe sein. Wenn schon mißglückte Attentate das herrscherliche Ansehen schädigten, dürfte dies erst recht für gelungene Mordanschläge gelten. Für die Beurteilung von Ermordeten standen dem Frühmittelalter nämlich zwei konträre Erklärungsmuster zur Verfügung. Wurde er unschuldig ermordet, dann war er heilig.[95] Diese Interpretation konnte sich bestimmt nur in Ausnahmefällen durchsetzen. Da bereits der plötzliche Tod ein Schicksal war, das nur ruhmlosen, nichtadligen Menschen zukam und den Betroffenen zum Sünder stempelte,[96] mußte dies um so mehr für Mordopfer gelten. Die übliche Erklärung ging vom Tun-Ergehen-Zusammenhang aus: aus der bösen Tat erwuchs die göttliche Strafe.[97] "Das Opfer kann nicht von Schuld freigesprochen werden, es ist zwangsläufig entweiht durch die 'Niedrigkeit' seines Todes."[98]

Die göttliche Zulassung des Mordes konnte mit der Sündhaftigkeit des Opfers erklärt werden,[99] dann wenn Gott den Mord nicht gewollt hätte, hätte er ihn ver-

---

I 4.6 (ebd. I, 528), des Pseudo-Beda 3.6-8 (ebd. I, 559f), des Cummean 6.7 (ebd. I, 630), die Capitula Iudicorum 1.2 (ebd. I, 654) oder das Poenitentiale Vindobonense 160 (ebd. II, 368).

[95] ANGENENDT, Blut 446-459.

[96] SCHEIBELREITER, Bischof 254-256; ARIES, Tod 19-23. Die entsprechende Vorstellung kannte bereits die Antike. "Nach griechischer und römischer Vorstellung kam ein frühzeitig Verstorbener oder gewaltsam Getöteter in den Tartarus, also in 'die finstere Abteilung des Hades'; entsprechende Grabinschriften enthalten deshalb häufig die 'Bitte des Toten um Hilfe zur Befreiung aus dem Tartarus und dementsprechend Versetzung an einen besseren Ort in der Unterwelt'" (NEISKE, Vision 137; s.a. DÖLGER, FRANZ JOSEPH: Antike Parallelen zum leidenden Dinocrates in der Passio Perpetua, in: Antike und Christentum 2 (1930) 1-40 bes. 1-12).

[97] Die Ermordung des ehebrecherischen Abtes Dagulf nimmt Bischof Gregor zum Anlaß, seine Geistlichen vor dem Verkehr mit fremden Frauen zu warnen (Gregor von Tours, Historia VIII 19, S.385f).

[98] ARIES, Tod 21, zum Tod durch Hexerei.

[99] Man sehe etwa Gregors Kommentar zur Ermordung von Herzog Rauching (IX 9, S.422): "Erat autem levis in moribus, ultra humanum genus cupiditate ac facultatibus inhians alienis et ex ipsiis divitiis valde superbus".

hindert.[100] Selbst die Ermordung an heiligen Stätten, die einen schweren Frevel des Täters voraussetzte, mußte kein Zeichen für die Heiligkeit des Opfers sein,[101] eher schon für dessen außerordentliche Freveltaten.[102] Ähnlich wie bei den Reliquiendiebstählen konnte die Vollendung einer an sich bösen Tat als ein Hinweis darauf aufgefaßt werden, daß Gott sie in diesem Falle billigte.[103] Angesichts des christlichen Anspruchs der Karolinger konnte die Interpretation, daß der Ermordete schwere Schuld auf sich geladen hatte, dem Königshaus natürlich nicht recht sein, daß Gerüchte über Morde an Mitgliedern des Hofes kursierten. Das Ansehen der Herrscherfamilie mußte durch solche Nachrichten doppelt leiden: offenbarten sie auf der machtpolitischen Ebene, daß der Herrscher nicht in der Lage war, die eigene Familie zu schützen, zeigten sie zugleich, daß das Königshaus infolge seiner Sündhaftigkeit ohne den Schutz Gottes lebte. Damit dürfte auch deutlich geworden sein, warum es die karolingischen Hofannalisten für besser hielten, die genannten Attentate auf Kaiser Ludwig den Frommen und König Karl den Kahlen zu verschweigen.

Mit diesen Überlegungen ist auch geklärt, wie sich ein Mordanschlag für den Auftraggeber ausnehmen konnte: er wird gehofft haben, daß sein Vorhaben gerechtfertigt war, und im Falle des Gelingens wird er sich bestätigt gesehen haben. Sollte Gott den Mord aber nicht billigen, konnte man darauf bauen, daß er ihn verhinderte. Um die politischen Risiken eines solchen Unternehmens wird man sich vermutlich mehr Sorgen gemacht haben als um die seelischen Gefährdungen.

Auch bei der Wahl eines christlichen Festtages für ein Attentat wird nicht notwendig mit dem Eingreifen der himmlischen Mächte zugunsten des Angegriffenen gerechnet worden sein. In einem Fall erwartete der Attentäter vermutlich sogar deren Hilfe. Herzog Rauching hatte sich für das Attentat auf König Childebert II. ein Heiligenfest ausgesucht. Das hatte zunächst einmal einen pragmatischen Grund: er brauchte Sündenböcke und die waren an diesem Tag mit dem Gesandtschaftsbesuch der Turoner gegeben. Es gab aber wahrscheinlich noch einen zweiten Grund. Die beiden Heiligen Crispinus und Crispinianus waren ausge-

---

[100] Gott war es, der einen Anschlag der Fredegunde auf König Gunthramn verhinderte: "quod misericordia Domini non permisit" (Gregor von Tours, Historia VIII 44, S.411).
[101] Die aufsehenerregende Ermordung von Bischof Prätextatus bei der Meßfeier führte nicht zu einer Heiligsprechung desselben, obwohl die Darstellung des Turoner Bischofs eine solche offenbar anstrebte (SCHEIBELREITER, Bischof 262f).
[102] Der Priester Proclus wurde bei der Eroberung einer Burg am Altar erschlagen: "Lovulautrum autem castro hostis expugnant Proculumque presbiterum, qui quondam sanctum Quintiano iniuriam intulerat, ad altarium eclesiae miserabiliter interficiunt. Et credo, ob illius causa fuerit ipsum castrum in manibus traditum iniquorum ... Cumque vastato castello ducerentur captivi, inmanis pluvia, quae per triginta dies fuerat abnegata, discendit" (Gregor von Tours, Historia III 13, S.109). Für Gregor ist der Platzregen offenbar eine himmlische Bestätigung für die Bosheit des Proclus.
[103] Zu Reliquiendiebstählen BEISSEL, Verehrung I, 89-100, bes. 92.

sprochene Militärheilige.[104] Somit korrelieren das militärische Herzogsamt Rauchings und das Patronat der Märtyrer. Daß seine Frau das Fest mit einem großartigen Umzug beging, hatte offenbar den Sinn, dem Vorhaben Rauchings "liturgische Schützenhilfe" zu leisten.[105] Aller Wahrscheinlichkeit nach sah Rauching die beiden Heiligen also als seine Schutzpatrone an. Daß er versuchte, die Heiligen zu Verbündeten zu machen, zeigt, daß er sich mit seinem Mordvorhaben durchaus nicht außerhalb der Heilsordnung dachte.
Es gab noch einen praktischen Grund, Mordanschläge an kirchlichen Festtagen auszuführen. Sich in der Öffentlichkeit aufzuhalten, galt den Merowingern als gefährlich.[106] Wenn die Öffentlichkeit schon als solche eine Gefahr für die Herrscher darstellte, tat sie das bei Kirchenfesten mit ihren liturgischen Feiern und den anschließenden Lustbarkeiten in erhöhtem Maße, da mit der Herrscherrepräsentation eine besondere Exponierung des Königs einhergehen mußte. Die Festtage boten also mehr Möglichkeiten, an den Herrscher "heranzukommen" als andere Tage. Ein Attentäter erläuterte, warum er den König Gunthram beim Empfang des Abendmahls am Marcellus-Fest in der Kirche dieses Heiligen ermorden wollte: "So überlegte, der mich sandte: Der König weiß, daß viele Haß gegen ihn angesammelt haben und aus Sorge, er werde erschlagen, hat er befohlen, daß er ganz von den Seinen umschlossen werde. Und es gibt keine Möglichkeit, an ihn mit Schwertern heranzukommen, wenn nicht in der Kirche, in der man den König sorglos und nichts fürchtend sich aufhalten sieht." Beachtenswert sind Ort und Zeit des Attentats auch deshalb, weil der hl. Marcel nicht einer von vielen Heiligen war, sondern der ausgesprochene Lieblingsheilige und Schutzpatron des Königs, dem dieser eine Kirche erbaut hatte. Obwohl der Attentäter und sein Auftraggeber annehmen mußten, daß der Heilige an seinem Festtag in seiner Kirche dem ihm schutzbefohlenen König beistehen würde, versuchte man es trotzdem. Die Möglichkeiten, den Herrscher zu attackieren, werden also ausgesprochen rar gewesen sein. Für Ort und Zeit sprach eigentlich nur das Überraschungsmoment, da anzunehmen war, daß der König sich im Machtbereich seines Patrons besonders sicher fühlen würde. Denn angesichts der Aufwendungen, die der König seinem Schutzpatron zukommen ließ, konnten der Attentäter und sein Auftraggeber wohl auch nicht damit rechnen, den Heiligen auf ihre Seite zu ziehen, wie dies bei Rauching der Fall war. Der psychische Druck auf den Attentäter muß

---

[104] KRÜGER, Königsgrabkirchen 137, weist auf den militärischen Charakter der beiden Heiligen hin. In Reims waren sie mit Viktor, Martin und Hilarius Hüter der Stadttore.
[105] Auch der Priester Proclus scheint die Verteidiger der Burg Lovolautrum mittels Gebet unterstützt zu haben. Er wurde bei der Eroberung der Burg am Altar erschlagen (Gregor von Tours, Historia III 13, S.109): "Lovulautrum autem castro hostis expugnant Proculumque presbiterum ... ad altarium eclesiae miserabiliter interficiunt."
[106] König Chilperich I. ließ seinen Sohn von der Öffentlichkeit abgeschirmt auf dem Hofgut Vitry erziehen, damit dem Kind kein Leid angetan werde, wenn man es öffentlich sieht (Gregor von Tours, Historia VI 41, S.313f). König Gunthramn trug stets ein Panzerhemd und ging ohne starke Bedeckung weder in die Kirche noch sonstwohin (ebd. VII 8, S.331f; VII 18, S.338f).

entsprechend gewesen sein, denn im Augenblick der Entscheidung fiel ihm der Dolch einfach aus der Hand.[107]

14.2.3. Auswertung der Todesdaten der Karolinger

14.2.3.1. Termine von Attentaten in karolingischer Zeit

Es ist zu konstatieren, daß Attentate in merowingischer Zeit gerne an Festtagen vorgenommen wurden. Ziehen wir also für die Karolingerzeit zunächst einmal die datierbaren Fälle heran, bei denen der Verdacht auf eine Ermordung ausgesprochen wurde.
Das Attentat auf Ludwig den Frommen wurde am Festtag Cena Domini verübt, und der ebenfalls verdächtige Brückenzusammenbruch von 813 fiel auf das Fest Christi Himmelfahrt. Der Anschlag auf Karl den Kahlen ereignete sich während eines Sturms auf die von Normannen besetzte Insel Jeufosse. Dieser fand am 22. September 858, also dem Mauritiusfest, statt. Hier korrelieren also jeweils Heiligenfest und Attentat. Karl der Dicke starb am Fest des Reichsheiligen Hilarius, das zugleich der Oktavtag zum Epiphaniefest ist. Dem Fest kann man mit einiger Wahrscheinlichkeit fünf Diplome zuordnen, so daß sichergestellt ist, daß Karl III. das Fest feierte.[108]
Weitaus weniger deutlich ist der Zusammenhang zwischen der angeblichen Vergiftung Karls des Kahlen und dem Tag des Anschlags. Karl starb nach den Angaben Hinkmars am elften Tag nach der Einnahme eines Giftes, das er als Arznei gegen sein Fieber ansah.[109] Es wurde ihm demzufolge am 26. September verabreicht. Die Frage ist, ob die Elfzahl hier wörtlich zu nehmen ist. Die Elf ist die Zahl, die über die zehn Gebote hinausgeht. Sie steht dementsprechend für schlecht, böse, widergöttlich usw.[110] Falls Hinkmar die Zahl in dieser Absicht gebrauchte, können wir bestenfalls davon ausgehen, daß der ungefähre Zeitraum richtig ist. Tatsächlich wird am 27. September das Fest der beiden heiligen Ärzte Kosmas und Damian gefeiert, in mittelalterlicher Sicht muß das ein ausgezeichneter Termin für die Vornahme von Behandlungen gewesen sein,[111] so mag ihm ein Fiebermittel an diesem Tag verabreicht worden sein. Doch wird die mittelal-

---

[107] Gregor von Tours, Historia IX 3, S.415f; KRÜGER, Königsgrabkirchen 138.
[108] BM² 1765 c. DKIII 6 vom 13.1.878 ausgerechnet für seine Grablege Reichenau, DDKIII 152-155 vom 15.1.887 für die Kirche von Langres. Noch im Jahr vor seinem Tode hatte Karl am Oktavfest seiner Kaiserkrönung (zu Epiphanie) großartige Geschenke gemacht. Genau besehen haben wir nur den Todestag, nicht den Tag des Attentats, vorliegen. Da aber bei der Strangulierung ein mehrtägiger Todeskampf auszuschließen ist, müssen Attentat und Todestag zusammenfallen. In einem Kalendar aus dem alemannischen St. Gallen wurde das Hilariusfest sogar mit einer Vigil verzeichnet (MUNDING, Kalendarien II, 24), sodaß anzunehmen ist, daß der alemannische Herrscher das Fest von Jugend auf kannte.
[109] Annales Bertiniani a.877, S.136f; DÜMMLER, Ostfränkisches Reich III, 53f.
[110] MEYER, Zahlenallegorese 146.
[111] Usuardus, Martyrologium 310.

terliche Frömmigkeit nicht soweit gegangen sein, mit der Einnahme einer Medizin bis zu einem heiligen Tag zu warten und diese nur an diesem Tag einzunehmen. In diesem Fall kommen wir also nicht weiter.
Kaiser Berengar starb am 7. April 924, dem Mittwoch nach dem Weißen Sonntag. Vermutlich handelt es sich dabei um einen als profan angesehenen Tag. Immerhin kann dieser Mittwoch ein Fastentag gewesen sein. Wenn auch nicht sicher ist, daß der Anschlag an einem heiligen Tag erfolgte, so doch sicher zu einer heiligen Stunde, da das Attentat während der Morgenandacht erfolgte.[112]
Festzuhalten bleibt also, daß von den vier einigermaßen sicher datierbaren Attentaten drei an Festtagen, einer möglicherweise an einem Fastentag, geschah(en).

14.2.3.2. Methodische Überlegungen

Attentate wurden in merowingischer wie karolingischer Zeit gerne an Festtagen vorgenommen. Wie das Verschweigen von Attentaten in der karolingischen Hofgeschichtsschreibung zeigt, lag es durchaus nicht im Interesse des Königshauses, daß solche Ereignisse publik wurden. Es wird nun versucht, Todesfälle, die auf wichtige Feste fallen und über deren Ursachen wir keine näheren Informationen haben, daraufhin zu untersuchen, ob nicht Indizien gegeben sind, die die Vermutung nahelegen, hier lägen Attentate vor. Daneben sind auch die Todestage von Interesse, an denen sich Todesfälle besonders häufen.
Neben dem Todestag wird als weiteres Indiz für ein gewaltsames Ende die Verstrickung in aktuelle politische Auseinandersetzungen gewertet. Zum dritten wird das Alter der Verstorbenen herangezogen. Natürlich schützten weder hohes Alter noch profane Tage vor Mordanschlägen, wie das Beispiel Kaiser Berengars I. beweist, aber die Wahrscheinlichkeit, daß besondere Umstände vorliegen, steigt, wenn jemand weit vor dem Durchschnittsalter und an einem hohen Festtag starb. Unsere Methode kann selbstverständlich keine Gewalttaten beweisen, aber immerhin Indizien für außergewohnliche Todesumstände sammeln. Notwendige Voraussetzung des Vorgehens ist, daß der Tag des Attentats und der Todestag zusammenfallen. Giftanschläge werden mit unserer Vorgehensweise nicht zu eruieren sein, da die zu verabreichenden Dosen offenbar so schwer zu berechnen waren, daß das Opfer einen mehrtägigen Todeskampf führte oder überlebte.[113]
Bei der Errechnung des Durchschnittsalters der hier aufgeführten Mitglieder der karolingischen Herrscherfamilie wurde zwischen männlichen und weiblichen

---

[112] WERNER, Nachkommen 452 und Tafel; SCHIEFFER, THEODOR: Berengar I., in: LThK 2, 1958, 214f; HARTMANN, Geschichte Italiens III.2, 192f und 206.
Karl der Große hatte als Fastentage "feria II albas, feria IIII et feria VI annis singulis ieiunia fieri constituit" angeordnet. Die Tage bezeichnen nach POKORNY, Unbekannter Synodalordo 391, den Montag, Mittwoch und Freitag nach dem Weißen Sonntag.
[113] Die mehrtägigen Todeskämpfe Karls des Kahlen und seines Sohnes Ludwig wurden auf Giftanschläge zurückgeführt (Annales Bertiniani a.877, S.136; a.879, S.147f). Kaiser Arnulf überlebte einen Giftanschlag (Annales Fuldenses a.899, S.132f).

Familienmitgliedern unterschieden, da deren Lebenserwartung sehr unterschiedlich war. Nach Skelettuntersuchungen in Württemberg wurden Männer im Durchschnitt acht Jahre älter als Frauen, die mit einem Alter von 30 Jahren rechnen konnten.[114] Untersuchungen, die Kindersterblichkeit in die Berechnungen nicht miteinbeziehen, ergaben, daß Männer im allgemeinen mit rund 47, Frauen mit etwa 44 Lebensjahren rechnen konnten.[115] Damit liegt unsere Untersuchung, die sich auf die Karolinger beschränkt, durchaus im Trend. Auch bei den Karolingern konnten die männlichen Familienmitglieder mit einem längeren Leben rechnen als die Frauen. Der Unterschied in der Lebenserwartung betrug knapp vier Jahre. Insgesamt lag der Durchschnitt bei Männern wie Frauen mit 44,7 bzw. 40,8 Jahren aber unter dem der Allgemeinheit, obwohl man eine bessere Alimentierung und medizinische Versorgung voraussetzen muß.[116]

---

[114] Menschen des Frühen Mittelalters 10-12.
[115] GOETZ, Leben 28. RUSSELL, Bevölkerung 27-36, untersucht die Sterblichkeit im England des 12. Jahrhunderts. Danach konnten Männer, die das 14. Lebensjahr erreichten, damit rechnen, etwa dreißig Jahre alt zu werden, Frauen konnten dagegen nur auf weitere elf Jahren hoffen (Tabelle S.29).
[116] Einbezogen wurden alle Familienmitglieder der Karolinger (bis zur fünften Generation nach Karl dem Großen), deren Todestag bekannt ist. Desgleichen wurde König Konrad I. berücksichtigt.
Da auch die Lebensjahre von Gisela, einer Schwester Karls des Großen (757-810) (HLAWITSCHKA, Vorfahren 82), Hrothild, einer Tochter Karls des Kahlen (871-928), Gisla, einer Tochter Lothars I. (830-860) wie auch der karolingerstämmischen Grafen Reginar Langhals (850-915), Ramnulf I. von Poitou (815-866) und Unroch (840-874) gesichert sind (WERNER, Nachkommen 450-455 und Tafel), wurden auch diese noch in die Berechnung aufgenommen.
Ein Anhaltspunkt für die Altersabschätzung bei Frauen war der Zeitpunkt der Ersthetrat. Soweit keine anderen Angaben vorlagen, wurde hier ein Alter von 16 Jahren zugrunde gelegt. Dies ist sicher nicht zu niedrig gegriffen, da Hildegard bei der Heirat mit Karl dem Großen erst 13 Jahre alt war, Karls Töchter Hrotrud und Bertha sich mit 15 Jahren mit Männern verbanden. Gisla, die Tochter Ludwigs des Frommen, war bei ihrer Heirat mit Eberhard von Friaul 14-17 Jahre alt, und ihre Schwester Alpais zählte bei ihrer Hochzeit mit Bego gerade 12 Lenze, ebenso wie Ermintrud, die Braut Karls des Kahlen, oder dessen Tochter Judith bei der Heirat mit Aethelwulf (WERNER, Nachkommen Tafel).
Bei Bischöfen wurde - soweit keine anderen Angaben vorlagen - das Weihealter mit dreißig Jahren veranschlagt (MÖRSDORF, Bischof, kirchenrechtlich 504; s.a. die Admonitio generalis Karls des Großen: "Episcopis. In concilio Neocaesariense, ut nullatenus presbyter ordinetur ante trigesimum aetatis suae annum, quia dominum Iesus non praedicavit ante trigesimum annum" [c.50, MGH Capitularia 1, 57]).
Da im allgemeinen nur Erwachsene in den Quellen auftauchen bzw. die Todestage von Kindern nicht bekannt waren, errechnet sich das Durschnittsalter ohne die Rate der Kindersterblichkeit. Die Ausscheidung dieser Gruppe ist aber auch deshalb legitim, weil die Kinder sicher nicht im gleichen Ausmaß durch Attentate gefährdet waren wie die politisch aktiven Erwachsenen. Das Verfahren, Kinder nicht in die Altersstatistik einzubeziehen, ist in der Demographie durchaus üblich.
Für die untersuchte Population ergab sich auf ein Gesamtalter von 2607 Jahren für 59 Männer (= 44,187) und 1051 Jahren für 26 Frauen (= 40,423), wenn in den Fällen, bei denen das Alter nicht genau zu klären war, das jüngste mögliche Alter zugrunde gelegt wurde. Wird das jeweils höchste Alter bei den Altersspannen berücksichtigt, ändern sich die Werte nur unerheblich. Bei

Zunächst sind die Karolinger, an deren Todesursache keine vernünftigen Zweifel zulässig sind, auszuscheiden. Nach Durchmusterung der Todesfälle, die sich an einzelnen Tagen häufen, werden diejenigen Fälle untersucht, in denen alle drei Verdachtsmomente zusammenfallen. Anschließend wenden wir uns den Personen zu, für die lediglich der Todestag und andere Umstände auf ein gewaltsames Ende schließen lassen.

14.2.3.3. Natürliche Todesursachen

Eine Reihe von Mitgliedern des Königshauses brauchen wir nicht in unsere Untersuchung einzubeziehen. Bernhard von Italien starb drei Tage nach seiner Blendung.[117] In Schlachten fielen Nithard,[118] Ricboto[119] und Hugo, ein Sohn Karls des Großen,[120] Zwentibold,[121] Ebalus[122] und Brun von Sachsen;[123] seinen Ver-

---

den Männern erhöht sich dann das Gesamtalter um 53 Jahre und das Durchschnittsalter um 0,898 auf 45,085 Jahre. Bei Anwendung des gleichen Verfahrens und unter der Annahme, daß Alpais, eine Tochter Ludwigs des Frommen, noch weitere 10 Jahre lebte, ergibt sich ein Durchschnittsalter von 41,153 Jahren für die weiblichen Angehörigen des Karolingerhauses. Bei einer Mittelung dieser Extremdaten ergeben sich Altersdurchschnitte von 44,661 bzw. 40,807 Jahren.

[117] BM² 515p; WERNER, Nachkommen 445.

[118] WERNER, Nachkommen 447f.
Da seine Mutter, die Karlstochter Bertha, sich etwa 795 mit Angilbert verband und Nithard und sein jüngerer Bruder vor 800 geboren wurden, wurde Nithard spätestens 798 geboren. Dieser Termin wird bei seiner Altersberechnung als Geburtsjahr zugrunde gelegt.

[119] WERNER, Nachkommen 448, mit ausführlicher Diskussion seiner Eltern.

[120] Der Abt der Klöster St. Quentin, St. Omer und Lobbes fiel zusammen mit Ricboto in einer Schlacht gegen die Aquitaner (DÜMMLER, Ostfränkisches Reich I, 247; HLAWITSCHKA, Nachkommen 442f und Tafel).

[121] BM² 1983c.

[122] AUZIAS, Aquitaine 443f; DÜMMLER, Ostfränkisches Reich III, 382f.
Der Abt von St. Germain-des-Prés, St. Denis und St. Hilaire-de-Poitiers war ein Enkel der Hildegard oder Hrotrud, beides Töchter Ludwigs des Frommen und der Sohn Ramnulfs I., des Grafen von Poitou. Sein ältester Bruder Ramnulf wurde 845/850 geboren (WERNER, Nachkommen 455 und Tafel), er wird also spätestens zwischen 851 und 855 geboren worden sein. Er kam bei der Belagerung einer Burg ums Leben.

[123] BM² 1564h. Der Sachsenherzog fiel gegen die Normannen. Seine Mutter Oda starb 913 (WAITZ, Heinrich I., 6f; HOLZMANN, Sächsische Kaiserzeit 35). Hier wird ihr ein Alter von 70 Jahren zugebilligt, das immerhin fünf Jahre über dem der ältesten Karolingerin Hemma liegt. Wenn DÜMMLER, Ostfränkisches Reich III, 584, ihr - entsprechend den Angaben der Quedlinburger Annalen und Thangmars Vita Bernhardi - 107 Jahre zubilligt, übersieht er die symbolische Bedeutung der Zahl, die sich aus dem 107. Psalm herleitet. Der Psalm weist auf die Erlösung durch Christi Opfertod hin, der zur ewigen Seligkeit in die Gemeinschaft der Engel führt (MEYER, Zahlenallegorese 799).
Wird auch bei ihr ein Heiratsalter von 16 Jahren zugrunde gelegt, und die Geburt des ältesten Sohnes gleich im nächsten Jahr angesetzt, kann Brun bei seinem Tod nicht älter als 20 Jahre gewesen sein.

wundungen erlag König Konrad I.[124] Aufgrund der Beschreibungen der letzten Stunden der Kaiser Karl und Ludwig wird man natürliche Todesursachen annehmen müssen.[125] An Krankheiten starben Pippin der Jüngere[126], Kaiser Lothar I.[127] und sein gleichnamiger Sohn[128], Irmingard, die Frau Ludwigs des Frommen[129], vielleicht auch Ludwig der Stammler[130] und Ludwig der Jüngere[131]. Ein

---

[124] REINDEL, Herzog Arnulf 260.
[125] BM² 508a-c bzw. 1014a-c.
Das Alter Karls des Großen wird hier im Anschluß an WERNER, Date de naissance, und den ergänzenden Überlegungen von BECHER, Drogo 144f, mit 66 Jahren angenommen. Zu WERNERs textkritischer Argumentation können noch einige zahlensymbolische Überlegungen beigesteuert werden. Das Todesalter Karls wird bei Einhard als 72 Jahre angegeben (Einhard, Vita Karoli 30, S.35). Damit muß aber nicht das reale Alter gemeint sein, hat die Zahl doch eine hohe symbolische Bedeutung: 72 Bücher hat die Bibel und Christus berief 72 Jünger. Nach Beda erreicht die Sonne in 72 Stunden alle Teile der Welt, was bedeutet, daß Christus, die Sonne der Gerechtigkeit, den ganzen Erdkreis erleuchtet (MEYER, Zahlenallegorese 168). Die Zahl 72 steht also auch für Glaubensausbreitung und Gerechtigkeit. Genau dies waren nach Einhard die Lebensinhalte Karls: Das Heidentum der Sachsen war Ursache des Krieges gegen sie, und am Ende stand ihre Bekehrung (Einhard, Vita Karoli 7, S.9f, s.a. c.26-27, S.30-32). Karl verhielt sich zu den Sachsen wie Gott zum Sünder: "Niemals ließ er ihr untreues Verhalten ungestraft hingehen, sondern ... schickte seine Grafen gegen sie, um für ihr Tun Rache und eine gerechte Sühne zu nehmen." (ebd. c.7, S.10, s.a. c.29, S.33). Ähnliche Überlegungen werden hinter der Grabinschrift, die besagt, daß Karl als Siebzigjähriger starb, stehen. Galt doch die 70 als die vollständige Erfüllung der Zehn Gebote in der Gnade des Heiligen Geistes (MEYER, ebd. 167). Eine solche Aussage war sicherlich geeignet, Karl als den idealen und gottgefälligen König vorzustellen.
[126] Auf dem Reichstag im eben unterworfenen Aquitanien bekam Pippin plötzlich Fieber, suchte die Klöster der Reichsheiligen St. Hilaire zu Poitiers, St. Martin zu Tours und St. Denis in Paris auf. Das Itinerar spricht deutlich für die Erkrankung, da Pippin in den genannten Klöstern sicher um Genesung flehte. Nach Einhard litt der König an der Ruhr (BM² 104aa-106c, 115a). Der König wurde 714 geboren (BM² 53g).
[127] BM² 1177a.
[128] BM² 1325b-e.
[129] BM² 667b, 672b. Als Todestag wird allgemein der 3.10.818 für richtig gehalten (BM² 672b). Dabei handelt es sich um den Sonntag nach dem Remigiusfest, also jenem Sonntag, an dem sie zwei Jahre zuvor vom Papst gekrönt worden war (BM² 633a). Das Würzburger Totenbuch gibt allerdings den 6. Oktober an, dem Fest der hl. Fides von Aquitanien und zugleich Oktavtag des Seelenbegleiters Michael (SIMSON, Ludwig der Fromme I, 137f; MUNDING, Kalendarien II, 117). Für die Hochzeit 794 wird ein Alter von 16 Jahren angenommen, womit Irmingard 40 Jahre alt geworden sein wird.
[130] DÜMMLER, Ostfränkisches Reich III, 113f. Der König starb im Alter von 33 Jahren, angeblich infolge eines Giftanschlages. Selbst wenn man ein Attentat zugrunde legt, wird sich kein Zusammenhang zwischen dem Anschlag und dem Todestag herstellen lassen, da Ludwig einige Zeit vor seinem Tode vergiftet worden sein müßte.
[131] Zu dieser Annahme berechtigen die Urkunden DDLJ 23-24, die er unmittelbar vor seinem Tode zugunsten der Klöster Hersfeld und Lorsch, wo er sich bestatten ließ, austellte. Er wird also mit seinem Tod gerechnet haben. S.a. BM² 1576a mit Verweis auf eine gleichzeitige Quelle, nach der Ludwig an Fieber starb ("febre corripitur, ultimum emittens spiritum") (MGH Scriptores 3, 569: "Notitiam, quam ... Boehmeruus (!) noster ex codice Monacensi inter Augustanos, Nro. 151 mbr. saec. IX in 4to canones et decretales exhibente descripsit. Habitur ibi fol. 74 ultimo").

längeres Siechtum ging dem Tode von Hemma, der Frau Ludwigs des Deutschen[132], Kaiser Arnulf[133], Karl von der Provence[134] und zwei Söhnen Karls des Kahlen, Lothar[135] und Karl von der Provence[136], voran. Rudolf, ein Enkel Ludwigs des Frommen und Abt der Klöster Cysoing, St. Bertin und St. Vaast, erlag einer Blutvergiftung, die er sich beim Aderlaß zugezogen hatte.[137] Zwei Söhne Ludwigs des Stammlers kamen bei Unfällen zu Tode: König Ludwig starb an den Folgen eines mißglückten Vergewaltigungsversuchs,[138] und König Karlmann

---

[132] Dafür spricht u.a. der Besuch Ludwigs des Deutschen bei seiner vom Schlagfluß gelähmten und tauben Frau (BM² 1508a) zur Pfingstquatember 875 (DLD 161); Todestag nach BM² 1527h, DÜMMLER, Ostfränkisches Reich III, 474 und WERNER, Nachkommen Tafel. Auch ihr Heiratsalter im Jahre 827 wird auf 16 Jahre geschätzt, was ein Lebensalter von 65 Jahren ergibt.
[133] BM² 1955a. Da nach Auskunft des Andreas von Regensburg der 27. November als Jahrestag Arnulfs in St. Emmeram, der Grablege Arnulfs, wie auch nach lothringischen Quellen gefeiert wurde, wurde dieser Termin dem gleichfalls überlieferten 8. Dezember vorgezogen (BM² 1954b). Ausschlaggebend für die Entscheidung war, daß es eher denkbar ist, daß der spätere Termin die Bestattung angibt, als daß ein Gedenktermin vorgezogen wurde. Die zwölftägige Differenz kann sich dadurch erklären, daß Arnulf vielleicht gar nicht in Regensburg starb. Immerhin berichtet Regino von Arnulfs Beisetzung in Altötting bei seinem Vater. Eine anschließende Umbettung am Festtag der Empfängnis Mariens ist durchaus möglich. Sie könnte sogar die von Liutprand tradierte "Fabel", daß Arnulf von Würmern und Ungeziefer aufgefressen worden sei, verständlich machen. Verwiesen sei hier auf die Bestattung Kaiser Ludwigs II. in Brescia, seine gewaltsame Erhebung durch den Erzbischof von Mailand, der den Kaiser dann in seiner Kirche beisetzte; der ganze Vorgang nahm etwa acht Tage in Anspruch (BM2 1275a). Als Beispiel für die Beisetzung an einem Festtag kann auf König Pippin von Italien verwiesen werden, der erst am vierten Tag nach seinem Ableben am Translationsfest des hl. Benedikt beigesetzt wurde (BM² 515a). Wenn es sich bei dem überlieferten Todestag von Karl, dem Bruder des Genannten, um den Bestattungstag handelt, wurde auch er an einem Translationstag und Benediktsfest beigesetzt (BM² 467a).
[134] BM² 1338a; DÜMMLER, Ostfränkisches Reich II, 49f.
[135] DÜMMLER, Ostfränkisches Reich II, 320. Karlmann und Lothar waren die beiden jüngeren Brüder des 847/848 geborenen Karl (WERNER, Nachkommen 453f und Tafel), für Lothar wird daher das Geburtsdatum 850 angenommen, womit der Prinz nicht älter als 15 Jahre wurde.
[136] DÜMMLER, Ostfränkisches Reich II, 103f und 149. Er starb an den Folgen einer Kopfwunde, die er einige Jahre zuvor erhalten hatte.
[137] HIRSCH, Berengar 78f. Da der Bruder des Kaisers Berengar in der Nacht vom 4. auf den 5. Januar gegen Morgen starb, setzt HIRSCH den Todestag auf den 4. Januar. Entsprechend den Hausannalen Rudolfs datieren wir seinen Tod auf den 5. Januar 892 (Annales Vedastini a.892, S.70). Er war das sechste Kind der Ludwigstochter Gisela und des dux Eberhard von Friaul. Da seine Eltern 836/837 heirateten und die Geburt seines älteren Bruders Berengar zu 845 gesetzt wurde, wird Rudolfs Geburt hier für 848 vermutet (WERNER, Nachkommen 452, HLAWITSCHKA, Oberitalien 277, HIRSCH, Berengar 52, 74f).
[138] "Aber jung wie der König war, verfolgte er ein Mädchen, die Tochter eines gewissen Germund. Als diese in das väterliche Haus flüchtete, setzte ihr der König im Scherz zu Pferd nach, wobei er im Türsturz die Schulter am Sattel seines Pferdes die Brust aufrieb und eine schwere Quetschung erlitt. Infolgedessen erkrankte er, ließ sich nach St. Denis bringen und verstarb hier ...", Annales Vedastini a.882, S.52). Die Annales Bertiniani a.882, S.152, sprechen

wurde bei der Jagd tödlich verletzt.[139] Einem Unglück fiel auch Drogo, der ehemalige Erzkaplan Lothars I. und Enkel Karls des Großen, zum Opfer.[140] Der überraschende Tod seines jüngeren Bruders Karlmann machte für Karl den Großen den Weg zur Alleinherrschaft frei. Aber König Karlmann selbst scheint mit seinem Ableben gerechnet zu haben, da er unmittelbar vor seinem Tod noch zwei Diplome für sein Seelenheil ausstellte. Man wird also eine Krankheit als Todesursache vermuten können.[141]

Die Mitteilung der Reichsannalen, daß der Hausmeier Karlmann, ein Bruder König Pippins, aus Krankheitsgründen ein Kloster aufsuchte und dort verstarb, ist dagegen nicht ohne weiteres glaubwürdig. Andere Quellen berichten von keiner Erkrankung Karlmanns. Seine Verbringung ins Kloster wird allein politische Gründe gehabt haben, da er von der innerfränkischen Opposition zur Langobardenpolitik Pippins als Gegenkönig aufgebaut werden konnte. Auf dem Zug nach Italien ließ sein Bruder ihn und seine Begleiter in ein Kloster bei Vienne stecken. Die Begründung der Klostereinweisung in den Reichsannalen ist als Entschuldigung bzw. Kaschierung der Ausschaltung des Konkurrenten zu werten. Nicht nur, daß die Karlmann begleitenden Mönche gleichfalls das Kloster aufzusuchen hatten, vielmehr wurden sie noch lange nach der Überführung der Leiche Karlmanns nach Montecassino in Vienne festgehalten. Hinzu kommt, daß Karlmann zu einem Zeitpunkt starb, der für die politischen Pläne Pippins ausgesprochen günstig war. Die Proklamation eines Gegenkönigtums im Frankenreich während Pippins militärischen Engagements in Italien hätte für den fränkischen König katastrophale Folgen haben können.[142] Man wird aber auch eine Pippin entlastende Überlegung

---

beschönigend lediglich von einer Erkrankung Ludwigs. Der Vorgang auch bei DÜMMLER, Ostfränkisches Reich III, 204f.

[139] Annales Vedastini a.884, S.56. Karlmann starb im Alter von 18 Jahren an den Folgen eines Jagdunfalls, der sich sieben Tage zuvor ereignet hatte (DÜMMLER, Ostfränkisches Reich III, 232).

[140] Der Erzbischof von Metz und Abt von Gorze, Luxeuil sowie St. Trond verunglückte bei einer winterlichen Angeltour (PFISTER, CHRISTIAN: L'archevêque de Metz Drogon (823-856), in: Mélanges PAUL FABRE. Études d'histoire du moyen age, Paris 1902, 101-145, 123; DÜMMLER, Ostfränkisches Reich I, 403; WERNER, Nachkommen 445 und Tafel). Eine persönliche Beziehung zu seinem Todestag, dem Marienfest am 8. Dezember, ist für Drogo nicht anzunehmen, da er das Fest nicht in sein Sakramentar aufnahm, er es also auch nicht gefeiert haben wird (UNTERKIRCHER, Drogo-Sakramentar 58ff, 70f).

[141] DDK 53 und 54. Unbeglaubigt sind Nachrichten, daß der 751 geborene König vor seinem Tod erblindete und an Nasenbluten gestorben sein soll (BM² 115b und 130a). Zu den Spannungen zwischen den königlichen Brüdern s. WOLF, Thronfolgerecht.

[142] Annales regni Francorum a.755, S.12: "Carlomannus autem monachus Vienna remansit una cum Bertradane reginae infirmus, languebat dies multos et obiit in pace." Die Handschriftenklasse E, auch Annales Einhardi genannt, führt den Tod Karlmanns gleichfalls auf eine Erkrankung zurück: "Carlomannus autem monachus, frater regis, qui cum Berthrada regina in Vienna civitate remansit, priusquam rex de Italia reverteretur, febre correptus diem obiit; cuius corpus iussu regis ad monasterium sancti Benedicti, in quo monachicum habitum susceperat, relatum est." Annales Nazariani a.753, S.22: "Et Karolmannus rediit, qui et detentus est et obiit." OELSNER, König Pippin 162-164 meint, der Tod Karlmanns sei erst 755 erfolgt. JARNUT,

anführen müssen: mit seiner Klosterhaft war Karlmann bereits ausgeschaltet, und die Aufsicht Königin Bertradas über Karlmann garantierte in hohem Maße, daß es bei den Ambitionen des ehemaligen Hausmeiers bleiben würde.[143] Auch wenn eine Erkrankung Karlmanns nicht der Grund für seinen Klosteraufenthalt war, mag es doch richtig sein, daß er erkrankte.
Auch der ehemalige Baiernherzog Tassilo war durch seine Klosterhaft bereits politisch ausgeschaltet, als er am 11. Dezember 798 starb. Deshalb wird auch hier eine natürliche Todesursache angenommen.[144]

14.2.3.4. Einzeluntersuchungen

14.2.3.4.1. Tage mit mehreren Todesfällen

Vor den wichtigsten Festen der Christenheit, Weihnachten und Ostern, häuften sich im Untersuchungszeitraum die Todesfälle in ungewöhnlicher Weise. Angeblich starben in den beiden Tagen vor Weihnachten die Klostergründerinnen Irmina von Oeren[145] und ihre Tochter Adela[146] (24.12.), zwei Merowingerkönige, König

---

Alemannien 66, betont die Plötzlichkeit seines Ablebens. Zu den Vorgängen: BM² 53d-f; BUND, Thronsturz 384-386.
[143] Karlmanns Tod erfolgte am Tag nach dem Translationsgedenken des karolingischen Familienheiligen Arnulf (16.8.).
Eine seltsame Abweichung bezüglich des Gedenktages bildet das Necrolog Hugos von Flavigny, das Karlmanns Tod zum 4. Dezember setzt ("Karlomannus monachus frater Pippini regis obiit"; S.287). Ob ohne weiteres eine Verwechslung mit dem am 4. Dezember 771 verstorbenen Bruder Karls des Großen vorliegt, ist mehr als fraglich, da dieser sein Gedenken zum 30. November erhielt: "Karlomannus frater Karli magni obiit" (ebd. 287). Hinzukommt, daß das Kloster Flavigny behauptete, im Besitz der Reliquien des Abtes Benedikt, des Vaters des benediktinischen Mönchtums, zu sein. Der 4. Dezember ist nun der Tag der Translation ("illatio") des heiligen Benedikt ins Frankenreich. Musterkloster der nach ihm benannten Ordensregel war Montecassino, das der Bruder Pippins verlassen hatte, um ins Frankenreich zu reisen. Ein Grund für die Frankenfahrt Karlmanns war die angestrebte Rückführung der Reliquien des Klostergründers nach Montecassino, und tatsächlich gelangte in der Mitte des 8. Jahrhunderts ein Teil seiner Reliquien nach Montecassino zurück (NOBEL, Königtum I, 177-179). Da die "illatio" erst seit dem 8. Jahrhundert gefeiert wurde (HILPISCH, Benedikt v. Nursia 182f), gibt es wahrscheinlich Beziehungen zwischen den Benediktsreliquien, der "illatio"-Feier und dem Gedenken des Pippinbruders in Flavigny. In Hugos Necrolog kann man geradezu von einer Konzentration von Karlmann-Gedenken zum Dezemberbeginn sprechen, der Eintrag zum 5. Dezember lautet nämlich: "Karlomannus pater Arnulfi imperatoris obiit" (ebd. 287).
[144] MINST, Tassilo in Lorsch 313-324, bes. 323; OELSNER, König Pippin 264. FREISE, Grundformen 455, gibt den 5. Januar (nach 794) als Todestag an.
[145] Bei der Tagesangabe handelt es sich um das Datum der Bestattung in ihrer Gründung Weißenburg (HLAWITSCHKA, Vorfahren 75) oder ihren Todestag (HEINTZ, ALBERT: Irmina, in LThK 5, 1960, 758f und WIMMER, Lexikon 400). Wenn die Translation an einem Jahrestag vorgenommen wurde, müssen sich die Tagesangaben nicht widersprechen. Nach MIESGES, Trierer Festkalender 113, wurde sie in ihrer Gründung Oeren begraben. In Oeren verzeichnet ein Kalender aus der 2. Hälfte des 15. Jahrhunderts zum 18. Dezember eine "Cele-

Konrad I. und eine Tochter Ludwigs des Deutschen (23.12.). Eine solche Häufung ist bei stochastisch unabhängigen Ereignissen nicht zu erwarten.[147]
Daß Mutter und Tochter jeweils an einem 24. Dezember gestorben sein sollen, ist auffallend. Eine Erklärung wäre, daß man ihrer am selben Tag gedachte, weil der Todestag einer von beiden unbekannt war. Die Gedenkfeier am selben Tag hätte dann ihrer familiären Zusammengehörigkeit Rechnung getragen. Andererseits starben sie beide in ihren Klöstern, und es ist unwahrscheinlich, daß der Todestag der eigenen Gründerin einfach vergessen werden konnte. Daß die beiden Frauen zwar als Heilige, nicht aber als Märtyrerinnen, gefeiert wurden, spricht allerdings gegen einen gewaltsamen Tod.[148] Trotz ihres politischen Gegensatzes zu den Pippiniden wird hier der Familien-Hypothese der Vorzug gegeben und angenommen, daß ein Gedenktag den anderen überlagerte und mit der Zeit vergessen ließ.[149]

---

bratio sanctissimae Irminae", die früheren Kalendare aus Oeren kennen ein solches Fest aber nicht (ebd. 15, 110).

[146] Ihr Todesjahr ist unsicher. Die Angabe nach WIMMER, Lexikon 115; HEINTZ, ALBERT: Adela, in LThK 1, 1957, 140, unterscheidet zwischen Fest (24.12.) und Todesjahr (um 734). Adela starb in ihrer Gründung Pfalzel.

[147] Die Wahrscheinlichkeit, daß auf zwei benachbarte Tage sechs der 88 (84 karolingische und vier merowingische) Todesfälle fallen, liegt bei 0,0000 (SCHWARZE, Grundlagen 98 und 286; vgl. Übung 9.6.7).

[148] Der von Augustinus formulierte Grundsatz "Martyres non facit poena, sed causa", dürfte im Frühmittelalter selten beherzigt worden sein. Die Annahme, daß nur solche Menschen als Märtyrer anerkannt wurden, die um des Glaubens willen starben, kann nicht erklären, warum so bekannte fränkische Heilige wie - um nur einige zu nennen - Praiectus, König Sigismund, Desiderius, Landelinus oder Leodegar als Märtyrer galten, wiewohl sie sicher nicht aus Glaubensgründen ermordet wurden (HUNKLER, Elsaß 9f, 66f, 172, 175f, 181-186). Hier dominierte offenbar der Gedanke, das unschuldig vergossene Blut des Getöteten, qualifiziere ihn zum Märtyrer.
Andererseits ist es fraglich, ob man generell annehmen kann, daß der gewaltsame Tod einen als heilig verehrten Menschen diesen notwendig zum Märtyrer machte. Hier sei auf Zwentibold verwiesen, der in Süsteren zwar als Heiliger, nicht aber als Märtyrer, verehrt wurde, obwohl er in der Schlacht starb und viele Zeitgenossen das Vorgehen der gegen den König verbündeten Fürsten als ungerecht empfanden (DÜMMLER, Ostfränkisches Reich III, 502f). Es hätte somit ein Anlaß vorliegen können, den König als Märtyrer zu verehren: "When sanctified armies prepared for combat against 'infidel' troops by staging litanies, fasting and communicating, it was perhaps only another step to conclude that death in battle was a special kind of religious sacrifice or even a form of martyrdom" (McCORMICK, Victory 251).
Will man die Annahme, der gewaltsame Tod führe zur Märtyrerverehrung, doch wagen, wird man Bischof Arnulf, Gertrud von Nivelles, Irmina von Oeren, ihre Tochter Adela, ihren Enkel Gregor und dessen Neffen Alberich sowie Kaiserin Irmengard, die Gattin Lothars I., und Richildis, die Gemahlin Karls III., aus der Liste der Mordverdächtigen streichen müssen. Für die in Kempten verehrte Hildegard, die Frau Karls des Großen, trifft dies nicht notwendig zu, da die Hildegard-Verehrung in Kempten erst lange nach dem Tod der Königin, nämlich im Hochmittelalter, aufkam (SCHREINER, Hildegardis regina 1-23).

[149] Ähnliches scheint sich bei Caecilia und Benedicta, Töchtern König Zwentibolds und Äbtissinnen von Süsteren, ereignet zu haben, die beide in verschiedenen Jahren am 17. August beigesetzt wurden (DÜMMLER, Ostfränkisches Reich III, 503; vgl. WERNER, Nachkommen

Auffällig ist die Häufigkeit, mit der der 23. Dezember als Todestag bei den Frankenkönigen und ihren Verwandten auftaucht. An diesem Tage starben angeblich Childebert I., Dagobert II., Hildegard, eine Tochter Ludwigs des Deutschen, und König Konrad I. Die Wahrscheinlichkeit, daß eine solche Verteilung zufällig ist, liegt bei 0,1%.[150] Tatsächlich können wir annehmen, daß Dagobert II. an einem anderen Tag starb.[151] Es bleibt aber erstaunlich genug, daß bei einer Chance von 1 zu 365 in 3 von 90 Fällen der gleiche Tag zufällig auftauchen soll.[152] Auffallend ist auch das jugendliche Alter, in dem die Prinzessin Hildegard starb;[153] Es liegt deutlich unter dem Durchschnittsalter der Familie. Für Childebert I. sei erwähnt, daß er angeblich starb, als seine Grabkirche eingeweiht wurde.[154]
Bedenken erregt auch, daß dieser Tag eine Sonderstellung im christlichen Kalender einnimmt. Zwar werden keine großartigen Heiligen gefeiert, und er ist in diesem Sinne kein Festtag, aber in den Martyrologien ist er häufig der letzte Tag des alten Jahres.[155] Mit dem neuen Jahr beginnt in primitiven Gesellschaften nicht einfach ein neuer Zeitabschnitt, sondern eine Erneuerung der gesamten Lebenswelt.[156] Damit diese Erneuerung ungestört verlaufen kann, gilt es, das Alte, Ver-

---

467f). Vermutlich handelt es sich auch hier in mindestens einem Fall um das Datum einer Umbettung. Der gewichtige Unterschied zu Irmina und Adela aber besteht darin, daß Caecilia und Benedicta im selben Kloster beigesetzt wurden. Als Anlaß einer gemeinsamen Feier kommt die Überführung der Irmina-Gebeine nach Weißenburg in Betracht. Zur politischen Einstellung der Hedenenfamilie s. FRIESE, Herrschaftsgeschichte 28-33.
[150] Die Basis der Berechnung bilden die 84 karolingischen und die vier merowingischen Todestage, verteilt über die 365 Tage des Jahres ergibt sich ein Mittelwert von 0,24. Die Erwartungwahrscheinlichkeit, daß in einem solchen Fall 4 Ereignisse auf einen Tag fallen, liegt bei 0,0001 (SCHWARZE, Grundlage 98 und 286).
[151] Das Todesdatum ist zusammengesetzt aus dem bekannten Todesjahr und dem als Todestag angesehenen Gedenktag. Dieser Passionstag wurde jedoch erst von den Bischöfen Karls des Kahlen auf dessen Befehl hin festgesetzt (NOBEL, Königtum I, 212f). Vermutlich fiel die Wahl auf den 23. Dezember, weil an diesem Tag bereits ein Merowinger gefeiert wurde, nämlich Childebert I. in seiner Gründung St. Germain-des-Prés (Usuardus, Martyrologium 364; KRÜGER, Königsgrabkirchen 104-107, 190-193). Bei dem Dezembertermin wird es sich demnach nicht um den realen Todestag gehandelt haben. Die Familiengemeinsamkeit und nicht eine mündliche oder schriftliche Tradition wird also das ausschlaggebende Moment für die Wahl des Gedenktages gewesen sein. Den Tod Dagoberts II. nicht im Dezember zu vermuten, legt auch seine Vita nahe, die den König an seinem Todestag bei der Rast auf einer Hirschjagd einschlafen läßt (Vita Dagoberti c.11-12, S.518-520), was auf eine wärmere Jahreszeit deutet. Allerdings jagte Ludwig der Deutsche Hirsche noch nach dem 18. Dezember (BM² 1457a).
[152] Die Wahrscheinlichkeit liegt bei 2% (SCHWARZE, Grundlagen 98 und 286).
[153] Hildegard, Äbtissin in den Nonnenklöstern Schwarzach und Zürich, starb im Alter von 28 Jahren (BM² 1425; DÜMMLER, Ostfränkisches Reich II, 426f).
[154] Usuardus, Martyrologium 364; KRÜGER, Königsgrabkirchen 104. Gregor von Tours berichtet, daß Childebert nach längerer Krankheit starb (Historia IV 20, S.152). Es ist daher auch zu erwägen, ob nicht das Gründerfest eine Kirchweihe späterer Zeit auf sich zog.
[155] Ado, Martyrologium 33 bzw. 422, beginnt mit dem 24. Dezember als Vigiltag zur Geburt des Herrn und endet am 23. Dezember. Ebenso halten es Beda und Florus (S. 1 bzw. S. 228) sowie Usuard (S. 147 bzw. S. 364).
[156] ELIADE, Religionen 447-466.

brauchte und Unreine zu beseitigen.[157] Wahrscheinlich war es dieser Gedanke, der auch Anlaß gab, an diesem letzten säkularen Tag vor der heiligen Weihnachtszeit Gericht zu halten. Bereits in merowingischer Zeit diente der Tag diesem Zweck.[158] Und am 23. Dezember 800 mußte sich der Papst in Gegenwart von König Karl, der Synode und dem Populus vor der Confessio Petri mit einem Eid von den gegen ihn erhobenen Vorwürfen reinigen. In neuer Reinheit konnte der Nachfolger Petri dann eine neue Ära beginnen und Karl zum Kaiser krönen.[159] Wenn der 23. Dezember in karolingischer Zeit als Tag mit Gerichtscharakter galt, könnte es sein, daß er auch verwendet wurde, um in Form eines Attentats Gericht über das Königshaus zu halten.

Neben der Vorweihnachtszeit gab es noch einen weiteren Zeitraum, der für das Königshaus in erhöhtem Maße gefährlich war, nämlich die vorösterliche Zeit. In den drei Tagen von Cena Domini bis Karsamstag starben der Merowinger Gunthram und vier Mitglieder des karolingischen Königshauses. Dazu kommt noch der Unfall Kaiser Ludwigs des Frommen vom Gründonnerstag 817, in dem McKEON, wie bereits erwähnt, einen Mordanschlag vermutet. Die außergewöhnliche Unglücksrate in der Karwoche kann als weiteres Indiz für die McKEONsche These angesehen werden.[160] Von den Todesfällen kann allerdings der Ludwigs des Stammlers ausgeschieden werden, da wir in diesem Fall die Todesursache kennen.

Über die Todesumstände König Gunthrams am 28. März 593 sind wir nicht unterrichtet.[161] Wie bereits gesehen, war er zwei Anschlägen glücklich entgangen, und es gibt genug Auffälligkeiten, um zu vermuten, daß der dritte Anschlag erfolgreicher war. Gunthram starb ein Jahr, nachdem er die Taufpatenschaft für Chlotar II. übernommen hatte. In dieser Verbindung sah Gunthrams Neffe Childebert II. eine Gefährdung seines Erbrechts auf das Reich seines Onkels.[162] Politischer Zündstoff war also zur Genüge gegeben. Verwunderung ruft auch die Berichterstattung Gregors von Tours hervor. Obwohl er noch nach dem Dezember 593 an seinem Geschichtswerk arbeitete, berichtet er nichts vom Tode König Gunthrams,

---

[157] REUTER, Zeit 54, s.a. WEISER-AALL, Weihnacht 873f. Diesem Bedürfnis entsprechend ist im christlichen Bereich die reinigende Fastenzeit des Advents dem weihnachtlichen Jahresbeginn vorgeschaltet.

[158] So urteilte das Königsgericht unter Childebert III. am 23. Dezember 695 zugunsten von St. Denis (DRF 68). Am gleichen Tag im Jahre 660 verlieh Chlothar III. dem von Königin Baldechilde errichteten Kloster Corbie das Privileg der Abgabenfreiheit. Ein Gerichtsverfahren ist in diesem Fall nicht zu erkennen.

[159] BM² 370a.
Ein urteilsähnlicher Staatsakt erfolgte unter Karl dem Kahlen am 23. Dezember 870. An diesem Tag übergab ihm Graf Gerard die Stadt nach zweimonatiger Belagerung. Mit dem Einzug am nächsten Tag brachte Karl noch vor dem Ende des Jahres die ihm im Vertrag zu Meersen zugestandenen Städte unter seine Herrschaft (DÜMMLER, Ostfränkisches Reich II, 311).

[160] Es verteilen sich somit auf 3 von 365 Tagen (0,82%) 6 von 90 (6,67%) Fällen.

[161] Datierung nach JAKOBI, Diptychen 193. EWIG, Merowinger 49, setzt den Tod ein Jahr früher an.

[162] EWIG, Teilungen 688f, ANGENENDT, Kaiserherrschaft 111-115.

der bereits im März 593 starb.¹⁶³ Das irritiert, weil Gunthram bei Gregor als idealer König dargestellt wird.¹⁶⁴ So steht ein hohes Maß an Interesse einem befremdlichen Schweigen gegenüber, obwohl der Tod König Gunthrams ausgesprochen gut in Gregors Konzeption gepaßt hätte. Gregor schloß die Bücher seiner Historia sonst nämlich gerne mit dem Tod eines epochemachenden Mannes ab.¹⁶⁵ Hier aber griff er die Gelegenheit, mit dem Ende des idealen Königs sein letztes Buch abzuschließen, nicht auf, sondern wechselte Thema und Perspektive. Statt weiterhin das politische Geschehen auf Reichsebene zu schildern, bringt er eine Kurzgeschichte der Bischöfe von Tours. Der Eindruck einer Verlegenheitslösung läßt sich nicht von der Hand weisen. Der Hinweis, daß Gregor es sich in einer politisch offenen Situation¹⁶⁶ mit keinem der Konkurrenten verderben wollte, macht nur dann Sinn, wenn mit dem Bericht vom Tode Gunthrams Schuldzuweisungen einhergehen mußten. Ein weiteres kommt hinzu: Gregor weist Gunthram in seinem neunten Buch eine Wunderheilung zu und stilisiert ihn bewußt zum Heiligen. Gregor gibt Almosen, fastet und durchwacht die Nächte; wie das Gewand Christi hat sein Königsmantel Heilkraft, wie Christus kennen und fürchten die bösen Geister ihn und seine Wunderkraft. Deutlicher kann man die Heiligkeit eines Mannes wirklich nicht herausstreichen.¹⁶⁷ Es drängt sich der Eindruck auf, daß Gregor Anlaß hatte, den König als Heiligen zu stilisieren. Die Ursache dazu könnte in der Ermordung Gunthrams liegen, die ihn für Gregor in die Nähe eines Märtyrers rückte. Tatsächlich gäbe eine Ermordung Gunthrams auch einen guten Grund ab, weder vom Tod des Königs zu berichten, noch ihn als Heiligen zu bezeichnen. Immerhin war Gregor noch 589 als Gesandter Childeberts II. bei König Gunthram aufgetreten,¹⁶⁸ war politisch also an dessen Gegenspieler gebunden.

Hugo, der Sohn Drogos und Neffe Karl Martells, war ein karolingischer Großbischof, der den Diözesen Rouen, Paris und Bayeux vorstand. Als Bischof und Abt mehrerer Klöster war er eine der wesentlichen Stützen seines Gönners Karl

---

¹⁶³ Gregor von Tours, Historia X 31, S.537.
¹⁶⁴ GRAUS, Volk 394.
¹⁶⁵ Historia I 48: Tod Bischof Martins, II 43: Tod Chlodwigs I.,
III 36-37: Tod Theudeberts/Witterung, IV 51: Tod Sigiberts,
V 49-50: Tod des Leudast/Wahrsagung über Chilperich, VI 46: Tod Childerichs.
¹⁶⁶ Zur Situation nach dem Tode Gunthramns s. EWIG, Teilungen 689f.
¹⁶⁷ Gregor von Tours, Historia IX 21, S.441f. Das Vorbild der Wunderheilung ist das Wunder Jesu an der blutflüssigen Frau (Mk 5, 25-34), die unreinen Geister kennen den Namen Jesu und wissen, daß er der Heilige Gottes ist (Mk 1, 23f). Zu den Vigilfeiern in merowingischer Zeit s. WEIDEMANN, Kulturgeschichte II, 225-228. Wesentlich für den Gottesmann des Frühmittelalters waren Gebet, Nachtwachen und Fasten, Wundergaben und Macht über die Dämonen (ANGENENDT, Kaiserherrschaft 126-147, 49-57). Lediglich wegen der fehlenden Bezeichnung Gunthrams als eines Heiligen hat GRAUS, Volk 394, lediglich Vorbehalte, weil für Gunthram die Bezeichnung "Heiliger" fehlt: "Gregor, der Gegenwartszeuge, konnte sich schließlich doch nicht dazu entscheiden, diesen König als Heiligen zu feiern".
¹⁶⁸ Gregor von Tours, Historia IX 20, S.434; EWIG, Teilungen 687f.

Martell.[169] Sein Tod am Karsamstag 730, der ihn in viel zu jungen Jahren traf,[170] fiel in eine politisch unruhige Zeit, in der Karl Martell nach der Unterwerfung Baierns einen Zug gegen die Sachsen vorbereitete und die Alemannen sich vom fränkischen Joch befreien wollten.[171] Vielleicht stand sein Tod in Zusammenhang mit diesen Ereignissen.

Judith, die Witwe Kaiser Ludwigs des Frommen, starb ebenfalls in der Karwoche, am Festtag Cena Domini 843. Mit dem Friedensschluß von Mâcon im Juni 842 hatte sich Karl der Kahle den Rücken frei gemacht, um gegen Pippin von Aquitanien vorgehen zu können. Ein erster Anlauf im Spätsommer 842 scheiterte, weshalb er im Februar 843 einen zweiten Zug gegen Aquitanien startete. Zum Fest der Stuhlfeier Petri (22.2.) hielt er sich mit seiner frisch vermählten Frau in Tours auf, von wo er gegen Aquitanien vorrückte. In Tours starb seine Mutter am Gründonnerstag.[172] Die Kaiserin Judith hatte dort an der Grenze nach Aquitanien anscheinend ihr Hauptquartier aufgeschlagen, denn seit 840 hielt sie für Karl in Aquitanien die Stellung. Die Anteilnahme am Kampf ihres Sohnes war erheblich. Immerhin hatte Karl im September 840 drei Heersäulen in Bourges zurückgelassen, mußte der in Aquitanien weilenden Kaiserin dann aber doch gegen Pippin beispringen. Im Frühjahr 841 rückte sie Karl mit aquitanischen Truppen entgegen, um ihm gegen Lothar Hilfe zu leisten.[173] In diesen Aktivitäten kann der Grund für ihren Tod zu finden sein, hatte doch Pippin bereits im Jahr vor ihrem Tod Attentäter gegen König Karl ausgeschickt.[174]

Über die politischen Aktivitäten der Kaiserin Irmingard ist wenig bekannt, doch läßt ein an sie gerichteter Brief aus dem Krisenjahr 842 ihre Stellung bei Hof als bedeutend erscheinen. In diesem Schreiben erfleht ein Adliger, dessen Güter eingezogen worden waren, die Huld der Kaiserin. Er bittet nicht um Vermittlung beim Kaiser, sondern setzt die Huld der Gattin und die Wiedererlangung der Lehen gleich, so als ob die Kaiserin über die Vergabe der Honores verfüge.[175] Irmingard muß folglich außergewöhnliche Machtbefugnisse, zumindest großen Einfluß, besessen haben. Aus der zweiten Hälfte des Jahres 850 bis zum Frankentag in Meersen im Juni 851 sind keine bedeutsamen politischen Vorgänge im Mit-

---

[169] SCHEIBELREITER, Bischof 54, 157, 253.
[170] BM² 29a. Da er der zweite Sohn Drogos war, muß er etwa zwischen 694 und 697 geboren worden sein (BREYSIG, Karl Martell 2-4). Hier wurde das Jahr 694 zugrunde gelegt, da er nach den Gesten von Fontenelle 723 Bischof von Rouen wurde, was ziemlich genau mit dem Mindestalter von 30 Jahren für Bischöfe übereinkommt (MÖRSDORF, Bischof, kirchenrechtlich 504). Todestag und -jahr sind in den Gesta abbatum Fontanellensium 8, S.26-28, angegeben, von dessen Autor jedoch aus unterschiedlichen Quellen erschlossen (vgl. dazu LEVISON, Gesta 540 und 542f).
[171] BREYSIG, Karl Martell 59f.
[172] DÜMMLER, Ostfränkisches Reich I, 188; GILLMOR, Warfare 72f; LOT, Règne 56-63. Legt man ein Hochzeitsalter von 16 Jahre zugrunde, wurde sie 40 Jahre alt.
[173] GILLMOR, Warfare 13-15, 24f; LOT, Règne 16-18, 27; DÜMMLER, Ostfränkisches Reich I, 146 und 152.
[174] GILLMOR, Warfare 73.
[175] DÜMMLER, Ostfränkisches Reich I, 184.

telreich bekannt[176], sodaß die politischen Hintergründe keine Vermutungen bezüglich ihrer Todesursache zulassen. Gegen den Verdacht eines gewaltsamen Todes der Kaiserin spricht jedoch, daß sie in ihrer Gründung Erstein als Heilige, nicht aber als Märtyrerin, verehrt wird.[177]
Ludwig der Jüngere heiratete Liutgard (+885), die Tochter des Grafen Liudolf, des Stammvaters der Ottonen. Dieser hatte für seine Gründung Gandersheim Reliquien der Päpste Anastasius und Innozenz I. aus Rom beschafft. Man wird ihm und seiner Familie demnach eine ausgeprägte Petrusverehrung unterstellen können. In die Verehrung wird auch der Petrusbruder Andreas eingeschlossen worden sein.[178] Um so mehr fällt auf, daß die Königswitwe Liutgard in jungen

---

[176] BM² 1143a-1145a.

[177] Sie wurde in ihrer Gründung Erstein beigesetzt (DÜMMLER, Ostfränkisches Reich I, 397; BURG, ANDREAS M. Erstein, in: LThK 3, 1959, 1052). Auch ihr Alter wird für die Hochzeit auf 16 Jahre geschätzt, was ein Lebensalter von 46 Jahren ergibt.

[178] Nach ENGFER, HERMANN: Gandersheim, in: LThK 4, 1960, 511f, wurden die Papstreliquien im Jahr 845/846, nach HENNECKE/KRUMWIEDE, Niedersachsen 98f, im Jahr 843/844 überführt. Es sei auch daran erinnert, daß König Zwentibold, der mit der Liudolfingerin Ota verheiratet war, seine letzte Schlacht am Fest des Papstes Hippolyt schlug (WERNER, Nachkommen 459f). Im 15. Jahrhundert sind Andreasreliquien in Gandersheim nachweisbar (ebd. 98). Daß die Petrus- und Andreasverehrung in unmittelbarem Zusammenhang stehen, ergibt sich aus dem Lebenslauf des Winfrid-Bonifatius, dessen Petrusverehrung hinlänglich bekannt ist. So übernahm Winfrid bei der Bischofsweihe in Rom den Namen eines heiligen Papstes (vgl. Papsttranslation bei Liudolf), und der Tag seiner Bischofsweihe war das Andreasfest (Willibald, Vita Bonifatii 6, S.29f).
Unsere Argumentation setzt voraus, daß das Denken in Familienstrukturen auch auf die Heiligen übertragen wurde. Dies scheint zumindest bei der Liudolf-Familie der Fall gewesen zu sein, denn bei den ins Sachsenland geholten heiligen Päpsten handelt es sich um Vater und Sohn (SCHWAIGER, GEORG: Innozenz I., in: LThK 5, 1960, 685). Der dahinter stehende Gedanke scheint zu sein, daß das sächsische "Exil" auch für Heilige in der Gemeinschaft der Familie leichter zu tragen sei. Daß die Familienmitglieder über den Tod hinaus miteinander verbunden sind, zeigen die Küsse der Geschwister für die vor 15 Jahren gestorbenen Wynnebald (Hugeburc, Vita Wynnebaldi 13, S.116), der dreitägige Besuch der (verstorbenen) heiligen Walburgis bei ihrem (verstorbenen) heiligen Bruder Willibald in Eichstätt, zu dem sie ihr ebenfalls verstorbener Bruder Wynnebald begleitete (Wolfhard, Miracula sanctae Waldburgis I 5-6, S.158/160; BAUCH, Mirakelbuch 191) und der Gegenbesuch des heiligen Bischofs in Monheim (ebd. I 10, S.166). Das Bistum Eichstätt beherbergte die beiden heiligen Geschwister des Bischofs Willibald und erreichte eine fast vollständige Familienzusammenführung mit dem Erwerb der Gebeine ihres Vaters Richard, der bis 1150 in Lucca ruhte (BAUCH, Richard 1287). Auch in Sachsen läßt sich eine ähnliche Familienzusammenführung nachweisen. Zur heiligen Pusinna, die 860 nach Herford verbracht wurde (BÖHNE, WINFRIED: Pusinna, in: LThK 8, 1963, 906), gesellte sich ihre Schwester Liutrud, die 863/864 nach Corvey, später nach Essen überführt wurde (DERS.: Liutrud, in: LThK 6, 19, 1106). Die Vermutung liegt nahe, daß die Veranlasser dieser Translationen zur selben Familie gehörten, vermutlich der "Liut"olfinger. Jedenfalls mußte es dieser Familie attraktiv erscheinen, eine heilige "Liut"rud zu besitzen. Die anderen hier angeführten Beispiele für das Familiendenken stammen nicht zufällig aus Eichstätt. Das Nonnenkloster Monheim wurde von einer Äbtissin namens "Liut"bila geleitet, hier traf die Liutgardtochter Hildegard mit den Grafen Liutpolt und Engildeo zusammen (BAUCH, Mirakelbuch 341-343, zu Wolfhard, Miracula sanctae Waldburgis IV 6, S.314/316). Es wird also verwandtschaftliche Bindungen zwischen

Jahren am Andreasfest 885 starb.[179] Der Todestag und der Besitz von Andreas-Reliquien im Familienstift Gandersheim könnten noch als ein lediglich erstaunliches Zusammentreffen historischer Zufälle abgetan werden. Aber daß auch ihr Bruder Otto von Sachsen (+912), im Jahr 911 immerhin Mitkonkurrent Konrads I. um die Königskrone, am Andreasfest 912 starb, kann kaum mehr als blinder Zufall gelten.[180]

Otto von Sachsen konnte nach dem Tode König Ludwigs des Kindes damit rechnen, zum König gewählt zu werden. Für den Tod des kaum 18 Jahren alten Königs fehlt es an Erklärungen.[181] So erregt es einiges Verwundern, daß König Ludwig das Kind, um dessen Nachfolge es ging, am Tag der Empfängnis des Täufers Johannes, zugleich das Fest der Kirchweihe in Eichstätt und der Translation des heiligen Wynnebald, starb.[182] Denn genau nach Eichstätt hin hatten die Liudolfinger verwandtschaftliche Beziehungen.[183] Beide Feste, das des Apostels Andreas wie das der Empfängnis des Täufers, wurden im 9. Jahrhundert verstärkt für Staatsakte benutzt, und beide wurden in eben dieser Zeit zu Todestagen in den höchsten Kreisen des Adels bzw. des Königs Ludwig.

Monheim und den sächsischen Liutolfingern gegeben haben. Die wichtigsten Kultorte der heiligen Walburga in Sachsen waren: Essen, Hausberge (Krs. Minden), Helmstedt, Hildesheim, Lingen, Meschede, Venne und Werl (HOLZBAUER, Walburgis 166-168, 210f, 214f, 221f, 257f, 285-290, 442, 463-465).

[179] DÜMMLER, Ostfränkisches Reich III, 167, WERNER, Nachkommen Tafel; zum Tode Liutgards s.a. HOLTZMANN, Sächsische Kaiserzeit 60f. Für ihre Heirat 876/877 wird ihr hier ein Alter von 16 Jahren unterstellt, womit sie nur 25 Jahre wurde.

[180] WAITZ, König Heinrich I., 199f; HOLTZMANN, Sächsische Geschichte 61. Auf das Heiratsalter seiner Mutter wurde bereits oben im Zusammenhang mit seinem Bruder Brun eingegangen. Wird angenommen, daß der jüngere Sohn gleich im zweiten Ehejahr geboren wurde, kann er kaum vor 861 geboren sein; daraus ergibt sich ein Alter von 51 Jahren bei seinem Tod. Bei der Königswahl 911 war er also im rüstigen Alter von 50 Jahren. Damit wird man fragen dürfen, ob es sich bei der Angabe Widukinds, daß Otto die Wahl zum König altershalber abgelehnt habe (ebd. 60), um mehr als eine Schutzbehauptung handelt.

[181] DÜMMLER, Ostfränkisches Reich III, 559-561; BM² 2070b.

[182] BM² 2070b; FREISE, Grundformen 455, gibt den 21. Januar 911 an. Der 21. Januar wird aber durch ein Gedenken für Ludwigs Namensvetter, der am 20.1.882 starb, zu erklären sein, da Ludwig IV. nach Ausweis seiner letzten Urkunde am 16.6.911 noch lebte (DLK 77).

[183] Zu den Liudolfingern und Monheim, dem Kultort der heiligen Walburga, siehe oben Anm. 178. Die Translation des Walburga-Bruders Wynnebald fand am 24.9.777 statt, die Kirchweihe in Eichstätt am 24.9.778 (Hugeburc, Vita Wynnebaldi 13, S.115f; BAUCH, Gründungszeit 185). Die Äbtissin Liutbild muß in engster Beziehung zum Bischof Erchanbald von Eichstätt (882?-912) gestanden haben, da sie mit ihm zusammen in einem Reichenauer Totenbuch erscheint (WEINFURTER, Bistum Willibalds 31). Zum Urbestand des Reliquienschatzes von Aschaffenburg, der Grablege Liutgards, der Gattin Ludwigs des Jüngeren, gehören Walburgareliquien, die in der Mitte des 10. Jahrhunderts aus Eichstätt dorthin gelangten (HOLZBAUER, Walburgis 87f). Die Liutgardtochter Hildegard und Graf Engildeo, die sich gegen König Arnulf erhoben, verfügten im Bistum Eichstätt über Besitz und großen Einfluß (DÜMMLER, Ostfränkisches Reich III, 393f), und gerade hier setzte Arnulf an, um gegen Engildeo vorzugehen (WEINFURTER, Bistum Willibalds 32-36).

Am Festtag des heiligen Bischofs Medardus (8.6.), eines ausgesprochenen Königsheiligen, starben zwei Mitglieder des pippinidischen Hauses, nämlich Chlodulf, der Sohn Arnulfs und wie sein Vater Bischof von Metz, und Bertrada, die erste karolingische Königin. Chlodulf starb am Freitag der Pfingstwoche 697, Bertrada an einem Sonntag. Über den Sohn des hl. Arnulf wissen wir kaum mehr als seinen Todestag. Da er ungewöhnlich alt wurde, wird er kaum einem Mord zum Opfer gefallen sein.[184] Nach der Erlangung der langobardischen Krone durch Bertradas Sohn Karl dürfte das Medardusfest für die Karolinger an Bedeutung gewonnen haben. Da es 783 auf einen Sonntag fiel, wird dies noch zur Steigerung der Festlichkeiten beigetragen haben, als Bertrada in Choisy starb.[185] Der Tod der Königsmutter inmitten der Feierlichkeiten wird eine böse Überraschung dargestellt haben, zumal keine sechs Wochen zuvor Karls junge Frau Hildegard ihr Leben verloren hatte und etwa gleichzeitig mit Bertrada auch Karls jüngste Tochter Hildegard starb.[186] Drei Todesfälle innerhalb kurzer Zeit, davon mindestens zwei an bedeutenden Kirchentagen, sind ausgesprochen auffällig. Mit den Todesfällen im Königshaus ging der bis dahin allgemeinste Aufstand der Sachsen einher.[187] Möglicherweise liegt hierin der Grund für die zahlreichen Todesfälle in der Königsfamilie.

---

[184] BM² 2b, HLAWITSCHKA, Vorfahren 73f. Da er um 660 Bischof von Metz war, wird sein Alter für 660 auf 30 Jahre geschätzt (MÖRSDORF, Bischof, kirchenrechtlich 504).
[185] Der Todestag nach den Lorscher und verwandten Annalen. Nach den Reichsannalen verstarb sie am 12., nach denen von St. Amand am 13. Juli (BM² 261b; ABEL, Karl der Große I, 374); am 12. und 13. Juli wurde in vielen Diözesen der hl. Margareta gedacht (GROTEFEND, Zeitrechnung II.2, 135). Da Bertrada von ihrer ersten Begräbnisstätte in Choisy auf Befehl Karls des Großen zu ihrem Gatten Pippin nach St. Denis überführt wurde, möchte ich das Juli-Gedenken auf die feierliche Umbettung beziehen. Pippin heiratete sie 744 (BECHER, Drogo 145). Ihr Heiratsalter wird hier auf 16 Jahre geschätzt. Ausgerechnet dem heiligen Medardus (Soissons) schenkte Ludwig der Fromme die Pfalz Choisy, wo seine Großmutter starb. Vielleicht handelt es sich dabei um mehr als nur einen Zufall. Denkbar wäre beispielsweise, daß das Kloster neben Stephanus noch dem heiligen Medardus geweiht war. Dann wäre das Medardusfest in Choisy sogar ein Ortsfest gewesen (BM² 842 [816], KRÜGER, Königsgrabkirchen 206f).
[186] Nach dem Epitaph des Paulus Diaconus für die Prinzessin Hildegard starb sie keine ("vix") vierzig Tage nach der Mutter und hatte ihr erstes Lebensjahr noch nicht vollendet (WERNER, Nachkommen 444f). Die Königin Hildegard starb am 30. April (BM² 261b, WERNER, Nachkommen 443 und Tafel). Der 40. Tag danach ist der 9. Juni, bei Einbeziehung des dies a quo der 8. Juni. Da die Königin am Abend starb, ist es möglich, daß Paulus Diaconus den Abend bereits zum 1. Mai rechnete, dann wäre der Medardustag auch bei Einrechnung des Ausgangstages der 39. Tag nach dem Tode der Königin. Möglicherweise starb die Prinzessin Hildegard also am selben Tag wie ihre Großmutter.
[187] ABEL, Karl der Große 370-373.

14.2.3.4.2. Verdächtige Todesfälle

Am Vorabend des Himmelfahrtsfestes 783 verstarb die Königin Hildegard.[188] Da im Jahre 813 am Himmelfahrtsfest der Gang zwischen der Kapelle und dem Königspalast in Aachen einstürzte, erregt die Unglücksträchtigkeit an diesen Tagen Bedenken. In den drei Tagen vor dem Himmelfahrtsfest fanden die Litanias minores statt, die im Frankenreich weit verbreitet waren und in Form von Prozessionen gefeiert wurden.[189] Wenn Königin Hildegard an einer solchen Prozession teilgenommen hat, war sie dabei sicher stärker gefährdet als im gut gesicherten Königspalast. Da sie nur 26 Jahre alt wurde und die Quellen keinen Grund für ihren Tod angeben, ist ihr Tod an diesem Tag in höchstem Maße verdächtig, zumal kurz darauf ihr jüngste Tochter und ihre Schwiegermutter starben.[190]
Die Grausamkeit der Königin Fastrada, der nächsten Frau Karls des Großen, war nach Einhard Ursache zweier Verschwörungen gegen Karl.[191] In ihrem Beisein wurde im Winter 793/794 ein Mann namens Hortlaik in Frankfurt ermordet. Noch vor Ablauf eines Jahres starb auch Fastrada im Alter von etwa 27 Jahren.[192] Sie endete ihr Leben am Laurentiustag 794 in Frankfurt.[193] Der hl. Laurentius war nicht nur ein Schutzpatron der karolingischen Könige, vielmehr wurde sein Fest auch von der Bevölkerung in diesem Landschaftsstrich besonders groß gefeiert.[194] Im Jahr 794 fiel der 10. August zusätzlich noch auf einen Sonntag, was zu einer weiteren Steigerung der Festlichkeiten angeregt haben wird. Der zeitliche und örtliche Zusammenhang legen die Vermutung nahe, daß die Königin der Blutrache zum Opfer fiel. Große Trauer scheint um die Königin nicht geherrscht zu haben. Der Autor der offiziösen Reichsannalen ging sogar soweit, den Todestag der Königin ausnahmsweise zu verschweigen. Er verhinderte so, daß am Jahrestag für ihr Seelenheil gebetet werden konnte.[195]

---

[188] BM² 261b; WERNER, Nachkommen 443 und Tafel.
[189] KELLNER, Heortologie 147 und 149.
[190] Da diese Tochter bereits ein knappes Jahr alt war, scheiden Komplikationen bei der Geburt als Todesursache aus (WERNER, Nachkommen 444f).
[191] Einhard, Vita Karoli 20, S.25f.
[192] BM² 327a.
[193] BM² 327a; WERNER, Nachkommen Tafel. Billigt man ihr ein Heiratsalter von 16 Jahren zu, ergibt sich ein Gesamtalter von 27 Jahren.
[194] OPFERMANN, Herrscherakklamationen 102f, 104f, 106f, 108f, 112f. Die Fuldaer Annalen berichten zum Jahr 870, daß in Mainz eine Frau zum Verkauf Brote buk, während die übrigen Bewohner der Messe beiwohnten. Durch die "transmissione tantae sollemnitatis" aus weltlichem Gewinnstreben erlitt sie schweren Schaden, da die Brote schwarz wurden (S.71f). Der Meßbesuch der Stadtbewohner zeigt, daß das Fest in Mainz allgemein gefeiert wurde, und das Verhalten der Bäckerin ist nur verständlich, wenn sie mit einem großen Gewinn rechnen konnte. Zum Fest werden also viele Besucher aus den umliegenden Dörfern erwartet worden sein.
[195] Annales regni Francorum a.794, S.94; man vergleiche das Ableben der Königin Hildegard und der Königsmutter Bertrada 783 (S.64f) oder die Nachrichten zum Tode der Kaiserkinder Rotrud, Pippin (a.810, S.131f) und Karl (a.811, S.135).

Ludwigs Schwiegersohn Bego gehörte schon in den aquitanischen Jahren Ludwigs des Frommen zu dessen engsten Mitarbeitern. In Aquitanien hatte der Graf von Paris und Toulouse seine ursprüngliche Machtbasis.[196] Reliquien der Apostel Simon und Judas Thaddeus, die den Thron Karls des Großen zu Aachen bewachten, gelangten aus dem kaiserlichen Reliquienschatz nur nach St. Saturnin bei Toulouse.[197] Diese Apostel wurde mit Sicherheit in Toulouse und wohl auch darüber hinaus aufwendig gefeiert. Graf von Toulouse war von 806 bis zu seinem Tod besagter Bego.[198] Derart bedeutende Reliquien konnten nach Aquitanien sicher nur über die Vermittlung des Karlssohnes Ludwig gelangen. Wenn solche Reliquien im Herrschaftsgebiet Begos deponiert wurden, liegt es nahe, daß der Graf selbst zugunsten des Klosters interveniert hatte.[199] Der Tod des Grafen in jungen Jahren am Fest dieser Heiligen, die ihm besonders nahe gestanden haben müssen, mutet doch seltsam an.[200] Der Graf von Toulouse hielt sich zur Zeit seines Todes möglicherweise in Aquitanien auf, da dort ein allgemeiner Aufstand wegen der Absetzung des Grafen Sigwin von Bordeaux ausgebrochen war.[201] Diesen Streitigkeiten dürfte der Schwiegersohn Ludwigs zum Opfer gefallen sein. Die Annahme, der Tod habe den Grafen von Paris und Toulouse in Paris und nicht in Aquitanien ereilt, macht die Angelegenheit eher mysteriöser, da an seinem

---

[196] WERNER, Nachkommen 446; SIMSON, Ludwig der Fromme I, 11 und 76f.
[197] SCHIFFERS, Karls des Großen Reliquienschatz 28, 36, 82. Ein Simon-und-Thaddeus Patrozinium hatte auch das sächsische Kloster Hersfeld, das aber vom Wigbert-Patrozinium verdrängt wurde, was nur durch das Fehlen von Apostelreliquien zu erklären ist (BÜTTNER, Hersfeld 281). Aus Rom stammten die Reliquien der beiden Apostel, die Papst Johannes VIII (+882) am Fest der beiden Heiligen in Flavigny niederlegte (HOLLAARDT, Flavigny 29).
[198] WOLFF, Aquitaine 290f.
[199] Zur Intervention bei Reliquientranslationen unter Karl dem Großen s. NOBEL, Königtum I, 181-187.
[200] Falls der Graf von Paris bei seiner Hochzeit 806 mit Alpais 20 Jahre alt war, muß er gerade 8 Jahre jünger gewesen als sein Schwiegervater Ludwig. Für das Grafenamt war er damit sicher nicht zu jung, da es sogar sein 10jähriger Sohn übernehmen konnte (WERNER, Nachkommen 446 und Tafel, SIMSON, Ludwig der Fromme I, 11, 76f).
[201] SIMSON, Ludwig der Fromme I, 65. Sigwin war seit 38 Jahren Graf von Bordeaux (WOLFF, Aquitaine 290f), als er 816 plötzlich abgesetzt wurde. Zu einem derartigen Kontinuitätsbruch wird sich der Kaiser sicher nicht ohne Zuraten entschlossen haben. Die Situation in Aquitanien muß 816 hochexplosiv gewesen sein, da die Klage der Exilspanier mit der Absetzung des Grafen von Bordeaux zeitlich in etwa zusammenfiel. Die Klage besagte, die Mächtigeren bei Hof hätten sich bei Ludwig Urkunden besorgt, mit deren Hilfe sie die Exilspanier widerrechtlich vertrieben (BM² 608 [588]). Welcher Aquitaner hatte bei Hof bessere Chancen, Urkunden zu erwirken als Bego, der Schwiegersohn des Kaisers? Man denke dabei auch an den Vorwurf, Bego sei habsüchtig gewesen (SIMSON, Ludwig der Fromme I, 11). Wenn Bego Graf Sigwin als den treibenden Mann hinter den Anwürfen der spanischen Ansiedler gegen sich gesehen hat, könnte die Absetzung des Grafen auf Bego selbst zurückgehen. Natürlich müssen die Fäden nicht genau so zusammenlaufen, aber ohne den Rat Begos wird Ludwig kaum einen so schwerwiegenden Eingriff in die aquitanischen Verhältnisse gewagt haben.

Todestag in Paris die Translation der hl. Genofeva gefeiert wurde, und sein Sohn Leuthard am Hauptfest der Pariser Heiligen (3.1.) verstarb.[202]
Nach dem Tode des Baiernherzogs Odilo bemächtigte sich Grifo, ein Halbbruder der Hausmeier Pippin und Karlmann, der Herrschaft in Baiern. Gegenüber den Herrschaftansprüchen Tassilos, des unmündigen Sohnes Odilos, konnte er auf die Abstammung seiner Mutter Swanahild verweisen, die selbst aus dem bairischen Herzogshaus kam. Für Tassilo machte sich dessen Onkel Pippin stark, der Grifo besiegte und den achtjährigen Tassilo als Herzog einsetzte.[203] In bezug auf die Nachfolgekämpfe erregt es besondere Aufmerksamkeit, daß der Baiernherzog am Tag der Stuhlfeier Petri 748 starb.[204] Das Fest erinnerte im Frühmittelalter an den Antritt der Bischofsherrschaft Petri in Rom.[205] Das Herrschaftsende Odilos fällt demnach mit einem Tag zusammen, an dem ein Herrschaftsbeginn gefeiert wird. Man ist versucht zu fragen, wessen Herrschaftsantritt da gefeiert wurde. Hinzu kommt, daß Odilo als ausgesprochen junger Mann starb.[206] All dies deutet daraufhin, daß hier kein natürlicher Tod vorliegt. Ob die Ausschaltung Odilos Grifo zur Last zu legen ist, kann nicht endgültig geklärt werden, da für den von Karl Martell eingesetzten Herzog Odilo sicher auch mit einer innerbairischen Opposition zu rechnen ist.
Der Markgraf Ernst von Böhmen gehörte zu den wichtigsten Ratgebern Ludwigs des Deutschen, als er und andere Adlige auf dem Reichstag zu Regensburg im April 861 wegen Untreue von König Ludwig ihrer Ämter enthoben wurden; Ernst zog sich auf sein Eigengut zurück, während andere zu König Karl ins Westreich fliehen mußten. Wahrscheinlich hängt die Entmachtung von Ernst mit der Ermordung des Mährerfürsten Pribina (+860/861) zusammen. Dessen Tod wird in die labile Machtbalance im mährischen Grenzgebiet einige Bewegung gebracht haben. Die Folge des Sturzes des Markgrafen war ein Aufstand des ältesten Prinzen Karlmann, dem Schwiegersohn des Markgrafen Ernst. Wichtigster Verbündeter Karlmanns im Kampf gegen seinen Vater war der Dux der Mährer Rastislaw. Dieser war ein Neffe des Gegenspielers von Pribina, Mojmir.[207] Als Markgraf

---

[202] KLAUSER, Genofeva 679; SIMSON, Ludwig des Fromme I, 64f; WERNER, Nachkommen 430 und Tafel.
[203] HASELBACH, Aufstieg 99f, REINDEL, Bayern 221f, HLAWITSCHKA, Vorfahren 79.
[204] BM² 57e; HAHN, Pippin 212-215.
[205] KELLNER, Heortologie 229f.
[206] Odilo wurde 739 von Karl Martell in Baiern als Herzog eingesetzt (BREYSIG, Karl Martell 89). Wenn Odilo einen gewissen Erbschaftsanspruch auf das Herzogsamt hatte, muß er beim Amtsantritt noch recht jung gewesen sein, wofür auch die Minderjährigkeit seines Sohnes Tassilo beim Tod des Vaters spricht (OELSNER, König Pippin 264). Hier wird daher Odilos Alter für 739 mit 18 Jahren angenommen, was ein Lebensalter von 27 Jahren ergibt.
[207] Zu Ernst s. DÜMMLER, Ostfränkisches Reich I, 345f und II, 21-23. Der Mährerfürst Pribina war 846 von Mojmir vertrieben worden und zu einem der treuesten Gefolgsleute Ludwigs geworden. Pribinas Sohn Kozel läßt sich unmittelbar vor dem Reichstag, auf dem Ernst abgesetzt wurde, in Regensburg nachweisen, da er im März 861 dem Bischof von Freising eine Schenkung machte (ANGENENDT, Kaiserherrschaft 238f, DÜMMLER, Ostfränkisches Reich II, 23f). Vermutlich wollte Kozel mit der Schenkung einen Verbündeten

muß Ernst mit Pribina wie Rastislaw Kontakt gehabt haben; er dürfte die Verbindung Karlmanns zu Rastislaw hergestellt haben. Karlmanns Erhebung scheiterte diesmal ebenso wie 863, aber im April 865 konnte er seinem Vater eine quasi autonome Herrschaft abringen. In all den Jahren blieb Rastislaw Karlmanns wichtigster und treuester Verbündeter gegen seinen Vater.[208] Architekt dieser politischen Konstellation - zumindest aber Mitverschwörer - war, wie aus den Vorgängen im Frühjahr 861 zu schließen ist, Karlmanns Schwiegervater Ernst. Leider überlebte er den Erfolg seines Schwiegersohnes nicht lange. Er starb noch im Jahr 865 am Martinsfest, einem Sonntag, auf seinem Eigengut zu Roßstall.[209] Es ist schwer zu glauben, daß der Intrigant gegen den König zufällig am Festtag des Heiligen starb, der als Symbol der fränkischen Königsherrschaft galt. Eher sieht es so aus, als sollte an einem Gegner des ostfränkischen Königs ein Exempel statuiert werden.

Der Todestag Karlmanns, Sohn Ludwigs des Deutschen, ist nicht unumstritten, allerdings spricht vieles für den 22. September 879.[210] Dies ist das Fest des

---

für seine Anklage gegen den/die Mörder seines Vaters auf dem Reichstag gewinnen. Mit Bischof Anno hatte sich Kozel einen Mann verpflichtet, der ähnlich gelagerte Interessen hatte. Nach der Ausschaltung eines autonomen Mährerreiches gehörte er zu den treibenden Kräften gegen den mährischen Missionar Method (DÜMMLER, Ostfränkisches Reich II, 377f).

[208] Karlmann startete im Herbst 862 einen erneuten Aufstand. Trotz seines Bündnisses mit Rastislaw mußte er sich aber schon bald nach Kärnten zurückziehen und im Laufe des Jahre 863 seinem Vater unterwerfen. Während eines Feldzuges seines Vaters gegen Rastislaw konnte Karlmann im Herbst 864 aus der freien Haft bei Regensburg fliehen und mit Einwilligung der Markgrafen seine alte Machtstellung im Südosten des Reiches wiedererlangen. Diese mußte auch sein Vater anerkennen, der sich nach Verhandlungen aus Baiern zurückzog. Nachdem sich Ludwig im Februar 865 mit Karl dem Kahlen ausgesöhnt hatte, rückte er erneut gegen Baiern vor, ohne indessen etwas gegen seinen Sohn ausrichten zu können. Der Status quo wurde dann im April in einer förmlichen Reichsteilung festgeschrieben (DÜMMLER, Ostfränkisches Reich II, 50f, 86f, 111f, 118-120; BUND, Thronsturz 469).

[209] DÜMMLER, Ostfränkisches Reich II, 21; s.a. ebd. I, 354.
Ernst taucht erstmals 849 als Graf der böhmischen Mark und Mitführer eines Kriegszuges auf, 861 heiratet seine Tochter den Prinzen Karlmann. Wenn sie damals 16 Jahre alt und ihr Vater bei ihrer Geburt bereits einige Zeit verheiratet war, wird Ernst 825 oder etwas früher geboren worden sein. Sein erstes Kommando hätte er dann mit rund 25 Jahren innegehabt. Diese Zeitenfolge erscheint durchaus vertretbar, woraus sich ein Alter von rund 41 Jahren bei seinem Tode ergibt.

[210] Für Karlmann werden zwei miteinander unvereinbare Todestage überliefert, die genau ein halbes Jahr auseinander liegen: der 22. März [880] und der 22. September, was wohl auf das Jahr 879 zu beziehen ist (BM^2 1547c mit einer Aufstellung der entsprechenden Totenbücher; WERNER, Nachkommen 451, entscheidet sich für den Septembertermin, gibt aber statt des 22.9. (St. Emmeram) durchgängig den 29.9. (St. Michael) [880] an; indiskutabel ist der bei FREISE, Grundformen 555, angegebene Todestag 22.3.878, da Karlmann noch am 11.8.879 urkundete [DKm 28]). König Arnulf gibt in seinem Diplom DArn 64 den 22. September als Todestag seines Vaters an ("decimo calendarum octobrium die, quo Carolomannus ... praesentem finivit vitam"), weshalb sich DÜMMLER, Ostfränkisches Reich III, 138, für diesen Tag (allerdings auf 880 bezogen) entscheidet. Regino und die Fuldaer Annalen notieren dagegen zum Jahr 880 den 22. März als Todestag des Königs, weshalb MÜHLBACHER diesen Termin für den richtigen hält. Man wird beide Traditionslinien ernstnehmen müssen. Die plausibelste

Erklärung scheint die zu sein, daß das eine Datum den Todestag angibt und das andere den Tag, an dem der Tod Karlmanns allgemein bekannt wurde. Zur Klärung der Streitfrage wird man die politische Situation nicht unberücksichtigt lassen können. Karlmann lag mindestens seit dem Februar 879 krank in seiner Gründung Ötting. Noch vor Ostern 879 erschien sein Bruder Ludwig bei ihm, nahm die Großen seines Bruders in Pflicht und schaltete "durch dieses schamlose Vorgehen noch zu Lebzeiten Karlmanns" Arnulf, den unehelichen Sohn Karlmanns und Ludwigs schärfsten Rivalen in Baiern, von der Herrschaftsnachfolge aus (WEBER, Reichsversammlungen 156). Wohl wegen der Zugeständnisse gegenüber seinem Onkel Ludwig überwarf sich Arnulf mit seinem Vater und riß die Macht in Baiern an sich. Als sein Bruder Ludwig gerüchteweise vom nahen Tod seines königlichen Bruders hörte, brach er seinen Feldzug ins Westreich ab, ließ seine dortigen Verbündeten im Stich und eilte nach Baiern, da Arnulf, der Sohn Karlmanns, einen Teil des väterlichen Reichs in Besitz genommen hatte (Annales Bertiniani a.879, S.149). Hier übereignete ihm König Karlmann das Reich. Anschließend begab sich Ludwig nach Regensburg und stellte dort am 22. November sogar ein Diplom aus (BM^2 1765e-f; DÜMMLER, Ostfränkisches Reich III, 118-120; DLJ 13). Er usupierte damit deutlich sichtbar Königsrechte. Während dieses Aufenthalts in Regensburg kam sein einziger ehelicher Sohn bei einem Sturz aus einem Fenster der Pfalz ums Leben, ein Vorfall, "der sogleich Gerüchte aufkommen läßt" (FRIED, Ludwig der Jüngere 18). Unmittelbar darauf verließ Ludwig Baiern und feierte das Weihnachtsfest bereits in Frankfurt (BM^2 1564a-c). Nicht nur die verpaßte Gelegenheit, Weihnachten in Regensburg zu feiern, spricht dafür, daß Ludwig sich nicht vollständig durchsetzte: "nachdem er aber, so gut es ging, die Bewegung in jenen Gebieten beschwichtigt hatte", kehrte Ludwig zu seiner Gemahlin zurück (Annales Bertiniani a.879, S.149). Zum Jahr 880 berichtet Regino, daß Ludwig auf die Nachricht vom Tode Karlmanns hin nach Regensburg kam, um sich huldigen zu lassen. Die König Ludwig nahestehenden Fuldaer Annalen berichten für 880 allerdings von keinem Zug nach Baiern, sondern schweigen sich über das Geschehen zwischen März (Tod/Todesnachricht Karlmanns) und der Augustmitte völlig aus (Regino, Chronicon a.880, S.117; Annales Fuldenses a.880, S.95). Vom Itinerar Ludwigs her könnte ein Baiernzug 880 in der Zeit zwischen dem 23. März und dem 3. Mai, eher noch zwischen dem 3. Mai und dem 23. Juli, stattgefunden haben (DLJ 14-16 mit den Stationen Frankfurt-Forchheim-Fulda). Jedenfalls wird er seine Herrschaft in Baiern wieder nicht sichergestellt haben, da er es für nötig hielt, den ganzen Sommer des nächsten Jahres dort zuzubringen (WEBER, Reichsversammlungen 158). Der Mißerfolg im Jahre 880 kann auch das Schweigen der Fuldaer Annalen veranlaßt haben. Erst der Tod König Ludwigs im Januar 882 beendete den verbissenen Kampf mit seinem Neffen um die Vorherrschaft in Baiern. In dieser Auseinandersetzung konnte derjenige, der als erster auf den Tod des rechtmäßigen Königs Karlmann reagierte, gewichtige Vorteile bei der Gewinnung von Anhängern erwarten. Man kann mit ziemlicher Sicherheit davon ausgehen, daß für Arnulf der 22. September der Todestag seines Vaters war. Bei Ludwig dem Jüngeren kam die Nachricht vom Tode seines Bruders am 22. März 880 an, wie aus den Zeugnissen des Ludwig nahestehenden Klosters Fulda zu entnehmen ist (Fuldaer Totenbuch und Annalen). Ludwigs Maßnahmen zur Übernahme der Herrschaft in Baiern, die er sofort nach Bekanntwerden des Todes Karlmanns einleitete, waren offenbar unzureichend. Wenn der Tod Karlmanns tatsächlich am 22. September 879 erfolgte, wird Ludwigs Scheitern im Jahre 880 erklärlich, denn Arnulf hätte ein halbes Jahr Zeit gehabt, die bairischen Potentaten für sich zu gewinnen. Wir entscheiden uns daher für den 22. September als Todestag Karlmanns und halten den 22. März für den Tag, an dem der Tod des Königs allgemein bekannt wurde. Es kann sich mithin beim 22. März um das Datum einer Umbettung handeln. Der Haupteinwand gegen diese Überlegungen dürfte der Hinweis auf die Regensburger Totenbücher sein, die den Tod Karlmanns zum 22. März [880] verzeichnen. Dem Einwand ist entgegenzuhalten, daß sich Ludwig im September/November 879 selbst in Regensburg aufhielt. Wäre den dortigen Klöstern der Tod des Königs zu diesem Zeitpunkt bekannt geworden, mußte Arnulf damit

Bischofs Emmeram, des wichtigsten bairischen Heiligen.[211] Im Rahmen der Auseinandersetzungen um die Nachfolge des herrschaftsunfähigen Karlmann zwischen seinem Sohn und dessen Onkel Ludwig ist sein Tod an einem solchen Festtag ausgesprochen auffällig. Da nach Ausweis der Fuldaer Annalen im Reich Ludwigs des Jüngeren erst ein halbes Jahr später der Tod Karlmanns bekannt wurde, muß, bei Unterstellung eines unnatürlichen Todes, der Verdacht auf Karlmanns Sohn Arnulf fallen, der seit dem Sommer des Jahres 879 mit seinem Vater verfeindet und dessen Schutzpatron der hl. Emmeram war. Oder sollte man annehmen, daß sein schwerkranker Vater den Anstrengungen einer solchen Feier nicht mehr gewachsen war?

14.2.3.4.3. Auffällige Todestage

König Pippin von Italien verstarb am Kilianstag (8.7.) des Jahres 810.[212] Zwar ist nichts über sein Lebensende bekannt, doch mutet es als ein seltsamer Zufall an, daß er im Vorjahr am Vigiltag des Würzburger Heiligen in einer Urkunde Karls des Großen für den langobardischen Grafen Aio als Fürbitter erwähnt wird.[213] Seltsam berührt, daß die Nonne Ermengard, eine Tochter Lothars II., am Festtag des hl. Sixtus gestorben sein soll, dem ihre Tante Angilberga ihre Klostergründung geweiht hatte,[214] während ihre Schwester Bertha von Tuscien am Tag nach dem Gedenken für Perpetua und Felicitas, den Schutzheiligen weiblicher Mitglieder des karolingischen Hauses, verstarb.[215]

---

rechnen, daß auch sein Onkel vom Tode Karlmanns erfuhr. Für eine Umbettung Karlmanns an einem 22. März kann auch ein Diplom Arnulfs von Samstag, dem 21. März 890, also in einem Jahr, als der 22. März auf einen Sonntag fiel, sprechen. Anlaß dieser Urkundenausstellung war Arnulfs Sorge um das himmlische Wohl seines Vaters. Mit der Besitzbestätigung verpflichtete Arnulf das Kloster St. Emmeram nämlich auf das Seelenheil seines Vaters Karlmann (DArn 75). Interessanterweise bieten aber auch die Karl III. verpflichteten Klöster Reichenau, Weißenburg und Remiremont den 22. September als Todestag. Möglicherweise darf man daraus auf eine Allianz zwischen Arnulf und Karlmann um 879/880 schließen, die sich dann gegen König Ludwig den Jüngeren gerichtet haben muß.

[211] GAMBER, Ecclesia Reginensis 170.
[212] BM² 515a; WERNER, Nachkommen 443 und Tafel.
[213] DK 209 vom 7.7.809. Es gibt nur drei weitere Interventionen Pippins (DK 183 für Kloster Nonantola; DK 187 vom 2.2.799, gleichfalls zugunsten des den oben erwähnten Aio; DK 208 vom 17.7.808 für einen anderen Langobarden.
[214] WERNER, Nachkommen 455.
[215] Sie heiratete 880 Graf Thietbald, einen Sohn des Hukbert, Abt von St. Maurice, später den Graf Adalbert von Tuscien (DÜMMLER, Ostfränkisches Reich III, 130, 241f, 673; WERNER, Nachkommen 455 und Tafel). Der Todestag ergibt sich aus ihrem Epitaph (S.167): "Idibus octavis Martis migravit ab ista vita, cum domino vivat et in requie ... Anno dominicae incarnationis DCCCXXV$_0$ indctine XIII obiit de mundo."

14.2.4. Auswertung

Bezüglich der Wochentage fällt auf, daß bei den sichergestellten Mordversuchen nur der Donnerstag und der Samstag als Wochentage auftauchen. Die Zahl der Fälle ist aber derart gering, daß es sich hier auch um Zufälligkeiten handeln kann. Einen gewissen Sinn könnte der Donnerstag machen, da er als Gerichtstag in germanischer Zeit gilt.[216] Die Wochentagswahl hätte den Mordanschlägen damit den Anstrich eines "Gegengerichts" gegeben. Aber es ist völlig unsicher, ob der Donnerstag in der Karolingerzeit der durchgängige Gerichtstag war. So richtete Pippin I. von Aquitanien wahrscheinlich dienstags,[217] und Ludwig der Fromme soll an drei Tagen in der Woche Gericht gehalten haben.[218] Betrachtet man die Verteilung über die Wochentage bei den sicher unverdächtigen und den verdächtigen Todesfällen, ergibt sich jedenfalls keine Bevorzugung irgendeines Wochentages.[219] Ein Zusammenhang von Mordanschlägen und Festtagen kann dagegen auch in karolingischer Zeit bestehen. Fast alle Untersuchungen, die von einem auffälligen Todestag ausgingen, brachten jeweils noch eine Reihe weiterer Auffälligkeiten ans Licht. Es ist damit nach unseren Untersuchungen gut möglich, daß einige Mitglieder des Königshauses Anschlägen zum Opfer fielen, wiewohl erst durch detaillierte Untersuchungen sichere Ergebnisse zu erzielen sind. Wenn Attentate vornehmlich an Festtagen verübt wurden, liegt das wohl weniger an einer abergläubischen Grundhaltung der Attentäter als vielmehr daran, daß die Karolinger bei ihrer Zeitplanung bemüht waren, wichtige Aktivitäten auf heilige Tage zu legen und damit ihren Gegnern eine willkommene Zielscheibe boten.

Auffällig ist, wie häufig Frauen betroffen sein können. Bertrada, Judith und Liutgard, drei Herrscherwitwen, Hildegard und Fastrada, Gattinnen Karls des Großen, und die Prinzessin Hildegard, Tochter Ludwigs des Deutschen, können Attentaten zum Opfer gefallen sein. Wenn diese Anschläge Sinn machen sollen, wird man den Frauen am Königshof eine weitaus bedeutendere Stellung einräumen müssen, als es die Forschung bisher getan hat.[220]

---

[216] JUNGBAUER, Donnerstag 343.
[217] SIMSON, Ludwig der Fromme II, 192, unter Berufung auf DPvAI 12: "Cum nos, in Dei nomine, die martis, Casnogilo villa palatio nostro ... as multorum causas audiendum rectaque judicia terminandas resideremus, ibique venientes ...". Das Diplom datiert vom 9.6.828, einem Dienstag.
[218] Astronomus, Vita Hludowici 19, S.616.
[219] Die unverdächtigen Todesfälle verteilen sich über die Woche wie folgt: Sonntag 9, Montag 3, Dienstag 4, Mittwoch 3, Donnerstag 2, Freitag 5 und Samstag 7. Bei den verdächtigen Todesfällen sieht die Verteilung ähnlich aus: Sonntag 4, Montag 2, Dienstag 4, Mittwoch 3, Donnerstag 7, Freitag 2 und Samstag 3. Der Chiwert von 6,81 bei 6 Freiheitsgraden ergibt ein Signifikanzniveau von 30-50% für eine strukturelle Verwandtschaft der beiden Gruppen. Es ist allerdings auch festzuhalten, daß der Test Schwächen hat, da über 20% der Werte unter 5 liegen (SIEGEL, Nichtparametrische Methoden 171).
[220] KONECNY, Frauen 61, meint, Bertrada "verkörperte ... den Typus der politisch tätigen Königswitwe der Merowingerzeit", stelle aber auch "den Endpunkt einer Entwicklung dar".

14.2.5. Tabelle zu den Todestagen im karolingischen Königshaus[221]

Todesart	Person	Todestag	WT	Bezug	Festtag	Alter	Qu
	Leuthard, Enkel LdF	3.1.858/	869	Tv	Genofeva	52/63	T
Krank	Rudolf, Enkel LdF	5.1.892	Mi	Tv	Epiphanie	44	
	Ludwig, Enkel KdG[1]	9.1.867	Do			67	
	Franco, Urenkel KdG[2]	9.1.901	Fr			76/81	K
Attentat	Karl III.	13.1.888	So	Oktav	Epiphanie Hilarius	49	
	Odilo von Baiern, Schwager PdJ	18.1.748	Do		Petri Stuhlfeier	27	K
Krank	Ludwig der Jüngere	20.1.882	Sa		Sebastian	47	
Krank	Karl v.d. Provence	24.1.863	So		Timotheus	18	K
Krank	Karl der Große	28.1.814	Fr		Agnes	66	
Krank	Hemma, Gattin LdD	31.1.876	Di			65	K
Kampf	Brun von Sachsen, Schwager LdJ	2.2.880	Di		Mariä Rgg.	20	K
	Friderun, Gattin KdE[3]	10.2.917	Mo		Scholastica	26	K
	Bertha von Tuscien, Tochter Lo II.	8.3.925	Di	Tn	Perpetua + Felicitas	62	
	Gertrud von Nivelles[4]	17.3.659	Mi	nach	So Laetare	33	K
	Irmingard, Gattin Lo I.	20.3.851	Fr	der	Karwoche	46	K
	Hrouthild, Tochter KdG[5]	24.3.852	Do	nach	So Laetare	52	K
	Bertha, Tochter LdD[6]	26.3.877	Di	nach	So Judica	39/41	K
Attentat	Berengar I., Enkel LdF	7.4.924	Mi	nach	Osteroktav	79	K
	Hugo, Sohn Drogos	8.4.730	Sa	der	Karwoche	36	K
angebl. Gift	Ludwig der Stammler	10.4.879	Fr	der	Karwoche	33	
Blendung	Bernhard von Italien	17.4.818	Sa	nach	So Miserere	21	K
	Judith, Gattin LdF	19.4.843	Do	der	Karwoche	40	K
	Hildegard, Gattin KdG	30.4.783	Mi	Tv	Chr. Himmelf. Rogationstag	25	

---

[221] Endnoten sind nur den Personen beigegeben, auf die im Text nicht näher eingegangen wurde.
Abgekürzt wurden folgende Personennamen: Pippin der Jüngere (PdJ), Karl der Große (KdG), Ludwig der Fromme (LdF), Lothar I.(Lo I), Lothar II. (Lo II) Ludwig der Deutsche (LdD), Ludwig der Jüngere (LdJ), Karl der Kahle (KdK), Ludwig der Stammler (LdSt) und Karl der Einfältige (KdE). Die Namen sind zumeist im Genetiv zu lesen.
Die letzte Spalte gibt über die Quellenlage Auskunft: K = der Todestag ergibt sich aus einer Kombination von Jahres- und Tagesangaben aus unterschiedlichen Quellen; T = Nur Todestag ist bekannt.

Todesart	Person	Todestag	WT	Bezug	Festtag	Alter	Qu
Kampf	Nithard, Enkel KdG	15.5.845	Fr			47	K
Krank	Liutgard, Gattin KdG[7]	4.6.800	Do	Oktav der	Chr. Himmelf.	22	
	Karl, Sohn Pippins I. von Aquitanien[8]	4.6.863	Fr	der	Pfingstwoche	37/38	
	Hrotrud, Tochter KdG[9]	6.6.810	Do	Tn	Bonifatius	35	
	Chlodulf, Sohn Arnulfs von Metz	8.6.697	Fr	der	Pfingstwoche Médard	67	K
	Bertrada, Gattin PdJ	8.6.783	So		Médard	55	
Kampf	Hugo, Sohn KdG	14.6.844	Sa		Eliseus pr.	38/42	
Kampf	Ricboto, Enkel KdG	14.6.844	Sa		Eliseus pr.	39/44	
Krank	Ludwig der Fromme	20.6.840	So			62	
Kampf	Rudolf, Enkel KdK[10]	28.6.896	Mo	Tv	Petrus ap.	31	
	Pippin von Italien	8.7.810	Mo		Kilian Zeno, Ordin.	33	
	Irmingard, Tochter LdD[11]	16.7.866	Di		Margareta	33/35	K
	Arnulf, Bischof von Metz[12]	18.7.639	So			55	K
	Alpais, Tochter LdF[13]	23.7.nach 851		Tn	Maria Magd.	>57	T
angebl. Gift	Ramnulf II., Urenkel LdF[14]	5.8.892	Mi	Tv	Sixtus pp.	42/47	K
Unfall	Ludwig, Sohn LdSt	5.8.882	So	Tv	Sixtus pp. Kö Oswald	17/19	
	Ermengard, Tochter Lo II	6.8. ?			Sixtus pp.	?	T
Krank	Lothar II.	8.8.869	Mo		Cyriak	34	
	Fastrada, Gattin KdG	10.8.794	So		Laurentius	27	K
	Ludwig II.[15]	13.8.875	Sa		Hyppolit pp.	50	K
Kampf	Zwentibold	13.8.900	Mi		Hyppolit pp.	30	
	Karlmann, Sohn Karl Martells[16]	17.8.754	Sa	Tn	Arnulf, Trsl.	48	
	Caecilia, Tochter Zwentibolds	17.8. ?		Tn	Arnulf, Trsl.	?	T
	Benedicta, Tochter Zwentibolds	17.8. ?		Tn	Arnulf, Trsl.	?	T
	Alberich von Utrecht, Urenkel Adelas von Pfalzel[17]	21.8.784	Sa			34	K
	Gregor von Utrecht, Enkel Adelas von Pfalzel[18]	25.8.776	So	Tn	Bartholomäus	69	K
	Ludwig der Deutsche[19]	28.8.876	Di	Tv	Joh.d.T., Pas. Augustinus	70	
	Balduin II., Enkel KdK[20]	10.9.918	Do		Hilarius pp.	52/55	

Todes-art	Person	Todestag	WT	Bezug	Festtag	Alter	Qu
	Richarda Gattin Karls III.[21]	18.9.900	Do		Desiderius	54	K
	Karlmann von Baiern	22.9.879	Di		Emmeram	49	K
Krank	Pippin der Jüngere	24.9.768	Sa		Joh.d.T., Empf.	54	
	Ludwig das Kind	24.9.911	Di		Joh.d.T., Empf. Wynnibald	18	K
Krank	Lothar I.	29.9.855	So		Michael	60	K
Krank	Karl von Aquitanien	29.9.866	So		Michael	18/19	
Kampf	Ebalus, Urenkel LdF	2.10.892	Mo	Tn	Remigius	37/41	K
Krank	Irmingard, Gattin LdF	3.10.818	So	nach	Remigius (= Krönung 816)	40	
	Ermentrud, Gattin KdK	6.10.869	Do	Oktav	Michael	40	
angebl. Gift	Karl der Kahle	6.10.877	So	Oktav	Michael	54	
	Karl der Einfältige[22]	7.10.929	Mi			50	K
	Karl Martell[23]	15.10741	So	nach	Dionysius	53	
	Bego, Schwiegersohn LdF	28.10.816	Di		Genofeva, Trsl. Simon + Judas	30	K
	Ansgard, Gattin LdSt[24]	2.11. n. 879		Tn	Allerseelen Allerheiligen	34/39	K
	Heribert, Enkel Bernhards von Italien[25]	6.11.900/ 907				50/57	K
	Ernst, Schwiegervater Karlmanns von Baiern	11.11.865	So		Martin	41	K
	Adelheid, Gattin LdSt[26]	18.11.901	Mi	Oktav	Martin	42	K
	Welfetrude, Enkelin Pippins des Älteren[27]	23.11.669	Fr		Felicitas	30	Fr
Krank	Arnulf von Kärnten	27.11.899	Di		Virgil ep.	49	K
	Liutgard, Gattin LdJ	30.11.885	Di		Andreas ap.	25	
	Otto von Sachsen, Schwager LdJ	30.11.912	Mo		Andreas ap.	51	K
Krank	Karlmann, Bruder KdG	4.12.771	Mi		Benedikt, Ill.	20	
	Karl, Sohn KdG	4.12.811	Do		Benedikt, Ill.	39	
Unfall	Drogo, Sohn KdG	8.12.855	So		Mariä Empf. 2. Advent	54	K
	Tassilo, Sohn Odilos von Baiern	11.12.798	Di	nach	2. Advent	56	K
Unfall	Karlmann, Sohn LdSt	12.12.884	Sa	Tv	Lucia	18	K
	Pippin I. von Aquitanien[28]	13.12.838	Fr		Lucia	41	
Krank	Lothar, Sohn KdK	14.12.865	Fr	Tn	Lucia	15	
	Pippin der Mittlere[29]	16.12.714	So		3. Advent	81	
	Hildegard, Tochter LdD	23.12.856	Do		Kö Childebert Victoria?	28	K
Krank	Konrad I.	23.12.918	Mi		Kö Childebert	37/42	K

Todes-art	Person	Todestag	WT	Bezug	Festtag	Alter	Qu
	Irmina von Oeren	24.12.708	Mo	Tv	Chr. Geburt	?	K
	Adela, Tochter Irminas von Oeren	24.12.734	Fr	Tv	Chr. Geburt	?	K

Todestage von Merowingerkönigen

	Dagobert I.[30]	19.1.639	Di				
	Gunthram	28.3.593	Sa	der	Karwoche		
	Childebert I.[31]	23.12.558	So		Kirchweihe?		
	Dagobert II.[32]	23.12.679	Fr		Kö Childebert		

---

[1] WERNER, Adelsfamilien 137. Sohn der Hrotrud.
[2] Bischof von Lüttich, geboren 820-825, die Zwischenglieder sind unbekannt (WERNER, Nachkommen 454f und Tafel).
[3] WERNER, Nachkommen 453; HLAWITSCHKA, Mathilde 45-50. Bei ihrer Hochzeit 907 wird ihr ein Alter von 16 Jahren unterstellt.
[4] HLAWITSCHKA, Vorfahren 74 und Tafel; KRUSCH im Vorwort zur Vita sanctae Geretrudis (MGH Scriptores rerum Merovingicarum 2, 447).
[5] Äbtissin von Faremoutier und Tochter der Madalgaud. Wann Karl mit Madalgaud liiert war, ist nicht genau festzustellen, es scheint aber um die Jahrhundertwende gewesen zu sein (WERNER, Nachkommen 445).
[6] Äbtissin von Schwarzach und Zürich (DÜMMLER, Ostfränkisches Reich II, 426f). WERNER, Nachkommen 451, reiht ihre Geburt zwischen Ludwig den Jüngere (835) und Karl den Dicken (839) ein.
[7] BM² 355a.
[8] Da Karl seit 856 als Erzbischof von Mainz residierte (DÜMMLER, Ostfränkisches Reich I, 410 und II, 80), wird sein Alter bei der Bischofsweihe auf 30 Jahre geschätzt, was gut zu dem von WERNER, Nachkommen 450 und Tafel, angenommenen Geburtszeitraum "c(irca) 825/30" paßt.
[9] BM² 449a. Die Annales Maximiniani bieten hingegen "VIIII id. iun.". Die inkorrekte römische Datierung wird den 5. Juni bezeichnen.
[10] "Rodulfus comes interficitur IV. Kal. Iulii." Annales Blandinienses a.896, S.15. Da auch die Monumenta-Ausgabe keinen anderen Text bietet (hg. von LUDWIG C. BETHMANN, Scriptores 5, Hannover 1844, S.24), wird die Datierung auf den 17.6.896 bei WERNER, Nachkommen (Tafel) auf einem Versehen beruhen. Es handelt sich um einen Sohn Balduins I. und Judith, der Tochter Karls des Kahlen.
[11] Äbtissin von Buchau und Frauenwörth (DÜMMLER, Ostfränkisches Reich II, 426). WERNER, Nachkommen 451, reiht sie und ihre jüngere Schwester Gisla zwischen Karlmann (830) und Ludwig den Jüngeren (835) ein.

[12] BM² 0m; HLAWITSCHKA, Vorfahren 73. Da ein Bischof beim Amtsantritt mindestens 30 Jahre alt sein soll (MÖRSDORF, Bischof, kirchenrechtlich 504), wurde dieses Alter für Arnulfs Ordination 614 angesetzt.
[13] WERNER, Nachkommen 445f und Tafel.
[14] Graf von Poitou, ein Sohn Graf Ramnulfs I. von Poitou und Enkel der Hildegard oder Hrotrud, beides Töchter Ludwigs des Frommen (AUZIAS, Aquitaine 440, 551-557; WERNER, Nachkommen 455, setzt seinen Tod zu 890).
[15] Die Quellen geben den 12., 13. und 14. August als Todestag an. MÜHLBACHER (BM² 1275a) kommt zum 12. August, weil er den Ausgangstag bei Lupus von Bergamo (trigesimo primo post obitum d. Ludowici imp. III id. sept.) nicht mitzählt. Zum 13. August hingegen paßt, daß der Erzbischof Ansbert von Mailand den Kaiser am 19. August, also am 7. Tag nach dem Hinscheiden in St. Ambrogio zu Mailand begraben läßt (zum siebten Tag in der Totenliturgie siehe ANGENENDT, Toten-Memoria 171f).
[16] BM² 53f. BREYSIG, Karl Martell 9.
[17] Bischof von Utrecht und Neffe Gregors, dem Abt von St. Martin in Utrecht; sein Alter wird für den Beginn der Leitung des Bistums 780 auf 30 Jahre gesetzt (MÖRSDORF, Bischof, kirchenrechtlich 504). Das Todesdatum ist unsicher. Den 21. August und den 14. November hält TORSY für möglich (HLAWITSCHKA, Vorfahren 81; TORSY, JAKOB: Alberich v. Utrecht, in: LThK 1, 1957, 277). Der 14. November kann eine Translation bezeichnen, die an einem Sonntag nach dem Patronatsfest (St. Martin am 11. November) stattfand.
[18] Sohn Alberichs, ein Sohn der Adela von Pfalzel, Abt von St. Martin in Utrecht; das Todesjahr ist unsicher (HLAWITSCHKA, Vorfahren 81; ZIMMERMANN, ALBERT: Gregor v. Utrecht, in: LThK 4, 1961, 1194).
[19] BM² 1519b.
[20] WERNER, Nachkommen Tafel. Den Todestag des Abtes von St. Bertin liefert Folcuin, Gesta abbatum sancti Bertini 103, S.627: "Balduinus autem comes et abbas monasterii Sithiu ... obiit anno Verbi incarnati 918, 4. Idus Septembris." Spätestens im 12. Jahrhundert galt jedoch (auch?) der 2. Januar 918 als Todestag des Sohns von Balduin Eisenarm. Der Zusatz einer Genealogie der flandrischen Grafen vermerkte zur Grablegung des "Balduinus Calvus, filii Balduini Ferrei" in Gent: "qui obiit a. D. 918. 4. Non. Ianuar." (Genealogia Flandrensium comitum. Flandria generosa 3, S.318).
[21] Gründerin des Nonnenklosters Andlau (DÜMMLER, Ostfränkisches Reich III, 285; BURG, ANDREAS M.: Richardis, in: LThK 8, 1963, 1295, gibt 894/896 als Todesjahre, WERNER plädiert für rund 900). Bei ihrer Hochzeit 862 (WERNER, Nachkommen 451f und Tafel) wird hier für sie ein Alter von 16 Jahren unterstellt. Das angegebene Desiderius-Fest wurde seit dem 7. Jahrhundert im Elsaß, in St. Dizier und dem Kloster Murbach, gefeiert (HUNKLER, Heilige des Elsasses 172-174).
[22] WERNER, Nachkommen 457 und Tafel. Nach Folcuin, Gesta abbatum sancti Bertini 102, S.626, starb Karl am 16. September 929: "Anno post haec incarnationis Domini 929, Karolus rex in Parona castro, in custodia qua missus fuerat, obiit 16. Kal. Octobris sepultusque est in monasterio Sancti Fursei." Andere Geschichtswerke vermerken lediglich das Todesjahr (Flodoard, Annales a.929, S.378; Richer, Historia I 56, S.584) Der allgemein als Todestag gehandelte 7. Oktober (SCHNEIDMÜLLER, Karl (III.) der Einfältige 970; ECKEL, Charles le Simple 134, unter Berufung auf LIPPERT,

WOLDEMAR: König Rudolf von Frankreich, Leipzig 1886, 67f) ergibt sich aus dem Necrolog Hugos von Flavigny. Hugo vermerkt zu den Nonen des Oktobers "Karolus simplex obiit" (S.287). In seiner Chronik rühmt er den König als Heiligen: "Carolus quoque apud Paronnam obiit, qui animam, non corpus custodia exemit. Hic dum viveret, Simplex dictus est ob benignitatem animi, nunc sanctus recte potest vocari, quoniam iniuste ab infidelis suis et periuris longo carceris squalore afflictus, transmissus est vitae perpetuae" (I, a.929, S.359). Angesichts der Heiligenverehrung Hugos und der abweichenden Datierung bei Folcuin ist es nicht ausgeschlossen, daß Hugo einen (klosterinternen?) Gedenktag des Heiligen für dessen Todestag hielt.

[23] LEVISON, Calendrier 343. FREISE, Grundformen 515, gibt unter Berufung auf LEVISON den 13. Oktober als Todestag an, höchstwahrscheinlich ein Versehen (die Iden fallen fast immer auf den 13. des Monats). Das Geburtsjahr wurde auf 688 angesetzt (BREYSIG, Karl Martell 7).

[24] WERNER, Nachkommen 453. Nach HLAWITSCHKA, Lotharingien 237, verstarb sie "wohl bald nach 879". Für die Altersberechnung wurde auch für sie ein Heiratsalter von 16 Jahren (a.862) angenommen.
Da der Todestag aus einem zwischen 1400 und 1414 geschriebenen Necrolog (aus Notre-Dame in Reims) rührt, scheint es erlaubt, ein Fest ins Spiel zu bringen, das in karolingischer Zeit noch unbekannt war. Zur cluniacensischen Herkunft des Allerseelenfestes ("commemoratio fidelium defunctorum" bzw. "omnium memoria Christicolorum") s. SCHMID/WOLLASCH, Gemeinschaft 390.

[25] WERNER, Nachkommen 455.

[26] Das Todesjahr ist nicht ganz sichergestellt (WERNER, Nachkommen 453). Für die Hochzeit 875 wird ein Alter von 16 Jahren unterstellt.

[27] Vita Geretrudis 6, S.461, und das Vorwort von KRUSCH, S.447f; HLAWITSCHKA, Vorfahren 76 und Tafel.

[28] Annales Bertiniani a.838, S.16. Das Würzburger Totenbuch notiert zum 21. Dezember "depositio Bipini", was wohl den Todestag, nicht die Beisetzung meint (SIMSON, Ludwig der Fromme II, 191).

[29] BM² 4b und 21b. Alter nach BREYSIG, Karl Martell 1.

[30] MATZ, Regententabellen 47; BÖING, GÜNTHER: Dagobert I., in: LThK 3, 1959, 122f.

[31] MATZ, Regententabellen 47.

[32] MATZ, Regententabellen 48; BÖING, GÜNTHER: Dagobert II., in: LThK 3, 1959, 123, ohne Angabe des Todestages, aber mit dem Hinweis auf den 23. Dezember als "Fest".

14.3. MOISSAC: NECROLOG ODER MEMORIALBUCH?

14.3.1. Problemstellung

In 44 der angegebenen Datierungen von Todestagen der Karolinger handelt es sich um Kombinationen von Todestag und Todesjahr: den Todestag kennen wir aus einem (oder mehreren) liturgischen Gedenkbuch bzw. -büchern, das/die diese Person zu einem bestimmten Tag vermerkte(en), das Jahr aus einem anderen, zumeist historiographischen Werk. In weiteren fünf Fällen kennen wir lediglich den Todestag. Damit beruhen fast 60% der hier behandelten Todestage auf der Überlieferung von Gedenktagen, und es ist nicht ausgeschlossen, daß die Tagesangaben in den historiographischen Werken nicht auch Gedenkbüchern entnommen wurden, wie dies etwa in St. Wandrille geschah.[1] Damit ist nun folgender Einwand denkbar: da in den Necrologien der Grund der Verzeichnung zumeist fehlt, muß es sich nicht unbedingt um eine Kommemoration aus Anlaß des Todes zum Todestag handeln - wiewohl eine solche Annahme bei Necrologien eigentlich selbstverständlich sein sollte, da in der Forschung streng unterschieden wird zwischen kalendarisch angelegten Totenbüchern (Necrologien) und solchen Memorialbüchern, die dem Gedächtnis von Lebenden und Verstorbenen dienten.[2]
Der Einwand hat schon deshalb seine Berechtigung, da in einigen Fällen Karolingerkönige in Necrologien zu Tagen vermerkt wurden, die sicher nicht ihren Todestagen entsprechen.[3] Gründe für diese "fehlerhaften" Gedenken sind nicht

---

[1] Zu den Gesta abbatum Fontanellensium bemerkt LEVISON, Gesta 340: "Ein Totenbuch oder Martyrologium hat als Quelle für die Todestage gedient." Hinsichtlich der Chronik Thietmars von Merseburg konnte ALTHOFF, Memorialstruktur 228-236, nicht nur eine "Interdependenz von Gedenküberlieferung und Historiographie" (S.228) aufzeigen, sondern auch belegen, daß Thietmar eine Reihe von Todestagen in seiner Chronik nachtrug, sobald sie ihm durch das Merseburger Necrolog bekannt geworden waren (S.234f).
[2] "Aufgrund ihrer Anlage lassen sich zwei Grundformen des Gedächtnisses unterscheiden. Die nach 'Ordines' oder nach geistlichen und natürlichen Lebensgemeinschaften gegliederten Namensverzeichnisse von Lebenden und Verstorbenen heben sich von den ausgesprochenen 'Totenbüchern', den sog. Necrologien deutlich ab, die den Eintrag zum Todestag aufweisen, d.h. den Kalender als Anlageprinzip haben" (SCHMID/WOLLASCH, Gemeinschaft 368).
[3] Des Kaisers Ludwig II. wurde in Remiremont und Reichenau statt am 12. August am 21. August gedacht (DÜMMLER, Ostfränkisches Reich II, 386) und sein Bruder Lothar im Prümer Necrolog zum 1. Juli statt zum 8. August eingetragen (ebd. II, 242f). Kann man solche Abweichungen noch mit dem Hinweis auf Kommunikationsprobleme abtun, da beide Herrscher bekanntlich in Italien verstarben, gilt dieser Hinweis sicher nicht mehr für den Tod des Kaisers Arnulf (gestorben am 29.11.899 oder 8.12.899 in Regensburg oder Altötting). Das Necrolog der Trierer Abtei St. Maximin verzeichnet den Kaiser nämlich zum 17. August: "XVI Kal. (Sept.) Arnolfus imper. aug. qui restituit isti ecclesiae Ribinacham cum appendiciis suis." "Warum dies Gedächtnis auf den 17. Aug. gelegt worden, ist unklar, vielleicht weil Zwentibald am 18. folgte" (DÜMMLER, Ostfränkisches Reich III, 474). DÜMMLERs Vermutung kommt der oben angesprochenen Familienhypothese sehr nahe, zumal seine beiden Töchter gleichfalls am 17. August ihren Gedächtnistag hatten (DÜMMLER, Ostfränki-

bekannt.⁴ Um die merkwürdige Verteilung der Todestage von Karolingern zu erklären, muß die Hypothese geprüft werden, daß sich bei einer Reihe von Necrologien die Gedenkeinträge nicht den Todestag der kommemorierten Person bezeichnen, vielleicht sogar zu Lebzeiten dieser Person eingerichtet wurden. Dazu ist es notwendig, Necrologe daraufhin zu untersuchen, ob sich in ihnen Anhaltspunkte dafür finden lassen, daß Personen nicht aus Anlaß ihres Todes bzw. zu ihrem Todestag eingetragen wurden. Da es ein viel zu großer Arbeitsaufwand wäre, alle Necrologe, die karolingische Herrschergedenken bieten, einer Gesamtanalyse zu unterziehen, müssen wir uns darauf beschränken, ein Necrolog genauer zu analysieren.

Für diesen Zweck eignet sich das Necrolog des aquitanischen Klosters Moissac in besonderem Maße. Sein Umfang ist einerseits groß genug, um eine sinnvolle statistische Untersuchung vornehmen zu können, andererseits so übersichtlich, daß Einzeluntersuchungen ohne überbordenden Aufwand möglich sind. Außerdem liegen zum Kloster und seinem Totenbuch einige inhaltsreiche Arbeiten von AXEL MÜSSIGBROD vor. Diese bilden die Grundlage der vorliegenden Studie.⁵

Das Totenbuch des aquitanischen Klosters wurde im Zusammenhang mit der cluniacensischen Reform in den siebziger Jahren des elften Jahrhunderts neu angelegt. Dabei wurden jedem Tag zunächst einige Namen des alten, klostereigenen Gedenkbuches beigeordnet, dann die 'cluniacensischen Namen' eingeschrieben. Die Gedenken für diese Personen erwuchsen dem Kloster aus den Verpflichtungen, die der Eintritt in den cluniacensischen Klosterverband mit sich gebracht hatte. Die alte Eigentradition von Moissac fällt beim Vergleich mit den Eintragungen der übrigen cluniacensischen Totenbücher überdeutlich ins Auge. Dieses alte Gedenkbuch, das bis in karolingische Zeit zurückreicht, wurde von MÜSSIGBROD rekonstruiert.⁶ Die Eintragungen in das sogenannte karolingische Necrolog bestehen zumeist nur aus den Namen selbst, Ausnahmen machen

---

sches Reich III, 503; WERNER, Nachkommen 467f). Nur wird man der DÜMMLERs Annahme, der Todestag Zwentibolds habe die Kommemoration seines Vaters (und seiner Töchter?) im August bewirkt, entgegenzuhalten haben, daß Arnulfs Sohn Zwentibold nicht am 18. August, sondern bereits am 13. des Monats verstarb.
Ein Beispiel aus der Historiographie: die Annales sancti Amandi breves a. 813 (MGH Scriptores 2, 184) geben den Todestag Karls des Großen als "V. id. Oct." (11.10.) anstatt von "V. Kal. Feb." (28.1.) an, was nach ABEL/SIMSON, Karl der Große 534, "wohl nur" als "Schreibfehler" zu verstehen ist.

⁴ Zum Gedenken für Kaiser Arnulf in St. Emmeram am 27. November bietet DÜMMLER, Ostfränkisches Reich III, 473, die interessante Erklärung einer Verlegung des Gedenkens auf einen heiligen Tag in der Nähe des Todestages: "daß man vielleicht die Gedenkfeier auf den Tag des heiligen Virgilius, als den nächsten Festtag, verlegt hat." Doch wird man dann eher den 30. November als Festtag des Apostels Andreas erwarten dürfen, der in Regensburg sicher in viel höherem Ansehen stand als der Salzburger Bischof.

⁵ MÜSSIGBROD, Abtei Moissac; DERS.: Toteneinträge und DERS./ WOLLASCH, Martyrolog-Necrolog.

⁶ MÜSSIGBROD, Toteneinträge 350f, MÜSSIGBROD/WOLLASCH, Martyrolog-Necrolog S.XIX-XLII.

einige Äbte, deren Amt mitvermerkt wurde, manchmal mit dem Zusatz "pro quo officium fiat et iusticia detur". Aus dem üblichen Schema fallen auch drei "Commemorationes" heraus, die Kaiser Ludwig dem Frommen, Papst Leo III. und dem Bischof Aguarnus von Cahors gelten. Zumindest in diesen Fällen handelt es sich bei den Tagen, denen das Gedenken zugeordnet ist, mit Sicherheit nicht um deren Todestage. Am 17. März gedachte das Kloster seines Wohltäters Ludwig I., obwohl der Kaiser am 20. Juni 840 starb, und am 13. April des Papstes Leo III., welcher am 12. Juni 816 verschied.[7] Zumindest für den Gedenktag des Kaisers darf eine bewußte Tagewahl vermutet werden. Der Tag des Kaisergedächtnisses feierte nämlich die karolingische Familienheilige Gertrud von Nivelles.[8] Ob die Tagewahl für das Kaisergedächtnis auf Ludwig selbst zurückgeht - denkbar wäre etwa ein besonderer Gunsterweis an diesem Tag[9] - oder ob das Kloster von sich aus den sinnfälligen Bezug herstellte, kann nicht mehr geklärt werden. Das Gedenken für den Bischof von Cahors am 4. April kann in einem Gedenken für einen Ortsheiligen begründet sein.[10] Möglicherweise liegen beim Papstgedenken ebenfalls sinnvolle Gründe für die Tagewahl vor.[11]

14.3.2. Der "Weihnachtsüberschuß"

An den Anfang unserer Studie soll eine statistische Beobachtung gestellt werden. Die rekonstruierte, älteste Schicht des Necrologs enthält insgesamt 1076 Eintragungen. Damit entfallen auf jeden Tag des Jahres durchschnittlich 2,97 Namen. Von dieser Zahl weichen die zwölf Einträge am 25. Dezember und die elf vom 26. Dezember deutlich ab. Dies kann schwerlich auf eine Besonderheit des Monats Dezember zurückgeführt werden. Eine wesentlich erhöhte Mortalität kann nicht festgestellt werden. Im letzten Monat des Jahres wurde nur 87 Personen gedacht. Der Monatsdurchschnitt liegt also bei 3,11 und somit nur

---

[7] MÜSSIGBROD, Toteneinträge 362-364.
[8] NOBEL, Königtum 62f.
[9] Zum "Einkauf" des Herrschers in das liturgische Gedächtnis mittelalterlicher Mönchsgemeinschaften s. WOLLASCH, JOACHIM: Kaiser und Könige als Brüder der Mönche. Zum Herrscherbild in liturgischen Handschriften des 9. bis 11. Jahrhunderts, in: DA 40 (1984) 1-20.
[10] MÜSSIGBROD, Toteneinträge 369. Der heilige Bischof Ambrosius von Cahors wurde zwar am 16. Oktober gefeiert (RATH, JOSEF: Cahors, in: LThK 2, 1958, 873), doch wurde der weitaus bekannteste Bischof dieses Namens am 4. April gefeiert (GROTEFEND, Handbuch II.2, 61). Möglicherweise wurde hier absichtlich das Fest des Namensvetters für eine Translation des Ortsheiligen gewählt. Zumindest wurde diese Methode häufiger angewandt. So wurde etwa der Bischof Martialis von Limoges, der in seiner Heimatstadt am 30. Juni geehrt wurde, in Tarassona am 10. Juli gefeiert (GROTEFEND, Zeitrechnung II.2, 138), weil an diesem Tag auch des Märtyrers Martialis, des Sohnes der Felicitas, gedacht wurde (WIMMER, Lexikon 564).
[11] Siehe Exkurs 13.

unwesentlich über dem des Jahres.[12] Auch MÜSSIGBROD fiel diese "bisher unerklärte Abweichung" auf. Er erwägt, ob die hohe Anzahl von Einträgen nicht von Verbrüderungslisten herrührt, die am Jahresende standen. Vorauszusetzen wäre für die erste Anlage des Necrologs dann eine Jahresordnung, wie sie sich bei Martyrologien findet, die am 23. Dezember enden. Bei einer späteren Abschrift seien die Eintragungen dann entsprechend ihrem Standort übernommen worden.[13] Diese Interpretation des Sachverhaltes kann aber nicht schlüssig erklären, warum die Nachträge erst mit dem Weihnachtsfest (25.12.) einsetzen, nicht aber am 24. Dezember als erstem Tag nach dem Jahresabschluß des (fiktiven) Martyrologs. Offen bleibt zudem, warum dem 27. Dezember drei, dem 28. des Monats dann aber wieder fünf Namen zugeordnet wurden. Der Hypothese von MÜSSIGBROD zufolge wäre ja damit zu rechnen, daß die ersten Tage die meisten und jeweils etwa gleich viele Nachträge aufweisen.

Hier bietet sich eine andere Erklärung an. Die karolingischen Kapitularien kennen im Dezember vier Tage, die gefeiert werden müssen: das Christusfest Weihnachten und die drei folgenden Tage, die neutestamentlicher Heiliger gedenken (des Erzmärtyrers Stephanus, des Evangelisten Johannes und der Unschuldigen Kinder). Auf diese heiligen Tage fallen 31 der 87 Einträge des Monats. Der Zusammenhang zwischen der Heiligkeit der Tage und der Anzahl der Einträge ist statistisch gesehen signifikant.[14] Zieht man diese 31 Einträge von der Anzahl der Monatseinträge ab, verbleiben 56 Namensgedächtnisse. Die so bereinigte Zahl entspricht ziemlich genau der Zahl der Einträge der vorhergehenden Monate.[15] Entsprechendes läßt sich auch für rund 46000 über das Jahr verteilte Personeneinträge in die cluniacensischen Totenbücher zeigen: in erstaunlicher Regelmäßigkeit sind die Monatstage mit den meisten Einträgen zugleich Festtage.[16]

---

[12] Da die letzten drei Tage des Jahres im Necrolog fehlen, wurde für die Durchschnittsberechnung das Jahr mit 362 und der Dezember wie der Februar mit 28 Tagen angesetzt.
[13] MÜSSIGBROD, Toteneinträge 366.
[14] Die Nullhypothese besagt, daß es keinen Zusammenhang zwischen der Tagesheiligkeit und der Anzahl der Einträge gibt. Diese Hypothese kann mit einer statistischen Wahrscheinlichkeit von mehr als 99,9% zurückgewiesen werden. Zur Berechnung wurde der Kolmogorov-Smirnov-Test zugrunde gelegt. Dieser Test setzt mindestens Ordinalniveau voraus. Die damit notwendige Rangfolge wurde in Form von "Heiligkeitsgraden" gefunden. Dabei wurden 24 der 28 Tage als "profan", die erwähnten Heiligenfeste als "heilig" eingestuft, und dem Christusfest Weihnachten ein besonders hohes Maß an Heiligkeit zugesprochen. Auf den ersten Rang (profan) entfielen 56, auf den zweiten (heilig) 19 und auf den dritten (sehr heilig) 12 Einträge. Daraus ergibt sich ein Wert von $D = 0{,}213$. Für die Zurückweisung der Nullhypothese auf dem Signifikanzniveau von 0,001 reicht bei einer Testgröße von $N = 87$ bereits ein Wert von $D = 0{,}209$.
[15] Im Oktober wurden 63 und im November 52 Namen verzeichnet. Wesentlich mehr Einträge verzeichnen die Monate am Jahresanfang. Dies liegt allerdings daran, daß diese Monate einer anderen Redaktionsphase des Necrologs entsprechen. Der/Die Schreiber dieser ersten Lage übernahm(en) wesentlich mehr Namen aus der alten Vorlage, als der/die Schreiber der zweiten Lage (MÜSSIGBROD/WOLLASCH, Martyrolog-Necrolog S.XIX-XXIII).
[16] Siehe Exkurs 16.

14.3.3. Heiligenpatronate und persönliches Gedächtnis

14.3.3.1. Die Äbte von Lézat

Die Vermutung, es bestehe eine Verbindung von Namenseinträgen und Heiligenfesten, läßt sich durch weitere Beobachtungen erhärten. Das Necrolog enthält u.a. die Namen zweier Äbte aus dem Kloster St. Pierre de Lézat, Warin und Oddo. Abt Warin, der zugleich dem Marienkloster von Alet vorstand, ist am 2. Februar vermerkt,[17] sein Nachfolger in Lézat zum 8. September.[18] In beiden Fällen handelt es sich um Marienfeste, nämlich das Reinigungsfest im Februar und das Geburtsfest im September. Abt Adazius, wohl der Vorgänger Warins im Petruskloster von Lézat, ist am Tag nach dem Fest des Petrusbruders Andreas (30.11.) verzeichnet.[19] Auch ein vierter auswärtiger Abt erhielt einen Eintrag an einem hohen Fest: eines Abtes Adalbert wurde am Weihnachtsfest gedacht.[20]

14.3.3.2. Adelsfamilien in der Nachbarschaft von Moissac

Wichtig für das Kloster waren selbstverständlich die Adelsfamilien in der Nachbarschaft des Klosters.[21] In der westlich vom Kloster gelegenen Michaelspfarre war die Familie der Sikarii begütert. Dieser Familie gehörte auch ein gewisser Gerald an.[22] Das Totenbuch verzeichnet zum Michaelstag (29.9.) einen Geral-

---

[17] Zum selben Tag ist Abt Warin auch im Kloster St. Gilles und in Ripoll zum 1. Februar eingetragen (MÜSSIGBROD, Toteneinträge 354A).

[18] MÜSSIGBROD, Toteneinträge 354.

[19] MÜSSIGBROD, Toteneinträge 354, 376-378. Möglicherweise handelt es sich bei "Danihel" (12.3.) um den Abt Daniel, der in der Abtreihe von Lézat zwischen Adazius und Warin steht (ebd. 354A). Dann kann der Gedenktag ebenfalls in Beziehung zum Petruspatrozinium des Klosters stehen, da an diesem Tag eines Namensvetters des "veri Petri" gedacht wurde, der wie dieser als Märtyrer starb. Dieses Heiligen gedachten die Martyrologien von Usuardus und Ado (Usuardus, Martyrologium 193; Ado, Martyrologium 104f). Wichtig ist hier vor allem das Zeugnis des Usuard, da sein Martyrolog zusammen mit dem Necrolog im selben Codex überliefert wurde (MÜSSIGBROD/WOLLASCH, Martyrolog-Necrolog S.XIII-XIX).

[20] Das Totenbuch enthält zwei weitere auswärtige Äbte: Geraldus (28.2.) und Bernus (2.4.) (MÜSSIGBROD, Toteneinträge 354A). Keiner von ihnen läßt sich eindeutig einem wichtigen Heiligenfest zuordnen. Der 2. April, seit Usuard Fest der Maria aegyptica (Usuardus, Martyrologium 205f), liegt in der Osterspanne.

[21] Die Beziehungen zwischen dem Kloster und den benachbarten Adelsfamilien sind dokumentiert bei MÜSSIGBROD, Abtei Moissac 162-189. Die vorliegende Untersuchung stützt sich auf die dort gemachten genealogischen Angaben. Entsprechend beziehen sich die Angaben über das Vorkommen und die Häufigkeit eines Namens in einer Familie auf die dort erarbeiteten Familienbeziehungen. Da MÜSSIGBROD keine Vollständigkeit der Genealogien anstrebt, sondern nur insoweit auf die Familienmitglieder eingeht als Beziehungen zum Kloster nachgewiesen werden können, mögen einzelne Namen in einer Familie noch weitaus häufiger auftreten als von hier angegeben.

[22] MÜSSIGBROD, Abtei Moissac 184f.

dus.²³ Man wäre geneigt, dieses Zusammentreffen auf einen Zufall zurückzuführen, wenn sich ähnliche Zusammenhänge nicht auch bei anderen Familien einstellten. Mitglieder der Adelsfamilie von Gandalou schenkten der Abtei Moissac die Hälfte einer dem heiligen Germanus geweihten Kirche. Am Vorabend des Festtags des heiligen Germanus von Paris (27.5.) wurde in Moissac u.a. eines Bernardus gedacht. Diesen Namen trugen sechs Mitglieder der fraglichen Familie.²⁴ Hauptsitz der Familie war die Burg Gandalou. Zu dieser gehörte auch eine Ortschaft mit Marienkirche. Zum Reinigungsfest Mariens (2.2.) findet sich im Totenbuch zweimal der Name Reinaldus, den zwei Mitglieder des Adelsgeschlechts trugen.²⁵ Der Familie gehörte auch ein gewisser Hugo an. Einer Person gleichen Namens wurde am Vortag des Geburtsfestes Mariens gedacht.²⁶ Eines "Ugo" gedachten die Mönche am Vortag des heiligen Cyricus und seiner Mutter Julitta (16.6.). Die Cyricus-Verehrung kann über die Großmutter des erwähnten Hugo bei den De Gandalou populär geworden sein, da diese eine Tochter des "siguini de sancto cirico" war.²⁷

---

²³ MÜSSIGBROD, Toteneinträge 374.
²⁴ MÜSSIGBROD, Toteneinträge 371, DERS., Abtei Moissac 163, 170f. Das Martyrolog des Hrabanus Maurus widmete den 27. Mai dem Germanusgedenken (S.50f).
²⁵ Wie wichtig das Marienpatrozinium für die Familie De Gandalou war, geht schon aus der Benennung "Geraldus de sancta Maria" für ein Familienmitglied hervor (MÜSSIGBROD, Toteneinträge 368, DERS., Abtei Moissac 163).
²⁶ MÜSSIGBROD, Toteneinträge 373, DERS., Abtei Moissac 163. Der Familie gehörte auch ein gewisser Oddo an. Ein Abt gleichen Namens ist zum Geburtsfest selbst (8.9.) verzeichnet (MÜSSIGBROD, Toteneinträge 373, s.a. ebd. 354). Bezüglich der Vigil des Geburtsfestes der Gottesmutter ist es nicht ohne Interesse, daß ein anderes Familienmitglied am Vorabend des Himmelfahrtsfestes Mariens beigesetzt wurde. Anläßlich dieses Ereignisses wurde die besagte Germanuskirche übereignet. Dem Charakter eines Totenbuches entspräche es, wenn die Kommemorationen des Bernard am Vorabend des Germanusfestes wie die des Hugo vom 7. September jeweils auf Beisetzungen zurückzuführen wären. In diesem Fall lägen drei Bestattungen an Vigiltagen von der Familie wichtiger Heiligenfesten vor. Unter diesen Voraussetzungen ist vielleicht eher an Umbettungen denn an Erstbestattungen zu denken. Allerdings ist auch zu beachten, daß des am 14.8. bestatteten Raimundus I. Bernardus de Gandalou nicht an seinem Beisetzungstag gedacht wurde, obwohl dem Kloster für dessen Gedächtnis eine umfangreiche Schenkung gemacht wurde (ebd., 373, DERS., Abtei Moissac 170f).
²⁷ MÜSSIGBROD, Toteneinträge 371, DERS., Abtei Moissac 171. Im ambrosianischen Festkreis wurde am 12. Januar eines Bischofs und Märtyrers Cyriacus gedacht (GROTEFEND, Zeitrechnung II.2, 79). An diesem Tag finden wir den Namen "Siguinus" im Totenbuch (MÜSSIGBROD, Toteneinträge 367), der unwillkürlich an "siguin(us) de sancto cirico" denken läßt, während am nächsten Tag der Name "Hugo" im Totenbuch erscheint (MÜSSIGBROD, Toteneinträge 367).
An dieser Stelle sei auf eine weitere Merkwürdigkeit hingewiesen. Der heilige Cyricus hat eine Reihe von Namensvettern, die u.a. am 16. März (Cyriacus und Gefährten) und 18. Juni (Cyriacus und Paula) (GROTEFEND, Zeitrechnung II.2, 79) gefeiert wurden. An jedem dieser drei Gedenken für einen heiligen Cyri(a)cus findet sich der Name "Gauzbertus" im Totenbuch eingetragen (MÜSSIGBROD, Toteneinträge 369, 371), ebenso am 22. August (ebd. 373), dem Vortag des Festes von Cyriacus und Fortunatus (GROTEFEND, Zeitrechnung II.2, 79).

Der Adlige Raimundus Siguinus de Lalande übereignete dem Kloster unter Zustimmung seines Sohnes Willelmus ein Allod mit einer Petruskirche. Am Fest der Stuhlfeier Petri (18.1.) wurde von der Mönchsgemeinschaft eines "Wilelmus" gedacht.[28]
Sicherlich wird man nicht in all diesen Fällen von einer eindeutigen Identifizierung ausgehen können. Da aber in den frühmittelalterlichen Adelsfamilien bestimmte Namen immer wieder auftraten,[29] wird man mit einer hinreichenden Sicherheit annehmen dürfen, daß die kommemorierten Personen in den meisten Fällen zu Recht den genannten Familien zugewiesen wurden.

14.3.3.3. Gedenktage von Namenspatronen

Das Reinigungsfest Mariens ist bereits erwähnt worden. Weil bei dem aus diesem Anlaß erfolgten Tempelbesuch der heiligen Familie der Prophet Simeon Jesus als Messias erkennt (Lk 2,22-35), galt der 2. Februar auch als Festtag des Propheten Simeon.[30] Erstaunlicherweise findet sich am 2. Februar der Namenseintrag "Symeon" im Totenbuch. Da diesem ein anderer Namenseintrag vorausgeht, kann es sich hier nicht um den Vermerk des neutestamentlichen Propheten handeln. Damit bleibt nur die Möglichkeit, daß jemand ein Gedenken an seinem Namenstag erhielt. Weitere Namenstagsfeiern sind mit einer Personenmemorie belegt.
Am 7. Mai, der des Papstes Benedikt gedenkt, ist ein Benedictus vermerkt ebenso wie am Festtag der Illatio Benedicti (4.12.).[31] Am Gedenktag für den Priester und 'vir Dei Iohannes' (28.1.) wurde in Moissac für eine gleichnamige Person gebetet.[32] Mit einem "Bonifacius" beginnen die Einträge für den 13. Februar, zu dem Ado den Heiligen von Fulda in seinem Martyrolog erwähnt.[33]

Dadurch wird die Vermutung nahegelegt, daß ein Gauzbert bestrebt war, möglichst viele Cyri(a)cusfeste zu feiern.
[28] MÜSSIGBROD, Toteneinträge 367; DERS., Abtei Moissac 177f.
[29] STÖRMER, Früher Adel I, 29-69. Zweifel an der Tradierung von Namen meldete HOLZFURTNER, Namensgebung, an. Zu ganz anderen Ergebnissen kommen die Arbeiten von GOETZ, Namensgebung in der alamennischen Grundbesitzerschicht, und DERS.: Namensgebung bäuerlicher Schichten.
[30] MÜSSIGBROD, Toteneinträge 368; Hrabanus, Martyrologium erwähnt den Heiligen am 5.1. und 2.2. (S.7 und 19); MUNDING, Kalendarien II, 33. Im westfränkischen Bereich wird des Propheten am 8. Oktober gedacht (Ado, Libellus Nr.52, S.29; Usuardus, Martyrologium 316).
[31] MÜSSIGBROD, Toteneinträge 370 und 375; Ado, Martyrologium 151 und 408.
[32] MÜSSIGBROD, Toteneinträge 367; Ado, Martyrologium 75. Man beachte auch die Johanneseinträge am Tag nach der Feier des gleichnamigen Papstes (28./29.5.) und der Empfängnis des Täufers (24./25.9.) (Ebd. 172 und 326; MÜSSIGBROD, Toteneinträge 371 und 374).
[33] MÜSSIGBROD, Toteneinträge 368; Ado, Martyrologium 85.

Der Name "Sperandeus" ist sicher Programm: sein Träger hofft auf Gott. Umso auffälliger ist es, daß dem Träger dieses Namens an einem Salvatorfest gedacht wurde, nämlich zu Weihnachten.[34]

14.3.4. "Fehlende" und zweifache Kommemorationen

Die bisherigen Untersuchungen haben gezeigt, daß eine ganze Anzahl von Personeneinträgen an den Festtagen der himmlischen Patrone dieser Personen erfolgte. Wenn es sich im vorliegenden Fall wirklich um ein Totenbuch im strengen Sinne handelt, wird man annehmen müssen, daß es eine große Zahl von Todesfällen im Rahmen von Festfeiern gab. Doch sprechen einige Indizien gegen einen so gearteten Charakter des vorliegenden Totenbuches. Einmal fehlen elf der 27 bekannten Äbte des Klosters im karolingischen Necrolog. Das ist eine Fehlerrate von über vierzig Prozent. Daß so viele Äbte einer damnatio memoriae verfielen bzw. deren Tod dem Kloster nicht bekannt wurde, ist meines Erachtens keine ausreichende Erklärung.[35] Merkwürdig mutet auch an, daß zwei Äbte am gleichen Tag gestorben sein sollen,[36] andere Äbte dagegen zwei Eintragungen erhielten.[37]
Obwohl das Kloster Moissac im Jahre 1009 einen Totenrotulus mit Todestagen und Namen aus dem Kloster Ripoll erhielt, wurden diese Namen nicht in das Necrolog von Moissac übernommen.[38] Ebenso fehlt der Eintrag des am 14.8.1114 beigesetzten Raimundus I. Bernardus de Gandalou, obwohl dem Kloster eigens zu seinem Totengedenken eine nicht unbeträchtliche Stiftung gemacht wurde.[39]

---

[34] Ein weiteres Gedächtnis erhielt Sperandeus am 25. April, dem letztmöglichen Ostertermin und zugleich Tag der wichtigen Litanias Maior, die mit Festumzügen und Heiligenanrufungen begangen wurden (MUNDING, Kalendarien II, 52f).
Eines "Deusdet" wurde am 9. Dezember gedacht, dem Vigiltag für die Feier des heiligen Deusdedit von Brescia (GROTEFEND, Zeitrechnung II.2, 87).
[35] MÜSSIGBROD, Toteneinträge 354.
[36] "Geraldi et Stephani abbatum" (28.2.); bei Stephan handelt es sich um den letzten Abt vor der cluniacensischen Reform (MÜSSIGBROD, Toteneinträge 354).
[37] Abt Simpronianus (17.8. und 14.12.); Abt Andraldus (I.) (22.1. und 13.3.; jeweils ohne Amtsbezeichnung); der Name des Abts Atilius ist im Necrolog achtmal belegt, jedoch ohne Amtsbezeichnung (MÜSSIGBROD, Toteneinträge 353). Auch der letzte im "cluniacensischen Teil" des Necrologs verzeichnete Abt, Geraldus (1140-1151), erhielt ein zweifaches Gebetsgedächtnis am 15. September und am 16. Oktober (MÜSSIGBROD/WOLLASCH, Martyrolog-Necrolog S.XXXVIII).
[38] MÜSSIGBROD, Toteneinträge 355.
[39] MÜSSIGBROD, Kloster Moissac 170f, DERS., Toteneinträge 373. Immerhin ist für die beiden letzten Fälle eine Verteilung der Gedenkverpflichtungen auf die verschiedenen Dependenzien von Moissac denkbar (MÜSSIGBROD/WOLLASCH, Martyrolog-Necrolog S.XXXIX-XLI).

14.3.5. Namensidentitäten an Festen fränkischer Reichsheiliger

Somit wird deutlich, daß in dem Totenbuch nicht alle Personen verzeichnet wurden, die einen Anspruch auf ein Gedächtnis an ihrem Todestag hatten. Anderseits ist es auch wahrscheinlich, daß es sich bei den Eintragungen nicht durchgängig um die Memorie der Todestage von Personen handelt. Zugleich ist nach den bisherigen Untersuchungen zu vermuten, daß mindestens ein Teil der Personen, denen das Gebetsgedächtnis galt, einen Einfluß auf ihren Gedächtnistag hatten. Für diese Mutmaßung kann ein weiteres Argument ins Feld geführt werden: es gibt nämlich erstaunliche Namensidentitäten an den Festtagen karolingischer Reichsheiliger.

Der Festtag des heiligen Dionysius enthält nur einen Namenseintrag: Genesius. Dieser Name taucht nur noch zweimal im Verzeichnis auf, am 7. April[40] und - wesentlich interessanter - am 25. Oktober, dem Fest der Reichsheiligen Crispin und Crispinian. Hinter ihm folgen an diesem Oktobertag die Namen Geraldus und Dalmatius.[41] Der - allerdings häufige - Name Gerald findet sich auch am Medardustag (8.6.), und eines Dalmatius wurde am Himmelfahrtstag Mariens (15.8.) sowie am Tag nach dem Allerheiligenfest (1.11.) gedacht.[42] Der vor dem Kaisergedenken am Gertrudentag (17.3.) rangierende Name Benedikt erscheint auch am Hilariusfest und dessen Vigil (12./13.1.).[43] Am Martinsfest (11.11.) begegnen uns die Namen Garsias und Bonifacius.[44] Am Vedastustag (6.2.) findet sich der Name Garcias, an dessen Oktavtag (13.2.) der des Friesenmissionars[45] und am nächsten Tag wieder der des Hispaniers.[46] Dieser Name erscheint auch am Tag nach dem Geburtsfest des Täufers Johannes (24.6.), während der des Missionars am Todestag des Täufers (29.8.) auftaucht.[47] Ein Bonifacius begegnet uns noch am Fest des römischen Märtyrers Cyriacus (8.8.) und zu Weihnachten (25.12.).[48]

---

[40] Zusammen mit einem Bego (MÜSSIGBROD, Toteneinträge 369). Dieser Name begegnet auch neben Garcias (14.2.) (ebd. 368). Der bekannteste Aquitaner dieses Namens ist der Schwiegersohn und Vertraute Ludwigs des Frommen.
[41] MÜSSIGBROD, Toteneinträge 374.
[42] MÜSSIGBROD, Toteneinträge 371, 373 und 375. Ansonsten begegnet uns der Name "Dalmatius" nur noch einmal, nämlich zwei Tage vor dem Epiphaniefest (6.1.) (ebd. 367).
[43] MÜSSIGBROD, Toteneinträge 369, 367.
[44] MÜSSIGBROD, Toteneinträge 375.
[45] Die konsequente Schreibung des Namens mit "c" läßt erkennen, daß der Name als Zusammensetzung von bonum und facere aufgefaßt wurde. Sprechende Namen tauchen im Gedenkbuch noch öfter auf: Bonifilius (19.7.), Credo (26.7.), Deidonus (28.4.), Deodatus (25.7.), Deusdet (19.7. u.ö.), Donadeus (18.9. u.ö.), Homodei (18.9. u.ö.), Sperandeus (25.4., 25.12.) sowie Vincemalum (30.5.) (MÜSSIGBROD, Toteneinträge 367-376).
[46] MÜSSIGBROD, Toteneinträge 368.
[47] MÜSSIGBROD, Toteneinträge 371, 373.
[48] MÜSSIGBROD, Toteneinträge 372, 376. Garcias ist noch einmal am 22. Mai verzeichnet (ebd. 370). Dieser Tag kann allerdings keinem Heiligen zugeordnet werden.

Die Affinität bestimmter Namen zu karolingischen Reichsheiligen scheint am einfachsten durch die Annahme erklärlich, daß es sich jeweils um dieselbe Person oder aber um Personen aus einer Familie mit dieser Namenstradition handelt, die die Feste "ihrer" Heiligen im Kloster feierten. Eine Entscheidung zwischen den beiden Alternativen ist schwer zu treffen, doch scheinen sich einzelne Namen einer spezifischen Redaktionsschicht des Necrologs zuweisen zu lassen, sodaß mindestens in einigen Fällen bei Namensgleichheit mit einer Personenidentität zu rechnen ist.[49]

14.3.6. Das Auftreten gleicher Namen am selben oder nächsten Tag

Die Annahme, daß aus Anlaß persönlich bzw. familiär wichtiger Festtage Einträge in das Gedenkbuch von Moissac erfolgten, kann auch erklären, warum an einzelnen Tagen derselbe Name öfter begegnet: "Poncius" am 22.1. zweimal, "Arnaldus" am 14.4. zweimal und am 23.1. gar dreimal.[50] Am Reinigungsfest Mariens (2.2.) begegnet uns zweimal "Rainaldus" und drei Tage später "Bernardus" ebenfalls zweimal.[51] Am 19.3. folgt ein "Bernardus" hinter einem "Bernardus abbas" und auch am 21.9. begegnet uns der Name zweimal.[52] Doppelt wurden auch die Namen "Stephanus" (26.4.), "Petrus" (30.7.) und

---

[49] Eine kurze Durchsicht ergab folgendes Ergebnis:
Jeweils an erster Stelle des Tagesgedenkens erscheinen Basenus (19.2., 7.8., 2.12., 22.12., 28.12.), Donatus (8.5., 18.7., 20.12.), Framnaldus (1.4., 11.8.), Helias (5.5., 9.5., 22.5.), Ragbaldus (13.4., 15.4.), Silvius (21.5., 6.7.) und Sperandeus (25.4., 25.12.). Der neunmal auftretende Name Dato rangiert nur einmal an zweiter Stelle (14.3.), sonst immer an erster (7.2. [Dado], 4.3., 17.3., 28.3., 2.4., 6.4., 10.5.). Ähnlich beeindruckend ist auch Konsequenz mit der Asenarius (20.1., 15.3., 22.4., 15.6., 10.9., 1.11.; an zweiter Stelle am 3.1., 26.3. und 26.4.) , Atilius (3.3., 7.6., 7.7., 26.10. und 26.11.; an zweiter Stelle am 16.3. und 7.4.), Beniamin (17.2., 15.7., 28.7., 13.8.; an zweiter Stelle am 8.2. sowie an dritter am 19.1.), Centullus (3.1., 17.1., 7.3., 16.4., 3.7. und 24.8.; an zweiter Stelle am 13.3., 13.4. und 20.4.), Donadeus (23.5., 18.6., 2.8., 18.9., 3.10., 22.11.; an dritter Stelle am 18.2. und 6.11.), Maurellus (9.3., 12.5. und 14.5.; an zweiter Stelle am 1.4.) und Recco (30.4., 22.6. und 4.12. [Reco]; an zweiter Stelle am 18.1. [Reco]) am Anfang der Tageseinträge stehen. Einer etwas späteren Phase scheinen die Namen Ebrardus (an zweiter Stelle am 10.4. und 22.10., an dritter am 17.1., an vierter am 1.1. und an fünfter am 3.2.), Eustorgius (an zweiter Stelle am 10.1. und 13.3., an dritter am 20.6. und 4.11.), Girbertus (20.1., 6.2. und 21.10.; jeweils an zweiter Stelle), Rigualdus (an dritter Stelle am 3.2. und 20.9., an vierter und sechster am 25.12.) und Siguinus (an zweiter Stelle am 10.5. und 7.9., an vierter am 12.1., 7.2., 9.4. und 20.4.) anzugehören, während mit Mainardus (an vierter Stelle am 18.4., an zehnter am 25.12.), Lanbertus (an vierter Stelle am 2.3., an zwölfter am 25.12.), Raimbertus (an vierter Stelle am 9.5., an siebter am 12.9. und an elfter am 26.12.) und Wigo (an vierter Stelle am 4.4. und jeweils achter am 15.1. und 26.12.) eine noch jüngere Schicht greifbar wird (MÜSSIGBROD, Toteneinträge 367-376).
[50] MÜSSIGBROD, Toteneinträge 367 und 369.
[51] MÜSSIGBROD, Toteneinträge 368.
[52] MÜSSIGBROD, Toteneinträge 369 und 374.

"Wilelmus" (21.11.) verzeichnet.[53] Am Weihnachtsfest begegnet der seltene Name "Rigualdus" zweimal.[54] Die Annahme, daß dem aquitanischen Kloster an bzw. unmittelbar vor oder nach solchen privaten Festen, die jährlich und/oder über mehrere Tage gefeiert wurden, Schenkungen gemacht wurden, die zur Kommemoration am Schenkungstag führten, kann auch erklären, warum an unmittelbar aufeinander folgenden Tagen der gleiche Name verzeichnet wurde: beispielsweise Rainaldus am 1./2. Januar und am 11./12. September,[55] Wilelmus am 2./3. und 13./14. Januar, 24./25. März, 11./12. September sowie am 20./21. November[56], Geraldus am 5./6. Januar, 27./28. Juli, 12./13. September, 6./7. November und am 4./5. Dezember,[57] Benedictus am 12.-14. Januar, 28./29. Mai und am 26./27. Dezember[58], Stephanus am 14./15. Januar und am 3./4. Dezember[59], Arnaldus am 15./16. Januar[60], Petrus am 20./21. Januar[61], Bernardus am 24./25./27. Januar, 31. März/1. April, 6./7. Oktober, 18./19. November und 1./2./4. Dezember[62] oder Raimundus am 17.-19. Juni, 15./16. und 27.-29. Juli.[63] Gegen diese Namensreihen kann allerdings eingewandt werden, daß es sich hier um die im Gedenkbuch am häufigsten auftretenden Namen handelt.[64] Einen wesentlich höheren Beweiswert kommt damit den Namen zu, die sehr viel spärlicher im Verzeichnis auftreten. Solche Namen sind Poncius (21./22.1.)[65], Ricardus (26./27.1)[66], Uciandus (6./7.3.)[67], Iocelmus (24./25.3.)[68], Franco (2./3.4.)[69], Aimo (26./27.9.)[70] und Grimaldus (1.11./2.11.)[71].

---

[53] MÜSSIGBROD, Toteneinträge 370, 372 und 375.
[54] MÜSSIGBROD, Toteneinträge 376. Für "Rigualdus" wurde noch am 1.3. und am 20.9. gebetet (ebd. 368, 374). Eine Verschreibung kann bei "Rigaldus" am 18.6. (ebd. 371) vorliegen. Die Chance, daß die Todestage von zweien unserer vier bzw. fünf Rigualdi auf denselben Tag im Jahr fallen, liegt bei 1,64% bzw. 2,71% (SCHWARZE, Grundlagen 38f).
[55] MÜSSIGBROD, Toteneinträge 367 und 373.
[56] MÜSSIGBROD, Toteneinträge 367, 367, 373 und 375. Am 14.1. und am 11.3. in der Schreibung "Guilelmus". Von den sechs Einträgen am 20./21.November sind drei auf Wilelmus zu beziehen, da am 21.11. dem Wilelmus ein Guilelmus vorangeht.
[57] MÜSSIGBROD, Toteneinträge 367, 373 und 375.
[58] MÜSSIGBROD, Toteneinträge 367, 371 und 376.
[59] MÜSSIGBROD, Toteneinträge 367 und 376.
[60] MÜSSIGBROD, Toteneinträge 367.
[61] MÜSSIGBROD, Toteneinträge 367.
[62] MÜSSIGBROD, Toteneinträge 367, 369, 374 und 375.
[63] MÜSSIGBROD, Toteneinträge 371 und 372.
[64] Mit 48 Nennungen ist Bernardus der am häufigsten genannte Name im karolingischen Necrolog, es folgen Stephanus (40), Geraldus (35), Arnaldus (32), Petrus (30), Wilelmus (27), Hugo (22), Raimundus (22), Benedictus (18), Rainaldus (16), Durannus (14), Gauzbertus (13), Iohannes (13), Walterius (13) und Rodbertus (12). Alle anderen Namen sind weniger als zehnmal vertreten.
[65] Am 21.1. ist der Name sogar zweimal vertreten; weitere Nennungen am 3.2., 1.3., 8.3., 16.5., 15.9. und 14.10.; s.a. den 23.1. (MÜSSIGBROD, Toteneinträge 367f, 370 und 373f).
[66] Weitere Nennungen am 4.1. und 21.6. (MÜSSIGBROD, Toteneinträge 361).
[67] Weitere Nennungen am 12.3., 31.3., 17.4., 8.5., 18.5. und 1.12. (MÜSSIGBROD, Toteneinträge 362).

14.3.7. Namensidentitäten in bestimmten Zeitabständen

Wenig zufällig erscheint, daß der Namens "Durannus" gleich zweimal innerhalb von drei Tagen ein Gedenken erhielt (4./6.3. und 5./7.5.). Der Name kommt noch weitere neun Mal vor. Neben dem 3-Tage-Abstand finden sich bei diesem Namen noch der Wochenabstand (2.6./9.6.) sowie Intervalle von 31 und 41 Tagen (4.3./4.4. und 17.11./28.12.).[72] Von den fünf Nennungen Begos scheinen alle aufeinander bezogen zu sein: es finden sich ein Wochen-(7.4./14.4.), ein Einmonatsintervall (12.8./12.9.) und ein Zweimonatsintervall (14.2./14.4). Der Name Ermenbertus kommt nur zweimal im Gedenkbuch vor. Zwischen beiden Nennungen liegen genau zwei Monate (18.1./18.3.).

Offenbar liegt den so gearteten Gedenktagen ein festes Schema zugrunde, wiewohl dessen Interpretation nicht leicht fällt. Am einfachsten wäre anzunehmen, daß ein zweites Totengedenken bei der Wiederkehr des Monatstages gefeiert worden ist. Dafür sprechen noch einige andere Fälle: Boso (1.1./1.2.), Centullus (13.3./13.4.), Dominicus (22.1./22.2.), Escafredus (3.8./3.9.), Rainaldus (2.1./2.2.), Sancius (18.8./18.9.) und Wilelmus (23.7./23.8.). In den angeführten Fällen hat der erste Monat 31 Tage, sodaß zwischen den Nennungen ein Abstand von 31 Tagen besteht. Entsprechende Belege lassen sich auch für 30-Tage-Monate erbringen, etwa für Gauzbertus (13.4./13.5.) und gleich dreimal für Raimundus 27.-29.6./27.-29.7). Das Beispiel des Atilius, für den zweimal bei der Wiederkehr des Monatstages gebetet wurde (7.6./7.7. und 26.10./26.11.), scheint darauf hinzudeuten, daß es tatsächlich auf Wiederkehr des Monatstages ankam und nicht auf den Abstand zwischen den einzelnen Gedenktagen. Doch es gibt auch Gegenbeispiele, etwa beim schon erwähnten Durannus. Wie bei ihm findet sich ein Intervall von 31 Tagen auch bei Dodo (21.11. und 22.12.) und Martinus (3.4./4.5.), obwohl der Monat der ersten Nennung nur 30 Tage lang ist. In anderen Fällen wurde mit einem 30-Tage-Intervall das Monatsgedenken knapp verfehlt: so bei Bernardus (8.1./7.2.), Garsias (26.5./25.6.), Gauzfredus (4.7./3.8. und 22.8./21.9.), Geraldus (22.3./21.4.), Walterius (15.3./14.4.) und Witardus (14.8./13.9.). Unklar bleibt der Anlaß für das zweimalige Gedenken. Bei einem Necrolog liegt es nahe, zunächst an Todesfälle zu denken. Tatsächlich ist der dreißigste Tag im mittelalterlichen Totenkult von erheblicher liturgischer Bedeu-

---

[68] Weitere Nennungen am 26.6. und 1.3. (als "Iotcelmus") (MÜSSIGBROD, Toteneinträge 368f).

[69] Weitere Eintragungen am 15.1., 28.1., 20.2., 26.4. (als "Francco"), 31.7. und 3.12. (MÜSSIGBROD, Toteneinträge 367f, 369f, 372 und 376).

[70] Siehe noch den 7.1. ("Aymo"), 16.2. und 25.4. (MÜSSIGBROD, Toteneinträge 356).

[71] Für "Grimaldus" wird noch gebetet am 10. und 26. Februar, 1. und 9. März sowie am 23. April (MÜSSIGBROD, Toteneinträge 368 und 370).

[72] Keinem Schema lassen sich die Nennungen von Durannus am 10. und 27. Februar, am 22. April und am 14. Oktober zuordnen. Diese und die weiteren Tagesangaben lassen sich verifizieren bei MÜSSIGBROD, Toteneinträge 367-376.

tung,[73] doch finden sich im untersuchten Necrolog Personengedenken am dreißigsten Tag wesentlich seltener. Ich fand nur die folgenden Belege: Beniamin (19.1./17.2.), Durannus (6.3./4.4.), Petrus (20.1./18.2. und 24.5./22.6.), Poncius (15.9./14.10.), Rodbertus (8.5./6.6.) und Stephanus (1.9./30.9.). Der mittelalterliche Kalender übernahm bekanntlich die Tageszählung des römischen Kalenders. Dementsprechend war dieser für die Identifizierung gleicher Monatstage wichtig. Der Feier des Geburtstags Christi (25.12.) ging die Feier des Geburtstags des Vorläufers Christi, des Täufers Johannes (24.6.), um "genau" ein halbes Jahr voraus. Im römischen Kalender gibt es keine Differenz zwischen dem 24. und 25. Monatstag, da es sich jeweils um den achten Kalendentag handelt. Die Absicht, die Wiederkehr eines bestimmten (römischen) Monatstages zu feiern, scheint auch hinter der Tagewahl für das kollektive Totengedächtnis für die Mönche des Klosters Moissac zu stehen.[74] Auch der letzte verzeichnete Abt, Gerald von Moissac (1140-1151), erhielt zwei Eintragungen im Abstand von genau einem Monat, legt man den römischen Kalender zugrunde: am 15. September und am 16. Oktober.[75] Aber nur in einigen der oben angeführten Fälle kann diese im 12. Jahrhundert in Moissac angewandte Art, die Wiederkehr des Monatstages zu berechnen, den Grund für den Abstand der Gedächtnisfeiern abgeben.[76] Die jährliche Feier eines Gedächtnisses am dreißigsten Tag ist nun auch in der Heiligenverehrung bekannt. Zu unseren Beobachtungen bezüglich der uneinheitlichen Praxis hinsichtlich des 30-Tage-Gedächtnisses in Moissac ist es interessant, daß in der Heiligenverehrung der "tricesimus" lediglich den ungefähren Ablauf eines Monats bedeuten kann. Der im Kloster Möllenbeck am 17. Juni gefeierte "Tricesimus s. Saturnine" wurde - selbst bei Einrechnung des

---

[73] Da die erste der für einen verstorbenen Mönch zu lesenden Messen am Todestag gehalten wurde, wird auch hier der Ausgangstag miteingerechnet.
Wichtige Termine für die mittelalterliche Totenliturgie waren der dritte, siebte und dreißigste, in einigen Traditionen auch der neunte und vierzigste Tag (ANGENENDT, Toten-Memoria 171-174, 185-187). Vorbild für die Bedeutung der Dreißigtägigkeit im Totenkult war wohl die alttestamentliche Trauerzeit um Aaron und Mose (Nm 20,29; Dt 34,8).
Als Beispiele für ein Gedenken am siebten Tag seien genannt: Adalbertus (19.12./25.12.), Basenus (22.12./28.12.), Centullus (7.3./13.3.), Escafredus (3.8./9.8.), Gauzbertus (16.3./22.3. und 10.6./16.6.), Iohannes (29.5./4.6.) und Uciandus (6.3./12.3.). Ein Gebetsgedächtnis am neunten Tag erhielten Escafredus (3.9./11.9.), Garsias (6.2./14.2.), Grimaldus (1.3./9.3.), Isarnus (21.8./29.8.), Raino (21.2./1.3.) sowie zwei Träger griechisch anmutender Namen, Constantius (2.9./10.9.) und Dalmatius (25.10/2.11.). Von allen genannten Namen kommt außer Gauzbert, der zwölf Nennungen aufzuweisen hat, keiner mehr als zehnmal vor, sodaß die vorgefundenen Zeitintervalle nicht auf Zufälligkeiten infolge häufigen Auftretens zurückgeführt werden können.
[74] Siehe Exkurs 14.
[75] MÜSSIGBROD/WOLLASCH, Martyrolog-Necrolog S. XXXVIII.
[76] In der Reihenfolge der obigen Nennungen sind dies:
Boso (1.1./1.2.), Escafredus (3.8./3.9.), Rainaldus (1.2./1.2.), Wilelmus (23.7./23.8.), Dodo (21.11./22.12.), Garsias (26.5./25.6.), Gauzfredus (22.8./21.9.), Geraldus (22.3./21.4.), Durannus (6.3./4.4.) und Rodbertus (8.5./6.6.), in allen anderen Fällen scheitert das Erklärungsmodell.

Ausgangstages - am 29. Tag nach dem Todestag der Heiligen (20. Mai) begangen. Auch der römische Kalender bietet hier keine Erklärungsmöglichkeit, da es sich einmal um den 13., einmal um den 15. Kalendentag handelt.[77]
Neben dem dreißigsten Tag nach dem Tode kommt in einigen Memorialtraditionen auch dem vierzigsten Tag eine Schlüsselrolle zu. Auch für diesen Tag lassen sich einige wenige Gebetsgedenken anführen: Arnaldus (6.9./15.10.), Escafredus (3.8./11.9.), Poncius (21.1./1.3.) und Ramnulfus (3.6./12.7.). Aber auch in diesem Fall konnten für jeden der beiden nachfolgenden Tage mehr Beispiele gefunden werden; für den 41.Tag: Aimo (7.1./16.2.), Fulco (27.8./6.10.), Dodo (12.10./21.11.), Geraldus (2.1./11.2.), Stephanus (6.1./15.2.) und Wilelmus (11.5./20.6.); für den 42. Tag: Durannus (17.11./28.12.), Franco (20.2./2.4.), Gauzfredus (26.4./6.6.), Martinus (3.4./14.5.), Maurellus (1.4./12.5.), Wilelmus (10.10./20.11.) und Witardus (25.9./5.11.). Auch wenn nicht alle Zeitabstände aller mehrfach auftretenden Namen durchgerechnet wurden, sind die Abweichungen von den liturgischen "Norm"-Tagen auch beim jetzigen Untersuchungsstand bedeutsam genug, um nach einer Erklärung zu verlangen.

Das Problem kompliziert sich noch, da man annehmen sollte, daß es sich bei dem in der Totenmemorie wichtigen dritten bzw. dreißigsten Tag um ein einmaliges Ereignis handelt, das nicht jährlich von neuem gefeiert wurde, da das Jahrgedächtnis allein auf den Todestag zu beziehen ist. Doch scheint es Ausnahmen gegeben zu haben.[78]

Hält man an einer liturgischen Totenmemorie fest, muß man annehmen, daß im Kloster mehrere liturgische Traditionen nebeneinander herliefen: mal gedachte man eines Toten am dreißigsten Tag, mal an der Wiederkehr des Monatstages, mal am vierzigsten oder zweiundvierzigsten Tag. Zweitens ist angesichts der Eintragung von einmaligen Kommemorationen am dreißigsten und vierzigsten

---

[77] HEUTGER, Möllenbeck 59.
[78] Die Bestattung des hl. Martin von Tours fand am dritten Tag nach seinem Tode statt. Sein Gedenken orientierte sich also nicht am Todes-, sondern Bestattungstag, dem 11. November. Ebenso wird der hl. Nabor nicht an seinem Todestag (10.7.), sondern erst am 12. Juli gefeiert (KURRUS, THEODOR: Zur Kultgeschichte von Nabor und Felix. Ihre Kirchenpatrozinien in Oberweiler und Schmidhofen, in: Freiburger Diözesan Archiv 82/83 3. Folge 14/15) (1962/1963) 248-266, 249, 255). Dieses Memoria-Modell kann König Karl II. als Vorbild für die Einrichtung eines Gedächtnisses für seinen Vasallen Wido gedient haben. Am dritten Tag nach dem Tode Widos, der am Todestag von Karls Vater Ludwig verstarb (20.6.), sollte nach dem Willen Karls eine Refectio erfolgen: "Et quia eodem die, quo idem fidelis et carissimus nobis vasallus noster Wido obiit, duodecimo scilicet kl. julii, anniversarius domni et genitoris nostri divae memoriae Hludowici dies depositionis esse dinoscitur, volumus ut singulis annis a fratribus praefati monasterii decimo kl. ejusdem mensis anniversarius praefati Wido celebratur ..." (DKII 325). Ein Gedächtnismahl richtete Karl der Kahle nicht nur für seinen Todestag ein (z.B. DKII 355), sondern auch für den dreißigsten Tag nach seinem Ableben: "... ut per singulos annos post diem tricesimum obitus nostri generalem fratres ex jam dicta villa refectionem accipiant" (DKII 439). Ein weiteres Beispiel aus dem westfränkischen Königtum ist die Gedächtnisstiftung für Königin Frederun durch ihren Gemahl Karl den Einfältigen. Die Kleriker von Compiègne hatten nicht nur ein Anniversarium ihres Todestages (10.2.917), sondern auch einen "trigesimus" zu begehen (FREISE, Genealogia Arnulfi comitis 219).

Tag nach dem Ableben eines Verstorbenen zu vermuten, daß das ursprüngliche Gedenkbuch eher den Charakter eines Notizbuches hatte, das kurzfristigen Liturgieplanungen diente. Unter diesen Voraussetzungen erscheint die Annahme einer "normalen", von seiten des Klosters nach streng liturgischen Vorgaben eingerichteten Totenmemorie als ausgeschlossen. Vorausgesetzt, daß wenigstens in einigen der hier genannten Fälle nicht nur Namensgleichheit, sondern auch Personenidentität vorliegt, ist zu konstatieren, daß auf persönlicher Ebene verschiedene Zeitintervalle für Gebetsgedenken benutzt wurden: etwa bei Durannus, Escafredus, Uciandus oder Witardus. Nun spielen Fristen nicht nur in der Liturgie eine wichtige Rolle, sondern in allen mittelalterlichen Lebensbereichen, insbesondere im Rechtsleben. So verlor ein Verstorbener erst am dreißigsten Tag nach seinem Ableben seine Rechtsansprüche. Erst danach hatte der Erbe die volle Verfügungsgewalt über sein neues Eigentum.[79] Es ist also beispielsweise denkbar, daß in einigen Fällen der Erbe kurz nach seinem Eintritt in die Verfügungsgewalt dem Erblasser ein zweites Gedächtnis stiftete. In diesem Zusammenhang ist etwa auf Karl den Kahlen zu verweisen. Der westfränkische König ließ am 41. Tag nach dem Ableben seines Sohnes Lothar, der zu Lebzeiten Abt von St. Germain d'Auxerre war, dem neuen Abt Boso ein Diplom ausfertigen, das dem Kloster Besitz zugestand, damit die Mönchsgemeinschaft des Verstorbenen gedenke.[80] Wie hier war es auch in Moissac (zu späterer Zeit) möglich, nachträglich ein Totengedächtnis für eine dritte Person zu veranlassen.[81]

Bei Bevorzugung einer so gearteten Lösungsmöglichkeit wird man allerdings ebenfalls nicht davon ausgehen können, daß ein Totenbuch im strengen Sinne vorliegt, da in diesem Fall Eintrag und Gedenken als Reflex einer Schenkung oder eines Hulderweises am betreffenden Eintragungstag zu verstehen sind. Nicht der Todestag, sondern der Stiftungstag des Gedächtnisses wäre dann für die Kommemoration ausschlaggebend gewesen.[82]

---

[79] DAXELMÜLLER, Dreißigster; OGRIS, Dreißigster.
[80] DKII 288 vom 23.1.866. Lothar war am 14.12.865 verstorben.
[81] Zum 13. September wurde "Petrus pater domni Poncii abbatis cluniacensi" verzeichnet. Dabei handelt es sich um den Grafen Petrus von Melgueil, den Vater des Abtes Pontius von Cluny. Da dieser 20 Jahre vor der Wahl seines Sohnes zum Abt von Cluny starb, muß eine erhebliche Zeitspanne zwischen Tod und Eintrag liegen. Vermutlich erfolgte die Aufnahme in das Totengedächtnis des Klosters anläßlich des Besuchsaufenthalts des Abtes Pontius von Cluny in Moissac im Jahre 1110 (MÜSSIGBROD/WOLLASCH, Martyrolog-Necrolog fol. 92 und S.XLI-XLII).
[82] Am 8. Februar 915 bestätigte König Konrad I. dem Kloster Lorsch die Schenkung des Ortes Gingen durch seine Gemahlin Kunigunde, mit der sie ihre Begräbnisstätte in Fulda sichern wollte (DKoI 25). Da das Fuldaer Necrolog zum 8. Februar "Cunigundis Reginae; haec dedit Gingen ex Integro" verzeichnet, ist anzunehmen, daß der 8. Februar nicht das Todesdatum der Königin, sondern ihre Schenkung betrifft (WEHLT, Reichsabtei 95f). Zur Ansetzung des Karlmann-Gedenkens in Flavigny s.o. S.470.

Bestimmte Fristen gelten natürlich auch in anderen Rechtsbereichen: beim Wechsel von Besitzern,[83] beim Gottesurteil[84] oder bei den Bußdisziplinen. Es ist also auch möglich, daß jemand aus völlig anderen Gründen ein zweifaches Gebetsgedächtnis veranlaßte. Vorstellbar ist auch, daß jemand zu Beginn und kurz nach Abschluß eines riskanten Rechtsgeschäftes dem Kloster Schenkungen machte, aus denen ihm ein Gebetsgedächtnis erwuchs. So könnte die Kommemoration an zwei aufeinanderfolgenden Tagen aus der mindestens seit karolingischer Zeit bestehenden Rechtsformel von "Jahr und Tag", welche insbesondere für Besitzaneignungen wichtig war, erwachsen sein.[85] Vielleicht gehören die liturgisch nicht recht einzuordnenden Halbjahresgedächtnisse von Benedictus (4.6./4.12.), Centullus (3.1./3.7.), Dominicus (26.2./26.8.), Isarnus (21.2./21.8.) und Raimundus (15.1./15.7.) in diese Lebensbereiche.

Doppeleinträge sind auch von den Herausgebern der Cluniacensischen Necrologien als Problem erkannt worden. Hier wird jedoch strikt daran festgehalten, daß es sich um Einträge zum Todestag handelt. Da ein Mensch nicht zweimal sterben kann, wird hier auf Fehler in der Überlieferung zurückgeschlossen: "Es betrifft die Verdoppelung eines Todeseintrags im Necrolog, die von wenigen Ausnahmen abgesehen, nicht auf eine Verdoppelung der Gedenkleistungen zielte, sondern als Störung in der Überlieferung anzusehen ist. Entstehen konnte ein solcher Fehler durch irrtümliches Verdoppeln eines Namens durch den Kopisten, durch Unregelmäßigkeiten in der Nachrichtenübermittelung auf rotuli, aber auch durch Versehen bei der Neuredaktion eines Necrologs aus mehreren Vorlagen, die ihrerseits schon gleichartige Todeseinträge enthielten. Je nach Fehlertyp ist deshalb die Doppelung am Todestag selbst zu erwarten oder unter dem Datum eines benachbarten Tages, manchmal auch unter Daten mit ähnlichen Begriffen der römischen Datierung, wenn nämlich Monatsnamen vertauscht oder Kalenden, Iden und Nonen verwechselt wurden."[86] Es soll nicht bestritten werden, daß solche Fehler auftreten konnten, doch ist es nicht weniger sinnvoll, im Bereich der

---

[83] In Baiern scheint es eine Regelung gegeben zu haben, der zufolge der neue Inhaber 52 Tage lang im Besitz seiner Neuerwerbung gewesen sein muß, bevor ihm die volle Verfügungsgewalt zustand. Dies legt jedenfalls die Nachricht der Annales Mettenses nahe, Pippin und Karlmann hätten nach dem Sieg über Odilo 52 Tage lang Baiern durchstreift. Mit dieser Angabe will die frankenfreundliche Quelle den Herrschaftsanspruch der Karolinger über Baiern begründen (HASELBACH, Karlinger 108). Über hundert Jahre später spielt im gleichen Rechtsbereich der 52-Tage-Besitz wieder eine wichtige Rolle. Am 19.Februar 848 hatte Wolvene das von ihm wiedererrichtete Kloster Rheinau an König Ludwig geschenkt, der ihm das Kloster zurückschenkte, nachdem es 52 Tage lang in seinem Besitz war (DLD 90 vom 12.4.858). Der ganze Vorgang kann nur den Sinn gehabt haben, Rechtsansprüche aus der Verwandtschaft Wolvenes abzuwehren. Von daher kam es darauf an, den Besitzanspruch des Königs unanzweifelbar zu machen, was wohl durch die Dauer des Besitzes geschah.
[84] NOTTARP, Gottesurteilsstudien 245ff.
[85] KLEIN-BRUCKSCHWAIGER, F.: Jahr und Tag, in: HRG 2, 1978, 288-291; DERS.: Jahr und Tag, in: ZRG (GA) 67 (1950) 441ff; HARDENBERG, L.: Zur Frist von Jahr und Tag, in: ZRG (GA) 87 (1970) 287ff.
[86] NEISKE, Doppeleinträge 260.

liturgischen Totenmemoria auch die im Mittelalter übliche liturgische Praxis als Erklärungsmodell heranzuziehen bzw. ein beabsichtigtes Doppelgedenken anzunehmen, zumal die "Fehlertheorie" andere hier gefundene Merkwürdigkeiten wie den "Weihnachtsüberschuß oder die Memorien zu Orts-, oder Namens- oder Reichspatronen nicht erklären kann. Eine weiteres Phänomen, das von der "Fehlertheorie" nicht erfaßt wird, ist das mehrfach zu beobachtende Auftreten von Namensfolgen, auf die nun einzugehen ist.

14.3.8. Namenskombinationen

Bei der Durchsicht des aquitanischen Gedenkbuches fällt auf, daß bestimmte Namenskombinationen mehrfach auftreten. Im weiteren Verlauf der diesbezüglichen Untersuchung werden nur die Personennamen zum Ausgangspunkt der Untersuchung gemacht, die bis zu zehnmal im Necrolog genannt werden, um zufällige, aus der Häufigkeit der Nennung resultierende Namenskombinationen weitgehend auszuschließen.
Jeweils zweimal begegnen uns die vier Namensfolgen Raino-Iocelmus (1.3./25.3.),[87] Rigualdus-Poncius (3.2./1.3.),[88] Reco-Stephanus (18.1./4.12.)[89] und Grimaldus-Stephanus (9.3./1.11.)[90]. Dreimal finden wir Oddo/Petrus[91] am selben Tag (24.1./8.9./14.12.). Sogar eine Dreier-Reihe ist mit Uciandus-Boso-Bernardus zweimal nachweisbar (31.3./1.12.).[92]
Auf solche Zusammenhänge aufmerksam geworden, scheint es ratsam, auch die Tage vor und nach der Erwähnung eines Namens in die Untersuchung einzubeziehen. Besondere Beachtung verdient dabei die Frage, an welcher Stellung die Namen innerhalb der Tagesaufzeichnung vermerkt wurden. Wenn sich beide Namen an erster Stelle an aufeinanderfolgenden Tagen finden, ist mit größerer Wahrscheinlichkeit auf eine ungefähre Zeitgleichheit der Eintragung zu schließen, als wenn der eine Name an erster, der andere an fünfter Stelle steht.
Untersuchen wir zunächst solche Namen, die lediglich zweimal im Gedenkbuch auftreten, daraufhin, ob ihnen andere Namen zugeordnet werden können. Dies ist in der Tat der Fall. Einen Mainardus finden wir am 18.4. und zu Weihnachten hinter Walterius.[93] Am 13.4. folgt Centullus unmittelbar auf den Namen

---

[87] Für Raino finden sich fünf Nachweise, für Iocelmus/Iotcelmus lediglich vier.
[88] Rigualdus ist fünfmal im Nekrolog vertreten, Poncius/Pontius neunmal.
[89] Reco ist nur zweimal im Gedenkbuch vertreten; der Name begegnet noch zweimal in der Schreibung Recco. Stephanus ist allerdings zehnmal häufiger nachweisbar.
[90] Grimaldus erscheint siebenmal im Gedenkbuch.
[91] Der Name Oddo wird siebenmal genannt, Petrus dreißigmal.
[92] Uciandus ist mit acht, Boso mit sieben und Bernardus mit 48 Nennungen vertreten.
[93] Walterius ist dreizehnmal verzeichnet, Mainardus zweimal. Im April trennt die beiden ein Ardagnus, im Dezember ein Geraldus. Wenigstens erwähnt sei, daß ein Gerardus am 5.4. vor einem Aicardus rangiert, während ein Airardus am 30.7. vor Gerardus erwähnt wird. Weitere Belege für den Namen Gerardus finden sich im Necrolog nicht. Im April folgen die Namen unmittelbar aufeinander, im Juli schiebt sich ein Petrus zwischen die Nennung von Aicardus

Ragbaldus. Drei Tage später findet sich Ragbaldus wieder an der Spitze der Tageseinträge, am nächsten Tag steht der Name Centullus ebenfalls am Beginn der Zeile.[94] Am 20.1. begegnet die Namensfolge Gauzmarus-Durannus, im Februar treffen wir beide Namen wieder. Am 10.2. rangiert Durannus an zweiter Stelle, am nächsten Tag Gauzmarus an dritter.[95] Am 2.12. ist Basenus der erste, Girardus der dritte Tageseintrag. Am 21.12. finden wir Girardus an zweiter, am nächsten Tag Basenus an erster Stelle der Einträge.[96]
Die Namen Gotbrannus und Bladinus sind jeweils zweimal verzeichnet. Umso auffälliger ist, daß sie beide Male an unmittelbar aufeinander folgenden Tagen auftreten. Am 31.1./1.2. jeweils an dritter Stelle, am 21./22.2. an erster bzw. zweiter Stelle der Tageseinträge. Ermenbertus und Benedictus rangieren am 18./19.1. jeweils an der Spitze, am 17./18.3. jeweils an dritter Stelle der Tagesnotizen. Wie Ermenbertus tritt auch der Name Warnerius beide Male neben dem Namen Benedictus in Erscheinung: am 18./19.1. und 29./30.5.[97] Der Name Elo taucht zweimal auf, beide Male im April und jedesmal läßt sich ihm der Name Centullus zuordnen. Sowohl am 12. wie am 19.4. folgt am nächsten Tag ein Eintrag für Centullus.[98]
Auch bei Personennamen, die dreimal vorkommen, können gleichartige Beobachtungen gemacht werden. Keine allzu große Bedeutung wird man dem Vorkommen der Kombinationen Boso/Warinus[99] und Wigo/Hugo[100] sowie der Namensfolge Bernardus-Aemelius[101] zumessen können. Bedeutsamer erscheinen die folgenden Beobachtungen. Dem Namen Rodlandus folgt zweimal der Name Iohannes (20.8. und 10.1.)[102]. Weiterhin folgt auf Gauz(c)elmus zweimal der

---

und Gerardus. Da der Name Airardus nur einmal, Aicardus dagegen fünfmal verzeichnet ist, liegt hier möglicherweise eine Verschreibung vor. MÜSSIGBROD/WOLLASCH, Martyrolog-Necrolog 7 und 43, weisen Aicardus und Airardus allerdings verschiedenen Namensstämmen zu (Aighard und Harihard).
[94] Der Name Centullus ist insgesamt neunmal im Necrolog vertreten, Ragbaldus zweimal.
[95] Für den Namen Durannus gibt es 14 Belege, für Gauzmarus zwei. Eine vergleichbare Kombination liegt auch bei Rodlannus und Geraldus vor (11./12.9. und 5.12.), doch ist der Name Geraldus sehr häufig.
[96] Basenus ist fünfmal, Girardus zweimal im Gedenkbuch verzeichnet.
[97] Für die Namen Ermenbertus und Warnerius gibt es jeweils zwei, für den Namen Benedictus gibt es 18 Belege. Am 19.1. rangiert Benedictus an erster, am 29.5. an zweiter Stelle, Warnerius am 30.5. ebenfalls an zweiter, am 18.1. dagegen an vierter Stelle.
[98] Bis auf den 12.4., an dem Elo als Dritter eingeschrieben wurde, stehen die Namen an zweiter Stelle.
[99] Bei Warinus ist zweifelhaft, ob es sich um dieselbe Person handeln kann, da Warinus einmal ausdrücklich als "abbas" (2.2.) bezeichnet wird. Am 27./28.3. handelt es sich jeweils um den vierten Tageseintrag, am 1./2.2. um den zweiten bzw. ersten. Des Namens Boso wird siebenmal gedacht.
[100] Am 27.4. folgt Ugo unmittelbar auf Wigo, am 15.1. rangiert ein Hugo drei Plätze vor Wigo. Die Häufigkeit des Namens Hugo steht weitreichenden Schlüssen im Wege.
[101] Am 29.1. [Emelius] und 21.9. [Aemelius]. Ein Aimelius ist zum 13.4. eingetragen.
[102] Am 20.8. sind nur diese beiden verzeichnet, am 10.1. schieben sich die Namen Gauzfredus und Bernardus zwischen die beiden. Iohannes ist im Nekrolog dreizehnmal vertreten.

Name Gauzbertus (16.3./13.5.), und beide Male läßt sich ihnen der Name Benedictus zuordnen.[103] Garinno und Centullus geben jeweils an zwei Tagen hintereinander den ersten Tageseintrag ab (3./4.1. und 7./8.3.). Damit wird auch ein zeitlicher Zusammenhang für die Eintragungen möglich. Am 1. Mai tritt die Namensfolge Matfredus-Walterius auf. Des Matfredus wurde auch am 4. Juni gedacht. Am nächsten Tag finden wir die Namensfolge Adalardus-Ugo-Stephanus-Walterius. Walterius kennen wir schon, doch auch die anderen Namen lassen sich Matfredus zuordnen. So begegnet uns die Namensfolge Ugo-Adalardus am 2. Mai und Stephanus am letzten Apriltag. Da die Namen Adalardus und Matfredus nur zwei- bzw. dreimal im Gedenkbuch verzeichnet sind, wird man schwerlich einen Zufall vermuten dürfen.

Noch aussagekräftiger ist das folgende Beispiel. Der Name Odalricus begegnet dreimal: am 19.1., 21.4. und 18.9. Am Tag nach seiner Nennung im April sind verzeichnet: Asenarius-Petrus-Ugo-Durannus. Zwei Tage vor der letzten Nennung Odalrici findet sich das Gedenken für einen Hugo. Die anderen drei Namen finden wir am Tag nach der ersten Nennung Odalrici. Am 20.1. sind nämlich folgende Namen eingetragen: Asenarius-Girbertus-Gauzmarus-Durannus-Petrus. Der Faden läßt sich aber noch weiter spinnen, denn Gauzmarus und Hugo treten noch öfter im Zusammenhang mit Durannus auf. Am 28.12. folgt hinter Durannus ein Ugo und am 10.2. tritt uns der Eintrag Hugo-Durannus-Grimaldus entgegen, während am nächsten Tag in Moissac eines Gauzmarus gedacht wurde.[104] Der am 19.1. vor Odalricus genannte Name Gislebertus findet sich am Tag vor dem 10.2. in der Schreibung Gislabertus wieder.[105] Der am 10.2. aufgetretene Name Grimaldus wiederum ist der erste Namenseintrag am 26.2., am nächsten Tag steht Durannus am Anfang der Gedenkreihe. Eine weitere Memoriastiftung auf den Namen Grimaldus findet sich am Tag nach dem bereits erwähnten Durannus-Eintrag vom 22.4. Enge Beziehungen dieses Personenkreises untereinander lassen sich vermuten, da Grimaldus auch neben Asenarius auftritt (1.11.),[106] der uns wiederum neben bzw. am Tag vor einem Ugo begegnet (15.6.; 26./27.4.). Zusammenfassend kann festgehalten werden, daß sich folgende Namen einander zuordnen lassen: Odalricus, Asenarius, Gauzmarus, Hugo, Durannus, Gislabertus

---

[103] Der Name erscheint am 17.3. und am 12.5. Gauzelmus und Benedictus bilden jeweils den dritten Tageseintrag. Aufgrund des häufigen Vorkommens des Namens Gauzbertus wäre dem Zusammentreffen wohl keine große Beutung beizumessen, wenn nicht die gleichlautenden Ansilben eine Verwandtschaft möglich erscheinen ließen.
[104] Weitere Belege für Gauzmarus gibt es nicht. In der zeitlichen Nähe von Durannus stehen aber noch Gauzfredus (21./22.4.) und Gauzbertus (9./10.6. und 13./14.10) sowie ein Gosfredus (17.11.) und ein Wauzfredus (4./5.5.). Zur Gauz-Gruppe scheint auch Asenarius Beziehungen unterhalten zu haben. Er findet sich in der Nähe von Gauzfredus (21./22.4., 26.4.), Gauzbertus (15./16.3., 15./16.6.), Gauzcelmus (15./16.3.) und Gauzmarus (20.1.)
[105] Weitere Belege für den Namen liegen nicht vor. Immerhin kann es sich bei dem am 27.2. hinter Durannus genannten Namen Gilabertus um eine Verschreibung handeln. Am Tag nach der Nennung des Durannus am 5.5. wurde für einen Gisaldus gebetet und am Tag nach seiner Memoria am 14.10. für einen Gislardus.
[106] Des Namens Grimaldus wird an sieben, des Namens Asenarius an neun Tagen gedacht.

und Grimaldus. Da Gislabertus, Gauzmarus und Odalricus nur zwei- bzw. dreimal auftreten und weil für Grimaldus in vier von sieben und für Asenarius in fünf von neun Fällen ein Zusammenhang mit dem genannten Personenkreis nachgewiesen werden kann, scheint ein zufälliges Zusammentreffen der Namen ausgeschlossen.
Eine Erklärung für diese Auffälligkeiten können vielleicht HLAWITSCHKAs Untersuchungen zum Liber memorialis von Remiremont geben. Dieser konnte den Nachweis erbringen, daß bestimmte Namen, die an aufeinanderfolgenden Tagen auftraten, zu Reisegesellschaften gehörten, die sich im Kloster Remiremont zu politischen Konferenzen trafen.[107] Ob in unserem Fall wirtschaftliche, politische oder familiäre Gründe für die vorgefundenen Beziehungen der Gruppenmitglieder untereinander ausschlaggebend waren, wird man beim gegenwärtigen Erkenntnisstand natürlich nicht entscheiden können.
Familiäre Gründe können aber in einem anderen Fall eine Rolle gespielt haben. Wir finden nämlich eine Reihe von biblischen Namen an gleichen oder aufeinanderfolgenden Tagen: Daniel und Iohannes (6.1.), Samuel und David (30.1.), Salomon und Andreas (24.12.), Ioseph und Heliseus, denen am nächsten Tag ein Daniel folgt (11./12.3.), sowie Abel und Iohannes (30./31.7.). Nun machte STÖRMER in Baiern eine Familie aus, die bevorzugt biblische Namen vergab. Es liegt also nahe, auch hier eine Familientradition zu vermuten. Es gibt sogar eine Reihe von Indizien, die darauf schließen läßt, daß es sich hier um Mitglieder derselben Familie handelt.[108]

14.3.9. Zusammenfassung

Eine Reihe von Gründen legt die Annahme nahe, daß es sich hier nicht um ein Totenbuch im strengen Sinne handeln kann. Offenbar besteht ein Zusammenhang zwischen der Feier von Festen und den Eintragungen von Personen, wie die hohe Anzahl von Kommemorationen, der Zusammenhang von Patronatsfesten und Personengedächtnis, die Namenstagsgedächtnisse, Doppeleintragungen, Namensidentitäten an Festen von Reichsheiligen, die Wiederkehr von Namen in bestimmten Zeitabständen bzw. neben identischen Namen, zeigen. Vermutlich lösten Stiftungen eine Reihe von Einträgen aus, die nicht in unmittelbarem Zusammenhang mit dem Todestag der verzeichneten Person standen. Dies kann auch bei anderen Necrologien der Fall sein. Hier sei ins Gedächtnis gerufen, daß die in karolingischer Zeit aufkommenden kalendarisch aufgebauten Necrologien Vorteile gegenüber anderen Formen des Gebetsgedächtnisses boten.[109] Es ist

---

[107] HLAWITSCHKA, Lotharingien 142-152, 241-249.
[108] STÖRMER, Adelsgruppen 80-89. Siehe Exkurs 15.
[109] SCHMID/WOLLASCH, Gemeinschaft 400: "Dominierte in karolingischer Zeit das subsummierende Gedächtnis, die Sammlung der Namen Lebender und Verstorbener, derer man gedenken wollte, in umfangreichen 'Liber memoriales', so ging man zwischen frühem und hohem Mittelalter mehr und mehr dazu über, die Namen der Personen, derer man gedenken

also denkbar, daß die kalendarische Form des Gebetsgedächtnisses in den Necrologien, welches die kumulativen Gebetsgedenken für die Lebenden und Toten in den "Liber memoriales" ablöste, allein aus praktischen Gründen aufkam. Nach dem bisherigen Forschungsansatz wurden mit der Einführung der Necrologien gleich zwei Dinge geändert, die Form des Verzeichnisses und die Beschränkung auf Verstorbene.[110] Die Außenwirkung eines Verzichts auf den Gebetsdienst für die Lebenden dürfte eine Existenzkrise des Klosters heraufbeschworen haben. Ein Spender wird sicher erfreut gewesen sein, daß mit dem neuen Buch ein regelmäßiges Gebetsgedächtnis für ihn gewährleistet war; doch dürfte es schwer gefallen sein, dem Stifter klarzumachen, daß ihm diese Verbesserung erst nach seinem Tode zugute kommen sollte, weil sein irdisches Wohl von nun an nicht mehr durch Gebete gefördert werde. Wollte die Klostergemeinschaft verhindern, daß der Spender sich an ein anderes Kloster wandte, das auch für sein irdisches Heil betet, mußte sie entweder zwei Gedenkbücher anlegen, ein kalendarisch aufgebautes für die Verstorbenen und ein zweites für den Gebetsdienst an den Lebenden - das nicht notwendig auf die Vorteile der kalendarischen Aufzeichnung verzichten mußte -, oder aber den Wohltäter noch zu Lebzeiten in das Necrolog aufnehmen.

Daß die Vorlage für das heute vorhandene Necrolog von Moissac kein Totenbuch im strengen Sinne war, scheint bereits sehr viel früher erkannt worden zu sein, nämlich bei der Anlage des vorliegenden Gedenkbuchs von Moissac. Das Necrolog wurde in zwei deutlich voneinander zu unterscheidenden Phasen erstellt. Der erste Teil wurde von nur einem oder zwei Schreibern verfaßt, der zweite einige Jahre später unter Beteiligung einer Vielzahl von Schreibern.[111] In beiden Teilen wurden Namen aus einer heute nicht mehr vorhandenen Vorlage übernommen. Der Schreiber des ersten Teils setzt bei Beginn seiner Arbeit hinter das Tagesdatum[112] und mit der gleichen Tinte wie für die Namenseinträge ein Kürzel für obiit/obierunt. Diese Abbreviatur erhielten jedoch nur die ersten

---

wollte, zum jeweiligen Todestag im Kalender zu fixieren. Damit wurde die Praxis liturgischen Gedächtnisses für die namentlich eingeschriebenen Verstorbenen auf Dauer gewährleistet. Ein mit 15000 bis 40000 Namen gefüllter Codex karolingischer Zeit, ohne Zufügung irgendwelcher Daten, erlaubte es einer Klostergemeinschaft nicht, jeder einzelnen der eingetragenen Personen tatsächlich die einmal eingegangenen Verpflichtungen an Gebeten und Opfern zu geben. Wurden aber die Menschen, für die man sich zu beten oder zu opfern verpflichtet hatte, auf ein bestimmtes Kalenderdatum fixiert, im Necrolog eingetragen, dann standen im Totenbuch einer klösterlichen Gemeinschaft pro Kalendertag maximal 50 bis 60 Namen. Dann wurde es wirklich durchführbar, diese in die tägliche Liturgie von Tag zu Tag aufzunehmen."
[110] "Die Kalendereinträge der Necrologien dagegen ermöglichten es, an jedem Tag des Jahres der an diesem Tag Verstorbenen zu gedenken und jedem einzelnen von ihnen eine bestimmte Gebets- und Opferleistung zuzuwenden. Die zeitliche Diffenzierung des Gedächtnisses stellte demnach eine erhebliche Intensivierung dar, die jedoch den Verstorbenen vorbehalten blieb" (SCHMID/WOLLASCH, Gemeinschaft 368).
[111] MÜSSIGBROD/WOLLASCH, Martyrolog-Necrolog S.XIX-XXXVIII.
[112] Auch die ausgesprochen einheitliche Datenanlage des ersten Teils ist das Werk eines einzigen (desselben?) Schreibers (MÜSSIGBROD/WOLLASCH, Martyrolog-Necrolog S.XIX).

fünfzehn Tage des Jahres. Das Kürzel taucht dann nur noch einmal beim ersten Eintrag des dritten Blattes (14.2.) auf. Hier darf wohl ein Flüchtigkeitsfehler vermutet werden. Im zweiten Teil des Gedenkbuches wird das Kürzel dann wieder regelmäßig verwendet. Der Traditionsbruch des Schreibers des ersten Teils ist mehr als auffällig, aber schwer zu deuten.[113] Eine Erklärung für das Fortlassen des Sterbevermerks bietet die Annahme, daß der Schreiber bemerkte, daß die in seiner Vorlage vorgefundenen Kommemorationen nicht ausschließlich durch das Ableben der verzeichneten Personen veranlaßt worden waren. Vielleicht enthielt die Vorlage entsprechende Hinweise.[114]

Sicher können die hier gemachten Annahmen nicht ohne weiteres auf andere Necrologien übertragen werden. Dennoch wird festzuhalten sein, daß man aus der Aufnahme eines Namens in ein Necrolog nicht ohne weiteres auf ein Ableben der verzeichneten Person am Gedenktag schließen sollte, wenn es nicht weitere Hinweise für das Eintreten des Todes zu dieser Zeit gibt oder der Name ausdrücklich mit einem Sterbehinweis (obiit o.ä.) versehen ist.[115]

---

[113] Die Herausgeber der Facsimile-Ausgabe konstatieren zwar diese Merkwürdigkeit, bieten aber keine Erklärung (MÜSSIGBROD/WOLLASCH, Martyrolog-Necrolog S.XXII).

[114] Daß im zweiten Teil wieder regelmäßig der Sterbevermerk gebraucht wurde, spricht nicht gegen diese Vermutung. In diesem Teil wurden nämlich sehr viel mehr Namen aus der Vorlage "ausgesiebt" (MÜSSIGBROD, Toteneinträge 366). Möglicherweise enthielten die ausgelassenen Namen Vermerke, aus denen hervorging, daß es sich bei diesen Gebetsgedenken nicht um Totenmemorien handelte.

[115] Ein Beispiel für eine solche Praxis findet sich bei HLAWITSCHKA, Mathilde 45-50, der sich mit der Frage auseinandersetzt, ob Frederuna, die Gemahlin König Karls des Einfältigen, mit Friderun, der Schwester von der Königin Mathilde, Gemahlin Heinrichs I., zu identifizieren ist. Ein Grund für die Ablehnung einer Verwandtschaft zwischen den Gemahlinnen der west- und ostfränkischen Könige sind die unterschiedlichen Gedenktage: "Problematisch wirkt die Konstruktion jedoch dadurch, daß man unterschiedliche Todestage für Karls des Einfältigen Gemahlin Frederuna und Mathildes Schwester Friderun, die ja doch ein und dieselbe Person sein sollen, feststellt. Die eine verstarb am 10. Februar (des Jahres 917), die andere an einem 10. Januar ... Die vier nur leicht voneinander abweichenden Überlieferungen der Fuldaer Totenannalen verzeichnen eine Friderun ... einmal sogar das präzisierende Datum II. id. Jan. (12. Januar) ... Da die Todestagangaben in den verschiedenen Nekrologien häufig um 1-2 Tage differieren, hat man seit langem schon in der am 12.I.971 verstorbenen Gräfin Friderun die im Trierer Nekrolog oder Diptychon zum 10.I. eingeschriebene gleichnamige Schwester der Königin Mathilde erkannt" (ebd. 46). Grundlage für die Annahme von unterschiedlichen Todestagen der beiden gleichnamigen Damen sind die Angaben aus einem heute verlorenen Trierer Domnecrolog, das im 17. Jahrhundert exzerpiert wurde, und eine Anniversarstiftung des Königs Karl. Letztere lautet: "dies anniversarii nostrae conjugis ..., quae est IIII idus februarii" (ebd. 45). Hier wird nicht ausdrücklich der Todestag erwähnt, theoretisch könnte auch eine Geburtstagsfeier oder ein Gedächtnis zum dritten oder dreißigsten Tag nach dem Todestag angeordnet worden sein. Ähnlich unsicher ist die Annahme eines Todesdatums auch im zweiten Fall, in dem Tagesdaten, Namen und Verwandtschaftsverhältnis zu Königin Mathilde verzeichnet wurden. Ein ausdrücklicher Vermerk, aus dem hervorgeht, daß es sich um die jeweiligen Todestage handelt, fehlt: "Prid. Id. Mart. Mathild regina mater Ottonis imp.; V. Id. Maii Reinhild mater reg. Mahtildis; IIII. Id. Ian. Friderim soror Mahtilt reginae; VIII. Kalend. Iunii Bia soror reg. Mahthildis" (ebd. 45). Doch auch wenn es sich um ein Gedenken aus Anlaß des Todes handelt, ist nicht auszuschließen, daß es sich um ein 30-Tage-Gedächtnis

14.4. RESÜMEE

Es wurden drei Möglichkeiten "durchgespielt", die mehr als merkwürdige Verteilung der Todestage bei den Karolingern zu erklären. Unserer Einschätzung nach bieten die beiden zuletzt vorgestellten Möglichkeiten die größten Chancen zur Erklärung des Phänomens. Zugleich wurde aber auch deutlich, daß es erhebliche Forschungsdefizite gibt. Dies gilt sowohl hinsichtlich der Bedeutung des Attentats als Mittel frühmittelalterlicher Politik wie auch für die mittelalterliche Praxis der Kommemoration mit Hilfe kalendarisch angelegter Gedenkbücher. Letzteres ist angesichts der breitangelegten Forschung auf diesem Gebiet schon erstaunlich genug. Schon wegen der fehlenden Vorarbeiten können die vorgestellten Überlegungen nur Lösungsansätze, nicht die Lösung schlechthin sein, zumal es mehr als fraglich ist, ob man hier ein strenges "entweder - oder" postulieren darf. Wichtig scheinen zwei Dinge zu sein:

- Die Todestage bzw. die Gedenken für die Karolinger stehen in einem Zusammenhang mit der mittelalterlichen Festpraxis - gleichgültig, ob man dies auf Attentate an Festtagen zurückführt oder mit einer Praxis von 'Festgedenken' erklärt.
- Die Analyse des Necrologs von Moissac läßt Untersuchungen von Necrologien auf Elemente von "Gedenkstrukturen" als überaus lohnenswert erscheinen.[116]

---

bzw. Monatsgedächtnis handelt. In diesem Fall wird man sogar von identischen Todestagen der beiden Damen namens Friderun ausgehen können, da es sich beim Januar- wie beim Februargedenken um den gleichen römischen Kalendertag ("IIII. Id. Ian." versus "IIII. idus februarii") bzw. bei Einrechnung des Ausgangstages um einen Abstand von 30 Tagen handelt (12.1. bzw. 10.2.). Da darüber hinaus vom westfränkischen Karl bekannt ist, daß er für seine Gemahlin Friderun ein "trigesimus"-Gedenken (bei den Kanonikern von Compiègne) einrichtete (FREISE, Genealogia ducis Arnulfi 219), wird man bei diesem Befund nicht ohne weiteres von unterschiedlichen Todestagen ausgehen dürfen, wiewohl es sich um verschiedene Gedenktage handelt.

[116] Neben von außen an die Gedenkaufzeichnung herangetragenen Faktoren - etwa der "Bestellung" von Gebetsgedenken zu persönlich wichtigen Tagen - mag auch die Konzeption des Anlegers - Hugo von Flavigny richtete in seinem Nekrolog offenbar eine "Karlmann-Woche" ein - eine Rolle spielen (Siehe S.353f).

15. ZUSAMMENFASSUNG UND AUSBLICK

In den einleitenden Kapiteln wurden einige Indizien zusammengetragen, die die Vermutung erlaubten, die Feier von Heiligenfesten bzw. die Wahl bestimmter Tage für politische Handlungen habe ihren Ursprung nicht ausschließlich in der religiösen Grundhaltung des mittelalterlichen Menschen; auch die politische Intention des Feiernden habe Einfluß darauf, welcher Gedenktag zu einem Festtag ausgestaltet wurde. In der Tat zeigten die weiteren Untersuchungen, daß es häufig Zusammenhänge zwischen dem Staatsakt und dem Festtag gab, an dem jener stattfand. Wie ein Blick auf die unterschiedlichen Versammlungstypen zeigt, gilt diese Feststellung nicht nur für einzelne politische Akte. Auch allgemein kann gesagt werden, daß politische Motive dazu anregten, für verschiedene Versammlungstypen bestimmte Festkategorien zu bevorzugen. So kamen für Krönungsfeierlichkeiten eher Herrenfeste, für Beratungstermine eher Marienfeste in Frage. Auch hinsichtlich der Aufnahme dauerhafter sexueller Beziehungen scheint man unterschieden zu haben zwischen Vollehen, die an Sonntagen geschlossen wurden, und Konkubinaten, die an gewöhnlichen Wochentagen aufgenommen wurden.

Die des öfteren angesprochene Korrelation zwischen dem Staatsakt und dem Zeitpunkt seines Vollzuges erklärt sich zu einem Gutteil aus dem Bemühen der Karolinger, bedeutungstragende, "sprechende" Tage auszuwählen. In der Tat boten alle Festkategorien die Möglichkeit, sinnvolle Bezüge zwischen dem politischen Geschehen und dem Festtag herzustellen. Der Drang, Politik und Kalender harmonisch miteinander zu verknüpfen, brachte es mit sich, die kirchlichen Einschränkungen für Tauftage nicht zu beachten. Entsprechend beschränkte man sich nicht auf die kanonischen Termine (Oster- und Pfingstnacht), sondern wählte gern solche Tage, die als biblische Tauftage aufgefaßt wurden (Epiphanie) oder des Christustäufers gedachten.

Eine andere Ursache der Tagewählerei war sicher die von SCHALLER angeführte magische Denkweise des mittelalterlichen Menschen. Hier ist wohl weniger an den Bereich der "hohen Politik" zu denken, in dem die Tagewahl auf ihre bedeutungstragende Funktion zu befragen ist, als vielmehr an den Bereich der Kriegsführung, insbesondere wenn es galt, Bedrohungen von "außen" abzuwehren. Hier zielte die Tagewahl auf die Gewinnung geeigneter himmlischer Hilfe und steht somit in der magischen Denktradition der germanischen Völker, die Schlachten in Abhängigkeit vom Mondstand schlugen. Eine völlig andere Zeitstruktur bieten dagegen die militärischen Auseinandersetzungen innerhalb der Karolingerfamilie. Das mag damit zusammenhängen, daß hier der Kampf als Gottesurteil im rechtlichen Sinne aufgefaßt wurde. Doch auch in Kriegszeiten blieb die Festfeier ein wichtiges Mittel der innerfränkischen Propaganda, wie aus der Untersuchung der Itinerare Lothars I. und Karls des Kahlen hervorging. In dieses Erklärungsmuster fügt sich auch, daß Lothar II. am Tag der unschuldigen Kinder gegen den Bruder seiner verstoßenen Gemahlin Theutberga aufbrach, der er vorwarf, ein mit ihrem Bruder gezeugtes Kind abgetrieben zu haben. Die

Untersuchung der Angriffstermine der Normannen zeigte, daß diese eine erstaunlich gute Kenntnis des kirchlichen Kalenders hatten. Hierfür bieten sich zwei Erklärungen an: entweder war zumindest ein Teil von ihnen getauft und/oder sie arbeiteten eng mit fränkischen Kennern der Materie zusammen. So oder so lautet die Konsequenz, daß die Normannen eher ein integrales Moment der innerfränkischen Machtkämpfe waren denn ein heidnischer Fremdkörper im christlichen Frankenreich.

Eine Beobachtung ganz anderer Art verdient festgehalten zu werden: der ungeheure Einfluß des griechischen Kaisertums auf die karolingische Politik. Die Nachahmung des byzantinischen Kaisertums beschränkte sich nicht auf die griechische Gewandung, in der Karl der Kahle nach seiner Kaiserkrönung die Synode von Ponthion eröffnete. Mit der Kompaternität entdeckten die Karolinger ein griechisches Politikinstrument und auch die Brautschau Ludwigs des Frommen hat ihr Vorbild in Byzanz. Für das Kriegswesen wurden das dreitägigen Fasten aus dem Osten kopiert, die Kriegsheiligen Johannes der Täufer und Maria wurden als "erprobte" Schutzpatrone von dort übernommen. Episode blieb hingegen der Versuch Kaiser Karls II., den griechischen Großmärtyrer Demetrius als Schutzheiligen zu gewinnen.

Die Untersuchung von Todestagen von Mitgliedern der karolingischen Familie erbrachte eine derart ungewöhnliche Verteilung, daß hier nach Erklärungen zu suchen war. Ob die angebotenen Lösungen beim derzeitigen Forschungsstand als zureichend empfunden werden können, muß der Leser entscheiden; vielleicht findet er bessere Erklärungsmodelle. Die in diesem Zusammenhang vorgelegte Analyse des Totenbuchs von Moissac läßt es problematisch erscheinen, für Necrologien grundsätzlich anzunehmen, die eingetragenen Personen seien anläßlich ihres Ablebens in das Gedenkbuch aufgenommen worden. Wenn keine weiteren Informationen zum Todestag vorliegen, scheint es ratsam, in das übliche Verfahren der Verwertung von Necrolog-Informationen einige Sicherungen einzubauen. So sollte auch erwogen werden, ob es sich hier nicht um einen Gedenktag handeln kann, der aus anderen Gründen eingerichtet wurde. Dies gilt insbesondere dann, wenn es sich bei dem fixierten Datum um ein bedeutsames Kirchenfest handelt oder etwa mit dem Festtag des Namenspatrons der memorierten Person zusammenfällt. Das muß nicht heißen, daß sich ein Name, der in Totenbüchern verschiedener Klöster zum selben Termin verzeichnet wurde, nicht auf die gleiche Person bezieht. Aber es muß nicht der Name eines Verstorbenen sein, schließlich kann ein Verehrer des heiligen Martin ja mehrfach Klöster an dessen Fest aufgesucht und ein anderer des öfteren Schenkungen aus Anlaß seines eigenen Geburtstages gemacht haben. Vorbehalte gegen die Arbeitsmethode sind insbesondere dann zu machen, wenn aus dem vermeintlichen Todestag Rückschlüsse auf historische Ereignisse gezogen werden, oder wenn ohne weiteres die Nichtidentität mit einer gleichnamigen Person, die ein Gedenken an einem anderen Tag hat, postuliert wird.

Hinsichtlich der politischen Nutzung von Festen ist festzustellen, daß es möglich war, Staatsakte mit jedem der Festtagstypen in Korrelation zu bringen.

Überdeutlich wird dieses "Harmoniestreben", wenn beispielsweise die irdische Königin 831 einen Reinigungseid am Festtag der Reinigung der himmlischen Königin ablegte oder wenn am Johannesfest 824 eine Ehe geschlossen wurde, weil der Täufer als Mahner zur rechten Eheführung bekannt war. Hinsichtlich der profanen Gedenktage konnte es dem politischen Anliegen nur nützen, wenn Karl der Kahle und Ludwig der Deutsche sich das Reich ihres Neffen am Jahrestag seines Todes (8.8.869 bzw. 870) teilten. In politisch schwierigen Lagen sollte die Wahrung einer erbrechtlich relevanten Dreißig-Tage-Frist einen Erbschaftsanspruch unterstützen (Aachen 814). Ein politisches Signal konnte auch die Wahl von Reichsheiligen setzen, etwa wenn Pippin durch die Wahl des Remigiusfestes als Synodentermin seine Verbundenheit mit dem Episkopat wie seinen Willen zur "Neuchristianisierung" des Frankenreichs bekundete.

Zudem zeigte sich, daß Feste "multifunktional" eingesetzt werden konnten, weil sie für unterschiedliche Handlungen jeweils passende Sinnbezüge anboten. So konnte die Feier des Geburtsfestes des Täufers Johannes (24.6.) unterschiedliche Themen ansprechen, zunächst natürlich die Taufe, dann das Motiv der Adoption, da sich bei der Taufe die Sohnschaft Christi offenbarte (Mt 3,13-17; Mk 1,9-11; Lk 3,21-22). Doch kritisierte Johannes auch das Eheleben des Herodes (Mk 6,17f; Mt 14,3f; Lk 3,19f) und gab fragenden Soldaten Ratschläge (Lk 3,14). Das Taufmotiv aufgreifend konnte Karl der Große die Feier des Johannesfestes nutzen, die am Tauffest Christi beschlossene Missionierung der Sachsen zu propagieren,[1] während sein Sohn Ludwig an diesem Festtag den Dänenkönig Harald Klak aus der Taufe hob (Ingelheim 824). Die Adoptionsthematik des Tages wird Karl der Dicke angesprochen haben (Gondreville 880), während im Krieg eher die Ratgeberfunktion nützlich schien (Kriegsrat an der Geule 891). Als "Ehemahner" konnten das Johannesfest am 24. Juni privat für Hochzeiten (Aachen 824) wie politisch zur Brandmarkung König Lothars II. (Tusey 865) herangezogen werden.

Hinsichtlich der von den Karolingern für Staatsakte gewählten Feste kann man grundsätzlich unterscheiden zwischen "traditionellen" Festtagen und solchen Tagen, deren Feier nicht zum üblichen Festkanon gehörte. Eine weitere Differenzierung ist zwischen profanen Gedenktagen und Feiern des Kirchenjahres zu treffen.

Die wichtigste profane Feier dürfte - neben der Jahrfeier militärischer Erfolge und dem Herrschergeburtstag im Reich Karls des Kahlen - die Begehung eines Herrschaftsantritts oder einer Salbung gewesen sein. Hier trug die Tagewahl dem politischen Anliegen in besonderer Weise Rechnung. Ist eine solche Feier bei Beginn des zweiten Herrschaftsjahres nicht sonderlich überraschend, kann sie im Einzelfall doch deutliche Hinweise auf die Bedeutung eines solchen Aktes geben (Pippin 754/755; Ludwig I.: 834/835). Politische Ansprüche und Absichten

---

[1] Die Feier des Täuferfestes läßt sich aus der Ausstellung des DK 101 vom 26. Juni 775 erschließen (s. Exkurs 18).

offenbaren Anniversarfeiern jedoch insbesondere dann, wenn sie nach langen Jahren auf einmal wieder aktuell wurden (Lothar als Baiernkönig 814/841).[2] Doch auch die Feiern von Kirchenfesten waren durchaus nicht unpolitisch, wie dies an der Feier unüblicher Heiligenfeste deutlich wird. So beachteten die ostfränkischen Herrscher auch die Feste von Heiligen ihres Herrschaftsgebietes, was als Indiz für eine zunehmende Auflösung des Gesamtreichs gelten kann. Noch interessanter wird es jedoch, wenn die Feiern von Heiligen oder Kirchenfesten im Zusammenhang mit einem (neuen) politischen Programm stehen. Ein schönes Beispiel hierfür ist die Datierung der Reichsteilung von 806 auf den Amandustag, wodurch Karl seinen Söhnen die Wahrung der brüderlichen Caritas ins Merkheft schrieb. Der Caritas-Gedanke wird Ludwig den Jüngeren und seinen gleichnamigen Vetter dazu inspiriert haben, eine Versammlung aller karolingischen Teilkönige für das gleiche Fest anzusagen. Ein deutliches Signal seiner Haltung zu den Anklagen gegen den römischen Bischof Leo III. gab Karl, als er am Clemenstag 800 mit dem Papst speiste, postulierte doch der (apokryphe) Brief des hl. Papstes Clemens die Unabsetzbarkeit von Bischöfen. Damit soll aber nicht gesagt sein, daß die "traditionellen" Festtage nicht auch bedeutungstragend gewesen sein können. Hier sei daran erinnert, daß König Karl im gleichen Jahr 775 die Schwertmission der Sachsen am Tag der Taufe Christi beschließen ließ und in diesem Jahr auch das Fest des Christustäufers Johannes gefeiert haben dürfte. Ebenso wie diese beiden Feste gehört auch das Stephanusgedenken am 3. August zu den Festen, die dem karolingertypischen Festkanon zugeordnet werden können. Dennoch hat es besondere Bedeutung, wenn der päpstliche Gesandte 865 König Lothar seine verstoßene Gemahlin Theutberga an diesem Tag übergab. Die Tagewahl korrespondiert mit der Wiederaufnahme Theutbergas als Königin, da der Name Stephanus nach den Worten Hinkmars von Reims an "gekrönt" erinnert. Tatsächlich durfte Theutberga an einem zweiten traditionellen Fest, am Tag der Aufnahme Mariens in den Himmel, wieder eine Krone tragen. Auch die zweite Tagewahl bei der Wiederaufnahme Theutbergas als Königin ist bedeutungstragend, da ja sowohl himmlische wie irdische Königin "gleichzeitig" (wieder)aufgenommen werden. Hinsichtlich dieser "Funktionalität" der Tagewahl sei an den Kunstgeschichtler BANDMANN erinnert, der sich wie folgt zum frühmittelalterlichen Kirchenraum äußerte: "Die memorialen Gedenkstätten im Kirchenbau sind insofern für unsere Frage nach der Vermehrung von Altären bedeutungsvoll, als sie bestimmte Plätze in der Kirche fixieren, sozusagen einem bestimmten Gedenken vorbehalten. Zwar gibt es in der Frühzeit noch keine Altäre, die einem bestimmten Ereignis der Heilsgeschichte gewidmet sind, - abgesehen von dem ... Kreuzaltar in der Mitte der Kirche -, aber es ist vorstellbar, daß man einen begrenzten Teil der Kirche nicht nur einem Geschehnis, sondern auch dem Gedächtnis eines bestimmten Heiligen weiht, der dann später auch durch einen Altar geehrt werden kann." "Die Ausstattung des

---

[2] Weitere Beispiele: Karl I.: Krönung von Pavia und Urkundenausstellung zum Krönungstag in den nächsten Jahren; Karl II.: Salbung von 848 und Synodentermine 857 und 859.

kirchlichen Bauwerks beschränkt sich nicht nur auf Hinweise memorialer und allegorischer Natur. Einige Züge müssen als 'darstellend' bezeichnet werden, da sie den literarischen Schilderungen folgen, die ein Bild von den jenseitigen Verhältnissen ohne metaphorische Umschreibung geben. Jedes für den Gottesdienst bestimmte Bauwerk konnte sich Zeichen aneignen, die nach der Beschreibung der Psalmen und vor allem der Apokalypse für jene himmlische Örtlichkeit charakteristisch sind ... Diese Darstellungen der himmlischen Verhältnisse wurden beim Vollzug der Liturgie Wirklichkeit und verbanden Himmel und Erde."

"Daß die Vermehrung der Altäre weniger mit der Reliquien- und Heiligenverehrung als mit darstellenden Absichten zu tun hat, zeigen die zahlreichen Engelaltäre der mittelalterlichen Kirche ... Die Engel vertreten ursprünglich in der Himmelshierarchie bestimmte Interessen, insofern die verschiedenen Königreiche, Nationen und Gewalten, überhaupt alles auf Erden Existierende, etwa die Jahreszeiten, in ihnen ihren Fürsprecher haben ... Darüberhinaus kommt aber der gestuften Ordnung der Engel noch die Aufgabe zu, das Reich des Himmels gegen die Dämonen zu verteidigen, über den Mauern der Himmelsstadt zu wachen und in ewigem Lobgesang Gott zu preisen. Die Engelaltäre in den Kirchen haben entsprechend ihren Platz in der Höhe, auf Emporen, in Türmen, und über den Eingängen. Ihre Lage stellt die himmlische Situation dar."[3]

Diese für die geographische Dimension des heiligen Raums gemachten Überlegungen passen frappierend zu einer Vielzahl der in dieser Arbeit gemachten Beobachtungen. Kann man nicht auch für die zeitliche Dimension des heiligen Raums von einer Fixierung eines "bestimmten Gedenkens" an einem heiligen Tag reden? Hinsichtlich der Wahl des Tages Mariä Himmelfahrt für die Wiederaufnahme von Königin Theutberga wird man von einer Verbindung von himmlischer und irdischer Wirklichkeit reden können, wobei auch gefragt werden darf, ob nicht die irdische Aufnahme der Königin als Visualisierung himmlischer Wirklichkeit verstanden werden konnte. Für die Feier des Amandusfestes von 806 durch Karl den Großen und seine Söhne oder die Wahl des Stephanustages im Jahr 865 wird man zwanglos "darstellende Absicht" bzw. die Darstellung von Absichten ins Feld führen können.[4] Hier scheint das Moment der Heiligenverehrung durchaus von den politischen Motiven überlagert.

Wenn die Wahl eines Tages für einen Staatsakt politisch-propagandistische Gründe hatte, muß es auch möglich sein, die der Handlung zugrundeliegenden Absichten anhand des Tagesdatums zu überprüfen, gegebenenfalls sogar zu eruieren. Hier scheint sich für die politische Historiographie des Mittelalters -und wohl auch der frühen Neuzeit - ein weites Feld aufzutun.

---

[3] BANDMANN, Altaranordnung 377f, 380 und 380 Anm.46.
[4] So wie das Täuferpatronat des Baptisteriums im Ensemble der Kirchenfamilie die Funktion des Gebäudes bezeichnet (BANDMANN, Altaranordnung 381), so signalisierte Karls Feier von Tauf- bzw. Täufertagen seine Taufabsichten.

Wenn die hier verschiedentlich angewandte Methode (bei Anniversarien und in den Exkursen 17 und 18), den Zeitpunkt einer Urkundenausstellung aus einer Festfeier heraus zu erklären, richtig ist, kann das mittelalterliche Urkundenwesen auf den Festbezug von Urkunden hin abgeklopft werden. Vielleicht ist es mit deren Hilfe sogar möglich, ein kontinuierliches "Festitinerar" samt seinen politischen Intentionen zu erstellen.

Da auch gezeigt wurde, daß nicht nur die kirchlichen Hochfeste von Bedeutung waren, dürfen auch andere Feste nicht aus dem Blick des Historikers geraten. Für die Pfalzenforschung bedeutet dies beispielweise, daß die Abschätzung der Bedeutung einer Pfalz allein anhand der in ihr gefeierten Hochfeste ein falsches Bild ergeben kann.

Leider fehlen zur Zeit Hilfsmittel zur allegorischen Bedeutung von Zeiten, wie es sie in Form von Lexika inzwischen zur Bedeutung von Zahlenangaben oder - demnächst - der Farben gibt. Daher wird jeder Forscher - will er eine Tagewahl auf mögliche Sinnbezüge befragen - die Liturgie des Tages, der Stunde usw. zu eruieren haben. Hier ist sicher noch viel Arbeit zu leisten, sind doch die Ergebnisse der Liturgiegeschichte und der Bedeutungsforschung in den Untersuchungen zur mittelalterlicher Politik und Lebenswelt bislang kaum beachtet worden.

Die hier vorgelegte Arbeit zur Zeichenhaftigkeit der Zeit beschränkte sich thematisch auf den Bereich der Politik und die Zeiteinheit "Tag". Die Ergebnisse lassen erwarten, daß auch jenseits dieser beiden Begrenzungen recht ertragreiche Forschungen möglich sind. So hätte sich eine "Zeitbedeutungsforschung" auch anderen Zeiteinheiten wie Stunden, Monaten, Jahreszeit usw. zuzuwenden. Ob es sinnvoll ist, daneben auch die Chronomantik in Form der Astrologie zu berücksichtigen, bleibt abzuwarten, immerhin können Sternbilder bedeutungstragend gewesen sein (s. Exkurs 2).

Für welche Forschungsfelder eine solche Chronographie von Interesse sein mag, ist kaum abzuschätzen. Hinsichtlich des Alltags- und Soziallebens etwa stellt sich die Frage, wie es zeitlich strukturiert war, ob Frauen andere Feste feierten als Männer, welche Bedeutung die Feier von Festen (welcher? warum diese? Festwechsel?) für die Konstitution von Korporationen (Städte, Gilden, Gefolgschaften) hatte. Wenn umgekehrt aus der Feier eines bedeutungstragenden Festes auf die soziale Einbindung oder den politischen Standort des Feiernden bzw. der Festgesellschaft zurückgeschlossen werden darf, eröffnen sich neue Perspektiven nicht nur für die Prosoprographie.

16. EXKURSE

EXKURS 1: ZUR TAGEWAHL BEIM VERFAHREN GEGEN PAPST LEO III.

Die Reichsannalen geben an, König Karl habe das Verfahren gegen Papst Leo III. sieben Tage nach dem Einzug in Rom am 24. November des Jahres 800 eröffnet. Unterstellt man, der Autor der Reichsannalen habe den 24. November mitgezählt, ergibt sich - statt des bei MÜHLBACHER angegebenen 1. Dezembers - der 30. November als Tag des Prozeßbeginns gegen den Papst. Dieser Tag gedachte des Apostels und Petrusbruders Andreas.[1] Der Andreastag ist schon deswegen dem Dezembertermin vorzuziehen, weil der Papst ein Jahr zuvor am Vigiltag des Apostels Andreas in Begleitung eines karolingischen Expeditionscorps seinen Introitus in Rom hielt, dem eine Aburteilung seiner Gegner folgte.[2]
Zugleich paßt der Termin sehr gut zur Tagewahl für die voraufgegangene Begegnung und Mahlgemeinschaft von König und Papst zwölf Meilen vor der Stadt. Diese fand am 23. November statt, dem Gedenktag für den heiligen Papst Clemens, der wie Andreas und Petrus als Apostel galt.[3] Die Interpretation der gewählten Zeitstruktur ist einfach und zeigte den Teilnehmern des Verfahrens bereits im vorhinein die Einstellung König Karls zu den Vorwürfen gegen den Papst.[4] Die Zeitstruktur betonte mit dem Andreastag die apostolische Tradition, in der Papst Leo stand, durch die Wahl des Clemenstages proklamierte der Frankenkönig auch noch die prinzipielle Unabsetzbarkeit des Papstes. Papst Clemens galt nämlich als Autor eines 93-97 n.Chr. abgefaßten Mahnschreibens an die Christen von Korinth, wo es wegen der Absetzung des "untadeligen" Bischofs und einiger Priester zu Unruhen gekommen war. Der ganze Tenor des Briefes kann auf die Situation von 800 angewandt werden: Clemens "mahnt zu Eintracht, Friede und Ordnung, er verteidigt die prinzipielle Unabsetzbarkeit der Presbyter. Daher sind die Abgesetzen wieder einzusetzen, die wenigen Unruhestifter sollen Buße tun u. des Friedens wegen an einen ihnen zu bestimmenden Ort auswandern."[5] Nicht nur hinsichtlich des Themas, auch bezüglich

---

[1] BM² 369f. Zur Einrechnung des dies a quo siehe Kapitel 3.1.
[2] BM² 350e; ABEL/SIMSON, Karl der Große 205; KERNER, Reinigungseid 137f.
[3] BM² 369d. STUIBER, Clemens 1222f.
[4] Wie wenig offen der Ausgang des Verfahren war, zeigt KERNER, Reinigungseid 134-140.
[5] STUIBER, Clemens 1222f. Die Aachener Leser konnten den Clemensbrief geradezu als "Gebrauchsanweisung" zur Regelung der Angelegenheit verstehen, ließen sich doch eine ganze Reihe von Parallelen zwischen der Situation in Korinth und der aktuellen Problemlage erkennen. Im Brief wurden ja sogar die Themen "Reinigung", "Untersuchungskommission" und "Unterordnung unter den Königswillen" angesprochen: "Und auch unsere Apostel wußten durch unseren Herrn Jesus Christus (im voraus), daß es Streit um den Namen des Bischofsamtes geben würde. Deshalb setzten sie auch, da sie dies ganz genau vorher wußten, die bereits Erwähnten ein und gaben hernach Befehl, daß wenn diese entschlummerten, andere erprobte Männer ihr Amt übernähmen. Leute also, die von jenen oder späterhin von anderen

der Lösung war der Papstbrief beim Vorgehen Karls wegweisend: die Ankläger des Papstes wurden nach dem Prozeß exiliert.[6]

EXKURS 2: HIMMELSZEICHEN AN FESTTAGEN UND IHRE BEDEUTUNG

Vorzeichen und Unglücke, die sich an heiligen Tagen ereigneten, schienen den Annalisten des Frühmittelalters wichtiger als solche, die sich an profanen Tagen ereigneten. Ein Merkmal dafür ist die Änderung im Datierungsmodus. In den meisten Fällen wurden diejenigen Unglücke, die auf Festtage fielen, anhand des Festkalenders datiert und nicht nach dem für solche Ereignisse üblicherweise verwendeten römischen Kalender.[7]

Als in der Osterzeit ein Komet erschien, galt dies als furchtbares und trauriges Zeichen, das den Tod des Kaisers verkündete. Sogar der christliche Ludwig scheint sich bei seinen Maßnahmen zur Abwehr der Gefahr nicht allein auf die Hilfsmittel der Kirche verlassen zu haben, denn noch bevor er Almosen verteilen und Messen lesen ließ, befahl er allen, zu trinken.[8] Ein anderes böses Zeichen in der österlichen Zeit war das Beben und der Sturm vom Karsamstag 829, der das

---

bewährten Männern unter Zustimmung der ganzen Gemeinde eingesetzt wurden, und diese untadelig, voll Demut, friedsam und bescheiden der Herde Christi gedient haben, denen lange Zeit von allen ein gutes Zeugnis ausgestellt ward - solche Männer von ihrem Amt abzusetzen, das halten wir für Unrecht. Denn es wird uns als keine kleine Sünde angerechnet werden, wenn wir jene, die untadelig und heilig die Opfer des Bischofsamtes dargebracht haben, absetzen ... Der möge sagen: Wenn um meinetwillen Zwist und Streit und Spaltung ist, dann wandre ich aus, ziehe weg, wohin ihr wollt, und tue, was die Mehrzahl vorschreibt, damit ja die Herde Christi samt ihren eingesetzten Presbytern in Frieden lebe ... Barmherziger und gnädiger [Gott], vergib uns unsere Sünden und Verfehlungen und Vergehen und Übertretungen. Rechne alle Sünde deinen Knechten und Mägden nicht an, sondern reinige uns mit der Reinigung deiner Wahrheit, und mach gerade unsere Schritte, daß wir in Reinheit des Herzens wandeln und tun, was gut und wohlgefällig vor dir und unseren Fürsten ist ... Laß uns deinen allmächtigen und herrlichen Namen und unseren Herrschern und Fürsten auf Erden gehorsam sein. Du Herr, hast ihnen kraft deiner erhabenen und unsagbaren Macht die Königsgewalt gegeben, auf daß wir der Majestät und Ehre, die du ihnen verliehen hast, inne werden und uns ihnen unterordnen, in nichts deinem Willen zuwider ... Wir senden auch gläubige und verständige Männer mit, die von Jugend an bis zum Alter untadelig unter uns gewandelt sind, und die Zeugen zwischen euch und uns sein sollen. Dies alles aber tun wir, damit ihr erkennt, wie all unsere Sorge darauf gerichtet war und andauernd gerichtet ist, daß wir rasch zum Frieden kämet" (44,1-4; 54,2; 60,1-2; 60,4-61,1; 63,3-4; HENNECKE, Apokryphen 104-111).

[6] ABEL/SIMSON, Karl der Große 206.
[7] "Jener in den folgenden Perioden beobachtete Brauch, zur Datierung von Todestagen und Naturereignissen hauptsächlich den römischen Kalender zu verwenden, läßt sich auch für die karolingische Zeit feststellen" (MOLKENTELLER, Datierung 107).
[8] Die Zeitangabe läßt sich eher auf die Osterzeit, denn auf den Ostertag selbst beziehen: "At vero mediante festivitate paschali" (Astronomus, Vita Hludowici 58, S.642).

Dach der Aachener Pfalzkapelle abdeckte[9]. Vielleicht, weil Königin Hildegard am Vigiltag von Christi Himmelfahrt 783 verstarb,[10] galt der Zusammenbruch eines hölzernen Ganges in der Aachener Pfalz zu Christi Himmelfahrt 813 als Vorzeichen für den Tod Karls des Großen.[11] Zu allem Unglück stürzte derselbe Gang am Gründonnerstag 817 ein weiteres Mal ein.[12] Auch die Weihnachtszeit war von Vorzeichen nicht verschont. Der Wechsel in der Datierungsart bei der Angabe von Mondfinsternissen in den Reichsannalen zeigt, daß den Finsternissen, die Festtagen zugeordnet werden konnten, besondere Bedeutung zukam.[13]

"Am Tag der Leiden des seligen Erzmärtyrers Stephanus" 838 wurde Friesland überflutet.[14] Auffällig ist die Bezeichnung des Tages als Passionstag, denn die beigefügte römische Datierung schloß eine Verwechslung mit einem anderen Stephanusgedenken aus. Wollte der Autor den Tag als Leidens- und nicht als Festtag charakterisieren und damit den Ertrunkenen durch ihr Leiden einen märtyrerähnlichen Status zubilligen? Das Ereignis muß den Hof jedenfalls sehr bewegt haben, denn nach Prudentius gab es eine Zählung der Opfer, vermutlich um daraus weitere Hinweise auf die Bedeutung des göttlichen Zeichens zu erhalten. In der Tat konnte das Ereignis von den Zeitgenossen als Bedrohung des Königshauses gewertet werden, wenn man aus dem Tag einen Hinweis auf den Urheber oder Adressaten des Unglücks sehen wollte; denn nach den Worten

---

[9] Astronomus, Vita Hludowici 43, S.632, gibt den Zeitpunkt an als "hieme transacta, cum quadragesimae celebraretur sacrati dies, et instaret paschae veneranda sollempnitas". Nach den Annales Fuldenses a.829 (S.26) handelte es sich dabei um den Karsamstag: "ante pascha in sabbato sancto", während den Reichsannalen nur die Fastenzeit zu entnehmen ist: "Post exactam hiemen in ipso sancto quadragesimali ieiunio paucis ante pascha diebus" (a.829, S.176).
[10] Annales regni Francorum a.783, S.64: "Tunc obiit domna ac bene merita Hildegardis regina pridie Kal. Mai., quod evenit in die tunc tempore vigilia ascensionis Domini".
[11] Mit der Tagesangabe "die ascensionis Domini" (Einhard, Vita Karoli 32, S.36).
[12] Astronomus, Vita Hludowici 28, S.622, bezeichnet den Unglückstag mit "quadragesimae pene iam exacto tempore, ultimae ebdomadis quinta feria, qua dominicae celebratur memoria coenae, dum peractis omnibus quae tanti exigebat solemnpitas diei". Wesentlich kürzer fassen sich da die Reichsannalen mit der Angabe: "Feria quinta, qua cena Domini celebratur" (a.817, S.146).
[13] "Luna Kal. Iul. primo diluculo in occasu suo defecta est; similiter et in VIII. Kal. Ian., id est natale Domini, media nocte obscurata est" (Annales Regni Francorum a.828, S.176). Der Astronomus ändert in seiner Ludwigsvita die Satzkonstruktion seiner Vorlage und setzt so die verschiedenen Datierungsarten noch deutlicher gegeneinander ab: "Hoc anno bis deliquium contigit lunae, in Kalendis Iul. et nocte natalis Domini" (c.42, S.632).
[14] Nach der Schilderung des "beweinenswerten und zu beklagenden" Abfalls des Diakons Bodo zum jüdischen Glauben kommt Prudentius auf ein anderes Unglück zu sprechen: "Praeterea die septimo Kalendas Ianuarii, die videlicet passionis beati Stephani protomartyris, tanta inundatio contra morem maritimorum aestuum per totam paene Frisiam occupavit..." (Annales Bertiniani a.839, S.18). Ohne Angabe des Festtages verzeichnet das Xantener Annalenwerk den Überschwemmungstag: "VII Kal. Ianuariorum ingens venti turbo ortus est, ita ut fluctus maris valde inundabant supra terminos et litus..." (Annales Xantenses a.839, S.10).

Hinkmars von Reims erinnerte der Name des Erzmärtyrers an das Wort "gekrönt".[15]
Der westfränkische Hofchronist verzeichnete zum Winter 857/858 "gerade zu Weihnachten" ein Erdbeben in Mainz.[16] Die wesentlich eher betroffenen Fuldaer Annalen notierten dagegen: "In Kalendis Ianuariis terrae motus magnus factus est".[17] Sie datierten also nach dem römischen Kalender. Die Angabe der Januar-Kalenden ist verschieden interpretierbar, entweder als exakte Bezeichnung des 1. Januars oder vage als Zeit des Monatswechsels. Wahrscheinlicher ist letzteres, denn auch der 1. Januar war als Salvatorgedenken (Beschneidung des Herrn) bzw. als Weihnachtsoktav ein Festtag, was eine Datierung nach dem Festkalender mit sich gebracht hätte, wie aus einer Notiz der Xantener Annalen zum Jahr 850 hervorgeht.[18] Es drängt sich die Frage auf, warum der west- und der ostfränkische Chronist im Falle des Weihnachtsbebens so unterschiedlich verfuhren. Vermutlich spielen politische Gründe eine Rolle. Das Unglückszeichen betraf die wichtigste Residenz des ostfränkischen Königs. Daher konnte es als Zeichen des Zornes Gottes gegen den ostfränkischen König verstanden werden. Angesichts der gespannten Beziehungen zwischen dem Ost- und Westreich einige Monate vor dem Einfall Ludwigs des Deutschen ins Westreich diente die Verzeichnung des Erdbebens im Nachbarreich propagandistischen Zwecken, während sich der Fuldaer Autor gezwungen sah, die Himmelzeichen mittels seiner Datierungsweise zu "entschärfen".
Ähnlich wurde in Fulda verfahren, als u.a. die Mainzer Kilianskirche infolge eines Blitzeinschlages am Festtage des hl. Bonifatius niederbrannte. In den Klosterannalen von Fulda wurde durch Verwendung der "neutralen" römischen Datierung kaschiert, daß es sich um ein "Festtagsunglück" handelte, das sehr wohl auf das Bonifatiuskloster bezogen werden konnte. Für die Datierung der endgültigen Zerstörung der Kilianskirche am Kiliansfest benutzte der Fuldaer dann aber die Festtagsbezeichnung und fügte gleich noch die Interpretation der Himmelszeichen hinzu: der Bischof von Würzburg sei drei Monate später gestorben. Da Kilian der Würzburger Bistumspatron war, legte der Schreiber den Akzent der Himmelsbotschaft auf Würzburg. Gleichzeitig wurde damit Fulda exkulpiert: wenn sich die Botschaft an Würzburg richtete, konnten Fuldaer Sünden das Unglück nicht ausgelöst haben.[19]
Politischer Propaganda mag die Angabe Nithards entstammen, er habe am 18. Oktober eine Sonnenfinsternis im Tierkreiszeichen des Skorpions

---

[15] Annales Bertiniani a.869, S.105.
[16] Annales Bertiniani a.858, S.48: "Ipso dominicae nativitatis festo noctu et interdiu Moguntiae validus et ceberrimus terra motus efficitur; quem etiam valida hominum mortalitas insequitur."
[17] a.858, S.48.
[18] Annales Xantenses a.850, S.17: "Kalendis Ianuariis, id est octobas Domini, eodem die ad vesperum tonitruum auditum est magnum, et fulgur nimium visum est ...". Zur Interpretion der Januar-Kalenden als Zeitraum s. die methodischen Vorbemerkungen in der Einleitung.
[19] Annales Fuldenses a.855, S.45.

beobachtet.[20] Die Angabe des Sternbildes ist auffällig, da ungewöhnlich. Sie erregt die Aufmerksamkeit um so mehr, als ein Blick auf den Sternenhimmel Nithard darüber belehren mußte, daß seine Angabe falsch war.[21] Wenn Nithard das unglücksverheißende Zeichen dem Skorpion zuordnete, so muß dieses Verfahren dem Zweck seiner Schrift - Aufwertung König Karls, Abwertung Kaiser Lothars - gedient haben. So gab es in der Antike und im Mittelalter eine politische Tierkreisprognostik.[22] Vermutlich stand der Skorpion in Verbindung mit Kaiser Lothar, etwa weil in der antiken astrologischen Tierkreisgeographie der Skorpion Italien, das Herrschaftsgebiet Lothars, bezeichnete.[23]

EXKURS 3: STICHWORT-DENKEN IM FRÜHMITTELALTER

Im bekannten abergläubischen Umgang des Mittelalters mit der Bibel zeigt sich, daß heiligen Texten ein bestimmtes Stichwort, losgelöst von seinem Sinnzusammenhang, entnommen und auf die eigene Lebenswelt angwandt werden konnte. Beim Bibelorakel wird eine Seite der Bibel bzw. einer bestimmten Bibelschrift aufgeschlagen und die gefundene Bibelstelle im eignenen Lebenskontext zur Entscheidung bzw. Beurteilung eines gegenwärtigen Problems oder zur Zukunftsdeutung interpretiert.[24] Solche Verfahren schildert Gregor von Tours völlig unbefangen, sodaß wir von einer weitverbreiteten Praxis des sogenannten "Däumelns" ausgehen können. Von einiger Wichtigkeit scheint bei diesem Verfahren die Wahl heiliger Orte und besonderer Zeiten gewesen zu sein.[25] Ob das

---

[20] Nithard, Historia II 10, S.27.
[21] "The Sun's longitude was about 209,3 so that strictly the Sun was in last degree of Libra rather than in Scorpio" (SCHOVE, Eclipses 189). Auch wenn die Angabe empirisch falsch war, war sie theoretisch richtig, da mit dem 18. Oktober das Sternbild wechselte: "Singulis autem signis ... a medio mensis, id est XV kalendarium die semper incipiens" (Hrabanus, De computo 39, S.251). Aber auch dann bleibt die Frage, warum Nithard überhaupt auf das Sternbild einging.
[22] STEGEMANN, Sternbilder I, 604-606 und 646f; DERS., Finsternisse, 1522-1526. Zur Rehabilitation der Astrologie im 9. Jahrhundert s. FLINT, Transmission of Astrology in the Early Middle Ages 1-27.
[23] STEGEMANN, Sternbilder I, 604. Vielleicht fiel auch Lothars unbekannter Geburtstag in dieses Sternzeichen.
[24] RÜHLE, Bibel 1215-1218; Zum Bibelorakel s.a. HAUBRICHS, Christentum der Bekehrungszeit. Motive, Themen und Praxis 547f.
[25] Zur Entscheidung, wie sich die Bewohner von Dijon gegenüber dem rebellischen Königssohn Chramn verhalten sollten, wurde an einem Sonntag in einer Kirche die Bibel zur Zukunft Chramns befragt. Als das Orakel negativ ausfiel, wurde Chramn nicht in die innere Stadt eingelassen (Gregor von Tours, Historia IV 16, S.149). Um Sicheres über seine Zukunft zu erfahren, legte der Königssohn Merowech drei Bücher der Bibel auf das Grab des heiligen Martin und schlug sie nach dreitägigem Fasten auf (ebd. V 14, S.212; s.a. ebd. V 14, S. 209f).

Verbot dieser wie anderer Orakelmethoden durch Karl den Großen wirksam war, ist trotz großer Verbreitung des Kapitulars zweifelhaft.[26] Ein Beispiel für die bruchlose Übertragung geistlicher Texte auf die eigene Lebenswelt findet sich bei Notker dem Stammler. Von einer Begebenheit während einer Messe am Hof Karls des Großen berichtet der St. Galler Mönch, ein vom Hofklerus verachteter Priester habe das "Vater unser" zu singen begonnen, sodaß die anderen Kleriker beim Kehrvers "gezwungen wurden, ob sie wollten oder nicht, zu antworten: 'Dein Wille geschehe'".[27] Das Widerstreben der Kleriker in der Erzählung ist nur dann erklärlich, wenn sie ihre Antwort auf die Person des Priesters bezogen. In diesem Fall konnte der Vers in der Tat als Unterwerfung unter den Willen des Sängers verstanden werden.

Derselbe Erzähler beendet eine Beschreibung des edelsteingeschmückten Karls mit dem Ausruf: "... so daß David, wenn er dabei gewesen wäre, mit Recht gesungen hätte: 'Die Könige der Erde und alle Völker, die Fürsten und alle Richter der Erde, Jünglinge und Jungfrauen, Alte und Junge, sollen den Namen des Herrn preisen.'"[28] In dem gegebenen Kontext ist der Rückgriff auf den Psalm Davids ist nur verständlich, wenn unter dem 'Herrn' nicht, wie vom Psalm intendiert, Gott, sondern König Karl verstanden wird.

Bezüglich der übertragbaren Bedeutung geistlicher Gesänge sei auch auf die Ankunft Karls des Großen in Rom 774 eingegangen: "So traten sie in die Peterskirche ein; und der ganze Klerus und alle Diener Gottes sangen zum Lobe Gottes und des Königs, und riefen mit lauter Stimme: Gelobt sei, der da kommt im Namen des Herrn!"[29] Bei dem angestimmten Lied handelt es sich um den zweiten Teil des Sanctus, der nach Ausweis der Bibel Jesus von Nazareth bei seinem Einzug in Jerusalem gesungen wurde (Mt 21,9). Der Lobpreis gilt also Christus, wurde aber nach Ausweis der Liber Pontificalis auf König Karl bezogen.[30]

---

[26] Kapitular Nr.23 c.20 (MGH Capitularia 1, 64): "De tabulis vel codicibus requirendis, et ut nullus in psalterio vel in euangelio vel in aliis rebus sortire praesumat, nec divinationes aliquas observare." Zur Verbreitung s. BÜHLER, Capitularia Relecta 484.

[27] Notker, Gesta Karoli I 5, S.8: "... cantato responsorio coepit orationem dominicam modulatissime psallere. Omnibus vero illum impedire volentibus, probare volens sapientissimus Karolus ad quem finem ille perveniret, prohibuit, ne quis ei molestus esset. Quo versum in haec verba concludente: 'Adveniat regnum tuum', caeteri vellent nollent respondere coacti sunt: 'Fiat voluntas tua'."

[28] Notker, Gesta Karoli II 6, S.56f.

[29] Liber Pontificalis I, 497: "et ita in eandem venerandam aulam beati Petri principis apostolorum ingressi sunt, laudem Deo et eius excellentiae decantantes universus clerus et cuncti religiosi Dei famuli, extensa voce adclamantes: 'Benedictus qui venit in nomine Domini' et cetera." S.a. ABEL, Karl der Große 127.

[30] Auch am Hof Ludwigs des Frommen war es vermutlich möglich, an Gott adressierte Kirchenlieder auf den Kaiser zu beziehen. So zogen in der Osterzeit die vom Kaiser beschenkten Armen durch den Aachener Königshof und sangen das Kyrie Eleison für Ludwig den Frommen: "et pauperes ... Kyrieleyson Hludowico beato ... usque ad celum voces efferent" (Notker, Gesta Karoli II 21, S.92). Aus dem Wortlaut wird allerdings nicht gänzlich klar, ob die Sänger mit dem Lied Gott um Erbarmen für den Kaiser bitten oder den Herrscher als barmherzigen Herrn ausweisen wollten. Für ersteres wäre wohl eher die Kirche der rechte Ort gewesen.

Eine Verschmelzung himmlischer und weltlicher Bezugsebenen war bei der Mönchsprofeß nach der Benedikt-Regel möglich. Die Aufnahme des Novizen erfolgt nach einem Probejahr als feierlicher Ritus in der Kirche bei Anwesenheit aller Konventualen. Zunächst wird mündlich die Promissio "de stabilitate et conversatione et oboedientia" nochmals in Form von Frage und Antwort abgegeben. Eine über seine promissio ausgestellte Urkunde (petitio) legt der Novize eigenhändig auf den Altar. Dabei stimmt er das Responsorium an "Suscipe me, Domine". Adressat der gesungenen Annahmebitte ist eigentlich Gott, muß in diesem Zusammenhang aber fast zwangläufig als an den Abt gerichtete Bitte um Aufnahme in die Klostergemeinschaft verstanden werden.[31]

Für das mittelalterliche Denken wird die gleiche Mehrdimensionalität gelten, die NOTH der mittelalterlichen Kunst zuspricht, welche himmlische und innerweltliche Bedeutungsebenen miteinander verweben kann.[32]

EXKURS 4: PARALLELISIERUNG VON GOTT UND HERRSCHER

Das Mittelalter war weithin bemüht, das Leben nach dem himmlischen Vorbild auszurichten und übertrug in der Umkehrung dabei irdische Institutionen und Strukturen auf die metaphysische Ordnung.[33]

Gottes Allmacht konnte nur mit der königlichen Machtfülle verglichen werden. Daher wurde Gott bzw. Christus als himmlischer Herrscher verstanden. Das gilt nicht erst für die ottonische Christ-König-Vorstellung, sondern bereits in der Formulierung des Constitutum Constantini, das von der "Religion des himmlischen Kaisers" sprechen kann.[34] Ist Gott dem irdischen Herrscher vergleichbar, zeigen auf der anderen Seite die Formeln der Königsurkunde, daß sich im Tun des Königs Gottes Handeln widerspiegelt.[35] Zur Demonstration der Gleichartig-

---

[31] STEINACKER, Traditio cartae 35-38.
[32] NOTH, Krönungsbild 80: "Heinrich und Mathilde werden mit der himmlischen Krone gekrönt, weil sie Leiden in der Nachfolge Christi auf sich genommen haben. Die jenseitige Dimension des Bildes bekommt so gegenüber der diesseitigen Dominanz. Aber: Mittelalterliche Kunst ist mehrdimensional. Die Darstellung des Himmlischen schließt nicht die Bedeutungsebene des Innerweltlichen aus. Dafür gibt die untere Bildhälfte deutliche Hinweise: Die Auswahl der Vorfahren und die Rangordnung, durch Kronen angedeutet, zeigen, daß neben der endzeitlichen Dimension durchaus weltliches Machtverständnis, weltlicher Machtanspruch gemeint ist."
[33] KOLB, Himmlisches und irdisches Gericht 294-303.
[34] Constitutum Constantini 275, S.94f, stellt himmlisches und irdisches Kaisertum kontrastierend gegenüber: "ubi principatus sacerdotum christianae religionis caput ab imperatore caelesti constitutum est, iustum non est, ut illic imperator terrenus habeat potestatem."
[35] "Wichtig war jetzt der Hinweis auf Gott oder Christus, nicht auf die göttliche Eigenschaft der 'clementia, providentia, misericordia' usw. Aus der Gnade im theologischen Sinn war Gottes Huld und Erbarmung geworden. Sie hatte ihre Parallele in Huld und Gnade des Königs" (FICHTENAU, Forschungen über Urkundenformeln 299).

keit himmlischen und irdischen Herrscherhandelns kleidete Kaiser Ludwig der Fromme an dem Tag Freunde und Dienerschaft ein, an welchem Christus sich mit der Unsterblichkeit bekleidete.[36] Zum Dank wurde Ludwig das "Kyrie eleison" gesungen. Unter den geistlichen Liedern, die zum Lob von Gott und Herrscher angestimmt wurden, war das "Te Deum" sicher das bedeutendste.[37]
Wenn Ludwig der Heilige in seiner Königskrone die Dornenkrone Christi trug, symbolisierte er Christus, ja man wird sagen können, er setzte sich mit Christus gleich.[38] Nicht erst in bezug auf das ottonische Königtum wird man sagen können, es gab eine "christologisch zentrierte Herrschaftstheologie, die Gestalt und Verwendung der Insignien in allen Teilen durchdringt. Die Repräsentation der Königsherrschaft entwickelt sich ganz in den liturgischen Bereich hinein, nicht nur um den sakralen Grund der Königsherrschaft immer neu sichtbar zu machen, sondern vor allem um ihn immer wieder neu zu festigen ... Im Königsnamen und in der Königskrone hat der Herrscher teil an der Herrschaft Christi, wie es die Ordines ausdrücken, und deshalb fastete Otto d. Gr. jedesmal, bevor er die Krone trug."[39] Nur aus einer theologischen Legitimation seiner Königsmacht heraus konnte Karl der Große die Rebellion gegen seine Herrschaft als Sünde auffassen.[40]
Hinsichtlich der ottonischen Herrscherdarstellungen ist zu konstatieren: "der Gesalbte des Herrn ist aus der irdischen Umgebung herausgehoben und, wo er zusammen mit Christus und Heiligen erscheint, auf deren Ebene gestellt".[41] Die dahinter stehende Königskonzeption kannte schon der Berater Karls des Kahlen, Erzbischof Hinkmars von Reims, der die erhabene Stellung des Königs "zwischen Gott und den Menschen" ansiedelte und die Aufgabe des Königs in der "imitatio Christi" sah.[42]
Der Darstellung Christi durch den König suchte Arnulf durch die Ausgestaltung seines Thronsaales gerecht zu werden. Hinter seinem Thron in der Königshalle

---

[36] Notker, Gesta Karoli II 21, S.92.
[37] ZAK, Tedeum.
[38] BEISSEL, Verehrung II, 89. Die Dornenreliquien in Aachen sollen aus der Zeit Karls des Großen stammen (ebd. II, 120). Auch die böhmische Königskrone enthielt Reliquien der Dornenkrone Christi (KROOS, Umgang mit Reliquien 30). Zu Reliquien und Kronen: GRIMME, Goldschmiedekunst 57.
[39] KELLER, Herrscherbild 297. Der Parallelisierung von Christus und Herrscher dient die Bezeichnung des Königs als Gesalbtem, da der Erlöser und der König dann den gleichen Ehrentitel tragen. "Gnädiger Christus, gib deinem Gesalbten - christo tuo - langes Leben, damit er dir ergeben die irdische Zeit unverkürzt nutze", heißt es in einem Gebet, das einer Herrscherdarstellung Heinrichs II. beigefügt ist (ebd. 305-307).
[40] DK 187 vom 2.2.799: "propter nomen domini nostri Iesu Christi, qui per sanctam evangelicam lectionem misericorisshos admonet dicens: 'Dimittite et dimittetur vobis' ideoque pro eius ineffabili et aeterna remuneratione, quia Aioni Longobardo, qui peccatis imminentibus partibus Avariae de regno nobis a deo concesso Italiae fugivit, postquam illum protegente domino dilectissimus filius noster Pippinus rex Langobardorum cum nostro exercitu hostiliter adquisivit, omnem culpam ei indulsimus et omnes res proprietatis suae ... reddere iussimus ...".
[41] KELLER, Herrscherbild 303.
[42] STAUBACH, Herrscherbild 109.

der Regensburger Pfalz befand sich eine Abbildung Christi. Der Salvator wurde von den Schutzheiligen Arnulfs, Emmeram und Dionysius, umrahmt. Vor dem Gemälde und neben dem thronenden Arnulf standen die wichtigsten Funktionsträger des Reiches; hier entsprachen sich also Königshof und Himmelsstaat weitestgehend.[43] Die Parallelisierung von irdischer und überirdischer Gesellschaft zeigt sich auch in der bei Notker wiedergegebenen Schwurordnung bei Hof. Notker zufolge schwört der griechische Kaiser bei Christus, die Kaiserin unter Anrufung Mariens und die Mitglieder des Hofstaates beim hl. Petrus, dem hl. Paulus oder einer anderen himmlischen Macht.[44] Auch wenn die Anekdote keinen historischen Charakter hat, ist das Denkschema authentisch, daß Gott für den Kaiser, die Himmelskönigin Maria für die Kaiserin usw. zuständig ist.

Die Parallelisierung von Himmelskönig und irdischem Herrscher scheint bis in Kleinigkeiten durchgehalten worden zu sein. Wie es seit den Tagen des hl. Paulus für die Männer Pflicht ist, mit unbedecktem Kopf in der Kirche zu weilen, so schreibt der Sachsenspiegel Barhäuptigkeit bei Gerichtsverhandlungen im Königsbann vor.[45]

EXKURS 5: ZUR ARNULFSVEREHRUNG BEI DEN KAROLINGERN

Die von OEXLE gesammelten Belege "zur Arnulfsverehrung im 8. und 9. Jahrhundert" legen die Annahme nahe, daß die Arnulfsverehrung erst gegen Ende des 8. Jahrhunderts aufkam.[46] Diese Auffassung fand auch Eingang in den Arnulf-Artikel des Lexikons des Mittelalters.[47]

Diese Annahme mag zutreffend sein hinsichtlich einer Arnulf-Verehrung in weiteren Bevölkerungskreisen. Doch auch hier lassen sich nur Vermutungen anstellen. Festzuhalten ist, daß spätestens am Ende des 7. Jahrhunderts bei den Karolingern ein Arnulfskult nachzuweisen ist.[48] Hier seien zunächst die von

---

[43] GAMBER, Ecclesia Reginensis 167-181.

[44] Notker, Gesta Karoli II 6, S.54f: "Obstupefactus rex ad talem conditionem iuravit per Christum ... Deinde regina ita se coepit excusare: Per laetificam theotocon sanctam Mariam ego illud non adverti. Post reliqui proceres, alius ante alium tali se periculo exuere cupientes, hic per clavigerum caeli, ille per doctorem gentium, reliqui per virtutes angelicas sanctorumque omnium turbas ab hac se noxa terribilibus sacramentis absolvere conabantur." Die Schwurordnung dürfte eher etwas über die fränkischen denn über die byzantinischen Verhältnisse aussagen. Daß man am Hof des griechischen Kaisers - dem Notker nur den Königstitel zugesteht - an erster Stelle die römischen Apostelfürsten Petrus (claviger caeli) und Paulus (doctor gentium) anrief, ist schwer vorstellbar.

[45] BUMKE, Höfische Kultur I, 184.

[46] OEXLE, Stadt des hl. Arnulf 361f.

[47] "Die liturg. Verehrung A.s beginnt im ausgehenden 8. Jh." (HLAWITSCHKA, Arnulf 1019).

[48] Schon allein, um die Dignität ihrer Familie herauszustreichen, wird den Karolingern an einer Propagierung ihres Heiligen gelegen gewesen sein. Ob dieser vor der Erringung der Königs-

NOBEL beigebrachten Belege referiert. Die Vita des 640 verstorbenen Metzer Bischofs muß spätestens im ausgehenden siebten Jahrhundert verfaßt worden sein, da sie dem Sohn Arnulfs, der ebenfalls das Metzer Bischofsamt bekleidete, gewidmet war und der Autor angibt, er habe den heiligen Mann noch gekannt. Ein zweites Zeugnis einer frühen Arnulfsverehrung bei den Karolingern ist der Wende vom siebten zum achten Jahrhundert zuzuordnen. Hieronymus, ein unehelicher Sohn Karl Martells (+ 741), schrieb die Vita im Alter von neun Jahren ab. Neben der Kenntnis der Vita gab es z.Zt. Karls des Großen in der Karolingerfamilie noch mündliche Traditionen über wunderbare Vorkommnisse, die nicht in der Vita Arnulfs verzeichnet waren.[49]
Weitere Belege dafür, daß bei den Karolingern "ihr Herkunftsbewußtsein ... auf den heiligen Arnulf hin ausgerichtet war", bringt OEXLE bei.[50] Bereits zu Beginn des 8. Jahrhunderts dominierte in der Bezeichnung der Kirche der Name des hl. Bischofs gegenüber den beiden "Aposteln" Jakobus und Johannes.[51] So erhielt die den Aposteln geweihte Grablege Arnulfs drei Schenkungen durch Mitglieder der Karolingerfamilie: durch den Hausmeier Pippin und seine Gemahlin Plektrud die Villa Norroy[52], durch Pippins Bruder Drogo, der sich in dieser Kirche auch bestatten ließ, Besitz in "Mariolas".[53] Dessen Söhne Hugo, Arnulf und Godefrid schenkten der Apostelkirche die Villa Vigy.[54]
Die enge Beziehung der Söhne Drogos zu St. Arnulf ergibt sich auch aus dem Tagesdatum ihrer Schenkungsurkunde vom 24. oder 25. Juni 715. Damit wird ein Zusammenhang mit dem Fest des Täufers Johannes am 24. Juni sehr wahrscheinlich. In der Tagewahl wird man eine Reaktion auf das Patrozinium des "Apostels" Johannes erblicken dürfen. Zwar wird es sich bei dem "Apostel" Johannes um den Evangelisten handeln, doch hat auch die Wahl des Festes eines Namensvetters Ehrencharakter.[55]

---

macht Erfolg beschieden war, muß offen bleiben. Zum Glauben an die Heiligkeit des Geschlechts der Karolinger s. NOBEL, Königtum 67-70.
[49] NOBEL, Königtum 56-62.
[50] OEXLE,Stadt des hl. Arnulf 273.
[51] BM² 22 und DMerov 89; HEIDRICH, Titulatur 249f; zum Diplom des Merowingerkönigs Chilperich II. von 717 s. HEIDRICH, Titulatur 252; OEXLE, Stadt des heiligen Arnulf 273.
[52] BM² 6; HEIDRICH, Titulatur 248; OEXLE, Stadt des heiligen Arnulf 273.
[53] BM² 22; HEIDRICH, Titulatur 249f.
[54] BM² 27; HEIDRICH, Titulatur 251f; OEXLE, Stadt des heiligen Arnulf 273.
[55] Im Mittelalter wurden sehr häufig Namensvettern am gleichen Tag gefeiert, so zum Beispiel die drei Heiligen mit dem Namen Amandus (BARTH, Amandus) oder die beiden Märtyrerinnen namens Eulalia (VINCKE, Eulalia 1179f). Am Todestage des Priesters und Märtyrers Justus holte man in Lyon die Reliquien des auswärts verstorbenen Lyoner Bischofs Justus ein (MUNDING, Kalendarien II, 85f). Daneben veranlaßte die Verehrung eines Heiligen auch die seines Namensvetters. In Reichenau verehrte man nicht nur die Reliquien des hl. Genesius von Jerusalem, sondern feierte zusätzlich den hl. Genesius von Rom (BEYERLE, Kultur I, 351f). Des weiteren hat man durch Handlungen zugunsten bestimmter Personen diese mit ihren Namenspatronen in Verbindung gebracht.In Reichenau etwa öffnete 1474 der Abt Johannes beim Besuch des Kardinals Markus von Aquileia den Markus-Schrein (ebd. 360f). Ein anderes Beispiel stammt aus Verdun. Hier hatte sich Bischof Wicfrid seinen Vorgänger Paulus zum

Die Beachtung der Tagesdatierung von Urkunden früher Karolinger kann weitere Hinweise auf eine frühe Arnulfsverehrung bergen. Für das Kloster St. Wandrille hat der bereits erwähnte Pippin im Jahr 707 am Arnulfstag eine Schenkungsurkunde ausstellen lassen.[56] Vom Tag nach dem Arnulfsfest im Juli aus dem Jahr 723 datiert eine Gerichtsurkunde für dasselbe Kloster, für die Pippins Sohn Karl Martell verantwortlich zeichnete.[57] Da der Todestag des Familienheiligen Arnulf in diesem Jahr auf einen Sonntag fiel, kann die Gerichtssitzung durchaus am 18. Juli stattgefunden haben. Daß zweimal für St. Wandrille zum Arnulfsfest geurkundet wurde, macht stutzig. Tatächlich gibt es einen weiteren Zusammenhang zwischen dem Kloster St. Wandrille und der karolingischen Arnulfstradition. Dabei handelt es sich um die erste Genealogie des karolingischen Hauses, die zu Beginn des 9. Jahrhunderts entstand und ihren Spitzenahn in Arnulf von Metz hat. Als Entstehungsort gilt Metz: "nur in Metz, so möchte man annehmen, war es möglich, in dieser Weise ein genealogisches System zusammenzufügen." Doch "noch bevor man in Metz um die Mitte des 9. Jahrhunderts den ursprünglichen Text überarbeitete, hatten ihn Mönche des Klosters St. Wandrille in lokalgeschichtlicher Tendenz herangezogen und ausgewertet. Hier fügte man nämlich gegen Ende der Regierung Ludwigs d. Fr. den Klostergründer Wandregisel und dessen Vater Waltchisus, welcher in der etwa gleichzeitig verfaßten Klostergeschichte genannt wird, in die Karolingergenealogie ein. Der Patron sollte damit zum Angehörigen des regierenden Königshauses erhoben werden, ein Gedanke, der bereits um 800 in der Hagiographie von St. Wandrille angeklungen war." Ansatzpunkt für die Verwandtschaft ist der oben mehrfach erwähnte Pippin, der ein Neffe oder Vetter (consobrinus) des hl. Wandregisel gewesen sein soll.[58] Bedenkt man zudem, daß Wandregisel wie Pippin Hausmeier bei König Dagobert I. war,[59] wird man einen engen Zusammenhang zwischen St. Wandrille und dem karolingischen Arnulfskult annehmen können. Dabei ist es gleichgültig,

---

Vorbild genommen. Er restaurierte dessen Gründung und Grablege St. Saturnin und weihte den Hauptaltar dem Apostel Paulus (BORGOLTE, Fiktive Gräber 215). Auch bei den Karolingern konnte Namensgleichheit ein Nahverhältnis begründen. Jedenfalls vermerkte der ostfränkische König Ludwig in einem Diplom für den westfränkischen Abt Ludwig von St. Denis: "aequivocatus noster Hludouuicus abba" (DLD 119).
Ein Zusammenhang zwischen dem Tagesdatum der Urkunde und dem Empfänger könnte auch bei der Schenkung Pippins des Mittleren und seiner Gemahlin Plektrud angenommen werden. Die Urkunde datiert vom 20. Februar, und am nächsten Tag wurde in Metz der hl. Felix, der dritte Bischof der Stadt, gefeiert (BURG, ANDREAS M.: Felix von Metz, in: LThK 4, 1960, 69). Dagegen spricht allerdings, daß ein Diplom vom 23. Februar 718 zugunsten des Petrus und Paulus geweihten Klosters Echternach existiert (BM² 31), weshalb das Diplom mit erheblicher Sicherheit auf das Fest der Stuhlfeier Petri am 22. Februar (WILSON, Calendar 4) zurückzuführen ist. Neben dem Petrusfest noch eine Feier des 21. Februar anzunehmen, scheint gewagt. Besser können beide Diplome aus der Feier des Petrusfestes erklärt werden.
[56] BM² 19 vom 18.7.707.
[57] BM² 35 vom 19.7.723. Datierung nach HEIDRICH, Titulatur 273 (BM zu 722).
[58] OEXLE, Stadt des heiligen Arnulf 252- 263; das Zitat S. 262f.
[59] BIELER, Wandregisel 954. In St. Wandrille wurde im übrigen auch der Sohn des letzten Merowingerkönigs eingeschlossen (LASKE, Mönchung 90-94).

ob die in der Genealogie vorgenommene Ansippung auf Wahrheit beruht oder in der Absicht geschah, den Heiligen durch Ansippung an das Königshaus zu erhöhen oder das Ziel verfolgte, das Karolingerhaus durch Beifügung des hl. Wandregisel (688) zu heiligen.[60]
Die Schenkungsurkunde von Karls Gemahlin Hildegard an St. Arnulf zu Metz wird vom Herausgeber als Spurium betrachtet.[61] Eine Überarbeitung wird man als sicher annehmen können, doch ist die Datierung (13.3.783) für eine Fälschung durchaus ungewöhnlich. Am 13. März wurde nämlich seit 765 ein Ortsfest in Metz begangen: die Translation des heiligen Gorgonius von Metz ins nahe Kloster Gorze.[62] Warum hätte ein Fälscher für eine Fälschung ohne eine Vorlage, die ihm ein bestimmtes Datum vorgab, das Fest eines Metzer "Konkurrenzheiligen" als Ausstellungstag wählen sollen? Viel näher hätte doch wohl die Wahl eines bedeutenden Heiligenfestes wie Johannes des Täufers[63] oder aber eines hochheiligen Kirchenfestes wie Ostern[64] oder Pfingsten[65] gelegen, wie es andere Fälscher taten. Noch deutlicher konnte ein Fälscher die Gunst, die ein Herrscher dem Kloster entgegenbrachte, ausdrücken, indem er den König am Festtag des Heiligen handeln ließ. Auf diese Weise gab er zugleich den Grund an, der diesen oder jenen Herrscher dazu bewegte, das durch das Spurium begünstigte Kloster zu beschenken: aus Verehrung für den Klosterheiligen. Darum beschenkte er den Klosterpatron und darum feierte er auch dessen Fest. So handelte ein Fälscher für das Kloster Psalmodi: Er ließ Kaiser Karl am Festtag des heiligen Petrus, dem das Kloster geweiht war, eine Schenkung machen.[66] In gleicher Weise unterschob ein Fälscher des 13. Jahrhunderts Karl dem Großen eine Schenkungsurkunde für das Bistum Ascoli. Die Handlung fand angeblich statt "in Asculo apud tumbam beatissimi martiris Emidii et sociorum eius" und zwar "non. augusti ...".[67] Bei dem als Datum angegebenen 5. August handelt es sich um den Festtag des heiligen Emidius, des Schutzpatrons von Ascoli.[68] Ähnlich ließ ein Fälscher aus St. Denis Karl den Kahlen am Dionysiustag im Dionysiuskloster eine villa "ob ... amorem specialisque protectoris nostri magni Dionysii venerabilis" schenken.[69] In diesen Fällen wird das zwanghafte Bemühen des Fälschers, einen plausiblen Grund für die Schenkung anzugeben, besonders deutlich. Der

---

[60] Nach NOBEL, Königtum 67, "hatten die Karolinger auf die Entstehung der Genealogie höchstens indirekten Einfluß", doch schätzt sie, daß ihnen eine Genealogie willkommen war, die ihre "Herkunft aus dem merowingischen Königshaus wie aus einem Geschlecht der Heiligen" bezeugte.
[61] DK 318.
[62] GROTEFEND, Zeitrechnung II.2, 110; PRINZ, Stadtrömisch-italienische Märtyrerreliquien 20.
[63] So die Fälschung DK 296.
[64] So die Fälschungen DDK 222-224.
[65] So das Spurium DK 219.
[66] DK 303 vom 29.6. im 22. Kaiserjahr Karls.
[67] DK 260.
[68] KERLER, Patronate 86.
[69] DKII 496 (II, 651).

"Beweis" für die Echtheit der Urkunde sollte dadurch erbracht werden, daß dem Herrscher eine besonders enge Beziehung zum eigenen Heiligen nachgewiesen werden konnte. Diese konnte der Fälscher dadurch erweisen, daß er dem König das Lob des Heiligen in den Mund legte, ihn den Kultort des Heiligen besuchen und/oder den Heiligen an seinem Festtag beschenken ließ. Bezüglich der Hildegard-Schenkung ist daher die Annahme, der Fälscher habe die "Fälschermentalität" durchbrochen und in besonders raffinierter Weise die Königin zwar in der Nähe des Klosters handeln lassen, aber nicht im Kloster selbst, zwar am Fest eines Metzer Heiligen, aber am Tag eines anderen Heiligen, zu artifiziell, um wahrscheinlich zu sein. Demgegenüber macht Hildegards Aufenthalt in Metz nebst Schenkung am Tag eines Ortsfestes durchaus Sinn.

Das hohe Ansehen, in dem St. Arnulf bei Königin Hildegard stand, wird auch in der Bestattung der in Diedenhofen verstorbenen Königin in diesem Kloster deutlich.[70] Die Bevorzugung eines karolingischen Familienheiligen durch die Ehefrau Karls des Großen, also durch eine aus einer fremden Familie stammenden Person, ist in sofern verständlich, als auf diese Weise eine zusätzliche Ansippung an die Karolinger vollzogen werden konnte. Wahrscheinlich wurden in St. Arnulf bevorzugt die weiblichen Mitglieder des Hauses bestattet, gerade weil es sich um den Stammvater der Karolinger handelt, und so die "neuen", angeheirateten Personen als echte, vollwertige Familienmitglieder ausgezeichnet werden konnten. In die gleiche Richtung deutet die Beobachtung NOBELs, daß ausschließlich uneheliche Söhne den Namen Arnulf trugen.[71] Auch hier sollte über den Namen die volle Familienzugehörigkeit signalisiert wie realisiert werden. Letzteres, indem der Stammvater der Karolinger als Schutzheiliger für die Belange seines Namensvetters in die Pflicht gerufen wurde.[72]

---

[70] NOBEL, Königtum 60.
[71] NOBEL, Königtum 59-62.
[72] Zum frühmittelalterlichen Familiendenken, das wesentlich patrilinear ausgerichtet war, s. BOUCHARD, Family structure 639-658.

EXKURS 6: DER HL. MEDARDUS ALS KAROLINGISCHER "KÖNIGSMACHER"

Karolingisches Königtum und Medardusverehrung waren offensichtlich aufs engste miteinander verbunden. In St. Médard wurden die neue Könige gekrönt, die alten abgesetzt und eingekerkert. Die erste Königserhebung eines Karolingers erfolgte mit Pippin dem Jüngeren im Jahr 751, als der Karolinger den letzten Merowingerkönig Childebert III. absetzen und im Kloster St. Médard bei Soissons scheren ließ.[73] Nicht nur die Absetzung des alten, sondern auch die Einsetzung des neuen Königs erfolgte in Soissons. Falls Königsabsetzung und -einsetzung in einer einheitlichen Zeremonie vorgenommen wurden, erfolgte auch Pippins Königssalbung in St. Médard. Die liturgische Handlung wird an einem heiligen Ort vorgenommen worden sein und der bekannteste in der Nähe von Soissons war St. Médard, wo sich auch eine Königspfalz befand.[74] Da sowohl die zweite Salbung Pippins wie die Reichsteilung von 768 im Kloster eines Reichsheiligen stattfanden,[75] wird auch 751 für den Staatsakt ein solches Kloster einer Stadtkirche vorgezogen worden sein. Als Verwahrungsort Childerichs III. ist Kloster Sithiu bekannt, während dessen Sohn in St. Wandrille untergebracht wurde.[76] Es ist aber damit zu rechnen, daß Childerich in St. Médard nicht nur geschoren, sondern zunächst auch eingekerkert wurde.[77] Eine Verlegung wird erst aus aktuellem Anlaß erfolgt sein, etwa bei der Formierung einer innerfränkischen Opposition angesichts des Langobardenfeldzuges 754. Eine Einkerkerung des Merowingers in St. Médard konnte eine erhebliche Aufwertung des karolingischen Königtums mit sich bringen, da

---

[73] Zur Verwahrung wurde Childebert ins Kloster Sithiu gebracht, während sein Sohn nach St.Wandrille kam (BUND, Thronsturz 380f; LASKE, Mönchung 90; KRÜGER, Sithiu 71-80).

[74] BRÜHL, Civitas 41, KRÜGER, Königsgrabkirchen 132. Man beachte auch, daß eine Reihe von Quellen den Akt "apud" Soissons erfolgen lassen (Annales sancti Amandi a.751 [MGH Scriptores 1, 10]; Annales Laubacenses a.751 [MGH Scriptores 1, 10]; Annales Prumienses a.748 [MGH Scriptores 15.2, 1290]), was ausgezeichnet auf das vor der Stadt liegende Kloster paßt. Das Kloster scheint auch GAUERT, Itinerar 313, als Krönungsort von 751 und 768 anzunehmen.
Daß König Pippin dem heiligen Medardus eine hohe Bedeutung für seine Königserhebung zuschrieb, kann aus einem weiteren Indiz gefolgert werden. Zwei Tage vor dem ersten Medardusfest in seiner Zeit als König ließ Pippin eine Immunitätsurkunde für das Kloster St. Wandrille ausstellen (BM^2 69 [67] vom 6.6.752). In diesem Kloster saß Childeberts Sohn ein. Damit sicherte dieses Kloster Pippin gegen Umstürze ab. Es ist damit zu rechnen, daß die Aushändigung des Privilegs am 8. Juni erfolgte, also am Fest jenes Heiligen, in dessen Kloster die Erhebung Pippins wahrscheinlich stattfand. Am Fest des einen Garanten des neuen Königtums wäre dann ein anderer himmlischer Helfer Pippins bedacht worden.

[75] BM^2 106c.

[76] BUND, Thronsturz 380f; LASKE, Mönchung 90; KRÜGER, Sithiu 71-80.

[77] So HAHN, Fränkisches Reich 147f. Er schließt nicht einmal eine Verwechselung von St. Audomari mit St. Medardi aus.

Medardus als "peculiaris patronus" der Merowingerkönige galt.[78] Eine Einschließung in St. Médard konnte aufs eindringlichste dokumentieren, daß sogar der himmlische Patron den Merowingerkönig verlassen hatte.

Als Gefängnis für abgesetzte Herrscher diente das Kloster bekanntlich auch in späterer Zeit. Hier wurde Ludwig der Fromme 833 inhaftiert,[79] hier hatte er seine Selbstanklage vorzubringen, seine Waffen auf dem Altar ab- und das Bußgewand anzulegen.[80] In St. Médard ließ auch Karl der Kahle seinen Widersacher Pippin II. von Aquitanien gefangensetzen.[81] Nicht nur die Absetzung, auch die Erhebung von Königen erfolgte in St. Médard bzw. am Festtag des Heiligen.

Die Salbung der Söhne Pippins wurde am selben Tag, aber an verschiedenen Orten vorgenommen: während Karlmann wie sein Vater in Soissons erhoben wurde, ließ sich Karl in Noyon zum König salben.[82] Man wird vermuten dürfen, daß Karlmann wie sein Vater im Medardus-Kloster zum König eingesetzt wurde.[83] Die Wahl des relativ unbedeutenden Noyon, das im Itinerar Karls nie wieder auftaucht,[84] macht für die Krönung Karls gleichwohl Sinn. Soissons und Noyon hatten nämlich eine Gemeinsamkeit: sie hatten einen besonderen Bezug zum heiligen Medardus. Der bei Soissons begrabene Medardus war nämlich vom heiligen Remigius zum Bischof von Noyon geweiht worden.[85] Und natürlich hatte auch Noyon sein Medardus-Kloster.[86] Es ist also damit zu rechnen, daß Karl in diesem Kloster zum König gesalbt wurde.[87]

Im Medarduskloster bei Soissons wurde 866 Ermentrud, die Gemahlin Karls des Kahlen, gekrönt.[88] Und Rudolf von Burgund, der Gegenspieler Karls des Einfältigen, des letzten westfränkischen Karolingers, wurde hier zum Gegenkönig erhoben. Einen Monat zuvor war König Karl in der Nähe von Soissons die entscheidende Niederlage beigebracht worden.[89]

Es konnte wahrscheinlich gemacht werden, daß Karl der Große am Medardustag 774 durch eine rechtsförmige Handlung seine Herrschaft als König der Langobarden grundlegte. Einer seiner Nachfahren scheint Karls Vorbild gefolgt zu sein. Der Sohn Kaiser Lothars I., Ludwig II., wurde am 2. Sonntag nach Pfingsten durch den Papst Sergius II. zum König der Langobarden gekrönt. Da Ludwig

---

[78] KRÜGER, Königsgrabkirchen 127-133.
[79] BM² 925f.
[80] BM² 926b.
[81] Annales Fuldenses a.851, S.41.
[82] BM² 115d. Allgemein abgelehnt wird die Angabe des Fredegar-Fortsetzers, die Thronsetzung und Weihe Karls und Karlmanns habe am Sonntag, dem 18. September stattgefunden (c.137, S.193; ABEL, Karl der Große 23f; BM² 115d).
[83] KRÜGER, Königsgrabkirchen 133; s.a. GAUERT, Itinerar 313.
[84] GAUERT, Itinerar 313; ABEL, Karl der Große 21, 24.
[85] BÖHNE, Medardus 228f.
[86] KRÜGER, Königsgrabkirchen 132.
[87] Damit entfällt die Notwendigkeit, für Noyon eine Stadtpfalz anzunehmen, die GAUERT, Itinerar 313, aus der Thronerhebung Karls folgert.
[88] BRÜHL, Krönungsbrauch 286.
[89] FREISE, Genealogia 223.

genau eine Woche zuvor der Zutritt zur Petruskirche vom Papst überraschend verwehrt worden war, ist anzunehmen, daß das Medardusfest (8.6.) der angestrebte Krönungstag war. Nach Ausräumung der Schwierigkeiten wurde die Handlung dann an dessen Oktavtag (15.6.) vorgenommen.[90]

EXKURS 7: ZUR PANKRATIUS-VEREHRUNG BEI DEN KAROLINGERN

Im allgemeinen wird davon ausgegangen, daß die Pankratius-Verehrung im Ostreich mit dem Romzug Arnulfs von 896 einsetzte. Da der Kaiser vor dem Sturm auf Rom in San Pankrazio eine Messe und die Kriegsberatung abhielt, glaubte Arnulf, die Einnahme der Stadt dem hl. Pankratius zu verdanken. Aus Arnulfs Pankratius-Verehrung werden dann auch die Pankratius-Patrozinien von Roding und Ranshofen abgeleitet.[91] Unbestritten ist, daß die Pankratiusverehrung dadurch starken Auftrieb genommen haben wird, doch ist es unrichtig, in Arnulfs Romzug den Beginn des karolingischen Pankratiuskults zu erblicken. Die Annahme, Arnulf habe vor einer so wichtigen Operation sein Gebet in der Kirche eines ihm unbekannten Heiligen verrichtet, erweckt wenig Vertrauen. Dazu kommt, daß diese Kirche südlich von St. Peter lag, dem eigentlichen Ziel Arnulfs, der die Kaiserwürde anstrebte. Er hätte also mit seinem Heer an seinem eigentlichen Ziel vorbeiziehend die Kirche eines ihm völlig unbekannten Heiligen besucht: eine unwahrscheinliche Vorstellung. Zumindest die Zuschreibung des Pankratius-Patroziniums von Ranshofen ist zweifelhaft, da bereits Ludwig der Deutsche Ranshofen zu einer königlichen Pfalz ausbaute. MORSAK schreibt die Patrozinienvergabe der Ranshofer Kapelle Arnulfs Vater Karlmann zu.[92] So oder so ist mit einer vor Arnulf einsetzenden Pankratius-Verehrung bei den Karolingern zu rechnen. Tatsächlich läßt sich die Verehrung des Märtyrers im Frankenreich sehr viel früher konstatieren.
Das Fest des Heiligen findet sich bereits in Kalendern von Willibrord (+ 739)[93] und Karl dem Großen.[94] Für das Ansehen des Heiligen bei den Karolingern spricht, daß der Märtyrerknabe schon vor 800 in die karolingischen Königslaudes als Patron für die königliche Nachkommenschaft aufgenommen wurde und dann zum festen Bestandteil der ostfränkischen Laudes gehörte.[95] Den Karolingern muß Pankratius spätestens seit den Taufen von Karolingersprösslingen in Rom im Jahr 781 bekannt gewesen sein, da in St. Pankratius am Sonntag nach Ostern

---
[90] BM² 1115a; BM² 1177d. Das Vitusfest (15.6.) wird also keine Rolle gespielt haben.
[91] ZIMMERMANN, Patrozinienwahl I, 114f, NOBEL, Königtum 50f.
[92] "Ranshofen wurde wohl von Kaiser (!) Ludwig dem Deutschen zur kaiserlichen (!) Pfalz ausgebaut, Karlmann errichtete 877/878 die Pfalzkapelle zu Ehren des hl. Pancratius, die Kaiser Arnulf erneuerte und ausstattete" (MORSAK, Pfalzkapellen 51).
[93] WILSON, Calendar of St. Willibrord 7.
[94] PIPER, Karls des Grossen Kalendarium 24.
[95] OPFERMANN, Herrscherakklamationen 102f, 106f, 112f.

die Taufgelübde abgelegt wurden. Aus dieser Praxis ergab sich bereits in der Spätantike sein Spezialpatronat für Gelübde und Eide.[96] Die Hochschätzung des Märtyrers spiegelt auch das Reliquienverzeichnis des Angilbert von Centula wider, der den Heiligen an die Spitze seiner Märtyrerliste setzte.[97] Die Pankratiusverehrung war zur Zeit Angilberts im Frankenreich keineswegs neu, kann sie doch bis ins 6. Jahrhundert zurückverfolgt werden.[98] Im ostfränkischen Reich ist sein Patrozinium nur im bayrisch-süddeutschen Raum nachweisbar,[99] was eher für die Durchsetzung des Heiligen unter Ludwig dem Deutschen als unter Arnulf spricht, doch kann man die bairische Pankratius-Verehrung noch früher ansetzen, da sich die Pankratius-Patrozinien in den bairischen Orten Steinhart und Niederthann bereits für die Wende vom achten zum neunten Jahrhundert belegen lassen.[100]

EXKURS 8: ZUR VEREHRUNG VON TAGESHEILIGEN

Vermutlich konnte ein außergewöhnliches Vorkommnis anzeigen, daß der Tag, an dem dieses Ereignis stattfand, von besonderer Qualität war. Zwangsläufig mußte dann nach der Ursache dieses Glücksmomentes gesucht werden, wollte man den Glückszustand stabilisieren. Dieses Bemühen wird den Blick auf den bzw. die Tagesheiligen gelenkt haben, dessen bzw. deren Verehrung zur Steigerung der eigenen Wohlfahrt führen konnte, galt der Heilige doch als "Speicherstelle glückhafter Segenskräfte".[101]
Ein solches Beispiel für die Verehrung eines Heiligen infolge eines an seinem Tag geschehenen Ereignisses ist die Bartholomäus-Verehrung im Bistum Eichstätt. Der Apostel genoß in Eichstätt besondere Verehrung, "weil an einem 24. August, dem Tage Bartholomäi, eine gestohlene Walburgisreliquie gefunden wurde".[102] Ein anderes Beispiel ist die Verehrung der Apostel Simon und Judas Thaddäus durch Karl den Großen. An ihrem Festtag gewann Karls Vorbild, Kaiser Konstantin I., die Schlacht an der Milvischen Brücke.[103] Das gleiche Denkschema liegt auch dann vor, wenn Heilige in einer Institution verehrt werden, weil an ihrem Gedenktag eine für diese Institution wichtige Persönlichkeit verstarb. So wurde in Fulda der Altar, der nahe dem Grab des Abtes Sturmi, der an einem 17. Dezember verstorben war, dem Märtyrer Ignatius geweiht, weil

---

[96] ZIMMERMANN, Patrozinienwahl II, 30.
[97] Angilbert, Libellus 176.
[98] PRINZ, Märtyrerreliquien 9.
[99] ZIMMERMANN, Patrozinienwahl I, 115; II, 30f und II, 51f.
[100] BITTERAUF, Traditionen Nr.37 (a.769-777), 223 (a.806), 386b (a.817).
[101] DE BOOR, Germanische und christliche Religiosität 43.
[102] PUCHNER, Patrozinienforschung 6.
[103] S. Exkurs 17.

dieser am 17. Dezember gefeiert wurde.[104] Das Verhalten der Fuldaer Mönche hat ein italienisches Pendant. Die Langobardenkönigin Theodelinde gründete um 600 die Johanneskirche in Monza. Da sie am Tage des hl. Vincentius (22.1.) verstarb, wurde dem spanischen Märtyrer in der Nähe des Grabes der Theodelinde ein Altar geweiht.[105]
Für das Karolingerhaus scheinen mir drei dieser besonderen Tage der 2. Juni, der 12. Juni und der 28. Juli gewesen zu sein.
Am 28. Juli 754 wurden König Pippin und seine beiden Söhne Karlmann und Karl, vielleicht auch noch seine Frau Bertrada, von Papst Stephanus gesalbt. Das Ereignis scheint die Suche nach einem passenden Tagesheiligen ausgelöst zu haben, und einige Jahre später konnte Chrodegang von Metz von Papst Paul I. (757-767) die Reliquien des heiligen Nazarius erhalten und zusammen mit denen von Gorgonius und Nabor ins Frankenreich überführen. Nach einem Zwischenaufenthalt in Gorze wurden die Reliquien des hl. Nazarius am Translationstag des hl. Benedikt (11.7.) 765 in Lorsch niedergelegt.[106] Der Gedenktag des Mailänder Märtyrers Nazarius, mit dem der "römische" Märtyrer Chrodegangs zu identifizieren ist, war der 28. Juli.[107] Vermutlich fiel die Wahl Chrodegangs auf den Mailänder Heiligen, weil dieser am 28. Juli, dem Tag der päpstlichen Handlungen von 754, verehrt wurde. Ob der Bischof mit der Translation seine Verbundenheit mit dem Salbenden oder dem Gesalbten zum Ausdruck bringen wollte, ist nicht eindeutig zu entscheiden.[108] Wie auch immer, es steht fest, daß der 28. Juli als ursprünglicher Kulttag des hl. Nazarius in Lorsch sehr bald vergessen war. Hier wurde statt dessen das Fest der Auffindung der Reliquien durch den hl. Ambrosius am 12. Juni 395 gefeiert.[109] Auch der Mainzer Erzbischof Hrabanus Maurus gedachte des Lorscher Heiligen am 12. Juni, während er am 28. Juli der Päpste Viktor und Innozenz gedachte, Nazarius aber nicht einmal erwähnte.[110]
Das Kloster St. Nazaire in Autun erhielt als eines von wenigen Klöstern anläßlich der beiden Gedenktage seines Klosterheiligen Privilegien von Karl dem Kahlen. Des Märtyrers Nazarius wurde, wie bereits erwähnt, an seinem Todestag, dem 28. Juli, und am Tag der Auffindung seiner Gebeine durch Bischof Ambrosius von Mailand (12.6.) gedacht. Diplome des westfränkischen Königs für das

---

[104] ZIMMERMANN, Strukturen 816.
[105] KRÜGER, Königsgrabkirchen 360.
[106] PRINZ, Frühes Mönchtum 219-221.
[107] HOTZELT, Westliches Frankenreich 20-35.
[108] Der Papstbesuch muß Bischof Chrodegang tief beeindruckt haben, denn er gehörte fortan zu den "Initiatoren der Rezeption der römischen Liturgie" im Frankenreich. Er machte seine Gründung Gorze zu einem Musterkloster und entwarf für den Metzer Kathedralklerus eine eigene Kanonikerregel. Im Liturgischen sollten sich die Kanoniker an den römischen Gebräuchen orientieren (EWIG, Beobachtungen 69).
[109] EIZENHÖFER, Lorscher Sakramentar 143f; BÖHNE, Älteste Lorscher Kalendar 173f und 217; DERSTROFF, Lorscher Heilige 120.
[110] Hrabanus, Martyrologium 56 und 74.

Nazarius-Heiligtum wurden kurz vor[111] und kurz nach den Festen seines Patrons ausgestellt.[112] Die Zuneigung des westfränkischen Königs zum hl. Nazarius erklärt sich wohl daraus, daß Karl in ihm seinen Geburtstagspatron erblickte. Karl wurde am 13. Juni 823 in Frankfurt geboren. Am Vortag, dem Fest des hl. Nazarius, wurden zwei Urkunden für Empfänger aus der alemannischen Heimat der Kaiserin ausgestellt.[113] Die beiden Urkunden und die Feier des Lorscher Heiligen hatten aller Wahrscheinlichkeit nach Bezug zu der Gebärenden. Die Feier des Heiligen wird auch im Sinne des am Hof anwesenden Lorscher Abtes gewesen sein, dem der Kaiser einige Tage nach der Geburt sinnigerweise eine Nazarius-Kirche schenkte.[114]

Warum der 2. Juni für Kaiser Ludwig den Frommen so wichtig war, ist unbekannt, doch scheint er spätestens seit 815 anläßlich dieses Tages geurkundet zu haben.[115] Da ein Staatsakt, auf den die Feier Bezug nehmen könnte, nicht bekannt ist, kann ein persönliches Gedenkmoment eine Rolle spielen, vorzüglich der Geburtstag des Kaisers, der in den Sommer fiel. Jedenfalls war es wohl dieser Festtag, der den Höfling Einhard zur Beschaffung von Reliquien der Tagesheiligen Marcellinus und Petrus veranlaßte. Sollte es sich bei dem 2. Juni wirklich um den Geburtstag des Kaisers handeln, wäre die Wahl eines Heiligenpaares durch Einhard beziehungsreich. Kaiser Ludwig hatte nämlich einen Zwillingsbruder, der sehr früh verstarb, an dem er aber sehr gehangen haben muß, da er seinen ältesten Sohn nach ihm benannte. Dem Brüderpaar entspräche dann ein Heiligenpaar. Die Beachtung, die der Kaiser und Einhard dem 2. Juni zollten, wird noch deutlicher in der Vergabe des Klosters Blandinum an Einhard. Am 2. Juni wurde nämlich auch der hl. Blandina gedacht;[116] obwohl der Name des Klosters nicht auf die Heilige, sondern auf die dortigen Örtlichkeiten zurückzuführen ist, wird ein Zusammenhang bestehen, denn genau am 2. Juni 815 bestätigte der Kaiser dem Abt Einhard die Immunität und Königsschutz für das Kloster Blandinum.[117] Die Bedeutung des 2. Juni für Ludwig den Frommen läßt sich

---

[111] DKII 205 vom 14.6.859 aus Tusey.
[112] DKII 165 vom 26.7.854 aus Bourges.
[113] BM² 772-773 (747-748) für das Kloster Münster im Gregorienthal und für das Bistum Straßburg bzw. den Grafen Erkingar; s.a. BM² 776 (751) für das Vogesenkloster Masmünster vom 21.6.823.
Die Differenz zwischen dem Gedenktag des Heiligen (12.6.) und dem Geburtstag Karls (13.6.) kann sich leicht dadurch erklären, daß die Wehen am 12. Juni einsetzten, die Geburt aber erst am nächsten Tag erfolgte. Möglicherweise wurde Nazarius in Lorsch zeitweise auch am 13. Juni gefeiert, verzeichnet ein Lorscher Kalendar aus dem Beginn des 9. Jahrhunderts Nazarius doch zu den Iden des Juni (BÖHNE, Älteste Lorscher Kalendar 217).
[114] BM² 777 (752) vom 22.6.823.
[115] BM² 581-582 (561-562) vom 2. bzw. 3.6.815, BM² 615 (595) vom 2.6.816, BM² 648 (626) vom 4.6.817 und BM² 662-665 (648-651) vom 2., 3. und 5.6.818. Der Gedenktag wurde wohl auch 821 (BM² 738 [714] vom 3. Juni) und vielleicht 825, als der 2. Juni in die Pfingstwoche fiel, beachtet (BM² 796-797 [772-773] vom 3. und 4. Juni).
[116] Usuardus, Martyrologium 239.
[117] BM² 581 (561).

vermutlich sogar bis in die Zeit Karls des Großen zurückverfolgen. Karl urkundete nur ein einziges Mal im aquitanischen Reich seines Sohnes Ludwig.[118] Dies geschah beim Besuch des Klosters St. Martin zu Tours im Jahr 800, als er für das Nebenkloster Cormery, eine Gründung des hl. Martin, ein Zollprivileg ausfertigen ließ. Das Diplom datiert vom 2. Juni.[119]

EXKURS 9: URKUNDENAUSSTELLUNGEN ZUM 28. JULI

A) Merowingerzeit

Insgesamt wurden fünf von sechs Urkunden vom 29./30.Juli für St. Denis in der Merowingerzeit ausgestellt. Da sie aus der Zeit verschiedener Könige stammen, wird es sich kaum um das Privatfest eines Königs handeln. Gegen die Diplome kann allerdings eingewendet werden, daß allesamt als Spuria gelten. Andererseits werden sie in der Forschung immer wieder als wichtige Zeugnisse der Merowingerzeit behandelt.[120] Selbst wenn man eine Entstehung der Diplome in der Merowingerzeit bestreitet, wird man annehmen müssen, daß das Juliende für die Mönche von St. Denis von außerordentlicher Bedeutung war, da sie die Urkunden sonst nicht auf diese Zeit gefälscht hätten. Die Belege im einzelnen:

1. Für St.Denis:
Von Dagobert I. stammen DRF* 23 vom 30.7.629 aus Compiègne, DRF* 27 vom 29.7.631/632, DRF* 40 vom 30.7.636 aus Compiègne und DRF* 43 vom 29.7.637 ebenfalls aus Compiègne. Childerich II. verlieh DRF* 68 am 29.7.669/670 in Clichy bei St. Denis.

2. Für Trier:
Dagobert I. stellte DRF* 19 am 29.7.623 aus.

Obwohl keine der Urkunden vom 28. Juli stammt, wird man einen Bezug zu diesem Tag annehmen dürfen, da der Tag dreimal auf einen Sonntag (631, 636, 670) und einmal auf einen Donnerstag (623) fiel. Vermutlich begannen in allen Fällen, in denen der 28. Juli auf einen Sonntag fiel, Synoden: im Jahr 631 (632?) unterschrieben 12 Bischöfe, 1 Präfekt und 4 Grafen und zwei weitere Zeugen, im Jahr 636 sogar 14 Bischöfe, 2 Äbte, 1 Präfekt und 5 Grafen und anno 670 (669?) 6 Bischöfe, 1 Präfekt und 4 Grafen die Diplome. Bedeutende Unterschriften trägt

---

[118] Alle sicher nachweisbaren Aufenthalte Karl in Aquitanien fallen in die Anfangsphase seiner Herrschaft bzw. des Spanienfeldzugs von 778. Nach der Einrichtung des Unterkönigreiches für Ludwig scheint er dessen regnum nicht mehr betreten zu haben (GAUERT, Itinerar).
[119] DK 192.
[120] KRÜGER, Königsgrabkirchen 180f.

auch die Urkunde für Bischof Modoald von Trier, nämlich die Kuniberts, des Erzbischofs von Köln, die der Bischöfe von Metz und Speyer, die des Dux Arnulf und jene des Hausmeiers Pippin.

B) Karolingerzeit

STOCLET bietet fünf Belege für die Feier des 28. Juli: drei aus der Zeit Karls des Großen (775, 780, 782) und zwei aus der Zeit Ludwigs des Frommen (814, 821).[121] Ziemlich sicher können die Belege für die Zeit Ludwigs des Frommen ausgeschaltet werden. Das in Prüm ausgestellte BM² 740 von 821 erklärt sich besser aus der Prümer Kirchweihfeier am 26. Juli[122], und BM² 528 vom 28. Juli 814 wird mit der Reichsteilung zu Abdon und Sennen (30.7.814) zusammenhängen.
Von den Diplomen Karls des Großen ging DK 102 von 775 an St. Denis, das Empfänger der Urkunde war. Hier wurde der 28. Juli als Gedenktag der Altarweihe von 754 gefeiert.[123] Die Diplome DDK 144-145 von 782 haben wohl keinen Bezug zum Salbungstag Karls, sondern zur Kirchweihe in Hersfeld, wo sich Karl zum Zeitpunkt der Urkundenausstellung aufhielt.[124] Damit bleibt lediglich das Diplom vom 28. Juli 780 aus Paderborn, mit dem eine Anniversarfeier begründet werden kann, doch ist hier auch ein Bezug zum Gedenken für den Apostel Jakobus den Älteren (25.7.) bzw. den Pariser Bischof Germanus (25.7.) denkbar, zumal Karl der Große 782 an deren Festtag ein Diplom an den Paderquellen ausstellen ließ.[125] Hier bewegen wir uns also auf recht unsicherem Boden. Immerhin kann für die Jahre 775 und 792 eine gleichartige Feststruktur vorliegen. Für 775 liegen Diplome vom 28. Juli und 3. August, für 792 vom 27. Juli und 4. August vor.[126] Es ist also möglich, daß Karl in beiden Jahren den 25./28. Juli und den 3. August feierte. Da der 3. August an den Märtyrer Stephanus erinnerte, Karl von einem Papst dieses Namens gesalbt wurde und der Name Stephanus nach dem Zeugnis Hinkmars von Reims an "gekrönt" erinnerte, kann er das Stephanusfest als Krönungsgedächtnis aufgefaßt haben. Dazu würde dann die Feier des 28. Juli als Salbungstag passen, zumal in das Jahr 792 der Aufstand von Karls Sohn Pippin fällt,[127] was Karl zu einer Legitimierung seines Königtums mittels der Feier des Jahrtages seiner Salbung und der Festfeier des "Gekrönten" veranlaßt haben kann.
Damit ist noch nicht die Frage des 28. Juli als Gedenktag der Herrschaftsbegründung des karolingischen Hauses beantwortet, da es sich bei Pippin und Karl dem

---

[121] STOCLET, Dies Unctionis 543-545.
[122] HAUBRICHS, Prüm 129.
[123] Wandalbert, Martyrologium Z.436-439, S.590.
[124] STOCLET, Dies Unctionis 543, WEHLT, Reichsabtei 165.
[125] DK 143.
[126] DDK 102-103 und DDk 173-175.
[127] BM² 320a.

Großen jeweils um Empfänger der Salbung von 754 handelt. Handelt es sich um einen Tag, der von allen Mitgliedern des Karolingerhauses als wichtig angesehen wurde, müssen auch die Nachkommen Karls den 28. Juli gefeiert haben. Sehen wir die Diplome späterer karolingischer Herrscher durch, so ergibt sich folgendes Bild: von Kaiser Lothar I. und seinem Sohn Ludwig I. wurden am 28. Juli keine Diplome ausgestellt, wohl aber von Lothar II. Vom 28. Juli 861 datiert ein Privileg über Zollfreiheit und Münzrecht für das Kloster Prüm. Die Schenkung kann sehr wohl anlässlich des Prümer Kirchweihfestes am 26. Juli zugesagt worden sein.[128] Auffallenderweise stellte auch Karl II. Ende Juli ein Diplom für Prüm aus: am 29. Juli 864 in Reims.[129] Ludwig der Deutsche stellte zweimal ein Diplom am 28. Juli aus: 844 in Regensburg für St. Emmeram[130] und 866 ebenfalls in Regensburg für St. Denis.[131]

Nimmt man die Tage vor und nach dem 28. Juli hinzu, finden wir Ludwig den Frommen, der am 27. Juli 818 in Orléans für Fleury, am gleichen Tag 823 in Ingelheim für Corvey und 835 bei Lyon urkundete.[132] Doch wird man für den Kaiser, dessen ehemaliges Unterkönigtum Aquitanien auch weite Teile Nordspaniens umfaßte, die Verehrung des in Compostella verehrten Apostels Jakobus anzunehmen haben, denn unmittelbar nach der Erhebung der Apostelreliquien im Jahr 816 ist die Jakobusfeier bei Ludwig anhand von Urkundenausstellungen wahrscheinlich zu machen.[133]

Wohl aus Anlaß seiner Genesung stellte Karl III. am 30. Juli 883 in Murgula drei Diplome aus;[134] am gleichen Tag 886 ein weiteres in Metz für seinen Getreuen Jakob. Der Name des Empfängers läßt die Urkundenerstellung aus Anlaß der

---

[128] DLoII 16; HAUBRICHS, Prüm 129. Eine Beantwortung der Frage, ob der König das 75 km vom Ausstellungsort Aachen entfernte Kloster aufgesucht hat, ist nicht möglich; doch kann der König das Kloster auch in Aachen an dessen Ehrentag bedacht haben.
[129] DKII 272. Selbst wenn dieses Diplom auf den 28. Juli bezogen werden sollte, ist zu bedenken, daß es sich bei Karl dem Kahlen um einen Sonderfall handelt, da der am 13. Juni geborene Sohn Ludwigs des Deutschen den hl. Nazarius (12.6. und 28.7.) als seinen Geburtsheiligen betrachtet haben wird (S. Exkurs 8).
[130] DLD 37.
[131] DLD 119. Da Wandalbert in seinem gedichteten Martyrolog zum 28. Juli die Altarweihe in St. Denis vermerkt, kann der ostfränkische Königshof hierdurch Kenntnis von dem Festtag des Pariser Klosters erhalten haben (Wandalbert, Martyrologium S.590).
[132] In diesem Jahr fiel der Jakobustag auf einen Sonntag. Denkbar ist aber auch, daß Ludwig das in Lyon gefeierte Peregrinusfest am 28. Juli nutzte (Usuardus, Martyrologium 274; Florus, Martyrologium 137; Ado, Martyrologium 237). Leider ist nicht feststellbar, ob sich der Kaiser nach dem 21. Juli noch in Tramoyes bzw. der Nähe von Lyon aufhielt (BM² 944-945 vom 27. bzw. 29.7.835, letzteres wurde im unbekannten "Luco villa" ausgestellt).
[133] WIMMER, Lexikon 407f; BM² 655 vom 24.7.817 für das Kloster Solignac. Auf dem Kriegszug gegen die Bretagne wurden BM² 666-667 vom 27.7.818 in Orléans zugunsten von Fleury ausgestellt. Im nächsten Jahr und 823 erledigte der Kaiser zu Ingelheim sächsische Angelegenheiten (BM² 696-697 vom 24. bzw. 26. Juli 819 und BM² 779-780 vom 27.7.823), was mit der Jakobusfeier Karls des Großen in Paderborn harmoniert.
[134] DKIII 87-89.

Feier des Namenspatrons des Empfängers am 25. Juli vermuten.[135] Zwentibold urkundete am 30. Juli 896 und am 26. Juli 897 jeweils für seine Verwandte Gisela, Äbtissin von Nivelles. Da er sich im Juli 897 in Nivelles und 896 in Aachen aufhielt, ist zumindest für 897 an ein Klosterfest zu denken.[136] Damit bleiben nur das Diplom Ludwigs des Deutschen vom 28. Juli 844 und jenes von Zwentibold vom 30.7.896 ohne rechte Erklärung. Ob diese Belege für die Annahme einer durchgängigen Anniversarfeier des 28. Juli ausreichen, ist zweifelhaft.

EXKURS 10: ZU DEN SITZUNGSTAGEN DER SYNODE VON PONTHION 876

Nach seiner Rückkehr von der Kaiserkrönung versuchte der westfränkische Herrscher Karl der Kahle auf der Synode von Ponthion 876 in Zusammenarbeit mit dem Papst die Selbständigkeit des fränkischen Episkopats dadurch zu brechen, daß er ihm einen päpstlichen Vikar überordnete.[137]
Die Sitzungen fanden am 21. Juni, am 30. Juni und am 16. Juli 876 statt. Alle Sitzungstermine nehmen Bezug auf königliche bzw. päpstliche "Legitimationstermine". Gemeinsam ist allen Sitzungen zudem, daß sie jeweils für den Tag nach einem für den Herrschaftsanspruch von König bzw. Papst wichtigen Fest anberaumt wurden. Der 29. Juni gedenkt des heiligen Petrus, in dessen Nachfolge der Papst handelte, als er König Karl zum Kaiser salbte. Am 20. Juni 840 begann mit dem Tode Ludwigs des Frommen die Herrschaft Karls des Kahlen, der jeweils an diesem Tag die Zahl seiner Herrschaftsjahre erhöhte.[138] Vermutlich am 15. Juli 843 erfolgte die endgültige Aufteilung der Herrschaftsbereiche unter den Söhnen Ludwigs des Frommen. Da es sich bei dem 15. Juli zugleich um den Tag Divisio Apostolorum handelt, hat der Abschlußtag der Synode sowohl königliche wie päpstliche Bezüge. Es ist also anzunehmen, daß Karl versuchte, seinen widerspenstigen Episkopat unter Druck zu setzten, indem er die Gedenkfeiern so gestaltete, daß die Berechtigung seiner bzw. der päpstlichen Herrschaftsansprüche verdeutlicht wurden.
Auch die Wahl des Tagungsortes war sicherlich bewußt erfolgt, denn auch der Name Ponthion signalisierte die Zusammenarbeit von Papst und fränkischem König, war doch hier die erste Begegnung eines Karolingerkönigs mit einem Nachfolger Petri erfolgt.

---

[135] DKIII 137.
[136] DZw 11 aus Aachen und DZw 16 aus Nivelles.
[137] DÜMMLER, Ostfränkisches Reich II, 400f. Zum Problem, die eigene Herrschaft mittels der Einsetzung eines "Hofbischofs" zu stärken, s. ANGENENDT, Princeps imperii.
[138] TESSIER, Recueil III, 118f.

EXKURS 11: KAROLINGISCHE EHEPOLITIK UND PAPSTTUM

Mit den Auseinandersetzungen zwischen Papst Nikolaus I. und König Lothar II. rückt die Ehepolitik der Päpste ins Licht der Geschichte. Doch hat die päpstliche Einflußnahme auf die Ehepolitik karolingischer Herrscher eine lange Tradition. Die Begegnungen mit dem Papst scheinen zumindest in der Frühzeit der karolingischen Königsherrschaft von hervorragender Bedeutung für den Statuswechsel von der Konkubine zur Königin gewesen zu sein. Ein weiteres wichtiges Element wird die Salbung darstellen, obwohl die Terminologie der Quellen nicht immer zwischen Salbung und Krönung unterscheidet. Pippin war der erste Karolinger, der "die Umwandlung des Konkubinats in eine Vollehe [in] eine[r] feierliche[n] Zeremonie" vornahm.[139] Seine Frau Bertrada wurde 751 gesalbt und drei Jahre später durch den Papst nochmals gesegnet.[140] Der Vorgang von 751 oder jener von 754 wird die Rangerhöhung Bertradas bewirkt haben. Hildegard, Gattin Karls des Großen, der ebenfalls eine Vollehe zugestanden wird, war 781 mit Karl in Italien, aller Wahrscheinlichkeit nach auch zu Ostern beim Papst in Rom.[141] In die Ehezeit Fastradas fällt ebenfalls ein Romzug Karls.[142] Da Karl nach deren Ableben aus politischen Erwägungen Konkubinate bevorzugte, war auch Liutgard zunächst nur eine Konkubine. Ihre Stellung änderte sich erst mit dem Besuch des Papstes in Paderborn.[143] Nach deren Tod hielt sich Karl wieder nur Konkubinen.[144]

Ermengard, die Frau Ludwigs des Frommen, erlangte die Vollehe nicht bei dessen Kaiserkrönung 813, sondern erst durch päpstliche Krönung und Salbung in Reims 816.[145] Noch Ludwig der Stammler drängte 878 den Papst, seine Frau "zur Königin zu krönen", um die Rechtmäßigkeit seiner seiner zweiten Ehe sicherzustellen.[146]

Von den politischen Vorteilen eines Konkubinats scheint Karl der Große nur bei Begegnungen mit dem Papst abgesehen zu haben. Dies kann ein Hinweis darauf sein, daß die Päpste bereits sehr früh und kontinuierlich auf eine Änderung des königlichen Eheverhaltens gedrungen haben. Ein Indiz päpstlichen Drängens kann auch die Ehegesetzgebung Pippins sein. Diese begann erst mit der programmatischen Synode von Ver, ein Jahr nach der päpstlichen Königssalbung

---

[139] KONECNY, Frauen 55.
[140] BM² 64a, BM² 76a; BRÜHL, Kronen- und Krönungsbrauch 24-26. Möglicherweise erfolgte die päpstliche Segnung Bertradas, weil Pippin erwogen hatte, seine Frau zu verstossen (vgl. aber OELSNER, König Pippin 495f).
[141] BM² 231a - 235b.
[142] BM² 279a - 286b.
[143] KONECNY, Frauen 69f, will die Änderung ihres Status aus einer Spannung zwischen der Würde eines christlichen Königs und dem Zusammenleben mit einer Konkubine ableiten.
[144] KONECNY, Frauen 70f. Zusammenfassend zur Ehepolitik Karls des Großen: ebd. 81-85.
[145] Ebd. 73f; BM² 633a.
[146] Annales Bertiniani a.878, S.143: "per suos missos petiit eundem papam, ut uxorem illius in reginam coronaret." Dazu s. WOLF, Königinnen-Krönungen 69f.

Pippins.[147] Das päpstliche Beharren auf Vollehen setzte sich dann bei Ludwig dem Frommen endgültig durch.[148]

EXKURS 12: ZU DEN MILITÄRTECHNISCHEN GRÜNDEN FÜR DIE VERLEGUNG DES MÄRZFELDES

Gemeinhin werden militärorganisatorische Gründe für die von König Pippin vorgenommene Verlegung des Märzfeldes auf den Mai angenommen: "Das alte Märzfeld wurde damals [755] auf den Mai verlegt, um der Umrüstung des fränkischen Fußheeres auf ein Reiterheer Rechnung zu tragen; denn im Mai bedeutete die Fütterung einer größeren Pferdemenge kein Problem mehr."[149] Das mit dem Terminwechsel angesprochene Problem einer grundlegenden Strategieänderung hat weitreichende Bedeutung, da die aufwendigere Ausstattung für einen Reiter die ärmeren fränkischen Freien aus der aktiven Kriegsteilnahme verdrängt und den Feudalismus heraufgeführt haben soll. Zur Stützung dieser nicht unumstrittenen These wird auch die Verlegung des Märzfeldes herangezogen.[150] Die Kardinalstelle für die Annahme, die Versorgung der Reiterei habe erst im Frühjahr sichergestellt werden können, lautet: "Transacta hieme, ut primum herba pabulum iumentis praebere potuit".[151] BOWLUS macht nun darauf aufmerksam, daß in dem hier angesprochenen Krieg gegen Liutwit Feldschlachten keine Rolle spielten. Vielmehr war das entscheidende taktische Mittel die Eroberung von Befestigungen gewesen, aus denen heraus die Slawen Ausfälle machten. Zudem sei die Formulierung aus Caesars Gallischem Krieg übernommen, sodaß der Stellenwert der Quelle für die Annahme eines Strategiewechsels nicht gerade groß sei.[152] Konsequenterweise übersetzt BOWLUS: "Sobald der Winter ein Ende hatte und es hinlänglich Futter für die Saumtiere gab".[153] Bedenkt man zudem, daß die Zeitangabe "Transacta hieme" kaum den Maitermin bezeichnen kann, wird man diesen Quellenbeleg für eine Umstellung der Kriegsführung schwerlich heranziehen können.

Fällt die Stütze für eine logistisch bedingte Verlegung des Märzfeldes fort, wird bedeutsam, daß gewichtige Gründe gegen eine militärisch bedingte Verlegung des Märzfeldes sprechen. Die Untersuchungen von GILLMOR zur Kriegsfüh-

---

[147] KONECNY, Frauen 19.
[148] Ebd. 86-97, zur Vereinheitlichung der Eheform unter Kaiser Ludwig.
[149] WOLFRAM, Fürstentum Tassilos III. 160f.
[150] Grundlegend für diese Theorie BRUNNER, Reiterdienst. Ihm folgt WHITE, Medieval Technology 1-38 und 135-153. Weitere Beiträge zu diesem Problemkreis bieten BACHRACH, Military Organization 1-33; DERS.: Charles Martel, Mounted Shock Combat 49-70 und CONTAMINE, Guerre 315-325.
[151] Annales regni Francorum a.820, S.152.
[152] BOWLUS, Warfare 13-15.
[153] BOWLUS, Krieg und Kirche 74.

rung Karls des Kahlen zeigen, daß es keine jahrzeitliche Einschränkung der militärischen Aktivitäten gab,[154] womit zugleich die logistische Argumentation, im Winter gäbe es nicht genügend Pferdefutter, hinfällig wird. Die grundlegende Voraussetzung des "logistischen" Erklärungsmusters ist, daß die Pferde der karolingischen Reiterei hauptsächlich mit Gras gefüttert wurden. Dies stimmt möglicherweise für die sarazenische Reiterei, nicht aber für die karolingischen Verbände. Die Pferde und Maultiere wurden im karolingischen Heer nicht mit Gras, sondern mit Gerste gefüttert, wie aus dem Bericht des Astronomus über ein fränkisches Kommandounternehmen gegen Tortosa von 810 hervorgeht.[155] Die hier erwähnte Gerstenfütterung erklärt sich nicht aus einem Mangel an Gras, da das Unternehmen im Hochsommer stattfand.[156] Daß Gerste im Mittelalter als Pferdefutter diente, geht auch aus den Gastungspflichten für den Bischof von Chur hervor.[157] Und auch heute noch ist die Gerste als Kraftfutter für Pferde bekannt.[158]

---

[154] GILLMOR, Warfare 225-230.
[155] "Maurus quidam lavandi gratia flumen ingressus, fimum a flumine vidit ferri equinum. Quo viso ... fimumque comprehendens et naribus admovens, exclamavit: Cernite, inquiens, o socii, moneo quam cavete; nam hoc stercus nec onagri est vel cuiuscumque animantis herbidis assueti pastibus. Enimvero equina haec esse constat egesta, quae certum est ordeum fuisse et ob hoc equorum vel mulorum pabula" (Astronomus, Vita Hlodowici 15, S.614f). Diese Art der Versorgung der Pferde erklärt vielleicht auch, warum sich die Kavallerie Ludwigs des Jüngeren im Herbst 876 zur Fouragierung soweit vom Lager entfernte, daß zwölf Stunden nicht ausreichten, sie zu Hilfe zu rufen.
Im Aberglauben findet sich sogar eine Verbindung von Gerste als Pferdefutter und dem karolingischen Schutzheiligen Martin. Füttert man nämlich am Martinstag die Pferde nicht mit normaler, sondern mit roter Gerste, so schützt man die Tiere vor Kehlsucht (MARZELL: Gerste, in HdtA 3, 1927, 693-698, 696).
[156] BM² 447a, 449b. König Ludwig von Aquitanien hatte den Oberbefehl für den von ihm vorbereiteten spanischen Feldzug auf Befehl Kaiser Karls an den Königsboten Ingobert abzutreten. Stattdessen sollte Ludwig wegen der Einfälle der Normannen den Bootsbau überwachen. Ausgelöst hatte diesen Befehl ein normannischer Einfall in Friesland. Die 200 normannischen Schiffe wurde aber erst im Sommer gesichtet.
[157] RÜCK, Bischofsgastung 187-189. Für RÜCK erklärt sich dies "aus der Höhenlage der Täler [von Churrätien und dem Vintschgau], wo Gerste besser gedieh als Hafer" (ebd. 187). Da aber noch heute im Südtiroler Vintschgau in Höhen zwischen 1260 und 1953 Metern Hafer angebaut wird, erscheint diese Erklärung nicht zwingend, zumal es sich hier um die höchstgelegenen Bauernhöfe der Ostalpen handelt und die Anbau- und Erntemethoden aufgrund der schwierigen Beackerung seit dem Hochmittelalter gleich geblieben sind (KNÖRZER, Südtiroler Kornfeld 486f).
[158] Für die Verdauung beim Pferd ist es wichtig, daß die Gerste gemahlen wird; demgegenüber ist der Hafer leichter zu quetschen. Wegen des günstigeren Einkaufspreises und des geringeren Arbeitsaufwandes wird heutzutage im Okzident Hafer der Gerste vorgezogen. Jedoch ist Gerste auch heute noch als "Kraftfutter des Orients" bekannt (BLENDINGER, WILHELM: Gesundheitspflege und Erste Hilfe für das Pferd, Heidenheim 1974, 53).

EXKURS 13: DIE GEDENKEN FÜR PAPST LEO III. AM 13. APRIL UND 25. MAI

Das Totenbuch von Moissac enthält drei Eintragungen, die keinesfalls den Todestag kommemorieren und besonders kenntlich gemacht sind. Dabei handelt es sich um die Zeitgenossen Kaiser Ludwig den Frommen (814-840), Papst Leo III. (795-816) und Bischof Aguarnus von Cahors (ca. 816). Der Gedenkeintrag für Papst Leo am 13. April ist deshalb von Interesse, weil im Necrolog von St. Emmeram zu Regensburg derselbe Papst ein Gedenken am 25. Mai und nicht an seinem Todestag (12.6.) erhielt.[159] Geht man die Amtsjahre des Papstes durch, stellt man fest, daß der 13. April im Jahre 811 auf das Osterfest fiel, dementsprechend der Sonntag Exaudi auf den 25. Mai. Daß beide Gedenktermine im selben Jahr auf hohe Kirchenfeste fallen, die für frühmittelalterliche Staatsakte wichtig waren, ist zumindest auffallend. Weitergehende Vermutungen lassen sich nur machen, wenn sich für das Jahr 811 ein Konnex zwischen Aquitanien, Baiern und Italien herstellen läßt. Dies ist in der Tat der Fall. Im Sommer des Jahres 810 war Ludwigs Bruder Pippin, Herrscher über Italien und Baiern, gestorben.[160] Dieser Vorfall muß Probleme bezüglich der Herrschaftsnachfolge mit sich gebracht haben. Pippins Sohn Bernhard wurde zusammen mit seinen Schwestern an den Hof seines Großvaters beordert. Neben diesem konnten aber auch die beiden Brüder Pippins Herrschaftsansprüche stellen, Karl und Ludwig. Die beiden Brüder durften sich nach dem Reichsteilungsgesetz von 806 das Unterkönigtum Pippins im Fall seines Todes teilen. Dabei fiel Ludwig der südlich vom Po gelegene Teil nebst dem Dukat Spoleto zu, Karl aber der Dukat Spoleto und das Gebiet nördlich des Grenzflusses einschließlich Baierns.[161] Diese Regelung sollte zwar erst nach dem Heimgang Kaiser Karls in Kraft treten,[162] doch scheint die Vakanz in der Herrschaft Italiens darauf hinzudeuten, daß lange Zeit keine einvernehmliche Regelung gefunden werden konnte. Die nächste sichere Nachricht bezüglich der italienischen Herrschaft stammt aus dem Jahre 812. Ein halbes Jahr nach dem Tode seines gleichnamigen Sohnes[163] schritt der Kaiser zu einer Lösung der italienischen Frage. Im Anschluß an eine Reichsversammlung im Frühjahr des Jahres 812 sandte Karl der Große Bernhard, den Sohn Pippins,

---

[159] Für Moissac ist sichergestellt, daß es sich dabei nicht um Papst Leo IX. handelt, der am 19. April 1054 starb. Das Regensburger Necrolog enthält zum 13. April einen Nachtrag aus der Mitte des 11. Jahrhunderts für einen Papst Leo. Dieser Eintrag wurde jedoch ausradiert und von derselben Hand zum 19. April gesetzt. Hier liegt wohl eine Verschreibung (13. Tag des April statt 13. Kalenden des Mai = 19. April) vor. Auf Papst Leo III. zielt dagegen der Nachtrag im Regensburger Necrolog am 25. Mai, der zur Beglaubigung einer Emmeramer Urkundenfälschung diente (MÜSSIGBROD, Toteneinträge 362-364).
[160] ABEL/SIMSON: Karl der Große 430-434.
[161] CLASSEN, Thronfolge 124.
[162] ABEL, Karl der Große 344-354; CLASSEN, Thronfolge 125, geht davon aus, daß "die Eventualfälle ... unabhängig vom Zeitpunkt des Todes eines der Brüder gelten" sollten, die Teilung jedoch erst nach dem Tode Karls des Großen durchgeführt werden sollte.
[163] ABEL/SIMSON: Karl der Große 474-478.

nach Italien. Für den Minderjährigen führten Abt Adalhard von Corbie und dessen Bruder Wala das Regiment.[164] Die Lösung des italienischen Problems wurde also erst in Angriff genommen, als einer der drei möglichen Herrscher über Italien bereits ausgeschieden war. Daß Ludwig im September 813 zum Mitkaiser erhoben und Bernhard auf derselben Reichsversammlung zum König der Langobarden ernannt wurde,[165] kann als Versuch verstanden werden, einen Interessenausgleich herbeizuführen.

Die Gedenkeinträge für Papst Leo III. können ein Hinweis auf einen gescheiterten Versuch der Königssöhne Karl und Ludwig sein, in das südliche Machtvakuum vorzustoßen. Die Gedenkeinträge könnten dann so interpretiert werden, daß Papst Leo III. an diesen Tagen die Herrschaftsansprüche der Thronprätendenden Ludwig und Karl abgesichert hätte, weshalb ihm beide Prinzen in ihren Herrschaftsbereichen ein Gebetsgedenken sicherten. Ein wie auch immer gearteter Anspruch Ludwigs des Frommen auf die italienische Herrschaft kann sein hartes Vorgehen zunächst gegen Adalhard und Wala,[166] später dann gegen König Bernhard von Italien selbst, erklären. In auffallender zeitlicher Nähe zur aquitanischen Kommemoration Papst Leos III. fand der Hochverratsprozeß gegen König Bernhard statt. Da dieser am 15. April geblendet wurde, fällt die voraufgehende Gerichtsverhandlung in etwa mit dem Gedenktag für den Papst und damit möglicherweise mit dem Tag des Herrschaftsantritts Ludwigs in Italien zusammen.[167]

EXKURS 14: ZUR MEMORIALTRADITION IN MOISSAC

Das in den siebziger Jahren des elften Jahrhunderts abgefaßte Necrolog von Moissac enthielt in seiner Grundversion ein kumulatives Gedenken für die verstorbenen Brüder. Dieses wurde am 25. Mai gehalten [168] Offensichtlich erschien den Mönchen mit der Zeit dieses einmalig jährlich abzuhaltende Gedenken als zuwenig, weshalb weitere Gedenktage nachgetragen wurden. Damit ergibt sich die Möglichkeit zu überprüfen, ob es eine ortsspezifische Gedenktradition gab, bei der bestimmte Zeitabstände zwischen den einzelnen Gedenktagen eine Rolle spielten.

Dem ursprünglichen Termin wurden drei weitere Gedenktage zugesellt, sodaß sich eine Konstruktion ergab, die das ganze Jahr umfaßte. Zu erwarten wäre nun

---

[164] ABEL/SIMSON: Karl der Große 483-488.
[165] BM² 479a.
[166] SEMMLER, Corvey und Herford 289-291.
[167] BM² 661a reiht die Reichsversammlung hinter die Fälschung für St. Denis vom 12. April ein. Damit wird der Termin des Königsgerichts auf den 13./14.4. eingeschränkt.
[168] Eintrag zum Tagesdatum: "memoria omnium fratrum nostrorum agenda" mit dem Nachtrag "et aliorum familiarum nostrorum" (Synopse der cluniacensischen Necrologien II, 290f).

eine gleichmäßige Verteilung der Gedenktage über das Jahr, also alle drei Monate ein Gedenktag für die verstorbenen Brüder. Tatsächlich findet sich das zweite Gedenken genau drei Monate später am 25. August.[169] Der dritte Gedenktag am 24.11. weicht nun zwar um einen Monatstag ab, behält aber den Dreimonatsabstand noch bei.[170] Aus dem Dreimonatsschema bricht dann der nächste Termin aus (24.3.), behält aber den Monatstag des letzten Gedenktages bei.[171] Wie läßt sich diese Verteilung der Gedenktage über das Jahr erklären? Das Abweichen vom 25. Tag des Monats ist in einem der zwei Fälle nur ein scheinbares, da der römische Kalender zugrunde zu legen ist. Dann fallen die Gedenken im Mai, August und November jeweils auf den achten Kalendentag (bezogen auf den Folgemonat). Damit fällt nur der Gedenktag am 24. März aus dem Rahmen, der auf die neunten Kalenden des April fällt. Tatsächlich scheint es einen guten Grund gegeben zu haben, nicht den achten Kalendentag als Gedenktag zu wählen: mit dem 25. März konnte im Mittelalter nämlich das neue Jahr beginnen. Dieser sogenannte Annunciationsstil, der den Jahresanfang zusammen mit der Empfängnis Christi am Fest der Verkündigung Mariens feierte, war im Südwesten Frankreichs und einigen anderen französischen Diözesen durchaus üblich.[172] Damit ergibt sich auch der Sinn der Tagewahl. Nicht der erste Tag des Jahres, sondern der letzte des alten, absterbenden Jahres sollte dem Gedenken der Brüder gewidmet sein.

Zusammenfassend wird man festhalten können, daß bei der Planung der neuen Gedenkstruktur mehrere Punkte eine Rolle spielten. Einmal sollte der traditionelle Gedenktag erhalten bleiben, sodaß sich damit fast zwangsläufig eine asymmetrische Struktur ergab, wenn der letzte Gedenktermin auf den letzten Tag des Jahres fallen sollte. Mit dem Gedenken am Jahresende war zwangsläufig auch ein Abweichen im Monatstag gegeben. Grundsätzlich war man aber offensichtlich darauf bedacht, den (lateinischen) Monatstag des ersten Gedenkens zu perpetuieren. Wichtig war den Mönchen offenbar auch der Dreimonatsabstand, von dem nur einmal, aus den bekannten Gründen, abgesehen wurde.[173]

---

[169] Nachtrag zum Tagesdatum: "et memoria omnium fratrum nostrorum agenda" (Synopse der cluniacensischen Necrologien II, 474f).
[170] Nachtrag zum Tagesdatum: "et omnium fratrum nostrorum memoria agenda et tres iusticia detur" (Synopse der cluniacensischen Necrologien II, 656f).
[171] Nachtrag zum Tagesdatum: "et Memoria omnium fratrum nostrorum agenda" (Synopse der cluniacensischen Necrologien II, 166f).
[172] In den Synodalstatuten der Bistümer Cahors, Rodez und Tulle von 1289 heißt es: "Nota quod numerus lunaris et litera dominicalis mutatur annuatim in festo circumcisionis [1.1.], anni vero incarnationis domini mutantur in terra ista in festo annunciationis Marie [25.3.] et in quibusdam regionibus in festo nativitatis domini [25.12.], ita quod in festo circumcisio domini, ubi mutatur numerus lunaris, incipias quoad hoc computare numerum annorum domini, qui erit in festo annunciacionis proxime tunc sequenti" (GROTEFEND, Zeitrechnung I, 7f, s.a. 9f).
[173] Interessanterweise findet sich nur vor dem Viermonatsabstand die Anweisung, das Gedenken dreifach zu feiern ("et omnium fratrum nostrorum memoria agenda et tres iusticia detur" [Synopse der cluniacensischen Necrologien II, 656f]).

Die ebenfalls nachträglich eingeführten Gedenken für Eltern und Wohltäter fanden monatlich statt. Die Termine schwanken zwischen dem 11. und 21. des Monats. Eine feste Regel bezüglich des Monatstages oder des Abstandes zwischen den einzelnen Gedenktagen ist aber nicht zu erkennen.[174]

EXKURS 15: MOISSAC UND DER THÜRINGISCH-BAIRISCHE RAUM

Auf das Namenstags-Gedächtnis eines Symeon am 2. Februar im Gedächtnisbuch von Moissac wurde bereits eingegangen. Nun verzeichnen die westfränkischen Martyrologschreiber den neutestamentlichen Propheten zum 8. Oktober, während der Ostfranke Hrabanus Maurus des Heiligen am 2. Februar gedachte.[175] Bestanden also Verbindungen zwischen Moissac und ostfränkischen Gebieten? Liturgische Beziehungen bestanden mit Sicherheit zwischen dem süddeutschen Raum und dem aquitanischen Reformkloster Cluny.[176] Dieser Befund und die bereits angesprochenen Forschungen STÖRMERs lassen es geboten erscheinen, das Gedenkbuch eingehender auf ostfränkisch-bairische Bezüge zu untersuchen.

Hinweise auf solche Beziehungen des Klosters machen auch die Memorien für Personen wahrscheinlich, die Namen trugen, die von ostfränkischen bzw. bairischen Herzögen bekannt sind. In der Tat finden wir die Namen Hedenus (28.9.)[177], den zwei thüringische Herzöge trugen, und Torincus (23.2.)[178]. Der Name ist gleichbedeutend mit dem Namen Thuring, den der Sohn Hedens II. trug.[179] Der Eintrag Teotradus (25.2.) läßt an einen Verwandten Theodradas, der Gattin Hedens II., denken, während den Namen Theotardus (28.1. und 7.2.) deren Vater trug.[180] Der Name von Hedens Vater Gozbert ist als Gauzbertus gleich mehrfach vertreten.[181] Andere aus dem thüringischen Ducatus bekannte Namen sind Radulf (13.1.), den der erste bekannte Herzog von Thüringen trug,

---

[174] Die Gedenktage im einzelnen: 16.1., 19.2., 12.3., 20.4., 16.5., 21.6., 19.7., 12.8., 17.9., 14.10., 15.11. und 11.12..
[175] Hrabanus, Martyrologium 19.
[176] HAUSMANN, Martyrologium 274-280.
[177] Die in Klammern angegebenen Tagesdaten geben den Gedenktag im Necrolog von Moissac an (MÜSSIGBROD, Toteneinträge 367-376).
[178] Siehe auch den Eintrag Taurincus am 13.12.
[179] Neuere Forschungsüberblicke zur fränkisch-thüringischen Geschichte und den Hedenen: BUTZEN, Mainfranken im Reich der Merowinger und frühen Karolinger 247-256, und STÖRMER, WILHELM: Die Herzöge in Franken und die Mission 257-267.
[180] FRIESE, Studien 28-31.
[181] Am 16.3, 22.3., 13.4., 13.5., 18.5., 10.6., 16.6., 18.6., 13.8., 29.8., 23.9., 13.10 und als Gaizbertus abbas am 29.9. Der Name Gilabertus (27.2.) läßt unwillkürlich an die Mutter Hedens II., Geilana, denken.

der Herzogsname Teotbald[182] und Burkhard (13.4., 13.6. und 21.7.), wie der erste Bischof von Würzburg hieß. Bekanntlich hatten die mainfränkischen Adelskreise beste Beziehungen zu den bairischen Agilolfingern, mit denen sie die Treue zu den merowingischen Königen nebst Opposition gegen die Karolinger verband. Möglicherweise war Herzog Heden sogar mit den Agilolfingern verschwägert. Tatsächlich finden wir auch eine Reihe agilolfingischer Namen im Gedenkbuch von Moissac. Zum 29. Oktober sind gleich zwei bairische Herzogsnamen verzeichnet: Garibald und Odilo. Der bei den Agilolfingern häufiger auftretende Name Theudo ist nicht verzeichnet, wohl aber, wie bereits erwähnt, der Name Theotardus (28.1. und 7.2.), bei dem es sich um eine Langform des Namens handeln kann. Drei Söhne Herzog Theudos (680-717) hießen Grimoald, Landpert und Theudebert, dessen Sohn den Namen Hukbert trug. In Moissac nun wurden Messen für Grimaldus[183], Landebertus (24.3.)[184], Teotbertus (6.4. und 10.11.) und Hucbertus (30.9.) gelesen.[185] Der Name Faramundus (17.5.) erinnert an den Agilolfinger Fara (+ 640), aber auch an den Bischof Faramund von Köln, der gleichfalls den Agilolfingern zugerechnet wird.

Neben der Tatsache, daß sich eine ganze Reihe von Namen im Gedenkbuch von Moissac findet, die in den ostfränkisch-thüringischen und bairischen Herzogsfamilien in Gebrauch waren, verdient auch Aufmerksamkeit, daß in der gesamten, mehrere Jahrhunderte umfassenden Memoria-Tradition der cluniacensischen Klöster die Namen Hedenus, Teotradus und Garibaldus nur ein einziges Mal vorkommen, eben im sogenannten karolingischen Gedenkbuch von Moissac.[186]

---

[182] Das Memorialbuch verzeichnet Tedbaldus (2.3.) und Todbaldus (27.9.). Bei Teotbald handelt es sich vielleicht um einen Sohn Hedens II. (STÖRMER, Adelsgruppen 36).

[183] Am 10.2., 26.2., 1.3., 9.3., 23.4., 1.11. und 2.11.

[184] Siehe auch Lanbertus am 2.3. und 25.12.

[185] Auch der Name Hrodbert, den ein Großneffe von Herzog Odilo trug, ist als Rodbertus öfter verzeichnet (5.1., 8.1., 11.2., 20.3., 12.4., 8.5., 6.6., 8.6., 14.8. 29.9., 8.10. und 14.11.). Bekanntlich hatten die bairischen Herzöge gute Beziehungen zu den Langobardenkönigen, mit denen sie zum Teil verwandt oder verschwägert waren. Mit Albuinus (25.2.) finden wir den Namen des Langobardenkönigs Alboin (560-572) wieder. An agilolfingische Langobardenkönige klingen die Namen Aigulfus (12.2.) [vgl. Agilulf] und Aribernus (21.1.) [vgl. Aribert] an.

[186] WOLLASCH rechnet Hedenus zur Namensform Hildin, die mehrfach belegt ist. Ohne "l" zwischen Vokal und "d" kommt nur noch der Name Edinus zweimal vor (Synopse der cluniacensischen Necrologien I, 188). Völlig einmalig ist der Name Teodradus/Theudrad (ebd. 289). Garibaldus wird mit Girbaldus der Namensform Gairbalth zugerechnet. Eine Schreibung mit Vokal zwischen "r" und "b" ist aber sonst nicht belegbar (ebd. 149).
Spärlich vertreten sind auch einige andere der genannten Namen. Insgesamt 14 Belege gibt es für den Namen Thuring, davon zwei in Moissac aus späterer Zeit (zum 4.11. und 4.12.) (ebd. 292). Der Name Faramund findet sich in cluniacensischen Necrologien 25 mal, davon auch noch einmal in Moissac in der Schreibung Faramunnus (20.9.) (ebd. 141). Der Name Grimald/Grimwald erscheint insgesamt 93 mal (ebd. 170). Die 576 Belege für den Namen Landperht reduzieren sich auf genau drei, in denen "nd/nt" vor "b/p" tatsächlich gesprochen

Betrachten wir die Tage, zu denen die aufgeführten Namen eingetragen sind, lassen sich Schwerpunkte erkennen, die mit den Patrozinien der ostfränkisch-thüringischen Herzogskirchen hervorragend übereinstimmen. Hierbei scheinen sich insbesondere die Vigiltage einer gewissen Beliebtheit erfreut zu haben. Auf Hilariusfeste (13.1. und 1.10.) lassen sich die Einträge von Radulfus (13.1.) und Hucbertus (30.9.) beziehen, auf Martin (11.11.) Teodbertus (10.11.), auf Täuferfeste (24.2. und 29.8.) Torincus (23.2.) und Gauzbertus (29.8.), auf Marienfeste (25.3.[187] und 15.8.) Gauzbertus (22.3. und 13.8.), Landebertus (24.3.) sowie Rotbertus (14.8.) und auf das Michaelsfest (29.9.) Todbaldus (27.9.), Hedenus (28.9.), Rotbertus und Gauzbaldus abbas (29.9.).[188] Die Gründung von Hilarius-, Martins-, Johannes-, Marien- und Michaelkirchen wird dem Herzogshaus der Hedenen zugeschrieben.

Die Kontinuität von Namen wie von Patrozinien legt nahe, zumindest einen familiären Zusammenhang zwischen den eingetragenen Personen und den Herzogsfamilien anzunehmen. Damit wären notwendigerweise auch Beziehungen zum ostfränkisch-bairischen Raum gegeben.

Wenden wir uns wieder den Trägern biblischer Namen zu, werden solche Beziehungen von kommemorierten Personen noch wahrscheinlicher. Am Tag nach einer Gedenkfeier für Urias (16.12.) und David (31.1.) verzeichnet das Gedenkbuch von Moissac jeweils einen Boso. Beziehungen zwischen einem presbyter Boso, seinem Bruder Johannes und einem praeclarus homo David, der wie die beiden Brüder in Zell am See begütert war, machte STÖRMER wahrscheinlich.[189] Tatsächlich läßt sich auch der Name Iohannes in Moissac neben Trägern biblischer Namen nachweisen.[190] Vermutlich ist der im Pinzgau begüterte David identisch mit jenem David, der in Tacherting Besitz hatte, wo auch ein illustris vir Gisilpercht, ein im Baiern des 8. Jahrhunderts einmaliger Name, Güter tra-

---

wurde (ebd. 225). Ähnlich verhält es sich bei den 205 Belegen für Hucbertus. "Hug/Huc" erscheint lediglich in 25 Fällen vor "bert/pert".

[187] Möglicherweise ist das Fest der Empfängnis Mariens (PIPER, Kalendar Karls des Grossen 22) als Ankündigung des Herrn [durch den Engel Gabriel] (Beda, Martyrologium 54) wie Michael als Engelsfest aufzufassen.

[188] Für die Einträge von Garibaldus und Odilo (29.10.) scheint nur das Apostelfest Simon und Juda (28.10.) in Frage zu kommen.

[189] STÖRMER, Adelsgruppen 67 und 83. Ein weiterer Zusammenhang zwischen Boso und David läßt sich konstruieren: In Moissac wurde am Tag nach dem Andreasfest ein Boso ins Gedenkbuch aufgenommen (1.12.). In Baiern weihte der sogenannte Mammendorfer David seine Kirche zu Puch u.a. dem Apostel Andreas (ebd. 84). In Poaso laicus leistet zusammen mit dem presbyter Waltrich Zeugenschaft (BITTERAUF, Traditionen Nr.146); zum Zusammenhang von David und Waltrich s. STÖRMER, Adelsgruppen 85. Ein Booso und ein Aaron waren bei der Grenzbestimmung der Pfarre Buchenau anwesend (BITTERAUF, Traditionen Nr.548). Vor Boso ist in Moissac am 27.3. ein Eudo vermerkt. Der Name Eodo findet sich im Freisinger Urkundenmaterial nur einmal. Vor diesem treten als Zeugen Samuel, Israel und Faramund auf (BITTERAUF, Traditionen Nr.501b). Letzterer begegnet noch neben Atto und Meiol, auf die noch eingegangen wird.

[190] Am Tag nach der Erwähnung eines Abels (30./31.7) und am Epiphaniefest unmittelbar hinter Daniel (6.1.).

dierte.[191] In Moissac finden wir den Namen zweimal im Zusammenhang mit Beniamin.[192] Einen David finden wir in Baiern führend an der Gründung von Kloster Scharnitz-Schlehdorf (763) beteiligt. Wichtig für die Geschichte des Klosters wurde auch ein Priester Hato, der bei der Gründung anwesend war. Dieser ist vermutlich identisch mit Atto, dem späteren Abt des Klosters und Bischof von Freising, zumindest aber verwandt.[193] Am Fest des heiligen Diakons Laurentius finden sich im aquitanischen Gedenkbuch zwei Namen: Atto und Davit. Die Diakone Ato und David lassen sich in Baiern nachweisen.[194] Eine weitere Erwähnung eines Ato im Gedenkbuch von Moissac (10.3.) kann die These einer Verbindung zwischen dem Kloster und Baiern weiter erhärten. Am nächsten Tag wurde in Aquitanien für Ioseph und Heliseus, am folgenden Tag für Danihel gebetet. Neben den beiden Prophetennamen ist beachtenswert, daß den Namen Joseph auch der Bischof von Freising trug, der bei der Gründung von Scharnitz-Schlehdorf anwesend war. Den hinter Ato eingetragenen Namen Ratarius trug auch ein Gönner des Bistums Freising.[195] STÖRMER ordnet diesen Stifter der Familie eines comes Ruther zu, der wie David, Boso und Johannes in Zell am See begütert war.[196]

Im Freisinger Urkundenbestand finden wir zweimal folgende Zeugenreihe: Benedictus diaconus testis, Salomon, David (testis), Einhard (testis bzw. presbiter). Beide Urkunden wurden in verschiedenen Jahren, aber jeweils am Festtag der Geburt Mariens, ausgestellt. Am selben Tag (8.9.) wurde in Moissac für einen Salomon gebetet.[197] Benedictus finden wir im aquitanischen Kloster vor Ainardus (12.5.), zusammen mit Gislebertus neben Beniamin (19.1.) und zwischen Boso und Iohannes (29.5.).[198]

---

[191] In Tacherting waren auch die Etichonen begütert, und von hier aus scheint der Etichonen-Heilige Leodegar von Autun als Patron ins nahe Kloster Frauenchiemsee gelangt zu sein (STÖRMER, Adelsgruppen 62-65 und 83). Man vergleiche dazu das Auftreten des Namens Leodgarius (11.8.) am Tag nach der Kommemoration Davids in Moissac.

[192] Am 19.1. als Gislebertus hinter Beniamin sowie am 9.2. am Tag nach der Erwähnung Beniamins. Ein Gisaldus erscheint am Tag nach der Nennung eines Elias (5./6.5.).

[193] STÖRMER, Adelsgruppen 84f; PRINZ, Frühes Mönchtum 371f.

[194] Vermutlich ist die Wahl des Festes eines heiligen Diakons nicht zufällig, sondern vom Kirchenamt der gedachten Person inspiriert. Vom Tag nach dem Fest des hl. Diakon Laurentius 875 datieren Schenkungen Ludwigs des Deutschen für seinen Diakon Liutbrand (DDLD 163-164). Hier dürfte die Schenkung vom Diakonsfest inspiriert worden sein. Ein Diakon David erscheint im Freisinger Urkundenbestand zwischen 773 und 778 (BITTERAUF, Traditionen NNr.55-56, 89). Ein Ato diaconus sive abbas wohnte 804 einem Schlichtungsversuch beim Streit zwischen Bischof Atto von Freising und Abt Adalbert von Tegernsee bei (ebd. Nr.197).

[195] In der Schreibung Ratheri (BITTERAUF, Traditionen Nr.100 vom 1.3.779-783).

[196] STÖRMER, Adelsgruppen 68f.

[197] BITTERAUF, Traditionen NNr.48 (a.772) und 74 (a.776).

[198] Benedikt und Iohannes treten in Moissac noch einmal gemeinsam auf (4.6.), ein weiteres Mal wurde Benedikt am Tag nach der Verzeichnung eines Iohannes (31.7./1.8.) eingetragen.

Am Tag vor dem Gedenken für einen Helias wurde ein Meiholus ins aquitanische Gedenkbuch aufgenommen. Den Namen Meiol[199] finden wir im Freisinger Urkundenbestand neben Atto[200], Einhard[201], Isaak[202], Hieremias, Samuel und Salomon[203] sowie Absalon[204], also ebenfalls im Umfeld von Trägern alttestamentlicher Namen.
Daß die um den/die David(en) gruppierten Personen demnach Beziehungen in den aquitanischen Raum hatten, verwundert nicht, da die Verbindung zwischen einem presbyter David und Waltrich, Abt von St. Bénigne bei Dijon und Bischof von Langres, der im Baiern des 8.Jahrhunderts das Kloster Schäftlarn gründete, seit langem bekannt sind. Die Zeugenreihe der Gründungsurkunde von Schäftlarn wird bemerkenswerterweise von einem Atto eröffnet.[205]
Wann und wie die bairisch-aquitanischen Familienbeziehungen einzuordnen sind, muß offen bleiben. Immerhin können Familienbeziehungen zwischen Baiern und Aquitanien eine neues Licht auf eine Reihe von politischen Vorgängen werfen, die Baiern und Aquitanien verbinden. So muß es kein Zufall gewesen sein, daß der Baiernherzog Tassilo seinen Onkel Pippin im Jahre 763 ausgerechnet auf einem Kriegszug gegen die Aquitaner im Stich ließ.[206] Familienverbindungen

---

[199] STÖRMER, Adelsgruppen 32f, weist darauf hin, daß die Mutter eines Meiol Cotania hieß, also den gleichen Namen trug wie eine Tochter Tassilos. Für eine Verwandtschaft mit dem letzten bairischen Herzog spricht auch, daß die Familie ihre Michaelskirche zu Rottbach (vgl. das Patrozinium mit der wohl von den Hedenen gegründeten Kirche in Heilbronn) kurz nach dem Sturz Tassilos an das Bistum Freising schenkte. Damit wechselte die Kirche aber wohl nur nominell den Besitzer, da Cotania die Kirche auch später noch ausstattete (BITTERAUF, Traditionen NNr.144 und 157).
[200] BITTERAUF, Traditionen NNr.466 (mit Einhard) und 511 (mit Isaak); s.a. Nr.108a.
[201] BITTERAUF, Traditionen NNr. 466, 510, 608; interessant ist auch Nr.108a,b, da Meiol in der Bestätigung der Schenkung in der Zeugenreihe ausfällt, dafür aber Salomon und David neu erscheinen.
[202] BITTERAUF, Traditionen NNr.511 und 576a.
[203] Alle drei haben den Status eines Diakons, Hieremias wird zusätzlich noch als capellanus bezeichnet (BITTERAUF, Traditionen Nr.284; s.a. Nr.108a,b). Als Zeugen treten in Nr.284 neben Johan presbiter auch Berno presbiter und ein Francho presbiter auf. In Moissac wurde am 2.April für einen Franco und einen Bernus abba gebetet. Francho/Francco (vgl. die Schreibung Francco am 26.4. in Moissac) begegnet in Freisinger Urkunden noch öfter neben Bern/Pern (NNr.55 [mit David], 192 [mit Johannes und Einhard] und 327, aber auch mit Meiol (Nr.672), mit David (Nr.85), mit Salomon (Nr.115) sowie neben Aaron, David, Salomon, Samuel und Adam (Nr.514). Franco, später Bischof von Vincenza, war Zeuge in der schon erwähnten Ratheri-Schenkung (Nr.100) (STÖRMER, Adelsgruppen 68).
[204] BITTERAUF, Traditionen Nr.609.
[205] STÖRMER, Adelsgruppen 85f, PRINZ, Frühes Mönchtum 369-371. Um den Bogen von Baiern zurück ins westliche Frankenreich zu schlagen, sei noch auf die Namen einiger westfränkischer Bischöfe aus der Regierungszeit Karls des Großen und Ludwigs des Frommen aufmerksam gemacht: Aaron, Bischof von Auxerre, Daniel, Erzbischof von Narbonne, Jesse, Bischof von Amiens, Jeremias, Erzbischof von Sens, Jonas, Bischof von Orléans.
[206] BM² 96d. Vielleicht war die 741 rebellierenden Alemannen und Aquitanern miteinander verbündet. Zur Situation von 741/42 s. JARNUT, Alemannien 59f.

zwischen Baiern und Aquitanern können auch die Hilfeleistung Ludwigs des Deutschen von 853/854 für die aufständischen Aquitaner erklären.[207]

EXKURS 16: HÄUFIGKEITSVERTEILUNG IN CLUNIACENSISCHEN NECROLOGIEN

Eine Tabelle, in der rund 46000 Toteneinträge aus cluniacensischen Necrologien über das Jahr verteilt sind, bietet ZÖRKENDÖRFER. Diese zeigt, daß "bei der Verteilung der Toteneinträge nicht von einer Gleichverteilung auf die Tage eines Kalenderjahres ausgegangen werden kann."[208] Das ist in der Tat der Fall. Betrachten wir diejenigen Tage, die in ihrem Monat die meisten Einträge auf sich ziehen können und wesentlich über dem Monatsdurchschnitt liegen, erhalten wir folgendes Ergebnis:

11. und 13. Januar
2., 10., 22. und 24. Februar
25. März
20., 24. und 25. April
1., 4., 7. und 8. Mai
24. Juni
31. Juli
18. und 22. August
11. und 22. September
25. Oktober
1. November
25.-28. Dezember

---

[207] BM² 1407a, 1411a; s.a. das Hilfsgesuch der Aquitaner von 856 (BM² 1418b).
[208] ZÖRKENDÖRFER, Abschätzung 291. Nicht ganz klar wird, ob es sich bei den Einträgen um eine Gesamt- oder (repräsentative?) Teilerhebung der cluniacensischen Necrologien handelt. Auch wird nicht deutlich, ob es sich um Namens- oder Personeneinträge handelt: "Mit Methoden und Hilfsmitteln der Datenverarbeitung konnte der Umfang der künstlichen Doppelungen in der Synopse der cluniacensischen Necrologien abgeschätzt werden. Mit dieser Veröffentlichung soll in erster Linie das Rüstzeug bereitgestellt werden sowohl zur Grundlage der sachlichen Kritik der Ergebnisse wie auch zur Durchrechnung ähnlicher Modelle zu entsprechenden Listen ... Als Datenmaterial wird in einer Datei ('Liste' oder 'Synopse' genannt) ein Auszug von 46029 Zeilen ('Toteneinträge' genannt) aus der Synopse der cluniacensischen Necrologien bereitgestellt, benutzt wird lediglich das Kalenderdatum ('Datum' oder 'Todestag' genannt) und das Lemma des Toteneintrags ..." (ebd. 289). Die Unterschrift zur Tabelle lautet: "Abb. 1: Verteilung der Todestage auf das Kalenderjahr" (ebd. 290).
Hier wird davon ausgegangen, daß es sich um die Gesamtzahl der Personeneinträge in den cluniacensischen Necrologien handelt, da die Synopse der cluniacensischen Necrologien "mehr als 96000 Namensbelege" enthält, die sich nach der 1982 gemachten Angabe von WOLLASCH "auf etwa 48000 Verstorbene" beziehen (Synopse der cluniacensischen Necrologien I, 37).

Auf die Bedeutung der Weihnachtszeit und der nach Weihnachten gefeierten Heiligen ist bereits eingegangen worden. Aber auch die meisten anderen Einträge lassen sich aus dem Festcharakter des Tages erklären. Beim 13. Januar handelt es sich um den Festtag des hl. Hilarius von Poitiers, zugleich dem Todestag des ersten Abtes von Cluny, Berno.[209] Bei den Februarfesten können ohne weiteres Mariä Reinigung (2.2.), Petri Stuhlfeier (22.2.) und Matthias bzw. Auffindung der Johannes-Reliquie (24.2.), im Februar Mariä Verkündigung (25.3.), im April die Litanias maior (25.4.), im Juni das Geburtsfest des Täufers Johannes (24.6.), im September das Mauritiusfest (22.9.), im Oktober das Fest von Crispinus und Crispinianus (25.10.) und im November das Allerheiligenfest (1.11.) erkannt werden, die alle schon im Laufe der Arbeit eine Rolle gespielt haben. Damit sind mit 14 von 26 Spitzeneinträgen bereits mehr als die Hälfte erklärt, offenbar handelt es sich um Gedenken, die anläßlich von Festen eingerichtet oder für bestimmte Feste erbeten wurden. Aus der Verehrung für die fränkischen Bischöfe Germanus von Auxerre und Symphorian von Autun kann die Vielzahl der Einträge am 31. Juli[210] und 22. August erklärt werden.[211] Die Bedeutung der erwähnten Crispinus und Crispinianus war so groß, daß an ihrem Festtag in Cluny zweimal Kirchweihen vorgenommen wurden.[212] Der Crispinus-und-Crispinianus-Kult kann auch die Beliebtheit des 18. August erklären, an dem ein Namensvetter der beiden Patrone von Soissons, nämlich Crispus, gefeiert wurde.[213] Um ein Eigenfest handelt es sich beim 8. Mai, dem Oktavtag zum Gedenken für den Apostel Philippus (1.5.), an dem in Cluny die "Exceptio capitis Philippi apostoli" gefeiert wurde.[214]
Am 8. Mai wurde zugleich der hl. Bischof Victor gefeiert. Möglicherweise herrschte bei den Cluniacensern ein Victor-Kult, da am 20. und 24. April

---

[209] SENGER, BASILIUS: Berno von Cluny, in: LThK 2, 1958, 258.
[210] Alle cluniacensischen Kalendare kennen das Fest. In Kloster Marcigny wurde das Fest besonders ausgezeichnet. Es wurden 12 Lesungen vorgetragen und die Gottesdienstteilnehmer trugen Albe bzw. Chormantel (HAUSMANN, Martyrologium 258 und 214f).
Als Germanusfest kann auch der 22. September aufgefaßt werden, an dem in Auxerre die "receptio corporis" gefeiert wurde (GROTEFEND, Zeitrechnung II.2, 108), doch kennen die cluniacensischen Kalender den Tag als Mauritiusfest (HAUSMANN, Martyrologium 226f).
[211] GROTEFEND, Zeitrechnung II.2, 170. Im cluniacensischen Klosterverband wurde der Tag zumeist als Oktav der Himmelfahrt Mariens aufgefaßt (HAUSMANN, Martyrologium 220f).
[212] GROTEFEND, Zeitrechnung II.2, 26; HAUSMANN, Martyrologium 234f und 283.
[213] Ado, Martyrologium 277; allerdings verzeichnen die cluniacensischen Kalendare zum 18. August den hl. Agapitus, dessen Fest zumeist mit drei Lesungen begangen wurde. Möglicherweise verstanden die Mönche es auch als Oktavtag des hl. Taurinus (11.8.), dem Patron von Fécamp und Évreux, das mit 12 Lesungen, in Chormantel und Albe gefeiert wurde (HAUSMANN, Martyrologium 218f; 217 und 258).
[214] GROTEFEND, Zeitrechnung II.2, 24; HAUSMANN, Martyrologium 23, 26, 196f und 256. Der 1. Mai kann allerdings auch als Walburgisfest verstanden werden. Diese Heilige erfuhr unter Abt Odo von Cluny als erste die Ehre, auf dem Altar aufgestellt zu werden (BEISSEL, Verehrung I, 101; s.a. HAUSMANN, Martyrologium 123 und 139).

Namensvettern des Mailänder Bischofs verehrt wurden, nämlich der (vermeintliche) Märtyrerpapst Victor I. und die Märtyrer Victor und Corona, doch sind diese Überlegungen von den cluniacensischen Kalendern nicht gedeckt.[215] Auf Namensvettern verweisen der Gedenktag von Protus und Hyacinthus am 11. September und der 10. Februar als Gedenktag des römischen Märtyrers Hyacinthus, wiewohl letzterer noch besser aus dem Gedenken für Scholastica, die Schwester des hl. Benedikt, erklärt werden kann.[216] Ohne zufriedenstellende heortologische Erklärung bleibt allein die hohe Zahl der Einträge vom 11. Januar sowie vom 4. und 7. Mai.[217] Für die in den April und Mai fallenden Tage sei noch daran erinnert, daß sie mit dem Oster-bzw. Himmelfahrtsfest zusammenfallen können.

EXKURS 17: ZU KARL DEM GROßEN ALS NOVUS CONSTANTINUS

Die Leitbildfunktion des Kaisers Konstantin I. für Karl den Großen ist durch die Arbeit von HAUCK bekannt. Danach war es die bei Orosius geschilderte Neugründung von Byzanz als civitas Konstantini, die Karl veranlaßte, in Sachsen eine "civitas, quae vocatur urbs Karoli", zu bauen.[218] Die Konstantinrolle des Frankenkönigs fand ihren Höhepunkt in der Taufsynode von 777 in der sächsischen Karlsburg. Doch zur Vorgeschichte des Programmnamens urbs Karoli für Paderborn möchte HAUCK den Rombesuch Karls von 774 zählen, "weil der erste christliche Imperator dort die letzten kaiserlichen Großbauten errichtet hatte", denen die Franken große Aufmerksamkeit schenkten.[219] Das Ende der

---

[215] MUNDING, Kalendarien II, 51; GROTEFEND, Zeitrechnung II.2, 182. Im Klosterverband von Cluny sind die Heiligen zwar nicht bekannt, doch wurden sie in Marcigny nur mit 3 Lesungen bedacht (HAUSMANN, Martyrologium 192 und 196f; 256, 258, 260). Da Papst Victor II. als 'familiaris' in Cluny vezeichnet war, mag dessen Name eine Victor-Verehrung ausgelöst haben (ebd. 123).
Vielleicht ist der 24. April besser als Vigiltag zum Markusfest bzw. den Litanias Maior und der 20. April als Vigiltag zum Fest 'Inventio Dionysii' in Cluny aufzufassen (ebd. 192f). Zur Dionysiusverehrung in Cluny s. ebd. 117, 165, 260 und 272.
[216] Ado, Martyrologium 83 und 303f. Die hl. Scholastica wurde mit 12 Lesungen und dem Tragen von Alben geehrt (HAUSMANN, Martyrologium 26, 28, 123, 182 und 256). Das nur mit 3 Lesungen gefeierte Fest von Protus und Hyazinthus am 11. September kann auch als Oktavtag zum Marcellusfest (4.9.; 12 Lektionen, Alben und Chormäntel) verstanden werden (HAUSMANN, Martyrologium 224f und 259).
[217] Immerhin kann der 11. Januar als Vigiltag zum Hilariusfest verstanden werden, das im Klosterverband häufig am 12. Januar und mit großem liturgischen Aufwand befeiert wurde (HAUSMANN, Martyrologium 176f und 255). Der 4. und der 7. Mai können als Nachtage zu den aufwendig gefeierten Festen der Kreuzauffindung und des hl. Johannes aufgefaßt werden (ebd. 196f und 256).
[218] HAUCK, Karl als neuer Konstantin 517f.
[219] HAUCK, Karl als neuer Konstantin 528.

Konstantinrolle Karls setzt HAUCK mit der Zerstörung von Paderborn ins Jahr 778.[220] Eine Reihe von Beobachtungen spricht allerdings dafür, die Einschränkung der Propagierung Karls als neuen Konstantin auf die Sachsenpolitik der Jahre 776-778 fallen zu lassen. HAUCK scheint hier vielmehr eine Grundkategorie seines Selbstverständnisses entdeckt zu haben, da die Propagierung des Konstantinmythos keine zweijährige Episode war, sondern bereits vor dem Rombesuch ansetzte und noch Jahre, wenn nicht Jahrzehnte, nach dem Untergang der Karlsburg zu den Instrumentarien der Politik Karls gehörte.

Nicht erst die Besichtigung der Konstantinischen Bauten in Rom löste die Entdeckung Konstantins als Leitbild für Karl aus; vielmehr ist sie bereits ins Vorfeld des Rombesuchs anzusetzen. Der Verlauf der Begegnung von König Karl und Papst Hadrian im Jahr 774 ahmte in wesentlichen Punkten das Zusammensein von Papst Silvester und Kaiser Konstantin nach, wie ihn die Silvesterakten schildern. Danach wurde Konstantin von Silvester im kaiserlichen Lateranpalast, nicht etwa in der Peterskirche, getauft. Der altrömische Tauftag war bekanntlich der Ostersamstag.[221] Am Ostersamstag empfing der Papst Karl den Großen. Am Grab des Apostelfürsten gaben sie sich Sicherheitseide, und nun zog der Herrscher mit dem Papst von St. Peter zum Lateranpalast und blieb bei ihm, solange der Papst die Taufe spendete, um dann zur Peterskirche zurückzukehren.[222]

Ist die Übereinstimmung hinsichtlich des Zeitpunkts und der Taufthematik schon merkwürdig, fällt hinsichtlich des Einholungszeremoniells die Betonung der Kreuzstandarten als "signa" auf: "obviam illi eius sanctitas dirigens venerandas cruces, id est signa, sicut mos est exarchum aut patricium suscipiendum". Das mag mit der staatspolitischen Bedeutung des Zeremoniells zusammenhängen.[223] Kreuzstandarten werden allerdings bei den anderen Besuchen Karls nicht erwähnt, weil sie ein fester Bestandteil der Einholung eines Patricius waren; ein Titel, dessen sich Karl seit 754 erfreuen durfte.[224] Wichtiger war, wo der Besucher empfangen wurde, und hier ging das Zeremoniell von 774 wesentlich über

---

[220] "Zum Bild von Karl in der Konstantinrolle 777, gehört jedoch nicht allein die erste fränkische Reichsversammlung auf sächsischem Boden mit der Weihe der ersten aula Christi über dem Paderquelltopf als dem Kernstück der Neugründung. Vielmehr ist davon auch der furchtbare Klimasturz von 778 mit der Vernichtung dessen, was Karl mit den Franken seit 772 im Missionsgebiet erreicht hatte, nicht zu trennen ... Zwar hat die Neugründung an der Pader ebenso den Untergang von 778 wie eine weitere Zerstörung bis heute überdauert. Aber die versuchte Umbenennung von Paderborn in Karlsburg blieb Episode. Daß das Experiment nach 778 so bald wie möglich in Vergessenheit geriet, muß gleichfalls Karls Wunsch gewesen sein" (HAUCK, Karl als neuer Konstantin 533). Aus diesem Grunde habe sich Karl bei seiner Kirchenreform von 789 nicht mehr auf Konstantin, sondern den alttestamentlichen König Josias berufen (ebd. 534).
[221] Siehe dazu das Taufkapitel (9.2).
[222] BM^2 160b-c.
[223] Liber Pontificalis I, 497; ABEL, Karl der Große 126f.
[224] DÉER, Patriziat 432-438.

den üblichen Patricius-Empfang hinaus.[225] Warum schien das Übliche erwähnenswert, wenn es Unübliches gab, und warum wählte der Autor der Hadriansvita diese Formulierung? Die Bedeutung erwuchs den Kreuzstandarten vermutlich aus einem ganz anderen Zusammenhang. Wichtig war das Kreuz nämlich für den Konstantinmythos, hatte Kaiser Konstantin den Kampf an der Milvischen Brücke doch im Zeichen des Kreuzes gewonnen, entsprechend der Weissagung "hoc signo vinces".[226] Hier begegnet uns also die Bezeichnung des Kreuzes als "signum" wieder. Aber die Bedeutung des Kreuzes innerhalb des Konstantinmythos ist damit noch nicht erschöpft, da dessen Mutter Helena im Heiligen Land das Kreuz Christi geborgen hatte.[227]

Die Konstantinische Schenkung gibt vor, jenes "privilegium" der Silvesterakten zu sein, "in dem der Kaiser am vierten Tag nach seiner Taufe dem pontifex der römischen Kirche kaisergleichen Rang als Haupt der sacerdotes des ganzen römischen Erdkreises einräumt."[228] In den Augen des Frühmittelalters muß die Schenkung Konstantins damit am Mittwoch der Osterwoche erfolgt sein, da der römischen Liturgie die Osternacht als traditioneller Tauftermin galt. Ebenfalls an einem Mittwoch nach Ostern erneuerte Karl das Schenkungsversprechen seines Vaters. Zwischen der Konstantinischen Schenkung und der Karlschen Schenkung gibt es nicht nur Entsprechungen hinsichtlich des Inhalts -hier werden ganze Länder, dort ganze Landschaften geschenkt -, sondern auch hinsichtlich des Zeitpunktes der Zusagen.[229] Natürlich ist der Gedanke reizvoll, Karl habe erwartet, sein Constitutum Caroli zum Constitutum Constantini legen zu können, doch leider ist die zeitliche Einordnung des Constitutum Constantini zu unpräzise, um eine solche Annahme zu stützen.[230] Jedenfalls wird aus der Tagewahl

---

[225] ORTH, Kaiserkrönung 60-62; CLASSEN, Karl der Große 58f. Der Patricius wurde üblicherweise am ersten Meilenstein empfangen, aber nicht vom Papst (ebd. 59). König Karl wurde dreißig Meilen vor Rom von den römischen Behörden empfangen, und der Papst kam Karl bis zur Petruskirche vor der Stadt entgegen.

[226] McCORMICK, Eternal Victory 101f.

[227] KELLNER, Heortologie 247-252.

[228] POHLKAMP, Vorgeschichte 441.

[229] Zu Karls Rombesuch: ABEL, Karl der Große 126-134. Überdeutlich griff der Autor der Hadriansvita auf die Silvesterlegende zurück, als er betonte, Karl habe die Schenkung am "vierten Tag" vorgenommen (Liber Pontificalis I, 497f: "Alio vero die, inluciscente dominico sancto, ... Alio vero die, secunda feria, ... Tertia feria vero die ... At vero quarta die ...").

[230] POHLKAMP, Vorgeschichte 415-417, geht davon aus, daß die Vorgeschichte der Konstantinischen Schenkung die Zeit zwischen Konstantin I. und Karl dem Großen umfaßt, weil die Entstehung des Constitutum Constantini nur unpräzise zwischen der Mitte des 8. und der Mitte des 9. Jahrhunderts eingeordnet werden kann. So auch FUHRMANN, Constitutum Constantini S.7. Vgl. aber LEVISON, WILHELM: Konstantinische Schenkung und Silvesterlegende, in: DERS.: Aus rheinischer und fränkischer Frühzeit, 390-465 (zuerst in: Miscellanea FRANCESCO EHRLE, Roma 1924, II, 159-247) 390: "Man ist sich heute im allgemeinen darüber einig, daß das Constitutum Constantini im dritten Viertel des 8. Jahrhunderts von einem römischen Geistlichen verfaßt worden ist." Dieser Datierung recht nahe kommt jetzt HEHL, Konstantinische Schenkung, der in der Invokation der römischen Synode von 798 ein Zitat der Konstantinischen Schenkung sehen will.

deutlich, daß Karl der Große sich als Neubegründer des von Konstantin dem Großen begründeten Imperium Romanum Christianum verstand.[231] Das Pendant zu Karls Konstantin-Leitbild stellt der Kult für den angeblichen Täufer des Kaisers, Papst Silvester, dar. Daß die kultische Verehrung des Papstes Silvester erst seit der Mitte des 8. Jahrhunderts nachweisbar ist, entspricht der politischen Bedeutung des Konstantin-Silvester-Modells unter Karl dem Großen.[232] Für die grundlegende Bedeutung des Konstantinmodells zur Interpretation der Beziehung zwischen Papst und Frankenkönig spricht auch, daß Papst Hadrian König Karl im Jahr 778 dazu ermahnte, dem Vorbild des großen Konstantins nachzueifern und die Römische Kirche zu erhöhen und zu bereichern.[233] Und wenn derselbe Papst daranging, die konstantinische Basilika im Lateran von neuem aufzubauen,[234] kann das ein Hinweis auf den Versuch sein, das Verhältnis von fränkischem Königtum und römischem Papsttum nach dem Konstantin-Silvester-Modell zu fassen. Weil die Wandmalereien der Ingelheimer Kaiserpfalz es als besondere Leistung Konstantins rühmten, daß er Rom verließ und sich

---

[231] POHLKAMP, Vorgeschichte 417. Vielleicht kann die Konstantin-Karl-Parallele noch weiter getrieben werden.
Zum Ostermontag heißt es in den Silvesterakten "Secunda die dedit legem, ut qui Christum blasphemasset, puniretur" (POHLKAMP, Vorgeschichte 467). Geradezu als Umsetzung dieses Konstantinischen Erlasses mutet Karls Capitulatio de partibus Saxoniae (Kapitular Nr.26, MGH Capitularia 1, 68-71) an, das jegliches Vergehen gegen die Kirche oder die kirchlichen Vorschriften stereotyp mit "capite punietur" oder "morte morietur" bestraft. Durchaus Ähnlichkeiten haben Konstantins in der Woche nach seiner Taufe ergangenen Bestimmungen mit anderen Kapiteln des Sachsenkapitulars. Konstantin wie Karl sorgten für Kirchenschutz und Kirchenasyl: "Quinta die: ut, in quocumque loco fuerit ecclesia fabricata, consecrationis suae hanc virtutem obtineat, ut quicumque reus ad eam confugerit, iudicis periculo, qui in praesenti fuerit, defensetur" (POHLKAMP, Vorgeschichte 467); vgl. dazu: "Constitute sunt primum de maioribus capitulis. Hoc placuit omnibus, ut ecclesiae Christi, que modo constuuntur in Saxonia et Deo sacratae sunt, non minorem habeant honorem sed maiorem et excellentiorem quam vana habuissent idolorum. (2.) Si quis confugiam fecerit in ecclesiam, nullus eum de ecclesia per violentiam expellere, sed pacem habeat usque dum ad placitum praesentetur, et propter honorem Dei sanctorumque ecclesiae ipsius reverentiam concedatur ei vita et omnia membra. Emendet autem causam in quatum poterit et ei fuerit iudicatum; et sic ducatur ad praesentiam domni regis, et ipse eum ubi clementiae ipsius placerit" (cc. 1-2, MGH Capitularia 1, 68). Beide Herrscher sorgten für die Abgabe des Zehnten: "Septima die: omnium possessionum decimas manu iudicaria exigi ad aedificationem ecclesiarum" (POHLKAMP, Vorgeschichte 467); vgl. dazu: "Similiter secundum Dei mandatum praecipimus, ut omnes decimam partem substanciae et laboris suis ecclesiis et sacerdotibus donent: tam nobiles quam ingenui similiter et liti, iuxta quod Deus uniquique dederit christiano, partem Deo reddant" (c.17, MGH Capitularia 1, 69).
[232] Zur Silvesterverehrung und dem Konstantinmythos s. POHLKAMP, Vorgeschichte 422-425, 433-444. Möglicherweise war das Vorbild Konstantins bereits bei der Schenkung Pippins 754 von Bedeutung, da schon zur Zeit Pippins eine rege Silvesterverehrung herrschte. Pippins Bruder Karlmann etwa trat in das Kloster St. Silvester zu Rom ein, in dem (auch?) der heilige Papst sein Exil genommen hatte. Vgl. EWIG, EUGEN: Das Bild Constantins des Großen in den ersten Jahrhunderten des abendländischen Mittelalters, in: HJb 75 (1956) 1-46.
[233] CLASSEN, Karl der Große 27f.
[234] HAUCK, Neuer Konstantin 531.

Konstantinopel erbaute,[235] verdient es Beachtung, daß Karl 774 Rom verließ, um die Civitas urbs Caroli zu bauen, um hier - und nicht etwa in seiner Hauptpfalz Aachen - im Jahr 799 Papst Leo III. zu empfangen.[236] Die Interpretation der Beziehung von Papst und fränkischem König auf dem Hintergrund des Konstantin-Silvester-Modells kann ihren Niederschlag auch in der Errichtung eines Aachener Laterans gefunden haben. Bis zur Schenkung an Papst Silvester war der Lateran Konstantins Kaiserpalast. Wenn unter dem Aachener Lateran die Pfalz selbst zu verstehen ist, liegt hier eine Entsprechung zum "palatium Lateranense" in den Silvesterakten und dem Constitutum Constantini vor.[237]

Doch auch von Seiten der Diplomatik lassen sich Hinweise auf eine Adaption des Konstantinmodells bei Karl dem Großen finden. Wie anläßlich des römischen Adventus von 774 erwähnt, gehören Kreuz- und Konstantinkult eng zusammen. Daher kann die Beobachtung, daß der Frankenkönig - erstmals in seiner Regierungszeit - unmittelbar nach seinem Rombesuch anläßlich der Kreuzfeste am 14. September und am 3. Mai urkundete, problemlos auf seine Konstantinrolle zurückgeführt werden. Empfänger waren die Klöster St. Denis[238] und Flavigny.[239] Sogar die Wahl der Empfänger läßt sich aus der Kreuz- bzw. Konstantinverehrung erschließen. In St. Denis hatte Abt Fuldrad mit Unterstützung Karls des Großen eine neue Klosterkirche erbaut. Deren Grundriß zeichnete sich durch ein unterbrechungsfreies Querhaus mit einer streng halbkreisförmigen Apsis aus, dessen Arme weit über das Langhaus hinausragten. Kurz gesagt war der Grundriß streng kreuzförmig. Eine "außergewöhnlich innovative Planung", die im Reich Karls nicht ihresgleichen hatte.[240] Die Einweihungsfeier fand in Anwesenheit des Königs einige Monate nach Karls erster Kreuzfeier statt, nämlich am 24. oder 25. Februar 775.[241] Auch in diesem Fall kann die Tagewahl mit dem Konstantinmythos zusammenhängen. Am 24. Februar wurde nämlich des Apostels Matthias gedacht, dessen Gebeine Helena, die Mutter Kaiser Konstantins, nach Trier überführt haben soll.[242] Das Kloster Flavigny erhielt eine Schenkung des Frankenkönigs am 3. Mai 775.[243] Bei dem an diesem Tag gefeierten Fest handelt es sich um das Gedenken an die Wiedergewinnung des

---

[235] HAUCK, Neuer Konstantin 529.
[236] BM² 350e.
[237] Verschiedentlich wird darunter auch ein Scriptorium der Pfarrkirche verstanden. Zum Aachener Lateran: CLASSEN, Karl der Große 53f.
[238] DK 84 vom 14.9.774 aus Düren.
[239] DK 96 vom 3.5.775 aus Diedenhofen. Allerdings wurde am nächsten Tag das Himmelfahrtsfest Christi gefeiert, weshalb die Urkunde auch auf diesen Tag bezogen werden kann.
[240] JACOBSEN, Abteikirche 177.
[241] Die Datierung erfolgt meist nach dem Datum der Schenkungsurkunde Karls (DK 92 vom 25.2.775); so bei JACOBSEN, Abteikirche 177 (für den 25.2.775). SEMMLER, Saint-Denis 75, nimmt den 24.2.775 als Tag der Kirchweihe an.
[242] WIMMER, Lexikon 571f.
[243] DK 96 vom 3.5.775 aus Diedenhofen.

Hl. Kreuzes durch Kaiser Herakleios am 3. Mai 628.[244] War der 3. Mai mit einem Kreuzgedenken verbunden, gilt das auch für den 28. Oktober, an dem Konstantin im Zeichen des Kreuzes siegte.[245] Der 28. Oktober war zugleich den Aposteln Simon und Judas Thaddäus geweiht, den Patronen von Flavigny.[246] Flavigny wird am Tag eines Kreuzgedächtnisses bedacht worden sein, weil dessen Patrone Garanten eines weiteren Konstantingedächtnisses waren.[247] Auch der Zeitpunkt der Ausgabe der nächsten Diplome Karls des Großen kann aus dem Konstantinkult erklärt werden.

Am 4. April 775 erhielt das Kloster Murbach, zu dessen Patronen auch St. Peter gehörte, eine Immunitätsbestätigung. Da das Diplom Karls zwei Tage vor der Jahresfeier der Schenkung an St. Peter ausgestellt wurde, kann 775 eine Anniversarfeier des am 6. April 774 überreichten "Constitutum Caroli" stattgefunden haben.[248] Ungewiß ist, ob der Frankenkönig den Kaiser Konstantin -wie es im Osten geschah - als apostelgleich oder heilig ansah, doch kann das Diplom vom 24. Mai 775 für Farfa auf ein Gedenken von Konstantins Todestag am 22. Mai hindeuten.[249] Ebenso wie das Kreuzfest vom 3. Mai scheint Karl auch den Todestag des Kaisers mit einer Oktavfeier begangen zu haben.[250] Die Kombination von Kreuz- und Konstantingedenken (3.5. und 22.5.) begegnet uns bei Karl nochmals im Jahr 779, und zwar vor dem Aufbruch zu seinem zweiten Heidenkrieg.[251]

Das enge Beziehungsgeflecht zwischen "konstantinischen" Gedenktagen und Urkundenausstellung unter dem Leitgedanken "Carolus novus Constantinus" läßt sich auch hinsichtlich der Sachsenpolitik verfolgen, wenn wir das Augenmerk auf ein zweites Kloster mit dem Simon-und-Judas-Patronat richten: Hersfeld. Einige Monate nach der Rückkehr Karls von seiner Italienexpedition 774, nämlich am Tauftag Christi 775, erfolgte eine Änderung hinsichtlich der Konzeption der Sachsenkriege: so lange sollte Krieg geführt werden, bis die Sachsen bekehrt seien. Wie eng Hersfeld mit der Idee einer militärischen Sachsenmission verbunden war, zeigt sich daran, daß vom Vigiltag des besagten Festes eine Schenkung für Hersfeld datiert.[252] Die letzte Urkunde vor dem Einzug nach Sachsen ging 775 gleichfalls an Hersfeld.[253] Die erste Urkunde nach dem sächsischen Auf-

---

[244] SCHAEFERS, Kreuzreliquien 614, KELLNER, Heortologie 250f.
[245] VOGT, Konstantin 479.
[246] HOLLAARDT, Flavigny 29-36.
[247] S. dazu auch Exkurs 8.
[248] DK 95 vom 4.4.775 aus Quierzy. Allerdings ist der Bezug nicht zwingend, da noch ein zweites säkulares Fest in Betracht kommt: der Geburtstag Karls am 2. April fiel 775 auf die Osteroktav.
[249] DK 98; VOGT, Konstantin 480, KELLNER, Heortologie 248.
[250] DK 96 vom 3. Mai 775 für Flavigny, DK 97 vom 10.5.775 für St. Martin in Tours und DK 99 vom 29.5.775 für das Kloster Farfa.
[251] DK 124 vom 3.5.779 aus Herstal für Chèvremont und DK 125 vom 23.5.779 für das Kloster Novalese.
[252] DDK 89-90 vom 5.1.775.
[253] DK 103 vom 3.8.775 aus Düren; BM² 192a.

443

stand von 778, in dem Karls Taufpfalz Paderborn unterging, war für das Kloster Hersfeld bestimmt.[254] Ausgerechnet von der Karlsburg aus besuchte Karl 782 das Kloster Hersfeld.[255] Doch damit nicht genug, datiert einer der wichtigsten Erlasse für das Sachsenland vom Festtag der Hersfelder Patrone, der Apostel Simon und Judas: am 28. Oktober 797 wurde das Capitulare saxonicum verkündet.[256]
Weniger sicher sind einige andere Belege für eine Konstantin-Verehrung Karls. Immerhin kann mit dem Konstantin-Modell ein anderes Patrozinium im Sachsenland zusammenhängen. Die Osnabrücker Kirche wurde den westfränkischen Kriegsheiligen Crispinus und Crispinianus geweiht, die von Karl auch Reliquien der beiden Heiligen erhielt.[257] Darüber hinaus gab Karl im bereits mehrfach angesprochenen Jahr 775 am Gedenktag für die Heiligen von Soissons, welche drei Tage vor dem 28. Oktober gefeiert wurden, Diplome aus, darunter übrigens auch für Hersfeld.[258] Die Crispinus-Verehrung erklärt sich möglicherweise aus der Tatsache, daß Karl der Name des Konstantinenkels Crispus aus dem Orosius-Werk bekannt war.[259] Die Namensähnlichkeit zwischen dem Kaisersohn Crispus und dem Heiligen Crispinus könnte das auslösende Moment zur Verehrung des Heiligen aus Soissons gewesen sein.[260]
Wie eine Auffrischung des Konstantinmodells wirken die Datierungen einiger Urkunden nach Karls zweitem Rombesuch zu Ostern 781. So kann ein Diplom vom 25. Mai 781 aus Pavia für die Kirche von Reggio aus dem Konstantingedenken am 22. Mai erklärt werden,[261] ebenso mögen die Diplome vom 25. Juli,[262] vom 18. August[263] und vom 16. September 782 mit dem Konstantinvorbild zusammenhängen. So wurde Konstantin im Westreich am 25. Juli 306 Kaiser. Am 18. August wurde der Kaiserin Helena und am 14. September der Kreuzauffindung durch die hl. Helena gedacht. Allerdings ist nicht sichergestellt, daß Helenas Gedenktag bereits im 8. Jahrhundert im August

---

[254] DK 121 vom 13.3.779 aus Herstal.
[255] DDK 144-145 vom 28.7.782.
[256] MGH Capitularia 1, Nr. 27, 71f.
[257] HONSELMANN, Bistumsgründungen 18-23.
[258] DDK 104-105 vom 25.10.775 für das Kloster Hersfeld nach einer erfolgreichen Expedition gegen die Sachsen (BM² 192 [188] a-h). Nach der Eroberung Baierns schenkte Karl der Kirche von Trier das Kloster Chiemsee. Die Urkunde geht ausdrücklich auf die Besitznahme des entfremdeten Baiern durch Odilo und Tassilo ein (DK 162 vom 25.10.788 aus Regensburg).
[259] HAUCK, Neuer Konstantin 530f.
[260] Angesichts der engen Beziehungen, die zwischen Karls Sachsenpolitik, der Propagierung der Konstantinnachfolge und der Crispinus-Verehrung während der Sachsenkriege bestehen, gewinnt die "fabel" (BM² 162a), Karl habe dem Papst am Ostermontag einen Teil des westfälischen Sachsens versprochen und die Gründung des Bistums Osnabrücks (St. Crispinus) gelobt, eine gewisse Erklärung. Zur Schenkung Sachsens s. ABEL, Karl der Große 139-142.
[261] DK 234 für die Kirche von Reggio; s.a. DK 207 vom 26.5.808.
[262] DK 143 aus der Nähe von Paderborn für Speyer.
[263] DK 146 aus Herstal.

begangen wurde.²⁶⁴ Da es sich bei dem Kloster Farfa, dem Empfänger des Diploms vom 18. August 778, um ein Marienkloster handelt, ist auch eine Bezugnahme des Diploms auf das Marienfest vom 15. August plausibel. Zu beachten ist aber auch, daß am 18. August eines Märtyrers namens Crispus gedacht wurde.²⁶⁵ Bei der Immunitätsverleihung für Reggio und der Schenkungsbestätigung vom 16. September 782 handelt es sich um Fälschungen; bei letzterem aber immerhin um eine "geschickte Nachzeichnung einer von Wigbald geschriebenen Urkunde",²⁶⁶ ein echtes Diplom lag also vor, doch wissen wir natürlich nicht, ob dessen Datierung übernommen wurde.
Wie die kurze Zusammenstellung zeigt, hatte die Konstantinnachahmung in der monarchischen Repräsentation Karls ihren festen Platz. Die königliche Propaganda, Karl sei der Neubegründer des Konstantinischen Reiches, braucht nicht auf Sachsen und ebensowenig auf die kurze Spanne von 776-778 beschränkt zu werden.

EXKURS 18: FESTFEIER UND SACHSENPOLITIK BEI KARL DEM GROßEN

Hinsichtlich des Sachsenkrieges spielen in der Festpolitik Karls des Großen neben dem in Exkurs 17 behandelten Novus-Constantinus-Programm Taufgedenken und ein eng begrenzter Kreis von Heiligen eine Rolle.

1. Täufergedenken und Epiphaniefest

Im Jahre 775 wurden am Tag vor dem Fest der Taufe Christi zwei Urkunden für das Kloster Hersfeld ausgestellt. Die Stärkung der Stellung des Klosters steht aller Wahrscheinlichkeit nach im Zusammenhang mit dem Reichstag, der sich mit dem seit 774 andauernden Aufstand der Sachsen befaßte. Den Bonifatiusgründungen Fulda und Hersfeld fielen im Sachsenkrieg wichtige strategische Aufgaben zu.²⁶⁷ Daß der Reichstag zur Zeit des Gedenkens der Taufe Christi tagte,

---

²⁶⁴ KELLNER, Heortologie 247f.
²⁶⁵ Ado, Martyrologium 277. Ado schrieb sein Werk allerdings erste einige Jahrzehnte später, doch kann die Aufnahme des Heiligen ja auch eine Reaktion auf eine bestehende Verehrung gewesen sein.
²⁶⁶ DK 238 aus Düren.
²⁶⁷ DDK 89-90 vom 5.1.775 sicherten dem Kloster Königsschutz, Immunität nebst freier Abtwahl zu und beschenkten das Kloster mit dem zehnten Teil ("decima parte") der Ortschaft Salzungen und deren Salzpfannen. Zur strategischen Bedeutung von Fulda und Hersfeld: "König Karl, der die Hilfsmittel der Klöster und Stifter im Aufmarschgebiet gegen die Sachsen nicht entbehren wollte, sorgte als Erstes für die saubere Trennung ihrer Einsatzgebiete und Aufgaben. Das neugeschaffene Erzstift Mainz wurde über Amöneburg und über das zum Teil auf Hersfelds Kosten selbständig gemachte Fritzlar an das Kampfgebiet der unteren Diemel herangeführt; das Reichskloster Fulda an die obere Diemel und an die Eresburg verwiesen.

steht in einem inneren Zusammenhang mit der auf dem Reichstag beschlossenen Neukonzeption der Auseinandersetzung: von jetzt ab war die Taufe der heidnischen Sachsen das Hauptkriegsziel.[268] Das Thema Taufe spielte in Karls Urkundungspraxis in diesem Jahr auch weiterhin eine Rolle. Nur ein einziges Mal während der Regierungszeit Karls ist die Feier des Geburtsfestes des Täufers Christi anhand von Urkunden belegbar, ausgerechnet im ersten Jahr der neuen Sachsenpolitik.[269] Im selben Jahr feierte er die Kirchweihe von St. Denis, die vermutlich am Tag der Auffindung der Kopfreliquie des Täufers vorgenommen wurde.[270] Zum Versuch, den König als Nachfolger des Täufers darzustellen, gehörte auch die Tagewahl für die Reichsversammlung von 785, die in die Zeit des Johannesfestes am 24. Juni gefallen sein muß, da Privaturkunden vom 19. Juni 785 aus Paderborn vorliegen.[271] In Zeiten militärischer Auseinandersetzungen, insbesondere mit den Sachsen, fallen die Feiern der Empfängnis (24.9.) und des Todes des Christustäufers Johannes (29.8.). Diese Feiern lassen sich anhand von Urkundenausstellungen Karls des Großen erschliessen.[272] Im

---

Das Kloster Hersfeld, zum Reichskloster erhoben und damit ebenfalls zu Karls unmittelbarer Verfügung, kam in Thüringen zum Einsatz, an der Unstrut und Saale; sein Weg dorthin wurde ihm durch die großartigen Karlsschenkungen aus Reichsgut gesichert" (HÖRLE, Breviarium 45f).

[268] BM² 175a; KAHL, Eskalation 60-66; zur Bedeutung Hersfelds in den Sachsenkriegen s. HÖRLE, Breviarium.

Wird die hier vorgenommene Datierung der Reichsversammlung zum Epiphaniefest 775 akzeptiert, stellt sich allerdings die Frage, ob die Versammlung überhaupt eine Beratungsfunktion in der strategischen Frage nach dem Kriegsziel hatte, da das liturgische Thema "Taufe" den Beschluß der Reichsversammlung mehr oder weniger vorwegnahm. Angesichts des vom König vorgegebenen Tagungstermins scheint es so, als hatte die Reichsversammlung der durch die Tagewahl signalisierten neuen Kriegsstrategie nur noch zuzustimmen. Wirkliche Mitarbeit war höchstens noch hinsichtlich der taktischen Umsetzung der neuen Strategie möglich.

[269] DK 101 vom 26.6.775 aus Quierzy. Es handelt sich hier um eine Art Sammelrestitution für St. Denis, der keine Sitzung des Königsgerichts vorausging. Eine andere Feier dieses Festes ist aus der literarischen Überlieferung bekannt. Auf dem Rückweg ins Frankenreich feierte der neue Kaiser das Johannesfest bei Vercelli (BM² 374b).

[270] DK 92 vom 25.2.775. Allerdings handelt es sich dabei zugleich um den Gedenktag des Apostels Matthias.

[271] BALZER, Paderborn 29. Für die Bedeutung des Täufers in den Heidenkriegen spricht auch die Datierung in einem Befehl Karls an den Abt von St. Quentin. Abt Fuldrad wurde zur Reichsversammlung von 806 befohlen, "XV. Kal. Iul. quod est septem diebus ante missam sancti Iohannis baptiste" feldtüchtig und mit einem Mundvorrat für 3 Monate in Stassfurt zu erscheinen (Kapitular Nr.75 (MGH Capitularia 1, 168); GANSHOF, Kapitularien 26). Wie bereits dargelegt, wird Abt Fuldrad zu einem Vorauskommando gehört und die Heeresversammlung am Johannesfest begonnen haben.

[272] DDK 85-86 vom 24.9.774 aus Düren ging an das Kloster Fulda. Während Karls Italienaufenthalt (bis Juli/August 774) hatten die Sachsen wieder zu den Waffen gegriffen und u.a. die Bonifatiusgründung Fritzlar eingeäschert. Genau fünf Jahre später erhielt das Kloster Hersfeld nach Siegen über die Sachsen einen königlichen mansus (DK 126 vom 24.9.779 aus Herstal). Ein Bezug zum Johannes- (24.9.) oder Mauritiusfest (22.9.) ist auch für eine Immunitätsverleihung für die Kirche von Modena denkbar, da der König im Ausstellungsjahr wieder in Sachsen war (DK 147 vom 26.9.782); in Frage kommt aber auch das Michaelsfest (29.9.).

Dienst der Propagierung der neuen Politik stand auch die Epiphaniefeier von 777, denn mit DK 116 vom Tag nach dem Fest der Taufe Jesu erhielt Abt Sturmi von Fulda, der militärische Berater des Königs in den Sachsenkriegen, die Hammelburg.[273]
Mit der Tagewahl der Taufe Jesu für die Festigung der Stellung jener Klöster, die Karls Sachsenkrieg aktiv unterstützten, korreliert hervorragend der Vergleich Karls des Großen mit dem Täufer Jesu aus dem Jahr 777. Im Anschluß an den Bericht zu den Massentaufen in Paderborn fahren die Annales Petaviani fort: "Unde in postmodum Karolus rex merito gaudet cum Iohanne baptista, qui et baptizavit praedicans baptismum in remissionem omnium peccatorum".[274]

2. Gregor-Gedenken

Unter dem Diktat derselben Politik steht auch das Gregorgedenken. Im selben Jahr 775, als Karl durch die Urkundungen für Hersfeld zum Tauffest Jesu seine Missionsabsichten in Sachsen propagierte, erhielt auch das Reichskloster St. Denis zwei Diplome. Diese wurden zwei Tage nach dem Gedenktag für Papst Gregor den Großen, der in diesem Jahr auf einen Sonntag fiel, ausgestellt.[275] Zwar besaß Karl Reliquien des Papstes, und der Heilige wird einmal in den Laudes als Schutzheiliger des Klerus angerufen,[276] doch wäre das Fest des Bekenners sicher überbewertet, wenn man es den bei den Karolingern jährlich gefeierten Festen zurechnen wollte. Belege für eine frühere Feier des heiligen Papstes bei Karl dem Großen gibt es denn auch nicht. Die Feier eines neuen Festes im Jahr einer neuen Politik ist auffällig. Tatsächlich machte die Feier eines Gregorfestes in Hinblick auf die neuen politischen Absichten des Frankenherrschers Sinn. Papst Gregor der Große (+ 604) hatte sich nämlich erfolgreich um die Christianisierung der Sachsen Englands bemüht, während Karl 775 die Missionierung der kontinentalen Sachsen in Angriff nahm.[277] Tatsächlich spielte der Gregoriustag bereits einmal in der sächsischen Missionsgeschichte eine Rolle. Am 12. März 744 zog die Mönchsgemeinschaft unter Abt Sturmi in Fulda ein. Der Tag gilt als Gründungstag des Klosters. Die Wahl eines Papstfestes für die Klostergründung paßt zum einen zur Petrusverehrung des Angelsachsen, zum

---

Wohl anläßlich der Reichsversammlung zu Worms erhielt das Kloster Hersfeld eine Schenkung, die zwei Tage nach dem Johannesfest erstellt wurde (DK 153 vom 31.8.786). Ebenfalls vom 31. August datieren zwei Schenkungen für die beiden Reichsheiligen Dionysius und Martin aus dem Jahr 790, als das Johannesfest auf einen Sonntag fiel (DK 166-167). Vom Tag vor dem Fest stammt DK 172 (28.8.791), das in Regensburg vor dem Aufbruch in den Awarenkrieg ausgestellt wurde (BM² 314a-b).

[273] WEHLT, Reichsabtei 260f.
[274] Annales Petaviani a.777, S.16; s. dazu HAUCK, Paderborn 93ff.
[275] DDK 93-94 vom 14.3.775.
[276] SCHIFFERS, Karls des Großen Reliquienschatz 82; OPFERMANN, Herrscherakklamationen 104f.
[277] SCHÄFERDIEK, Grundlegung 152-159.

zweiten zur Verbundenheit des Missionars mit Namensvettern des hl. Gregorius, hatte ihn doch Papst Gregor II. im Jahr 719 von Winfrid auf den Namen des Papstes Bonifatius umbenannt, zur Mission beauftragt und 722 zum Bischof geweiht, während ihn Papst Gregor III. im Jahr 732 zum Erzbischof erhob.[278] Zum dritten paßt die Tagewahl zur Lebensaufgabe des Angelsachsen: die Bekehrung der festländischen Sachsen.[279] Mit dem Namen Gregors des Großen verband sich seit der Zeit des Bonifatius das Thema Sachsenbekehrung.[280] Ziehen wir ein Resümee: mit Fulda, Sachsenbekehrung und Gregor-Verehrung verbanden sich seit den Zeiten des Bonifatius aufs engste. Wenn König Karl das Fest des Sachsenbekehrers feierte, machte er damit deutlich, daß er sich in diese Tradition stellte. Das Gregorfest von 775 beweist, daß König Karl bereits seit der Entscheidung zur Sachsenmission bemüht war, sich als 'zweiter Gregor' auszugeben. Wir finden den Widerhall der monarchischen Selbstdarstellung in einer literarischen Quelle. Nach den großen Tauferfolgen zu Paderborn im Jahr 777 vermerken die Annales Mosellani im Anschluß an die Taufnachricht: "A Gregorii papae obitum usque ad presentem annum fiunt 172 anni."[281] Die erste Urkunde,

---

[278] HUSSONG, Fulda I, 37; SPÄTLING, Petrusverehrung.

[279] Bereits im Brief Nr.46 von 738 erbat Bonifatius vom englischen Klerus Gebetshilfe zur Bekehrung der Sachsen unter Berufung auf die Verwandtschaft der insularen Angeln mit den kontinentalen Sachsen.
Angesichts der Tagewahl senkt sich die Waage in der Frage, ob Fulda zu rein kontemplativ-asketischen Zwecken oder zum Vorantreiben der Mission gegründet wurde, zugunsten der Missionslösung (vgl. aber HUSSONG, Fulda I, 39-43 mit weiterer Literatur). Dagegen spricht auch nicht, daß NASS, Missionsklöster, wahrscheinlich gemacht hat, daß Fulda während der Sachsenkriege keine Nebenklöster errichtete, die man in der Forschung bislang mit der Mission in Zusammenhang bringen wollte. Zumindest an der Missionsabsicht Fuldas wird man festhalten können, wie sie aus den Missionsbestrebungen des Abtes Sturmi und des Fuldaer Mönchs Erkanbert hervorgeht. Ebenso wie Amorbach wird Fulda den Missionaren als Ausgangs- und Rückzugsbasis gedient haben (ebd. 55-62). Die Betonung der Orientierung an Montecassino in den Papstbriefen des Angelsachsen kann nicht nur aus einer kontemplativen Bestimmung des Klosters, sondern auch aus der Verpflichtung auf die römische Liturgie erklärt werden, die Papst Gregor II. zusammen mit dem Missionsauftrag auferlegte (ANGENENDT, Kaiserherrschaft 149). Die in der Forschung umstrittene Alternative 'Mission oder Askese' als Aufgabe des Klosters wird der frühmittelalterlichen Frömmigkeit wohl nicht gerecht. Mission in einer von Dämonen beherrschten Heidenwelt ohne Askese erschien dem Frühmittelalter unmöglich. Andererseits war der Zeit klar, daß die durch die Askese gewonnenen Heilsmittel in andere Bereiche, wie Mission oder Sündentilgung, transponiert werden konnten (ebd. 49-75, 139-147).

[280] Möglicherweise stammt die Idee einer bewaffneten Bekehrung der Sachsen aus dem Kloster Fulda. Jedenfalls fällt auf, daß das strategisch wichtige Kloster ein halbes Jahr zuvor, also vor dem Missionsbeschluß mit Epiphanietag 775, mit einem Täuferfest bedacht wurde (DDK 85-86 vom 24.9.774). Die beiden ausgegebenen Privilegien beförderte Fulda in eine qualitativ neue Stellung (HUSSONG, Fulda I, 105-108, 111-115, 149-153).

[281] Annales Mosellani a.777, S.496. Auch die Angabe der 172 Jahre wird anagogische Gründe haben. Die Zusammensetzung aus den Zahlen 100 und 72 bietet vielfältige Interpretationsmöglichkeiten. Als Potenzierung der Zehn kann Hundert als Steigerung der Vollkommenheit gelten, aber auch als Beständigkeit von Glaube und Hoffnung. Zugleich erinnert die Hundert an die Ernte der hundertfachen Frucht und somit an ewiges Leben und himmlischen Lohn. Die

die uns von Karl nach dem sächsischen Aufstand von 778, in dem seine Taufpfalz Paderborn unterging, überliefert ist, war für das Kloster Hersfeld, eine Stütze seiner Sachsenpolitik, bestimmt und datiert vom Tag nach dem Gregorfest.[282] Damit sollte nach den schweren Rückschlägen offenkundig noch einmal das große Vorbild beschworen werden. Und auch im nächsten Jahr wurde das Fest vermutlich wieder gefeiert, sicher auch hier mit Blick auf den anstehenden Sachsenzug.[283]

In gleicher Weise wie Gregorfest 775 und Gregorvergleich von 777 passen die Feiern der Taufe Jesu und Johannes des Täufers durch den König im Jahr 775 und der Vergleich des Königs mit Johannes dem Täufer von 777 zusammen. Die "Missionsfeiern" von Jahr 775 signalisierten ein politisches Programm und demnach entsprangen die Vergleiche mit dem päpstlichen Missionar und dem Christustäufer im Jahr 777 nicht einer Hochstimmung des Augenblicks, sondern waren das Echo auf eine königliche Propaganda, die erst in dem Augenblick akzeptiert wurde, als der königliche Erfolg sicher schien.[284]

3. Stephanus

Als der Papst 799 bei Karl dem Großen schutzsuchend eintraf, brachte er ihm Reliquien des Erzmärtyrers Stephanus mit. Der König, der den Papst im sächsischen Paderborn empfing, um sich ihm solchermaßen als Förderer der Kirche Christi zu zeigen, bat ihn, die Reliquien in einem Altar der neugeweihten Paderborner Kirche zu bergen.[285] Die Wahl des Reliquienleibes war vom Papst sicher bewußt getroffen worden, da Karl den neutestamentlichen Heiligen für seine

---

72 bezeichnet die Verkündigung der Trinität und nach Hrabanus Maurus, daß Menschen aus allen Nationen an der Auferstehung teilhaben (MEYER/SUNTRUP, Lexikon 784-797 und 760-764). Der verborgene Sinn beider Zahlen kann mit Karls Missionstätigkeit in Zusammenhang gebracht werden.
[282] DK 121 vom 13.3.779 aus Herstal.
[283] DDK 129-130 vom 8.3.780 aus Worms. In diesem Jahr fiel das Papstfest auf einen Sonntag. Die Annahme einer Vorausfertigung, die mit vier Tagen recht lange vor dem Fest erfolgte, ist sicher problematisch: Für einen Zusammenhang der Diplome mit der Sachsenbekehrung lassen sich der anschließende Feldzug gegen die heidnischen Sachsen (BM² 228b-d) und die Empfängerschaft des Klosters Hersfeld anführen. Der Zusammenhang der Diplome mit der Sachsenmission wiederum spricht indirekt auch für einen Bezug zum Gregorfest. Für DDK 129-130 kann grundsätzlich auch eine Zuweisung zum Fest der Kanonheiligen Perpetua und Felicitas erwogen werden, zumal sie im Königshaus als Schutzheilige der Königinnen galten (OPFERMANN, Herrscherakklamationen 106f, 108f, 112f [ohne Felicitas]). Doch rät der nur einmal mögliche Bezug zur Vorsicht. Nicht auf das Felicitasfest bezogen werden kann die vom 8.3.812 datierende Gerichtsurkunde DK 216, weil sich ihre Ausstellung aus der 42 Nächte zuvor (am 25. Januar) abgehaltenen Gerichtsverhandlung ergibt.
[284] Annales Petaviani a.777, S.16. Zu dem Vergleich des Königs mit Johannes dem Täufer und Gregor dem Großen s. HAUCK, Paderborn 93ff.
[285] BALZER, Paderborn 33.

sächsischen Belange einsetzte. So datiert aus dem ersten Jahr der Neukonzeption des Sachsenkrieges ein Diplom für den 'domnus Stephanus peculiaris patronus noster' der Bischofskirche zu Metz.[286] Eine unmittelbar vor dem Einfall ins Sachsenland ausgegebene Schenkung für das Kloster Hersfeld datiert vom Fest der Auffindung der Stephanusreliquien desselben Jahres.[287] Aus dem Jahr 792, als die Abwesenheit des Frankenkönigs einen sächsischen Aufstand veranlaßte, liegen zwei Diplome vom Tag nach dem Stephanusfest vor.[288]

Nach diesem Befund wird auch Karls Stephanus-Kult, der erstmals im "Wendejahr" 775 ans Licht tritt, auf propangandistische Wirkung abgestellt gewesen sein. Die Verehrung für den ersten Märtyrer der Christenheit war angesichts des Missionkrieges gegen die Heiden sinnvoll, wenn den fränkischen Kriegern der Schlachtentod als Martyrium nahegebracht werden konnte. Rückte schon ein "normaler" Krieg gegen die Heiden die Gefallenen in die Nähe der Märtyrer, mußte dies bei den Missionsabsichten Karls um so mehr der Fall sein.[289]

4. Fränkische Kriegsheilige

Abgesehen von den ideologisch besetzten Gedenken finden sich im Zusammenhang mit den Sachsenkriegen die bekannten fränkischen Kriegspatrone Martin, Dionysius, Germanus von Paris sowie Crispin und Crispinian.[290] Die Verehrung brachte nicht nur die Feier ihrer Feste, sondern auch die Vergabe von Diplomen an die Heiligen (bzw. ihre Kirchen) mit sich. Als erstes läßt sich im Jahr 772 die Martinsfeier im Sommer (4.7.) anhand einer Urkunde nachweisen, die unmittelbar vor Karls erstem Sachsenkrieg ausgestellt wurde.[291] Während dieses Fest

---

[286] DK 91 vom 22.1.775 an den "peculiaris patronus noster". In der Immunitätsurkunde wird ausdrücklich auf Kriegsprobleme eingegangen: die Immunität erstreckte sich nicht auf Mißachtung des Aufrufs zum Heerbann, zu Wachdienst oder Brückenbau; diese Vergehen sind vor öffentlichen Richtern abzuhandeln. Die Einschränkung ist um so bemerkenswerter, als sie sich im ansonsten identischen Diplom DK 66 für Trier nicht findet (KAISER, Immunitätsprivilegien).
Der Metzer Stephanuskirche schenkte Karl der Große nach der Gewinnung Baierns das Kloster Chiemsee am Tag weiterer Schutzheiliger, Crispin und Crispinian (DK 162 vom 25.10.788).
[287] DK 103 vom 3.8.775 aus Düren. BM^2 192a.
[288] BM^2 317b; DK 174-175 vom 4.8.792 aus Regensburg. Aus dem Aufstand erklärt sich sicher auch die Jakobusfeier, die einige Tage zuvor stattgefunden hatte (DK 173 vom 27.7.792 aus Regensburg).
[289] Zum Martyrium des Kriegers s. McCORMICK, Eternal Victory 251f. Das Diplom für Trier datiert vom Festtag des Erzmärtyrers Spaniens, ein weiterer Hinweis darauf, daß es dem König auf die Betonung des Martyriumgedankens ankam (DK 91 vom 22.2.775).
[290] Zu den beiden Heiligen aus Soissons s. Exkurs 17.
[291] DK 69 vom 5.7.772 aus Brumath; BM^2 149b-e.

auch 782 am Beginn eines Zuges ins Sachsenland stand,[292] markierte das Martinsfest im Winter (11.11.) das Ende von Sachsenzügen.[293] Als Schutzheiliger des Königs wurde der hl. Bischof von Tours erstmals nach der Übernahme des Langobardenreiches 774 angesprochen und beschenkt. Diese und weitere Schenkungen nach erfolgten Kriegszügen sind somit als Dank an den Patron des fränkischen Heeres aufzufassen.[294] Den Dionysiustag feierte Karl nach Ausweis der Diplome nur einmal: 783 nach Siegen in zwei Feldschlachten.[295] Wesentlich öfter hingegen war das Kloster des Pariser Bischofs Empfänger von Diplomen des Königs.[296] Das Fest des zweiten Pariser Bischofs (28.5.) feierte Karl gleich im ersten Jahr der "neuen" Sachsenpolitik,[297] während das erste Diplom Karls für

---

[292] DK 142 vom 4.7.782 aus Düren für Fritzlar, das der Bonifatiusschüler Lull dem Frankenkönig übereignet hatte. Anschließend hielt der König in Sachsen eine Reichsversammlung ab (BM² 251a-b).

[293] Mindestens einmal (799) endete ein Aufenthalt in Sachsen mit dem Martinsfest (BALZER, Paderborn 32). Ähnlich steht das Martinsfest von 779 am Ende eines Sachsenfeldzuges. Die Schenkung DK 127 vom 13.11.779 für Fulda ist sicher auf das Fest des Soldatenheiligen (11.11.) zu beziehen, da in diesem Jahr schwere Kämpfe in Sachsen stattgefunden hatten und im Vormonat auch der zweite wichtige Stützpunkt der Franken im Sachsenkrieg, das Kloster Hersfeld, eine Schenkung aus der Hand des Königs erhielt. Auch das Hersfelder Diplom wurde zum Fest eines Heiligen erstellt, der in engster Beziehung zum Sachsenkrieg stand, nämlich zum Fest der Empfängnis Johannes des Täufers (24.9.) (DK 126 vom 24.9.779). In diesem Jahr scheint auch der Oktavtag des heiligen Martin gefeiert worden zu sein, da eine Immunitätsverleihung mit Vortag datiert (DK 128 vom 17.11.779). Vom gleichen Tag datiert noch eine Besitzbestätigung aus dem Jahre 803 (DK 202 vom 17.11.803).

[294] DK 81 mit der Formulierung "donamus ad sacrosanctam ecclesiam beatissimi confessoris sancti Martini et patroni nostri" wurde sicher im Zusammenhang mit dem Arnulffest ausgegeben (s. dazu die Analyse der Diplome Karls des Großen). Zu DK 97 vom 10.5.775 s. den Exkurs 17; zu DK 192 vom 2.6.800 s. Exkurs 8.
Mit dem 791 unternommenen Krieg gegen die Awaren können die Diplome für St. Martin und St. Dionysius (DK 166-167 vom 31.8.790) zusammenhängen, die zwei Tage nach der Täuferpassion ausgestellt wurden. In diesem Jahr konnten die Grenzstreitigkeiten mit den Awaren nicht mittels Verhandlungen beigelegt werden, weshalb bereits 790 Truppenteile nach Baiern verlegt worden sein sollen (BM² 305a, 311c). Die Immunitätsbestätigung DK 141 vom April 782 fällt in die Zeit eines sächsischen Aufstands, der mit Karls "Verdener Blutbad" endete (s.a. DK 142 vom Translationsfest Martins 782).

[295] DK 150 vom 9.10.783 für Bischof Aribert von Arezzo. Die Ehrung des Heiligen drückt sich sicher auch in der Fürbitterschaft Abt Fuldrads von St. Denis aus.

[296] Zu DK 84 vom 14.9.774 für Abt Fuldrads Gründung Leberau und DK 92 von der Kirchweihe des Klosters s. Exkurs 17; hierzu und zu DDK 93-94, 102 und 166 siehe auch die Behandlung von Täufer- bzw. Gregorfesten in diesem Exkurs; zu DK 102 s. S.598. Weitere Diplome erhielt Abt Fuldrad im Vorfeld des Sachsenkrieges (DDK 83, 87, 88), nach der Rückkehr aus Sachsen 775 (DK 107) und 777 (DK 118), der Rückkehr aus Spanien 778 (DK 120) und im Vorfeld des Sachsenkrieges von 782 (DDK 136 und 138).

[297] DK 98-99 vom 24. und 29.5.775 für Farfa. Hierzu und zu DK 207 vom 26.5.808 s.a. Exkurs 17 (S.586). Aus dem Germanuskult kann auch die Feier des Vinzenzgedenkens (22.1.) im selben Jahr erklärt werden (DK 91 vom 22.1.775), da Vinzenz Mitpatron von St. Germaindes-Prés war (KRÜGER, Königsgrabkirchen 103-107). Für einen Konnex von Germanus- und Jakobuskult spricht die Ausstellung eines Diploms für St. Germanus zwei Tage nach dem Tag der Passion des Apostels Jakobus (DK 122 vom 27.3.779; MUNDING, Kalendarien II, 45).

das Kloster des hl. Germanus nach seinem ersten Sachsenfeldzug 772 ausgestellt wurde.[298]

5. Ostfränkische Klöster und ihre Heiligen

Gleich nach seiner Rückkehr aus Italien 774 mußte Karl sich wieder den sächsischen Kriegsproblemen zuwenden, da die Sachsen die Eresburg, die Büraburg und Fritzlar angegriffen hatten und so die in Hessen und Nordthüringen gelegene Operationsbasis Karls gefährdeten.[299] Für die Unterwerfung und Missionierung der Sachsen waren zwei Klöster von größter Wichtigkeit, Fulda und Hersfeld. Noch im Herbst 774 empfing Fulda am Tag der Empfängnis des Täufers die Immunität nebst freier Abtwahl, und 775 ließ sich der Frankenkönig das Kloster Hersfeld vom Mainzer Bischof Lull übergeben.[300] In den nächsten Jahren erhielten Fulda und Hersfeld immer dann Diplome, wenn sächsische Belange anstanden.[301]

Während im Zusammenhang mit den Sachsenkriegen keine Feier des Bonifatiusfestes (5.6.) nachgewiesen werden kann,[302] ist dies für die Patrone von Hersfeld, die Apostel Simon und Judas, sehr wohl möglich.[303]

Wann die Idee, den Sachsenkrieg als Missionskrieg zu führen, entwickelt wurde, ist nicht zu sagen, der Terminus ante quem ist sicher die Reichsversammlung von

---

Ihre gemeinsame Verehrung beruht sicher auf dem gemeinsamen Festtag am 25. Juli (ebd. II, 81; RODEWYK, Germanus v. Paris 756f), den Karl 782 in Paderborn feierte (DK 143 vom 25.7.782). Auf das gleiche Fest ist vielleicht auch DK 173 vom 27.7.792 aus Regensburg für Abt Benedikt von Aniane zu beziehen; zum Sachsenaufstand von 792 s. BM² 317b.

[298] DK 71 vom 20.10.772; zu DK 122 vom 27.3.779 s. die voraufgegangene Anmerkung; 786 erhielt das Kloster das letzte Diplom vor dem Aufbruch zur Heerfahrt nach Italien (DK 154 vom 5.11.786; BM² 279a).

[299] WAND, Büraburg 178-181. Alle drei Orte hatten Beziehung zur Bonifatiusgründung Fulda. In Büraburg hatte Bonifatius einen Diözesansitz eingerichtet, in Fritzlar ein Kloster gegründet und in der Eresburg ist Abt Sturmi von Fulda 778 als Befehlshaber nachweisbar.

[300] HUSSONG, Fulda II, 129-141; WAND, Büraburg 179-181.

[301] Nach der Rückkehr aus Sachsen 775: DDK 103-106 vom Crispinustag für Hersfeld und aus dem November für Fulda. DK 116 für Fulda zu Epiphanie 777 (siehe S.449f); DK 126-127 vom Täufer- (Hersfeld) bzw. Martinsfest (Fulda) 779 nach der Rückkehr aus Sachsen; DK 129 für Hersfeld (wohl in Hinblick auf das Gregorfest am 12.3. ausgestellt) vor dem Einmarsch nach Sachsen nach dem Osterfest am 26. März; DK 142 vom Martinsfest im Sommer vor dem Einmarsch nach Sachsen für die Hersfelder Pertinenz Fritzlar; DK 144-145 wohl von der Hersfelder Kirchweihe (WEHLT, Reichsabtei 151) nach einer Reichsversammlung in Paderborn; DK 198 von 802 für Hersfeld fällt mit dem Aufstand der transalbingischen Sachsen zusammen. Keinen unmittelbaren zeitlichen Bezug zu Kriegszügen gegen Sachsen haben DK 139-140 für Fulda aus dem Dezember 781 und DK 153 für Hersfeld vom Passionsfest des Täufers 786. Letzteres kann aber im Zusammenhang mit der thüringischen Verschwörung des Hadrad stehen, für den der Fuldaer Abt Fürbitte eingelegt hatte.

[302] In Betracht kommt die Bonifatiusfeier für die Belagerung des Desiderius in Pavia (DK 80 vom 5.6.774).

[303] Siehe dazu den Exkurs 17.

Epiphanie 775. Doch möglicherweise brachte Karl die Idee bereits aus Italien mit. Zumindest ist es auffällig, daß bereits Karls erster datierbarer Staatsakt mit einem Täuferfest in Verbindung gebracht werden kann. Die Einweihung der Kirche von Lorsch fand am 1. September 774 statt, dem Sonntag nach dem Passionstag Johannes des Täufers.[304] Allerdings ist es sehr fraglich, ob ein so klosterspezifisches Fest wie die Kirchweihe aus Herrscherinteressen abgeleitet werden darf.[305] Eine weitere Schenkung erhielt das Nazarius-Kloster im Januar 777.[306] In diesem Monat feierte Karl das Epiphaniefest mit einer Schenkung an Fulda und zog im Sommer zum sächsischen Paderborn, um hier einer Vielzahl von Taufen beizuwohnen. Möglicherweise feierte Karl auch das Fest des Lorscher Klosterheiligen Nazarius. Der Tag der Auffindung der Reliquien des hl. Nazarius in Mailand (28.7.) war zugleich der Tag der Salbung Karls durch Papst Stephan II. (III.) im Jahr 754. Diesen Tag kann Karl 775 unmittelbar vor seinem Einmarsch nach Sachsen,[307] 780 in Paderborn[308] und 792 in Regensburg[309] gefeiert haben. Die Diplome vom 28. Juli 782 aus Hersfeld werden dagegen mit einer Kirchweihe des Klosters zusammenhängen.[310] Allerdings können die angeführten Diplome vom Nazariusfest auch aus dem Germanus- und Jakobusfest am 25. Juli erklärt werden. Das Diplom für St. Denis vom 28. Juli 775 kann zudem aus einem Empfängerfest hergeleitet werden. Am 28. Juli 754 erfolgte nämlich die Weihe des Petrusaltares von St. Denis.[311]

---

[304] BM² 167c.
[305] Andererseits handelte es sich bei Lorsch um ein königliches Eigenkloster, und auch die drei Wochen später erfolgte Schenkung an das Königskloster Fulda kann mit einem Täuferfest in Zusammenhang gebracht werden.
[306] DK 114 aus Herstal.
[307] DK 102 vom 28.7.775 aus Düren. Allerdings handelt es sich hier um eine Gerichtsurkunde. Ob an diesem Tag tatsächlich Gericht und Gottesurteil stattfanden, ist nicht zu klären.
[308] DK 131 aus der Nähe von Paderborn für Nonantola.
[309] DK 173 vom 27.7.792 für Kloster Aniane. Vermutlich wurde auch noch das Stephanusfest am 3. August gefeiert (DDK 174-175 für Aquileia). Da für 775 die gleiche Festkombination vorzuliegen scheint (DDK 102-103 vom 28.7. und 3.8.775), kann es sich um eine bewußte Koppelung der beiden Feste handeln.
[310] DDK 144-145 für Hersfeld und Fulda; vom 25. Juli 782 datiert DK 143 aus der Nähe von Paderborn für Speyer.
[311] Zur Problematik des 28. Juli s. Exkurs 8.

17. QUELLEN- UND LITERATURVERZEICHNIS

17.1. ABKÜRZUNGEN

Die Abkürzungen für biblischer Bücher entsprechen den Angaben im LThK 1, S.7*-8*.

AASS	Acta Sanctorum, hg. von JEAN BOLLAND u.a. (Antwerpen, Brüssel, Tongerloo) Paris 1643ff, Venedig 1734ff, Paris 1863ff.
AASS OSB	Acta Sanctorum ordinis sancti Benedicti, hg. von JEAN MABILLON, 9 Bände, Paris 1688-1701.
AB	Annalecta Bollandiana.
AfD	Archiv für Diplomatik, Schriftgeschichte, Siegel- und Wappenkunde.
AHC	Annuarium Historia Conciliorum.
AHVNrh	Annalen des Historischen Vereins für den Niederrhein, insbesondere das alte Erzbistum Köln.
AmrhKG	Archiv für mittelrheinische Kirchengeschichte.
BHL	Bibliotheca Hagiographica Latina antiquae et mediae aetatis, hg. von Socii Bollandiani, 2 Bände, Brüssel 1898-1911.
BM^1	BÖHMER, JOHANN FRIEDRICH: Regesta Imperii. I: Die Regesten des Kaiserreichs unter den Karolingern 751-918. Neubearbeitet von ENGELBERT MÜHLBACHER, Innsbruck 1889.
BM^2	BÖHMER, JOHANN FRIEDRICH: Regesta Imperii, hg. von der Österreichischen Akademie der Wissenschaften. I: Die Regesten des Kaiserreichs unter den Karolingern 751-918. Nach JOHANN FRIEDRICH BÖHMER neubearbeitet von ENGELBERT MÜHLBACHER, nach Mühlbachers Tode vollendet von JOHANN LECHNER mit einem Geleitwort von LEO SANTIFALLER. Nachdruck der 2. Auflage Innsbruck 1908 mit einem Vorwort, Konkordanztabellen und Ergänzungen von CARLRICHARD BRÜHL und HANS H. KAMINSKY, Hildesheim 1966.
CL	Codex Laureshamensis, hg. von KARL GLÖCKENER, 3 Bände (= Arbeiten der Historischen Kommission für den Volksstaat Hessen) Darmstadt 1929-1936, Nachdruck 1963.
DA	Deutsches Archiv für Erforschung des Mittelalters, namens der Monumenta Germaniae Historica.

DACL	Dictionnaire d'archéologie chrétienne et de liturgie, hg. von FERNAND CABROL, HENRI LECLERQ und HENRI I. MARROU, 15 Bände, Paris 1907-1953.
DArn	Die Urkunden Arnolfs, bearbeitet von PAUL KEHR (= MGH Diplomata regum Germaniae ex stirpe Karolinorum 3, hg. vom Reichsinstitut für ältere deutsche Geschichtskunde) Berlin ^{2}1955.
DK	Die Urkunden Pippins, Karlmanns und Karls des Grossen unter Mitwirkung von ALFONS DOPSCH, JOHANN LECHNER, MICHAEL TANGL bearbeitet von ENGELBERT MÜHLBACHER, (= MGH Diplomatum Karolinorum 1, hg. von der Gesellschaft für ältere deutsche Geschichtskunde) Hannover 1906.
DKII	Recueil des Actes de Charles II le Chauve, Roi de France. Commencé par ARTHUR GIRY, continué par MAURICE PROU, terminé et publié sous la direction de FERDINAND LOT par GEORGES TESSIER, 3 Bände (= Chartes et Diplômes relatifs à l'Histoire de France) Paris 1943-1955.
DKIII	Die Urkunden Karls III., bearbeitet von PAUL KEHR, 2 Bände (= MGH Diplomata regum Germaniae ex stirpe Karolinorum 2.1 und 2.2, hg. vom Reichsinstitut für ältere deutsche Geschichtskunde) Berlin 1936-1937.
DKm	Die Urkunden Karlmanns und Ludwigs des Jüngeren, bearbeitet von PAUL KEHR (= MGH Diplomata regum Germaniae ex stirpe Karolinorum 1.3, hg. von der Gesellschaft für ältere deutsche Geschichtskunde) Berlin ^{2}1956.
DKoI	Die Urkunden Konrad I., Heinrich I. und Otto I., hg. von THEODOR SICKEL (= MGH Diplomata regum et imperatorum Germaniae 1) Hannover 1884.
DLD	Die Urkunden Ludwigs des Deutschen, bearbeitet von PAUL KEHR (= MGH Diplomata regum Germaniae ex stirpe Karolinorum 1.1 und 1.2, hg. von der Gesellschaft für ältere deutsche Geschichtskunde) Berlin ^{2}1956.
DLJ	s. DKm.
DLK	Die Urkunden Zwentibolds und Ludwigs des Kindes, bearbeitet von THEODOR SCHIEFFER (= MGH Diplomata regum Germaniae ex stirpe Karolinorum 4) Berlin 1960.
DLoI	Die Urkunden Lothars I. und Lothars II., hg. von THEODOR SCHIEFFER (= MGH Diplomata Karolinorum 3) Berlin - Zürich 1966.
DLoII	s. DLoI.
DPvAI	Receuil des Actes de Pépin Ier et Pépin II, rois d'Aquitaine (814-848), hg. von LÉON LEVILLAIN (= Chartes et Diplômes relatifs à l'Histoire de France) Paris 1926.
DPvAII	s. DPvAI.

DRF	Diplomata regum Francorum e stirpe Merowingica, hg. von GEORG HEINRICH PERTZ, in: MGH Diplomata imperii 1, Hannover 1872, 1-88 und 113-208.
DZw	s. DLK.
FMSt	Frühmittelalterliche Studien. Jahrbuch des Instituts für Frühmittelalterforschung der Universität Münster.
GWU	Geschichte in Wissenschaft und Unterricht. Zeitschrift des Verbandes der Geschichtslehrer Deutschlands.
HdtA	Handwörterbuch des deutschen Aberglaubens, hg. von HANNS BÄCHTOLD-STÄUBLI und EDUARD HOFFMANN-KRAYER, 10 Bände, Berlin 1927-1942.
HJb	Historisches Jahrbuch. Herausgegeben im Auftrag der Görres-Gesellschaft.
HHStD	Handbuch der Historischen Stätten Deutschlands.
HRG	Handwörterbuch zur Deutschen Rechtsgeschichte, hg. von ADALBERT ERLER, EKKEHARD KAUFMANN und WOLFGANG STAMMLER, Berlin 1971ff.
HZ	Historische Zeitschrift.
JAFFE	JAFFE, PHILIPP: Regesta pontificum Romanorum ab condita ecclesia ad annum post Christum MCXCVIII, Leipzig ²1885.
KL²	Kirchenlexikon Wetzer und Welte's oder Enzyklopädie der katholischen Theologie und ihrer Hülfswissenschaften, hg. von JOSEF HERGENRÖTHER, 13 Bände, Freiburg/Br. 1892-1903.
LexMA	Lexikon des Mittelalters, München - Zürich 1980ff.
LJb	Liturgisches Jahrbuch.
LThK	Lexikon für Theologie und Kirche, begründet von MICHAEL BUCHBERGER, hg. von JOSEF HÖFER und KARL RAHNER, 11 Bände, Freiburg/Br. ²1957-1967.
MANSI	Sacrorum conciliorum nova et amplissima collectio, hg. von GIOVANNI DOMENICO MANSI, 31 Bände, Florenz - Venedig 1757-1798. Neudruck und Fortsetzung, hg. von LUDWIG PETIT und JOHANNES BAPTIST MARTIN, 53 Bände mit Einleitung in 59 Bänden, Paris - Arnheim 1899-1927, Nachdruck Graz 1960-1961.
MGH Capitularia 1	Monumenta Germaniae Historica. Legum sectio II: Capitularia regum Francorum I, hg. von ALFRED BORETIUS, Hannover 1883.
MGH Capitularia 2	Monumenta Germaniae Historica. Legum sectio II: Capitularia regum Francorum II, hg. von ALFRED BORETIUS und VICTOR KRAUSE, Hannover 1897.
MGH Concilia 1	Monumenta Germaniae Historica. Legum sectio III: Concilia I: Concilia aevi merowingici, hg. von FRIEDRICH MAASEN, Hannover 1893.

MGH Concilia 2.1	Monumenta Germaniae Historica. Legum sectio III: Concilia. II.1: Concilia aevi Karolini I.1, hg. von ALBERT WERMINGHOFF, Hannover -Leipzig 1906.
MGH Concilia 2.2	Monumenta Germaniae Historica. Legum sectio III: Concilia. II.2: Concilia aevi Karolini I.2, hg. von ALBERT WERMINGHOFF, Hannover -Leipzig 1908.
MGH Concilia 3	Monumenta Germaniae Historica. Concilia III: Concilia aevi Karolini DCCCXLIII-DCCCLIX, hg. von WILFRIED HARTMANN Hannover 1984.
MGH Concilia 6	Monumenta Germaniae Historica. Concilia VI: Concilia aevi saxonici DCCCCXVI - MI. Pars I: DCCCCXVI-DCCCCLX, hg. von ERNST-DIETER HEHL, Hannover 1987.
MGH Formulae	Monumenta Germaniae Historica. Legum sectio V: Formulae Merowingici et Karolini aevi, hg. von KARL ZEUMER, Hannover 1886.
MIÖG	Mitteilungen des Instituts für Österreichische Geschichtsforschung.
NA	Archiv der Gesellschaft für ältere deutsche Geschichtskunde zur Beförderung einer Gesamtausgabe der Quellenschriften deutscher Geschichte des Mittelalters.
PL	Patrologiae cursus completus, Series Latina, hg. von J.-P. MIGNE, 217 Bände, Paris 1878-1890.
RAC	Reallexikon für Antike und Christentum. Sachwörterbuch zur Auseinandersetzung des Christentums mit der antiken Welt, hg. von THEODOR KLAUSER u.a., Stuttgart 1950ff.
RBén	Revue Bénédictine de critique, d'histoire et de littérature religieuses.
RGA	Reallexikon der Germanischen Altertumskunde, hg. von JOHANNES HOOPS, zweite Auflage, Berlin - New York 1973ff.
RhVB	Rheinische Vierteljahrsblätter. Mitteilungen des Instituts für Geschichtliche Landeskunde der Rheinlande an der Universität Bonn.
RQS	Römische Quartalschrift für christliche Altertumskunde und Kirchengeschichte.
SMBOZ	Studien und Mitteilungen des Benediktinerordens und seiner Zweige.
WdF	Wege der Forschung.
ZKG	Zeitschrift für Kirchengeschichte.
ZRG GA	Zeitschrift der Savigny-Stiftung für Rechtsgeschichte. Germanistische Abteilung.
ZRG KA	Zeitschrift der Savigny-Stiftung für Rechtsgeschichte. Kanonistische Abteilung.
ZRGG	Zeitschrift für Religions- und Geistesgeschichte.

17.2. Benutzte Quellen und Quellenausgaben

Abbo von Saint-Germain, Bella Parisiacae Urbis, hg. von HENRI WAQUET: Abbon, Le Siège de Paris par les Normands. Poème du IXe siècle (= Les Classiques de l'Histoire de France au Moyen Age 20) Paris 1964.
Admonitio synodalis, hg. von ROBERT AMIET, in: Medieval Studies 26 (1964) 41-69.
Ado von Vienne, Chronicon in aetates sex divisum, in: PL 123, 1879, 23-138.
Ders., Chronicon. Continuatio prima, hg. von GEORG HEINRICH PERTZ, in: MGH Scriptores 2, Hannover 1829, 324f.
Ders., Libellus de festivitatibus sanctorum apostolorum et reliquorum qui discipuli aut vicini successoresque ipsorum apostolorum fuerunt, in: JACQUES DUBOIS und GENEVIEVE RENAUD (Hgg.): Le Martyrologe d'Adon. Ses deux Familles, ses trois recensions. Texte et commentaire (= Source d'histoire médiévale) Paris 1984, 3-30.
Ders., Martyrologium, hg. von JACQUES DUBOIS und GENEVIEVE RENAUD: Le Martyrologe d'Adon. Ses deux Familles, ses trois recensions. Texte et commentaire (= Source d'histoire médiévale) Paris 1984.
Amalar von Metz s. IOHANNES MICHAEL HANSSENS.
Angilbert von Centula, De ecclesia Centulensi libellus, hg. von GEORG WAITZ, in: MGH Scriptores 15.1, Hannover 1887, 173-179.
Annales Bertiniani, hg. von GEORG WAITZ (= MGH Scriptores rerum Germanicarum in usum scholarum 5) Hannover 1883.
Annales Blandinienses, hg. von PHILIP GRIERSON: Les Annales de Saint-ierre de Gand et de Saint-Amand. Annales Blandinienses -Annales Elmarenses - Annales Formenses - Annales Elnonenses, publiées d'après les manuscrits, avec une introduction et des notes (Commission royale d'histoire. Recueil de textes pour servir a l'étude de l'histoire de Belgique) Brüssel 1937, 1-73.
Annales Fuldenses sive Annales regni Francorum orientalis, hg. von FRIEDRICH KURZE (= MGH Scriptores rerum Germanicarum in usum scholarum recusi 7) Hannover 1891.
Annales Guelferbytani, hg. von GEORG HEINRICH PERTZ, in: MGH Scriptores 1, Hannover 1826, 23-46.
Annales Hildesheimenses, hg. von GEORG WAITZ (= MGH Scriptores rerum Germanicarum in usum scholarum recusi 8) Hannover 1878.
Annales Iuvavenses maiores, hg. von HARRY BRESSLAU, in: MGH Scriptores 30.2, Hannover 1934, 727-744.
Annales Laubacenses, hg. von GEORG HEINRICH PERTZ, in: MGH Scriptores 1, Hannover 1826, 7-15, 52-55.
Annales Laurissenses minores s. Chronicon Laurissense breve
Annales Laureshamenses, hg. von GEORG HEINRICH PERTZ, in: MGH Scriptores 1, Hannover 1826, 19-39.

Annales Mettenses priores, hg. von BERNHARD VON SIMSON (= MGH Scriptores rerum Germanicarum in usum scholarum separatim editi 10) Hannover - Leipzig 1905.
Annales Mosellani, hg. von IOHANNES M. LAPPENBERG, in: MGH Scriptores 16, Hannover 1859, 491-499.
Annales Nazariani, hg. von GEORG HEINRICH PERTZ, in: MGH Scriptores 1, Hannover 1826, 19-31, 40-44.
Annales Nivernenses, hg. von GEORG WAITZ, in: MGH Scriptores 13, Hannover 1881, 88-91.
Annales Prumienses, hg. von OSWALD HOLDER-EGGER, in: MGH Scriptores 15.2, Hannover 1888, 1290-1292.
Annales regni Francorum inde ab a.741 usque ad a.829 qui dicuntur Annales Laurissenses maiores et Einhardi, hg. von FRIEDRICH KURZE (= MGH Scriptores rerum Germanicarum in usum scholarum 6) Hannover 1895.
Annales Petaviani, hg. von GEORG HEINRICH PERTZ, in: MGH Scriptores 1, Hannover 1826, 7-18.
Annales sancti Amandi, hg. von GEORG HEINRICH PERTZ, in: MGH Scriptores 1, Hannover 1826, 6-14.
Annales sancti Amandi breve, hg. von GEORG HEINRICH PERTZ, in: MGH Scriptores 2, Hannover 1829, 184.
Annales Vedastini, hg. von BERNHARD VON SIMSON: Annales Xantenses et Annales Vedastini (= MGH Scriptores rerum Germanicarum in usum scholarum 12) Hannover - Leipzig 1909, 40-82.
Annales Xantenses, hg. von BERNHARD VON SIMSON (= MGH Scriptores rerum Germanicarum in usum scholarum 12) Hannover - Leipzig 1909, 1-33.
Annalista Saxo, hg. von GEORG WAITZ, in: MGH Scriptores 6, Hannover 1844, 542-777.
Ansegis von St. Wandrille, Collectio capitularium, hg. von ALFRED BORETIUS, in: MGH Capitularia 1, Hannover 1883, 383-450.
Arbeo von Freising, Vita Corbiniani, hg. von BRUNO KRUSCH: Arbeonis vitae sanctorum Haimhrammi et Corbiniani (= MGH Scriptores rerum Germanicarum in usum scholarum separatim editi 13) Hannover 1920.
Ders., Vita Haimramni, hg. von BRUNO KRUSCH: Arbeonis vitae sanctorum Haimhrammi et Corbiniani (= MGH Scriptores rerum Germanicarum in usum scholarum separatim editi 13) Hannover 1920.
Astronomus, Vita Hludowici imperatoris, hg. von GEORG HEINRICH PERTZ, in: MGH Scriptores 2, Hannover 1829, 607-648.
Atto von Vercelli, Kapitular, in: PL 134, 27-24.
Aurelius Augustinus, Vom Gottesstaat (De civitate dei). Aus dem Lateinischen übertragen von WILHELM THIMME. Eingeleitet und kommentiert von CARL ANDRESEN, 2 Bände, München - Zürich 1977-1978.

BAUCH, ANDREAS (Hg.): Quellen zur Geschichte der Diözese Eichstätt. I: Biographien der Gründungszeit (= Eichstätter Studien N.F. 19) Regensburg ²1984.

DERS. (Hg.): Quellen zur Geschichte der Diözese Eichstätt. II: Ein bayrisches Mirakelbuch aus der Karolingerzeit. Die Monheimer Walpurgis-Wunder des Priesters Wolfhard (= Eichstätter Studien N.F. 12) Regensburg 1979.

BECKER, JOSEPH (Hg.): Die Werke Liudprands von Cremona (= MGH Scriptores rerum Germanicarum in usum scholarum separatim editi 41) Hannover - Leipzig ³1915.

Beda Venerabilis, In Cantica Canticorum allegorica expositio, in: PL 91, 1065-1236.

Ders., Martyrologium s. DUBOIS/RENAUD, Edition pratique.

BITTERAUF, THEODOR (Hg.): Die Traditionen des Hochstifts Freising, 2 Bände (= Quellen und Erörterungen zur bayerischen und deutschen Geschichte N.F. 4-5) Reprint der Ausgabe von 1905-1909, Aalen 1967.

BÖHNE, WINFRIED (Hg.): Das älteste Lorscher Kalendar und seine Vorlagen, in: Die Reichsabtei Lorsch II, 171-222.

Bonifatius, Epistulae, hg. von MICHAEL TANGL, Sancti Bonifatii et Lulli epistulae (= MGH Epistulae selectae 1) 2. Auflage, Berlin 1955.

BRUCKNER, ALBERT (Hg.): Regesta Alsatiae Aevi Merovingici et Karolini 496-918, Band 1, Straßburg - Zürich 1949.

Capitula Cameracensia, hg. von PETER BROMMER, in: ZKG 91 (1980) 234-236.

Capitula Franciae occidentalis, hg. von FINSTERWALDER, Zwei Bischofskapitularien, in: ZKG KA 14 (1925) 350-367.

Capitula Frisingensia, hg. von EMIL SECKEL, in: NA 29 (1904) 287-293.

Capitula Ottoboniana, hg. von ALBERT WERMINGHOFF, in: NA 27 (1902) 580-587.

Capitula Reginensia, hg. von ALBERT WERMINGHOFF, in: NA 27 (1902) 588f.

Capitula Rotomagensia, in: MANSI 18A, 431-434.

Capitula Vesulensia, hg. von DE CLERCQ, Législation I, 367-374.

Chronica sancti Benedicti Casinensis, hg. von GEORG HEINRICH PERTZ, in: MGH Scriptores rerum Langobardicarum et Italicarum saec. VI-IX, Hannover 1878, 467-489.

Chronicon Fontanellense, hg. von GEORG HEINRICH PERTZ, in: MGH Scriptores 2, Hannover 1829, 301-304.

Chronicon Laurissense breve, hg. von H. SCHNORR VON CAROLSFELD, in: Neues Archiv der Gesellschaft für ältere deutsche Geschichte 36 (1911) 13-39; als Annales Laurissenses minores, hg. von GEORG HEINRICH PERTZ, in: MGH Scriptores 1, Hannover 1826, 112-123.

Chronicon Mossiacense, hg. von GEORG HEINRICH PERTZ, in: MGH Scriptores 1, Hannover 1826, 280-313.

Chronicon Namnetense, hg. von RENE MERLET: La Chronique de Nantes (570 environ - 1049) (= Collection des textes 19) Paris 1896.

Chronicon Salernitanum, hg. von GEORG HEINRICH PERTZ, in: MGH Scriptores 3, Hannover 1839, 467-561.

Codex Carolinus, hg. von WILHELM GUNDLACH, in: MGH Epistulae 3: Epistulae Merovingici et Karolini 1, Berlin 1892, Nachdruck Berlin 1957, 469-657.

Codex Laureshamensis, hg. von KARL GLÖCKNER, 3 Bände (= Arbeiten der Historischen Kommission für den Volksstaat Hessen) Darmstadt 1929-1936.

Constitutum Constantini, hg. von HORST FUHRMANN: Das Constitutum Constantini (Konstantinische Schenkung). Text (= MGH Fontes iuris Germanici antiqui in usum scholarum 10) Hannover 1968.

DESHUSSES, JEAN (Hg.): Le sacramentaire grégorien. Ses principales formes d'après les plus anciens manuscrits. Edition comparative, 3 Bände (Specilegium Friburgense 16) Freiburg/Ch. 1971-1982.

DRONKE, ERNST FRIEDRICH JOHANN (Hg.): Codex diplomaticus Fuldensis, Reprint der Ausgabe von 1850, Aalen 1962.

DUBOIS, JACQUES und RENAUD, GENEVIEVE (Hgg.): Edition pratique des Martyrologes de Bede, de l'Anonyme Lyonnais et de Florus (= Institut de recherche et d'histoire des textes. Bibliographies - Colloques - Travaux préparatoires) Paris 1976.

Einhard, Vita Caroli Magni. Editio sexta, hg. von OSWALD HOLDER-EGGER (= MGH Scriptores rerum Germanicarum in usum scholarum separatim editi 25) Hannover 1911.

EIZENHÖFER, LEO (Hg.): Das Lorscher Sakramentar im Cod. Vat. lat. 495, in: Die Reichsabtei Lorsch II, 129-169.

Epitaphia Berthae, hg. von ERNST DÜMMLER, Liudprandi episcopi opera omnia (= MGH Scriptores in usum scholarum recusi 41) Hannover ^{2}1877, 167.

Ermoldus Nigellus, Carmina in honorem Hludowici libri IV, hg. von ERNST DÜMMLER, in: MGH Poetarum latinorum medii aevi 2: Poetae latini aevi carolini 2, Berlin 1884, 1-93.

Eucherius von Lyon, Passio Acaunensium martyrum, hg. von BRUNO KRUSCH, in: MGH Scriptores rerum Merovingicarum 3, Hannover 1896, 20-41.

Flodoard, Annales, hg. GEORG HEINRICH PERTZ, in MGH Scriptores 3, Hannover 1839, 363-407.

Florus, Martyrologium s. DUBOIS/RENAUD, Edition pratique.

Folcuin, Gesta abbatum sancti Bertini Sithiensium, hg. von OSWALD HOLDER-EGGER, in: MGH Scriptores 13, Hannover 1881, 600-635.

Fredegar, Chronicarum libri IV cum continuationibus, hg. von BRUNO KRUSCH, in: MGH Scriptores rerum merovingicarum 2, Hannover 1888, 1-193.

GAIFFIER, BALDUIN DE: Le calendrier d'Heric d'Auxerre du Manuscrit de Melk 412, in: AB 77 (1959) 392-425.
Genealogia Flandrensium comitum. Flandria Generosa, hg. von LUDWIG C. BETHMANN, in: MGH Scriptores 9, hg. von GEORG HEINRICH PERTZ, Hannover 1851, 313-334.
Gerhard, Vita sancti Oudalrici episcopi, hg. von GEORG WAITZ, in: MGH Scriptores 4, Hannover 1841, 377-419.
Gesta abbatum Fontanellensium, hg. von SAMUEL LOEWENFELD (= MGH Scriptores rerum Germanicarum in usum scholarum recusi 28) Hannover 1886.
Ghaerbald von Lüttich, Kapitular I-III, hg. von PETER BROMMER, in: MGH Capitula Episcoporum 1, Hannover 1984, 3-42.
Gregor von Tours, Libri Historiarum X, hg. von BRUNO KRUSCH und WILHELM LEVISON, in: MGH Scriptores rerum Merovingicarum 1.1, Hannover 1951.
Ders., Liber in Gloria Martyrum, in: MGH Scriptores rerum Merovingicarum 1.2, hg. von BRUNO KRUSCH, Hannover 1885, Nachdruck 1969, 34-112.
Ders., Liber de Passione et Virtutibus sancti Juliani, in: MGH Scriptores rerum Merovingicarum 1.2, hg. von BRUNO KRUSCH, Hannover 1885, Nachdruck 1969, 112-134.
Ders., Libri IV de Virtutibus sancti Martini episcopi, in: MGH Scriptores rerum Merovingicarum 1.2, hg. von BRUNO KRUSCH, Hannover 1885, Nachdruck 1969, 134-211.
Ders., Liber Vitae Patrum, in: MGH Scriptores rerum Merovingicarum 1.2, hg. von BRUNO KRUSCH, Hannover 1885, Nachdruck 1969, 211-294.
Ders., Liber in Gloria Confessorum, in: MGH Scriptores rerum Merovingicarum 1.2, hg. von BRUNO KRUSCH, Hannover 1885, Nachdruck 1969, 284-371.
HÄNGGI, ANTON und SCHÖNHERR, ALFONS (Hgg.): Sacramentarium Rhenaugiense. Handschrift Rh 30 der Zentralbibliothek Zürich (= Specilegium Friburgense 15) Freiburg/Ch. 1970.
Haito von Basel, Kapitular, hg. von PETER BROMMER, in: MGH Capitula Episcoporum 1, Hannover 1984, 203-219.
Halitgar von Cambrai, Erste bis Vierte Synode, hg. von WILFRIED HARTMANN, in: DA 35 (1979) 382-392.
HANSSENS, IOHANNES MICHAEL (Hg.) Amalarii episcopi opera liturgica omnia, 3 Bände (= Studi e Testi 138-140) Vatikanstadt 1948-1950.
HAUSMANN, REGINA (Hg.): Das Martyrologium von Marcigny-sur-Loire: Edition einer Quelle zur cluniacensischen Heiligenverehrung am Ende des elften Jahrhunderts (= HochschulSammlung Philosophie. Geschichte 7) Freiburg 1984.
HENNECKE, EDGAR (Hg.): Neutestamentliche Apokryphen in Verbindung mit Fachgelehrten in deutscher Übersetzung und mit Einleitungen, Tübingen - Leipzig 1904.

Herard von Tours, Kapitular, in: PL 121, 763-774.

Hermann von Reichenau, Chronicon, hg. von GEORG HEINRICH PRETZ, in: MGH Scriptores 5, Hannover 1844, 67-133.

HESBERT, RÉNÉ-JEAN (Hg.): Antiphonale Missarum sextuplex d'après le Graduel de Monza, et les Antiphonaires de Rheinau, du Mont-Blandin, de Compiègne, de Corboie et de Senlis, Rom 1935, Nachdruck 1967.

Hilduin von St. Denis, Ex Hilduini abbatis libro, hg. von GEORG WAITZ, in: MGH Scriptores 15.1, Hannover 1887, 2f.

Hinkmar von Reims, Kapitular I-V, in: PL 125, 773-804.

Ders., De ordine palatii, hg. von THOMAS GROSS und RUDOLF SCHIEFFER (MGH Fontes iuris Germanici antiqui in usum scholarum separatim editi 3) Hannover 1980.

Hrabanus Maurus, Computus, hg. von WESLEY M. STEPHENS (= Corpus Christianorum. Continuatio Mediaevalis 44) Turnholt 1979.

Ders., Homiliae in evangeliae et epistolas, in: PL 110, 135-468.

Ders., Martyrologium, hg. von JOHN McCULLOH (= Corpus Christianorum. Continuatio Mediaevalis 44) Turnholt 1979.

Ders., Poenitentiale ad Heribaldum, in: PL 110, 467-494.

Ders., Poenitentiale ad Otgarium, in: PL 112, 1397-1424.

Hugeburc von Heidenheim, Vita Willibaldi episcopi Eichstetensis, hg. von OSWALD HOLGER-EGGER, in: MGH Scriptores 15.1, Hannover 1887, 86-106; (Autorenidentifikation nach BAUCH, Gründungszeit 13-16).

Dies., Vita Wynnebaldi abbatis Heidenheimensis, hg. von OSWALD HOLGER-EGGER, in: MGH Scriptores 15.1, Hannover 1887, 106-117; (Autorenidentifikation nach BAUCH, Gründungszeit 131f).

Hugo von Flavigny, Necrologium, hg. von GEORG HEINRICH PERTZ, in: MGH Scriptores 8, Hannover 1848, 285-287.

Ders., Chronicon, hg. von GEORG HEINRICH PERTZ, in: MGH Scriptores 8, Hannover 1848, 288-502.

Jonas von Bobbio, Vita Columbani, hg. von BRUNO KRUSCH, in: MGH Scriptores rerum Merovingicarum 4, Hannover 1902, 1-152.

Ders., Vita Vedastis episcopi Atrebatensis, hg. von BRUNO KRUSCH, in: MGH Scriptores rerum Merovingicarum 3, Hannover 1896, 406-413.

KEHR, PAUL (Hg.): Die Urkunden Arnolfs (= MGH Diplomata regum Germaniae ex stirpe Karolinorum 3, hg. vom Reichsinstitut für ältere deutsche Geschichtskunde) Berlin ²1955.

DERS. (Hg.): Die Urkunden Karls III., 2 Bände (= MGH Diplomata regum Germaniae ex stirpe Karolinorum 2.1 und 2.2, hg. vom Reichsinstitut für ältere deutsche Geschichtskunde) Berlin 1936-1937.

DERS. (Hg.): Die Urkunden Karlmanns und Ludwigs des Jüngeren (= MGH Diplomata regum Germaniae ex stirpe Karolinorum 1.3, hg. von der Gesellschaft für ältere deutsche Geschichtskunde) Berlin ²1956.

KEHR, PAUL (Hg.): Die Urkunden Ludwigs des Deutschen (= MGH Diplomata regum Germaniae ex stirpe Karolinorum 1.1 und 1.2, hg. von der Gesellschaft für ältere deutsche Geschichtskunde) Berlin ²1956.
Lex Baiuvariorum, hg. von KARL AUGUST ECKHARDT: Die Gesetze des Karolingerreiches 714-911. II: Alemannen und Bayern (Germanenrechte 2) Weimar 1934, 74-187.
Lex Salica, hg. von KARL AUGUST ECKHARDT: Die Gesetze des Karolingerreiches 714-911. I: Salische und ribuarische Franken (Germanenrechte 2) Weimar 1934, 2-135.
Libellus miraculorum sancti Bertini, hg. von OSWALD HOLDER-EGGER, in: MGH Scriptores 15.1, Hannover 1887, 509-516.
Liber Pontificalis I, hg. von LOUIS DUCHESNE, Le Liber Pontificalis. Texte, Introduction et Commentaire, Paris 1955.
Liber Sacramentorum Augustodunensis, hg. von ODILO HEIMING (= Corpus Christianorum. Series Latina 159B) Turnholt 1984.
Liber Sacramentorum Engolismensis. Manuscrit B.N. Lat. 816. Le Sacramentaire d'Angoulême, hg. von PATRICK SAINT-ROCH, 2 Bände (= Corpus Christianorum. Series Latina 159C) Turnholt 1987.
Liber Sacramentorum Gellonensis, hg. von A. DUMAS (= Corpus Christianorum. Series Latina 159A) Turnholt 1981.
LIETZMANN, HANS (Hg.): Das Sacramentarium Gregorianum nach dem Aachener Urexemplar (= Liturgiewissenschaftliche Quellen und Forschungen 3) Münster 1921, Nachdruck Münster 1967.
LIPPHARDT, WALTHER (Hg.): Der karolingische Tonar von Metz (= Liturgiewissenschaftliche Quellen und Forschungen 43) Münster 1965.
Liudprand von Cremona s. JOSEPH BECKER
Miracula ecclesiae Namnetensis, in: La Chronique de Nantes (570 environ - 1049), hg. von RENE MERLET (= Collection des textes 19) Paris 1896, 143-148.
Missale Gothicum (Vat. Reg. lat. 317) hg. von LEO CUNIBERT MOHLBERG (= Rerum Ecclesiasticarum Documenta. Series maior. Fontes 5) Rom 1961.
Nicolai I papae epistolae, hg. von ERNST PERELS, in: MGH Epistolae 6: Epistolae Karolini aevi 4, Berlin 1925, 257-690.
Nithard, Historiarum libri IIII, hg. von ERNST MÜLLER (= MGH Scriptores rerum Germanicarum in usum scholarum 44) Hannover ³1907.
Notae Sangallensis, hg. von GEORG HEINRICH PERTZ, in: MGH Scriptores 1, Hannover 1826, 70f.
Notker, Gesta Karoli, hg. von HANS F. HAEFELE (= MGH Scriptores rerum Germanicarum N.S. 13) Berlin 1959.
PIPER, FERDINAND (Hg.): Karls des Grossen Kalendarium und Ostertafel aus der Pariser Urhandschrift herausgegeben und erläutert. Nebst einer Abhandlung über die lateinischen und griechischen Ostercyklen des Mittelalters, Berlin 1858, Nachdruck 1974.

Pirmin, Scarapsus (Dicta Pirminii), hg. von URSMAR ENGELMANN: Der heilige Pirmin und sein Missionsbüchlein, Konstanz 1958.

Pseudo-Sonnantius von Reims, in: PL 135, 405-409.

Radulf von Bourges, Kapitular, hg. von PETER BROMMER, in: MGH Capitula Episcoporum 1, Hannover 1984, 227-268.

Regino von Prüm, Chronicon, hg. von FRIEDRICH KURZE (= MGH Scriptores rerum Germanicarum in usum scholarum recusi 50) Hannover 1890.

Ders., De synodalibus causis et disciplinis ecclesiasticis iussu domini reverendissimi archiepi. trever. Ratbodi ex diversis sanctorum patrum conciliis atque decretis collecti, hg. von F. W. H. WASSERSCHLEBEN, Leipzig 1840, Nachdruck Graz 1964.

Richer von Reims, Historiarum libri IIII, hg. GEORG HEINRICH PERTZ, in: MGH Scriptores 3, Hannover 1839, 561-657.

Rimbert, Vita Anskarii, hg. von GEORG WAITZ (= MGH Scriptores rerum Germanicarum in usum scholarum 55) Hannover 1884, 1-79.

Routger von Trier, Kapitular I-II, hg. von PETER BROMMER, in: MGH Capitula Episcoporum 1, Hannover 1984, 57-70.

SALMON, PIERRE (Hg.): Le Lectionnaire de Luxeuil (Paris, ms. lat. 9427). I: Édition et étude comparative. Contribution àl'histoire de la Vulgate et de la liturgie en France au temps des Mérovingiens. II: Étude pléographique et liturgique suivie d'un choix de planches (= Collectanea Biblica Latina 7 und 9) Vatikanstadt 1944 und 1953.

SCHIEFFER, THEODOR (Hg.): Die Urkunden Lothars I. und Lothars II. (MGH Diplomata Karolinorum 3) Berlin - Zürich 1966.

SCHMITZ, HERMANN JOSEF: Die Bussbücher und die Bussdisciplin der Kirche. Nach handschriftlichen Quellen dargestellt, 2 Bände, Mainz 1883 und Düsseldorf 1898, Nachdruck 1958.

Sigebert von Gembloux, Chronica, hg. von Ludwig C. BETHMANN, in: MGH Scriptores 6, Hannover 1848, 300-374.

Stephanus, Vita Wilfridi I episcopi Eboracensis, hg. von WILHELM LEVISON, in: MGH Scriptores rerum Merovingicarum 6, Hannover -Leipzig 1913, 163-263.

Tertullian, De oratione, hg. von G. F. DIERCKS: Quintini Septimi Florentis Tertulliani 'De oratione' et 'De virginibus velandis' libelli (= Stormata 6) Antwerpen 1956.

Thegan, Vita Hludowici imperatoris, hg. von GEORG HEINRICH PERTZ, in: MGH Scriptores 2, Hannover 1829, 590-604.

Theodulf von Orléans, Kapitular I-II, hg. von PETER BROMMER, in: MGH Capitula Episcoporum, Hannover 1984, 73-184.

Usuardus, Martyrologium, hg. von JACQUES DUBOIS: Le Martyrologe d'Usuard. Texte et Commentaire (Subsidia Hagiographica 40) Brüssel 1965.

Venantius Fortunatus, Vita Germani episcopi Parisiaci, hg. von BRUNO KRUSCH, in: MGH Scriptores rerum Merovingicarum 7, Hannover 1920, 372-418.
Ders., Virtutes Hilarii, hg. von BRUNO KRUSCH, in: MGH Auctores antiquissimi 4.2, Hannover 1885, 7-11.
Vita sancti Arnulfi, hg. von BRUNO KRUSCH, in: MGH Scriptores rerum Merovingicarum 2, Hannover 1888, Nachdruck 1966, 426-446.
Vita sancti Audoini, hg. von WILHELM LEVISON, in: MGH Scriptores rerum Merovingicarum 5, Hannover 1910, 536-567.
Vita Austregisilii episcopi Biturigi, hg. von BRUNO KRUSCH, in: MGH Scriptores rerum Merovingicarum 4, Hannover 1902, Nachdruck 1969, 188-200.
Vita Dagoberti III. regis Francorum, hg. von BRUNO KRUSCH, in: MGH Scriptores rerum Merovigicarum 2, Hannover 1888, 509-524.
Vita Genovefae, hg. von BRUNO KRUSCH, in: MGH Scriptores rerum Merovingicarum 3, Hannover 1896, 204-238.
Vita Hugberti episcopi Traiectensis, hg. von WILHELM LEVISON, in: MGH Scriptores rerum Merovingicarum 6, Hannover - Leipzig 1913, 471-496.
Vita Liutbirgae virginis, hg. von OTTOKAR MENZEL: Das Leben der Liutbirg. Eine Quelle zur Geschichte der Sachsen in karolingischer Zeit (= Deutsches Mittelalter. Kritische Studientexte des Reichsinstituts für ältere deutsche Geschichtskunde (Monumenta Germaniae Historica) 3) Leipzig 1937.
Walafrid Strabo, De exordiis et incrementis, in: MGH Capitularia 2, hg. von ALFRED BORETIUS und VIKTOR KRAUSE, Hannover 1897, 473-516.
Waltcaud von Lüttich, Kapitular, hg. von PETER BROMMER, in: MGH Capitula Episcoporum 1, Hannover 1984, 43-49.
Walter von Orléans, Kapitular, hg. von PETER BROMMER, in: MGH Capitula Episcoporum 1, Hannover 1984, 185-193.
Wandalbert von Prüm, Martyrologium, hg. von ERNST DÜMMLER, in: MGH Poetarum latinorum medii aevi 2: Poetae latini aevi carolini 2, Berlin 1884, 578-602.
WASSERSCHLEBEN, F. W. H. (Hg.): Die Bußordnungen der abendländischen Kirche, Halle 1851, Nachdruck Graz 1958.
Willibald, Vita sancti Bonifatii, hg. von WILHELM LEVISON: Vitae sancti Bonifatii archiepiscopi Moguntini (= MGH Scriptores rerum Germanicarum in usum scholarum 57) Hannover - Leipzig 1905, 1-58.
WILSON, H. A. (Hg.): The Calendar of St. Willibrord. From MS Paris. Lat. 10837. A facsimile with translation, introduction and notes, London 1918.
Wolfhard von Herrieden, Miracula sancti Waldburgis Monheimensia, hg. von BAUCH, Mirakelbuch 142-348.

17.3. LITERATURVERZEICHNIS

ABEL, SIGURD: Jahrbücher des fränkischen Reiches unter Karl dem Großen. Band I: 768-788 (= Jahrbücher der Deutschen Geschichte 5,1) Berlin 1866.

DERS. und SIMSON, BERNHARD: Jahrbücher des fränkischen Reiches unter Karl dem Großen. Band II: 789-814 (= Jahrbücher der Deutschen Geschichte 5,2) Berlin 1883.

ACHT, WILHELM: Die Entstehung des Jahresanfangs mit Ostern. Eine historisch-chronologische Untersuchung über die Entstehung des Osteranfangs und seine Verbreitung vor dem 13. Jahrhundert, Diss., Leipzig 1908.

Adel und Kirche. GERD TELLENBACH zum 65. Geburtstag dargebracht, hg. von JOSEF FLECKENSTEIN und KARL SCHMID, Freiburg - Basel - Wien 1968.

AFFELDT, WERNER: Untersuchungen zur Königserhebung Pippins. Das Papsttum und die Begründung des karolingischen Königtums im Jahre 751, in: FMSt 14 (1980) 95-187.

ALGERMISSEN, KONRAD: Germanentum und Christentum. Ein Beitrag zur Geschichte der deutschen Frömmigkeit, 5. Auflage, Hannover 1935.

Althessen im Frankenreich, hg. von WALTER SCHLESINGER (= Nationes 2) Sigmaringen 1975.

ALTHOFF, GERD: Adels- und Königsfamilien im Spiegel ihrer Memorialüberlieferung. Studien zum Totengedenken der Billunger und Ottonen. Bestandteil des Quellenwerkes Societas et Fraternitas (= Münstersche Mittelalter-Schriften 47) München 1984.

DERS.: Colloquium familiare - Colloquium secretum - Colloquium publicum. Beratung im politischen Leben des früheren Mittelalters, in: FMSt 24 (1990) 145-167.

DERS.: Huld. Überlegungen zu einem Zentralbegriff der mittelalterlichen Herrschaftsordnung, in: FMSt 25 (1991), 259-282.

DERS.: Verwandte, Freunde und Getreue. Zum politischen Stellenwert der Gruppenbindungen im früheren Mittelalter, Darmstadt 1990.

DERS.: Zur Frage nach der Organisation sächsischer coniurationes in der Ottonenzeit, in: FMSt 16 (1982) 129-142.

AMIET, ROBERT: Une 'Admonitio synodalis' de l'époque carolingien. Étude critique et Édition, in: Medieval Studies 26 (1964) 12-82.

AMORE, AMATO PIETRO: Sebastian, in: LThK 9, 1964, 557f.

ANGENENDT, ARNOLD: Bonifatius und das Sacramentum initiationis, in: RQS 72 (1977) 133-183.

DERS.: Das geistliche Bündnis der Päpste mit den Karolingern, in: HJb 100 (1980) 1-94.

DERS.: Kaiserherrschaft und Königstaufe. Kaiser, Könige und Päpste als geistliche Patrone in der abendländischen Missionsgeschichte (= Arbeiten zur Frühmittelalterforschung 15) Berlin - New York 1984.

ANGENENDT, ARNOLD: Mensa Pippini Regis. Zur liturgischen Präsenz der Karolinger in Sankt Peter, in: Hundert Jahre Deutsches Priesterkolleg beim Campo Santo Teutonico 1876-1976. Beiträge zu seiner Geschichte, hg. von ERWIN GATZ (= RQS. 35. Supplementheft) Rom -Freiburg - Wien 1977) 52-68.
DERS.: Monachi peregrini. Studien zu Pirmin und den monastischen Vorstellungen des frühen Mittelalters (= Münstersche Mittelalter-Schriften 6) München 1972.
DERS.: Princeps imperii - Princeps apostolorum. Rom zwischen Universalismus und Gentilismus, in: Roma - Caput et Fons. Zwei Vorträge über das päpstliche Rom zwischen Altertum und Mittelalter. Gerda Henkel Vorlesung, hg. von der gemeinsamen Kommission der Rheinisch-Westfälischen Akademie der Wissenschaften und der Gerda Henkel Stiftung, Opladen 1989, 1-44.
DERS.: Rex et Sacerdos. Zur Genese der Königssalbung, in: Tradition als historische Kraft 100-118.
DERS.: Sühne durch Blut, in: FMSt 18 (1984) 437-467.
DERS.: Theologie und Liturgie der mittelalterlichen Toten-Memoria, in: Memoria 79-199.
DERS.: Willibrord im Dienst der Karolinger, in: AHVNrh 175 (1973) 63-113.
ANTON, HANS HUBERT: Fürstenspiegel und Herrscherethos in der Karolingerzeit (= Bonner Historische Forschungen 32) Bonn 1968.
DERS.: Zum politischen Konzept karolingischer Synoden und zur karolingischen Brüdergemeine, in: HJb 99 (1979) 55-132.
ARBESMANN, RUDOLF: Fasten, in: RAC 7, 1969, 447-493
DERS.: Fasttage, in: RAC 7, 1969, 500-524
ARIES, PHILIPPE: Geschichte des Todes, München - Wien 1980.
AUZIAS, LEONCE: L'Aquitaine carolingienne (778-987) (= Bibliothèque méridionale. 2e Série, Tome 28) Toulouse - Paris 1937.
BACHRACH, BERNHARD: Military Organisation in Aquitane under the Early Carolingians, in: Speculum 49 (1974) 1-33.
DERS.: Charles Martel, Mounted Shock Combat, the Stirrup, and the Feudalism, in: Studies in Medieval and Renaissance History 7 (1970) 49-70.
DERS.: Was the marchfield part of the frankish constitution? in: Medieval Studies 36 (1974) 178-185.
Die Bajuwaren. Von Severin bis Tassilo 488-788. Gemeinsame Landesausstellung des Freistaates Bayern und des Landes Salzburg. Rosenheim/Bayern. Mattsee/Salzburg. 19. Mai bis 6. November 1988, hg. von HERMANN DANNENHAUER und HEINZ DOPSCH, o.O. 1988.
BALZER, MANFRED: Paderborn als karolingischer Pfalzort, in: Deutsche Königspfalzen III, 9-85.
BANDMANN, GÜNTER: Früh- und hochmittelalterliche Altaranordnung als Darstellung, in: Das erste Jahrtausend, Textband I, 371-411.

BARTSCH, ELMAR: Die Sachbeschwörungen der römischen Liturgie. Eine liturgigeschichtliche und liturgietheologische Studie (= Liturgiegeschichtliche Quellen und Forschungen 46) Münster 1967.
BARTH, MEDARD: Mittelalterliche Kalendare und Litaneien des Elsaß, in: Freiburger Diözesan-Archiv 86 (N.F. 18) (1966) 352-443.
DERS.: Zum Kult der hl. Bischöfe Amandus von Straßburg, Maastricht und Worms im deutschen Sprachraum, in: Freiburger Diözesan Archiv 91 (3.F. 23) (1971) 5-64.
BAUCH, ANDREAS: Richard, in: LThK 8, 1963, 1287.
BAUERREISS, ROMUALD: Zur angeblichen Bücher- und Reliquienschenkung Karls des Großen an Benediktbeuern, in: SMBOZ 57 (1939) 151-163.
BAUR, JOHANNES: Nazarius und Celsus, in: LThK 7, 1962, 853f.
BECHER, MATTHIAS: Drogo und die Königserhebung Pippins, in: FMSt 23 (1989) 131-153.
BECK, HANS-GEORG: Christliche Mission und politische Propaganda im byzantinischen Reich, in: La conversione al cristianesimo nell'Europa dell'alto medioevo 649-674.
BECKER, HANS-JÜRGEN: Liturgie und Recht in ihrer wechselseitigen Durchdringung, in: Saeculum 34 (1983) 201-211.
BECKMANN, JOACHIM: Das Proprium Missae, in: Leiturgia. Handbuch des evangelischen Gottesdienstes II, hg. von KARL FERDINAND MÜLLER und WALTER BLANKENBURG, Kassel 1955, 47-86.
BEISSEL, STEPHAN: Die Verehrung der Heiligen und ihrer Reliquien in Deutschland im Mittelalter. Mit einem Vorwort zum Nachdruck 1976 von HORST APPUHN, Darmstadt 1976, Nachdruck der Ausgaben von 1890 und 1892.
Beiträge zur Geschichte des Klosters Lorsch. KARL JOSEF MINST zur Vollendung des 80. Geburtsjahres am 26. April 1978, hg. vom Heimat- und Kulturverein Lorsch in Verbindung mit der Arbeitsgemeinschaft der Geschichts- und Heimatvereine im Kreis Bergstraße (= Geschichtsblätter für den Kreis Bergstraße Sonderband 4) Lorsch 1978.
Beiträge zur Geschichte des Regnum Francorum. Referate beim Wissenschaftlichen Colloquium zum 75. Geburtstag von EUGEN EWIG am 28. Mai 1988, hg. von RUDOLF SCHIEFFER (= Beihefte der Francia 22) Sigmaringen 1990.
BERBIG, HANS JOACHIM: Zur rechtlichen Relevanz von Ritus und Zeremoniell im römisch-deutschen Imperium, in: ZKG 92 (1981) 204-249.
BETH, KARL: Anfang, anfangen, in: HdtA 1, 1927, 406-409.
BEUMANN, HELMUT: Die Einheit des ostfränkischen Reichs und der Kaisergedanke bei der Königserhebung Ludwigs des Kindes, in: AfD 23 (1977) 142-163.
DERS.: Laurentius und Mauritius. Zu den missionspolitischen Folgen des Ungarnsieges Ottos des Großen, in: Festschrift für WALTER SCHLESINGER II, 238-275.

BEYERLE, KONRAD (Hg.): Die Kultur der Abtei Reichenau. Erinnerungsschrift zur 1200. Wiederkehr der Gründung des Inselklosters 724-1924, 2 Halbbände, München 1925, Nachdruck Aalen 1970.
Bibel-Lexikon, hg. von HERBERT HAAG, Zürich - Einsiedeln - Köln 1982.
BIELER, LUDWIG: Wandregiselus, in: LThK 10, 1965, 954.
BIERBRAUER, VOLKER: Liturgische Gerätschaften aus Baiern und seinen Nachbarregionen in Spätantike und frühem Mittelalter. Liturgie- und kunstgeschichtliche Aspekte, in: Die Bajuwaren 328-341.
BISCHOFF, BERNHARD (Hg.): Anecdota novissima. Texte des vierten bis sechzehnten Jahrhunderts (= Quellen und Untersuchungen zur lateinischen Philologie des Mittelalters 7)
DERS.: Caritas-Lieder, in: DERS.: Mittelalterliche Studien II, 56-76.
DERS.: Über Einritzungen in Handschriften des frühen Mittelalters, in: DERS.: Mittelalterliche Studien I, 88-92.
DERS.: Mittelalterliche Studien. Ausgewählte Aufsätze zur Schriftkunde und Literaturgeschichte, 3 Bände, Stuttgart 1966, 1967 und 1981.
BJÖRKMAN, WALTHER: Karl und der Islam, in: Karl der Grosse I, 672-682.
BLINZLER, JOSEF: Alphaios, in: LThK 1, 1957, 366.
BOEHM, FRITZ: Reise, in HdtA 7, 1935-1936, 638-644.
BOEHM, LAETITIA: Rechtsformen und Rechtstitel der burgundischen Königserhebungen im 9.Jahrhundert. Zur Krise der karolingischen Dynastie, in: Königswahl und Thronfolge in fränkisch-karolingischer Zeit 325-398; zuerst in: HJb 80 (1961) 1-57.
BOEHMER, HEINRICH: Das germanische Christentum. Ein Versuch, in: Theologische Studien und Kritiken 1913, 165-280.
BÖHNE, WINFRIED: Abdon und Sennen, in: LThK 1, 1957, 12.
DERS.: Ferreolus, in: LThK 4, 1960, 90.
DERS.: Medardus, in: LThK 7, 1962, 228f.
DERS.: Philibert, in LThK 8, 1963, 446f.
BÖRSTING, HEINRICH: Liudger. Träger des Nikolauskultes im Abendland. Gründer der ersten Nikolauskirche nördlich der Alpen, in: Liudger und sein Erbe, I 139-182.
BONER, GEORG, Felix u. Regula, in: LThK 4, 1960, 72.
BOOR, HELMUT DE: Germanische und christliche Religiosität, in: Mitteilungen der Gesellschaft für Schlesische Landeskunde 33 (1933) 26-52.
BORGOLTE, MICHAEL: Chronologische Studien an den alemannischen Urkunden des Stiftsarchivs St.Gallen, in: AfD 24 (1978) 54-202.
DERS.: Fiktive Gräber in der Historiographie. Hugo von Flavigny und die Sepultur der Bischöfe von Verdun, in: Fälschungen im Mittelalter I, 205-240.
BOSHOF, EGON: Erzbischof Agobard von Lyon. Leben und Werk (= Kölner historische Abhandlungen 17) Köln - Wien 1969.
DERS.: Königtum und adlige Herrschaftsbildung am Niederrhein im 9. und 10. Jahrhundert, in: Königtum und Reichsgewalt am Niederrhein. Referate der 2. Niederrhein-Tagung des Arbeitskreises niederrheinischer Kommunal-

archive (12.-13. März 1982 in Nimwegen) hg. von KLAUS FINK und WILHELM JANSSEN (= Klever Archiv 4) Kleve 1983, 9-41.

BOSHOF, EGON: Lotharingien - Lothringen. Vom Teilreich zum Herzogtum, in: Zwischen Gallia und Germania, Frankreich und Deutschland: Konstanz und Wandel raumbestimmender Kräfte. Vorträge auf dem 36. Deutschen Historikertag, Trier 8.-12. Oktober 1986, hg. von ALFRED HEIT (= Trierer Historische Forschungen 12) Trier 1987, 129-154.

BOUCHARD, CONSTANCE B.: Family structure and family consciousness among the aristocracy in the ninth to eleventh centuries, in: Francia 14 (1986) 639-658.

BOWLUS, CHARLES R.: Krieg und Kirche in den Südost-Grenzgrafschaften. Zusammenhänge zwischen militärischen Auseinandersetzungen in den Marken und der Slawenmission, in: Mitteilungen der Gesellschaft für Salzburger Landeskunde 126 (1986) 71-91.

DERS.: Warfare and Society in the Carolingian Ostmark, in: Austrian History Yearbook 14 (1978) 3-26.

BREYSIG, THEODOR: Jahrbücher des fränkischen Reiches 714-741. Die Zeit Karl Martells (= Jahrbücher der Deutschen Geschichte 2) Leipzig 1869.

BROMMER, PETER: Capitula episcoporum. Bemerkungen zu den bischöflichen Kapitularien, in: ZKG 91 (1980) 207-236.

DERS.: Die bischöfliche Gesetzgebung Theodulfs von Orléans, in: ZRG KA 60 (1974) 1-120.

BROUETTE, ÉMILE: Remigius v. Reims, in: LThK 8, 1963, 1226f.

BRÜHL, CARLRICHARD: Fränkischer Krönungsbrauch und das Problem der 'Festkrönungen', in: DA 194 (1962) 265-326.

DERS.: Kronen- und Krönungsbrauch im frühen und hohen Mittelalter, in: DA 234 (1982) 1-31.

DERS.: Palatium und Civitas. Studien zur Profantopographie spätantiker Civitates vom 3. bis 13. Jahrhundert. I: Gallien, Köln-Wien 1975.

BÜTTNER, HEINRICH: Hersfeld, in: LThK 5, 1960, 281.

BUTZEN, REINER: Mainfranken im Reich der Merowinger und frühen Karolinger, in: Kilian, Mönch aus Irland 247-256.

BRUNNER, HEINRICH: Der Reiterdienst und die Anfänge des Lehnswesens, in: ZRG GA 7 (1887) 1-38.

BRUNNER, KARL: Fränkische Fürstentitel im neunten und zehnten Jahrhundert, in: Intitulatio II, 179-340.

DERS.: Heres michi es tu. Anmerkungen zu Neuedition und Kommentar einer frühkarolingischen Quelle aus der Provence, in: MIÖG 94 (1986) 439-447.

DERS.: Oppositionelle Gruppen im Karolingerreich (= Veröffentlichungen des Instituts für Österreichische Geschichtsforschung 25) Wien - Köln - Graz 1979.

BUCHDA, GERHARD: Anklage, in: HRG 1, 1971, 171-175.

BUCHNER, MAX: Die Clausula de unctione Pippini. Eine Fälschung aus dem Jahr 880 (= Quellenfälschungen aus dem Gebiet der Geschichte) Paderborn 1926.
DERS.: Erwiderung, in: ZRG KA 17 (1928) 697-705.
BUCHNER, RUDOLF: Die Rechtsquellen. Beiheft zu WATTENBACH/LEVISON, Deutschlands Geschichtsquellen im Mittelalter. Vorzeit und Karolinger, Weimar 1953.
BÜHLER, ARNOLD: Capitularia Relecta. Studien zur Entstehung und Überlieferung der Kapitularien Karls des Großen und Ludwigs des Frommen, in: AfD 32 (1986) 305-501.
BUMKE, JOACHIM: Höfische Kultur. Literatur und Gesellschaft im hohen Mittelalter, 2 Bände, München 1986.
BUND, KONRAD: Thronsturz und Herrscherabsetzung im Frühmittelalter (= Bonner Historische Forschungen 44) Bonn 1979.
BYRNE, FRANCIS J.: Die keltischen Völker, in: Handbuch der europäischen Geschichte I, 448-493.
CHAVASSE, ANTOINE: Die Quatembertage, in: Handbuch der Liturgiewissenschaft II, 277-284.
DERS.: Der Osterkreis, in: Handbuch der Liturgiewissenschaft II, 230-264.
CHRIST, HANS: Ein pippinisches Reliquiengrab unter dem karolingischen Marienaltar der Aachener Pfalzkapelle, in: SCHIFFERS, Karls des Großen Reliquienschatz, 87-96.
CLASSEN, PETER: Karl der Große, das Papsttum und Byzanz. Die Begründung des karolingischen Kaisertums. Nach dem Handexemplar des Verfassers hg. von HORST FUHRMANN und CLAUDIA MÄRTL (= Beiträge zur Geschichte und Quellenkunde des Mittelalters 9) Sigmaringen 1985.
DERS.: Karl der Große und die Thronfolge im Frankenreich, in: Festschrift für HERMANN HEIMPEL zum 70. Geburtstag am 19. September 1971, hg. von den Mitarbeitern des Max-Planck-Instituts für Geschichte (= Veröffentlichungen des Max-Planck-Instituts für Geschichte 36) Göttingen 1972, III, 109-134.
CLERQ, CARLO DE: La législation religieuse franque. Étude sur les actes de conciles et les capitulaires, les statuts diocésains et les règles monastiques, 2 Bände, Louvain - Paris 1936 und Anvers 1958.
COENS, MAURICE: Anciennes Litanies des Saints, in: AB 54 (1936) 5-37, AB 55 (1937) 49-69, AB 59 (1941) 272-298 und AB 62 (1944) 126-168.
CONTAMINE, PHILIPPE: La Guerre au moyen age (= Nouvelle clio 24) Paris 1980.
La conversione al cristianesimo nell'Europa dell'alto medioevo. 14-19 aprile 1966 (= Settimane di studio del centro italiano di studi sull'alto medioevo 14) Spoleto 1967.

CRAM, KURT-GEORG: Iudicium Belli. Zum Rechtscharakter des Krieges im Deutschen Mittelalter (= Beihefte zum Archiv für Kulturgeschichte 5) Münster - Köln 1955.
DAVRIL, ANSELME: Conclusion générale, in: Studia Monastica 21 (1979) [Themenheft zur Translation von Benedikt von Montecassino und seiner Schwester Scholastica ins Frankenreich] 425-428.
DAXELMÜLLER, CHRISTOPH: Dreißigster, in: RGA 6, 1986, 174-177.
DEÉR, JOSEF: Byzanz und das abendländische Herrschertum. Ausgewählte Aufsätze von Josef Deér, hg. von PETER CLASSEN (= Vorträge und Forschungen 21) Sigmaringen 1977.
DERS.: Zur Praxis der Verleihung des auswärtigen Patriziats durch den byzantinischen Kaiser, in: DERS.: Byzanz und das abendländische Herrschertum 424-438; zuerst in: Archivum Historiae Pontificiae 8 (1970) 7-25.
DELBRÜCK, HANS: Geschichte der Kriegskunst im Rahmen der politischen Geschichte. III: Mittelalter. Mit einer Einleitung von KURT-GEORG CRAM, Berlin ^{2}1923, Nachdruck Berlin 1964.
DELIUS, WALTER: Geschichte der Marienverehrung, München - Basel 1963.
DERSTROFF, NIKOLAUS: Die Verehrung Lorscher Heiliger einst und jetzt, in: Beiträge zur Geschichte des Klosters Lorsch 115-122.
DEPREUX, PHILIPPE: Wann begann Ludwig der Fromme zu regieren? in: MIÖG 102 (1994) 253-270.
Deus qui mutat tempora. Festschrift für ALFONS BECKER, hg. von ERNST-DIETER HEHL, HUBERTUS SEIBERT und FRANZ STAAB, Sigmaringen 1987.
Deutsche Königspfalzen III (= Veröffentlichungen des Max-Planck-Instituts für Geschichte 11,3) Göttingen 1979.
D'HAENSENS, ALBERT: Les invasions normandes en Belgique au IXe siècle. Le phénomène et sa répercussion dans l'historiographie médiévale (= Université de Louvain. Recueil de travaux d'histoire et de philologie 4e série. Fascicule 38) Löwen 1967.
DIEPOLDER, GERTRUD: Altbayerische Laurentiuspatrozinien, in: Aus Bayerns Frühzeit. FRIEDRICH WAGNER zum 75. Geburtstag, hg. von JOACHIM WERNER (= Schriftenreihe zur bayerischen Landesgeschichte 62) München 1962, 371-396.
DÖLGER, Franz: Die 'Familie der Könige', in: DERS.: Byzanz und die europäische Staatenwelt. Ausgewählte Vorträge und Aufsätze, Darmstadt 1964, 34-69.
DUBOIS, FRANCOIS-O.: Theodor v. Octodurus, in: LThK 10, 1965, 28f.
DÜLMEN, RICHARD VAN: Theater des Schreckens. Gerichtsrituale und Strafrituale in der frühen Neuzeit (= Beck'sche Reihe 349) München 1988.
DÜMMLER, ERNST: Geschichte des Ostfränkischen Reiches, 3 Bände, Leipzig ^{2}1887/1888, Nachdruck 1960.
DÜRIG, WALTER: Apostelfeste, in: LThK 1, 1957, 742f.

Ecclesia et regnum. Beiträge zur Geschichte von Kirche, Recht und Staat im Mittelalter. Festschrift für FRANZ-JOSEF SCHMALE zu seinem 65. Geburtstag, hg. von DIETER BERG und HANS-WERNER GOETZ, Bochum 1989.

ECKEL, AUGUSTE: Charles le Simple (= Bibliothèque de l'école des hautes études, sciences philologiques et historiques 124) Paris 1899.

ECKHARDT, KARL AUGUST: Studia merovingica (= Bibliotheca rerum historicarum 11) Aalen 1975.

ECKSTEIN, FELIX: Trinken, in: HdtA 8, 1936/37, 1150-1165.

EICHMANN, EDUARD: Die Kaiserkrönung im Abendland. Ein Beitrag zur Geistesgeschichte des Mittelalters. Mit besonderer Berücksichtigung des kirchlichen Rechts, der Liturgie und der Kirchenpolitik, 2 Bände, Würzburg 1942.

ELIADE, MIRCEA: Das Heilige und das Profane. Vom Wesen des Religiösen, Hamburg 1957.

DERS.: Die Religionen und das Heilige. Elemente der Religionsgeschichte, Darmstadt 1966.

ELZE, REINHARD: Die Herrscherlaudes im Mittelalter, in: ZRG KA 40 (1954) 201-223.

ENGELHARDT, ISRUN: Mission und Politik in Byzanz. Ein Beitrag zur Strukturanalyse byzantinischer Mission zur Zeit Justins und Justinians (= Miscellanea Byzantina Monacensia 19) München 1974.

ENGELS, ODILO: Die Anfänge des Jakobusgrabes in kirchenpolitischer Sicht, in: RQS 75 (1980) 146-170.

DERS.: Zum päpstlich-fränkischen Bündnis im 8. Jahrhundert, in: Ecclesia et regnum 21-38.

Die Entstehung des Deutschen Reiches (Deutschland um 900). Ausgewählte Aufsätze aus den Jahren 1928-1954 mit einem Vorwort von HELLMUT KÄMPF (= WdF 1) Darmstadt ²1963.

ERBEN, WILHELM: Kriegsgeschichte des Mittelalters (= HZ. Beiheft 16) München - Berlin 1929.

ERDMANN, WOLFGANG: Zur archäologischen und baugeschichtlichen Erforschung der Pfalzen im Bodenseegebiet. Bodman, Konstanz, Reichenau, Zürich, in: Deutsche Königspfalzen III, 136-210.

ERLER, ADALBERT: Farbe, in: HRG 1, 1971, 1077-1079.

DERS.: Gottesurteil, in: HRG 1, 1971, 1769-1773.

Das erste Jahrtausend. Kultur und Kunst im werdenden Abendland an Rhein und Ruhr, Tafelband und 2 Textbände, hg. von VICTOR H. ELBERN, Düsseldorf 1962.

EWIG, EUGEN: Beobachtungen zur Entwicklung der fränkischen Reichskirche unter Chrodegang von Metz, in: FMSt 2 (1968) 67-77.

EWIG, EUGEN: Die fränkischen Teilungen und Teilreiche (511-613), in: Abhandlungen der Akademie der Wissenschaften und der Literatur in Mainz, geistes- und sozialwissenschaftliche Klasse, Jahrgang 1952, Nr.9, Wiesbaden 1953, 651-715.
DERS.: Der Gebetsdienst der Kirchen in den Urkunden der späteren Karolinger, in: Festschrift für BERENT SCHWINEKÖPER 45-86.
DERS.: Die Kathedralpatrozinien im römischen und fränkischen Gallien, in: HJb 79 (1960) 1-61.
DERS.: Die Merowinger und das Frankenreich, Stuttgart - Berlin - Köln - Mainz 1988.
DERS.: Der Petrus- und Apostelkult im spätrömischen und fränkischen Gallien, in: ZKG 71 (1960) 215-251.
DERS.: Zum christlichen Königsgedanken im Frühmittelalter, in: Das Königtum. Seine geistigen und rechtlichen Grundlagen. Mainauvorträge 1954 (= Vorträge und Forschungen 3) Darmstadt 1963, 7-74.
Fälschungen im Mittelalter. Internationaler Kongreß der Monumenta Germaniae Historica. München, 16.-19. September 1986 (= Schriften der Monumenta Germaniae Historica 33) 5 Bände, Hannover 1988.
Das Fest. Eine Kulturgeschichte von der Antike bir zur Gegenwart, hg. von UWE SCHULTZ, München 1988.
Festschrift für WALTER SCHLESINGER, hg. von HELMUT BEUMANN (= Mitteldeutsche Forschungen 74) Köln - Wien 1974.
Festschrift für BERENT SCHWINEKÖPER. Zu seinem 70. Geburtstag, hg. von HELMUT MAURER und HANS PATZKE, Sigmaringen 1982.
FICHTENAU, HEINRICH: Beiträge zur Mediävistik. Ausgewählte Aufsätze, 3 Bände, Stuttgart 1975, 1977 und 1986.
DERS.: Forschungen über Urkundenformeln. Ein Bericht, in: MIÖG 94 (1986) 285-339.
DERS.: Lebensordnungen des 10. Jahrhunderts. Studien über Denkart und Existenz im einstigen Karolingerreich, Stuttgart 1992.
DERS.: "Politische" Datierungen des frühen Mittelalters, in: Intitulatio II, 453-548.
DERS.: Das Urkundenwesen in Österreich vom 8. bis zum 13. Jahrhundert (= MIÖG Erg.Bd. 23) Wien - Köln - Graz 1971.
DERS.: Zum Reliquienwesen des frühen Mittelalters, in: DERS., Beiträge zur Mediävistik I, 108-144; zuerst in: MIÖG 60 (1952) 60-89.
FINCKENSTEIN, ALBRECHT GRAF FINCK VON: Fest und Feiertage im Frankenreich der Karolinger, in: Beiträge zur Geschichte des Regnum Francorum 121-129.
FINSTERWALDER, PAUL WILLEM: Quellenkritische Untersuchungen zu den Capitularien Karls des Großen, in: HJb 38 (1958) 419-434.
DERS.: Zwei Bischofskapitularien der Karolingerzeit. Ein Beitrag zur Kenntnis der bischöflichen Gesetzgebung des neunten Jahrhunderts, in: ZRG KA 14 (1925) 336-383.

FISCHER, BALTHASAR: Quatember, in: LThK 8, 1963, 928f.
FLECKENSTEIN, JOSEF: Die Hofkapelle der deutschen Könige. I: Grundlegung. Die karolingische Hofkapelle (Schriften der Monumenta Germaniae Historica 16,1) Stuttgart 1959.
FLINT, VALERIE J.: The Transmission of Astrology in the Early Middle Ages, in: Viator 21 (1990) 1-27.
FLORI, JEAN: Mort et martyre des guerriers vers 1100. L'exemple de la première croissade, in: Cahiers de la civilisation médiéval. X^e-XIIe siècles 34 (1991) 121-139.
FOURNÉE, JEAN: Le culte populaire des saints en Normandie, Paris 1973.
FRANK, HIERONYMUS: Allerheiligenfest, in: LThK 1, 1957, 348.
DERS.: Weihnachten, in: LThK 10, 1965, 984-988.
FRANZ, ADOLPH: Die kirchlichen Benediktionen im Mittelalter, 2 Bände, Reprint der Ausgabe von 1909, Graz 1960.
FREISE, ECKHARD: Die 'Genealogia Arnulfi comitis' des Priesters Witger, in: FMSt 23 (1989) 203-243.
DERS.: Kalendarische und annalistische Grundformen der Memoria, in: Memoria 441-577.
FRIED, JOHANNES: Ludwig der Jüngere in seiner Zeit. Zum 1100. Todestag des Königs, in: Geschichtsblätter Kreis Bergstraße 16 (1983) 5-26.
FRIESE, ALFRED: Studien zur Herrschaftsgeschichte des fränkischen Adels. Geschichte und Gesellschaft. Der mainländisch-thüringische Raum vom 7. bis 11. Jahrhundert (= Geschichte und Gesellschaft 18) Stuttgart 1979.
FUHRMANN, HORST: Die Synode von Hohenaltheim (916) - quellenkundlich betrachtet, in: DA 43 (1987) 440-468.
GAMBER, KLAUS: Codices liturgici latini antiquiores, 2 Bände (= Spicilegii Friburgensis Subsidia 1) Freiburg/Ch. ^{2}1968.
DERS.: Ecclesia Reginensis. Studien zur Geschichte und Liturgie der Regensburger Kirche im Mittelalter (= Studia Patristica et Liturgica 8) Regensburg 1979.
DERS. (Hg.): Sakramentartypen. Versuch einer Gruppierung der Handschriften und Fragmente bis zur Jahrtausendwende. In beratender Verbindung mit ALBAN DOLD und BERNHARD BISCHOFF (= Texte und Arbeiten I. Abteilung, Heft 49/50) Beuron 1958.
GANSHOF, FRANCOIS LOUIS: Was waren die Kapitularien? Darmstadt 1961.
GARMS-CORNIDES, ELISABETH: Die langobardischen Fürstentitel (774-1077), in: Intitulatio II, 341-452.
GAUERT, ADOLF: Zum Itinerar Karls des Großen, in: Karl der Grosse I, 307-321.
GILLMOR, CARROLL MARIE: Warfare and the Military under Charles the Bald, 840-877, Diss., University of California/Los Angeles 1976.
DIES.: War on the Rivers: Viking Numbers and Mobility on the Seine and Loire 841-886, in: Viator 19 (1988) 79-109.

GOCKEL, MICHAEL: Karolingische Königshöfe am Mittelrhein (= Veröffentlichungen des Max-Planck-Instituts für Geschichte 31) Göttingen 1970.
GOETZ, HANS-WERNER: "Dux" und "Ducatus". Begriffs- und Verfassungsgeschichtliche Untersuchungen zur Entstehung des sogenannten "jüngeren" Stammesherzogtums an der Wende zum zehnten Jahrhundert, Bochum 1977.
DERS.: Leben im Mittelalter vom 7. bis zum 13. Jahrhundert, München ²1986.
DERS.: Kirchenfest und weltliches Alltagsleben im frühen Mittelalter", in: Mediävistik 2 (1989) 123-171.
DERS.: Strukturen der spätkarolingischen Epoche im Spiegel der Vorstellungen eines zeitgenössischen Mönchs. Eine Interpretation der 'Gesta Karoli' Notkers von Sankt Gallen, Bonn 1981.
DERS.: Zur Landnahmepolitik der Normannen im Fränkischen Reich, in: AHVNrh 183 (1980) 9-17.
DERS.: Zur Namengebung bäuerlicher Schichten im Frühmittelalter. Untersuchungen und Berechnungen anhand des Polyptychons von Saint-Germain-des-Prés, in: Francia 15 (1987) 852-877.
DERS.: Zur Namengebung in der alamannischen Grundbesitzerschicht der Karolingerzeit. Ein Beitrag zur Familienforschung, in: Zeitschrift für die Geschichte des Oberrheins 133 (1985) 1-41.
GORDINI, GIAN DOMENICO: Symphorianus, in: LThK 9, 1964, 1219.
DERS.: Vedastus, in: LThK 10, 1965, 649.
GRAUS, FRANTISEK: Der Heilige als Schlachtenhelfer - Zur Nationalisierung einer Wundererzählung in der mittelalterlichen Chronistik, in: Festschrift für HELMUT BEUMANN zum 65. Geburtstag, hg. von KARL-ULRICH JÄSCHKE und REINHOLD WENSKUS, Sigmaringen 1977, 330-348.
DERS.: Volk, Herrscher und Heiliger im Reich der Merowinger. Studien zur Hagiographie der Merowingerzeit, Prag 1965.
GRIERSON, PHILIP: La Maison d'Evrard de Frioul et les origenes du comté de Flandre, in: Revue du Nord 24 (1938) 241-266.
GRIMME, ERNST GUNTHER: Goldschmiedekunst im Mittelalter. Form und Bedeutung des Reliquiars von 800-1500, Köln 1952.
GRÖNBECH, WILHELM: Kultur und Religion der Germanen, 2 Bände, Darmstadt ⁵1954.
GROSSMANN, URSULA: Studien zur Zahlensymbolik des Frühmittelalters, in: Zeitschrift für Katholische Theologie 76 (1954) 19-54.
GROTEFEND, HERMANN: Zeitrechnung des deutschen Mittelalters und der Neuzeit, 2 Bände, Hannover 1892/1898, Nachdruck 1970.
GURJEWITSCH, AARON J.: Mittelalterliche Volkskultur, München 1987.
DERS.: Das Weltbild des mittelalterlichen Menschen, München 1980.
HÄUSSLING, ANGELUS ALBERT: Mönchskonvent und Eucharistiefeier. Eine Studie über die Messe in der abendländischen Klosterliturgie des frühen Mittelalters und zur Geschichte der Meßhäufigkeit (= Liturgiewissenschaftliche Quellen und Forschungen 58) Münster 1973.

HAHN, HEINRICH: Jahrbücher des fränkischen Reichs 741-752 (= Jahrbücher der deutschen Geschichte 3) Berlin 1863.
Handbuch der europäischen Geschichte. I: Europa im Wandel von der Antike zum Mittelalter, hg. von THEODOR SCHIEFFER, Stuttgart 1976.
Handbuch der Liturgiewissenschaft, hg. von AIMÉ-GEORGE MARTIMORT, 2 Bände, Freiburg/Br. 1965.
HANNIG, JÜRGEN: Ars donandi. Zur Ökonomie des Schenkens im frühen Mittelalter, in: GWU 37 (1986) 149-162.
HARTHAUSEN, HARTMUT: Die Normanneneinfälle im Elb- und Wesermündungsgebiet mit besonderer Berücksichtigung der Schlacht von 880 (= Quellen und Darstellungen zur Geschichte Niedersachsens 68) Hildesheim 1966.
HARTMANN, LUDO MORITZ: Geschichte Italiens im Mittelalter III (= Allgemeine Staatengeschichte. Erste Abteilung: Geschichte der Europäischen Staaten 32,3) Gotha 1908-1911.
HARTMANN, WILFRIED: Laien auf Synoden der Karolingerzeit, in: AHC 10 (1978) 249-269.
DERS.: Neue Texte zur bischöflichen Reformgesetzgebung aus den Jahren 829/831. Vier Diözesansynoden Halitgars von Cambrai, in: DA 35 (1979) 368-394.
DERS.: Die Synoden der Karolingerzeit im Frankenreich und in Italien (= Konziliengeschichte. Reihe A: Darstellungen) Paderborn - München - Wien - Zürich 1989.
DERS.: Unbekannte Kanones aus dem Westfrankenreich des 10. Jahrhunderts, in: DA 43 (1987) 28-45.
DERS.: Zu einigen Problemen der karolingischen Konzilsgeschichte, in: AHC 9 (1977) 6-28.
HASELBACH, IRENE: Aufstieg und Herrschaft der Karlinger in der Darstellung der sogenannten Annales Mettenses priores. Ein Beitrag zur Geschichte der politischen Ideen im Reiche Karls des Großen (= Historische Studien 42) Lübeck-Hamburg 1970.
HASENFRATZ, HANS-PETER: Seelenvorstellungen bei den Germanen und ihre Übernahme und Umformung durch die christliche Mission, in: ZRGG 38 (1986) 19-31.
HAUBRICHS, WOLFGANG: Christentum der Bekehrungszeit. Motive, Themen und Praxis, in: RGA 4, 1981, 540-557.
DERS.: Die Kultur der Abtei Prüm zur Karolingerzeit. Studien zur Heimat des althochdeutschen Georgsliedes (= Rheinisches Archiv 105) Bonn 1979.
HAUCK, KARL: Karl als neuer Konstantin 777. Die archäologischen Entdeckungen in Paderborn in historischer Sicht. Mit einem Exkurs von GUNTHER MÜLLER, Der Name Widukind, in: FMSt 20 (1986) 513-540.
DERS.: Karolingische Taufpfalzen im Spiegel hofnaher Dichtung, in: Nachrichten der Akademie der Wissenschaften in Göttingen aus dem Jahre 1985, phil.-hist. Kl., Göttingen 1985, 1-97.

HAUCK, KARL: Paderborn, das Zentrum von Karls Sachsen-Mission 777, in: Adel und Kirche 92-140.
DERS.: Rituelle Speisegemeinschaft im 10. und 11. Jahrhundert, in: Studium Generale 3 (1950) 611-621.
HEHL, ERNST-DIETER: 798 - ein erstes Zitat aus der Konstantinischen Schenkung, in: DA 47 (1991) 1-17.
HEIDRICH, INGRID: Die kirchlichen Stiftungen der frühen Karolinger in der ausgehenden Karolingerzeit und unter Otto I., Beiträge zur Geschichtedes Regnum Francorum, 131-147.
DIES.: Synode und Hoftag in Düren im August 747, in: DA 50 (1994) 415-440.
HEISER, LOTHAR: Die Responsa ad consulta Bulgarorum des Papstes Nikolaus I. (858-867). Ein Zeugnis päpstlicher Hirtensorge und ein Dokument unterschiedlicher Entwicklungen in den Kirchen von Rom und Konstantinopel (= Trierer Theologische Studien 36) Trier 1979.
DERS.: Die Taufe in der orthodoxen Kirche. Geschichte, Spendung und Symbolik nach der Lehre der Väter (= Sophia. Quellen östlicher Theologie 25) Trier 1987.
HELLGARDT, ERNST: Zum Problem symbolbestimmter und formalästhetischer Zahlenkomposition in mittelalterlicher Literatur. Mit Studien zum Quadrivium und zur Vorgeschichte des mittelalterlichen Zahlendenkens (= Münchner Texte und Untersuchungen zur deutschen Literatur des Mittelalters 45) München 1973.
HENNECKE, EDGAR und KRUMWIEDE, HANS-WALTHER: Die mittelalterlichen Kirchen- und Altarpatrozinien Niedersachsens (= Studien zur Kirchengeschichte Niedersachsens 11) Göttingen 1960.
HEUTGER, NIKOLAUS C.: Das Stift Möllenbeck an der Weser: Kanonissenstift, Windesheimer Chorherrenstift, Evangelisches Stift, Hildesheim ²1987.
HILL, DONALD R.: Magic in Primitive Societies, in: The Encyclopedia of Religion 9, New York - London 1987, 89-92.
HILPISCH, STEPHAN: Benedikt v. Nursia, in: LThK 2, 1958, 182f.
DERS.: Fleury, in: LThK 4, 1960, 167.
HIRSCH, PAUL: Die Erhebung Berengars I. von Friaul zum König von Italien, Diss., Straßburg 1910.
HLAWITSCHKA, EDUARD: Arnulf, in: LexMA 1, 1980, 1018f.
DERS.: Franken, Alemannen, Bayern und Burgunder in Oberitalien (774-962) (= Forschungen zur Oberrheinischen Landesgeschichte 8) Freiburg/Br. 1960.
DERS.: Kontroverses aus dem Umfeld von König Heinrich I. und Gemahlin Mathilde, in: Deus qui mutat tempora 33-53.
DERS.: Lotharingien und das Reich an der Schwelle der deutschen Geschichte (= Schriften der Monumenta Germaniae Historica (Deutsches Institut für Erforschung des Mittelalters) 21) Stuttgart 1968.

HLAWITSCHKA, EDUARD: Die Verbreitung des Namens Zwentibold in frühdeutscher Zeit. Personengeschichtliche Beobachtungen und Erwägungen, in: Festschrift für HERBERT KOLB zu seinem 65. Geburtstag, hg. von KLAUS MATZEL und HANS-GERT ROLOFF, Bern - Frankfurt/M. - New York - Paris 1989, 264-292.

DERS.: Vom Frankenreich zur Formierung der europäischen Staaten-und Völkergemeinschaft 840-1046. Ein Studienbuch zur Zeit der späten Karolinger, der Ottonen und der frühen Salier in der Geschichte Mitteleuropas, Darmstadt 1986.

DERS.: Die Vorfahren Karls des Großen, in: Karl der Grosse I, 51-82.

HÖRLE, JOSEF: Breviarium sancti Lulli - Gestalt und Gehalt, in: AmrhKG 12 (1960) 18-52.

HOLLAARDT, P. AUGUSTIN: L'abbaye de Flavigny et la fête des apôtres Simon et Jude, in: Questions liturgiques 61 (1980) 29-36.

HOLTZMANN, ROBERT: Geschichte der sächsischen Kaiserzeit (900-1024) Darmstadt [5]1967.

HOLZBAUER, HERMANN: Mittelalterliche Heiligenverehrung. Heilige Walburgis (= Eichstätter Studien N.F. 5) Kevelaer 1972.

HOLZFURTNER, LUDWIG: Untersuchungen zur Namensgebung im frühen Mittelalter nach den bayrischen Quellen des achten und neunten Jahrhunderts, in: Zeitschrift für bayrische Landesgeschichte 45 (1982) 3-21.

HOLZHAUER, HEINZ: Der gerichtliche Zweikampf, in: Sprache und Recht 263-283.

HONSELMANN, KLEMENS: Die Bistumsgründungen in Sachsen unter Karl dem Großen, mit einem Ausblick auf spätere Bistumsgründungen und einem Exkurs zur Übernahme der christlichen Zeitrechnung im frühmittelalterlichen Sachsen, in: AfD 30 (1984) 1-50.

DERS.: Reliquientranslationen nach Sachsen, in: Das erste Jahrtausend. Textband I, 159-193.

HOTZELT, WILHELM: Translationen von Märtyrerleibern aus Rom ins westliche Frankenreich im 8. Jahrhundert, in: Archiv für Elsässische Kirchengeschichte 13 (1938) 1-52.

HUG, WILLIBRORD: Geschichte des Festes Divisio Apostolorum, in: Theologische Quartalschrift 113 (1932) 53-72.

HUHN, JOSEF: Ambrosius von Mailand, in: LThK 1, 1957, 427-430.

HUIZINGA, JOHAN: Homo Ludens. Vom Ursprung der Kultur im Spiel, Reinbek 1987, Nachdruck der Ausgabe von 1956.

HUNGER, HERBERT: Die Schönheitskonkurrenz in 'Belthandros' und 'Chrysanthsa' und die Brautschau am byzanthinischen Kaiserhof, in: Byzantion 35 (1965) 150-158.

HUNKLER, TH. L. X.: Leben der Heiligen des Elsasses, Kolmar 1839.

HUSSONG, ULRICH: Studien zur Geschichte der Reichsabtei Fulda bis zur Jahrtausendwende, in: AfD 31 (1985) 1-225, 32 (1986) 129-304.

Institutionen, Kultur und Gesellschaft. Festschrift für JOSEF FLECKENSTEIN zu seinem 65. Geburtstag, hg. von LUTZ FENSKE, WERNER RÖSENER und THOMAS ZOTZ, Sigmaringen 1984.

Intitulatio II: Lateinische Herrscher- und Fürstentitel im neunten und zehnten Jahrhundert, hg. von HERWIG WOLFRAM (= MIÖG Erg.Bd. 25) Wien - Köln - Graz 1973.

IRSIGLER, FRANZ: Untersuchungen zur Geschichte des frühfränkischen Adels (= Rheinisches Archiv 70) Bonn 1969.

JAKOBI, FRANZ-JOSEF: Diptychen als frühe Form der Gedenk-Aufzeichnungen. Zum 'Herrscher-Diptychon' im Liber Memorialis von Remiremont, in: FMSt 20 (1986) 186-212.

JACOBSEN, WERNER: Die Abteikirche von Saint-Denis als kunstgeschichtliches Problem. Avec des observations par LÉOPOLD GENICOT, in: La Neustrie II, 151-185.

JÄSCHKE, KURT-ULRICH: Bonifatius und die Königssalbung Pippins des Jüngeren, in: AD 23 (1977) 25-54.

DERS.: Die Gründungszeit der mitteldeutschen Bistümer und das Jahr des Concilium Germanicum, in: Festschrift für WALTER SCHLESINGER II, 71-136.

JANIN, R.: Les églises byzantines des saints militaires, in: Échos d'Orient 37 (1934) 163-180 und Échos d'Orient 38 (1935) 331-342.

JARNUT, JÖRG: Alemannien zur Zeit der Doppelherrschaft der Hausmeier Karlmann und Pippin, in: Beiträge zur Geschichte des Regnum Francorum 57-66.

DERS.: Wer hat Pippin 751 zum König gesalbt?, in: FMSt 16 (1982) 45-57.

JOUNEL, P.: Die Heiligenverehrung, in: Handbuch der Liturgiewissenschaft II, 303-325.

DERS.: Die Weihnachtszeit, in: Handbuch der Liturgiewissenschaft II, 265-276.

JUNGBAUER, GUSTAV: Donnerstag, in: HdtA 2, 331-345.

DERS.: Sonntag, in: HdtA 8, 1937, 88-99.

DERS.: Sonntagsheiligung, in: HdtA 8, 1937, 104-114.

DERS.: Tagewählerei, in: HdtA 8, 1936-1937, 650-657.

JUNGMANN, JOHANNES ANDREAS: Der liturgische Wochenzyklus. Verfall und Neubildung, in: ZKTh 79 (1957) 45-68.

DERS.: Karwoche, in: LThK 6, 1961, 6f.

DERS.: Missarum Sollemnia. Eine genetische Erklärung der römischen Messe, 2 Bände, Freiburg/Br. ^{4}1958.

DERS.: Mittelalterliche Frömmigkeit. Ihr Werden unter den Nachwirkungen der christologischen Kämpfe, in: Geist und Leben 41 (1968) 429-443.

KAEMMERER, WALTHER: Die Aachener Pfalz Karls des Großen in Anlage und Überlieferung, in: Karl der Grosse I, 322-348.

KAHL, HANS-DIETRICH: Karl der Grosse und die Sachsen. Stufen und Motive einer historischen "Eskalation", in: Politik, Gesellschaft, Geschichtsschreibung. Giessener Festgabe für FRANTISEK GRAUS zum 60. Geburtstag, hg. von HERBERT LUDAT und RAINER CHRISTOPH SCHWINGES, Köln - Wien 1982, 49-130.

KAISER, REINOLD: Boso von Vienne, in: LexMA 2, 1983, 477f.

DERS.: Karls des Großen Immunitätsprivilegien für Trier (772) und Metz (775), in: Jahrbuch für westdeutsche Landesgeschichte 2 (1976) 1-22.

KANTOROWICZ, ERNST H.: Laudes Regiae. A Study in Liturgical Acclamations and Medieval Ruler Worship. With a Study of the Music of the Laudes and Musical Transcriptions by MANFRED F. BUKOFZER, Berkeley - Los Angelos 1958.

DERS.: Die zwei Körper des Königs. Eine Studie zur politischen Theologie des Mittelalters, München 1990; Erstausgabe "The King's Two Bodies. A Study in Mediaeval Political Theology", Princeton 1957.

Karl der Grosse. Lebenswerk und Nachleben, hg. von HELMUT BEUMANN, 5 Bände, Düsseldorf 1965-1967.

KARLE, BERNHARD: Kehren, Kericht, in: HdtA 4, 1931/1932, 1211-1239.

KAUFFMANN, FRIEDRICH: Altdeutsche Genossenschaften (Gemein und geheim; Bauern, Gesellschaft und andere Genossen), in: Wörter und Sachen 2 (1910) 9-42.

KAUFMANN, EKKEHARD: König, in HRG 2, 1978, 999-1023, 1021.

KEHR, PAUL: Aus den letzten Tagen Karls III., in: Königswahl und Thronfolge in fränkisch-karolingischer Zeit 399-412; zuerst in: DA 1 (1937) 138-146.

DERS.: Die Kanzleien Karlmanns und Ludwigs des Jüngeren, in: Abhandlungen der preussischen Akademie der Wissenschaften, phil.-hist. Kl., 1933 Nr.1, Berlin 1933.

DERS.: Die Schreiber und Diktatoren der Diplome Ludwigs des Deutschen, in: NA 50 (1935) 1-105.

KELLER, HAGEN: Herrscherbild und Herrschaftslegitimation. Zur Deutung der ottonischen Denkmäler, in: FMSt 19 (1985) 290-311.

DERS.: Zum Sturz Karls III., in: Königswahl und Thronfolge in fränkisch-karolingischer Zeit 432-494; zuerst in: DA 22 (1966) 333-384.

KENNEDY, GAVIN: Einladung zur Statistik (= Campus Studium 562) Frankfurt - New York 1985.

KERLER, DIETRICH HEINRICH: Die Patronate der Heiligen. Ein alphabetisches Nachschlagebuch für Kirchen-, Kultur- und Kunsthistoriker sowie für den praktischen Gebrauch des Geistlichen, Ulm 1905.

KERNER, MAX: Der Reinigungseid Leos III. vom Dezember 800. Die Frage seiner Echtheit und frühen kanonistischen Überlieferung. Eine Studie zum Problem der päpstlichen Immunität im früheren Mittelalter, in: Festgabe für BERNHARD POLL, hg. von HERBERT LEPPER (= Zeitschrift des Aachener Geschichtsvereins 84/85 (1977/78)) 131-160.

KIEL, HEINRICH AUGUST: Zeitrechnung, in: KL^2 12, 1901, 1904-1940.

Kilian, Mönch aus Irland, aller Franken Patron, hg. von JOHANNES ERICHSEN und EVAMARIA BROCKHOFF (= Veröffentlichungen zur Bayerischen Geschichte und Kultur 19/89) München 1989.
Kirchengeschichte als Missionsgeschichte, hg. von HEINZGÜNTHER FROHNES, HANS-WERNER GENSICHEN und GEORG KRETSCHMAR, II.1: Die Kirche des früheren Mittelalters, hg. von KNUT SCHÄFERDIEK, München 1978.
KLAUSER, THEODOR: Fest, in: RAC 7, 1969, 747-766.
KLAUSER, THEODOR: Festankündigung, in: RAC 7, 1969, 766-785.
KLEINHEYER, BRUNO: Die Priesterweihe im römischen Ritus. Eine liturgiehistorische Studie (= Trierer Theologische Studien 12) Trier 1962.
KLÖCKENER, MARTIN: Eine liturgische Ordnung für Provinzialkonzilien aus der Karolingerzeit. Der "Ordo romanus qualiter concilium agitur" des Cod 138 der Dombibliothek Köln, liturgiegeschichtlich erklärt, in: AHC 12 (1980) 109-182.
KNÖRZER, KARL-HEINZ: Botanische Beobachtungen zu einem Südtiroler Kornfeld, in: Der Schlern 60 (1986) 486-502.
KNOPP, GISBERT: Sanctorum nomina seriatim. Die Anfänge der Allerheiligenlitanei und ihre Verbindung mit den 'Laudes regiae', in: RQS 65 (1970) 185-231.
KÖBLER, GERHARD: Bilder aus der deutschen Rechtsgeschichte von den Anfängen bis zur Gegenwart, München 1988.
Königswahl und Thronfolge in fränkisch-karolingischer Zeit, hg. von EDUARD HLAWITSCHKA (= WdF 247) Darmstadt 1975.
KÖSTER, HEINRICH M.: Marienverehrung, in: LThK 7, 1962, 78-80.
KÖTTING, BERNHARD: Agatha, in: LThK 1, 1957, 183f.
DERS.: Die Beurteilung der zweiten Ehe in der Spätantike und im frühen Mittelalter, in: Tradition als historische Kraft 43-52.
DERS.: Germanus von Auxerre, in: LThK 4, 1960, 755f.
DERS.: Georg, in: LThK 4, 1960, 690-692.
DERS.: Gervasius und Protasius, in: LThK 4, 1960, 765.
DERS.: Julianus, in: LThK 5, 1960, 1196f.
DERS.: Victor, hll. Märtyrer, in: LThK 10, 1965, 771-773.
KOHLSCHEIN, FRANZ: Östliche Tauftheologie in Traditionen des westlichen Stundengebets am Oktavtag von Epiphanie, in: LJb 33 (1983) 118-122.
KOLB, HERBERT: Himmlisches und irdisches Gericht in karolingischer Theologie und althochdeutscher Dichtung, in: FMSt 5 (1971) 284-303.
KONECNY, SILVIA: Die Frauen des karolingischen Königshauses. Die politische Bedeutung der Ehe und die Stellung der Frau in der fränkischen Herrscherfamilie vom 7. bis zum 10, Jahrhundert (= Dissertationen der Universität Wien 132) Wien 1976.
KOTTJE, RAYMUND: Die Bußbücher Halitgars von Cambrai und des Hrabanus Maurus. Ihre Überlieferung und ihre Quellen (= Beiträge zur Geschichte und Quellenkunde des Mittelalters 8) Berlin - New York 1980.

KOTTJE, RAYMUND: König Ludwig der Deutsche und die Fastenzeit, in: Mysterium der Gnade. Festschrift für JOHANN AUER, hg. von HERIBERT ROSSMANN und JOSEF RATZINGER, Regensburg 1975, 307-311.

DERS.: Studien zum Einfluß des Alten Testamentes auf Recht und Liturgie im frühen Mittelalter (6.-8. Jahrhundert) (= Bonner Historische Forschungen 23) Bonn 1964.

KRAFT, BENEDIKT: Barnabasbrief, in: LThK 1, 1957, 1256f.

KRETSCHMAR, GEORG: Zur Theologie des Heiligen in der frühen Kirche, in: Aspekte frühchristlicher Heiligenverehrung (= Oikonomia 6) Erlangen 1977, 77-125.

KREYSZIG, ERWIN: Statistische Methoden und ihre Anwendungen, Göttingen ²1967.

KROOS, RENATE: Vom Umgang mit Reliquien im Mittelalter, in: Ornamenta ecclesiae III, 25-49.

KRÜGER, KARL HEINRICH: Königsgrabkirchen der Franken, Angelsachsen und Langobarden bis zur Mitte des 8. Jahrhunderts. Ein historischer Katalog (= Münstersche Mittelalter-Schriften 4) München 1971.

DERS.: Sithiu/Saint-Bertin als Grablege Childerichs III. und der Grafen von Flandern, in: FMSt 8 (1974) 71-80.

DERS.: Zur Nachfolgeregelung von 826 in den Klöstern Corbie und Corvey, in: Tradition als historische Kraft, 181-196.

KUHN, HANS: Das Fortleben des germanischen Heidentums nach der Christianisierung, in: La conversione al cristianesimo nell'Europa dell'alto medioevo 743-757.

LAMPEN, WILLIBRORD: Amandus, in: LThK 1, 1957, 416f.

DERS.: Hubertus, in: LThK 5, 1960, 503.

LASKE, WALTHER: Das Problem der Mönchung in der Völkerwanderungszeit, Zürich 1973.

LATTE, KURT: Römische Religionsgeschichte (= Handbuch der Altertumswissenschaft V, 4) München 1960.

LECLERCQ, HENRI: Calendrier, in: DACL 2.2, 1910, 1585-1953.

LEVILLAIN, LÉON: Le Sacre de Carles le Chauve à Orléans, in: Bibliothèque de l'École des Chartes 64 (1903) 31-53.

DERS. und SAMARAN, CHARLES: Sur le lieu et la date de la bataille dite de Poitiers de 732, in: Bibliothèque de l'École des Chartes 99 (1938) 243-267.

LEVISON, WILHELM: A propos du calendrier de S. Willibrord, in: DERS., Aus rheinischer und fränkischer Frühzeit 342-346; zuerst in: RBén 50 (1938) 37-41.

DERS.: Aus rheinischer und fränkischer Frühzeit. Ausgewählte Aufsätze, Düsseldorf 1948.

DERS.: Zu Hilduin von St. Denis, in: DERS., Aus rheinscher und fränkischer Frühzeit 517-529; zuerst in: ZRG KA 18 (1929) 578-590.

LEVISON, WILHELM: Gesta abbatum Fontanellensium, in: DERS.: Aus rheinischer und fränkischer Frühzeit 530-550; zuerst in: RBén 46 (1934) 241-264.
LEWIS, SUZANNE: A Byzantine "Virgo Militans" at Charlemagne's Court, in: Viator 11 (1980) 71-93.
Liudger und sein Erbe. Dem 70. Nachfolger des heiligen Liudger CLEMENS AUGUST Kardinal VON GALEN zum Gedächtnis, hg. von MAX BIERBAUM u.a., 2 Bände (= Westfalia Sacra. Quellen und Forschungen zur Kirchengeschichte Westfalens 1) Münster 1948 und 1950.
LÖWE, HEINZ: Pirmin, Willibrord und Bonifatius. Ihre Bedeutung für die Missionsgeschichte ihrer Zeit, in: Kirchengeschichte als Missionsgeschichte 192-226.
LÖWENBERGER, BRUNO: Oktav, in: LThK 7, 1962, 1127.
LOT, FERDINAND: Études sur la bataille de Poitiers de 732, in: Revue Belge de Philologie et d'Histoire 26 (1948) 35-59.
DERS. und HALPHEN, LOUIS: Le règne de Charles le Chauve. Première partie (= Bibliothèque de l'école des hautes études, sciences historiques et philologiques 165) Paris 1909.
LUND, NIELS: Allies of God or Man? The Viking Expansion in a European Perspective, in: Viator 20 (1989) 45-84.
MATHE, PIROSKA REKA: Studien zum früh- und hochmittelalterlichen Königtum. Eine problemgeschichtliche Untersuchung über Königtum, Adel und Herrscherethik, Zürich 1977.
MATZ, KLAUS-JÜRGEN: Regententabellen zur Weltgeschichte. Von den Anfängen bis zur Gegenwart, München 1980.
McCORMICK, MICHAEL: Eternal victory. Triumphal rulership in late antiquity, Byzantium, and the early medieval West, Cambridge -Paris 1986.
DERS.: The Liturgy of War in Early Middle Ages: Crisis, Litanies, and the Carolingian Monarchy, in: Viator 15 (1984) 1-23.
DERS.: A new ninth-century witness to the carolingian mass against the pagans (Paris, B.M., Lat. 2812), in: RBén 103 (1987) 68-86.
McKEON, PETER R.: 817: Une année désastreuse et presque fatale pour les Carolingiens, in: Le Moyen Age 84 (1983) 5-12.
MEIER, CHRISTEL und SUNTRUP, RUDOLF: Zum Lexikon der Farbenbedeutungen im Mittelalter. Einführung und Methoden sowie Probeartikel aus dem Farbenbereich 'Rot', in: FMSt 21 (1987) 390-478.
MEINHARDT, HELMUT: Dionysius, hl., Einleitung, in: LexMA 3, 1986, 1076.
Memoria. Der geschichtliche Zeugniswert des liturgischen Gedenkens im Mittelalter, hg. von KARL SCHMID und JOACHIM WOLLASCH. Bestandteil des Quellenwerkes Societas et Fraternitas (= Münstersche Mittelalter-Schriften 48) München 1984.
MENGIS, CARL: Weiß, in: HdtA 9, 1941, 337-358.
Menschen des Frühen Mittelalters im Spiegel der Anthropologie und Medizin, hg. vom Württembergischen Landesmuseum Stuttgart, Stuttgart 1982.

MEYER, HEINZ: Die Zahlenallegorese im Mittelalter. Methode und Gebrauch (= Münstersche Mittelalter-Schriften 25) München 1975.
DERS. und SUNTRUP, RUDOLF: Lexikon der mittelalterlichen Zahlenbedeutungen (= Münstersche Mittelalter-Schriften 56) München 1987.
MEYER-GEBEL, MARLENE: Zur annalistischen Arbeitsweise Hinkmars von Reims, in: Francia 15 (1987) 75-108.
MICHELS, HELMUT: Das Gründungsjahr der Bistümer Erfurt, Büraburg und Würzburg, in: AmrhKG 39 (1987) 9-42.
MICHL, JOHANN u.a.: Johannes der Täufer, in: LThK 5, 1960, 1084-1089.
DERS. u.a.: Michael. Erzengel, in: LThK 7, 1962, 393-395.
MIKAT, PAUL: Ehe, in: HRG 1, 1971, 809-833.
MINST, KARL JOSEF: Tassilo in Lorsch, in: Beiträge zur Geschichte des Klosters Lorsch 313-331.
MISONNE, DANIEL: Ursmar, in: LThK 10, 1965, 571f.
MÖBIUS, FRIEDRICH: Buticum in Centula. Mit einer Einführung in die Bedeutung der mittelalterlichen Architektur (= Abhandlungen der sächsischen Akademie der Wissenschaften zu Leipzig, phil.-hist. Kl. 71,1) Berlin 1985.
MÖRSDORF, KLAUS: Bischof, kirchenrechtlich, in: LThK 2, 1958, 497-505.
MOHR, WALTER: Imperium Lothariensium, in: Jahrbuch für westdeutsche Landesgeschichte 13 (1987) 1-42.
MORAVCSIK, GYULA: Byzantinische Mission im Kreis der Türkvölker an der Nordküste des Schwarzen Meeres (= Proceedings of the XIIIth International Congress of Byzantine Studies, Oxford 5-10 September 1966, hg. von JOAN M. HUSSEY - DIMITRI OBOLENSKY - STEVEN RUNCIMAN) London - New York - Toronto 1967, 15-28.
MORAW, PETER: Die Hoffeste Kaiser Friedrich Barbarossas von 1184 und 1188, in: Das Fest 70-83.
MORDEK, HUBERT und SCHMITZ, GERHARD: Neue Kapitularien und Kapitulariensammlungen, in: DA 43 (1987) 361-439.
MORSAK, LOUIS: Zur Rechts- und Sakralkultur bayerischer Pfalzkapellen und Hofkirchen unter Berücksichtigung der Hausklöster (= Freiburger Veröffentlichungen aus dem Gebiete von Kirche und Staat 2) Freiburg/Ch. 1984.
MÜLLER, HANS WERNER: Kompendium der Grundlagenstatistik für Soziologen, Pädagogen, Psychologen und Volkswirte, Bochum 1979.
MÜSSIGBROD, AXEL: Die Abtei Moissac 1050-1150. Zu einem Zentrum cluniacensischen Mönchtums in Südwestfrankreich. Bestandteil des Quellenwerkes Societas et Fraternitas (= Münstersche Mittelalter-Schriften 58) Münster 1988.
DERS.: Zur ältesten Schicht der Toteneinträge im Necrolog von Moissac, in: FMSt 19 (1985) 350-378.
DERS. und WOLLASCH, JOACHIM (Hgg.): Das Martyrolog-Necrolog von Moissac/Duravel. Facsimile-Ausgabe (= Münstersche Mittelalter-Schriften 44) Münster 1988.

MUNDING, EMMANUEL: Die Kalendarien von St. Gallen. Aus 21 Handschriften. Neuntes bis elftes Jahrhundert, 2 Bände (= Texte und Arbeiten. I. Abteilung, Heft 36 und 37) Beuron 1948 und 1951.

NASS, KLAUS: Fulda und Brunshausen. Zur Problematik der Missionsklöster in Sachsen, in: Niedersächsisches Jahrbuch für Landesgeschichte 59 (1987) 1-62.

NEIFEIND, HARALD: Verträge zwischen Normannen und Franken im neunten und zehnten Jahrhundert, Diss., Heidelberg 1971.

NEISKE, FRANZ: Textkritische Untersuchungen an cluniacensischen Necrologien: Verdoppelung von Namenseinträgen, in: Person und Gemeinschaft 257-287.

DERS.: Vision und Totengedenken, in: FMSt 20 (1986) 137-185.

La Neustrie. Les pays au nord de la Loire de 650 à 850. Colloque historique international, hg. von HARTMUT ATSMA, 2 Bände (= Beihefte der Francia 16) Sigmaringen 1989.

NITSCHKE, AUGUST: Die ungleichen Tiere der Sonne. Verhaltensformen und Verhaltenswandel germanischer Stämme, in: Festschrift für WILHELM MESSERER zum 60. Geburtstag, Köln 1980, 21-45.

NOBEL, HILDEGARD: Königtum und Heiligenverehrung zur Zeit der Karolinger, 2 Bände, Diss., Heidelberg 1956.

NOLTE, THEODOR: Der Begriff und das Motiv des Freundes in der Geschichte der deutschen Sprache und älteren Literatur, in: FMSt 24 (1990) 126-144.

NONN, ULRICH: Die Schlacht bei Poitiers 732. Probleme historischer Urteilsbildung, in: Beiträge zur Geschichte des Regnum Francorum 37-56.

NOTH, STEPHAN: Das Krönungsbild im Evangeliar Heinrichs des Löwen, in: GWU 40 (1989) 77-83.

NOTTARP, HERMANN: Gottesurteilsstudien (= Bamberger Abhandlungen und Forschungen 2) München 1956.

OELSNER, LUDWIG: Jahrbücher des fränkischen Reiches unter König Pippin (= Jahrbücher der deutschen Geschichte 4) Berlin 1871.

OEXLE, OTTO GERHARD: Die Karolinger und die Stadt des heiligen Arnulf, in: FMSt 1 (1967) 250-364.

DERS.: Die mittelalterlichen Gilden: Ihre Selbstdeutung und ihr Beitrag zur Formung sozialer Strukturen, in: Soziale Ordnungen im Selbstverständnis des Mittelalters, hg. von ALBERT ZIMMERMANN (= Miscellanea mediaevalia 12) Berlin - New York 1979, I, 203-226.

OGRIS, WERNER: Dreißigster, in: HRG 1, 1971, 785-787.

OHNSORGE, WERNER: Das Kaiserbündnis von 842-844 gegen die Sarazenen. Datum, Inhalt und politische Bedeutung des 'Kaiserbriefs aus St. Denis', in: AD 1 (1955) 88-131.

OPFERMANN, BERNHARD: Die liturgischen Herrscherakklamationen im Sacrum Imperium des Mittelalters, Weimar 1953.

OPPOLZER, THEODOR VON: Canon der Finsternisse (= Kaiserliche Akad. der Wiss., mathem.-naturwiss. Kl., Denkschrift 52) Wien 1887.

Ornamenta ecclesiae. Kunst und Künstler der Romanik. Katalog zur Ausstellung des Schnütgen Museums in der Josef-Haubrich-Kunsthalle, hg. von ANTON LEGNER, 3 Bände, Köln 1985.
ORTH, ELSBET: Die Kaiserkrönung Karls des Großen in Rom, in: Das Fest 59-69.
OSWALD, JOSEF: Pantaleon, in: LThK 8, 1963, 24.
PARISSE, MICHEL: Diedenhofen, in: LexMA 3, 1986, 997f.
PATSCHOVSKY, ALEXANDER und BINDING, GÜNTHER: Dionysius von Paris, in: LexMA 3, 1986, 1077-1079.
Person und Gemeinschaft im Mittelalter. KARL SCHMID zum 65. Geburtstag, hg. von GERD ALTHOFF, DIETER GEUENICH, OTTO GERHARD OEXLE und JOACHIM WOLLASCH, Sigmaringen 1988.
PFISTER, F.: Rein, Reinheit, in: HdtA 7, 1936, 630-637.
PIETZCKER, FRANK: Der Krieg in der Karolingerzeit, Diss., Hamburg 1959.
DERS.: Die Schlacht bei Fontenoy 841. Rechtsformen im Krieg des frühen Mittelalters, in: ZRG GA 81 (1964) 318-340.
POHLKAMP, WILHELM: Privilegium ecclesiae Romanae pontifici contulit. Zur Vorgeschichte der Konstantinischen Schenkung, in: Fälschungen im Mittelalter 2, 413-490.
POKORNY, RUDOLF: Ein unbekannter Synodalsermo Arns von Salzburg, in: DA 39 (1983) 379-394.
PRINZ, FRIEDRICH: Fortissimus abba. Karolingischer Klerus und Krieg, in: Consuetudines Monasticae. Eine Festgabe für KASSIUS HALLINGER aus Anlaß seines 70. Geburtstages, hg. von JOACHIM F. ANGERER und JOSEF LENZENWEGER (= Studia Anselmiana 85) Rom 1982, 61-95.
DERS.: Frühes Mönchtum im Frankenreich. Kultur und Gesellschaft in Gallien, den Rheinlanden und Bayern am Beispiel der monastischen Entwicklung (4. bis 8. Jahrhundert), Darmstadt ^{2}1988.
DERS.: Stadtrömisch-italienische Märtyrerreliquien und fränkischer Reichsadel im Maas-Moselraum, in: HJb 87 (1967) 1-25.
PUCHNER, KARL: Patrozinienforschung und Eigenkirchenwesen mit besonderer Berücksichtigung des Bistums Eichstätt, Diss. (München), Laßleben 1932.
QUENTIN, HENRI: Les Martyrologes Historiques du Moyen âge. Étude sur la Formation du Martyrologe Romain, Paris 1908, Nachdruck Aalen 1969.
Recht und Schrift im Mittelalter, hg. von PETER CLASSEN (= Vorträge und Forschungen 23) Sigmaringen 1977.
Die Reichsabtei Lorsch. Festschrift zum Gedenken an ihre Stiftung 764, hg. von FRIEDRICH KNÖPP, 2 Bände, Darmstadt 1977.
REINDEL, KURT: Die bayerischen Luitpoldinger 893-989. Sammlung und Erläuterung der Quellen (= Quellen und Erörterungen zur bayerischen Geschichte N.F. 11) München 1953.
DERS.: Bayern im Karolingerreich, in: Karl der Grosse I, 220-246.

REINDEL, KURT: Grundlegung: Das Zeitalter der Agilolfinger (bis 788), in: SPINDLER, Handbuch der bayrischen Geschichte I, 71-179.

DERS.: Herzog Arnulf und das Regnum Bavariae, in: Die Entstehung des Deutschen Reiches 213-288; zuerst in: Zeitschrift für Bayrische Landesgeschichte 17 (1954) 187ff.

REUTER, HERMANN: Die Zeit. Eine religionswissenschaftliche Untersuchung, Diss., Köln 1941.

RICHÉ, PIERRE: Die Welt der Karolinger, Stuttgart 1981.

RITZER, KORBINIAN: Formen, Riten und religiöses Brauchtum der Eheschliessung in den christlichen Kirchen des ersten Jahrtausends (= Liturgiewissenschaftliche Quellen und Forschungen 38) Münster 1962.

RODEWYK, ADOLF: Germanus von Paris, in: LThK 4, 1960, 756f.

RÜCK, PETER: Die Churer Bischofsgastung im Hochmittelalter. Eine neue Quelle aus dem Liber viventium der Abtei Pfäfers (11.Jh.), in: AfD 23 (1977) 164-195.

RÜHLE, OSKAR: Bibel, in HdtA 1, 1927, 1208-1219.

RUSSELL, J.C.: Die Bevölkerung Europas 500-1500, in: CIPOLLA, CARLO M. und BORCHARDT, KNUT (Hgg.): Bevölkerungsgeschichte Europas. Mittelalter bis Neuzeit, München 1971, 9-57.

SACHS, HANNELORE, BADSTÜBNER, ERNST und NEUMANN, HELGA: Erklärendes Wörterbuch zur christlichen Kunst, Hanau o.J. [nach 1974].

SARTORI, PAUL: Johannes der Täufer, in: HdtA 4, 1932, 704-727.

DERS.: Karsamstag, in: HdtA 4, 1932, 1011-1014.

DERS.: Petri Kettenfeier, in: HdtA 6, 1935, 1530f.

SCHÄFERDIEK, KNUT: Christentum der Bekehrungszeit. Kirchliche Voraussetzungen der Germanenbekehrung, in: RGA 4, 1981, 563-577.

DERS.: Die Grundlegung der angelsächsischen Kirche im Spannungsfeld insularkeltischen und kontinental-römischen Christentums, in: Kirchengeschichte als Missionsgeschichte 149-191.

SCHAEFERS, DAMIANUS: Kreuz. Geschichte der Kreuzreliquien, in: LThK 6, 1961, 614f.

SCHALLER, HANS MARTIN: Der heilige Tag als Termin mittelalterlicher Staatsakte, in: DA 30 (1974) 1-24.

SCHEIBELREITER, GEORG: Der Bischof in merowingischer Zeit (= Veröffentlichungen des Instituts für Österreichische Geschichtsforschung 27) Wien - Köln - Graz 1983.

SCHIEFFER, RUDOLF: Väter und Söhne im Karolingerhause, in: Beiträge zur Geschichte des Regnum Francorum, 149-164.

SCHIEFFER, THEODOR: Das Frankenreich unter der Samtherrschaft der karolingischen Dynastie (843-887), in: Handbuch der Europäischen Geschichte I, 596-632.

DERS.: Nord- und Mittelitalien (888-962), in: Handbuch der Europäischen Geschichte I, 649-664.

SCHIEFFER, THEODOR: Das ostfränkische Reich (887-918), in: Handbuch der Europäischen Geschichte I, 633-642.
DERS.: Winfried-Bonifatius und die christliche Grundlegung Europas, Freiburg/Br. ²1972.
SCHIFFERS, HEINRICH: Karls des Großen Reliquienschatz und die Anfänge der Aachenfahrt (= Veröffentlichungen des Bischöflichen Diözesanarchivs Aachen 10) Aachen 1951.
SCHLESINGER, WALTER: Die Anfänge der deutschen Königswahl, in: Die Entstehung des Deutschen Reiches 313-385; zuerst in: ZRG GA 66 (1948) 381-440.
DERS.: Karlingische Königswahlen, in: Königswahl und Thronfolge in fränkisch-karolingischer Zeit 190-266; zuerst in: Zur Geschichte und Problematik der Demokratie. Festgabe für HANS HERZFELD, hg. von WILHELM BERGES und CARL HINRICHS, Berlin 1958, 207-264.
DERS.: Zur Erhebung Karls des Kahlen zum König von Lothringen 869 in Metz, in: Königswahl und Thronfolge in fränkisch-karolingischer Zeit 287-324; zuerst in: Landschaft und Geschichte. Festschrift für FRANZ PETRI zu seinem 65. Geburtstag am 22. Feb. 1968, hg. von GEORG DROEGE u.a., Bonn 1970, 454-475.
SCHMID, JOSEF und SCHAUERTE, HEINRICH: Matthäus, Apostel, in: LThK 7, 1962, 172f.
SCHMID, KARL: Das Zeugnis der Verbrüderungsbücher zur Slawenmission, in: Mitteilungen der Gesellschaft für Salzburger Landeskunde 126 (1986) 185-205.
DERS. und WOLLASCH, JOACHIM: Die Gemeinschaft der Lebenden und Verstorbenen in Zeugnissen des Mittelalters, in: FMSt 1 (1967) 365-405.
SCHMIDT, KURT DIETRICH: Germanischer Glaube und Christentum. Einzeldarstellungen aus dem Umbruch der deutschen Frühgeschichte, Göttingen 1948.
SCHMIDT-WIEGAND, RUTH: Eid und Gelöbnis, Formel und Formular im mittelalterlichen Recht, in: Recht und Schrift im Mittelalter, 55-90.
DIES.: Haarscheren, in: HRG 1, 1971, 1884-1887.
SCHNEIDER, REINHARD: Brüdergemeine und Schwurfreundschaft. Der Auflösungsprozeß des Karlingerreiches im Spiegel der caritas-Terminologie in den Verträgen der karlingischen Teilkönige des 9. Jahrhunderts (= Historische Studien 388) Lübeck - Hamburg 1964.
DERS.: Karl der Große - politisches Sendungsbewußtsein und Mission, in: Kirchengeschichte als Missionsgeschichte 227-248.
DERS.: Königswahl und Königserhebung im Mittelalter. Untersuchungen zur Herrschaftsnachfolge bei den Langobarden und Merowingern (= Monographien zur Geschichte des Mittelalters 3) Stuttgart 1972.
SCHNEIDMÜLLER, BERND: Karl (III.) der Einfältige, in: LexMA 5, Lieferung 5, 1990, 970f.

SCHNEIDMÜLLER, BERND: Regnum et Ducatus. Identität und und Integration in der lothringischen Geschichte des 9. und 11. Jahrhunderts, in: RhVB 51 (1987) 81-114.

SCHNITZLER, THEODOR: Allerheiligen, in: LexMA 1, 1980, 428.

SCHOTTMANN, HANS: Christentum der Bekehrungszeit. Die altnordische Literatur, in: RGA 4, 1981, 563-577.

SCHOVE, DEREK JUSTIN: Chronology of Eclipses and Comets, Woodbridge 1984.

SCHRAMM, PERCY ERNST: Der König von Frankreich. Das Wesen der Monarchie vom 9. zum 16. Jahrhundert. Ein Kapitel aus der Geschichte des abendländischen Staates, 2 Bände, Weimar 1939.

DERS.: Die Krönung bei den Westfranken, in: DERS.: Beiträge zur Allgemeinen Geschichte. II: Vom Tode Karls des Großen (814) bis zum Anfang des 10. Jahrhunderts, Stuttgart 1968, 140-168; zuerst gedruckt in: ZRG KA 23 (1934) 117-242.

DERS. und MÜTHERICH, FLORENTINE: Denkmale der deutschen Könige und Kaiser. Ein Beitrag zur Herrschaftsgeschichte von Karl dem Großen bis Friedrich II. (768-1250) (= Veröffentlichungen des Zentralinstituts für Kunstgeschichte in München 2) München 1962.

SCHREIBER, GEORG: Bonifatius. Religiöse Volkskunde, in: LThK 2, 1958, 593f.

DERS.: Karwoche, in: LThK 6, 1961, 8f.

DERS.: Die Wochentage im Erlebnis der Ostkirche und des christlichen Abendlandes (= Wissenschaftliche Abhandlungen der Arbeitsgemeinschaft für Forschung des Landes Nordrhein-Westfalen 11) Köln - Opladen 1959.

SCHREINER, KLAUS: "Hildegardis regina". Wirklichkeit und Legende einer karolingischen Herrscherin, in: AKG 57 (1975) 1-70.

SCHÜSSLER, HANS-JOACHIM: Die fränkische Reichsteilung von Vieux-Poitiers (742) und die Reform der Kirche in den Reichsteilen Karlmanns und Pippins. Zu den Grenzen der Wirksamkeit des Bonifatius, in: Francia 13 (1985) 47-112.

SCHÜTZEICHEL, RUDOLF: Die Macht der Heiligen. Zur Interpretation des Petrusliedes, in: Festschrift MATTHIAS ZENDER. Studien zu Volkskultur, Sprache und Landesgeschichte, hg. von EDITH ENNEN und GÜNTER WIEGELMANN, 2 Bände, Bonn 1972, I, 309-320.

SCHWARZE, JOCHEN: Grundlagen der Statistik. Wahrscheinlichkeitsrechnung und induktive Statistik (= NWB-Studienbücher. Wirtschaftswissenschaften) Herne - Berlin 1986.

SCHWAIGER, GEORG: Victor I., in: LThK 10, 1965, 768f.

SECKEL, EMIL: Studien zu Benedictus Levita II-IV, in: NA 29 (1904) 275-331.

SEMMLER, JOSEF: Corvey und Herford in der benediktinischen Reformbewegung des 9.Jahrhunderts, in: FMSt 4 (1970) 289-319.

DERS.: Saint-Denis: Von der bischöflichen Coemeterialbasilika zur königlichen Benediktinerabtei, in: La Neustrie II, 75-123.

SEYFARTH, ERICH: Fränkische Reichsversammlungen unter Karl dem Großen und Ludwig dem Frommen, Diss., Leipzig 1910.
SICKEL, THEODOR: Lehre von den Urkunden der ersten Karolinger (751-840) (= Acta Regum et Imperatorum Karolinorum Digesta et Enarrata. Erster Theil: Urkundenlehre) Wien 1867.
DERS.: Regesten der Urkunden der ersten Karolinger (751-840) (= Acta Regum et Imperatorum Karolinorum Digesta et Enarrata. Zweiter Theil: Urkundenregesten) Wien 1867.
SIEGEL, SIDNEY: Nichtparametrische statistische Methoden (= Methoden in der Psychologie 4) Eschborn ^{3}1987.
SIEMS, HARALD: Lex Baiuvariorum, in: HRG 2, 1978, 1887-1901.
SIMSON, BERNHARD VON: Jahrbücher des fränkischen Reichs unter Ludwig dem Frommen, 2 Bände (= Jahrbücher der deutschen Geschichte 6) Berlin 1874 und 1876.
SPÄTLING, LUCHESIUS: Die Petrusverehrung in den Bonifatius-Briefen, in: Antonianum 42 (1967) 531-552.
SPEYER, WOLFGANG: Die Hilfe und Epiphanie einer Gottheit, eines Heroen und eines Heiligen in der Schlacht, in: Pietas. Festschrift für BERNHARD KÖTTING, hg. von ERNST DASSMANN und KARL SUSO FRANK (= Jahrbuch für Antike und Christentum. Ergänzungsband 8) Münster 1980, 58-77.
SPINDLER, MAX (Hg.): Handbuch der bayrischen Geschichte. I: Das alte Bayern. Das Stammesherzogtum bis zum Ausgang des 12. Jahrhunderts, München 1967.
Sprache und Recht. Beiträge zur Kulturgeschichte des Mittelalters. Festschrift für RUTH SCHMIDT-WIEGAND zum 60. Geburtstag, hg. von KARL HAUCK, KARL KROESCHELL, STEFAN SONDEREGGER, DAGMAR HÜPPER und GABRIELE VON OLBERG, Berlin - New York 1986.
SPROEMBERG, HEINRICH: Judith, Koenigin von England, Graefin von Flandern, in: Revue belge de philologie et d'histoire 15 (1936) 397-428 und 915-950.
STAAB, FRANZ: Die Gründung der Bistümer Erfurt, Büraburg und Würzburg durch Bonifatius im Rahmen der fränkischen und päpstlichen Politik, in: AmrhKG 40 (1988) 13-41.
STAMMLER, WOLFGANG und ERLER, ADALBERT: Drei, in: HRG 1, 1971, 783f.
STAUBACH, NIKOLAUS: Das Herrscherbild Karls des Kahlen. Formen und Funktionen monarchischer Repräsentation im frühen Mittelalter, Erster Teil, Diss., Münster 1981.
DERS.: Sedulius Scottus und die Gedichte des Codex Bernensis 363, in: FMSt 20 (1986) 549-598.
STEGEMANN, VICTOR: Sternbilder I, in: HdtA 9, 1941, 596-677.
DERS.: Finsternisse, in: HdtA 2, 1927, 1509-1526.

STEGER, HUGO: David. Rex et Propheta. König David als vorbildliche Verkörperung des Herrschers und Dichters im Mittelalter, nach Bilddarstellungen des achten bis zwölften Jahrhunderts (= Erlanger Beiträge zur Sprach- und Kunstwissenschaft 6) Nürnberg 1969.

STEINACKER, HAROLD: 'Traditio cartae' und 'traditio per cartam' ein Kontinuitätsproblem, in: AfD 5/6 (1959/1960) 1-72.

STOCLET, ALAIN: La Clausula de Unctione Pippini regis: mises au point et nouvelles hypothèses, in: Francia 8 (1981) 1-42.

DERS.: Dies Unctionis. A note on the Anniversaries of Royal Inaugurations in the Carolingian Period, in: FMSt 20 (1986) 541-548.

STÖRMER, WILHELM: Adelsgruppen im früh- und hochmittelalterlichen Bayern (= Studien zur bayerischen Verfassungs- und Sozialgeschichte 4) München 1972.

DERS.: Früher Adel. Studien zur politischen Führungsschicht im fränkisch-deutschen Reich vom 8. bis 11. Jahrhundert, 2 Bände (= Monographien zur Geschichte des Mittelalters 6) Stuttgart 1973.

DERS.: Die Herzöge in Franken und die Mission, in: Kilian, Mönch aus Irland 257-267.

STREICH, GERHARD: Burg und Kirche während des Mittelalters. Untersuchungen zur Sakraltopographie von Pfalzen, Burgen und Herrensitzen, 2 Bände (= Vorträge und Forschungen. Sonderband 29) Sigmaringen 1984.

STRÖM, AKE V.: Germanische Religion, in: Germanische und Baltische Religion, hg. von AKE V. STRÖM und HARALDS BIEZAIS (= Die Religionen der Menschheit 19,1) Stuttgart u.a. 1975, 15-306.

STRUCK, WOLF-HEINO: Die Stiftsgründungen der Konradiner im Gebiet der mittleren Lahn, in: RhVB 36 (1972) 28-52.

STUIBER, ALFRED: Clemens I., in: LThK 2, 1958, 1222f.

DERS.: Victorius von Aquitanien, LThK 10, 1965, 776f.

Synopse der cluniacensischen Necrologien, hg. von JOACHIM WOLLASCH unter Mitwirkung von WOLF-DIETER HEIM, JOACHIM MEHNE, FRANZ NEISKE und DIETRICH POECK, 2 Bände (= Münstersche Mittelalter-Schriften 39) München 1982.

TELLENBACH, GERD: Über Herzogskronen und Herzogshüte im Mittelalter, in: DA 5 (1941) 55-71.

THIEL, JOSEF FRANZ: Religionsethnologie. Grundbegriffe der Religionen schriftloser Völker (= Collectanea Instituti Anthropos 33) Berlin 1984.

TORSY, JAKOB: Gereon, in: LThK 4, 1960, 718f.

Tradition als historische Kraft. Interdisziplinäre Forschungen zur Geschichte des früheren Mittelalters. KARL HAUCK zum 21.XII.1981 gewidmet, hg. von NORBERT KAMP und JOACHIM WOLLASCH, Berlin - New York 1982.

TÜCHLE, HERMANN: Die Kirche oder die Christenheit, in: Die Zeit der Staufer. Geschichte - Kunst - Kultur, III, Stuttgart 1977, 165-175.

ULLMANN, WALTER: The Carolingian Renaissance and the Idea of Kingship. The Birkbeck Lectures 1978-9, London 1969.

UNTERKIRCHER, FRANZ: Zur Ikonographie und Liturgie des Drogo-Sakramentars (Paris, Bibliothèque nationale, Ms Lat 9428) (= Interpretationes ad Codices 1) Graz 1977.

UNTERMANN, MATTHIAS: Zur Kölner Domweihe von 870, in: RhVB 47 (1983) 335-342.

VAN DER LEEUW, GERARD: Phänomenologie der Religion (= Neue Theologische Grundrisse) Tübingen ²1956.

VAN REY, MANFRED: Die Lütticher Gaue Condroz und Ardennen im Frühmittelalter. Untersuchungen zur Pfarrorganisation (= Rheinisches Archiv 102) Bonn 1977.

VANDER LINDEN, H.: Les normands à Louvain, in: Revue Historique 124 (1917) 64-81.

VIELHABER, KLAUS: Hinkmar von Reims, in: LThK 5, 1960, 373f.

VINCKE, JOHANNES: Eulalia, in: LThK 3, 1959, 1179f.

VOGT, JOSEPH: Konstantin I., in: LThK 6, 1961, 478-480.

VOLK, PAULUS: Mittelalterliche Graböffnungen in der Abteikirche zu Seligenstadt, in: SMBOZ 57 (1939) 39-50.

VOSS, INGRID: Herrschertreffen im frühen und hohen Mittelalter. Untersuchungen zu den Begegnungen der ostfränkischen und westfränkischen Herrscher im 9. und 10. Jahrhundert sowie der deutschen und französischen Könige vom 11. bis 13. Jahrhundert (= Beihefte zum Archiv für Kulturgeschichte 26) Köln - Wien 1987.

WAITZ, GEORG: Die Jahrbücher des Deutschen Reichs unter Heinrich I. (= Jahrbücher der Deutschen Geschichte) Berlin 1863.

WAND, NORBERT: Die Büraburg und das Fritzlar-Waberner Becken in der merowingisch-karolingischen Zeit, in: Althessen im Frankenreich, 173-210.

WATTENBACH, WILHELM und LEVISON, WILHELM: Deutschlands Geschichtsquellen im Mittelalter. Vorzeit und Karolinger, 5 Hefte nebst Beiheft, Heft 2-5 bearbeitet von WILHELM LEVISON und HEINZ LÖWE, Weimar 1952-1963.

WEBER, HEINRICH: Die Reichsversammlungen im ostfränkischen Reich (840-918). Eine entwicklungsgeschichtliche Untersuchung vom karolingischen Großreich zum deutschen Reich, Diss., Würzburg 1962.

WEHLT, HANS-PETER: Reichsabtei und König dargestellt am Beispiel der Abtei Lorsch mit Ausblicken auf Hersfeld, Stablo und Fulda (= Veröffentlichungen des Max-Planck-Instituts für Geschichte 28) Göttingen 1970.

WEIDEMANN, MARGARETE: Kulturgeschichte der Merowingerzeit nach den Werken Gregors von Tours, 2 Bände (= Römisch-Germanisches Zentralmuseum. Monographien 3) Mainz 1982.

WEINFURTER, STEFAN: Das Bistum Willibalds im Dienste des Königs. Eichstätt im frühen Mittelalter, in: Zeitschrift für bayerische Landesgeschichte 50 (1987) 3-40.
WEINRICH, LORENZ: Laurentius-Verehrung in ottonischer Zeit, in: Jahrbuch für die Geschichte Mittel- und Ostdeutschlands 21 (1972) 44-66.
DERS.: Tradition und Individualität in den Quellen zur Lechfeldschlacht 955, in: DA 27 (1971) 291-313.
WEISER-AALL, LILY: Kette, in: HdtA 4, 1932, 1279-1286.
DIES.: Weihnacht, in: HdtA 9, 1942, 864-968.
WENDLING, WOLFGANG: Die Erhebung Ludwigs d. Fr. zum Mitkaiser im Jahre 813 und ihre Bedeutung für die Verfassungsgeschichte des Frankenreiches, in: FMSt 19 (1985) 201-238.
WERNER, KARL FERDINAND: Attigny, in: LexMA 1, 1980, 1178.
DERS.: Bedeutende Adelsfamilien im Reich Karls des Großen. Ein personengeschichtlicher Beitrag zum Verhältnis von Königtum und Adel im frühen Mittelalter, in: Karl der Grosse I, 83-142.
DERS.: La date de naissance de Charlemagne, in: DERS.: Structures politiques du monde franc (VIe-XIIe siècles). Etudes sur le origines de la France et de l'Allemagne, London 1979, Nr.7, S. 116-142; zuerst in: Bulletin de la Societé nationale des Antiquaires de France, 1972, Paris 1975, 116-142.
DERS.: Gott, Herrscher und Historiograph. Der Geschichtsschreiber als Interpret des Wirkens Gottes in der Welt und Ratgeber der Könige (4.-12. Jahrhundert), in: Deus qui mutat tempora 1-31.
DERS.: Die Nachkommen Karls des Großen bis um das Jahr 1000 (1.-8. Generation), in: Karl der Grosse IV, 403-482.
DERS.: Westfranken-Frankreich unter den Spätkarolingern und frühen Kapetingern (888-1060), in: Handbuch der Europäischen Geschichte I, 731-783.
WERNER, MATTHIAS: Der Lütticher Raum in frühkarolingischer Zeit. Untersuchungen zur Geschichte einer karolingischen Stammlandschaft (= Veröffentlichungen des Max-Planck-Instituts für Geschichte 62) Göttingen 1980.
WIEGELMANN, GÜNTER: Bier, in: RGA 2, 1976, 530-537.
WHITE, LYNN T.: Medieval Technology and Social Change, Oxford 1962.
WIELERS, MARGRET: Zwischenstaatliche Beziehungsformen im frühen Mittelalter (Pax, Foedus, Amicitia, Fraternitas) Diss., Münster 1959.
WIMMER, OTTO und MELZER, HARTMANN: Lexikon der Namen und Heiligen, Innsbruck - Wien ^{5}1984.
WISPLINGHOFF, E.: Untersuchungen zur Gründungsgeschichte des Klosters Prüm, in: Jahrbuch für westdeutsche Landesgeschichte 17 (1991) 1-27.
WOLF, GUNTHER: Liudolfs 'Gelage' in Saalfeld Weihnachten 951, in: ZRG GA 102 (1985) 322-327.
DERS.: Das sogenannte "Gegenkönigtum" Arnulfs von Bayern 919, in: MIÖG 91 (1983) 375-400.

WOLF, GUNTHER: Königinnen-Krönungen des frühen Mittelalters bis zum Beginn des Investiturstreits, in: ZRG KA 107 (1990) 62-88.
DERS.: Die Königssöhne Karl und Karlmann und ihr Thronfolgerecht nach Pippins Königserhebung 750/51, in: ZRG GA 108 (1991) 282-296.
WOLF, WERNER: Der Mond im deutschen Volksglauben (= Bausteine zur Volkskunde und Religionswissenschaft 2) Bühl 1929.
WOLFF, PHILIPPE: L'Aquitaine et ses marges, in: Karl der Grosse I, 269-306.
WOLFRAM, HERWIG: Das Fürstentum Tassilos III., Herzog der Bayern, in: Mitteilungen der Gesellschaft für Salzburger Landeskunde 108 (1968) 157-179.
WOLLASCH, JOACHIM: Benediktinisches Mönchtum in Westfalen von den Anfängen bis zum 12. Jahrhundert, in: Monastisches Westfalen. Klöster und Stifte 800-1200, Münster 1982, 15-30.
DERS.: Kaiser und Könige als Brüder der Mönche des 9. bis 11. Jahrhunderts, in: DA 40 (1984) 1-20.
WREDE, ADAM: Barnabas, in: HdtA 1, 1927, 927f.
DERS.: Gertrud, in: HdtA 3, 1930, 699-706.
DERS.: Mariä Geburt, in: HdtA 5, 1933, 1672.
ZAK, SABINE: Das Tedeum als Huldigungsgesang, in: HJb 102 (1982) 1-32.
ZETTEL, HORST: Das Bild der Normannen und der Normanneneinfälle in westfränkischen, ostfränkischen und angelsächsichen Quellen des 8. bis 11. Jahrhunderts, München 1977.
ZIMMERMANN, GERD: Patrozinienwahl und Frömmigkeitswandel im Mittelalter dargestellt aus dem alten Bistum Würzburg, in: Würzburger Diözesanblätter 20 (1958) 24-126 und 21 (1959) 5-124.
DERS.: Strukturen der fuldischen Heiligenverehrung, in: SMBOZ 86 (1975) 816-830.
ZÖRKENDÖRFER, SIEGFRIED: Verfahren zur Abschätzung von Doppeleinträgen, in: Person und Gemeinschaft 289-296.
ZOTZ, THOMAS: Königspfalzen und Herrschaftspraxis im 10. und 11. Jahrhundert, in: Blätter für deutsche Landesgeschichte 120 (1984) 19-46.
ZUFFREY, MAURICE: Der Mauritiuskult im Früh- und Hochmittelalter, in: HJb 106 (1986) 23-58.

Beihefte zum Archiv für Kulturgeschichte

Heft 37

Hans Martin Klinkenberg

Homo faber mentalis

Über den Zusammenhang von Technik, Kunst, Organisation und Wissenschaft

1995. XXIV, 812 Seiten. Gb. ISBN 3-412-10694-1

Homo faber mentalis - Der Mensch ist ein Gestalter im Geiste überall dort, wo er denkt und handelt, im Bereich der Technik und Organisation genauso wie in den Künsten und Wissenschaften. Er macht sich Gedanken darüber, wie denn die Realität sei, und übersieht doch nirgendwo alle Voraussetzungen und Konsequenzen.

So fehlt dem Historiker zumeist der Blick auf die Technikentwicklung und Ingenieurswissenschaft der Zeit, die er untersucht. Ingenieure aber haben kein anderes geistiges Vermögen als Geisteswissenschaftler, sie wenden es nur anders an.
Nirgendwo finden wir *das Eine*, nach dem die Philosophie vergeblich gesucht hat. Aber nichts geht ohne *philosophia*, die als Wissenschaft das Vielfältige zusammenführt.

Heft 39

Papstgeschichte und Landesgeschichte

Festschrift für Hermann Jakobs
zum 65. Geburtstag

Herausgegeben von Joachim Dahlhaus und Armin Kohnle in Verbindung mit Jürgen Miethke, Folker E. Reichert und Eike Wolgast

1995. XIII, 667 Seiten. 12 Abb. Gb. ISBN 3-412-10894-4

BÖHLAU VERLAG KÖLN WEIMAR WIEN
Theodor-Heuss-Str. 76, D - 51149 Köln

BÖHLAU